AV

Reisen Texte Metropolen

herausgegeben von

Wolfgang Asholt / Walter Fähnders
Wolfgang Stephan Kissel / Wolfgang Klein

Band 3

Wolfgang Stephan Kissel (Hg.)
unter Mitarbeit von Christine Gölz

Flüchtige Blicke

Relektüren russischer Reisetexte des 20. Jahrhunderts

AISTHESIS VERLAG
Bielefeld 2009

Abbildung auf dem Umschlag :
Aleksandr Labas: Abend in der Stadt 1922.

Gedruckt mit freundlicher Unterstützung der VW-Stiftung.

Bibliographische Information der Deutschen Nationalbibliothek

Die Deutsche Nationalbibliothek verzeichnet diese Publikation in der Deutschen Nationalbibliographie; detaillierte bibliographische Daten sind im Internet über http://dnb.ddb.de abrufbar.

Postfach 10 04 27, D-33504 Bielefeld
Satz: Germano Wallmann, www.geisterwort.de
Druck: docupoint GmbH, Magdeburg

ISBN 978-3-89528-591-2
www.aisthesis.de

Inhalt

Zur Reihe

Die Reihe »Reisen Texte Metropolen« bietet Platz für Publikationen, die literarische Texte über Reisen in die europäischen Metropolen der Moderne aus komparatistisch-kulturwissenschaftlicher Perspektive in den Blick nehmen. Sie möchte Beiträgen zu einer Reiseliteraturforschung Raum geben, die es sich zur Aufgabe macht, in Texten von Reisenden das Entstehen, die Vermittlung und die Reflexion von historischen, auch weiterhin aktuellen kulturellen Leitbildern, Stereotypen und Kollektivbildern auszumachen und zu interpretieren. Dabei wird insbesondere die Metropole als zentraler Ort der Fremdperzeption und der Selbstreflexion sowie ihre Wahrnehmung und Darstellung in Reisetexten hinsichtlich der Bedeutung und des Bedeutungsverlustes fest verankerter, räumlich und sprachlich fixierter kultureller Identitäten in den Mittelpunkt des Interesses gerückt.

Ziel ist es, den Blick auf das ›Andere‹ und ›Fremde‹ sowie das Herausarbeiten jener Sichtweisen zu ermöglichen, in denen das Konfliktpotential europäischer Identitätsbildungen zu liegen scheint. Durch die umfassende Analyse der Verarbeitung von kultureller und sozialer Realität in einer komplexen literarischen Gattung, der Reiseliteratur, sollen die Dimensionen kulturell-politischer Entwicklung in Europa in ihren Differenzen, Ähnlichkeiten und Gemeinsamkeiten genauer erkannt werden – als Teile des einen ›modernen‹, damit jedoch keineswegs uniformen Europa.

In doppelter Hinsicht können dafür Reiseberichte aufschlußreich sein. Im Reisen ist das Selbstverständnis des Agierenden in Frage gestellt, werden Grenzen überschritten und treten verschiedene Kulturen in Kontakt. In der Reiseliteratur, die davon berichtet, vermitteln sich zudem verschiedene Diskursebenen: Sie vermag Aufschluß zu geben über intellektuelle, mentale, kulturelle und politische Dispositionen bei der Wahrnehmung des und der jeweils Anderen – und ist auch ein besonders privilegierter Ort für die Selbstreflexion der eigenen Perzeptionsleistungen. Texte über Reisen und auf Reisen entstandene Texte – in Form von Romanen, Prosastücken, Reportagen, Tagebüchern oder Briefen – übermitteln Erfahrungen von Alterität, Transgression und Hybridität.

Die Publikationsreihe »Reisen Texte Metropolen« steht im Rahmen des an den Universitäten Osnabrück und Bremen angesiedelten, von der VW-Stiftung unterstützten Forschungsprojekts »Die Blicke der Anderen«. Mit dem Blick auch auf Kultur und Gesellschaft heute wird darin insbesondere die Wahrnehmung der drei europäischen Metropolen Berlin, Paris und Moskau durch Reisende in der Zwischenkriegszeit (1917/18 bis 1938/39) in romanistischer, germanistischer, slawistischer und kulturwissenschaftlicher Perspektive analysiert. Die in der Reihe erscheinenden Sammelbände und Monographien sollen, auch über das engere Forschungsprojekt hinaus, ein differenziertes und facettenreiches Bild des Gegenstandes wie der Herangehensweisen an die Formen und Inhalte von Reiseliteratur präsentieren.

Wolfgang Asholt
Walter Fähnders
Wolfgang Stephan Kissel
Wolfgang Klein

Danksagung

Mein besonderer Dank gilt der VW-Stiftung, die den Druck des vorliegenden Bandes und das internationale Symposium, das vom 22.-25. Februar 2006 an der Universität Bremen im Rahmen des VW-Forschungsprojektes *Die Blicke der Anderen, Reisen der Zwischenkriegszeit zwischen den Metropolen Berlin, Paris, Moskau* stattfand und dessen Ergebnisse dem Band im wesentlichen zugrunde liegen, großzügig gefördert hat. Ausdrücklich zu danken habe ich ferner Frau Dr. Christine Gölz, die den Band redaktionell betreut hat, und Frau Yvonne Pörzgen, die den Index erstellt hat.

Wolfgang Stephan Kissel
Bremen, Oktober 2008

Wolfgang Stephan Kissel (Bremen)

Reisen zur Sonne ohne Rückkehr: Zur Wahrnehmung der Moderne in russischen Reisetexten des 20. Jahrhunderts

I

Der Symbolist Andrej Belyj schildert in seinem Prosagedicht *Argonavty* (*Die Argonauten*) aus dem Jahr 1904 Verheißung und Scheitern einer einzigartigen Entdeckungs- und Eroberungsreise.[1] Zu Beginn des 23. Jahrhunderts faßt ein Schriftsteller beim Betrachten der untergehenden Herbstsonne den Plan einer Reise zum »Goldenen Vlies« nach dem Vorbild der mythischen Argonautenfahrt. Um seine Vision bekannt zu machen, gibt der Schriftsteller bald darauf eine Zeitschrift *Das Goldene Vlies* (*Zolotoe runo*) heraus und inspiriert die Gründung einer *Interplanetarischen Verkehrsgesellschaft*, die finanzielle Mittel und technischen Sachverstand zusammenführt, um ein erstes Raumschiff für die Reise zur Sonne zu konstruieren.[2] Nach fünf Jahren hat die Idee weltweit zahlreiche Anhänger gewonnen, die sich auf eine förmliche Pilgerfahrt machen wollen, denn nach einer langen Periode der Skepsis erlebt die Menschheit eine religiöse Renaissance, die sich vor allem in einer »Pilgerreligion« (»religija piligrimov«) äußert.[3] Die technische Ausführung seiner Pläne überläßt der Schriftsteller einem taubstummen Konstrukteur, der ein Raumschiff aus

---

[1] Die Erstveröffentlichung erfolgte im Rahmen des Gedichtzyklus *Zoloto v lazuri* (*Gold in Azur*). Vgl. Andrej Belyj. *Stichotvorenija I. Šest' sbornikov opublikovannych stichov*. Herausgegeben, eingeleitet und kommentiert von John E. Malmstad. München: Wilhelm Fink, 1984. S. 197-210. Für die deutsche Übersetzung wurde herangezogen: *Die Zweite Symphonie, die Dramatische. Die Argonautenfahrt*. Aus dem Russischen von Thomas Menzel. Ostfildern: Ed. Tertium, 1995. S. 181-189. Seitenzahlen in Klammern nach den Zitaten beziehen sich jeweils auf diese beiden Ausgaben.

[2] Das Gedicht gehört zu einem Korpus von »argonautischen Texten« der Jahre 1901-1904, das neben dem Gedichtzyklus *Gold in Azur* auch die vier Symphonien sowie Briefe und Tagebuchnotizen umfaßt. Vgl. dazu Alexander Lavrov. »Andrei Bely and the Argonauts' Mythmaking«. *Creating Life. The Aesthetic Utopia of Russian Modernism*. Hg. Irina Paperno/Joan Delaney Grossman. Stanford, California: Stanford Univ. Press, 1994. S. 83-121.

[3] Vgl. Belyj. *Stichotvorenija* (wie Anm. 1). S. 270.

Sonnenstrahlen erbaut. Die Anhänger des Projekts haben sich mittlerweile als »Ritter vom Goldenen Orden« organisiert und feiern den bevorstehenden Abflug des Sonnenschiffes mit einem mittelalterlich anmutenden Ritual.[4]

Dichter und Ingenieur machen sich schließlich an Bord der Argo auf, um als Vorhut die »Übersiedlung der Menschheit auf die Sonne« einzuleiten und »die Prunkgemächer der Sonne mit Leben zu füllen«.[5] Die Reisenden überwinden zwar erfolgreich die Anziehungskraft der Erde, doch fern von allen Menschen, allein in der Leere des Kosmos erkennt der Schriftsteller die Hybris seines Unternehmens, will den Ingenieur zur Rechenschaft ziehen, muß aber erkennen, daß neben ihm kein Mensch, sondern nur eine Strohpuppe mit Maske sitzt. Der Dichter stirbt, und sein Leichnam treibt im Sonnenschiff durch den Kosmos. Auf der Erde machen sich unterdessen seine enthusiastischen Anhänger an eine Realisierung der Übersiedlungspläne, nicht ahnend, daß die Vorhut bereits gescheitert ist: »Die Menschheit würde in naher Zukunft eine Menge von Sonnenschiffen konstruieren, aber ihnen allen ist der Untergang vorherbestimmt.« (S. 188)[6]

Belyjs Prosagedicht versammelt auf wenigen Seiten zentrale Motive der russischen Reiseliteratur der Moderne, indem es Mythos und Science Fiction verschmilzt und zugleich eine Poetik der Flucht und der (visuellen) Flüchtigkeit entwirft, die für die russische Reisegattung im 20. Jahrhundert von größerer Bedeutung ist, als man bisher erkannt hat. Das Fragment zeugt zunächst von der Faszination des Symbolismus für Sonnenlicht und Sonnenglanz, für seltene und starke Farbeffekte, für Spiegelungen, für optische Täuschungen und visuelle Phänomene verschieden-

---

4 Alles glänzt und glitzert, leuchtet und blitzt in diesem Prosagedicht, vgl. ein besonders charakteristisches Beispiel: »Вывески домов отливали огнем. На изумрудных струях метались струи солнца. Это была пляска солнечных светочей. Это были золотые черви. Потом черви стали рубинные. Вспыхнувшие стекла становились слитками красного золота, и солнечность заливала вечерние комнаты« (S. 268; »Die Hausschilder ergossen sich in Feuer. Auf den smaragdenen Strömen trieben Sonnenstrahlen. Das war der Tanz des Sonnenlichts. Das waren goldene Würmer. Dann wurden die Würmer rubinrot. Die flammenden Fenstergläser wurden zu Barren von Rotgold, und Sonnigkeit durchfloß die abendlichen Zimmer«, S. 182f.).

5 Vgl.: »Мы возьмем в руки переселенческое дело. Земля останется без обитателей, но зато чертоги солнца наполнятся.« (S. 266).

6 Vgl. russ. Original: »Человечество в близком будущем должно было соорудить множество солнечных кораблей, но всем им будет суждена гибель […]« (S. 276).

ster Art.[7] Der Prosatext ist übersät mit Farbadjektiven, »zitternde Blitze«, »feurige Fädchen«, »goldene Pfeile« evozieren ebenso intensive wie flüchtige visuelle Phänomene.[8]

Über diese literarischen Verfahren zielt Belyjs Text auf das innere Auge des Lesers, das in die Lage versetzt bzw. angeregt werden soll, die Farbeffekte zu imaginieren. Mit der skopischen Emphase des Prosagedichts steht Belyj in einer alten europäischen Tradition, die in symbolistischen Kreisen höchste Aktualität gewann.[9] Der russische Symbolismus ging dem Futurismus und Formalismus in der Entwicklung eines »neuen Sehens« voraus, poetae docti wie Innokentij Annenskij oder Vjačeslav Ivanov konnten sich dabei auf die platonisch-aristotelische Nobilitierung des Sehsinns berufen und auf dessen überlegene Stellung in einer Hierarchie der Sinne, die ihm Gehör, Geruch, Geschmack und Tastsinn unterordnete.[10] Dieser ›Okularzentrismus‹, der die westliche Kultur und insbesondere die Moderne nach Auffassung vieler Ideenhistoriker tief geprägt hat, erreichte in russischer Rezeption um 1900 einen weiteren Höhe-

---

[7] Zu den Motiv- und Themenkomplexen ›Sonne‹ und ›Licht‹ vgl. Aage A. Hansen-Löve. *Der russische Symbolismus. System und Entfaltung der poetischen Motive. Band 2: Mythopoetischer Symbolismus: 1. Kosmische Symbolik*. Wien: Österreichische Akademie der Wissenschaften, 1998. S. 147-241.

[8] Dazu gibt es einige praktische Konstruktionshinweise: »Энергия золотых лучей препровождалась в солнечный конденсатор. Воздыханный блеск здесь переходил в жидкую лучезарность, которая дальнейшим конденсированием превращалось в золотую ковкую броню для Арго.« (S. 269; »Die Energie der Sonnenstrahlen wurde in einen Sonnenkondensator geleitet. Der luftige Glanz ging hier in strahlende Flüssigkeit über, die durch weitere Kondensierung zum goldgeschmiedeten Panzer der Argo wurde.«, S. 183).

[9] Für eine Übersicht zu Licht und Farben in der Kultur der russischen Moderne vgl. N. O. Osipova. »Svetovaja paradigma v russkoj kul'ture Serebrjanogo Veka«. *Modernités russes. 7. L'Âge d'argent dans la culture russe*. Lyon: Centre d'études slaves André Lirondelle, 2007. S. 223-235.

[10] Eine Reihe griechischer philosophischer Termini wie Theoria und Skepsis meinen das genaue, scharfe, prüfende Hinsehen und Betrachten. Vgl. auch Aristoteles. *Metaphysik*. Buch I: »Nicht bloß um handeln zu können, sondern auch ohne die Absicht zu handeln, ziehen wir das Sehen sozusagen allem anderen vor. Der Grund ist, daß diese Sinneswahrnehmung uns am meisten Kenntnisse vermittelt und viele Eigentümlichkeiten der Dinge offenbart.« Hier zitiert nach Aristoteles. *Einführungsschriften*. Eingeleitet und neu übertragen von Olof Gigon, Artemis Verlag Zürich und Stuttart 1961, S. 170.

punkt.[11] Literatur, Philosophie, religiöses Denken der Zeit entwickelten ein geschärftes Bewußtsein für die visuelle Exposition des Menschen. Der Mensch ist nicht nur das Lebewesen, das Sprache hat, sondern auch das Lebewesen, das nach Hans Blumenberg bestimmt wird vom »Komplex der Visibilität [...], der Gesehenwerdenkönnen, Sichsehenlassen und Sichdarstellen umschließt«.[12]

Auch im Prosagedicht *Die Argonauten* ist dieser »Komplex der Visibilität« voll ausgeprägt. Der utopische Plan einer Reise zur Sonne beruht auf der besonderen Intensität einer visuellen Wahrnehmung. Das Zentralgestirn, das unser Planetensystem mit Energie und Licht versorgt, wird dabei zum Objekt einer Begierde, die von einem Schriftsteller formuliert und von einem Techniker praktisch umgesetzt bzw. in Maschinenkraft übersetzt wird. Vor ihrer Sonnenfahrt präsentieren sich die Argonauten bei einem letzten Fest einer begeisterten Anhängerschaft, um dann in den Kosmos zu entschwinden, d.h. sich den Blicken der Menschen auf immer zu entziehen und unsichtbar zu werden.[13] Daß ihr Raumschiff aus reiner Energie, Licht, Strahlung besteht, verleiht der Erzählung mystische Tiefe, läßt aber auch die zeitliche Nähe dieser hochartifiziellen Prosa zu den naturwissenschaftlichen Revolutionen von Relativitätstheorie und Quantenphysik erkennen.

Zwischen Dichtung und Technik, die in dieser Konstellation untrennbar aneinander gebunden sind, öffnet sich zugleich ein unheilbarer Riß. Schon das gegensätzliche Paar, hier der Schriftsteller, der in die Betrachtung der abendlichen Herbstsonne versunken ist und daraus eine Vision

---

[11] Vgl. zu einer kritischen Diskussion einzelner Autoren und Stadien des Okularzentrismus David Michael Levin (Hg.). *Modernity and the Hegemony of Vision*. Berkeley/Los Angeles/London: University of California Press, 1993 und ders. (Hg.). *Sites of Vision, the discursive construction of sight in the history of philosophy*. Cambridge, Mass. [u.a.]: MIT Press, 1997.

[12] Vgl. Hans Blumenberg. *Beschreibung des Menschen*. Aus dem Nachlaß herausgegeben von Manfred Sommer. Frankfurt/M.: Suhrkamp, 2006. S. 779, vgl. auch ebd. S. 778: »Visibilität ist nicht nur der einfache Sachverhalt, daß der Mensch ein körperliches und damit physisch ›sichtbares‹, also Strahlung von der im Sonnenlicht enthaltenen Art reflektierendes Wesen ist. Es bedeutet mehr; vor allem, daß er vom Sehenkönnen der anderen ständig durchdrungen und bestimmt ist, sie als Sehende im Dauerkalkül seiner Lebensformen und Lebensverrichtungen hat.«

[13] »Взглянув на небо, увидели, что там, где была золотая точка, осталась только лазурь.« (S. 275). »Als sie wieder zum Himmel emporblickten, sahen sie, daß dort, wo der goldene Punkt gewesen war, nur noch azurne Bläue verblieb« (S. 187).

ableitet, dort der reine Techniker, der niemals seine Augen zeigt, der keine Augen hat, obendrein taubstumm ist und sich schließlich noch als reine Attrappe erweist, läßt eine unheilvolle Opposition von Theorie und Praxis, Vision und Machbarkeit, Licht und Dunkelheit, Sehen und Blindheit erkennen. Die Präsenz des Ingenieurs und Technikers ist für die Realisierung der kühnen Pläne des Dichters jedoch unabdingbar, diese Abhängigkeit signalisiert bei aller visionären Sonnennähe schon tiefe Zweifel an der Autonomie des Wortes und der Literatur. Mehr noch: In Belyjs Text wird die Aufbruchseuphorie der Sonnenpilger als Vorzeichen eines Zusammenbruchs gedeutet; als »eine Explosion ungeheurer Begeisterung vor einem ungeheuren Untergang« (»Это будет взрыв небывалого восторга перед небывалой гибелью«, S. 277). Die Reise zur Sonne kennt keine Rückkehr, die Menschheit ist für kosmische Eroberungen nicht ausreichend gerüstet.[14]

Über die zentrale Figur des Schriftstellers ist dieser Text zudem in hohem Maße autoreferentiell, d.h. er kommentiert den Zusammenhang von Sehen, Begehren und Schreiben auf der Inhaltsebene und der Metaebene der Textproduktion: Die Gründung der Zeitschrift *Das Goldene Vlies*, die metonymisch für das Schreiben steht, fungiert auch als Übersetzung der einzigartigen Imagination der Sonnenreise in geschriebene Worte.[15] Damit problematisiert der Text die Mechanismen der Lektüre: Diese basiert auf zielgerichteter visueller Wahrnehmung, das physische Auge nimmt Bedeutungseinheiten über die Schrift auf, die vom Gehirn, vom ›geistigen Auge‹ in Bilder, Vorstellungen, Ideen etc. umgesetzt werden.[16] Die Fähigkeit der Schrift, Illusionen zu erzeugen, die die Wahrnehmung von Wirklichkeit vollkommen verdrängen können, rührt wesentlich aus diesem Zusammenhang her.[17]

---

[14] Vgl. »Ледяные порывы свистали о безвозвратном« und »[…] нельзя было вернуться« (S. 275).

[15] Vgl. zum Nexus von Sehen und Schreiben Volker Mergenthaler. *Sehen schreiben – Schreiben sehen. Literatur und visuelle Wahrnehmung im Zusammenspiel.* Tübingen: Niemeyer, 2002. S. 3: »Literatur konstituiert sich zuallererst in einem visuellen Medium, der Schrift; der ihr korrespondierende Sinneskanal ist demnach das Auge.«

[16] Zum Versuch einer Parallelgeschichte von visueller Wahrnehmung und Moderne vgl. Thomas Kleinspehn. *Der flüchtige Blick. Sehen und Identität in der Kultur der Neuzeit.* Reinbek bei Hamburg: Rowohlt Taschenbuch, 1989; insbesondere das Kapitel »Die Verdoppelung der Bilder und die Flüchtigkeit der Moderne«, S. 233ff.

[17] Ebenda. S. 382.

Auf die wachsende Affinität moderner Reisetexte zum Sehsinn und zu einer visuellen Metaphorik ist wiederholt hingewiesen worden.[18] Die konkreten Umstände der Reise, die in älteren Texten oft auch Gehör, Geschmack oder Geruch ansprechen, werden zunehmend in Distanz gerückt – nicht zuletzt durch schnellere Fortbewegungsmittel.[19] Die reisenden Schriftsteller erfassen ihr Objekt in erster Linie mit den Augen, diese visuellen Eindrücke werden in Worte umgesetzt und verschriftlicht und dann vom Leser erneut als Schrift erblickt und in eigene Vorstellungen, Erinnerungen, Bilder übersetzt. So entsteht eine zirkulare Bewegung vom Auge zur Schrift und von der Schrift zurück zu einem anderen Auge. Der hohe Bewußtseinsgrad und die Selbstreflexivität dieser Textart machen sie zu einem Musterbeispiel für Beobachtung zweiter Ordnung und damit für epistemische Modernisierung.[20] Auch in Belyjs Text animiert der Visionär des neuen Argonautenzuges seine Leser mit Hilfe der Schrift und des Schreibens, die begrenzte menschliche Sphäre zu verlassen und in kosmische Weiten aufzubrechen, d.h. über die Endlichkeit der menschlichen Existenz »hinauszublicken« – so wie es Andrej Belyj, der reale Autor des vor uns liegenden Textes mit seinen Lesern versucht.

Belyjs Argonautenfahrt greift neben dem Vorbild des griechischen Mythos mit der »Pilgerreligion« auch explizit die russische Pilgerfahrt auf, die lange Jahrhunderte einer zentralen Gattung von Bewegungstexten zugrunde lag.[21] Die Pilgerfahrt (straničestvo) gilt einem Ziel, das in einem geschlossenen Kosmos liegt und seine Bedeutung nicht etwa aus seiner geographischen Lage, sondern aus einer figurativen Topographie der Erlösung und des Heils bezieht.[22] Wie Jurij Lotman in einer Untersuchung über den geographischen Raumbegriff in mittelalterlichen russischen Texten dargelegt hat, wurden Pilgerreisen nicht nur als räumliche Fortbewegung konzeptualisiert, sondern auch auf einer axiologischen

---

18 So z.B. von Friedrich Wolfzettel. *Reiseberichte und mythische Struktur*. Stuttgart: Steiner, 2003. Hier S. 60.

19 Zur Einwirkung der Eisenbahn auf die Wahrnehmung vgl. z.B. Wolfgang Schivelbusch. *Geschichte der Eisenbahnreise. Zur Industrialisierung von Raum und Zeit im 19. Jahrhundert*. Frankfurt/M.: Fischer Taschenbuch, 2000; insbesondere das Kapitel »Das panoramatische Reisen«, S. 51-67.

20 Zum Begriff ›epistemische Modernisierung‹ vgl. u.a. Hans-Ulrich Gumbrecht. »Kaskaden der Modernisierung«. *Mehrdeutigkeiten der Moderne*. Hg. Johannes Weiß. Kassel: Univ. Press, 1998. S. 17-41.

21 Vgl. z.B. Klaus-Dieter Seemann. *Die altrussische Wallfahrtsliteratur: Theorie und Geschichte eines literarischen Genres*. München: Fink, 1976.

22 Vgl. ebenda. S. 52-58.

Skala angesiedelt, einer Hierarchie von Werten, deren höchster Punkt im Himmel und niedrigster in der Hölle lokalisiert war.[23] Der Begriff ›stranničestvo‹, der etymologisch »durch die Lande Ziehen« bedeutet, stellt einen Zusammenhang her zu anderen russischen Praxen der Raumerschließung und -erfahrung: dazu gehören Wandern, Umherziehen, Vagabundieren (brodjažničestvo) und nicht zuletzt Flüchten (begstvo), eine von Bauern und Leibeigenen, aber auch verschiedenen Ethnien geübte Praxis, um sich der Dominanz des Zentrums zu entziehen.[24]

Während die Pilgerfahrt sich in einem geschlossenen religiösen Kosmos vollzieht und die Reise an ein transzendentales Ziel zurückbindet, führen Reisen der Neuzeit in einen prinzipiell offen gedachten Raum.[25] Belyj kombiniert beide Vorstellungen, indem er die Argonauten des 23. Jahrhunderts eine Pilgerfahrt zur Sonne veranstalten läßt, die aber irgendwo im Kosmos bzw. im Nichts endet. Die Bewegungsfreiheit der Moderne wird vom technischen Fortschritt tendenziell auf den Kosmos ausgeweitet, aber die Reise zur Sonne bedeutet nicht Selbstvergewisserung, sondern Selbstverlust. Belyjs Prosagedicht entfaltet damit nicht nur eine subtile Poetik des Sehens und Gesehenwerdens, sondern es markiert einen Scheitelpunkt des russischen Reisetextes wie des autobiographischen Diskurses um die Jahrhundertwende.

Um diese Position erfassen zu können, muß man den autobiographischen Subtext des Prosagedichts berücksichtigen, der sich eingeweihten Lesern wie den Freunden des Dichters sofort erschloß. In seiner Moskauer Studienzeit wirkte Belyj in den ersten Jahren des neuen Jahrhunderts mit bei der Gründung des *Argonautenkreises* von jungen Künstlern und Intellektuellen, die sich auf die Suche nach einer geistigen Erneuerung der russischen Kultur machten, wie einst die mythischen Argonauten auf die Suche nach dem Goldenen Vlies. Die Aufbruchsmetaphorik und

---

23 Vgl. dazu Jurij M. Lotman. »O ponjatii geografičeskogo prostranstva v russkich srednevekovych tekstach«. Ders. *Izbrannye stat'i. T. 1: Stat'i o semiotike i tipologii kul'tury*. Tallinn: Aleksandra, 1992. S. 407-413.

24 Vgl. Seemann. *Wallfahrtsliteratur* (wie Anm. 21). S. 91-113; sowie die umfangreiche neue Darstellung russischer Raumpraxen von Felix Philipp Ingold. *Russische Wege. Geschichte Kultur Weltbild*. München: Wilhelm Fink, 2007.

25 Vgl. dazu auch Jaś Elsner/Joan-Pau Rubiés. »Introduction«. *Voyages and Visions. Towards a Cultural History of Travel*. Hg. Jaś Elsner/Joan-Pau Rubiés. London: Reaktion Books, 1999. S. 1-56. Hier S. 4: »[...] the cultural history of travel is best seen as a dialectic of dominant paradigms between two poles, which we might define as the transcendental vision of pilgrimage and the open-ended process which typically characterizes modernity.«

-symbolik der Argonautenfahrt prägte das gesamte Frühwerk. Von Beginn seiner schriftstellerischen Laufbahn an erschienen Reisen dem ruhelos Suchenden, der nach dem Auszug aus der elterlichen Wohnung keine feste Bleibe mehr haben sollte, als kongeniale Aktivität, die seine literarische Produktivität stimulierte oder sogar erst freisetzte.[26] Er sollte im Laufe der zehner und zwanziger Jahre wichtige Reisetexte über Nordafrika, Berlin und den Kaukasus verfassen.[27] Das Fragment *Die Argonauten* erscheint somit auch als Ankündigung seiner eigenen Argonautenfahrt, seiner irdischen Reisen auf der Suche nach dem Goldenen Vlies.[28]

Belyjs Prosagedicht ist aber auch mit der Geschichte der russischen Reisegattung enger verbunden als es zunächst scheinen mag, liegt es doch auf einer Linie der kontinuierlichen Ausweitung des Reiseradius russischer Schriftsteller vom späten 18. zum späten 19. Jahrhundert. Um 1900 blickte die Gattung moderner Reisetexte in russischer Sprache auf eine kurze, aber überaus reiche Geschichte zurück. Nikolaj Karamzin brach gegen Ende des 18. Jahrhunderts auf dem Höhepunkt russischer Aufklärungsbegeisterung in die Zentren der europäischen Zivilisation auf, um sich das Fremde anzuverwandeln und die Entwicklung einer synkretistischen Kultur aus europäischen und russischen Elementen zu befördern.[29] Seine *Pis'ma russkogo putešestvennika* (*Briefe eines russischen Reisenden*) wirkten für lange Zeit normgebend und stilbildend auf die Gattung

---

26 Die gründlichste Beschreibung von Belyjs Reisen und eine Kompilation seiner Reisetexte stammen von dem französischen Slavisten Claude Frioux. *Andréi Biély, Le collecteur d'espaces. Notes, mémoires, correspondances*. Présenté et traduit du russe par Claude Frioux. Paris: L. Vuitton, 2000.

27 Zu Belyjs Krisen in Berlin vgl. Wolfgang Stephan Kissel. »Die Metropolenreise als Hadesfahrt: Andrej Belyjs Berliner Skizzen ›Im Reich der Schatten‹«. *Berlin, Paris, Moskau: Reiseliteratur und die Metropolen*. Hg. Walter Fähnders/Nils Plath/Hendrik Weber/Inka Zahn. Bielefeld: Aisthesis, 2005. S. 227-251; sowie ders. »Une descente aux Enfers: Le projet autobiographique d'Andrej Belyj et son séjour à Berlin (1922/23)«. *Revue des Etudes Slaves*, LXXIX/3. Paris 2008. S. 375-388.

28 Gegen Ende seines Lebens, während einer Reise in die Gegend der mythischen Kolchis sollte Belyj das Argonautenthema noch einmal in Gedichtform aufgreifen. Vgl. A. Belyj. Stichotvorenija II. Nesobrannoe, pererabotannoe i neopublikovannoe. Herausgegeben, eingeleitet und kommentiert von John E. Malmstad. München: Wilhelm Fink, 1982. S. 191-195.

29 Grundlegend zu Karamzins Reisebericht Jurij M. Lotman/Boris A. Uspenskij. »›Pis'ma russkogo putešestvennika‹ Karamzina i ich mesto v razvitii russkoj kul'tury«. Nikolaj M. Karamzin. *Pis'ma russkogo putešestvennika*. Leningrad: Nauka, 1984. S. 525-607.

der russischen Reisetexte, kein Schriftsteller, der nach (West)Europa reiste, konnte sich diesem Einfluß gänzlich entziehen.[30] Viele Details, die der Text ausführte, entsprachen nicht der historischen Realität von Karamzins Reise, sondern wurden nur vom geistigen Auge des Schriftstellers erblickt, waren also im strengen Sinn Fiktion. Mit dieser Öffnung siedelte sich auch der moderne russische Reisetext an einer Nahtstelle zwischen Fiktion und Dokumentation an.[31] Es entstand eine außerordentlich enge Bindung russischer Reisetexte an literarische Normen, eine betonte Literarizität, die die Blicke der reisenden russischen Schriftsteller ebenso stark an Prätexten wie an der Realität der bereisten Länder ausrichtete.[32]

Schon im ersten Drittel des 19. Jahrhunderts traten allerdings neben Texte über (West)Europareisen Texte über Reisen in (fern)östliche und südöstliche Richtung. Unter ihnen kommt Aleksandr Puškins *Putešestvie v Arzrum* (1830; *Die Reise nach Arzrum*) besondere Bedeutung zu. Der Autor, dem das freie Reisen nach Westeuropa zeitlebens versagt blieb, floh vor der Enge und den Intrigen des Petersburger Hofs in ein orientalisches Abenteuer. Bei Reiseantritt stellte das Erreichen und Überschreiten der Grenzen des russischen Imperiums für Puškin eine besondere Herausforderung dar. Doch die Flucht aus dem Imperium blieb dem reisenden Dichter verwehrt: Als er am Fluß Arpačaj anlangte, war die Armee des Zaren bereits über diese Grenze vorgedrungen. Der Dichter wurde im Akt der versuchten Grenzüberschreitung zurückgeworfen, d.h. erneut auf seine Imagination verwiesen. In diesem Sinne ist *Die Reise nach Arzrum* eine Meditation über die Grenzen nicht nur des russischen Imperiums, sondern der Bedeutung räumlicher und zeitlicher Grenzen, eine Meditation auch über die Grenzen der Literatur, die Grenzen des Sagbaren.[33]

---

30 Sara Dickinson. *Breaking Ground. Travel and National Culture in Russia From Peter I to the Era of Pushkin*. Amsterdam/New York: Rodopi, 2006.

31 Vgl. Wolfgang Asholt. »Reiseliteratur und Fiktion«. Ders./Claude Leroy. *Die Blicke der Anderen Paris-Berlin-Moskau*. Bielefeld: Aisthesis, 2006. S. 79-100. Hier S. 79ff.

32 Ingrid Kleespies. »Caught at the Border: Travel, Nomadism, and Russian National Identity in Karamzin's Letters of A Russian Traveller and Dostoevsky's Winter Notes On Summer Impressions«. *Slavic and East European Journal* Vol. 50, No 2 (2006): S. 231-251.

33 Vgl. Monika Greenleaf. *Pushkin and Romantic Fashion. Fragment, Elegy, Orient, Irony*. Stanford, California: Stanford University Press, 1994; insbesondere das Kapitel »The Foreign Fountain: Self as Other in the Oriental Poem«, S. 108-155.

Übertrat Puškin schon mit seiner Reise auf den Spuren des Feldzuges gegen das Osmanische Reich das Verbot des Grafen Benkendorf, so verstieß sein Text über die Reise erst recht gegen die damaligen Konventionen der Gattung, denn die Blicke des flüchtigen Dichters entkleideten den Eroberungszug jeglicher exotischen Aura und führten eine ethnographische Nüchternheit in die russische Literatur ein, die wie Karamzins Vorbild Maßstäbe für kommende Generationen setzte. Nach diesen beiden Gründungstexten der modernen russischen Reiseliteratur wird die Gattung immer auch in der ein oder anderen Form die Frage nach der Bestimmung Russlands zwischen Okzident und Orient, Europa und Asien berühren.

Die große Zeit der russischen Ethnographie seit Mitte des 19. Jahrhunderts wird begleitet von einer schier unüberschaubaren Fülle wissenschaftlicher Reisetexte, Landschafts- und Naturbeschreibungen, von denen die Arbeiten der Naturkundler Grigorij Grum-Gržimajlo und Nikolaj Prževal'skij, beide Erforscher Mittelasiens weit über die Grenzen Rußlands hinaus bekannt wurden.[34] In den 1890er Jahren verstärkte sich auch unter Schriftstellern eine Tendenz zum Ausgreifen über den begrenzten europäischen Horizont hinaus in Richtung Orient: So reisten z.B. Vladimir Solov'ev, Michail Kuzmin und Vjačeslav Ivanov, später Andrej Belyj nach Ägypten, Nikolaj Gumilev inszenierte seine Äthiopien-Reisen als Selbstbehauptung eines heroischen Dichtertums in einer entzauberten Welt. Diese Reisen sind vielfach wie in Belyjs *Argonauten* säkularisierte Pilgerfahrten (stranničestvo), die die romantische Suche nach einem Absolutum fortsetzen. Die Hinwendung zum Osten und Südosten erzeugte eine Vielfalt neuer Spielarten des russischen Reiseberichts, die dazu beitrugen, einen ›Osten des Ostens‹, einen ›russischen Orient‹ zu (er)finden und für die moderne russische Literatur zu erschließen.

Um die Jahrhundertwende, zur Entstehungszeit von Belyjs *Argonauten* gehörten häufige Reisen und außergewöhnliche Reiseziele als Ausdruck von Ungebundenheit, Experimentierfreude und Wagemut zum Selbstverständnis besonders der Moskauer und Petersburger Künstlerboheme.[35] Wohl erstmals erreichte eine Generation russischer Künstler eine Welt-

[34] Vgl. z.B. Daniel Brower. »Imperial Russia and Its Orient: The Renown of Nikolai Przhevalsky«. *The Russian Review* Vol. 53, July (1994): S. 367-381; und Donald Rayfield. *The Dream of Lhasa: the Life of Nikolay Przhevalsky (1839-88) Explorer of Central Asia*. London: Elek, 1976.

[35] Sie fügen sich damit ein in eine Bewegung, die beschrieben wird von Christoph Otterbeck. *Europa verlassen. Künstlerreisen am Beginn des 20. Jahrhunderts*. Köln/Weimar/Wien: Böhlau, 2007.

läufigkeit, die es ihr gestattete, sich von der Fixierung auf Europa bzw. den Westen zu lösen. Ivan Bunin bekannte sich z.B. zu seiner »unersättlichen Reiseleidenschaft«. Noch vor dem Ersten Weltkrieg brach er zu einer Weltreise auf, deren Spuren sich in vielen seiner Erzählungen finden.[36] Auch der Dichter Konstantin Bal'mont erschloß sich Asien, Afrika, Südamerika noch vor dem Krieg durch Reisen. Sein zweiter Gedichtzyklus *Budem kak solnce. Kniga simvolov* (1902; *Wir werden sein wie die Sonne. Buch der Symbole*) gehört zu den unmittelbaren Prätexten der Argonautenfahrt Belyjs.

II

So fern das Prosagedicht *Die Argonauten* der Realität des Reisens um 1900 zu sein scheint, so eng ist es doch verbunden mit der Aufbruchseuphorie einer ganzen Epoche. Das Phantasma der Sonnen- oder Sternenreise, der kosmischen Bewegungsfreiheit als einer Steigerung irdischer Bewegungsfreiheit hat nicht nur Andrej Belyj, sondern die gesamte literarische Moderne in vielerlei Varianten fasziniert.[37] Der Glaube an die technische Realisierbarkeit solcher Visionen war in der russischen Kultur vor dem Ersten Weltkrieg wie später auch in der sowjetischen Ära gerade unter Naturwissenschaftlern und Ingenieuren erstaunlich weit verbreitet. In der unmittelbaren Vor- und Nachkriegszeit entstanden so zahlreiche Übergänge und Verbindungslinien zwischen symbolistischen, avantgardistischen und naturwissenschaftlich-technischen Diskursen. Elemente von Science Fiction in Belyjs Text wie die Konstruktion eines Raumschiffes mit Hilfe von Licht und Strahlen sollten sich wenige Jahre später bereits

---

[36] Vgl. Irina Odoevceva. *Na beregach Seny*. Moskva: Chudožestvennaja literatura, 1989. S. 257.

[37] Zur russischen Literatur vgl. vor allem Michael Hagemeister. »Die Eroberung des Raums und die Beherrschung der Zeit. Utopische, apokalyptische und magisch-okkulte Elemente in den Zukunftsentwürfen der Sowjetzeit«. *Die Musen der Macht. Medien in der sowjetischen Kultur der 20er und 30er Jahre*. Hg. Jurij Murašov/Georg Witte. München: Wilhelm Fink, 2003. S. 257-284. Neuerdings auch: Matthias Schwartz. »Wladimir Velminski und Torben Philipp, Bazarovs Erben. Ästhetische Aneignungen von Wissenschaft und Technik in Russland und in der Sowjetunion«. *Laien, Lektüren, Laboratorien: Künste und Wissenschaften in Russland 1860-1960*. Hg. Matthias Schwartz. Frankfurt/M. u.a.: Lang, 2008. S. 9-36. Zur westlichen Literatur über Sternenreisen vgl. z.B. Edward James. »Per ardua ad astra: Authorial Choice and the Narrative of Interstellar Travel«. *Voyages and Visions* (wie Anm. 25). S. 252-271.

in den Entwürfen russischer Ingenieure wiederfinden. Konstantin Ciolkovskij, einer der Begründer der sowjetischen Raketentechnik, prognostizierte bereits 1911, »in ihrem Drang nach Licht und Weite« werde die Menschheit »die Grenze der Atmosphäre überschreiten, um sich dann den gesamten Raum des Sonnensystems zu erobern«.[38]

Von solchen Prognosen und Prophezeiungen wurden wiederum extreme Splittergruppen der Avantgarde, die in den unruhigen Jahren nach Revolution und Bürgerkrieg so rasch entstanden wie vergingen, zu eigenen Programmen angeregt. So erschien am 4. Januar 1922 in der *Izvestija* ein Aufruf der *Rußländischen und Moskauer Anarchisten-Biokosmisten*, der im Namen von »Immortalismus und Interplanetarismus« das fundamentale Menschenrecht auf »Bewegungsfreiheit im kosmischen Raum« verkündete.[39] In einer »biokosmischen Poetik« hatte einer der Mitverfasser, Aleksandr Svjatogor, ein Jahr zuvor formuliert: »Wir setzen auch den ›Sieg über den Raum‹ auf die Tagesordnung. Wir sagen: nicht Luftfahrt – das wäre viel zu wenig –, sondern Raumfahrt. Und zum Raumschiff, gelenkt vom weisen Willen des Biokosmisten, muß unsere Erde werden.«[40]

In dergleichen Manifesten und Verlautbarungen erreichte eine utopische Linie der russischen Kultur einen Höhepunkt, die auf maximale Freiheit zielte. Daher besitzt das Ausgreifen in den kosmischen Raum bei aller Maßlosigkeit und Lust an der Provokation auch eine gewisse Logik, kann doch eine Avantgarde, die sich in einer Linie des ununterbrochenen und unendlichen Aufstiegs sieht, keinerlei Einschränkung ihrer Bewegungsfreiheit und schon gar nicht den Tod, den finalen Stillstand hinnehmen. Die Avantgarden begrüßten den technischen Fortschritt folgerichtig als Vorboten einer kommenden großen Freiheit. Ein Vertreter der frühen sowjetischen ›Naučnaja Fantastika‹ (›Wissenschaftlichen Phantastik‹) Viktor Gončarov veröffentlichte 1924 den Roman *Mežplanetnyj putešestvennik* (*Der interplanetare Reisende*), in dem die Nutzung von Sonnenenergie eine Fortbewegung ohne Grenzen erlaubt.[41] Mitte der 1930er

---

38 Hier zitiert nach: Michael Hagemeister. »‚Unser Körper muß unser Werk sein‹. Beherrschung der Natur und Überwindung des Todes in russischen Projekten des frühen 20. Jahrhunderts«. *Die Neue Menschheit. Biopolitische Utopien in Russland zu Beginn des 20. Jahrhunderts*. Hg. Boris Groys/Michael Hagemeister unter Mitarbeit von Anne von der Heiden. Frankfurt/M.: Suhrkamp, 2005. S. 19-67. Hier S. 59.

39 Zit. n. ebenda. S. 25.

40 Ebenda. S. 393.

41 Vgl. Leonid Heller/Michel Niqueux. *Geschichte der Utopie in Rußland*. Bietigheim-Bissingen: Ed. Tertium, 2003. S. 250.

Jahre legte Ciolkovskij selbst noch eine »kosmische Philosophie« vor, nach der die Menschheit als höhere Intelligenz die Pflicht hat, auf dem Weg zur Vollkommenheit alles Leiden und alle Quellen des Leidens u.a. Tiere und Menschen mit Defekten auszulöschen, um sich schließlich in eine vergeistigte »Strahlenmenschheit« (»lučistoe čelovečestvo«) zu verwandeln.[42]

Im Laufe desselben Jahres, in dem die Biokosmisten Anspruch auf interstellare Reisefreiheit erhoben, schränkte die sowjetische Bürokratie auf Anweisung Lenins die irdische Reisefreiheit der Bevölkerung Zug um Zug ein. Im Herbst 1922 wurden über zweihundert Vertreter der ›bourgeoisen Intelligenz‹ zusammen mit ihren Familien verhaftet und in einer spektakulären Aktion auf dem Seeweg aus dem Sowjetstaat herausgeschafft.[43] Zwischen September und November 1922 liefen von Odessa und Petrograd mehrere Schiffe mit Expatriierten aus, von denen annähernd die Hälfte Schriftsteller, Philosophen und Philologen waren, darunter so bedeutende wie Nikolaj Berdjaev, Simon Frank, Ivan Il'in, Nikolaj Losskij, Fedor Stepun oder Boris Vyšeslavcev. Die Expatriierten gehörten ausnahmslos der politischen Mitte oder gemäßigten Linken an, der Verlust ihres materiellen Besitzes, ihrer Heimat und ihres Wirkungsfeldes traf sie ohne Anklage, ohne Gerichtsurteil. Wer es wagte, eigenmächtig aus dem erzwungenen Exil zurückzukehren, dem drohte die Todesstrafe durch Erschießen.

Der ›Philosophendampfer‹ (›filosofskij parochod‹) wurde zum Symbol für die Austreibung des liberalen Geistes aus dem jungen sowjetischen Staat: Wie kaum ein anderer Willkürakt zu Beginn der sowjetischen Ära signalisierte diese frühe Säuberung die Entschlossenheit der neuen Regierung, sich der alten Eliten um jeden Preis, und sei es der Verlust unwiederbringlicher geistiger Ressourcen, zu entledigen. Die Ausweisung kann damit zu Recht zu jenen Zäsuren gezählt werden, die den Epochenbruch zwischen zaristischem und sowjetischem Rußland, das Ende der ›Petersburger Periode‹ und den Beginn einer Parteidiktatur markieren.

Zwischen dem avantgardistischen Phantasma völliger Bewegungsfreiheit, ja kosmischer Omnipräsenz der menschlichen Spezies und der harten Realität des sowjetischen Paßregimes mit Zwangsausweisungen und

---

[42] Auszüge aus Schriften Ciolkovskij finden sich bei Groys/Hagemeister. *Die neue Menschheit* (wie Anm. 37). S. 233-390.

[43] Der Forschungsstand zu dieser Ausweisungswelle findet sich bei V. G. Makarov/V. S. Christoforov. »Passažiry ›filosofskogo parochoda‹ (sud'by intelligencii, repressirovannoj letom – osen'ju 1922 g.)«. *Voprosy filosofii* 7 (2003): S. 113-136.

Reisebeschränkungen öffnete sich also spätestens im Jahr 1922 eine verhängnisvolle Kluft. Schien noch um die Jahrhundertwende das Reisen innerhalb und außerhalb Rußlands zumindest für die privilegierten Schichten eine Selbstverständlichkeit und für viele russische Künstler eine Lebens- und Arbeitsnotwendigkeit, so nahm die sowjetische Regierung von Anfang an dieses Versprechen der Moderne zurück.[44] Sie tat dies auch aus Gründen der Selbsterhaltung, denn nach Revolution und Bürgerkrieg verließen bis zu einer Million Russen, darunter viele Petersburger und Moskauer Schriftsteller, Künstler und Intellektuelle, fluchtartig ihre Heimat, um sich vor Hungersnöten, Epidemien und Gewaltexzessen in Sicherheit zu bringen.[45] Dieser Exodus gehört weltweit zu den großen Migrationen des 20. Jahrhunderts.[46] Die Massenemigration der Jahre 1918-1922 zwang die neuen Machthaber ihre Beziehungen nach außen zu definieren und eine Vielzahl von Aus- und Einreisebestimmungen zu erlassen, deren Verletzung mit drakonischen Strafen belegt wurde.[47]

Durch Reiseverbote und Reisebeschränkungen, d.h. die Beschneidung elementarer Bürgerrechte sollten die Zahl und die Zusammensetzung von Immigranten und Emigranten so weit wie möglich kontrolliert werden. Zwangen zu Beginn der zwanziger Jahre Ausweisungsaktionen in der Art des ›Philosophendampfers‹ potentielle Regimegegner außer Landes, so wurde im Gegenzug vielen Ausreisewilligen der Reisepaß oder das Visum verweigert, die Geheimpolizei nutzte das zermürbende Warten auf eine Ausreisegenehmigung oft als psychologisches Folterinstrument und hielt bevorzugt Künstler und Intellektuelle Monate in qualvoller Ungewißheit. Unter diesen Umständen wurde die Fahrt aus dem sowjetischen Imperium ein umkämpftes Privileg, die Heimkehr aus dem (westlichen) Ausland aber zu einer bewußten Entscheidung, einem Bekenntnis oder einem tödlichen Risiko.

Je einschneidender und umfassender die neuen Bestimmungen ausfielen, desto unverkennbarer wurde in die staatlich-bürokratische Praxis der Sowjetunion eine für die moderne Welt außergewöhnliche Figur der Ex-

---

[44] Dabei sei nicht verschwiegen, daß auch das vorrevolutionäre Rußland strenge Einreisebestimmungen kannte.

[45] Vgl. Peter Gatrell. *A Whole Empire Walking: Refugees in Russia During World War I*. Bloomington, Ind. [u.a.]: Indiana Univ. Press, 1999.

[46] Vgl. Karl Schlögel (Hg.). *Der Große Exodus. Die russische Emigration und ihre Zentren 1917 bis 1941*. München: Beck, 1994.

[47] Vgl. Jurij Fel'štinskij. *K istorii našej zakrytosti. Zakonodatel'nye osnovy sovetskoj immigracionnoj i ėmigracionnoj politiki*. London: Overseas Publ. Interchange, 1988. S. 110ff.

klusion eingeschrieben: Nach dem Willen der sowjetischen Regierung konnte eine Bevölkerung, die ein Sechstel des Planeten bewohnte, tendenziell von der übrigen Welt ausgeschlossen werden, wie vice versa der Rest der Welt von Sowjetrußland.[48] Die Gewißheit, die Sowjetunion nicht nach eigenem Gutdünken verlassen und sich häufig auch innerhalb ihres Territoriums nicht frei bewegen zu können, d.h. im eigenen Land eingeschlossen und zugleich von vielen Ländern der Erde ausgeschlossen zu sein, prägte die kleinbürgerliche Identität des ›homo sovieticus‹ mindestens ebenso wie ideologische Normen. Mehrere Generationen mußten ohne Griechenland- oder Italien-Erlebnis, ohne eigene Anschauung Frankreichs oder Deutschlands auskommen, mußten verzichten auf Reiseeindrücke von London, Paris oder Rom, die den Horizont der Vertreter der klassischen russischen Moderne geweitet und ihr Welt- und Menschenbild nachhaltig bestimmt hatten. Die scharfe Beeinträchtigung oder gänzliche Aufhebung der Reisefreiheit wird während der gesamten Existenz der Sowjetunion den Gedanken an Flucht aus dem Imperium bei zahlreichen Intellektuellen und Künstlern stimulieren, unter solchen Umständen wurden für mehrere russische Generationen Reisen ins westliche Ausland und Fliehen fast zu Synonymen.

Die Zäsur der Jahre 1918-1922 bedeutete nicht das Ende der Reisen und Reisetexte, wohl aber ihre grundlegende Transformation. Die aristokratische Grand Tour wie auch die Bildungs- und Vergnügungsreisen des wohlhabenden Bürgertums gehörten der Vergangenheit an, die Reisen, die sowjetische bzw. Exilschriftsteller in den zwanziger und dreißiger Jahren unternehmen wollten oder mußten, gehorchten anderen Gesetzen, aber gerade in der Ära der umfassenden Reglementierung des Reisens wuchs die Anziehungskraft eines ungehinderten, freien Reisens und des Schreibens über solche Reisen in dem Maße, in dem die staatliche Literaturpolitik Reisetexte bestimmten Normen unterwarf.

Die Neue Ökonomische Politik, die Lenin auf dem X. Parteitag im März 1921 einleitete, lockerte zunächst einige Reisebeschränkungen. Es gab sowjetische Staatsbürger, bisweilen auch Emigranten, Inhaber von Pässen, die für wirtschaftliche und staatliche Institutionen der Sowjetunion im Ausland arbeiteten, sich in manchen Fällen Jahre im Ausland aufhielten, ohne sich zur Emigration zu entschließen oder mit der Sowjetunion

[48] Zur Raumpraxis der Exklusion vgl. Wolfgang Stephan Kissel. »Einschließende Ausgrenzung: Figuren der Exklusion in wechselseitigen Konzeptualisierungen Polens und Rußlands«. *Exklusion. Chronotopoi der Ausgrenzung in der russischen und polnischen Literatur des 20.Jahrhunderts*. Hg. ders./Franziska Thun-Hohenstein. München: Sagner, 2006. S. 13-35.

zu brechen. In solchen Fällen wurde die Grenze zwischen Reise, Auslandsaufenthalt und Emigration durchlässig.[49] Aus- und Einreise, vor allem aber die Rückkehr erhielten für die gesamte Dauer des sowjetischen Imperiums einen besonderen Zeichen- und Symbolwert. Die unlängst aufgestellte These einer Desemiotisierung russischer Reisen in der sowjetischen Ära wäre also aus dieser Sicht zu modifizieren: Reisen oder zumindest einzelne ihrer Elemente konnten im Gegenteil verstärkt semiotisiert werden.[50]

III

Der Titel dieses Bandes *Flüchtige Blicke* verweist nicht nur auf den konkreten historischen Kontext von Reise als Flucht, sondern auch auf eine Poetik der sowjetischen Kultur, in der Visualität im umfassenden Sinn – über die Aufwertung visueller Phänomene und Perzeptionen in einer neuen urbanen, industrialisierten Zivilisationsform, über die Konstituierung und Lektüre eines neuen sowjetischen Raums, über die Kontrolle durch Blicke in Gefängnissen und Lagern eine zentrale Rolle spielt.[51] Die tiefgreifende Veränderung aller Lebensbedingungen stand von Anfang an im Zeichen von Naturwissenschaft und Technik. Ein oftmals naiv-magischer Szientismus ersetzte für gläubige Parteiangehörige religiöse Bindungen, der Sozialismus leninistischer und stalinistischer Prägung verstand sich als eine systematische Verwissenschaftlichung des Lebens, die politische Revolution setzte eine Medienrevolution, eine Revolution der Fortbewe-

---

[49] Vgl. dazu auch Karl Schlögel. »›Rußland jenseits der Grenzen‹. Zum Verhältnis von russischem Exil, alter und neuer Heimat«. *Exilforschung. Ein internationales Jahrbuch. Bd. 18: Exile des 20. Jahrhunderts*. München: text + kritik, 2000, S. 14-37. Hier S. 22.

[50] Die anregende These ist von Susi Frank aufgestellt worden. Vgl. Susi Frank. »Einleitende Bemerkungen zum Thema ›Die Reisen in der russischen Kultur‹«. *Welt der Slaven* LII (2007): S. 201-205. Hier S.204f.: »Der sowjetische Raum wurde symbolisch arretiert. […] Dadurch erhielt der sowjetische Raum eine ganz spezifische Struktur, während konkrete räumliche Bewegung, Reise, im Grunde desemiotisiert wurde, ihren symbolischen Wert und ihre semiotische Signifikanz verlor.« Vgl. auch den Artikel von Susi Frank in diesem Band. Man mag viele Artikel dieses Bandes als eine Antwort auf die Frage verstehen.

[51] Vgl. Vladimir Kaganskij. *Kul'turnyj landšaft i sovetskoe obitaemoe prostranstvo*. Moskva: NLO, 2001.

gungsmittel wie der Wahrnehmungstechnologien voraus und trieb diese wiederum programmatisch voran.[52]

Die Bolschewiki hatten ihre politischen Erfahrungen mit Herrschaft in Situationen der Exklusion, im Gefängnis, in der Verbannung, im Exil, zuletzt im Bürgerkrieg erworben und betrachteten die Abwesenheit von militärischen Konflikten nicht als unabdingbare zivilisatorische Errungenschaft. Im Bewußtsein ihres hauchdünnen Siegs und der Fragilität ihrer Macht verließen sie sich von Anfang an in hohem Maße auf Waffengewalt und setzten grundsätzliche Vereinbarungen der Aufklärung unter Berufung auf Traditionslinien der Aufklärung außer Kraft. Nach der Konsolidierung der Parteidiktatur gehörten Vertreibung, Gefangenschaft und Verbannung zum festen Bestand sowjetischer Herrschaftspraktiken. Dabei stellte sich das kommunistische System in einen diametralen Gegensatz sowohl zur Petersburger Adelskultur als auch zur altrussischen, bäuerlich-ländlichen Lebenswelt.

Der vollkommene Bruch bedingte auch eine Neuordnung des Raumes bzw. die Erschaffung eines sowjetischen Raumes, dessen Homogenität durch die Parallelwelten von Lager und Exil, durch ein ›Rußland außerhalb der Grenzen‹ (›Rossija za rubežom‹) und den gewaltigen Archipel Gulag gesichert wurde: Dorthin konnten alle ›schädlichen Elemente‹ vertrieben bzw. verbannt werden. Die politische und militärische Inbesitznahme dieses neu konzeptualisierten Raumes in den zwanziger und dreißiger Jahren, seine wissenschaftliche Erschließung wie auch die Überwachung und Disziplinierung der Bürger standen unter dem Vorzeichen einer aggressiven Variante von Okularzentrismus.[53] Industrialisierung und Urbanisierung, die Beschleunigung der Lebensrhythmen in den Großstädten und die Anforderungen einer industrialisieren Arbeitswelt forderten den Sehsinn in nie gekannter Weise heraus, eine Vielfalt von neuartigen visuellen Eindrücken mußte aufgenommen und an- bzw. zuge-

[52] Zu diesen Wechselwirkungen vgl. Murašov/Witte (Hg.). *Die Musen der Macht* (wie Anm. 36).

[53] Es scheint produktiv, folgende Diagnose von Christoph Wulf auf den Stalinismus zu beziehen: »[…] in der aktuellen Gefährdung des Auges spiegelt sich der Zustand der europäischen Zivilisation, die zwischen kontrollierender Herrschaft und haltlosem Überwältigtwerden hypertrophierte und das Maß verloren hat.« Vgl. Christoph Wulf. »Das gefährdete Auge. Ein Kaleidoskop der Geschichte des Sehens«. *Das Schwinden der Sinne*. Hg. Dietmar Kamper/Christoph Wulf. Frankfurt/M.: Suhrkamp, 1984. S. 21-45. Hier S. 21; vgl. auch den Abschnitt »Der kontrollierende Blick«, S. 27ff.

ordnet werden.[54] Die Alphabetisierung der bäuerlichen Bevölkerungsmehrheit wurde entschlossen vorangetrieben.[55] Eisenbahnen, Automobile und Flugzeuge verkürzten Distanzen und brachten zuvor weit entlegene Ziele in Reichweite.[56] Die Medien Photographie und Film revolutionierten die Sehgewohnheiten, erreichten erstmals ein Massenpublikum und wurden als Mittel der Propaganda und Manipulation in großem Maßstab und unter Instrumentalisierung der künstlerischen Avantgarden eingesetzt.[57] Diese Instrumentalisierung vollzieht sich in Phasen und nimmt mit der stalinistischen Kulturpolitik seit 1929 und der Verkündung des sozrealistischen Kanons 1934 völlig andere Dimensionen an.

In der Geschichte der frühen sowjetischen Propaganda läßt sich eine bezeichnende Parallele zu Belyjs Argonautenfahrt entdecken. Das Experiment Sowjetunion wurde von führenden Bolschewiki, nicht zuletzt von Lenin als eine Art von ›Reise zur Sonne‹, als Verwirklichung einer sozialen Utopie um jeden Preis und in kürzester Zeit verstanden. Beeinflußt von Autoren wie Thomas Morus, Tommaso Campanella, Francis Bacon, Henri de Saint-Simon oder Nikolaj Černyševskij betrachteten führende Bolschewiki deren Gesellschafts- und Staatsentwürfe als konkrete Entwicklungsmodelle, als Handlungsanweisungen zur Errichtung einer perfekten Ordnung.[58] Lenin schätzte Tommaso Campanellas *Civitas solis* be-

---

54 Zur Praxis der Beaufsichtigung innerhalb der Städte vgl. Natal'ja B. Lebina. *Povsednevnaja žizn' sovetskogo goroda: normy i anomalii. 1920/1930 gody* (Das Alltagsleben der sowjetischen Stadt: Normen und Anomalien. 1920/1930er Jahre). Sankt-Peterburg: Žurnal »Neva«, 1999; innerhalb des engeren Wohnumfeldes vgl. Il'ja Utechin. *Očerki kommunal'nogo byta*. Moskva: OGI, 2001.

55 Vgl. Helmut Jachnow. »Die sowjetischen Erfahrungen und Modelle der Alphabetisierung«. *Schrift und Schriftlichkeit I*. Hg. Jürgen Baurmann et al. Berlin: Olms, 1994. S. 803-813.

56 Zur Geschichte der sowjetischen Eisenbahn vgl. z.B. *Istorija železnodorožnogo transporta Rossii i Sovetskogo Sojuza*. Tom 2. 1917-1945. Sankt Peterburg/Moskau: AO »Ivan Fedorov«, 1997.

57 Zur Geschichte der sowjetischen Photographie vgl. u.a. *Sowjetische Fotografie 1928-1932*. Hg. Rosalinde Sartorti/Henning Rogge. München/Wien: Carl Hanser Verlag; 1975; sowie Magdalena Dabrowski/Leah Dickerman/Peter Galassi (Hg.). *Aleksandr Rodchenko*. New York: The Museum of Modern Art, 1998.

58 *Civitas solis* wurde 1623 erstmals in Frankfurt gedruckt, im 18. und 19. Jahrhundert in die wichtigsten europäischen Sprachen übersetzt. Zur politischen Philosophie Campanellas vgl. Gisela Bock. *Thomas Campanella. Politisches Interesse und philosophische Spekulation*. Tübingen: Max Niemeyer, 1974.

sonders hoch, im *Sonnenstaat* sah er ein Vorbild für seinen reibungslos funktionierenden, zentralistisch gesteuerten, alle Bewohner gleichermaßen kontrollierenden und beglückenden Einheitsstaat.[59] Campanella zettelte in seiner Jugend eine Verschwörung gegen das spanische Regiment in Süditalien an, geriet in die Fänge der Inquisition, wurde gefoltert und verbrachte Jahrzehnte in Gefängnissen, war also ein ideales Vorbild für bolschewistische Revolutionäre.[60] Er schuf den Entwurf eines Idealstaats, der Elemente des Ordenslebens wie eine strenge Regelung des Sexuallebens mit sozialistischen Elementen wie Gemeinschaftsbesitz verband. Der Staatenlenker, ein Ausbund an Weisheit und Wissenschaft, trug selbst die Bezeichnung »Sol« und war das strahlende Wissenszentrum des aufgeklärten Staates. Der kalabresische Dominikanermönch legte seine Utopie bezeichnenderweise als Reisebericht über die ferne Insel Taprobane (der antike Name für Ceylon) an, auf der sich der Sonnenstaat angeblich befand.

Als Lenin im Frühjahr 1918 seinen Plan zur ›Aktion Monumentalpropaganda‹ verkündete, in deren Verlauf die Denkmäler des zaristischen Ancien régime durch eine neue sowjetische Kunst ersetzt und Künstler und Bevölkerung durch die Errichtung und Präsenz neuer Monumente in einem kommunistischen Glauben vereint werden sollten, lehnten sich seine Anweisungen eng an Campanellas Vorgaben an.[61] Der literarisch versierte Chefideologe Anatolij V. Lunačarskij ließ sich von Lenins Begeisterung für den süditalienischen Utopisten anstecken und begann 1918/20

---

59 Lenin las Campanella in einer Übersetzung von A. G. Genkel'. Vgl. *Biblioteka V. I. Lenina v Kremle*. Katalog, Moskva: Izd. vsesojuznoj knižnoj palaty, 1961, S. 163, Nr. 1156: T. Kampanella. *Gosudarstvo Solnca*. Per. s latin., s biogr. očerkom, primeč. i dop. A. G. Genkelja. Id. 2-e. Pg.: Izd-vo Petrogr. Sovdepa, 1918. Wenige Jahre nach dem Zweiten Weltkrieg erschien eine verbesserte kommentierte Übersetzung Tommazo Kampanella. *Gorod Solnca*. Per. s latin. i kommentarii F. A. Petrovskogo. Vstup. Stat'ja V. P. Volgina. Moskva/Leningrad: Izd-vo Akad. Nauk SSSR, 1947.

60 Zu Campanellas Rezeption im russischen utopischen Denken und in der Sowjetunion vgl. einige Hinweise bei Heller/Niqueux. *Utopie in Rußland* (wie Anm. 40). S. 244f. Zur russischen Campanella-Forschung vgl. Al'fred Ė. Štekli. *»Gorod Solnca«: utopija i nauka*. Moskva: Izd. nauka, 1978; und Dmitrij V. Pančenko. *Istočniki »Goroda Solnca« Tommazo Kampanelly*. Leningrad, 1984.

61 Zu Lenins Kunstpolitik vgl. Hans-Jürgen Drengenberg. *Die sowjetische Politik auf dem Gebiet der bildenden Kunst von 1917 bis 1934*. Berlin: Harrassowitz, 1972. S. 186f.

eine Trilogie mit dem Titel *Tommaso Campanella* zu verfassen.[62] Zu Beginn der zwanziger Jahre konnte die Monumentalpropaganda ihre beabsichtige Wirkung allerdings nicht entfalten, da die chaotischen Zustände und eine dilettantische Ausführung es verhinderten.

Unter all diesen Vorzeichen erlangten Reisetexte schon in den zwanziger Jahren als Texte in und über Bewegung zentrale Bedeutung für das sowjetische Literatursystem.[63] Sie übernahmen eine Reihe von Funktionen, die sie von Reisetexten der vorrevolutionären Epoche scharf unterschieden. Sie dienten nicht zuletzt dazu, klare Hierarchien innerhalb des sowjetischen Raums zu befestigen und zentrifugalen Tendenzen entgegenzuwirken. Blicke und Texte der frühen sowjetischen Reisenden bekräftigten den Anspruch des Zentrums, die weit gefaßte Peripherie in Sibirien, im Kaukasus, in Mittelasien auf Dauer politisch-militärisch zu stabilisieren und technisch-naturwissenschaftlich zu zivilisieren – Funktionen, die in der kolonialen Ära des 18. und 19. Jahrhunderts englische und französische Reisetexte über Afrika und Asien erfüllten. Bestandteile des sowjetischen Imperiums, die während des Bürgerkrieges in der Gewalt der ›Konterrevolution‹ waren, erfuhren besondere Aufmerksamkeit. So erschienen z.B. Reiseskizzen über Sibirien, die Amur-Region, den Baikalsee, die Krim, die Wolga-Region, das Donezkbecken, Turkmenistan und den Ararat.[64] Diese Texte über Reisen erschlossen die Regionen explizit als Teile des sowjetischen Raums, die es mit modernen Fortbewegungsmitteln zu durchfahren, mit modernen optischen Hilfsmitteln zu vermessen und zu inventarisieren galt.[65] Sie versprachlichten und verschriftlichten nicht zuletzt die Erfahrung rascher Bewegung in einem gewaltigen Raum und veränderten dadurch die Wahrnehmung eben dieses Raums durch die Leser.[66]

---

[62] Vgl. Heller/Niqueux. *Utopie in Rußland* (wie Anm. 40). S. 244f.

[63] Vgl. vor allem Marina Balina. »Literatura putešestvij«. *Socrealističeskij kanon.* Hg. Chans Gjunter (Hans Günther)/Evgenij Dobrenko. Sankt-Peterburg: Akad. proekt, 2000. S. 896-909. Hier S. 897.

[64] Ebenda. S. 899.

[65] Diese Texte ließen sich eventuell als eine sehr spezifisch sowjetische Spielart der Netzwerke beschreiben, für die der Germanist und Medientheoretiker Friedrich A. Kittler den Terminus ›Aufschreibesysteme‹ vorgeschlagen hat, vgl. Friedrich A. Kittler. *Aufschreibesysteme 1800-1900*. München: Fink, 1995.

[66] Dabei gilt es zu bedenken, daß sich diese Veränderungen des Reisetextes parallel etwa zum Auftauchen der Eisenbahn im Film vollzog, vgl. z.B. Sabine Hänsgen. »Visualisierung der Bewegung – Zirkulation in einem Land. Zum

An einem Spezialfall sollen kurz besonders deutliche Wechselwirkungen von sowjetischem Okularzentrismus und Reisetexten erläutert werden. In der Konsolidierungsphase der Sowjetunion entstand eine mächtige Bürokratie, die neue, darunter auch visuelle Verfahren der Sammlung, Speicherung und Kontrolle persönlicher Daten einführte.[67] Der sowjetische Paß, der eine visuell überprüfbare Verbindung zwischen Person und Identitätsausweis herstellte, schloß als wichtigstes Inklusionsdokument den Besitzer in die Gemeinschaft vollwertiger Sowjetbürger ein. So sollte die Kontrolle der Bewegungen bzw. Migrationen im sowjetischen Raum, wie schon erwähnt, über ein rigides Paßregime erfolgen. In der Ära von Bürgerkrieg, Flucht und Vertreibung entschied der Besitz von Identitätspapieren und Bescheinigungen zur Person über die Bewegungsfreiheit und damit oft genug über das Überleben selbst.[68] Eine Vielzahl von Zugangs-, Passier- und Erlaubnisscheinen, die alle unter der russischen Kategorie ›propusk‹ figurierten, regelten die innerrussische Bewegungsfreiheit.

Visum, Passierbescheinigung, Geleitbrief werden nun bereits in den frühen zwanziger Jahren zu Themen oder gar zu Titeln von Reisetexten und/oder Autobiographien. Ein Beispiel bietet Viktor Šklovskijs Briefsammlung *Zoo, ili Pis'ma ne o ljubvi* (*Zoo, oder Briefe nicht über die Liebe*) von 1923, die eine Gratwanderung zwischen Autobiographie und Reisetext, zwischen Dokumentation und Fiktion vollzieht.[69] Šklovskij treibt ein hintergründiges Spiel mit der Polysemie des Lexems »propusk«, das in der russischen Alltagssprache auch für Auslassung, Versäumnis, Fehlen stehen kann. Die rhetorische Trope der Ellipse, die in der russi-

---

Motiv der Eisenbahn im sowjetischen Film der zwanziger und dreißiger Jahre«. *Kinetographien*. Hg. Inke Arns/Mirjam Goller/Susanne Strätling/Georg Witte. Bielefeld: Aisthesis, 2004. S. 475-500. Hier vor allem S. 490ff.

67 Der Auf- bzw. Ausbau des Paßsystems erfolgte in Stufen. Zu den Charakteristika des voll ausgebildeten Stalinismus gehört zweifellos auch seine Verschärfung und Vereinheitlichung im Dezember 1932, nach der jeder Einwohner über sechzehn Jahre verpflichtet war, einen Paß bei sich zu führen. Legale Ortswechsel waren danach ohne Registrierung nicht mehr möglich. Vgl. Manfred Hildermeier. *Geschichte der Sowjetunion, 1917-1991. Entstehung und Niedergang des ersten sozialistischen Staates*. München: Beck, 1998. S. 423.

68 Martin Lloyd. *The Passport. The History of Man's Most Travelled Document*. Stroud: Sutton, 2003. Jane Capalan/John Torpey (Hg.). *Documenting Individual Identity*. Princeton: Princeton Univ. Press, 2001.

69 Die erste Auflage erschien in Berlin 1923, bald darauf die zweite Auflage in Leningrad 1924 gefolgt von zahlreichen weiteren mit teilweise beträchtlichen Kürzungen oder Ergänzungen, so daß die Textbasis je nach Ausgabe stark schwankt.

schen rhetorischen Fachsprache »propusk« heißt, wird in seinem autobiographischen Text zum »Passierschein«, der in der russischen Amtsprache ebenfalls »propusk« heißt, und der es ihm erlaubt, aus den verbotenen in die freien Zonen hin- und herzureisen – wenigstens in der literarischen Imagination. Auch im Druckbild mit zahlreichen Absätzen und Einschnitten werden solche ›Durchlässe‹ erzeugt.[70] So erschreibt sich Šklovskij über seinen Reisetext einen Passierschein für die gefahrvolle und unwahrscheinliche Rückkehr in die Sowjetunion. Verständlicherweise fiel angesichts dieser Umstände das Porträt von Il'ja Ėrenburg in *Zoo* kritisch bis vernichtend aus, denn der schreibende Kollege befand sich Anfang der zwanziger Jahre in der privilegierten Lage, mit einem sowjetischen Reisepaß zwischen Ost und West, kommunistischem System und kapitalistischem Westen pendeln zu können. Aus seinem Privileg leitete er sogar ein literarisches Programm des freien Reisens zwischen den Systemen ab, eine Sammlung von Skizzen europäischer Metropolen und Landschaften mit dem Titel *Viza vremeni* (*Visum der Zeit*), die zwischen 1929 und 1933 in drei Auflagen erschien und gerade in Deutschland ein lebhaftes Echo hervorrief.[71]

Der Beginn des Stalinismus veränderte noch einmal die Rahmenbedingungen für Reisetexte, so daß sich deutliche Unterschiede zwischen den zwanziger und der dreißiger Jahre feststellen lassen.[72] Stalin erlegte der Sowjetunion ein forciertes Modernisierungsprogramm auf, um das gewaltige Agrarland innerhalb weniger Jahrzehnte in eine Industriegesellschaft zu verwandeln. Von 1929 verschärfte seine Gewaltherrschaft den »Krieg gegen das eigene Volk« (N. Werth), in dessen Verlauf der Terror nahezu jeden bis in die höchste Staatsspitze bedrohte.[73] Im September 1936 löste Nikolaj Ežov den bisherigen Geheimdienstchef Genrich Jagoda ab; dieser Wechsel signalisierte den Beginn einer landesweiten Säuberungsaktion. Mitten im Frieden verhafteten die ›Sicherheitsorgane‹ im Laufe zweier Jahre annähernd drei Millionen Menschen, von denen bis zu einer Millio-

---

70 Vgl. Viktor Šklovskij. *Poiski optimizma*. Moskva, 1931. S. 116.

71 Zu den Lebensumständen Ėrenburgs in jenen Jahren vgl. Joshua Rubenstein. *Tangled Loyalties. The Life and Times of Ilya Ehrenburg*. London/New York: I. B. Tauris Opublishers, 1996; sowie Lilly Marcou. *Ilya Ehrenbourg. Un homme dans son siècle*. Paris: Plon, 1992.

72 Vgl. Balina. »Literatura putešestvij« (wie Anm. 52). S. 898.

73 Nicolas Werth. »Ein Staat gegen sein Volk. Gewalt, Unterdrückung und Terror in der Sowjetunion«. *Das Schwarzbuch des Kommunismus. Unterdrükkung, Verbrechen und Terror*. Hg. Stéphane Courtois et al. München/Zürich: Piper, 1998. S. 51-299.

nen zumeist durch Erschießungskommandos hingerichtet wurden. An der Peripherie konnte der Terror so brutal zuschlagen wie im Zentrum.[74] Der ›Große Terror‹ war nicht Episode, nicht spontane, unkontrollierte Eruption, sondern kalkulierter, integraler Bestandteil der Politik. Bei aller Grausamkeit läßt sich den Aktionen eine gewisse Plausibilität oder Logik als Funktion von Herrschaft nicht völlig absprechen. Selbst auf dem Höhepunkt des Terrors behauptete sich ›Zivilisation‹ bzw. ›sowjetische Zivilisation‹ bezeichnenderweise als Schlüsselbegriff der Selbst- und Fremdbeschreibungen Rußlands.[75]

Die bolschewistische Führung unter Stalin ging also auf ihre Weise daran, eine ganze Gesellschaft auf die Argo *UdSSR* zu verfrachten und mit ihr die Reise zum Sonnenstaat anzutreten. Das Amt des Sol, des Staatenlenkers der sowjetischen *Civitas solis* hatte kein anderer als Stalin inne. Die Formel ›Stalin unsere Sonne‹ findet sich in der Panegyrik der Terrorzeit und der schlimmsten Exzesse des Personenkultes mit großer Regelmäßigkeit.[76] Stalin personifiziert das allgegenwärtige Sonnenauge, das Volk und Land fest im Blick hält und zum Wohle aller überwacht. In einem der stilisierten russischen Volkslieder der populären Sängerin M. S. Krjukova steht Stalin auf einem Kremlturm, betrachtet sein Land durch ein Teleskop und sieht überall glückliche, singende und tanzende Menschen.[77] In diese Sonnenrhetorik fügt sich ein, daß Moskau samt Metro und Hochhäusern der Civitas solis nachgebildet werden sollte. Explizit wird in zeitgenössischen Kommentaren zum gigantomanischen Projekt *Dvorec sovetov* (*Palast der Sowjets*) auf die Wandbilder Campanellas Bezug genommen.[78] Sogar Exkursionen in die Arktis werden in diesen Jahren mit der Idee einer Reise zum Sonnenstaat assoziiert, als Beleg sei ver-

---

74 Vgl. Jörg Barberowski. *Der Feind ist überall. Stalinismus im Kaukasus*. München: Dt. Verlag-Anst., 2003.

75 Vgl. z.B. Vadim Volkov. »Koncepcija kul'turnosti, 1935-1938 gody: Sovetskaja civilizacija i povsednevnost' stalinskogo vremeni«. *Sociologičeskij žurnal* 1-2 (1996): S. 194-213; Wolfgang Kissel. »Der Zivilisationsbruch als Kategorie der russischen Kultur- und Literaturgeschichte«. *Literaturforschung heute.* Hg. Eckart Goebel/Wolfgang Klein. Berlin: Akademie Verlag, 1999. S. 153-164; Steven Kotkin. *Magnetic Mountain. Stalinism as a Civilization*. Berkeley: Univ. of California Press, 1995.

76 Vgl. Frank J. Miller. »The Image of Stalin in Soviet Russian Folklore«. *The Russian Review* Vol. 39 (1980): S. 50-67.

77 Ebenda. S. 58.

78 Vgl. dazu Vladimir Papernyj. *Kul'tura dva*. Moskva: NLO, 1996. S. 236f.

wiesen auf den konstruktivistischen Dichter Il'ja Sel'vinskij und sein Epos *Čeljuskiniana*, das 1937 in *Novyj mir* erschien.[79]

Nun bildeten sich verstärkt die Charakteristika einer ›Landschaft des Stalinismus‹ heraus, und auch die Funktionen von offiziell genehmen Reisetexten wurden noch schärfer eingegrenzt.[80] Die Reise zu den westlichen Metropolen Berlin und Paris mußte als Abstieg in die kapitalistische ›Hölle‹ wirksam inszeniert werden. Daher wurden Schriftsteller mit dem präzisen Auftrag ins westliche Ausland entsandt, den Niedergang und Verfall einer dekadenten Zivilisation zu protokollieren, Verarmung, Not und Versklavung im westlichen Ausland für sowjetische Leser möglichst eindringlich zu beschreiben. Daher wurden in den Texten der dreißiger Jahre Fremdheit bzw. Entfremdung der kapitalistischen Metropolen mit stereotypen Wendungen herausgestellt. Diese sowjetischen Reiseführer des Stalinismus wurden für Leser geschrieben, die in ihrer Mehrzahl keine Chance hatten, die beschriebenen Örtlichkeiten je mit eigenen Augen zu sehen, Vera Inber, Lev Nikulin oder Ol'ga Forš zeichneten in ihren Reisetexten eine westliche Metropolen wie Paris in Einklang mit dem sozrealistischen Kanon und erfüllten damit eine grundlegende erzieherische Aufgabe in der stalinistischen Kultur der dreißiger Jahre. Die Autoren blendeten wohlüberlegt zahlreiche Aspekte der Städte und Länder, die sie bereisten, aus ihren publizierten Texten aus, ihre Beobachtungen und Botschaften standen vielfach schon vor Abreise fest.

IV

Beide Bedeutungspotentiale, die historischen Fluchtbewegungen und die ästhetisch-poetologische ›Flüchtigkeit‹, liegen der Konzeption und Gliederung des Bandes zu Grunde. Er geht zurück auf ein Internationales Symposium, das vom 22.-25. Februar 2006 an der Universität Bremen im Rahmen des VW-Forschungsprojektes *Die Blicke der Anderen, Reisen der Zwischenkriegszeit zwischen den Metropolen Berlin, Paris, Moskau* stattgefunden hat. Dem Bremer Symposium gingen Symposien in Osnabrück (Januar 2004) und Cerisy-la-Salle (September 2004) voraus, auf denen sich die Metaphorik *der Blicke der Anderen* bzw. *der sich kreuzenden Blicke (regards croisés)* als ausgesprochen produktiv für die verglei-

---

[79] Vgl. den Aufsatz von Susi Frank in diesem Band.

[80] Vgl. Evgeny Dobrenko/Eric Eric (Hg.). *The Landscape of Stalinism. The Art and Ideology of Soviet Space*. Washington: Univ. of Washington Press, 2003.

chende Relektüre von deutschen, französischen und russischen Reisetexten erwies.[81] Auch der Titel *Flüchtige Blicke* greift für die Beschäftigung mit russischen Texten des 20. Jahrhunderts auf das Assoziations- und Konnotationspotential einer visuellen Metaphorik zurück, allerdings mit der oben entwickelten doppelten Codierung, die von den Beiträgen grundsätzlich aufgenommen und innerhalb eines großen Zusammenhangs durchgespielt wird.[82] Während russische Reisetexte des 20. Jahrhunderts bisher eher zufällig und unsystematisch untersucht wurden, wird hier die Eigenart des Genres im Epochenkontext neu beleuchtet, was bei der Fülle der Reisetexte am besten mit einer repräsentativen Auswahl gelingen kann. Das Schwergewicht des Bandes liegt dabei auf russischen Texten über Reisen innerhalb des russischen/sowjetischen Imperiums bzw. an seine Grenzen, an einigen Stellen wird dieser Ansatz jedoch erweitert um nicht russische Texte oder um Reisen russischer Autoren ins westliche Ausland.

Das Eingangskapitel »Flüchtige Moderne: Reisetexte auf der Schwelle des 20. Jahrhunderts« stellt Reisetexte von Anton Čechov und Vasilij Rozanov in den Mittelpunkt, die einige Jahre vor Weltkrieg und Revolution entstanden und sehr unterschiedliche Varianten von Modernität entwerfen. Anton Čechov durchreiste 1890 fast den gesamten Raum des russischen Imperiums in seiner West-Ost-Erstreckung, um auf die Insel Sachalin zu gelangen. In der dortigen Strafkolonie erkannte er ein potentielles ›antizivilisatorisches Modell‹ des 20. Jahrhunderts, sein vorurteilslos registrierender Blick erfaßte die Lebensbedingungen der Inselbevölkerung, die vernarbten, von Strafen gezeichneten Körper der Häftlinge. Sein Text beschreibt eine kühne Bewegung nicht nur fort von den Zentren in die fernste Provinz, sondern auch an den Rand der Literatur und des Literaturbetriebs. Der Radius der Reisen Vasilij Rozanovs war wesentlich beschränkter, aber an poetologischer Radikalität stand dieser Čechov in nichts nach. Seine Texte über Reisen nach Jaroslavl' und Saratov, an die Wolga oder in den Kaukasus tragen Züge der Dissemination und Dezen-

---

[81] Vgl. die Ergebnisbände, die bisher in dieser Reihe erschienen sind: Fähnders/Plath/Weber/Zahn (Hg.). *Berlin, Paris, Moskau: Reiseliteratur und die Metropolen* (wie Anm. 27), Wolfgang Asholt/Claude Leroy (Hg.). *Die Blicke der Anderen. Paris-Berlin-Moskau.* Bielefeld. Aisthesis, 2006 sowie Walter Fähnders/Wolfgang Klein/Nils Plath (Hg.). *Europa. Stadt. Reisende. Blicke auf Reisetexte. 1918-1945.* Bielefeld: Aisthesis, 2006.

[82] Reisetexte durch das Prisma der Flucht zu betrachten, liegt nahe, ist aber auch in anderen Philologien nicht allzu häufig erprobt worden; vgl. z.B. Rolph Allerdissen. *Die Reise als Flucht.* Bern (u.a.): Lang (u.a.), 1975.

trierung, die über die Selbsterkundung des Reisenden die grundsätzliche Wandelbarkeit des schreibenden Ich vermittelten. Seine Sammlung von Prosaminiaturen aus der Zeit des Ersten Weltkriegs nannte Rozanov programmatisch *Mimoletnoe* (*Flüchtiges*) und fixierte in diesem Titel eine Konstellation von Flucht und Flüchtigkeit. Nicht auf das systematische Erfassen, das enzyklopädische Beschreiben zielt seine manische Schreibwut, vielmehr tritt eine Poetik des Bruchstücks, des flüchtigen Eindrucks in den Vordergrund, die eine Dekonstruktion von Autorschaft und Schreiben, von Lesen und Deuten vorwegnimmt.

Mit dem zweiten Kapitel »Fluchtwege: Reisen an die Peripherie des Imperiums« beginnt der eigentliche historische Schwerpunkt des Bandes in den zwanziger und dreißiger Jahren, der Zeit, in der eine neue Gattung sowjetischer Reisetexte definiert wurde, in der aber auch herausragende Autoren der Moderne wie Marina Cvetaeva, Viktor Šklovskij, Andrej Belyj oder Osip Mandel'štam Reisetexte verfaßten, die sich jeglichem Gattungszwang entzogen. Auf ihren Fluchtwegen aus den bedrohten Städten Petrograd und Moskau in die Umgebung oder an die Peripherie des Imperiums gelangten diese Schriftsteller zur unmittelbaren Anschauung einer Epochendiagnose, die bereits zu Beginn des 19. Jahrhunderts formuliert worden war: »Die Zeit ist auf der Flucht«.[83] So kristallisieren sich Reiserouten einer Moderne heraus, die nach euphorischem Aufbruch und Aufstieg ins Taumeln geriet und in steigendem Maße von politischen, ökonomischen und sozialen Katastrophen beeinträchtigt wurde. Der umstrittene Raum am südlichen Rand des gewaltigen Reiches, die Krim, der Kaukasus, das Grenzgebiet zu Persien wurde in den Jahren des Bürgerkriegs und der Epoche der frühen Sowjetunion auch zu einer literarischen Experimentierzone, in der Autoren sich als russische Schriftsteller erprobten – in Annäherung an den Orient und in Abgrenzung vom Orient. Ende der zwanziger/Anfang der dreißiger Jahre entkamen Andrej Belyj bzw. Osip Mandel'štam für kurze Zeit aus der Enge des entstehenden sowjetischen Totalitarismus in diesen Grenzraum zwischen Okzident und Orient, Asien und Europa. Mandel'štam evoziert in seinem Text *Putešestvie v Armeniju* (*Reise nach Armenien*) eine unerhört intensi-

---

[83] Ernst Moritz Arndt hat in seiner Schrift *Geist der Zeit* von 1807 dieses verblüffend hellsichtige Bild für die Beschleunigung in der Moderne gefunden. Hier zitiert nach: Reinhart Koselleck. *Vergangene Zukunft*. Frankfurt/M.: Suhrkamp, ^{3}1995. S. 329. Vgl. auch Doris Gerber. »Was heißt ›vergangene Zukunft‹? Über die zeitliche Dimension der Geschichte und die geschichtliche Dimension der Zeit«. *Geschichte und Gesellschaft* 32 (2006): S. 176-200. Hier S. 190.

ve Begegnung mit der uralten christlichen Schriftkultur und findet eine prägnante Formulierung, die das Reisen, die Flüchtigkeit des Blicks und die ornamentale armenische Schrift in einen erhellenden Zusammenhang bringt:

> Doch mein Auge, versessen auf alles Seltsame, Flüchtige und schnell Verfließende, hat auf der Reise nur das lichtbringende Zittern der Zufälligkeiten, das Pflanzenornament der Wirklichkeit eingefangen.[84]

Im dritten Kapitel »Zentralperspektive: Reisetexte als Entwürfe einer sowjetischen Moderne« wird die Funktion von Reisetexten bei der Konstruktion und Affirmation der Kultur des Hochstalinismus untersucht. Im Sommer 1928 besucht der von Stalin umworbene Großschriftsteller Maksim Gor'kij nach langjährigem Auslandsaufenthalt erstmals wieder die Sowjetunion, wird auf eine ›Zeremonialreise‹ durch das Land geschickt und verfaßt danach einen Skizzenzyklus, der einen für den Hochstalinismus charakteristischen Typus von Okularzentrismus repräsentiert. Gor'kij eliminiert alle sinnliche Präsenz bis auf die des Auges, das als Organ einer hochgradig selektiven Wahrnehmung fungiert: So flüchtet der Autor vor der Erkenntnis, daß er eine inszenierte Pseudowirklichkeit beschreibt, die nichts mit dem Alltag der Menschen unter Stalin gemein hat. Nach diesem Modell wird während des Sommers 1933 ein ganzes Schriftstellerkollektiv zu einer Dienstreise an den Weißmeerkanal abkommandiert, aus der ein Kollektivwerk, *Belomorsko-Baltijskij Kanal imeni Stalina. Istorija stroitel'stva 1931-1934* (*Der Stalin-Weißmeerkanal. Geschichte der Erbauung 1931-1934*) unter der Redaktion von M. Gor'kij, L. Averbach und S. Firin hervorgeht, das den Bau des Weißmeerkanals durch Lagerhäftlinge als großartige sozialistische Aufbauleistung preist und die Ausbeutung der Häftlinge, bei der Zehntausende umkommen, verklärt zur angemessenen Methode, den neuen sowjetischen Menschen zu schaffen. Ein Poem auf eine gescheiterte Forschungsexpedition fügt sich ebenfalls in diese Lobgesänge auf den Hochstalinismus ein: Bei der Erkundung der Nordostpassage sinkt 1934 das Forschungsschiff Čeljuskin, die Schiffbrüchigen werden von sowjetischen Fliegern in einer Aufsehen erregenden Rettungsaktion geborgen. Die Ereignisse geben die Vorlage ab für das Fliegerepos *Čeljuskiniana* von Il'ja Sel'vinskij, das Fiktionalisierung

---

[84] Osip Mandel'štam. *Armenien, Armenien: Prosa, Notizbuch, Gedichte; 1930-1933*. Aus dem Russ. übertr. und hrsg. von Ralph Dutli. Zürich: Ammann, 1994. S. 65.

mit dokumentarischer Faktographie verbindet.[85] Vor diesem Hintergrund heben sich Andrej Platonovs skeptische, ja surreale Texte über eine Mittelasienreise, die er vor allem in der Erzählung *Džan* verarbeitet, um so schärfer ab. Sie unterliefen derart jedes Entdecker- und Erobererpathos, daß eine Publikation zu Lebzeiten des Autors nicht möglich war.

Das Kapitel »Umgekehrte Perspektive: Das Exil als Reise – die Reise als Exil« erweist die Produktivität der Untersuchungskonstellation an vielfältigen Überschneidungen zwischen Reisetexten und Exilerfahrungen der zwanziger und dreißiger Jahre. Dabei werden vor allem wenig bekannte Texte wie Jurij Terapianos *Putešestvie v neizvestnyj kraj* (*Reise in ein unbekanntes Land*), Georgij Ivanovs Skizzen *Po Evrope na avtomobile* (*Im Automobil durch Europa*) oder die russische Spanienliteratur der zwanziger und dreißiger Jahre analysiert. Den semifiktionalen und fiktionalen Reisetexten des Exils liegt die reale Erfahrung einer Flucht zugrunde, in vielen Fällen sogar einer zweifachen: erst vor den Bolschewisten, dann vor den Nationalsozialisten. Unter diesen Umständen erhalten Chronotopoi der klassischen Reisetexte eine andere, oft entgegengesetzte Bedeutung. Nun stand die Reise nach Europa oder in den Westen, mit der Karamzins *Briefe eines russischen Reisenden* die moderne russische Gattung eröffnet hatten, am Beginn eines oftmals lebenslangen Exils.[86] Physisch lebte der Exilant weiter, aber er fühlte sich von einem Teil seiner Person, meist von seinen Kindheits- und Jugenderlebnissen abgeschnitten. Die Abreise markierte daher nicht mehr den Beginn eines erwartungsvollen Aufstiegs, sondern sie wurde zur traumatischen Zäsur in der autobiographischen Erzählung, zum Abstieg in eine andere, jenseitige oder Unterwelt.[87] Vom Jenseits des Exils konnte der Verbannte nur flüchtige Blicke auf sein Vorleben in einer anderen Welt, einer anderen Epoche werfen. Der Gedanke an die (verlockende, gefahrvolle, unmögliche) Rückkehr blieb die geheime oder offene Obsession vieler Emigranten, die häufig von Schuldgefühlen gegenüber der verlassenen Heimat gequält wurden oder sich aus kommunistischen (Emigranten-)Kreisen dem Verdacht ausgesetzt sahen, Verrat am neuen Rußland geübt zu haben. Daher kommt dem Spanischen Bürgerkrieg in der Erinnerungsliteratur des russischen Exils besondere Bedeutung zu. Nicht nur war Spanien der Schauplatz des wichtigsten Stellvertreterkrieges zwischen den totalitären

---

[85] Il'ja Sel'vinskij. »Čeljuskiniana«. *Novyj mir* 7 u. 8 (1937).

[86] Vgl. Ėl'da Garetto. »Putešestvie i izgnanie«. *Russian Literature* LIII (2003): S. 173-180.

[87] Zum Nexus von Jenseitsreisen und archaischen Vorstellungen der Volkskultur vgl auch Frank. »Einleitende Bemerkungen« (wie Anm. 49). S. 201.

Mächten Deutschland und Sowjetunion, hier hofften einige Emigranten ihre Schuld gegenüber Rußland durch ein Engagement auf kommunistischer Seite abbüßen zu können oder sogar über Spanien eine Rückkehr nach Rußland vorzubereiten.

Ein gesondertes Kapitel gilt den Einwirkungen von modernen Medien auf die Faktur russischer Reisetexte: »Blickwechsel – Medienwechsel: Metropolenreisen zwischen Diskurs, Photographie und Film«. Die fulminante Entwicklung von Photographie und Kinematographie mit ihren ›flüchtigen Bildern‹ lenkte das theoretische Interesse sowjetischer Kunst- und Literaturtheoretiker wie Viktor Šklovskij und Jurij Tynjanov explizit auf die Physiologie des Sehens und eine Poetik des Visuellen.[88] Das neue Medium Kino schien wie geschaffen, die gesteigerten Anforderungen an Kontingenzverarbeitung in einer technisch-urbanen Lebenswelt und die unausweichliche Verflüchtigung von Sicherheiten, Konventionen und Tabus einzufangen. Rasch entstanden neue Gattungen wie Städte-, Reise-, Expeditions- und Exkursionsfilme mit ethnologischer oder anthropologischer Thematik. Besonders der Regisseur Dziga Vertov versuchte in seinen Reise- und Metropolenfilmen, mit Hilfe des ›KinoAuges‹ (kinoko) die entfesselte Dynamik der sowjetischen Gesellschaft zu dokumentieren. Aber auch die Vertreter der Literatur, des alten Schriftmediums nahmen die Herausforderung an, indem sie Photographien oder photographische Verfahren in den Text integrierten und einen Dialog zwischen Schrift und Bild führten. Die entstehende Medienkonkurrenz wirkte somit nicht nur anregend auf das alte Schrift- und das neue Bildmedium, sondern modifizierte den Reisetext auf Dauer. Die neuen Texte reihten oftmals Augenblicksimpressionen oder Oberflächenreize aneinander und ließen aus den Kontrasten und Friktionen überraschende Bedeutungspotentiale hervorgehen. In seinem Paris-Buch von 1933 stellt z.B. Il'ja Ėrenburg mit Hilfe von Fotos und kommentierenden Texten verdinglichte Menschen vermenschlichten Dingen gegenüber und regte Leser und Betrachter zu kritischen Reflexionen über den Wandel des Menschenbildes und des Alltags der Metropolenbewohner an. Daß die neuen Medien die alten nicht einfach verdrängen, sondern zu komplexen Wechselwirkungen führen, belegt die Bedeutung sowjetischer Reiseführer der zwanziger und dreißiger Jahre, die fremde Metropolen wie Paris nach den Normen des sozrealistischen Kanons sprachlich modellieren und dabei störende oder schockie-

[88] Zum Dialog zwischen Film und übriger sowjetischer Kultur vgl. z.B. Christine Engel (Hg.). *Geschichte des sowjetischen und russischen Films*. Stuttgart/Weimar: J. B. Metzler, 1999. S. 24f., 47f.

rende Elemente der fremden Realität ausblenden. Aber auch die Reisetexte von Naturwissenschaftlern wie Vladimir Vernadskij demonstrieren, daß Begriffsbildung sprachlich verankert ist und nicht einfach durch Bilder ersetzt werden kann.

Im Zentrum des folgenden Kapitels »Überblendungen: Moskau im Fokus der literarischen Moderne« steht die Hauptstadt der neuen sozialistischen Zivilisation. Diese Forschungserträge stellen ein wichtiges Korrektiv innerhalb des Bandes dar, weil sie französische, deutsche, tschechische Blicke von außen auf die Sowjetunion hinzufügen. Moskau als Kapitale des ersten sozialistischen Staates der Welt stand konstant im Zentrum des westlichen Interesses, auch in der Zwischenkriegszeit riß der Strom westlicher Besucher nicht ab, darunter zahlreiche namhafte Intellektuelle, die über ›ihr‹ Moskau schreiben wollten.[89] Dieses Interesse verstärkte sich sogar noch, als das alte Moskau Mitte der dreißiger Jahre dem stalinistischen Städtebau zum Opfer fiel und das neue als hypermoderne Industrie- und Verwaltungsmetropole die Überlegenheit des kommunistischen Systems manifestieren sollte. In diesen Texten, ob sie nun Moskau hymnisch als realisierte Utopie priesen oder – überraschend häufig – nüchtern Vor- und Nachteile des neuen Systems abwogen, lassen sich immer wieder charakteristische Überlagerungen bzw. Überblendungen durch fremde Stadtbilder, vor allem von Paris und Berlin feststellen. Hier kommt das Konzept der Relektüren auf mehrfache Weise ins Spiel: Der französische Metropolenreisende stammte aus einer Kultur, die auf eine lange Geschichte von Wechselwirkungen mit Rußland zurückblicken konnte.[90] Häufig entwarf er sich daher als urbaner Flaneur, der im Text des sowjetischen Moskau wie im Text von Paris las.[91] Dabei wurde die Aufmerksamkeit des französischen Reisenden stark von den visuellen Zeichen wie z.B. Propagandalosungen auf Häuserwänden der politisch-

---

[89] Diesen westlichen Reisetexten galt lange Zeit das Hauptinteresse der westlichen Forschung. Sehr gründlich untersucht hat die Bedingungen, unter denen Reisen aus dem Westen nach Sowjetrußland stattfanden: Matthias Heeke. *Reisen zu den Sowjets. Die ausländischen Tourismus' in Russland 1921-1941*. Münster/Hamburg/London: Lit, 2003.

[90] Alfonso de Toro. »Formen des Sehens im französischen Kultursystem des 19. Jahrhunderts unter besonderer Berücksichtigung von Roman und Lyrik«. *Rhetorische Seh-Reisen. Fallstudien zu Wahrnehmungsformen in Literatur, Kunst und Kultur*. Hg. Alfonso de Toro/Stefan Welz. Frankfurt am Main: Vervuert Verlag, 1999. S. 41-86.

[91] Zu diesen Lektüren des Pariser Stadttextes vgl. Karlheinz Stierle. *Der Mythos von Paris. Zeichen und Bewußtsein der Stadt*. München: Hanser, 1993.

ideologischen Symbolik und Semiotik angezogen, je nach politischer Überzeugung assoziierte der Autor dies mit einer besonderen Zukunftsfähigkeit oder mit gesellschaftlicher Gleichschaltung. Ein noch komplexerer Fall von Überblendung trat ein, wenn deutsche Reisende ihr Amerikabild auf Rußland projizierten.[92] Auch der Reisetext *Neviditelná Moskva* (*Unsichtbares Moskau*) des tschechischen Avantgardisten Vítězslav Nezval, der u.a. auf seinen Auftritt vor dem Ersten Allunionskongreß der Sowjetschriftsteller im August/September 1934 zurückging, bettet die sozialistische Metropole in ein Geflecht europäischer Kapitalen Prag, Paris und Berlin ein und überblendet die Städtebilder. Vor die Wahl zwischen Kommunismus und Nationalsozialismus gestellt optiert Nezval wie viele westliche Intellektuelle der Zeit für eine selektive Wahrnehmung Moskaus. Die surrealistische Poetik des Unsichtbaren geht mit seiner politischen Blindheit eine literarisch überaus produktive Verbindung ein.

Das abschließende Kapitel »Blicke auf ein Imperium im Umbruch: Spät- und postsowjetische Reisen« weitet noch einmal den historischen Rahmen und prüft an Reisetexten die Wandlungen der spät-/postsowjetischen Ära, die schließlich in den Zerfall des Imperiums (oder in den Umbau) einmündeten. In poststalinistischer Zeit blieben Ein- und Ausreiserestriktionen auch nach dem Abebben des Terrors in Kraft, die Mehrheit der Sowjetbürger konnte bis zum Zerfall der Sowjetunion nicht frei reisen. Selbst (oder gerade) Reisen in das befreundete sozialistische Ausland waren noch in den sechziger Jahren von zahlreichen Tabus umgeben, von erzwungenen Wahrnehmungslücken eingeschränkt, wie eindrücklich etwa Konstantin Paustovkijs *Tret'e svidanie* (*Die dritte Begegnung*) belegt. Es spricht für die Bedeutung der Reisegattung im russischen Literatursystem, daß schon bald nach dem Zusammenbruch der Sowjetunion Intellektuelle an die Tradition der Reise durch Rußland anknüpften. Ol'ga Sedakova legt ihren Reisebericht als eine Art von Feldforschung über die innere Verfaßtheit der postsowjetischen Intelligenz und über die Situation Rußlands an. Der Band endet mit einem Beitrag über postsowjetische Road Movies, die Schlaglichter auf ein von sozialen Abgründen zerrissenes Land werfen und das alte Motiv der Reise als Selbsterkundung unter heutigen (Medien)Bedingungen variieren. Solche Filme bieten nicht zuletzt

---

[92] Zudem gab es eine russische und sowjetische Tradition solcher Vergleiche russischer Städte, allen voran Moskaus mit amerikanischen Metropolen. Hier sei auf die Amerikareisen eines Esenin, Majakovskij, Ejzenštejn, Il'f und Petrov in den zwanziger Jahren verwiesen. Vgl. Aleksandr Ėtkind. *Tolkovanie putešestvij. Rossija i Amerika v travelogach i intertekstach*. Moskva: Novoe literaturnoe obozrenie, 2001. S.142ff.

der russischen (männlichen) Jugend Orientierungshilfen, brechen auf in ein entlegenes, unbekanntes Rußland und schlagen damit einen Bogen zur alten russischen Raumpraxis des Umherschweifens (brodjažničestvo). Während der erste Film *Bumer* jedoch eher rückwärtsgewandte Ideale vertritt, verlangt der zweite Film *Koktebel'* dem Zuschauer größeres Differenzierungsvermögen ab. Mit deutlichen Anklängen an eine säkularisierte Pilgerfahrt ruft dieser Film zentrale Paradigmen russischer Reisetexte auf.

Die Implosion des sowjetischen Imperiums und das Ende der globalen Dichotomie haben wesentlich dazu beigetragen, daß seit einiger Zeit die Bedeutung des Raumes für historische Prozesse wiederentdeckt bzw. neu gewichtet wird.[93] Die globale Perspektive, die sich seitdem immer mehr durchsetzt, sichert der »Literatur in Bewegung«, zu der u.a. Reisetexte gehören, neues theoretisches und emprisches Interesse.[94] Auf den ersten Blick ist die Rußländische Föderation des 21. Jahrhunderts nicht mehr ein abgekapseltes und eingeschlossenes ›Sechstel des Planeten‹, sondern hat sich im Innern grundlegend gewandelt und nach außen geöffnet. Die politische Ordnung des osteuropäischen/eurasischen Raums bietet zudem ein völlig verändertes Bild. Die sogenannten ostmitteleuropäischen Satellitenstaaten haben sich von russischer Dominanz gelöst, das Baltikum, Weißrußland, die Ukraine, die transkaukasischen und zentralasiatischen Republiken haben nationale Souveränität erlangt. Die Sowjetunion ist als Staat verschwunden, doch bis heute haben die postsowjetischen Eliten auf das geistige und kulturelle Vakuum, das der Zusammenbruch hinterlassen hat, keine substantiellen Antworten gefunden. Stattdessen wird ein patriotischer Geschichtskonsens verkündet, der den Bedürfnissen nicht nur der herrschenden Einheitspartei, sondern weiter Bevölkerungskreise zu entsprechen scheint.

---

93 Dabei waren und sind die Arbeiten des Osteuropa-Historikers Karl Schlögel in vieler Hinsicht wegweisend. Vgl. vor allem Karl Schlögel. *Das Wunder von Nishnij oder die Rückkehr der Städte. Berichte und Essays.* Frankfurt/M.: Eichborn, 1991; ders. *Im Raume lesen wir die Zeit. Über Zivilisationsgeschichte und Geopolitik.* München/Wien: Hanser, 2003; sowie ders. »Die Wiederkehr des Raums – auch in der Osteuropakunde.« In: *Der Raum als Wille und Vorstellung. Erkundungen über den Osten Europas. Osteuropa* 55,3 (2005): S. 5-17.

94 Ein Beispiel für einen solchen globalen Ansatz von Literaturwissenschaft bietet in jüngster Zeit: Ottmar Ette. *Literatur in Bewegung, Raum und Dynamik grenzüberschreitenden Schreibens in Europa und Amerika.* Weilerswist: Velbrück Wiss., 2001.

In Zeiten eines neuen Selbstbewußtseins wird eine tendenzielle rußländische Autarkie inmitten globaler Interdependenzen favorisiert, eine Position, die Elemente des Denkens der Eurasier aufnimmt. Aus der räumlich bestimmten Perspektive der ›souveränen rußländischen Demokratie‹ sollen die Katastrophen und Zivilisationsbrüche der Stalin-Zeit wie die bedrohlichen Defizite der Gegenwart in den Hintergrund treten, Rußlands territoriale Ausdehnung, seine Zwischenstellung zwischen Asien und Europa, sein Ressourcenreichtum, seine Verteidigungsbereitschaft gegen Invasoren und nicht zuletzt die stolze Erinnerung an seine imperiale Vergangenheit hingegen die Grundlagen zukünftiger Politik bilden. Doch wird der Zustand der Rußländischen Föderation von beunruhigenden Ungleichgewichten bestimmt: Moskau als Zentrum von Kommerz und Luxus überholt sogar westliche Metropolen, Inseln des Wohlstandes mit modernster Hochtechnologie und Infrastruktur bilden sich um die Ölförderstätten im Norden der Uralregion und Westsibiriens, aber weite Landstriche versinken in Rückständigkeit und Apathie. Dieses Gefälle zwischen aufstrebenden Wohlstandszonen und absinkenden Randzonen des wirtschaftlichen Geschehens könnte erneut eine zentrifugale Dynamik freisetzen und den Zusammenhalt der Rußländischen Föderation bedrohen. Mehr denn je braucht Rußland eine Aufklärung über seine eigene Lage, über seine ›verbotenen Zonen‹ und vergessenen Provinzen, es braucht mutige Intellektuelle, die es bereisen und die große Tradition russischer Reiseliteratur fortsetzen.

Thomas Grob (Zürich)

Der Autor auf der Flucht: Anton Čechovs Reise auf die Insel Sachalin und an die Ränder der Literatur

> Le »Je est un autre« de Rimbaud n'était pas seulement l'aveu du fantôme psychotique qui hante la poésie. Le mot annonçait l'exil, la possibilité ou la nécessité d'être étranger et de vivre à l'étranger, préfigurant ainsi l'art de vivre d'une ère moderne [...].
>
> Julia Kristeva. *Étrangers à nous-mêmes*[1]

> Vielmehr besagt Fremderfahrung, daß Abwesenheit und Ferne als »leibhaftige Abwesenheit« (Sartre), als »originäre Form des Anderswo« (Merleau-Ponty), als »Nicht-Ort« des fremden Antlitzes (Levinas) zur Sache des Fremden selbst gehören [...]. [Es handelt sich] um eine sich selbst widerstrebende Erfahrung, um eine gelebte Unmöglichkeit, wie sie sich insbesondere bei Autoren wie Baudelaire, Valéry, Kafka oder Celan und zuvor schon bei Kierkegaard andeutet.
>
> Bernhard Waldenfels. *Grundmotive einer Phänomenologie des Fremden*[2]

I. Flüchtigkeit

Es scheint nicht naheliegend, ausgerechnet bei Anton Čechov das Flüchtige des modernen Blicks auf das Fremde zu suchen, und am allerwenigsten in seinem ethnographisch-soziologischen Reisebericht über die Gefängnisinsel Sachalin, der das Resultat einer mit höchster Akribie und Ausdauer geplanten und durchgeführten Unternehmung darstellt. Doch ist die Sachalin-Reise bei Čechov enger mit der Thematik des Reisens verflochten, als der definitive Text darüber es auf den ersten Blick vermuten lassen würde. Das Reisen aber ist bei Čechov auf verschiedene Weise mit

---

[1] Julia Kristeva. *Étrangers à nous-mêmes*. Paris: Gallimard, 1988. S. 25. Dt.: *Fremde sind wir uns selbst*. Aus dem Französischen von Xenia Rajewsky. Frankfurt/M.: Suhrkamp, 1990. S. 23.

[2] Bernhard Waldenfels. *Grundmotive einer Phänomenologie des Fremden*. Frankfurt/M.: Suhrkamp, 2006. S. 115f.

dem ›Flüchtigen‹ verbunden. Dies wird um so augenfälliger, wenn man die innere Verbindung des ›Flüchtigen‹ mit der ›Flucht‹ mitbedenkt, die im Doppelsinn des russischen Wortes ›beglyj‹ wie im deutschen ›flüchtig‹ bereits sprachlich vorgeprägt ist. Die Bedeutung dieser Verbindung geht bei Čechov aber weit darüber hinaus; selten wird sie so sichtbar wie im Umkreis des Sachalin-Projektes, in dem den *Flüchtigen* (*beglye*) übrigens eine auffallende Aufmerksamkeit gewidmet wird.

Der Ausdruck des ›flüchtigen Blicks‹ kann in literarischer Hinsicht nur den textualisierten Blick meinen, eine den Blick simulierende textuelle Einstellung. Daß der Reisebericht, als Schreibmodus wie als Genre, ganz auf Textualität beruht, auch wenn er das ›Erleben‹ in den Vordergrund stellt, ist selbstverständlich: Auch wenn die modernen Ausprägungen nicht mehr dem noch sentimentalistisch und romantisch dominanten Modell der Reise mit dem Buch in der Hand folgen, so entfaltet sich individuelles (Be-)Schreiben des Reisens in der oszillierenden Bewegung zwischen der Begegnung mit einem Anderen, der Konfrontation mit den eigenen kulturellen Wahrnehmungsfolien und den Möglichkeiten der Verschriftlichung. Bei Čechov nimmt diese Konstellation beinahe paradoxale Züge an. Die Spuren seines demonstrativ positiven Blicks auf Venedig, Florenz, Rom, Nizza oder Paris, die sich in den Briefen finden, sind geprägt von einer Lakonie, die an ein Verwischen grenzt; parallel dazu ist die offensichtliche Weigerung zu sehen, diese Reisen literarisch zu fixieren. Aufgrund des zugänglichen Briefmaterials sind uns dennoch Einblicke in diese Reisen und sogar in ihre ›private‹ Dimension möglich; seinen Zeitgenossen hat Čechov dies nicht erlaubt. Es wird sichtbar, wie sehr sich ein eigentlicher und grundsätzlicher Reisedrang durch diese Biographie zieht. Die Begeisterung des Reisenden geht dabei weit über die einzelnen Eindrücke hinaus, und sie entzieht sich offenbar weitgehend der Verschriftlichung. Das grundsätzliche (und grundsätzlich positive) Bild des Reisens verbindet sich mit Čechovs steten Fluchtgedanken und -plänen, die wir ebenfalls aus den Briefen kennen: Die Verbindung zwischen ›Flüchtigkeit‹, ›Flucht‹ und ›Reisen‹ ist bei Čechov durchaus existentiell zu verstehen.

Das Reisen bestimmt sich bei Čechov tatsächlich nicht zuletzt über Gesten des Flüchtigen. Diese stehen unter sich wiederum in einem ›flüchtigen‹ inneren Zusammenhang: Figuren von Autorschaft und Privatheit, von Lebenskonzepten und Textformen verbinden sich auf eine Weise, die sich einer geschlossenen Analyse zu entziehen scheint. Es ist ein gemeinsamer Gestus des Sich-Entziehens, das einerseits das Reisen motiviert, andererseits aber seine Spuren verwischt. Wer über das Reisen bei

Čechov Aufschluß erhalten möchte, wird sich mit dem Nichtgesagten ebenso befassen müssen wie mit dem Gesagten, und es wäre nicht ausreichend, die Leerstellen einfach biographisch oder intertextuell auffüllen zu wollen: Sie bilden gewissermaßen den Kern, um den sich das Reisethema formiert. Der heutige Betrachter wird in eine unabschließbare Bewegung gedrängt zwischen dem Respekt vor dem sich entziehenden ›Autor‹ und dem Bedürfnis, die Hohlräume in den textlichen Manifestationen, die mehr sind als Element einer aussparenden Rhetorik, zu erkunden. Der Verdacht ist nicht von der Hand zu weisen, daß die ›Literatur‹ bei Čechov zu den Räumen seines Reisens – besonders derjenigen ins Ausland – deswegen kaum Zutritt hat, weil sie ihm persönlich so wichtig waren. Das Sich-Entziehen des Reisenden ist ein Spiegel des Sich-Entziehens von Čechov als Autor. Es ist andererseits aber das Reisen, das den bei Čechov so ubiquitären Gestus des Sich-Entziehens in eine räumliche Bewegung faßt, das ihn damit gleichsam positiviert und greifbar macht.

Bei aller Diskretion gegenüber dem eigenen Reisen entfaltet sich die Reisethematik bei Čechov sehr wohl literarisch; sie tut dies mit Ausnahmen – man denke vor allem an die große Erzählung *Step'* (1888; *Die Steppe*), die auf eigenen Reiseerfahrungen beruht – eher abstrakt und scheinbar weit ab von eigener Erfahrung. Doch ist Čechovs literarische Welt durchdrungen von Sujetelementen des Abschieds, des Sich-Lösens, der Sehnsucht und der oft irrationalen Wegbewegung, die sich selten zu realisieren vermag. Das eigene Reisen erscheint nur andeutungsweise im Brief, dem ureigenen Medium, das Nähe über die Abwesenheit zu schaffen vermag, doch bietet es ein existentielles wie literaturbezogenes Feld für die Selbstentwürfe dieses Autors. In Briefen bezeichnet Čechov – mit Bezug auf sein Blutspucken – seinen Drang, irgendwohin weit wegzufahren, als Krankheit (»Томит желание отправиться куда-нибудь очень далеко, например на Камчатку – это тоже болезнь« – »Mich quält der Wunsch, irgendwohin weit wegzufahren, zum Beispiel nach Kamčatka – das ist auch eine Krankheit«; 24./25.5.1896)[3], so wie er in späteren Jahren bedauert, nicht reisen zu können: »Wenn sich meine Gesundheit bessern würde, würde ich irgendwohin weit weg auf eine Seereise aufbrechen« (»Если бы здоровье мое поправилось, то я отправился бы куда-нибудь в дальнее плавание«; 29.9.1903).[4] Die Anziehungskraft dieser Rei-

---

[3] Anton Čechov. *Polnoe sobranie sočinenij i pisem v tridcati tomach*. Moskva: Nauka 1974-1983. Bde 19-30: *Pis'ma* [Eigene Zählung: Bde 1-13], Bd. 6, S. 149. Im folgenden werden alle Briefstellen unter Angabe des Datums aus dieser Ausgabe zitiert (*Pis'ma*).

[4] Ebenda. Bd. 11. S. 259.

selust schöpft sich nicht aus bestimmten Reisezielen, sondern aus dem Reisen an sich, mehr noch: aus dem Traum der Ferne, dem ›Weit-Weg-Sein‹. Zu dessen zentralen Symbolen gehört das Schiff.

Ein Einblick in die Briefe Čechovs macht deutlich, wie sehr er die Vorstellung von Glück konsequent mit derjenigen des ›Nicht-Hier-Seins‹ verband – auch wenn er selbst sich im Zweifel meist doch für die Pflicht der Seßhaftigkeit entschied:

> Чехов […] поехал бы и на Принцевы острова и в Константинополь, и опять в Индию и на Сахалин… Но, во-первых, он не свободен […]. Мне ужасно, ужасно хочется парохода и вообще воли. Опротивела ровная, благочестивая жизнь. (28.5.1892)[5]
> Čechov […] würde auf die Prinzeninseln und nach Konstantinopel und wieder nach Indien und Sachalin fahren… Aber […] er ist nicht frei […]. Ich möchte schrecklich, schrecklich gern Dampfer fahren und überhaupt – Freiheit. Es ist mir zuwider geworden, das gleichmäßige, wohlanständige Leben.

Es muß erlaubt sein, auch das so überaus ›ernste‹ Sachalin-Buch als die mit Abstand ausgeformteste textliche Manifestation von Čechovs Reisen vor dem Hintergrund der elementaren Reiselust Čechovs und seines Flucht-Drangs zu betrachten. Dies um so mehr, als wir es bei dieser Reise noch mit einer weiteren Form von Flucht und Flüchtigkeit zu tun haben: mit der Flucht nämlich aus der Literatur. Diese aber manifestiert sich hier nicht genretypisch als Illusionierung authentischen Erlebens, sondern in einer komplexen Textualität, die ganz verschiedene Aussageformen in sich verbindet und das Subjektive gerade zurückzudrängen scheint.

Ich versuche im Folgenden, fokussiert auf das Thema des Reisens, das diskursive Geflecht um die Sachalin-Reise und das Sachalin-Buch zu umreißen: die Umstände der Reise, die man gewöhnlich als persönliche Krise beschreibt, die Rätselhaftigkeit der Intentionen, die Frage nach den Spuren in verschiedenen Textsorten, nach Raumkonstruktionen, Genre und Rhetorik des Sachalin-Buches. Im Hintergrund steht dabei auch die Frage, ob sich denn nicht in den paradoxalen Diskursverschränkungen, die Čechovs *Insel Sachalin* oft als Rätsel erscheinen ließen, ein Aspekt der Grundkonstitution moderner Literatur verbirgt – ein Aspekt, der im Reisetext musterhaft seinen Ausdruck findet, der in ihm aber auch verborgen wird.

---

5 Ebenda. Bd. 5. S. 70.

II. Flucht: Paradoxien eines Reiseprojektes

Beginnen wir mit den Motivationen für die Reise, zu der Čechov am 21. April 1890 aufbrach. Sie wird von den Biographen in Beziehung gesetzt zu einem Gefühl allgemeiner Leere und Gleichgültigkeit, das Čechov im Vorfeld an sich selbst diagnostizierte.[6] Manifest wird dieses Unbehagen vornehmlich gegenüber den eigenen literarischen Texten. Zwar hatte er sich seinem Schreiben gegenüber immer schon kritisch geäußert; im Vorfeld der Reise gibt es diesbezüglich jedoch einen Tiefpunkt. Im Dezember 1889, in der Zeit, als die Pläne für die Sachalinreise entstanden, bezeichnete sich Čechov als schriftstellerischen »Banausen« (»kruglyj nevežda«), der sein Metier von Grund auf lernen müsse; »keine einzige Zeile« habe er bisher geschrieben, die »in meinen Augen ernsthafte literarische Bedeutung besäße« (20.12.1889).[7] 1889 ist auch ein Jahr der intensiven Arbeit an einem Roman, aus dem bekanntlich nichts geworden ist; dazu kam etwa der Mißerfolg seines Dramas *Lešij* (*Der Waldschrat*) im Dezember, der ihn für Jahre von dieser Gattung fernhalten wird.

Auch die in dieser Zeit besonders heftige Kritik sogar gewisser Freunde, er sei ein Autor ohne Moral, Prinzipien und ohne große Idee, verletzte ihn offensichtlich. Čechov hält diesen Verdächtigungen einerseits die Integrität der eigenen Person, andererseits die Autonomie des Literarischen entgegen: »Конечно, было бы приятно сочетать художество с проповедью, но для меня лично это чрезвычайно трудно [...]« (»Natürlich wäre es angenehm, die Kunst mit der Predigt zu verbinden, aber mir persönlich fällt dies überaus schwer«; 1.4.1890).[8] Doch war er es selbst, der immer wieder die Literatur der Nutzlosigkeit verdächtigte; das war vermutlich sein wichtigster Grund, die Medizin nicht aufzugeben. Schon früher hatte sich bei ihm der Zweifel an der »Belletristik«, wie er seine Literatur nannte, mit dem Reisen vermischt; so befielen ihn 1888 auf seiner Reise durch Südrußland Gedanken, die Literatur aufzugeben, »derer ich

---

6 Dies findet sich in allen Čechov-Biographien dokumentiert. Vgl. auch das journalistische ›remake‹ von Čechovs Reise bei G. Dalos, dessen Bericht den biographischen Kontext von Čechovs Reise berücksichtigt (György Dalos. *Die Reise nach Sachalin. Auf den Spuren von Anton Tschechow*. Deutsche Bearbeitung v. Elsbeth Zylla. Hamburg: Europäische Verlagsanstalt, 2001).

7 Čechov. *Pis'ma* (wie Anm. 3). Bd. 3. S. 304.

8 Ebenda. Bd. 4. S. 54.

überdrüssig bin« (»которая мне опостылела«), sich auf dem Land niederzulassen – und als Arzt zu leben.[9]

Man kann darin eine ›Krise‹ in Čechovs Schreiben sehen, doch muß man sich vor Augen halten, daß diese ›Krise‹ bei ihm eine permanente war: Sie mochte sich zuzeiten diskreter oder auffälliger äußern, er äußerte sich darüber manchmal pessimistischer, manchmal gelassener, doch war Čechovs literarische Entwicklung im Grunde nichts anderes als eine Verschiebung im Umgang mit eben dieser Krise des Literarischen. Äußerte sie sich vorwiegend in Form von Zweifeln am eigenen Werk, war sie dennoch für ihn nie eine individuelle Angelegenheit. Dies wird dann explizit, wenn er sich und die Literatur verteidigt – ohne von seiner Gegenwartsanalyse etwas zurückzunehmen. Noch zehn Tage vor der Abreise nach Sachalin entgegnet er dem Herausgeber der Zeitschrift *Russkaja mysl'* (*Der russische Gedanke*) auf den Vorwurf der Prinzipienlosigkeit, zwar sei seine literarische Arbeit an den Anliegen von Gerechtigkeit und Freiheit »spurlos vorübergegangen«, doch sei das bei der Zeitung auch nicht anders, »und daran sind nicht wir schuld, weder Sie noch ich«.[10] Man erinnert sich, daß er noch zwei Jahre nach der Reise die »Krankheit« der zeitgenössischen Literatur darin sah, daß sie kein Ziel sehe, keine Politik habe, keinen Gott und nicht einmal Angst vor Gespenstern – und dies erfasse »die ganze Epoche«.[11]

Die Literaturkrise äußerte sich für Čechov – neben der jahrelangen, erfolglosen Suche nach der großen Prosaform – als Auseinandertreten von Schreiben und Handeln, von Literatur und gesellschaftlicher Wirkung. Ihre persönliche ›Lösung‹ aber lag, so inadäquat dies klingen mag, nicht zuletzt in der Reise: »Ich habe einen unüberwindlichen Drang zur Flucht.«[12] Bereits die Reise im Vorjahr, zu der er im Juli 1889 aufgebrochen war, war ein Produkt seiner »abscheulichen Stimmung«; sein Ziel war »das Ausland« (wohin er nicht kam), aber eigentlich viel mehr das Wegfahren an sich: »nach Tirol, nach Berdičev oder nach Sibirien: das war völlig egal«.[13]

Der Sachalin-Plan gehört zudem in die von Čechov beinahe zeitlebens thematisierte Konfliktzone zwischen der ›Ehefrau Medizin‹ und der ›Ge-

[9] Ebenda. Bd. 2. S. 286; 21.6.1888.
[10] Siehe Ebenda. Bd. 4. S. 56; 10.4.1890.
[11] Ebenda. Bd. 5. S. 133f.; 25.11.1892.
[12] So ohne Quellenangabe bei Dalos. *Die Reise nach Sachalin* (wie Anm. 6). S. 25.
[13] Čechov. *Pis'ma* (wie Anm. 3). Bd. 3. S. 261; 13.10.1889.

liebten Literatur‹[14]: Für erstere, meint er im Mai 1889, liebe er das Geld zuwenig, für letztere habe er zuwenig Leidenschaft und Talent.[15] Und kurz vor Abreise bemerkt er, er habe seinen Bekannten immer mehr als Arzt denn als Schriftsteller erscheinen wollen.[16] Im Vorfeld bezeichnet er die Reise auch als Tribut »an die Medizin, der gegenüber […] ich ein Schwein bin« (»Я хочу […] немножко заплатить своей медицине, перед которой я, как Вам известно, свинья«).[17] Im Gegensatz allerdings zu seinen Einsätzen gegen Hunger und Cholera-Epidemien oder zu der meist kostenlosen Behandlung von Patienten handelt es sich hier um ein »akademisches« Projekt[18]:

> В своей сахалинской работе я явлю себя таким сукиным сыном, что вы только руками разведете. Я уж много украл из чужих книг мыслей и знаний, которые выдам за свои. (20.2.1890)[19]
> In meiner Sachalinarbeit zeige ich mich als derartiger Hundesohn, daß Sie die Hände über dem Kopf zusammenschlagen werden. Ich habe aus fremden Büchern schon viele Gedanken und Kenntnisse gestohlen, die ich als eigene ausgeben werde.

Im Januar 1890 schreibt Čechov, er fahre »zu wissenschaftlichen und literarischen Zwecken«[20] nach Sachalin. Beides streicht er jedoch auch wieder durch:

> Еду я совершенно уверенный, что моя поездка не даст ценного вклада ни в литературу, ни в науку: не хватит на него ни знаний, ни времени, ни претензий. Нет у меня планов ни гумбольдтских, ни даже кеннановских. (9.3.1890)[21]
> Ich fahre in der festen Überzeugung, daß meine Reise weder für die Literatur noch für die Wissenschaft einen wertvollen Beitrag leisten wird: Dafür reichen weder die Kenntnisse, noch die Zeit,

---

14 Siehe z.B. schon den Brief vom 17.1.1887 an seinen Bruder Aleksandr (Ebenda. Bd. 2. S. 15).

15 Ebenda. Bd. 3. S. 203; 4.5.1889.

16 Ebenda. Bd. 4. S. 56; 10.4.1890.

17 Ebenda. Bd. 4. S. 31; 9.3.1890.

18 Siehe Ebenda. Bd. 5. S. 258; 2.1.1894.

19 Ebenda. Bd. 4. S. 23.

20 »Предполагая весною этого года отправиться с научною и литературною целями в Восточную Сибирь и желая, между прочим, посетить остров Сахалин […]« (Ebenda. Bd. 4. S. 10; 20.1.1890). Čechov bittet in diesem Brief an die Zentrale Gefängnisverwaltung um administrative Unterstützung seines Reisevorhabens.

21 Ebenda. S. 31.

> noch meine Ansprüche. Ich habe keine Humboldtschen, ja noch nicht einmal Kennansche Pläne.

So reist er einmal »für Kleinigkeiten« (»za pustjakami«)[22], dann wieder für ein akademisches Projekt. Die Reise aber war mehr als beides: Sie war ein Projekt, das sich auf der Ebene von Lebenskonzepten und in enger Bindung an die Literatur entwickelte. Sogar wenn die Reise ihm gar nichts bringen werde, meint er, so werde es wohl doch zwei oder drei Tage geben, an die er sein Leben lang mit Begeisterung oder Bitterkeit zurückdenken werde.[23]

In den Monaten vor der Reise packt Čechov die »Mania Sachalinosa«.[24] Mit wildem Eifer liest er diverse Literatur über Sachalin:

> Я сижу безвыходно дома и читаю о том, сколько стоил сахалинский уголь за тонну в 1883 году и сколько стоил шанхайский; читаю об амплитудах […] и ветрах, […] о почве […]. Впрочем, с ума еще не сошел […]. (16.3.1890)[25]
> Ich sitze unablässig zu Hause und lese, wieviel im Jahre 1883 die Tonne Kohle aus Sachalin gekostet hat und wieviel die aus Shanghai; ich lese über Amplituden […] und Winde, […] über Böden […]. Übrigens, verrückt geworden bin ich noch nicht.

Der ungebrochene Impetus hinter der Reise, der sich auch in den Briefen mitteilt, steht den verwirrend vielfältigen, ja widersprüchlichen Intentionen entgegen. Dies entging auch Čechovs Umgebung nicht, die irritiert auf sein Vorhaben reagierte; sein Bruder Michail meinte gar, die Reise sei ganz zufällig und plötzlich ausgedacht worden – es sei anfänglich sogar unklar gewesen, ob das Ganze nicht ein Scherz sei.[26] Aus heutiger Distanz erscheinen Čechovs Begründungen um so überzeugender, je unbestimmter sie bleiben. Im März 1890 schreibt er:

> Пожалуйста, не возлагайте литературных надежд на мою сахалинскую поездку. Я еду не для наблюдений и не для впечатлений, а просто для того только, чтобы пожить полгода не так, как я жил до сих пор. (22.3.1890)[27]

[22] Ebenda. S. 33.

[23] »Пусть поездка не даст мне ровно ничего, но неужели все-таки за всю поездку не случится 2-3 дней, о которых я всю жизнь буду вспоминать с восторгом или с горечью?« (Ebenda. S. 32; 9.3.1890).

[24] Ebenda. S. 19; 15.2.1890.

[25] Ebenda. S. 39.

[26] Siehe Georgi P. Berdnikow. *Anton Tschechow. Eine Biographie*. Berlin: Volk und Wissen, 1986. S. 150.

[27] Čechov. *Pis'ma* (wie Anm. 3). Bd. 4. S. 45.

> Setzen Sie bitte keine literarischen Hoffnungen auf meine Sachalinreise. Ich fahre nicht um der Beobachtungen und der Eindrücke willen, sondern einfach nur, um ein halbes Jahr nicht so zu leben, wie ich bisher gelebt habe.

Als alles rechtfertigender Grund bleibt die Aussicht auf das andere Leben am anderen Ort, der letztlich die Reise selbst ist. So ist die aufwendige Sachalin-Unternehmung keineswegs *nur* ein gesellschaftlicher Akt, sowenig sie Vergnügungsreise ist. Und nicht zuletzt ist sie Teil einer Reise um die halbe Welt:

> Мой маршрут таков: Нижний, Пермь, Тюмень, Томск, Иркутск, Сретенск, вниз по Амуру до Николаевска, два месяца на Сахалине, Нагасаки, Шанхай, Ханькоу, Манила, Сингапур, Мадрас, Коломбо (на Цейлоне), Аден, Порт-Саид, Константинополь, Одесса, Москва, Питер, Церковная ул. (16.3.1890)[28]
> Meine Reiseroute ist die folgende: Nižnij, Perm, Tjumen, Tomsk, Irkutsk, Sretensk, den Amur abwärts bis Nikolaevsk, zwei Monate auf Sachalin, Nagasaki, Shanghai, Hongkong, Manila, Singapur, Madras, Colombo [auf Ceylon], Aden, Port-Said, Konstantinopel, Odessa, Moskau, Piter, Cerkovnaja ul.

Vielleicht ist es mehr als Ironie, wenn Čechov elf Tage vor der Reise anmerkt, vielleicht kehre er ja nie nach Rußland zurück.[29] Die Ungeduld, die ihn in den letzten Wochen packt, ist jedenfalls keine akademische:

> [...] мне стало совсем скучно. Солнце светит адски, пахнет весной, и мне досадно, что я еще не еду на Сахалин. Теперь бы хорошо сидеть на палубе речного парохода или скакать через степь в тарантасе. (17.2.1890)[30]
> [...] mir wurde überaus langweilig. Die Sonne scheint höllisch, es riecht nach Frühling, und es ärgert mich, daß ich noch nicht nach Sachalin fahre. Jetzt wäre es gut, auf dem Deck eines Flußdampfers zu sitzen oder in einem Tarantas durch die Steppe zu preschen.

Man sollte die verschlungenen Intentionen hinter der Sachalin-Reise nicht aufzulösen versuchen. Das könnte den Blick auf dieses vielfältige und wi-

---

[28] Ebenda. S. 38.

[29] So im genannten Brief an den Herausgeber der *Russkaja mysl'* vom 10.4.1890: »[...] на днях я надолго уезжаю из России, быть может, никогда уж не вернусь« (»[...] ich fahre in Bälde für lange aus Rußland fort und werde vielleicht nicht wieder zurückkehren«); Čechov. *Pis'ma* (wie Anm. 3). Bd. 4. S. 56.

[30] Čechov. *Pis'ma*. Bd. 4. S. 21.

dersprüchliche Unternehmen versperren und unerklärlich machen, warum Čechov für die Reise wie auch für das Sachalin-Buch einen derartigen Aufwand betrieb.[31] Es bleibt ein Rätsel um diese Reise, die literarisch und wissenschaftlich intendiert war, von der man aber keine literarischen Früchte und kaum wissenschaftliche Konsequenzen erwarten sollte. Direkte *literarische* Spuren zeitigte die Reise übrigens tatsächlich kaum; neben der Reiseskizze *Iz Sibiri* (*Aus Sibirien*) und einer Handvoll Erzählungen[32] beschränken sie sich auf einige Motive, die jedoch auch anders begründet sein könnten. Der Autor selbst blieb jedenfalls später von seinem Werk überzeugt; m.W. hat er sich nie negativ über seine Reise nach Sachalin oder das Sachalin-Buch geäußert.

III. Heterotopie

Es fragt sich, inwiefern es sich bei *Ostrov Sachalin* (*Die Insel Sachalin*) um einen Reisetext handelt; immerhin entschloß sich Čechov kurz vor der Zeitschriftenpublikation 1893/94 zum Untertitel *Reiseaufzeichnungen* (*Iz putevych zapisok*).[33] Um dies zu beantworten, kann man von den gesellschaftlichen Dimensionen des Unternehmens weitgehend abstrahieren, die naturgemäß meist im Vordergrund der Analysen stehen.[34] Prioritär

---

[31] »Я истратил на поездку и на работу столько денег и времени, сколько не получу назад и в 10 лет« (»Für Reise und Arbeit habe ich so viel Geld und Zeit investiert, wie ich in zehn Jahren nicht herausbekommen werde«); Ebenda. Bd. 5. S. 260; 10.1.1894.

[32] Siehe etwa *Gusev* (1890), *Baby* (1891), *V ssylke* (1892), *Ubijstvo* (1895). Zum späteren motivischen Nachhall bes. anhand der Erzählung *Ubijstvo* siehe Ė. A. Polockaja. »Posle Sachalina«. *Čechov i ego vremja.* Moskva: Nauka, 1977. S. 117-137.

[33] Dieser Untertitel findet sich gemäß den Angaben der Herausgeber der Gesamtausgabe noch nicht auf dem Manuskript, sondern erst in der Zeitschriftenpublikation; er wurde dann für die Buchausgabe von 1895 beibehalten (vgl. Anton P. Čechov. *Polnoe sobranie sočinenij i pisem v tridcati tomach. Sočinenija.* Bd. 14-15: *Iz Sibiri. Ostrov Sachalin. 1890-1895.* Moskva: Nauka 1978. S. 783). Alle Zitate aus *Ostrov Sachalin* im Folgenden stammen aus dieser Ausgabe.

[34] Vgl. dazu etwa Joseph L. Conrad. »Chekhov as social observer: The ›Island of Sakhalin‹«. *A Chekhov Companion.* Hg. Toby W. Clayman, Westport (Conn.)/ London: Greenwood, 1985. S. 273-287. Leonard A. Polakiewicz. »Chekhov's ›The Island of Sakhalin‹ and Dostoevsky's ›Notes from a Dead House‹ as penological Studies«. *Canadian-American Slavic Studies* 35, Nr. 4 (2001): S. 397-421 (dort finden sich weitere Literaturangaben).

geht es bei diesen gesellschaftlichen Anliegen um das Auseinanderklaffen von ›Theorie‹ (Gesetz, gesellschaftlicher Moral) und Praxis, um die Gleichgültigkeit der Gesellschaft gegenüber dem Ort, wo sie sanktioniert, um inhumane und unsinnige Strafformen und die mißbräuchliche Ausbeutung von Gefangenen durch Beamte oder Firmen, um die Lage der Frauen, um die fehlende Bildung des Aufsichtspersonals und das Fehlen jeder Anstrengung, das erklärte Ziel der Besserung und Resozialisierung umzusetzen, generell um ein Milieu, in dem die Menschen (und nicht nur die Gefangenen) abstumpfen. Diese Bedeutungsschichten sind im Sachalin-Buch so zentral, daß die eigentliche Reisethematik in den Hintergrund zu treten scheint; um sie freizulegen, muß man die Perspektive etwas verschieben. Ich möchte deswegen einen Blick werfen erstens auf die Raumkonstruktion, zweitens auf die ›Rhetorik‹ dieses Buches, das sich jeder präzisen Genrezuschreibung konsequent widersetzt – und dessen Blick sich jeder Flüchtigkeit entledigt hat.

Beginnen wir mit ersterem. Man kann sich darüber streiten, inwieweit die Gestaltung des Raumes ›Sachalin‹ in der Tradition von Sibirienkonzeptionen zu sehen ist.[35] Konstitutiv erscheint mir jedenfalls, daß die semantischen, kulturellen Grenzen hier nicht einer Aneignungsbewegung dienen, und daß sie nicht zwischen ›Rußland‹ und ›Sibirien‹, sondern zwischen ›Sachalin‹ einerseits und ›Rußland‹ andererseits gezogen werden. Es bietet sich an, Sachalin als Form der ›Heterotopie‹ im Sinne des Foucaultschen Vortrages über die »espaces autres«[36] zu verstehen, wie dies beiläufig auch Susi Frank vorschlägt.[37] Čechovs Sachalin stellt räumlich – als Insel, wie schon der Titel betont – wie sozial einen geschlossenen Raum dar, der auf verschiedene Weise zum Ganzen des ›normalen‹ Raums in Beziehung steht. Foucault sieht diese Beziehung als eine des Suspendierens, des Neutralisierens oder des Umkehrens. Der Raum des Normalen hat bei Čechov einen Namen: Rußland (oder auch: das Festland). Sein Sachalin erfüllt beinahe vollständig Foucaults Bestimmungen

---

[35] Susi Frank. *Imperiale Aneignung. Diskursive Strategien der Kolonisation Sibiriens durch die russische Kultur*. Ms. Konstanz 2003. Kap. 3.4.: *Dostoevskij, Jadrincev und Čechov als ›Geokulturologen‹ Sibiriens*. S. 254-270.

[36] Michel Foucault. »Des espaces autres. Conférence au Cercle d'études architecturales, 14 mars 1967«. Frz. zit. n. foucault.info/documents/heteroTopia/foucault.heteroTopia.fr.html (besucht im Juni 2006, unpaginiert). Dt. zit. n. Ders. »Andere Räume«. Aus d. Frz. v. W. Seitter. *Aisthesis. Wahrnehmung heute oder Perspektiven einer anderen Ästhetik. Essais*. Hg. Karlheinz Barck. Leipzig: Reclam, 1991. S. 34-46.

[37] Frank. *Imperiale Aneignung* (wie Anm. 35). S. 261.

der modernen ›Abweichungsheterotypien‹ (›hétérotopies de déviation‹), in die man die »Individuen [steckt], deren Verhalten abweichend ist im Verhältnis zur Norm«[38]: Der Ort hat einen gewissen universellen Charakter, er erfährt funktionelle Mutationen (z.B. mit der leitmotivischen Frage der Kolonisation), er vereint Unvereinbares (man denke an die Passagen zum Leben der Freien oder zum Verhältnis von offizieller Sicht und tatsächlichen Lebensbedingungen), er besitzt einen eigenen Zeitbegriff und er stellt ein System von Öffnungen und Schließungen dar.

Daß eine geschlossene, sozusagen geographisierte Strafkolonie so präzise gerade auf ein Konzept Foucaults zutrifft, kann nicht erstaunen. Eher überrascht, daß Foucault zum Schluß seines Heterotopien-Aufsatzes einen Bezug zum Thema des Reisens herstellt, konkret zum Bild des Schiffs, das immer »das größte Imaginationsarsenal« unserer Zivilisation gewesen sei: »[…] le bateau, c'est un morceau flottant d'espace, un lieu sans lieu, qui vit par lui-même. […] Le navire, c'est l'hétérotopie par excellence«.[39] Bei Čechov gibt es eine sehr direkte Verbindung zwischen dem Heterotopos der Insel Sachalin und dem Schiff, das ihn zuerst von den nördlichen Teilen nach dem Süden bringt (»Ich fuhr mit großem Vergnügen ab, der Norden langweilte mich schon sehr«)[40] und später auf seine erträumte Reise durch wirklich fremde Länder, die nicht mehr im Fokus des Buches stehen.

Der Bezug zwischen Strafinsel und Festland, zwischen Abweichung und Norm erschöpft sich aber keineswegs in der kontrastiven Gegenüberstellung. Einerseits wird tatsächlich in betonter Schärfe Differenz konstruiert: in der Betonung der Fremdheit Sachalins und der tendenziellen Unüberschreitbarkeit seiner Grenze. Die Insel wird erzählerisch gleichsam isoliert, indem nur die nächste Anreise und gar nicht die Abreise beschrieben werden. Schon bei der Ankunft, noch auf dem Schiff im Mündungsgebiet des Amur, wird das Andere dieses Ortes betont:

> Тут кончается Азия […]. Кажется, что тут конец света и что дальше уже некуда плыть. Душой овладевает чувство, какое, вероятно, испытывал Одиссей, когда плавал по незнакомому

[38] Foucault. »Andere Räume« (wie Anm. 36). S. 40.

[39] Foucault. »Espaces« (wie Anm. 36); dt. Übers. S. 46.

[40] »Уезжал я с большим удовольствием, так как север мне уже наскучил и хотелось новых впечатлений« (»Ich fahre mit dem größten Vergnügen ab, denn der Norden ist mir bereits über und ich wünsche mir neue Eindrücke«); Čechov. *Ostrov Sachalin*. Bd. 14-15 (wie Anm. 33). S. 180).

> морю и смутно предчувствовал встречи с необыкновенными существами.[41]
> Hier endet Asien. [...] Man meint, hier sei die Welt zu Ende, als könne man weiter nicht fahren. Der Seele bemächtigt sich ein Gefühl, das wohl Odysseus empfand, als er über das unbekannte Meer segelte und dunkle Ahnungen von Begegnungen mit ungewöhnlichen Wesen hatte.

Der Erzähler befürchtet, gar nicht auf die Insel gelassen zu werden (S. 54), und die Inselbewohner wundern sich: »Freiwillig kommt man nicht hierher«.[42] Sachalin wird ethnologisch erforscht wie ein Raum des völlig Fremden; die alltäglichsten Dinge werden in Frage gestellt, und der Erzähler selbst wirkt auf die Einheimischen wie ein Besucher aus einer anderen Welt. Diese Grenzziehung wird besonders deutlich im Kapitel zu den Flüchtigen, den »beglye« (Kap. XXII). Dieses beginnt mit der Thematisierung der Insellage Sachalins, die allein ein großes Fluchthemmnis darstelle, und der unwirtlichen Natur; es werden die Motive für den dennoch großen Fluchtdrang sowie Statistiken diskutiert und – mit einem kleinen Seitenhieb auf Vladimir Korolenkos Flüchtlingserzählung *Sokolinec* (*Der Bewohner Sokolins*) (S. 350) – die Angst der Festlandbewohner vor den Flüchtigen beschrieben. Gemäß den ihm zugänglichen Zahlen seien von den letzten 1501 Flüchtigen 1010 wieder eingefangen und vierzig tot aufgefunden worden; von den anderen gebe es keine Spur (S. 356).

Die Symmetrie ist offensichtlich: Die Unzugänglichkeit Sachalins zu Anfang des Textes ergänzt sich mit der Unmöglichkeit des Entkommens im Schluß. Gerade in diesem Kapitel zeigt sich aber, wie die konsequent aufgebaute Geschlossenheit und Alterität dieses Raum gleichzeitig ebenso konsequent unterlaufen wird; anhand anderer Paradigmen hat auch Walter Koschmal festgehalten, Sachalin werde erst als »homogener Gegenraum zu Rußland« entworfen, die Opposition dann »durch den berichtenden Erzähler aber abgeschwächt«, was zu »widersprüchlichen Raumkonzeptionen« führe.[43]

Konsequent werden die erst suggerierten Differenzerwartungen an die Heterotopie im Detail unterlaufen. Manchmal kann man dies dahingehend deuten, daß damit die innere Homogenität des Sachalin-Raums unterstrichen wird: Die Gefangenen auf der Insel laufen frei herum, so daß

---

[41] Ebenda. S. 45.

[42] »По доброй воле сюда не заедешь!« (Ebenda. S. 51).

[43] Walter Koschmal. »Semantisierung von Raum und Zeit. Dostoevskijs ›Aufzeichnungen aus einem Totenhaus‹ und Čechovs ›Insel Sachalin‹«. *Poetica* 12 (1980): S. 397-420. Hier S. 411 und 415.

man sich mit ihnen in verunsichernder »Nähe« (»blizost'«) befinde, die sich jedoch als ungefährlich erweise (S. 62); die Gefängnisse haben offene Tore und Türen (S. 87), die bäuerliche Leistung der Kolonisten unterscheidet sich nicht von derjenigen der Zuchthäusler (S. 229), und ein Viertel der Gefangenen lebt problemlos außerhalb der Gefängnisse (ebenda).

Doch führen insbesondere die häufigen Vergleiche mit »Rußland« über diese Motivierung hinaus. Bereits in der Skizze *Aus Sibirien* (1890) beklagt ein Einheimischer dem Erzähler gegenüber, in Sibirien sähen die Menschen nicht den Sinn des Lebens. Er nimmt an, in Rußland sei alles anders: »In Rußland versteht man das sicher!« Der Erzähler antwortet: »Nein, man versteht es nicht«.[44] Im Sachalin-Buch arbeiten die Gefangenen (katoržnye) auf den Höfen »wie unsere Landarbeiter« (derevenskie rabotniki, S. 229f.), die bäuerliche Unwissenheit ist dieselbe »wie auch in Rußland« (S. 63), die furchtbaren Latrinen haben ihre Ursache in der Einstellung »des russischen Menschen« (S. 90), die Kohlegrube ist trotz allem nicht schrecklicher als im Doneck (S. 139) und gewisse Orte sehen aus »wie ein richtiges russisches Dorf« (S. 149). Es ist sogar von Frauen die Rede, die nach ihren früheren Erfahrungen mit ihren Männern in der Katorga zum ersten Mal aufgeatmet hätten (S. 252).

Eher überraschend sind auch die Motive, die Čechov den Flüchtenden unterstellt. Hier spielen zwar die zeitlichen Perspektiven – etwa lebenslange Strafen – eine Rolle, kaum aber die konkreten Lebensverhältnisse der Gefangenen. Vielmehr spricht Čechov vom generellen Streben nach Freiheit und von der »leidenschaftlichen Liebe zur Heimat«. Die Ironie in der Beschreibung dieser Träume von der Heimat ist unübersehbar:

> […] а в России все прекрасно и упоительно; самая смелая мысль не может допустить, чтобы в России могли быть несчастные люди […].[45]
> […] doch in Rußland ist alles wunderbar und berauschend; auch der kühnste Gedanke würde nicht annehmen, daß es in Rußland unglückliche Menschen geben könne […].

Jeder Verbesserungsvorschlag für die Lebensverhältnisse auf der Insel werde mit dem Argument bekämpft, es dürfe den Gefangenen nicht besser gehen als zu Hause; nach dieser Logik aber sei die Katorga zwangsläufig eine »Hölle« (S. 134f.). Ist die »Hölle« (»ad«) im Text, wohl aus

---

[44] »Все-таки он должен понимать, для какой надобности он живет. В России небось понимают! / – Нет, не понимают« (Čechov. *Ostrov Sachalin.* [wie Anm. 33]. S. 22).

[45] Ebenda. S. 343.

zensurbedingten Gründen, nur ein ganz diskretes Leitmotiv, so wird Čechov in Briefen direkter: »In der Erinnerung erscheint mir Sachalin als eine wahre Hölle«.[46]

Die entgegengesetzten Gesten der Ver-Fremdung und der Entdifferenzierung lassen sich nicht einfach zusammenfügen; dennoch resultiert aus ihnen, daß die Heterotopie, die Hölle Sachalin[47] sowohl Gegenraum ist, so wie sie *auch* synekdotisch für ganz Rußland steht. Letzteres wird Čechov Jahre später in einem Brief mit unüberhörbarer Gefängnisassoziation als »asiatisches« Land bezeichnen: In ihm seien Presse und Gewissen nicht frei, das Leben eingeengt und miserabel und es gebe kaum Hoffnungen auf bessere Zeiten.[48] Einen Tag nach der Ankunft in Moskau im Dezember 1890 schreibt er an Suvorin:

> Мы, говорят в газетах, любим нашу великую родину, но в чем выражается эта любовь? Вместо знаний – нахальство и самомнение паче меры, вместо труда – лень и свинство, справедливости нет, понятие о чести не идет дальше «чести мундира» […]. (9.12.1890)[49]
> Wir lieben, heißt es in den Zeitungen, unsere große Heimat, doch worin äußert sich diese Liebe? Anstelle von Wissen Unverschämtheit und eine übermäßige Einbildung, anstelle von Arbeit Faulheit und Schweinerei, es gibt keine Gerechtigkeit, der Begriff von Ehre geht nicht über die »Ehre der Uniform« hinaus […].

Die Erfahrung der »Hölle« Sachalin geht an dieser Stelle direkt in die Rußland-Klage über: »In mir kocht die Seele«.[50] Schon in Hongkong hatte er russischen Mitreisenden, die die englische koloniale Ausbeutung kritisierten, in Gedanken entgegengehalten: »Aber [der Engländer] gibt ihnen Straßen, Wasserleitungen, Museen, das Christentum; ihr beutet auch aus – und was gebt ihr dafür?«[51]

---

46 »[…] По воспоминаниям, Сахалин представляется мне целым адом« (9.12.1890; Čechov. *Pis'ma* [wie Anm. 3]. Bd. 4. S. 139).

47 Vgl. den Versuch von Michael Finke, dieses Element auf eine konsistente Motivik des ›Ganges in die Unterwelt‹ hin zu lesen (Michael Finke. »The Hero's Descent to the Underworld in Chekhov«. *The Russian Review* 53 (1994): S. 67-80).

48 Čechov. *Pis'ma* (wie Anm. 3). Bd. 8. S. 155. (24.4.1899)

49 Čechov. *Pis'ma* (wie Anm. 3). Bd. 4. S. 140.

50 »Душа у меня кипит«. (Ebenda.)

51 »Я думал: да, англичанин эксплоатирует китайцев, сипаев, индусов, но зато дает им дороги, водопроводы, музеи, христианство, вы тоже эксплоатируете, но что вы даете?« (Čechov. *Pis'ma* [wie Anm. 3]. Bd. 4. S. 139).

Čechov hatte nach drei Monaten genug von Sachalin, dem anderen Ort, der sich als Spiegel des eigenen erwies. Er rettete sich, wie könnte es anders sein, mit dem Schiff. »Gestern […] hörte ich das Brüllen eines Dampfers. Alle sprangen aus den Betten: Hurra, der Dampfer!«[52] Es war allerdings zu seiner großen Enttäuschung der falsche – nämlich derjenige, mit dem er angekommen war und der nach Rußland fuhr. Ihn aber zieht es weiter, er möchte »möglichst rasch nach Japan, und von da aus nach Indien«.[53]

Am 11. September, als er auf dem Schiff vom nördlichen zum südlichen Teil der Insel fuhr, berichtet er, wie er morgen von ferne Japan sehen werde und daß er vermutlich, anders als sein Brief, nicht über Amerika reisen werde. Er sei jeden Tag um fünf Uhr aufgestanden und habe bis spätabends gearbeitet; alle Katorga-Häftlinge habe er in diesen zwei Monaten besucht und Material für drei Dissertationen gesammelt – doch habe er »das Gefühl, alles gesehen, den Elefanten aber nicht bemerkt zu haben.«[54] Mehr noch: »[…] ich habe mir die Nerven ruiniert und mir geschworen, nie wieder nach Sachalin zu fahren«.[55] Die wirkliche Rückreise über die asiatischen Destinationen – er selbst erwähnt später »Hongkong, Singapur, Colombo auf Ceylon, Port-Said usw. usw.«[56] – zeigt wieder den flüchtigen Blick: »Ich erinnere mich schlecht an Singapur, weil ich, als ich es umfahren habe, irgendwie traurig war.«[57] Aber sie birgt auch die wahre Gegenerfahrung, die mit verschweigendem Lakonismus festgehalten wird: »Dann kam Ceylon – der Ort, wo das Paradies lag.«[58] Wir erfahren bloß, daß Čechov hier Eisenbahn fuhr und sich satt sah. Doch auch diese Heterotopien – sie wären, nach Foucault, den *utopischen* Räumen verwandt – können sich erschöpfen: Die anschließenden langen 13 Tage auf dem Dampfer haben ihn »abgestumpft vor Langeweile«.[59]

---

[52] »Вчера в полночь я услышал рев парохода. Все поскакивали с постелей: ура, пароход пришел!« (6.10.1890; Čechov. *Pis'ma* [wie Anm. 3]. Bd. 4. S. 136).

[53] Čechov. *Pis'ma* (wie Anm. 3). Bd. 4. S. 137.

[54] »[…] у меня такое чувство, как будто я видел все, но слона-то не приметил« (Čechov. *Pis'ma* [wie Anm. 3]. Bd. 4. S. 133).

[55] »[…] в итоге я расстроил себе нервы и дал себе слово больше на Сахалин не ездить« (Čechov. *Pis'ma* [wie Anm. 3]. Bd. 4. S. 134).

[56] Čechov. *Pis'ma* (wie Anm. 3). Bd. 4. S. 142. (10.12.1890)

[57] »Сингапур я плохо помню, так как, когда я объезжал его, мне почему-то было грустно« (9.10.1890; Čechov. *Pis'ma* [wie Anm. 3]. Bd. 4. S. 140).

[58] »Затем следует Цейлон – место, где был рай« (Ebenda.).

[59] »[…] обалдели от скуки« (Ebenda.).

IV. Repräsentation. (K)ein Reisebericht

Čechov kam mit diesem beträchtlichen ›Umweg‹, der kaum schriftliche Spuren hinterließ, keineswegs vom Weg ab. Er gehörte zum ›Lebensprojekt‹ Sachalin wie die letztliche Zielstrebigkeit, mit der er nach Moskau zurückkehrte und über Jahre an seinem Buch arbeitete; in der vollständigen Fassung sollte es erst 1895 erscheinen. In seinem Werk wird dieser Text einen etwas erratischen Status behalten; die literaturwissenschaftliche Forschung – oft sogar die biographische – macht denn auch bis heute einen gewissen Bogen um ihn.[60]

Während der Zeit der Textentstehung bereiste Čechov unter anderem Westeuropa, und seine brieflichen Berichte, meist an seine Familie, sind wiederum so flüchtig (»Ja, der Eiffelturm ist sehr, sehr hoch. Die anderen Ausstellungsgebäude habe ich nur von außen gesehen«)[61] wie humorvoll (»Seit wir uns gesehen haben, schaffte ich es, in Italien, Paris, Nizza, Berlin, Wien zu sein… In Paris sah ich nackte Frauen«[62]). Bereits wenige Tage nach seiner Rückkehr aus Sachalin hatte er geschrieben, »im Frühling« reise er zum Eismeer.[63] Statt dessen kaufte er ein Landgut und lehnte schließlich weitere Reiseangebote Suvorins ab, unter anderem weil er Hungerhilfe-Aktionen und Cholera-Prävention organisierte.

Die Briefe zwischen der Reise und der Publikation führen uns zur Frage des Genres des nun entstehenden Buches zurück. Die Frage ist keineswegs einfacher als diejenige nach den Motivationen.

---

60 Dafür hat Čechovs Buch einige Publikationen provoziert, die kaum literatur- oder kulturwissenschaftlich zu nennen sind. Für das medizinhistorische Interesse siehe etwa Franz-Josef Ochsenfeld. *Anton P. Tschechow. Die Insel Sachalin.* Köln 1994 (Arbeiten der Forschungsstelle des Instituts für Geschichte der Medizin der Universität zu Köln, Bd. 66); für eine literarische Bearbeitung mit biographischem Interesse siehe James McConkey. *To A Distant Island.* New York: E.P. Dutton 1984. Dieses Buch erschien nota bene vor der ersten englischen Übersetzung von Čechovs Sachalin-Buch, die erst im Jahr 1987 (!) erschien. Noch beispielsweise im *Cambridge Companion to Chekhov* (Hg. Vera Gottlieb / Paul Allain, Cambridge University Press 2000) finden sich zum Sachalin-Buch nur drei marginale Bemerkungen.

61 »Да, Эйфелева башня очень, очень высока. Остальные выставочные постройки я видел только снаружи« (Čechov. *Pis'ma* [wie Anm. 3]. Bd. 4. S. 219).

62 »Пока мы не виделись, я успел побывать в Италии, в Париже, Ницце, Берлине, Вене… В Париже видел голых женщин« (Čechov. *Pis'ma* [wie Anm. 3]. Bd. 4. S. 223).

63 Čechov. *Pis'ma* (wie Anm. 3). Bd. 4. S. 145. (10.12.1890)

> А Сахалин тем хорош, что он жил бы после меня сто лет, так как был бы литературным источником и пособием для тех, занимающихся и интересующихся тюрьмоведением. (30.8.1891)[64]
> Sachalin ist deswegen gut, weil es nach mir noch hundert Jahre leben würde, da es eine literarische Quelle und ein Hilfsmittel für alle wäre, die sich mit Gefängniskunde beschäftigen.

Was bedeutet hier ›literarisch‹: Meint es ›Literatur‹ im Sinne von Fachliteratur oder doch (auch), daß das Material zu ›belletristischer‹ Literatur anregen könnte – was es bei ihm selbst kaum tat? Gemäß anderen Aussagen repräsentiert das Sachalin-Buch für Čechov in diesem Sinne eher das Nicht-Literarische. Auf Suvorins Verdacht, er habe das Buch aufgegeben, entgegnet er kategorisch, niemals würde er sein »Kind« (»detišče«) aufgeben; er arbeite gerne immer dann daran, wenn ihn die »belletristische Langeweile« befalle und er etwas jenseits der Belletristik schreiben könne.[65] Doch scheint er Suvorins Zweifel zuvor selbst geweckt zu haben. Im vorher genannten Brief an ihn meint er, manchmal sei er bereit, drei bis fünf Jahre »wilder« (»neistovo«) Arbeit zu investieren, manchmal aber packten ihn die Zweifel und er würde es am liebsten lassen (»pljunut' na nego«).[66] Dennoch werde »etwas Vernünftiges« (»del'noe«, S. 266) entstehen.

Als er Suvorin im Juli 1893 berichtet, er habe das Sachalin-Buch in Druck gegeben – gemeint sind die ersten drei Kapitel, der Anfang der unvollständigen Zeitschriftenfassung, die 1893/1894 in der Zeitschrift *Russkaja mysl'* (*Der russische Gedanke*) erschien[67] –, stellt er die Schwierigkeit des Verschriftlichungsprozesses als eine des Einsatzes von Subjektivität dar. Erst nach langer Arbeit, in der er immer den »Mißton« (»fal'š«) gefühlt habe, habe er bemerkt, woran das liege:

> Фальш была именно в том, что я как будто кого-то хочу своим »Сахалином« научить и вместе с тем что-то скрываю и сдерживаю себя. Но как только я стал изображать, каким чудаком

---

[64] Čechov. *Pis'ma* (wie Anm. 3). Bd. 4. S. 266.

[65] »Нет, сие мое детище я не могу бросить. Когда гнетет меня беллетристическая скука, мне приятно бывает браться не за беллетристику« (16.8.1892; Čechov. *Pis'ma* [wie Anm. 3]. Bd. 4. S. 105).

[66] »Временами бывает, что мне хочется сидеть над ним 3-5 лет и работать над ним неистово, временами же в часы мнительности взял бы и плюнул на него« (30.8.1891; Čechov. *Pis'ma* [wie Anm. 3]. Bd. 4. S. 266).

[67] Siehe die Anmerkungen in Čechov. *Ostrov Sachalin* (wie Anm. 33). Bd. 4. S. 780. Die Entstehungsgeschichte des Buches ist nicht zuletzt auch von Schwierigkeiten mit der Zensur geprägt.

> я чувствовал себя на Сахалине и какие там свиньи, то мне стало легко и работа моя закипела, хотя и вышла немножко юмористически. (28.7.1893)[68]
> Der falsche Ton lag darin, daß ich irgendwie jemanden mit meinem »Sachalin« belehren will [man beachte das Präsens – *Th.G.*] und gleichzeitig mich etwas verberge und zurückhalte. Doch sobald mir bewußt wurde, wie sehr ich mich auf Sachalin als Sonderling gefühlte habe und welche Schweine das dort sind, da wurde mir leicht und meine Arbeit fing an zu laufen, obwohl es etwas humoristisch herauskam.

Die Stelle ist wiederum einigermaßen rätselhaft. Während er sich in seiner Subjektivität freier zu fühlen schien, indem er seine Fremdheit durchscheinen ließ, zeigen die Varianten, wie die Herausgeber anmerken, daß Čechov gleichzeitig biographische Bezüge, Details, die auf ihn selbst verweisen könnten (etwa die spezifisch ärztliche Perspektive) oder auch seinen Namen sowie die Ich-Form herausredigierte.[69] Die subjektive Freiheit des Ausdrucks geht ganz offensichtlich wiederum mit dem Sich-Verbergen, der Selbstverfremdung zum »Sonderling« und zudem mit einer Zurückhaltung gegenüber dem Belehrenwollen einher. Und weist er hier, erstaunlich genug, auf einen humoristischen Unterton hin, verteidigt er im Januar 1894, ebenfalls Suvorin gegenüber, die »Trockenheit« und »Wissenschaftlichkeit« (»osnovatel'nost'«, »suchost'«, »učenost'«) des Buches. Es sei eben eine »akademische Arbeit« (»trud akademičeskij«), und die Medizin könne ihn nun nicht mehr des Verrats bezichtigen:

> […] я отдал должную дань учености и тому, что старые писатели называли педантством. И я рад, что в моем беллетристическом гардеробе будет висеть и сей жесткий арестантский халат. (2.1.1894)[70]
> […] Ich habe der Gelehrsamkeit und dem, was die Schriftsteller früher Pedanterie nannten, meinen Tribut gezollt. Und ich bin froh, daß in meiner belletristischen Garderobe nun dieser grobe Häftlings-Chalat hängt.

Doch was die Reise betrifft, so scheint auch später momentweise wieder die elementare, existentielle Kraft durch: Die Erwartungen, mit denen sie verbunden war, hatten sich offenbar erfüllt. Einen Tag nur, nachdem er Suvorin noch einmal beschrieb, welche »Hölle« dieses Sachalin doch sei, schreibt er an I. L. Leont'ev über seine Reise und den Sachalin-Aufenthalt:

---

[68] Čechov. *Pis'ma* (wie Anm. 3). Bd. 5. S. 217.
[69] Siehe Čechov. *Ostrov Sachalin* (wie Anm. 33). S. 786.
[70] Čechov. *Pis'ma* (wie Anm. 3). Bd. 5. S. 258.

> […] я доволен по самое горло, сыт и очарован до такой степени, что ничего больше не хочу и не обиделся бы, если бы трахнул меня паралич или унесла на тот свет дизентерия. Могу сказать: Пожил! Будет с меня. Я был и в аду, которым представляется Сахалин, и в раю, т.е. на острове Цейлоне. (10.12.1890)[71]
>
> Ich bin vollauf zufrieden und dermaßen übersättigt und bezaubert, daß ich mehr nicht will und nicht beleidigt wäre, wenn mich der Schlag träfe oder die Dysenterie ins Jenseits beförderte. Ich kann sagen: Ich habe gelebt! Es ist genug. Ich war in der Hölle, als die sich Sachalin darbietet, und im Paradies, sprich auf der Insel Ceylon.

Čechovs Aussagen über den Entstehungsprozeß des Sachalin-Buches sind beinahe so widersprüchlich wie diejenigen über die Intentionen der Reise vorher. Widersprüchlich ist aber in vieler Hinsicht auch das Buch selbst. Die konsequentesten Folgerungen daraus zieht Cathy Popkin.[72] Čechov, so meint sie, zeige Sachalin zuerst als Raum des Differenten, setze sich als Ethnologe ein, demonstriere schließlich aber den Zusammenbruch der zuvor aufgebauten Dichotomie und führe eine »epistemologische Krise« vor: »the complete failure of the human sciences«[73], ja den »breakdown of knowability itself«:[74] Ich halte das insgesamt für ein Mißverständnis, doch bestätigt diese Lektüre die sehr weit gehenden Gegenläufigkeiten in diesem Buch, das vorgeblich ein ›akademisches‹ und alles andere als ein Schnellschuß war. Dieser antibelletristische Text bietet jedenfalls nur in höchst beschränktem Umfange, was der (Unter-)Titel verspricht: ›Reiseaufzeichnungen‹ Čechovs. Diese finden sich, in aller Flüchtigkeit, einmal mehr in den Briefen.

V. Rhetorik: Statistik und Subjektivität, Ethnographie und Poesie

Was die ›Rhetorik‹ des Sachalin-Buches betrifft, so weise ich hier nur auf die Spannung zwischen zwei anscheinend entgegengesetzten Verfahren hin, die beide den Text prägen. Das eine betrifft den Einsatz von statistischem Material, das andere die anekdotische Erzählweise.

---

[71] Čechov. *Pis'ma* (wie Anm. 3). Bd. 4. S. 143.

[72] Cathy Popkin. »Chekhov as Ethnographer: Epistemological Crisis on Sakhalin Island«. *Slavic Review* 1992 (Spring): S. 36-51.

[73] Ebenda. S. 40.

[74] Ebenda. S. 38.

Das statistische Material war gleichsam der Ausgangspunkt von Čechovs ›wissenschaftlichen‹ Bemühungen; sorgfältig bereitete er die Karteikarten vor, von denen er etwa 10.000 ausgefüllt haben will[75] (über 7600 sind erhalten) – ein ungeheurer Aufwand, vor allem wenn es sich dabei, wie die Herausgeber der Gesamtausgabe meinen, bloß um einen Vorwand gehandelt haben sollte, zu jedem Haus Zutritt zu erhalten.[76] Die »Volkszählung« motiviert und steuert jedenfalls die Reisebewegung auf der Insel; das statistische Material geht in die Beschreibungen der Siedlungen und Gefängnisse und durchgehend in die thematischen Teile ein. Es spielt im Text eine vielfache, nicht immer auf Anhieb einleuchtende Rolle; oft erscheinen die Daten beinahe als Selbstzweck. Čechov selbst stellt den statistischen Aspekt gern in den Vordergrund, wenn er seine Arbeit erwähnt; er spricht aber auch davon, es sei ihm »zuwider, in Ziffern zu schreiben«.[77] Die Vermutung liegt nahe, daß diese Ziffern weniger nur einer Informations- als einer Darstellungsabsicht folgen, und damit der eigenwilligen Dialektik von Sich-Verbergen und Subjektivität, die wir bereits angetroffen haben. Der statistische Gestus gibt ein Ordnungsprinzip vor, mithilfe dessen sich der Erzähler verbirgt, das andererseits aber den erzählenden und kommentierenden, erst recht den ›poetischen‹ Passagen gleichsam Raum, wenn nicht Alibi verschafft.

Der demonstrativen ›Trockenheit‹ stehen die zahlreichen anekdotisch erzählenden Passagen gegenüber; auch sie sind ein dominierendes Erzählmerkmal, das das Statistische offenbar ergänzt: »Das Buch wird dick werden, mit einer Menge von Anmerkungen, Anekdoten, Zahlen«.[78] Diese »Anekdoten« umreißen meist Lebensgeschichten, manchmal sind sie reduziert auf prägnante Kürzestportraits. I. N. Suchich stellt die Trockenheit des Textes den »Anekdoten« gegenüber, die den Text dominieren würden; er erklärt sie damit, daß sie im Kleinen das Große zeigen würden.[79] Dies ist jedoch zu einfach: Bereits die beinahe manische Nennung aller Namen auch noch so beiläufig erwähnter Personen, die gleichsam als Bindeglied zwischen dem statistischen Gestus und den anekdotischen Lebensgeschichten fungiert, läuft der Typisierung entgegen. Meist bre-

---

[75] Čechov. *Pis'ma* (wie Anm. 3) Bd. 4. S. 146.

[76] Čechov. *Ostrov Sachalin* (wie Anm. 33). S. 754.

[77] »И как противно писать цифрами!« (18.5.1891; Čechov. *Pis'ma.* Bd. 4. S. 232).

[78] »Книга выходит толстая, с массою примечаний, анекдотов, цифр…« (16.3.1895; Čechov. *Pis'ma* [wie Anm. 3]. Bd. 6. S. 37).

[79] I. N. Suchich. »*Ostrov Sachalin* v tvorčestve Čechova«. *Russkaja literatura* 3 (1985): S. 72-84.

chen diese Anekdoten unvermittelt ab und werden von einem nächsten Thema abgelöst. Damit fügen sie sich in das Prinzip der (Auf-)Zählung, des Numerischen, Faktischen, und sie brechen den narrativen Gestus; genauso geschieht es zum Schluß auch mit dem Text selbst, der nach einem Kapitel zu Krankheiten und zur medizinischen Versorgung ohne jede Schlußbemerkung abbricht.

Beiden Verfahren, dem ›statistischen‹ wie dem anekdotischen, ist gemein, daß sie den Text de-narrativieren. Hier liegt wohl auch die eigentliche Polemik mit Dostoevskijs *Zapiski iz mertvogo doma* (*Aufzeichnungen aus einem Totenhaus*) und anderen Vorläufern der Sachalin-Literatur: Čechov verhindert die geschlossene Erzählung, nicht nur die fiktionalisierende, sondern auch im Bericht und in der Deutung. Die Verschachtelung der Erzählweisen mit dem halbverborgenen Erzähler, den abrupten Übergängen, dem immer wieder unterbrechenden Rückzug auf den Einzelfall und das statistische Faktenmaterial treffen sich in diesem Zweck. Das bedeutet nicht die Kapitulation von ethnographisch-literarischer »knowability«[80] – dies an einem »Ort unerträglicher Leiden«[81] zu erproben, wäre Čechov wohl zynisch erschienen. Eher zeigen sich hier Vorstufen ethnologischer Methoden aus dem 20. Jahrhundert; so findet man durchaus Elemente der ›teilnehmenden Beobachtung‹, wie sie bald darauf etwa Bronisław Malinowski vertreten wird, und sogar – in der Verflechtung der Betrachtungsparadigmen wie in der Form der Verschriftlichung und Deutung – solche der ›dichten Beschreibung‹ eines Clifford Geertz.

Die Affinität, aber auch die Differenz zu diesen Ansätzen zeigt sich im komplexen Einsatz des gleichzeitig verborgenen wie in zahlreichen Stellen dennoch auf verschiedene Weise ›hörbaren‹ Erzählers. Ironisch verfremdend spielt Čechov beiläufig mit seiner Autorschaft:

> – Ты политичка (то есть политический)? – спросил меня гиляк […].
> – Нет.
> – Значит, ты пиши-пиши (то есть писарь)? – спросил он […].
> – Да, я пишу.[82]
> – Bist du ein Politer (d.h. ein Politischer)? fragte mich der Giljake. […] / – Nein. / – Das heißt, du bist ein Schreib-Schreib (d.h. ein Schreiber)? / – Ja, ich schreibe.

---

80 Popkin. »Chekhov as Ethnographer« (wie Anm. 72).

81 »Сахалин – это место невыносимых страданий« (9.3.1890; Čechov. *Pis'ma* [wie Anm. 3]. Bd. 4. S. 32).

82 Čechov. *Ostrov Sachalin* (wie Anm. 33). S. 176.

Tatsächlich ist es eine Kernfrage der Bestimmung dieses Textes, ob Čechov darin als ›Autor‹ oder als ›Schreiber‹ (›pisar'‹) fungiert, als einer, der die Fakten sprechen lässt, der Vernommenes wiedergibt und »in Zahlen schreibt«. Wenn Čechov die Form für diesen Text findet, indem er sich gleichzeitig verbirgt und mehr Freiheit und Subjektivität einräumt, so heißt das auch, daß die Problematik der Subjektivität hier nicht narrativ ›aufgehoben‹, sondern bis in die Paradoxalität, bis in die Sprengung der Genreerwartungen zugespitzt wird. Kein reisendes oder erkennendes, kein moralisches oder reflektierendes Subjekt – die alle sehr wohl präsent sind – hält den Text zusammen, sondern die Erzählinstanz lässt sich im Erzählen vom Gegenstand und dessen Repräsentationsformen, den Zahlen, Fakten und Geschichten gleichsam aufbrechen, durchkreuzen. Gerade in der affirmierten Möglichkeit, ein *pisar'* zu sein, konstituiert sich der ›Autor‹: Dann wird sogar die politische Botschaft möglich, die man in Form des »Belehrens« (»naučit'«) ablegen mußte, um den Text überhaupt schreiben zu können.

VI. Die Poesie der Flucht (aus der Literatur)

Diese Form des Beschreibens kann, so wenigstens legen die flüchtigen Eindrücke der anderen Reisen nahe, nur im Raum des Eigenen, in Rußland geschehen. Dies spricht dafür, daß wir uns hier durchaus noch in den Paradigmen des literarischen Realismus befinden, der sich nicht zuletzt dadurch konstituierte, daß er das romantische Andere auf das Eigene gleichsam rückprojizierte. Nicht die Exotika – und sei es »das Paradies« – bieten das erzählfähige Interessante, sondern ein Raum des Anderen, der in Wirklichkeit ein Modell der eigenen Welt ist. Im Gegensatz aber zu den narrativ komponierten Modellen der realistischen Tradition zeigt sich Čechovs Modellwelt Sachalin dem Leser statistisch, anekdotisch, politisch dekomponiert und aller verbindenden Narration entledigt – in aller ›höllischen‹ Schrecklichkeit und gleichzeitig all ihrer Poesie. Diese scheint in vielen Erzählerpassagen auf, insbesondere in Naturschilderungen. Explizit wird sie aber genannt, wenn es um die Verbindung des Gefangenen – wiederum: des Flüchtigen – mit dem ›Reisen‹ geht. Auch die Gefangenen zieht es »weit weg«, und sie erfahren im Unsteten eine Form der Freiheit:

> Пока ссыльный молод и крепок, то старается убежать возможно подальше [...]. Обыкновенно его ловят, судят, отправляют

> назад на каторгу, но это не так страшно; в медленном, пеше-этапном хождении по Сибири, в частой перемене тюрем, товарищей и конвойных и в дорожных приключениях есть своя особенная поэзия и все-таки больше похожего на свободу, чем в Воеводской тюрьме или на дорожных работах.[83]
> Solange der Verbannte jung und kräftig ist, versucht er, möglichst weit zu entfliehen [...]. Gewöhnlich wird er eingefangen, verurteilt und in die Katorga zurückgeschickt, aber das ist nicht so schlimm; im langsamen Fußmarsch durch Sibirien, im häufigen Wechsel der Gefängnisse, Kameraden und Begleitmannschaften und in den Abenteuern unterwegs liegt eine eigene Poesie und trotz allem eine größere Ähnlichkeit mit der Freiheit als im Voevodsker Gefängnis oder in Straßenarbeiten.

Über alle ethnographische Analyse hinaus schließt sich hier ein Kreis zwischen den flüchtigen Strafgefangenen und der Reise des ›flüchtigen‹ Čechov, der seinen Alltag immer wieder ironisch als *katorga* bezeichnete und dem nichts so vertraut war wie die Sehnsucht nach Freiheit. Er reist in diesem Fall aber nicht nur »ans Ende der Welt«, sondern auch ans Ende der Literatur. Er verlässt das Festland und begibt sich ohne Rücksicht auf sich selbst in die Krise; gerade so rettet er sich als Autor. Die »Reiseaufzeichnungen« (»putevye zapiski«), die weitgehend die Reise und das reisende Ich ausklammern, entwerfen mit hoher Präzision Varianten des Dilemmas moderner Literatur am Beispiel des literarischen Reisens. So inszeniert und thematisiert Čechovs Verschriftlichung der Sachalin-Reise die Subjektivität nach dem Verlust ihrer autoritativen Selbstverständlichkeit und das Literarische nach der Einsicht in seine Nutzlosigkeit – oder, etwas eleganter, seines autonomen, autopoietischen Charakters. Das Ende der Selbstverständlichkeit, daß Literatur die Räume des Anderen zu repräsentieren imstande ist, ist hier der Beginn des Versuchs, dieses Andere selbst sprechen (und schweigen) zu lassen – im Bewusstsein, daß dies letztlich nicht möglich ist, und im Lichte einer gewissen Sehnsucht nach literarischer Subjektivität. Die betonte Sachlichkeit des Sachalin-Buches entfaltet sich im Horizont eines unrepräsentierbaren Anderen, eines anderen Ortes, und einer sich verbergenden und gleichzeitig verstärkten Subjektivität im Zeichen der Selbstverfremdung.

Was hier reisend entdeckt wird, ist auch eine große Prosaform – immerhin handelt es sich um das einzige große zusammenhängende Buch dieses Autors, der noch kurz zuvor verzweifelt nach dem Roman gesucht hatte. Es ist gleichzeitig die Unterwanderung traditioneller Prosaformen.

---

[83] Ebenda. S. 344.

Um es etwas zuzuspitzen: Čechov findet reisend die Permanenz und die Produktivität der Krise des modernen Ästhetischen. Er suchte erst vergeblich seine Romanform, und als er auf die nicht-belletristische, »akademische« Arbeit auswich, fand er eine neue, unverbrauchte Spielart des Romans, eine neue Potenz der Gattung im Hinblick auf das Dokumentarische, die sich im zwanzigsten Jahrhundert auf verschiedenste Weise entfalten wird.

Zwar sah er dies selbst vermutlich, bei aller Zufriedenheit mit dem Reiseerlebnis wie mit dem Text, nicht ganz so. Als er mit dem Verleger A.F. Marks im Jahr 1901 wegen seiner Gesamtausgabe korrespondierte, wollte er die *Insel Sachalin* außerhalb der Werkausgabe drucken, da es sich »nicht um Belletristik« handle. Marks war anderer Ansicht; er wollte das Buch in die Werkausgabe aufnehmen und meinte, das Buch sei ja wohl »mehr ein belletristisches als ein ethnologisches Werk.«[84] Čechov beharrte auf einem eigenen Band, hatte sonst aber keine Einwände mehr.

[84] Vgl. die Ausschnitte aus dem Briefwechsel in den Anmerkungen zu Čechov. *Ostrov Sachalin* (wie Anm. 33). S. 782.

Rainer Grübel (Oldenburg)

»Mimolëtnoe«: Flüchtig-fremde anthropologisch-ethnologische Blicke in (un)bekannte Räume des Mutterlands auf Rozanovs russischen Reisen

Самые планеты движутся, *все уклоняясь от прямой,* все *отступая* от вчерашнего пути. «По планете – и человек».
Die Planeten selbst bewegen sich, indem sie vom geraden Weg abweichen, sich stetig vom gestrigen entfernen. »Gemäß dem Planeten auch der Mensch«.

Rozanov. *Opavšie list'ja*[1]

I. »Mimo« – ›neben stabiler Mitte‹: mobiler Betrachter und polyphoner Sprecher

Мимо прочих прошел, даже не взглянул.
Vorbei bin ich gegangen an den übrigen, habe nicht einmal hingeschaut.

Rozanov. *Mimoletnoe*[2]

Wer in der russischen Kultur den Vertreter ›flüchtiger Blicke‹ sucht, der findet in Vasilij Rozanovs Prosa einen, wenn nicht *den* Protagonisten solchen Mangels an Stetigkeit *par excellence.* Vom festen Standort aus betrachtete Panoramen einer stillstehenden Landschaft oder auch Veduten, (vermeintlich) realistische Sichten auf unbewegliche Natur-, Stadt- oder Dorfausschnitte, waren seine Sache nicht – ganz zu schweigen vom Hesychasmus, dem noch von Vladimir Solov'ev geübten, konzentriert still (stehend)en Blick mit dem Ziel, (bei Kairo) das ewige Taborlicht zu erspähen.

»Mimolëtnoe« nannte Rozanov den großen Zyklus seiner Prosatexte aus der Zeit des Ersten Weltkriegs, und es gibt mehr Grund, ihn als »Flüchtiges« statt »Vorüberfliegendes« oder »Vorübergehendes« oder gar nur als »Vergängliches« ins Deutsche zu übertragen. Anläßlich dieses Titels ist ein

---

[1] Vasilij Rozanov. »Opavšie list'ja«. Ders. *O sebe i o žizni svoej.* Moskva: Moskovskij rabočij, 1990. S. 165-576. Hier S. 298. Übersetzungen, wenn nicht anders angegegeben, hier und im Weiteren – *R.G.*

[2] Vasilij Rozanov. »Mimoletnoe 1915 god«. Ders. *Sobranie sočinenij.* Bd. 2: *Mimoletnoe.* Moskva: Respublika, 1994. S. 5-336. Hier S. 233.

Blick auf das russische Adverb und Präfix »mimo« angebracht mit den zeitlichen, räumlichen[3] und ökonomisch-ethischen Grundbedeutungen »vorbei«, »vorüber«, »vergebens« und »umsonst«. »On vystrelil mimo« (»er hat vorbeigeschossen«) ist Beispiel der räumlichen, »mimolëtnoe čuvstvo« (das »vorübergehende Gefühl«) der zeitlichen und »krast'sja mimo čego-to« (»sich an etwas vorbeidrücken«) Exempel seiner ethisch-ökonomischen Variante. Die Grundbedeutung von »mimo« scheint »an der Mitte vorbei«, »nicht im Kern«, »nicht das Zentrum betreffend« zu sein, sie wirkt raumzeitlich und axiologisch de-zentrisch oder sogar de-zentrierend. Stärkung erfährt das Periphere.

Noch aufschlußreicher scheint, daß »mimo« Dal' zufolge als Provinzialismus im späten 19. Jahrhundert die Bedeutungen »schnell«, »geschwind«, »sogleich«, »bald« trägt, während es in der sibirischen Regionalsprache geradezu gegenläufig »fortwährend«, »andauernd«, »stetig« bedeutet.[4] In russischen Regionen jenseits des Urals geht, wenn gesagt wird »on mimo pišet«, die Rede von einem Graphomanen wie Rozanov, der stets schreibt, der das Schreiben nicht lassen kann, während dieser Ausdruck in Rozanovs Heimat, dem Goldenen Horn, eine Person bezeichnet, die rasch und flüchtig schreibt, ohne viel nachzudenken, bei der sich der Bewußtseinsstrom gleichsam unzensiert und ungestaltet aufs Papier ergießt. »Mimo« eröffnet so sprachlich die Spannweite zwischen dem Momentanen und jenem Ewigen, das Rozanovs flüchtiger Blick zu erhaschen sucht.[5] Das Ephemere wird zur in eins säkularen und sakralen

---

3 Beispiel für die räumliche Verwendung von »mimo« bei Rozanov: »Боже: да разве не тысячи, даже мильоны ›как в моем положении‹: и – прошли мимо, промолчали; дали обидеть женщину, бросили детей, сами залезли под стол… О! О! О! О!..« (»Mein Gott, sind nicht etwa Tausende, ja sogar Millionen ›wie in meiner Lage‹: und sind vorübergegangen, haben geschwiegen; haben eine Frau beleidigt, die Kinder verlassen, sind selber unter den Tisch gekrochen … Oh! Oh! Oh! Oh!«); Rozanov. *Mimoletnoe* (wie Anm. 2). S. 24.

4 Vladimir Dal'. *Tolkovyj slovar' živogo velikorusskogo jazyka.* Bd. 2. Sankt Peterburg/Moskva: Knigoprodavec-tipograf M. O. Vol'f, 1881. S. 328.

5 Wenn das ›Vorüber‹ jedoch die Welt anlangt, hat es negativen Wert, so daß es in der Negation der Negation positiv gewertet wird: »Ты не прошла мимо мира, девушка… о, кротчайшая из кротких… Ты испуганным и искристым глазком смотрела на него.« (»Du bist nicht an der Welt vorübergegangen, Mädchen … oh, du Zärtlichste der Zärtlichen … Du hast mit erschrockenem und funkelndem Auge auf ihn geblickt.«) Vasilij Rozanov. *Apokalipsis našego vremeni.* Nr. 3. Sergiev Posad: Knižnyj magazin M. S. Elov, 1918. S. 33.

Epiphanie und schlägt schließlich um in Apokalypse, in schreckliche Schau des finalen Wahren.

»Mimolëtnoe« tritt als dem Rauschen der Zeit unterworfene Erscheinung dem in Rozanovs Kernwerk so gut wie nicht begegnenden[6] »begloe« gegenüber, auch darin, daß es zehrt von der historischen Tiefendimension des Rückbezugs auf den Ausdruck »mimoletnoe videnie« (vorüberfliegende/s Gesicht/Vision) in Puškins Kern gewidmetem Programm-Gedicht *K**** (*An****): »Я помню чудное мгновение / Когда передо мной явилась ты, / Как мимолетное виденье, / Как гений чистой красоты«[7] (»Erinnre ich den wundersamen Augenblick / Da vor mir Du erschienen bist / Als ein vorüber fliegendes Gesicht, / Als das Genie der reinen Schönheit«). Kein episodisches Prosa-Gedächtnis, sondern poetisch-imaginative Erinnnerung (wie an das Genie der Schönheit) wird vom ›Vorbeifliegenden‹ aufgerufen. Nikoljukin, einem der führenden russischen Rozanov-Kenner, ist darum nicht zuzustimmen, wenn er sagt, Rozanov habe das Ewige durchs Vergängliche ersetzt.[8] Es geht Rozanov vielmehr darum, im Flüchtigen, ja in der Flüchtigkeit selbst das Stetige des Seins zu fassen. »Mimolëtnoe« ist Programm einer Ontologie. Und es ist Programm einer Schreibkultur, die kraft der Stetigkeit des Berichts momentaner Wahrnehmungen, Einfälle und Vorstellungen die Suggestion eines authentischen Protokolls der menschlichen Seele zu erzielen sucht.

»Mimogljadnyj« lautet dann auch das treffende russische Adjektiv für dasjenige, was wir im Deutschen mit »flüchtig hinsehend« umschreiben und »mimogljad« das Substantiv für den, der flüchtige oder auch müßige Blicke wirft und zu dem der Lexikograph Pavlovskij das heute archaisch

---

6 Es fehlt in *Uedinennoe* (1911), *Opavšie list'ja* (1912, 1913) sowie in *V Sacharne* (1913), *Mimoletnoe* (1915). Im zu Lebzeiten veröffentlichten Teil der *Apokalipsis našego vremeni* findet sich nur eine negative Belegstelle unter der Zwischenüberschrift *Kak my umiraem* (*Wie wir sterben*): »Россия похожа на ложного генерала, над которым какой-то ложный поп поет панихиду. ›На самом же деле это был беглый актер из провинциального театра‹.« (»Russland ähnelt einem falschen General, auf den ein falscher Pope eine falsche Totenmesse singt. ›In Wirklichkeit war dies ein flüchtiger Schauspieler aus einem Provinztheater‹.«) Rozanov. *Apokalipsis našego vremeni* (wie Anm. 5). S. 15.

7 Aleksandr Puškin. »K***«. Ders. *Polnoe sobranie sočinenij.* Bd. 2. Leningrad: Akademija nauk, 1949. S. 358.

8 Aleksandr Nikoljukin. »Mimoletnoe. 1915 god«. Rozanov. *Mimoletnoe* (wie Anm. 2). S. 473: »Смысл жизни был для него не в ›Вечном‹, а в ›Мимолетном‹.« (»Der Sinn des Lebens lag für ihn nicht im ›Ewigen‹, sondern im ›Vorüberfliegenden‹.«)

wirkende und doch einzig treffende Äquivalent »Maulaffe« anbietet.[9] In »mimodel'nyj« haben wir dann auch das Eigenschaftswort für das nebenher, in Mußestunden Verrichtete, sozusagen das Treffwort für den noch nicht fiskalisch kriminalisierten Vorläufer der Schwarzarbeit. Hier ist das Irreguläre, nicht etablierten Normen zivilisierter Ordnung Entsprechende gefragt. Und gerade in dieser Anormalität, in dieser Abweichung von gefestigten Institutionen haben wir den Quellpunkt für Rozanovs flüchtige Blicke zu suchen.

In *Korob vtoroj* (*Zweiter Korb*) der *Abgefallenen Blätter* stellt sich Rozanov ein bezeichnendes Zeugnis aus. Die Selbststilisierung, zum Ende der Literatur beizutragen – man vergleiche den an Čechov gerichteten Fremdvorwurf Gor'kijs: »Знаете, что Вы делаете? Убиваете реализм… Реализм Вы укокошите.« (»Wissen Sie, was Sie tun? Sie töten den Realismus … Sie bringen den Realismus um die Ecke.«)[10] – führt neben dem Argument des belanglosen Details auch das des Flüchtigen herauf. Freilich wird die Flüchtigkeit hier psychologisch konturiert zur Seelenbewegung und durch deren Unsichtbar-Sein und Alltäglichkeit zugleich als Geheimnis aufgeladen und als Trivialität entwertet. Unter den Schleiern des Flüchtigen hausen als Erhabenes die Schrecken des Todes:

> […] иногда кажется, что во мне происходит разложение литературы, самого *существа* ее. И, может быть, это есть мое мировое »emploi«. Тут и моя (особая) мораль, и имморальность. И вообще мои дефекты и качества. Иначе, нельзя понять. Я ввел в литературу самое мелочное, мимолетное, невидимые движения души, паутинки быта. Но вообразить, что это было возможно потому, что »я захотел«, никак нельзя. Сущность гораздо глубже, гораздо лучше, но и гораздо страшнее (для меня): безгранично страшно и грустно.[11]
> Bisweilen scheint mir, in mir vollziehe sich die Zerlegung der Literatur, ihres inneren *Wesens*. Und vielleicht ist dies auch mein weltweiter »emploi«. Hier liegt auch meine (besondere) Moral, und Immoralität. Und überhaupt meine Defekte und Qualitäten. Anders ist es nicht zu begreifen. Ich habe in die Literatur das Belangloseste, Flüchtigste eingeführt, unsichtbare Bewegungen der Seele, Spinnengewebe des Alltags. Doch sich vorzustellen, dies sei deshalb möglich, weil »ich wollte«, ist vollends unmöglich. Das Wesen ist er-

---

[9] Iwan Ja. Pawlowsky. *Russisch-Deutsches Wörterbuch.* Riga: N. Kymmel/ Leipzig: Carl Friedrich Fleischer, ^{3}1911. S. 675. Die Synonyme »Gaffer« und »Glotzer« sind zwar weniger archaisch, aber auch weniger bildkräftig.

[10] Brief Gor'kijs an Čechov vom Januar 1900.

[11] Rozanov. *O sebe i o žizni svoej* (wie Anm. 1). S. 332.

> heblich tiefer, erheblich besser, doch auch erheblich schrecklicher (für mich): Es ist unendlich schrecklich und traurig.

Die Flüchtigkeit der Wahrnehmung korrespondiert bei Rozanov mit der Instabilität des Standpunkts. Die Mobilität des Blickpunkts bringt gleichsam unausweichlich die Veränderbarkeit der ideologischen Position und des Weltmodells mit sich. Hier geraten – mit Lacan gesprochen – nicht nur und nicht so sehr die Signifikate ins Gleiten, sondern es gleitet der Signifikator. Rozanov hat Dostoevskijs narrative Polyphonie des Nebeneinanders gleichberechtigter Standpunkte der Figuren untereinander und des Blickpunkts des Erzählers im Verhältnis zu ihnen verdichtet auf den Sprecher seiner Texte. Der kann nicht allein morgen widerrufen, was er heute sagt, oder wieder in Kraft setzen, was er heute mit Blick auf gestern für ungültig erklärt hat, er vertritt zu ein und derselben Zeit in ideologisch verfeindeten Blättern auch miteinander nicht zu vereinbarende Anschauungen. Ja, er polemisiert mit sich selber. Rozanov wurde so für die Zeitgenossen zum Exempel des moralisch angreifbaren, unzuverlässigen Kantonisten. Aus heutiger Sicht aber bildet er den fortgeschrittenen Modellfall des zerfallenden, nicht mehr ich-identischen Subjekts.

Da die Russen mit »mimolët«, einen Menschen bezeichnen, der sich »mimolëtnyj« verhält, einen »oberflächlichen Menschen« also, hat Rozanov sich selbst dem ethischen Kanon des 19. Jahrhunderts gemäß negativ markiert. »Mimolëtnye pticy« sind Zugvögel, und »mimolëtnye sobytija« rasch vergehende und schnell vergessene Ereignisse. In Wahrheit verhält sich Rozanov zugleich positionsfest *und* mobil. Der Vorzug des Paganen etwa ist eine stabile Größe in seinem Weltbild, das Verhältnis des Russischen zum Nichtrussischen dagegen schwankt. Und er ist auf der einen Seite kontextsensibel: Sein Blickpunkt hängt explizit ab von der Umgebung. Andererseits zeigt er sich kontextresistent: Er verwirft die beiden herrschenden kulturellen Habitus: den traditionellen altbyzantinisch-kirchlichen und somit auch den zeitgenössischen slavophilen ebenso wie die von den Westlern getragene neu-europäische Prägung Rußlands. An ihrer Stelle propagiert er seinen Neopaganismus. Hierbei ist sein Gebaren ausdrücklich antikirchlich, ja reformatorisch: Persönliche Religiosität, die individuelle Bindung des Menschen an Gott soll die Rolle der Institution Kirche übernehmen. Dies ist auch nachgeholte Renaissance. Biographisch gewendet, ist Rozanovs Denkbewegung indes Flucht vor dem unbeirrbaren orthodoxen Glauben seiner zweiten Frau, Varvara Butjagina.[12]

[12] Cf. die Rozanov-Biographien: Aleksandr Nikoljukin. *Rozanov.* (Žizn' zamečatelnych ljudej) Moskva: Molodaja Gvardija, 2001. S. 86-98. Viktor Fateev.

II. Der unwillig Reisende

Rozanovs flüchtige Blicke begleiten ihn zunächst auf dem Gang durch die Metropole, von der Wohnung zur Redaktion, von dort zur ägyptischen Abteilung der Eremitage und von dieser zurück zur Wohnung. Mehr noch prägen die flüchtigen Blicke seine Reisen, zumal seine innerrussischen Reisen, die stets auch Bewegungen sind fort vom ungeliebten Verwaltungszentrum Petersburg. Dabei war er eigentlich kein Zugvogel, sondern Nesthocker, der es neben zwei Auslandsreisen, die ihn nach Italien, Österreich, die Schweiz und Deutschland führten, in den 20 Jahren von 1898 bis 1917 gerade einmal auf 15 Inlandsreisen gebracht hat.[13] Obgleich fest angestellter Mitarbeiter der auflagenstärksten russischen Zeitung seiner Zeit, des *Novoe vremja* (*Neue Zeit*), ist er ungeachtet manchen Korrespondentenauftrags pro Jahr kaum mehr als ein einziges Mal wirklich unterwegs gewesen!

Ganz andere Reiselust, ja Unlust, an ein und demselben Ort zu verweilen, bekundete der nur drei Jahre jüngere Anton Čechov, etwa in einem Schreiben vom 20. Mai 1897 an den ihn fördernden Verleger und Theatereigner Suvorin:

> Куда наконец Вы решили уехать? И когда? Сидение на одном месте до такой степени надоело мне, и так (выражаюсь по-южному) набрыдло, что я охотно бы проводил Вас до самого Вержболова, если Вы поедете за границу и найдете лишнее место в купе. […] Хочется двигаться, ужасно хочется.[14]
> Wohin zu reisen haben Sie sich schließlich entscheiden? Und wann? Das Sitzen an ein und demselben Fleck bin ich so leid, und ist mir so (ich drücke mich in südlicher Manier aus) zuwider, daß

S russkoj bezdnoj v duše. Žizneopisanie Vasilija Rozanova. Sankt Peterburg/ Kostroma: GUIPP »Kostroma«, 2002. S. 111-113, 240, 361f.

13 Daß Rozanov kein Gespür für die Lage unter Fremdherrschaft stehender Völker aufbrachte, zeigen seine Reisen ins Baltikum, in die Ukraine und in die Kaukasus-Region. Sie werden hier daher aus seiner Sicht als ›russische Reisen‹ behandelt. Rozanov ist als Thema postkolonialer Studien m. W. noch nicht entdeckt worden. Vgl. sein Hetero-Stereotyp »Эстонцы – ленивый народ, медлительный и вялый.« (»Die Esten sind ein arbeitsscheues Volk, ein langsames und träges.«) Vasilij Rozanov. »Ėstonskoe zatiš'e«. Ders. *Inaja zemlja, inoe nebo… Polnoe sobranie putevych očerkov 1899-1913 gg.* Hg. Viktor Sukač. Moskva: Tanais, 1994. S. 54-55. Hier S. 62. Aus dieser Ausgabe wird im weiteren Text unter Angabe der Seite in Klammern zitiert.

14 Anton Čechov. *Polnoe sobranie sočinenij. Pis'ma*. Bd. 6. Moskva: Nauka, 1978. S. 359f.

> ich Sie gern bis Veržbolovo begleiten würde, wenn Sie ins Ausland reisen und sich bei Ihnen ein freier Platz im Coupée findet. [...] Fortbewegen will ich mich, ich will es schrecklich.

Ganz im Gegensatz zu Čechov hat sich Rozanov der Claudiusschen Maxime »Wenn jemand eine Reise tut, so kann er was erzählen«[15] verweigert. Während Anton Čechov 1890 zu einer Fernreise quer durch Sibirien nach Sachalin aufbricht, von der er seinen Sachalin-Bericht, einen Vorläufer von Solženicyns *Archipel Gulag* mitbringt, ist der Wolgarusse Rozanov nicht einmal bis zum Ural gekommen. Er war kein Erzähler; der Chronotop des Abenteuers war ihm gründlich fremd. Sogar die exotische Landschaft reizte ihn kaum, und Ägypten, das von ihm erfundene Paradies, hat er nie bereist. Seinem Habitus nach häuslicher Familienmensch, hat er sich fast ausschließlich auf Reisen begeben, wenn ein Erholungsurlaub, eine Kur, die Aufgabe als Berichterstatter seiner Zeitung oder aber familiärer Anlaß es gebot. Kindheit und Jugend hatten ihm durch den frühen Tod der Eltern gegen seinen Willen vier verschiedene Wohnorte an den Wolgaufern aufgezwungen: Vetluga (1854-1861), Kostroma (1861-1870), Simbirsk (1870-1872) und Nižnij Novgorod (1872-1878). Nach dem Studium in Moskau (1878-1882) folgten Lehrerstellen in den Provinzstädten Brjansk (1882-1887), Elec (1887-1891) und Belyj (1891-1893), bis er 1893 als Siebenunddreißigjähriger für vierzehn Jahre in der ungeliebten, von ihm als »finnisch« (S. 11) erfahrenen Petersburger Metropole Anstellung fand. Im Spätsommer 1917, nun bereits einundsechzig Jahre alt, flieht er mit der Familie vor den anrückenden Truppen der Allianz aus Petersburg in die Nähe der Klostersiedlung Sergiev Posad bei Moskau, wo er, durch Hunger und Not ausgezehrt, keine zwei Jahre später stirbt.

Nicht nur von den beiden Auslandsreisen, auch von einigen Inlandsreisen hat Rozanov indes aufschlußreiche Zeugnisse hinterlassen. Sie entwerfen einen Reisenden, der mehr die Menschen der bereisten Regionen und ihre kulturellen Tätigkeit denn landschaftliche Reize und Exotismen seiner knappen Blicke würdigt. Rozanovs Reisender ist gewiß kein Flaneur im Sinne Benjamins, doch reist auch er nicht, um an ein Ziel zu gelangen, sondern um (in der Regel bewohnte) Gegenden zu dem Zweck zu durchstreifen, etwas über die Eigenart ihrer Bewohner und deren Gruppencharakter in Erfahrung zu bringen. Sein Blick ist anthropologisch und ethnologisch geprägt.

---

[15] Beginn des Gedichtes *Urians Reise um die Welt* von Matthias Claudius.

III. Reisebewegungen als Deszendenz und Dezentrierung

Nur als Ausnahme beschreibt Rozanov Reisebewegungen durch die Natur, wenngleich diesem Sohn eines Forstbeamten die Natur alles andere als gleichgültig war. Wenn er Landschaft überhaupt schildert, so stets in Gestalt der Fahrt durch sie. In drei prominenten Beispielen solcher Reisen durch die Natur erlangt dieser Chronotop regelmäßig die axiologische Richtung des Abstiegs, der Deszendenz. Von den Höhen des Romantisch-Erhabenen, sei es des Berggipfels oder des magischen Ortes Flußquelle, geht es hinab in die Niederungen des menschlichen Alltags. Es sind dies die Fahrt herab vom Berg Kazbek, die Reise mit dem Fuhrwerk durch die Bergwelt der Krim und die Dampferfahrt Wolga abwärts. Und Rozanov hat seine Reisen mit Blick auf aus ihnen zu gewinnende Texte nicht weniger sorgfältig geplant als Karamzin hundert Jahre früher seine Europafahrt.[16]

Am georgischen Berg Kazbek hat Rozanov (S. 41) der Kutschfahrt in durchsichtiger Anspielung auf und Umkehrung von Gogol's Rußlandbild der sich in die Luft erhebenden Troika die Bedeutung eines Imagotyps der Zukunft verliehen. Dem Aufschwung in den Himmel Rußlands setzt er einen Absturz in die Niederungen Asiens entgegen. Die verkehrte Welt erhellt aus dem Umstand, daß der kaukasische Terek anders als die russischen Flüsse nicht in der Niederung, sondern in der Höhe fließt:

> Это – спуск в Азию; змеиная нить шоссе перед станцией Млеты. Вы на вершине Кавказа, т.е. сейчас перед вами вдруг открывается воздушная перспектива вниз – та именно главная красота гор, которой недоставало ранее при вечных поворотах Терской долины. И внизу, на головокружительной высоте, на дне страшной продольной пропасти, бежит пенистая лента Арагвы. Арагва – чиста, в отличие от большинства горных рек, без сомнения, по причине кремнистого русла. (S. 40f.)
> Es ist dies eine Niederfahrt nach Asien; der Schlangenfaden der Chaussee vor der Station Mlety. Sie sind auf dem Gipfel des Kaukasus, d.h. sogleich eröffnet sich vor Ihnen plötzlich eine Luftperspektive nach unten, gerade jene Hauptschönheit der Berge, an der es zuvor in den ewigen Windungen des Terek-Tals mangelte. Und unten, auf Schwindel machender Höhe, am Grunde des schrecklichen Längsabhangs eilt das schaumige Band der Aragva. Die Aragva ist rein, im Unterschied zur Mehrheit der Bergflüsse, ohne Zweifel aufgrund des steinigen Flußbettes.

[16] Jurij Lotman. *Sotvorenije Karamzina.* Moskva: Kniga, 1987. S. 11-14.

Die Abfahrt wird gleichwohl als gedehntes, gleichsam dauerhaftes Glück empfunden, als Fausts glücklichen Augenblick signifikant widerrufendes Emblem des verzeitlichten Asiens. Zu diesem anhaltenden Glücksgefühl trägt die einem Moment des Futurismus[17] vorausgreifende hohe Geschwindigkeit der Bewegung ebenso bei wie der steile Abhang unmittelbar neben den Rädern des Fahrzeugs:

> Быстрое движение экипажа; что-то веселое, какое-то счастье, но которое растягивается на часы; бездна воздуха; стремнины сзади, все возрастающие по мере того, как бегут минуты, – а главное, главное: стремнина вниз, сейчас же обок с колесами экипажа, на тысячи футов. (S. 41)
> Schnelle Bewegung der Equipage; etwas Fröhliches, irgendein Glück, das sich Stunden hinzieht; der Abgrund der Luft; Abhänge von hinten, die in dem Maße zunehmen wie die Minuten enteilen – und die Hauptsache, die Hauptsache: der Abgrund hinab, gleich neben den Rädern der Equipage, Tausend Fuß tief.

Der positiv bewertete Schwindel verleiht der Bewegung den Charakter der Luftfahrt, einer Reiseform, die zu dieser Zeit noch zwischen Jules Vernescher Utopie und frühen Anfängen der Flugreise oszilliert. Während die entsprechenden Reiseberichte seit 1909 die befreiende Bewegung in die Höhe und in die Zukunft feiern[18], preist Rozanovs Reisender den Chronotop des Absturzes in die Vergangenheit. Vorwärtsweisend im Sinne der Raum-Zeit-Konfiguration ist dabei die Figur der Spirale, die den Hegelschen Zeitpfeil meidet und die horizontal-zyklische temporale Figur mit der vertikalen Raum-Bewegung verknüpft.[19] Das Fehlen des Strengen, Rauhen, Harten (»surovoe«) als Imagotyp des Europäischen preist kraft der rhetorischen Figur der Litotes das Sanfte (»krotkoe«[20]), den Bildtyp des

---

[17] Rozanovs Interesse am russischen Futurismus, zumal an Chlebnikov und Majakovskij, ist in den bislang veröffentlichten Schriften nicht nachzuweisen, in unveröffentlichten Spätschriften dagegen belegt.

[18] Cf. Felix Philipp Ingold. *Literatur und Aviatik. Europäische Flugdichtung 1909-1927.* Frankfurt/M.: Suhrkamp, 1992.

[19] Sie wird zur herrschenden Figur der Avantgarde und findet sich etwa in Tatlins *Denkmal der III. Internationale.*

[20] Cf. Rozanovs gleichnamige Kontrafaktur von Dostoevskijs Erzählung *Krotkaja* (*Die Sanfte*), dem Monolog des Gattenmörders, in der *Apokalypse unserer Zeit* (Rozanov. *O sebe i o žizni svoej* [wie Anm. 1]. S. 592). Während sich Dostoevskijs Icherzähler auf rigideste Weise von der Frau getrennt hat, kündigt der Sprecher in Rozanovs Miniatur dem Lieder singenden Mädchen an, sie auch dann nicht zu verlassen, wenn »die Welt vergeht« (»mir prochodit«), denn: »es heißt/gilt nicht: ›wir vergehen‹« (»a – ne ›my prochodim‹«).

Asiatischen. Dabei setzt sich Rozanov über auch in Rußland beheimatete Stereotype des Asiatischen (z.B. des Tatarisch-Mongolischen) als Grausames leichter Hand hinweg. Er schreibt seinen Reisebericht auf eigenwillige Weise ein in den Konfrontationstext Asien vs. Europa:

> Все это сообщает в езде характер воздушного движения, как бы вы чертите по каменной стене и соскальзываете почти по спирали книзу. Ничего сурового; да и не нужно сурового; вы так радостно приветствуете Азию; новая часть света, наконец – не Европа. (S. 41)
> All dies verleiht der Fahrt den Charakter einer Bewegung durch die Luft, als ob Sie eine Linie über eine steinerne Wand ziehen und fast in einer Spirale abwärts gleiten. Da ist nichts Hartes; und muß auch nichts Hartes sein; Sie begrüßen Asien so freudig; der neue Weltteil ist schließlich nicht Europa.

Dann aber ist es der Unterschied von Tierwelt und Transportmittel, der die Grenze zwischen Europa und Asien markiert. Das Kamel ist exotisches Wesen und geknechtete Natur in einem. Alles aber tritt als Neue Welt zutage, Neue Welt nicht – wie für Westeuropa – im Westen, sondern für Osteuropa: im Osten![21]

Auch die Grenze zwischen Natur und Kultur wird dem Reisenden auf für Rozanov charakteristische Weise ungewiß. Er kann nicht entscheiden: Ist das Kamel wildes Wesen oder entlaufenes Haustier? Der Gang des keinem Zweck dienenden Tiers wird in der Kantschen Formel des »an und für sich« hier zum Inbegriff des Laufs.[22] Und er weist im Horizont der Rozanovschen Ästhetisierung des Erkennens voraus auf die ausgestellte Selbstzweckhaftigkeit, die Autopoiesie der Kunst in der Avantgarde. Der schöne Gang ist, als wollte Rozanov der formalen Schule und dem Prager Strukturalismus das Stichwort geben, Motiv für den ethischen Impuls:

> Уже завтра, наутре, я увидел верблюда, бегущего по дороге – так, *an und für sich*, »в себе и для себя« бегущего. Боже, я выпустил бы на свободу всех запряженных верблюдов, по крайней мере всех из Зоологического сада: так этот один был хорош. Кондуктор ослабил впечатление, сказав, что это станционный, сбежавший верблюд; но он бежал легко, как-то выгибая ноги, то вытягивая, то сокращая шею – и эти странные

---

[21] Rozanov liest die *figura etymologica* existentiell, ja geradezu existentialistisch: Die Zukunft des Aufgangs/Ostens liegt im Aufgang/Osten.

[22] Cf. Majakovskijs Vers »Наш бог бег« (»Unser Gott ist der Lauf«) aus *Naš marš* (*Unser Marsch*); Vladimir Majakovskij. *Polnoe sobranie sočinenij.* Bd. 2. Moskva: Chudožestvennaja literatura, 1939. S. 23.

> горбы! Встречные арбы тянулись уже буйволами: сжатая голова, прижатые к ней рога – книзу, а не вбок, изогнутые. Все – новое: »новый свет«, по крайней мере для природного костромича и вечного северянина. (S. 41)
> Schon morgen, in der Frühe, sah ich das Kamel, das den Weg entlang lief – so an und für sich [im Original deutsch] laufend. Mein Gott, ich würde alle angespannten Kamele in die Freiheit entlassen, zumindest alle aus dem zoologischen Garten: so gut war dieses eine. Der Schaffner schwächte den Eindruck ab, indem er sagte, dies sei ein der Station entflohenes Kamel; doch es lief leicht, irgendwie die Beine beugend, den Hals bald ausstreckend, ihn bald verkürzend – und erst diese seltsamen Höcker! Die entgegenkommenden zweirädrigen Karren wurden bereits von Büffeln gezogen: ein eingezogener Kopf, die daran geschmiegten Hörner, nach unten und nicht zur Seite gebogen. Alles – neu: »Die Neue Welt«, zumindest für den aus Kostroma Stammenden und ewigen Nordländer.

Das Kamel, das er am liebsten freilassen will[23], wird bestaunt wie ein Weltwunder, und dem kaukasischen zweirädrigen Karren (»arba«) kommt der ästhetische Reiz des Neuen zu. Noch einmal ist der Süden, wie sonst für die Russen Sibirien und für die Amerikaner der Wilde Westen, die ›Neue Welt‹. Grundsätzlich begriff Rozanov Rußland als nördliches Land[24], womit er 1909 sogar über die Wirkung auf und durch die Literatur die Psychologie des Terrors zu erhellen suchte:

> Наш северный, холодный, промозглый туман. В конце концов на самую литературу нашу действует этот ужасный север, скудо-солнечность, короткость дня зимой… Сырость, тьма, холод, пески, сосна… Бррр…[25]
> Unser nördlicher, kalter, durchfeuchteter Nebel. Letzten Endes wirkt auf die Literatur selber dieser schreckliche Norden ein, die Geiz-Sonnigkeit, Kürze des Wintertages … Rauheit, Finsternis, Kälte, Sände, Fichte … Brrr …

[23] Cf. die Legende über Nietzsches Turiner Umarmung des Pferdes (Werner Ross. *Der ängstliche Adler.* München: Dt. Taschenbuch-Verlag, 1997/1998. S. 784).

[24] Zur Selbstdefinition der Russen als Nordländer cf. Otto Boele. *The North in Russian Romantic Literature.* (= Studies in Slavic Poetics and Literature, 26) Amsterdam: Rodopi, 1996.

[25] Vasilij Rozanov. »O psichologii terrorisma«. Ders. *Sobranie sočinenij.* Bd. 7: *Legenda o Velikom Inkvizitore F. M. Dostoevskogo.* Moskva: Respublika, 1996. S. 546-549. Hier S. 548.

Wie wenig inspiriert wirkt dagegen vergleichsweise der kaum originelle Topos ›Sauberkeit‹ aus der Selbst- und Fremdbeurteilung der Deutschen, den Rozanov im Bericht *Fedosevcy v Rige* (*Die Fedosev-Anhänger in Riga*) zitiert, wo er mitteilt, die Menschen auf dem Markt kämen ihm ungewöhnlich rein vor.[26] Die Anleihe bei Tolstojs Kunstlehre wird auch dort greifbar, wo Rozanov das ästhetische Wirkmodell der Ansteckung in die These übernimmt, man könne sich beim Osten infizieren, nicht aber beim Deutschen. Vom Deutschen (im Sinne der Kultur) könne, wolle und müsse man »übernehmen« (»perenimat'«[27]). Aneignung zielt im Eigentum auf einen Rechtstitel, der statt in die Hygiene (Reinheit) in die Besitzverhältnisse ausgreift.[28]

Das zweite Beispiel, das Rozanov bezeichnenderweise in den Band *Vo dvore jazyčnikov* (*Im Vorhof der Heiden*) aufgenommen hat, stellt Gogol's Jagd der Troika in den Himmel am Schluß der *Mertvye duši* (*Tote Seelen*) erneut auf den Kopf: Nicht nach oben geht es wie dort, sondern ganz gezielt nach unten, in schwindelnde Tiefe. 1909, im Gogol'-Gedenkjahr, wenige Monate nachdem er zur Eröffnung des Gogol'-Denkmals nach Moskau gereist war, schildert Rozanov seine Erinnerungen an die Fahrt sieben Jahre zuvor aus Sevastopol nach Feodosija unter dem bezeichnende Titel *Jazyčestvo v christianstve* (*Heidentum im Christentum*).[29]

> […] я *спускался* в легонькой крымской пролётке *с высоты* Таврического хребта к Черному морю: кто испытывал, знает, до чего этот *спуск*, т.е. самое движение экипажа, какое-то быстрое и лёгкое, приятен. Крымские горы, которые по карте и географии совсем невелики и представляются шуткою, в физическом ощущении огромны, колоссальны. Несколько часов, полдня, всё летишь *вниз* и *вниз*, – и никак не долетишь до *дна*, до берега моря. Над головой вертикальная стена, под ногами пропасть: дорога, превосходно сделанная, но узкая, лепится по уступам этих стремнин, перебегая от одного уступа к другому, *нижайщему*. Она как-то вьётся между ними, и, должно быть, много потрудились гг. инженеры, пробивая её, – к общему удовольствию. Я люблю эту государственную культуру:

---

26 Cf. zu Rozanovs Deutschlandbild: Rainer Grübel, »Zauber und Abwehr. Vasilij Rozanovs ambivalente Deutschlandbilder«. *Traum und Trauma. Russen und Deutsche im 20. Jahrhundert.* Hg. Dagmar Herrmann/Astrid Volpert. München: Fink, 1993. S. 60-115.

27 Vasilij Rozanov. »Fedoseevcy v Rige«. *Inaja zemlja…* (wie Anm. 13). S. 47.

28 Festzuhalten ist die ausdrücklich positiv charakterisierte Wirkung des Aneignens von »deutsch« genannten Verhaltensformen.

29 Vasilij Rozanov. »Jazyčestvo v christianstve«. *Novoe vremja* (20.1.1909).

работал Иванов, а пользуюсь я, Василий, даже и не зная его имени. Но всегда хочется сказать «спасибо» этому Неведомому «Иванову», на добросовестности труда которого основывается безопасность и, наконец, удивительный комфорт моей езды.[30] [Hervorhebungen – *R.G.*]

[…] ich fuhr in einer leichten Krim-Droschke von der Höhe des Taurischen Bergrückens zum Schwarzen Meer *herab*. Wer es erfahren hat, weiß, wie angenehm diese *Abfahrt*, d.h. wie schnell und leicht die Bewegung der Equipage selbst ist. Die Berge der Krim, die der Karte und der Geographie gemäß gar nicht hoch sind und einen Witz darstellen, sind für das Körpergefühl gewaltig, kolossal. Einige Stunden, des Mittags, fliegt man *hinab*, und *hinab*, und gelangt gar nicht zum *Boden*, zum Ufer des Meeres. Über dem Kopf die vertikale Wand, unter den Füßen der *Abgrund*: der Weg, hervorragend gebaut, doch eng, windet sich in Stufen diese steilen *Abgründe* entlang, wobei er von dem einen Absatz zum nächst *niederen* verläuft. Er flicht sich zwischen ihnen hindurch, und die Herren Ingenieure müssen sich, als sie ihn hindurchschlugen, sehr geplagt haben – zum allgemeinen Vergnügen. Ich liebe diese staatliche Kultur: Es arbeitete Ivanov, und ich, Vasilij, haben den Nutzen davon. Sogar, ohne seinen Namen zu kennen. Doch stets will man diesem Unbekannten »Ivanov« Dank sagen, auf dessen Gewissenhaftigkeit der Arbeit die Sicherheit gründet und schließlich auch der erstaunliche Komfort meiner Reise.

Rozanov teilt hier gezielt nichts mit über den majestätischen Charakter der Berge, dafür aber viel von der gestaltenden Kraft der Menschen. Wenn die Arbeit des einzelnen – Rozanov individualisiert und verallgemeinert sie zugleich im erfundenen Ingenieur Ivanov – aus staatlichen Mitteln dem anderen einzelnen zum Vorteil gereicht, zu dessen Sicherheit und Vergnügen, findet sie das Lob des Reiseberichterstatters.

Doch nicht diese Panegyrik ingenieurstechnischer Leistung ist Rozanovs eigentliches Ziel, und sie hätte auch nicht die Einbettung der Passage in einen Text mit dem Titel *Heidentum im Christentum* gerechtfertigt. Die Pferde der Droschke machen unverhofft Halt an einer Windung des Weges, an der Rozanov, wie er schreibt, »mitten in der Wildnis« unerwartet auf eine Kirche stößt. Dieses von den Erbauern der Gebirgsstraße errichtete Gotteshaus bildet den eigentlichen Zweck seines Memorabile. Es diene nicht der christlichen Idee des Menschengottes Christus, sie ste-

[30] Vasilij Rozanov. »Jazyčestvo v christianstve«. Ders. *Sobranie sočinenij.* Bd. 10: *Vo dvore jazyčnikov.* Moskva: Respublika, 1999. S. 389-398. Hier S. 38.

he nicht im Gebirge, weil im Sinne Solov'evs »die Gottessohnschaft sich mit der Gottesmenschenschaft vereinigt hat« (»богосыновство соединилось с богочеловечеством«, S. 392). Sie sei vielmehr entstanden »aus dem Bau der Seele heraus«, sei Denkmal des »schönen Menschen«. Die Verschiebung der durch Dostoevskij von Schiller bezogenen »Schönen Seele« ist im anthropologischen Blick physiologisiert zum »Schönen Menschen«, und gerade sie bildet den anthropologischen Kern von Rozanovs Heidentum inmitten des russischen Christentums. ›Mimogljadom‹ (mit vorüber gleitendem Blick) ist, wie gewohnt, die Kirche im Bergwald erblickt, ›Mimochodom‹ (im Vorübergehen) aber wird zum Kernhabitus, der die erste Säule der Uvarovschen Triade ›Orthodoxie, Autokratie und Nationalität‹ außer Kraft setzt und durch Rückgriff auf ein erfundenes Paganes zu ersetzen sucht. Rozanovs anthropologischem Blick bieten sich die Russin und der Russe dar als berufene Retter der heiligen, pansexuellen Welt des Heidentums.

Auf analoge Weise schildert Rozanov im Sommer 1904 eine Reise nach Jaroslavl' und Sarov zum Jahrestag der Kanonisierung des Heiligen Seraphim von Sarov. Er geißelt hier bei aller Faszination für Kultur und Religiosität des russischen Klosters aus anthropologischem Blickwinkel das Menschenfeindliche der Askese. Der Ethnologe notiert, die Disziplin des Klosterlebens bilde das Implantat eines fremden, westlich-europäischen Habitus im russischen Volkskörper.

Im Aufsatz *Po tichim obiteljam* (*Stille Klöster entlang*) hat Rozanov diese Fahrt beschrieben. Und diese Beschreibung steht zunächst in auffälligem Gegensatz zu den *gegen* Askese gerichteten Überzeugungen der übergroßen Mehrzahl seiner übrigen Schriften.

> Я в первый раз видел пустынь; и как вообще я ни чужд идей монастыря и всего монашеского духа, я был очарован виденным; очарован, восхищен, – и воображение мое закружилось идеями, совершенно противоположными тем, к каким я привык. (S. 243)
> Ich habe hier zum ersten Mal die Wüste gesehen; und da ich überhaupt der Idee des Klosters und seinem Geist nicht fern stehe, war ich vom Gesehenen bezaubert; bezaubert, begeistert – und die Vorstellung kreiste um Ideen, die den gewohnten völlig entgegengesetzt waren.

Dieses Urteil wird mit Eindrücken begründet, die ein Gegenbild zur Großstadt entwerfen. Und sie begründen auch ein Bild von alten Kulturen, die – wie schon bei Gogol' das Mittelalter – der Neuzeit und zumal der Gegenwart an Gestaltungskraft haushoch überlegen sind. In der zivilisatorischen Wüste der Gegenwart, die von Sorglosigkeit, Gleichgültigkeit, ja Anästhesie geprägt ist, erhebt sich ein Relikt der hohen Kultur der fernen Vergangenheit. Wichtig aber ist, daß dieses Überbleibsel lebt, daß es kein Museum ist, sondern eine lebendige Kultgemeinschaft[31]:

> Это вот что такое: вы едете полями, лесами, кругом – хлеба и сосна, кругом – деревня на много десятков верст, иногда – на сотни верст. Все серо, грубо, бесприветно. Все – глубоко необразованно, и, кроме вчерашнего и завтрашнего дня, ничего не помнит и ни о чем не заботится. И среди этой буквально пустыни, культурной и исторической, горит яркая точка истории, цивилизации, духа, – забот самых отдаленных, воспоминаний самых древних. Сияют куполами и крестами великолепные храмы; позолота, книги, живопись, пение, самый нрав, обычаи, весь внешний облик являют чрезвычайную тонкость, самый изощренный вкус, к созданию которого уже бессильно наше время и который умели выработать только великие творческие цивилизации древности и Средних веков. (S. 243f.)
> Sie reisen durch Felder, Wälder, umgeben von einem Dorf, das sich auf zig Werst erstreckt, bisweilen auf Hunderte Werst. Alles ist grau, grob, merkmallos. Alles ist ganz tief unausgebildet, bis auf den gestrigen und den heutigen Tag, erinnert nichts, kümmert sich um nichts. Und inmitten dieser buchstäblichen Wüste, einer kulturellen und historischen, leuchtet ein Punkt der Geschichte, der Zivilisation, des Geistes – der entferntesten Sorgen, der ältesten Erinnerungen. Es strahlen mit ihren Kuppeln und Kreuzen großartige Kirchen; Blattgold, Bücher, Malerei, Gesang, das Gemüt selbst, die ganze äußere Gestalt geben eine solche außerordentliche Feinheit zu erkennen, den erlesensten Geschmack, den zu erzeugen unsere Zeit bereits nicht mehr die Kraft hat und die nur die hohen Zivilisationen des Altertums und des Mittelalters zu erarbeiten in der Lage waren.

Und so räumt er ein, obgleich er Klöster (wegen seiner Abneigung gegen die Askese) nicht liebe, habe ihn der Anblick der Nonnen mit ihren klugen Gesichtern fasziniert. Nicht die Klosterordnung (ustav) bringe einen ›neuen Menschen‹ hervor, sondern der praktizierte Glaube, und ihn bestechen die durchgeistigten Physiognomien der Nonnen vor dem Hinter-

---

[31] Das Profilieren des Klosters als *lebendige* Erscheinung und nicht als Museum findet sich dann auch in Florenskijs Versuch der Rettung russischer Klöster nach der Oktoberrevolution (Pavel Florenskij. »Chramovoe dejstvie kak sintez iskusstv«. Ders. *Sočinenija v četyrech tomach.* Bd. 2. Moskva: Mysl', 1996. S. 370-382).

grund der groben, dickleibigen Priester. Und er vergleicht die Nonnen nicht ohne Absicht mit weiblichen Sektenanhängern der Chlysten – nicht die allgemeine Lebensregel erzeugt demnach das Geistige, sondern die persönliche Glaubensentscheidung.

An den Kirchenfresken vermißt er mit Erleichterung die dunkle, asketische Färbung der städtischen Kirchen[32]:

> В этой монастырской живописи я не нашел ничего собственно монашеского: нашел одушевление, жизнь, полет. И вся литургия, весь храм, все молящиеся – точно имели крылья и летели. (S. 247)
> In dieser mönchischen Malerei fand ich nichts eigentlich Mönchisches: Ich fand Beseelung, Leben, Aufflug. Und die ganze Liturgie, die ganze Kirche, alle Betenden – hatten gleichsam Flügel und flogen.

Rozanovs Ästhetisierung des Religiösen liegt in stetigem Streit mit seiner Resakralisierung des Säkularisierten.[33] Das Christentum habe im Mönchstum seinen Stil gefunden, seinen die Einzelheiten des religiösen Ausdrucks steuernden ›Geschmack‹. Mit weltlichen Autoren wie Gogol', Dostoevskij und Tolstoj vertrage sich das Mönchstum, mit Puškin dagegen nicht. Die der orthodoxen Einstellung ferne Grundhaltung Rozanovs wird hier unübersehbar, wenn er die Einheit von Christentum und Gesellschaft, von Christentum und Staat als unerträgliche Kakophonie verwirft: Kloster und Welt ließen sich nicht miteinander vereinbaren. Zu Christus gehöre die abgesperrte Klosterzelle, nicht aber die offene Welt.

Die Gespaltenheit des reisenden Besuchers und Erzählers spricht aus der Art, wie er den gläubigen Habitus einer Frau und sein Verhältnis zu ihm schildert. An der Stelle, wo sie gebetet habe, hätten nach ihrem Weggang Tränen auf dem Stein geglänzt und er sei herzu gegangen, habe sich niedergebeugt zum Boden und diese Tränen geküßt: »Wenn jemand Gott nicht einmal liebte, wie könnte der umhin, solche Liebe zu Gott zu lieben« (»Если бы даже кто не любил Бога, как не полюбить эту любовь к Богу?«, S. 264). Rozanov verkleidet das Gebaren seiner Le-

[32] Sie hat ihn auch an den von Gogol' gefeierten gotischen Kirchen des Westens gestört. Er spricht anläßlich der Kathedrale von Nürnberg geradezu vom »Schwarzgott« und von der »schwarzen Religion«; vgl. Rainer Grübel. *An den Grenzen der Moderne. Vasilij Rozanovs Denken und Schreiben.* München: Fink, 2004. S. 620-622.

[33] Cf. Rainer Grübel. »Astarte, Isis und Osiris an der Neva. Die Resakralisierung säkularisierter Welt in Rozanovs Ägyptenmythos«. *Wiener Slawistischer Almanach* 50 (2003): S. 95-131.

benspartnerin Varvara Butjagina in das Verhalten »einer Frau« und seine Differenz zu ihrem Glauben in den Abstand, ja, hier gerade in die intime Nähe des Reisenden zum Verhalten einer Unbekannten. Im Privatdruck *Tödliches* hat er bekannt, sich nach dem Auszug seiner Frau Apollinaria Suslova und ihrer Trennung von ihm in die Liebe der Witwe Butjagina zu ihrem verstorbenen Mann verliebt zu haben.[34] Die von der Lebensgefährtin angeregte Reise diente vordinglich dem Wunsch, für die mitreisende kränkelnde Tochter Tat'jana (1895-1975) Hilfe vom ein Jahr zuvor kanonisierten Heiligen Seraphim von Sarov zu erlangen.[35] Aufschlußreich ist daher, daß er am orthodoxen Heiligenkult wie auch an der Anbetung von Ikonen die administrativ-prozedurale Form, nicht aber die Anbetung der beispielhaften Person bemängelt (S. 260). Es gehe der Kirche statt um die »beispielhafte Tat« (»podvig«, S. 260) nur um »Schema« (»schema«[36]) und »Rang« (»san«).

IV. Anthropologisch-ethnologische Blicke: Die Wolga als Nil

Die dritte Inlandsreise, von der hier exemplarisch zu berichten ist, führt Rozanov im Sommer 1907 zurück in die Wolgaregion seiner Heimat. In diesem Fall schreibt er den Reiseessay schon während der Fahrt, er ist in Teilen vom 26. Juni bis zum 31. August erschienen unter der gemeinsamen Überschrift *Russkij Nil* (*Russischer Nil*[37]) in *Russkoe slovo* (*Russisches Wort*) und versehen mit dem vom Vornamen seiner Lebensgefährtin und Mutter seiner Kinder, Varvara Butjagina, abgeleiteten Pseudonym V. Varvarin. Mit seiner gesamten Familie bereist der Philosoph, Journalist und Schriftsteller den ganzen schiffbaren Teil des Flusses von Rybinsk bis Astrachan. Rozanov entwarf die neun Teilessays als Gesamttext; er beabsichtigte 1912, sie als Band 9 seiner geplanten *Gesammelten Werke* mit der Überschrift *Russischer Nil* und dem Untertitel *Vpečatleni-*

---

[34] »[…] я влюбился в эту любовь ее […] к человеку очень не счастному […] « (»[…] ich habe mich in ihre Liebe […] zu diesem unglücklichen Menschen verliebt […]«); Vasilij Rozanov. *Smertnoe.* Moskva: Russkij put', 2004. S. 11.

[35] Cf. Tat'jana Rozanova. »Naše detstvo«. *»Bud'te svetlym duchom« (Vospominanija o V. V. Rozanove).* Moskva: Blue Apple, 1999. S. 23-45. Hier S. 25f.

[36] Das Schema trennte die (höhergeschätzten) Mönche *ohne* Außenkontakte von solchen *mit* Außenkontakten.

[37] Nur die Teile vom 24. und 30. August hatten von der Redaktion andere Überschriften herhalten (*Izrail* resp. *V sovremennych nastroenijach – Israel* bzw. *In den gegenwärtigen Stimmungen*).

ja po Volge (*Eindrücke entlang der Wolga*) erscheinen zu lassen.[38] Indem er die Wolga in »Russischen Nil« umtauft, stellt er die russische Kultur mit der von ihm als paradiesisch eingeschätzten paganen altägyptischen ausdrücklich gleich:

> »Русским Нилом« мне хочется назвать нашу Волгу. Что такое Нил – не в географическом и физическом своём значении, а в том другом и более глубоком, какое ему придал живший по берегам его человек? »Великая, священная река«, подобно тому как мы говорим »святая Русь«, в применении тоже к физическому очерку страны и народа. Нил, однако, звался »священным« не за одни священные предания, связанные с ним и приуроченные к городам, расположенным на нём, а за это огромное тело своих вод, периодически выступавших из берегов и оплодотворявших всю страну. Но и Волга наша издревле получила прозвание »кормилицы«. »Кормилица-Волга«… Кроме этого названия она носит и еще более священное – матери: »матушка-Волга«… Так почувствовал её народ в отношении к своему собирательному, множественному, умирающему и рождающемуся существу. »Мы рождаемся и умираем как мухи, а она, матушка, всё стоит (течёт)« – так определил смертный и кратковременный человек своё отношение к ней как к чему-то вечному и бессмертному, как к вечно сущему и живому, *тельному* условию своего бытия и своей работы. »Мы – дети её: кормимся ею. Она – наша *матушка и кормилица*«. Что-то неизмеримое, вечное, питающее… (S. 331)
> »Russischen Nil« möchte ich unsere Wolga nennen. Was ist der Nil, nicht in seiner geographischen und physischen, sondern in jener anderen und tieferen Bedeutung, die ihm der an seinen Ufern lebende Mensch verlieh? »Der große, heilige Fluß«, ähnlich wie wir »das heilige Rußland« sagen, gleichfalls bezogen auf die physische Gestalt des Landes und des Volkes. Auch der Nil wurde indes nicht allein wegen der mit ihm verknüpften und in den an seinen Ufern gelegenen Städten beheimateten heiligen Überlieferungen »heilig« genannt, sondern wegen des gewaltigen Leibes seiner Wasser, die periodisch über die Ufer traten und das ganze Land fruchtbar machten. Und auch unsere Wolga ist von alters her mit dem Beinamen »Amme« belegt worden. »Amme Wolga …« Außer dieser Bezeichnung trägt sie noch eine andere und noch heiligere – die der Mutter: »Mütterchen Wolga …«. So empfand das Volk die Wolga im Hinblick auf ihr kollektives, vielfaches, sterbendes und gebärendes Wesen. »Wir werden geboren und ster-

[38] Rozanov. *O sebe i o žizni svoej* (wie Anm. 1). S. 495.

> ben, wie die Fliegen, sie aber, das Mütterchen, besteht (fließt) allezeit« – so bestimmte der sterbliche, kurzlebige Mensch seine Beziehung zu ihr als zu etwas Ewigem und Unsterblichem, als zu einer ewig seienden und lebendigen, *leiblichen* Voraussetzung seines Daseins und seiner Arbeit. »Wir sind ihre Kinder: Wir nähren uns von ihr. Sie ist unser *Mütterchen* und unsere *Amme.*« Etwas Unermeßliches, Ewiges, Nährendes ...

Kein Zweifel, Bachtin hätte dieses Flußbild mit dem sterbenden und gebärenden Leib karnevalistisch genannt und so in das Umwälzende, keinen Halt Bietende, Vorüberfliegende einbezogen. Die Mobilität des Standpunkts auf dem rasch flußabwärts fahrenden Dampfer entspricht der Beweglichkeit des Wassers. Mit dem Fluiden[39], das in den Erscheinungen Same und Schweiß, Blut und Tränen seine Rozanovschen Kern-Archetypen hat, verknüpft sich in Anlehnung an Weiningers Kennzeichnung des Jüdischen als Weibliches das Markieren des Russischen als Feminines[40], zumal als *femina-mater*. Diese weibliche Konnotation drängt auch die männliche des Vaterlands (otečestvo) zurück und setzt an seine Stelle Rußland als Mutterland.

Der Reisende trifft auf dieser Flußfahrt auf ein gemischt russisch-jüdisches Paar. Der junge Mann namens Rabinovič, ein Mathematik- und Physiklehrer, ist Sohn des Stifters der russisch-jüdischen Religionsgemeinschaft *Israel des neuen Testaments*, die den evangelischen Glauben angenommen hat. Der Religionsphilosoph Vladimir Solov'ev hatte sie als Beispiel für die Brücke vom Judentum zum Christentum angeführt.[41] Die Frau dagegen ist Russin. Hier betätigt sich Rozanov wie auch in seinem Bericht zur Reise nach Sarov als Ethnologe. Er beschreibt das Aussehen, das Gebaren und die Denkart der beiden Menschen, wobei im inversiven Chiasmus der blauäugige blonde Jude die Stereotypen des Russischen und die schwarzhaarige Russin die der Jüdin erfüllt. Und Rozanov zieht Rückschlüsse auf die Ethnien der Juden und Russen in ihrem Wechselverhältnis: Er erwartet von ihrer Verbindung, zumal von den russisch-jüdischen Kindern ganz im Streit mit seinem bereits zwei Jahre später grassierenden Antisemitismus, eine geniale gemeinsame Zukunft. Rozanov unterstreicht, es sei Christus gewesen, der das Band zwischen Religion

---

[39] Cf. Genrietta [Henrietta] Mondri. »Vasilij Rozanov, evrei i russkaja literatura«. *Rozanov i evrei.* Hg. Efim Kurganov/Genrietta Mondri. Sankt Peterburg: Akademičeskij proekt, 2000. S. 155-267.

[40] Otto Weininger *Geschlecht und Charakter.* Wien/Leipzig: Braumüller, ^{9}1907.

[41] Vladimir Solov'ev. »Novozavetnyj Izrail'«. Ders. *Polnoe sobranie sočinenij.* Bd. 4. Sankt Peterburg: Tovariščestvo »Prosveččenie«, o.J. S. 182-195.

und Ethnie zerrissen und seinen Glauben als für alle Völker gültig hingestellt habe. Der jüdische Mann dient ihm als Beleg für die These, daß Juden genauso ihre Nächsten lieben wie Christen und nicht darauf sinnen, den Christen Böses anzutun. Und er verurteilt (wie später wieder nach den Revolutionen von 1917) die russischen Pogrome.

Weiter schildert Rozanov die Begegnung mit einem zwölfjährigen russischen Mädchen, das ein Gedicht aufgeschrieben hat. In diesem Kind erblickt der Anthropologe den Vorgriff auf die Zukunft des Menschen. Zwar wird für den Gedichttext die Zeitschrift *Russkoe Bogatstvo* (*Russischer Reichtum*) als Quelle angegeben (S. 398), doch läßt sich der Text dort nicht finden. Da der Reiseberichterstatter zuvor bereits eine fünfköpfige Kinderschar auf dem Raddampfer porträtierte, die wohl seine eigene war, liegt die Vermutung nahe, daß er hier als Gymnasiastin seine Tochter Tanja und als Text eines seiner eigenen frühen Gedichte zitiert. Jedenfalls ähneln Wortlaut, Rhythmus und traditionelle Reimbildung denen in Rozanovs Gedicht *An den Dichter* (*Poėtu*[42]), daß hier von einer Autorschaft des Verfassers auszugehen ist. Für diese Annahme sprechen auch der Umstand, daß Rozanov zuvor sein Dichteridol Lermontov aus der Erinnerung (und daher fehlerhaft) zitiert (S. 374)[43] sowie die biographisch exakte Angabe, das Gedicht sei an eine neunzehnjährige Adressatin gerichtet. Es handelt sich wohl um Julija Alekseevna Kamenskaja, die erste Gymnasiumsliebe Rozanovs[44], eine Musiklehrerein.

> На Дальнем Востоке заря загоралась.
> Сегодня уснуть я всю ночь не могла.
> То жизнь мне в венке из цветов улыбалась,
> То терном колючим грозила и жгла.
> О жизнь, не хочу я позорного счастья,
> Твоих не прошу я обманчивых роз.
> Хочу я свободы, свободы, свободы.
> И знай, – не боюсь ни страданий, ни гроз.
> Иди, я бороться с тобою готова,

[42] Grübel. *An den Grenzen* (wie Anm. 32). S. 252.

[43] Mit bezeichnender Tempusverschiebung vom poetischen Präsens in episches Präteritum: »И верилось и плакалось« statt »И верится и плачется«. Die Nähe von Motivik, Stil und rhythmischem Profil zu Lermontovs Poetik ist in meiner Analyse des Gedichts *An den Dichter* (*Poėtu*) nachgezeichnet (wie Anm. 32, S. 252ff.).

[44] Rozanov. *O sebe i o žizni svoej* (wie Anm. 1). S. 180, 222, 413, 727, besonders aber S. 407, wo das Lebensalter der Geliebten auch mit 19, das eigene mit 18 Jahren angegeben wird.

Я жажду волнений, я жажду борьбы.
И пусть я паду за любовь, пусть паду я,
Не буду покорной рабыней судьбы. (S. 397)
Im Fernen, im Osten, entflammte die Dämm'rung.
Die Nacht lang, heute, ich konnte nicht schlafen.
Mal lächelte Leben vom Blumenkranz mir,
Mal, stichiger Stachel, es drohte und brannte.
O Leben, nicht such' ich schändliches Glück,
Nicht bitt ich um Rosen voll Trug dich für mich.
Ich will die Freiheit, die Freiheit, die Freiheit.
Und wisse, ich fürchte nicht Leiden, nicht Drohen.
Komm her, zu kämpfen mit Dir, bin bereit ich.
Ich begehre Erregung, ich lechze nach Kampf.
Und mag ich auch fallen für Liebe, so fall ich,
Nie werd' ich zur Sklavin, gehorsam dem Schicksal.

Als Beispiel für das Verhalten der russischen Ethnie stellt er eine andere junge Frau heraus, eine Kaufmannstochter, die im Begriff ist, uneigennützig ›ins Volk zu gehen‹: Sie will den Kranken an der Wolgamündung gegen die Cholera helfen. Er schließt diesen vorletzten Teil seines Reiseessays mit einer Frage, die aufs Genaueste das Ziel seiner Schilderung angibt:

И кто запишет эти подвиги? Кто знает о них? Я услышал и точнейшим образом передал первые строки тихого подвига. А сколько их, сколько среди горькой и благородной русской земли! И – клянусь, – как ни бедна и истерзана и, наконец, унижена теперь наша Русь, – я не захотел бы ни за что быть сыном какой-нибудь другой земли, кроме нее. (S. 401)
Wer wird diese Taten aufschreiben? Wer weiß von ihnen? Ich hörte von den ersten Zeilen einer stillen Tat und habe sie aufs Genaueste wiedergegeben. Aber wie viele sind ihrer, wie viele auf der bitteren und edlen russischen Erde! Und, ich schwöre, wie arm und zerrissen und schließlich erniedrigt unser Rußland auch sei – ich möchte um keinen Preis der Sohn eines anderen Landes sein als dieses.

Indem Rozanov die Vorstufe der großen Tat dieser Frau – sie hat sich vermutlich infiziert und so selbst geopfert – zu den ersten Zeilen eines heroischen Textes erklärt, räumt er den literarischen Charakter des mit flüchtigem Blick Wahrgenommenen ein. Wider alle Behauptungen von der Spontaneität und Authentizität des Schauens und Denkens erweisen sich auch seine Inlandsreisen als große Inszenierungen, die einzig dem Zweck dienen, die Vision vom Glück eines nicht durch falsche Zivilisation verbogenen Menschen in einer natürlich-heiligen Welt und die Rolle der Russen als Retter der Menschheit für diese Welt zu vermitteln.[45]

V. Der »zornige Schwan« und der zoologische Blick des Reisenden in die Seele der Natur

Eine Reisebeobachtung, die hier als letzte Reisefrucht gestellt werden soll, hat Rozanov in den Abschnitt *Über die untadelige Familie und ihre Grundbedingung* seines zweibändigen Werks *Semejnyj vopros v Rossii* (*Die Familienfrage in Rußland*) versteckt. Hier geht es – anscheinend ganz gegen Rozanovs Grundregel – geographisch nicht in die Tiefe, sondern bleibt auf gleicher Höhe; es sei denn, wir betrachteten das Aussteigen des Reisenden aus dem Gefährt bereits als Abstieg. Der Icherzähler schildert eine Reiseunterbrechung zum Wassertrinken aus einer Quelle, die auf Anregung des Kutschers zu einem »zornigen Schwan« (»serdityj lebed'«[46]) auf einem Teich führt. Dieser Schwan hat seine Gefährtin verloren und legt jenes Gebaren an den Tag, das Rozanov als Zeichen einer beginnenden psychischen Erkrankung deutet: Das Tier zeigt sich seiner freien Beweglichkeit beraubt. Und es erinnert den Reisenden an seine ungläubige Lektüre von Wundts *Die Seele des Menschen und der Tiere*.[47] Der Schwan hat vier Jahre zuvor seine Partnerin verloren und eine andere ihm angebotene nicht angenommen. Seither verhält er sich aggressiv gegenüber den Menschen.

Rozanov selbst findet dem Umstand erklärungsbedürftig, daß ihm statt der vielen erstaunlichen Wahrnehmungen auf der Krim – den Limonen über dem Kopf und den Zypressenhainen vor den Füßen, den Palästen der

---

[45] Von Bedeutung ist der Umstand, daß Rozanov die große Tat der einzelnen – cf. Skrjabins *Prometheus* – umdeutet und umwertet in die Handlung der vielen, gleichermaßen von Jederfrau. Und sie geschieht anders als die Opferung der Jungfrau in Stravinskijs *Frühlingsopfer* nicht an einem besonderen, sondern an jedem Tag.

[46] Vasilij Rozanov. *Sobranie sočinenij.* Bd. 18: *Semejnyj vopros v Rossii.* Moskva: Respublika, 2004. S. 82.

[47] Wilhelm Wundt. *Vorlesungen über die Menschen- und Thierseele.* Leipzig: Voß, 1863. Russ. Übersetzung: Vil'gel'm Vundt. *Duša čeloveka i životnych.* 2 Bde. S.-Peterburg: Gajdeburov, 1865-1866. Die Übersetzung der zweiten Auflage erschien 1894. Im Aufsatz *Aus den Rätseln der menschlichen Natur* hat Rozanov Wundt und seine Schule scharf kritisiert. (Vasilij Rozanov, »Iz zagadok čelovečeskoj prirody«. *Novoe vremja* 15.5.1898.)

verblichenen Herrscher und ihren Gemäldegalerien – allein und gerade dieser zornige Schwan in der Erinnerung haften geblieben ist und auf immer haften bleiben wird: »Но этого прекрасного лебедя, истинное чудо рук Божиих, не могу никогда забыть. В самом деле: мне показалось, что я прошел перед чудом природы.«[48] (»Doch diesen schönen Schwan, ein wahres Wunderwerk aus den Händen Gottes, werde ich niemals vergessen können. In der Tat: mir schien, ich sei an einem Wunder der Natur vorbeigegangen.«). Hier erstaunt zunächst die Gleichsetzung von Gott und Natur. Der Schwan ist ihrer beider Wunderwerk. Die ausdrücklich gemachte »Menschwerdung der Natur« (»očelovečenie prirody«), sie steht der Menschwerdung Gottes bei Solov'ev diametral gegenüber, begreift Rozanov als auf den Kopf gestellten Darwinismus. Nicht das Tier sei im Laufe seiner Evolution zum Menschen geworden, sondern der Mensch sei stets bereits im Tier enthalten gewesen. Und so konfrontiert Rozanov Darwins These, auch der Mensch sei ein Tier, mit der Gegenthese: »Auch das Tier ist ein Mensch« (»И животное человек«[49]). Die überraschende Schlußformel lautet: »Es gibt allen Grund nicht fürs Leugnen Gottes, sondern fürs Fruchtbar-Machen der Gebete an ihn.« (»Есть все причины не для отрицания Бога, но для утучения молитв Ему«.[50]) Nur ist dies ein Gott, der völlig im Einklang steht mit der Natur. Und Rozanovs Reisen haben ihn ausschließlich in die Natur geführt, um ihn in dieser Glaubensgewißheit zu bestärken.

Rozanovs Reise in die Natur ist Analogon seiner Kulturreise in die frühägyptische Vergangenheit. Wie die Reise in die Natur den infolge des Paulinismus blinden Fleck im Christentum mit Blick auf das Leibliche enthüllt[51] und durch Absturz in die Realität mit paganem Material zu füllen sucht, so sollte die Reise in die Kulturgeschichte neben das antike Griechenland und jüdisch-christliche Jerusalem die vermeintlich authentische Urstufe der orientalisch-europäischen Kultur stellen, ein paradiesisches altes Ägypten vor jedem (sozialen) Sündenfall. Indes führten die russischen Reisen ebenso wenig wie die Kultur- und die Naturreisen Rozanov in eine wissende oder gläubige Gemeinschaft, vielmehr in literari-

48 Rozanov. *Semejnyj vopros* (wie Anm. 46). S. 83.

49 Ebenda.

50 Ebenda.

51 Cf. Rainer Grübel. »Die Sakralisierung des Leibes in Vasilij Rozanovs Philosophie des Lebens.« *Körper in Literatur und Kunst.* Hg. Gudrun Heidemann (Wiener Slawistischer Almanach. Sonderband) (im Druck).

sche Einsamkeit. Der Nesthocker findet sich trotz aller Kopf- und Leibreisen letztlich allein im »Nest« (»gnezdo«).[52]

Den Entwurf einer quasiauthentischen, in der Natur gründenden langsamen »ersten Kultur«[53], die einer »anderen«, versengenden, raschen, zerteilenden und daher quälenden gegenübertritt, integriert Rozanov in eine Reisebetrachtung, die er *V Vladimirskom sobore* (*In der Vladimir-Kathedrale*) überschrieben und in seinen Reisebericht über Kiew integriert hat. Rozanov schrieb ihn während seiner aus Anlaß des Attentats auf den russischen Vorsitzenden des Ministerrats P. A. Stolypin im Auftrage der *Neuen Zeit* unternommenen Kiew-Reise (6.-14. September 1910). Den Schuß des sozialrevolutionären jüdischen Attentäters Dmitrij Grigor'evič Bogrov im Kiewer Opernhaus, der die Geschichte Rußlands richtungsweisend bestimmen sollte, da mit den mutigen Reformen Stolypins nun Schluß gemacht wurde, nahm Rozanov zum Beweggrund für seinen künftigen Haß auf die in Rußland lebenden Juden.[54]

Gleichsam als Kontrapunkt gegen die aggressive Gewalt der Terroristen malt Rozanov das Bild einer friedlichen, duldsamen religiösen russischen Kultur. Sie enthält eine erstaunlicher Parallele zu Nietzsches Dichotomie von dionysischer und apollinischer Kultur, wobei die russische Volkskultur in hohem Maße dem Kulturtyp Apolls entspricht. Ihren Gebeten, ihrer Vernunft treten die »Ekstasen«[55] und das Geschrei der abgewiesenen anderen Kultur gegenüber. Dem Appell, die Gefängnisse aufzulösen und keine Gerichtsurteile gegen Terroristen zu sprechen, stellt er die Forderung gegenüber, vom Zorn zu lassen. Die Wut bilde die erste Wand des Gefängnisses. Das Volk – auch Rozanov läßt nicht von diesem romantischen Stereotyp, das als eines der längstwährenden auch das 20. Jahrhundert überlebt hat – erfasse alles ganzheitlich und verbinde die

---

52 Cf. den letzten Teil der letzten zu Lebzeiten des Verfassers veröffentlichten Miniatur: »И помни: жизнь есть дом. А дом должен быть тепел, удобен и кругл. Работай над ›круглым домом‹, и Бог тебя не оставит на небесах. Он не забудет птички, которая вьет / *гнездо*.« (»Das Haus soll warm, bequem und rund sein. Arbeite an einem ›runden Haus‹ und Gott wird dich nicht in den Himmeln zurücklassen. Er vergißt kein Vöglein, das flicht ein / *Nest*.«); Rozanov. *O sebe i o žizni sovej* (wie Anm. 1). S. 647.

53 Rozanov. »Kiev i Kievljane«. Ders. *Inaja zemlja…* (wie Anm. 13). S. 540-563. Hier S. 563.

54 Cf. zur ambivalenten Haltung Rozanovs gegenüber den Juden: Grübel. *An den Grenzen der Moderne* (wie Anm. 32). S. 511-558.

55 Vasilij Rozanov. »Kiev i Kievljane«. Ders. *Inaja zemlja…* (wie Anm. 13). S. 540-563. Hier S. 556.

Aufforderung, nicht zu verurteilen mit der Erwartung, duldsam zu sein. Wer die Abschaffung der Strafe fordere, müsse dann aber auch Gercen eine Absage erteilen, wer die Schließung der Gefängnisse verlange, müsse die Werke Ščedrins und Černyševskijs dem Feuer übergeben. Demnach gelte das Gebet des Volkes im Gotteshaus dem »›Ende‹ der Geschichte« (S. 558).

Obgleich Rozanov eine harmonische Kultur entwirft, die auf der »russischen These« gründet: »kämpfe nicht einmal um die Wahrheit, zum Herbst wird der Roggen ja doch wachsen« (»не спорь даже за правду; все равно к осени рожь вырастет«, S. 560f.), wenn er also sogar den Streit um die Wahrheit ausschließt, weil sie ja doch siegen werde, stellt sich sein eigener Diskurs als durchaus disharmonisch dar. Der hier geäußerte Glaube, der Welt liege sowieso das Gute, das Wunder und die Heiligkeit zugrunde und ihr Sieg sei unausweichlich, stellt dem Idol der falschen Kultur, Anastasija Alekseevna Verbickaja (1861-1928), den Helden der wahren Kultur, Louis Pasteur (1822-1895), gegenüber. Daß Rozanov hier den französischen Begründer der Mikrobiologie und damit einen strahlenden Retter der Menschheit einer russischen Trivialautorin gegenüberstellt, sollte man nicht überbewerten. Letztlich erwartete er von der russischen Kultur die Rettung der Weltkultur. Und eine jede Kritik der russischen Herrschaft über fremde Städte wie Kiew oder Warschau lag ihm fern, wenngleich er zu Beginn des Aufsatzes die südliche Metropole (wieder gleichsam den Schandfleck des Attentats korrigierend) gegen den Moskauer Mangel an Unschuld und den Petersburger Mangel an graziöser Fröhlichkeit abhebt. Die Wiege des von ihm verabscheuten Nihilismus macht er in Petersburg aus (S. 541). Kein Wunder, in solcher Umgebung ist die Einsamkeit der gesuchte Zustand des schreibenden Ich.

VI. Rozanovs russische Reisen in die eigene Einsamkeit und ihre Frucht: die Miniatur

Vasilij Rozanov hat seine Einsamkeit[56] in *Uedinennoe* (*Solitaria*, 1911)[57] als moderne Form der Melancholie inszeniert; die intendierte Isolation

[56] Bachtin hat in *Autor und Held in der ästhetischen Kommunikation* gut ein Jahrzehnt später die Isolation zur Bedingung künstlerischer Produktion erhoben. Cf. zum Topos der Einsamkeit in der europäischen Kultur: Aleida und Jan Assmann. »Schrift, Gott und Einsamkeit«. *Einsamkeit. Archäologie der literarischen Kommunikation*. Bd. VI. Hg. Aleida und Jan Assmann. München: Fink, 2000. S. 13-26. Sie erklären die Schrift zur Verbündeten der Einsamkeit.

vom ›großen Publikum‹ gibt der Titelzusatz »Fast auf der Rechtsgrundlage einer Handschrift« zu erkennen. Rozanovs Diskurse über die russischen Reisen können als Vorbereitungen und Vorformen für diese literarischen Miniaturen gelten. Sozialität tritt hier statt als Gewinn als Verlust auf: »Общество, окружающие убавляют душу, а не прибавляют«[58] (»Durch die Gesellschaft, die Umgebenden nimmt die Seele nicht zu, sondern sie nimmt ab«) sagte der Familienmensch zu Beginn der *Opavšie list'ja* (*Gefallenen Blätter*).

Der Sprecher der *Gefallenen Blätter* fordert sich geradezu selbst auf, die Einsamkeit zu suchen, weil nur sie Rettung bringe vor der Gefahr des Selbstverlusts. Der beste Weg der Seele ist demnach die Reise in die Einsamkeit:

> Умей искать уединения, умей искать уединения, умей искать уединения.
> Уединение – лучший страж души. Я хочу сказать – ее Ангел Хранитель.
> Из уединения – все. Из уединения – силы, из уединения – чистота.
> Уединение – »собран дух«, это – я опять »целен«.[59]
> Verstehe, die Einsamkeit zu suchen, verstehe, die Einsamkeit zu suchen, verstehe, die Einsamkeit zu suchen.
> Die Einsamkeit ist der beste Hüter der Seele. Ich will sagen – sie ist ihr Schutzengel.
> Aus der Einsamkeit kommt alles. Aus der Einsamkeit kommt Kraft, aus der Einsamkeit kommt Reinheit.
> Einsamkeit heißt: »der Geist ist versammelt«, heißt: ich bin wieder »heil«.

Im selben Buch Rozanovs kleidet eine Miniatur Rußlands Bewegung durch die Geschichte in eine Reiseparabel. Sie zehrt erneut von der Kontrafaktur der Gogol'schen Trope von Rußland als Troika, die in den Himmel rast. Die in kursiver Schrift nachgestellte Angabe übersetzt die Kontrafaktur durch Entzifferung des Kutschpferds als des Sprechers Vaterland Rußland. Hier zeigt die im Russischen neutrale Variante »Vaterland« (»otečestvo«) im Gegensatz zur femininen Rus' zugleich den Irrgang der ›revolutionären Jugend‹ auf ihrer Reise in die Zukunft an:

Rozanov hat genau in diesem Sinn die Handschrift gegen den Schriftsatz des Buchdrucks abgehoben.

57 Vasilij Rozanov. *Uedinennoe. Počti na pravach rukopisi.* Sankt Peterburg: Tipografija A. S. Suvorina, 1912.

58 Rozanov. *O sebe i o žizni svoej* (wie Anm. 1). S. 167.

59 Ebenda. S. 275.

> Одна лошадь, да еще старая и неумная, везет телегу: а дюжина молодцов и молодух сидят в телеге и орут песни.
>
> *
>
> И песни то похабные, то заунывные. Что »весело на Руси« и что »Русь пропадает«. И что все русских »обижают«.
> Когда замедляется, кричат на лошадь:
> – Ну, вези, старуха.
> И старуха опять вытягивает шею, и напрягаются жилы в пахах.
>
> (*мое отечество*)[60]
>
> Ein einziges Pferd, zumal ein altes und unkluges, zieht den Leiterwagen: Und ein Dutzend junge Männer und junge Frauen sitzen im Leiterwagen und grölen Lieder.
>
> *
>
> Und die Lieder sind bald zotig und bald schwermütig. Daß es »fröhlich ist in der Rus'« und daß »die Rus' untergeht«. Und daß sie alle Russen »über die Ohren hauen«.
> Wenn es den Gang verlangsamt, schreien sie dem Pferd zu:
> – Nun, zieh, Greisin.
> Und die Greisin streckt den Hals, und es spannen sich die Sehnen an in der Leistengegend.
>
> (*mein Vaterland*)

In einer anderen Miniatur kleidet Rozanov den Entwicklungsgang der gesamten russischen Literatur in das Bild der tödlichen Reise eines stolzen Vogels:

> Литература, как орел, взлетела в небеса. И падает мертвая. Теперь-то уже совершенно ясно, что она не есть »взыскуемый невидимый град«.
>
> (*на обороте транспаранта*)[61]

---

60 Ebenda. S. 329. Diese Kontrafaktur findet in der *Apokalypse unserer Zeit* eine Art Fortsetzung, in welcher der Schlitten ausgespannt und der Kutscher verjagt ist. 14 Monate nach der Oktoberrevolution hat Vasilij Rozanov (»S pečal'nym prazdnikom«. Ders. *Religija. Filosofika. Kul'tura.* Moskva: Respublika, 1992. S. 364-366. Hier S. 365) das russische Gefährt als eines gekennzeichnet, das sogar zur Fahrt auf der Erde untauglich geworden ist: »Но кому-то понадобилось распрячь русские сани, и кто-то устремил коня на ямщика, с криком – ›затопчи его‹, ямщика на лошадь, со словами ›захлещи ее‹, и поставил в сарай сани, сделав невозможною ›езду‹«. (»Jemandem tat es Not, den russischen Schlitten abzuspannen, und jemand hat das Pferd gegen den Kutscher gehetzt mit dem Schrei ›zertritt ihn‹, den Kutscher gegen das Pferd mit den Worten ›peitsche es aus‹ und den Schlitten in die Scheune gestellt, nachdem er eine unmögliche ›Fahrt‹ gemacht hatte«.)

61 Rozanov. *O sebe i o žizni svoej* (wie Anm. 1). S. 62.

> Die Literatur ist wie ein Adler aufgeflogen in den Himmel. Und fällt tot herab. Nun ist es schon völlig klar, daß sie nicht die »gesuchte unsichtbare Stadt« ist.
>
> (*auf der Rückseite eines Linienblatts*)

Dieser Absturz des Vogels ist zu lesen als apokalyptische Fahrt in die Tiefe, als finale Deszendenz. Mit dem himmlischen Jerusalem hat sie nichts zu schaffen.

Rozanov war spätestens seit der Oktoberrevolution davon überzeugt, die russische Literatur habe Rußland den Garaus bereitet. Die Miniatur spricht auch der Niederfahrt vom heiligen Himmel in die pagane irdische Natur, also Rozanovs eigenem Beitrag zur Reform Rußlands, eine selbstmörderische Rolle zu. Und der Verfasser verleiht den Reiseberichten aus der Retrospektive erneut eine melancholische, wenn nicht nostalgische Note. Die anthropologisch-ethnologischen Erkundungen des Rußlandreisenden waren letztlich gerichtet auf die Selbsterfahrung und Selbsterkundung des Reisenden. Dessen Unstetigkeit machte die grundsätzliche Sprunghaftigkeit des Ich mitteilbar und somit auch die Unhaltbarkeit des Subjekts. Das Mutterland aber hatte einzustehen für die schöpferische, für die literarische Gebärkraft des Berichtenden, wie der Berichtende für die Hoffnung einer (Wieder-)Geburt.

Tabellarische Übersicht von Vasilij Rozanovs russischen Reisen[62]

1898 Juni–Anfang August: 1. Reise nach Mineral'nye Vody, Zakavkaz'e, auf die Krim; (veröffentlicht zunächst in *Birževye Vedomosti*, 15.9.1898, dann im Sammelband *Literaturnye očerki* 1902);

1899 Juli-August: 2. Reise nach Arensburg und Riga, die Reiseeindrücke werden in »Fedoseevcy v Rige« (*Novoe Vremja* 7.8.1899, später in *Okolo cerkovnych sten* Bd. 1*)* niedergelegt; die Eindrükke von der Schiffahrt auf der Ostsee in »Trevožnaja noč'«, *Severnye cvety*. Sankt Peterburg, 1902: S. 3-15, später in *Temnyj lik*;

[1901 Frühjahr: Italienreise]

[62] Cf. Ėrich Gollerbach. *V. V. Rozanov, Žizn' i tvorčestvo*. Peterburg: Poljarnaja zvezda, 1922; Aleksandr Nikoljukin. *Rozanov* (wie Anm. 12). S. 505-508; V. A. Fateev. *S russkoj bezdnoj v duše* (wie Anm. 12).

1903 3. Reise im Sommer zur Datscha im Kurort Arensburg auf der Insel Ezel' in Estland (»Ėstonskoe zatiš'e«. *Novoe vremja* 20.8.1903);

1904 Juli: 4. Reise nach Jaroslavl und Sarov zum Jahrestag der Kanonisierung des Heiligen Seraphim von Sarov (»Po tichim obiteljam«. *Novoe vemja* 10.8., 18.8., 1.9., 15.9.1904);

[1905 Deutschlandreise]

1906 Sommer in Gatčina; 5. Reise im Oktober mit Lebensgefährtin nach Elec zu ihren Verwandten;

1907 Juni: 6. Reise, auf der Wolga (*Novoe vremja* 26.6., 30.6., 17.7., 18.7., 24.7., 27.7., 5.8., 31.8.1907); daran anschließend 7. Reise in den Kaukasus (Kislovodsk, Pjatigorsk) (»V Kislovodske«. *Russkij sovremennik* 25.7.1908);

1908 Sommer: 8. Reise ins Dorf Lepenen bei Teriok (zu Gast bei Leonid Andreev?);

1909 Sommer: 9. Reise wieder nach Lepenen, Besuch bei Repin in Kuokala (»Penaty«);

[1910 2. Deutschlandreise];

1911 6.-14.9.: 10. Reise nach Kiew zur Berichterstattung über die Ermordung Stolypins (»Kiev i Kievljane« *Novoe vremja* 17.9., 24.9.1910);

1912 11. Reise im Sommer nach Siverskaja;

1913 Sommer in Sacharna: 12. Reise zum Gut von Evgenija Ivanovna Apostolopulo (Bessarabien); (»Ugolok Bessarabii«. *Novoe vremja* 21.5., 31.5., 20.6., 4.7.1913; in Monographie: *Sacharna*. Moskva: Respublika, 1998. S. 7-272);

1914 Sommer in Luga, 13. Reise;

1916 Juli: 14. Reise ins Sanatorium Chalila (Station Usikirko, Finnländische Eisenbahn);

1917 letzte, 15. Sommerreise ins Novgoroder Gouvernement.

Christine Gölz (Berlin)

Reisen in Zeiten des Bürgerkriegs: Marina Cvetaevas Tagebuchprosa

> Historisch gesehen wird der Diskurs der Abwesenheit von der Frau gehalten: die Frau ist seßhaft, der Mann ist Jäger, Reisender […]
> Roland Barthes. »Der Abwesende«. *Fragmente einer Sprache der Liebe.*

> Любовь! Любовь! Куда ушла ты?
> – Оставила свой дом богатый,
> Надела воинские латы.
> – Я стала Голосом и Гневом,
> Я стала Орлеанской Девой.
> Marina Cvetaeva. 1918[1]

Reisen ist, kulturhistorisch betrachtet, ein männliches Unterfangen, und auch in der Literatur sind es von Odysseus über Peer Gynt bis Ion Tichy zuerst einmal die Männer, die sich auf die Reise durch Raum und Zeit begeben. Dies gilt erst recht dort, wo sich reale Reise und textuelle Repräsentation in Form des (nicht-fiktionalen) Reiseberichts überlagern. Wenn sich nun Frauen in dieser männlichen Domäne bewegen, und dies tun sie durchaus – zum Ende des 19. Jahrhunderts und im 20. Jahrhundert zudem verstärkt –, sind sie sowohl reisend als auch schreibend mit dem sozial- und kulturgeschichtlichen »gendering of travel«[2] konfrontiert.

> In fiction and in history Penelope did voyage, at times contesting, reinventing, reinscribing the ideologies of domesticity. Women writers mapped these voyages in narratives that appropriated literary traditions developed by male writers to trace the itineraries of men. In the hybrid genres of travel literature – imaginary voyage, picaresque, letters, ethnographic narrative, sentimental romance,

---

[1] Marina Cvetaeva. *Sobranie sočinenij v semi tomach.* Bd. 1. Moskva: Ėllis Lak, 1994. S. 431. »Liebe! Liebe! Wohin bist du verschwunden? / – Ich habe mein reiches Haus verlassen, / Ich habe den Kriegsharnisch angelegt. // – Ich bin zur STIMME geworden und zum ZORN, / Ich bin zur Jungfrau von Orleans geworden.« (Übersetzung, wenn nicht anders angegeben – *C.G.*)

[2] Karen R. Lawrence. *Penelopes Voyages: Women and Travel in the British Literary Tradition*. Ithaca, NY: Cornell University Press, 1994. S. ix.

> novel, fantasy – we encounter seekers of various kinds who chart their path of exploration while recognizing that they follow in someone else's footsteps.[3]

Nicht nur die Zuschreibungen an reisende Frauen, sondern auch das Bilderarsenal der europäischen Kultur nehmen Einfluß auf die Subjektpositionen weiblicher Reisender, die diese in ihren Texten in Konfrontation und Kontakt mit dem Anderen, Fremden für sich entwerfen. Wird doch das Reisen spätestens seit der Aufklärung in einem Kolonialisierungsdiskurs verhandelt, in dem Weiblichkeit, Wildheit, Natur und Entdeckung miteinander verschränkt werden[4] und der die Genre-Schablonen des Reisetextes prägt.

Die Strategien, die Schriftstellerinnen in ihren Reisetexten in Konfrontation mit dieser Tradition einsetzen, und die Gründe für die jeweilige Wahl sind allerdings durchaus unterschiedliche. Nicht zuletzt haben neben den Kategorien ›als Frau reisen‹ und ›als Frau schreiben‹ weitere Parameter Einfluß auf die Alteritätserfahrung, die im Reisetext ihren Ausdruck findet. Zu diesen Parametern gehören z.B. soziale und nationale Zugehörigkeit der Reisenden, der historische Kontext und die jeweilige kulturelle Semiotisierung des Reisens und Schreibens, aber auch epochenspezifische und individuelle Poetiken.[5] Um Reisetexten von Schriftstellerinnen gerecht zu werden, reicht es also nicht aus, nur deren Route auf den ausgetretenen Pfaden eines männlich dominierten Genres zu beschreiben, vielmehr werden diese Texte erst durch ein *close reading* in ihrer Eigenart sichtbar.

Auch die russische Literatur kennt vielgestaltige Texte über Reisen, obgleich in ihrem Kanon nur wenige Reiseberichte von Frauen zu finden sind. Dies liegt, wirft man den Blick bis ins 18. Jahrhundert zurück[6], nicht

---

3 Ebenda. S. x.

4 Vgl. hierzu Sigrid Weigel. »Zum Verhältnis von ›Wilden‹ und ›Frauen‹ im Diskurs der Aufklärung.« Dies. *Topographie der Geschlechter. Kulturgeschichtliche Studien zur Literatur.* Reinbek bei Hamburg: Rowohlt, 1990. S. 118-142.

5 Vgl. z.B. Ulla Siebert, die an die (feministische) Reisetext-Forschung appelliert, außer *gender* als Differenzkategorie von männlichen und weiblichen Reisenden weitere Kategorien heranzuziehen, die es erlauben, »Unterschiede, Ambivalenzen, Widersprüche und Gegensätze zwischen Frauen und auch zwischen einzelnen Subjektpositionen einer Frau« sichtbar zu machen (Ulla Siebert. *Grenzlinien. Selbstrepräsentationen von Frauen in Reisetexten 1871 bis 1914.* Münster/New York u.a.: Waxmann, 1998. S. 9).

6 Die zweite Hälfte des 18. Jahrhunderts wird gemeinhin in der Forschung zu Frauenreisen als Zäsur angesehen, als Beginn einer ›Eroberung der Welt durch

zuletzt an der vergleichsweise eingeschränkten Mobilität der russischen adligen Frauen, die sich noch seltener als ihre europäischen Geschlechtsgenossinnen auf *Grand Tour* begaben: »In the eighteenth century young men of the aristocracy travelled abroad to study in German universities, whereas young women learned needlepoint in the Smolnyj Institute.«[7] Ein frühes Beispiel für eine dieser seltenen Bildungsreisen nach Westeuropa und ihre literarische Bearbeitung liefert die Autobiographie von Ekaterina Voroncova-Daškova, der ›kleinen Katharina‹, die sich (allerdings nur auf Erlaubnis der Zarin) zwischen 1776 und 1782 mehrmals und für lange Zeit im Ausland aufhielt.[8] Doch führten diese Reisen nicht eigentlich in die Fremde, Daškova bringt vielmehr das ›fremde Rußland‹ in ihrer Person nach Westeuropa, um im Austausch mit den Geistesgrößen der Zeit den Beweis anzutreten, das aufgeklärte Rußland sei längst nicht mehr das unbekannte ›Andere‹, sondern bereits auf dem Weg und beinahe in Europa angekommen.

Rosalind Marsh führt in ihrer Arbeit zum ›Reisen‹ in den Texten russischer Schriftstellerinnen der klassischen Moderne weitere Vorläufertexte des 19. Jahrhunderts an, in denen Frauen von ihren Reisen berichten: Nadežda Durova in ihren Memoiren *Zapiski kavalerist-devicy* (1836; *Die Offizierin. Das ungewöhnliche Leben der Kavalleristin Nadežda Durova erzählt von ihr selbst*), Elena Gan in *Vospominanie o Železnovodske*

---

die Frau‹ im Kontext einer im Zuge der Aufklärung zu beobachtenden Auffächerung des Reisens in verschiedene spezifische Formen, deren Ziel eine komplexere Raumaneignung, neue Raumdefinitionen und zusätzliche raumspezifische Restriktionen waren. Stefanie Ohnesorg allerdings, die in der Abwesenheit von reisenden Frauen im europäischen Text- und Bilderkanon weniger eine sozialhistorische Tatsache, als vielmehr einen ›blinden Fleck‹ der Literatur-, Kultur- und Mentalitätsgeschichte sieht, versucht in ihrer Untersuchung eine Umwertung dieser Zäsur. Sie sieht, da sich eine ›vergessene‹ Tradition von Frauenreisetexten bis ins 4. Jahrhundert zurückverfolgen läßt, erst in der Sattelzeit geradezu den Beginn eines Ausschlusses von Frauen aus der Reisepraxis und der Notwendigkeit, Frauenreisen, wenn sie denn stattfanden, zu legitimieren. Stefanie Ohnesorg. *Mit Kompaß, Kutsche und Kamel. (Rück-) Einbindung der Frau in die Geschichte des Reisens und der Reiseliteratur.* St. Ingbert: Röhrig Universitätsverlag, 1996. Für die zu allen Zeiten rigide reglementierte russische Reisepraxis ist diese ›Entdeckung‹ allerdings nicht relevant.

7 Barbara E. Clements. »Introduction«. *Russia's Women: Accommodation, Resistance, Transformation.* Hg. dies./Barbara A. Engel/Christine D. Worobec. Berkeley/Oxford: University of California Press, 1991. S. 9.

8 Ekaterina Romanovna Daškova. *Zapiski.* Leningrad: Nauka, 1990.

(1841; *Erinnerungen an Železnovodsk*), Mar'ja Žukova in *Očerki Južnoj Francii i Niccy. Iz dorožnych zametok 1840 i 1842 gg.* (1844; *Skizzen aus Südfrankreich und Nizza. Reisenotizen der Jahre 1840 und 1842*).[9] Im Vergleich mit den inzwischen in den klassischen Kanon der Reisetexte aufgenommenen Berichten der weiblichen Orient-Reisenden des Viktorianischen Zeitalters oder der deutschen bürgerlichen Frauen, die sich im 19. Jahrhundert auf große Fahrt begaben, nicht eben viel.

Im ausgehenden 19. und zu Beginn des 20. Jahrhunderts gehört dann aber auch in Rußland die Fahrt in fremde Länder – vor allem Richtung Westeuropa – zur üblichen Bildungsgeschichte gehobener Töchter; und so reisen nicht zuletzt die Schriftstellerinnen des Silbernen Zeitalters bis 1917 intensiv. Häufig sind die Gründe aber weniger oder nicht nur das Bildungserlebnis und erst recht nicht die Entdeckungs- oder Abenteuerreise, sondern die eigene Gesundheit und die der Familienmitglieder oder die Reisetätigkeit des Ehemanns. So durchquert zum Beispiel Zinaida Gippius an der Seite von Dmitrij Merežkovskij viele Male Europa von Ost nach West und von Nord nach Süd und wieder zurück. Anna Achmatova begleitet Nikolaj Gumilev wenn schon nicht nach Afrika, so wenigstens 1910 und 1911 nach Paris und 1912 nach Italien; und Marina Cvetaeva fährt schon als Kind mit der an Tuberkulose erkrankten Mutter 1902 nach Genua, geht 1903 in Lausanne zur Schule, 1904/05 lebt sie bei einer deutschen Familie im Schwarzwald. Von 1909 bis 1912 reist sie wiederholt nach West- und Südeuropa, mal mit dem Vater, mal frisch vermählt mit Sergej Ėfron. Allerdings findet diese reale Reisetätigkeit kaum Ausdruck im literarischen Schaffen der Schriftstellerinnen.[10] Marsh konstatiert im Gegenteil in erster Linie »Kopfreisen« in den fiktionalen Texten der Autorinnen der Jahrhundertwende und der ersten Jahrzehnte des 20. Jahrhunderts.[11]

---

[9] Rosalind Marsh. »Travel and the Image of the West in Russian Women's Popular Novels of the Silver Age«. *New Zealand Slavonic Journal* 38 (2004): S. 1-26. Hier S. 5.

[10] Zinaida Gippius Reisen durch Europa hinterlassen lediglich als topographische Situierung ihre Spuren in der memoiristischen Prosa, vgl. z.B. dies. *Dmitrij Merežkovskij*. Pariž: YMCA-Press, 1951. Als literarische Reminiszenz auf Achmatovas vorrevolutionäres Reisen findet sich in ihrer minimalistischen Autobiographie *Korotko o sebe* (1965; *Kurz über mich*) je nur ein kurzer Absatz. Vgl. außerdem die memoiristische Skizze *Amedeo Modil'jani* (1965-1964).

[11] Marsh. »Travel« (wie Anm. 9). S. 11.

Mit der Oktoberrevolution und dem beginnenden Bürgerkrieg ändern sich nicht nur für Frauen die Umstände des Reisens radikal. Wie an Cvetaevas Tagebuchprosa, dem eigentlichen Gegenstand dieser Ausführungen, sichtbar wird, scheint in der ersten Zeit zwar das ganze Land unterwegs zu sein, aber mit völlig neuer Motivation: die einen auf dem Weg an die Front, die anderen auf der Flucht, die dritten, um sich an anderen Orten wieder neu zu finden. Das überlebenswichtige Reisen durch diesen neuen Raum ist dabei von Anfang an durch Erlaubnisse, Passierscheine und Ausweiskontrollen geregelt, die schon die Hausschwelle zur ersten Grenze hin zum Fremden werden lassen. Denn bis man mit Susi Frank von der ›symbolischen Arretierung des sowjetischen Raums‹ und seiner nicht überschreitbaren, da beständig sich als ›frontier‹ vorschiebenden Grenzen sprechen kann[12], ist der sich in den Wirren des Bürgerkriegs konsolidierende neue Raum erst einmal ein anderer, geschlossener bzw. ausschließender Raum, dessen spatiale Qualitäten sich aufzulösen beginnen – ein Raum der unzugänglichen, radikalen Fremde. Dieser radikal fremde Raum, den die Zersplitterung der Ordnung entstehen läßt, ist das Ergebnis eines für die Neuzeit konstitutiven Prozesses, dessen Höhepunkt Bernhard Waldenfels im 20. Jahrhundert erreicht sieht: »[...] vollends im 20. Jahrhundert dringt das Fremde in den Kern der Vernunft und in den Kern des Eigenen ein. Die Herausforderung durch ein radikales Fremdes bedeutet, daß es keine Welt gibt, in der wir völlig heimisch sind, und daß es kein Subjekt gibt, das Herr im eigenen Haus wäre«.[13] Diese radikale Fremde repräsentiert Cvetaevas Prosa: Der in ihren Skizzen entworfene Raum liegt hinter einer Reihe von exkludierenden Grenzen, die für viele Ausgeschlossene ein ›Hinein‹ unmöglich machen und die, wenn sie nicht todbringend sind, einen der Gründe für die Abreise ins Exil darstellen.[14] Auch in Bezug auf die Selbstgewißheit, die Subjektkonzeption zeigt Cve-

[12] Susi Frank. »Einleitende Bemerkungen zum Thema ›Reisen in der russischen Kultur‹«. *Die Welt der Slaven* LII, 2 (2007). S. 204f. Siehe auch ihren Beitrag in diesem Band.

[13] Bernhard Waldenfels. »Phänomenologie des Eigenen und des Fremden«. *Furcht und Faszination: Facetten der Fremdheit.* Hg. H. Münder. Berlin: Akademie, 1997. S. 66.

[14] Zur Spezifik des Reisens im Zusammenhang mit der – auch inneren – Emigration siehe El'da Garetto. »Putešestvie i izgnanie«. *Russian Literatur* LIII (2003): S. 173-180. Zu einer weiteren Form der nicht-freiwilligen Reise, zur Evakuierung, von der auch Cvetaeva am tragischen Ende ihres Lebens betroffen war, siehe Tat'jana Civ'jan. »Iz russkogo provincial'nogo teksta: ›tekst ėvakuacii‹«. *Russian literature* LIII (2003): S. 127-141.

taevas Reiseprosa die Folgen der Erschütterungen ehemaliger Ordnungen auf. Während sich das Subjekt traditionell auf der Reise in der Alteritätserfahrung als Eigenes entwirft, inszeniert Cvetaeva buchstäblich das Gegenteil. Auf ihren Fahrten und in ihren quasi-ethnographischen Berichten darüber praktiziert und inszeniert die Reisende einen beständigen Rollenwechsel, der sie immer neu als das wechselnde Andere des jeweiligen Gegenüber erscheinen läßt.

Den Ausführungen zur *Raumgestaltung*, zur *textuellen Gestaltung* dessen, was ethnographisch eingestelltes ›Auge‹ und ›Ohr‹ registrieren, und zu den *Selbstentwürfen* Cvetaevas sei eine Einordnung der Tagebuchprosa und ihrer modernen Poetik in den zeitgeschichtlichen und biographischen Hintergrund vorausgeschickt.

I. Marina Cvetaevas Tagebuchprosa *Zemnye primety* (*Irdische Zeichen*)

Am 11. Mai 1922 verläßt auch Cvetaeva das bolschewistische Rußland. Kaum in Prag angekommen, der nach Berlin zweiten Station ihrer Flucht, bemüht sie sich um die Veröffentlichung ihrer Aufzeichnungen aus den Revolutions- und Bürgerkriegsjahren. Bisher nur als Lyrikerin hervorgetreten, stößt sie mit ihren fiktional und poetisch überformten Tagebuchaufzeichnungen, die die Jahre 1917 bis 1919 umfassen, in den Kreisen der Emigration allerdings erst einmal auf Widerstand. »Keine Politik« wolle der Berliner Verlag *Helikon*, schreibt Cvetaeva im März 1923 an den Kritiker und Literaten Roman Gul', eine Forderung, die sie für unvereinbar mit der in diesen Prosaskizzen festgehaltenen Zeit hält:

> Москва 1917 г. – 1919 г. – что я, в люльке качалась? Мне было 24-26 л<ет>, у меня были глаза, уши, руки, ноги: и этими глазами я видела, и этими ушами я слышала, и этими руками я рубила (и записывала!) […][15]
> Moskau 1917-1919 – wie denn, lag ich da noch in der Wiege? Ich war 24-26 Jahre alt, hatte Augen, Ohren, Hände, Füße: und mit diesen Augen sah ich, mit diesen Ohren hörte ich, mit diesen Händen hackte ich Holz (und machte Aufzeichnungen!) […]

---

15 Brief an Roman Gul' vom 5./6. März 1923. Marina Cvetaeva. *Sobranie sočinenij v 7 t.* Bd. 6 [Pis'ma]. Moskva: Ėllis Lak, 1995. S. 523; dt. zit. nach Marie-Luise Bott. »Nachwort«. Marina Zwetajewa. *Auf eigenen Wegen. Tagebuchprosa 1917-1920, Paris 1934.* Frankfurt/M.: Suhrkamp, 1991. S. 246.

Und doch »ist es kein politisches Buch«, sondern für Cvetaeva eine »Art Tagebuch der Seele und der Augen«[16].

> ПОЛИТИКИ в книге нет: есть *страстная* правда: пристрастная правда, правда холода, голода, гнева, *Года!* У меня младшая девочка умерла с голоду в приюте, – это тоже »политика« (приют большевистский). [...] Это не *политическая* книга, ни секунды. Это – живая душа в мертвой петле – и все-таки живая. Фон – мрачен, не я его выдумала.[17]
> *Politik* gibt es in diesem Buch keine: *leidenschaftliche* Wahrheit gibt es: die parteiergreifende Wahrheit der Kälte, des Hungers, des Zornes, *Des Jahres*! Meine jüngste Tochter ist in einem Kinderheim an Hunger gestorben, auch das ist »Politik« (ein bolschewistisches Kinderheim). [...] Das ist kein *politisches* Buch, nicht eine Sekunde lang. Das ist – eine lebendige Seele in der Todesschlinge – und trotzdem am Leben. Der Hintergrund ist düster, nicht ich habe ihn mir ausgedacht.

Dieser »Hintergrund« der unter dem Titel *Zemnye primety* (*Irdische Zeichen*) zusammengefaßten Aufzeichnungen besteht nicht ausschließlich aus Moskau mit seinen »Märkten« und »Wachtposten«, mit seinen »Schlangen« und dem »revolutionären Alltag«. Die beiden chronologisch gesehen frühesten Skizzen, mit denen die Sammlung der Tagebuchprosa auch einsetzt, schildern Reisen durch das von Revolution und Oktoberumsturz und dann vom Bürgerkrieg gezeichnete Land. Reisen, die (noch) keine endgültige Flucht sind – und damit ein ›weg von ...‹, sondern vor allem eine Suche, ein ›hin zu ...‹ – eine Suche nach der auseinandergerissenen Familie, nach einem sicheren Ort, nach Möglichkeiten des physischen Überlebens in der Fremde und nach dem alten und neuen Leben.

Das 1922 geplante Buchprojekt *Irdische Zeichen* wurde zu Cvetaevas Lebzeiten nicht publiziert. Ihre Tagebuchprosa erschien nur unvollständig und in wechselnden Zusammenstellungen in Zeitschriften der Emigration. Die zeitlich spätere, sich auf eine ›Hamsterfahrt‹ zu einem Requirierungspunkt der Roten ins Gouvernement Tambovsk beziehende Skizze *Vol'nyj proezd* (1918; *Freie Fahrt*)[18] erscheint schließlich 1924 in den Pariser *Sovremennye zapiski* (*Zeitgenössische Annalen*). Die Reisenotizen *Oktjabr' v vagone (Zapisi tech dnej)* (1917; *Oktober im Waggon. Aufzeich-*

---

16 Brief an Aleksandr Bachrach vom 9. Juni 1923 (Ebenda. S. 557).

17 Brief an Roman Gul' vom 5./6. März 1923 (Ebenda. S. 523).

18 Marina Cvetaeva. »Vol'nyj proezd«. *Sobranie sočinenj v 7 t.* Bd. 4. Moskva: Ėllis Lak, 1994. S. 427-450.

nungen jener Tage)[19], die Cvetaevas Hin- und Herreisen zwischen der Krim und Moskau zum Gegenstand hat, 1927 in Prag in *Volja Rossii* (*Rußlands Freiheit*).

II. Die Poetik der Reiseskizzen in *Irdische Zeichen*

Die erste der beiden Skizzen behandelt eine Reise, die noch vor dem sogenannten *Oktober 1917* von Moskau aus in Angriff genommen wird und die daher nach dem bolschewistischen Putsch trotz ihres End- und Zielpunkts ›Moskau‹ eine Reise ohne Rückkehr ist. Die nicht wiederzuerkennende, abweisende Heimatstadt, in der Cvetaeva während der Revolutionsereignisse eintrifft, steht für das jetzt beginnende Leben im Unbehausten. Es scheint die reale Emigration bereits vorwegzunehmen. Die Erfahrung eines Ausschlusses aus dem plötzlich aufgetretenen radikal Fremden, das das Eigene, die Heimat, total okkupiert und schließlich die Reisende zur Flüchtenden werden läßt, nimmt Cvetaeva den Raum, der nun als ein blutiger Ort, ein Ort des Todes und der Hölle vorgestellt wird. Sie nimmt ihr aber nicht die Zeit, die in Form von literarischen Allusionen, von Geschichte in einer idiosynkratischen, mythologisierten Form und in Form von Sprache – und zwar einer urtümlichen, ›russischen‹ und doch bisher nicht dagewesenen – als Folie dient, auf der Cvetaeva in ihrem Schreiben das Neue und Andere zu fassen sucht. Die in den Skizzen notierten und bearbeiteten Reiseeindrücke sind daher mehr als nur Bestandsaufnahmen eines Verlusts, sie sind auch das Ergebnis von Erkundungsfahrten in das fremde Neue.

Das auf den Reisen entdeckte Neue läßt sich zudem in seiner textuellen Repräsentation wiederfinden. Das Erlebte verlangte offenbar nach einer neuen, anderen Form, und so markieren diese Reisetexte Cvetaevas Beginn als Prosaikerin. Die kurzen Skizzen dieser frühen Tagebuchprosa tragen bereits alle die Merkmale, die Iosif Brodskij der reifen Cvetaeva bescheinigt:

> Um Clausewitz umzuformulieren: die Prosa war für Zwetajewa nur die Fortsetzung der Poesie mit anderen Mitteln […]. Überall, in ihren Tagebuchaufzeichnungen, ihren Artikeln zur Literatur, ihren belletristisch gefärbten Erinnerungen begegnet uns eben dies: die Methode poetischen Denkens wird auf den Prosatext übertragen […]; entscheidend ist, daß bei ihr der Satz in einer strikt poeti-

[19] Cvetaeva. »Oktjabr' v vagone«. Ebenda. S. 418-426.

> schen Technik komponiert ist: klangliche Assoziation, Wurzelreim, semantisches Enjambement usw. Das heißt, der Leser hat es durchweg nicht mit einem linearen (analytischen) Diskurs zu tun, sondern mit einem kristallförmigen (synthetischen) Anwachsen des Gedankens.[20]

Die den Reisen in Zeiten des Bürgerkriegs gewidmete frühe ›Prosa einer Poetin‹ ist bestimmt von den »Augen« und »Ohren«, mit denen sich Cvetaeva auf das Intensivste den Ereignissen zuwendet. Das ›Ohr‹, mit dem sie die Klänge der neuen Zeit wahrnimmt, findet seinen Niederschlag in der sprachlichen Gestaltung der Skizzen: In deren mimetischen Passagen kommen wiederholt die von den Ereignissen aufgeschreckten und durcheinandergewirbelten Menschen selbst zu Wort. Das, was sich dem ›Auge‹ darbietet: das Auseinanderbrechen der Strukturen, das in seiner Radikalität zur Lebensbedrohung werdende Neue, läßt sich im minimalistischen, fragmentarischen und in seiner Perspektivik polyvalenten Charakter dieser Prosa ebenso wiederfinden, wie in der einer Ästhetik der Modernen verpflichteten Weise, mit der Cvetaeva mit diesen Skizzen die Gattung Reisetext um- und neu schreibt. Die Linearität eines herkömmlichen Reiseberichts wird sowohl in Bezug auf den Raum als auch auf die Zeit durch den collagehaften Charakter dieser Texte aufgebrochen. In den kurzen Skizzen fügt sich eine ganze Reihe von Genres aneinander: Brief, Traumbericht, Tagebuchnotiz, Gespräch, Zitate aus Zeitungsartikeln, Erinnerungen, Volkslegenden, Gedichte, Gelübde, Gebet. Wie eine Sammlung von Stimmen unterschiedlichster Provenienz, politischer Couleur und verschiedener Generationen liefern diese Aufzeichnungen synchrone Momentaufnahmen einer Zeit des Umbruchs, der synkretistischen Durchmischung der Gesellschaft, der extremen Konfrontation differierender, auch in sich widersprüchlicher Positionen. Cvetaeva bleibt dabei nicht etwa unbeteiligte Beobachterin und reine Chronistin, vielmehr dynamisiert sie durch ihre Intervention das geschilderte Geschehen, indem sie sich unterschiedliche Rollen anverwandelt (die der antisemitischen Zynikerin, der ›roten‹ Spekulantin in politischer Mission, der Sklavin, der Jüdin, der großbürgerlichen Kapitalistin). Diese bewußt herbeigeführte Distanzlosigkeit, das vorbehaltlose Aufgehen in der jeweiligen Situation, schlägt sich auch in der Erzählhaltung nieder. Bis auf wenige Ausnahmen verschmilzt das erzählende Ich mit dem erlebenden – obgleich die Tagebuchprosa die dem Genre eigene Authentizität lediglich fingiert. Sie trägt,

[20] Joseph Brodsky. »Der Dichter und die Prosa«. Ders. *Flucht aus Byzanz. Essays.* (Übers. Birgit Veit) Frankfurt/M.: Fischer Taschenbuch, 1996. S. 148.

vergleicht man die endgültige Fassung mit den Notizen im realen Tagebuch Cvetaevas, deutliche Spuren der späteren Ausarbeitung. Da beschreibendes und erlebendes Ich enggeführt werden, findet sich auch keine objektivierende Bewertung der Ereignisse und Situationen. Im Gegenteil Cvetaevas politische und ethische Position wirkt gerade in ihrem Drang, die Wahrheit zu zeigen, uneindeutig, ihre Haltung zum jeweiligen Gegenüber kann unerwartet solidarisch, aber auch unerwartet konfrontativ ausfallen. Schonungslos und auf erstaunliche Weise unvoreingenommen zeigt sie auf ganz eigene Art die Widersprüchlichkeiten und Konsequenzen der historischen Katastrophe, ohne sich dabei selbst auf eine der Positionen festlegen zu lassen.

> *Рифы этой книги*: контрреволюция, ненависть к евреям, любовь к евреям, прославление богатых, посрамление богатых, при несомненной белогвардейскости – полная дань восхищения некоторым безупречным живым коммунистам. […] Здесь все задеты, все обвинены и все оправданы. Это книга ПРАВДЫ. – Вот. – […] Книгу эту будут рвать (зубами!) все… кроме настоящих, непредубежденных, знающих, что ПРАВДА – ПЕРЕБЕЖЧИЦА. А таких мало.[21]
> *Riffe dieses Buchs*: die Konterrevolution, der Haß auf die Juden, die Liebe zu den Juden, die Lobpreisung der Reichen, die Schmähung der Reichen, bei unzweifelhaftem Weißgardistentum – voller Tribut der Begeisterung für einige untadelige, noch lebende Kommunisten. […] Hier sind alle empfindlich berührt, alle beschuldigt, alle gerechtfertigt. Es ist ein Buch der *Wahrheit.* – So ist das. – […] In Stücke reißen werden dieses Buch (mit den Zähnen!) alle … außer den wirklichen, nicht-voreingenommenen, die wissen, daß *die Wahrheit eine Überläuferin* ist. Aber solche gibt es wenig.

III. Der biographische Kontext des Reiseprojekts ›Krim 1917‹ und der Fahrt ins Tambovsker Gouvernement nach Usman' 1918

Der ersten Skizze, *Oktober im Waggon*, liegen Cvetaevas Fahrten auf die Krim zugrunde, die sie im Herbst 1917 innerhalb weniger Wochen mehrmals aus familiären Gründen unternimmt. Sie stellen im Kleinen den An-

[21] Brief an Aleksandr Bachrach vom 9. Juni 1923 (Cvetaeva. *Sobranie sočinenij v 7 t.* Bd. 6 [wie Anm. 15]. S. 559; dt. mit leichten Abwandlungen zit. nach Bott. »Nachwort« [wie Anm. 15]. S. 147).

fang ihrer Reisen unter tragischen Umständen dar, denn die Dichterin wird von nun an immer wieder ihren Familienmitgliedern hinterher fahren. Zuerst noch innerhalb Rußlands, dann 1922 nach Westen, und 1938 wieder zurück nach Sowjetrußland: Mal will sie die Kinder nachholen, mal den Mann in Sicherheit bringen, mal verliert sie ihn durch ihre Abreise aus den Augen; dann wieder sucht sie ihn in halb Europa; und schließlich fährt sie zurück in die Sowjetunion, ihm und der Tochter in den geahnten Untergang hinterher. Entsprechend schließt der erste Teil der Skizze mit einer Art Gelübde: »Если Бог сделает это чудо – оставит Вас в живых, я буду ходить за Вами как собака« (S. 419; »Wenn Gott dieses Wunder vollbringt – und Sie am Leben läßt, werde ich Ihnen folgen wie ein Hund«, dt. S. 8), ein Versprechen, das in der biographischen Cvetaeva-Forschung häufig als Schlüssel für die rätselhaft kompromißlose Bindung der Dichterin an Sergej Ėfron gilt. Konsequenterweise wird Cvetaeva kurz vor der Rückkehr in die Sowjetunion in ihrem Druckexemplar eine Notiz anfügen: »Вот и пойду – как собака. *МЦ*. Ванв, 17-ого июля 1938 г. (21 год спустя)« (»Und so werde ich also gehen – wie ein Hund. *MC*. Vanves, 17. Juli 1938 [nach 21 Jahren]«)[22].

Den in *Oktober im Waggon* festgehaltenen Reisen zwischen Moskau und Feodosija voraus gehen Cvetaevas Bemühungen, im unruhigen Sommer des Jahres 1917 ihre kleine Familie aus Moskau zu evakuieren. Sie will der Stadt mit ihren von Soldaten überfluteten Straßen, den Versorgungsengpässen, der bedrohlichen Inflation und den anwachsenden politischen Spannungen noch vor dem beginnenden Winter entfliehen und sich mit Mann und Kindern auf der Krim bei Maksimilian Vološin in Sicherheit bringen.[23] Doch das Unterfangen, das auch zum Ziel haben soll, den draufgängerischen Ehemann dem direkten Fronteinsatz zu entziehen[24]

---

[22] A. Saakjanc/L. Mnuchin. »Kommentarii«. Marina Cvetaeva. *Sobranie So?inenij v 7 t.* Bd. 4. Moskva: Ėllis Lak, 1994. S. 664.

[23] Vgl. die Briefe dieses Sommers an Maksimilian Vološin: Z.B. Brief vom 9. August 1917: »В Москве безумно трудно жить« (»In Moskau lebt es sich wahnsinnig schwer«) (Cvetaeva. *Sobranie sočinenij v 7 t.* Bd. 6 [wie Anm. 15]. S. 60); Brief vom 24. August 1917: »Я еду с детьми в Феодосию. В Москве голод и – скоро – холод, все уговаривают ехать« (»Ich fahre mit den Kindern nach Feodosija. In Moskau herrscht Hunger und bald kommt die Kälte. Alle raten zu fahren«) (Ebenda. S. 61).

[24] Vgl. ihre diesbezüglichen Briefe an Vološin, aber auch Sergej Ėfrons Brief an die Schwester Vera vom 18. Juni 1917, in dem er seinem Wunsch Ausdruck gibt, auch gegen den Willen Cvetaevas schnellstmöglich an die Front zu gelangen. Ėfrons Briefe sind, bedauerlicherweise ohne nähere Angabe der Quel-

und die kleine Alja und das Neugeborene im Süden besser zu ernähren, läßt sich bis Oktober nicht realisieren. Trotz aller Widrigkeiten fährt die Dichterin schließlich los, allerdings alleine und nur auf begrenzte Zeit, nicht zuletzt wartet die Schwester in Feodosija auf sie, die in den letzten Monaten erst den Ehemann, dann den Sohn verloren hat.

Trotz der ungünstigen familiären Umstände unterscheidet diese Reise zu Beginn wenig von herkömmlichen Erholungsfahrten auf die Krim. Noch im September hatte Cvetaeva der Schwägerin von ihrer eigenen Bedürftigkeit nach einer Atempause geschrieben, der Notwendigkeit, ihren Alltag in Moskau zurück zu lassen und eine Reise zu tun.[25] Das Reiseprojekt weist also neben den existentiellen Gründen durchaus Züge auf, die Andrew Wachtel für die Reise an sich in Anschlag bringt: »Any journey can be conceived in terms of the categories of escape and discovery.«[26] Die erste Funktion der Reise, die Wachtel nennt, die einer Flucht aus dem Alltag (»The traveller leaves the frustrations of everyday life behind«)[27], ist auch dieser Reise eigen und läßt sich den die Vorgeschichte enthaltenden Paratexten, vor allem Cvetaevas Briefen, entnehmen. Das Fernweh, die Neugierde auf das Unbekannte, die antizipierte Lust an der Exotik, – der Aspekt der ›Entdeckung‹ also, laut Wachtel die zweite Funktion, hat in Form von ›Kopfreisen‹ seinen literarischen Ausdruck gefunden. In den Wochen vor der Abreise entstehen mehrere lyrische Texte, die Reisemotive aufweisen.

---

le oder des Archivs, auf folgender Internetseite zu finden: *Mir Mariny Cvetaevoj: Serebrjanyj vek.* »Sem'ja i okruženie« (http://www.ipmce.su/~tsvet/WIN/familySE.html; letzter Zugriff Nov. 2007),

25 Brief vom 13. September 1917 an Vera Jakovlevna Ėfron: »Я сейчас так извелась, что – или уеду на месяц в Феодосию (гостить к Асе) с Алей, или уеду совсем. Весь дом поднять трудно, не знаю как быть. Если Вы или Лиля согласитесь последить за Ириной в то время, как меня не будет, тронусь скоро. Я больше так жить не могу, кончится плохо« (»Ich bin jetzt so erschöpft, daß ich entweder mit Alja für einen Monat nach Feodosija [zu Asja] fahre, oder ich fahre ganz weg. Alle mitzunehmen ist schwierig, ich weiß nicht, wie ich's machen soll. Wenn Ihr oder Lilja einverstanden seid, Euch um Irina zu kümmern in der Zeit, in der ich weg sein werde, fahre ich schon bald. Ich kann so nicht länger leben, das wird ein schlechtes Ende nehmen«). Cvetaeva. *Sobranie sočinenij v 7 t.* Bd. 6 (wie Anm. 15). S. 102f.

26 Andrew Wachtel. »Voyages of Escape, Voyages of Discovery: Transformations of the Travelogue«. *Cultural Mythologies of Russian Modernism. From the Golden Age to the Silver Age.* Hg. Boris Gasparov u.a. Berkeley: University of California Press, 1992. S. 128-149. Hier S. 128.

27 Ebenda.

Am 14. September 1917 schreibt Cvetaeva *I vot, nav'jučiv na verbljužij gorb* (*Und dann, mit bepacktem Kamelhöcker*).[28] In diesem Gedicht läßt sie ein Kamel vom Nil träumen, während es sich mit einer Pfütze zufrieden geben muß. Dennoch – indem das Bedeutungsspektrum des russischen ›gorb‹ als ›Höcker‹, ›Buckel‹, ›hart arbeiten‹, ›etwas Schweres ertragen‹ (›zarabotat' svoim gorbom‹, ›na svoem gorbu ispytat‹ u.ä.) und als ›große Erhebung‹ im Laufe des Gedichts entfaltet wird – verspricht die Analogie vom Los des Lastentiers mit dem menschlichen Schicksal (»Нести свой крест по-божьи, по-верблюжьи« / »Sein Kreuz tragen auf Gottes Art, auf Kamel-Art«) als Ziel der (Lebens-) Reise doch die Entdeckung des »Gelobten Landes« (»Obetovannaja zemlja«). Dem siebenjährigen Leser in *Ajmek-guaruzim – dolina roz*[29] (18. Sept. 1917; *Ajmek-guaruzim – das Tal der Rosen*) verspricht die Lektüre eines Buches die Reise in ein fernes Land und in eine ferne Zeit. In *Zapach, zapach*[30] (*Der Duft, der Duft*), niedergeschrieben am 23. September 1917, imaginiert sich die lyrische Sprecherin mit einem Partner mal in Monaco, mal an der Themse, mal in Wien.

Die schließlich real angetretene Reise scheint in den ersten Tagen eine ganz gewöhnliche zu sein. Cvetaeva liest auf der Hinfahrt einen Liebesroman, wie einer ironischen Tagebuchnotiz zu entnehmen ist[31], und gibt sich den üblichen, ›touristischen‹[32] Aktivitäten auf der Krim hin. Sie er-

---

[28] Marina Cvetaeva. *Sobranie Sočinenij v 7 t.* Bd. 1. Moskva: Ėllis Lak, 1994. S. 375.

[29] Ebenda. S. 375f.

[30] Ebenda. S. 376f.

[31] »(Первая дорога в Феодосию, в вагоне) Старуха. Ребенок. Я. Старуха спит, ребенок плачет, я читаю любовную книгу« (»[Die erste Hinfahrt nach Feodisija, im Waggon]. Eine Alte. Ein Kind. Ich. Die Alte schläft, das Kind weint, ich lese eine Liebesgeschichte«). Marina Cvetaeva. »Zapisnaja knižka 3«. Dies. *Neizdannoe. Zapisnye knižki v dvuch tomach.* Bd. 1 (1913-1919). Moskva: Ėllis Lak, 2000. S. 178.

[32] James Buzard weist in seiner kulturhistorischen Studie zum europäischen Tourismus auf den »repetitiven« und »vorhersagbaren« Charakter der touristischen Erfahrung als »ausgetretenem Pfad« hin und vergleicht sie mit der ›Reise‹ als Begegnung mit dem Anderen, Neuen, wobei die Elemente dieses ›touristischen Raums‹ als parodistische Reflexe aufzufassen sind. Ein eindrücklicher Beleg hierfür ist Cvetaevas ›touristische‹ Schilderung des örtlichen Kulturlebens in ihren Briefen – gerade auch im Unterschied zu ihrer Beschreibung des ›fremden‹ Feodosijas in ihrem Reisetext. Vgl. James Buzard. *The Beaten Track. European Tourism, Literature, and the Ways to Culture, 1800-1918.* Oxford: Clarendon Press, 1993. S. 4.

holt sich[33], stattet der örtlichen Dichtervereinigung einen Besuch ab, läßt sich als Hauptstädterin über deren provinzielle Unverständnis für Mandel'štams dichterische Größe mit beißendem Spott aus; sie vertieft sich in ihre Ferienlektüre und berichtet nach Moskau von den üblichen Zusammenstößen unter anderem mit dem »Orang-Utan-ähnlichen« Il'ja Ėrenburg sowie den kleinen und größeren Kränkungen unter den rund um Koktebel' versammelten Gästen.[34] Zwar sind die den Daheimgebliebenen angekündigten Mitbringsel bereits eßbarer Natur, aber noch ist von der sich anbahnenden Katastrophe in den Aufzeichnungen und Briefen Cvetaevas nur wenig zu spüren. Auch von Feodosija aus bemüht sie sich, wenn auch weiter vergeblich, die Familie auf die Krim nachzuholen, bis die Postverbindung zwischen dem Norden und dem Süden unerwartet unterbrochen wird und den *Južnye vedomosti* (*Südliche Nachrichten*) nichts mehr über die Vorgänge in den Hauptstädten zu entnehmen ist.[35] Auf der Krim weiten sich die Soldatenaufstände aus, und Cvetaeva, besorgt über die fehlenden Nachrichten von ihrer Familie, tritt die Rückreise an.

Das alles erzählt Cvetaeva in ihrer Reiseskizze *Oktober im Waggon* allerdings nicht. Ihr Reisetext setzt vielmehr erst mit der Rückreise ein, auf der die Dichterin von den Ereignissen in Petrograd und Moskau erfährt. Ihre Beschreibung umfaßt die erste Rückfahrt von Feodosija nach Moskau, die Ankunft in der Hauptstadt, vermutlich am 3. November, den gleich am nächsten Tag unternommenen Aufbruch zurück auf die Krim, diesmal gemeinsam mit Ėfron, und die Tage dort – sowie die zweite, wieder alleine unternommene Rückreise nach Moskau Ende November. Cvetaeva plante dort die Angelegenheiten der Familie für eine endgültige Übersiedelung auf die Krim zu klären und die Kinder zu holen. Sie wird, da sie die politische Lage falsch eingeschätzt hat, ihren Mann nur noch einmal, Anfang 1918, in Moskau auf heimlicher Durchreise sehen[36] und dann erst wieder im Exil. Sie ist nun für die nächsten Jahre auf sich allein gestellt.

---

[33] »Я живу очень тихо, помогаю Наде, сижу в палисаднике, над обрывом, курю, думаю. Здесь очень ветрено…« (»Ich verbringe die Tage sehr ruhig, helfe Nadja, sitze im Vorgarten über der Schlucht, rauche, denke nach. Hier ist es sehr windig …«); Brief an Sergej Ėfron vom 19. Oktober 1917 (Cvetaeva. *Sobranie sočinenij v 7 t.* Bd. 6 [wie Anm. 15]. S. 134.

[34] Vgl. Brief an Sergej Ėfron vom 25. Oktober 1917. Ebenda. S. 135.

[35] Vgl. Ira Kudrova. *Put' komet. Žizn' Mariny Cvetaevoj*. Sankt-Peterburg: Vita Nova, 2002. S. 161.

[36] Vgl. Anna Saakjanc. *Marina Cvetaeva. Žizn' i tvorčestvo*. Moskva: Ėllis Lak, 1997. S. 131.

Entsprechend unternimmt sie 1918 die in der zweiten Skizze *Freie Fahrt* beschriebene Reise ins Tambover Gouvernement, um Lebensmittel für ihre kleine Familie zu besorgen. Es handelt sich um eine unter dem Vorwand einer wissenschaftlichen Exkursion und mit entsprechender staatlicher Reiseerlaubnis unternommene Hamsterfahrt zu einem Requirierungspunkt der Bolschewiki, die eine ganze Reihe von Gefahren birgt. Die auch historisch als aufständisch bekannte Gegend galt im Bürgerkrieg als besonders unruhig, hier war es bereits 1918 zu ersten Bauernunruhen gekommen. Der dann später vor allem durch das grausame Vorgehen der bolschewistischen Aushebungskommandos ausgelöste Aufstand der sozialrevolutionär ausgerichteten Vereinigten Partisanenarmee des Tambover Kreises gegen die bolschewistische Rote Armee wird ab November 1920 blutig niedergeschlagen, mehr als 240 000 Bewohner der Gegend werden den bis 1921/22 immer wieder aufflammenden Kämpfen zum Opfer fallen.[37]

Cvetaevas Reisebeschreibung umfaßt die Zugfahrt nach Usman', die Tage auf dem Requirierungspunkt, ihre Fahrten über die Dörfer, um Tauschhandel zu führen, Gespräche mit den Rotarmisten, der Landbevölkerung und der stadtflüchtigen Gastgeberin, sowie die glückliche Heimreise.

IV. Der neue Raum: Die absolute Fremde jenseits des Styx

Beide Skizzen weisen eine ungewöhnliche Gestaltung des bereisten Raums auf und bilden damit auch formal das ab, was die historischen Ereignisse zur Folge haben. Der Verlust oder zumindest eine starke Entfremdung vom ehemals eigenen Raum macht die Begegnung mit dem Fremden auf der Reise zu einer äußerst bedrohlichen Angelegenheit. Von dieser Bedrohung sind sowohl die Identitätskonzepte, als auch die Existenz an sich betroffen – scheint es doch überhaupt kein Eigenes mehr zu geben. Zum anderen ist dieser neu sich etablierende, beinahe hermetisch geschlossene Raum für die in ihn eindringenden Exkludierten in der Darstellung Cvetaevas nur noch als mythischer Raum erfahrbar.

---

[37] Martin Krispin. »Bolschewiki und bäuerliche Opposition im russischen Bürgerkrieg: Der Bauernaufstand im Gouvernement Tambov 1920-21«. *Volksaufstände in Rußland. Von der Zeit der Wirren bis zur »Grünen Revolution« gegen die Sowjetherrschaft*. Hg. Heinz-Dietrich Löwe. Wiesbaden: Harrassowitz, 2006. S. 519-560.

Die relative Linearität einer Zugreise von Punkt A nach Punkt B usw. bis zur Rückkehr wird in den Skizzen ersetzt durch eine Uneindeutigkeit von Ziel- und Abfahrtspunkten, durch Kreuz- und Querbewegungen und durch eine Umwertung und sekundäre symbolische Aufladung des Raums: Die in den Paratexten noch eindeutige Axiologie des durchreisten Raums (das anstrengende Moskau und die erholsame Krim, die Fremde unterwegs und das Eigene zu Hause) ›implodiert‹. Die Heimreise wird zur Abreise in eine andere, schreckliche Zeit, in der bald alle Orte fremd und unzugänglich sind und die bisherige Raumordnung verloren geht. Da der ehemalige Zielpunkt der Fahrt nicht länger mehr existiert, kehren konsequenterweise die Reisenden um, zurück Richtung Krim: »Спутники, один за другим, садятся в обратные поезда« (S. 418; »Die Mitreisenden steigen, einer nach dem anderen, in die Züge der Gegenrichtung um«). Angesteckt durch die zeitgeschichtlichen Ereignisse wird die Reise zum Albtraum oder zur Hadesfahrt.

Der hin und her durchreiste Raum, den die Skizze *Oktober im Waggon* entwirft, ist zwischen den nur auf den ersten Blick dichotomisch organisierten Zielpunkten, dem ›roten Moskau‹ und der ›weißen Krim‹ aufgespannt. Vom revolutionären, ›roten‹ Moskau künden auf der ersten Rückreise die mehrmals erwähnten »rosa Zeitungsblätter« voll erschreckender Neuigkeiten von einer wachsenden Zahl von Toten und vom in die Kampfhandlungen involvierten 56. Reserveregiment, in dem Sergej Ėfron dient.[38] Die sich aufdrängende Verbindung zwischen ›Rot‹, ›Blut‹, ›Ende‹ und ›Tod‹ wird in einem Einschub auch explizit hergestellt:

> (Страшные розовые листки, зловещие. Театральные афиши смерти. Нет, Москва окрасила! Говорят, нет бумаги. Была, да вся вышла. Кому – так, кому – знак.) (S. 419)
> (Schreckliche rosa Blätter, unheilverkündende. Theater-Anschläge des Todes. Nein, Moskau hat sie rot gefärbt! Sie sagen, es gäbe kein Papier mehr. Es gab welches, doch dann ist es ausgegangen. Der eine sieht darin weiter nichts, der andere ein Zeichen.) (S. 9)

Die Krim als – allerdings ebenfalls keineswegs lieblicher – Gegen-Ort zum ›roten Moskau‹ ist mit der Farbe Weiß assoziiert. Der Textabschnitt *Kusoček Kryma* (*Ein kleines Stück Krim*) setzt mit einem »irrsinnigen

[38] Die Ereignisse dieser Tage hat Sergej Ėfron im Prager Exil in seiner autobiographischen Skizze *Oktjabr'* (*Oktober*) festgehalten: Sergej Ėfron. »Oktjabr'«. [*Na čužoj storone.* Praha. 11 (1924)]. *Na čužoj storone: istoriko-literaturnye sborniki.* Hg. S.P. Mel'gunov/E.A. Ljackij. Praga, 1923-1925. (Reprint The Hague: Mouton, 1968/1970) S. 137-172.

Schneesturm« ein, in den sich Koktebel' hüllt, und mit »riesigen weißen Broten«, die auf die Flüchtlinge warten (S. 423; dt. S. 15). Diese Gegenfarbe war schon bei der einige Seiten zuvor geschilderten Ankunft in Moskau aufgetaucht und ersetzt somit die räumlich organisierte Axiologie durch eine, die sich auf die Alteritätserfahrung der Reisenden gründet: Die Hoffnung, das Eigene in der fremd gewordenen, von den ›Roten‹ übernommenen und nun nicht mehr wiederzuerkennenden »schwarzen« Stadt wiederzufinden, geht mit der Farbe Weiß einher.

> Москва. Черно. В город можно с пропуском. У меня есть, совсем другой, но все равно. […] Пустые улицы, пустующие. Дороги не узнаю, не знаю (везет объездом), чувство, что все время влево, как иногда мысль, в мозгу. Куда-то *сквозь*, и почему-то пахнет сеном. (А может быть, я думаю, что это – Сенная, и потому сено?) Заставы чуть громыхают: кто-то не сдается. […] Церковь Бориса и Глеба. Наша, Поварская. Сворачиваем в переулок – наш Борисоглебский. Белый дом Епархиального училища, я его всегда называла »volière«: сквозная галерея и детские голоса. […]. И еще один. И наш. (S. 420f.)
> Moskau. Es ist finster. Mit einem Passierschein darf man in die Stadt. Ich habe einen, einen ganz anderen, aber das ist egal. […] Leere Straßen, unbewohnte. Ich erkenne den Weg nicht, kenne ihn nicht (er fährt eine Umleitung), das Gefühl, als gehe es immerzu nach links, wie manchmal ein Gedanke im Gehirn. Irgendwohin durch etwas *hindurch*, und aus irgendeinem Grund riecht es nach Heu. (Aber vielleicht meine ich auch nur, das sei der Heu-Platz, und deshalb – der Heugeruch?) Kurzer Schußwechsel bei den Grenzposten: jemand ergibt sich nicht. […] Die Boris-und-Gleb-Kirche. Unsere, die Powarskajer. Wir biegen in die Gasse ein – unsere, die Boris-und-Gleb-Gasse. Das weiße Haus der Eparchialschule, ich nannte es immer die *»volière«*: eine offene Galerie und Kinderstimmen. […] Und noch eines. Dann unseres. (S. 11f.)

Das erste Haus, das Cvetaeva als ›Eigenes‹ identifiziert, ist das »weiße Haus der Eparchialschule« und es ist im »finsteren Moskau« mit seinen »Grenzposten« und »Schußwechseln« durch die Nennung einer »offenen Galerie« und die erinnerten »Kinderstimmen« positiv konnotiert. Allerdings trügt die Freiheit der »volière«. Auch die symbolische Ordnung, die die räumliche ersetzt und dem Eigenen die Farbe ›Weiß‹, dem Fremden, Todbringenden die Farbe ›Rot‹ zuordnet, stabilisiert das Chaos nur für einen Moment: Cvetaeva wird gleich darauf der Zutritt zum eigenen Haus verwehrt, und die dort erwartete Familie ist abwesend.

Ebenso wie sich das ehemals Eigene, mit Weiß Assoziierte in Moskau als buchstäblich von den Roten besetzt erweist, wird in Cvetaevas poetischer Diskursgestaltung auch die weiße, vertraut gastfreundliche Krim in einer Zukunftsvision Vološins vom Neuen ›okkupiert‹:

> И вкрадчиво, почти радуясь, как добрый колдун детям, картинку за картинкой – всю русскую Революцию на пять лет вперед: террор, гражданская война, расстрелы, заставы, Вандея, озверение, потеря лика, раскрепощенные духи стихий, кровь, кровь, кровь… (S. 423)
> Und einschmeichelnd, fast freudig, wie ein guter Zauberer den Kindern, Bild für Bild – die ganze russische Revolution auf fünf Jahre im voraus: Terror, Bürgerkrieg, Erschießungen, Straßensperren, Vendée, Verrohung, Verlust des menschlichen Anlitzes, die entfesselten Elementargeister, Blut, Blut, Blut … (S. 15)

Motiviert ist diese axiologische Verkehrung und der Verlust einer eindeutigen Spatialität des Raums durch die gleich zu Beginn des Textes eingefügte Traumsequenz, die den Wunsch eines Überlebens in den Trümmern und eine, wenn auch bedrohte, Rettungschance beinhaltet. In der Realität hingegen scheint diese Rettung kaum wahrscheinlich (»Vielleicht gibt es auch das Haus schon nicht mehr?«; russ. S. 419), und so tauschen Traum und Wachzustand ihre Positionen. Die Nacht der Reise »will nicht mehr enden« (russ. S. 418), »alles ist ein schrecklicher Traum« (russ. S. 418 und 419), aus dem es der Reisenden nicht gelingt zu erwachen: »*Daß mir das träumt, daß ich aufwachen werde*« (russ. S. 419). Im Albtraum des Wachens wird weder gegessen noch getrunken, – und somit kaum mehr gelebt. Cvetaeva fühlt sich, als erwürge man sie. Nur das Schreiben und das Bewahren in der Schrift versprechen noch ein Weiterleben: »Когда я Вам пишу, Вы – есть, раз я Вам пишу!« (S. 418; »Wenn ich Ihnen schreibe, gibt es Sie, denn ich schreibe Ihnen ja!«, S. 7).[39]

Wird in *Oktober im Waggon* die durchreiste Realität einem endlosen Alptraum gleichgesetzt[40], so ist die Diskursgestaltung der zweiten Skizze

---

[39] Vgl. hierzu auch Christa Ebert. »Zwei Tagebücher aus der Revolution: Zinaida Gippius und Marina Cvetaeva«. *Dichterbild und Epochenwandel in der russischen Literatur des 20. Jahrhunderts.* Hg. Klaus Städtke. Bochum: Brockmeyer, 1996. S. 95-115.

[40] Auch in *Freie Fahrt* wird dieser Vergleich angeführt und die Umkehrung als Überlebensstrategie eingesetzt: »Нужно думать о чем-нибудь другом. Нужно понять, что все это – сон. Ведь во сне наоборот, значит…« (S. 447; »Man muß an etwas anderes denken. Man muß sich klarmachen, daß all das ein Traum ist. Im Traum ist schließlich alles umgekehrt, das heißt …«, S. 51)

durch das Bild der ›Höllenfahrt‹ und der ›Hölle‹ organisiert.[41] Schon die notizartige Vorrede über die Beschaffung des Passierscheins leitet diese Assoziation ein. Die Fahrerlaubnis wird von der Abteilung für Darstellende Kunst ausgestellt, die sich in der *Prečistenka*-Straße befindet. Die Straße ist zwar nach der Smolensker Gottesmutterikone benannt, ihr auf Zarenerlaß hin geänderter Name aber – der im ›Höllenparadigma‹ zudem phonisch das Fegefeuer (čistilišče) anklingen läßt – überdeckt nur die frühere, volkstümliche Bezeichnung *Čertol'* (von čertoroj – Teufelsgraben), die für Ortskundige mitschwingt. Und entsprechend bekommt die angeführte Stiftsdame, die die ehemals in diesem Gebäude befindliche Lehranstalt für höhere Töchter begründete, eine sekundäre Bedeutung für den Reisetext, heißt sie doch ausgerechnet Čertova. Sie trägt den Teufel (čert) im Namen – was im übrigen dem Institut in Moskau den Spitznamen *Teufelslehranstalt* (*čertovskoe učilišče*) eintrug. Cvetaeva, die somit bildlich der Teufel auf Dienstfahrt schickt (»… beinah in der Rolle von Requirierenden«; russ. S. 427), ruft entsprechend den Höllenfluß an: »Beim Styx!« (»Клянусь Стиксом«, S. 427). Die Zugreise wird im folgenden direkt mit dem Eintritt in die Hölle verglichen: »Посадка в Москве. В последнюю минуту – точно ад разверзся: лязг, визг« (S. 427; »Das Einsteigen in Moskau. In letzter Minute – als ob die Hölle sich aufgetan hätte: ein Klirren und Kreischen«, S. 21), die Atmosphäre im Zugwaggon gleicht der in einem Sarg (»весь вагон – как гроб«, S. 427) – und die Reisenden, die sich auf dieser Passage befinden, rufen je nach ihrer politischen oder sozialen Herkunft entweder Gott an (»Herr erbarme dich!«; russ. S. 426) oder erörtern die Nacht hindurch ›die letzten Fragen‹ in einer dem teuflischen Ort angemessenen, karnevalisierten Form.[42] Die An-

---

[41] Vgl. zur Verwendung von Höllen-Motiven in Zusammenhang mit einer Reisebeschreibung: Wolfgang Kissel. »Die Metropolenreise als Hadesfahrt. Andrej Belyjs Berliner Skizzen »Im Reich der Schatten«. *Berlin, Paris, Moskau. Reiseliteratur und die Metropolen.* Hg. Walter Fähnders, Nils Plath, Hendrik Weber, Inka Zahn. (Reisen Texte Metropolen. Bd. 1) Bielefeld: Aisthesis, 2005. S. 227-251. Interessanterweise wird bei Belyj gerade nicht Sowjetrußland, sondern Berlin als »Reich der Schatten« mit dem Hades assoziiert.

[42] »Из вагонных разговоров: – И будет это так идти, пока не останется: из тысячи – Муж, из тьмы – Жена. – А есть, товарищи, в Москве церковь ›Великаго Совета Ангел‹. Ночной спор о Боге. Ненависть солдат к иконам и любовь к Богу, – ›Зачем доску целовать? Коли хочешь молиться, молись один!‹ Солдат – офицеру (типа бывшего лицеиста, пробор, картавит): ›А Вы, товарищ, какой веры придерживаетесь?‹ Из темноты – ответ: ›Я спирит социалистической партии‹.« (S. 428; »Aus den Waggon-Ge-

kunft erfolgt entsprechend um Mitternacht, und die nur in dieser Welt gültige Adresse, die Cvetaeva ihrer Gastgeberin nennt, ist einmal voller Gewalt und ›verhext‹:

> Москва, Лобное место, – это площадь такая, где царей казнят – Брутова улица, переулок Троцкого. […] Только дом не очень хорош: № 13, и квартира – представьте – тоже 13. Некоторые даже опасаются. (S. 446)
> Moskau, Lobnoje Mesto – das ist so ein Platz, wo sie die Zaren hinrichten –, Brutus-Straße, Trotzki-Gasse […] Nur die Hausnummer ist keine besonders gute: No. 13, und die Wohnungsnummer – stellen Sie sich vor – ist auch 13! Manche fürchten sich sogar! (S. 50)

Das andere Mal trägt sie ›teuflische‹ Konnotationen: »Чертова площадь. Бесов переулок, ищи ветра в поле!« (S. 447; »Teufels-Platz, Geister-Gasse, such den Wind auf dem Feld«, S. 51). Auch die Rückfahrt, die überhaupt nur dank der mit Bajonetten bewaffneten, inzwischen als »unsere« betitelten Rotarmisten angetreten werden kann, wird als lebensbedrohliche Angelegenheit geschildert.

> *Посадка.*
> […] Не вагоны – завалы. А навстречу завалам вагонным – ревуще, вопиюще, взывающе и глаголюще – завалы платформенные. […] Лежачая волна – дыбом. Горизонталь – в стремительную и обезумевшую вертикаль. Лезут. Втаскивают. Вваливают. Вваливаются. (S. 449)
> *Das Einsteigen.*
> […] Nicht Waggons, sondern Massen. Und den Waggon-Massen entgegen – heulend, aufschreiend, flehend und rufend – die Bahnsteig-Berge. […] Die am Boden liegende Welle – erhebt sich. Die Horizontale wird zur ungestümen, tollen Vertikalen. Sie klettern hinein. Ziehen hinein. Wälzen hinein. Wälzen sich hinein. (S. 54)

Die beinahe unmögliche Passage aus der ›Hölle‹ in ein ›himmlisches Leben‹ zurück (»Wir warten auf diese Maschine bald den siebzehnten Tag,

---

sprächen: ›Und das wird so weitergehen, bis übrigbleiben: von Tausenden – Ein Mann, und von Abertausenden – Eine Frau.‹ ›In Moskau, Genossen, gibt's eine Kirche – *Erzengel des Obersten Sowjets*.‹ Nächtlicher Streit über Gott. Haß der Soldaten auf die Ikonen und Liebe zu Gott. ›Warum ein Holzbrett küssen? Wenn du beten willst, dann tu's alleine!‹ Ein Soldat zu einem Offizier (vom Typ eines ehemaligen Lyzeumsschülers, Mittelscheitel, Kehlkopf-R): ›Und Sie, Genosse, welchen Glauben vertreten Sie?‹ Aus der Dunkelheit die Antwort: ›Ich bin Spiritist der sozialistischen Partei.‹«, S. 13).

wie aufs Himmelreich«; russ. S. 449) bedient mit der Metaphorik einer Flutkatastrophe und der wellenartigen Bewegung der Massen erneut das bereits zu Beginn des Textes eingesetzte Bilderarsenal des Höllenflusses. In ironischer Abwandlung der liturgischen Sanctus-Formel (statt »Победную песнь поюще, вопиюще, взывающе и глаголюще. Свят, Свят, Свят Господь Саваоф […]« heißt es »[…] ревуще, вопиюще, взывающе и глаголюще […]«, S. 449) wächst das »Stimmengewitter« der Masse schließlich bis zur realen Todesdrohung an (»Jetzt stoßt sie doch hinunter, Leute, und die Sache hat ein Ende! Sollen sie doch ein bißchen frische Luft schnappen!«; russ. S. 449).

Die apokalyptische Liminalität findet an der Grenze zur physischen Auflösung und zum Tod statt.

> Стою, чуть покачиваемая тесным, совместным человеческим дыханием: взад и вперед, как волна. Грудью, боком, плечом коленом сращенная, в лад дышу. И от этой предельной телесной сплоченности — полное ощущение потери тела. […] Но… нога: ведь нет же! Беспокойство (раздраженное) о ноге покрывает смысл угроз. Нога – раньше… Вот, когда найду ногу. И, о радость: находится! […] Боль оттачивается, уже непереносима, делаю отчаянное усилие… (S. 450)
> Ich stehe leicht gewiegt vom beengten gemeinsamen menschlichen Atmen: vor und zurück, wie eine Welle. An Brust, Schulter, Seite und Knie zusammengewachsen, atme ich im Gleichklang mit. Und durch dieses äußerste körperliche Zusammengeschweißtsein – die vollständige Empfindung von Körperverlust. […] Aber … der Fuß: er fehlt ja doch! Die (gereizte) Besorgnis um meinen Fuß überdeckt die Bedeutung der Drohungen. Erst einmal – den Fuß … Wenn ich dann meinen Fuß gefunden haben … Und, o Freude: er ist gefunden! […] Der Schmerz wird unerträglich, ich mache eine verzweifelte Anstrengung … (S. 55f.)

Cvetaeva beschreibt dieses Aufgehen in der Masse und den damit einhergehenden Selbstverlust im Bild der sie verschlingenden Welle, in der ihr sogar die letzte Sicherheit, ihr eigener Körper bzw. metonymisch der Fuß, abhanden zu kommen droht.

V. Idiosynkrasien eines pseudo-ethnographischen Blicks

Ungeachtet der historischen Ausnahmesituation, die der Grund für die Reisen war, und ungeachtet auch der hohen emotionalen Anspannung und der Furcht, die Cvetaeva empfand, enthalten ihre Skizzen immer wieder auch Passagen, in denen das Fremde ›pseudo-ethnographisch‹ erkundet wird. Die zweite Skizze, die mit der Maskierung der Hamsterfahrt als völkerkundliche Expedition zur »Erforschung der Bauernstickerei« einsetzt, gibt hierfür ein ironisches Paradigma vor.

Es sind vor allem die ›Sprachfunde‹, die den zufälligen Mitreisenden abgelauschte Formulierungen und deren innovative, wortgenerierende Kraft, die Stilsynkretismen, die eigentümliche Bildlichkeit, die Cvetaeva auf ihrer ›Forschungsreise‹ so beeindrucken, daß sie sie in ihren Notizen aufbewahrt. Sie stellen das Material dar, aus dem Cvetaeva dann bei der Ausarbeitung ihrer Erlebnisse die Dialoge ihrer Reisegefährten formt.[43] Später wird sie in ihrem Notizbuch festhalten:

> Большевики мне дали хороший русский язык (речь, молвь)… Очередь – вот мой Кастальский ток! Мастеровые, бабки, солдаты… Этим же даром большевикам воздам![44]
> Den Bolschewiki verdanke ich meine gute russische Sprache (die gesprochene Sprache, das Gerede) … Die Warteschlange – das ist meine heilige Quelle Kastalia. Die Handwerker, Weiber, Soldaten … Mit dieser Gabe vergelte ich es den Bolschewisten.

In der Skizze *Oktober im Waggon* stellt Cvetaeva – abweichend vom Bild einer akkulturierten, wenn auch provinziellen Krim in den Briefen – ihren Aufenthaltsort als archaische Fremde dar, als einen Ort, den Krimtataren bewohnen, die samt ihren Gebräuchen und Ritualen, ihrer Kleidung, ihren Gefäßen, Trinkgewohnheiten und Erzählungen Vertreter einer mythologischen Zeit sind.

> Мы [die beobachteten Tataren in einer Kaffeestube] – вне, мы – над, мы давно. Вам – быть, мы – прошли. Мы – раз навсегда. Нас – нету. (S. 423)
> Wir [die beobachteten Tataren in einer Kaffeestube] stehen außerhalb, wir stehen darüber, wir sind seit ewigen Zeiten. Ihr müßt erst werden, wir sind schon vergangen. Wir sind ein für allemal. Uns gibt es gar nicht. (S. 15)

---

[43] Die Reiseskizzen legen Zeugnis davon ab, wie die russische, volkstümliche Umgangssprache (z.B. das prostorečie) Eingang in Cvetaevas Poetik findet. Vgl. ein erstes Auftreten in den im Frühling desselben Jahres entstandenen Verse, die ihr Interesse an der Sprache der ›einfachen Leute‹ bereits belegen: *I zažeg, golubčik, spičku* (1917; *Und angezündet, mein Täubchen, das Streichholz*) (Cvetaeva. *Sobranie sočinenij v 7 t.* Bd. 1 [wie Anm. 29]. S. 354).

[44] Cvetaeva. »<1918>« [Iz zapisnych knižek i tetradej]. *Sobranie Sočinenij v 7 t.* Bd. 4 (wie Anm. 18). S. 565.

Und doch scheint auch diese vor- oder überhistorische Zeit durch den radikalen Einbruch des Neuen bereits dem Untergang geweiht. Dies gilt auch für die »ewige« bäuerliche Welt, deren ›Herbst‹ (»ein einziger Kahlschlag«, S. 28) Cvetaeva in der Skizze *Freie Fahrt* angebrochen sieht:

> Разглядываю избу: все коричневое, точно бронзовое: потолки, полы, лавки, котлы, столы. Ничего лишнего, все вечное. Скамьи точно в стену вросли, вернее – точно из них выросли. А ведь и лица в лад: коричневые! И янтарь нашейный! И сами шеи! И на всей этой коричневизне – последняя синь позднего бабьего лета. (Жестокое слово!) (S. 433)
> Ich betrachte die Bauernhütte: alles ist dunkelbraun, wie bronzefarben: die Decken, Fußböden, Sitzbänke, Kessel, Stühle. Nichts Überflüssiges, nur Ewiges. Die Bänke sind wie an die Wand gewachsen, genauer – wie aus ihnen herausgewachsen. Und auch die Gesichter passen im Ton dazu: dunkelbraune! Und der Bernstein am Hals! Und die Hälse selber! Und auf all diesem Dunkelbraun – das letzte Blau des Altweibersommers. (Grausames Wort!) (S. 30)

Wie auch in anderen Texten dieser Periode verarbeitet Cvetaeva die Ereignisse der Revolution und des Bürgerkriegs auf der Folie von Legenden und Folklore oder im Vergleich mit mythologisierten Episoden aus der russischen Geschichte.[45] Die Rotarmisten des Requirierungspunktes sind »Opritschniki«[46], die einzelnen Vertreter werden literarischen Helden (Čičikov) oder Figuren des literarischen Lebens (Esenin) verglichen und die ebenfalls den Bolschewiki angehörenden oder zumindest als »Feinde« betitelten Beschützer und ›Retter‹ Cvetaevas verkörpern in *Oktober im Waggon* Pugačev und in *Freie Fahrt* Sten'ka Razin. Diese aufständischen Abenteurer tragen in Cvetaevas idiosynkratischer Volksmythologie positive Konnotationen und lassen in ihrem allegorischen Charakter eine polyvalente Sicht auf die historischen Ereignisse sichtbar werden. In ihrer autobiographischen Prosa beschreibt Cvetaeva ihre frühe Begeisterung für den ›Rebellen‹ Pugačev, dessen literarischer Verarbeitung bei Puškin sie 1937 den Aufsatz *Puškin i Pugačev* (*Puškin und Pugačev*) widmet. Doch nicht nur auf der Diskursebene der Reiseschriftstellerin tauchen diese

[45] Vgl. Igor' Efimov. »›Bezdny mračnoj v glubine‹. Gody revoljucii v proze Mariny Cvetaevoj«. *Marina Cvetaeva: 1892-1992.* Hg. Svetlana El'nickaja. Nortfild: Russkaja škola Norvičskego Universiteta, 1992. S. 24-33.

[46] Diese Gleichsetzung von Rotarmist bzw. Tschekist und Opritschnik sollte produktiv für die russische Literatur werden, vgl. unlängst z.B. Tat'jana Tolstajas *Kys'* (*Kys*) oder Vladimir Sorokins *Den' opričnika* (*Der Tag des Opritschniks*).

Elemente als Attributionen auf. Die ethnographisch eingestellte Dichterin sammelt auch auf der Handlungsebene ihrer Reise bei ihren Gesprächspartnern folkloristische Texte ein. Zumindest beschreibt sie es so in ihrem Reisetext. Allerdings handelt sich dabei um Motive, die die Dichterin auch in anderen Werken dieser Jahre beschäftigte, besonders im Gedichtzyklus *Sten'ka Razin* von 1917 und im Poem *Krysolov* (*Der Rattenfänger*) von 1925, das reich an Allusionen auf den ›Kitež-Text‹ des Silbernen Zeitalters ist.[47] So ist es also nicht zufällig der blonde Rotarmist, Cvetaevas »Sten'ka Razin«, dem sie ihre Moskau-Gedichte vorträgt und der ihr dafür die Legende von der versunkenen Stadt Kitež erzählt, eine Allegorie von der Vernichtung der Feinde durch das Opfer einer Stadt. Ihr apokalyptisches Glockenläuten ließ Kitež samt den Angreifern untergehen. Die Metaphorik der alles überflutenden Menschenmassen bei der Abreise, in denen Cvetaeva verlorenzugehen droht, erhält auf dem Hintergrund der Legende eine zweite Bedeutungsdimension. Die Menschen, die in den Strudel der Umwälzung geraten, sind nicht nur feindliche Täter, auch wenn sie anderer Gesinnung als Cvetaeva sind. Im Versuch, sich und ihr Land zu retten, bringen auch sie sich selbst zum Opfer.

VI. Ein »kühnes Frauenzimmer« – Subjektpositionen einer »Paria« unterwegs

In beiden Skizzen beschreibt Cvetaeva die Irritationen, die sie bei den Mitreisenden hervorruft. Ihr Reisetext markiert mehrere Momente ihres Reisens als ›skandalös‹, sie alle provozieren die Kommentierung in den unterwegs geführten Gesprächen: die Tatsache, daß eine Frau angesichts der realen Gefahr unbegleitet reist, Cvetaevas angenommenes jugendliches Alter, ihr unkonventionelles Erscheinungsbild und ihr paradoxes Verhalten, mit dem sie sich einer Zuordnung zu einer festen Rolle (Studentin, Ehefrau, Mutter, Bolschewistin, adlige Dame, wohlhabende Vertreterin des Großbürgertums) entzieht.

[47] Z.B. Marie-Luise Bott. »Studien zu Marina Cvetaevas Poem ›Krysolov‹: Rattenfänger- und Kitež-Sage«. *Wiener Slawistischer Almanach* 3 (1981). S. 87-112; zur literarischen Bearbeitung der Kitež-Legende bei Blok, Cvetaeva (in *Krysolov*) und Achmatova siehe: Dagmar Burkhart. »Der Mythos von der versunkenen Stadt«. *Das XX. Jahrhundert: Slavische Literaturen im Dialog mit dem Mythos*. Hg. Angela Richter. Hamburg: Kovač, 1999. S. 85-103.

Schon die Aufgabe der angeblichen Dienstreise (in *Freie Fahrt*), die »Erforschung der Bauernstickerei«, wirkt wie ein ironischer Kommentar zum tradierten Bild der Frau, die mit Hand- und Hausarbeiten beschäftigt der Rückkehr des reisenden Mannes harrt, ein Weiblichkeitsarchetyp, den die antike Mythologie im Bild der ewig webenden Penelope faßt. »С утра – на разбой. – ›Ты, жена, сиди дома, вари кашу, а я к ней маслица привезу!..‹ – Как в сказке« (S. 435; »Vom frühen Morgen an – auf Raub. – ›Du, Frau, bleib zu Hause und koch eine Kascha, und ich werde die Butter dazu besorgen!‹ – Wie im Märchen«, S. 33), heißt es sarkastisch bei Cvetaeva. Denn nun macht sich die (schreibende)[48] Frau selbst auf den Weg, ja auf die Jagd (nach Eindrücken und nach Lebensmitteln) – um Barthes' Bild zu bemühen –, während der Ehemann zu Hause bleibt oder ganz verloren geht. Doch nicht nur darin unterscheidet sich die Realität vom Mythos oder Märchen: Die Reise ist zum Teil eines Überlebensprojekts geworden und das Zuhause längst kein sicherer Ort mehr. Entsprechend sind *ihre* Gedanken auch weiterhin auf *sein* Wohlergehen oder das der Familie gerichtet, auch wenn im Falle von Cvetaeva die reisende Schriftstellerin dies, wie gleich zu zeigen sein wird, zu verschleiern trachtet. Auch die anderen Frauen in Cvetaevas Skizze sind (wenn auch unfreiwillige) ›Aussteigerinnen‹ aus dem ›textilen Penelope-Paradigma‹. Cvetaevas Reisebegleitung, die »Schwiegermutter«, hat noch unlängst für die Moskauer höhere Gesellschaft genäht, jetzt muß sie als Mutter eines der Anführer auf dem Requirierungspunkt zweifelhafte Ehrerweisungen über sich ergehen lassen. Und die von ihrem politisch konvertierten Ehemann zur Lektüre von Marx und Engels verdammte »Gastgeberin« weint ihrer kleinbürgerlichen Petersburger Existenz als Besitzerin eines Strick-

[48] Wie eng das Diskursparadigma des Handarbeitens in den Jahrzehnten um die Wende des 19. und 20. Jahrhunderts in pejorativer Weise mit den Kulturtätigkeiten von Frauen assoziiert ist, wenn diese sich auf angestammtes männliches Terrain begeben, sollte Cvetaeva wenige Jahre später am eigenen Leib erfahren. Der offensichtlich auf ganz anderem ›männlichen‹ Gebiet gekränkte Mandel'štam wird sie in seiner Rezension *Literaturnaja Moskva* (1922; *Das literarische Moskau*) als ›gottesmütterliche Handarbeiterin‹ beleidigen: »Prophezeiung als häusliche Handarbeit. […] fährt die weibliche Dichtung fort, in den höchsten Tönen zu tremolieren, und beleidigt so das Ohr, den historischen und poetischen Instinkt. Die Geschmacklosigkeit und die geschichtliche Verfälschung in Marina Zwetajewas Gedichten über Rußland – pseudovolkstümlichen und pseudomoskowitischen Versen – stellen sie weit unter die Verse der Adalis […].« (Osip Mandelstam. »Das literarische Moskau«. *Über Dichtung. Essays* (übers. v. Marga u. Roland Erb). Leipzig/Weimar: Kiepenheuer, 1991. S. 119-125. Hier S. 121f.

waren-Ateliers hinterher. Nur die dem Untergang geweihten Vertreterinnen des patriarchalen Rußlands, die Bäuerinnen, sind auch weiterhin am Kattun interessiert, den Cvetaeva ihnen auf ihrer Jagd nach Lebensmittel zum Tausch anbietet.

Wie bemüht Cvetaeva ist, das Paradigma der sorgenden Ehefrau und Mutter trotz des realen Anlasses in ihrem Reisetext nicht zu bedienen, zeigt ihr expliziter Ausstieg aus diesem geschlechtlich determinierten ›Diskurs der Abwesenheit und Seßhaftigkeit‹ (Barthes) und seine Ersetzung durch das Bild der jungfräulichen Kämpferin, des ›mutigen Fräuleins‹ (dt. S. 42). Nicht nur tauchen die Bezeichnung *baryšnja* und die damit einhergehenden, auch sexuell konnotierten Statusirritationen in beiden Texten auffällig häufig auf. In *Oktober im Waggon* notiert Cvetaeva, die unlängst erst zum zweiten Mal Mutter geworden war, zudem: »Kein einziges Mal – an die Kinder.« Als gezielte Attribuierung und nachträgliche Bearbeitung wird diese Erinnerung durch die Notizen im realen Tagebuch offensichtlich. Dort sind sehr wohl die Sorgen um die Kinder festgehalten. Der *Brief ins Heft* enthält in seiner ersten Fassung noch die folgende Passage: »*Где Вы сейчас*? Что с Ириной, Алей?«[49] (»*Wo sind Sie jetzt?* Was ist mit Irina, mit Alja?«).

Zwar stellt Cvetaeva in einer Reihe von Episoden ihren emanzipatorischen Anspruch durch provokatives Verhalten aus, sie unterläuft ihn dann aber ironisch oder zumindest verkompliziert sie ihn. Dies korrespondiert mit dem in der Forschung immer wieder sowohl für Cvetaeva als Dichterpersönlichkeit als auch für ihre Dichtung festgestellten widerständigen Verhältnis Dichotomien gegenüber – insbesondere Beschreibungsversuchen mittels ›männlich‹ vs. ›weiblich‹.[50] Cvetaeva wechselt nicht einfach die Seiten, sie proklamiert für sich eine einmalige, dritte Position, mit der es ihr gelingen soll, sich außerhalb, ja über den (binären) Ordnungen und ihren Gesetze anzusiedeln und sich damit aus diesen zu befreien.

Die ›unweibliche‹ Angewohnheit Cvetaevas öffentlich zu rauchen liefert zum Beispiel in *Oktober im Waggon* im Abschnitt *Spor o tabake*

---

49 Marina Cvetaeva. »Zapisnaja knižka 3«. *Neizdannoe. Zapisnye knižki v dvuch tomach.* Bd. 1. 1913-1917. Moskva: Ėllis Lak, 2000. S. 180.

50 Vgl. z.B. Anya M. Kroth. »Androgyny as an Exemplary Feature of Marina Tsvetaeva's Dichotomous Poetic Vision«. *Slavic Review* 38 (1979). S. 563-582 oder Elsbeth Wolffheim. »Über Marina Cvetaeva, die russische Lyrikerin, und ihren Versuch, Dichter als übergeschlechtliche Wesen zu inthronisieren«. *Forum Homosexualität und Literatur* 4 (1988). S. 23-43.

(*Streitgespräch über den Tabak*)[51] den Reisenden Anlaß zu erörtern, wie appetitlich ein Tabak geschwängerter Atem beim Austausch von Zärtlichkeiten sei. Das Gegenargument der Egalität der Geschlechter und der asexuelle, reinen Liebe aufgrund innerer Werte besetzt nun aber nicht etwa die Reisende selbst. Dieses Argument legt sie vielmehr dem Vertreter des Neuen, dem einfachen Soldaten und zukünftigen Rotarmisten, in den Mund:

> »[…] женский пол тут ни при чем. Ведь в глотку тянешь, – а глотка у всех одинакая. Что табак, что хлеб. […] А полюбит кто – за душу, со всяким духом примет […]« (S. 425)
> »[…] Mit dem weiblichen Geschlecht hat das überhaupt nichts zu tun. Du ziehst ihn dir doch in den Hals hinein, – und der Hals ist bei allen der gleiche. Wie den Tabak, so das Brot. […] Wenn einer sie liebt, – dann um der Seele willen, egal mit welchem Geruch wird er sie nehmen […]« (S. 17)

Die Cvetaeva der Reiseskizze entzieht sich der Diskussion um ihre Person mit dem im Moment der Etablierung neuer Werte anachronistischen Hinweis auf die Legitimierung ihres Rauchens durch die Gesetzesinstanz ›Ehemann‹. Sie reklamiert damit vordergründig für sich die von ihr als Frau erwartete subalterne Position, die sie allerdings gleichzeitig durch ihr Rauchen unterläuft. Im Streitgespräch nimmt sie mit diesem Argument eine dritte, noch unbesetzte Haltung dem Gegenstand gegenüber ein. Die Verfasserin der Skizze kennzeichnet ihre Erklärung in einem Einschub als ›Lüge‹, die in doppelter Weise zu verstehen ist: Auf der Ebene der Diegese ist die Behauptung unwahr, der Ehemann drehe ihr die Zigaretten, auf einer metatextuellen Ebene ist auch die dichotomisch organisierte Argumentationsfigur eine Lüge und dient lediglich dem Selbstschutz der Reisenden. Mit Hilfe dieser Metalepse markiert die Verfasserin der Skizze ihren dritten, paradoxen Ort außerhalb der erzählten Ordnung und Axiologie.

Der von den Mitreisenden in derselben Skizze als verdächtig ›bolschewistisch‹ empfundene, ›männliche‹ Kurzhaarschnitt[52] wird zuerst als

---

[51] Der Disput läßt eine andere Tabak-Philippika erinnern, Čechovs Monolog *O vrede tabaka* (*Über die Schädlichkeit des Tabaks*), deren Gegenstand ebenfalls weit weniger der Tabak als vielmehr u.a. eine köstliche Ausstellung des Kampfs der Geschlechter ist. Vgl. zu diesem Monolog auch Wolfgang S. Kissel. »‚Dixi et animam levavi«: Der Triumph des Scheiterns in A.P. Čechovs Einakter *Über die Schädlichkeit des Tabaks*‹. *Tusculum slavicum. Festschrift für Peter Thiergen*. Hg. Elisabeth von Erdmann u.a. Zürich: Pano, 2005. S. 65-79.

[52] Die Bäuerinnen in *Freie Fahrt* sehen in den kurzen Haaren sogar ein Teufelsattribut.

›Mode‹ bezeichnet und somit zum Kennzeichen der modernen jungen Großstädterin, die mit der Zeit geht, sich männliches Verhalten aneignet und selbst während des Bürgerkriegs Reisen unternimmt. In einer offenbar später hinzugefügten, extradiegetischen Anmerkung verschiebt Cvetaeva ihr Attribut eines fortschrittlichen, ›modischen‹ Verhaltens dann aber aus dem Gender-Paradigma, das sich affirmativ zu den historischen Erneuerungen verhält, in eines der Zeitkritik. Allerdings ist die neue Erklärung aufgrund ihres Anachronismus eine alogische: Die kurzen Haare sollen die Vorwegnahme einer unfreiwilligen Haartracht während der grassierenden Typhusepidemie in den Folgejahren sein.[53] Cvetaeva entwirft sich auch hier als eine, die nicht etwa für oder gegen, sondern über der Zeit steht und jenseits von Moden und Geschlechterzuschreibungen ihren Ort hat. Wie prekär dieser Ort allerdings ist, zeigt nicht zuletzt die ›tödliche‹ Semantik der Zuschreibung.

Die Reiseskizzen Cvetaevas präsentieren als Ergebnis dieser Strategie keineswegs eine sichere und stabile neue Subjektposition der Frau als Reisende. Im Gegenteil reklamiert Cvetaeva für sich die ›schlimmste Lage‹ – einerseits ist sie schon nicht mehr das Pendant zum männlichen Partner: »Nicht Frau dem Mann, nicht Liebste dem Freund« (russ. S. 428), andererseits läßt sie sich auch noch nicht positiv, als ›Eigenes‹ bestimmen: Sie ist »keine Perserin […] aber […] auch nicht Russin« (russ. S. 442). In dieser Situation einer problematischen Identität entwirft Cvetaeva eine dritte, dichotomisch nicht zu fassende Subjektposition: »ich bin *vor*russisch, *vor*tatarisch« (russ. S. 442). Bei ihrer Reise auf fremdes Terrain beansprucht die Dichterin in jeder Situation, das Fremde selbst zu sein, das radikal Andere, das Vor-Zeitliche (»die vorzeitliche Rus' bin ich«; russ. S. 442) – und sich damit aus den zeitlichen Wirren und dem Verlust jeglicher Ordnung herauszuschreiben.

---

[53] »„В большевики-то все больше господа идут‹. (Вглядываясь, неуверенно:) ›И волоса стриженые‹. Я: ›Это теперь мода такая‹.* [* Мода пришла позже. Для России с сыпняком, т. е. в 19 г. – 20 г., для Запада, уж не знаю с чего и с чем, в 23 г. – 24 г.]« (S. 425) (»‚[…] Zu den Bolschewiken kommen jetzt mehr und mehr von der Herrschaft.‹ Mit einem prüfenden Blick, unsicher: ›Und kurzgeschnittene Haare.‹ Ich: ›Das ist jetzt so Mode.‹* [* Die Mode kam später. In Rußland mit dem Flecktyphus, das heißt in den Jahren 1919-1920, im Westen, ich weiß schon nicht mehr, wodurch und womit, in den Jahren 1923-24.]«, S. 19). Es ist anzunehmen, daß Cvetaeva während ihres Berlin-Aufenthalts und dann in Paris durchaus der Zusammenhang des Bubi-Kopfs der ›garçonne‹ mit der neuen Sichtbarkeit einer androgyn auftretenden, lesbischen Subkultur aufgefallen war.

Diese ›andere‹ Identität, eine sehr eigentümliche, tragische Überlebensstrategie der Dichterin, wird über den Weg des Selbstausschlusses als Reaktion auf das Ausgeschlossenwerden hergestellt und bedroht Cvetaeva immer wieder auch in ihrer physischen Existenz.[54] Dies entspricht den Erfahrungen, die Cvetaeva mit dem sie exkludierenden ›höllischen‹ Raum der neuen Zeit macht. Der wie ein Spiel anmutende Rollenwechsel, den die Reisende beständig unternimmt, ist ihr Mittel der Selbstbehauptung und bringt sie doch wiederholt in äußerst gefährliche Situationen. Cvetaeva mimt – freiwillig-unfreiwillig – bei »Räuber« und »Räubersfrau« die Magd, bei den Mitreisenden die wohlhabende Aristokratin, mal macht sie sich mit ihren antisemitischen Reden der Anstachelung zum Pogrom verdächtig, dann wieder trägt sie selbst einen jüdischen Namen, sie nimmt die Rolle einer Agentin der Roten an und imaginiert sich als Partisanin der Weißen. Sie entzieht sich mit diesem antagonistischen Rollenspiel letztlich jedweder Vereinnahmung – sie ist die immer andere. Allerdings zu einem hohen Preis: Auch dort, wo sie sich anzunähern bemüht, wird sie zurückgewiesen. Die Bäuerinnen, denen sich Cvetaeva in ihrer Liebe zum Bernstein trotz des »1000 Werst-Abstands« am nächsten fühlt, lachen »die Herrin« aus, die sich ihnen in dieser kleinen Geste des Schmuckstücks anzuverwandeln versucht – das »kühne Frauenzimmer« ist »in jeder Hinsicht Paria«.

> Всячески пария: для хамки – »бедная« (грошовые чулки, нет бриллиантов), для хама – »буржуйка«, для тещи – »бывшие люди«, для красноармейцев – гордая стриженая барышня. (S. 435)
> In jeder Hinsicht Paria: Für die Schurkin – eine »Arme« (die Strümpfe keinen Groschen wert, keine Brillanten), für den Schurken – eine »Bourgeoise«, für die Schwiegermutter – eine von den »gewesenen Leuten«, für die Rotarmisten – ein stolzes Fräulein mit kurzgeschnittenem Haar. (S. 32)

In den vielseitigen Alteritätserfahrungen, die das Reisen an sich und erst recht in Zeiten des Bürgerkriegs birgt, erfindet sich die schreibende Reisende mit ihrem Rollenspiel beständig neu als radikale ›Außenseiterin‹. In dieser Zeit der Exklusionen antizipiert Cvetaeva mit ihrem ›Reisethea-

[54] Vgl. hierzu auch Christa Ebert, die auf den substantiellen Unterschied in den inszenatorischen Lebensentwürfen der Autorinnen der russischen Moderne verweist, die nach den Revolutionen von 1917 kein »verwirrende[s] panästhetische[s] Simulakrum« mehr waren, sondern mit einer neuen Beziehung von Leben und Schreiben konfrontiert. (Ebert. »Zwei Tagebücher« [wie Anm. 41]. S. 98)

ter‹ auf riskante Art den Ort des ›Fremden‹ und überlebt so den Zusammenbruch der Ordnungen, um allerdings später, nach deren totalitärer Restauration, doch noch endgültig Opfer der neuen Ordnung zu werden.

Frank Göbler (Mainz)

Wege der Wanderratten: Viktor Šklovskijs Persien-Erfahrung in der »Sentimentalen Reise«

I. Vorbemerkungen

a. *Persija* als Reisetext

Mit *Persija* (*Persien*) ist der dritte und letzte Teil von Viktor Šklovskijs erstem Erinnerungsbuch *Revoljucija i front* (*Revolution und Front*) überschrieben. Es entstand im Sommer 1919 in Petrograd und ging mit Aufzeichnungen aus dem finnischen und Berliner Exil in den Band *Sentimental'noe putešestvie* (*Sentimentale Reise*) ein.[1] Der Doppelcharakter der *Sentimentalen Reise* als persönlicher Erfahrungsbericht einerseits und als künstlerischer Text andererseits erlaubt es, seine Persien-Darstellung in einem spezielleren Verständnis als ›konstruktiven Akt‹ zu untersuchen, als es die Repräsentation realer Räume in Texten ohnehin ist.[2] Der Raum

[1] *Sentimental'noe putešestvie* erschien unter diesem Titel zuerst 1923 im Verlag *Gelikon* in Berlin und Moskau. Das Kapitel *Persija* war zuvor in dem 1921 unter dem Titel *Revoljucija i front* erschienenen ersten Teil des Buches veröffentlicht worden. Auf das Persien-Thema beziehen sich auch die unter dem Titel *Ėpilog* 1922 selbständig erschienenen Aufzeichnungen, die teilweise auf dem Bericht von Šklovskijs Freund Lazar' Zervandov beruhen und in der Fassung der *Sentimentalen Reise* von 1923 ans Ende des Buches gestellt wurden (vgl. Aage A. Hansen-Löve. *Der russische Formalismus. Methodologische Rekonstruktion seiner Entwicklung aus dem Prinzip der Verfremdung*. Wien: Österreichische Akademie, ²1996. S. 561f.). Aus politischer Vorsicht hatte der Verlag *Gržebin* die Publikation ohne Verlagsangabe herausgebracht. Die sowjetischen Ausgaben von 1924-1929 waren bereits von erheblichen Zensureingriffen gekennzeichnet, bis 1990 erfolgten keine Neudrucke (vgl. A. Galuškin/V. Nechotin. »Kommentarij«. Viktor Šklovskij. *»Ešče ničego ne končilos'«*. Moskva: Propaganda, 2002. S. 395-461. Hier S. 397; Zitate aus dem Text erfolgen nach dieser Ausgabe; deutschsprachige Zitate stammen, sofern sie mit Seitenzahl belegt sind, aus der Ausgabe V. Šklovskij. *Sentimentale Reise*. Aus dem Russischen von Ruth-Elisabeth Riedt unter Mitwirkung von Gisela Drohla. Frankfurt/M.: Suhrkamp, 1974, in den übrigen Fällen vom Verfasser). Ein Reprint der Ausgabe von 1923 brachte 1986 der *Antiquary*-Verlag (Orange, Conn. et al.) heraus.

[2] Vgl. Karin Wenz. *Raum, Raumsprache und Sprachräume. Zur Textsemiotik der Raumbeschreibung*. Tübingen: Narr, 1997. S. 34-35.

ist hier nicht nur mimetische Repräsentation des real erfahrenen Raums, sondern er ist auch »literarischer Raum«, d.h. »Medium zur Veranschaulichung nichträumlicher Aspekte«.[3] Anders gesagt: Šklovskijs Persien-Bild, um das es im folgenden gehen soll, ist zum einen auf der Landkarte nachvollziehbar, es ist mit zeitgenössischen Photographien illustrierbar – wie dies die aktuelle Ausgabe tut –, zum anderen ist es metaphorisch lesbar als Essay über die geschichtliche Situation, und zwar über das hinausgehend, was im Text diskursiv verhandelt wird, ferner über Kulturkonzepte, insbesondere Aspekte kultureller Identität, letzteres mit signifikanten Rückbezügen auf die individuelle Autor-Biographie. Einen Schlüssel zu einer entsprechenden Lektüre liefert die im Text eingesetzte Metaphorik.

Der letzte Teil des Persien-Kapitels von Viktor Šklovskijs Kriegs- und Bürgerkriegserinnerungen beginnt – einigermaßen unvermittelt – mit einem beziehungsreichen Exkurs über die Invasion der Wanderratten nach Europa im 18. Jahrhundert; offensichtlich die Paraphrase einer Stelle aus *Brehms Tierleben*:

> В тысяча семьсот котором-то году, кажется, при Екатерине II – для них это не важно, – пестрые крысы из средне-азиатских степей, собравшись в стаи, толпы, тучи, переселились в Европу.
> Они шли плотной, ровной массой. Хищные птицы, собравшись со всего света, летали над ними; тысячи погибли, погибли миллионы, сотни миллионов шли вперед. Они дошли до Волги, бросились и переплыли. Река сносила их, вся Волга до Астрахана пестрела трупами; но они переплыли ее и вступили в Европу.
> Они заняли все, рассеиваясь и становясь невидимым. (S. 129)
> Im Jahr siebzehnhundertsoundsoviel, ich glaube, zur Zeit Katharinas I. – aber das war ihnen gleichgültig – rotteten sich die gescheckten Ratten in den mittelasiatischen Steppen zusammen und zogen in gewaltigen Herden, Rudeln, Schwärmen nach Europa.
> Sie bewegten sich als kompakte, gleichmäßige Masse vorwärts, Raubvögel kreisten über ihnen, die sich aus aller Welt eingefunden hatten; Tausende von Ratten gingen zugrunde; hundert Millionen rückten weiter vor.
> Sie kamen bis an die Wolga, stürzten sich hinein und schwammen hinüber. Der Fluß trieb sie ab, die ganze Wolga bis hinunter nach Astrachan war bunt von ihren Kadavern, aber sie gelangten ans andere Ufer und eroberten Europa.
> Sie besetzten alles, zerstreuten sich wieder und wurden unsichtbar. (S. 172)

[3] Ebenda. S. 99.

Damit leitet Šklovskij seinen Bericht über den Ende 1917 einsetzenden Rückzug der russischen Truppen aus dem besetzten Nordwesten Persiens ein, für den er als Armee-Kommissar der Provisorischen Regierung mitverantwortlich war. In den Ratten erkennen wir unschwer die Besatzer, ursprünglich zaristische Truppen, die im Zuge des Abkommens mit Großbritannien (1907) in den Nordwesten des Landes gekommen waren und in den folgenden Jahren eine zweifelhafte (und wechselhafte) Rolle bei den Auseinandersetzungen zwischen konstitutioneller Bewegung und Reaktionären spielten.

Das Bild dient nun nicht nur als ironische – auch selbstironische – Herabsetzung der russischen Armee und als Metapher einer Kolonialisation Europas von Asien her, was, indem es die geographischen Verhältnisse des russischen Expansionsdrangs umkehrt, ebenfalls einen ironischen Akzent trägt. Vielmehr verbergen sich in dem Zitat noch weitreichendere Implikationen.

Zwei Aspekte erscheinen mir von besonderer Bedeutung zu sein:

1) Es werden in dem Bild für eine kulturwissenschaftliche Betrachtung relevante Schlüsselbegriffe aufgerufen: das Verhältnis von Europa, Rußland und Orient (und die damit konnotierten Kulturmodelle), Konzepte wie Zentrum und Peripherie, Grenze/Grenzüberschreitung sowie das Phänomen des Imperialismus. Dies bedeutet, die Konkretisierung Persiens (eigentlich nur seines äußersten Nordwestens) als Landschaft, als russische Besatzungsregion, als multiethnischen Raum, als Teil des ›Orients‹ zu analysieren und dabei zugleich der Frage nach dem Verhältnis von Stereotypen über den ›Orient‹ und individueller Erfahrung nachzugehen.[4]

2) Die einzelne Ratte repräsentiert metaphorisch das Individuum in der Geschichte, konkret den einzelnen Besatzungssoldaten, dem Sinn und

[4] Inwieweit von einem spezifisch russischen ›orientalistischen‹ Diskurs (im Sinne von Edward W. Said. *Orientalism. Western Concepts of the Orient* [1978]. London: Penguin Books, 1995) gesprochen werden kann, ist in der betreffenden Forschung noch umstritten; vgl. die Diskussion in: *Kritika. Explorations in Russian and Eurasian History*. Vol. 1, Number 2 (2000) Spring, mit Beiträgen von Adeeb Khalid. »Russian History and the Debate over Orientalism« (S. 691-699), Nathaniel Knight. »On Russian Orientalism: A Response to Adeeb Khalid« (S. 701-715) und Maria Todorova. »Does Russian Orientalism Have a Russian Soul? A Contribution to the Debate between Nathaniel Knight an Adeeb Khalid« (S. 717-727).

Ziel seiner Wanderung verborgen bleiben, was für die Darstellungsweise des Erzählers, der selbst Teil der dargestellten Wanderung ist, sichtbare Konsequenzen hat. Allgemein wäre nach dem Zusammenhang von Bewegung (Fortbewegungsmitteln) und Wahrnehmung sowie Wahrnehmung und Darstellung zu fragen, wobei auch der Bezug zum Programm der ›literatura fakta‹ und den Theoriekonzepten der Formalen Schule zu erörtern sein wird.

Diese beiden Aspekte, die zwei unterschiedliche Perspektiven auf Reisetexte implizieren – eine auf den kulturell-ideologischen Kontext hin orientierte sowie eine ästhetische (mit Orientierung auf den literaturtheoretischen Kontext) – möchte ich in der nachfolgenden Lektüre ausführen. Sie konvergieren, wie zu zeigen sein wird, in der Selbstreflexion des Autors als Persönlichkeit in der Krise, als Individuum mit wechselnden Professionen und situationsbedingten Rollen sowie multikultureller Genealogie. Es geht – anders ausgedrückt – um die Konstruktion ›Persiens‹, die Konstruktion des Textes und die Konstruktion des Ich.

b. Zeitgeschichtlicher Hintergrund

Vorab seien die politisch-militärischen Zusammenhänge erläutert, in denen Šklovskijs Persien-Aufenthalt zu sehen ist. In Persien hatte es 1906 eine konstitutionelle Revolution gegeben, die von einer heterogenen Mittelschicht aus Beamten, Journalisten, Intellektuellen, Kaufleuten usw. getragen und Teilen des islamischen Klerus gestützt wurde und in Teheran eine große Zahl von Kleinhändlern und Handwerkern mobilisieren konnte. Die Entwicklung wurde durch den Tod des Schah Mozaffar-al-Din Anfang 1907 in Frage gestellt, dessen Nachfolger Mohammad-Ali Schah gegen die konstitutionellen Reformen arbeitete. Einen weiteren Rückschlag erfuhr die konstitutionelle Bewegung durch das Abkommen zwischen Rußland und Großbritannien (August 1907), die – gegen das Deutsche Reich – ihr wechselseitiges Konfliktpotential minimieren wollten und sich bestimmte Einflußsphären garantierten: Großbritannien kontrollierte die Golfregion, Rußland den Norden. Im Juni wurde auf Veranlassung des Schah, der seine Position durch die Konstitutionalisten zunehmend bedroht sah, das Parlament gewaltsam aufgelöst, prominente Führer der Bewegung hingerichtet oder inhaftiert. Ein Zentrum der antimonarchistischen Opposition lag in Täbris. 1909 wurden sie von Truppen des Schah stark bedrängt, jedoch stellte sich Rußland unerwartet auf ihre Seite und vermochte mit eigenen Truppen die Belagerung von Täbris aufzuheben. In der Folge wurde der Schah abgesetzt und ging nach Rußland ins Exil. Seinem Sohn, der als neuer Schah eingesetzt wurde, stellt man einen Regenten aus den Reihen der Konstitutionalisten zur Seite. Ende 1909 wurde das zweite Parlament gewählt, aber bereits im Dezember wieder aufgelöst, nachdem Russen und Briten, die die wachsende amerikanische Einflußnahme unterbinden wollten, auf Teheran vorrückten. Bei Ausbruch des Ersten Weltkriegs war Persien formell neutral, jedoch war der Nordwesten Schauplatz militärischer Auseinandersetzungen zwischen Rußland und der Türkei und die Zentralmacht zunehmend außerstande, die Provinzen zusammenzuhalten. Rußland fiel nun die Aufgabe zu, Persien im Norden gegen die Türken zu verteidigen. Nach der Februarrevolution zeigten sich jedoch in der russischen Armee Auflösungserscheinung. Aus britischer Sicht stellte sich die Lage zwischen September und November folgendermaßen dar:

> The Russian troops in the Caucasus and in North-West and West Persia still retained their positions; but they were no longer receiving either pay or food regularly, and their consequent lack of discipline and loss of *moral* rendered them of such little fighting value that by the middle of October all that we could hope for was that they would not evacuate Persia nor leave the roads into that country open to the enemy. [...] On the 2nd December hostilities were suspended between Russia and the Central powers as a preliminary to negotiations for peace. [...] As regards the Caucasus and Persia, it was realised that Russian troops could not be relied upon much longer to provide an effective barrier to a hostile penetration, which would enable the enemy to carry the war into Persia and Afghanistan and to threaten the flanks of our force in Mesopotamia.[5]

Ende 1917 – noch vor dem Brester Friedensschluß – begann der Abzug der russischen Truppen aus Persien, das nun den Briten überlassen wurde.[6]

Die weitere Entwicklung braucht hier nicht zu interessieren, wichtig ist aber noch die Rolle der sog. Persischen Kosakenbrigade, einer bereits seit 1879 existierenden berittenen Sondereinheit, in der Russen als Führungsoffiziere dienten. In der Phase der konstitutionellen Revolution stand die Kosakenbrigade auf der Seite von Mohammad Ali Schah und führte die Bombardierung des ersten Parlaments aus. Im Weltkrieg kämpfte sie auf

---

5 [Brigadier-General Frederick James Moberly.] *Operations in Persia 1914-1919* [1929]. Facsimile Edition with Introduction by Dr G. M. Baylis. London: Her Majesty's Stationery Office, 1987. S. 255, 267, 268.

6 Vgl. Daniel L. Elton. *The History of Iran.* Westport, CT: Greenwood Press, 2001. S. 119-129.

seiten der Russen gegen die Türken sowie fallweise gegen die iranischen Verbündeten der Türken. 1920 wurde sie ganz von iranischen Offizieren übernommen, unter ihnen Reza Pahlewi, der 1921 durch einen Staatsstreich die Macht übernahm.[7]

c. Šklovskijs Persien-Aufenthalt

Genaue Datierungen finden sich in den Persien-Erinnerungen Šklovskijs nur für die Gegenwart der Niederschrift. Aus der Tatsache, daß er kurz vor Beginn von Kerenskijs ›demokratischer Konferenz‹ (14.-22. September; vgl. S.103) in Petrograd eintraf und nur wenig später nach Persien abreiste, läßt sich schließen, daß er um den 1. Oktober (alten Stils) dort eingetroffen sein muß (die Fahrt mit dem Zug dauerte rund acht Tage, fünf bis Tiflis, zwei weitere bis zum Urmia-See, den er mit einer Fähre überquerte, um anschließend mit einer Art Pferdefuhrwerk zum Sitz des Stabes der russischen Persien-Armee in Urmia zu gelangen). Bis zu seiner Abreise hielt Šklovskij sich überwiegend in Urmia und Umgebung auf, die einzige größere Fahrt, die er erwähnt, führte in die kurdische Stadt Sološbulak (Sauj Bulag) südlich des Urmia-Sees. Ferner wird ein Aufenthalt in Dilman, nördlich von Urmia, erwähnt. Ein Blick auf die Karte[8] macht deutlich, daß Šklovskij keineswegs Persien *bereist*, sondern sich – im Rahmen seiner im wesentlichen administrativen Aufgaben – nur in einem vergleichsweise kleinen Gebiet bewegt hat. Er war dem Kommissar Efrem Task unterstellt, mit dem er beim Stab der Okkupationsarmee die Provisorische Regierung repräsentierte. Während der drei Monate wurde er mit den Greueln von Krieg und Besatzung konfrontiert, sah die Verwüstungen einer ohnehin wüsten Region, verhungernde Menschen, Plünderungen, Raub und Mord, Willkür der Soldaten, furchtbare Unglücksfälle etc., wobei die Möglichkeiten eines Eingreifens minimal waren. Nach dem Oktoberumsturz gab es de jure für ihn und Task in Persien nichts mehr zu tun, da die Regierung, die ihn abgeordnet hatte, gestürzt war. Die Rückreise Ende Dezember erfolgte zusammen mit in Auflösung befindlichen Truppenteilen.

---

[7] Vgl. The New Encyclopedia Britannica: Micropaedia. Bd. 9. 15. Ed. 1987. S. 309.

[8] »Map of Persia«. *Operations in Persia 1914-1919* (wie Anm. 5). Anhang.

II. Die Konstruktion ›Persiens‹

a. Orient

Im Anfangsteil des Persien-Kapitels finden sich Textstellen, die im engsten Sinne als Reiseschilderungen gelten können, im Text insgesamt jedoch nur einen kleinen Teil ausmachen: die gleichzeitige Darstellung der eigenen Bewegung in einem fremden Raum und die des Raums selbst. Die Beschreibung setzt ein mit dem Übertritt über die Grenze zwischen russischem Reich und besetztem persischen Gebiet. Der Grenze selbst wird dabei besondere Aufmerksamkeit gewidmet: Die *Grenzstadt* Džulfa, die persische *Zollstation*, der *Grenzfluß* Araks werden erwähnt, die Überfahrt über die *Brücke* mit einem neu zusammengestellten Zug. (S. 87) Der Grenzübertritt bedeutet Eintritt in einen fremden Raum, der sich aber in einem anderen Sinne als fremd erweist, als es konventionellen Vorstellungen von Persien bzw. dem Orient entspricht. Die Schilderung dieser Reiseetappe, die durch unbewaldete und unbewohnte Berge und Hochebenen zum Urmia-Salzsee führt, ist durchsetzt mit Wörtern, die Leere, Ödnis, Leblosigkeit bezeichnen:

> »Ringsum Wüste« (»Krugom pustynno«); »Die Bahnstationen waren wie ausgestorben« (»Stancii byli pustynny«); »Salzwüste« (»pustynja-solončak«); »Nichts als Wüste« (»Odna pustynja«); »nackte Felsen« (»pustynnye sklady«); »[dieser] Salzsee, der immer wüst und leer war, schon zur Zeit der Chaldäer und der Assyrer« (»ozero, vsegda pustynnoe, pustynnoe pri chaldejach, pri assirijcach«); »ein riesiger, offensichtlich toter, spiegelglatter See, groß wie ein Meer« (»gromadnoe, javno mertvoe, gladkoe ozero-more«); »Das Seltsamste aber ist: am Ufer gibt es keine Wohnhäuser, sieht man keine Menschen« (»samoe strannoe: na beregu net žilych zdanij, ne vidno ljudej«); »der Hafen ist tot« (»port – mertv«), »Alles wie ausgestorben« (»bezljudnaja tišina«), »Es war so öde wie vor einem russischen Bretterzaun« (»glucho, kak u gluchogo zabora«), »an der öden, lehmigen Steppe entlang« (»vdol‹ gluchoj glinjanoj stepi«) (dt. S. 108-110; russ. S. 86-90).

Eine solche Häufung semantisch eng benachbarter Wörter auf nur zwei Druckseiten geht deutlich über das hinaus, was zur Evokation des Raums notwendig wäre. Daß es sich dabei auch um die Projektion der inneren Verfassung des Erzählers handelt, wird später zu diskutieren sein. Von Interesse ist zunächst die damit konterkarierte Vorstellung vom ›farbigen, lebensvollen‹ Orient, einem der positiv konnotierten Orient-Stereotypen, die schon in der russischen Literatur der Romantik wirksam waren.[9] Der Erzähler spielt hierauf an, als er von der Panik eines »alten Bekannten« spricht, den er in Urmia trifft:

> […] он приехал на Восток и ждал Востока пестрого, как павлиний хвост, а увидел Восток глиняный, соломенный и войну совершенно обнаженную. Нигде не была так ясна подкладка войны, ее грабительская сущность, как в персидских щелях. (S. 90)
>
> […] er war in den Orient gekommen und hatte einen Orient erwartet, bunt wie ein Pfauenschweif; statt dessen hatte er einen Orient aus Lehm und Stroh zu Gesicht bekommen, [das Zitat nimmt dann aber eine signifikante Wende, weiter heißt es:] dazu noch den Krieg in seiner ganzen Nacktheit. Nirgends zeigte sich die Kehrseite des Krieges, sein räuberisches Wesen, so klar wie in den Schluchten Persiens. (S. 111)

Der zweite Teil des Zitats transportiert gerade Vorstellungen von Wildheit und Ungezügeltheit, die durchaus ebenso ins Arsenal der Orientstereotypen gehören, nur nicht mit der eindeutig positiven Konnotation. Und ganz explizit heißt es an anderer Stelle: »Я знаю, как жестоки курды, но Восток вообще жесток« (S. 100; »Ich weiß, wie grausam die Kurden sind, aber der Orient ist überhaupt grausam.«). Auch ein Šklovskij mit seiner Skepsis gerade gegenüber literarisch vermittelten Klischees ist also offenbar nicht sicher vor solchen Zuschreibungen[10], auch positiven, wie das folgende Beispiel zeigt, in dem er das Pfauenmotiv umgewendet wie-

---

[9] Bereits in Puškins *Putešestvie v Arzrum vo vremja pochoda 1929 goda* (*Die Reise nach Erserum*) finden wir Anklänge einer solchen Desillusionierung, wenn angesichts der Kargheit des Warenangebots in der Stadt von der Unangemessenheit der Wendung ›aziatskaja roskoš'‹ (›asiatische Üppigkeit‹) die Rede ist. Das implizierte Stereotyp ist offenbar ein entlehntes, denn Puškin erklärt es mit der Erfahrung der Kreuzritter, welche vor dem Hintergrund der eigenen kargen Lebensweise Reichtum und Farbenpracht des Orients viel intensiver erlebt hätten (Aleksandr S. Puškin. *Sobranie sočinenij v desjati tomach.* Bd. 7. Moskva: Pravda, 1981. S. 331). Man kann darin einen Hinweis sehen, daß für Puškins Zeit und Gesellschaftsschicht ein Orientbild anzunehmen ist, das die russische Kultur nicht als imperiale Konstruktion selbst ausgebildet, sondern aus dem Westen übernommen hat.

[10] Einzuschränken wäre, daß Untaten russischer Soldaten ebenso wie die von Persern, Kurden, Türken etc. eindrücklich vermittelt werden, jedoch ohne entsprechende Pauschalierungen. Unter Themen wie ›Krieg‹ oder ›Imperialismus‹ lassen sie sich die Erscheinungen subsumieren, offensichtlich aber nicht als Erscheinungsformen des kulturell ›Eigenen‹ bzw. ›Fremden‹.

der aufgreift. Bei der Schilderung eines nächtlichen Besuchs bei einem Führer der Volksgruppe der Neu-Assyrer (ajsory) erblickt er einen Pfau und formuliert – fast wie in einer romantischen Erzählung: »Тяжелый, пышный даже при луне хвост резко выделялся на беленой глине.« (S. 119; »Der schwere, sogar im Mondlicht prächtige Schweif hob sich von dem geweißten Lehm ab.«) Entsprechend vorteilhaft ist dann auch die Charakterisierung dieser Volksgruppe, zu der der Erzähler eine besondere Affinität empfindet, welche mit zu seiner Erwägung beiträgt, ganz im Orient zu bleiben (vgl. S. 121).

Erst im Schlußabschnitt der *Sentimentalen Reise* bringt Šklovskij westeuropäische Vorstellungen von Rußland als Reich des ›Ostens‹, als (halb-)asiatisches Land ins Spiel: »я человек Востока, потому что идет Восток от Пскова, а раньше от Вержболова, и идет Восток, как и прежде, от русской границы до трех океанов.« (S. 266; »ich bin ein Mensch des Ostens, denn der Osten beginnt jetzt in Pskov, wie er früher in Veržbolovo begann und erstreckt sich wie früher von der russischen Grenze bis zu den drei Meeren«, S. 379). Šklovskij bezieht sich hier einerseits ironisch (die Ironie wird unterstrichen durch die Erwähnung des allenfalls für die Warenabfertigung bedeutsamen Städtchens Wierzbolów an der ehemals preußisch-russischen Grenze[11]) auf die ›Orientalisierung‹ Rußlands durch den Westen, andererseits identifiziert er sich offensichtlich ganz ernsthaft mit seiner (halb-)orientalischen Identität und begründet damit sein Unbehagen im Berliner Exil. In gewisser Weise ist also die Reise nach Persien eine Reise zu den eigenen Wurzeln; wir werden darauf noch zurückkommen.

b. Peripherie

Als Grenzregion wird Nordwestpersien in mehrfacher Hinsicht charakterisiert, hier soll uns jedoch zunächst nur ein Aspekt interessieren. Aus Petrograd, dem Zentrum des nicht mehr zaristischen, aber noch existenten russischen Reiches, begibt sich der Erzähler aus freien Stücken »ins Grenzland« (»na okrainu«, S. 85). In diesem Sinne erfährt er die Region als Aktionsraum des zaristischen Imperialismus, den er zu einem mehrfach aufgegriffenen Thema macht, und zwar nicht, indem er ihn von seinem ideologischen Überbau her hinterfragt (etwa durch Diskussion von Attributen wie Expansion, Macht, Zivilisation etc.), sondern von seinen

---

[11] Vgl. »Wirballen« (poln. Wierzbolów), in: *Brockhaus Konversations-Lexikon.* 14. Aufl. 16 Bde. Leipzig, Berlin, Wien: Brockhaus, 1898. Bd. 16. S. 779.

konkreten materiellen Auswirkungen.[12] So schildert er, wie uralte Bewässerungssysteme durch das Eingreifen der russischen Armee zerstört werden, was eine Hungersnot wenn nicht verursacht, so zumindest verschärft (S. 126). Als Symbol des fehlenden Respekts für die fremde Kultur zeichnet Šklovskij das Bild eines brennenden Baumes, eines Baumes, der aus der Sicht der Einheimischen von hohem Wert ist und der von irgendeinem russischen Soldaten ohne besonderen Grund in Brand gesetzt wurde (S. 110f.). Mit Mord und Plünderungen, die vielfach thematisiert werden, ließe sich die Reihe fortsetzen. Der Erzähler als erlebende Figur nimmt hier eine unbequeme Doppelrolle ein: Als Armee-Kommissar repräsentiert er die Besatzungsmacht, als politisch denkendes und menschlich empfindendes Individuum kann er den russischen Imperialismus und seine konkreten Erscheinungen nur verurteilen, ihnen aber praktisch kaum etwas entgegensetzen.

c. Multiethnischer Raum

Was Šklovskij als Armee-Kommissar nicht vermag, das unternimmt er schriftstellerisch als quasi-antiimperialistisches, ethnographisches Programm. Ganz im Stile eines publizistischen ›očerk‹ (›Skizze‹) differenziert er die ethnischen Gruppen, die in der Region siedeln: Perser, Armenier, Aserbaidschaner (»tatary«), Kurden, Neu-Assyrer (»ajsory«) und Juden (insbes. S. 93-101), skizziert ihre Geschichte, Religion und Kultur sowie ihr Verhältnis zueinander.[13] Mit dieser Differenzierung setzt er sich

---

[12] »Мы пришли в чужую страну, заняли ее, прибавили к ее мраку и насилию свое насилие, смеялись над ее законами, стесняли ее торговлю, не давали ей открывать фабрик, поддерживали шаха. И для этого нами держались войска даже после революции. Это был империализм, и главное – это был русский империализм, то естъ империализм глупый.« (S. 90f.; »Wir waren in ein fremdes Land eingefallen, hatten es besetzt, hatten seine Finsternis und Gewaltherrschaft durch unsere Gewaltherrschaft noch vermehrt, wir spotteten über seine Gesetze, behinderten seinen Handel, ließen nicht zu, daß Fabriken gebaut wurden, und unterstützten den Schah. Und zu diesem Zweck unterhielten wir eine Armee, sogar noch nach der Revolution. Das war Imperialismus, und vor allem russischer Imperialismus, daß heißt ein törichter Imperialismus« (S. 111f.).

[13] Zur Sprache kommt sowohl Trennendes (»Все эти племена – персы, курды, айсоры, армяне – ненавидили друга«, S. 101; »Alle diese Völker – Perser, Kurden, Neu-Assyrer, Armenier – hassten einander«) wie auch Verbindendes wie: »ein Gefühl kontinuierlicher Tradition zeichnet die hiesigen Völker aus« (»ощущение непрерывности традиции – отличительная черта здешних народов », S. 122).

von den Soldaten ab, die zwar um die Existenz verschiedener ethnischer Gruppen wissen, sie aber lediglich emotional nach dem Grad ihrer ›Feindlichkeit‹ differenzieren. Die Kurden etwa sind verhaßt, weil Kurden zuvor in militärischen Diensten der Türken standen.

Bei bestimmten Aspekten nimmt Šklovskij eine klare ideologische Position ein, indem er etwa Herrschafts- und Besitzverhältnisse vom Standpunkt des Revolutionärs hinterfragt. So erscheint ihm die persische Revolution als Kuriosum, da sie u.a. von reichen Kaufleuten in Gang gesetzt wurde, die ganze Dörfer quasi in Leibeigenschaft besaßen (vgl. 94f.). Als weiteres Kuriosum beschreibt er die persische Kosakenbrigade, die als langer Arm des russischen Imperialismus nach Persien hineinreichte und von der Bevölkerung als Fremdkörper empfunden wurde (S. 95).

Vor allem aber geht es ihm darum, die Leiden der einheimischen Bevölkerung unter Krieg und Besatzung, ihren bisweilen heroischen Kampf ums Überleben zu dokumentieren, wobei er sich stets auf die Seite der Opfer, der Schwächeren stellt – und das sind bisweilen auch die russischen Soldaten (vgl. S. 123).

Insgesamt kann das Persien-Kapitel – ungeachtet der Überschrift – freilich nicht oder doch nur ansatzweise als literarische Erschließung eines geographischen oder kulturellen Raumes bezeichnet werden. Dies hängt zum einen damit zusammen, daß die Einführung von ›očerk‹-Elementen letztlich auch als literarisches Verfahren motiviert ist. Zum anderen ist die Darstellung zu sehr vom übergeordneten Konzept des Krieges dominiert: sie ist der Versuch, Verwüstung als Folge nicht-intentionalen kollektiven Handelns zu beschreiben.

III. Die Konstruktion des Textes

a. Narrative (Un-)Ordnung

Vom zeitlichen Ablauf des Dargebotenen kann sich der Leser aufgrund der narrativen Verfahren nur eine vage Vorstellung bilden, anders gesagt: die narrative Struktur hat nicht, wie in traditionellen Erinnerungstexten, eine ordnende und verdichtende Funktion im Sinne eines »Lebensweges«[14],

[14] Vgl. Astrid Erll. »Erinnerungshistorische Literaturwissenschaft«. *Kulturwissenschaftliche Literaturwissenschaft. Disziplinäre Ansätze – Theoretische Positionen – Transdisziplinäre Perspektiven*. Hg. Ansgar Nünning/Roy Sommer. Tübingen: Narr, 2004. S. 115-128. Hier S. 117.

sondern hinterläßt – ungeachtet der thematischen Verknüpfungen – den Eindruck von Unordnung. Die zum politisch-militärischen Geschehen gegebenen Erläuterungen etwa erscheinen fragmentarisch und unzusammenhängend, und die tatsächlichen Funktionen und Kompetenzen Šklovskijs als Kommissar bleiben an vielen Stellen unklar.[15] Pointiert könnte man sagen: Šklovskij unternimmt das Gegenprogramm zu dem Versuch, im autobiographischen Schreiben Ganzheit und Sinn herzustellen. Dies impliziert auch das eingangs zitierte Bild von der Wanderratte, die sich in der allgemeinen Bewegung mitbewegt, die beobachtet, was um sie herum geschieht, ohne erklären zu können, warum es geschieht oder wohin es führt. Das Ratten-Bild steht, so gesehen, auch für den Erzähler, dem die Ganzheit abhanden gekommen ist.

> Немного может сказать крыса, прошедшая даже через всю Азию. Она не знает даже, та ли она самая крыса, которая вышла из дома. (S.133)
> Eine Ratte kann nicht viel erzählen, selbst wenn sie ganz Asien durchwandert hat. Sie weiß nicht einmal, ob sie überhaupt noch dieselbe Ratte ist wie die, die vor vielen Jahren von daheim fortzog. (S. 175)

So führt Šklovskij sein Bild später fort und stellt damit einen Bezug zwischen Erzählverfahren und problematischer Identität her. Das Narrative hat sich bei Šklovskij in die Episode, das anekdotische Detail zurückgezogen; gewiß auch aufgrund des erst später theoretisch ausgearbeiteten literarischen Programms der ›literatura fakta‹.[16] Letztlich ist aber nicht zu entscheiden, ob die Verfahren primär durch eine literarische Innovationsabsicht (die beim *Zoo* sicher überwiegt) oder durch eine existentielle Verfassung, die ihrerseits die Auflösung gewohnter Wahrnehmungsweisen zur Folge hat, bedingt sind.

---

[15] Zum Teil ist natürlich auch die verworrene politische Situation im Jahr 1917 selbst sowie die Tatsache, daß viele Einzelheiten zur Zeit der Niederschrift der Erinnerungen (1919) noch allgemein bekannt waren, als Ursache hierfür auszumachen.

[16] Zur Aufgabe des ›Ganzen‹ zugunsten der ›Anekdote‹, des ›Kleinen‹ im autobiographischen Schreiben Theodor Fontanes in den 1890er Jahren vgl. Martina Wagner-Egelhaaf. *Autobiographie*. Stuttgart: Metzler, ^{2}2005. S. 183-186, insb. S. 184. Das Prinzip erscheint bei Šklovskij in radikalisierter Form.

b. Material und Montage

Die Umsetzung bestimmter ›formalistischer‹ Verfahren im Kontext der ›literatura fakta‹ ist mit vielfachem Bezug auf die *Sentimentale Reise* von Hansen-Löve systematisch beschrieben worden.[17] Von den dort differenzierten Verfahren sind hier insbesondere die »Ästhetisierung des Faktenmaterials«, »Prosamontage« und »Sujetlosigkeit« sowie (im folgenden Abschnitt) die »poetische Realisierung des ironisch-sentimentalen Autorskaz« und der theoretische »Verfremdungs-Kommentar« von Bedeutung.

Bei der Verwendung dokumentarischen Materials geht es um die »Spannung zwischen der objektiven Authentizität der eingeführten Materialien [...] und ihrer uslovnost' im Rahmen des literarischen, künstlerischen Prosagenres«.[18] Daher betont der Erzähler mehrfach die Authentizität der geschilderten Namen und Fakten, erneuert er mehrfach den »autobiographischen Pakt« (Lejeune).[19] Er spricht z.B. davon, daß seine Darstellung durch Material der zeitgenössischen Presse ergänzt werden könne[20], oder er verweist auf seine Tätigkeit als Literaturtheoretiker etc.[21] Das bedeutet: Obwohl der Erzähler gelegentlich behauptet, primär eine dokumentarische Absicht zu verfolgen[22], dient die Einführung authentischen Materials in den künstlerischen Text als Verfahren der Entautomatisierung der Wahrnehmung, begründet gerade die Nicht-Fiktionalität des Materials ihre Ästhetizität. Später hat Šklovskij dieses Verfahren theoretisch begründet und von der traditionellen Form des ›psychologischen

[17] Hansen-Löve. *Der russische Formalismus* (wie Anm. 1). Insb. S. 538-570.

[18] Ebenda. S. 539.

[19] Philippe Lejeune. »Der autobiographische Pakt«. *Die Autobiographie. Zu Form und Geschichte einer literarischen Gattung.* Hg. Günter Niggl. Darmstadt: Wiss. Buchgesellschaft, 1989. S. 214-257.

[20] Zu den deutschen Bedingungen für den russischen Truppenabzug heißt es z.B.: »Кое-что можно было бы восстановить по тифлисским газетам; архив нашего штаба, я думаю, пропал. Все подробности можно узнать по немецким газетам или у Ефрема Таска.« (S. 128; »Einiges davon könnte man sicher an Hand von Tifliser Zeitungen rekonstruieren; das Archiv unseres Generalstabs ist höchstwahrscheinlich verlorengegangen. Man kann die Einzelheiten aber auch aus deutschen Zeitungen erfahren oder von Efrem Task«, S. 170).

[21] Z.B. S. 221. (Hier schließen sich auch Angaben zu Šklovskijs Familiengeschichte an.)

[22] »Я рассказываю о событиях и приготовляю из себя для потомства препарат.« (S. 39; »Ich will nur von den Ereignissen berichten und der Nachwelt als anatomisches Präparat dienen«, S. 33).

Romans‹ abgesetzt, die zwar von der proletarischen Richtung propagiert wurde, ihm aber nicht zeitgemäß erschien (»forma ne po klimatu«[23]). Es berührt sich mit dem Verfahren des publizistischen ›fel'eton‹, dessen Effekt Šklovskij als »Ent-Roman-isierung des Materials« (»razromanivanie materiala«[24]) bezeichnet. Die Aufwertung des Faktenmaterials gegenüber dem Sujet geht einher mit dem Einsatz von Montageverfahren, die Šklovskij in theoretischen Äußerungen verschiedentlich mit der Technik des Filmschnitts in Verbindung bringt.[25] Hier ist von besonderem Interesse, daß er sowohl das Reiseschema als auch das Erinnerungsschema als möglichen Ersatz für das konventionelle Sujet einstuft, genauer: »передвижения точки рассказывания, пространственное в путешествии, или временное в мемуарах« (»die Bewegung des Erzählerstandpunkts, räumlich im Reisetext oder zeitlich in Memoiren«).[26] Denn beide Verfahren unterläuft er in der *Sentimentalen Reise* durch Einführung eines dritten. Zwar signalisiert der Titel eine Verbindung der Erzählteile durch das Reiseschema, diese ist jedoch nur in Ansätzen gegeben: in der Rahmung durch An- und Abreise, in der chronologischen Darbietung einzelner Stationen, die jedoch eine vielfach durchbrochene Linie bilden, da sich häufig anachronistische Passagen dazwischenschieben. Diese werden häufig explizit motiviert, und zwar durch einen (assoziativen) thematischen Zusammenhang. Stellvertretend seien hier Themen wie ›Kriegsverwundung‹ (vgl. S. 86), »Plünderung« (»pogrom«, vgl. S. 103, 108), ›Waffen‹ (S. 120) etc. genannt, zu denen im Sinne eines *à propos* einzelne Episoden vergegenwärtigt werden. D.h. es treten paradigmatische Zusammenhänge anstelle der syntagmatischen (kausalen) Verknüpfung.

c. Metatextueller Kommentar, Ironisierung

Als Signale der Literarizität des Textes, die auch dazu dienen, die oben beschriebene Spannung von Authentizität und *uslovnost'* aufrechtzuerhal-

---

[23] Viktor Šklovskij. »Prestuplenie ėpigona«. *Literatura fakta*. Hg. N. F. Čužak. [Moskva 1929]. München: Fink, 1972. (Centrifuga. Russian Reprintings and Printings. 10). S. 130-135. Hier S. 131.

[24] Viktor Šklovskij. »K technike vne-sjužetnoj prozy«. *Literatura Fakta* (wie Anm. 23). S. 222-226. Hier S. 225.

[25] Vgl. ebenda, oder z.B. am Beginn von *Tret'ja fabrika* (*Dritte Fabrik*), wo Šklovskij seine theoretische Vorrede mit einem Stück aus einem fremden Film vergleicht, das man an den Anfang des eigentlichen klebt (Šklovskij. »*Ešče ničego ne končilos«* [wie Anm. 1]. S. 337).

[26] Šklovskij. »K technike vne-sjužetnoj prozy« (wie Anm. 24). S. 225.

ten, werden immer wieder metatextuelle Kommentare eingesetzt: »Über den Krieg zu schreiben, ist sehr schwer.« (dt. S. 85); »Aber ich will erzählen. Ich will versuchen zu erklären, wie ich die Ereignisse auffaßte« (ebenda); »ich will erzählen, was für ein Land das war, in das ich damals verschlagen wurde« (dt. S. 114); »Noch etwas zum Thema Waffen.« (dt. S. 159); »vorher noch zwei Worte« (dt. S. 162); »Aber ich bin abgeschweift.« (dt. S. 165). Sie sind ›Bloßlegung des Verfahrens‹ im formalistischen Sinne – wie bei Laurence Sterne, dessen Roman *Tristram Shandy* Šklovskij zur Ausarbeitung seiner Theorie herangezogen hat.[27] In diesem Sinne ist die Anspielung auf den anderen Yorrick-Roman, *A Sentimental Journey to France and Italy*, die der Titel darstellt, als positive Bezugnahme zu verstehen, auch wenn die Funktionen des Bloßlegungsverfahrens verschiedene sind: parodistisch bei Sterne, konstruktiv bei Šklovskij.[28] Eine distanzierende Bezugnahme ist sie insofern, als Sterne und seine Nachahmer seelischen Empfindungen nachgehen, die bestimmte, oft beiläufige Erlebnisse oder Begegnungen beim Erzähler auslösen, während Šklovskij gerade die persönlichen Empfindungen so weit wie möglich aus seiner Darstellung verbannt. An ihre Stelle kann eine Erzähler-Ironie treten, die es wiederum auch bei Sterne gibt, jedoch gleichfalls in anderer Funktion. Dort relativiert sie ein Zuviel an Innerlichkeit, während Šklovskij Ironie im Sinne seines bedeutendsten literarischen Schülers, Danilo Kiš‹, einsetzt, der gesagt hat: »Ich ertrage Schrift und Literatur nicht ohne Ironie. Die Ironie ist doch das einzige Mittel gegen die Schrecklichkeit der Existenz. Und beim Schreiben ist sie ein unabdingbares Gewürz. Sonst wird es entweder sentimental oder larmoyant.«[29]

Zwei Beispiele mögen genügen: Dem lakonischen Bericht darüber, daß der jetzige türkische Unterhändler Chalil-Paša zuvor bei seinem Abzug aus Erzerum 400 armenische Säuglinge habe lebendig begraben lassen, fügt der Erzähler den Satz hinzu: »Я думаю, это по-турецки значит ›хлопнуть дверью‹« (S. 128; »Ich glaube, das ist das türkische Äquivalent von ›hinausgehen und die Tür hinter sich zuschlagen‹«, S. 171; worin übrigens wiederum ein Orient-Stereotyp anklingt). An anderer Stelle schildert er die Erschütterung seines Fahrers angesichts der am Weg liegenden Leichen mutwillig von russischen Soldaten erschossener Einhei-

[27] Vgl. Viktor Šklovskij. »Parodijnyj roman. ›Tristram Šendi‹ Sterna«/«Der parodistische Roman Sternes ›Tristram Shandy‹« [1921]. *Texte der russischen Formalisten.* Band 1. Hg. Jurij Striedter. München: Fink, 1969. S. 244-299.

[28] Vgl. Hansen-Löve. *Der russische Formalismus* (wie Anm. 1). S. 567.

[29] Burkhard Müller-Ulrich. »Ironisch gegen die Schrecken der Existenz. Ein letztes Gespräch mit Danilo Kiš«. *Schreibheft* 46 (1995): S. 21-231. Hier S. 22.

mischer: »Шофер осторожно вел машину [...] Ему было тяжело, у него были шоферные нервы. Шоферы нервны« (S. 114; »Mein Chauffeur fuhr sehr vorsichtig [...]. Ihm war schwer ums Herz, er hatte die Nerven eines Chauffeurs. Chauffeure sind nervös.«, S. 148). Solche sporadischen Kommentierungen stehen im Einklang mit der expliziten Polemik gegen die ›automatisierten‹ Klischees literarischer Kriegsdarstellung (vgl. S. 73). Dahinter steht – wie später bei Kiš – das ethische Argument, daß Krieg, Leid, Hunger, Verwundung, Tod etc. Gegenstände durch konventionelle, ›belletristische‹ Formen der Darstellung der Verharmlosung anheimfallen. Eine autor-psychologische Deutung ließe sich noch anfügen: Als Form der Distanzierung dient die Ironie dem Selbstschutz des Autors vor der psychischen Wirkungskraft seiner schrecklichen Erlebnisse.[30]

3. Die Konstruktion des Ich

a. Ich in der Krise – Wege und Bewegung

Die Umbruchsituation des Jahres 1917 schlägt sich beim Erzähler der *Sentimentalen Reise* als Krise des Ich nieder. Das deutet sich an in dem lakonischen Satz, mit dem die freiwillige Meldung ins persische Besatzungsgebiet motiviert wird: »Тоска меня вела на окраину как луна лунатика на крышу.« (S. 85; »Der Kummer zog mich an die Grenzen des Landes wie der Mond den Mondsüchtigen aufs Dach«, S. 105). ›Toska‹ impliziert nicht nur »Kummer«, wie es in der deutschen Übersetzung heißt, sondern auch ›Sehnsucht‹ – aber Sehnsucht wonach? Psychologisch könnte man argumentieren, daß die Reise der Versuch ist, den Traumata der Fronterlebnisse zu entrinnen, daß sie dem Bedürfnis entspringt, in einer historisch bewegten Zeit selbst in Bewegung zu sein bzw. umgekehrt der als Stagnation empfundenen Wirkungslosigkeit bestimmter Initiativen im politischen Petrograd des Spätsommers 1917 eigene Bewegung entgegenzusetzen. Nicht zufällig geht der zitierten Stelle das Bild von einem im Dreck oder Eis steckengebliebenen Automobil voraus, das die energischen, aber fruchtlosen Bemühungen eines Generals im Kriegsministerium veranschaulichen soll (S. 85). Dahinter steht

[30] Für sich selbst als erlebendes Ich beschreibt der Erzähler diesen Schutzmechanismus als »Gewöhnung«, die ihn den Anblick von hungernden, sterbenden Menschen fast gleichgültig ertragen läßt (vgl. S. 111, S. 126).

ein für Šklovskij als Theoretiker vielleicht bedeutsamerer Umbruch, als es die politische Revolution gewesen sein dürfte: die Umwertung einer positiv konnotierten Moderne ins Negative oder zumindest Ambivalente. Wenn der »Umsturz in der Ordnung der Wahrnehmung mit der Dampfkraft«[31] einsetzt, so ist der Blick aus dem modernen Transportmittel selbst Ausdruck von Modernität, stehen – formalistisch ausgedrückt – Eisenbahn und Automobil für das Konzept des *neuen Sehens* (*novoe zrenie*). Dieses wird aber problematisch, wenn das Fahrzeug steckenbleibt, die Entwicklung stagniert, die Bewegung nirgendwohin führt – im Sinne des Satzes: »alle Wege des Krieges sind letztlich nur Sackgassen« (S. 143).

Die Reise ist also der paradoxe Versuch des Erzählers, zugleich die Dynamik der Moderne wiederzugewinnen und aus ihr herauszufallen. Hier läßt sich wieder die Reiseetappe nach Überschreitung der persischen Grenze anführen: Bedeutungsvoll ist insbesondere die Verlangsamung des Tempos beim Aufstieg des Zuges ins Gebirge, die noch langsamere Überfahrt über den Urmia-See mit einer – immerhin wohl noch dampfgetriebenen – Fähre, schließlich die Bewältigung des letzten Reiseabschnitts mit einem Pferdefuhrwerk, womit der Erzähler sich in einen vormodernen Kontext versetzt sehen kann, während die erlebte Landschaft in ihrer Wüstheit zugleich als räumliches Abbild der seelischen Verfassung des Erzählers dient. Eine vollends archaische Form der Fortbewegung wird schließlich erreicht, wenn der Erzähler nach einer Panne seines Fahrzeugs den Weg auf einer von Kamel- und Pferdeknochen gesäumte Karawanenstraße zu Fuß fortsetzt (S. 139).[32] In solchen Episoden wird die Reise gleichsam zur Zeitreise, zur Reise in eine Vergangenheit, in der natürlich kein Verbleib möglich ist. Entsprechend sind auch alle Wege, die während des Persien-Aufenthaltes eingeschlagen werden, »Sackgassen des Krieges«. Die Rückkehr ins Zentrum ist demnach nicht nur durch den Oktoberumsturz und den folgenden Truppenabzug bedingt, sondern durch die Einsicht des Erzählers, daß der Weg nach Persien ihn letztlich nirgendwohin geführt hat. Er fügt sich wieder ein in die bewußtlose Massenbewegung des Rattenheers: »Пестрой крысой прошел я дорогу от Ушнуэ до Петербурга« (S. 266; »Als bunte Ratte legte ich meinen Weg von Ušnuė nach Petersburg zurück«, S. 380).

---

[31] Paul Virilio. »Fahrzeug«. *Aisthesis. Wahrnehmung heute oder Perspektiven einer anderen Ästhetik. Essais.* Hg. Karlheinz Barck et al. Leipzig: Reclam, [3]1990. S. 47-72. Hier S. 49.

[32] Eine ironische Distanzierung erhält diese Erfahrung wiederum, wenn der Erzähler erwähnt, daß er beim Gehen an die Illustrationen in einem Kinderbuch denken mußte, die eine Karawanenstraße darstellen (ebenda).

b. »Mimikry«

An einer Stelle, die sich nicht im Persien-Kapitel befindet, beschreibt Šklovskij seine Fähigkeit, die Identitäten zu wechseln, sich jeweils in das zu verwandeln, was die Umstände gerade erfordern – in Kriegszeiten bisweilen überlebenswichtig:

> Я, если бы попал на необитаемый остров, стал бы не Робинзоном, а обезьяной […] Я умею течь, изменяясь, даже становиться льдом и паром, умею внашиваться во всякую обувь. Шел со всеми. (S. 174)[33]
> Wenn ich auf eine einsame Insel verschlagen würde, dann würde ich bestimmt kein Robinson werden, sondern ein Affe […] Ich kann mich treiben lassen, ich kann mich beliebig verwandeln, ich kann sogar zu Eis werden oder zu Dampf, ich passe in jeden Stiefel. Ich trottete mit der Herde. (S. 234)

Zweifellos ist hier keine vollständige Verwandlung gemeint, sondern eine Form der Mimikry, wie sie Homi K. Bhabha (mit Bezug auf Jacques Lacan) im Kontext des (Post-)Kolonialismus beschrieben hat.[34] Bei allen Unterschieden, die zwischen den konkreten Phänomenen anzusetzen sind, gibt es doch signifikante Gemeinsamkeiten. Im Kolonialismus wie im individuellen Fall Viktor Šklovskijs geht es um Selbsterhaltungs- und Selbstbehauptungsstrategien. Bei Šklovskij sind sie gleichsam genetisch vorgeprägt, denn er thematisiert mehrfach seine jüdisch-deutsch-russische Genealogie[35], u.a. auch in Zusammenhang mit der Diskriminierung von Juden in der russischen Armee (S. 79). Mit einer Herkunft, in der sich drei Kulturen überschneiden, ist er in besonderer Weise zur Mimikry disponiert, was aber in der gegebenen Umbruchsituation die Problematik der Identität verschärfen kann. Auch in diesem Sinne ist die Reise nach Persien der Versuch einer Selbstvergewisserung. Die mehrfach bekundete Affinität zum Orient und insbesondere zu den Neu-Assyrern ist vor die-

---

33 In der *Sentimentalen Reise* präsentiert sich der Autor/Erzähler als Armee-Instrukteur für Panzer-Fahrzeuge, als Fahrlehrer, Sprengmeister, politischer Redner, Untergrundkämpfer, Schriftsteller und Literaturtheoretiker.

34 Homi K. Bhabha. »Of Mimicry and Man«. Ders. *The Location of Culture*. London, New York: Routledge, 1994. S. 85-92.

35 Šklovskijs Vater war Jude, die Mutter Tochter eines Deutschen und einer Russin, deren Väter wiederum ein protestantischer und ein russisch-othodoxer Geistlicher waren; Šklovskijs Großeltern sprachen deutsch, russisch bzw. jiddisch. Es laufen in seinem Stammbaum also drei Nationalitäten, drei Sprachen, drei Religionen oder Konfessionen zusammen (vgl. S. 221f.).

sem Hintergrund zu sehen. Der Erzähler betont, daß es im Orient keinen Antisemitismus gebe (S. 121), daß bei einem Gespräch mit den Neu-Assyrern ein gemeinsames Gefühl von ungebrochener Tradition kennzeichnend gewesen sei (S. 122). Die Vorstellung von gemeinsamen Wurzeln, einer Jahrtausend alten gemeinsamen Geschichte hat für ihn offensichtlich einen großen Reiz, zugleich distanziert er sich aber schon von ihr, wenn er auf die irrige Annahme der Neu-Assyrer verweist, sie stammten von den Assyrern des Altertums ab, während sie tatsächlich ihre Wurzeln bei dem aramäischen Juden hätten. Dahinter steht die unausgesprochene Einsicht, daß auch der ›Orient‹ der erschütterten Identität nicht die gewünschte Stabilität geben kann.

IV. Schluss

Nach dem Gesagten liegt es nahe, die ›Reise‹ des Buchtitels in einem metaphorischen Sinne zu lesen, wenngleich es gerade im Persien-Kapitel auch um konkrete Reiseerfahrungen geht. Die Reise kann freilich nicht mehr in Karamzinscher Tradition eine Bildungsfunktion erfüllen. Dem wirken sowohl die zugrundeliegende existentielle Erfahrung als auch das Material und die Verfahren seiner Darbietung entgegen. Auf den unmittelbaren Bezug der faktographischen Verfahren zu den »V[erfremdungs]-Verfahren der existentiellen Praxis«[36] hat bereits Hansen-Löve hingewiesen: Die Sujetlosigkeit korreliert mit der »Zusammenhanglosigkeit des Lebens, der Existenz, der Beziehungen zwischen den Menschen«, der Verzicht auf kausale und psychologische Motivierung mit der »existentiellen Dezentrierung des Menschen«.[37] Die Befindlichkeiten des Erzählers reflektieren die geschichtliche Krisen- und Umbruchsituation – Weltkrieg, Februarrevolution, Oktoberumsturz – und umgekehrt. Und die damit korrelierende Wahrnehmungsweise (Ich in Bewegung, Rollenwechsel, Fragmentarität[38] etc.) zeigt sich im Text sowohl als Gegenstand wie auch als Prinzip der Darstellung. Die Verfahren dienen aber nicht einer bloßen Abbildung von Wirklichkeit, sondern der Konstruktion der eigenen Biographie. »Man muß nicht Geschichte machen, sondern seine ei-

[36] Hansen-Löve. *Der russische Formalismus* (wie Anm. 1). S. 552.

[37] Ebenda.

[38] »И вся моя жизнь из кусков, связанных одними моими привычками« (S. 261; »Mein ganzes Leben bestand aus Bruchstücken, die nur durch meine Gewohnheiten miteinander verbunden waren«, S. 375).

gene Biographie« (S. 148), äußert der Erzähler, und wenn er dabei auch keinen expliziten Bezug zum Schreiben herstellt, ist es doch genau das, was er im Schreibvorgang tut. Wenn man allgemein sagen kann, daß das »Erlebnis in der autobiographischen Aufzeichnung nicht wiederholt, sondern eigentlich erst hervorgebracht«[39] wird und dies auf die *Sentimentale Reise* überträgt, so zeigt sich, daß dem Text als Autobiographie ein quasi anti-faktographisches Programm eingeschrieben ist. Die dabei hervorgebrachten Strukturen resultieren aus einer Haltung, die nicht statisch und retrospektiv ist, sondern als im Fluß, als unmittelbare Fortsetzung des verschriftlichten Lebensabschnitts gedacht wird. »Ich bin nur ein fallender Stein. Ein Stein, der fällt und gleichzeitig eine Laterne anzünden kann, um seine Bahn zu beobachten.« (S. 191), heißt es zu Beginn des Teils *Pis'menyj stol* (*Am Schreibtisch*). Die Realisierung dieser Selbstbeobachtung im Text geschieht nach dem Programm des »formalistischen Vitalismus«[40], sie ist die Selbstbehauptungsstrategie des schreibenden Autors, dessen Krise sein Thema ist.[41] Man kann also sagen: Es ist nicht die Reise, mit deren Hilfe der Erzähler/Autor seine Krise überwindet, sondern es ist das Schreiben der *Sentimentalen Reise*.

---

39 Wagner-Egelhaaf. *Autobiographie* (wie Anm. 16). S. 80 (mit Bezug auf Eva Meyer. *Autobiographie der Schrift*. Frankfurt/M.: Stroemfeld/Roter Stern, 1989).

40 Hansen-Löve. *Der russische Formalismus* (wie Anm. 1). S. 584.

41 Ohne sein Thema ausdrücklich zu benennen, hat Šklovskij dies später bestätigt: »Хорошие книги получаются тогда, когда человеку нужно во что бы то ни стало одолеть темы, когда он мужественен. И это называется вдохновением. Так я написал *Сентиментальное путешествие*. *Zoo* я написал иначе.« (»Bücher gelingen dann, wenn der Mensch um alles in der Welt das Thema beherrschen will, wenn er mutig ist. Das nennt man dann Inspiration. So habe ich die *Sentimentale Reise* geschrieben. *Zoo* habe ich anders geschrieben«); Šklovskijs Beitrag zu dem Band *Kak my pišem*: *Andrej Belyj, M. Gor'kij, Evg. Zamjatin* et al. Hg. Ė. B. Kuzmina. Moskva, 1930 (ND Moskva: Izd. Kniga, 1989). S. 184-188. Hier 187f.

»Map of Persia«. [Brigadier-General Frederick James Moberly:] *Operations in Persia 1914-1919* Facsimile Edition with Introduction by Dr G M Baylis. London 1987. Anhang [Ausschnitt].

Dagmar Burkhart (Hamburg)

Mandel'štams Krimreisen in poetischer Medialisierung

Der wohl kürzeste Reisetext[1] stammt von Heinrich Heine, der als junger Bursche von seinem Vater auf den Brocken geschleppt wurde und sich im Gästebuch mit einem Stegreifgedicht verewigte: »Viele Steine, / müde Beine, / Aussicht keine – / Heinrich Heine«.[2] Später erkundete der Dichter, als er das Reisen für sich entdeckt hatte, *in statu viatoris* rund zehn Jahre lang die Länder Europas: Deutschland, Polen, England, Frankreich, Italien und erfreute sich an den Spuren lebendiger Menschen. In seinen *Reisebildern*, Ergebnis der Flucht aus dem »Bagatell-Leben«, sind Welterkenntnis und Selbsterkenntnis ineinander gespiegelt. Am Ende lautet sein Fazit: Wir sind überall fremd und überall in der Fremde, von Grund auf Passagiere. Deshalb empfiehlt sich, das Reisen als Dauerzustand zu akzeptieren und Stillstand frühestens nach dem Tod eintreten zu lassen.

Hier lässt sich anknüpfen an Osip Mandel'štams spezifische Auffassung der Reise, über die es in *Razgovor o Dante* (*Gespräch über Dante*) heißt: »У Данта философия и поэзия всегда на ходу, всегда на ногах«

---

1 Reiseliteratur konstituiert sich laut Alfred Opitz (*Reiseschreiber. Variationen einer literarischen Figur der Moderne.* Trier: Wissenschaftlicher Verlag, 1997. S. 72) »aus der Entfaltung von drei Referenzbereichen – bereiste Realität, reisender Schriftsteller und Leser/Publikum –, die als real existent vorausgesetzt und damit in einen spezifischen Interaktionsprozeß projiziert werden«. Zu ergänzen wäre m.E. als weitere Konstituenten der (vorgängige und synchrone) mediale Kontext sowie die Geschichte der topologischen Realität. – Kriterien für eine *Reise* sind die Freiwilligkeit des Reisenden, die Benutzung von Verkehrsmitteln und ein gewisses Bildungsinteresse. Aus diesem Grund kann man z.B. im Falle einer Deportation nicht von »Reise« sprechen, und auch die Definition von »Reise« als »Fortbewegung von A nach B« ist unzulänglich, weil sonst jeder Spaziergang oder ein 100-m-Lauf eine »Reise« wären.

2 Dieses Gästebuch spielt dann auch in der *Harzreise* (1826) eine Rolle: Es war zwar »nicht der Koran. Unsinn enthielt es freilich genug«. Und »in diesem Buche sieht man, welche Greuel entstehen, wenn der große Philistertroß bei gebräuchlichen Gelegenheiten, wie hier auf dem Brocken, sich vorgenommen hat, poetisch zu werden«. »Benebelt heraufgekommen und benebelt hinuntergegangen!« – auch dies ein Quasi-Reisetext in Minimalformat – ist ein »stehender Witz, der hier von Hunderten nachgerissen wird«, vgl. Heinrich Heine. *Werke und Briefe in zehn Bänden*. Hg. Hans Kaufmann. Berlin/Weimar: Aufbau, 1972. Bd. 3: *Reisebilder*. S. 73-74.

(»Bei Dante sind Philosophie und Poesie immer im Gehen begriffen, immer auf den Beinen«). Und an anderer Stelle im *Gespräch*: »Произнося ›солнце‹, мы совершаем как бы огромное путешествие, к которому настолько привыкли, что едем во сне« (»Wenn wir ›Sonne‹ sagen, machen wir eine gewaltige Reise, an die wir uns so sehr gewöhnt haben, daß wir sie im Schlaf absolvieren«). Wortkunst, Sprechen bedeutet, auf Reisen zu sein: »Поэзия тем и отличается от автоматической речи, что будит нас, [...] и мы припоминаем, что говорить – значит всегда находится в дороге« (»Poesie unterscheidet sich gerade dadurch von einer automatischen Rede, daß sie uns weckt, [...] und wir erinnern uns, daß Sprechen bedeutet – immer unterwegs zu sein«).

Somit bildet das Prinzip der Reise, der Wunsch, sich dem Fremden auszusetzen und es anzunehmen, die Grundlage von Mandel'štams Poetik und Rezeptionsästhetik. Die derart metapoetisch aufgefaßte Reise als Metapher liegt für ihn, wie im *Gespräch* in Bezug auf den Odysseus-Gesang im *Inferno* der *Divina Commedia* formuliert, im Zirkulationssystem der »Blutgefäße begründet: Das Blut ist planetarisch, solar, salzig« – eine Eigenschaft, die den Menschen mit dem Meer verbindet (»Начало путешествия заложено в системе кровеносных сосудов. Кровь планетарна, солярна, солона«).[3]

Poetologische Prinzipien, kombiniert mit Aspekten von Bachtins Chronotopos-Begriff, der akmeistischen Gedächtnis- und Kulturraum-Konzeption, der Topographie des Fremden und einer Negation des Autobiographischen bilden eine adäquate theoretisch-methodische Basis für die Analyse und Deutung der auf Reisen oder in Anschluß an Reisen entstandenen Texte Osip Mandel'štams.

Thema meiner Betrachtung sind die poetisch medialisierten Krim-Reisen von Mandel'štam, d.h. Gedichte wie *Zolotistogo meda struja iz butylki tekla* (*Aus der Flasche ein Strom: wie der goldene Honig da floß*), *Meganom* (*Ešče daleko asfodelej – Noch weit entfernt die Asphodelen*), *Feodosija, Cholodnaja vesna, golodnyj Staryj Krym* (*Ein kalter Frühling, die hungrige Stadt Staryj Krim*), und die vier unter dem Titel *Feodosija* zusammengefaßten Prosaskizzen. Mit diesen nur scheinbar heterogenen, in Wirklichkeit aber sämtlich poetisch zu lesenden Krim-Reise-Texten hat sich Osip Mandel'štam eingeschrieben in einen präexistenten kulturellen

---

[3] Ossip Mandelstam. *Gespräch über Dante.* Aus dem Russischen übertragen und hg. von Ralph Dutli. Frankfurt/M.: Fischer, 1994. S. 118, 127, 144; Osip Mandel'štam. *Sočinenija.* Bd. 2. Hg. Pavel Nerler. Moskva: Chudožestvennaja literatura, 1990. S. 217, 223, 234.

Diskurs, den ich – in Anlehnung an Begriffe wie ›Petersburg-Text‹, ›Kaukasus-Text‹, ›Italien-Text‹ o.ä. – *Krim-Text* (*Krymskij tekst*)[4] nennen möchte. Gemeint ist der globale Text, der die Imago, den ›obraz‹ der komplexen Natur- und Kulturregion ›Krim‹ thematisiert und der von einer Reihe Autoren über mehr als zwei Jahrhunderte geschrieben worden ist. Ich nenne nur einige: Messerschmidt, Pallas, de Ségur, Joseph II., de Ligne, I. M. Bobrov, Murav'ev-Apostol, Puškin, Mickiewicz, Gogol', Fet, Lev Tolstoj, Belyj, A. K. Tolstoj, Annenskij, Bunin, Vološin, Cvetaeva, Mandel'štam, Sergeev-Censkij, Bulgakov, Kazakova, Aksenov, Popov, Ulickaja und Pelevin.

Der künstlerische Chronotopos, in dem laut Bachtin räumliche und zeitliche Merkmale zu einem sinnvollen textuellen Ganzen verschmelzen, ist im Falle der Krim (von mongol. *Krym* ›Festung‹) das 1783 von Russland unter Katharina II. eroberte und annektierte geschichtsträchtige griechisch-skythisch-tatarisch-genuesisch-jüdisch-osmanische Areal, das wegen seines Bezugs zum antiken Tauris als Tavričeskaja oblast' (Taurisches Gebiet) in das Gouvernement Neurussland eingegliedert und dessen Eroberer Potemkin zum »knjaz' tavričeskij« (»Fürst von Taurien«)[5] geadelt wurde. Städte-Neugründungen erhielten im Rahmen des Entorientalisierungsprozesses griechische Namen (Sevastopol, Simferopol). Russische Adlige erwarben auf der Halbinsel mit ihrem milden Klima und exotischem Flair Landbesitz (vgl. Abb.1), und die Krim wurde zum Ort der nationalen Selbstdefinition der russischen Bildungsschicht in der Abgrenzung vom Orient.[6] Susi Frank hat festgestellt, dass die Opposition Nord-

4 *Krim-Text* möchte ich den verschiedene Textsorten wie Mythen (Artemis-, Iphigenie-Mythos u.a.), literarische Texte, Memoiren, Reiseberichte, Tagebuchnotizen, Briefe, Filme (z.B. das 2003 von Aleksej Popogrebskij/Boris Chlebnikov gedrehte Roadmovie *Koktebel'*) u.a.m. umfassenden intermedialen Diskurs nennen, in dem Raum und Text in Wechselwirkung treten. Für Aleksandr Ljusyj dagegen ist die russische Literatur der umfassendere Begriff, in den sich der *Krim-Text* eingeschrieben hat, vgl. Aleksandr Ljusyj. *Krymskij tekst v russkoj literature.* Sankt-Peterburg: Aletejja, 2003.

5 Wilfried Jilge. »Krim (Крым)«. *Lexikon der russischen Kultur.* Hg. Norbert Franz. Darmstadt: Wissenschaftliche Buchgesellschaft, 2002. S. 244-248.

6 Die Negierung historischer Traditionen eines unterworfenen Volkes, hier der Tataren, ist ein typisches Merkmal des kolonialen Diskurses, wie ihn Edward Said 1978 in *Orientalism* und 1993 in *Culture and Imperialism* dargelegt hat. Ideologisch-propagandistisch wurde die Eroberung und Russifizierung der Krim durch die Opposition aktiver Okzident versus träger Orient, Fortschrittlichkeit versus Rückständigkeit, Zivilisation versus Barbarei fundiert. Diese Dichotomie lag auch der von Potemkin großangelegten Inszenierung der ›Tau-

Abb. 1: Die von Graf Lev S. Golicyn 1878 ausgebaute »Bühnengrotte« über der »Paradies«-Bucht, heute Novyj Svet/Krim. Quelle: Helga Behrendt/Toma Babovic. *Die Krim entlang der sonnigen Südküste.* Berlin: Trescher, 1996. S. 97.

Süd seit der *Nestorchronik* immer wieder konzeptualisiert wurde, und sich seit der Romantik ein Bild des Südens »verfestigt hat, das den Süden mit einem Überfluß an Ästhetischem bzw. Aisthetischem (Wahrnehmbaren), v.a. Visuellem, verbindet«.[7] Ästhetisch-visuelle Qualitäten bezeichnende Lexeme wie ›roskoš'‹ (›Pracht, Überfluß‹) und ›prelest'‹ (›Liebreiz‹) fungieren als – weiblich konnotierte – Schlüsselwörter des Diskurses.[8] Christine Engel betont, dass Gesellschaften dazu tendieren, Räume nach Vorstellungen von Himmel, Hölle und Fegefeuer zu gestalten. Während dem

rischen Reise‹ zugrunde, die Katharina II. 1787 unter Begleitung von ausländischen Gesandten und Kaiser Joseph II. unternahm und bei der ihr – und der Weltöffentlichkeit – die russischen Erfolge der ›Kolonisierung‹ demonstriert werden sollten. Vgl. dazu Kerstin S. Jobst. »Die Taurische Reise von 1787 als Beginn der Mythisierung der Krim«. *Archiv für Kulturgeschichte* 1 (2001): S. 121-144.

7 Susi Frank. »Süden (юг)«. *Lexikon der russischen Kultur* (wie Anm. 5). S. 434-435.

8 Vgl. Ebenda.

Kaukasus ihrer Meinung nach »in der kollektiven Imagination die Rolle des Fegefeuers« zukommt und Sibirien »als Ort der Hölle« figuriert, dominieren im Falle der Krim als Projektionsraum »Vorstellungen von Glück im Paradies«, wobei »die Wärme und die Landschaft«[9] im Vordergrund stehen.

Osip Mandel'štam als Krim-Reisender der Jahre 1915-1933 traf dort auf das ›eigene Fremde‹, wie der Phänomenloge Bernhard Waldenfels das strukturelle Alienum beschreibt, ein »Netzwerk, in dem Eigenes und Fremdes sich verflechten«[10] und das Mandel'štam sich als hellenistischen Kulturraum, durchdrungen »mit feinster teleologischer Wärme« (*Gespräch über Dante*), anverwandelte. Die dem Akmeismus inhärente ›Sehnsucht nach Weltkultur‹ (›toska po mirovoj kul'ture‹), der bestimmende griechisch-römische Antikenkult im Gegensatz zur vergangenheitsfeindlichen futuristischen Avantgarde lassen in Mandel'štams Werk das kollektive Gedächtnis mit der Speicherung im Medium von Texten dominieren, während das individuelle[11], autobiographische Gedächtnis als ephemer und unerheblich gegenüber dem Geist des Zeitalters, dem »Rauschen der Zeit« in den Hintergrund tritt.

Ulrich Schmid schreibt in seinem Buch *Ichentwürfe*[12], die Autobiographie des 20. Jahrhunderts sei nicht mehr als literarisches Genre, sondern nur als Aussagemodus beschreibbar. Das moderne Empfinden löst jede individuelle Biographie in Kategorien der Kontingenz, später sogar des Absurden auf. Osip Mandel'štam hat diese Gegebenheiten in seinem Essay *Konec romana* (*Das Ende des Romans*, 1928)[13] benannt, in dem er nicht nur eine Zersplitterung, sondern den »katastrophalen Untergang der Biographie« wie des Romans ankündigt. Folgerichtig wendet sich Man-

---

9 Christine Engel. »Construction of Russian Identity in Feature Films on the War in Chechnya«. *Vortrag bei dem ICCEES-Kongress.* Berlin. Juli 2005. Ungedr. Manuskript. S. 1.

10 Bernhard Waldenfels. *Topographie des Fremden.* Frankfurt/M.: Suhrkamp, 1997. S. 140.

11 »What we are dealing with in Mandelstam's creative autobiography is *impersonal* memory, the kind of memory that since antiquity has been related to the mythological figure of Mnemosyne and the Platonic understanding of *anamnesis*« betont Leon Burnett in seinem Aufsatz »The Guests of Reality: Mandelstam and Anamnesis«. *Mandelstam Centenary Conference.* Hg. Robin Aizlewood/Diana Myers. Tenafly: Hermitage Publishers, 1994. S. 155-172. Hier S. 155.

12 Ulrich Schmid. *Ichentwürfe.* Zürich: PANO, 2000. S. 396.

13 Mandel'štam. *Sočinenija.* Bd. 2 (wie Anm. 3). S. 201-205. Hier S. 203.

del'štam in seinem Prosatext *Šum vremeni* (*Das Rauschen der Zeit*) von 1925 gegen die autobiographische Tradition des Schreibens in Russland:

> Мне хочется говорить не о себе, а следить за веком, за шумом и прорастанием времени. Память моя враждебна всему личному.
> Ich will nicht über mich selbst sprechen, sondern der Epoche, dem Geräusch und der Vermehrung der Zeit folgen. Mein Gedächtnis ist allem Persönlichen gegenüber feindlich eingestellt.

Und weiter:

> Никогда я не мог понять Толстых и Аксаковых, Багровых-внуков, влюбленных в семейственные архивы с эпическими домашними воспоминаньями. [14]
> Ich konnte niemals die Tolstojs und Aksakovs, die Bagrov-Enkel verstehen, die in Familienarchive mit epischen häuslichen Memoiren verliebt sind.

Aus diesem Grund sind auch die von 1917 bis 1933 anläßlich von Krim-Reisen entstandenen Texte Mandel'štams nicht primär Ausdruck persönlichen Erinnerns, sondern generelle Gedächtnisarbeit, Ansprechen gegen das Vergessen in einer Epoche der Revolutionen, des Weltkriegs und des Russischen Bürgerkriegs, für Mandel'štam eine Zeit höchster Gefährdung des kollektiven Gedächtnisses und der europäischen Kultur, die – um einen Ausdruck Heinrich Heines zu verwenden – sein »portatives Vaterland« darstellte. »Вспоминать – идти одному обратно по руслу высохшей реки!« (»Erinnern bedeutet – ganz allein in einem ausgetrockneten Flußbett zurückgehen müssen!«)[15], heißt es im *Rauschen der Zeit*.

1917 war Osip Mandel'štam vor den Unruhen, die sich im Februar in einer Revolution entluden, und v.a. vor dem Hunger in Petrograd auf die Krim geflohen, die er in den Jahren vorher als ein Land mediterraner Opulenz kennengelernt hatte. Die beiden 1917 entstandenen Krim-Gedichte *Zolotistogo meda struja* (*Aus der Flasche ein Strom: wie der goldene Honig da floß*) und *Meganom* (*Ešče daleko asfodelej – Noch weit entfernt die Asphodelen*) sowie das Gedicht *Feodosija* von 1920 entstammen der Sammlung mit dem bezeichnenden, auf Ovid verweisenden Titel *Tristia* (1922)[16], deren eigentliche Farbe die Nicht-Farben der Trauer

---

[14] Ebenda. S. 41, dt. Ossip Mandelstam. *Das Rauschen der Zeit.* Aus dem Russischen übertragen und hg. von Ralph Dutli. Zürich: Ammann, 1985. S. 88.

[15] Mandel'štam. *Sočinenija* (wie Anm. 3). S. 45; dt.: (wie Anm. 13). S. 95.

[16] Osip Mandel'štam. »Tristia«. Ders. *Sočinenija.* Bd. 1. Hg. Pavel M. Nerler/ Andrej D. Michajlov. Moskva: Chudožestvennaja literatura, 1990. S. 107-138;

sind, nämlich Schwarz[17], manchmal auch Weiß. Hier sind Gedichte des Todes, des Abschieds und des Exils versammelt; *Tristia* ist aber auch ein Verweisort griechischer Mythen – der reisenden Argonauten, der gegen das Vergessen anwebenden Penelope und des Rückkehrers Odysseus. Hier herrscht zwar die im Frühling ins Totenreich entführte Persephone/ Proserpina, aber auch Dionysos/Bacchus, und so ist trotz aller Widrigkeiten in *Tristia* die Hoffnung auf Erneuerung aufgehoben.

Auf diese Weise erschließt sich, was mit »Hellas, sein Wissen« (»nauka Ėllady«) in dem anapästisch fließenden Gedicht *Aus der Flasche ein Strom: wie der goldene Honig da floß* (mit dem – laut Hans Rothe – anagrammatisch unterlegten griechischen Klagelaut »u – a«)[18] in Bezug auf das »traurige«, »steinige Tauris« außerdem gemeint ist: nämlich« »Всюду Бахуса службы«, die »Rituale des Bacchus« (»bočki«, »vinograd«, »vino iz podvala«; vgl. Abb. 2). Ferner das Zyklische, die Wiederkehr. Mit dem das Wesen und Prinzip allen Reisens pointierenden Schlussvers »Одиссей возвратился, пространством и временем полный« (»Odysseus kehrte zurück, erfüllt von Raum und Zeit«)[19] endet das nach einem Besuch bei den Sudejkins entstandene Gedicht, dessen erste Zeile im Bild des langsam fließenden Honigs nicht nur die *durée pure* im Sinne Bergsons, sondern auch »Honig« (»mëd«) als Metapher für Poesie und Unsterblichkeit beschwor.

Ossip Mandelstam. *Tristia.* Aus dem Russischen übertragen, hg. und kommentiert von Ralph Dutli. Zürich: Ammann, 1993.

[17] »In the kingdom of Persephone-Proserpina all earthly colors are engulfed by black«; »here, too, the black sail unfolds, the shroud of things earthly, a projection screen for the ›vospominanija‹ which remain on this side of the River Lethe, which must be crossed with the same black sailboat«, schreibt Aage Hansen Löve in seinem Aufsatz »Mandel'shtam's Thanatopoetics«. *Readings in Russian Modernism. To Honor V. F. Markov.* Hg. Ronald Vroon/John E. Malmstad. Moskva: Nauka, 1993. S. 121-157. Hier S. 143.

[18] Hans Rothe. »Mandel'štam – Argonaute und Odysseus«. *Ricerche Slavistiche* XLII (1995): 347-395. Hier S. 391.

[19] Die Verbindung des Mythos vom Goldenen Vlies der Argonauten und Odysseus, die beide für Mandel'štams Poetik der Reise konstitutiv sind, ist inspiriert vom 31. Sonett der Sammlung *Les Regrets* des Plejadendichters Joachim Du Bellay (1522-1560), bei dem Odysseus »voller Erfahrung und Verstand« zurückkehrt: »Heureux qui, comme Ulysse, a fait un beau voyage, / Ou comme celui-là qui conquit la toison, / Et puis est retourné, plein d'usage et raison, / Vivre entre ses parents le reste de son âge!« (zit. n. Dutli in Mandelstam. *Tristia* [wie Anm. 13] S. 212).

Abb. 2: Älteste Flaschen in der Vinothek der Weinkellereien von Massandra/ Krim. Quelle: Dagmar Köck et al. *Die Krim entdecken.* Berlin: Trescher, 2004. S. 134.

Das zweite, im August 1917 ebenfalls in Alušta entstandene Krim-Gedicht *Meganom,* dessen Titel auf das Kap Meganon am südöstlichen Ufer der Krim verweist, thematisiert Vergänglichkeit, Tod, Totenklage und Begräbnis im »Fächer« der Zeit; Schwarz dominiert, das Paradies ist bedroht: »Asphodelen«, deren Blütezeit – wie es im Eingangsvers heißt – im noch fernen Frühling sein wird, bezeichnen eine Lilienart, mit der in der Vorstellung der Griechen die Wiesen in der Unterwelt, im Reich von Persephone, bepflanzt waren, das »schwarze Segel« ruft ein todbringendes Signal aus der Theseus-Sage[20] auf, und »Zypressenholz«

---

20 »Theseus sollte bei der Rückkehr nach Athen auf Vereinbarung weiße Segel hissen, falls der Kampf gegen den Minotaurus in Kreta glücklich ausgegangen

bedeutete bei den antiken Griechen das Holz der Trauer, des Todes. Der »rauschend geöffnete traurige Fächer vergangener Jahre« (»печальный веер прошлых лет«) ist eine von Bergson inspirierte phänomenologische Zeit-Metapher, die Mandel'štam 1922 in seinem Essay *Priroda slova* (*Über die Natur des Wortes*) noch einmal aufgreift, wenn er schreibt: Hellenismus meint

> […] это система в бергсоновском смысле слова, которую человек развертывает вокруг себя, как веер явлений, освобожденных от временной зависимости, соподчиненных внутренней связи через человеческое »я«.[21]
> […] ein System im Bergsonschen Sinne des Wortes, vom Menschen um sich herum entfaltet wie der Fächer der Phänomene, die befreit sind von der zeitlichen Abhängigkeit, koordiniert durch ihre innere Verbindung über das menschliche Ich.

1920, als der Hunger Osip Mandel'štam auf der abwechselnd von den Bolschewiken, deutschen Besatzungstruppen, der zarentreuen ›weißen‹ Armee und den Truppen Vrangel's besetzten Krim eingeholt hatte, beschwört er, mitten im Bürgerkrieg, in dem Gedicht *Feodosija* noch einmal das Paradies: ein Traum friedlichen, mediterran-orientalischen Alltagslebens (»O средиземный радостный зверинец!« – »O heitere mediterrane Menagerie!«), in dem die Farben Rosa, Golden und Mohnrot dominieren, die bunten Aushängeschilder der Handwerksbetriebe Zeichen setzen, der Duft von »Schaschlik und Hammelklößen« die Gassen erfüllt, und wo in den metaphorischen Eingangsversen die für ihn noch immer hellenistische Stadt mit dem signifikanten Namen »Gottesgabe«, umgeben von hohen Hügeln, einer Schafherde gleich, bergab läuft[22]:

---

sei; als versehentlich schwarze Segel gehißt werden, stürzt sich Theseus' Vater Aigeus aus Verzweiflung von den Felsen der Akropolis«, schreibt Ralph Dutli in seinem Kommentar zu dem Gedicht in *Tristia* (wie Anm. 16). S. 212-213.

21 Mandel'štam. *Sočinenija.* Bd. 2 (wie Anm. 3). S. 172-186. Hier S. 182; dt. zit. n. Dutli. *Tristia* (wie Anm. 15). S. 213.

22 S. G. Šindin verweist in seinem Artikel »Gorod v chudožestvennom mire Mandel'štama: prostranstvennyj aspekt« (*Russian literature* 30 [1991]: S. 481-500. Hier S. 486) auf die Korrelation von *Weg* und *Stadt* als potentiell dynamischem System in der Poetik Mandel'štams. Hierher gehört auch das Bild des Zeltlagers (»tabor«) als Kompromiß zwischen dynamischem und statischem Prinzip.

Окружена высокими холмами,
Овечьим стадом ты с горы сбегаешь,
И розовыми, белыми камнями
В сухом прозрачном воздухе сверкаешь.
Качаются разбойничьи фелюги,
Горят в порту турецких флагов маки,
Тростники мачт, хрусталь волны упругий
И на канатах лодочки-гамаки.[23]

Umgeben rings von deinen hohen Hügeln
Läufst du bergab wie eine Herde Schafe,
Mit rosafarbenen, weißen Steinen glühend
In deiner klaren Luft, der sommerhaften.
Im Hafen brennt der Mohn der Türkenflaggen,
Elastisches Kristall der Welle, Schilf der Masten,
An Seilen Rettungsbötchen: Hängematten.

In dem Gedicht *Feodosija* schimmern jedoch auch thanatopoetische Signale auf: Von allen beweint (»оплаканное всеми«), singt man das »Äpfelchen« (gemeint ist das während der Revolution und des Russischen Bürgerkriegs populäre Matrosenlied *Jabločko, kuda katišsja? – Äpfelchen, wohin rollst du?,* das vom Abschiednehmen handelt)[24]; der goldene Samen (Signalement: das Goldene Zeitalter) ist verweht und kehrt nicht wieder (»Уносит ветер золотое семя – / Оно пропало – больше не вернется«), Hunde werden in Gefängnisfuhren transportiert (»Везут собак в тюрьмоподобной фуре«), kaltblütig (»хладнокровен«) blickt der Koch des Panzerkreuzers herab, ein auf einem Reklameschild dargestellter Männergehrock – ohne Kopf (»без головы«) – »ein Bild uns gibt von unsrer Menschengröße« (»дает понятье нам о человеке«), die »Ferne ist durchsichtig« (»прозрачна даль«, Diaphanität als Zeichen für »Unterwelt, Reich der Schatten«), und Admirale träumen von Scheherasade, der es allein durch das Erzählen, die poetische Sprache, gelang, den drohenden Tod immer wieder hinauszuzögern.

Unter dem Obertitel *Feodosija* sind vier Skizzen in rhythmischer Prosa zusammengefasst, die 1925 als Teil der Sammlung *Rauschen der Zeit* erschienen. Bei diesen assoziativen Prosastücken *Načal'nik porta* (*Der Hafenkommandant*), *Staruchina ptica* (*Ein Vögelchen der alten Frau*), *Barmy zakona* (*Im Ornat des Gesetzes*), *Mazesa da Vinči* (*Mazessa da*

---

[23] Mandel'stam. *Sočinenija.* Bd. 1 (wie Anm. 3). S. 127-128; dt. zit. n. Dutli. *Tristia* (wie Anm. 15). S. 81.

[24] Siehe Akademie-Wörterbuch *Slovar' russkogo jazyka.* Bd. 4. Moskva: Russkij jazyk, 1984. S. 777.

Vinci)[25] handelt es sich um Reisebilder, in denen Mandel'štam mit den generischen Konventionen spielt, um an Äquivalenzen reiche Wortkunst. Präsentiert werden Momentaufnahmen, atmosphärische Szenen, Charakterbilder von einzelnen Bewohnern der vom Bürgerkrieg geplagten Stadt Feodosija: *Der Hafenkommandant* bietet ein Bild des Vorkriegs-Feodosija, das weniger dem Räubernest Genua, sondern »dem zärtlichen Florenz« glich, wo alle Honoratioren dichteten und beim Einzug des symbolistischen Poeten Vološin von »antiker Rührung« (»как бы античное умиленье«) ergriffen wurden. Die Skizze ist aber auch ein Porträt des Hafenkommandanten Aleksandr Aleksandrovič, der sich während des Kriegs vom schlafenden »Katerchen« in einen zivilen Meergott und Beschützer der Händler verwandelt und den heimatlosen Zugereisten großzügig in der Hafenverwaltung übernachten lässt. *Ein Vögelchen der alten Frau* skizziert das Leben und die schreckliche Stille in dem Quarantäne-Viertel von Feodosija. Es ist »ein klägliches lehmernes Herculaneum«, wo der Reisende sich bei einer alten Frau einmietet und von ihr umsorgt wird, so dass die »Versuchung, ein Vögelchen der Alten zu werden«, groß war in einer Zeit, da es besser war, »ein Vogel zu sein statt ein Mensch«. Die Skizze *Im Ornat des Gesetzes* beschreibt die südliche Amphitheater-Stadt, die »ihre friedfertigen Vermittlerdienste der Erde [...], dem Himmel und dem Meer [an]bot«.[26] Diese warme, hellenistische Schaffellstadt, in der jetzt Söldner »die Möglichkeit unbestraften Mordens« nutzten, hat aber auch Bewohner wie den Oberst Cygal'skij, der seine geistesschwache, kassandraähnliche Schwester wie eine Amme umsorgt, Gedichte schreibt und sich ein Russland wünscht, »gekrönt vom Ornat des Gesetzes« – was den Reisenden »an die vom Regen schwarz gewordene Themis auf dem Petersburger Senatsgebäude erinnert«:

> Черное море надвинулось до самой Невы; густые, как деготь, волны его лизали плиты Исакия, с траурной пеной разбивались о ступени Сената.[27]
> Das Schwarze Meer war bis an die Petersburger Newa vorgestoßen, und seine Wellen, dickflüssig wie Teer, beleckten die Fliesen

[25] Die vier Prosaskizzen *Feodosija* werden zit. n. Mandel'štam. *Sočinenija*. B. 2 (wie Anm. 3). S. 50-58; die deutsche Übertragung von Dutli nach Mandelstam. *Das Rauschen der Zeit* (wie Anm. 13). S. 105-124.

[26] Mandelstam. »Im Ornat des Gesetzes«. Ders. *Das Rauschen der Zeit* (wie Anm. 13). S. 117.

[27] Mandel'štam. *Sočinenija.* Bd. 2 (wie Anm. 3). S. 56; dt. Mandelstam. *Das Rauschen der Zeit* (wie Anm. 13). S. 119.

> der Isaakskathedrale, schlugen mit trauerschwarzem Schaum gegen die Stufen des Senates.[28]

Die Skizze *Mazesa da Vinči* dreht sich um den Besitzer eines Steinhauses in der trockenen Oberstadt, der sich seinen Künstlernamen selbst geschaffen hat, indem er dem jüdischen Familiennamen Mazes[29] eine weibliche Endung anfügte und in einen Vornamen verwandelte, gekrönt von dem Zunamen »da Vinci«, seinem großen Vorbild. Das Schlafzimmer des bizarren Mazesa mit den weiblichen Schultern, der ausschließlich sich selbst malte und Studien über seinen Adamsapfel betrieb, gleicht mit seinem Chaos an Malutensilien, Farben und Büchern einem »dahinsegelnden Schiff aus der Renaissance«,„ dem Atelier des »herrlichen Leonardo«.

In der zweiten Prosaskizze – *Ein Vögelchen der Alten* – findet sich die semantische Schlüsselstelle des Zyklus, die auch auf das frühere *Feodosija*-Gedicht mit dem Motiv des antik-hellenistisch konnotierten Schaffells (und nicht des Goldenen Vlies' der Symbolisten) Bezug nimmt: Feodosija »die warme und sanfte Schafpelzstadt hatte sich in eine Hölle verwandelt« (»теплый и кроткий овечий город превратился в ад«). Friedfertigkeit

---

28 Dem Bild zugrunde liegt – genau wie in dem Gedicht *Zolotistogo meda struja* u.a.m. – die für einen Vertreter der russischen Bildungsschicht traditionelle Auffassung der Krim »как субститута Греции« (»als Substitution Griechenlands«), bemerkt Sergej Averincev in seinem Aufsatz »Zolotistogo meda struja is butylki tekla...«. *Mandelstam Centenary Conference* (wie Anm. 10). S. 18-20. Er verweist auch auf Mandel'štams 1915 auf der Krim entstandenes Gedicht *Bessonnica. Gomer. Tugie parusa* (*Schlaflosigkeit. Homer. Gespannte Segel*), das um eine realisierte Metapher zentriert ist: Nach der Lektüre des Schiffsverzeichnisses in der *Ilias* brandet das Schwarze Meer bis ans Bett des schlaflosen lyrischen Ichs. Renate Lachmann hat in ihrem Buch *Gedächtnis und Literatur.* Frankfurt/M.: Suhrkamp, 1990 (S. 394-403) eine gültige Interpretation des Gedichts geliefert; allerdings fehlt hier der Verweis auf Dantes *Divina Commedia,* wo im Schluss-Vers des *Paradiso* die Zeile »l'amor che move il sole e l'altre stelle« (in der Gmelinschen Übersetzung »die Liebe, die beweget Sonn' und Sterne«) den amortheologischen Ausgangspunkt bildet für die 9. Verszeile »*И море*, и *Гомер* – все движется любовью« (»Die Meere und Homer – bewegt von ihr: der Liebe«) im Mandel'štam-Gedicht, die das (Kultur-)Meer und Homer mit »a*mor(e)*« in eine anagrammatische Beziehung setzt. Vgl. Ossip Mandelstam. *Der Stein. Frühe Gedichte 1908-1915.* Aus dem Russischen übertragen und hg. von Ralph Dutli. Zürich: Ammann, 1988. S. 168-169.

29 Nach Mitteilung von Ė. S. Gurvič gab es in Feodosija einen Künstler namens Mojsej bzw. Mozesso, vgl. Osip Mandel'štam. *Sočinenija.* Bd. 2 (wie Anm. 3). S. 404.

erlebte eine Metamorphose in Krieg, Wärme wurde zu Kälte, der ehemalige *locus amoenus*, die Idylle, mutierte in eine Hunger-Hölle.

Die von Stalin angeordnete »Entkulakisierung« führte 1932/33 im Süden der Sowjetunion zu einer Hungersnot, deren Opfer mit 2-7 Millionen Menschen beziffert werden. Als Osip und Nadežda Mandel'štam am 18. April 1933 in Staryj Krym eintrafen, war die erneute Begegnung ein Schock. Ausgehungerte bettelten um ein Stück Brot und brachen in unbewachte Bauernhäuser ein, um an Mehl heranzukommen. Die Mandel'štams mußten ihr spärliches Brot für einen ganzen Monat aus Moskau mitbringen, weil es auf der Krim keines mehr gab. Osip Mandel'štam, vom Anblick des zerstörten Paradieses Krim und der Erfahrung einer »radikalen Fremdheit«[30] erschüttert, die keine Anagnorisis mehr zuließ, schrieb im Mai 1933 eines seiner bittersten politischen Gedichte: *Cholodnaja vesna, golodnyj Staryj Krym*, in Ralph Dutlis Übertragung *Ein kaltes Frühjahr. Krimstadt – nur ein Hungergeist*. Das Gedicht befand sich im Ermittlungsdossier des Untersuchungsrichters, als Mandel'štam im Mai 1934 in der Lubjanka verhört wurde. Die vergleichende Formulierung »wie unter Wrangel«, d.h. wie im Russischen Bürgerkrieg, war eine scharfe Verurteilung von Stalins perfider »Hungerwaffe«. Die Historiker sprechen von ›Cholodomor‹ – ›Hungermord‹ (vgl. Abb.3; siehe dazu die Sondernummer der Zeitschrift *Osteuropa*, 12/2004).[31] Die Analyse des Gedichttextes ergibt m.E. eine von der russischen Sprachnorm abweichende Rekurrenz der Lautverbindungen */al/*, */ali/*, */sta/*, */a…i…n/* bzw. ihrer Metathesen, die dem Gedicht eine aus dem Subtext zu eruierende Appellstruktur verleiht:

Холодная весна. Голодный *Ста*рый Крым,
Как был при Врангеле – такой же виноватый,
Овчарки на дворе, на рубищах заплаты,
Такой же серенький, кусающийся дым.

В*се* *та*к же хороша рассеянная даль
Деревья почками набухшие на мал*ость*

---

[30] Bernhard Waldenfels spricht in seiner *Topographie* (wie Anm. 9) von verschiedenen Abstufungen des Fremden; die extremste Form stellt dabei die »radikale Fremdheit« (S. 36-37) dar, bei der es keine gemeinsame Schnittmenge mit dem Eigenen mehr gibt.

[31] *Osteuropa* 12 (2004): *Vernichtung durch Hunger. Der Holodomor in der Ukraine und der UdSSR*. Berlin: Wissenschaftsverlag. Mit Beiträgen von Nikolaus Katzer u.a.

*Сто*ят как пришлые, и возбуждают жал*ость*
Вчерашней глу*пост*ью украшенный миндаль.

Природа своего не узнает лица,
И тени страшные – Украины, Кубани….
Как в туфлях войлочных голодные крестьяне
Калитку *ст*ерегут, не трогая кольца…[32]

Ein kaltes Frühjahr, Krimstadt – nur ein Hungergeist
Wie einst im Bürgerkrieg: gleich schuldbeladen, leidend.
Ein Schäferhund im Hof, die Flicken auf den Kleidern,
Der gleiche graue Rauch, der in den Augen beißt.

Und immer noch so schön der weit verstreute Raum,
Die Bäume, von den Knospen leicht schon angeschwollen,
Stehn da wie zugereist, und er darf Mitleid wollen:
Durch Gesterns Dummheit noch verschönt – der Mandelbaum.

Nicht die Natur kennt mehr ihr eigenes Gesicht,
Wie schrecklich schattengleich: Kuban, die Ukraine …
Die Hunger-Bauern stehn mit Filzschuhn, dunkler Miene,
Bewachen ihre Tür, den Ring – berühren sie nicht.

Meine These lautet, dass Mandel'štam in einem Akt der Hyposemiose den Verursacher der Katastrophe – Stalin – als ›Themenwort‹ (›mot-thème‹)[33] anagrammatisch in den Text eingeschrieben hat, aber nicht nur ihn, sondern auch den Augenzeugen und Antipoden Stalins »Mandel'štam«. Eine besondere Stellung nimmt nämlich in dem Gedicht das – die Lautfolge *al-in* signifikanterweise umkehrende – Lexem ›m*i*n*d*a*l*'‹, ›Mandelbaum‹, ein: Es evoziert sämtliche mit dem Mandelbaum verbundenen alttestamentarischen Konnotationen: v.a. das Merkmal der Auser-

---

[32] Mandel'štam. *Sočinenija.* Bd. 1 (wie Anm. 3). S. 196-197; dt. Ossip Mandelstam. *Mitternacht in Moskau. Die Moskauer Hefte – Gedichte 1930-1934.* Aus dem Russischen übertragen und hg. von Ralph Dutli. Zürich: Ammann, 1986. S. 142-143.

[33] »Anagrammatik im Sinne Saussures und seiner Nachfolger meint ein Urprinzip poetischer Gestaltung, gültig für Poesie und Prosa«. Das Anagramm »ist ein Textorganisationsprinzip im umfassenden Sinne, das nicht auf das einzelne Wort in seinen Permutationen beschränkt ist, sondern auf eine implizite zweite Sinnebene des Textes abhebt«. Der »manifeste Text ist lautlich organisiert durch verstreute wiederkehrende Elemente, die zusammen das Buchstaben- bzw. Laut-Material eines thematisch wichtigen Worts *(mot-thème)* oder mehrerer solcher Wörter bilden«, und zwar »ungeachtet überzähliger oder fehlender Einzelbuchstaben«, vgl. Erika Greber. *Textile Texte.* Köln/Weimar/Wien: Böhlau, 2002. S. 171.

Abb. 3: Oleksandr Kanjuk. *1932-1933 – Roki štučnogo golodu v Ukraïni, stvorennogo Moskovs'kim okupantom (1932-1933 – Jahre des vom Moskauer Okkupanten organisierten Hungers in der Ukraine),* 1978. Quelle: *Osteuropa,* Jg. 54, 12 (2004). S. 164.

wähltheit (konkretisiert im ausgrünenden Aaron-Stab aus Mandelholz im 4. Buch *Mose),* und die bald süßen, bald bitteren Früchte des Mandelbaums als Symbol kummervoller kommender Zeiten (im Buch *Kohelet* oder *Prediger Salomo).*

In Staryj Krym beschäftigten den Autor nicht nur die mörderischen Folgen von Stalins Kollektivierungspolitik, sondern – scheinbar paradoxerweise – gleichzeitig auch die italienischen Dichter der Renaissance[34], Ariost und Tasso. Vor allem aber Dante: 1933 entstand auf der Krim Mandel'štams bedeutendster poetologischer Text *Gespräch über Dante* – und Andrej Belyj war dabei sein willkommener Gesprächspartner.[35] Am 28. Mai 1933 reiste Mandel'štam nach Koktebel' weiter. Er stieg zu Vološins Grab »am linken Schildkrötenufer« hoch über der Iphigenien-Bucht hinauf und schrieb in sein Notizbuch ein Loblied auf den Dichter, »den größten Fachmann in Sachen Scharfsicht«, der eine so »hervorragende Dantesche Arbeit der Verschmelzung mit der Landschaft« geleistet hatte.[36]

---

[34] Ähnlich beschäftigte den Dichter während der Revolutionen und des I. Weltkriegs die klassische Antike, »nauka Ėllady«, wie es in *Zolotistogo meda struja* heißt. Hans Rothe bemerkt dazu in seinem Aufsatz »Mandelstam and Motifs from Classical Antiquity«. *Mandelstam Centenary Conference* (wie Anm. 10). S. 308-317. Hier S. 316: »One will find that this very classical antiquity gave him the means to understand his age, marked as it was by destruction and death. Classical antiquity offers a kind of model for salvation from the deathly peril of time and history«.

[35] Carmen Sippl. *Reisetexte der russischen Moderne. Andrej Belyj und Osip Mandel'štam im Kaukasus.* München: Otto Sagner, 1997. S. 221.

[36] Mandelstam. *Gespräch über Dante* (wie Anm. 3). Darin: *Entwürfe zum »Gespräch über Dante« (Notizbuch).* S. 176-193. Hier S. 193. Vgl. zum Verhältnis von metaphysischer Landschaft und Erinnerung v.a. Simon Schamma. *Landscape and Memory.* New York: Vintage Books/Random House, 1996.

Jochen-Ulrich Peters (Zürich)

Das Auge als Instrument des Denkens. Über die Korrelation von sinnlicher Erfahrung und poetischer Reflexion in Osip Mandel'štams »Reise nach Armenien«

In einem nur fragmentarisch erhaltenen Brief aus dem Jahr 1931 oder 1932 hat Mandel'štam selbst die spezifische Thematik und Poetik seines *Putešestvie v Armeniju* (*Reise nach Armenien*) in folgender Weise charakterisiert:

> Книжка моя говорит о том, что глаз есть орудие мышления, о том, что свет есть сила и что орнамент есть мысль. В ней речь идет о дружбе, о науке, об интеллектуальной страсти, а не о »вещах«.[1]
> Mein Buch spricht davon, daß das Auge ein Instrument des Denkens ist, daß das Licht eine Kraft und daß das Ornament Gedanke ist. Es handelt von Freundschaft, von Wissenschaft, von intellektueller Leidenschaft, und nicht von »Dingen«.

Während diese Bestimmung des eigenen Denkens und Schreibens noch relativ unbestimmt und enigmatisch bleibt, wird Mandel'štam in dem 1932 entstandenen Essay *Vokrug naturalistov* (*Rund um die Naturforscher*) bereits sehr viel konkreter. Wird doch in ihm jetzt nicht länger mehr das Auge des seine Reiseerfahrungen festhaltenden und zugleich reflektierenden Schriftstellers, sondern der unvoreingenommene Blick des Naturforschers als Instrument des Denkens qualifiziert. An den Reiseberichten von Charles Darwin und des deutschen Ethnographen Peter Simon Pallas lobt nun Mandel'štam explizit den Verzicht auf »jegliche Schönrednerei und jede Rhetorik« und die Verbannung von »jedem teleologischen Pathos aus der Naturwissenschaft«.[2] Und er rühmt an Darwins

---

[1] Osip Mandel'štam. *Sobranie sočinenij v trech tomach*. Bd. 3. Hg. G.P. Struve/ B.A. Filipoff. Washington: Inter-Language Literary Assoc., 1969. S. 169. Dt. hier und im folgenden zitiert nach: Osip Mandelstam. *Armenien, Armenien! Prosa, Notizbuch, Gedichte 1930-1933*. Aus dem Russ. übertr. und hrsg. von Ralph Dutli. Frankfurt/M./Zürich: Fischer, ³2004. S. 90.

[2] Osip Mandelstam. *Gespräch über Dante. Gesammelte Essays II. 1925-1935*. Aus dem Russischen übertragen und herausgegeben von R. Dutli. Zürich: Ammann, 1991. S. 96.

sowie Claude Monets Reiseerinnerungen das »kolossale Training der analytischen Sehkraft« sowie den »Wunsch nach gesteigerter Welterfahrung auf der soliden Grundlage praktischer Tätigkeit und persönlicher Initiative« (S. 94).[3]

Dieser Rekurs auf das analytische Denken und Klassifizieren der Naturforscher bzw. die eher synthetisch verfahrenden Maltechniken der Impressionisten ist für eine adäquate Lektüre von Mandel'štams eigenen Reiseerinnerungen insofern aufschlußreich, als zwei Abschnitte der – insgesamt nur aus acht knappen Prosaminiaturen bestehenden – *Reise nach Armenien* ebenfalls explizit der Sicht- und Darstellungsweise der Naturwissenschaftler und der französischen Impressionisten gewidmet sind. Dabei werden die Arbeiten von Linné-Buffon und Pallas, einigermaßen überraschend, zusätzlich zu der Musik von Haydn, Gluck und Mozart in Beziehung gesetzt, da auch ihre Texte »dem Geist die mineralische Ruhe des Quarzes« verliehen, das »Auge aufrichteten« und auf diese Weise die sinnliche Erfahrung des Betrachters, Lesers oder Zuhörers bereicherten.[4]

Allerdings wird in dem vorausgehenden, auf Cézanne, Monet und Signac bezogenen Kapitel ebenso pointiert hervorgehoben, daß sich der eigene Reisebericht keineswegs auf die bloße Deskription der dem Subjekt äußerlichen Formen und Fakten beschränken dürfe, wenn ausdrücklich von der »harmlosen Pest des Naiven Realismus« (S. 36) die Rede ist. Vielmehr wird das Auge auch in diesem Kontext noch einmal geradezu emphatisch mit einem »edlen, aber eigensinnigen Tier« verglichen, das es dem wahrnehmenden Subjekt und vor allem der sensiblen Empfindung des Malers oder des seine Reiseeindrücke festhaltenden Schriftstellers ermögliche, »das Bild, wie jedes Ding, mit einer sonnendurchfluteten und verdichteten Wirklichkeit« zu verknüpfen. (S. 36f.)

Für den Mitbegründer des Akmeismus ist deshalb die Malerei der französischen Impressionisten gerade keine bloße Apperzeption im Sinne einer nur äußerlichen Sinneswahrnehmung, sondern eine »Erscheinung der inneren Sekretion«, »das Abziehen der gebrechlichen Schale, der barbarischen äußersten und spätesten Schicht.« (S. 37; »явление внутренней секреции«, »совлечения с нее ветхой шелухи, наружного и поздней-

---

3 Ebenda. S. 94.

4 Mandelstam. *Armenien, Armenien* (wie Anm. 1). S. 38. Alle im Folgenden in den deutschen Text integrierten Seitenangaben beziehen sich auf diese deutschsprachige Ausgabe der *Reise nach Armenien*; die russischen Zitate beziehen sich auf Osip Mandel'štam. *Sobranie sočinenij v trech tomach*. Bd. 2. Hg. von G.P. Struve und B.A. Filipoff. Washington: Inter-Language Literary Assoc., 1966.

шего варварского соля«, S. 199) Damit wird – nicht zuletzt im Hinblick auf das eigene, auf der kulturellen Erinnerung basierende Schreiben – die distanzierte, analytische Sicht des Naturwissenschaftlers und die subtile Transformation der Welt durch den Maler und Dichter des *fin de siècle* als unzerstörbare Einheit gedacht und vorausgesetzt.[5]

Diese knappen Hinweise auf Mandel'štams eigenes poetologisches Programm sind deshalb erforderlich, weil sich seine *Reise nach Armenien* weder mit Goethes *Italienischer Reise* noch mit Puškins *Putešestvie v Arzrum* (*Die Reise nach Erzerum*) unmittelbar vergleichen läßt, auch wenn beide Texte im Sinne eines Gattungsgedächtnisses bzw. als von Mandel'štam besonders geschätzte Prätexte zu berücksichtigen sind. Ähnlich wie die Armenien-Gedichte basiert auch die ›ornamentale‹ Prosa der *Reise* auf einer Fülle von scheinbar ungeordneten Eindrücken, Erinnerungssequenzen und kulturtheoretischen Reflexionen.[6] Damit unterscheidet sich die *Reise nach Armenien* aber kategorial von allen Reiseerinnerungen, die in der Tradition autobiographischen Schreibens chronologisch fortschreitend verfahren oder aber – unter systematischen Gesichtspunkten – ein mehr oder weniger in sich geschlossenes Bild des bereisten Landes zu entwerfen versuchen. Da überdies die die Ursprünglichkeit und naturhafte Schönheit Armeniens beschwörenden Passagen immer wieder durch poetologische Reflexionen unterbrochen werden, trifft auch noch auf die *Reise* die Feststellung zu, die Mandel'štam – Bachtins Roman-Poetik vorwegnehmend – bereits 1923 im Hinblick auf die moderne, allein zeitgemäße Prosa getroffen hat:

> Проза асимметрична, ее движения – движения словесной массы – движение стада, сложное и ритмичное в своей неправильности; настоящая проза разнобой, разлад, многоголосие, контрапункт.[7]

---

[5] Vgl. zu diesem Konzept des erinnernden Schreibens insb. die Essays *Slovo i kul'tura* (*Das Wort und die Kultur*) und *O prirode slova* (*Über die Natur des Wortes*) – Mandel'štam. *Sobranie sočinenij* (wie Anm. 4). S. 264-269 und S. 283-301; dt. Osip Mandelstam. *Über den Gesprächspartner. Gesammelte Essays I. 1913-1924.* Aus dem Russischen übertragen und herausgegeben von R. Dutli. Zürich: Ammann, 1991. S. 82-88 und S. 110-131.

[6] Vgl. zum Begriff und zur Poetik der ornamentalen Prosa insb.: Wolf Schmid. *Ornamentales Erzählen in der russischen Moderne. Čechov – Babel' – Zamjatin.* New York/Frankfurt/M.: Peter Lang, 1992 (Slavische Literaturen. Texte und Abhandlungen, Bd. 2).

[7] Mandelštam. *Sobranie sočinenij* (wie Anm. 4). S. 466. Dt. Mandelstam. *Über den Gesprächspartner* (wie Anm. 5). S. 207.

> Prosa ist asymmetrisch, ihre Bewegungen – die Bewegungen der Wortmasse – sind die Bewegungen einer Herde, komplex und eigenrhythmisch in ihrer Regellosigkeit. Wirkliche Prosa ist Dissonanz, Uneinigkeit, Vielstimmigkeit, Kontrapunkt.

Versucht man im Anschluß an diese grundsätzlichen Überlegungen über die Spezifik moderner, ornamentaler Prosa die komplizierte Makrostruktur der *Reise* zu beschreiben, so ergibt sich folgendes Bild. Von den acht kurzen Abschnitten des im russischen Original insgesamt nur 30 Druck-Seiten umfassenden Reiseberichts beziehen sich erstaunlicherweise nur vier auf die verschiedenen Naturlandschaften und kulturellen Traditionen Armeniens und die in ihnen lebenden Menschen. Dabei kommt es Mandel'štam schon in den ersten, auf die Insel Sewan konzentrierten Kapitel darauf an, sich nicht auf die flüchtigen, impressionistische Eindrücke und spätere Erinnerungsfragmente miteinander verknüpfenden Blicke des Reisenden zu beschränken. Vielmehr werden schon gleich zu Beginn des Textes zwei besonders eindrucksvolle architektonische Denkmäler aus dem 7. Jahrhundert erwähnt, die der noch weitgehend unberührten Natur der Insel zugeordnet werden. Gleich darauf ist von der Brandung der Wellen des Goktscha-Sees die Rede, die – mit einer kühnen metaphorischen Wendung – als »Begründerin des Buchdrucks« apostrophiert wird, die dazu in der Lage sei, »binnen einer halben Stunde von eigener Hand eine fette Gutenberg-Bibel herauszugeben.« (S. 7)

Damit wird Armenien von vornherein als das erste christliche Land mit einer ungewöhnlich reichen und andauernden Kulturtradition gerühmt, in dem der Reisende Archäologen, Chemikern und mit wilden Tieren verglichenen Kindern begegnet, die auf dieser gleichsam homerischen Insel eine »herrliche Vertrautheit mit der Welt der realen Dinge« (S. 14) ausstrahlen, nach der Sonnenuhr leben und auf diese Weise von der »verneinenden Freiheit« (S. 10) des Lebens auf dem Festland noch in keiner Weise tangiert zu sein scheinen.

Nach dieser knappen Exposition richtet sich der erinnernde Blick des Erzählers im zweiten Abschnitt auffällig abrupt und übergangslos auf Moskau mit seiner »dickflüssigen und mehligen Luft« (S. 15) und konzentriert sich dabei kurzzeitig auf den armenischen Staats- und Parteifunktionär Aschot Howhanesjan. Dessen despotisches Auftreten und dessen imposante Haltung im Moskauer Institut für Orientalistik entspricht bereits in keiner Weise mehr der wilden, ungezügelten Natur sowie der Antike und Christentum zusammenführenden Kultur Armeniens und veranlaßt den Erzähler deshalb zu der folgenden nostalgischen Reflexion:

> Видеть, слышать и понимать – все эти значения сливались когда-то в одном семантическом пучке. […] Понятие головы вылепилось десятком тысячелетий из пучка туманностей, и символом ее стала глухота. (S. 182)
> Sehen, Hören und Verstehen – all diese Bedeutungen waren einst im selben semantischen Bündel vereinigt. […] Der Begriff des Kopfes hat sich im Laufe von zehn Jahrtausenden aus dem Bündel der nebligen Bedeutungen herausgebildet, und die Taubheit wurde zu seinem Symbol. (S. 16)

Damit wird – ähnlich wie 15 Jahre zuvor von Georg Lukács in der *Theorie des Romans* – noch einmal die Historizität und Authentizität der sinnlichen Wahrnehmung und die unmittelbare Welterfahrung einer fernen Vergangenheit beschworen, wobei sich allerdings auch Mandel'štam nicht im geringsten über die »transzendentale Obdachlosigkeit« des modernen neuzeitlichen Bewußtseins hinwegtäuscht.[8]

Vielmehr nimmt er den unmittelbar nach seiner Rückkehr entstandenen Reisebericht immer wieder zum Anlaß, um die ferne, in sich geschlossene Kultur Armeniens der ihm aufgesetzt und aufdringlich erscheinenden sowjetischen Kultur der Gegenwart gegenüberzustellen, der sich auch der Reisende nicht gänzlich zu entziehen vermag. Ähnlich wie die in den frühen 20er Jahren verfaßten Kindheits- und Jugenderinnerungen werden auch die ebenso persönlichen und stark fragmentarisierten Erinnerungen an die Armenienreise wiederholt durch metapoetische Reflexionen unterbrochen, um die unüberbrückbare Kluft zwischen dem Eigenen und dem Fremden, der eher bedrückenden Gegenwart und der um so faszinierenderen Vergangenheit Armeniens als eines biblischen Landes hervorzuheben.

Diese Diskrepanz zwischen dem Wunsch nach ursprünglicher sinnlicher und ästhetischer Erfahrung und dem Bewußtsein der eigenen, auf sich selbst zurückgeworfenen Subjektivität und Individualität wird in dem Abschnitt *Zamoskvoreč'e* (*Das Samoskworetschje-Viertel*) noch deutlicher artikuliert. Während das erzählende Ich nach der Rückkehr aus Armenien »Russlands Kürbisleere« (S. 19; »арбузную пустоту России«, S. 184) besonders intensiv erlebt, werden mit den Erinnerungen an die Musik von J.S. Bach, die Bilder der Impressionisten und die unzerstörte Natur Armeniens noch einmal Zeichen einer idyllischen, gleichsam Raum und Zeit enthobenen Welt beschworen, die in dem emphatischen Ausruf gipfeln: »Ringsum reicht den Augen das Salz nicht aus. Man erhascht

[8] Georg Lukács. *Die Theorie des Romans. Ein geschichtsphilosophischer Versuch über die Formen der großen Epik*. Darmstadt: Luchterhand, 1963. S. 35.

Formen und Farben – und all dies ist ungesäuertes Brot. So ist Armenien« (S. 25; »Кругом глазам нехватает соли. Ловишь формы и краски и всё это опресноки. Такова Армения«, S. 189).

Aber nicht umsonst werden am Ende des Kapitels, in dem noch einmal die »Umgebung eines lebendigen Impressionismus im Tempel der Luft, des Lichtes und des Ruhmes von Edouard Manet und Claude Monet« apostrophiert wird (S. 29; »[…] а в живой импрессионистской среде в храме воздуха, славы и света Эдуарда Манэ и Клода Монэ«, S. 193), der Prozeß und die Grenzen des erinnernden Schreibens reflektiert, indem ausführlich auf die innere Leere der Moskauer Alltagwelt eingegangen wird. Das erzählende und das erlebende Ich stehen sich also auch in Mandel'štams autobiographisch fundiertem Reise- und Erinnerungstext pointiert gegenüber und werden auch im Akt des Schreibens keineswegs miteinander identisch. Denn selbst in der Rückerinnerung gelingt es dem Verfasser nicht, sich ganz auf seine harmonischen Armenien-Bilder und die sie umgebenden bzw. evozierenden ästhetischen Erfahrungen zu konzentrieren. Vielmehr heißt es in dem Kapitel *Aštarak* (*Aschtarak*), in dem Mandel'štam seine Eindrücke von der ältesten Siedlung Armeniens festzuhalten versucht, sehr abrupt:

> Глаз ищет формы, идеи, ждет ее, а взамен натыкается на заплесневевший хлеб природы или на каменный пирог.
> Зубы зрения крошатся и обламываются, когда смотришь впервые на армянские церкви.[9]
> Das Auge sucht eine Form, eine Idee, erwartet sie – und stößt statt dessen auf das schimmlige Brot der Natur oder eine Pastete aus Stein.
> Die Zähne des Sehvermögens zerbröckeln und brechen ab, wenn man zum ersten Mal armenische Kirchen anschaut.

Offenbar funktioniert das Auge keineswegs immer so bruchlos als Instrument des Denkens, da das Subjekt viel zu stark auf die eigene Lebenswelt fixiert bleibt und sich deshalb längerfristig nur von den »geheimnisvollen armenischen Lauten« (S. 47; »звуки, запрещенные для русских уст, тайные […]», S. 207) affizieren läßt, deren unverständliche Laute den Dichter Mandel'štam während seiner Reise am unmittelbarsten berührt zu haben scheinen und ihm möglicherweise zu seinen eigenen zwölf Armenien-Gedichten inspiriert haben.

---

[9] Mandel'štam. *Sobranie sočinenij* (wie Anm. 4). S. 207. Dt. Mandelstam. *Armenien, Armenien* (wie Anm. 1). S. 47.

Demgegenüber werden die im Erinnerungstext gleichsam gespeicherten und neu artikulierten impressionistischen Bilder von der Natur und Kultur Armeniens immer wieder relativiert durch ironische Hinweise auf die »Hinterlist der Bürokraten« oder auf selbst ernannte proletarische Dichter, die sich nicht einmal von der Nachricht über den Selbstmord Majakovskijs erschüttern lassen. Offenbar kam es Mandel'štam darauf an, gerade in der Rückerinnerung seine sinnlichen und kulturellen Erfahrungen von Armenien nicht voreilig zu idealisieren und das Land nicht einseitig als Urraum der menschlichen Zivilisation oder als das erste gelobte Land christlicher Kultur zu überzeichnen. Vielmehr bleiben auch hier noch die unübersehbaren Spuren der sowjetischen Kultur präsent, der sich Mandel'štam auch während seiner als Flucht und zugleich als Erholung empfundenen Armenien-Reise nicht gänzlich zu entziehen vermochte.

So lassen sich, wenn man doch einmal eine Art Synchronschnitt durch den höchst komplizierten Erinnerungstext zu legen versucht, folgende Ebenen unterscheiden:

- Die Ebene der unmittelbaren Naturerfahrung und der mit ihr korrespondierenden antiken und christlichen Kultur
- Die Ebene der diese idyllische Welt bedrohenden Zivilisation und sowjetischen Kultur
- Die Ebene der intensiven Reflexion über das Verhältnis von Natur und Kunst beziehungsweise den Zusammenhang von Schreiben und Erinnern

Durch eine solche, zweifellos etwas schematisierende Strukturierung des Textes läßt sich erkennen, wie konsequent der Autor immer wieder die Diskrepanz zwischen sinnlich-ästhetischer Erfahrung, poetischer Reflexion und diese miteinander verklammernder literarischer Darstellung hervorhebt. Denn Armenien wird in dem eigenen, bewußt subjektiv, ja geradezu impressionistisch gehaltenen Reisetext zugleich als ein Reich der eigenen, idealisierenden und idyllisierenden Träume und Hoffnungen und als ein Land geschildert, in dem bereits der frühe Stalinismus seine nicht zu übersehenden und zu verschweigenden Spuren hinterlassen hat.

In den zwölf, ebenfalls Armenien gewidmeten lyrischen Texten scheint demgegenüber das Auge nicht in erster Linie als Instrument des Denkens zu figurieren. Vor allem im letzten, den Zyklus abschließenden Gedicht sind vielmehr die Farbe, die Musik und die ungewöhnliche poetische Sprache so unmittelbar aufeinander bezogen, daß in ihm der Gegensatz von sinnlicher Anschauung und poetischer Reflexion zumindest kurzzeitig, in der Präsenz der ästhetischen Erfahrung, aufgehoben zu sein scheint. So wird Armenien im lyrischen Text, wie die Bibel, zum Buch der Bücher, zur »buchgewordenen Erde« (S. 115). Und ungleich deutlicher als in den zersplitterten Prosaminiaturen offenbart sich im lyrischen Gedicht und in dem von ihm evozierten unmittelbaren ästhetischen Erlebnis »der Triumph des Lebenden über das Erstarrte und Tote«, wie Ralph Dutli die Gesamttendenz der Reminiszenzen an Armenien zu qualifizieren versucht hat.[10]

Das nur aus sechs Zeilen bestehende, vornehmlich auf die Lautstruktur der Verse zentrierte zwölfte Gedicht des Armenien-Zyklus lautet:

Лазурь да глина, глина да лазурь,
Чего ж тебе еще? Скорей глаза сощурь,
Как близорукий шах над перстнем бирюзовым,
Над книгой звонких глин, над книжною землей,
Над гнойной книгою, над глиной дорогой,
Которой мучимся как музыкой и словом.[11]
Azur und Lehme, Lehme und Azur.
Was willst du mehr? Führ blinzelnd deine Augen nur
Wie ein kurzsichtiger Schah zum Türkisring – sofort
Zum Buch des klingenden Lehms, zur buchgewordenen Erde,
Zum Eiter-Buch, dem Lehm, dem immerzu begehrten,
Der uns so quält, als wäre er – Musik und Wort.

Auch in diesem konzentrierten lyrischen Text wird, in der zweiten Verszeile, ein nicht näher bestimmtes Subjekt apostrophiert, das sich zugleich auf das lyrische Ich und das in den Gedichttext gleichsam eingeschriebene Du des Lesers beziehen läßt. Aber durch die ungewöhnlichen, auf die braune Erde bzw. den blauen Himmel Armeniens verweisenden Bilder und Metaphern, die auffällige Wiederholung bzw. Variation eines der Schlüsselworte der ersten Verszeile sowie den getragenen, auf dem Alexandriner basierenden Versrhythmus tritt hier die Subjektivität des Reisenden und sein Bedürfnis, seine unmittelbaren Erfahrungen und Erinnerungen durch Reflexionen zu unterbrechen und zu kommentieren, weitgehend zurück. Indem in den beiden letzten Verszeilen das »Eiter-Buch« und der »begehrte Lehm« unmittelbar mit der Musik und dem Wort verknüpft

---

[10] Ralph Dutli. »Reisekunst«. Mandelstam. *Armenien, Armenien* (wie Anm. 1). S. 205.

[11] Osip Mandel'štam. »Armenija«. Ders. *Sobranie sočienenij v trech tomach.* Hg. G.P. Struve/B.A. Filipoff. Bd. 1. Washington: Inter-Language Literary Assoc., 1967. S. 150-155. Hier S. 155. Dt. Mandelstam. *Armenien, Armenien* (wie Anm. 1). S. 115.

werden, verliert das Verbum ›mučit'sja‹ im Sinne des ›Sich Plagens‹ oder ›Sich Abarbeitens‹ weitgehend seine pejorative Bedeutung. Scheint sich doch zumindest für denjenigen, der sich intensiv um die so ganz andere Natur und Kultur Armeniens bemüht, eine ähnlich intensive Erfahrung zu eröffnen wie für den kurzsichtigen Schah bei der ähnlich mühevollen Betrachtung des Türkisrings. So zeigt gerade dieses letzte Gedicht aus dem Armenien-Zyklus die kategoriale Differenz zwischen Mandel'štams Poesie und Prosa, deren fragmentarische, durch die Subjektivität des schreibenden und erinnernden Autors gebrochene Struktur in dem ebenfalls erhaltenen Notizbuch zu seiner Armenienreise folgendermaßen beschrieben hat:

> Действительность носит сплошной характер.
> Соответствующая ей проза, как бы ясно и подробно, как бы деловито и верно она ни составлялась, всегда образует прерывистый ряд.
> Не только та проза действительно хороша, которая всей своей системой внедрена в сплошное, хотя его невозможно показать никакими силами и средствами.
> Таким образом, прозаический рассказ не что иное, как прерывистый знак непрерывного.[12]
> Die Wirklichkeit hat kompakten Charakter.
> Die ihr entsprechende Prosa, wie klar und detailliert, wie sachlich und zuverlässig sie auch gefügt sein mag, bildet immer eine unterbrochene Reihe.
> Nur jene Prosa aber ist wirklich gut, die mit ihrem ganzen System in das Kompakte eingedrungen ist, auch wenn dieses sich durch keinerlei Kräfte und Mittel vorzeigen läßt.
> So ist das Erzählen in Prosa nichts anderes als ein unterbrochenes Zeichen für das Ununterbrochene.

Während Mandel'štam in seinen Armenien-Gedichten eben diesen ›kompakten Charakter‹ der Realität durch die Verssprache unmittelbar zu erfassen und umzusetzen versucht hat, erweisen sich nicht nur das Notizbuch, sondern auch die ausgearbeiteten Reiseerinnerungen als ein höchst komplexer und polyphoner Text, dessen einzelne Teile nur durch das Prinzip der Montage sowie die subjektiven Betrachtungen und Reflexionen des erzählenden Ich miteinander verknüpft sind. Eben diese Heterogenität der Beschreibungen und die starke Betonung der subjektiven Wahrnehmungen und Empfindungen machen aber den ästhetischen Reiz

---

[12] Mandel'štam. *Sobranie sočinenij* (wie Anm. 4). Bd. 3. S. 166. Dt. Mandelstam. *Armenien, Armenien*. S. 86.

aus, durch den sich Mandel'štams Erinnerungstext von der traditionellen Reisebeschreibung grundsätzlich unterscheidet. Geht es doch um immer wieder andere, durch die subjektive Reflexion gebrochene Annäherungen an eine ›kompakte Realität‹, die sich jeder kontinuierlichen Dokumentation und jeder eindeutigen Bewertung beharrlich widersetzt.

Fragt man abschließend danach, warum Mandel'štams *Reise nach Armenien*, die erstaunlicherweise noch 1933 in der Zeitschrift *Zvezda* (*Stern*) erscheinen konnte, seine letzte Publikation geblieben ist, so sind dafür vermutlich nicht ausschließlich die unübersehbaren ironischen oder polemischen Ausfälle gegen die Politik und Kultur des frühen Stalinismus verantwortlich zu machen. Zwar ist mit Sicherheit weder dem Herausgeber Cezar Vol'pe noch dem Autor verziehen worden, daß Mandel'štam am Ende seines Erinnerungstexts eine Episode aus der Geschichte Armeniens aufgreift, um in der Form der Allegorie auf die tyrannische Herrschaft Stalins, die zwiespältige Haltung des taktierenden Bucharin und – vor allem – auf das eigene hoffnungslose Schicksal nach seiner Rückkehr nach Moskau aufmerksam zu machen. Gleichzeitig war aber auch sein Armenien-Buch, in dem sich kein einziges Wort über die sozialistischen Errungenschaften in der neuen Sowjetrepublik Armenien findet, wegen seiner ungewöhnlichen Schreibweise nicht mit der Doktrin des Sozialistischen Realismus zu vereinbaren. Die sowjetischen Kritiker waren eben nicht von der »harmlosen Pest des naiven Realismus genesen« (S. 36; »выздоравливающих от безвредной чумы наивного реализма«, S. 198), die Mandel'štam in dem Kapitel *Francuzy* (*Die Franzosen*) zugleich ironisiert und verurteilt. Und sie wollten und konnten nicht akzeptieren, daß das Auge ein »edles und eigensinniges Tier« sein sollte (S. 36; »что глаз благородное, но упрямое животное«, S. 199), das sich weder den Blick auf die eigene subjektive Erfahrung noch auf die sie affizierende Welt verstellen ließ.

Viktor Šklovskij hat bereits 1933 die Originalität dieser subtilen, immer wieder auf sich selbst reflektierenden Reiseerinnerungen klar erkannt, als er konstatierte: »Dies ist eine Reise zwischen grammatischen Formen, Bibliotheken, Worten und Zitaten.«[13] Demgegenüber heißt es in einer Rezension in der *Pravda* über die *Reise* mit drohendem Unterton: »Der alte Petersburger Akmeistendichter O. Mandelstam ist an dem stürmisch blühenden und freudig im Aufbau begriffenen Sozialismus Armeniens unberührt vorübergegangen.«[14] Offenbar sollte – nach der Überzeu-

[13] Zit. nach Dutli. »Reisekunst« (wie Anm. 10). S. 220.

[14] Ebenda. S. 210.

gung des bereits vom Stalinismus infizierten Kritikers – nicht länger das Auge des Dichters, sondern die vermeintlich progressive Ideologie des ›Sozialismus in einem Lande‹ als Instrument des Denkens figurieren.

Christa Ebert (Frankfurt/Oder)

»Man muß sehen können«: Andrej Belyjs Reisetexte »Der Wind vom Kaukasus« und »Armenien« als ästhetische Lektion

Die zwei Kaukasusreisen in den Jahren 1927 und 1928 bilden das letzte Glied in einer Kette von Reisen, die der umtriebige symbolistische Dichter Andrej Belyj durch Europa und bis nach Ägypten unternommen hatte. Diese Reisen waren Teil seines Selbstentwurfs als Künstler, der im ›stranničestvo‹ und ›skital'stvo‹ (›Pilgern‹ und ›Umherwandern‹) seine Existenzform sah. Der Dichter Osip Mandel'štam nannte ihn einen »Sammler von Räumen« (»собиратель пространства«)[1], die der ewig unterwegs seiende Belyj sich ästhetisch aneignet und als sinnlich erfahrene in Sprache faßt: Linien, Farben, Töne und Rhythmus sind jene Elemente, die den Synkretisten in seinen Bann ziehen und die er als Mittel der Erkenntnis in sprachliche Gestalt zwingt.

Die in den fremden Regionen gewonnenen Eindrücke boten eine wichtige Grundlage für sein ›Laboratorium des Denkens und Erkennens‹, sie schärften seine Wahrnehmungs- und Gestaltungskraft, sie waren unabdingbarer Bestandteil seiner symbolistischen Kunst-Leben-Synthese. Selbst ein flüchtiger Blick auf die früheren Reisebeschreibungen nach Italien und Tunis oder Ägypten, Jerusalem zeigt, daß sie dieselben stilistischen und ästhetischen Merkmale aufweisen, wie die Reisetexte über den Kaukasus.[2] Und doch handeln letztere aus einer anderen Epoche, von Reisen, die nicht mehr im Zeichen der symbolistischen, sondern der sozialistischen Utopie stattfanden.

Wie aber verhält es sich mit dem ästhetischen und kulturologischen Programm, das ihnen zugrunde gelegt wurde? Was geschieht mit dem symbolistischen Pilgertum im Zeitalter der Errichtung des sowjetischen Imperiums und der Vorbereitung des Sozialistischen Realismus?

Belyjs Kaukasus-Reisen legen Zeugnis ab vom Versuch eines Spagats zwischen zwei Welten, zu einer Zeit, als der tiefe Riss, der diese Welten trennt, für manche Zeitgenossen – Belyj gehört zu ihnen – noch nicht so

---

1 Zit. n.: N. A. Gončar. »Putevaja proza Andreja Belogo i ego očerk ›Armenija‹«. Andrej Belyj. *Armenija.* Vtoroe dopolnennoe izdanie. Ėrivan': Nairi, 1997. S. 141.

2 Vgl. dazu: Ebenda. S. 143.

klar ersichtlich war. Sein Tod im Geburtsjahr des Sozialistischen Realismus 1934 besiegelt das Ende der Illusion von einer Verbindung zwischen Symbolismus und Sozialismus.

Die Kaukasusimpressionen, die er hinterließ, sind doppelbödig, sie können als Dokumente eines hoffnungsvollen Aufbruchs zu neuen Ufern oder als taktisch geschickte Rettungsversuche eines verfemten Dekadenten gelesen werden. Wahrscheinlich sind sie beides zugleich.

In der folgenden Untersuchung soll weder der Versuch gemacht werden, Belyj als einen Vorkämpfer für den Sozialistischen Realismus zu beschreiben, noch ihn zu einem Dissidenten in einer feindlichen Umwelt zu machen. Belyj verkörpert ein eigenes ästhetisches Universum. Kennzeichnend für ihn ist, daß er in den verschiedenen Phasen seines Lebens unterschiedlichste ideelle und eben auch ideologische Einflüsse in sein Symbolismuskonzept integrierte, das zwar eine ästhetische Grundkonstante aufwies (die Erschaffung des ›Ich‹ via synkretistischer Theurgie), dessen philosophische Fundierung jedoch heftigen Schwankungen ausgesetzt war (vom Kantianismus über den Neokantianismus zur Theosophie und Anthroposophie …). Für seinen ungebrochenen Drang zur Synthese spricht, daß er sich selbst in Zeiten seiner offenen Loyalitätsbekenntnisse zur neuen sowjetischen Ordnung weder vom Symbolismus noch von der Anthroposophie distanziert hat.

Seine Reiseberichte über den Kaukasus sind Dokumente eines neuerlichen Ansatzes zur symbolistischen Synthese, eines sozialistisch gefärbten ›Mythenschaffens‹ (›mifotvorčestvo‹). Den Weg zur Sowjetideologie hat Belyj mit diesen Reisetexten in der Tat betreten, wie weit er ihn hätte gehen wollen – oder angesichts der Mitte der dreißiger Jahre einsetzenden Repressionen hätte können –, ist ungewiß.

I. Vom Skythen-Rebellen zum Sänger des sozialistischen Aufbaus

Wie andere symbolistische Dichter, die in der Revolution einen Vorboten für die ersehnte universale Erneuerung der Kultur sahen, hatte sich der Dichter Andrej Belyj in den Dienst der neuen Ordnung gestellt und in den ersten Jahren im *Proletkul't* (Bewegung der proletarischen Kultur) als Lehrer ›das Katheder verbrannt‹, das Schüler und Lehrer trennte, so wie sein symbolistischer Dichter-Kollege Vjačeslav Ivanov die Rampe niederreißen wollte, die Schauspieler und Zuschauer trennte. Als sich jedoch herausstellte, daß die junge proletarische Kunst ihrer nicht bedurfte und sie als ehemalige Dekadente aus dem *Proletkul't* ausgeschlossen wurden, verlagerte Belyj sein Wirkungsfeld gänzlich in die VOLFILA, die *Freie Philosophische Assoziation*, die der Kritiker Ivanov-Razumnik ins Leben gerufen hatte. Diese Assoziation verstand sich laut Belyj als Impulsgeberin zur »Ausweitung der [...] Revolution auf den Bereich des Geistes, zur geistigen Revolution [...]«.[3] Belyj, der in der Zeit des revolutionären Umbruchs der anarchisch radikalen Skythenbewegung Ivanov-Raszumnik nahe steht, ist Hirn und Herz der VOLFILA. Sowohl in Rußland als auch während der zwei Jahre seines Aufenthalts in Berlin von 1921 bis 1923, wo er die deutsche Filiale der Assoziation gründet, findet er in ihr seine intellektuelle Heimstatt. VOLFILA ist eine Insel, auf der in Rußland verbliebene Intellektuelle des Silbernen Zeitalters die Anpassung ihrer kulturosophischen Ideen an die neuen sozialistischen Verhältnisse proben können – bis die Vereinigung von der Regierung 1924 geschlossen wird. Mit der Massenausweisung der Intellektuellen 1922 und dem Ende der VOLFILA ist es mit dem Inseldasein vorbei. Belyj, der schon seit längerem die revolutionäre Praxis der Bol'ševiki mit Skepsis betrachtete, seinem aufrührerischen Revolutionspathos jedoch nicht abschwören wollte, geriet in ein Dilemma. Die Flucht ins Ausland hatte keine Erlösung gebracht, hier hatte er nur ein von der Dekadenz zerfressenes Schattenreich sehen wollen – Spenglers ›Untergang des Abendlandes‹. Freilich haben der Schmerz und die Wut seinen Blick auf Berlin und den Westen getrübt, als er erleben musste, wie seine Frau, die Malerin Asja Turgeneva, mit einem anderen davonzog und ihn kalt abwies. Als die *Anthroposophische Gesellschaft*, der er wie Asja anhing, befürchten musste, ihr Mitglied aufgrund der persönlichen Kränkung zu verlieren, schickte sie aus Moskau eine Gesandte, die Anthroposophin Klavdija Vasil'eva, die ihn trösten und wieder zurückbringen sollte. Das Unternehmen gelang. Die Rückkehr nach Rußland wird von dem Heimkehrer nun mit der Aura des Lichts umgeben, nach dem westlich dekadenten Schattenreich erscheint ihm Moskau als »Lebensborn«, als sprudelndes, kreatives Tohuwabohu, als »schöpferisches Laboratorium für zukünftige, von der Welt vielleicht noch nie gesehene Formen«.[4]

Das ist die Formel, die für die künftige Sicht Belyjs auf Sowjetrußland gültig bleibt. Das ›mifotvorčestvo‹ hilft ihm, die schnöden Erfahrungen mit

---

[3] V. G. Belous. Petrogradskaja Vol'naja Filosofskaja Associacija (1919-1924) – antitotalitarnyj ėksperiment v kommunističeskoj strane. Moskva: Magistr, 1997. S. 4.

[4] Andrej Belyj. *Im Reich der Schatten. Berlin: 1921-1923.* Frankfurt/M.: Insel, 1987. S. 85.

dem Alltag zu bestehen. Denn der Wind, der Belyj nach seiner Heimkehr entgegenweht, ist frostig geworden. Lev Trockijs Verdikt in dem soeben erschienenen Buch *Literatura i revoljucija* (1924; *Literatur und Revolution*) gegen die bürgerlich dekadenten Autoren, betrifft ihn unmittelbar: Trockijs Feststellung, daß bereits das Pseudonym Belyj (der Weiße) beweise, daß der Dichter ein Gegner der Revolution sei[5], verurteilt den Autor zu weitgehender Isolation. Er selbst schreibt dazu wenige Jahre später:

> Я был »*живой труп*«; »*В.Ф.А.*« – закрыта; »*А.О.*« – закрыто; журналы – закрыты для меня; издательства закрыты для меня [...].[6]
> Ich war ein ›*lebendiger Leichnam*‹; die ›*Freie Philosophische Assoziation*‹ war geschlossen; die ›*Anthroposophische Gesellschaft*‹ war geschlossen; die Zeitschriften – mir verschlossen; die Verlage – mir verschlossen [...].

Mit Klavdija Nikolaevna, seiner getreuen Gefährtin und späteren Ehefrau, zog er sich zurück nach Kučino, eine Siedlung in der Nähe Moskaus, wo er sich insbesondere der Erinnerung an den ehemals geliebten, nun gehaßten Rudolf Steiner widmete, und wo er, der nach eigenem Bekenntnis nicht aufgehört hatte, ein Anthroposoph zu sein, über sein Verhältnis zu der Bewegung mit sich ins Reine kommen wollte. Die sowjetische Wirklichkeit blieb außen vor. Belyj hatte sich eine neue Insel geschaffen, die ihm aber bald nicht mehr genügte, da er den öffentlichen Auftritt liebte und am ›Verwandeln des Lebens‹[7] nicht nur kontemplativ, sondern auch aktiv teilhaben wollte. In einer Liste: *Sebe na pamjat'* (*Sich selbst zur Erinnerung*) hat Belyj für die Jahre zwischen 1899 und 1932 etwa 930 mündliche Auftritte festgehalten, zwei Drittel davon entfielen auf die Zeit nach 1917, insbesondere in die Ära der VOLFILA.[8] Die publizistischen

---

[5] Vgl. dazu das Nachwort von Wenzel Michael Götte in: Andrej Belyj. *Verwandeln des Lebens*. Basel: Zbinden, 1977. S. 509.

[6] Andrej Belyi. »Počemu ja stal simvolistom...« Ders. *Simvolizm i miroponimanie.* Moskva: Respublika, 1994. S. 418-492. Hier S. 483; dt.: Andrej Belyj. *Ich, ein Symbolist. Eine Selbstbiographie.* Frankfurt/M.: Insel, 1987. S. 186.

[7] Unter dem Titel *Verwandeln des Lebens* erschienen Belyjs Erinnerungen an Rudolf Steiner 1975 erstmalig in deutscher Sprache in der Übersetzung von Swetlana Geier aus dem Originalmanuskript – (wie Anm. 5). Dieses Erinnerungsbuch enthält eine Würdigung des verehrten ›Doktors‹ und belegt, dass die Abwendung Belyjs von Steiner nur eine vorübergehende war.

[8] Ausführlicher zu Belyjs publizistischen Aktivitäten s. T. A. Ančugova. »Vystuplenija Andreja Belogo v konce 20-ch – načale 30-ch godov«. Andrej Belyj. *Problemy tvorčestva*. Stat'i. Vospominanija. Publikacii. Moskva: Sovetskij pisatel', 1988. S. 663-678.

Aktivitäten als Redner, Lektor, Pädagoge, für die er anfangs auch im *Proletkul't* ein begeistertes Forum fand, waren ein wichtiger Teil seines symbolistischen Selbstverständnisses, und er vermißte sie nach seiner Rückkehr nach Rußland schmerzlich.

Die Reisen in den Kaukasus boten den Ausbruch aus der Isolation, räumlich wie sozial. Die Begegnung mit der sozialen und literarischen Gegenwart gestaltete sich ›mild‹, denn in Georgien war der ideologische Druck nicht so stark spürbar wie in den sowjetischen Metropolen. Belyj fand begeisterte Aufnahme bei den georgischen Künstlern, für die sein Ruhm nicht verblaßt war, die ihn als Klassiker feierten, ihn zu Vorträgen einluden und ihm damit jenen Respekt erwiesen, der ihm in Moskau und Leningrad verwehrt blieb.[9]

Die Reise in den Kaukasus leitet einen neuen Schritt der Annäherung Andrej Belyjs an die sowjetische Gegenwart ein. Sie bildet also vor allem ideologisch einen wichtigen Meilenstein seiner Biographie. Wie aber verhält es sich mit den Texten selbst, in denen die auf den Reisen gewonnenen Eindrücke festgehalten sind? Der Autor selbst veranschlagt sie literarisch nicht sehr hoch. In dem 1930 erschienenen Interviewband *Kak my pišem* (*Wie wir schreiben*), in dem bekannte Autoren Auskunft über ihre Arbeitsweise und Befindlichkeit geben, unterteilt er seine Schaffensproduktion in eine künstlerische Richtung, zu der er seine Romane, zuletzt *Maski* (*Masken*), rechnet und in eine publizistische, der er seine Memoirenbände und die in der Zeitschrift *Krasnaja Nov'* (*Rotes Neuland*) publizierten Reiseimpressionen *Veter s Kavkaza* (*Der Wind vom Kaukasus*) zuschlägt, wobei er letztere abschätzig als »Brotarbeit« (»chaltura«) bezeichnet: »Auch der Künstler muß doch sein täglich Brot verdienen« (»[...] надо же художнику зарабатывать хлеб насущный«).[10] Den Reisebericht *Armenija* erwähnt er nicht, aber aus Briefen und Erinnerungen geht hervor, daß er ihn literarisch für gelungener hält.[11] Es ist der erste Text, den Belyj als sozialistisches Auftragswerk übernahm.

---

9 Vgl. dazu das Vorwort zum Band: *Andrej Belyj i Ivanov-Razumnik. Perepiska.* (Publikacija, vstupitel'naja stat'ja i kommentarii A. V. Lavrova i Džona Mal'mstada.) Sankt Peterburg: Atheneum. Feniks, 1998. Insbesondere S. 9.

10 Zit. n.: Andrej Belyj. *Problemy tvorčestva* (wie Anm. 8). S. 10.

11 So lesen wir in einem Brief an P. N. Zajcev: »[...] лично считаю очерк – удачным и цельным: и по композиции, и по материалу, и по стилю«. (»Ich persönlich halte den Reisebericht für gelungen und in sich geschlossen, hinsichtlich der Komposition, des Materials und des Stils.«) Zit. n. Carmen Sippl. *Reisetexte der russischen Moderne. Andrej Belyj und Osip Mandel'štam im Kaukasus*. München: Otto Sagner, 1997. S. 119.

In den Sommermonaten der Jahre 1927 und 1928 jedenfalls begibt sich Belyj auf eine Entdeckungsreise in eine für ihn geo-kulturelle *terra incognita*. Die Kaukasusreisen eröffnen ihm neue Horizonte für sein vom Symbolismus geprägtes Synthesebegehren, das nun darauf gerichtet ist, archaische Monumentalität und Tradition mit sozialistischer Aufbaudynamik und Innovation zu verschmelzen.

II. Symbolistisches Sehen und sozialer Auftrag

Belyj hat den sozialen Auftrag an die Schriftsteller, durch die Sowjetunion zu reisen und über die Erfolge des Aufbaus zu berichten, angenommen, die literarischen Verfahren, derer er sich nicht nur bedient, sondern die er als programmatisch für die Erfahrung des Fremden, die Aneignung neuen Wissens entwickelt, stammen jedoch aus dem bewährten Reservoir der symbolistischen Ästhetik. Das soll im Folgenden etwas näher ausgeführt werden.

Zum selben Zeitpunkt, als Belyj seine Reisetexte veröffentlichte, erschien auch seine Bekenntnisschrift: *Počemu ja stal simvolistom i počemu ja ne perestal im byt' vo vsech fazach moego idejnogo i chudožestvennogo razvitija* (wörtlich: »Warum ich Symbolist wurde und warum ich in allen Phasen meines Lebens ein solcher blieb«; in der deutschen Ausgabe mit dem Titel: *Ich, ein Symbolist. Eine Selbstbiographie*), in der er die Affinität zwischen Kommunismus und Symbolismus herausstellt. So heißt es darin zum Beispiel:

> Идеология идеологией, а опыт опытом, […] *опыт* – не закрепим в догму; он выражаем в текучей символизации умело поставленных намеков; идеология – временная гипотеза […].[12]
> Подчеркивая *опытный момент* узнания о том, что индивидуальный опыт обобществим в символизме […].[13]
> Он – строимое миросозерцание новой культуры.[14]
> Одно время хотел я воскликнуть, что волю »*интер-индивидуал*«, если »*интер-социал*« так плох в нас; но *социал* и *индивидуал* – то же самое […].[15]

---

[12] Belyj. »Počemu ja stal simvolistom…« (wie Anm. 6). S. 435; dt. S. 62. Hervorhebungen hier und im weiteren im Original.
[13] Ebenda; dt. S. 60.
[14] Ebenda. S. 446; dt. S. 88.
[15] Ebenda. S. 489; dt. S. 203.

> Ideologie ist Ideologie und Erfahrung ist Erfahrung […] Erfahrung läßt sich nicht zum Dogma verfestigen; sie äußert sich als fließende Symbolisierung wohlplazierter Andeutungen; Ideologie ist bloß eine Hypothese auf Zeit […].
> Ich möchte betonen, daß wir die Einsicht erlebt haben: individuelle Erfahrung läßt sich im Symbolismus vergesellschaften […].
> Er [Der Symbolismus – *C.E.*] ist die systematisch entfaltete Welt-Anschauung der neuen Kultur.
> Eine Zeitlang wollte ich ausrufen, daß ich die »Inter-Individuale« wähle, wenn die »Inter-Soziale« so schlecht in uns beschaffen ist, aber die Soziale und die Individuale –sind dasselbe […].

Symbolismus bleibt für ihn die Weltanschauung, sein Kern ist die Verschmelzung von äußerer und innerer Wahrnehmung zu etwas Drittem:

> […] символ – это третье; построив его, я преодолеваю два мира (хаотичное состояние испуга и поданный мне предмет внешнего мира).[16]
> Dieses Dritte ist das Symbol; konstruiere ich das Symbol, so überwinde ich zwei Welten (den chaotischen Zustand des Schreckens und das mir gegebene Objekt der Außenwelt).

Das ist eine Rückkehr zum ›mifotvorčestvo‹, wie es die jüngere Generation der Symbolisten (A. Blok, A. Belyj, V. Ivanov) bereits zum Anfang des Jahrhunderts verkündet hatte. Überwunden wird damit die karnevaleske Stufe des Symbolismus[17], die das Symbol in Frage gestellt und die im Roman *Peterburg* ihren literarischen Höhepunkt erreicht hatte, überwunden wird auch die Immanenz, zu der der Autor in den Romanen *Kotik Letaev* (1917/18) und *Kreščenyj kitaec* (1921; *Der getaufte Chinese*) Zuflucht genommen hatte. Mit den Romanen *Moskva* (1925) und *Maski* (1930; *Masken*) durchbricht er die Immanenz, indem er die karnevaleske Ästhetik noch einmal aufgreift und sie mit einem (pseudo-)realistischen Rahmen umgibt, was aber unter sowjetischen Zensurbedingungen nur zur Entlarvung der (bürgerlichen) Vergangenheit taugt, nicht aber zur Beschreibung der sozialistischen Gegenwart und Zukunft. In den Reiseimpressionen *Der Wind vom Kaukasus* wird aber gerade letztere zum Gegenstand seiner literarischen Gestaltung.

---

[16] Ebenda. S. 418; dt. S. 18.

[17] Aage Hansen-Löve unterscheidet drei Symbolismusmodelle, die im wesentlichen zeitlich aufeinanderfolgen: das diabolistische, das mythopoetische und das grotesk-karnevaleske Modell. (Ders. *Der russische Symbolismus. System und Entfaltung der poetischen Motive.* I. Band. Wien: Österreichische Akademie der Wissenschaften; 1989. S. 5.)

Als Darstellungsfokus wählt er – für Reisebeschreibungen naheliegend – die sprachlich realisierte Visualisierung des Gesehenen und Erlebten: Nicht einfach als photographische oder kinematographische Ablichtung, eingefangen durch eine bewegliche Kamera, womit sich die gewählte Erzähltechnik zumindest vergleichen ließe, sondern als ein bewußtes Sehen, welches das Gesehene in symbolischer Verdichtung wiedergibt. Erkenntnis und Erfahrung werden von Belyj, wie auch in früheren Texten, erneut als sinnliche bekräftigt. Er knüpft damit an die ihm eigene visuelle Darstellungsweise an, man denke an die skulpturartigen Figuren und die kubistischen Bilder im Roman *Peterburg,* die filmtechnische Art seines Erzählens, die Wertschätzung der Farben und Linien.[18] Mit dem Akzent auf Visualisierung bekräftigt er jedoch nicht nur eine wichtige These seines Symbolismusverständnisses, sondern befindet er sich im Trend der zeitgenössischen Avantgardekunst.

Der Autor von *Der Wind vom Kaukasus* beruft sich auf die Forderung des avantgardistischen Malers Kuzma Petrov-Vodkin: »Живопись вся – это наука видеть« (»Malerei ist ganz und gar – die Kunst zu sehen«).[19] Einen Bundesgenossen für sein symbolistisches Sehen findet er auch in dem armenischen Maler Martiros S. Sarjan, seinem Reisebegleiter, dessen Bilder: »synthetische Landschaften, die zum Schema, zum Bild erhoben wurden« (»синтетические ландшафты, приподнятые до схемы, образа«), ihn gelehrt hätten, Armenien zu sehen.[20] Schema bedeutet hier visualisiertes Symbol. Dieser Gedanke findet sich in ähnlicher Weise bereits in seinem Aufsatz *Formy iskusstva* (*Die Formen der Kunst*) aus dem Jahre 1902, wo wir lesen: »Умение видеть есть умение понимать их вечный смысл, их идею« (»Die Fähigkeit zu sehen ist die Fähigkeit, ihren ewigen Sinn, ihre Idee zu verstehen.«).[21] Das wiederum erinnert an die von Vladimir Solov'ev entlehnte Sehnsucht der Symbolisten »das Antlitz des Absoluten zu erschauen« (»узреть лик абсолюта«).[22]

Auch den litauischen Künstler Mikalojus Konstantinas Čiurlionis zitiert Belyj als Kronzeugen, um sein Streben nach einem synkretistischen

---

[18] Zur Bedeutung der Malerei in Belyjs Wortkunst vgl. E. V. Zavadskaja. »UT PICTURA POESIS Andreja Belogo«. Belyj. *Problemy tvorčestva* (wie Anm. 8). S. 461-469.

[19] Sippl. *Reisetexte* (wie Anm. 11). S. 157.

[20] Belyj. *Armenija* (wie Anm. 1). S. 31.

[21] Vgl. Sippl. *Reisetexte* (wie Anm. 11). S. 110.

[22] Belyj. *Problemy tvorčestva* (wie Anm. 8). S. 463.

Sehen, das die verschiedenen Sinneswahrnehmungen zusammenschließt, zu bekräftigen.[23]

Die Kategorie des ›Sehens‹ hat in den 20er Jahren nicht nur in der Malerei Konjunktur, sondern auch im Theater und in der formalistischen Theorie.

In Tiflis trifft Belyj den Regisseur Vsevolod Mejerchol'd, der dort mit seiner aufsehenerregenden und umstrittenen Inszenierung von Nikolaj Gogol's Komödie *Revizor* (*Der Revisor*) gastiert. Das Stück besteht aus einer dynamischen Montage von Szenen, die an Filmtechnik erinnern. Mejerchol'ds Bühnenästhetik kommt zweifellos Belyjs Vorstellungen von der rhythmischen Geste nahe, die er zur Zeit der Kaukasusreise gerade an Puškins Werken studiert. Die Ergebnisse seiner Rhythmusstudien legt er Ende des Jahres 1927 in der Untersuchung *Ritm kak dialektika i ›Mednyj vsadnik‹* (*Der Rhythmus als Dialektik und der ›Eherne Reiter‹*) nieder. Zum selben Thema hält er eine Vorlesung in Tiflis.

Wovon er sich jedoch abgrenzt, ist das formalistische Verfahren der ›Verfremdung‹ (›ostranenie‹), wie es einer der Hauptakteure des Formalismus, Viktor Šklovskij, vertritt. Die Begegnung mit Šklovskij in Tiflis ist ihm Anlaß, seine eigene Vorstellung von ›Verfahren‹ (›priem‹) von der technizistischen Bedeutung, die Šklovskij dem Begriff gibt, abzugrenzen. Genauer gesagt, Belyj nimmt dem impulsiven und lebhaften Šklovskij die formalistische Reduktion des Kunstwerks auf eine ›Summe von Verfahren‹ nicht ab: Šklovskij sei zu sehr ein Mensch ohne Verfahren, ohne Form, voller Inhalt, als daß er sich mit einer Reduktion auf die Analyse von Verfahren begnügen könne.[24] Für Belyj enthält ›Verfahren‹ immer auch eine Substanz, es weist auf die Geste, das Symbol.

Eine wichtige, bislang in der Belyj-Forschung wenig beachtete Quelle seiner Visualisierungstechnik ist seine Vorliebe für das Ornamentale und Mosaikhafte, die er während seiner Aufenthalte in Koktebel' auf der Krim, im gastfreundlichen Haus des Dichter- und Malerfreundes Maksimilian Vološin ausgebildet hat. Das mineralreiche, vielfältige Gestein vulkanischen Ursprungs, das in der Bucht von Koktebel' überreichlich zu finden ist, hat diese zu einem Eldorado für Steinesammler werden lassen. Strandspaziergänge mit dem obligaten Sammeln bunter und bizarrer Steine gehören zu den heiligen Ritualen des Vološin-Kreises, denen sich Belyj mit großer Begeisterung hingibt. Er selbst nennt das Steinesammeln seine »Koktebeler-Krankheit«, der er verfallen sei und die er für sein

[23] Sippl. *Reisetexte* (wie Anm. 11). S. 155.

[24] Andrej Belyj. *Veter s Kavkaza*. Moskva: Federacija, 1928. S. 180-181.

symbolistisches Konzept des synthetischen Sehens nutzbar gemacht habe: »Все мне сочеталось в камнях, нами собранных [...] Камни аджарские многое мне приоткрыли; они – ключи к быту, ключи к пониманию орнамента [...].« (»Alles beschloß sich für mich in den Steinen, die wir gesammelt hatten [...] Die adžarischen Steine eröffneten mir vieles, sie waren der Schlüssel zum alltäglichen Sein, der Schlüssel zum Ornament [...].«)[25]

Er erfindet ein Verfahren, bei dem er die Steine nach ästhetischen, geologischen und linguistischen Gesichtspunkten auswählt, und bekennt, daß er nach der in Koktebel' gefundenen Methode den Roman *Moskau* geschrieben habe (»Я же – мозаичистом стал«). Die Bedeutung des Ornaments, das sich in den Steinen abzeichnet, wird ihm schließlich auch zum Sinnbild der Kultur und der Bewohner des Kaukasus: »[...] орнамент аджарских платков повторяет орнамент сложения камушков пляжа [...]«[26] (»Das Ornament der adžarischen Tücher wiederholt das Ornament der Beschaffenheit der Steine am Strand [...]«). Von Vološin angeregt sind zweifellos noch weitere Verfahren der Visualisierung und Symbolisierung: vor allem die Anthropomorphisierung der Natur – der Ararat und der Alagez werden mit menschlichen Zügen ausgestattet (›Patriarch Ararat‹) –, des weiteren die symbolische Aufladung der in der Natur befindlichen Steine und Felsen mit kulturellen Bedeutungen sowie das Interesse für synkretistische kulturelle Orte, die sich in Belyjs Kaukasusbeschreibungen in ähnlicher Weise finden wie in Vološins Krimgedichten.

Mit der Fokussierung auf das Bildliche, auf die Perspektive der Betrachtung, die einen konkreten Standort und Betrachter voraussetzt und die neben der Visualisierung auch den Rhythmus einschließt, hat Belyj eine Möglichkeit gewonnen, Inneres (Individuelles, zu dem auch kulturelles Vorwissen gehört) und Äußeres, das gegebene Objekt (der Kaukasus im Umbruch) in ein Drittes – ein Sinn-Bild (das Symbol) zu verwandeln.

Belyj spricht im Zusammenhang mit seinen Kaukasusreisen von seiner Kodak, einem Fotoapparat, den er immer mit sich führe, der ihm erlaube, momentane Bilder von Bewegungen, Posen, Mienen festzuhalten.[27] Der Apparat dient ihm als spezieller Gedächtnismechanismus, der es ermöglicht, Städte und Landschaften wahrzunehmen wie ein Bild. Zugleich ist ihm bewußt, daß nicht das Auge, sondern das Gehirn die Bilder produ-

---

[25] Ebenda. S. 52f. (Übersetzung hier und im weiteren – *d. Verf.*)

[26] Ebenda. S. 13.

[27] Vgl. Ebenda. S. 49.

ziert und die inneren Bilder durch Überlagerung der äußeren Eindrücke und der kulturell vorgeprägten Bilder entstehen.

Im Folgenden soll gefragt werden, wie die disparaten vorgefundenen Wirklichkeiten in der exotischen Welt des Kaukasus, das eigene Fremde und das eigene Neue: der sozialistische Aufbau, in den Texten ›gesehen‹ werden.

III. *Der Wind vom Kaukasus*

Im ersten Text, den Impressionen über die Reise, die den Autor vom April bis Juli 1927 in den Kaukasus führte, dominiert die individuelle Perspektive. Diese Reise ist seine erste Begegnung mit dem Kaukasus. Die im Tagebuch festgehaltenen Impressionen waren offenbar nicht von Anfang an für die Publikation geplant. Sie erfolgt ein Jahr später in der Zeitschrift *Rotes Neuland.* Fertiggestellt wurde der Text vom Januar bis März 1928. Belyj stattet seinen Reisebericht mit einem Vorwort aus, das dessen kulturpolitische Einordnung leisten soll.

Er betont darin den privaten Charakter der Reise und begründet damit den persönlichen Stil und die zufällig ausgewählten Impressionen:

> […] мои ›Кавказкие впечатления‹ не претендуют на многое; они появились как оформление личной, дневниковой записи для себя и нескольких друзей […][28]
> Meine ›Kaukasischen Impressionen‹ erheben keinen großen Anspruch; sie entstanden aus persönlichen Tagebuchaufzeichnungen für mich selbst und für einige Freunde.

Neben der privaten Motivierung, die vor allem den impressionistischen Stil bemänteln soll, versieht der Autor im Vorwort seinen Reisebericht vor allem aber mit einer kulturpädagogischen Intention, mit der er gewissermaßen noch einmal in die aus der *Proletkul't*-Zeit bekannte Rolle des Kunst-Lehrenden schlüpft. Sein Text wird gleich zu Beginn als touristischer Reiseführer ausgegeben, d.h. er folgt der von traditionellen und neuen sowjetischen Reiseführern empfohlenen Reiseroute in und durch den Kaukasus und wendet sich damit an jenen Massenleser oder Reisenden, der sich aufmacht, seine neue, im sozialistischen Umbruch befindliche Heimat zu erkunden. Georgien und Armenien waren 1922 der Sowjetunion beigetreten, wo sie zunächst gemeinsam mit Azerbajdžan eine transkaukasische Republik bildeten. Es handelt sich gewissermaßen um

[28] Ebenda. S. 7.

die zweite Eroberung des Kaukasus, die sich gemäß der sowjetischen Rhetorik nunmehr aber als ein freiwilliger Zusammenschluß gleichberechtigter Staaten präsentierte.

Der Text soll dem sowjetischen Reisenden jedoch in erster Linie nicht faktologische und praktische Unterweisung geben, sondern eine ebenso wichtige ästhetische, die seine Sinne zur Wahrnehmung der ihn erwartenden fremden Welt, ihrer Natur und Kultur schärfen soll: Man brauche den kulturellen Fokus, um die Schönheit zu sehen, die Wilden sähen sie nicht, denn die Schönheit gehöre der Sphäre der Kultur an, nicht der des Alltags. Die Natur als Teil des alltäglichen Lebens unterliege nicht der geistigen Durchdringung (»ne sozercaema«), man müsse sich der Schönheit nähern, sie komme nicht allein zu uns. Dazu bedürfe es der Schulung des Auges durch die Kunst. Er selbst habe vieles in der Natur erst durch das Prisma des zuvor in Museen Gesehenen wahrgenommen.[29] Der Autor bekennt, daß ihn Goethes Italienreise angeregt habe, nach Italien und Sizilien zu fahren, und man kann daraus schließen, daß er seine eigene Rolle für die zeitgenössische Entdeckung des Kaukasus ähnlich sieht. Der Verfasser des Vorwortes begreift sich dabei nicht als Pionier – vor ihm seien Puškin, Lermontov und Vrubel' im Kaukasus gewesen, auf die er im Text auch ständig Bezug nimmt, – sondern eher als Wegweiser, als Vermittler. In einem öffentlichen Vortrag in Tiflis zum Thema *Čitatel' – pisatel'* (*Leser und Schriftsteller*) legt er seine Auffassung von der Rolle des Schriftstellers in der neuen Gesellschaft dar und betont dabei besonders das schöpferische Miteinander von Autor und Leser. Er bemüht sich deutlich um die neue sowjetische Sprache, wenn er vom Schriftsteller als »hochqualifiziertem Spezialisten« spricht, vom »Organisator eines Hochspannungsstroms der schöpferischen gemeinsamen Arbeit, die dazu befähigt, diesen Strom nutzbar zu machen« (»Писатель – это высококвалифицированный спец, […] подлинный писатель – организатор тока высокого напряжения творческой совместной работы, вызывающей к умению обращаться с током«).[30]

Er wendet sich damit indirekt gegen die von der RAPP vertretene Forderung nach Allgemeinverständlichkeit und Bedienung des Massengeschmacks und setzt dagegen auf die Erziehung einer ›Leseravantgarde‹ (›čitatelskij avangard‹).

Der Wind vom Kaukasus ist jedoch trotz des pädagogisch gefärbten Anspruchs alles andere als ein Leitfaden für kulturell gebildete Touristen.

---

29 Ebenda. S. 6.

30 Belyj. *Problemy tvorčestva* (wie Anm. 8). S. 670.

Obwohl als Reise eines Privatmannes inszeniert: »Ich reise inkognito als Boris Bugaev«, verfällt er bald in die Rolle Andrej Belyjs, nicht nur durch die Vorträge, zu denen er in Tiflis gebeten wird, sondern auch durch die Begegnungen mit Künstlern, Theaterleuten, die einen großen Raum seines Textes einnehmen.

Carmen Sippl stellt richtig fest, daß sein Ausgangspunkt und sein Diskursfeld die eigene Kultur ist, die Selbstvergewisserung und Selbstbestätigung. Georgien wird nicht so sehr als das Fremde gesehen, sondern als das erweiterte Eigene. Das hat auch biographische Gründe: Belyjs Vater Nikolaj Bugaev ist im Kaukasus in Dušeti bei Tiflis geboren. Belyj teilt in einem früheren Reisetext (*Putevye zametki – Reisenotizen*) mit, daß er nach dem Tod des Vaters einen wiederkehrenden Traum hatte, der auf diese Herkunft anspielt. So versteht er seine Reise in den Kaukasus als »Transplantation des Gedächtnisses in den Traum«.[31]

Der Anlaß der Reise in den Süden ist seine angeschlagene Gesundheit, doch die erhoffte subtropische Wärme findet er nicht, das Wetter ist zumeist regnerisch und kühl, der Erholungseffekt bleibt aus. Dafür setzt der kreative Effekt ein: Belyj schreibt minutiös Tagebuch und beginnt zu zeichnen (siehe Abb. 1).

Klavdija N. Bugaeva teilt in ihren Erinnerungen mit, daß ihr Mann während der Reise am Ende jeden Tages sorgfältig Aufzeichnungen machte – sowohl in ein Tagebuch, als auch in ein für spätere literarische Verarbeitungen vorgesehenes Notizbuch.

Der Aufbau des veröffentlichten Textes folgt in sieben Kapiteln der Reiseroute: Moskau – Batumi – Tiflis – Die Grusinische Heerstrasse – Die Wolga.

Der erste Eintrag erfolgt am 13. April in Cichis-Dziri, einem Ort an der Schwarzmeerküste, 19 Kilometer von Batumi entfernt, wo sich die Reisenden vom 12. April bis 19. Mai aufhielten, die erste Station ihrer Reise, der letzte in Nižnij Novgorod an der Wolga am 20. Juli. Dazwischen liegen die Besuche in Tiflis, in Boržomi, Mccheta, Batumi. Ich möchte auf die detaillierte Protokollierung der Reise verzichten, indem ich auf die profunde und detaillierte Beschreibung der Reisetexte Belyjs in der Untersuchung von Carmen Sippl verweise und mich im Folgenden auf die Frage beschränken, wie sich die Begegnung des Reisenden mit dem Kaukasus vollzieht.

Die Bugaevs verbringen die meiste Zeit in Cichis-Dziri in Adžarien, von wo aus sie Abstecher nach Batumi und Tiflis machen. Gemeinsam

---

[31] Vgl. Sippl. *Reisetexte* (wie Anm. 11). S. 41.

Abb. 1: Zeichnung von Andrej Belyj. *Cichis-Dziri* (1927). Quelle: Andrej Belyj. *Problemy tvorčestva* (wie Anm. 8).

mit Mejerchol'd und seiner Frau, der Schauspielerin Zinaida Rajch, besuchen sie touristische Orte: den botanischen Garten, den Belyj im Zeichen des symbolistischen Malers Michail Vrubel' wahrnimmt, des weiteren Gory, Mccheta, denen der Dichter Michail Lermontov ein literarisches Denkmal gesetzt hat. Die Fahrten dahin werden durch ausgedehnte Landschaftsimpressionen begleitet. Auch hierfür werden literarische Wahrnehmungsfolien in Anspruch genommen: Afanasij Fet für Adžarien, Aleksandr Puškin für Georgien.

In den zeitgenössischen georgischen Dichtern Paolo Jaschwili und Tician Tabidze, die Belyj ihre Reverenz erweisen, sieht er »nahe Brüder« in Sachen Kultur, sie haben dieselbe ästhetische Provenienz wie er selbst, die französische *décadence*, die *poets maudits*.[32]

[32] Belyj. *Veter s Kavkaza* (wie Anm. 24). S. 145-146.

Eine Entdeckung ist für ihn Tiflis: Die Stadt, in der er den Osten vermutete, präsentiert sich ihm als Trägerin der westlichen Kultur: »У Тифлиса – восточный вид; стать же его или ритм, подаваемый звуком, не образом, западный; […]«. (»Tiflis hat ein östliches Aussehen, sein Wesen aber, oder sein Rhythmus, der durch den Klang und nicht das Bild geprägt ist, ist westlich […].«)[33] Als Beispiel führt er an, daß ihm aus dem geöffneten Fenster eines Hauses in einer kleinen, engen Gasse, in dem das Weiß der Häuser und Grün der Natur dominiert, die Töne Beethovens entgegenwehen.

Zugleich ist die Begegnung mit dem Kaukasus für ihn auch eine Rückkehr zu den mythischen Wurzeln seines Symbolismus – der Kolchis mit der Argonautensage. Der symbolistische Zirkel der *Argonauten* hatte sich am Anfang des Jahrhunderts in Moskau als eine romantische Vereinigung junger Dichter und Naturwissenschaftler formiert: Man hatte sich auf die (metaphorische) Suche nach dem ›Goldenen Vlies‹, begeben, man hatte im Banne Nietzsches stehend einer Mythopoetik (›mifotvorčestvo‹) gehuldigt, der eine neue, nach den Gesetzen der Ästhetik ritualisierten Lebenspraxis folgen sollte. Von dieser mythopoetischen Phase seiner Existenz als Symbolist hatte sich Belyj längst ironisch verabschiedet, nun im Kaukasus, im Land der Kolchis, wird er erneut mit ihr konfrontiert. Diese Begegnung ist ihm Anlaß zu elegischer Reminiszenz, die sich sowohl im Text selbst wiederfindet, als auch in seinen Briefen aus dem Kaukasus:

> […] мы верили, что аргонавты причалят в страну ›Золотого Руна‹; двадцать лет плыли […]; но не приплыли […] я же – приплыл; мы – приплыли, мой спутник и я, в страну древнюю, в пламенную Колхиду; руна мы не ищем; ›руно‹ – знак всего обновленного мира; но странно, в потопной стране, я нашел свой ландшафт.[34]
> Wir glaubten, daß die Argonauten im Land des ›Goldenen Vlies‹ angelegt hätten; […] wir fuhren zwanzig Jahre umher, […] sind aber nicht angekommen; […] nun bin ich endlich angekommen, wir sind angekommen, meine Gefährtin und ich, im uralten Land, in der flammenden Kolchis. Das Vlies suchen wir nicht; das ›Vlies‹ als Symbol der gesamten erneuerten Welt, aber seltsam, im Land der Sintflut fand ich meine Landschaft.

Stärker als im Reisetext selbst markiert er in einem Brief an Ivanov-Razumnik die Trennlinie, die ihn von dieser vergangenen Etappe trennt, ohne sich von ihr zu distanzieren:

---

[33] Ebenda. S. 67.

[34] Ebenda. S. 38.

> […] ведь эти места – места древнего »*Золотого Руна*«. Почему-то вспоминаю свое древнее стихотворение »*Аргонавты*«, где есть строки: »Встали груды утесов средь трепещущей солнечной ткани! Солнце село. Рыданий полон крик альбатросов.« Да ведь это – моя цихис-дзирская панорама; солнечную трепещущую ткань я наблюдаю каждый вечер, […] и теперь мне понятно, что Колхида – пламенна; пламенна землей; и еще: »Золотое Руно« – цихис-дзирские утесы, проступающие из каскадов зелени и цветов; здесь все – миф и рай; но »*мифы*« – умерли; »*рай*« потерян; […] Я, старый аргонавт, здесь говорю »*да*« своему »*аргонавтизму*«; и мы, с К.Н., уже в мыслях отчаливаем на нашем Арго от страны Золотого Руна – к другому Руну; страна Золотого Руна – без Золотого Руна; надо было ее посетить, чтобы сказать это: сказать,что »древние мифы« умерли.[35]
> Schließlich ist dieser Ort – der Ort des ›Goldenen Vlies‹. Irgendwie kommt mir mein altes Gedicht *Die Argonauten* in Erinnerung, wo es die Zeilen gibt: »Aufgestellt die Felsbrüste ragen / im Gewebe aus Sonnenlicht. / Doch die Sonne sank. Ein Wehklagen / aus dem Schrei der Sturmvögel bricht:«[36] Das ist doch mein Panorama hier in Cichis-Dziri, das zitternde Sonnengewebe beobachte ich jeden Abend, […] und jetzt ist mir klar, daß die Kolchis flammend ist; flammende Erde; und auch, daß das ›*Das Goldene Vlies*‹ die Felsen von Cichis-Dziri sind, die aus Kaskaden von Blättern und Blumen heraustreten; hier ist alles Mythos und Paradies; aber die ›*Mythen*‹ sind tot und das ›*Paradies*‹ ist verloren; […] Ich, der alte Argonaut, sage hier ›*ja*‹ zu meinem Argonautentum, und wir, K. N. und ich, legen bereits in Gedanken mit unserer Argo ab vom Land des ›*Goldenen Vlies*‹ – hin zu einem anderen Vlies; das Land des Goldenen Vlies′ hat kein Goldenes Vlies, man mußte es besuchen, um das sagen zu können: um sagen zu können, daß die alten Mythen tot sind.

Über den sozialistischen Aufbau, den Bau neuer Straßen und Elektrokraftwerke informiert er sich eher aus der Zeitung als in der Anschauung, über ein neu errichtetes Lenindenkmal weiß er zu berichten, daß es sich harmonisch in die Landschaft einfügt:

---

[35] *Andrej Belyj i Ivanov Razumnik. Perepiska* (wie Anm. 9). S. 517.

[36] Die Übersetzung des Gedichts, das nicht *Argonauten*, sondern *Das Goldene Vlies* heißt, stammt von Uwe Grüning. *T. Gamajun, kündender Vogel. Gedichte des russischen Symbolismus.* Hg. Christa Ebert. Leipzig: Reclam, 1992. S. 63.

> Нет, статуя Ленина – это продолженье ландшафта; и ею показана: новая эра земли; и ландшафт, повелительно сбрасывающий все иные затеи культуры [...] Ленина взял; это Ленин, врастающий в почву, без позы, [...] хозяйствует.[37]
> Nein, die Lenin-Statue ist eine Fortsetzung der Landschaft, und durch sie wird sichtbar: – eine neue Ära der Erde ist angebrochen; und die Landschaft hat gebieterisch alle früheren Hervorbringungen der Kultur abgestreift [...] sie hat Lenin angenommen, es ist Lenin, der verwachsen mit dem Boden, ganz ohne Pose, herrscht.

Die durch Lermontovs Poem Mcyri berühmt gewordene Landschaft erscheint ihm als Kreuzungspunkt der Kulturen: »ursprünglich heidnischer Tempel, dann russisch-orthodoxes Kloster, nun eine dritte Kulturschicht – die aus »Eisenbeton«.[38]

Als Symbol des Neuen sieht er aber vor allem das harmonische Zusammenleben der verschiedenen Völkergruppen: »Радует – вот что: я месяц живу здесь: и не удалось подметить вражды национальной, иль религиозной меж местными группами; турки, грузины, гурийцы и русские мирно настроены« (»Erfreulich ist folgendes: Ich wohne einen Monat hier, und es ist mir nicht gelungen, nationale oder religiöse Feindschaft zwischen den lokalen Gruppen zu entdecken. Die Türken, Georgier, Gurier und Russen sind friedfertig gestimmt«).[39]

Die ästhetische Einverleibung Georgiens in die russische Kultur, die die militärische Eroberung des Kaukasus im Verlauf des gesamten 19. Jahrhunderts begleitete, wird auch von Belyj in keiner Weise in Frage gestellt, im Gegenteil, er setzt sie fort, indem er ihr neue, vom Geist der sozialistischen Gemeinschaftsidee geprägte Facetten hinzufügt:

> [...] грузинский народ мне остался прекрасным: живым, с громким будущим; соединяющим древнюю очень культуру (о, более древнюю, нежели наша); [...] К русским грузины относятся очень любезно; через наше искусство, через Пушкина, Врубеля, Лермонтова мы уже – в побратимстве; кто любит их, – Грузию любит; кто Грузию любит – того грузин чувствует; кроме того: грузин знает, что »ЗССР« есть курорт »СССР«.[40]
> [...] das georgische Volk erschien mir wunderbar: lebendig, mit einer lautstarken Zukunft, die sich verbindet mit einer sehr alten Kultur (älter als unsere) [...] Den Russen gegenüber verhalten sich

---

37 Belyj. *Veter s Kavkaza* (wie Anm. 24). S. 96.
38 Vgl. ebenda. S. 97.
39 Ebenda. S. 49.
40 Ebenda. S. 51f.

> die Georgier sehr liebenswürdig, über unsere Kunst, über Puškin, Vrubel' und Lermontov sind wir bereits verbrüdert; wer sie liebt – liebt Georgien; wer Georgien liebt – spürt der Georgier; außerdem weiß der Georgier, daß die »ZSSR« [Zakavkazskaja – Kaukasusrepublik – *C.E.*] der Kurort der »UdSSR« ist.

In Tiflis sieht er vor allem den Ort, in dem der *Dämon* des (russischen) Malers Michail Vrubel', die von Lermontov inspirierte legendäre Figur des tragischen Verführers, beheimatet ist, der von hier aus, aus der Finsternis ins Universum geblickt habe und in Schwermut verfallen sei (»[...] демон отсюда, глядя на вселенную, из черноты, тосковал [...]«[41]). (siehe Abb. 2 und 3)

Abb. 2: Michail Vrubel'. *Der Dämon* (1901). Quelle: Nikolaj Prachow. *Michail Wrubel.* Dresden: Verlag der Kunst, 1968.

Beiläufig wird auf die Schutzfunktion hingewiesen, die das russische Imperium für das christliche Georgien gegenüber den muslimischen Nachbarn ausgeübt hat. So erwähnt er die als Kampfmaßnahme gegen die sich der Eroberung widersetzenden Bergstämme planmäßig durchgeführte Abholzung der dichten Wälder des Kaukasus, die von General A. Ermolov begonnen und dem späteren russischen Statthalter in Georgien Fürst M. Voroncov in der Mitte des 19. Jahrhunderts fortgesetzt

41 Ebenda. S. 107.

Abb. 3: Michail Vrubel'. *Der gefallene Dämon.* (1901). Quelle: Nikolaj Prachow. *Michail Wrubel.* Dresden: Verlag der Kunst, 1968.

wurde, was in der Tat die Einnahme von Tiflis durch die Tschetschenen verhindert hat.[42]

Die uns heute befremdlich anmutende imperiale Geste ist im Lichte der gerade neu gegründeten Sowjetunion wohl eher Ausdruck der Hoffnung auf eine neue Gemeinschaft, die sich auf die Kultur gründet. Mir scheint, man tut Belyj Unrecht, wenn man ihm lediglich Opportunismus als Beweggrund unterstellt, die Zeichen der Zeit konnten durchaus noch im Sinne der universalistischen, symbolistischen Kulturutopie gedeutet werden.

Diese neue Gemeinschaft der (sowjetischen) Völker, die sich auf die Säulen ›Arbeit‹ und ›Kultur‹ gründet, scheint ihm das wichtigste Unterpfand für das Gelingen der neuen Ordnung zu sein. Die konkreten Zukunftsvisionen stehen in diesem Text aber eher im Hintergrund

IV. *Armenien*

Belyjs erster Armenienbesuch ist kurz, es handelt sich eher um eine Stippvisite, die nur eine Woche währte. Er unternahm sie von Georgien aus, wo er die Monate Mai und Juni 1928 erneut mit seiner Frau ver-

42 »[…] Воронцов для защиты Тифлиса лес снес; оголилася местность на много верст; сползы чеченцев рискованней стали.« (»Voroncev hatte zum Schutz von Tiflis den Wald abholzen lassen, die Gegend war auf viele Werst nackt; die Übergriffe der Tschetschenen waren risikoreicher geworden.«). Belyj. *Veter s Kavkaza* (wie Anm. 24). S. 107.

brachte und wo er nach der Rückkehr auch sofort den von der Zeitschrift *Rotes Neuland* bestellten Reisebericht verfaßte.

Belyj hält sich nun strenger als in seinem impressionistisch abschweifenden Georgien-Text an die Genrevorgaben des Reiseberichts (očerk), der, wie er selbst feststellt, eine konzentrierte, knappe Erzählweise verlangt. Der Armenien-Bericht weist eine pointierte Komposition auf, ein dezidiertes Programm, in dem die drei Aspekte: »Natur, Aufbau des neuen Armeniens und jahrhundertealte Ruinen«[43] organisch verbunden werden.

Carmen Sippl stellt zu Recht fest, daß Belyj Armenien nicht aus der Perspektive der eigenen russischen kulturellen Tradition betrachtete, daß der Armenienbericht einen stärkeren Wechsel aus erlebter Erzählung (in Form szenischer Gestaltung) und Fakteninformation über Bauwerke, Techniken des Wasserkraftbaus, Geschichte enthält. Die Persönlichkeit und Individualität des Reisenden tritt in diesem Text zurück, gemäß der Intention, nicht Impressionen vermitteln zu wollen, sondern einen sachlichen Bericht über die sozialistische Umgestaltung Armeniens. Das entsprach dem kulturpolitischen Auftrag, den Belyj jedoch durchaus auf seine symbolistische Weise ausführte.

Der Text besteht aus 8 Kapiteln, die im Wesentlichen die Reiseroute wiedergeben.[44] Mit den Ortsbezeichnungen sind Akzentsetzungen verbunden: Ėčmiadzin, die alte Hauptstadt steht für Kultur, Ajger-Lič (etwa 15 Kilometer von Ėrivan' entfernt) für die neue Zeit, das Wasserkraftwerk.

Das Design der Reiseroute erscheint ornamental, eine verschlungene Linie, in der sich wie auf einem bunten, orientalischen Teppich die für Armenien charakteristischen symbolischen Orte ausbreiten. Der Reisende, als Person im Hintergrund bleibend, setzt durch seine Wortbilder gleichsam eine Spur durch die bereiste Landschaft, er schafft die Gesamtschau, das Mosaik, als das sich das zeitgenössische Armenien dem kundigen Betrachter präsentiert. Auch hier legt der Autor großen Wert auf die Farbigkeit der Bilder. Es scheint, als wolle er dem mahnenden Hinweis seiner Schriftstellerkollegin Mariėtta Šaginjan, die ihm das Auto für die Fahrt nach Ėčmiadzin organisierte und ihm von Armenien als einem bunten verwelkten Teppich sprach, den es allmählich zu entdecken gälte und nicht in einer *tour de force*, wie er es vorhatte[45], wenigstens ansatzweise

---

[43] Sippl. *Reisetexte* (wie Anm.11). S. 140.

[44] Diese Stationen sind: Im armenischen Hochland, Das Tal von Ėrivan', Ėrivan', In verschlungenen Gassen, Ėčmiadzin, Ajger-Lič, Produktion, Sevan – Diližan – Karaklis. Ausführlicher beschrieben in: Ebenda. S. 119-140.

[45] Belyj. *Armenija* (wie Anm. 1). S. 33.

Folge leisten. Gemächlichkeit jedoch ist seine Sache nicht. Er liebt es, die Gegend aus der Bewegung der Fahrt heraus zu beschreiben, dabei wechseln sich die Bilder des Gestern und Heute mit großer Geschwindigkeit ab und verschmelzen zu einem ornamentalen Gemälde. So schildert er die Landschaft auf dem Weg nach Ėčmiadzin aus dem Auto heraus:

> Едва сели, как выдернулась из-под шин Абовянова улица, улицей Ленина ставши и ряд европейских построек неся мимо нас. Вагаршак Сарапьян, наш шофер, свои зубы показывая, рвет ландшафты; и площадь является; очень нелепый собор (цвета дичьего сыра), украсился очень большой пентаграммою (кажется, – клуб комсомольский); тут ярко взорали пестроты базара, тряпьем нападая; но – брошены за спину; […] режем свободный простор, […] мелкотравная степь серебреет оливами матовыми, стайка розово-палевых птичек с нее лоскутами оторванной почвы – летит: цвета степи.
> И тут мимикри!
> Этот самый оттенок степного покрова встречается в Азербайджане; он цвета орнамента пестрых носков обитателей Азербайджана, как цвет бороды, в какой красятся старцы татарские.[46]
> Kaum waren wir eingestiegen, als sich aus den Radspuren die Abov'anov-Straße herauswand, die jetzt zur Lenin-Strasse geworden war und eine Reihe europäischer Bauwerke an uns vorbeiglitten. Vagaršak Sarap'jan, unser Fahrer, durchschneidet mit gebleckтem Gebiß die Landschaft. Ein Platz taucht auf, ein nicht sehr ansehnlicher Dom (in der Farbe von Ziegenkäse), der sich als ein riesiges Pentagramm stolz präsentiert (wahrscheinlich ein Komsomol-Club); schon explodiert die Farbenpracht des Basars, durch die ins Auge springenden bunten Stofffetzen, doch schon sind auch sie vorüber, […] wir durchschneiden das weite Land […] die mit kurzem Gras bewachsene Steppe glänzt silbern durch die mattschimmernden Oliven, eine Schar rosa-gelber Vögel gleichsam Fetzen losgelöster Erde fliegt auf: Die Farben der Steppe.
> Und plötzlich Mimikry.
> Dasselbe Farbspiel der Steppenoberfläche trifft man in Azerbajdžan, es ist die Farbe des Ornaments der bunten Kleider der Einwohner Azerbajdžans, wie auch die Farbe des Bartes, den die tatarischen alten Männer tragen.

Anders als das Georgienbuch, das ungeordnet Impressionen zur Natur, den Sehenswürdigkeiten und Begegnungen mit Künstlern und Intellektu-

---

46 Ebenda. S. 43-44.

ellen russischer und georgischer Provenienz in Tagebuchform einfängt, herrscht im Armenienbericht verdichtete Symbolik. Stärker als die Reise nach Georgien wird der Aufenthalt in Armenien explizit als Begegnung mit dem Fremden, als »Sich-Entfernen von Europa, als Annäherung an Asien«[47] gesehen. Doch geht es dabei nicht um die im Orientdiskurs vollzogene Abgrenzung vom Eigenen, europäisch Zivilisatorischen, eher im Gegenteil, wird die Herkunft Armeniens aus den wechselvollen alten Kulturen, der persischen, sumerischen, assyrischen, babylonischen, die Ankunft griechischer Krieger, als Urszene der Menschheitskultur, als Urbild steingewordener Geschichte, augenfällig gemacht:

> [...] паяны древности в почву; и камни породные – передряхлели скульптуры; и статуи треснувши, в землю уйдя, поднимают кусты; не поймешь, что ты видишь: природу ль культуру ль?[48]
> Die Altertümer sind mit der Erde verwachsen: Die Naturfelsen überwitterten die Skulpturen, die zersprungenen, in die Erde versunkenen Statuen treiben Büsche und Sträucher hervor, du verstehst nicht, was du siehst, Natur oder Kultur?

Großen Raum nehmen die Erinnerungen an die Verheerungen ein, die Armenien als Spielball zwischen den Großmächten Persien und Türkei erlitten hat: Der russischen Eroberung Ėrivan's durch Paskevič wird nur knapp die Reverenz erwiesen. Die Verbindung zu Rußland wird hier nicht auf der Ebene der Kultur, sondern der militärischen Eroberung hergestellt. Sie beschränkt sich auf den Hinweis, daß sich an dem im 17. Jahrhundert von den Persern angelegten festen Mauerring der im 16. Jahrhundert errichteten Festung »Gudovič und Fürst Cicianov die Zähne ausgebissen« hätten, während Paskevič der Ruhm zukam, die Festung eingenommen und sich damit den Titel ›der Armenier‹ verdient zu haben.[49] (siehe Abb. 4)

Selbst die Begegnung mit Mariėtta Šaginjan, die als Studentin in Petersburg die Nähe zu den Symbolisten gesucht hatte und die durch Belyj in den Kreis der Symbolisten um Dmitrij Merežkovskij und Zinaida Gippius eingeführt worden war, veranlaßt ihn nicht, wie im Falle der georgischen Dichter, an die gemeinsam verbrachte Ära des Silbernen Zeitalters zu erinnern. Im Gegenteil: Die frühere glühende Verehrerin der dekadenten Dichterin Zinaida Gippius Šaginjan erscheint nun dezidiert als eine

---

[47] Sippl. *Reisetexte* (wie Anm. 11). S. 140.
[48] Belyj. *Armenija.* S. 45.
[49] Ebenda. S. 22-23.

Abb. 4: Zeichnung von Andrej Belyj. *Ėrivan'* (1929). Quelle: Andrej Belyj. *Problemy tvorčestva* (wie Anm. 8).

Repräsentantin der armenisch/orientalischen Kultur. Nicht das Verbindende zwischen Rußland und Armenien bildet den Fokus der Wahrnehmung, – die Bilder der Sowjetisierung Armeniens tragen ebenfalls nicht den Stempel der Russifizierung –, sondern die Selbstbefreiung des armenischen Volkes. Das entspricht durchaus der damaligen offiziellen Politik der ›korenizacija‹, die die Förderung der nationalen Eliten vorsah, um die kulturelle Eigenständigkeit der Mitglieder der neu gegründeten sowjetischen Völkerfamilie bewahren zu helfen. Doch nicht *political correctness* wird Belyj zur Zurückhaltung bewogen haben, eher schon *historical correctness*, da die Beziehungen Armeniens zu Rußland komplizierter, umstrittener und die Angliederung jüngeren Datums war als die Georgiens. Um so eindrücklicher dominieren die Erinnerungsbilder an die kulturelle Vergangenheit Armeniens – sie werden zwar überschattet von den dunklen Flecken des Vandalismus, den der Reisende allenthalben registriert: den Verfall alter Kirchen und Denkmäler, doch wird dieser sogleich wieder relativiert durch die bereits sichtbaren Spuren der Zukunft, des Neuaufbaus, dokumentiert in den im Bau befindlichen Fabriken (Baumwollfabrik) und vor allem den Wasserkraftwerken und ihren erfindungsreichen Erbauern, den Ingenieuren und Helden der neuen Zeit. Der gelehrte Bibliothekar Ter-Akopjan der Kathedrale und Bibliothek in Ėčmiadzin, deren Ausmaße mit der Kathedrale in Cambridge verglichen werden und deren Bestand an Handschriften ebenfalls, der Ingenieur Sirmazanjan, der den Staudamm in Ajger-Lič baut, der Kapitän auf dem Sewan-See, der Maler Sarjan, Belyjs Begleiter, sind Symbole der schöpferischen Potentiale Armeniens in Vergangenheit und Zukunft, die die Unzulänglichkeiten des gegenwärtigen Alltags – das teure Hotel ohne Wasser und Komfort – bedeutungslos werden lassen. Die Geschichte Armeniens gerinnt am Ende des Textes zur Formel: »Строимся! Выстроили! Будем строить!« (»Wir bauen auf! Wir haben aufgebaut! Wir werden aufbauen!«)[50]

V. Kaukasus – Schule der Erkenntnis

Der Kaukasus wird in Belyjs Reisetexten durchweg zur symbolischen Landschaft, in der Natur kulturell kodiert ist. Schönheit setzt Kultur voraus. Dieser Gedanke wird unterstrichen, indem Belyj dezidierter als die Kaukasusdarstellungen vor ihm seinen Fokus auf die alten Kulturländer Georgien und Armenien legt; der Topos des Wilden, des Naturhaften spielt in seinen Kaukasuswahrnehmungen überhaupt keine Rolle, im Gegenteil, die übliche Rhetorik von der zivilisatorischen Mission Rußlands wird umgekehrt:

> Да, Грузия переполнялась культурой, когда мы, как звери, блуждали в лесах; они – старше; нам – надо учиться во многом у них.[51]
> Ja, Georgien hat sich mit Kultur angereichert, während wir, wie die wilden Tiere, noch in den Wäldern herumirrten: Sie sind älter, wir haben viel von ihnen zu lernen.

Die Anschauung des Kaukasus dient ihm, wie er in einem Brief an Ivanov-Razumnik feststellt, als »Schule der Erkenntnis«[52] in seiner räumlichen wie zeitlichen Dimension. In seinen Kaukasus-Bildern entfaltet sich noch einmal das symbolistische Programm der Synthese der Künste und deren Assoziationskraft (siehe auch Abb. 5):

[50] Ebenda. S. 52; 56-57; 34-35; 83.
[51] Ebenda. S. 99.
[52] Zit. n. Sippl. *Reisetexte* (wie Anm. 11). S. 154.

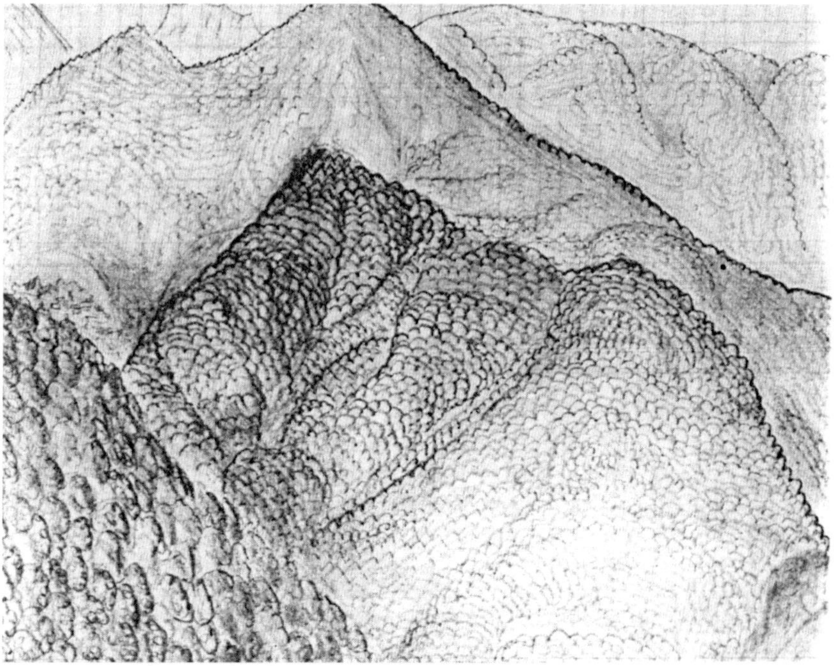

Abb. 5: Zeichnung von Andrej Belyj. *Kaukasische Berge.* Quelle: Andrej Belyj. *Problemy tvorčestva* (wie Anm. 8).

Горы, точно шатаются: красные, пестрые, бронзовые, рассыпаясь осколками чернозлатистых пирритов; песчаники, лёссы, – исчезли; высоты – кривые: соборы, драконы и башни [...] начинают кричать благим матом; [...] классика линий, которою мы чаровались у Мцхета, – исчезла бесследно; не Пушкин в природе; господствуют: Лермонтов, Врубель; отсюда до самого Владикавказа пошел стиль готический; легкий зигзаг, стилизованный, переменился на кривозубчатую линию с нагроможденьем фигур, барельефов резьбы, мозаических ликов, цветных инкрустаций: в перпендикулярах стены.[53]
Die Berge wiegen sich gleichsam: rot, bunt, bronzefarben, überrieselt von Funken schwarzgoldener Pyriten; Sandstein und Löß sind verschwunden, die Höhen sind gekrümmt, Kirchen, Drachen, Türme [...] beginnen im reinsten Mat zu fluchen; [...] Die klassische Linie, die wir in Mccheta bewunderten, ist spurlos verschwunden,

[53] Belyj. *Veter s Kavkaza* (wie Anm. 24). S. 227-228.

> nicht Puškin ist mehr in der Natur; es herrschen Lermontov und Vrubel'. Von hier aus bis nach Vladikavkaz – gotischer Stil, eine leichte, stilisierte Zickzacklinie geht über in eine schiefgezackte Linie mit aufgetürmten Figuren, Basrelief-Schnitzereien, mosaikartigen Gesichtern, farbigen Intarsien: eingebracht auf senkrechten Steinwänden.

Der bereits erwähnte Michail Vrubel' beherrscht nicht nur Belyjs Wahrnehmung von Tiflis, sondern die der Kaukasuslandschaft insgesamt:

> […] вся природа точнейше скопировала живописную технику Врубеля; или вернее всего: Врубель вынул отсюда разбитые радуги крыльев своих падших ангелов; […]. Стало мне ясным, какая именно произошла встреча с Демоном Врубеля; »Демон« – утес: может, этот; его-то всю жизнь переписывал Врубель.[54]
>
> […] die gesamte Natur hat exakt die Maltechnik Vrubel's kopiert; oder genauer gesagt: Vrubel' holte von da die zerbrochenen Regenbögen der Flügel seiner gefallenen Engel; […] Mir wurde klar, wie die Begegnung Vrubel's mit dem Dämon ablief; der *Dämon* ist ein steiler Felsen: dieser vielleicht; ihn hat Vrubel' sein ganzes Leben lang gemalt.

Er weist zugleich den Vorwurf der Dekadenz zurück, der ihm und seinem Kreis, zu dem auch Vrubel' gehörte, gemacht wurde, wenn er behauptet, daß die Dekadenz in der Natur selbst liege und ausgeprägter sei, als es der Maler sich hätte ausdenken können: »[…] ведь декадентом ругали; повидимо, *декаденствует* местность« (»[…] man hat ihn immer einen Dekadenten genannt, aber offenkundig ist es die Gegend selbst, die *dekadent ist*«).[55]

Im Sinne der symbolistischen Synthese der Künste darf auch die musikalische Ebene bei der Wahrnehmung der Landschaft des Kaukasus nicht fehlen. Die plastische Szenerie geht ganz in der Tradition des Synthetikers Čiurlionis unmerklich in die vokalische über:

> Где резец? Колориты; все – краскопись в светописях атмосферы, […] монофонический голос, пропевший холмами, – иссяк; все наполнилось полифоническим гулом: хребты, как десятки органов, звучат удивительно: пересечением Баха и Скрябина; […][56]

[54] Ebenda. S. 75.
[55] Ebenda. S. 255.
[56] Ebenda. S. 228.

> Wo ist der Bildhauer? Ein einziges Farbgemälde, aufgelöst in den Farbzeichnungen der Atmosphäre, […] die monophone Stimme, die in den Hügeln erklang, war verschwunden; alles erfüllte sich mit polyphonischem Grummeln: Die Bergzüge zehnfachen Orgeln gleich, ertönen in einem erstaunlichen Gemisch aus Bach und Skrjabin; […]

Immer ist auch damit der Versuch verbunden, die Formel für die jeweilige Landschaft zu finden, die sich aus dem Zusammenspiel von kulturellem Prätext und persönlicher Kodakaufnahme ergibt. Die Beschreibung des Patriarchen Ararat ist eines der signifikanten Beispiele dafür; in ihr wird auch die von Belyj bevorzugte Anthropomorphisierung der Natur besonders deutlich:

> То – Арарат.
> Смотришь, – кажется: вылезло что-то огромное, все переросшее – до ненормальности вдруг отсекаясь главою своей; […] а тело, в мутнящемся воздухе, странное и разлетанное […]; и растет впечатление, что голова, отделившись от тела, является белой планетой, которой судьба – обвалиться, иль в небо уйти навсегда, унося времена патриархов: не бред ли: в двадцатом столетии увидеть подножье ковчега, летавшего где-то здесь, в уровнях воздуха; и дико вспомнить легенду армян, будто рай насажден был здесь именно […].[57]
> Dort – der Ararat.
> Du schaust, es scheint, als sei etwas Gewaltiges, alles Überragende hervorgekrochen – ein bis zur Anormalität scharf gemeißeltes Haupt […] und der Körper, in der sich eintrübenden Luft seltsam und auseinanderfliegend […], und es wächst der Eindruck, daß der Kopf sich vom Körper trennt und als ein großer weißer Planet erscheint, dessen Schicksal es ist einzustürzen oder für immer in den Himmel aufzusteigen, die Zeit der Patriarchen mit sich nehmend: Ist es nicht ein Fiebertraum im 20. Jahrhundert, den Fuß der Arche zu sehen, die hier irgendwo durch die Luft fliegt, und sich plötzlich an die armenische Legende zu erinnern, daß hier das Paradies begründet wurde […].

Das Bild entfaltet sich zur Zukunftsvision:

> Будет то время, когда станет братским объятьем сплетение рук араратских, откуда – восход в поднебесные выси, куда ушел конус, коли он… не рухнет до этого; он – разрушается; землетрясение сороковых годов прошлого века свалило под

---

57 Belyj. *Armenija* (wie Anm. 1). S. 19.

> глетчером бок великана на церковь Иакова и на поселок, – в места, куда Ной, опустившися, стал разводить виноградники послепотопные.[58]
> Es kommt eine Zeit, wenn die Hände des Ararat sich zur brüderlichen Umarmung umschließen, hinauf in die Himmelshöhen strebend, dem Kegel folgend, wenn er bis dahin nicht zusammengestürzt ist; denn er wird einbrechen, das Erdbeben der 40er Jahre des vergangenen Jahrhunderts schob mit dem Gletscher die Schulter des Riesen auf die Kirche Jakobs und auf die Siedlung, gerade an jener Stelle, wo der gelandete Noah die ersten nachsintflutlichen Weinberge angelegt hatte.

Die Gegenwart, mehr noch die Zukunft, wird eingeschmolzen in den schicksalhaften Kreislauf, in dem die Katastrophe immer latent bleibt – einem allzu naiven Zukunftsglauben vermag sich der Symbolist Andrej Belyj auch auf seinem Weg zum Sozialistischen Realismus nicht zu verschreiben.

[58] Ebenda. S. 21.

Andreas Guski (Basel)

Der Präzeptor unterwegs: Gor'kijs Reiseskizzen »Durch die Union der Sowjets«

Im Sommer 1928, sieben Jahre nachdem er Rußland verlassen hat, betritt Maksim Gor'kij wieder heimatlichen Boden. Der ›Sturmvogel der Revolution‹ kommt nach Rußland, um die Sowjetunion kennen zu lernen. Als literarischer Ertrag dieses Besuchs erscheint ein Jahr später der Skizzenzyklus *Po Sojuzu Sovetov* (*Durch die Union der Sowjets*). Was den Autor letztlich zu dieser Fahrt bewogen hat, ist umstritten. Überzeugender und relevanter als die geltend gemachten persönlichen Gründe wie Heimweh, finanzielle Sorgen oder familiäre Probleme[1] sind politische Motive: zum einen die Verschärfung des Klimas im faschistischen Italien, wo sich Gor'kij von 1906 bis 1914 und dann, nach dreijährigem Aufenthalt in Deutschland, 1924 erneut niedergelassen hatte; zum anderen die innenpolitische Situation in der UdSSR: der sich abzeichnende Sieg Stalins in den Diadochenkämpfen nach Lenins Tod und Gor'kijs Absicht, sich mit dem – als Person von ihm wenig geschätzten, als erfolgreicher Macher jedoch in gewisser Weise bewunderten – Generalsekretär der Partei zu arrangieren.

Vom italienischen Sorrent aus war Gor'kijs Blick auf die Sowjetunion zwar ein Blick von außen; doch ist es der Blick eines Patrioten und Sympathisanten der Revolution geblieben: die Perspektive eines Autors, der die früheren Differenzen mit den Bolschewiki für ein nunmehr abgeschlossenes Kapitel seiner politischen Biographie hält.[2] Der ständige Hader unter den russischen Schriftsteller- und Künstlergruppen wie überhaupt aller innenpolitische Zwist sind Gor'kij verhaßt. Stalins politischen Führungsanspruch akzeptiert er vor allem deshalb, weil er sich von ihm

---

1 Vgl. dazu etwa Cecilia von Studnitz. *Mit Tränen löschst du das Feuer nicht. Maxim Gorki und sein Leben*. Düsseldorf: Droste, 1993. S. 218f.; Tovah Yedlin. *Maxim Gorky. A Political Biography*. Westport/Connecticut, London: Präger, 1999. S. 178.

2 »Bei allen ideologischen Differenzen kann [...] nicht genügend betont werden, daß Gorki sich niemals als Emigrant bezeichnet hat und sich stets gegen eine Ausschlachtung seiner Differenzen ›im falschen Lager‹ wandte«. Helene Imendörffer. [Vorwort zu:] Maxim Gorki. *Autobiographische Romane*. München: Winkler 1972. S. XXIII.

eine Bündelung der sozialen und kulturellen Kräfte des Landes verspricht. Schon einmal, von 1918 bis 1921, hatte Gor'kij mehr oder weniger erfolgreich die Rolle des Schlichters, des »great interceder«, gespielt.[3] Nun hält er die Zeit für gekommen, sich noch einmal zum Wohle des Ganzen einzuschalten und zu vermitteln. Vermitteln will er, dem die schlechte Reputation des jungen Sowjetstaates im Ausland ein bleibendes Ärgernis war, einerseits ein positiveres Bild der UdSSR in der internationalen Öffentlichkeit; vermitteln will er aber auch und vor allem zwischen den verfeindeten Flügeln und Gruppen der sowjetischen Kultur und Kulturpolitik. Beide Ziele sollen mit demselben Mittel erreicht werden, nämlich einer publizistischen Großoffensive, an der sich die gesamte literarische und intellektuelle Öffentlichkeit der Sowjetunion beteiligen und dadurch ein neues Wir-Gefühl entwickeln soll.

Konkrete Gestalt nimmt dieses Vorhaben zu Beginn der 1930er Jahre in Großprojekten an wie *Istorija graždanskoj vojny* (*Geschichte des Bürgerkrieges*) und *Istorija fabrik i zavodov* (*Geschichte der Fabriken und Betriebe*) sowie in Zeitschriften wie *Naši dostiženija* (*Unsere Errungenschaften*), *SSSR na strojke* (*Die UdSSR im Aufbau*) u.a.m.[4]

Im Oktober 1927 schreibt Gor'kij dem damaligen Leiter des Staatsverlages Artem Chalatov:

> Мне хочется написать книгу о новой России. Я уже накопил для нее много интереснейшего материала. Мне необходимо побывать – *невидимым* (kursiv – *A.G.)* – на фабриках, в клубах, в деревнях, в пивных, на стройках, у комсомольцев, вузовцев, в школах на уроках, в колониях для социально опасных детей, у рабкоров и селькоров, посмотреть на женщин-делегаток, на мусульманок и т.д. и т.д.[5]
> Ich möchte ein Buch über das neue Rußland schreiben. Ich habe schon eine Menge hochinteressanten Materials gesammelt. Ich muß – *unbemerkt* (kursiv – *A.G.*) – in Fabriken sein, in Klubs, in Dörfern, in Kneipen, auf Baustellen, bei Komsomolzen und Stu-

---

3 Yedlin. *Maxim Gorky* (wie Anm. 1). S. 239.

4 Ausführlicher dazu A. Šumskij. *Gor'kij i sovetskij očerk*. Moskva: Sovetskij pisatel', 1962, V. D. Pel't. *M. Gor'kij – žurnalist. 1928-1936*. Moskva: Izdatel'stvo Moskovskogo universiteta, 1968; A. Guski. *Literatur und Arbeit. Produktionsskizze und Produktionsroman im Rußland des 1. Fünfjahrplans (1928-1932)*. Wiesbaden: Harrassowitz, 1995. S. 81ff., 172ff.

5 Maksim Gor'kij. *Sobranie sočinenij v tridcati tomach*. Bd. 17. Moskva: Gosizdat chudožestvennoj literatury, 1952. S. 482. In Klammern gegebene Seitenangaben nach Zitaten aus *Po Sojuzu Sovetov* beziehen sich im Folgenden auf diese Textausgabe.

> denten, in Schulen beim Unterricht, in Kolonien für sozial gefährliche Kinder, bei Arbeiter- und Bauernkorrespondenten, muß Frauendelegierte sehen, Musliminnen usw. usw.

Stalins Bedürfnis nach einer Legitimierung seiner Alleinherrschaft konnte kaum etwas gelegener kommen als die Reisepläne des berühmten Autors: »des einzigen Menschen, der ihm seiner Meinung nach ebenbürtig war«.[6] Nicht nur auf Intrigen und Machtspiele, sondern auch auf politische Inszenierungen verstand sich der Generalsekretär der Partei bestens. Das hatte nicht zuletzt seine geschickte Regie bei den Feierlichkeiten anläßlich der Beisetzung Lenins im Januar 1924 gezeigt. Keineswegs in Stalins Konzept paßte allerdings das von Gor'kij gewünschte Inkognito. Gor'kij sollte reisen, aber nicht unerkannt wie Harun al Rashid, sondern für jedermann sichtbar als *Praeceptor Rossiae*: als Verkörperung jenes Geistprinzips, dessen Repräsentation Stalin sich selbst allein nicht zutraute, vorerst jedenfalls nicht. Beide zusammen, Gor'kij und Stalin, würden, unzertrennlich wie Castor und Pollux, das friedliche, ja freundschaftliche Nebeneinander von Macht und Geist verkörpern. Dieser Dramaturgie kam der Umstand gelegen, daß Gor'kij im März 1928 seinen 60. Geburtstag beging. Aus der großen Geburtstagsfeier, die Stalin dem Dichter ausrichten ließ und deren Ritual in gewisser Weise die Feierlichkeiten von Stalins eigenem 50. Geburtstag im Dezember des folgenden Jahres vorwegnahm, wird so eine Feier der Wiedergeburt Maksim Gor'kijs, des »ersten und größten proletarischen Autors der Sowjetunion«, so die offizielle Sprachregelung, die nun auch die *RAPP* (*Russländische Vereinigung Proletarischer Schriftsteller*), die zuvor gegenüber Gor'kij eine eher kritische Position bezogen hatte, übernimmt.

Die inkognito geplante Informationsreise, wie Gor'kij sie sich gewünscht hatte, wird damit zur Zeremonialreise umfunktioniert, einem Reisetypus mit langer Tradition[7], der, etwa in Form des Staatsbesuchs, bis hinein in die Gegenwart produktiv geblieben ist. Eine anschauliche Beschreibung der Ankunft Gor'kijs in Moskau gibt Cecilia von Studnitz:

> Gorkij schwimmt auf einer Woge der Begeisterung. Tausende von Menschen stehen Kopf an Kopf auf den Bahnsteigen der Stationen, durch die der Zug fährt. Sie jubeln, schwenken rote Fahnen, singen die Internationale, applaudieren und halten Begrüßungs-

---

[6] Arkadij Vaksberg. *Gibel' burevestnika. M. Gor'kij: Poslednie dvadcat' let.* Moskva: Terra Sport, 1999. S. 244.

[7] Man denke nur an die ›Große Gesandtschaft‹ Peters I. (1697/98) oder an die Krim-Reise Katharinas II. (1787).

> transparente hoch, auch dort, wo der Zug, ohne zu halten, nur durchbraust. Gorkij, der sich hinter der russischen Grenze kaum noch vom Zugfenster wegtraut, um die seit Stunden wartenden Massen, die ihn nur sekundenlang sehen können, nicht zu enttäuschen, weint ergriffen. Kapellen spielen, Bahnbeamte salutieren, Polizisten bilden Ketten und drängen die Menschen auf dem Bahnsteig zurück, damit die Begeisterten nicht unter die Räder des Zuges geraten. Und dann Moskau: stundenlang dauert die Begrüßungszeremonie. Umgeben von berittener Miliz, begleitet von den Fanfarenstößen der Militärkapellen, umrauscht von den Begeisterungsrufen der vieltausendköpfigen Menge auf den Straßen, kommt Gorkij, begleitet von seinem Sohn Max und seinem Privatsekretär Petr Krjutschkov, nur schrittweise voran. Immer wieder muß er Hände schütteln, sich umarmen und küssen lassen. Dort wo es im Gedränge nicht möglich ist, die ausgestreckten Hände in den hinteren Reihen zu fassen, bleibt er stehen, winkt den Menschen zu, fängt ihm zugeworfene Blumensträuße und kleine Willkommensgeschenke geschickt auf, reicht sie an Max und Krjutschkow weiter, die unter der Last schier zusammenbrechen und zumindest die Blumen einige Minuten später zurück in die begeisterte Menge werfen ... Die Ehreneskorte aus Militärs und Funktionären hinter Gorki schiebt den Dichter weiter. Aber sowie er einige Meter vorangekommen ist, braust neuer Beifall auf, schwillt zum begeisterten Gebrüll an. Gorki muß erneut stehen bleiben, grüßen, winken, sich bedanken. Es ist kein Empfang, sondern ein Triumphzug. Eine Nation jubelt, ihr Idol ist heimgekehrt.[8]

Zwei Monate später, nachdem er in Moskau Reden gehalten, an Ehrensitzungen teilgenommen, Delegationen begrüßt, Kinderkrippen, Bibliotheken und Rote Klubs eingeweiht hat, tritt Gor'kij seine Reise an. Sie führt ihn nach Azerbajdžan, Georgien, Armenien, an den Dnepr und an die Wolga. Im Sommer des folgenden Jahres, nach seiner krankheitsbedingten Rückkehr nach Sorrent, schließt sich eine zweite Reise an, diesmal auch nach Nordrußland, die der wenig später zum GPU-Chef aufsteigende Genrich Jagoda eigens für ihn organisiert hat und die Gor'kij unter anderem in das berüchtigte Straflager von Solovki am Weißen Meer führt.

8 von Studnitz. *Mit Tränen* (wie Anm. 1). S. 221f. Wenn Arkadij Vaksberg (vgl. Vaksberg. *Gibel'* [wie Anm. 6]. S. 213) behauptet, daß auf jedem russischen Bahnhof, den Gor'kijs Zug passierte, dieselben Leute standen und dieselben Reden gehalten wurden, so scheinen den Autor dazu eher Motive aus Gogol's *Revisor* als überprüfbare historische Quellen inspiriert zu haben. Die spontane Begeisterung der Massen für Gor'kij wird auch von westlichen Beobachtern der Szene bezeugt.

Ab 1929 erscheinen dann in der von Gor'kij herausgegebenen Zeitschrift *Unsere Errungenschaften* nacheinander die einzelnen Skizzen seines Zyklus *Durch die Union der Sowjets*.

Was an diesen Texten in Bezug auf die Gattungsregeln der literarischen Reise als Erstes ins Auge fällt, ist die Abwesenheit des Reisenden als körperliches Subjekt. In Goethes *Italienischer Reise* ebenso wie in Karamzins *Pis'ma russkogo putešestvennika* (*Briefen eines russischen Reisenden*), zwei klassischen Exemplaren der Gattung, dient die Darstellung des leiblichen und seelischen Befindens des Reisenden, einschließlich so elementarer Bedürfnisse wie Hunger und Durst, nicht nur der Beglaubigung des Erlebten durch die Dimension des Alltäglichen bis Banalen, strukturell also durch die Suggestion einer gegenüber dem fiktionalen Text herabgesetzten Selektivität bei Motiven und Gegenständen; vielmehr hat sie hier auch die Aufgabe, das Fremde als sinnliches Ereignis – akustisch, olfaktorisch, optisch, haptisch – für den Leser nachvollziehbar zu machen. So heißt es in Goethes *Italienischer Reise*:

> Vor allem aber mußte wegen des Essens Anstalt getroffen werden. Wir hatten unterwegs eine Henne gekauft; der Vetturin war gegangen, Reis, Salz und Spezereien anzuschaffen, weil er aber nie hier gewesen, so blieb lange unerörtert, wo denn eigentlich gekocht werden sollte, wozu in der Herberge selbst keine Gelegenheit war. Endlich bequemte sich ein älterer Bürger, Herd und Holz, Küchen- und Tischgerät gegen ein billiges herzugeben und uns, indessen gekocht wurde, in der Stadt herumzuführen [...].[9]

Nichts dergleichen erfahren wir in Gor'kijs Reiseskizzen. Essen, Trinken, Schlafen, körperliche oder seelische Dispositionen: all dies bleibt ausgeblendet. Gor'kij reist nicht als Privatmensch, sondern entgegen seiner ursprünglichen Absicht in öffentlicher Mission.

Als *dramatis figura* in Stalins Inszenierung hätte Gor'kijs Halbkörper im Abteilfenster des Zuges, so wie es die Film- und Fotobiographie des Autors überliefert[10], völlig ausgereicht: ein aus der Froschperspektive des Bahnsteigs aufgenommener, breit lächelnder Gor'kij in Mantel, dunklem Hemd und Krawatte, die Arme mit locker verschränkten Händen auf das herunter geschobene Abteilfenster gestützt. Das war es, was das Sowjetvolk sehen sollte: den größten lebenden russischen Dichter, der, indem er

---

[9] *Goethes Werke*. Bd. 11. Hamburg: Christian Wegner, ^{5}1961. S. 282.

[10] Vgl. von Studnitz. *Mit Tränen* (wie Anm. 1). S. 222.

sich im Sonderzug die Sowjetunion aneignete, diesem »roten Neuland«[11] zugleich seinen Segen erteilte.[12]

In Gor'kijs Skizzen freilich figuriert der Reisende nicht einmal mehr als Halbkörper. Er scheint entkörpert zu sein, ganz verdichtet auf Auge, Zunge und Geist. Die üblichen Basisinformationen des Reisesujets – Ziel, Plan, Vorbereitung, Mittel, Begleitung, Kosten, Witterung, Wegstrecke, Ankunfts- und Abfahrtszeiten etc. – gehen, je länger der Textfaden gesponnen wird, desto mehr gegen Null. Anfangs werden zumindest umrißhaft noch die konkreten Bedingungen des Reisens genannt:

> На промысла Азнефти я проехал рано утром, прямо с вокзала, вместе с товарищем Румянцевым, помощником заведующего промыслами. (S. 117)
> Am frühen Morgen fuhr ich direkt vom Bahnhof zusammen mit dem Genossen Rumjancev, dem Stellvertreter des Direktors der Ölfelder, vom Bahnhof direkt zum Azneft'-Kombinat.

Im Weiteren wird auf solche Angaben fast völlig verzichtet. Dies gilt auch für das Reisevehikel, das seit den Zeiten Karamzins und Radiščevs – dort war es die Postkutsche gewesen, seit Mitte des 19. Jahrhunderts wird es die Eisenbahn – zu den unerläßlichen Requisiten der literarischen Reise gehört. Bei Boris Pasternak, um eine Alternative im zeitlichen Umfeld von Gor'kijs Skizzen zu nennen, ist die Eisenbahn mehr als nur Fortbewegungsmittel und mehr als bloß eine Motivierung für die Versetzung einer Figur von A nach B: Dort ist sie eine Wahrnehmungsmaschine, ein Mittel, um den Raum in Bewegung zu bringen, ihn zu dehnen, zu verdichten, zu verzerren, zu verfremden, eine Technik, die der vierten Dimension des futuristischen Bildes entspricht. Bei Gor'kij dagegen ist der Zug kaum mehr als eine Vokabel, die der Text sporadisch und eher lustlos aufruft, um als Reisediskurs überhaupt wahrnehmbar zu sein.

---

[11] So der Titel der von Aleksandr Voronskij in den 1920er Jahren herausgegebenen führenden russischen Literaturzeitschrift *Krasnaja nov'*, für die Gor'kij schon vor seiner Rückkehr immer wieder Beiträge verfaßt hatte.

[12] Auch dieser konsekrative Gestus, dessen Symbolik an die Legende von der Taufe Rußlands durch den Apostel Andreas erinnert, war für die Regisseure im Kreml' eine wichtige Funktion von Gor'kijs Reise. Deren performative Ähnlichkeit mit einem Taufakt legt nicht zuletzt auch der Titel *Durch die Union der Sowjets* nahe, der die zehn Jahre nach der Oktoberrevolution automatisierte Politvokabel ›Sowjetunion‹ auf ähnliche Weise resemantisiert wie Lebedev-Kumač in seinem Text der Hymne der Sowjetunion. (Vgl. dazu auch A. Guski. »Die Hymne der Sowjetunion und ihre Kontexte«. *Zeitschrift für Slawistik* 41 [1996]: S. 150-165.)

Ein Grund für solche Zurückhaltung mochten die Vorzugsbedingungen sein, unter denen Gor'kij reiste. Man kann davon ausgehen, daß dem Autor, der sich in der Öffentlichkeit gern schlicht und bescheiden gab, der vom Kreml' seinetwegen betriebene Aufwand peinlich war. Zu solchen Skrupeln bestand um so mehr Anlaß, als die *via triumphalis*, auf der sich der Autor jetzt bewegt, symbolisch, teilweise aber auch topographisch identisch ist mit jener Strecke, die er in seiner Jugend als ›Barfüßler‹ (›bosjak‹) durchwandert hatte und die zu den schulbuchtauglichen Gründungsmythen der Sowjetliteratur gehörte.[13] In der Möglichkeit, die Wegstrecke ›doppelspurig‹ zu befahren und zu lesen, nämlich als semantischen Gegensatz von Einst und Jetzt, zaristischer und sozialistischer Welt, romantisch-spontanem Barfüßlertum und bolschewistisch-disziplinierter Fortbewegung per Eisenbahn (letztere ein Schlüsselsymbol des 1. Fünfjahrplans), dürfte Gor'kijs Entscheidung für eine Reise zuerst durch die südlichen Regionen der Sowjetunion ihre eigentliche Ursache haben.[14] Autobiographische Rückblenden auf die 1890er Jahre wie: »В Баку я был дважды: в 1892 и в 1897 » (S. 113; »In Baku bin ich zweimal gewesen: 1892 und 1897«), »В 91 году я видел, как на одной из улиц Курска солидный господин в поддевке с чесунки и в белой фуражке хлестал по щекам толстую даму в зеленом платье« (S. 150; »Im Jahre 91 sah ich, wie auf einer Straße in Kursk ein solider Herr in einem Überrock aus Rohseide und mit einer weißen Schirmmütze eine dikke Dame in grünem Kleid ohrfeigte«) oder »Тогда я ночевал тут на берегу Днепра против острова Хортицы, на теплых камнях« (»Damals übernachtete ich hier am Ufer des Dnepr gegenüber der Insel Chorticy auf den warmen Steinen«, S. 185) lassen die Bedeutung des Raumes hinter der Zeit verblassen. Die Wirklichkeit der Sowjetunion des Jahres 1928/29 wird hier in das Sinnschema ›einst‹ vs. ›jetzt‹ gebracht, das in

[13] Zur Kolportage dieses Mythos vgl. Il'ja Gruzdev. *Žizn' i priključenija Maksima Gor'kogo po ego rasskazam*. Berlin, Leipzig: Volk und Wissen. 1946. Passim; Nadežda Ludwig. *Maxim Gorki. Sein Leben und Werk*. Berlin: Volk und Wissen, 1971. S. 20f.

[14] Hinzugekommen sein mag die Tatsache, daß Orte wie Baku und Tiflis nicht nur Gor'kijs Jugend, sondern auch die frühe Tätigkeit Stalins alias ›Koba‹ im politischen Untergrund des vorrevolutionären Rußland symbolisierten. – Arkadij Vaksberg (*Gibel'* [wie Anm. 6]. S. 230) vermutet, allerdings ohne plausible Indizien, hinter der Wahl dieser im Sommer »für seine Gesundheit so gefährlichen Region« als Reiseort Gor'kijs geheime Absicht, sich mit Stalin in dessen Sommerresidenz in Soči auf der Krim zu treffen, um mit ihm über die Folgeprobleme seiner Kollektivierungspolitik zu sprechen.

der Sowjetideologie als Modell zur Generierung von historischer Bedeutung nicht weniger produktiv war als die kulturelle Opposition ›spontan‹ vs. ›bewußt‹.[15] So werden im Eröffnungstext des Zyklus den Ölfeldern von Baku, wie der Autor sie im Jahre 1928 wahrnimmt, die Hadesbilder jener vorrevolutionären Erdölindustrie vorangestellt, die Gor'kij 1897 an gleicher Stelle kennen gelernt hatte:

> Весь день, с утра до ночи, я ходил по промыслы в состоянии умопомрачения. Было неествественно душно, одолевал кашель, я чувствовал себя отравленным. Плутая в лесу вышек, облитых нефтью, видел между ними масляные пруды зеленовато-черной жидкости, пруды казались бездонным […] Рабочие вызывали впечатление полупьяных; раздраженно, бесцельно кричали друг на друга, и мне казалось, что движения их неверны […] Не видно было, что делает воющий клубок людей, мне казалось, что большинство их ничего не делает, подпрыгивая, толкая друг друга […] Казалось, что все эти люди испуганы возможностью катастрофы и бьются над тем, чтоб предупредить ее. А издали картина промысла и работы на нем создавала странное впечатление: на деревянный город нападали враги, племя черных людей, и разрушают, грабят его. Я ушел в поле очумевшим, испытывая анархическое желание поджечь эти деревянные пирамиды, пропитанные жиром земли, поджечь, чтоб сгорели не только пруды темнооливковой масляной грязи в карьерах, но воспламенелся весь жир в недрах земли и взорвал, уничтожил Сураханы, Балаханы, Романы, всю эту грязную сковороду, на которой кипели, поджаривались тысячи измученных рабочих людей.
> Утром, стоя на корме шкуны, я с таким же чувством ненависти смотрел на город, гораздо более похожий на развалины

[15] Katerina Clark. *The Soviet Novel. History as a Ritual.* Chicago/London: University of Chicago Press, 1981. Insofern alles Gegenwärtige seinen Sinn nur aus dem bezieht, was ihm vorausging (seiner finsteren Herkunft) und dem, was ihm folgen wird (seiner strahlenden Zukunft), wäre mit gleichem Recht allerdings auch ein Sinnschema anzusetzen, das durch die Pole ›einst‹ vs. ›künftig‹ definiert ist. Die immer stärkere Überblendung der Gegenwart durch den Vorschein einer besseren Zukunft führt dazu, daß soziale Wirklichkeiten zunehmend ›depräsentiert‹ werden und hinter der Perspektive auf soziale Möglichkeiten verschwinden. Eben dieser Vertilgung von Realität durch Potentialität auf der einen und durch finstere Vorzeiten auf der anderen Seite entspricht in Gor'kijs Skizzen strukturell die Reduktion des Körpers als einem privilegierten Wahrnehmungsfeld von Ich-Gegenwart nahezu auf ein Nullniveau.

города, на снимки разрушенной, мертвой Помпеи […]. (S. 115-117)
Den ganzen Tag, vom Morgen bis zum Abend, durchwanderte ich das Gelände wie in geistiger Umnachtung. Es war unnatürlich schwül, Husten quälte mich […] Ich irrte in dem Wald der mit Öl begossenen Bohrtürme umher, sah zwischen ihnen ölige Teiche einer grünlichen Flüssigkeit, die bodenlos zu sein schien […] Die Arbeiter wirkten wie Halbbetrunkene, sie schrieen sich gereizt und grundlos an […] Ich konnte nicht erkennen, was dieses heulende Menschenknäuel tat, mir schien, die meisten taten nichts, sie sprangen, einander anrempelnd, umher […] Es schien, als fürchteten die meisten Menschen den Einbruch einer Katastrophe und bemühten sich, sie zu verhindern […] Betrachtete man das Werk und die arbeitenden Menschen von weitem, so stellte sich eine sonderbare Vorstellung ein: Über eine hölzerne Stadt waren Feinde, ein Stamm schwarzer Menschen, hergefallen, plünderten und zerstörten. Wie von Sinnen ging ich aufs Feld, erfüllt von dem aufrührerischen Verlangen, diese von schwarzem Fett der Erde durchtränkten hölzernen Pyramiden in Brand zu stecken, damit nicht nur die olivfarbenen öligen Schmutzteiche verbrannten, sondern sich alles Öl im Schoß der Erde entzündete und Surachany, Blachany und Romany, diese ganze schmutzige Pfanne, auf der Tausende gequälter Arbeiter kochten und brieten, in die Luft gesprengt und vernichtet würden. Am Morgen betrachtete ich mit gleichem Haß vom Heck einer Barkasse aus die Stadt, die eher den Ruinen auf Bildern des zerstörten Pompeji glich […].

Dieser dunklen Bilderflut der Erinnerung, die zuletzt auf Karl Brjullovs berühmtes Katastrophenbild *Der letzte Tag von Pompeji* von 1828 anspielt und Gor'kijs Baku-Impressionen damit zusätzlich die Bedeutung des Epochenendes einschreibt, werden im Weiteren Bilder des heutigen, des sozialistischen Baku gegenübergestellt: ein sauberes Bohrfeld, motivierte, besonnene Arbeiter, eine lautlose, weitgehend mechanisierte Arbeit, die von den ›bogomolki‹ (›Gottesanbeterinnen‹) erledigt wird, saubere Arbeiterquartiere und dergleichen mehr.

Die Bilanz lautet:

И нигде нет этой нервной, бешеной суеты, которую я ожидал увидеть, нет пропитанных нефтью людей, замученных и крикливых, нет скоплений железного лома. Создается впечатление строительства монументального, спокойной и уверенной работы надолго […]. (S. 120)
Und nirgends gab es diese nervöse und wilde Hast, die ich zu sehen erwartet hatte, keine ölverschmierten, zerquälten und schrei-

> enden Menschen, keine Eisenschrottberge. Man hatte den Eindruck eines monumentalen Aufbaus, einer ruhigen und unbeirrbaren Arbeit auf weite Sicht […].

Alle Skizzen des Zyklus sind nach einem weitgehend identischen Schema komponiert:

1) Ankunft am Ort X – der stets einen besonders typischen Aspekt des Ersten Fünfjahresplans repräsentiert: Erdöl in Baku, Energiegewinnung in Zaporož'e (Dneprostroj), Kollektivierung der Landwirtschaft in der schon von Gladkov beschriebenen Kommune *Avangard*, neue Erziehungskonzepte in Makarenkos Jugend-Kolonie bei Poltava und schließlich als Krönung der neue Strafvollzug der Sowjetunion: die »Umschmiedung« (»perekovka«) von Strafgefangenen in Arbeitslagern wie dem von Solovki zu ›neuen Menschen‹.
2) Es folgen breit entfaltet die zum Teil stark fiktionalisierten ›Erinnerungen‹ des Autors an denselben Ort bzw. an dasselbe soziale Subsystem (Strafvollzug, Erziehung, Industrie etc.) in vorrevolutionärer Zeit.
3) Dem schließen sich in beliebiger Reihung folgende Motive an: (a) ein Gespräch des Autors mit einem Vertreter der Leitung des jeweiligen Betriebs, der eine Art Leistungsbilanz vorlegt, (b) Impressionen des Autors, die das Mustergültige, das Schöne, das überwältigend Neue des jeweiligen Ortes hervorheben[16], (c) eine Szene, in der eine Gruppe von ›Einheimischen‹ auftritt, um sowohl die Leistungsbilanz des Gewährsmannes als auch den positiven Gesamteindruck des Autors zu bestätigen.
4) Den Text beschließt eine Bilanzformel des Autors, die das Gesehene und Erlebte noch einmal aus der Perspektive der großen Geschichte erfaßt und erhöht:

> Уехал я из Баку […] под впечатлением спокойной и успешной работы рабочих против стихийной силы, уехал с отрадным сознанием, что я видел настоящий город рабочих, где они – хозяйева, как это и должно быть во всех городах, на всей земле Союза Советов, во всем мире. (S. 129)

---

[16] So etwa in Solovki: »Хороший, ласковый день. Северное солнце благосклонно освещает казармы, дорожки перед ними, посыпанные песком, ряд темнозеленых елей, клумбы цветов, обоженные дерном. Казармы новенькие, деревянные, очень просторные; большие окна дают много света и воздуха« (S. 207; »Ein schöner freundlicher Tag. Die nördliche Sonne bescheint wohlwollend die Baracken, die kleinen sandbestreuten Wege, eine Reihe dunkelgrüner Tannen. Die Baracken sind neu und sehr geräumig; die großen Fenster geben viel Licht und Luft«).

> Ich verließ Baku […] unter dem Eindruck des ruhigen und erfolgreichen Kampfes der Arbeiter mit den Naturgewalten, ich reiste im frohen Bewußtsein, daß ich eine richtige Arbeiterstadt gesehen hatte, in der sie die Herren sind, wie dies in allen Städten, in der ganzen Union der Sowjets und auf der ganzen Welt sein sollte.

Solchen Formeln liegt eine Autorintention zugrunde, die sich im Binnenfeld der Texte im Allgemeinen zwar weniger pathetisch, dafür aber um so häufiger artikuliert, nämlich die unbedingte Absicht des Reisenden zu loben, was immer er zu Gesicht bekommt: Fabriken, Arbeiterquartiere, Kinderkrippen, Kolchosen, Klubs, Kantinen, Pionierabende oder, wie im folgenden Zitat, einen ›bunten Abend‹:

> Концерт был весьма интересен и разнообразен. Небольшой, но хорошо сыгравшийся »симфонический ансамбль« исполнил увертюру из »Севильского цирюльника«, скрипач играл »Мазурку« Венявского, »Весенние воды« Рахманинова; неплохо был спет »Пролог« из »Паяцев« […] Некто отлично декламировал »Гармонь« Жарова под аккомпанемент гармоники и рояля. Совершенно изумительно работала труппа акробатов […] – делая такие »трюки«, каких не увидишь и в хорошем цирке. Во время антрактов в »фойе« превосходно играл Россини, Верди и увертюру Бетховена к »Эгмонту« богатый духовный оркестр; дирижирует им человек бесспорно талантливый. (S. 225f.)
>
> Das Konzert war überaus interessant und vielseitig. Das kleine, aber munter aufspielende ›Symphonische Ensemble‹ brachte die Ouvertüre zum ›Barbier von Sevilla‹, ein Geiger spielte die ›Mazurka‹ von Wieniawski und ›Frühlingswasser‹ von Rachmaninov. Nicht schlecht gesungen wurde der ›Prolog‹ aus dem ›Bajazzo‹ […] Jemand deklamierte, begleitet von Akkordeon und Klavier, ausgezeichnet Žarovs ›Ziehharmonika‹. Absolut staunenswert arbeitete eine Akrobatentruppe […], die Kunststücke zum besten gab, wie man sie selbst in einem guten Zirkus nicht sieht. In den Pausen spielte im ›Foyer‹ ein vollbesetztes Blasorchester vorzüglich Rossini, Verdi und die Ouvertüre zu Beethovens ›Egmont‹, dirigiert von einem zweifellos talentierten Mann.

Das Lob freilich wirkt hier, gegen Ende des Zyklus, schon auffallend lau und lustlos. Möglicherweise reichte die Energie zur Transformation des Programmzettels, der dieser Textstelle zugrunde lag, in einen halbwegs elaborierten Text nicht mehr aus.[17] Wahrscheinlich aber hat diese Abflachung des narrativen Profils eine ganz andere Ursache: Das heitere Bild

[17] Vgl. dazu auch Guski. *Literatur und Arbeit* (wie Anm. 4). S. 174f.

gibt einen ›bunten Abend‹ in Solovki wieder, jener Strafkolonie, über deren besonders grausame Arbeits- und Lebensbedingungen wir durch Werke wie Aleksandr Solženicyns *Archipel GULAG*[18] oder Marina Goldovskajas Film *Vlast' Soloveckaja* (1988; *Die Macht von Solovki*) inzwischen sehr viel besser informiert sind.[19]

Natürlich entging Gor'kij nicht, daß man ihm, mit den Worten Arkadij Vaksbergs, »das Hirn puderte«[20], daß mit anderen Worten die von ihm bereiste ›Union der Sowjets‹ eine potemkinsche Propaganda-Inszenierung war. Mehr als Propaganda sollten seine Skizzen aber auch nicht sein. Vor allem deshalb bleibt Gor'kijs Wille zum Lob unerschütterlich. Er selbst begründet dies mit seiner Rolle als ›Zeuge einer Auseinandersetzung des Alten mit dem Neuen‹:

> Я – даю показательства на суде истории перед лицом трудовой молодежи, которая мало знает о проклятом прошлом и поэтому нередко слишком плохо ценит настоящее, да и недостаточно знакома с ним. (S. 190)
> Ich lege Zeugnis ab vor dem Gericht der Geschichte angesichts einer werktätigen Jugend, die wenig über die verfluchte Vergangenheit weiß und die Gegenwart deshalb zu gering schätzt und auch ungenügend kennt.

Welche Gegenwart aber kennt Gor'kij, der die Sowjetunion zum ersten Mal seit vielen Jahren wieder persönlich in Augenschein nimmt und der sein Wissen über die aktuelle Situation dieses Landes bis dahin nur aus Literatur, Presse und privater Korrespondenz hat beziehen können? Und welches »Zeugnis vor dem Gericht der Geschichte« kann einer ablegen, dessen Wahrnehmung sich einem dubiosen Wahrheitsbegriff so bedenkenlos unterordnet[21], daß in ihr aus Straflagern Idyllen und Jungbrunnen des ›neuen Menschen‹ werden?

---

[18] Aleksandr Solženicyn. *Archipelag GULag 1918-1956. Opyt chudožestvennogo issledovanija.* Bd. 3-4. Paris: YMCA-Press, 1974.

[19] Vgl. dazu auch http://www.solovki.org/de/index.html. Für diesen Hinweis danke ich Barbara Wurm.

[20] Vaksberg. *Gibel'* (wie Anm. 6). S. 230.

[21] »Суть в том, что я искреннейше и непоколебимо ненавижу правду, которая на 99 процентов есть мерзость и ложь… Я знаю, что 150-миллионной массе русского народа эта правда вредна и что людям необходима другая правда« (»Die Sache ist die, daß ich inständig und unbeirrt eine Wahrheit hasse, die zu 99 Prozent Schurkerei ist und Lüge. Ich weiß, daß für die 150 Millionen des russischen Volkes diese Wahrheit schädlich ist und daß sie eine andere Wahrheit brauchen«). Zit. n. Vaksberg. *Gibel'* (wie Anm. 6). S. 223.

›Flüchtige Blicke eines realitätsflüchtigen und harmoniesüchtigen Reisenden‹ – so könnte mit Bezug auf den Rahmentitel des vorliegenden Bandes das Resümee dieses Beitrags lauten. Die Empirie mag Gor'kij als Person interessiert haben; als Autor eines Reiseberichts war sie für ihn nicht mehr als eine Stichwortgeberin.[22] Gor'kij bereiste die Sowjetunion, um ihr nationales Selbstbewußtsein zu stärken, sie zu loben, ihr – in Umkehrung der von Stalin und Jagoda vorgesehenen Rollenverteilung – regelrecht zu huldigen. Er sah darin ein Gegengewicht zu der seines Erachtens kontraproduktiven Fünfjahrplankampagne ›Kritik und Selbstkritik‹. Sein Panegyrikus auf die ›Union der Sowjets‹ jedoch deckt sich strukturell mit eben dieser Kampagne, denn das öffentliche Belobigen stellt nur die Kehrseite jenes Anprangerns dar, das während des 1. Fünfjahrplans gang und gäbe wurde. Das Eine, die Auszeichnungsöffentlichkeit des Stalinismus, führte zur Privilegierung von Stoßarbeitern und Speichelleckern, aus denen sich die neue Sowjetelite rekrutierte. Das Andere, die Praktiken des Verleumdens, Denunzierens und Anprangerns, kurzum die wachsende Tribunalisierung des öffentlichen Lebens, mündete schließlich in die großen Schauprozesse der Jahre 1936-1938.[23]

Mit seiner Geringschätzung der Empirie und seinem Willen zum ›Positiven‹, der das *sacrificium intellectus* der literarischen Intelligencija in der Epoche des Stalinismus vorexerzierte, trug Gor'kij maßgeblich zu jener Entwirklichung der Wirklichkeit bei, die den Stalinismus als ein System der doppelten Buchführung kennzeichnet. Darunter ist die Abspaltung der persönlich unmittelbaren Erfahrungsbilder von jenen Bildern zu verstehen, die der Staat als gesellschaftliche Erfahrung in des Wortes doppelter Bedeutung ›vor/schreibt‹, auf Dauer stellt und monopolistisch bewirtschaftet. Eingespannt zwischen eine finstere Vergangenheit, die Gor'kij als ›Zeitzeuge‹ repräsentierte, und eine lichte Zukunft, in welcher der Sowjetmensch sich seiner prometheischen Aufgaben bewußt werden sollte, reduzierten sich die Besuche des ›Sturmvogels der Revolution‹ auf bloße Zwischenstopps, auf flüchtige Aufenthalte mit Abordnungen der

---

22 »Я никогда не записываю того, что слышу и вижу, надеясь на мою зрительную память и вообще на уменье помнить« (S. 120; »Ich schreibe mir nie auf, was ich höre und sehe und vertraue auf mein visuelles Gedächtnis und mein Erinnerungsvermögen«).

23 Vgl. dazu auch Jörg Baberowski. *Der rote Terror. Die Geschichte des Stalinismus*. München: Deutsche Verlags-Anstalt, 2003. S. 122: »Der Schauprozeß war der Kern der stalinistischen Kulturrevolution. Man könnte auch sagen, daß die Bolschewiki Öffentlichkeit als Schauprozeß inszenierten und die Gesellschaft dem Ritual von Beschuldigung, Reue und Bestrafung unterwarfen.«

örtlichen Parteiprominenz, roten Fahnen, Spruchbändern und Blasmusik: Stationen, die man gleich wieder hinter sich und vergessen hatte. Das Hier und Jetzt der Sowjetunion, dem Gor'kij hatte auf die Spur kommen wollen, schrumpfte so zu austauschbaren Haltepunkten auf einer Strecke, die der Reisende nur ihres Fluchtpunktes wegen durchmaß: eines Fluchtpunktes, der, wie stets bei Gor'kij, nicht weniger markierte als den Beginn eines neuen Äon.

Susi Frank (Konstanz/Regensburg)

Russische ›Reisetexte‹ um 1935

Reisen ist eine kulturelle Raumpraxis. Alle Kulturen bringen (mehr oder weniger ritualisierte) Praktiken der Bewegung im Raum hervor, aber jede hat andere Raumpraktiken und nicht in jeder findet sich eine, die mit *unserem* Begriff von ›Reisen‹ zu vereinbaren ist. Vor dem Hintergrund der ›flüchtigen Blicke‹, die typischerweise Reisende der europäischen Moderne auf die durchreisten fremden Gegenden, auf das im Vorüberfahren oder während kurzer Aufenthalte gesehene Fremde werfen, erweisen sich die ›Blicke‹ von sowjetischen Reisenden der 1930er Jahre als Abweichung, die so weit geht, daß sich auch aus heutiger Sicht nicht jeder einverstanden zeigt, hier von »Reisetexten« zu sprechen. Im Folgenden soll es darum gehen, diese Abweichung und zugleich die Spezifik der sowjetischen Reisetexte um 1935 herauszuarbeiten. Dabei wird sich zeigen, daß diese Texte eine bis zu einem gewissen Grad anti-modernistische und zugleich neuartig imperiale Polemik gegen die europäische (nationalstaatliche) Tradition des Reisetextes darstellen.

I. Um 1935: Reisetexte an der Wende von der Faktographie zum Sozrealismus

Die mittleren 1930er Jahre stellen insofern einen besonders interessanten Untersuchungsgegenstand dar, als in diesen Jahren der seit Ende der 1920er Jahre vom Konzept der sog. »Faktenliteratur« ausgehende Boom an Reiseskizzen noch weiterhin anhält, sich aber gleichzeitig in Reisetexten der Kunstliteratur eine von der Doktrin des Sozrealismus geprägte Tendenz zur Refiktionalisierung abzeichnet. Noch sind die Literaturzeitschriften nach wie vor voll von Texten, die der Rubrik *Skizzen* zugeordnet sind und dem Titel nach als *Reisetexte* erscheinen. Titel, die eine Region als Gegenstand der Darstellung oder sogar einen spezifisch ›reisenden‹ Bezug dazu bezeichnen, sind ausgesprochen häufig. Vor dem Hintergrund einer seit 1931 breit geführten Debatte um die Gattung der Skizze (očerk), die sich von dem Bestreben, den faktographischen očerk zur dominanten, auf alle Formen der Fiktion ausstrahlenden (post)literarischen Gattung zu erheben, hin zu einer Reliterarisierung und Refiktionalisierung des očerk entwickelte, dessen subjektiv-kreative Momente der

Wirklichkeits-›erfindung‹, der empathischen Färbung und der Typisierung neuerdings hervorgehoben wurden[1], kristallisieren sich jedoch sowohl in den Titeln wie in den Texten selbst radikal neue Haltungen gegenüber dem Reisen und dem Reisenden sowie Wertungen der Reiseziele und des Fremden heraus. Als 1936, am Endpunkt der Debatte, eine Ablösung des očerk durch eine neue, »künstlerische« Gattungsvariante nach den Maßstäben der sozrealistischen fiktionalen Literatur gefordert wird, werden ›Reisetitel‹ häufig für fiktionale Werke gewählt, die sich als paradigmatisch für den Sozrealismus verstehen (z.B. Pavel Pavlenko *Na vostoke* [1936; *Im Osten*][2], ders. *Pustynja*[3] [1935; *Die Wüste*], Leonid Leonov *Doroga na okean* [1935; *Der Weg zum Ozean*][4] usw.) Drittens ist dies der Zeitpunkt, zu dem sich eine neue Konzeptualisierung des Raumes gegenüber der der 20er Jahre durchzusetzen beginnt, deren Spezifik in einer Entgeographisierung und in einer Ideologisierung des Raumes besteht. Gerade zu diesem Zeitpunkt fällt auf, daß sich die ›Reisetexte‹ meistenteils auf ganz bestimmte Regionen konzentrieren, deren geographische Bedeutung durch ihren symbolischen Stellenwert überlagert bzw. überhöht wird.

In Betracht gezogen werden im Folgenden sowohl faktographische Texte (očerki) also auch fiktionale aus den Jahren 1934-1936, selbständige Buchpublikationen ebenso wie Publikationen in einigen wichtigen sogenannten dicken Zeitschriften (*Novyj mir*, *Znamja* und *Krasnaja nov'*).

---

1 Besonders relevant sind hier die in der Zeitschrift *Naši dostiženija* nach der Allunionskonferenz über den künstlerischen očerk (Juni 1934) erschienen Beiträge von 1934 und 1935. Während Boris Kušner dort 1934 noch davon spricht, dass »Fakt und Dokument« sich nun auch in der Literatur eine »immer dominierendere Stellung« erobern, fordert Vladimir Kantorovič 1935 vom Schriftsteller »Leidenschaftlichkeit« anstelle der Objektivität eines »Kameraobjektivs«. Vgl. dazu Martin Schneider. *Die Operative Skizze Sergej Tret'jakovs. Futurismus und Faktographie in der Zeit des 1. Fünfjahrplans.* Dissertation: Bochum, 1983.

2 Im Folgenden zitiert nach: Pavel A. Pavlenko. *Sobranie sočinenij v šesti tomach*. Bd. 1. Moskva: Gos. Izd. Chud. Lit., 1953.

3 Pavel Pavlenko. *Pustynja*. Moskva: Sovetskij pisatel', 1935.

4 Im Folgenden zitiert nach: Leonid Leonov. *Sobranie sočinenij v pjati tomach.* Bd. 4. Moskva: Gos. Izd. Chud. Lit., 1954.

II. Kritik an der Reiseskizze

In seinem an die oben angesprochene Debatte anschließenden und sie abschließenden Beitrag *Problema chudožestvennogo očerka* (*Das Problem der literarischen Skizze*) charakterisiert Vladimir Kantorovič[5] die Skizze kritisch als Gattung der Jahre des ersten Fünfjahrplans: »In den Jahren des ersten Fünfjahrplans erfüllte der očerk die Funktion eines ›Litglaz‹ [Literaturauges]« – ruft der Autor Dziga Vertov, den Hauptvertreter des avantgardistischen Dokumentarfilms, auf – »Er bewaffnete den Leser gleichsam mit einem Televisionsapparat« (»В годы первой пятилетки очерк выполнял функцию некоего ›литглаза‹. Он как бы вооружал читателя телевизорным аппаратом […]«[6]).

Sowohl durch die epochale Zuordnung wie durch das grammatikalische Tempus wird der očerk damit von den Anforderungen der Gegenwart abgerückt. Dies wird noch verstärkt durch Epitheta, die die Vorläufigkeit und Unzureichendheit seiner ›Leistung‹ andeuten: »Очерк сыграл не малую роль в *черновом* познании страны […]« (Hervorh. – *S.F.*, »Die Skizze spielte keine geringe Rolle beim *ersten/vorläufigen* Kennenlernen des Landes«)

Heute, 1936, dagegen müsse der očerk einer anderen, höheren Aufgabe gerecht werden:

> Писатель-очеркист участвует в создании обобщающего образа человека нашей эпохи. […] роль писателя-очеркиста […] заключается не в простом фотографировании действительности, а непременно предполагает отбор типичных черт человека, которому принадлежит будущее в коммунистическом обществе.[7]
> Der Skizzen-Schriftsteller ist beteiligt an der Schöpfung des verallgemeinernden Menschenbildes unserer Epoche. […] die Rolle des Skizzen-Schriftstellers […] besteht nicht im bloßen Abfotografieren der Wirklichkeit, sondern verlangt notwendigerweise eine Auswahl typischer Züge des Menschen, dem die Zukunft in der kommunistischen Gesellschaft gehört.

---

[5] Vladimir J. Kantorovič. »Problema chudožestvennogo očerka«. *Novyj mir* 3 (1936); abgedruckt in der Rubrik »Literatura i iskusstvo«.

[6] Ebenda. S. 198.

[7] Ebenda. S. 198-199.

Dominante Gattungsvariante des ersten Fünfjahrplans sei die »beschreibende Skizze« gewesen, der auch die Reiseskizze zugeordnet wird. Sie wird aber zugleich als eines der »kontinuierlichsten, langlebigsten Genres der künstlerischen Literatur« bezeichnet. Für die Erneuerung dieser Gattung werden »Verallgemeinerung«, eine philosophische und politische »Idee« und künstlerische, kompositorische Einheit gefordert. Dementsprechend sollten für zukünftige Reisetexte nicht die Skizzen der 1920er Jahre, sondern einesteils sogenannten Klassiker der russischen Reiseliteratur dienen (Puškins *Putešestvie v Arzrum* (1830; *Reise nach Erzerum*) und »einige Korrespondenzen« von A. Herzen[8]), andererseits zeitgenössische Skizzen, die sich durch »künstlerisch-kompositorische Einheit«, »Sujet«, Novellenhaftigkeit der einzelnen Kapitel und eine »zentrale Idee« auszeichnen, d.h. mit anderen Worten Texte, die eine deutliche Reliterarisierung und Refiktionalisierung der Gattung vornehmen, wie z.B. Paustovskijs *Karabugaz* (1932). Eine Skizze von Wert müsse künstlerisch sein, und daher könne sie nicht das Werk eines »einfachen Augenzeugen« (»простого свидетеля«), sondern nur das eines »beobachtenden Künstlers« (»наблюдательного художника«) sein. Auf eigentümliche Weise hält Kantorovič am gattungskonstitutiven Merkmal der Skizze, an ihrer »dokumental'nost'« fest: Nur durch den »persönlichen Ton« könnten Skizzen zu künstlerisch vollwertigen Werken werden und zugleich den dokumentarischen Charakter beibehalten. Gerade durch Subjektivität, die dem Objektivitätsstreben (»объективистская манера повествования«) der früheren Skizzen polemisch entgegengesetzt wurde, sollte Dokumentarizität erreicht werden. Dabei, so zeigt sich rasch, geht es um einen Authentizitätseffekt im Sinne von Realismus, denn, so Kantorovičs Argumentation, diese Dokumentarizität habe nichts mit autobiographischer Authentizität zu tun, auf letztere käme es nicht an:

> Документальная, реалистическая основа очерка, классовая пролетарская направленность, идейное, образное единство произведения, строгая композиция, не исключая фабульного построения, эмоциональная напряженность повествования, ясный чеканный язык, – таковы основные требования, предъявляемые к современному художественному очерку.[9]
>
> Die dokumentarische, realistische Grundlage der Skizze, die proletarisch-klassenspezifische Ausrichtung, die ideelle Einheit des Werks, die strenge Komposition, die eine Fabelkonstruktion nicht

---

[8] Ebenda. S. 202.

[9] Ebenda. S. 215.

> ausschließt, die emotionale Gespanntheit des Erzählens, die klare, gezügelte Sprache, – das sind die prinzipiellen, an den zeitgenössischen künstlerischen očerk zu stellenden Anforderungen.

Durch die Kopplung der Begriffe »dokumentarisch« und »realistisch« erhält die Skizze als faktographische Gattung eine dem Verständnis der ›literatura fakta‹ der späten 20er Jahre entgegengesetzte Interpretation. Damit aber wird nichts weniger als der Gattung, die so nicht mehr vom Roman unterschieden werden kann und – wie im Fall von Paustovskij – gerade dann gelobt wird, wenn sie dem Roman nacheifert, der konstitutive differenzierende Kern entzogen.

Praktisch sämtliche Skizzen und Reisetexte der mittleren 1930er Jahre reagieren auf diese Kritik.

In sogenannten »Beschreibenden Reiseskizzen«, verfaßt von kompetenten Augenzeugen, aber nicht-professionellen Autoren, wurde mit Hilfe von Zitaten aus Texten literarischer Gattungen eine übergeordnete Sinngebungsebene eingeführt, die die faktographische Dominanz und Detailverliebtheit entsprechend der Kritik ausglich. So z.B. im očerk des Piloten Boris Lavrov über seinen verunglückten Arktisflug mit dem Flugzeug U2. In den faktengetreuen Bericht, dem es – den Fakten entsprechend – nicht an *suspense*, jedoch an höherer literarischer Kunst mangelt, sind zu Deutungszwecken (ebenfalls von einem schriftstellerischen Laien verfaßte) Gedichte des Vorstehers der Čeljuskin-Bucht, Ruzov, beigefügt. Zugleich sind diese Zitate Träger des militaristisch-kämpferischen Diskurses:

> В Арктике дальней, / За кругом полярным, / Где льдами покрыт океан, / Мы в жизни проводим упорно, ударно / Великий арктический план. / […] / Арктика – крепость. / Мы ею владеем. / Каждая станция – форт боевой. / В бой за победу, полярник, смелее, / Победу решит наш удар лобовой. […][10]
> In der fernen Arktis, / Jenseits des Polarkreises, / Wo der Ozean mit Eis bedeckt ist, / Führen wir in unserem Leben hartnäckig, mit Schwung / den großen arktischen Plan durch. / […] / Die Arktis ist eine Festung. / Wir beherrschen/besitzen sie. / Jede Station – ist ein militärisches Fort. / Auf in den Kampf um den Sieg, poljarnik, noch mutiger, / den Sieg erringt unsere entscheidende Attacke.

Die wichtigsten Reisetexte dieser Jahre aber sind explizit literarische Texte entweder in Form eines Poems oder eines Romans, die insofern dennoch als Gattungshybride zu bezeichnen sind, weil sie Strategien der Fiktionalisierung und Heroisierung mit den Darstellungsverfahren der dokumentari-

[10] Boris Lavrov. »Po neprotorennym dorogam«. *Novyj mir* 1 (1935): S. 195.

schen Faktenliteratur verbinden. Pavlenkos *Im Osten* und Sel'vinskijs *Čeljuskiniana* (1937)[11] sind hier gute Beispiele. Beide arbeiten mit typischen Mitteln des Dokumentarismus der Faktenliteratur: Referenz auf konkrete historische Ereignisse, Projekte und Expeditionen; genaue, historisch korrekte Datierung des Dargestellten; zahlreiche mehr oder weniger nachweisbare Zitate aus aktuellen Publikationen werden kombiniert mit fiktiven Protagonisten.

Sel'vinskijs Autorkommentar im Epigraph *Ot avtora* zu *Čeljuskiniana* liegt deutlich auf der Linie der skizzierten Kritik von Kantorovič:

> Революционный характер [советского] общества подсказывает жанр: эпос. Эпос в свою очередь диктует тему: героическое событие, отразившее в себе основные черты людей социалистической эпохи. […] Таким образом, поэма моя не о корабле, а о стране […] Это обстоятельство освобождает меня от слишком покорного следования датам и фактам. Поэтому наряду с именами Шмидта или Воронина […] люди, которых нет … но которые не выдуманы, а созданы современником, с интересом историка изучавшим своих друзей.[12]
> Der revolutionäre Charakter der [sowjetischen] Gesellschaft gibt das Genre vor: Epos. Das Epos wiederum gibt das Thema vor: ein heroisches Ereignis, das die grundlegenden Züge der Menschen der sozialistischen Epoche widerspiegelt. […] Dementsprechend handelt mein Poem/Epos nicht von einem Schiff, sondern von einem Land […] Das ist ein Umstand, der mich von einem allzu sklavischen Befolgen der Daten und Fakten befreit. Deshalb treten neben den Namen Šmidt oder Voronin […] Menschen auf, die es nicht gibt, […] die aber auch nicht ausgedacht sind, sondern geschaffen von einem Zeitgenossen, der mit dem Interesse eines Historikers seine Freunde studiert.

---

11 Il'ja Sel'vinskij. »Čeljuskiniana«. *Novyj mir* 1 (1937).

12 Ebenda. S. 114. In seinen poetischen Verfahren steht Sel'vinskijs Text allerdings noch sehr deutlich in der avantgardistischen Tradition: Dies beginnt mit der – auch explizit thematisierten – Orientierung an der Ode und am oratorischen Ton, den schon fast zwei Jahrzehnte früher Majakovskij in seiner *Oda revoljucii* (*Ode an die Revolution*, 1918) angeschlagen hatte. Majakovskij Tradition wird auch in syntaktisch-graphischen Figuren fortgeführt wie z.B. Treppenverse und die Zerteilung von Sätzen in einzelne Wörter, hinter die jeweils ein Punkt gesetzt wird. Beide Verfahren werden bei Sel'vinskij gezielt nur an ausgewählten Stellen als Mittel der semantischen Hervorhebung eingesetzt.

III. Reisetexte in der europäischen Moderne

Während die avantgardistischen faktographischen Reisetexte einen radikalen Bruch mit der älteren Tradition der europäischen Reiseliteratur inszenierten, indem sie mit Hilfe ihrer dokumentaristischen Montageverfahren sowohl die subjektivistische Position des (sich) reisend reflektierenden Individuums wie auch das Modell eines zwischen ›eigen‹ und ›fremd‹ abgestuft differenzierten Raums unterliefen, bedeutete die ablehnende Kritik dieser avantgardistischen Faktographie und die Forderung der Reliterarisierung der Reisetexte eine neue Bezugnahme auf diese Tradition. Diese erweist sich bei näherer Betrachtung allerdings als ziemlich polemisch.

T. Roboli (1930) und Andrew Wachtel (1992) beobachteten zwei Typen von Reisetexten der europäischen Moderne, die sich nach ihrem Darstellungsziel unterschieden: faktographisch orientierte und solche, in deren Zentrum das reisende Ich steht, seine Reflexion und seine Transformation durch die Reise. Gattungsmäßig ist keine klare generelle Zuordnung dieser beiden Typen zu a) nicht-literarischen und b) literarischen Reisetexten möglich.

Für beide Autoren tritt die russische Literatur mit Karamzins *Pis'ma russkogo putešestvennika* (1791/92; *Briefe eines russischen Reisenden*) ein in diese Tradition. Vgl. T. Roboli:

> К моменту появления в России »ПРП« […] в этом жанре дифференцировались два основных типа: один собственно – Стерновский, где настоящего описания путешествия, в сущности, нет; и другой – типа Дюпати, представляющий гибридную форму, где этнографический, исторический и географический материал перемешан со сценками, рассуждениями, лирическими отступлениями и проч. Оба типа строятся как-бы на двух параллелях: 1. реальное путешествие, […] 2. путешествие вображения (воспоминания, рассуждения и т.д.).[13]
> Zum Zeitpunkt des Erscheinens der *Briefe eines russischen Reisenden* in Rußland differenzierten sich zwei Grundtypen dieser Gattung: ein Sternescher Typ, bei dem es eine echte Reisebeschreibung eigentlich nicht gibt; und einer vom Typ Dupatys, der eine hybride Form darstellt, bei der ethnographisches, historisches und geographisches Material vermischt ist mit Szenen [Mikroer-

[13] T. Roboli. »Literatura putešestvij«. *Russkaja proza.* Hg. Boris Ėjchenbaum/ Jurij Tynjanov. The Hague: Mouton, 1963 (Reprint von 1930). S. 42-72. Hier S. 48ff.

> zählungen], Erörterungen, lyrischen Abschweifungen etc. Beide Typen werden scheinbar auf zwei Parallelen aufgebaut: 1. der realen Reise, [...] 2. der Reise in der Phantasie (Erinnerungen, Erörterungen etc.).

Roboli rechnet Karamzin, der in der russischen Geschichte der literarischen Reisetexte ein Einzelfall bleibt, der Dupaty-Linie zu. Wachtel dagegen betont, signifikantes Merkmal besonders gelungener Reisetexte der Moderne sei die konfliktuöse Mischung beider von ihm ohne Rückbezug auf Roboli in ganz ähnlicher Weise differenzierten Typen und nennt als paradigmatische Beispiele Puškins *Reise nach Erzerum* und Mandel'štams *Putešestvie v Armeniju* (1933; *Reise nach Armenien*):

> [...] works based on the experience of travel have generally fallen into two categories: those that use the travel situation to impart factual information, and those that use it as an excuse to speak of anything but the specifics of the journey. These two possibilities correspond to the agendas of what could be called the non-literary and the literary travelogue respectively: in the context of modern European literature these two genres exist simultaneously and are fundamentally in conflict.[14]

Akzeptiert man diese Differenzierung zwischen zwei alternierenden bzw. konkurrierenden Tendenzen, so ist die Frage, wie sie sich in den sowjetischen Reisetexten um 1935 zueinander verhalten. Die Analyse zweier Problemfelder kann hier Aufschluß geben: 1. die Frage danach, wie im Vergleich mit der Tradition der europäischen Moderne die Reise und der Reisende konzeptualisiert werden; und 2. die Frage, wie mit dem durchreisten Raum als genuinem Objekt der Darstellung in Reisetexten umgegangen wird.

IV. Der moderne Reisende vs. der stalinistische um 1935

> Any journey can be conceived in terms of the categories of escape and discovery. The traveler excapes his quotidian surroundings and leaves the frustration of everyday life behind. New and constantly changing horizons – [»flüchtige Blicke« – *S.F.*] – unfold,

---

14 Andrew Wachtel. »Voyages of Escape, Voyages of Discovery: Transformations of the Travelogue«. *Cultural Mythologies of Russian Modernism. From the Golden Age to the Silver Age.* Hg. Boris Gasparov/Robert P. Hughes/Irina Paperno. Berkeley: University of California Press, 1992. S. 128.

> and the unexpected becomes a daily occurrence: the traveller can even assume a whole new personality. The journey is inevitably experienced in a context of contrast; the new world is always compared to the world left behind[15] –

schreibt Andrew Wachtel und spricht damit gleich mehrere Aspekte des Reiseverständnisses in der europäischen Moderne an: individuelle Freiheit, Entkommen aus dem Alltag, Neugier und Interesse am Fremden, Flüchtigkeit der Sensationen, Begegnung mit dem Fremden, Unerwarteten, Entfremdung vom Eigenen, Persönlichkeits- und Identitätstransformation des Reisenden, Kontrasterfahrung und ihre Bewältigung durch Vergleich.

Für das moderne europäische Verständnis von Reisen ebenso wie für die literarische Gattung des Reiseberichts, die sich als solche im 18. Jahrhundert etablierte, war zum einen ein bestimmtes Konzept des Individuums essentiell, sowie zentrale mit ihm verbundene Werte wie Persönlichkeitsbildung, Freiheit, reflexive Kreativität, Welterfahrung und Bildung des Eigenen durch Spiegelung im Fremden, kulturelle Selbst-Integration des individuellen Ichs qua Bildungsreise in einen europäischen Kultur- und Gedächtnisraum. Die literarische Gattung des Reiseberichts diente über weite Strecken der Veranschaulichung, der Illustration dieser Werte im Zusammenhang mit dem modernen Konzept von Individuum und Subjektkonstitution einerseits und mit dem Verständnis und dem kulturellen Wert des Fremden andererseits.

Mit diesem seit dem 18. Jahrhundert etablierten Reiseverständnis hat das sowjetische der 1930er Jahre im Wesentlichen nur einen zentralen Punkt gemein: die Auffassung, daß eine Reise der weiterentwickelnden Transformation des Reisenden bzw. Protagonisten dient (z.B. daß sich im Zuge einer Reise der Reisende zu einem vollwertigen Mitglied seiner Kultur entwickeln soll). Die oben zitierte Kritik an der beschreibenden Skizze fordert ja gerade diesen Aspekt zum hauptsächlichen Gegenstand der Darstellung zu machen. Der Unterschied besteht jedoch darin, daß im sowjetischen Fall der Reisende nicht als selbstwertiges Individuum verstanden wird, daß es bei der Transformation nicht um die Konstitution eines individuellen Subjekts, sondern um die eines sowjetischen Helden geht, der sich gerade umgekehrt durch eine Aufgabe der Individualität[16] und die Erlangung der kollektiven Identität in einer Person konstituiert.

---

[15] Ebenda. S. 128.

[16] Zum Masochismus als Psychotyp des Sozrealismus vgl. Igor' Smirnov. *Psichodiachronologika*. Moskva: Novoe Literaturnoe Obozrenie, 1994. S. 233ff.

So z.B. wird in Sel'vinskijs *Čeljuskiniana* der Kommandeur Šmidt gerade dadurch Held, daß er mit dem Volk verschmilzt.

Wenn Reisen traditionell die freie Entscheidung eines Individuums voraussetzte und mit einer Befreiung, einem temporären Austritt aus dem Alltagsleben verbunden war, so gilt diese prinzipielle Differenz für sowjetische Reisen um 1935 nicht: Denn hier handelt es sich zum einen praktisch ausschließlich um Auftragsreisen, Reisen im Auftrag einer Institution und letztlich des Staates (bzw. Stalins), und zum anderen verstehen sich diese Aufträge als essentielle Bestandteile der Berufslaufbahn des Entsandten. Als ›Reisen‹ gelten in der Sowjetunion Mitte der 30er Jahre alle Arten von »komandirovka« (»Dienstreisen«) zu einem lokalen Einsatzort, sei es zum sowjetischen Aufbau, sei es zur Grenzsicherung, sei es zur Inspektion im Rahmen einer Schriftstellerbrigade, sei es aber auch Straf- und Verbannungsreisen ins Arbeitslager eines Großbauprojekts.

Schon aus der Perspektive von 1934 wird der Rückblick auf den Anfang der 1930er, wo noch zahlreiche Menschen aus Enthusiasmus, Begeisterung, dekadentem Spaß am Herumzigeunern und aus purer Neugier – von Baustelle zu Baustelle – reisten, als seltsam dargestellt und negativ bewertet[17]:

> Железные дороги не успевают перевозить всех людей, кочующих теперь [1931] по стране. Тот, кто едет без надобности, ждет по несколько суток. […] Это производственная богема первой пятилетки, странные люди, развозящие со стройки на стройку хвастливые анекдоты […] Необычная смесь рвачей и энтузиастов.[18]
> Die Eisenbahnen schaffen es gar nicht, alle Leute, die jetzt im Land umherziehen, zu befördern. Wer ohne Not [ohne direkten

---

[17] Dies entspricht dem Umstand, daß auch die spezifisch russischen, in der russischen Kultur Jahrhunderte lang praktizierten Reise- bzw. Raumpraktiken, wie z.B. die ursprünglich religiöse Praxis des ›stranničestvo‹, in der stalinistischen Epoche bekämpft wurden: Eine unkontrollierte, ungerichtete räumliche Dynamik sollte unbedingt arretiert werden. Vgl. dazu Igor P. Smirnov: »Страническая культура была уничтожена в период тоталитаризма […] блуждания преобразуются в телеологический путь автонегации.« (»Die Kultur des stranničestvo wurde in der Epoche des Totalitarismus zerstört […] das Umherziehen verwandelte sich in den teleologischen Weg der Autonegation«) I.P. Smirnov. *Genezis. Filosofskie očerki po sociokul'turnoj načinatel'nosti.* St. Peterburg: Aleteja, 2006. S. 243.

[18] *Belomorsko-Baltijskij Kanal imeni Stalina. Istorija stroitel'stva 1931-1934.* Hg. M. Gor'kij/L. Averbach/S. Firin. Moskva: OGIZ, 1934. Reprint 1998 ohne Ort und Hg. S. 38.

> Auftrag] reist, muß mehrere Tage warten. […] Das ist die Produktions-Bohème des ersten Fünfjahrplans, seltsame Leute, die von Baustelle zu Baustelle angeberische Anekdoten verbreiten […] Eine ungewöhnliche Mischung aus Raffgierigen und Enthusiasten.
>
> – А нам куда деваться, – ворчит лохматый парень […] Он »хочет посмотреть мир«, расспрашивает о китайцах и о том, большое ли расстояние от Чукотки до Америки. […] Если вы вызовете его доверие, он скажет хмуро: »Папашу кулачат […].«[19]
> »Wo sollen wir hin«, knurrt ein zerlumpter Junge […] Er »will sich die Welt anschauen«, fragt nach Chinesen und ob es weit ist von der Halbinsel Čukotka nach Amerika. […]. Wenn es gelingt, sein Vertrauen zu gewinnen, wird er düster sagen: »Das Väterchen haben sie enteignet […].«

Unter dem »Kampfbefehl« (»боевой приказ«)[20] des zweiten Fünfjahrplans ›reist‹ man nur noch in genau definiertem Auftrag. Als zentrales Merkmal des neuen Reisens erscheint die Entdifferenzierung zwischen Reise und Alltag. Während bislang Reisen als Ausnahmesituation galt, wird nun auch das normale Leben als Reisen, als auf Dauer gestellte Ausnahmesituation aufgefaßt. Evgenij Dobrenko spricht in Bezug auf die Filme der 30er Jahre von einer typischen »Unbehaustheit/Alltagslosigkeit« (»bezbytnost'«): Egal wo sie sich befinden, die Menschen schlafen, ohne sich auszuziehen, in provisorischen Baracken; sie sind ständig in Habacht-Stellung vor potentiellen Feinden; sie frieren und haben zuwenig zu essen.[21]

Zentrale Motivation allen europäischen Reisens seit der Neuzeit war das Interesse am Fremden. Das Fremde fungierte als ›das zu Erforschende‹ in einer Kultur der Wißbegierigen als hoher kultureller Wert. Dieser wird ihm nun, in einer Kultur der Wissenden, aberkannt, wo es nicht mehr um neue Erkenntnis, sondern nur mehr noch um die Umsetzung und Bearbeitung des bereits Erkannten gehen kann. Das Fremde verliert seine Faszination als Anderes, Exotisches, das der Reisende als unbeteiligter Beobachter bestaunt, und es gewinnt eine neue Faszination als zu Bezwingendes und zu Bearbeitendes.[22]

---

19 Ebenda. S. 39.

20 Ebenda. S. 43.

21 Vgl. Evgenij Dobrenko. »Do samych do okrain«. *Iskusstvo kino* 4 (1996): S. 97-102

22 Zum Arbeitsbegriff in den sowjetischen 30er Jahren vgl. Nadežda Grigor'eva. *Anima laborans.* Sankt Peterburg: Aleteja, 2005.

Auch in Hinblick auf die für Reisende typischen ›flüchtigen Blicke‹ konterkarieren die sowjetisch-stalinistischen Reisen die Folie. ›Flüchtige Blicke‹ werden in modernen Reisetexten reflektiert als konstitutives Merkmal von Reisenden, das doppelt motiviert ist: Reisende bleiben in der durchreisten Fremde fremd, können die kulturell bedingte Distanz nicht überwinden und sie können sich als ›Bewegte‹, die bald weiterreisen, nicht einlassen auf eine intensivere, durchdringende Beziehung. Paradigmatisch für dieses Verständnis von Reisen scheint Mandel'štams Darstellung in seinem 1933 als Provokation aufgenommenen[23] Text über seine Armenienreise: »Но глаз мой / падкий до всего странного, мимолетного и скоротечного / улавливал в путешествии лишь светоносную дрожь / случайностей /, растительный орнамент / действительности / …« (»[…] mein Auge, versessen auf alles Seltsame, Flüchtige und schnell Verfließende, hat auf der Reise nur das lichtbringende Zittern der Zufälligkeiten […] eingefangen«).[24]

Eine solche Haltung kann nicht anders denn als diametraler Gegensatz zum damals verordneten, sowjetisch-stalinistischen Verständnis von Reisen gelesen werden. Sowjetische Reisende kommen hin, um zu bleiben, und sie werfen keine Blicke, sondern greifen tätig ein und vernichten und vertreiben das Fremde entweder oder verwandeln es auf der Stelle in Eigenes bzw. vernichten es, indem sie es transformieren. Die allermeisten Reisetexte der Zeit sind zwar nicht ›one-way‹ Reisen ›without return‹, aber doch Reisen, die das Ziel der Reise in einem grundlegend transformierten, sowjetisch bewohnten Zustand zurücklassen.

Wenn Mandel'štam in seinem Armenientext schreibt:

> Нет ничего более поучительного и радостного, чем погружение себя в общество людей совершенно иной расы, которую уважаешь, которой сочувствуешь, которой вчуже гордишься.[25]

---

[23] So Ralph Dutli im Nachwort zur deutschen Ausgabe der *Reise nach Armenien*, Ossip Mandelstam. *Armenien, Armenien! Prosa, Notizbuch, Gedichte 1930-1933.* Zürich: Ammann, 1994, S. 215. Wegen der Publikation des letzten Teils des Reiseberichts wurde ein Redakteur der Zeitschrift *Zvezda*, wo der Text erschienen war, entlassen.

[24] Ossip Mandelstam. »Das Notizbuch zur ›Reise nach Armenien‹«, Kap. »Moskau«. Ders. *Armenien* (wie Anm. 23). S. 64. Osip Mandel'štam. *Sobranie sočinenij v trech tomach*. Bd. 3: Očerki, Pis'ma. . New York: Inter-Language Literary Associates, 1969. S. 149.

[25] Osip Mandel'štam. »Putešestvie v Armeniju«. *Sobranie sočinenij v trech tomach.* Bd. 2: Proza. New York: Meždunarodnoe Literaturnoe Sodružestvo, 1971. S. 143. Dt. *Armenien* (wie Anm. 23). S. 14.

> Nichts ist lehrreicher und bringt mehr Freude, als einzutauchen in die Gesellschaft von Menschen einer vollkommen anderen Rasse, die man hoch achtet, mit der man fühlt, auf die man selbst als Außenstehender stolz ist,

so stellt er damit das Fremde als kulturellen Wert, als Faszinosum und die Neigung des Reisenden, sich von der eigenen Kultur zu entfremden, aus. Sowjetisch-stalinistische Reisen um 1935 konterkarieren auch diesen Aspekt: Das weit entfernte Ziel der Reise ist hier kein prinzipiell fremder Ort, sondern erhält die Bedeutung eines symbolischen Zentrums, weshalb der Reisende nie Gelegenheit erhält sich von seiner Herkunft zu entfremden. Vielmehr bleibt er ihr ununterbrochen eng verbunden und kommt auf einer symbolischen Ebene dem Zentrum seines eigenen Raums gerade durch diese Reise ganz nahe. Sämtliche Reise- bzw. Expeditionsdarstellungen betonen sehr häufig die kontinuierliche Verbundenheit der Protagonisten mit Moskau, wobei insbesondere den modernen Kommunikationsmedien zentrale Bedeutung zukommt: Radio und Funk sind die Instrumente, mit denen räumliche Entfernung praktisch vollkommen getilgt wird. Oft wird die Überlegenheit dieser medialen Verbundenheit über eine tatsächliche räumliche Nähe narrativ inszeniert (vgl. z.B. in *Im Osten*).[26] Auch die Eisenbahn wird in diesen Jahren mitunter interpretiert nicht als Medium, das den Raum öffnet, sondern als eines, das ihn zusammenhält, festigt und ›erdet‹, das aus einem offenen Außen- einen geschlossenen Innenraum macht, und das die lokalen Differenzen überwindet, entdifferenziert[27] (Vgl. exemplarisch so in Mariėtta Šaginjans Fragment *Tajna trech bukv [Glavy iz knigi]*, 1933-34; *Das Geheimnis der drei Buchstaben [Kapitel aus einem Buch]*).[28]

---

[26] Interessanterweise reflektiert Mandel'štams Armenientext diese Dimension zeitgenössischer sowjetischer Reiseliteratur – natürlich in spezifisch gebrochener, moderner Manier –, indem er die Erzählung ständig zwischen Moskau und Armenien hin und her wechseln läßt.

[27] In gewissem Sinn nimmt das sowjetisch-stalinistische Reise- und Raummodell damit Merkmale vorweg, die gegenwärtig dem globalisierten Raum zugeschrieben werden.

[28] Symptomatischerweise geht Šaginjan in diesem Text von einem Vergleich des Menschen mit einer tief im Boden verwurzelten Pflanze aus, deren räumliche ›Beweglichkeit‹ nur durch Verästelungen ermöglicht wird. Diese Äste glichen den Eisenbahnschienen, entlang deren sich die Sowjetisierung ausbreitet. Daß der so konstituierte Raum wenig mit ›Freiheit‹ zu tun hat, wird schon in dem Satz am Textanfang deutlich: »Человек обречен на дорогу.« (»Der Mensch ist zum Weg verurteilt«) Im Vergleich der »Mašinno-traktornaja stancija«

Auf symbolischer Ebene wird das Verständnis der Reise als Annäherung an das Zentrum dadurch deutlich, daß die ›Arktisbezwinger‹ die ersten waren, die von Stalin persönlich mit dem Orden »Held der Sowjetunion« ausgezeichnet wurden. Dies bezeugt den symbolischen Stellenwert dieser ›Reisen‹ und läßt Kreml und Pol auf symbolischer Ebene verschmelzen.

Dementsprechend gibt es in den sowjetischen Reisen um 1935 im Gegensatz zum modernen Verständnis des Reisens keine Entfremdung der Helden von ihrem Ausgangspunkt während der Reise, sondern im Gegenteil nur eine Annäherung. – Dies widerspricht nicht nur dem Reiseverständnis der Moderne, sondern auch dem mythopoetischen Reiseverständnis, in dem Reisen stets die Bedeutung eines Passagenritus hat. Wenn Reisen aber nicht mehr mit Entfremdung, d.h. mit einem symbolischen Tod und einer ›Neugeburt‹ verbunden ist, kann es auch in diesem mythopoetischen Sinn nur ein Pseudo-Reisen sein.

Dennoch findet auf diesen Reisen eine Verwandlung der Helden statt: Allein durch den Kontakt mit diesen Räumen werden sie zu Helden, ohne eine der Initiation vorausgehende Entfremdung durchgemacht zu haben, lediglich mit und durch Prüfungen werden sie zu Helden erhoben. John McCannon[29] meint, die Sowjets machten aus der Arktis einen mythischen Ort, eine Art Zauberwald, den Ort im Zaubermärchen, an dem der Held plötzlich mit allen möglichen wundersamen Kräften und Wirkungen ausgestattet ist, an dem er sich selbst und die Schicksale anderer verändern kann.

(MTS, das sind die »drei Buchstaben« des Titels) mit einer Lampe, die über einen gewissen Radius ausstrahlt, wird der Außenraum des ganzen Landes als Innenraum erkennbar. Die Stationen selbst werden beschrieben als ›Hybride‹ zwischen Dorf und Stadt, darin liegt ihre ›Neuheit‹, aber diese Neuheit steht der alten räumlichen Organisation Rußlands durch die ›usad'by‹ (›Adelssitze auf dem Land‹), die von Šaginjan implizit als eine offene bzw. polyzentrische beschrieben wird, diametral entgegen durch ihre feste Bindung an die in allen ihren ›Verästelungen‹ auf das Staatszentrum zulaufende Eisenbahn. Šaginjans kurzer Text ist somit nichts weniger als eine exemplarische Veranschaulichung des stalinistischen Raummodells als eines Modells, das den Raum feststellt, arretiert. Vgl. Marietta Šaginjan. »Tajna trech bukv« (1934). Dies. *Sobranie sočinenij v devjati tomach.* Bd. 2. Moskva: Chud. lit., 1971. S. 767-808.

[29] Vgl. John McCannon. »Tabula Rasa in the North. The Soviet Arctic and Mythic Landscapes in Stalinist Popular Culture". *The Landscape of Stalinism.* Hg. Evgenij Dobrenko/Eric Naiman. Seattle/London: University of Washington Press, 2003. S. 244.

Daß es nicht wirklich um eine Passage im Sinne eines echten Initiationsrituals gehen kann, zeigt das Poem von Sel'vinskij, wo bereits von Anfang an in einem immer wiederkehrenden Refrain »die Menschen gehen wie Helden« behauptet wird.[30]

Dieser Begriff von Reisen und ›Reisehelden‹ wird verständlich im Kontext eines neuen militärisch-strategischen Begriffs von Literatur und von Reisen. Nach dem früheren, vor- und nachrevolutionären Verständnis bildeten Reisen einen Gegensatz zu Feldzügen – trivialerweise, denn über einen solchen Gegensatz wurde nie auch nur im Ansatz diskutiert, er wurde vielmehr als selbstverständlich vorausgesetzt. Damit soll freilich nicht gesagt sein, daß Reisen und militärische Aktionen immer von einander unterschieden wurden. Das war etwa bei den mittelalterlichen Kreuzzügen, die immer auch als Pilgerfahrten verstanden wurden, und in der frühen Neuzeit, im Zusammenhang der Entdeckungen und der beginnenden transkontinentalen Kolonisation definitiv nicht der Fall. Und auch danach – man denke etwa an zentrale russische Reisetexte über den Kaukasus, standen Reisen im unmittelbaren Kontext militärischer Aktionen; ein Faktum, das auch in der Darstellung eine wesentliche Rolle spielte (Vgl. z.B. Puškins *Reise nach Erzerum* oder Vel'tmans *Strannik*; 1831/32; *Der Wanderer*). Dennoch ist ab dem 18. Jahrhundert der spezifische, der dargestellten Umgebung fremde bzw. entfremdete Beobachterstandpunkt gattungskonstitutiv. Reisetexte konstruierten das Fremde, ihren Hauptgegenstand, als Objekt des Staunens oder der Bewunderung – egal, ob mit der ästhetischen Faszination eine kulturelle Abwertung etwa in Form von Orientalisierung verbunden war oder nicht –, Feldzüge dagegen dien(t)en gemeinhin seiner Vernichtung. In der sowjetischen Reiseliteratur ist dieser der modernen Reiseliteratur inhärente Gegensatz aufgehoben: Jede Reise stellt eine Art Feldzug dar.

Das hängt damit zusammen, daß die sowjetische Reiseliteratur um 1935, d.h. in der Periode des zweiten Fünfjahrplans, einen zentralen Bestandteil der seit 1930 konzipierten und seither immer mehr durchgesetzten literarischen Doktrin der »Verteidigungsliteratur.« (»оборонная литература«) bildete. Bereits 1930 hatte der Chefideologe des neu gegründeten literarischen Vereins der Roten Armee und der Flotte (*Literaturnoe ob-edinenie Krasnoj Armii i Flote: LOKAF*) eine »Militarisierung der sowjetischen Literatur« (»военизация литературы«) gefordert, das »künstlerische Wort« solle »mobilisiert werden für Aufgaben der Landesverteidigung«, es solle als »aktiver Teilnehmer an Kampfhandlungen« mitwirken (Svirin.

[30] Sel'vinskij. »Čeljuskiniana« (wie Anm. 11). S. 118ff.

Vojna i literatura 1930; *Krieg und Literatur)* sowie *Mobilizacija literatury* 1933; *Mobilisierung der Literatur*)[31]. Das Publikationsorgan dieser literarischen Vereinigung trägt ab 1933 den Namen *Znamja* (*Das Banner*), unter dem es zu einer der führenden Literaturzeitschriften wird. Hier erscheinen viele der wichtigsten Reisetexte dieser Jahre – falls man sie so nennen möchte. Denn diese Texte sind durchzogen von einem militaristischen Diskurs, der die Reiseziele als Objekte der militärischen Eroberung[32] und das Fremde als Feindliches und damit als Objekt der Vernichtung interpretiert. Als Fremdes und damit als feindlich werden dabei zum einen, geopolitisch gedacht, der vom Kapitalismus beherrschte Teil der Welt, d.h. alles außerhalb der Sowjetunion, und andererseits die geographisch peripheren, keinem Staatsgebiet zugeordneten und nur von der extremen Natur beherrschten Regionen, insbesondere die arktische Polregion verstanden. Beide sind in den sowjetischen Reisetexten der 1930er Objekte von militärischer oder militaristischer Attraktion. Zugleich jedoch werden die Reiseziele – in einer gewissen, charakteristischen Widersprüchlichkeit – verstanden als Objekte der Verteidigung gegenüber dem äußeren Feind.[33]

---

[31] Publikationsorgane von LOKAF: in Leningrad *Zalp*, in Moskau ab 1930 *LOKAF*, das später in *Znamja* umbenannt wird. Zur »oboronnaja literatura« vgl. Evgenij Dobrenko. »Oboronnaja literatura i Socrealizm: LOKAF«. *Socrealističeskij kanon.* Hg. ders./Chans Gjunter. Sankt Peterburg: Akademičeskij proekt, 2000. S. 225-241.

[32] Vgl. dazu Emma Widdis, die in ihrem Buch *Visions of a New Land. Soviet Film from the Revolution to the Second World War* (New Haven/London: Yale University Press, 2003) kontrastiv die sowjetischen Filme der 1920er und 30er Jahre vergleicht. Die Grundhaltung der 30er Jahre-Filme ist danach als eine der »erobernden Aneignung« (»освоение«) der »erforschenden« Haltung der 20er Jahre entgegengesetzt; in Bezug auf den Raum allgemein, einschließlich des Weltraums, findet sich eine »erobernde« Haltung freilich auch schon in den frühen 20er Jahren, etwa bei den sog. Biokosmisten. dort allerdings sind sie mit einem ganz anderen, dem hier besprochenen entgegengesetzten Raummodell, einem Modell des vollkommen entgrenzten, offenen und als solchem maximal dynamisierten Raums verbunden. Vgl. Michael Hagemeister. »Die Eroberung des Raums und die Beherrschung der Zeit«. *Die Musen der Macht.* Hg. Jurij Murašov/Georg Witte. München: Wilhelm Fink Verlag, 2003. S. 257-284.

[33] Bezogen auf die Arktis-Thematik war der militaristische Duktus auch in der Rhetorik der Massenmedien omnipräsent. Vgl. z.B. den očerk von Vl. Kantorovič *Povest' o poljarnike Ermolaeve* (zitiert in: Kantorovič. *Problema* [wie Anm. 5]. S. 199): »Чтобы заставить себя бороться за жизнь, надо бороться

V. Reisen und die symbolische Konstruktion des Raums

Reisen sind gemeinhin definiert durch die Überschreitung einer Grenze zwischen einem eigenen und einem fremden Raum. Wenn sie ein Ziel haben, so liegt dies in der Fremde bzw. ist die Fremde, wobei die Differenz freilich unterschiedlich bestimmt sein kann: geographisch, kulturell oder ontologisch (Diesseits – Jenseits; irdische Welt – höhere, transzendente Welt etc.). Für Reisen im Verständnis der europäischen Moderne vor dem Hintergrund des Nationalstaats ist bzw. war ein Raummodell konstitutiv, das durch Strategien der Grenzziehung, der Abgrenzung und der Modellierung des eigenen im Gegensatz zu verschiedenen Typen von fremden Raum bestimmt war.[34] Dem Fremden kam in diesem Raummodell ein konstitutiver Stellenwert zu, da die kulturelle Identitätsbildung hier über Spiegelung und Abgrenzung funktionierte.

Nicht so in den stalinistischen 30er Jahren: Reisen führen hier nur relativ selten über eine Grenze in die Fremde, ins Ausland.[35] Und wenn sie

---

за большее, чем жизнь, – за цель экспедиции, за укрепление советского фронта в Арктике. […] В советской Арктике проходит революционный фронт борьбы за советскую страну, за будущее человечества.« (»Um sich zu zwingen, um das Leben zu kämpfen, muß man um ein höheres Ziel kämpfen als es das Leben darstellt, – um das Ziel der Expedition, um die Etablierung der Front in der Arktis. […] Durch die sowjetische Arktis verläuft die Front des revolutionären Kampfs um das sowjetische Land, um die Zukunft der Menschheit«). Vgl. auch McCannon. »Tabula rasa« (wie Anm. 29). S. 243f.

34 Zum historischen Zusammenhang zwischen Nationalstaat und Reisebericht in der europäischen Moderne vgl. Peter J. Brenner. »Einleitung«. *Der Reisebericht.* Hg. Peter J. Brenner. Frankfurt: Suhrkamp, 1989. S. 24ff.

35 Im Gegensatz zur großen Zahl der sowjetischen Reiseberichte aus den 20er Jahren über ›den Westen‹, wie z.B. Majakovskijs *Moe otkrytie Ameriki* (1926; *Meine Entdeckung Amerikas*) oder Kušners *Sto dvadcat' dnej na zapade* (1928; *Hundertzwanzig Tage im Westen*), bildet *Odnoėtažnaja Amerika* (*Das einstöckige Amerika*) von Il'f und Petrov 1936 eher eine Ausnahme. Dieses Buch steht zwar deutlich in der Tradition des modernen Reisetextes, unterläuft sie jedoch durch zwei Strategien: 1. die bereits angemerkte Brechung des Fremden mithilfe des marxistischen Dispositivs, und 2. eine satirische Strategie – auf die bereits der Titel hinweist –. Il'f/Petrovs Titel polemisiert dabei anscheinend mit einem anderen Reisetext von 1933, *Odnostoronnaja Amerika* (*Einseitiges Amerika*) von A. Isakov. Es wäre interessant die ganze Reihe der sowjetischen Amerikatexte zwischen 1926 und 1936 vergleichend zu analysieren. Dazu würde auch Boris Pil'njaks *O'kej – amerikanskij roman* (*O.k. – ein amerikanischer Roman*), ebenfalls 1933, gehören.

dies doch tun, konterkarieren sie die europäische Tradition der Reisetexte. Denn 1. wird das Fremde nicht nur als Feindliches, sondern auch als Bekanntes dargestellt und verliert so seinen Wert vollkommen und 2. entfremdet sich der Reisende durch den Kontakt mit ihm weder dem Eigenen, geschweige denn verändert er sich.[36] In den meisten Fällen führen die sowjetischen ›Reisen‹ bzw. temporären Migrationen nicht über, sondern an eine Grenze. Diese wird in spezifischer Weise charakteristisch für das gesamte stalinistische Raummodell und wird bevorzugt veranschaulicht durch einige ganz bestimmte extrem periphere ›Grenz‹-Regionen.

Entsprechend der Doktrin der Verteidigungsliteratur gerieten v.a. jene Regionen, deren sowjetische Beherrschung ein ganz aktuelles militärisches Interesse darstellte, ins Zentrum der Reiseliteratur bzw. waren als ›Reiseziele‹ besonders attraktiv: insbesondere der Ferne Osten, die Arktis und der Nordpol. Die anderen sowjetischen Regionen gewidmeten Reisetexte treten Mitte der 1930er zahlenmäßig zurück, ebenso die Darstellungen von Auslandsreisen. In dieser allgemein schrumpfenden Gruppe stechen nur die Texte über Spanien heraus, die ebenfalls in einem militärisch-revolutionären Kontext, dem des Spanischen Bürgerkriegs, stehen.

Symptomatisch für diese dominant militärische Perspektive erscheint die gleichmäßige Anwendung des militaristischen Duktus auf sämtliche in Betracht gezogene Reiseregionen.

So wurde z.B. die Erforschung der Polregion als große militärische Aktion präsentiert in militaristischer Rhetorik: »Armee der Polarforscher« (»armija poljarnikov«), »Arktische Front«; »šturmovat' Arktiku«. Eine Schlagzeile von 1937: »Arktis u. Nordpol sind von uns erobert!«[37] Weitere Beispiele finden sich in zahlreichen očerki. So z.B. in *Po neprotorennym dorogam*[38] (*Auf nicht ausgetretenen Wegen*), wo von der Arktis als

---

[36] Vgl. Marina Balina. »Literatura putešestvij«. *Socrealističeskij kanon*. Hg. Chans Gjunter/Evgenij Dobrenko. Sankt-Peterburg: Akademičeskij proekt, 2000. S. 896-909: Sie führt Beispiele vom Ende der 1920er Jahre an wie V. Vasil'ev, *Mongol'skie očerki* (1929; *Mongolische Skizzen*), I. Tajgin, *Japonskie siluety* (1930; *Japanische Silhouetten*), A. Ioffe, *Za rubežom: Putevye vpečatlenija* (1927; *Im Ausland: Reiseeindrücke*). Aus der Mitte der 30er Jahre wäre etwa der Äthiopien-Reisetext von A. Jur'ev zu erwähnen: *Ot Džibuti do Addis-Abeby* (*Novyj mir* 1[1936]; *Von Dzhibuti nach Addis Abeba*): Ohne Interesse an ihrer Besonderheit in monoton gleich bleibender Weise wird alles darin Erwähnte, d.h. v.a. die sozialen Umstände holzschnittartig schwarz gezeichnet.

[37] Vgl. McCannon. »Tabula Rasa« (wie Anm. 29). S. 243f.

[38] Lavrov. »Po neprotorennym ...« (wie Anm. 10). S. 195ff.

»Festung« die Rede ist, von der aus gekämpft und »der Sieg« errungen wird – wobei der Feind implizit bleibt –, oder in *V bor'be za Arktiku*[39] (*Im Kampf um die Arktis*) wo bereits der Titel den militaristischen Duktus anschlägt.[40]

Je nach Referenzregion stehen zwei Grenz-Begriffe im Mittelpunkt der sowjetisch-stalinistischen Reisen um 1935: ›Grenze‹ (›granica‹) oder ›Front‹ (›front‹). Paradigmatisch für die Entwicklung des Grenzbegriffs der eng mit dem Begriff der Verteidigung (oborona) verbunden wurde und somit explizit für Abschließung und Nichtexpansivität stehen sollte, war die von japanischen Kriegsdrohungen betroffene Region des Fernen Ostens. Dies wird schon darin deutlich, daß die allermeisten Titel, die den Begriff ›Grenze‹ (›granica‹) enthalten, dem Fernen Osten gewidmet sind und anscheinend vom zeitgenössischen Leser problemlos so verstanden wurden. Z.B. *Na granice* (*An der Grenze*) oder *Granica na zamke* (*Verschlossene Grenze*). Pavlenko schrieb über seinen dem Fernen Osten gewidmeten Roman *Im Osten* einfach: »Я хотел показать людей на границе.«[41] (»Ich wollte [das Leben] der Menschen an der Grenze zeigen«)

Schauplatz einer explizit expansiven Frontrhetorik dagegen wurden die zahlreichen Texte über die Arktisexpeditionen und -flüge dieser Jahre.

Sowohl die Texte wie auch die Filme über den Fernen Osten jedoch zeigen, daß auch ›Grenze‹ (›granica‹) hier durchaus expansiv verstanden wird und ein Vergleich macht deutlich, daß den Texten über die Arktis-

---

39 R.L. Samojlovič. »V bor'be za Arktiku«. *Novyj mir* 3 (1935): S. 213ff.

40 An dieser Stelle muß freilich eingeräumt werden, daß der militaristische Duktus im Zusammenhang der Nordpolthematik in den 1930er Jahren nichts genuin Sowjetisches war. Tatsächlich war die Polregion international umkämpft und diesem Umstand wurde auch in vielen nichtrussischen Darstellungen Rechnung getragen. So in mehreren populären deutschen Büchern zur Geschichte der Polexpeditionen wie z.B.: Dr. Arthur Berger. *Der Kampf um den Nordpol.* Bielefeld/Leipzig: Veihagen & Kiasing, 1931. Oder: S.A. Andrée. *Dem Pol entgegen.* Leipzig: Brockhaus, 1930.

41 Pavlenko. »Na vostoke« (wie Anm. 2). S. 546. Aus den genannten Gründen war der Ferne Osten um 1935 auch eines der offiziösesten Themen schlechthin. Von Stalin und auch von Gor'kij persönlich wurde dieses Thema Autoren ans Herz gelegt. P. Pavlenko z.B., der mit *Im Osten* seinen ersten großen Erfolg erzielte, erhielt den Themenvorschlag von Gor'kij. Manche, die es wählten, konnten damit ihre angeschlagene Reputation sanieren. So etwa der Regisseur Dovženko mit dem Film *Aėrograd* (1935). Zuvor war er für *Zemlja* (*Erde*) wegen Formalismus kritisiert worden, nun diskutierte er das Drehbuch zu *Aėrograd* vor der Realisierung des Films im Kreml mit Stalin und Politbüromitgliedern persönlich im Kreml.

reisen und denjenigen über die Aufbau- und Verteidigungsfahrten in den Fernen Osten ein und dasselbe Grenzkonzept zugrunde liegt.

Ein Zitat von Venjamin Kaverin gibt ein wenig Aufschluß darüber, wie man versuchte, keinen Widerspruch zwischen beiden Grenzkonzepten aufkommen zu lassen, wenn er über den Helden von *Dva kapitana* (1944; *Zwei Kapitäne*) schreibt: »He is typical of all polar explorers. The North gave my hero his strength, and it is back into the North that he is returning it all. In peace he extended the borders of civilization; in war he is defending those borders.«[42]

Genau in diesem Punkt aber unterscheiden sich die sowjetischen Reisetexte der 30er Jahre von anderen Reisetexten: Reisen impliziert hier nicht – wie normalerweise – eine Grenzüberschreitung am Anfang der Reise und die Erkundung eines fremden oder jedenfalls anderen Raums, Reisen bedeutet hier vielmehr eine Bewegung an eine Grenze. Die Grenze ist hier das Ziel. Und dies wiederum hat eine spezifische – für Reisetexte untypische – Beziehung zum fremden, anderen Raum jenseits der Grenze zur Folge: Die Grenze wird in den Reisetexten der 30er Jahre nicht überschritten, sondern – als frontier bzw., um in der militaristischen Terminologie zu bleiben, Front – vorgeschoben, und dadurch wird der neu gewonnene Raum transformierend angeeignet. Das Andere, Fremde jenseits der Grenze repräsentiert somit in diesen Pseudo-Reisetexten keinen Wert oder, vielleicht besser, einen negativen Wert, denn es ist prinzipiell Gegenstand der Vernichtung.

Daraus aber ergibt sich die grundlegende Spezifik der Konstruktion des sowjetischen Raums in den 30er Jahren: Er wird als potentiell totaler konzipiert mit Hilfe einer absoluten Außengrenze, die im Fortschreiten der Sowjetisierungsarbeit durch permanentes Vorschieben überwunden und damit in letzter Konsequenz – dann, wenn das Außen komplett vernichtet bzw. einverleibt ist – aufgehoben wird. So erweist sich der Innenraum zunächst als ebenfalls ein in jedem seiner Punkte von ideellen Grenzen durchzogener und im auf die Zukunft projizierten Ideal als total entgrenzter. Reisen im oben genannten Sinn ist in einem so konstruierten Raum nicht möglich bzw. wird dann am Ende seinen Sinn verloren haben.

Kultursemiotisch betrachtet, verräumlichen Reisen Zeit. In seinen Überlegungen zur Mythopoetik des Weges bezeichnete Vl. Toporov den Weg als einen der wichtigsten raum-zeitlichen Klassifikatoren bzw. als

---

[42] Zitiert nach McCannon. »Tabula rasa« (wie Anm. 29). S. 245.

Modell der »Spatialisierung der Zeit«.[43] Darauf aufbauend werden Reisen in der Literatur immer wieder nur als Metapher der Prozedur einer Subjektkonstitution oder Persönlichkeitsbildung aufgefaßt. Reisen verzeitlichen, temporalisieren aber stets auch den Raum. So sind Reisen der europäischen Neuzeit in den meisten Fällen Reisen in eine kulturelle Vergangenheit (eine Ausnahme bildet der Typus der Amerikareise oder für Russen die Reise in den Westen generell, die eine Reise in die Zukunft darstellen).[44] Reisen, Reisetexte dienen der Konstitution des reisenden europäischen Subjekts als Kulturträger und sie konstruieren den europäischen Gedächtnisraum. Hier wären zwei Reisetypen entsprechend zwei geokulturellen Regionen zu unterscheiden: Reisen in einen Raum, der als europäische Vergangenheit angesehen wird, auf der einen Seite und auf der anderen in einen Raum, der als ganz fremd gilt (Letzterer wird ab dem 18. Jh. mit Hilfe von anthropologischen Universal-Modellen zur Menschheitsgeschichte ebenfalls als Gedächtnisraum angeeignet). Im Fall des europäischen Gedächtnisraums ist wiederum auf Differenzierungen zu achten, die mit kulturellen Wertungen zusammenhängen: zwischen dem Raum der griechisch-römischen Antike, der als genuin eigener, europäischer gewertet wird, und dem Orient, das als eigenes Anderes Objekt der ästhetischen Bewunderung und der kulturellen Abwertung zugleich ist.

Auch an dieser Stelle erscheint Mandel'štam, und zwar hier nicht nur sein Armenientext, sondern alle zahlreichen Texte, in denen sich der Autor mit geokulturellen Regionen beschäftigt, als exemplarisch für die Konstruktion des europäischen Gedächtnisraums durch Reisen. Wie viele russische Reisende angefangen von Karamzin konstruiert Mandel'štam den europäischen Kulturraum als Gedächtnis-Einheit zu der Rußland als integrativer Bestandteil fraglos dazugehört.

Gegen dieses Verständnis von Reisen und gegen die Konstruktion des geokulturellen Raums wenden sich die ›linientreuen‹ sowjetischen Reise-

---

[43] Vgl. Vladimir Toporov. »Put'«. *Mify narodov mira.* Moskva: Sovetskaja ėnciklopedija 1988, S. 352f.; sowie ders. »Prostranstvo i tekst«. *Tekst: semantika i struktura.* Hg. Tat'jana Civ'jan. Moskva: Institut Slavjanovedenija i Balkanistiki, 1983. S. 227-284.

[44] Im Vergleich dazu stellen mittelalterliche Pilgerreisen insofern keine ›Zeitreisen‹ dar bzw. verzeitlichen den Raum nicht, als sie konzipiert waren als Bewegung zwischen verschiedenen ontologischen Seinssphären: zwischen irdischer und himmlischer, transzendenter Welt, der die Pilgerziele zugerechnet wurden, die damals eben nicht als ›historische‹ Pilgerziele, nicht als Monumente der eigenen kulturellen Vergangenheit fungierten, sondern die Präsenz der höheren Seinssphäre im Diesseits verkörperten.

texten der 1930er Jahre. Auch sie verzeitlichen den Raum, aber in ganz anderer Weise. Sie sind Reisen an eine Grenze, an der Gegenwart und Vergangenheit aufeinander treffen: Der sowjetische Reisende, so schreibt Mariėtta Šaginjan 1934, erblickt die »fernen Horizonte der Zukunft« und er »tritt in sie ein und beginnt schon keine Modelle mehr zu bauen, sondern das Leben selbst.«[45]

Zunächst treffen an der Grenze, die das Ziel der Reise darstellt, die sowjetische Gegenwart des Reisenden und die Vergangenheit aufeinander. Wobei als Vergangenheit Verschiedenes und verschiedene Stufen von Vergangenheit figurieren können.

Im Fall der Arktis und des Nordpols trifft der sowjetische Mensch nicht nur auf eine unberührte menschenfeindliche Natur, sondern auf eine archaisch-mythische Vergangenheit. Als mythopoetischer Kampf mit dieser Vergangenheit, implizit auch mit den Mythen der archaischen, den Schamanismus praktizierenden Völkern – und nicht nur mit der Natur – wird das Handeln der sowjetischen Helden dort beschrieben. So z.B. bei Sel'vinskij: »И в сладком страхе ты чувствуешь вдруг, / Что встреча с Полюсом – встреча со зверем!«[46] (»Und in süßem Schrecken fühlst du plötzlich, / Daß die Begegnung mit dem Pol – eine Begegnung mit einem wilden Tier ist«) – Eisblöcke werden als »Sphingen« und »mythische Tiere« bezeichnet, der Eisbär als »das Totem-Tier, ein verwahrlostes Urtier« (»зверь-тотем, одичалый празверь«) und verglichen mit dem Pol selbst: »Как будто по царствам своим скакал / Сам Северный Полюс!«[47] (»Als ob durch seine Reiche streifte / der Nordpol selbst!«) Und weiter in der schamanistischen Tiermetaphorik: »Арктика пробита, словно кит, / И, выпуская внутренности, тонет!«[48] (»Die Arktis ist erschlagen, gleichsam ein Wal, / Und geht unter, die Innereien herauslassend«). Diese mythische Vorzeit wird im Zuge des im Poem dargestellten Kampfs radikal angeeignet und transformiert in einen »staatlichen Orden«.[49]

Eine entsprechende Transformation findet an der Grenze statt, als die der Ferne Osten aufgefaßt wird; mit dem Unterschied, daß es hier mehrere und verschiedene Kulturen und damit auch ›Zeiten‹ aufeinander treffen. Primär geht es hier um eine Grenze, die aufgefaßt wird als wichtigste und paradigmatische Außengrenze zwischen der Sowjetunion und dem kapitalistischen Raum, der als feindlicher, bedrohlicher angesehen wird.

45 Šaginjan. »Tajna« (wie Anm. 28).
46 Sel'vinskij. »Čeljuskiniana« (wie Anm. 11). S. 131.
47 Ebenda. S. 135.
48 Ebenda. S. 162.
49 Ebenda. S. 148.

Dieser Raum wird entsprechend dem Marxismus-Leninismus einer historischen Zeitstufe zugeordnet und steht somit dem sowjetischen Raum als Raum der Vergangenheit gegenüber. So wird er dem Raum der archaischen Völker, die auch in den Darstellungen des Fernen Ostens eine nicht unbedeutende Rolle spielen, in gewissem Sinn äquivalent.[50] Eine dritte Verzeitlichung wird innerhalb des Grenzraums vorgenommen zwischen zwei Generationen oder Typen von sowjetischen Aktionsträgern vor Ort: den sog. Grenzwächtern (pograničniki), jenen Partisanen ähnlichen Menschen, Ortskundigen, die den Grenzraum kennen, in ihm Spuren aller Art lesen und die Grenze so schützen, aber nichts Prinzipielles verändern können, und jenen jungen aus dem Zentrum abkommandierten Helden des Krieges oder des Aufbaus gleichermaßen. – So betrachtet, verwundert es nicht, wenn Pavlenko Krieg und Aufbau gleichsetzt und schreibt, der Krieg sei »Aufbau unter der Bedingung erhöhter Sterblichkeit« (»Война – это строительство в условиях повышенной смертности [...]«[51]; »Krieg, das ist Aufbau unter Bedingungen erhöhter Sterblichkeit«). – Diese Jungen und nicht die Grenzwächter sind die ›Reisenden‹ in diesen Texten und sie sind die Transformatoren.

An der Grenze – egal ob am Pol oder im Fernen Osten – entsteht stets dramatisch aus einem antagonistischen Zusammentreffen, einem Kampf die Zukunft, wird die sowjetische Utopie quasi ex nihilo realisiert. Aufgrund dieser spezifischen Struktur der Verzeitlichung des Raums und der Grenze selbst ist für diese Grenze der Begriff »frontier« passend. In dem kämpferischen Akt wird, so meine These, die Raumgrenze als frontier vorgeschoben und die Zeitgrenze zwischen Gegenwart und Zukunft aufgehoben. Ebenso scheint die Differenz zwischen Raum- und Zeitgrenze aufgehoben. Erhalten bleibt in dieser Dynamik nur die räumliche Außengrenze, die zugleich als zeitliche zwischen Gegenwart und Vergangenheit verstanden wird: sie wird nur verschoben – die Zukunft schiebt die Vergangenheit weg, löscht sie aus –, aber nie aufgehoben. Sie ist, von außen

---

[50] Auch diese spielen bei der Thematisierung des Fernen Ostens Mitte der 30er Jahre eine wichtige Rolle. In praktisch allen dem Fernen Osten gewidmeten Texten und Filmen figurieren Vertreter der auf einer archaischen Zivilisationsstufe lebenden indigenen Völker in einer wichtigen Sujetfunktion. Paradigmatisch etwa in Fadeevs *Poslednij iz Udege* (1929-1957; *Der letzte der Udege*), aber auch in *Komsomol'sk* (1939) von Gerasimov oder bei Pavlenko. Sie werden praktisch ohne Ausnahme wie alle anderen prima facie nicht-sowjetischen Menschen auch direkt in Sowjetmenschen transformiert – oder sind dem Untergang geweiht.

[51] Pavlenko. »Na vostoke« (wie Anm. 2). S. 527.

betrachtet, absolut. So wird in jedem zentralen Sujetmoment der sowjetischen Reisetexte ein Zeit-Raum konstruiert, den man als einen spezifischen, absolut geschlossenen und zugleich expansiven frontier-Raum verstehen kann.

Die Schließung des Raums signalisieren z.B. Zeilen wie diese, die dem Kommandant der *Čeljuskin*, Šmidt, in den Mund gelegt sind:

> Он сын народа – и с него довольно! / Он образ человеческий – и все! / И пусть его углы заострены – / Он понял то, над чем томился годы: / »В границах свободы моей страны / Мера моей свободы«.[52]
> Er ist ein Sohn des Volkes – und von seiner Sorte gibt es viele! / Er ist der Inbegriff des [neuen] Menschen! / Er hat verstanden, womit er sich jahrelang herumgeschlagen hat: / »In den Grenzen der Freiheit meines Landes / ist das Maß meiner Freiheit.«

Dieses Vorschieben der Grenze/Front vollzieht sich als aneignende Transformation von fremdem, feindlichen in eigenen, heimatlichen sowjetischen Raum:

Jeder Ort, auch die Arktis werden im Rahmen der sowjetischen Reisetexte angeeignet und in potentielle oder tatsächliche zivilisatorisch erschlossene Wohnorte verwandelt:

Vgl. Sel'vinskij in *Čeljuskiniana*:

> Становится человечней / Полярная сторона / […] *Мы здесь теперь как дома*! / Мы строем небесный мост! / […] Пройдем сквозь тучи да »каши«, / Сквозь беломедвежью клычь […]/ Арктика будет нашей! / Таков. Наш. Клич.[53]
> Menschlicher wird / der Polarkreis / […] Wir sind hier jetzt wie zuhause! / Wir bauen eine Himmelsbrücke! / […] Wir werden durch Wolken und »Brei« durchgehen, / durch Eisbären-Hauer […] / Die Arktis wird unser sein! / So ist. Unser. Kampfruf.«

Der Begriff ›frontier‹ ist – insbesondere auch in dem kulturhistorischen Kontext, in dem er sich am nachhaltigsten als Instrument kultureller Identitätsstiftung durchgesetzt hat – charakterisiert durch die Verbindung zweier semantischer Komponenten: ›Grenze‹ und ›Zentrum‹. Im amerikanischen Kontext wurde ›frontier‹ nach den Reflexionen W.J. Turners genau so als symbolisches Zentrum kultureller Identitätsstiftung verstanden.[54] Ganz

---

[52] Sel'vinskij. »Čeljuskiniana« (wie Anm. 11). S. 172.

[53] Ebenda. S. 169. Hervorh. – *S.F.*

[54] Vgl. St. Böckler. »Grenze und Frontier: Zur Begriffs- und Sozialgeschichte zweier Schließungsparadigmen der Moderne«. *Der europäische Raum: Die*

ähnlich, meine ich, verhält es sich in der stalinistischen Sowjetunion der 30er Jahre. Wenn europäische Reisen der Moderne zumeist an eine Peripherie führen, die Peripherie bleibt, dabei aber für das reisende Subjekt die Funktion eines (kulturellen oder individuellen) Gedächtnis- bzw. Erinnerungsraums übernimmt, so führen sowjetische Reisen um 1935 an eine Peripherie, die sich als Zentrum erweist bzw. in ein Zentrum transformiert wird.

Sowohl die Arktis, die Polregion wie auch der Ferne Osten werden entworfen als Orte der Realisierung von Utopien. Dies kommt insbesondere in der Radikalität der visionär imaginierten Transformation und in ihrer Modellhaftigkeit zum Ausdruck.

»Everything being built in the North was depicted as brand new, as a harbinger of what the government and Party planned to do throughout the entire Soviet Union«, schreibt McCannon und nennt als Beispiele die Darstellungen der Eisbrecher (z.B. *Sibirjakov*), der Polarstationen, des Camps Šmidt, das als sowjetischer Mikrokosmos erscheint, oder des Baus der von Sträflingen erbauten Polarstadt Igarka.[55]

Explizit bezeichnet Sel'vinskij Kommandant Šmidt als Inkarnation von Tommaso Campanella und als Gründer der »Sonnenstadt« in der Arktis:

> Вас некогда звали Фома Кампанелла! / (А я не зря в это имя влюблен.) / Вы »Город Солнца« в Арктике белой / Открыли трагическим кораблем. / И ваша улыбка […] / Вносила сиянье грядущей Коммуны – Бессмертие мужества на земле![56]
> Euch hat man einmal Tommaso Campanella genannt! / (Und ich bin nicht umsonst in diesen Namen verliebt.) / Ihr habt in der weißen Arktis die »Sonnenstadt« / entdeckt mit einem tragischen Schiff. / Und euer Lächeln […] / Hat das Leuchten der zukünftigen Kommune gebracht – die Unsterblichkeit des Mutes auf Erden!

Sowohl der arktische Norden, die Polregion, wie auch der Ferne Osten werden in den Reisedarstellungen im Zuge ihrer sowjetischen Eroberung und Aneignung transformiert in modernste Modellorte der sowjetischen Zivilisation. Hierbei spielen die Visionen von Stadtgründungen und Stadterbauungen eine ganz zentrale Rolle. Im Fall der Polregion kann neben Igarka, dem ein berühmter, von Gor'kij herausgegebener Band gewidmet ist, auch noch Noril'sk genannt werden, das unter denselben Umständen

---

Konstruktion europäischer Grenzen. Hg. Petra Deger. Wiesbaden: VS Verl. für Sozialwiss., 2007. S. 25-48.

[55] McCannon. »Tabula Rasa« (wie Anm. 29). S. 251f.

[56] Sel'vinskij. »Čeljuskiniana« (wie Anm. 11). S. 151.

errichtet wurde. Noch augenfälliger ist das Phänomen der Stadtgründung und -errichtung als Telos der sowjetischen Transformation in den Darstellungen des Fernen Ostens. Dabei gibt es nicht immer eine konkrete faktographische Referenz – in diesem Fall auf den Bau von Komsomol'sk (vgl. den gleichnamigen Film von Gerasimov, 1939, oder die Darstellungen des Baus der Stadt in Pavlenkos *Im Osten*, 1936, wo die Stadt mit der Bau-Nummer [»стройка 214«] bezeichnet wird, weil sie noch keinen Namen hat[57]) –, sondern um Ausblicke auf eine utopische Megalopolis. So etwa in Dovženkos Film *Aėrograd* oder wiederum in *Im Osten* von Pavlenko, wo von der während und nach dem Krieg gegen Japan und den Rest der Welt errichteten Stadt »Sen Katajama« – benannt nach einem japanischen Revolution – erzählt wird. Oder auch in Leonid Leonovs Roman *Der Weg zum Ozean*), wo das visionäre Bild der Megalopolis »Okean« im Fernen Osten, des zukünftigen Weltzentrums entworfen wird.[58]

D.h. der in den Texten entworfene Vorgang der erobernden Aneignung besteht aus drei Etappen: der Eroberung selbst, der in ›Heimat‹ transformierenden Aneignung und der radikalen Transformation auf das höchste Niveau der sowjetischen Zivilisation. Signifikant ist dabei der Status der Stadtvisionen für die Semiotik dieser spezifischen Grenze: durch sie nämlich wird die Grenze in ein Zentrum transformiert und somit aufgehoben. Diese radikale räumliche Transformation hat auch eine konstitutive zeitlich Implikation: In ihren Visionen entwerfen die Texte eine unmittelbar bevorstehende Zukunft als bereits realisierte und heben so auch die Zeitgrenze zwischen Gegenwart und Zukunft auf.

Signifikant für die Darstellungen der ›Reisen‹ an diese sowjetischen Grenzen um 1935 ist, daß diesen Grenzen eine globale Dimension zugeschrieben wird, und zwar in mehrfacher Hinsicht.

In mythopoetisch-kosmologischer Hinsicht wird der Nordpol konzipiert als ›symbolischer Gipfel der Welt‹. Das Gefühl, das die Menschen dort und auch an der Grenze im Fernen Osten befällt ist ›planetarisch‹. Vgl. z.B. in Sel'vinskijs Arktis-Poem: »Абстрактно несся айсберг над землей / В своей архитектуре планетарной.«[59] (»Abstrakt glitt der Eisberg über der Erde dahin / in seiner planetarischen Architektur«)

Oder auch:

> Я, с детских лет свое сердце старя / В пучинах речи, как звездолов, / В скафандре похожий на планетарий, / Ищу жемчуж-

---

57 Pavlenko. »Na vostoke« (wie Anm. 2).

58 Vgl. Leonov. »Doroga na vostok« (wie Anm. 4).

59 Sel'vinskij. »Čeljuskiniana« (wie Anm. 11). S. 131.

> ницу мощных слов. / И только в Арктике, льды вздыбившей, / [...] Рванул со дна, драгоценной добычей / Могущественнейшее слово – »Земля!« / [...] Сейчас я впервые почувствовал вдруг, / Что мы. Живем. На планете.[60]
> Ich, von Kinderjahren an das Herz bemühend / In den Abgründen der Rede, wie ein Sternenfänger, / Im Raumanzug einem Planetarier ähnlich, / Suche die Perlenkammer mächtiger Worte. / Und nur in der Arktis, die das Eis aufgetürmt hat, [...] / Riss ich vom Grund als wertvolle Beute / Das mächtigste Wort – »Erde!« / [...] Jetzt fühlte ich zum ersten Mal plötzlich, / Daß wir. Auf einem Planeten. Leben.

In räumlicher, resp. geopolitischer Hinsicht wird die Grenze konzipiert als Grenze von globaler Bedeutung. Vgl. in Pavlenkos *Im Osten*:

> Луза шел вдоль реки, по сторожевой тропе. Страна кончалась у его ног. Никогда не чувствовал он, как сегодня, что идет не по области, не по своему району, а по земному шару, и волновался.[61]
> Luza ging den Fluß entlang, auf dem Wächter-Pfad. Das Land endete an seinen Füßen. Niemals fühlte er wie heute, daß er nicht in einer Region, nicht in seinem Bezirk, sondern auf dem Erdball ging; das wühlte ihn auf.

Und in zeitlich-historischer Hinsicht werden diese ›Reise‹-Ziele verstanden als Orte, wo sich die sowjetische Weltherrschaft und damit die Zukunft realisiert. In Leonovs Roman *Der Weg zum Ozean* (dessen räumliche Konzeptualisierung nicht in jedem Punkt mit dem hier diskutierten sozrealistischen Raummodell der mittleren 30er Jahre übereinstimmt), wird der Ferne Osten imaginiert als welthistorisch »letzte Front« der Menschheitsgeschichte, als Zentrum des letzten Weltkriegs, mit dem die Überwindung der Geschichte (des Klassenkampfes) vollendet werden und die Epoche des Weltkommunismus beginnen sollte.[62] In Pavlenkos *Im Osten* soll die Erbauung der Modellstadt der Zukunft durch japanische Kriegsgefangene das Werk des letzten Krieges, die aneignende Transformation von allem Feindlichen, nicht Sowjetischen (oder, wenn das nicht möglich ist, seine Vernichtung) auf ›friedlichem‹ Weg vollenden.

Sowohl die Arktis wie der Ferne Osten werden also konzipiert als ultimative Grenzen, an denen die globale Herrschaft der Sowjetunionen beginnt bzw. manifest wird und wo dadurch alle Grenzen, auch die letzten

---

60 Ebenda. S. 137.

61 Pavlenko. »Na vostoke« (wie Anm. 2). S. 205.

62 Leonov. »Doroga na vostok« (wie Anm. 4).

aufgehoben und obsolet werden: »Коммунизм сметет все границы.«[63] (»Der Kommunismus wird alle Grenzen hinwegfegen«)

Erbaut wird diese Stadt demgemäß vor allem auch von Kriegsgefangenen (insbesondere Japanern), die auf diesem Weg in neue sowjetische Menschen transformiert werden.

VI. Ideologisierung und Entgeographisierung

Vom Abhandenkommen des Interesses am Fremden, von seiner totalen Entwertung im Zusammenhang seines Verständnisses als feindliche, der Realisation des Sowjetischen entgegenstehende Vergangenheit war bereits die Rede. Damit aber hängt ein signifikanter Verlust von Interesse an der konkreten Besonderheit des Fremden bzw. an jener kontingenten Vielfalt an kultureller Alterität zusammen, über das Reisetexte sich wesentlich definier(t)en. Reiseliteratur operiert(e) – selbst vor der Neuzeit, wo Pilgerreisen praktisch nur die Heiligen Stätten als beschreibenswert erachteten – stets mit zweierlei: mit der Kontingenz der Ereignisse resp. Erlebnisse und mit der geographischen Konkretheit und Essentialität des Dargestellten. Beides dient(e) der Reise-Narration zur Erzeugung von Authentizitätseffekten, und beides erscheint in der sowjetischen Reiseliteratur der 30er Jahre durch einen nivellierenden und dekonkretisierenden Effekt, den die einseitige Abwertung des Fremden mit sich bringt, zunehmend abgeschwächt. So kommt stalinistischen Reisetexten die genuine Spezifik von Reisetexten abhanden bzw. konterkariert sie.

Marina Balina schreibt:

> Путевой хронотоп продолжает служить организационным элементом жанра, но перестает быть его структурной основой. В путевом очерке теперь все подчинено одному мифу – мифу творения.[64]
> Der Chronotopos ›Weg‹ dient weiterhin als organisatorisches Element der Gattung, aber er hört auf, seine strukturelle Grundlage zu sein. In der Reiseskizze ist jetzt alles einem Mythos unterworfen – dem Mythos der Schöpfung.

Die zweite entscheidende Folge der Kritik an der Faktenorientiertheit der Reiseliteratur war neben ihrer Refiktionalisierung die Entgeographisie-

---

63 Pavlenko. »Na vostoke« (wie Anm. 2). S. 470.

64 Balina. »Literatura« (wie Anm. 36).

rung des Raums[65] und die damit verbundene Entwicklung des bereits erwähnten Raummodells, das ich als spezifisches frontier-Modell verstehe.

Der geographische Raum erscheint in semiotischer und semantischer Hinsicht entdifferenziert und wird transformiert in einem Raum der ubiquitären Äquivalenzen. Dies geht meines Erachtens so weit, daß auch die viel beschworene Zentriertheit des stalinistischen Raums dadurch relativiert wird, daß potentiell jeder Ort Moskau symbolisch äquivalent werden kann.[66] Dementsprechend kann auch die frontier überall sein.

Letztlich sind alle Reise-Darstellungen exemplarisch gedacht (d.h. widersprechen in ihrem Kern der Kontingenzfixierung von Reisetexten): Weder die frontier-Prozedur noch Helden-Generierung (die ein Teil dieser Prozedur ist) werden als notwendigerweise gebunden an solche extremen Grenzorte wie die Arktis, der Ferne Osten oder auch die höchsten Berge dargestellt, sondern als prinzipiell an jedem beliebigen Ort möglich.

Obwohl gerade die Arktis als »Heldenrevier« (»заповедник героев«)[67] bezeichnet wird und der Ferne Osten ebensolches bewirkt, ist sowjetisches Heldentum um 1935 nicht ortsgebunden, wie in den Texten, die genau diesen Orten gewidmet sind, immer unterstrichen wird:

»Das sozialistische Heldentum besteht darin, daß der Mensch unter jeder Bedingung auf seinem Posten bleibt und die ihm anvertraute Aufgabe erledigt« (»Социалистический героизм состоит в том, что человек при любых условиях остается на своем посту и делает порученное ему дело«) zitiert Sel'vinskij den Kommandeur der Čeljuskin-Expedition, Šmidt, in *Čeljuskiniana (preljud 5).*

---

[65] Zur Entgeographisierung und Ideologisierung des Raums vgl. auch Balina. »Literatura« (wie Anm. 36) und Widdis. *Visions* (wie Anm. 32).

[66] Widdis nennt das Raummodell der 1930er Jahre im Anschluß an Vladimir Papernyj »hierarchisch«, »vertikal« und »geschlossen« (vgl. Vladimir Papernyj. *Kul'tura dva*. Ann Arbor: Ardis, 1985); die signifikante Beziehung zum Raum ist nach Widdis in den 30er Jahren eine der Eroberung im Gegensatz zu der »erforschenden« der 20er Jahre. Vgl. Widdis. *Visions* (wie Anm. 32). Günther und andere sprechen von einer absoluten Zentriertheit des Raums. Vgl. Hans Günther, Der sozialistische Übermensch, Stuttgart/Weimar 1993. Um der Besonderheit der Simultaneität von Zentriertheit und potentieller Äquivalenz aller Orte und spezifischen inneren, je punktuellen aber an jedem Punkt möglichen Dynamik bzw. Verzeitlichung dieses absolut geschlossenen Raummodells gerecht zu werden, möchte ich von einem ganz speziellen, weil v.a. ideell-abstrakten frontier-Raum sprechen und verstehe meinen Vorschlag als differenzierende Weiterführung der anderen Ansätze.

[67] Sel'vinskij. »Čeljuskiniana« (»preljud 4«) (wie Anm. 11).

Der sowjetische Raum, so meine These, ist die frontier bzw. besteht aus einer unendlichen Anzahl möglicher frontiers. Damit formuliere ich im Grunde nur Evgenij Dobrenkos These ein wenig um, der die sowjetische Kultur der 1930er Jahre als »kul'tura vospalennych granic« (»Kultur entzündlicher Grenzen«) bezeichnet hat und erläutert: »Границы оказываются здесь священными не в меньшей мере, чем площадь, ибо Красная площадь – только символ пространства, а граница – самое это пространство.«[68] (»Die Grenzen erweisen sich hier als nicht weniger heilig als der Platz, denn der Rote Platz – ist nur ein Symbol des Raums, die Grenze jedoch – ist dieser Raum selbst.«) Wenn man von einer spezifischen frontier spricht, so präzisiert dies Dobrenkos Analyse, in der weder ›Grenze‹ spezifiziert noch zwischen ›Grenze‹ und ›Peripherie‹ differenziert wird.

Sehr deutlich läßt sich dieses entgeographisierte, rein ideologische Raumkonzept in nuce in einem Satz Pavlenkos (wiederum aus *Im Osten*) finden:

> […] все понимали, что границей Союза являлась не та условная географическая черта, которая существовала на картах, а другая – невидимая, но от этого еще более реальная, которая проходила по всему миру между дворцами и хижинами.[69]
> […] alle verstanden, daß die Grenze der Union nicht diese bedingte geographische Linie war, welche auf den Karten existierte, sondern jene andere – unsichtbare, aber deshalb nur noch realere Grenze, die auf der ganzen Welt zwischen den Palästen und den Hütten verlief.

Und weil er auch von seinen äußeren Grenzen her als frontier-Raum gedacht wird, ist seine potentiell globale Expansivität essentiell für dieses Raumverständnis: Bei jeder Überschreitung bzw. transformatorischen Aufhebung der Grenze wird der globale Maßstab dieses Raums und die globale Bedeutung der Raum-Ereignisse betont. Ist vom sowjetischen Raum die Rede, so zumeist auch von der ›Erde‹ überhaupt. Vgl. z.B. auch das folgende Zitat:

> […] Котя пошел во льды потому, / Что очень любил географию. / Бывало, уроки как-нибудь, / Но глобус звучал, как музыка: / »Беринг«, »Аляска…«, »Северный Путь…«[70]

---

[68] Vgl. Evgenij Dobrenko. »Do samych do okrain« (wie Anm. 21). S. 101.
[69] Pavlenko. »Na vostoke« (wie Anm. 2). S. 470.
[70] Sel'vinskij. »Čeljuskiniana« (wie Anm. 11). S. 119.

Kotja ging ins Eis, / Weil er die Geographie liebte. / Egal wie der Unterricht war, / Aber der Globus klang ihm wie Musik: / »Bering«, »Alaska …«, »Nordostpassage…«

Letztlich ging es darum, die hervorgehobenen Regionen untereinander äquivalent zu machen und damit generell alle Orte in den symbolischen Status von potentiellen frontier-Orten zu bringen, darauf deuten sowohl theoretische Texte wie auch immer wieder Stellen aus literarischen Werken hin:

Explizit heißt es dabei zu den von einer Afghanistanreise berichtenden *Zapiski sputnika* (1920; *Aufzeichnungen eines Weggefährten*), sie hätten gerade deshalb neben einem »bemerkenswerten Werk« wie Larissa Rejsners *Afganistan* (1921) bestehen können, weil ihr Thema nicht so sehr Afghanistan sein, als vielmehr die »Persönlichkeitsbildung eines Weggefährten der Revolution« (215). D.h. die Reise als Darstellungsgegenstand der Reiseskizze wird hier für nichts weniger als obsolet erklärt und damit implizit der ganzen Gattung der ›Boden‹ entzogen.[71]

Amundsen war in den Arktistexten dieser Jahre ein überaus populärer Held der als heroischer Vorläufer der sowjetischen Eroberer des Nordpols immer wieder beschworen wurde.[72] So auch in Sel'vinskijs *Čeljuskiniana.*[73] oder in dem Poem des georgischen Dichters Tician Tabidze *Roal'd Amundsen* (1936). In diesem Text soll Amundsens Heldenhaftigkeit dem ganzen Volk und insbesondere dem georgischen dadurch nahe gebracht werden, daß die Polerfahrung der alpinistischen Erfahrung der Besteigung hoher Berge gleichgesetzt wird: »Wenn uns in den Ber-

[71] Vgl. Kantorovič. »Problema« (wie Anm. 5). S. 215.

[72] Auch in zeitgenössischen Texten, die eigentlich recht wenig mit der Arktisthematik zu tun haben, geistert Amundsen herum. So z.B. in Nabokovs 1935 erschienenem Roman *Otčajan'e* (*Despair*), wo der Ich-Erzähler mehrfach von einer ihm zugewiesenen Ähnlichkeit mit Amundsen spricht.

[73] Bei Sel'vinskij freilich figuriert Amundsen als Held mit Einschränkung, d.h. als ein vom Kapitalismus und dessen unsolidarischem Geist Gezeichneter: »Фигура Амундсена! Монумент / На тему – гений и капитализм.« (Sel'vinskij. »Čeljuskiniana« [wie Anm. 11]. S. 147) Amundsen, der den Südpol erobert hatte, heißt es an anderer Stelle, hätte aus Wut über seinen nahenden Konkurrenten Scott sein Lager am Pol mutwillig abgerissen und statt dessen mit Hass erfüllter Ironie ein Schild »Herzlich Willkommen!« aufgestellt. Dazu wird Kommandant Šmidt zitiert: Solche Gemeinheit müßte »liquidiert werden«. Sie ist dem sozialistischen Heldentum fremd. (Sel'vinskij. Čeljuskiniana [wie Anm. 5]. S. 117) Folgerichtig fungiert Amundsen in Sel'vinskijs Poem als Negativfolie für den Kommandeur der Čeljuskin-Expedition. (Vgl. z.B. Ebenda. S. 149).

gen ein Schneesturm überwältigt […] dann wird sich jeder von uns an Amundsen als an einen Freund erinnern […]«

Durch diesen Vergleich wird zum einen das mythische Verständnis des Pols als ›Gipfel der Welt‹ ein weiteres Mal aktualisiert und expliziert, zum anderen und zugleich in gewissem Widerspruch wird der Polereroberung ihre Einzigartigkeit genommen, wird sie in gewissem Sinn relativiert:

> […] возвышаясь над миром, / Молча, / Верю я, сохранит навек / О человеке с коленом вольчим / Воспоминание – Казбек. / Амундсен, / Знаю, ничья другая / Участь твоей не равна. / Но хочу / Вспомнить двоих, / Пополам ломая / Грез моих ледяную свечу. / Если в горах одолеет вьюга, / Снегом осыплет, / Каждый из нас / Амундсена вспомнит, / Как друга, / Мерзлые слезы заколят глаз.[74]
> […] sich über der Welt erhebend, / Schweigend, / Glaube ich, für immer zu bewahren / Die Erinnerung von einem Menschen mit Wolfsknie – Kazbek. / Amundsen, / Ich weiß, keines anderen / Schicksal gleicht dem deinen. / Aber ich will / zweier gedenken, / In zwei Hälften brechend / Die eisige Kerze meiner Phantasien. / Wenn uns in den Bergen der Schneesturm überwältigt, / Mit Schnee bedeckt, / Wird jeder von uns, / Sich an Amundsen erinnern, / Als an einen Freund, / Und gefrorene Tränen werden die Augen stechen.

Den Helden selbst ist es einerlei, welche Weltregion sie ›erobern‹, Hauptsache, die Bedingungen sind extrem: »Но Звереву было все равно – / Африка или Арктика. / Он шел во льды, как в Гороно. / Его посылала партия.«[75]

Aber abgesehen von der Unterstellung der Vergleichbarkeit, der Äquivalenz der tatsächlichen Reiseerfahrungen in den Bergen, in Afrika oder in der Arktis, werden die konkreten Orte noch darüber hinaus durch häufige Hinweise darauf relativiert, daß eigentlich letztlich gar keine Reise notwendig sei: Um den Heroismus der Eroberer der Arktis, des Pols nachzuvollziehen, um an ihm teilzuhaben, bedarf es nur der künstlerischen oder massenmedialen Darstellung. Sie ist in der Lage, die Polerfahrung unmittelbar zu vermitteln:

> Столь же сверкающ / И прекрасен / Был ли спектакль / В театре когда? / Будто дышали / »Малыгин« и »Красин«, / В зале

[74] Tabidze. »Roal'd Amundsen. Poėma« (übers. von Sergej Spasskij). *Novyj mir* 3 (1936): S. 45-46.

[75] Sel'vinskij. »Čeljuskiniana« (wie Anm. 11). S. 120.

> ломая / Настилы льда; / Полюс вплотную / К лицам придвинув.[76]
> Ob die Vorstellung im Theater damals genauso glänzend und wunderschön war? / Als ob »Malygin« und »Krasin« atmeten, / Breitete sich im Saal brechend das Eis aus; / Den Pol dicht an die Gesichter heran bewegend.

Bei Sel'vinskij wird die authentische Arktiserfahrung durch das Radio und durch die Dichtung vermittelt:

> Точно по радио Арктика нам / В кровь пургу прививала.[77]
> Als ob uns die Arktis über Radio / Den Schneesturm ins Blut impfte.

> Что край тогда считается открытым, / Когда поэт его впитает в глаз, – / Тогда народы лирикой поэта, / Переживая за струной струну, / Объятые игрой теней и света, / Охватывают новую страну; […] Поэзия сама земное лоно / Для тех, кто мир увидеть не смогли […][78]
> Daß ein Landstricht dann als entdeckt gilt, / Wenn ein Dichter ihn ins Auge faßt, – / Dann erfassen die Völker durch die Lyrik des Dichters, / Saite für Saite erlebend, / Umfaßt vom Spiel der Schatten und des Lichts, / Das neue Land, […] / Die Dichtung selbst ist der irdische Mutterschoß / Für jene, die die Welt selbst nicht erblicken konnten […]

In dieser Absicht, tatsächliche Reisen – die dem Sowjetbürger abgesehen von ›komandirovki‹, wie gesagt, praktisch unmöglich waren – vollkommen zu ersetzen und zu kompensieren durch narrative Repräsentation kommen die Reisetexte der Mitte der 30er Jahre den mittelalterlichen Pilgerberichten ebenfalls[79] ziemlich nahe. Bereits Sinjavskij[80] und Lotman[81] haben auf die kompensatorische Funktion des Pilgerberichts verwiesen, in der auch seine regliös-sakrale besteht und die ebenfalls aus einer ambivalenten Haltung der mittelalterlichen Kultur gegenüber der Praxis des Reisens resultierte.

---

[76] Tabidze. »Amundsen« (wie Anm. 74). S. 46.

[77] Sel'vinskij. »Čeljuskiniana« (wie Anm. 11). S. 118.

[78] Ebenda. S. 121.

[79] Vgl. Balina. »Literatura« (wie Anm. 36).

[80] Andrej Sinjavskij. *Iwan der Dumme. Vom russischen Volksglauben.* Frankfurt/M.: S. Fischer, 1990. S. 283ff.

[81] Jurij Lotman. »O ponjatii geografičeskogo prostranstva v russkich srednevekovych tekstach«. Ders. *Izbrannye stat'i.* Bd. 1. Tallinn: Aleksandra, 1992. S. 407-412.

Plausibilisiert wird die Möglichkeit, auf eine tatsächliche Reise zu verzichten und trotzdem an der Erfahrung teilzuhaben, bei Sel'vinskij dadurch, daß sowohl der Held als auch der Autor qua Reise-›Erfahrung‹ als mit dem Volk – d.h. dem Adressaten des Textes – verschmolzen, als eins mit ihm dargestellt werden:

> Высоко идут водяные пары […]/ Но выше паров и вьюги соловой / Родное, близкое имя – »Шмидт«! / И если он тихо скажет слово, / Кажется – родина говорит… /[…] Чем выше полет душевного роста людей, ведущих вперед, / Тем больше похожи они на народ.[82]
> Hoch ziehen die Wasserdämpfe […]/ Aber höher als sie und die Schneestürme / Der verwandte, nahe Name – »Schmidt«! / Und wenn er leise ein Wort sagt, / Scheint es – die Heimat selbst spricht […] / […] Je höher der geistige Höhenflug der Menschen, die vorwärts führen, / Desto mehr ähneln sie dem Volk.

Dem Helden äquivalent erweist sich der Autor in seiner Selbstreflexion am Ende des Poems:

> Я жил народом – и в меня проник / Его могучий дух преодоленья, / […] Я жил народом! И пою в дыму / Всей силою своей поэтской меди, / Что, все пределы посвятив ему, / Мы обретаем мир в его бессмертьи.[83]
> Ich lebte als Volk – und in mich drang ein / Sein mächtiger Geist der Überwindung, / […] Ich lebte als Volk! Ich singe im Rauch / Mit der ganzen Kraft meines Poetenkupfers, / Alles Äußerste ihm widmend, / Gewinnen wir die Welt in ihrer Unsterblichkeit.

So wird jegliche, auch die weiteste und dramatischste Distanz überbrückt und aufgehoben.

VII. Sonder- und Modellfall: Das Arbeitslager als ›Reiseziel‹

Einen Sonderfall der sowjetischen Reiseliteratur um 1935, der sich bei genauerer Betrachtung nicht als Ausnahme, sondern geradezu als paradigmatisch erweist, stellt das unter der Redaktion von Gor'kij, Averbach und Firin erschienene Buch *Belomorsko-Baltijskij Kanal imeni Stalina. Istorija stroitel'stva 1931-1934* (*Der Stalin-Weißmeerkanal. Geschichte der Erbauung 1931-1934*) dar, in welchem bekanntlich auf der Basis der

[82] Sel'vinskij. »Čeljuskiniana« (wie Anm. 11). S. 151.
[83] Ebenda. S. 176.

Inspektions-Reise einer Schriftstellerbrigade ein großes Kollektiv aus vielen namhaften zeitgenössischen Autoren die Geschichte des Baus des Weißmeerkanals durch Lagerhäftlinge darstellen. Als ›Reisetext‹ kann dieser Band in einem doppelten Sinn gelten: zum einen, insofern darin auch die Reise der Brigade zur Sprache kommt, und zum anderen in Bezug auf die Sträflinge, deren Lagerarbeit am Bau als ›komandirovka‹ vergleichbar jeder anderen Reise im Arbeitsauftrag verstanden wird. Gerade dieser zweite Aspekt erscheint im vorliegenden Zusammenhang besonders interessant. Eine genaue Lektüre ergibt, daß seine Betonung ein wichtiges Ziel der narrativen Strategie des Textes ist:

Ausgangspunkt des Buches über das Arbeitslager bildet nicht nur eine Reflexion über Gefängnisse, sondern in erster Linie ein Bild der gesamten sowjetischen Gesellschaft. Im zweiten Kapitel, *Das Land und seine Feinde*, das einen Rückblick auf das Jahr 1931 darstellt, erscheint die Sowjetunion als Land von reisenden Enthusiasten durchsetzt von einzelnen »Feinden«. Sie sollen in Lager gebracht werden. Danach folgt ein Kapitel über die Gefängnisse in den »bourgeoisen« Ländern. Die Narration arbeitet also mit einem dreifachen semantischen Gegensatz, dem räumlichen und ideologischen zwischen der Sowjetunion und der ›bourgeoisen Welt‹, dem zwischen dem Land und seinen »inneren Feinden« und dem zwischen früher (der Epoche des ersten Fünfjahrplans) und heute (zweiter Fünfjahrplan). Die Darstellung zielt dabei darauf ab, die Grenzziehung zwischen Gefängnis und ›normaler‹ Gesellschaft als Merkmal der bourgeoisen bzw. gestrigen Welt erscheinen zu lassen. Dem stellt der Text als spezifischer Reisetext das Modell eines Raums, des sowjetischen Raums entgegen, in welchem die Grenze zwischen ›draußen‹ und ›drinnen‹, zwischen Lager und Freiheit aufgehoben ist.

Bezogen auf die Gefängnisse westlicher Länder oder des vorrevolutionären Rußland heißt es dort: »Во всех случаях выход из тюрьмы – это *рубеж, резкая грань* […]«[84] (Hervorh. *S.F.*; »In allen diesen Fällen ist das Verlassen des Gefängnisses – ein *Bruch, eine scharfe Grenze* […]«) Diese Grenze, die hier durch die Aneinanderreihung der Synonyme noch verstärkt erscheint, wird in der Darstellung des sowjetischen Lagers – ebenfalls deutlich markiert – gelöscht. ›Einschließung‹ wird durch Anführungszeichen relativiert und inhaltlich wird eine Kontinuität zwischen ›drinnen‹ und ›draußen‹ hergestellt: »Отъезжающие стараются *не забыть о времени ›заключения‹, стремятся сохранить* методы и фор-

[84] *Belomorsko-Baltijskij Kanal* (wie Anm. 18). S. 569.

мы внутренней организации человеческого коллектива […]«[85] (Hervorh. *S.F.*; »Die Wegfahrenden bemühen sich die Zeit ›hinter Gittern' nicht zu vergessen, bemühen sich die Methoden und Formen der inneren Organisation des menschlichen Kollektivs zu bewahren […]«)

Die Grenze wird auch in Hinblick auf die semantische Grundopposition der Institution Gefängnis, Einsperren vs. Freiheit, gelöscht: Das Gefängnis ist die Freiheit bzw. bietet eine – im Gegensatz zur einfachen Freiheit der ›bourgeoisen‹ Gefängnisse doppelte, weil sowohl räumliche als auch geistig-moralische Freiheit:

> В лагерях научились строить перспективу собственной жизни на многие годы. Внешней свободой движения, которая ошеломляет выходца из буржуазной тюрьмы, они пользовались и на стройке канала. Она не волнует их. Они ощущают другую свободу: свободу от вины […][86]
> In den Lagern haben sie gelernt die Perspektive des eigenen Lebens für viele Jahre aufzubauen. Die äußere Bewegungsfreiheit, die den Freigänger aus einem bourgeoisen Gefängnis erschüttert, haben sie auch beim Bau des Kanals genossen. Sie regt sie nicht auf. Sie empfinden eine andere [wichtigere] Freiheit: die Freiheit von Schuld […]

So betrachtet, erweist sich die Verbannung ins Arbeitslager als Äquivalent der ›komandirovka‹-Reise: Beide bringen quasi auf dieselbe Weise sowjetische Helden hervor, und beide konstruieren einen Raum mit, dessen charakteristische Merkmale seine innere Entgrenzung, seine Entkonkretisierung und Entgeographisierung, die Absolutheit der Außengrenze, seine spezifische Verzeitlichung sowie seine Strukturierung durch eine symbolische, ubiquitäre und doch durch manche konkreten paradigmatischen Orte versinnbildlichte frontier sind.

---

85 Ebenda. S. 568.

86 Ebenda. S. 570. Vgl. die ganz ähnliche Interpretation von M. Balina: »[…] описание советской тюрьмы адаптирует модель линейного нарратива […] и размыкает замкнутость тюрьмы, достигая при этом двойного эффекта: с одной стороны, линейный нарратив включает в себя все советское пространство и создает эффект ›свободных заключенных‹, с другой, все советское пространство начинает восприниматься как одна большая тюрьма«. (Balina. »Literatura« [wie Anm. 36]. S. 903.)

VIII. Resumée: Modernistische Elemente und antimoderne Polemik

Greift man nun die Fäden der Anfangsüberlegungen wieder auf und versucht zu resümieren, in welcher Beziehung die betrachteten sowjetischen Reisetexte der mittleren 1930er Jahre nun zu den Reisetexten der europäischen Moderne stehen, kann man Folgendes feststellen:

Im Vergleich mit den faktographischen Reisetexten der späten 20er Jahre zeichnen sich die Reisetexte der 30er Jahre durch eine deutliche Reliterarisierung aus, die sie in eine neue Dialogsituation mit der Tradition der Reiseliteratur versetzt.

Dabei erweist sich, daß die Texte in spezifischer Weise gegen beide Traditionslinien der modernen Reiseliteratur polemisieren. Gegen die fakten- und kontingenzorientierte Tradition, der das Modell eines vielfach zwischen eigenen und fremden Räumen differenzierten Raums und das Faszinosum des Fremden zugrunde liegt, und gegen die auf das Subjekt des Reisenden konzentrierte Linie, bei der es anhand der (oft metaphorisch verstandenen) Reise um die Veranschaulichung der modernen Subjektkonstitution durch reflexive Entfremdung geht.

Beiden Traditionslinien stehen die sowjetischen Reisetexte der 1930er Jahre dadurch entgegen, daß sie das Fremde entwerten, indem sie zum einen kontingente phänomenale Vielfalt als ephemer und damit – auch für den Reisebericht – als uninteressant vernachlässigen und zum anderen das Fremde seiner Funktion als Instrument kultureller Selbstreflexion berauben. Was den durch Reisetexte konstruierten Raum betriff, so konstruieren die meisten Texte um 1935 keine Räume des Fremden als kulturelle Gedächtnisräume, die als solche ihre historische Bedeutung und ihre symbolisch integrative Funktion für den Reisenden haben, sondern lassen ihren Raum – als letztlich historisch und kulturell entdifferenzierten – nur aus der Vernichtung des historisch Vergangenen/Fremden entstehen.[87]

[87] Vom mittelalterlichen Pilgerbericht unterscheiden sich die sowjetisch-stalinistischen Reisetexte aber auch in mehrfacher Hinsicht deutlich: Dadurch, daß ihr Raummodell 1. über keine symbolische Ebene der Transzendenz verfügt, daß 2. der Raum nicht statisch gegliedert ist und 3. daß der irdische Raum nicht Gedächtnis restituiert (Pilgerstätten als ursprüngliche Orte der Manifestation des Göttlichen) und zugleich Zukunft vorweggenommen wird (der Pilger vollzieht den eschatologischen ›Sprung‹ von der irdischen Gegenwart in die ›apokalyptische‹ Zukunft), sondern daß am Zielort Gegenwart durch die (vernichtende) Transformation von Vergangenheit in Zukunft überwunden wird. 4. Verzichtet der sowjetische Reisende ungleich dem Pilger nicht auf

Insgesamt also ergibt sich der Eindruck, daß die betrachteten Reisetexte den Begriff der Reise und des Reisetextes der europäischen Moderne in sämtlichen Dimensionen unterwandern, aufheben, bis auf den letzten: Die Konstruktion des Raums als ubiquitäre ›Zukunftsfront‹, wo permanent und gleichsam maximal beschleunigt (utopische) Zukunft aus dem Kampf zwischen Gegenwart und Vergangenheit generiert und vergegenwärtigt wird, stellt ein hypermodernistisches Moment im ansonsten antimodernistischen Reisekonzept der sowjetischen 1930er dar, das auch dadurch ziemlich paradox erscheint, als Reise hier zugleich Existenzbedingung und unmöglich ist.

Bezogen auf die Nationalstaatlichkeit als Kontextbedingung moderner Reisetexte und der ihnen unterlegten Auffassung des Fremden läßt sich das sowjetisch-stalinistische Reiseverständnis als neuartig imperiales identifizieren, sofern imperiale Räume als totale, d.h. als vollständige ›Welt‹ konzipiert werden, sofern sie durch eine expansive und zugleich absolute Außengrenze strukturiert werden und sofern Heterogenität (das Fremde) im Imperium ein Problem des Inneren (und der Außengrenze) darstellt. In einer zukünftigen Untersuchung wären die sowjetisch-stalinistischen Reisetexte der 1930er Jahre also in der Tradition imperialer Reisepraktiken zu betrachten.

---

seinen sozialen Status in der Welt, die er für die Reise verläßt, sondern verbessert diesen.

Annie Epelboin (Paris)

Platonov und Mittelasien

Platonovs Prosa ist die Prosa eines Forschungsreisenden, der Wort und Welt erkundet, der immer wieder unbekannte, gewöhnlich der philosophischen Reflexion vorbehaltene Regionen der Wirklichkeit und verborgene Schichten der Sprache entdeckt. Dieser leidenschaftliche Liebhaber des Wirklichen ist ständig in Bewegung, er verbringt seine Zeit auf Straßen und in Zügen. Dabei durchforscht er das Auf und Ab des Lebens in den Dörfern und kleinen Städten Zentralrußlands ebenso wie in Moskau, wo er sich 1927 niederließ, um Schriftsteller zu werden. Er gehört weder eindeutig zum Umfeld der Literatur noch zu dem der Agronomie und Technik, wo er verschiedene Tätigkeiten ausübt, die ihm sowohl ein Einkommen sichern als auch den Vorwand liefern, auf Dienstreise zu gehen. Auch wenn er viel reist, liegen seinen Reiserouten doch in einem klar abgegrenzten geographischen Areal, das sich von der Hauptstadt und Südostrußland, um seine Geburtstadt Voronež, bis zum Kaspischen Meer erstreckt. Zwei ungewöhnliche Reiseziele erregen daher Aufmerksamkeit. Zunächst die Reise, die er 1935 nach Turkmenien unternahm und die ihn zur Erzählung *Džan* inspirierte. Sodann aber auch das wenig bekannte, gescheiterte Reisevorhaben zum Belomorkanal, das ihn an das Weiße Meer geführt hätte. Diese beiden Projekte, von denen das eine verwirklicht wurde, das andere nicht, verdienen es, zusammen untersucht zu werden, um die Tragweite der Entdeckungen Platonovs zu Beginn der dreißiger Jahre besser erhellen zu können.

Es geht nicht um Privatreisen oder um individuelle Missionen in Sachen Landwirtschaft, in denen Platonov eine gewisse Routine hatte, sondern um offizielle, kollektive Reisen. Der Staat organisierte sie für so genannte ›Schriftstellerbrigaden‹, die als Gegenleistung nach der Rückkehr Berichte vorlegen mußten. Die Reise in den Norden fand ohne Platonov statt, er erhielt für sie trotz seiner drängenden Bitten, wenn man so will, kein Visum. Es handelt sich um die berühmte Reise der Schriftsteller zum Belomorkanal. Dieser gewaltige Kanal, der das Weiße Meer mit der Ostsee verbinden sollte, war gerade von politischen Strafgefangenen errichtet worden mit dem Ziel, sie durch Arbeit umzuerziehen. Die bekanntesten russischen Schriftsteller waren aufgefordert worden, im Sommer 1933 an einer Kreuzfahrt teilzunehmen, um den Kanal, der kurz vor seiner Vollendung stand, einzuweihen. Daraus ist das berühmte, kollektiv verfaßte Buch zum Ruhm der Zwangsarbeit entstanden.

Die zweite Reise, an der Platonov dann wirklich teilgenommen hat, ist eine Expedition nach Turkmenien, für die Gor'kij Anfang 1934 erneut eine ›Schriftstellerbrigade‹ zusammenstellte, weniger groß und berühmt. Auch dieser Brigade wurde abverlangt, sich für die Erfolge des Sozialismus zehn Jahre nach seiner Einführung in Mittelasien zu begeistern. Diesmal vervollständigte Platonov seine Eindrücke sogar, indem er wenige Zeit später noch einmal an die Örtlichkeiten zurückkehrte. Aus dieser Erfahrung entstand die bedeutende Erzählung *Džan*. Nachdem allerdings seine Bemühungen zwischen 1935 und 1936, die Erzählung auch für den Preis von Umarbeitungen im Druck zu sehen, nicht zum Erfolg führten, verzichtete er schließlich auf ihre Herausgabe.[1]

Die erste Reise galt einem Zuchthaus, wo *de facto* eine Form neuzeitlicher Sklaverei praktiziert wurde, die half, den ersten Großbau zu errichten, der die Macht des stalinschen Staates symbolisierte. Die Reise nach Zentralasien hingegen erlaubte es Platonov, ein fiktives Universum zu erschaffen, zugleich furchteinflößend und poetisch, in dem unendlich elende Menschen in einer infernalischen Wüste umherirren. Sie wirken wie Sklaven ohne Herren, die außerhalb des Lebens leben und sich dem Tod aus eigenem Antrieb ausliefern. Diese Menschen, »die kaum noch existieren« (»почти не существующие люди«[2]), hat der Lebenswille verlassen. Muß man dies als unheilvolle Folge ihres bisherigen Sklavendaseins betrachten oder als eine Art von Überleben in äußerster materieller und moralischer Not? Beide Orte, das historische Arbeitslager am Weißmeerkanal und die fiktive Wüste, beschwören die alten und neuen Formen der Sklaverei und des Massentodes herauf. Welche Verbindungen lassen sich herstellen zwischen dem Arbeitslager, das nicht in Augenschein genommen wurde, und dem Traumgesicht der Wüste? Zwischen den sichtbaren und den ›unsichtbaren‹ Seiten des Lagers, zwischen den offiziellen Verlautbarungen und den Andeutungen, mit deren Hilfe Platonov vom Unaussprechlichen spricht?

---

1 Die beiden anderen sind *Čevengur* (1926-1929) und *Kotlovan* (1929/1930; *Die Baugrube*). Im Zusammenhang mit Zentralasien ist die Erzählung *Takyr* zu nennen (Ende 1934 veröffentlicht), die nach der Rückkehr von der ersten Turkmenienreise entstand. Sie erlaubte es Platonov, aus seiner Isolation auszubrechen, gehört aber nicht in die Reihe seiner Meisterwerke.

2 Andrej P. Platonov. *Proza.* (Predislovie i kommentarii N. Kornienko) Moskva: Slovo, 1999. S. 476.

Platonov und Prišvin sind die einzigen bedeutenden Autoren, die man nicht eingeladen hatte, an der Reise zum Weißmeerkanal teilzunehmen. Obwohl sie Gor'kij bedrängten, doch noch zugelassen zu werden, erhielten sie keine Genehmigung.[3] Vielleicht waren gerade sie die einzigen, die ein wirkliches Interesse für die Ziele der Reise hatten, für eine Wirklichkeit, die für sie offensichtlich von literarischer Bedeutung war. Bezeichnenderweise haben beide das Thema trotz der Ablehnung ihres Reisewunschs auf die eine oder andere Art in ihrem Werk behandelt. *Osudareva doroga* (publ. 1957; *Der versunkene Weg*) von Prišvin greift auf den Weißmeerkanal zurück. Im Werk Platonovs hallt das Echo der Lager dumpf, aber beständig wider – noch vor dem offiziellen Besuch der Schriftsteller. Erst zu Beginn der postsowjetischen Ära sollte eine Diskussion möglich werden über die Tragweite der Verstrickung von Schriftstellern in die Lagerpolitik.

Lange hat man geglaubt, Platonov habe nicht an der Reise teilgenommen, um sich nicht zu kompromittieren. Seit man nun weiß, daß er ganz im Gegenteil darauf drängte, mit dabei zu sein, stellen sich unausweichlich Fragen: Platonov war keinesfalls naiv und wußte, welchen Preis der Bau des Kanals gekostet hatte. Damals stand er kurz vor dem Elend, denn seit dem Jahr 1931 wurde er als Folge der Kampagne, die man als Antwort auf das Erscheinen von *Vprok* (1931; *Zum Vorteil*) gegen ihn entfesselt hatte, nicht mehr gedruckt. Seine zusätzliche Tätigkeit als Ingenieur war sehr schlecht bezahlt, so daß er dringend auf das Honorar, das diese Mission in Aussicht stellte, angewiesen war. Über materielle Fragen hinaus konnte er auf eine offizielle Anerkennung als Schriftsteller weniger denn je verzichten. Doch war er deshalb bereit zu Liebedienerei oder Zynismus? Hierzu seine Worte, mit denen er in einem ziemlich erstaunlichen Brief vom 13. Juli 1933 seine letzte Bitte an Gor'kij richtet:

> Должен вам сообщить, что недели две назад я писал об этом т. Авербаху. Написал в том смысле, чтобы мне была дана возможность изучить Беломорстрой или Москва-Волгу и написать об этом книгу. Я бы, конечно, возможности этой не просил (кому она у нас запрещена?), а сам бы »взял« ее, если хотя бы некоторые мои рукописи печатались и я имел бы средства к существованию. Интерес к таким событиям у меня родился не »две недели назад«, а гораздо раньше. Больше того – несколько лет тому назад я

---

[3] Cynthia Ann Ruder. *Making History for Stalin*. Florida: University Press, 1998 informiert umfassend über diese Frage.

> был сам зачинателем и исполнителем подобных дел (подобных – не по масштабу и не в педагогическом отношении, конечно).[4]
> Ich muß Ihnen mitteilen, daß ich in dieser Angelegenheit vor zwei Wochen an den Genossen Averbach geschrieben habe. Der Sinn meines Briefes bestand darin, eine Möglichkeit zur Besichtigung der Baustelle des Weißmeerkanals oder des Moskau-Wolga-Kanals zu erhalten und ein Buch über dieses Thema zu schreiben. Ich hätte selbstverständlich gar nicht erst versucht, eine solche Genehmigung zu erhalten (wem von uns ist sie verweigert worden?), ich hätte sie mir auf eigene Rechnung »erteilt«, wenn wenigstens einige meiner Manuskripte veröffentlicht würden und ich Mittel für meinen Unterhalt hätte. Mein Interesse für diese Art von Ereignissen ist nicht erst vor zwei Wochen entstanden, sondern sehr viel früher. Mehr noch. Ich selbst habe dergleichen Vorhaben geplant und realisiert (natürlich nicht in diesem Ausmaß und mit dieser pädagogischen Tragweite).

Obwohl er um eine offizielle Genehmigung ersucht, läßt Platonov eine kühne Andeutung einfließen: »Wer braucht dergleichen schon bei uns?« Er gibt zu verstehen, daß er auf eigene Faust dorthin reisen könnte und daß man in der UdSSR frei umherreisen kann. Mit Sicherheit hat er sich niemals zurückgehalten, die Ereignisse in den ländlichen Gebieten in Augenschein zu nehmen. Er erhielt regelmäßig Aufträge zu Dienstreisen nach Voronež oder weiter in den Süden als Spezialist für den Einsatz von Hydraulik in der Landwirtschaft oder als Ingenieur. Auch die Frage von Planierungsarbeiten im großen Umfang hat ihn immer leidenschaftlich interessiert, sowohl in seiner praktischen Arbeit als ›meliorator‹ als auch in seiner schriftstellerischen Arbeit, wie sich früh schon an seiner Erzählung *Ėpifanskie šljuzy* (1926/27; *Die Epiphaner Schleusen*) ablesen läßt. Er verstand viel von Staudämmen und Kanälen, aber er konnte durchaus auch auf solche Missionen verzichten, was er hier zeigt. Er legt also Wert darauf, durch seine Reisen seine Freiheit zu behaupten. Er kann nicht umhin, dies bis in sein offizielles Ersuchen unter Beweis zu stellen. Allerdings konnte er nicht ignorieren, daß das Ausheben des gewaltigen Kanals nur mit Hilfe besonderer Arbeitskräfte möglich geworden war, von Häftlingen, die zur Zwangsarbeit unter härtesten klimatischen und materiellen Bedingungen herangezogen wurden. Die Ausbeutung dieser versklavten Arbeitskräfte wurde in aller Öffentlichkeit von den Slogans der

---

4 Lev Anninskij. »Otkrovenie i sokrovenie, Gorkij i Platonov«. *Literaturnoe obozrenie* 9 (1989): S. 11.

Zeit als ›perekovka‹, als ›Umgießen‹ bzw. ›Umbau‹ gerechtfertigt. Dieser Begriff bezeichnet die moralische und politische Umerziehung von Menschen, eine Verwandlung, die notwendig ist, um aus ihnen ›neue‹, ›sowjetische‹ Menschen zu machen, so wie man Metall umgießt, um daraus neue Objekte zu machen: Dies ist das »pädagogische« Ziel der Baustelle, das Platonov anspricht.[5]

Da es sich aber um eine erzwungene ›Umgießung‹ handelt, wieso wollte er sich auf eine Reise begeben, die ihn in ein solches Arbeitslager führen würde? Um die Augen zu verschließen, wie so viele andere? Oder um sie im Gegenteil weiter zu öffnen? Gewiß war er bei seinen Dienst- und Privatreisen, die ihn zum Zeugen der Zwangskollektivierung machten, bereits mit dem Schlimmsten konfrontiert worden, die Verbindung zwischen Arbeit und Zwang unter Anwendung von Gewalt war ihm vertraut ... Was versuchte er also zu sehen, vielleicht sogar ohne es zu wissen? Und da er eine Absage hinnehmen mußte, wie hat er als Schriftsteller diese Absage verarbeitet? Anders gesagt, was führte er in seinem geistigen Gepäck, als er sich eineinhalb Jahre später nach Zentralasien aufmachte?

Das Buch[6], das die Schriftstellerbrigade dem Weißmeerkanal widmete, ist nicht der erste kollektive Band mit Skizzen (očerk) über eine Region. Doch rief es zunächst zweifellos das stärkste Echo hervor, wenn es auch bald darauf wieder ins Abseits gedrängt wurde. Die Idee eines ›kollektiven Schriftstellers‹ durchzieht das Feld der Literatur seit 1918. Und die Gattung ›očerk‹ wurde seit Anfang der dreißiger Jahre wieder aufgewertet, zunächst im Kreise der RAPP und ihrer Debatten. Sie entspricht der Vorstellung, es gäbe im neuen sozialistischen Staat eine neue Realität zu entdecken, und man müsse sich an den Ort des Geschehens begeben, um sie zu beschreiben. Gemäß der offiziellen Kritik muß von nun an die Erneuerung jeder Art von Literatur über die Einbeziehung des Realen in die

---

[5] Das ›Umschmieden‹ ist ein beliebtes Thema der Literatur, das von den Machthabern sehr geschätzt wird: Der junge Schriftsteller A. Avdeenko, der an der Reise teilnimmt, verdankt seinen Erfolg der Publikation eines autobiographischen Romans *Ja ljublju* (1933; *Ich liebe*), der die Geschichte seiner eigenen Umerziehung vom Straßenkind durch die sozialistische Arbeit in Magnitogorsk schildert.

[6] *Belomorsko-baltijskij kanal imeni Stalina. Istorija stroitel'stva.* Hg. M. Gor'kij, L. Averbach, S. Firin. Moskva: Gosudarstvennoe izdatel'stvo »Istorija fabrik i zavodov«, 1934. Verschiedene Wiederauflagen 1934 und 1935, der Titel wird auf dem Einband vereinfacht zu: *Kanal imeni Stalina* (*Der Stalinkanal*) und ein Medaillonporträt des Führers abgebildet.

Fiktion erfolgen. Diese Gabe der Erneuerung sei ein Privileg, das der sowjetischen Literatur zukomme, wohingegen der bürgerliche Westen unfähig sei, Neues zu schaffen. Hemingway, den man früh in der UdSSR schätzte, gilt als westliche Ausnahme in einer Gattung, in der die sowjetischen Schriftsteller Meister seien. Werke dieser Art, die zwischen Berichterstattung und mehr oder weniger ausgeprägt ideologischer Abhandlung liegen, waren bereits veröffentlicht worden. Das kollektive Buch über den Weißmeerkanal war jedoch auf Grund der Ausmaße des angekündigten Projektes außergewöhnlich. Es sollte ein Buch gleichermaßen großartig wie neuartig werden, ein unerhörtes literarisches Objekt, bei dem die besten Schriftsteller, offizielle wie ›Weggefährten‹, somit die zukünftigen ›sowjetischen Schriftsteller‹, ihre Kräfte zum Wohl eines gemeinsamen Werks vereinten.

Das Ausmaß des Projektes entspricht dem des untersuchten Gegenstandes, dem Bau eines gigantischen Kanals. Länger als der Suezkanal, ein größenwahnsinniges Vorhaben, das schon die Zaren mehrfach in Angriff genommen hatten, um daran zu scheitern[7]: Einzig der Aufbauwille der Sowjetmacht schien in der Lage, es in die Tat umzusetzen. Alles in allem eine zweifache verwirklichte Utopie. Literarisch zunächst, denn es handelt sich in Form des Gemeinschaftswerks um die Schaffung einer überlegenen Gattung, die von der Quasi-Gesamtheit der Schriftsteller in einer Art neuer Einmütigkeit vollzogen wird. Sie übertrifft die Weltliteratur durch die Modernität ihrer Form, die Montage, und durch die kollektive Organisation eines Textes auf der Basis von verschiedenen Elementen, die die Schriftsteller liefern. Vor allem aber die Verwirklichung einer konkreten Utopie nach dem Vorbild des Landes, da der Gegenstand des Buches ein Bau von mythischen Dimensionen ist. Ihn konnte einzig und allein die außergewöhnliche Stärke der Sowjetmacht vollenden, die wiederum durch ihren Führer emporgetragen wird. Diesen Führer gilt es also durch das Buch zu vergöttlichen. Die Wirklichkeit des Kanals ist eine andere, und das menschliche und materielle Desaster, das dieser vollkommen unnütze, in der Folge harsch kritisierte Bau bedeutete, läßt einen an *Čevengur*, seine Massaker und sinnlosen Aufgaben denken.

Wie steht es um die 120 Schriftsteller, die von Gor'kij und Averbach ausgewählt wurden, um über die gewaltige Baustelle Rechenschaft abzulegen? Kurz vor der Abfahrt werden sie eingeladen und in einem Mos-

[7] Wahrscheinlich haben die Zaren auf dieses Projekt trotz seines symbolischen Wertes weniger auf Grund der Schwierigkeiten als auf Grund seines Mangels an praktischem Nutzen verzichtet.

kauer Hotel versammelt, wo unter der Stabführung von Semion Firin, dem ehemaligen stellvertretenden Direktor des GULag und Lagerleiter des Weißmeerkanals, eine Art vorausgehendes Kolloquium stattfindet, das üppige Gelage einrahmten, während im Land Hunger herrschte. Firin wird im übrigen einer der drei Mitherausgeber des Buches sein, zusammen mit Gor'kij und Averbach taucht sein Name auf dem Einband auf. Während dieser Tage informiert Firin umfassend über Technik, Geschichte und gesellschaftliche Relevanz und verkündet damit die offizielle Auslegung des Projekts, die dann vom Begleitkommando der Tscheka während der gesamten Fahrt wiederholt wird. Anders gesagt werden die Schriftsteller unmittelbar den Anweisungen und der ideologischen Führung der Geheimpolizei OGPU unterstellt. Man hatte das Lager zuvor à la Potemkin umgebaut, wobei die politischen Häftlinge entfernt und Unterhaltungsprogramme vorbereitet worden waren. Nach ihrer Ankunft am Ort des Geschehens in Nordkarelien schifften sich die Schriftsteller für eine einwöchige organisierte Kreuzfahrt ein, die an Bord wie an Land bis zum Weißen Meer von Animationen begleitet wurde. Sporadisch besichtigten sie untadelige Unterkünfte, sie trafen bei den einzelnen Stationen auf begeisterte Ingenieure, auf Häftlinge, auf Männer und Frauen, die ihnen von der Freude berichteten, hier arbeiten zu dürfen und endlich der Hölle ihres Vorlebens voller Übeltaten entronnen zu sein. Das Leben an Bord entsprach, mit den späteren Worten Avdeenkos, dem »Paradies des Kommunismus«[8], mit weinseligen Festgelagen und großtönenden Trinksprüchen, allerorten erging man sich in Freudenbekundungen. Die einzige schüchtern gestellte Frage, die ohne Antwort von Seiten der Tschekisten blieb, so Avdeenko, betraf das Fehlen von Friedhöfen in den Gefangenendörfern: Leiden und Tod waren aus dem ›flüchtigen‹ Blickfeld verbannt worden.

Mit dieser Reise, an der Platonov teilnehmen wollte, scheinen die Schriftsteller, um einen Ausdruck von La Boétie zu bemühen, nicht nur die Knechtschaft, sondern auch die freiwillige Verblendung akzeptiert zu haben.[9] Zu welchen Bedingungen, fragt man sich. Man weiß zum Beispiel, daß Šklovskij, einer der aktivsten Koautoren des Bandes, gar nicht an der Reise teilgenommen hat. Er hatte sie bereits ein Jahr zuvor unternommen, um seinen verhafteten Bruder von dort zu befreien, wie er es bereits zu-

[8] Avdeenko ist einer der wenigen Augenzeugen, der in seinen 1989 erschienenen Erinnerungen unter dem Titel *Otlučenie* (*Exkommunikation*) diese Kreuzfahrt ausführlich beschrieben hat. (A. Avdeenko. »Otlučenie«. *Znamia* 3 u. 4 [1989]).

[9] Étienne de La Boétie. *Discours de la servitude volontaire*. Paris: Payot, 1978.

vor von den Solovki-Inseln getan hatte. Was ihn keinesfalls daran hindern sollte, Redakteur der Endfassung zu werden. Die einschlägigen KGB-Archive zu den Umständen der Reise sind bis heute unzugänglich, somit kann man zum gegenwärtigen Zeitpunkt keine Schlußfolgerungen ziehen und noch weniger ein Urteil fällen. Dennoch können einige Betrachtungen zum Blick und den Darbietungen angestellt werden. Bei dieser Kreuzfahrt sind die Betrachter Teil einer Gruppe unterwürfiger Schriftsteller, deren Rolle es ist, an einem doppelten Schauspiel mitzuwirken, bei dem sie Mimen und Zuschauer gleichermaßen sind. Als Beobachter und Akteure, zerknirscht oder jubelnd, je nachdem welche Rolle sie auf ihrer schwimmenden Bühne und unter dem Blick der Tscheka wählen, applaudieren sie einer anderen, größeren Bühne. Dort wird ein Stück gespielt, dessen Text sie auswendig hersagen können, ein falsches Zeugnis, das einem verhüllten Gegenstand gilt: einem Arbeitslager, das in ein Paradies der ›perekovka‹ verwandelt wurde. Diese allumfassende Bühne wird in der Folge in eine mythenerzeugende Großerzählung transformiert, die wiederum auf eine andere, diesmal internationale Bühne übertragen wird: Allein die Nennung des Buches auf dem ersten sowjetischen Schriftstellerkongreß wird mit Ovationen bedacht.[10] Das Schauspiel des Weißmeerkanals läßt in dem Sinne ein außergewöhnliches Buch entstehen, in dem es die kollektive und emblematische Verwirklichung eines falschen und täuschenden Zeugnisses ist, eines Zeugnisses, das die ablegen, die auszogen, die Wirklichkeit zu beobachten. Weit davon entfernt, nur blasser Abklatsch einer Propagandamission zu sein, verleiht dieses Buch der Literatur einen besonderen Glanz, es weist ihre neuen Möglichkeiten auf, zumindest für einige Monate. Die Schriftsteller sind dabei die in Sold genommenen Schauspieler eines Stückes, geschrieben im siegesgewissen Pathos, das die Begründung eines neuen Glaubens erfordert.

Es handelt sich in der Tat um eine Brigade, im militärischen und aggressiven Sinn des Wortes, deren Aufgabe definiert wird als Beistand für die Macht, die sie aufgestellt hat. Dies wird dem Buch vorangestellt: »Мы выполняем задание партии.« (»Wir erfüllen den Auftrag der Partei.«)[11]

Von den 120 Reisenden tauchen nur 36 im Verzeichnis der Koautoren des Buches auf. Sie werden auf der ersten Seite zunächst in alphabeti-

[10] Das Buch wird sogleich an Bibliotheken europäischer Hauptstädte gesandt. So besitzt die französische Nationalbibliothek mehrere Exemplare der verschiedenen Auflagen.

[11] *Belomorsko-baltijskij kanal imeni Stalina* (wie Anm. 6). S. 13.

scher Reihenfolge aufgeführt, gemäß dem Prinzip des kollektiven Autors, aber das Inhaltsverzeichnis gestattet, die Autoren der einzelnen Kapitel zu identifizieren. Šklovskij und Vs. Ivanov haben nach eigener Aussage die Montage, »die Organisation des literarischen Materials«, übernommen. Sie sind damit einem Prinzip verpflichtet, das zugleich auf die futuristischen Losungen zurückgeht und auf die Praktiken der Umarbeitung durch die Verlagszensur, wie sie Vs. Ivanov im Verlagswesen gekonnt praktizierte. Somit wird die literarische Dimension keineswegs abgewertet. Der Gegenstand des Buches scheint weniger ins Gewicht zu fallen als die Form, die in herausragender Weise modern ist, wie gewisse Redakteure in ihren Ausführungen über das Buch auf dem ersten Schriftstellerkongreß mit Genugtuung betonen werden. Von nun übernimmt die Literatur eine wichtige staatstragende Funktion, sie wird mit der Umerziehung, der ›perekovka‹ der Menschen beauftragt. Die unermüdliche Erinnerung an diese Mission wird es erlauben, Schriftsteller wie Leser während der dreißiger Jahre in den Dienst zu nehmen. Auf dieselbe Art wie der GULag der Umwandlung schädlicher Subjekte in gute Sozialisten dient, muß die Literatur das Denken von Millionen Lesern verwandeln. Nach dem Vorbild des kollektiven Buches erwartet man von der Literatur nicht mehr, die Welt zu sehen, sondern sie umzuerziehen.

Nach der Rückkehr wurde das Buch drei Monate lang in aller Eile redigiert, ohne daß man dabei auf persönliche Reisenotizen hätte zurückgreifen müssen. Erneut stellte die OGPU die Dokumente zur Verfügung, die schon während der Reise benutzt worden waren. Deren Liste findet sich unter der Rubrik »Bibliographie« auf der letzten Seite des Buches. Es sind Dokumente, die angeblich den Dossiers ausgewählter Häftlinge entnommen wurden, ihre »Autobiographien«, die Stenogramme organisierter Treffen sowie Wandzeitungen. Die Quellen sind also vorgefertigt, die Reportage schließt die Befragung oder das unverfälschte Material aus. Keinesfalls handelt es sich hier um das berühmte Verfahren der Montage, das als Prinzip einer neuen Ästhetik genannt wurde. Die Montage setzt die Vielfalt der Blickwinkel voraus, ebenso wie die Vielfalt der Materialtypen, hier hingegen wird das Prinzip der Vielfalt abgeschafft. Man ist hier ebenso weit vom Montageprinzip entfernt wie von dem Prinzip, das nach Segalen die Reiseliteratur leitet: »Der Drang in die Ferne, das ist das Vergnügen, das Andersartige zu spüren.« Die OGPU ist somit fast die einzige Quelle sowohl für das Sehen als auch für den Text, genau wie das für ihre interne Berichterstattung der Fall ist. Derart wird die Vereinheitlichung der Literatur gleichzeitig mit ihrer Bevormundung vorangetrieben. Die Versklavung wird gerechtfertigt zum einem im Objekt (dem Loblied auf das Lager) zum anderen im Subjekt des Schreibens (die Bedingungen des Schreibaktes).[12]

Welch staunenswertes Schicksal wird dieses Buch bei seiner Reise durch das Jahrhundert erfahren. Es erscheint im Januar 1934 mit einer Auflage von über hunderttausend Exemplaren, wird unverzüglich übersetzt und auf dem Schriftstellerkongreß im folgenden Sommer begeistert gefeiert: Seine hauptsächliche Funktion bestand darin, ein Instrument für das Ritual zu sein, mit dem der Triumph des vergöttlichten Stalin zelebriert wurde. Doch bald machten sich die Risiken einer genauen Lektüre des Buches bemerkbar: Unangenehme Fragen könnten sich aufdrängen und höchst unerwünschte Wahrheiten hinter den vorgetäuschten falschen Tatsachen ans Licht kommen. Das Buch wurde daher rasch in die ›Hölle‹ der Bibliotheken, in die »specchrany« (»Spezialaufbewahrung«) verbannt. Umso mehr als die Mitherausgeber einer nach dem anderen in Ungnade fielen: Nach dem Tod Gor'kijs wurden mit der Verhaftung Jagodas erst Firin und dann Averbach zu Volksfeinden, und beide wie auch eine hohe Zahl von Mitautoren wurden 1937 erschossen.

Das Buch verschwand damit aus den öffentlichen und privaten Bibliotheken und wurde eingestampft. Zugleich bekannt und unbekannt, vom Beginn des Tauwetters an immer wieder genannt, von Solženicyn als Schande der russischen Intellektuellen geschmäht, ist es in sowjetischer Zeit in den Bibliotheken seltsam abwesend. Das Exemplar, das man gegenwärtig in der Leninbibliothek lesen kann, ist in dieser Hinsicht besonders aufschlußreich: Nicht nur beweist der schwarze Stempel auf dem Namen Averbach, daß es durch die Hände einer Reihe von Zensoren gegangen sein muß, sondern es hat zudem offensichtlich eine Durchgangsstation in Österreich hinter sich. Ein Stempel in gotischen Lettern bestätigt, daß es der Wiener Bibliothek gehört. Man kann sich ausmalen, daß es von dort nach Kriegsende und mit dem Abzug der sowjetischen Streitkräfte entfernt wurde, zu einer Zeit, als man die »specchrany« vorsichtig wiederaufbaute. 1998 feierte das Buch ein kurzes Comeback dank einem

[12] M. La Greca verficht die Position einer relativen Integrität Zoščenkos, der die Erzählung »Geschichte einer Umschmiedung« verfaßte, die sich von den übrigen Kapiteln stark abhebt, denn sie ist ausdrücklich vom Autor geschrieben und unterzeichnet. (M. La Greca. *M. Zoščenko sul Canale Belomor*. Tesi di Laurea. Universita degli Studi di Pisa. Fac. di lingue e lettere straniere, Pisa 2001. Diese Arbeit befindet sich in der Bibliothek der Vereinigung *Memorial* in Moskau.)

anonymen russischen Verleger, der es neu herausbrachte.[13] Das Buch ist somit durchaus ein exemplarisches Objekt: Viele Male von den Behörden bearbeitet, dann rasch beiseite geschafft, ist es durch seine wechselnden Schicksale, seine Wiederauferstehung und seine Wiederkehr aus dem Ausland eine Metapher der russischen Literatur des 20. Jahrhunderts.

Was in dem Buch gesehen und nicht gesehen wird, ist also ein Arbeitslager oder sogar angesichts der Lebensbedingungen am Weißmeerkanal ein langsam arbeitendes Vernichtungslager. Das Lager ist das unaussprechliche Objekt, das die Literatur selbst in Frage stellt, wie es in der Folge Adorno formuliert hat. Schon vor der Schriftstellerexpedition zum Weißmeerkanal hat sich Platonov diesem Problem gestellt. Er weiß, was die Kollektivierung wirklich bedeutet. Auf Reisen in seiner Heimatregion, deren Lebensbedingungen er als Landwirtschaftsingenieur mit hohem Einsatz verbessern wollte, konnte er dies feststellen. Und er brachte metaphorisch in *Kotlovan* (1929/1930; *Die Baugrube*) zum Ausdruck, was das Absterben der ländlichen Lebenswelt und die Deportation der Bauern bedeuteten. Er war auch in den Regionen auf Reisen, die von der Hungersnot der Jahre 1931 bis 1933 am stärksten betroffen waren. Und er wusste seit 1930, daß seine ehemaligen Arbeitskollegen aus Voronež als Saboteure verhaftet worden waren. Hat er vielleicht erfahren, daß man sie an den Weißmeerkanal geschickt hatte? Es bleibt ungewiß, aber von 1930 an tragen alle seine wichtigen Texte den Stempel dieser extremen Erfahrungen. Das Lager wird direkt genannt in einer Erzählung, deren Handlung in Deutschland spielt und die, bevor sie in *Musornyj veter* umbenannt wurde, den Titel *V 1933 godu* (*Im Jahre 1933*) trug.[14] So entspricht das Schreckensjahr der ›Machtergreifung‹ durch die Nationalsozialisten in Deutschland, das in der Erzählung ausdrücklich thematisiert wird, der kollektiven Konfrontation der russischen Schriftsteller mit dem GULag.

---

[13] Es handelt sich um einen vollständigen Reprint ohne Nennung des Verlages oder des Erscheinungsortes. Eine Anmerkung des Herausgebers weist darauf hin, daß das Buch seit sechzig Jahren nicht wiederaufgelegt wurde: »Erinnern wir uns, daß wir eine Vergangenheit haben, die so wie sie nun einmal ist, die unsere ist, und die wir kennen müssen, ohne zu urteilen, ob sie gut oder schlecht ist. Welches Volk können wir sonst sein, ohne Vergangenheit und ohne Zukunft?« (Bibliothek der Vereinigung *Memorial* in Moskau).

[14] *Musornyj veter*, zu Lebzeiten Platonovs unveröffentlicht, wurde 1966 mit der ersten Sammlung, die Platonov aus dem Abseits holt, publiziert – wohl unter dem Vorwand, die Erzählung stelle den Nazismus an den Pranger. Das Manuskript gibt den ausgestrichenen Titel *Im Jahre 1933* an (CGALI 2124, op.1, ex.73).

Es entspricht auch dem Schrecken, dem Platonov im südlichen Wolga-Gebiet und im Nordkaukasus ins Angesicht geblickt hat. Die traumatische Erfahrung einer Hungersnot, die von den Machthabern organisiert worden war als Antwort und Warnung an die Adresse der Bauern, die gegen die Kollektivierung Widerstand leisteten. Die Wirklichkeit der Lager ist also der sichtbar-unsichtbare Hintergrund für die Tätigkeit der Schriftsteller in diesem Jahr. Dabei handelt es sich nicht nur um das Lager des Weißmeerkanals. Andere Baustellen desgleichen Typs werden z.B. im Ural eröffnet. Die Massenvernichtung durch Zwangsarbeit und Unterernährung wird nicht nur innerhalb der Lagergrenzen eingesetzt. Die systematische Organisation des Hungers findet ein Echo in den Handschriften zum Theaterstück, das Platonov im selben Jahr schreibt: *14 krasnych izbušek* (*14 rote Hütten*).

Dennoch wird das Bild des Lagers nicht direkt gegeben. In der Erzählung *Musornyj veter* erfährt es durch die Übertragung auf Deutschland die Auswirkungen einer metaphorischen Reise. Der Erzähler ist ein Physiker, vielleicht Jude, auf jeden Fall Deutscher, und dem neuen Naziführer entschieden feindlich gesonnen. Der Druck, dem er sich ausgesetzt sieht, treibt ihn in den Wahnsinn. Er zerstört eine der unzähligen Büsten, die zur Anbetung durch das Volk aufgestellt worden sind. Man verhaftet ihn, foltert ihn, sperrt ihn in ein Lager, von wo er entkommt, um voller Scham elendig in einem Dorf zu landen, in dem Hunger und Wahn wüten. Eine Mutter, die vor Hunger ihren Verstand verloren hat, liebkost ihre Kinder. Wo ist hier Deutschland und wo das sowjetische Rußland? Platonovs Blick überschreitet die Grenzen und konfrontiert den freiheitsbegeisterten Menschen des 20. Jahrhunderts mit der neuen Sklaverei und dem kollektiven Selbstmord. In dieser erschreckenden Erzählung ist die kausale Verknüpfung unsicher und läßt sich von hinten aufrollen, von dem ausgehungerten Dorf zurück zu Deutschland unter den Nazis. Der Ort des Lagers innerhalb der Erzählung schwankt zwischen entmenschlichtem Dorf und einer Stadt, die von Gewalt und Führerkult verwüstet wird.

Die gespenstisch ausgemergelte Gestalt des Lagerüberlebenden sucht Platonov immer wieder heim, sie findet sich seit *Čevengur* unter den »Nebenfiguren« (»pročie«), ganz besonders in *Die Baugrube*. Einige Figuren verharren in einem Schwebezustand zwischen Leben und Tod. Lebenssinn und Lebenslust sind ihnen endgültig abhanden gekommen, sie irren an den Grenzen des Menschlichen umher. Sie sind nicht einfach gefallene Engel, wie sie die fiktive Literatur der Zeit mit Živago zeigt, dessen Orientierungsverlust sich als individuelles Drama abspielt, als exemplarischer ›Selbstmord‹. Bei Platonov ist das Böse kollektiv und universell, es stellt das Überleben der menschlichen Spezies in Frage. Es ist an die Möglichkeit einer Zukunft für alle geknüpft: Läßt sich die Gesellschaft der Menschen nur mit dem Risiko verbessern, sie dabei zu vernichten?

Platonov wußte, daß die Weigerung, ihn in die Brigade des Weißmeerkanals aufzunehmen, zugleich bedeutete, daß er niemals offiziell als Schriftsteller anerkannt und als solcher behandelt, das heißt verlegt werden würde. Doch beharrte er vergeblich auf seinem Ansinnen, wie man gesehen hat. Während des Schriftstellerkongresses im folgenden Sommer wird sein Name nicht einmal in den Stenogrammen genannt. Man kann sich bei seiner Starrköpfigkeit sogar fragen, ob er sich der Tragweite seiner Schriften überhaupt bewußt ist, denn er schickt das Manuskript von *Musornyj veter* im Februar 1934 an Gor'kij. Der Meister der Literatur antwortet ihm, es handele sich um »düsteren Irrsinn« (»mračnyj bred«).[15] Aus einer Art von Sorglosigkeit heraus stellt Platonov den inakzeptablen Charakter seiner Texte nicht in Rechnung. Ihn treibt der Wunsch, seine Werke publiziert zu sehen. Glücklicherweise hatte ihn Gor'kij noch vor der Lektüre der Erzählung zum Ausgleich in eine Brigade eingeschrieben, die sich anschickte, nach Turkmenien aufzubrechen.[16] Platonov begeistert sich daraufhin für die Wüste, bleibt zweieinhalb Monate dort, von März bis Mai, und häuft Notizen auf Notizen. Nach seiner Rückkehr schreibt er die Erzählung *Takyr*, die keine Zugeständnisse an den sozialen Auftrag macht.[17] Anfang 1935 bricht er wieder für drei Monate nach Turkmenien auf, diesmal freier, auf Einladung des örtlichen Schriftstellervereins. Er ist nun höchst zufrieden, allein mit sich und bringt von dort *Džan* mit. (»Опять Аму-Дарья, опять я в песках, в пустыне, в самом себе« – »Wieder Amu-Dar'ja, ich bin wieder im Sand, in der Wüste, in mir selbst«.[18]) Was hat er über die Exotik hinaus entdeckt? Gelangte seine Suche an ihr Ziel?

---

15 Undatierter Brief Gor'kijs (zweifellos vom März 1934): »Sie schreiben kraftvoll und farbig, aber dadurch wird in diesem Fall die Irrealität der Erzählung nur noch weiter unterstrichen und bloßgelegt, der Inhalt grenzt an düsteren Irrsinn. Ihre Erzählung dürfte kaum irgendwo gedruckt werden« (Anninskij. »Otkrovenie i sokrovenie« [wie Anm. 4]. S. 16). Platonov wird diese Erzählung in der Folge nicht mehr erwähnen.

16 Briefe vom 30. März, 2. April und 4. April 1934, zit. nach Natal'ja Kornienko. »A. Platonov: Turkmenija, strana ironii«. *Nacija, ličnost', literatura*. Moskva: Nasledie, 1996.

17 Die Erzählung wurde im September 1934 in *Krasnaja Nov'* veröffentlicht.

18 Tagebuchnotiz vom 20. Januar 1935. Zit. nach Natal'ja Kornienko. »Istorija teksta i biografija A. Platonova«. *Zdes' i teper'* 1 (1993): S. 224.

Allem Anschein nach hat Zentralasien nichts mit dem Weißmeerkanal zu tun. Seit dem 19. Jahrhundert war es die ›Reise in den Orient‹, die es den Dichtern erlaubte, aus den Zwängen des hauptstädtischen Lebens auszubrechen. In Rußland führte diese Reise jedoch traditionell eher auf die Krim oder in den Kaukasus. Zentralasien, das ohne heroische Kämpfe erobert worden war, hatte nur in geringem Grad die Aufmerksamkeit auf sich zu ziehen vermocht. Ausnahmen stellen hier vielleicht zu Beginn des 20. Jahrhunderts Fedorov dar, dessen Ideen Platonov wiederaufgriff und erörterte, und Chlebnikov, der umherirrende Dichter des Futurismus. Beide interessierten sich für diese Gegenden und sahen in ihnen die Wiege der Menschheit. Auch Platonov begeistert sich für Zentralasien. Er entdeckt dort eine andere Kultur, hatte er doch Russland zuvor niemals verlassen. Vielleicht hat ihn die Lektüre Firdusis in dieses Reich eingeführt.[19] Er nimmt vor allem wichtige und vertraute Dinge von Bedeutung wahr, die eine Fortsetzung seiner schriftstellerischen Suche darstellen und über die es sich lohnt, nachzusinnen.[20] Welche Reaktionen rufen die Entdeckung dieser Gegend und die kollektive Vorstellung, in die er eindringt, in ihm hervor?

Dort, wo die großen Zivilisationen zwischen Amu-Dar'ja und Syr-Da'ja zusammentreffen, haben die fruchtbaren Schlammmassen der beiden gewaltigen, dem Dach der Welt entspringenden Flüsse blühende, wenngleich immer auch gefährdete, den Niloasen ähnelnde Oasen entstehen lassen. Diese wundervollen Gärten haben immer wieder die Dichter und Künstler des Landes inspiriert, Mythen über das verlorene Paradies aus dem arabischen und persischen Mittelalter aufzugreifen. Diese Erwähnungen des Paradieses stellen Abwandlungen der Idee eines ursprünglichen Glückes dar, eines Goldenen Zeitalters ›vor den Mongolen‹ oder im weiteren Sinne vor dem ›Desaster‹. Dieser Dualismus ›Hölle/Paradies‹ ist

[19] Im Jahr 1934 wird die neue Übersetzung des *Buchs der Könige* von Firdusi (*Knigi carej, šachmane*) veröffentlicht, um den tausendsten Geburtstag des persischen Dichters zu feiern. Nun ist die neue Übersetzung von Rozenberg kommentiert worden, der auch die Ausgabe von 1904 besorgte. Es ist doppelt wahrscheinlich, daß Platonov von diesem Epos Kenntnis hatte, das die Verdienste des arbeitsamen Volkes gegenüber seinen verschiedenen Herrschern rühmt.

[20] Was Platonovs Interpretation der turkmenischen Kultur anbelangt, so sei verwiesen auf das ausgezeichnete Vorwort von Robert Chandler zu seiner englischen Übersetzung von *Džan*: Andrey Platonov. *Soul*. London: The Harvill Press, 2003.

auch eines der bedeutenden Themen in Platonovs Werk, zutiefst verankert in seiner revolutionären Vorstellungswelt.

Die Katastrophe, die das Paradies Zentralasiens vernichtet hat, nimmt im kollektiven Gedächtnis unterschiedlich Gestalt an. So suchten turkmenische Gesandte Peter den Großen auf, um ihn zu überzeugen, ihnen bei der Zerstörung eines unheilvollen Dammes zu helfen, den der Khan von Chiva angeblich am Amu-Dar'ja errichtet habe, um ihn so aus seinem Ursprungsbett umzuleiten. In der Tat hatte der Amu-Dar'ja seinen Lauf im 16. Jahrhundert geändert. Vorher mündete der Strom westlich von Chiva ins Kaspische Meer und nicht wie heute in nördlicher Richtung in den Aralsee. Indem man seinen Lauf wiederherstelle, führten die Gesandten aus, erlaube man den alten Oasen in der weiten trostlosen Gegend westlich von Chiva wieder aufzublühen. Schon damals waren Kanäle und Dämme die Angelegenheit eines Despoten, der Hölle und Paradies nach eigenem Gutdünken auszutauschen vermochte. Das alte Flußbett hatte sich in eine Wüstenmulde unterhalb des Meeresspiegels verwandelt, in die Senke von Sary-Kamysch. Diese besonders unwirtliche, lange Zeit nur schwer zugängliche Gegend bezeichnen die Legenden auch als ehemaliges Meer. Sie ist genau der Ort, an dem die Handlung von *Džan* spielt, die Wüste, in der die erbarmungswürdigen Überreste eines zugrundegehenden Volkes umherirren. Peter der Große hatte seinerzeit darauf verzichtet, sich nach Chiva, der wildesten der Oasenstädte, zu begeben, und nur einige goldsuchende Abenteurer hatten sich in diese Region aufgemacht. 1819 gelang dem General und Dekabristen Nikolaj N. Murav'ev die erste Durchquerung der Wüste vom Kaspischen Meer aus mit der Mission, offizielle Beziehungen zum Khan von Chiva anzuknüpfen. Er verfaßte einen anschaulichen Bericht über dieses Abenteuer, *Putešestvie v Turkmeniju i Chivu v 1819 i 1820 godach* (*Die Reise von Tiflis nach Chiva in den Jahren 1819 bis 1820*), publiziert 1822, den Platonov sehr wahrscheinlich kannte.[21] Murav'ev verbrachte sein Lebensende in Zadonsk bei Voronež, wo er begraben liegt und wo auch die einzige, ihm gewidmete Monographie erschienen ist. Platonov nennt in *Džan* topographische Orientierungspunkte und benutzt Bezeichnungen, die auch Murav'ev in seinem Buch erwähnt: die Klippen von Ust-Urt und ihre schwer zugänglichen Grotten am westlichen Rand der Senke von Sary-Kamysch, die den Namen »Boden eines ehemaligen Meeres« tragen und

---

[21] Nikolaj N. Murav'ev. *Putešestvie v Turkmeniju i Chivu v 1819 i 1820 godach.* Moskva: tipografija Avgusta Semena, 1822. Um eine ungefähre Karte, die den Verlauf der Karawane anzeigt, und um Skizzen erweitere Ausgabe.

den Lauf eines verschwundenen Flusses mit seinen Überresten von Salzwasser, die auch bei Murav'ev zu finden sind. Murav'ev allerdings bestreitet, daß die Einwohner von Chiva in der Lage gewesen seien, einen Staudamm zu errichten, der in der Lage gewesen wäre, die Wasser des Flusses umzuleiten. Als Mensch der Aufklärung stellt er vielmehr die Hypothese auf, daß ein Erdbeben den verheerenden Wandel herbeigeführt habe, der Natur und Menschen ruinierte. Hier klingen bereits Motive an, die später den sowjetischen Mythos vom Weißmeerkanal auszeichnen sollten: Arbeiten von pharaonischen Ausmaßen, Mythos und Wirklichkeit zugleich, die einen Wasserlauf und das ökologische Gleichgewicht einer Region so veränderten, daß Hölle und Paradies einander ablösten. Vielleicht hat Platonov darum die Wüste von Sary-Kamysch, den Ort des höllischen Herumirrens der Džan, als Zentrum seiner Fiktion ausgewählt, an dem der Voluntarismus des Menschen und seine Verlassenheit aufeinanderstoßen. Was bedeutet in einem weiteren Sinne dieser Ort des Unheils für ihn?[22]

Die Frage nach der Stellung Zentralasiens hatte in der Sowjetepoche besondere Bedeutung. 1930 wurde eine erste Schriftstellerbrigade nach Turkmenien entsandt, um dort die Sowjetisierung zu unterstützen. Sie stand unter der Leitung von Pavel Pavlenko. Er brachte einen ›očerk‹ mit, der sofort als Modell der Gattung vorgeschlagen wurde.[23] Platonov hatte mit Sicherheit seine *Putešestvie v Turkmenistan* (*Reise nach Turkmenien*) gelesen, die die offizielle Version einer neuen Sicht Zentralasiens darstellte. Es handelt sich um eine Art Aufruf zur Zerstörung des alten Turkmenien (»Туркмения прошлого ликвидируется«)[24] und zur wortwörtlichen ›perekovka‹ aller Materialien, die sich dort finden lassen. Laut Pavlenko sind die Ruinen, die archäologischen Überreste und selbst die Schildkrötenpanzer nur Rohstoff, der umgeschmolzen werden muß, um dem Aufbau der neuen Gesellschaft zu dienen. Alles, Menschen und Ma-

[22] An dieser Darstellung der Region als Hölle hat auch das Bild Vereščagins seinen Anteil: eine Pyramide aus Schädeln, die in der Wüste aufgetürmt sind, hebt sich vor dem Hintergrund einer Festung ab, die Khiva sein könnte.

[23] Pavel Pavlenko (1899-1951), der seine erste Erzählung gemeinsam mit Boris Pil'njak verfasste, war ein offiziöser Schriftsteller, ein großer Reisender und wahrscheinlich ein Spion. Platonov macht sich über ihn in seinem Theaterstück *14 rote Hütten* in der Gestalt des Fučenko lustig. Aus Mittelasien zurückgekehrt, veröffentlicht Pavlenko zwei Erzählungen – *Pustynja* (1931; *Die Wüste*) und *Putešestvie v Turkmenistan* (1932; *Reise nach Turkmenien*).

[24] Pavel Pavlenko. *Putešestvie v Turkmenistan*. Moskva: Moskovskoe tovariščestvo pisatelej, 1933. S. 4-10.

terie, muß umgeschmiedet werden. In Pavlenkos Augen, den Augen der neuen Macht, ist die Wüste leer und enthält nichts Nützliches für die Zukunft.

In seiner Darstellung dieser Wüste greift Platonov die Elemente dieser offiziellen Sicht auf, aber er kehrt sie in ihr Gegenteil um. Er läßt jedem Bestandteil dieser Wüste Gerechtigkeit widerfahren, der toten sowie organischen Materie, von der Grasnarbe über die Kieselsteine und die Ruinen bis zum unglücklichen Kamel. Er bevölkert die Wüste mit demütigem und vereinzeltem Leben. Vor allem aber fehlt der militante und optimistische Grundton der Zukunftsplaner. Weit entfernt von jeglicher Begeisterung ist das Turkmenien von *Džan*, das Königreich der Schatten und der Unsicherheit. Das Vaterland dieses umherirrenden Volkes ist ein Ort, der häufig als »Weltenhölle«, »Hölle der ganzen Welt«, »Hölle der Erde« bezeichnet wird (»ад всего мира […] ад для всей земли […] всемирный ад«; S. 457)[25]. Hier befinden wir uns am entgegengesetzten Pol zum »Paradies der Menschheit«, das die neuen Machthaber versprochen haben. Das Volk der Džan durchstreift die Hölle, den Grund eines »ehemaligen Meeres«, dessen vollkommenes und unerklärliches Trockenfallen die dramatische Färbung verstärkt.

Die Džan besitzen nur noch ihre Seele, wie ihr Name sagt, so sehr sind sie ins Elend geraten.[26] Sie sind derartig erschöpft und jeglichen Besitzes beraubt, daß sie die Lebenslust verloren haben. Nicht einmal nach einem Dach über dem Kopf oder einem Zelt streben sie. Sie sind in die Wüste entschwunden, sie irren umher und sind auf immer verloren. Gegen Ende seines Studiums verläßt Čagataev, der Protagonist, Moskau und bricht nach Turkmenien auf. Die dortige KP entsendet ihn an die Örtlichkeiten, wo die Džan verschwunden sind und wo er seine Kindheit verbracht hat, denn er ist mitten unter ihnen geboren worden. Seine Mission lautet, sie wiederzufinden, ins Leben zurückzuführen und sie »mit dem Paradies vertraut zu machen, nachdem sie die Hölle kennengelernt haben« (»В аду твой народ уже был, пусть поживет в раю«, S. 453), anders gesagt, mit ihnen zusammen den Sozialismus aufzubauen.

---

[25] Die Seitenangaben im Text beziehen sich hier und im folgenden auf: Platonov. *Proza* (wie Anm. 2). S. 437-534. Die deutschen Zitate sind entnommen: Andrej Platonow. »Dshan« (übersetzt von Alfred Frank). Ders. *Die Baugrube. Das Juvenilmeer. Dshan.* München/Wien: Carl Hanser, 1990. S. 263-406.

[26] Eine Anmerkung des Autors zu Beginn der Erzählung erläutert: »Джан – душа, которая ищет счастие (туркменское народное поверье)« (S. 438; »Džan – glücksuchende Seele [turkmenischer Volksglaube]«, dt. S. 263).

> Они беглецы и сироты отовсюду и старые, изнемогшие рабы, которых прогнали. Потом были женщины, изменившие мужьям, и попавшие туда от страха [...]. И еще люди, не знающие бога, насмешники над миром [...]. (S. 453)
> Sie sind Flüchtlinge und Waisen von überallher und alte erschöpfte Sklaven, die man davon gejagt hat. Dann gab es da Frauen, die ihre Männer betrogen hatten, und aus Furcht hierher geraten waren [...] Und dann gab es noch Menschen, die Gott nicht kannten, die die Welt verspotteten.

Was verstehen sie unter der »Hölle, die die Džan kennengelernt haben«? Die Vergangenheit dieses Volkes ist ein wenig vage, man findet in ihr die Ausbeutung und Zwangsarbeit, denen sie durch die Bauern der Oasen unterworfen waren. Die Džan sind alle durch eine frühere Sklaven- und Bettlerexistenz körperlich und seelisch entstellt. Sie sind Flüchtlinge, die sich wiedergefunden haben und nun am Rande der Gesellschaft von allen abgeschnitten leben. Aber die Hölle, das ist auch während ihres gesamten Lebens das unsinnige und wiederholte Leiden, das ihnen die Garde des Khans von Chiva zugefügt hat, denn sie wurden als Paria betrachtet. In dieser Fabel, die an gewisse Züge des russischen Volkes erinnert, hat der despotische Staat – der Khan von Chiva, der Träger der legitimen Gewalt – die Grenzen überschritten. Das lange Erdulden von Gewalt hat sie schließlich dazu geführt, diese gegen sich selbst zu richten: In einer der Episoden, die sie aus ihrem Leben schildern, eilen sie dem sicheren Tod voraus, sie verlassen die Wüste, um gegen die bewaffneten Hüter der Stadt aufzubegehren. Doch werden sie verschont, d.h. man gewährt ihnen nicht einmal mehr den Tod. Da sie nicht sterben können, verlieren sie das Interesse an ihrem eigenen Überleben. Die vielfältigen Anspielungen beziehen sich ebenso auf die turkmenische und russische Vergangenheit wie auf die sowjetische Gegenwart. Auf jeden Fall sind diese Menschen nicht in der Lage, sich aus eigener Kraft zu befreien, ihr Leben hat in ihren Augen keinen Wert mehr. Sie sind nur noch der Auswurf einer abgesunkenen Menschheit, das Schlimmste, was einem Menschen zustoßen kann.

Zwei metaphorische Linien lassen sich als Antwort auf das gerade erschienene Buch, das den Weißmeerkanal beschreibt, erkennen. Die erzwungene Umerziehung eines Volkes in einem Lager oder außerhalb eines Lagers und die Rolle des Führers, der sich als Retter anbietet. Daraus ergeben sich zwei Fragenkomplexe: Wie wird Čagataev vorgehen bei seiner Mission im Reich der Džan, um dem Volk das Leben im Sozialismus schmackhaft zu machen? Wird er ihre Umerziehung in Angriff nehmen?

Und dann: Kann man die äußerste Erniedrigung von Menschen schildern? Wie und zu welchem Preis kann man Menschen beobachten, die schon die Grenzen des Lebens überschritten haben?

Vorab erinnert Platonov mit der Episode um Vera, die der Held vor seiner Abreise in Moskau trifft und heiratet, an das Diktum Dostoevskijs, daß der Mensch nicht notwendigerweise die Berufung zum Glück in sich trägt. Die Frau, die Čagataev liebt, ist eines jener Geschöpfe, »die mitten im Herzen eine feindselige Kraft tragen, die ihre lebendigen strahlenden Augen im Sommer des Lebens, in inniger Umarmung, selbst unter den Küssen der eigenen Kinder erlöschen lassen kann« (dt. S. 279). Niemand ist »der Verpflichtung zum Glück« unterworfen, wie sie der Aktivist aus *Die Baugrube* bevorzugt. Das Glück ist eine Frage der Wahl, Objekt eines Begehrens, das gelegentlich fehlen kann. Die Versuchung durch das Unglück, der selbstzerstörerische Drang sind a priori für Platonov von höchster Bedeutung. Diese Idee wird in der Erzählung mit der Fabel von Ormuzd und Ariman wiederaufgegriffen, die den manichäistischen Mythos und die Opposition der Zwillingsbrüder als Kraft der Guten und des Bösen auf einzigartige Weise neu deutet.[27]

Čagataev deutet den Mythos auf seine Weise: Er denkt, daß Ariman nicht gewollt hat, daß sein Volk im Glück leben soll, die reichen Obstgärten Irans reizten ihn nicht, sonst wäre es ihm ein Leichtes gewesen, Ormuzd zu besiegen und ihm diese herrlichen Gärten zu stehlen oder ähnliche zu schaffen.

Als Čagataev die unglücklichen Überlebenden eines verirrten Volkes wiederfindet, erkennen sie ihn, während er sie vergessen hatte. Seine Kontaktaufnahme ist bezeichnend: Er hält ihnen keine Reden, er ruft sie nicht zu einer Versammlung, er scheint kein ausdrückliches Programm für sie zu haben. Er sucht sie zunächst auf, einen nach dem anderen, da, wo er sie findet, er schaut sie an und berührt sie oder streichelt sie sogar bisweilen. Schweigend lächelt er. Er beobachtet und sinnt nach, er versucht ihr Wesen zu verstehen. Mit unendlicher Zartheit nimmt er Kontakt mit den Menschen und Tieren und sogar mit den Objekten auf, in einem diffusen und demütigen Panhumanismus. Allmählich verwandelt er sich ihnen an, bleibt jedoch dabei er selbst. Bis zum Äußersten erfährt er gemeinsam mit ihnen ihre Leiden und Entbehrungen. Weit davon entfernt, sie von Anfang an umerziehen zu wollen, begleitet er sie bei ihren Wanderungen durch die Wüste und stellt sich dabei immer wieder die Frage:

---

27 Es ist denkbar, daß Platonov auch das Werk von de Rosenberg gekannt hat, das 1904 in Sankt Petersburg erschienen ist.

Wie kann man das Glück aus der Hölle hervorgehen lassen? Somit schwankt er zwischen der Figur des mitleidenden Retters und der Figur des Zeugen, in großer Zurückhaltung. Die Erzählung stellt ihm einen bedrohlichen Doppelgänger gegenüber, Nur Muchammed, den die örtliche Behörde beauftragt hat, die Džan zu retten.[28] Im Gegensatz zu Čagataev ist er sich seines Plans gewiß, den Džan ein eigenartiges ›Überleben‹ zu sichern: Da das Leben dieser geschwächten Menschen für ihn keinerlei Wert besitzt, beschleunigt er ihren Tod durch ziellose Wüstenwanderungen. Er ist der unheilvolle und betrügerische Führer, der die Menschen bis zur Erschöpfung marschieren läßt. Um seines eigenen Vergnügens willen geht er sogar so weit, die kleine Aidym zu vergewaltigen.

Die Reflexion über das Wohl der Menschen und den Messianismus der Revolution in Platonovs Text ist vielschichtig und reich an Bezügen. Hier soll auf die Spur hingewiesen werden, die von der indirekten Erfahrung des Lagers am Weißmeerkanal zu der Reise nach Zentralasien führt. Der Idee einer gewaltsamen Massenumerziehung wird die praktische Umsetzung eines zugewandten Mitleids, voller Takt und Zweifel, gegenüber gestellt. Ein Mensch kann sich nicht von vorneherein die Rolle des Retters anmaßen. Denn man kann sich dem Unglück des anderen nicht ohne emotionale Beteiligung nähern, was Selbstaufopferung oder Opferung von etwas anderem erfordert. Vor allem scheint keine vorfabrizierte Lösung für die vielschichtigen Erfahrungen, wie sie die Erzählung darstellt, bereitzustehen. Das Modell, das unter dem Namen ›Sozialismus‹ als Lösung angeboten wird, drängt sich nicht wirklich auf. Vielmehr nimmt das Modell eine umfassendere, universelle Dimension an, die es mit einer Reihe von Mythen verbindet.

Platonovs Schreiben vermag so gekonnt, Schmerz und Poesie der Welt zu verflechten, daß der Leser sich in das mythische Abenteuer einbezogen fühlt, das das Ewig-Menschliche ebenso wie die Gegenwart ins Spiel bringt. Er ist zugleich aus der Bahn geworfen und von einer starken Empathie ergriffen. Dies gilt zum Beispiel für die majestätische Szene mit den Wüstenadlern, in der christliche mit mythisch-griechischen und zoroastrischen Elementen verschmelzen: Čagataev, der mit seinem ausgehungerten Volk umherirrt, entscheidet sich, als letztes Mittel seinen Körper den Adlern als Lockspeise darzubieten, um zu versuchen, diese zu töten und mit ihrem Fleisch die Džan zu ernähren. Er streckt sich auf dem Boden aus und wendet dem Himmel sein Gesicht zu. Diese im höchsten Maße aufwühlende Szene läßt einen ersten, zarten Lebenstrieb in den Ge-

[28] Man findet diese Bipolarität auch in den Brüderpaaren in *Čevengur*.

retteten sich regen. Čagataev scheint seine alte Kraft zurückzugewinnen, er findet den Ort ihres ehemaligen Dorfes wieder und baut selbst ein Haus, Ziegel um Ziegel. Doch die Džan zeigen immer noch keinen Überlebenswillen. Daher gibt er ihnen zu essen, verschafft ihnen ein Obdach und gibt ihnen Zeit zum Schlaf und zum Rückzug. Er denkt nicht daran, sie um eines fernen mythischen Glückes willen zu opfern. Er stellt schließlich fest, daß man der Hölle nur mit Hilfe individuellen Wollens entkommen kann. Am Ende hat es den Anschein, daß er mit seiner Mission gescheitert ist, denn nachdem er den Lebenswillen der ihm anvertrauten Menschen wiedererweckt hat, sieht er eines Morgens, wie sie in alle vier Himmelsrichtungen verschwinden. Auf dieser Entwicklungsstufe der Erzählung haben die Menschen es offenbar vorgezogen, aufzubrechen und sich selbst in das Leben zu stürzen, jeder auf der Suche nach seinem eigenen Glück.

> Чагатаев вздохнул и улыбнулся: он ведь хотел из своего одного небольшого сердца, из тесного ума и воодушевления создать здесь впервые истинную жизнь на краю Сары Камыша, адова дна древнего мира. Но самим людям виднее, как им лучше быть. Достаточно, что он помог им остаться живыми, и пусть они счастья достигнут за горизонтом… (S. 514)
> Čagataev seufzte und lächelte: er hatte doch aus seinem einen kleinen Herzen, aus seinem engen Verstand und seiner Begeisterung heraus hier zum erstenmal ein wahres Leben schaffen wollen, am Rande der Sarykamusch, des Höllengrunds der alten Welt. Aber die Menschen wußten selbst, was das beste war. Es genügte, daß er ihnen geholfen hatte, am Leben zu bleiben, das Glück mochten sie jenseits des Horizonts finden … (dt. S. 377)

Weder gemeinsam, noch unter der Führung eines Retters werden sie ihr Glück erschaffen. Čagataev aber kehrt nach Moskau zurück, um nun seinerseits sein eigenes Leben zu gestalten. Der kollektive Lebensentwurf weicht hier einem individuellen. Soweit die Erzählung, wie sie Platonov zunächst für den Druck bestimmt hatte. Um keinen Preis konnte er sich den Anforderungen des Zeitgeistes fügen. Die zweite Fassung der Erzählung, die zweifellos auf Drängen der Herausgeber abgeändert wurde, biegt das Sujet in Richtung einer Eloge auf das Gemeinschaftsleben um. Unmittelbar nach dem Aufbruch der Gruppe wird eine lange Episode eingefügt. Čagataev kehrt nach einer Zeit des Umherziehens in das von ihm erbaute Dorf zurück, das die Džan wieder aufgegeben hatten: Er entdeckt dort die Verschwundengeglaubten wieder. Nach einer Periode eigenständiger Lebensführung sind dic Džan mit Frauen und Herden wohlhabend und gestärkt in ihr altes Dorf zurückgekehrt in der festen Absicht, sich ein Leben in Gemeinschaft aufzubauen. Diese Fassung des Schlusses schien in ihrer optimistischen Bejahung des Lebens in Gemeinschaft zweifellos geeigneter für eine Veröffentlichung der Erzählung. Aber der Aufbau dieser unwahrscheinlichen Kolchose, in der die Quellen des Reichtums wie durch ein Wunder sprudeln, Blinde sehend und Greise wieder jung werden, ist von einer zarten Ironie gefärbt. Sie unterstreicht, wie oft bei Platonov, den burlesken Charakter einer Lösung, die nur die Unabgeschlossenheit der Erzählung maskiert.

Die zweite Wirkung, die die Lektüre der Erzählung auslöst, betrifft den Blick auf die menschlichen Schwächen. Wie soll man dem Leser zeigen, was für alle unerträglich ist? Und wie soll man sich diesem Anblick selbst stellen, wie es Čagataev tut, der das extreme Elend seines Volkes entdeckt? Manche wirklichen oder fiktiven Reisen können etwas enthüllen, das man nicht sehen will, dessen Anblick man nicht erträgt: den vor aller Augen erniedrigten Menschen, am Rande des Menschlichen angelangt und unwillig, ins Leben zurückzukehren. Der Blick auf das Lager, auf die Verhungernden, lebendige Tote, auf die Wahnsinnigen, die Entkräfteten, auf Menschen, die in einer Hölle leben müssen. Wenn der Betrachtende sich angesichts dieser Lage nicht zu einem Wunder in der Lage glaubt, verliert er den Boden unter den Füßen, den Glauben, diesem Schicksal entgehen zu können. Er vermag kaum zu hoffen, daß er in diese Entmenschlichung nicht hineingezogen wird. Das sprechen in der Lagerliteratur Bruno Bettelheim und Primo Levi mit Blick auf die ›Muselmänner‹ aus. Man schaut sie lieber überhaupt nicht an, um die befürchtete, todbringende Ansteckung zu vermeiden. Der Betrachter wendet sich ab unter dem Druck der Angst, um sein eigenes Leben zu schonen. Oder aber, wenn er den anderen um jeden Preis beherrschen will, muß er die Überlegenheit seines Wesens oder seines Glaubens behaupten, wie es der böse Retter der Džan, Nur Muchammed, tut. Wie es auf andere Weise die Schriftsteller der Weißmeerbrigade und alle anderen getan haben, die, ohne sich wirklich abzuwenden, entschieden haben, sich durch Lippenbekenntnisse oder durch die Abfassung eines falschen Zeugnisses zu retten: »Ich habe nicht gesehen, was ich gesehen habe, ich habe gesehen, was ich nicht gesehen habe, denn ich will das glauben, was man mir darüber erzählt hat.« So könnte die Devise des kollektiven Buches über den Bau des Weißmeerkanals lauten. Platonov zeigt mit Hilfe des Blicks von Čagataev, daß er seinerseits die Haltung eines Zeugen in der Literatur aufbaut. Zeuge in dem starken und furchtbaren Sinn, den das 20. Jahrhundert diesem Wort verliehen hat. Dies rechtfertigt vielleicht seinen verbissenen Kampf darum, publiziert zu werden, mit allen und gegen alle. Er kann sich nicht mit dem Schweigen der Literatur abfinden, denn Zeugnis abzulegen meint das Wort, das denen zurückgegeben wurde, denen man es geraubt hat, es ist nicht delegierbar.

Um das Unmenschliche aufscheinen zu lassen, greift Platonov auf Erzählverfahren zurück, die es dem Leser wie seinem Helden erlauben, sich nicht abwenden zu müssen, sondern sich ohne Zwang dem Sehen hinzugeben. Dabei fehlt jeglicher Voyeurismus in den Texten Platonovs, das Sehen gleicht nicht einer Photographie, sondern ist geprägt von emotionaler Beteiligung und von Poesie. Die Bilder entstehen und reihen sich aneinander durch Verfahren, die aus dem Traum metaphorische Details und Verschiebungen entleihen. Der Zerfall wird betrachtet durch die Darstellung von zufälligen Gegenständen: ein Kieselstein, ein Lappen, eine Distel, ein sterbendes Tier. Was die Menschen anbelangt, so werden ihre Wunden nicht deutlicher gezeigt als ihre Gesichter. Deren Augen sind blaß oder abwesend, und die Faktur der Porträts setzt verschwimmende Züge und feinste Einzelheiten ein, was an Giacometti erinnert. Keine Farbe wird genannt. Die Vision des Grauens ist nicht unmittelbar, sondern bleibt diffus, sie wird weniger durch das Gesehene als durch das Gehörte wiedergegeben. Oder sogar durch das, was man nicht hört: Die Sprache der Menschen ist ebenfalls zerfallen, zumeist auf Murmeln und Knurren bzw. sinnlose Worte reduziert. Einzig der Wind scheint im Munde eines Toten zu sprechen, dessen Schädel Čagataev in einer Ruine entdeckt: »Он умер и теперь открыл рот, в котором говорили теперь что-то ветер и песок« (S. 484; »Er starb und öffnete den Mund, in dem jetzt der Wind und der Sand etwas sagten«).

Der sprechende Wind ist der Führer: »ветер является всеобщей ведущей силой« (S. 487; »der Wind erscheint als die allgemeine führende Kraft«), er reißt die Disteln mit sich, denen die Schafe folgen, die ihrerseits von den Menschen verfolgt werden. Er nimmt zugleich die Stelle des Führers und des allgemeinen Diskurses ein: Die beängstigende Vision der Verlassenheit wird zu einer grandiosen und grellen Darstellung des Absurden. Sie bezieht ihre ganze Kraft aus einem Traumgesicht der Welt, das zum großen Teil von einem subtilen Spiel zwischen Figuration der Details und Abstraktion herrührt. Die Welt wird in einer Art von nie endender Skizze wiedererschaffen durch das Aufhäufen von Bruchstücken und Klängen der Realität, die ein bewegliches Band bilden. Die Abstraktion, die Aussagekraft des zufällig gewählten Details und die Bewegung sind Verfahren, die es Platonov erlauben, die Hölle lesbar zu machen. Diese Lektüre ist um so machtvoller als sie auf die Vorstellungskraft der

Leser einwirkt. Obwohl sie zutiefst erschüttert, hat sie dennoch zugleich eine humanisierende Wirkung.

Die Reise an die Grenzen des Menschlichen ist keine Neuerung im Reich der Kunst. Piranesi und Dante haben bereits versucht, über die verderbenbringende Pforte hinaus zu schauen. Aber es gehört zu den traurigen Hinterlassenschaften des 20. Jahrhunderts, ein real existierendes Modell für dieses Jenseits geschaffen zu haben, eine ›Hölle auf Erden‹ anstelle eines Paradieses. In diesem Sinne verlagert Platonov das europäische Drama in die Gegend, in der die verlassene Wiege der Menschheit steht. Damit verleiht er dem Zeugnis eine neue Dimension und fügt es in die literarische Fiktion ein. Platonov gehört zu denen, die die Notwendigkeit dieses Vorgehens erkannt haben, vielleicht ist er sogar der erste. Damit hat er die Unmöglichkeit eines moralischen Aufrufs überwunden, die darin besteht, sagen zu müssen, was nicht gesagt werden kann, zeigen zu müssen, was nicht gezeigt werden kann. Ohne eine Strategie des Blicks und des Wortes, die dem betrachteten Geschöpf wie dem Betrachter die Würde beläßt, ist ein Schriftsteller, der sich in diese Regionen wagt, zum Schweigen oder zur Falschaussage verdammt. Zudem muß er von der unbändigen Kraft eines visionären Schreibens besessen sein.

Der Kontrast zwischen der Blindheit des Buches, das die reisenden Schriftsteller über den Weißmeerkanal veröffentlicht haben, und dem durchdringenden Blick, den Platonov auf die Entmenschlichung richtet, schlägt uns in den Bann. Es scheint, als habe Platonov in der turkmenischen Wüste keinesfalls vergessen, was er mit solchem Beharrungsvermögen zu sehen suchte, überall und immer. Somit dürfte es sich, von einer Region zur anderen, um einen Ortswechsel handeln, der das literarische Objekt besser an seinem Platz befestigt. Die räumliche Verlagerung erlaubt es, dem Sehen eine konkrete Richtung zu verleihen. Mochte man ihn auch geographisch vom verborgenen Objekt ablenken, keine Macht war in der Lage, Platonov zu zwingen, die Wirklichkeit nicht zu sehen.

(Übersetzung: Wolfgang S. Kissel)

Galina A. Time (Sankt Petersburg)

Exil als Reise: der russische Blick des Anderen (1920er Jahre)

In seiner Studie aus den zwanziger Jahren *K filosofii postupka* (*Zur Philosophie der Tat*) betrachtete Michail Bachtin die Opposition von ›Ich‹ und ›Anderem‹ als »höchstes architektonisches Prinzip der aktiven Welt der Tat«, als »zwei verschiedene, jedoch aufeinander bezogene axiologische Zentren«, um die herum »sich alle konkreten Momente des Seins anordnen«.[1] Die von Bachtin bezeichnete Opposition war gerade in den 1920er Jahren besonders aktuell, als in Folge der historischen Katastrophen von Weltkrieg und Revolution in Rußland gewaltige Menschenströme in Bewegung gerieten: Von Osten nach Westen bewegten sich Vertriebene, Flüchtlinge, Vermittler, Missionare. Der große Auszug aus Rußland prägte einen besonderen Persönlichkeitstyp, der lange Zeit das Exil als Reise verstand und Blick und Wertung des ›Anderen‹ beibehielt. In seiner *Philosophie der Tat* schrieb Bachtin entsprechend: »‚Ich‹ und ›der Andere‹ sind grundlegende axiologische Kategorien, die erstmals eine wie auch immer geartete wirkliche Wertung möglich machen.«[2]

In der Zwischenkriegszeit des 20. Jahrhunderts, besonders aber nach der Revolution des Jahres 1917 waren Reisen von Rußland in den Westen, und vor allem nach Deutschland und Frankreich, mehr oder weniger ideologisch bestimmt. Oftmals nahmen sie die Form eines freiwilligen oder unfreiwilligen Exils an, das mit der jeweiligen Einstellung zum bolschewistischen Regime zusammenhing. In der Regel vermieden es die Flüchtlinge (izgnanniki) zunächst, sich als Emigranten (emigranty) zu bezeichnen, sie behielten die russische Staatsbürgerschaft lange Jahre und warteten auf den geeigneten Moment zur Rückkehr nach Rußland. Gelegentlich fand eine solche Rückkehr auch wirklich nach einigen Jahren aus verschiedenen Gründen statt (es mag an dieser Stelle genügen, auf Aleksej Tolstoj, Andrej Belyj, Marina Cvetaeva, Boris Pil'njak u.a. hinzuweisen), aber nicht selten erwies sich die Emigration als ›endgültig‹. Doch auch in diesem Fall blieb die ›Reise‹ ein wichtiges Element der Weltanschauung der Exilierten. So kehrt z.B. Martyn, der Held des Romans

1 Michail Bachtin. »K filosofii postupka«. Ders. *Raboty 1920-ch godov*. Kiev: Next, 1994. S. 66.

2 Ebenda. S. 238.

Podvig (1932, *Die Tat*) von Vladimir Nabokov, aus dem Berlin der Nachkriegszeit zurück an die Orte seiner europäischen ›Aufenthalte‹ und antwortet während einer Zugfahrt auf die Frage eines Mitreisenden, ob er ein Reisender sei: »Jawohl. Ein Reisender im weitesten Sinne des Wortes« (»Именно!.. Путешественник в самом широком смысле!«).[3]

Dienstreisen, von denen viele von kurzen Unterbrechungen abgesehen lange Jahre dauerten, entwickelten sich zu einer weiteren Möglichkeit, aus Rußland auszureisen. Hier ist besonders Il'ja Ėrenburg bemerkenswert, der insgesamt an die zwanzig Jahre in Europa verbrachte. Bei aller Verschiedenartigkeit der Weltanschauungen und Schicksale dieser Menschen fällt doch das nahezu unvermeidliche, sie verbindende Gefühl der Andersartigkeit im Vergleich zu Europa auf und eine deutliche Ähnlichkeit in der Wahrnehmung der europäischen Lebensweise und des europäischen Wesens. Dies berechtigt dazu, vom Vorhandensein eines russischen Blickes des ›Anderen‹ auf die Umstände zu sprechen: ein spezifischer Blick des russischen Reisenden, dem sich eigene, nur ihm sichtbare Perspektiven eröffneten. Wie bekannt, war Dostoevskij der Ansicht, daß ein Russe – im Gegensatz zu einem Deutschen oder Franzosen – mit dem Verlust seiner nationalen Zugehörigkeit alles verliert. Dieses Selbstverständnis trat auch im Laufe des gesamten 20. Jahrhunderts in unterschiedlichen Formen auf und fand sogar in den Werken der russischen Postmoderne seinen Niederschlag. So schreibt Viktor Erofeev in seinem Buch *Ėnciklopedija russkoj duši* (*Enzyklopädie der russischen Seele*):

> Тоска по родине в гораздо большей степени оказывается родиной, чем сама родина. Другие родины можно поменять одну на другую без особой болезни. Не это ли поразительное свидетельство значительности русской сущности. Миллионы русских эмигрантов XX века, изнывавших в Берлине и Париже, неустроившихся, озлобившихся – пример могущества России.[4]
> Das Heimweh erweist sich in sehr viel höherem Maße als Heimat, als die Heimat selbst. Andere Heimaten kann man ohne besondere Schmerzen gegeneinander austauschen. Ist nicht das ein erstaunliches Zeugnis für die Bedeutung eines russischen Wesens: Millionen von russischen Emigranten des 20. Jahrhunderts, die in Berlin und Paris verschmachteten, denen es nicht gelang, sich einzurich-

---

[3] Vladimir Nabokov. »Podvig«. *S togo berega. Pisateli russkogo zarubež'ja*. Hg. A. Kuramžina. Bd. 1. Moskva: Vodolej, 1992. S. 355.

[4] Viktor Erofeev. *Ėnciklopedija russkoj duši. Roman s ėnciklopediej*. Moskva: Zebra, 2002. S. 207-208.

> ten, die verbittert waren – sie sind ein Beispiel für die Machtfülle Rußlands.

An anderem Ort bemerkt Erofeev: »Wir passen nicht in eine fremde Schublade. Wir sind sperrig …« (»Мы не складываемся в чужой шкатулке. Мы – хвостатые…«).[5]

Und wirklich erschien in den 1920er Jahren vielen Russen die Ausreise aus Rußland als »Ende der Biographie«.[6] »Die Uhren sind verloren und zerschlagen, – es hat ein Leben *außerhalb der Zeit* begonnen«, – schrieb in Berlin Aleksej Remizov.[7] Die schon von Petr Čaadaev bemerkte ewige Reise, »das chaotische Umherziehen« der russischen Geister nicht nur außerhalb der Zeit, sondern auch gewissermaßen außerhalb des Raumes, ist das häufigste und charakteristischste Lebensgefühl der Flüchtlinge aus Rußland, die in den 1920er Jahren in Europa auftauchten. Sogar der aktive Vermittler und Missionar Fedor Stepun fühlte sich als ›Vagabund‹, war doch das russische Westlertum in seinen eigenen Worten »nur eine Brechung, die die volkstümliche Tradition der Wanderschaft im Kreise der Intelligencija erfuhr« und das ›Losreißen von den Wurzeln‹ – die typische russische spirituelle Wurzellosigkeit.[8]

Und in der Tat erlangte das Reisen für die russischen Flüchtlinge einen ontologischen Status, eine ›Seinsdimension‹. »Die Reise beginnt nicht mit der Vertreibung, sondern mit den ewigen Fragen«[9], – bemerkte eine Spezialistin für Gajto Gazdanov. Entsprechend nimmt in Gazdanovs Werken der Begriff ›Reise‹ Zeichencharakter an. Die Beziehung von lebensweltlichen Aspekten der Reise (des Seins) zu literarischen (zur Metaphysik) entwickelte sich allmählich und erfuhr in den verschiedenen historischen Epochen unterschiedliche Ausformungen.

Wenn wir uns den Aufzeichnungen der russischen Reisenden in den 1920er Jahren zuwenden, so gilt es zu berücksichtigen, daß sie nur eine bestimmte Etappe in der Entwicklung einer literarischen Gattung darstellen, die nicht selten unter der Kurzbezeichnung ›Reise‹ (›putešestvie‹) in Erscheinung trat. Wie bekannt, geht die Geschichte dieser Gattung auf das 17. und 18. Jahrhundert zurück.

---

5 Ebenda. S. 67.

6 Siehe hierzu: Ėl'da Garetto. »Putešestvie i izgnanie«. *Russian Literature* LIII (2003): S. 173-180.

7 Aleksej Remisov. *Po karnizam*. Belgrad: Russk. Tip., 1929. S. 39.

8 Fedor Stepun. »Mysli o Rossii«. Ders. *Sočinenija*. Moskva: Rosspėn, 2000. S. 332.

9 L. Syrovatko. »Gazdanov – romanist«. Gajto Gazdanov. *Sobranie sočinenij v 3 tomach*. Bd. 1. Moskva: Soglasie, 1996. S. 657.

In der Regierungszeit Peters des Großen wurden Reisen von Russen nach Europa erstmals zu einer mehr oder weniger regelmäßigen Erscheinung. In der Regel begaben sich die Menschen *unter Zwang* auf diese Reisen; zudem trugen die Reisen selbst einen *ideologischen Charakter* eigener Art. Galten doch die europäischen Länder, in die Peters Untertanen zu Studienzwecken reisen mußten, als »ungläubig« und heretisch; die Reise selbst wurde mit einer *Ausweisung aus dem Lande* assoziiert, mit einer Verbannung, sogar mit dem möglichen Untergang. Der Abschied war schmerzlich, oft trugen dic Bräute der Reisenden Trauer.

Selbst die sich in der Folge herausbildende nähere Bekanntschaft mit den Sitten und den Sprachen der europäischen Länder konnte das Gefühl der Vertreibung und die mit einer Reise ins Ausland assoziierten, tragischen Vorahnungen nicht gänzlich auslöschen.

Viele dieser Vorahnungen bestätigten sich tatsächlich, denn gerade mit den Westreisen war bereits im alten Rußland das Erscheinen von Nonkonformismus (inakomyslie) und willentlicher Emigration (Nichtrückkehr in die Heimat) verbunden. So wurde unter Ivan dem Schrecklichen ein junger Mann, der an westlichen Universitäten mit besonderem Erfolg studiert hatte, wegen Freidenkertum hingerichtet. Und unter Boris Godunov kehrte nur ein einziger von den fünfzehn jungen Männern, die man zum Studium an westliche Universitäten entsandt hatte, aus dem Ausland zurück. Schon das alte Rußland hatte seine bekannten ›Dissidenten‹ (Andrej Kurbskij) und erste ›Westler‹ (Nikolaj Ordyn-Naščokin).[10]

Allerdings hinterließen Personen mit Auslandserfahrung in dieser Zeit bei weitem nicht immer Tagebücher oder Reiseaufzeichnungen. Eine auffallende Ausnahme sind die Aufzeichnungen des Mundschenks (stol'nik) Petr Tolstoj, eines Vorfahren der Schriftsteller gleichen Namens, darunter auch des »roten Grafen« Aleksej Tolstoj, eines Reisenden und Rückkehrers der 1920er Jahre. Der Stol'nik Tolstoj wurde von Peter I. nach Europa entsandt und verbrachte dort einen ausgedehnten Zeitraum – von 1697 bis 1699 – wohl um einen künftigen Besuch Peters vorzubereiten. Doch der Besuch fand nicht statt, und der Stol'nik wurde zusammen mit seinem Sohn beim nächsten Machtwechsel in Rußland hingerichtet.

Die Weltanschauung Tolstojs war für seine Zeit einzigartig: Er stellte Europa und Rußland nicht wie zwei verschiedenartige Welten einander gegenüber, sondern betrachtete sie als Bindeglieder einer allgemeinen

[10] Zu den frühen russischen Reisen nach Europa vgl. Konstantin Sivkov. *Putešestvija russkich ljudej za granicu v XVIII veke.* Sankt-Peterburg: Ėnergija, 1914. S. 8-22.

Entwicklung. Es war bezeichnend, daß – bei aller umfassenden Bildung und Weite seines Denkens – Tolstojs auktoriales Ich sich im wesentlichen durch Nationalstolz definierte. Allmählich begann man, in der Reise nicht nur eine schwere Anstrengung zu sehen, sondern zudem einen heroischen Kampf mit dem *offenen Raum*.[11]

In den folgenden Jahren hatten die russischen Auslandsreisen entweder einen pädagogischen, aufklärerischen oder einen unterhaltenden Charakter. Sie wurden unter den Zaren entweder gefördert (unter Katherina II. und Aleksandr I.) oder fast verboten (unter Paul I. und Nikolaus I.). So oder so waren keine ausreichenden Voraussetzungen vorhanden, um Mißtrauen und Argwohn gegenüber dem Westen vollkommen zum Verschwinden zu bringen. Das russische Verhältnis zum Westen beinhaltete von Anfang an eine auf den ersten Blick widersprüchliche Kombination von Empfindungen: Der Westen war Exil und Refugium, er war Fremde und Hafen für frei denkende Menschen, tödliche Gefahr und Möglichkeit der Rettung, Anziehungspunkt und folgende Enttäuschung.

Dieser Dualismus des russischen aufgeklärten Bewußtseins kam im 19. Jahrhundert zur vollen Entfaltung. In die Lesebücher eingegangen ist das Beispiel Alexander Herzens, der Rußland aus ideologischen (und politischen) Gründen verließ, und der gerade in Europa seine Enttäuschung über den Westen und die Ideen der Demokratie erlebte. Der bekennende Westler Ivan Turgenev, der seine Examina an der Universität von Berlin abgelegt hatte, verbrachte mehr als die Hälfte seines Lebens in Europa, doch litt er mit den Jahren zunehmend an seiner Entfremdung von den heimischen Wurzeln. Lev Šestov, Autor einer bekannten Biographie Ivan Turgenevs, bemerkte an ihm neben seinem nach deutscher Art »geschulten Denken« eine gewisse »unverständliche Schwermut«.[12]

Schon in den frühesten und bedeutendsten Werken der Gattung in Rußland – *Putešestvie iz Peterburga v Moskvu* (1790; *Die Reise von Petersburg nach Moskau*) von Aleksandr Radiščev und *Pis'ma russkogo putešestvennika* (1797-1801; *Die Briefe eines russischen Reisenden*) von Nikolaj Karamzin – treten ihre Besonderheiten zu Tage. Zunächst gilt es hinzuweisen auf die fehlende *zeitliche* wie *räumliche* Übereinstimmung zwischen der realen Reise und ihrer Beschreibung. Davon zeugt zum Beispiel, daß die ersten *Reise*skizzen Karamzins noch vor dem eigentlichen

---

[11] Lidija A. Ol'ševskaja/Sergej N. Travnikov. »Umnejšaja golova Rossii...«. *Putešestvie stol'nika P.A. Tolstogo po Evrope. 1697-1699*. Moskva: Nauka, 1992. S. 282.

[12] Lev Šestov. *Turgenev*. Michigan: Ardis. 1982. S. 15ff.

Antritt der Reise niedergeschrieben wurden. Diese fehlende Übereinstimmung setzt sich fort, sogar dort, wo die Reise in Tagebuchform oder in Gestalt von datierten Notizen oder Briefen beschrieben wird. Diese Besonderheit ist im übrigen nicht auf Rußland beschränkt; sie ist zurückzuführen auf das Bestreben des Autors, eine eigenartige »Nivellierung der Zeit« zu erreichen und sich selbst »vor der Geschichte zu rehabilitieren«.[13]

Allerdings haben wir es im Falle Radiščevs mit einer Europareise zu tun, die sich als eigentümlicher *ideologischer Subtext* manifestiert. Im Jahre 1768 unternahm eine Gruppe von 16 Personen, zu denen auch Radiščev gehörte, eine längere Reise in den Westen, während derer die russischen Reisenden auch Universitätsvorlesungen besuchten, u.a. in Philosophie. Bezeichnenderweise erschienen diejenigen Notizen Radiščevs, die sich auf die russischen Verhältnisse bezogen, erst 1772, und seine berühmte *Reise* noch später. Somit beschrieb der Autor paradoxerweise seine europäischen Eindrücke und seine Reflexionen, indem er von »Petersburg nach Moskau« reiste. Wie bekannt, zog Radiščevs Werk Repressalien gegen ihn nach sich.

Im 20. Jahrhundert erwies sich die Gattung der »Reisen« als überaus geeignet für Mythologisierungen, da sie gerade nach Überwindung eines konkreten Raums und einer konkreten Zeit strebte. Dies beweist u.a. die charakteristische Empfindung von Russen in Europa, die Gegenwart verschwinde aus ihrer Existenz: Entweder »verschmilzt« sie mit der Vergangenheit (der Eindruck Nina Berberovas in Berlin)[14], oder sie wird durch die *Ewigkeit* ersetzt, und nimmt dabei Vergangenheit und Zukunft in sich auf (Michail Osorgin über das Leben in Paris)[15]. Dmitrij Merežkovskij assoziierte den Begriff ›Fremde‹ generell mit der Leere und konstruierte dabei eine Antithese: Fremde, Leere, Freiheit – Rußland, Leib, Sklaverei.[16]

Es ist offensichtlich, daß diese Opposition zurückgeht auf Merežkovskijs bekanntes philosophisches Buch *Dostoevskij i Lev Tolstoj* (1902; *Dostoevskij und Lev Tolstoj*) über die beiden russischen Genies, die entsprechend in ihrer Eigenschaft als ›lucider Denker des Geistes‹ und ›lucider Denker des Fleisches‹ vorgestellt werden. Später sollte Oswald

---

[13] Vgl. Irmgard Scheiter. »Reisebeschreibung – Metafiktionale Verwendung in der Gegenwartprosa«. *Literaturwissenschaftliches Jahrbuch* 43 (2002): S. 282ff.

[14] Nina Berberova. *Kursiv moj*. Moskva: Soglasie, 1996. S. 186.

[15] Michail Osorgin. »Zemlja«. *S togo berega. Pisateli russkogo zarubež'ja*. Hg. A. Kuramžina. Bd. 1. Moskva: Vodolej, 1992. S. 173.

[16] Vgl. Jurij Terapiano. *Literaturnaja žizn' russkogo Pariža za polveka (1924-1974)*. Pariž/N'ju-Jork: Al'batros, 1987. S. 47-48.

Spengler diesen mythologischen Dualismus des russischen Geistes in seiner Abhandlung *Der Untergang des Abendlandes* (die im übrigen im Kreis der Emigranten aus Rußland sehr bekannt war) verstärken, indem er die Heiligkeit mit Dostoevskij, Bolschewismus mit Tolstoj verknüpfte. Vor diesem Hintergrund ist die Bemerkung Boris Zajcevs über die Russen in Europa von besonderem Interesse:

> Эмигранты же, как птицы небесные, не пекущиеся о дне завтрашнем [...] радуются солнцу, воздуху, и вновь готовы ничего не делать, как доселе ничего не делали.[17]
> Die Emigranten sind wie die himmlischen Vögel, die sich nicht um den morgigen Tag sorgen [...] sie freuen sich über die Sonne, die Luft und sind wieder bereit nichts zu tun, sowie sie bisher nichts getan haben.

Dieses »alte Rußland (Rus') auf Wanderschaft – bald Skythen, bald Zigeuner, bald Künstler, bald Revolutionäre«[18] erscheint bei Zajcev deutlich als Gemeinschaft gottgläubiger Menschen, die wie Heilige eher geistlichen, als weltlichen Zielen leben.

Entsprechend läßt sich zweifellos auch Gajto Gazdanovs heftige Abneigung gegen die »primitive Verhaltensweise« der praktischen Franzosen verstehen. Er erklärte sie durch die »Abfolge einiger Generationen, deren gesamtes Leben sich in einem fast bewußten Streben nach geistlicher Armut«, nach »gesundem Menschenverstand« erschöpfte.[19] »Ich liebe dieses gutartige, leicht langweilige Paradies – Deutschland«, – bekannte nicht ohne einen Hauch Ironie Roman Gul' und bemerkte zu seinen Beobachtungen des Generalstreiks und der Arbeiterunruhen in Berlin: die aufgewühlte Menge gehe um die Rasen, Blumenbeete, Gärten herum und »die Flüsse treten nicht ohne Anweisung über die deutschen Ufer«.[20]

Die Gegenüberstellung des russischen geistigen, schöpferischen Chaos und der europäischen Bodenständigkeit, insbesondere der deutschen kleinbürgerlichen Ordnung – ist fast ein Allgemeinplatz in den Werken der Reisenden aus Rußland. Er findet sich nicht nur im Bewußtsein der Vertriebenen und Emigranten, sondern auch bei den »revolutionär« ein-

---

17 Boris Zajcev. »Italija«. Ders. *Sobranie sočinenij v 5 tomach*. Bd. 5. Moskva: Izvestija, 1993. S. 486.

18 Ebenda. S. 516.

19 Gajto Gazdanov. »Nočnye dorogi«. Ders. *Sobranie sočinenij v 3 tomach*. Bd. 1. Moskva: Soglasie, 1996. S. 637.

20 Roman Gul'. *Kon' ryžij*. N'ju-Jork: Izd. im. Čechova, 1952. S. 229, 209.

gestellten Gästen aus dem sowjetischen Rußland. So zürnte Larisa Rejsner, daß das deutsche Proletariat Fäulnis ausdünste, da es von der »Pest des Spiessertums« infiziert sei.[21]

Als entschiedene Ausnahme kann man lediglich Marina Cvetaeva ansehen, die zum Ausgangspunkt ihrer Betrachtungen nicht irgendwelche Alltagseindrücke machte, sondern die hohe deutsche Kunst. Rußland ist »schwer«, Frankreich allzu »leicht«, »Deutschland entspricht mir«, – behauptete Cvetaeva.[22] Ihr imponierte Deutschland, wie die »Schübe«, die die »Maßlosigkeit« ihrer eigenen Seele antrieben. Sie meinte, es sei gerade den Deutschen gelungen, »die Alltagsmonotonie bei den Hörnern zu packen«, indem sie sich ihr vollkommen unterworfen hätten: »Ни один немец не живет в этой жизни, но тело его исполнительно […] нет души свободней, мятежней, души высокомерней.« (»Kein einziger Deutscher lebt in diesem Leben, sein Körper ist nur ausführendes Organ […] es gibt keine freiere, rebellischere, hochmütigere Seele.«)[23]

Zugleich entgingen ihrem Blick weder die Reinlichkeit Berlins in der Nachkriegszeit, wo sogar die Bäume »keinen Schatten werfen«, eine Reinlichkeit, die ein Gefühl von »Müdigkeit« bei ihr hervorrief, noch das »verdächtig graue«, dabei – bei Bier mit Würstchen – *blühende* Witwentum deutscher Frauen.[24]

Als offensichtliche Reaktion auf die Schwierigkeiten der materiellen und geistigen Anpassung an den Alltag in Europa aktivierte sich im Bewußtsein der russischen Reisenden ein grundlegendes Element der »russischen Idee«, die, wie bekannt, dem all-einen göttlichen Geist den begrenzten menschlichen Verstand gegenüberstellte. In diese Kategorie gehört auch die »unbarmherzige Macht des Raumes über die russische Seele«, um mit den Worten Berdjaevs zu sprechen. Nach Meinung El'da Garettos wurde sie für die russischen Emigranten eher zur Erinnerung an Zeit und Raum, die verloren waren, und die von einem »entfremdeten« Raum sprechen ließ.[25]

---

[21] Larissa Reissner. »Briefe aus Berlin«. *Russen in Berlin. Literatur. Malerei. Theater. Film. 1918-1933*. Hg. Fritz Mierau. Leipzig: Reclam, 1987. S. 233.

[22] Marina Cvetaeva. »›O Germanii‹ (Vyderžki iz dnevnika 1919 goda)«. Dies. *Izbrannaja proza v 2 tomach*. Bd. 2. N'ju-Jork: Russica, 1979. S. 128.

[23] Ebenda. S.130.

[24] Marina Cvetaeva. »Plennyj duch«. Dies. *Sočinenija v 2 tomach*. Bd. 2. Moskva: Chudožestvennaja literatura, 1984. S. 268-269.

[25] Ėl'da Garetto. »Memuary i tema pamjati v literature russkogo zarubež'ja«. *Blokovskij sbornik XIII. Russkaja literatura XX veka: metropolija i diaspora*. Tartu: Tartu Ülikooli Kirjastus, 1996. S. 105.

Das Gefühl eines Lebens *außerhalb des Raumes*, das die russischen Reisenden oftmals empfanden, konnte durch das Gefühl einer Enge des Raumes, in dem sich das tägliche Leben abspielte, verstärkt werden. So erinnerte sich Michail Osorgin im Ausland an die russischen weiten Räume und schrieb über den Wald, der sein Landgut umgab:

> [...] уходившем в такую даль, что поместились бы на его пространстве в дружном и свободном сожитии, ни из-за чего не споря и не воюя, Франция и Германия.[26]
> [...] er erstreckte sich in eine solche Weite, daß in seinem Raum Frankreich und Deutschland in friedlichem und freundschaftlichem Zusammenleben Platz gefunden hätten, ohne Streit und ohne Krieg.

»Ich bin in der chaotischen Göttlichkeit der russischen Natur aufgewachsen«, erinnerte sich Roman Gul', und stellte seine Erinnerungen den ihn umgebenden »dekorativen« und akkuraten deutschen Landschaften gegenüber.[27]

Russen, die aus dem einen oder anderen Grund länger in Europa verweilten, spürten sogar eine gewisse mythische »Verschiebung« der natürlichen Zyklen. In diesem Zusammenhang mag man sich daran erinnern, daß gerade die regelmäßige Wiederkehr der Naturzyklen in vieler Hinsicht den Lebensstil in Oblomovka bestimmte und auch den Charakter Il'ja Oblomovs, des Helden, der zum Symbol eines typischen Russen wurde.[28]

Im Februar und März 1922 schrieb Boris Pil'njak aus Berlin:

> Зима, Россия, пьянство, – воробьи здесь чирикают, ручьи текут [...] Здесь уже деревья распустились, – и не могу я этого перенести в марте, обман, в Россию хочу!!!
> Winter, Rußland, Saufgelage, – die Spatzen tschirpen hier, die Flüsse fließen [...] Hier haben sogar schon die Bäume ausgetrieben, – ich kann das alles im März einfach nicht ertragen, was für ein Betrug, ich will heim nach Rußland!!![29]

Die europäische Landschaft gab einen weiteren Anlaß, um sich in der Fremde zu fühlen. Roman Gul' bemerkte in Frankreich:

---

[26] Michail Osorgin. »Zemlja« (wie Anm. 15). Bd. 2. S. 170.

[27] Roman Gul'. *Kon' ryžij* (wie Anm. 20). S. 188.

[28] Vermutlich wird deshalb die ›russische Zeit‹ häufig angesehen als ›zyklisch‹ und ›vom Adelsgeschlecht bestimmt‹. Vgl. Kathleen Parthe. *Russian Village Prose: The Radiant Past*. Princeton: University Press, 1992. S. 48ff.

[29] Boris Pil'njak. *Mne vypala gor'kaja slava... Pis'ma 1915-1937*. Moskva: Agraf, 2002. S. 144, 153.

> Это небо не наше. Это небо с полотен французских импрессионистов. Такого розовато-голубоватого, и с желтью, и с прозеленью, неба в России не бывало. [30]
> Dies ist nicht unser Himmel. Dies ist der Himmel von den Gemälden der französischen Impressionisten. Einen solchen rosa-bläulichen Himmel mit Einsprengseln von Gelb und mit Grün gab es niemals in Rußland.

Am engsten kamen mit der ›fremden‹ Natur die russischen Emigranten in Berührung, die um ihres Lebensunterhalts willen auf dem Lande, auf Landgütern und Bauernhöfen arbeiten mußten. Auch dabei veränderte sich die traditionelle russische Einstellung zur Erde, es wandelte sich sogar die Vorstellung von diesem Phänomen. Im Zusammenhang mit seinen Betrachtungen darüber, daß der europäische Begriff von Erde mit der Zivilisation verbunden ist, der russische aber mit der Natur, schrieb Fedor Stepun: »Французский и немецкий народы – это прежде всего люди, русский, дореволюционный, главным образом, крестьянский народ – это еще земля.« (»Das französische und deutsche Volk besteht in erster Linie aus Menschen, wohingegen das vorrevolutionäre russische Volk, in erster Linie ein Bauernvolk – noch Erde ist.«)[31]

In der Erzählung *Zemlja* (1929; *Erde*) gestand Michail Osorgin ein, daß er sein Leben lang eine russische, mystische Einstellung zur ›Erde‹ wie zu einer *Mutter* beibehalten habe: Mit ihr verbanden sich in seinem Bewußtsein alle ewigen Rätsel – Befruchtung, Blüte und Reife und Rückkehr zur Erde. Roman Gul', der in Deutschland für einen reichen Holzhändler abeiten und in Frankreich einen Bauernhof führen mußte, gewann gänzlich andere Eindrücke. Indem er wie ein Bauer auf der Scholle arbeitete, wurde er zum entschiedenen Gegner der Einstellung zur Erde, die Lev Tolstoj für sich in Anspruch nahm. *Lieben* kann der Bauer die Erde nur »wie die Kuh das Gras«, da er von ihr *lebt*, behauptete Gul'.[32]

Während seiner Arbeit für einen deutschen Holzhändler erfuhr Gul' noch einen weitere Verschiebung seiner Begriffe, diesmal in der sozialen Sphäre. »Der Alltag – der eines Proletariers, das Bewußtsein – das eines Aristokraten«, so beschrieb er seine eigene Weltwahrnehmung.[33] Gul' erlebte einen Alltag am eigenen Leib, in dem nach schwerer körperlicher Arbeit nur noch der Wunsch nach Essen und Trinken und in der Freizeit

---

30 Roman Gul'. *Kon' ryžij* (wie Anm. 20). S. 259.

31 Fedor A. Stepun. *Byvšee i nesbyvšeesja*. Bd. 1-2. Moskva/Sankt Peterburg: Izd. im. Čechova, 1995. S. 20.

32 Roman Gul'. *Kon' ryžij* (wie Anm. 20). S. 260.

33 Ebenda. S. 198.

nur der Wunsch nach stumpfer Zerstreuung bleibt, und er empfand, wie er sich dabei allmählich von einem Menschen in ein Ding verwandelte. Darüber schrieb auch Gajto Gazdanov, der in Paris fast sein ganzes Leben als Taxifahrer arbeiten mußte. Nach einer solchen Arbeit fehlte es oft an Kraft und Willen, nach einem ernsthaften Buch zu greifen oder über abstrakte Fragen nachzusinnen.

Die neue soziale Erfahrung, die im alten Rußland wohl kaum möglich gewesen wäre, und die die russischen Intellektuellen in Europa aufgrund ihrer erzwungenen ausgedehnten Reise gewannen, übte zweifellos Einfluß aus auf ihren Blick, einen Blick des ›Anderen‹. Dies war ein weiterer Schub an weltanschaulichen Veränderungen, die viele Emigranten bereits im bolschewistischen Rußland erfaßt hatten.

Fedor Stepun schrieb in *Mysli o Rossii* (*Gedanken über Rußland*):

> С невероятной быстротой исчезли все фиктивные перегородки жизни, и тысячи тысяч судеб сразу же вышли из предназначенных им рождением и воспитанием форм. Словно кто внезапно рванул все двери классовых, сословных и профессиональных убежищ, выгнав наши души в бескрайние просторы чего-то исконно и первично человеческого.[34]
> Mit unglaublicher Schnelligkeit verschwanden alle fiktiven Trennwände des Lebens, und abertausende Schicksale verließen die Formen, die Geburt und Erziehung ihnen bestimmt hatten. Als habe jemand alle Türen der Schutzräume eingerissen, die die Zugehörigkeit zu einer Klasse, einem Stand, einem Beruf errichtet hatte, und als habe jemand unsere Seelen hinausgetrieben in die unendlichen Weiten eines eigentümlichen und ursprünglichen menschlichen Zustandes.

In Europa erreichte der ›Bruch‹ der russischen Identität die Schmerzgrenze, der Zerfall der gewohnten Lebensgrundlagen wurde von vielen Exmigranten beinahe physisch erfahren:

> Я здесь не равен себе, я здесь минус что-то, оставленное в России, притом болящее и зудящее, как отрезанная нога, которую чувствую нестерпимо отчетливо, а возместить не могу ничем.[35]
> Ich bin hier nicht mir selbst gleich, von mir wurde hier etwas abgezogen, das in Rußland zurückgeblieben ist, und das zudem

---

[34] Fedor Stepun. »Mysli o Rossii« (wie Anm. 8). S. 282.

[35] Vladislav Chodasevič. »Pis'ma«. Ders. *Sobranie sočinenij v 4 tomach*. Bd. 4. Moskva: Soglasie, 1997. S. 454.

> schmerzt und zieht, wie ein amputiertes Bein, das ich unerträglich deutlich spüre, aber durch nichts ersetzen kann.

So schrieb in Berlin Vladislav Chodasevič an Michail Geršenzon im Jahr 1922.

In Europa erlebten die Emigranten, wie sich ihre gewohnten Denkkategorien veränderten und verschoben, und dies trug zu einer deutlicheren Wahrnehmung ihrer Identität bei: Da ihre persönliche Autonomie bedroht war, wurde es umso unverzichtbarer, das eigene »Ich« zu verteidigen und zu behaupten.

Das Prinzip persönlicher Autonomie nahm bei den russischen Emigranten der zwanziger Jahre oft einen geradezu mythologischen Charakter an. Unmittelbar betraf dies Aleksej Remizov, der seinen Monomythos (»die Legende von sich selbst«) konsequent konstruierte, indem er mit sich selbst als Subjekt und Objekt identisch wurde.[36] In Europa reicherte sich dieser Monomythos mit deutschen und französischen Elementen an. Bei seinen Versuchen, den ›Geist‹ Frankreichs und Deutschlands zu erfassen, nutzte Remizov die Begriffe ›esprit‹ und ›Gespenst‹, so als füge er sich damit selbst in eine paradoxale Assoziationsreihe ein.[37] Gewiß steht der Fall Remizov ganz und gar für sich, doch manifestiert sich auch hier auf besondere Art die Komplexität der eigenartigen russischen Selbstidentifikation in Europa.

Nicht weniger bemerkenswert nimmt sich in diesem Zusammenhang die Gestalt Andrej Belyjs aus, der in Berlin eine schwere persönliche Krise durchlitt, die zugleich eine Krise seiner gesamten Persönlichkeit war. Diese Krise hing in beträchtlichem Maße mit den »Phänomenen eines paralysierten, verengten und auf die Stufe der animalischen Natur herabgesunkenen Bewußtseins zusammen«, das ihn von allen Seiten bedrängte.[38] In Deutschland vermochte er nicht mehr die Kennzeichen der Hochkultur zu erkennen, in der er erzogen worden war, sondern nur noch die Leistungen von Naturwissenschaften und Technik. Dennoch eignete sich Belyj das nach seinen eigenen Worte »neurasthenische«[39] Berliner Verhaltensmodell an und gab sich öffentlich in Restaurants »wilden Tänzen« hin, die nach Meinung Vladislav Chodasevičs den Dichter als Persönlichkeit

---

[36] Vgl. Nikolaj Blišč. *Avtobiografičeskaja proza A. M. Remizova (Problema mifotvorčestva)*. Minsk: Evropejskij gum. universitet, 2002.

[37] Aleksej Remizov. *Po karnizam* (wie Anm. 7). S. 19.

[38] Andrej Belyj. *Odna iz obitelej carstva tenej*. Leningrad: Gos. Izdatel'stvo, 1924. S. 5-6.

[39] Ebenda. S. 73.

erniedrigten: »То было […] символическое попрание лучшего в самом себе, дьявольская гримаса себе самому« (»Das war […] eine symbolische Verhöhnung der besten Eigenschaften, eine teuflische Grimasse, gegen sich selbst gerichtet«).[40]

An dieser Stelle drängt sich ein Hinweis auf Michail Bachtin auf, der gerade im Tanz den Ausdruck einer »passiven Aktivität« sah, den Versuch, »mit der Andersartigkeit zu kommunizieren«:

> В пляске сливается моя внешность, только другим видимая и для других существующая, с моей внутренней самоощущающейся органической активностью; в пляске я наиболее оплотневаю в бытии, приобщаюсь к бытию других […].[41]
> Im Tanz verschmilzt mein Äußeres, das nur den Anderen sichtbar ist und nur für die Anderen existiert, mit meiner inneren selbstbewußten organischen Aktivität, im Tanz nehme ich am meisten eine körperliche Seinsweise an, und kommuniziere mit dem Sein der Anderen […].

Und in der Tat führte die Krise Belyj zur Geburt einer neuen Persönlichkeit:

> То, что выплыло в кризисе, стало впервые *действительным, действенным* Я. – Субъект стал: Я – собственно, Имя Рек, Индивидуум. В Индивидууме человек – Чело Века.[42]
> Das, was in der Krisis nach außen drang, wurde *erstmals wirkliches, wirkendes* Ich. – Das Subjekt wurde: Ich im eigentlichen Sinne, der Namensgeber, das Individuum. Im Individuum ist der Mensch – Kainszeichen des Zeitalters.

Die neue, wirkliche und wirkende Persönlichkeit Belyjs war mit dem Zeitalter, mit der historischen Bedeutung der Epoche ›verwickelt‹. Mit der Bewußtwerdung einer solchen Persönlichkeit begann zugleich die Bewegung hin zur Rückkehr nach Rußland, eine Rückkehr, die beinahe einem bewußten Opfergang glich. »Belyj fährt nach Rußland um sich für die gesamte russische Literatur kreuzigen zu lassen«, schrieb Nina Berberova.[43] Doch die Entscheidung Belyjs zur Abreise reifte ausgerechnet in Berlin, wo er sich, ungeachtet aller Versuche mit dem ›Anderen‹ zu kom-

---

[40] Vladislav Chodasevič. »Andrej Belyj«. Ders. *Nekropol'*. Paris: Ymca-Press, 1976. S. 89.
[41] Michail Bachtin. »K filosofii postupka« (wie Anm. 1). S. 197.
[42] Andrej Belyj. »O ›Rossii‹ v Rossii i o ›Rossii‹ v Berline«. *Beseda* 1 (1923): S. 227.
[43] Nina Berberova. *Kursiv moj* (wie Anm. 14). S. 198.

munizieren, unverstanden, fremd und überflüssig vorkam, denn die Stimmung des Publikums rief »gewissermaßen Gedanken an den Kurfürstendamm wach«: »От хлеба я сыт и от пива я пьян, но… голоден, голоден: дайте мне хлеба духовного!« (»Ich bin satt von Brot und vom Bier trunken, dennoch bin ich hungrig, hungrig, gebt mir das Brot des Geistes!«)[44]

Dieses Thema der Opposition von Geist und Fleisch, von Geistigkeit und Körperlichkeit taucht auch in unerwartetem Zusammenhang im Selbstverständnis Aleksej Tolstojs zu Beginn der 1920er Jahre auf:

> Истинное мое тело физически существует в прошлом и будущем. Сквозь это дивное тело течет, как огонек, мой Дух, и каждое мгновение освещает лишь разрез моего тела.[45]
> Mein wahrer Körper existiert physisch in der Vergangenheit und in der Zukunft. Durch diesen wundersamen Körper fließt wie ein Feuer mein Geist, und er erhellt in jedem Augenblick nur einen Ausschnitt meines Körpers.

Im weiteren Verlauf entfremdet sich der Geist gewissermaßen vom Körper, der wie ein großer Wurm erscheint: »in den ersten Tagen des Terrors kroch der Wurm aus Moskau heraus«; »der Wurm kroch weiterhin auf der Karte Europas herum«; »der Körper schleppte sich nach Berlin«.[46]

Jedoch wurde das ein wenig verächtliche Verhältnis zum eigenen Körper im Bild des »Wurms«, der unabhängig vom Geist auf der Suche nach einem warmen Plätzchen herumkriecht, bald von einer vorbehaltlosen Präferenz nicht für Freiheit und ›Heiligkeit‹, sondern für die Unfreiheit und Materie, für den Bolschewismus abgelöst.

Den diametralen Gegensatz dazu verkörperte der lyrische Held und Doppelgänger Boris Zajcevs aus Belyjs Erzählung *Golubaja zvezda* (1918; *Der blaue Stern*), die in Berlin 1923 wiederaufgelegt wurde. »Воля к богатству есть воля к тяжести. Истинно свободен лишь *беззаботный* […]« (»Wer reich sein will, muß die Erdenschwere in Kauf nehmen. Nur der *Sorglose* ist wirklich frei […]«).[47] Indem er das Christentum zum

---

44 Andrej Belyj. »O ›Rossii‹ v Rossii i o ›Rossii‹ v Berline« (wie Anm. 42). S. 233.

45 Aleksej N. Tolstoj. »Pisatel' o sebe«. *Novaja russkaja kniga* 4 (1922): S. 42-43.

46 Ebenda.

47 Boris Zajcev. »Golubaja zvezda«. Ders. *Zemnaja pečal': Iz šesti knig*. Leningrad: Lenizdat, 1990. S. 330.

obersten Wert erklärt, tut er zugleich seine Zugehörigkeit »zur Partei der besitzlosen Aristokraten« kund.[48]

Die Mythologie, die nicht nur Raum und Zeit trennte, sondern sogar von deren Verschwinden sprach, schloß auch das Phänomen eines Ich ein, das sich vom Körper löste und schließlich gänzlich auflöste. Das Thema der »gestohlenen« Persönlichkeit erschien bei Ivan Šmelev bereits im Titel seines *Rasskaz byvšego čeloveka* (1924; *Erzählung eines ehemaligen Menschen*; 1924). Sein autobiographischer Held schreit am Ufer des Ozeans und hört seine eigene Stimme nicht, sondern sieht nur, wie über ihm die Wolken ziehen und »im Wind die Leere gesät wird«: »Вы спрашиваете, что у меня украли… *Всё* украли. *Меня самого украли*« (»Sie fragen, was man mir gestohlen hat … *Alles* hat man gestohlen. *Mich selbst hat man gestohlen*«).[49]

An dieser Stelle wiederholt Šmelev Aleksej Remizov in gewisser Weise mit der Klage des Narren in Christo: In Paris haben »die Kinder das Geld weggenommen«, ergänzt durch die wichtige Erklärung »das Nicht-Eintauschbare nimmt man fort« – alles nimmt man fort.[50]

Während des langen Aufenthalts außerhalb Rußlands behauptete sich entweder die Idee einer »nicht eintauschbaren« (intakten) Person und gewann an Stärke oder sie wurde entwertet und schien sich gänzlich aufzulösen. Im ersten Fall blieb der russische Blick des ›Anderen‹ nicht nur erhalten, sondern er wurde mit neuen, *anderen* Aspekten bereichert. Im zweiten kam der russische Blick beinahe zum Verschwinden, das hieß Assimilation. Und dann, um mit den Worten Aleksandr Ėtkinds zu sprechen, war es gerade die Assimilation, die im Menschen den Reisenden ›zugrunde richtete‹, indem sie »das kulturelle Modell, der Realität des ›Anderen‹ entsprechend, austauschte«.[51]

(Übersetzung: Wolfgang S. Kissel)

---

48 Ebenda.

49 Ivan Šmelev. »Na pen'kach (Rasskaz byvšego čeloveka)«. Ders. *V-ezd v Pariž*. Belgrad: Russkaja tipografija, 1929. S. 104, 90.

50 Aleksej Remizov. *Po karnizam* (wie Anm. 7). S. 79-80.

51 Aleksandr Ėtkind. *Tolkovanie putešestvij. Rossija i Amerika v travelogach i intertekstach*. Moskva: Novoe Literaturnoe Obozrenie, 2001. S. 13.

Gun-Britt Kohler (Oldenburg)

Ubiquität und Tiefe: Jurij Terapianos »Reise in ein unbekanntes Land« als Reisetext der Emigration

Il était donc une terre où l'utopie était en passe de devenir réalité.
Jacques Derrida. *Moscou aller-retour*

Странствование только метод, а задача – разыскать ›весы‹.
Lev Šestov. *Na vesach Iova. Stranstvovanie po dušam*

I. Emigration als Schwundstufe der Reise: Flüchtigkeit und Immobilität, Exodus (›ischod‹) und Umherstreifen (›stranstvovanie‹)

Der landläufige Begriff des Reisens impliziert die Rückkehr und veranschlagt damit stillschweigend den Ausgangspunkt als das letzte und eigentliche Ziel der Reise.[1] Unter dieser Prämisse gerät unmittelbar das Spezifikum in den Blick, das sich aus der Zusammenführung der Konzepte von Reise und Emigration (als Flucht) ergibt: Die Rückkehr ist unmöglich, die zweite Hälfte der Reise bleibt unrealisiert, die Reise bleibt sozusagen in der Schwebe, ›en suspens‹.[2] Die Emigration stellt, so betrachtet, die ›Schwundstufe‹ der Reise dar: Man bricht auf, aber nicht um Neues zu sehen; man kommt an, doch man kehrt nicht mehr zurück. Der Ort, jene Größe, die bis dato die Matrix der Beurteilung des ›Fremden‹ oder ›Neuen‹ bereitgestellt hat, entfällt.

---

[1] Die alltagssprachlich implizierte Bedeutung einer Hin- und Rückbewegung ist indessen weder im Deutschen noch im Russischen ursprünglich enthalten. Während das Etymon des deutschen Verbums ›reisen‹ auf das ›sich erheben‹ (Aufbruch, Aufstieg, Aufgehen; vgl. Orient) verweist, beschreibt das russische Verbum ›путешествовать‹ das (feierliche) Durchschreiten eines Weges.

[2] Anders Derridas Wortspiel über das ›revenir de‹, im Französischen im Sinne von ›zurechtkommen mit‹, das das Zurückkehren gleichsam verdoppelt: Der physischen Rückkehr von der Reise in das fremde Land (der UdSSR) hat die geistige Rückkehr, die Verarbeitung des Fremden im Sinne einer Integration in den eigenen Horizont, zu folgen; vgl. Jacques Derrida. *Moscou aller – retour*. Paris: l'Aube, 1995. S. 44.

Dieselbe Generation der Repräsentanten des russischen Fin de siècle, für deren Selbstverständnis nur zwei Jahrzehnte zuvor eine ausgeprägte Mobilität nach Ost wie West konstitutiv gewesen war[3], verweigert sich in der Emigration der zwanziger und dreißiger Jahre beharrlich der Idee einer dauerhaften Emigration und hält eigensinnig an der Perspektive einer Rückkehr nach Rußland fest. Diese unter den russischen Emigranten verbreitete Haltung des Verharrens im provisorischen Zustand einer unvollendeten Reise bringt der Literaturkritiker und Chronist Jurij Terapiano in seinem 1953 erschienenen Erinnerungsband *Vstreči* (*Begegnungen*) mit einem adventistischen ›Heraustreten aus Zeit und Raum‹ in Zusammenhang und kommentiert:

> В довоенные годы мы жили как бы вне времени и пространства. Настоящее – пребывание заграницей казалось временным, недолгим (каждый год последний год), а там, все ближе и ближе, – встреча с Россией. Встреча должна была наступить. В какой форме – никто не мог себе представить, но каждый знал: »время наступит…«. Спящая царевна проснется и как в сказке жизнь остановленная колдовством на каком-то моменте снова закипит […] Так мы ждали. Но неужели же, как в сказке, возможно выпасть из времен?[4]
> In den Jahren vor dem Krieg lebten wir wie außerhalb von Zeit und Raum. Die Wirklichkeit – der Aufenthalt im Ausland – schien zeitlich begrenzt und nicht von Dauer (jedes Jahr war das letzte Jahr), und dort, näher und näher, war die Begegnung mit Rußland. Die Begegnung mußte stattfinden. In welcher Form – das konnte sich niemand vorstellen, aber jeder wußte: »die Zeit wird kommen…« Die schlafende Prinzessin wird aufwachen und wie im Märchen wird das durch Zauberei angehaltene Leben wieder aufbrodeln […]. So warteten wir. Aber ist es denn möglich wie im Märchen aus der Zeit herauszufallen?

Die Beschreibung und persönliche Aufarbeitung des Traumas dieser ›Schwundstufe der Reise‹ findet sich in zahlreichen Erinnerungen der Emigranten. Sie stellen das Verlassen des russischen Kontextes als ein dramatisches Ereignis in den Vordergrund, dessen besondere Tragik rückblickend im Irrtum über die perpetuierte Abwesenheit von Rußland

---

3 Vgl. Wolfgang Stephan Kissel. »Die Metropolenreise als Hadesfahrt«. *Berlin, Paris, Moskau. Reiseliteratur und die Metropolen*. Hg. Walter Fähnders/Nils Plath/Hendrik Weber/Inka Zahn. Bielefeld: Aisthesis, 2005. S. 227-251. Hier S. 228.

4 Jurij Terapiano. *Vstreči*. New York: Izdatel'stvo imeni Čechova, 1953. S. 148. Alle Übersetzungen – *G.K.*

gesehen wird. So stellt beispielsweise der Satiriker Don Aminado das traumatische Ereignis der Abreise als Antritt einer (ungewollten) Reise ohne Wiederkehr als Titel über seine Memoiren *Poezd na tret'em puti* (1954; *Zug von Gleis 3*).

Die russischen Emigranten reagieren auf das Wegfallen der Matrix Rußland als reeller Bezugsgröße mehrheitlich mit einer Umwertung der vollzogenen Fluchtbewegung zum religiös konnotierten ›Exodus‹. Diese Stilisierung zum ›ischod‹[5] signalisiert den Anspruch, Träger (Roman Gul, *Ja unes Rossiju*, 1981-1989; *Ich trug Rußland mit mir fort*) eben jener Matrix des ›authentischen‹, ›wahren‹ alten Rußland zu sein, welches in der Emigration überwintert, bis es in seinen angestammten geographischen Bereich zurücktransferiert und dort restituiert werden kann: ›Wir sind nicht Verbannte‹, lautet die Auserwähltheit behauptende, von Dmitrij Merežkovskij ausgegebene und von zahlreichen Emigranten aufgegriffene Losung, ›sondern Gesandte‹.[6]

Ein anderer Modus der umwertenden Reaktion auf den Verlust des Bezugsraumes ist die Wiederbelebung des aus der orthodoxen Hagiographie stammenden Motivs des ›stranstvie‹, des Umherwanderns[7], welches Lev Šestov als geistige Methode philosophischer und wissenschaftlicher Erkenntnis mit dem Begriff ›stranstvovanie‹ neu zur Diskussion stellt. In einem Brief kommentiert der Philosoph den Titel seines 1929 erschienenen, ersten im Kontext der Emigration entstandenen Werkes *Na vesach Iova. Stranstvovanie po dušam* (*Auf Hiobs Waage. Wanderung durch die Seelen*) mit folgenden Worten: »Странствование только метод, а задача – разыскать ›весы‹.«[8] (»Das Umherwandern ist nur die Methode, das Ziel ist es, die ›Waage‹ ausfindig zu machen.«). Die eremitische Lebensform der ξενιτεία (also das Wandern ohne geographisches Ziel und ohne vorgezeichneten Weg in einem Zustand der Heimatlosigkeit), die Šestov als Methode auf sein Philosophieren überträgt und für seine Hegel- und

---

5 Vgl. den bereits in der Emigration erschienenen eurasischen Sammelband *Ischod k Vostoku (Auszug gen Osten)*. Sofija 1921.

6 Die Gesandtschaftsformel verwenden Zinaida Gippius, Nina Berberova, Ivan Bunin, Jurij Terapiano u.a.

7 Marcello Garzaniti. »Die spirituelle Dimension der Reise in der Kiever Rus'«. *Die Welt der Slaven* XLIII (1998): S. 229-238. Hier S. 234.

8 Lev Šestov in einem Brief an Boris de Schloezer, zitiert nach Gun-Britt Kohler. *Boris de Schloezer. Wege aus der russischen Emigration*. Köln: Böhlau, 2003. S. 193.

Kant-Kritik fruchtbar macht, behält er Zeit seines Lebens bei.[9] Šestovs ›stranstvovanie‹, sein unermüdliches, fast anarchistisches geistiges Umherstreifen, läßt sich als philosophisch-methodische Antwort auf den Verlust der Matrix lesen, die der ungewollte Verbleib in der Emigration bedeuten mag.[10]

Als ein dritter Modus der Reaktion auf diesen Verlust ist schließlich die Tendenz zu beobachten, nach alternativen Möglichkeiten der Bezugnahme, d.h. nach einer neuen ›geistigen Matrix‹ zu suchen, die den Bezug auf den russischen Kontext zu ersetzen vermag. Die Referenz auf den Kontext des Gastlandes ist dabei nur eine Möglichkeit unter mehreren, eine andere ist das geistige (oder faktische) Aufsuchen mythischer Bezugsräume. In diesem Kontext ist Dovid Knuts Palästina-Reise ebenso anzusiedeln wie der Entwurf von Utopien, die die Grenzen der sozialen und politischen, ja teilweise philosophischen Realität überschreiten.[11]

Das Aufsuchen oder Generieren solcher mythischen Bezugsräume wie auch die Flucht in die Erinnerung an ein stilisiertes Rußland, dessen Nicht-mehr-Existieren häufig geleugnet bzw. verdrängt wird, belebt in gewisser Weise die alte Tradition der Pilgerfahrt wieder, die ihr ideologisch umgekehrtes Pendant in den Reisen westeuropäischer Intellektueller wie Walter Benjamin, André Malraux oder André Gide in das kommunistische Rußland findet.[12]

Den Stilisierungen von ›Verlust‹ und ›ischod‹, dem geistigen ›stranstvovanie‹ und dem Entwurf von Utopien sowie mythischen Bezugsräumen ist gemeinsam, daß sie nicht allein auf die Flüchtigkeit der reellen Referenzgröße Rußland in der Folge der Emigration reagieren, sondern darüber hinaus auf die physische Immobilität, zu welcher der Status von

---

9 Šestov setzt damit gewissermaßen die (natur-)wissenschaftskritische Linie russischen Philosophierens fort und gibt nicht zuletzt dem französischen Existentialismus wesentliche Impulse.

10 Die Immobilität und erzwungene persönliche Inaktivität bleibt in der Selbstwahrnehmung des Emigranten prägend: »Я не могу не думать. Может и по тому, что ничего не могу делать« (»Ich kann nicht nicht denken. Vielleicht, weil ich nichts tun kann«), schreibt der Philosoph in einem Brief Ende der Dreißiger Jahre, kurz vor seinem Tod (Šestov-Archiv Paris, unveröffentlicht).

11 Eine sehr komplexe Mischform bildet in dieser Hinsicht das sich auf eine asiatische Identität Rußlands besinnende Eurasiertum; eine andere Spielart ist die auf vorrevolutionäre mystizistische Strömungen sowie auf die Philosophie Fedorovs abhebende, als Reisebericht entworfene antiutopistische Skizze Boris de Schloezers *Rapport secret* (1963).

12 Vgl. Derrida. *Moscou aller – retour* (wie Anm. 2). S. 40.

›Apatriden‹ die russischen Emigranten paradoxerweise verurteilt. Der russische Journalist und Schriftsteller Boris Nosik schreibt unter Bezug auf Vasilij Janovskijs Erinnerungen *Polja Elizejskie* (*Champs Elysées*):

> Василий Яновский называет в воспоминаниях двух поэтов-парнасцев, у которых была некая неожиданная черта, отличавшая их от всех прочих художников слова. […] Так вот эта черта была – паспорт. […] Яновский называет их »наши туристы« – это значит, что счастливые обладатели паспортом могли более или менее свободно перемещаться по Европе […] Для остальных эмигрантов, обладателей безнациональных, апатридских, так называемых нансеновских паспортов, подобное передвижение было затруднительным.[13]
> Vasilij Janovskij nennt in seinen Erinnerungen zwei Dichter des russischen Parnaß, die über eine ungewöhnliche Spezifik verfügten, welche sie von allen anderen Wortkünstlern unterschied. […] Diese Spezifik war ein Reisepaß. […] Janovskij nennt sie »unsere Touristen« – was heißt, daß die glücklichen Besitzer eines Passes sich mehr oder weniger frei in Europa bewegen konnten. […] Für die übrigen Emigranten, die nationslose, apatride, sogenannte Nansenpässe besaßen, war eine solche Mobilität deutlich schwieriger.

Das Motiv des die Reise verhindernden oder erschwerenden und daher Angst erzeugenden ›Behördenwegs‹ ist sowohl im fiktionalen Werk beispielsweise Boris Poplavskijs (*Appolon Bezobrazov*) und Nabokovs (*Mašen'ka*, *Pnin*) als auch in den zahlreichen Memoiren und Briefen rekurrent. Reisetexte sind im Kontext der Emigration also in erster Linie Erinnerungen, Beschreibungen geistiger, fiktiver, oder eventuell lange zurückliegender Reisen im obigen Sinne oder Beschreibungen verhinderter oder erschwerter Reisen – und nur in sehr geringem Maße Beschreibungen, die auf der faktualen Vorlage einer tatsächlich durchgeführten Reise beruhen.[14]

---

[13] Boris Nosik. *Privet ėmigranta, svobodnyj Pariž*. Moskau: Interpraks, 1992. S. 90.

[14] So z.B. Dovid Knuts Beschreibung seiner Reise nach Palästina *Al'bom putešestvennika* (1938; *Album eines Reisenden*), die in den Kontext der Suche nach einem neuen geistigen Kontext zu stellen ist; oder Zinaida Šachovskajas Bericht über ihre Reise in die UdSSR während der fünfziger Jahre, *Ma Russie habillée en URSS* (1958), die besonders in Frankreich als Gegenposition zum positiven Bild Sowjetrußlands und zu den entsprechenden Reiseberichten gewertet werden muß.

II. Schlaflosigkeit, Grenzerfahrung und ›Heraustreten‹: Jurij Terapianos lyrische Entwicklung zur Ubiquität des Vergangenen

Texte, die mit dem ›stranstvovanie‹ im Sinne geistigen Umherstreifens im Zustand der ›Heimatlosigkeit‹ operieren, wie auch solche, die das Aufsuchen mythischer Orte oder den Entwurf von Utopien beschreiben, lassen sich im weiteren Sinne an jene Texte anschließen, die in den ersten beiden Dekaden des 20. Jahrhunderts die Krise der westlichen Kultur konstatierten, debattierten und die Grenzen philosophischer Erkenntnis und kultureller Produktion hinterfragten. Der prominenteste russische unter diesen Texten ist Vjačeslav Ivanovs und Michail Geršenzons 1921 erschienene *Perepiska iz dvuch uglov (Briefwechsel aus zwei Zimmerwinkeln)*, an welche Lev Šestovs eingangs erwähntes Werk *Auf Hiobs Waage* geistig anknüpft.

In diesem Kontext von physischer Immobilität, aber auch von Kulturkritik und geistiger Suche als positiver Umwertung der ›Flüchtigkeit‹ ist das lyrische Werk sowie die 1946 in Paris erschienene Reisebeschreibung *Putešestvie v neizvestnyj kraj* (*Reise in ein unbekanntes Land*) des bereits erwähnten russischen Dichters und Literaturkritikers Jurij Konstantinovič Terapiano anzusiedeln.

Der 1892 in Kerč in der heutigen Ukraine geborene Jurij Terapiano absolvierte nach dem Besuch des Gymnasiums ein Jurastudium in Kiev und knüpfte innerhalb des dortigen Künstlerzirkels *ChLAM* (Abbreviatur aus chudožniki, literatory, artisty, muzykanty) seine ersten literarischen Kontakte. Er stand in Verbindung zu Osip Mandel'štam, den er 1919 dort kennenlernte und zu Maksimilian Vološin, dem er 1920 in Feodossija erstmals begegnete, sowie zu dem heute weniger bekannten, im Umfeld des *ChLAM* seinerzeit aber einflußreichen Kiever Dichters Vladimir Makkavejskij. Ab 1918 publizierte er in verschiedenen Kiever Zeitschriften eigene Lyrik. Im Einklang mit der Geistigkeit des Beginns des 20. Jahrhunderts hegte er bereits früh ein sein Werk prägendes reges Interesse für die östliche Spiritualität, Religiosität und Mystik. Den Krieg bzw. Bürgerkrieg erlebte er als Freiwilliger an der Südwestfront, bis er nach der Niederlage nach Konstantinopel flüchtete, von wo aus er zwei Jahre später für immer nach Frankreich ausreiste.

In Paris wurde der dreißigjährige Terapiano als Dichter zunächst von Vladislav Chodasevič gefördert[15] und stand außerdem ab 1926 in enger

---

[15] Der mit Terapiano eng befreundeten Dichterin und Kritikerin Irina Odoevceva zufolge wandte Chodasevič sich von Terapiano ab, nachdem dieser den Lyri-

Verbindung zum Kreis um Merežkovskij und Gippius. Ab 1925 spielte er innerhalb des u.a. gemeinsam mit Dovid Knut und Anatolij Ladinskij begründeten Schriftsteller- und Lyrikerverbandes *Sojuz molodych pisatelej i poėtov* (*Bund junger Schriftsteller und Dichter*), dessen erster Vorsitzender er war, und später insbesondere als Literaturkritiker eine bedeutende Rolle in der Organisation des literarischen Lebens vor allem der jüngeren Dichtergeneration. Nach Georgij Adamovičs Tod löste er diesen in der Rolle des bedeutendsten Literaturkritikers der Emigration ab und erfüllte zunehmend die Funktion eines Chronisten des literarischen und kulturellen Lebens der russischen Emigration in Frankreich.[16]

Als Kritiker hoch geschätzt, wurde Terapiano als Literat lediglich marginale Anerkennung zuteil. Seine sechs zwischen 1926 und 1965 erschienenen Gedichtbände sowie sein Roman (povest') *Reise in ein unbekanntes Land* (1946) riefen – wenn überhaupt – freundliche, keineswegs aber enthusiastische Kritik hervor.[17] Als allgemeine Charakteristika seines Werkes gelten eine tief religiöse Grundhaltung sowie eine am Akmeismus geschulte Ästhetik. Kennzeichnend ist außerdem die spirituelle Prägung, v.a. durch den Mazdaismus, der auch Gegenstand einer nichtfiktionalen Prosapublikation ist.[18]

Die spärlichen Sekundärtexte über den 1980 in hohem Alter in der Nähe von Paris verstorbenen Terapiano würdigen ihn als einen Menschen

ker Georgij Ivanov zum ›ersten Dichter der Emigration‹ ausgerufen hatte. Der Bruch blieb auch bestehen, nachdem Chodasevič und Ivanov in einem kollegialen Verhältnis zueinander gefunden hatten.

16 Terapiano sind verschiedene Anthologien und Erinnerungen zu verdanken, etwa *Vstreči* (1953), *Muza Diaspory* (1960), *Literaturnaja žizn' russkogo Pariža za polveka* (1987).

17 Georgij Adamovič urteilte: »Я уверен, что из Терапиано может выработаться интересный и даже замечательный писатель. Но я далеко не уверен, что стихи – область, ему найболее свойственная.« (»Ich bin überzeugt, daß aus Terapiano ein interessanter und gar bemerkenswerter Schriftsteller werden kann. Ich bin aber keineswegs überzeugt, daß die Lyrik der ihm eigenste Bereich ist«). Zitiert nach Georgij Adamovič. *Literaturnye zametki* I. Sankt Petersburg: Aleteja, 2002. S. 483. Irina Odoevceva bemerkt, er sei von der mangelnden Anerkennung seiner Dichtung zunehmend enttäuscht gewesen; vgl. Irina Odoevceva. »Na beregach Seny. Svetloj pamjati Jurij Terapiano ». *Russkaja Mysl'* (29.01.1981): S. 9.

18 Georges Terapiano, *La Perse secrète. Aux sources du Mazdéisme*. Paris: le courrier du livre, 1978.

von hoher kultureller Bildung, als ›Dichter der Mitte‹ und als scharfsichtigen, niemals jedoch scharfzüngigen Kritiker.[19]

Schenkt man Jurij Ivask Glauben, so dürfte Terapiano das Leben in der Emigration nicht leicht gefallen sein, obgleich er sich im kulturellen Alltag des ›russischen Paris‹ rasch und dauerhaft etablierte. Der Kritiker schreibt in seinem Nachruf auf den älteren Kollegen:

> Ему иногда трудно жилось в Париже, где он провел лет около шестидесяти […] Он во Франции не акклиматизировался, но и не так уж страдал от ностальгии.[20]
> Ihm fiel das Leben in Paris, wo er um die sechzig Jahre verlebte, manchmal schwer. Er akklimatisierte sich nicht in Frankreich, litt aber auch nicht allzu sehr unter Heimweh.

Eine gewisse unaufdringliche Nostalgie ist indessen den Dichtungen Terapianos kaum abzusprechen und scheint gar einen ihrer Wesenszüge darzustellen. Die Idee Rußlands, der Krim etc., bleibt lebendig und findet, so konstatiert Georgij Adamovič, mehr als Raum und Zeit aufhebende Vision denn als Erinnerung Niederschlag.[21] Die Traumvision des Vergangenen wird in der späten Dichtung als eine Kategorie des Gegenwärtigen realisiert; die Überwindung von Zeit und Raum äußert sich als Ubiquität, als ununterbrochene Bewegtheit, welche die Grenzen zwischen Jetzt und Einst, zwischen Hier und Dort, aufhebt.

Motive der Bewegung, des Unterwegsseins, Wanderns und Irrens klingen in immerhin vier der sechs Lyriksammlungen – *Bessonnica* (1935; *Schlaflosigkeit*), *Na vetru* (1938; *Im Wind*), *Stranstvie zemnoe* (1951; *Irdische Wanderschaft*) und *Parusa* (1965; *Segel*) – bereits im Titel an und weisen auf die existentielle Dimension der Heimatlosigkeit (oder des Heimatverzichts) in Terapianos Dichtung programmatisch hin. Die Entwicklung hin zur durch Adamovič konstatierten ubiquitär-visionären Präsenz der Vergangenheit wird dabei durch drei einander ablösende bzw. sich

---

[19] »Позиция Юрия Терапиано в эмигрантской поэзии была *средней*: Не любил он крайностей […]. Он предпочитал *золотую середину* […]«. Jurij Ivask. »Jurij Terapiano«. *Novyj Žurnal* 144 (1981): S. 142-144. Hier S. 143.

[20] Ivask. »Jurij Terapiano« (wie Anm. 19). S. 142.

[21] »Мечта о Крыме, о Черном море, – говорит Адамович – не тоскливый бред, а видение, которое можно было бы расширить до бесконечности – границ нет, бытие беспредельно…«. (»Der Traum von der Krim, vom Schwarzen Meer, sagt Adamovič, ist keine sentimentale Phantasiererei, sondern eine Vision, die man bis in die Unendlichkeit fortsetzen könnte. Es gibt keine Grenzen, das Dasein ist grenzenlos …«). Zitiert nach Irina Odoevceva. [o.T.]. *Novyj Žurnal* 82 (1966): S. 292-294. Hier S. 294.

verändernde Motive nachvollziehbar: Schlaflosigkeit, Grenzerfahrung und ›Heraustreten‹.

Bereits in den frühen Gedichten tritt die ›Schlaflosigkeit‹ leitmotivisch hervor, die – ausgehend von der negativen Erfahrung der Verwundung im Krieg (Schlaflosigkeit impliziert Angst, Schmerz, Erschöpfung und Tod) – später in der persönlichen Läuterung eine positive Umwertung erfahren wird:

> Раненый, в Ростове, в час бессонный,
> На больничной койке, в смертный час,
> тихий, лучший, светлый, примиренный,
> до рассвета, не смыкая глаз,
> Я лежал. Звезда в окне светила.[22]
> Verletzt in Rostov, in schlafloser Stunde,
> auf der Krankenpritsche, in der Todesstunde,
> still, besser, hell, versöhnt,
> bis zum Morgengrauen die Augen nicht schließend,
> lag ich. Im Fenster Sternenlichter.

Schlaflosigkeit, das wache Ausharren im Leid, ist der erste Schritt zu geistiger Bewegung, zu Selbstvertiefung und Gebet und eröffnet den Weg zur Terapianos Denken kennzeichnenden Suche nach Gott und nach weltumfassender Nächstenliebe.[23]

Die Grenzerfahrung wird in Terapianos Gedichten der späten dreißiger Jahre relevant und beispielsweise im Gedichtzyklus *Stichi o granice* (*Verse über die Grenze*) thematisiert, der erstmals 1938 im Sammelband *Im Wind* erschien.[24] Die zweite Hälfte der dreißiger Jahre bedeutet in der russischen Emigration in Frankreich eine kulturelle und psychische Depression, die Terapianos Lyrik dieser Zeit spiegelt.[25] Am Beginn des Zy-

---

22 Zitiert nach Ivask. »Jurij Terapiano« (wie Anm. 19). S. 142.

23 Konstantin Močul'skij kommentiert: »В беспощадно-ясные часы бессонницы, поэт, ›раненый совестью‹, видит немощность своей души. И в этом покаянном обращении к самому себя, к своей душе, происходит чудо религиозного просветления«. (»In den erbarmungslos-klaren Stunden der Schlaflosigkeit sieht der Dichter, vom Gewissen verletzt, die Kraftlosigkeit seiner Seele. Und in dieser reuigen Hinwendung an sich selbst, an seine Seele, vollzieht sich das Wunder der religiösen Erleuchtung.«) Konstantin Močul'skij. »Jurij Terapiano. Bessonica«. *Sovremennye Zapiski* LVIII (1935): S. 477.

24 1951 in die Lyriksammlung *Stranstvie zemnoe* neu aufgenommen.

25 Vgl. Robert H. Johnston. *New Mecca, New Babylon. Paris and the Russian Exiles 1920-1940*. Kingston: McGill-Queen's University Press, 1988. Ungeachtet der zuvor sich andeutenden positiven Wendung des Motivs der Schlaf-

klus über die Grenze, der mit dem traditionellen, in der Emigration frequenten Motiv der ›Haßliebe zu Rußland‹ endet[26], nimmt Terapiano in einem allusionsreichen Gedicht einen intertextuellen Dialog mit Lermontov auf. Der Zyklus, der den existentiell empfundenen Skandal des Bürgerkriegs (des ›Brudermords‹, des verwehrten Zutritts ›nach Hause‹ etc.) zu verarbeiten sucht, beginnt mit folgendem Gedicht:

Бьется челнок одинокий
Времени в ткацком станке,
Ветер шумит на востоке,
Тучи идут налегке.

И в облаках, искушая
Смелостью гибельный рок,
Птичья летящая стая
Ищет пути на восток,

Смотрит в пространство пустое
Неодолимо оно.
Сердце мое слюдяное,
Бедное светом окно![27]

Es schlägt sich das Schiffchen einsam
im Webstuhl der Zeit,
der Wind rauscht im Osten,
die Wolken gehen leichter.

Und in den Wolken, herausfordernd
kühn das tödliche Schicksal,
sucht die fliegende Schar der Vögel
den Weg nach Osten,

---

losigkeit stellt Terapianos existentielle Haltlosigkeit thematisierender Gedichtband *Na vetru* den Tiefpunkt der Auseinandersetzung mit dem Los des Emigranten dar und ist von tiefem Pessimismus affiziert: Schlüsselmotive wie ›Fremdheit‹, ›schwere Wolken‹, ›Lieblosigkeit‹ und das beständige ›Fallen bis auf den Grund‹ durchziehen die Gedichte, in denen Hoffnung und Optimismus nur sehr ephemer aufscheinen.

[26] Vgl. Gleb Struve. *Russkaja literatura v izgnanii*. New York: Izdatel'stvo imeni Čechova, 1956. S. 349. Die betreffenden Verse lauten: »Люблю тебя, проклинаю, / Ищу, теряю в тоске, / И снова тебя заклинаю / На страшном твоем языке« (»Ich liebe Dich, verfluche, / Ich such, verlier in Sehnsucht, / und aufs Neue rufe ich Dich / in Deiner schrecklichen Sprache.«); zitiert nach Jurij Terapiano. *Stranstvie zemnoe*. Paris: la Maison du livre étranger, 1951. S. 38.

[27] Ebenda. S. 37.

Blickt in den leeren Raum
Unüberwindlich ist er.
Mein glimmendes Herz,
lichtarmes Fenster!

Der Bezug auf Michail Lermontovs Gedicht *Parus* (1832; *Das Segel*) wird durch die Lautung und die Syntax der auf das Adjektiv »odinokij« (»einsam«) endenden ersten Verszeile ausdrücklich hergestellt. Darüber hinaus entfalten jedoch bereits die ersten beiden Zeilen einen komplexen Dialog mit Lermontovs Prätext hinsichtlich der beiden Gedichten gemeinsam zugrunde liegenden Thematik heimatlosen Umherstreifens. Terapianos Bal'mont entlehntes ›sich schlagendes Schiffchen‹ zerstört zunächst den durch die Metonymie des ›weiß glänzenden Segels‹ etablierten heroisch-erhabenen Gestus Lermontovs.[28] Durch die erst in der zweiten Zeile verständlich werdende Isotopie des ›Schiffchens‹ erhält er dabei den Kontext des Meeres als ›Raum‹ zunächst aufrecht, transponiert ihn aber mit der Metapher des ›Webstuhls der Zeit‹ zusätzlich auf die Ebene der Zeit. Der metaphorischen räumlichen (Meer) und zeitlichen Orientierungslosigkeit verleiht Terapiano durch den Verweis auf Goethe[29] somit zusätzlich eine universal-existentielle Dimension, die am konkreten Bild ablesbar wird: Anders als bei Goethe fehlt hier des Geistes webende Hand, die das Schiffchen führt – das ›einsam sich schlagende Schiffchen‹ dokumentiert die stehengebliebene, ›leere‹ Zeit, die Abwesenheit eines Sinnprinzips. Der übersichtlichen Raumordnung bei Lermontov, in der das ›offene Meer‹ durch die Pole Heimat und Fremde bestimmt ist, steht in Terapianos Text somit völlige Leere gegenüber, in der das Prinzip des Fragments, das noch Lermontovs erhabene Metonymie konstituieren konnte (Segel im Meer), durch die Enträumlichung auf der Makroebene zum Prinzip einer zerstückelten, sinnentleerten Welt (Schiffchen im Webstuhl) gerät.

Der auf diese Weise eingangs motivierte Sinnbruch durch die Leerstelle in der Zeit findet sein Pendant im Chronotop des unüberwindlichen Raums, der, nicht wie bei Lermontov, durch Grenzen bestimmt ist (Hei-

---

[28] In Bal'monts Gedicht *Čeln tomlen'ja* (*Der Nachen des Schmachtens*) lautet der dritte und vierte Vers: »Близко буря. В берег бьется / Чуждый чарам черный челн«. (»Ein Sturm naht. Am Ufer schlägt sich / ein Zaubern fremder schwarzer Kahn.«)

[29] Vgl. J.W. von Goethe. »Faust. Der Tragödie erster Teil« (501-509). Ders. *Werke* III. Darmstadt: Wissenschaftliche Buchgesellschaft, 1998. S. 27. »Geburt und Grab, / Ein ewiges Meer, / Ein wechselnd Weben, / Ein glühend Leben, / So schaff' ich am sausenden Webstuhl der Zeit, / Und wirke der Gottheit lebendiges Kleid«.

mat und Fremde in der Horizontalen, Sonne und Meeresgrund in der Vertikalen), sondern als ›leerer Raum‹ zum Oxymoron einer Grenze unendlicher Ausdehnung wird, über die kein Weg hinwegführt, weil es das ersehnte Ziel im Osten gar nicht gibt. Das Überschreiten des unüberwindlichen Grenzraumes ist nicht Selbstaffirmation des Individuums im ›Sturm‹, sondern der vom Schicksal (rok) verordnete Sturz in die Leere.

Zeit und Raum als Leerstellen werden abschließend in der Gleichsetzung des Herzens mit dem ärmlichen Fenster aus Glimmer gebündelt. Die Umwertung des Fensters vom lichtspendenden, Aussicht ermöglichenden ›Auge‹ zur lichtarmen, blinden ›Leerstelle‹ macht den Sinnverlust vollkommen und läßt die sukzessive Nennung von ›Schiffchen‹, ›Vogelschwarm‹ und ›Herz‹ (Individuum) als Hypostasen ein und desselben zeitlichen Stillstands, ein und derselben Enträumlichung erscheinen. Der Lermontovsche Subtext wirkt hier also als Gegenfolie: Wo Zeit und Raum aus den Fugen geraten sind, wo die Rückkehr nach Hause verunmöglicht ist, gerät die Grenze zum unendlichen Raum, ist der Austritt aufs offene Meer ein Sturz ins Nichts.

Im Motiv des ›Heraustretens‹ gelingt Terapiano schließlich der Ausweg aus der räumlichen und zeitlichen Leere von Schlaflosigkeit und Grenzerfahrung. Das zunächst Leid affizierte nächtliche Wachen und die Unüberschreitbarkeit des Grenzraumes erfahren innerhalb des Gedichtbandes *Irdische Wanderschaft* (1951) eine positive Umwertung. Hier tritt insbesondere das Lermontovsche Motiv des ›Heraustretens auf den Weg‹ in Erscheinung, das die Verknüpfung nächtlichen Wachens und Unterwegsseins mit neuen Dimensionen der Erkenntnis prononciert.[30] Der intertextuelle Verweis ist in drei Gedichten durch den jeweils ersten Vers unübersehbar (»Выйдем ночью на дорогу«; »Выйду в поле«; »Выхожу на дорогу с тобою«) und im mittleren der Gedichte darüber hinaus durch die Nennung des ›Lermontovschen Kieswegs‹ (»кремнистый лермонтовский путь«) als quasi-topographische Orientierungsgröße explizit gemacht:

> Выйду в поле. На шоссе все то-же.
> Изредка мелькнет велосипед.
> Вновь такой-же, со вчерашним схожий,
> вечер, полумрак и полусвет.
>
> Фонари автомобилей, звезды,
> грусть о тех, которых не вернуть,

30 Dies verweist auf Lermontovs Gedicht *Vychožu odin ja na dorogu* (1841; *Einsam geh' ich auf den Weg*).

Тихий и прозрачный летний воздух
И кремнистый лермонтовский путь.

Снится мне, за грани туч прекрасных,
За ограды всех миров иных,
Музыкой таинственной и страстной
Ввысь летит дыхание земных,

И, росой вечерней ниспадая
На траву и пыльные кусты,
Хрупкой влагой, не достигнув рая,
Падает на землю с высоты.[31]

Ich trete hinaus aufs Feld. Auf der Straße alles wie sonst.
Bisweilen huscht ein Fahrrad vorüber.
Wieder derselbe, dem gestrigen gleichender
Abend, Halbdunkel und Halblicht.

Scheinwerfer von Autos, Sterne,
Trauer über jene, die nicht zurückzuholen sind,
Stille, durchsichtige Sommerluft
Und der Lermontovsche Kiesweg.

Mir träumt, über die Grenzen der schönen Wolken,
Hinter die Umzäunungen aller anderen Welten
Fliegt in geheimnisvoller, leidenschaftlicher Musik
Der Atem der Irdischen empor,

Und, als Abendtau herabfallend
Auf das Gras und die staubigen Sträucher,
Als zerbrechliche Feuchtigkeit, die das Paradies nicht erreicht hat,
Fällt er aus der Höhe zurück auf die Erde.

Das nächtliche Heraustreten impliziert, bei Lermontov wie bei Terapiano, die Suche nach dem offenen Raum, nach Selbstvergessenheit und Ruhe, und stellt eine dialogische Verbindung her zwischen dem sprechenden Ich und der in einer bestimmten Naturerfahrung repräsentierten Ewigkeit. Terapiano greift verschiedene Motive der nächtlichen Betrachtung in Lermontovs Gedicht auf, wandelt sie aber ab und verzichtet insbesondere auf die explizite Selbsterforschung des Lermontovschen Ich.

Die ersten beiden Strophen modellieren eine auffallende Gleichförmigkeit, die den bei Lermontov evozierten zeitlichen Stillstand eigentümlich variiert: Lermontov entwirft eine in friedlichem Ausatmen Gott zugewandte, synästhetisch wahrgenommene nächtliche Natur, in welcher der schimmernde Kiesweg auf der Erde und die einander antwortenden Ster-

[31] Zitiert nach Jurij Terapiano. *Stranstvie zemnoe* (wie Anm. 26). S. 15.

ne am Himmel dem lyrischen Ich Orientierung bieten. Dem im Nebel leuchtenden Kiesweg als erstem konkretem Sinneseindruck entspricht bei Terapiano das auf der Straße vorüberhuschende Fahrrad; der Verläßlichkeit des Weges antwortet somit die Flüchtigkeit der Bewegung. Die Reihung fragmentarischer Sinneseindrücke (Fahrrad, Halblicht, Autolichter, Sterne, Trauer, Sommerluft und Kiesweg) und insbesondere ihre Einbettung in einen axiomatischen Kontext von Unveränderlichkeit und Gleichförmigkeit entwerfen ein Universum, in dem der autoreflexive Blick des Ich sich erübrigt: Die Äquivalenz von Sternen und Autoscheinwerfern, vom gestrigen Abend mit dem heutigen, von Halblicht und Halbdunkel entwirft den existentiellen Kummer über die Nichtwiederherholbarkeit der für immer Verlorenen lediglich als Variation der gleichförmigen Wiederkehr des Flüchtigen und entsagt einem ich-zentrierten Weltmodell.

Lermontov evoziert die Selbstvergessenheit des Schlafes im Einklang mit der allumfassenden Liebe der Natur, eines Schlafes, der der friedlich atmenden Brust die Lebenskräfte erhält. Dieses Motiv des Atems greift Terapiano auf und formuliert in der Vision des in Musik aufsteigenden Atems ›aller Irdischen‹, der als Abendtau auf die Erde zurückfällt, die Idee eines ewigen Kreislaufs, in dem der Einzelne mit den Mitmenschen verschmilzt, in dem nichts verloren geht und in dem die Gleichförmigkeit der Äquivalenz von Vergangenheit, Gegenwart und Zukunft positiv umgewertet wird.[32]

[32] Daß dieses positiv konnotierte ›Heraustreten‹ im Sinne der Überwindung negativer Erfahrung und der Loslösung von Bindungen eine geistige Entwicklungsstufe ist, die Terapiano erst im Laufe der Zeit erreicht, dokumentiert ein Gedicht aus dem 1938 erschienenen Lyrikband *Im Wind*. In einem *Pis'mo* (*Brief*) überschriebenen Gedichtzyklus heißt es hier: »Весь мир, как будто поневоле, / томится в скучном полусне. / Поехать в лес? Поехать в поле? / Теперь все безразлично мне.« (»Die ganze Welt, wie unwillkürlich, / ertrinkt im langweiligen Halbschlaf. / In den Wald fahren? Aufs Feld hinaus? / Jetzt ist mir alles gleichgültig«). Terapiano verarbeitet in diesem Zyklus explizit die Desillusionierung der Emigration; darauf deuten die zahlreichen dem Stilisierungsdiskurs der Emigration entnommenen und negativ verkehrten Zitate in den Gedichten 2 und 4 hin (»к светлой цели«; »дело нас в России ждет«; »воздухом вольным дышим«; »мы – в послании« etc.). Im problematischen Kontext der desillusionierten und uneinen Emigration bietet das räumliche Heraustreten keinen Ausweg. Den sich nicht mehr als ›Gesandte‹, sondern als ›vom Schicksal Verdammte‹, als existenziell ›Fremde‹ wahrnehmenden Emigranten (»странные гости везде«; »чужие«; »любимые нигде«; »обреченные судьбою«) stellt sich die Frage nach dem ›wohin?‹ neu im Sinne der oben erwähnten Suche nach einer neuen Möglichkeit der Rückbindung. Das

Das Heraustreten aufs Feld impliziert somit die Lösung von räumlicher, aber auch zeitlicher Gebundenheit, den Verzicht auf eine äußerlich manifestierte Rückbindung zugunsten der Integration in eine kosmische Bewegung, dank derer Vergangenheit und Zukunft, Nahes und Fernes gleichermaßen gegenwärtig sind. In diesem Sinne ist auch die Evokation des Lermontovschen Kieswegs als Motiv des mentalen ›Mit-sich-Tragens‹ zu begreifen, das Terapianos Dichtung fortan durchzieht: Nichts ist verloren, alles ist präsent.[33]

Mit dieser Ubiquität des Vergangenen in einer permanenten geistigen Bewegung ist das ›Leiden‹ an der immobilen Konditioniertheit der Emigration überwunden, wird der Dichter zum Träger Raum und Zeit überschreitender Visionen, zum Künder einer zeit- und grenzenlosen Existenz:

Летом душно, летом жарко,
Летом пуст Париж, а я
Осчастливлен как подарком
Продолжением бытия.

С мертвыми веду беседу,
Говорю о жизни им,
А весной опять уеду
В милый довоенный Крым.

И опять лучи, сияя,
Утром в окна льются к нам,
Море черное гуляет,
Припадает к берегам.

И как будто время стало
Занавесочкой такой,
что легко ее устало
Отвести одной рукой.[34]

›räumliche‹ Heraustreten bietet hier keine Hilfe; erst die geistige Ablösung vom russischen Kontext, die konsequente Absage an eine materielle Rückkehr wird neue Wege eröffnen. Im Hinweis auf den schaumigen Sand und die schneeigen Berggipfel (strukturell durch das Wort ›liš’‹ dem ›fremden Himmel‹ [‚чужое небо‹] gegenübergestellt) kündigt sich aber diese Zeit und Raum überschreitende, ubiquitär-geistige Dimension des Austritts bereits an.

[33] Mit diesem Konzept der Ubiquität nimmt Terapiano im Kontext der weiter oben zitierten Kulturkrise *ex post* einen Standpunkt ein, der der Erinnerung eine maßgebliche Rolle beimißt, etwa im Sinne der ›mémoire pure‹ Bergsons, die dem aktiven Erinnern den Status lebendiger Wahrnehmung zugesteht; vgl. Henri Bergson. *Matière et mémoire*. Paris: PUF, [4]1993.

[34] Zitiert nach Odoevceva. [o.T.] (wie Anm. 21). S. 294.

Im Sommer ist es schwül, im Sommer ist es heiß,
Im Sommer ist Paris leer, und ich
Bin beglückt, wie durch ein Geschenk
Durch die Fortsetzung des Daseins.

Mit den Toten führe ich ein Gespräch,
Spreche zu ihnen vom Leben,
Und im Frühling fahre ich wieder
Auf die liebe Vorkriegs-Krim.

Und wieder ergießen sich Strahlen,
Glänzend, morgens durchs Fenster zu uns,
Das schwarze Meer spaziert
Und fällt ans Ufer.

Und es ist, als wäre die Zeit
Zu einem solchen Vorhängchen geworden,
Daß es leicht wurde,
Sie mit einer Handbewegung müde beiseite zu schieben.

III. Der Reisetext als Reise. Terapianos *Putešestvie v neizvestnyj kraj* (*Reise in ein unbekanntes Land*)

Auf dieser letzten Stufe der anhand der Lyrik nachvollzogenen Entwicklung Terapianos von der Immobilität zur Ubiquität ist auch das durch Hybridität gekennzeichnete, nahezu unbekannte fiktionale Prosawerk *Reise in ein unbekanntes Land* angesiedelt. Ob der Text auf einer tatsächlich durchgeführten Reise basiert, ist nicht zweifelsfrei geklärt. In den gleichwohl spärlichen biographischen Aufzeichnungen über den russischen Dichter und Kritiker fehlen Angaben, die auf eine Reise in den Orient schließen lassen, allerdings sind entsprechende Hinweise in anderen Quellen zu finden.[35] Seine bekannte, in den siebziger Jahren in Frankreich erschienene Monographie über den Mazdaismus motiviert Terapiano auf die folgende Weise:

> L'origine de ce livre est la suivante: Lors de mon séjour en Orient, en 1920, un de mes amis, haut fonctionnaire de la Russie impé-

[35] So beruft sich Dmitrij V. Ivanov auf eine russische Enzyklopädie der Weltreligionen, in der berichtet werde, Terapiano habe vor der Revolution Persien besucht und dort intensiven Kontakt mit einem zoroastrischen Priester gepflegt; vgl. D.V. Ivanov. *Telo Sveta*: http://zhurnal.lib.ru/i/iwanow_d_w/svetochhtm.shtml (22.07.2006).

> riale en Perse, m'a communiqué les détails de ses entretiens avec les Mazdéens qu'il a pu rencontrer au cours de sa carrière, grâce à des circonstances exceptionnellement favorables. Je lui demandai pourquoi il n'écrirait pas un livre sur ce sujet. Il me répondit que cela ne lui était pas possible, parce qu'il ne possédait pas de dons d'écrivain, mais qu'il m'autorisait à écrire un livre basé sur ses récits. Selon son désir, son nom, son titre, et autres précisions, susceptibles de percer son incognito, ne seront pas mentionnés. Je dirai simplement que mon ami fut un grand spécialiste des questions de l'orientalisme; il connaissait plusieurs langues orientales et il passa plus de vingt ans en Orient [...].[36]

Terapiano beruft sich bei seiner Beschreibung der mazdaistischen Religion auf die langjährigen Erfahrungen und Berichte eines Dritten, und es ist auffallend, daß, ebenso wie hier, auch in der in den vierziger Jahren verfaßten Reisebeschreibung das erlebende Ich als das eines Dritten vorgestellt wird.[37]

Die Beschreibung einer Reise, die nicht oder ›nicht so‹ stattgefunden hat oder bereits lange Zeit zurückliegt, stellt einen Sonderfall des Reisetextes dar, der der eingangs skizzierten spezifischen Situation der Emigration und der kulturellen Krise geschuldet sein dürfte. Sie bedeutet die logische Fortsetzung des anhand der Lyrik Terapianos nachgezeichneten geistigen Entwicklungsweges, weil das Beschreiben als solches in diesem Fall einer ›geistigen Reise‹ nahe kommt.

Die geistige Reise, das geistige ›stranstvovanie‹ als Heraustreten aus physischer und psychischer Immobilität, ist von umso größerem Interesse, als der Charakter der Reisebeschreibung als ›Gegentext‹ zur touristischen Reiseschilderung intentional sehr stark gemacht wird: »(»Darüber hinaus«, schreibt der Ich-Erzähler gleich zu Beginn, »ist das Ziel meiner Erzählung keineswegs die Reise mit der Beschreibung des Klimas, der Landschaften, der ethnographischen Besonderheiten und dergleichen mehr« (»К тому же и цель моего повествования – отнюдь не путешествие с описанием климата, пейзажей, этнографических особенностей и

---

36 Georges Terapiano. *La Perse secrète. Aux sources du mazdéizme.* Paris: le courrier du livre, 1978. S. 10.

37 Denkbar ist außerdem ein Einfluß der Reisebeschreibung Nikolaj Rerichs über seinen Himalaya-Aufenthalt während der dreißiger Jahre auf Terapianos Roman. Die als *Predanie ob Isse Milostivom* überschriebene Sequenz bei Terapiano kann diese Vermutung stützen, da Rerich als einer der wichtigsten Vermittler der Legende vom Aufenthalt Jesu in Indien gilt.

тому подобного«).[38] Wo aber das Ziel der Reisebeschreibung nicht die Schilderung vorgefundener fremdartiger Zustände ist, wird der Reisetext zur Introspektion, zur Reise ins Selbst. Die einzige, synoptische Beschreibung der *Reise in ein unbekanntes Land*, die die Sekundärliteratur bietet, begreift Terapianos Buch als »[e]ine kurze, bedeutende, teils surrealistische Darstellung vorgeschichtlicher Menschheitszustände, die noch von der Einheit mit dem göttlichen kosmischen Walten bestimmt sind«[39] und vernachlässigt, indem sie irrtümlicherweise die Methode zur Aussage erklärt, insbesondere den hier relevanten Aspekt der Reise als Modus geistiger Selbstvertiefung und Selbstvervollkommnung.

Terapianos Text als fiktionale Beschreibung einer Reise, die faktisch so nicht stattgefunden hat, profiliert das ›putešestvovat'‹ (›Reisen‹) als das Durchschreiten eines Weges, als eine außerhalb von Zeit und Raum sich ereignende ›Reise in die Tiefe‹ und läßt sich in diesem Sinne als spezifische Form des Reisetextes der Emigration deuten. Indem der Ich-Erzähler während seines »palomičeskij maršrut« (»Pilgerweg«)[40] den Weg von der Selbstentfremdung zur Selbstfindung beschreitet[41] (im Sinne der durch B.V. Markov für die Reise beschriebenen ›Selbstentfremdung‹ bei Nietzsche)[42], wird der Text somit einerseits als ein individueller Ausbruch aus der Konditioniertheit der Emigration begreifbar, der sich an Šestovs ›stranstvovanie‹ anschließen läßt, und zeigt andererseits – hierin liegt das utopische Moment des Textes – eine an das Gemeinwesen archaischer östlicher Urgemeinschaften angelehnte Form menschlicher gesellschaftlicher Existenz in Opposition zur europäischen Lebensform auf.

Auf der Makroebene des Textes greift Terapiano auf die Maske der Reisebeschreibung in Briefform zurück, derer sich Repräsentanten der

---

38 Jurij Terapiano. *Putešestvie v neizvestnyj kraj*. Paris: dom knigi, 1946. S. 11. Derartige Kommentare zur ›Nicht-Intention‹ streut der Erzähler immer wieder ein, ohne allerdings die konkrete Absicht seines Berichtes explizit zu formulieren.

39 Wolfgang Kasack (Hg.). *Lexikon der russischen Literatur im 20. Jahrhundert*. München: Otto Sagner, 1992. Sp. 1298.

40 Terapiano. *Putešestvie* (wie Anm. 38). S. 15.

41 »Мне нужно было надолго забыть самого себя«. (»Ich mußte mich für lange Zeit selbst vergessen«); Ebenda. S. 12; vergleichbar S. 107. Resumée: »Я шел как пленник – и должен был возвратиться царем«. (»Ich ging als Gefangener – und sollte als Kaiser zurückkehren«; Ebenda. S. 109).

42 Vgl. B.V. Markov. »Putešestvie kak priznanie drugogo«. *Put' Vostoka. Meždunarodnaja kommunikacija* (Serija Symposium 30). Sankt Petersburg: Filosofskoe obščestvo, 2003. S. 186-196. Hier S. 188. [Internetversion abrufbar unter http://anthropology.ru/ru/texts/markov/east06_28.html (23.11.2005)].

Aufklärung zur offenen, aber ›anonymen‹ Beschreibung politischer und sozialer Mißstände bedienten.[43] Nicht zuletzt die Semantik dieser Form gestattet die Zuordnung des Textes in den Kontext der Kulturkritik. Dem als Brief an eine Frau gestalteten Bericht des unbekannt bleibenden Ich-Erzählers geht ein knappes Vorwort voraus, in welchem der ›Herausgeber‹ Ju. T. erklärt, die Handschrift sei ihm von ihrem Autor, der die Reise zu Beginn des 20. Jahrhunderts unternommen habe, zur Publikation übergeben worden. Der Autor sei nie mehr nach Rußland zurückgekehrt, der Brief habe seine Empfängerin nie erreicht, er selbst, Ju. T., habe keinerlei Veränderungen am Manuskript vorgenommen. Wie in der Monographie über den Mazdaismus tritt Terapiano die Form des ›Ich‹ an eine fremde Instanz ab und zieht sich selbst auf die Position des am Geschehen wie am Erzählen unbeteiligten Herausgebers zurück: Dieses Verfahren bietet ihm Gelegenheit, die (für die Gattung der Reisebeschreibung durchaus ungewöhnliche und daher signifikante) Frage nach dem Deutungsspektrum des Textes zu stellen: »Что представляет из себя *Путешествие в неизвестный край* – реальность или аллегорию?« (»Was stellt die *Reise in ein unbekanntes Land* dar – Realität oder Allegorie?«).[44]

Die Frage selbst lädt dazu ein, den vorliegenden Reisetext als Allegorie zu betrachten, die im Kontext der östlichen Spiritualität einen gerne genutzten Modus der Veranschaulichung philosophischer und religiöser Lehrinhalte darstellt. In der Mazdaismus-Monographie heißt es:

> En Orient, un maître imagine souvent lui-même un récit symbolique, dont le fond est l'enseignement spirituel qu'il désire illustrer. Le maître qui s'efforce ainsi d'aider ses auditeurs à comprendre – suivant leurs capacités personnelles – un principe spirituel déterminé, leur raconte fréquemment un conte ou un apologue.[45]

Begreift man Terapianos Roman als Allegorie, so rückt wiederum die Reise als Selbstvertiefung, als Selbsterkenntnis durch Weltentsagung in den Blick. Die Analyse des Textes mag dies verdeutlichen:

Die Mikroebene thematisiert in 42 Abschnitten unterschiedlicher Länge eine Reise des Ich-Erzählers in den Himalaya, die zum Zeitpunkt der Niederschrift des Briefes bereits lange zurückzuliegen scheint. Zeitpunkt und Ort der Niederschrift bleiben ebenso im Dunkeln wie genauer Ort

---

43 So Charles de Montesquieu mit den *Lettres Persanes* und Aleksandr Radiščev in seinem bekannten Reisebrief *Putešestvie iz Peterburga v Moskvu*, der ihm die Verbannung eintrug.

44 Terapiano. *Putešestvie* (wie Anm. 38). S. 7.

45 Terapiano. *La Perse secrète* (wie Anm. 36). S. 154.

und Dauer der Reise selbst. Die einzelnen Sequenzen beschreiben Stationen der Wanderungen im Gebirge und folgen dabei einer abstrakt bleibenden Chronologie (der Abfolge von Tag und Nacht), die durch zahlreiche Abschweifungen unterbrochen und unterlaufen wird. Visuelle und auditive Eindrücke, impressionistische Traumbilder und Visionen, Reflexionen, indische, persische und andere Legenden und Gleichnisse, Reminiszenzen, allgemeine Betrachtungen, Beschreibungen von Details, an die Empfängerin gerichtete Monologe etc. sind so dicht ineinander montiert, daß die Wahrnehmung einer ›Handlung‹ hinter jener von Eindrücken und Reflexionen verblaßt und die Zeitebenen – menschliche Urgeschichte, Reisegegenwart und Erzählgegenwart – beständig ineinander verschwimmen.

Sowohl in der Gestaltung der Maske des sich mitunter auch in der zweiten Person selbst ansprechenden, als körperliches Subjekt immateriell bleibenden Ich-Erzählers und der unbekannten Empfängerin, als auch im Verfahren der Montage von Fragmenten und Erzählsequenzen, die eine zeitliche und räumliche Verortung des Erlebens- oder wenigstens des Schreibprozesses gezielt unterlaufen, arbeitet Terapiano mit Techniken, die üblicherweise zur Erzeugung bzw. zur literarischen Inszenierung von Flüchtigkeit und Simultaneität eingesetzt werden. Der Erzählmodus übersetzt hier allerdings keineswegs Flüchtigkeit – weder im Sinne einer Überforderung der Wahrnehmungsfähigkeit des Subjekts aufgrund der Menge oder Intensität simultan oder in rascher Abfolge einwirkender unterschiedlicher Reize, noch als lediglich oberflächliche Einstellung des Subjekts selbst auf seine Umgebung (beispielsweise aufgrund einer Bewegung). Vielmehr erzeugt das montierende Erzählen jene bereits anläßlich der Lyrik konstatierte Ubiquität nicht nur von Gegenwärtigem und Vergangenem, sondern auch von Nahem und Fernem, von Realität und Imagination.[46] Die Ästhetik der Montage hebt die Linearität von Raum und Zeit auf und sorgt für eine ganzheitliche, zyklische Wahrnehmung. Ein einerseits fast durchgängig langsames Erzähltempo sowie eine konse-

---

[46] Siehe hierzu v.a. das Gedicht *Vyjdu v pole* (*Ich trete aufs Feld hinaus*). Adornos Deutung des Montageverfahrens als ›Antithese‹ insbesondere zum Impressionismus ist erhellend hinsichtlich der Kombination von Montage und Impressionismus bei Terapiano: In der Tat geht es Terapiano nicht um Sinnaufhebung, sondern um die Suppression der Linearität. Terapianos Montage nimmt sich ein Beispiel am Film und montiert nicht das vollständig Heterogene, nicht ›Abfall‹, sondern unterschiedliche Sequenzen, die, für sich gelesen, nicht ›nutzlos‹ sind, deren allegorischer Sinn sich aber erst im Gesamtkontext erschließt; vgl. Theodor Adorno. *Ästhetische Theorie*. Frankfurt/M.: Suhrkamp, 1970. S. 232-233.

quent in die Tiefe führende, sehr sparsame Beschreibung auf inhaltlicher Ebene konterkarieren zudem die formalen Verfahren der Flüchtigkeit und zwingen den Leser in eine beinahe kontemplative Ruhe. Handlung und sprachliche Darstellung sind auf ein Minimum reduziert, die Schilderung beruht fast ausschließlich auf der Wahrnehmung des Ich-Erzählers:

> Несколько времени мы шли молча, в гору, медленно поднимаясь по почти отвесному, как мне казалось в темноте, склону. Наша странная группа среди угрюмой обстановки ночных гор напоминала шествие теней в загробном мире. Уже, все уже становилась тропа и чтобы не оступиться, я старался, насколько мне позволяла темнота, ставить ногу на след нашего спутника.[47]
> Einige Zeit gingen wir schweigend bergauf und stiegen langsam über einen, wie mir in der Dunkelheit schien, fast senkrechten Abhang aufwärts. Unsere seltsame Gruppe inmitten der düsteren Umgebung der nächtlichen Berge erinnerte an die Prozession der Schatten im Jenseits. Enger, immer enger wurde der Pfad, und um nicht fehlzutreten bemühte ich mich, soweit es mir die Dunkelheit erlaubte, den Fuß in die Spur unseres Weggefährten zu setzen.

Das Ziel des Weges ist das Unberührte, vom modernen Leben nicht Angetastete, es ist kein geographisch faßbarer Ort, sondern eine bestimmte Bewußtseinsstufe, ein Raum der Erinnerung, eine in der Vergangenheit liegende authentische Lebensform, eine Art Initiation. Der durchschrittene Weg ist der Weg zu sich selbst:

> Дальше, все дальше, в глубь неисследованной страны уводила меня цель моего путешествия. […] Вскоре после того, как я сделался ›господином самого себя‹, […] я получил возможность приступить к ›путешествию вглубь‹ – самому опасному и страшному шагу посвящения.[48]
> Weiter, immer weiter, in die Tiefe des unerforschten Landes entführte mich das Ziel meiner Reise. […] Bald nachdem ich mich zum ›Herrn meiner selbst‹ gemacht hatte, […] erhielt ich die Möglichkeit, die ›Reise in die Tiefe‹ anzutreten – den gefährlichsten und schrecklichsten Schritt der Weihe.

Ist die Selbstfindung das Ziel der Reise, so ist die ubiquitäre Wahrnehmung der Vergangenheit als gegenwärtig ihr zentrales Motiv, man könnte auch sagen, ihre Methode.

---

[47] Terapiano. *Putešestvie* (wie Anm. 38). S. 22.
[48] Ebenda. S. 107.

In diesem Kontext ist auf den uneindeutig, nichtsdestoweniger aber erhellend mit Jurij Terapiano in Zusammenhang gebrachte Begriff des ›Samsara‹ (saṃsāra) hinzuweisen, der in der östlichen Spiritualität die (als leidvoll begriffene) Wanderung durch den Kreislauf der Wiedergeburten bezeichnet.[49] Die Erlösung aus dieser ewigen Wanderung als das eigentliche Ziel des Lebens geschieht auf dem Wege der Lösung von menschlichen Bindungen, der Entsagung gegenüber weltlichen Gütern, schließlich der (Selbst-) Erkenntnis. Ungeachtet ihrer Zweifelhaftigkeit ergibt sich aus der Verbindung zwischen Terapianos Roman und dem ›Samsara‹ ein interessanter Aspekt für eine allegorische Deutung des Reisetextes als einer Wanderung durch die Erd- und Menschheitsgeschichte, durch Zeit und Raum in die Tiefen des Ich, die mit der visionären Erfahrung ekstatischer Ablösung vom Ich zu ihrem Höhepunkt gelangt und die Suspension des Individuums von alltäglichen Bindungen und weltlichen Werten zugunsten einer allumfassenden Liebe bewirkt.[50]

IV. Fluchtpunkt Tiefe: Ubiquität des Vergangenen und Zivilisationskritik

Die ubiquitäre Präsenz des Vergangenen wird mit drei – stets wiederkehrenden – Elementen in Szene gesetzt, nämlich erstens mit dem Eintauchen in die menschliche Frühgeschichte in bzw. unter den Bergen des Hi-

[49] Irina Odoevceva erwähnt in ihrem Nachruf auf Jurij Terapiano eine französische Übersetzung des Romans, die allerdings unter demselben Titel nicht ausfindig zu machen ist; vgl. Irina Odoevceva. »Svetloj pamjati Jurija Terapiano«. *Novoe Russkoe Slovo* (24.08.1980): S. 5. Der Katalog der Bibliothèque Nationale de France führt unter dem Autorenstichwort Terapiano einen Roman mit dem französischen Titel *Samsara* (1978), für den sich wiederum kein russisches Original desselben Titels (wie im Verzeichnis angegeben: Самсара) nachweisen läßt. Da ein zweiter Roman Terapianos von keinem seiner Kommentatoren erwähnt wird, handelt es sich möglicherweise um eine fehlerhafte Angabe im Katalog, die darüber hinwegtäuschen würde, daß *Samsara* der französische Titel der (bearbeiteten) Übersetzung von *Putešestvie v neizvestnyj kraj* ist.

[50] Das in Tibet zur Darstellung des ewigen Kreislaufs verbreitete ›Lebensrad‹ wird im Text erwähnt: Inmitten des Wirbelsturms des Lebens und ewiger Veränderungen habe Indien den Status höchster Ruhe erlangt, und jene, denen es gelungen sei, diesen Status zu erreichen, dürften aus dem ›Rad‹ des niederen Lebens austreten; vgl. Terapiano. *Putešestvie* (wie Anm. 38). S. 136.

malaya als die älteste Vergangenheit; zweitens mit den immer wiederkehrenden Erinnerungen an Europa und Rußland, das (dies konstituiert den Text als einen Text der Emigration) als faktisch vergangen entworfen wird; und drittens mit der materiellen, symbolischen Präsenz einzelner konkreter Erinnerungsstücke an die Reise.

Die Frühgeschichte wird zunächst als Bericht und später in der ›Legende von den versunkenen Kontinenten‹ als die Geschichte vom ›verlorenen Paradies‹, also einer zunehmenden Degradation von einstiger Vollkommenheit zur Oberflächlichkeit des zeitgenössischen Europäers gezeichnet. Auf Nachfahren dieser ersten Menschen trifft der Ich-Erzähler im ›Tal des Paradieses‹ und im ›unterirdischen Reich‹, und dort, in diesem entrückten Raum, findet er in Ruinen Spuren ihrer Kultur und erhält in Zeitreisen und Visionen die Schau ihrer einstigen Existenz. So heißt es bei der Betrachtung eines Reliefs in einer Tempelruine:

> […] здесь, в тишине, может опять возродиться прошлое. […] Эти изваянные фигуры […] обладают властью возвращать нас к истокам памяти.[51]
> Hier, in der Stille, ersteht vielleicht das Vergangene wieder auf. […] Diese aus Stein gehauenen Figuren […] haben die Macht, uns zu den Ursprüngen des Gedächtnisses zurückzubringen.

Das Verweilen innerhalb einer unberührten, zurückgezogenen Kultur führt den Ich-Erzähler anläßlich einer Prozession schließlich einer Vision zu. Im weiteren Verlauf erlangt er einen Zustand ekstatischen Heraustretens aus dem Körper, der ihm die freie Bewegung durch die Zeit ermöglicht:

> Прошлое и будущее безо всякого труда возникало по моей воле и отождествлялось со мною. […] Прошлое и будущее – призрак для вневременного существа человека, форма и содержание вечно пересекаются в точке настоящего, но жизнь – едина.[52]
> Das Vergangene oder das Künftige entstand völlig ohne Mühe entsprechend meinem Willen und wurde eins mit mir. […] Vergangenheit und Zukunft sind dem außerzeitlichen Wesen ein Hirngespinst, Form und Inhalt durchkreuzen sich ewig im Punkt der Gegenwart. Das Leben aber ist ganzheitlich.

Die freie Bewegung durch die Zeit, die Ubiquität von Vergangenheit und Zukunft supprimiert die Unterscheidung von Form und Inhalt und bedingt

---

51 Ebenda. S. 76.

52 Ebenda. S. 143.

die Erkenntnis des Lebens als ganzheitlich.[53] Am Ende seines Berichtes angelangt, resümiert der Ich-Erzähler: »[…] только среди развалин я понял, что такое – жизнь« (»Erst zwischen den Ruinen habe ich begriffen, was das Leben ist«).[54]

Die Gegenwärtigkeit von Rußland und Europa ist komplex und ihre Inszenierung und Funktion im Text vielschichtig. Europa fungiert als negative Gegenfolie, vor welcher der in der (virtuellen) Reise erfahrene Raum entworfen wird – oder umgekehrt: Die am durchreisten Raum gemessene europäische Lebensform wird, gleichwohl ohne Schärfe, als ›verfehlt‹ gezeichnet. Dazu bedarf es lediglich einiger weniger Hinweise, wie beispielsweise auf die Flüchtigkeit und Oberflächlichkeit des westlichen Lebens; das rekurrenteste Motiv für die europäische Verfehlung ist der Hinweis auf Logik und Denken, die als Erkenntnis- und Erfahrungsmedien versagen. Gleich zu Beginn heißt es:

> Всему что мы привыкли считать существованием […] найдется место и цель, если поглядеть на жизнь сверху вниз […], уже не в той обычной плоскости сознания, к которой относится наша, привыкшая к логике мысль, но […] проникнуть в более глубокое значение бытия.[55]
> Für alles, was wir uns angewöhnt haben als Existenz zu bezeichnen, […] findet sich ein Ort und ein Ziel, wenn wir das Leben von oben herab betrachten […], schon nicht mehr in jener üblichen Flachheit des Bewußtseins, an der unser an die Logik gewöhntes Denken hängt, sondern […], wenn wir zur tieferen Bedeutung des Daseins vordringen.

Ähnliche kritische Kommentare zum europäischen Leben, Wahrnehmen und Denken durchziehen den Text und rufen den alten, bereits in der Auseinandersetzung von Westlern und Slavophilen virulenten russischen

[53] Die in der ›leeren Nuß‹ – die Form, die einst der Geist belebte – symbolisierte Aufhebung der Differenz von Form und Inhalt (S. 143) und ihre Beziehung zur Ganzheitlichkeit ließe sich auf theoretischer Ebene mit der Wechselbeziehung von Form und Inhalt und der im ästhetischen Objekt enthaltenen Schöpferpersönlichkeit bei Bachtin in Verbindung bringen; vgl. Michail Bachtin. »Das Problem von Inhalt, Material und Form im Wortkunstschaffen«. Ders. *Die Ästhetik des Wortes*. Hg. Rainer Grübel. Frankfurt/M.: Suhrkamp, 1979. S. 95-111. Das Konzept des Kreislaufs der Wiedergeburten dürfte ein dichotomisches Verständnis von Form und Inhalt, gegen das Bachtin sich wendete, prinzipiell ausschließen.

[54] Terapiano. *Putešestvie* (wie Anm. 38). S. 163.

[55] Ebenda. S. 10.

Topos der lebensfeindlichen Vernunft auf, der sich über Dostoevskij und Solov'ev bis zu manchen Vertretern des ›neuen religiösen Bewußtseins‹ (›novoe religioznoe soznanie‹) und eben Šestov durch das russische philosophische und literarische Denken zieht.[56] Am Ende der Reisebeschreibung resümiert der Erzähler seine Kritik an der Vorherrschaft des Gedankens und setzt diese gegen die Lebendigkeit intuitiven, authentischen Erlebens und Erfahrens ab:

> Мысль – сухая, холодная, все вокруг своего располагающая мысль, кумир нынешнего человечества, во время моего путешествия была на втором плане. Более значительное и важное – жизнь, природа, любовь и тишина – заслонило от меня книги, схемы, рассуждения и выводы.[57]
> Der Gedanke – der trockene, kalte, alles um sich herum anordnende Gedanke, der Götze der heutigen Menschheit – blieb während meiner Reise im Hintergrund. Das bedeutsamere und wichtigere – das Leben, die Natur, die Liebe und die Stille – verdeckte die Bücher, Schemata, Erörterungen und Schlußfolgerungen vor mir.

Während Europa, bzw. die ›zeitgenössische Menschheit‹ als negatives Gegenbild im Text präsent ist, fungiert Rußland als verlorenes, ›abwesendes‹, gleichzeitig aber allgegenwärtiges Eigenes. Der Erzähler erinnert in Reminiszenzen häusliche Szenerien und Örtlichkeiten und beschwört den russischen Schnee oder den Wald herauf – stets jedoch, wie anhand der späten Gedichte konstatiert wurde, als Vision einer Präsenz. So überlagern sich beispielsweise in einer Szene der erinnerte Spaziergang durch den nördlichen Wald und die Wanderung durch den Dschungel gegenseitig:

> Как хороша ранняя осень в нашем северном лесу! Ели и пихты, жесткий кустарник, кое-где – сломанные деревья и ветки. […] Мне снова кажется, что я иду по лесной дорожке и сердце мое полно ощущением света, земли, деревьев. Сегодня праздничный день. Где-то вдалеке звонит колокол в деревне. Тишина. […] Я стою в чаще. Вокруг – тишина, но тишина, не наша, и жизнь в этом лесу – не наша. Сколько живых существ здесь вверху и внизу, среди исполинских деревьев, лиан и чудовищных зарослей?[58]
> Wie schön ist der frühe Herbst in unserem nördlichen Wald! Tannen und Fichten, rauhes Gesträuch, hie und da abgebrochene Bäume und Äste. […] Mir scheint, ich gehe wieder über den Waldweg

[56] Ebenda. S. 104.
[57] Ebenda. S. 164.
[58] Ebenda. S. 134-135.

> und mein Herz ist erfüllt vom Gefühl des Lichts, der Erde, der Bäume. Heute ist Feiertag. Irgendwo in der Ferne läutet die Glokke im Dorf. Stille. [...] Ich stehe im Dickicht. Um mich herum – Stille, aber nicht unsere Stille, und das Leben in diesem Wald – ist nicht unseres. Wie viele Lebewesen gibt es hier, oben und unten, zwischen den ursprünglichen Bäumen, Lianen und riesigen Gewächsen?

An anderer Stelle beschreibt der Ich-Erzähler, im Kontext einer wohl durch Bergson inspirierten Reflexion über das Erinnern als Wiedererkennen und als Selbsterkenntnis, die Vision eines Kahns mit schwarzen Segeln, der aufs offene Meer hinaustreibt, weil am Ufer eine Katastrophe stattgefunden hat.[59] Die Vision läßt sich ebenso als Allegorie der Emigration lesen (und im Kontext der Reisebeschreibung könnte man auf dieser Basis die Emigration als Hypostase des Untergangs von Atlantis interpretieren), als auch als Allegorie der Selbstfindung. Die Allegorie wird am Ende positiv zu einer Parabel auf den Beginn des Lebens umgedeutet.

Die Ubiquität des ursprünglich Eigenen (Rußlands) im individuellen Erinnern wird immer wieder betont: »Я не чувствовал расстояния, все было со мною« (»Ich spürte die Entfernung nicht, ich hatte alles bei mir«).[60] Ausgehend von der Legende von der Rose und vom Kreuz, die, dem platonischen Mythos ähnlich, die Spaltung der Menschheit, darüber hinaus aber auch den leidvollen Kreislauf der Wiedergeburten beschreibt, spricht der Erzähler schließlich dem russischen Volk als einer ›Mischung‹ aufgrund seiner Intuition, seines Gefühls für ›Allweltheit‹ (›vsemirnost‹) und ›allmenschheitliche Verständigung‹ (›vsečelovečeskoe obščenie‹) eine spezifische Kraft und eine besondere Mission im Streben nach der Errichtung einer ›neuen weltweiten Zivilisation‹ zu.

Schließlich, und dies ist das dritte Element der Gegenwärtigkeit des Vergangenen, werden im Verlauf des Textes sechs Gegenstände benannt, die, aufbewahrt in einem Kästchen (möglicherweise eine Allusion an Vjačeslav Ivanov) materiell greifbare Erinnerungsstücke der Reise sind, die ihn überallhin begleiten, und mit denen, in Rückverwandlung von Prousts ›mémoire involontaire‹ zu Bergsons ›mémoire pure‹[61], alles verbunden ist – er selbst, seine Visionen, die Empfängerin des Briefes, und sämtliche in der Reise durchlebte Zeitstufen. Der Zweig von einem unbe-

[59] Ebenda. S. 98-99. Der Kahn mit den schwarzen Segeln ruft das bereits zitierte Gedicht Bal'monts *Der Nachen des Schmachtens* auf; vgl. Anm. 28.

[60] Terapiano. *Putešestvie* (wie Anm. 38). S. 69.

[61] Vgl. Walter Benjamin, »Über einige Motive bei Baudelaire«. Ders. *Charles Baudelaire*. Frankfurt/M.: Suhrkamp, 1974. S. 105.

kannten Baum, ein kleiner Handspiegel, eine Muschel, ein Stein, eine leere Nuß und ein Dolch. Jeder dieser Gegenstände ist Ausgangs- oder Zielpunkt einer Begebenheit, einer Legende, einer Reflexion und fungiert gleichsam als Kristallisation lebendiger Erinnerung, räumlicher und zeitlicher Ubiquität.

V. Zusammenfassung

Jurij Terapianos 1946 in Paris erschienene Reisebeschreibung *Reise in ein unbekanntes Land* ließe sich mit Fug und Recht als die mehr oder weniger stark fiktionalisierte Beschreibung einer irgendwann zu Beginn des 20. Jahrhunderts nach Indien und in den Himalaya unternommenen Reise bezeichnen, die den subjektiven Eindrücken und Erfahrungen ihres Ich-Erzählers eine zentrale Position einräumt und mit nachweislichen Kenntnissen ihres Autors im Bereich der östlichen Spiritualität in Einklang steht.

Darüber hinausgehend betrachtet die hier erprobte Lektüre Terapianos *Reise* als einen Reisetext der Emigration, der im Kontext der unfreiwillig perpetuierten Abwesenheit von ›zuhause‹ von einer spezifischen Form der Reise zeugt – der ›geistigen‹, man könnte auch sagen ›virtuellen‹ Reise, die den Reisetext selbst zur Reise macht. Auf diese Weise antwortet der Reisetext nicht nur auf die verwehrte Rückkehr nach Rußland, die die Reise in die Emigration zur Reise ›ohne Wiederkehr‹ macht (und hinsichtlich künftiger Reisen einen Paradigmenwechsel – den Verlust Rußlands als Vergleichsmatrix – nach sich zieht), sondern außerdem auf die erzwungene Immobilität des apatriden Emigranten. In diesem Sinne konstituiert der Reisetext der Emigration eine ›Flucht‹ aus der Emigration.

Bereits in Terapianos Lyrik der dreißiger und vierziger Jahre sind Motive rekurrent, die sich mit der Problematik von Immobilität und Bewegung in Verbindung bringen lassen. Die exemplarische Analyse relevanter Texte ergibt, daß Terapiano schrittweise einen Modus entwickelte, durch den virtuellen Austritt aus der Situation das ›Leiden an der Emigration‹ zu überwinden. Dieses ›geistige Heraustreten‹ ermöglicht das ubiquitäre ›Mit-sich-Tragen‹ alles Vergangenen und Verlorenen, macht die visionär erinnerte Vergangenheit zu einem lebendigen Bestandteil der erlebten Gegenwart und hebt räumliche und zeitliche Grenzen auf. Auf poetologischer Ebene wird diese Ubiquität in intensiven intertextuellen Dialogen und Bezügen auf verschiedene russische Dichter faßbar.

Dieselbe Ubiquität entwirft nun die *Reise* zunächst auf formaler Ebene, indem die impressionistische Montage der fragmentarischen, zeitlich und räumlich heterogenen Sequenzen die Verortung des Geschilderten in Zeit und Raum unterläuft. Das Geschehen wird somit nicht linear, d.h. nicht als flüchtige Abfolge wahrnehmbar, sondern als gleichzeitig bzw. zyklisch wiederkehrend: Jede Sequenz scheint bereits Erzähltes in sich zu bergen. Der Eindruck der Ubiquität wird zusätzlich durch die Intensivierung einzelner Sequenzen als Ausgangs- oder Zielpunkt von Wahrnehmung und Erinnerung vertieft. Auf diese Weise – in einer stetigen Bewegung in die Tiefe – erreicht die üblicherweise ›Flüchtigkeit‹ erzeugende Montage von Fragmenten und Sequenzen die zeitlose, lebendige Präsenz verschiedener Zeitebenen in der Gegenwart. Die Lösung von Zeit und Raum befähigt den Ich-Erzähler zur Welt- und damit zur Icherkenntnis. Erinnerung – auch allegorische – ist Selbstfindung.

Bezeichnenderweise fokussiert die ›Rückkehr‹ von der ›Reise in die Tiefe‹ in die ›Flachheit‹ der vom Denken beherrschten Gegenwart den ›flüchtigen Blick‹:

> Все сменялось вокруг меня со стремительной быстротой: пейзаж, люди, различные климаты, различные зоны растительности.
> Alles um mich herum veränderte sich mit hastiger Geschwindigkeit: die Landschaft, die Menschen, die verschiedenen Klimata, die verschiedenen Vegetationszonen.[62]

Auf diese Weise steht der den Text abschließenden Zivilisationskritik (gebündelt in der mit Flüchtigkeit der Wahrnehmung einhergehenden Vorherrschaft der Logik) die im Verlauf des Textes als ›Reise‹ praktizierte vertiefte Wahrnehmung gegenüber:

> Все, о чем я писал Вам – это состояния моей души, отблеск воображения и, к счастию, меньше всего – изображение моих мыслей.
> Alles, worüber ich Ihnen schrieb, sind Zustände meiner Seele, der Abglanz von Vorstellungen und, zum Glück, weniger als sonst etwas der Abglanz meiner Gedanken.[63]

Der Reisetext als virtuelle Reise in die Tiefe, als Austritt aus Zeit und Raum – man erinnere sich an die Worte Terapianos im Hinblick auf das Existieren in der Emigration – bietet somit eine Möglichkeit, der in der seltsamen Ambivalenz von Flüchtigkeit und Immobilität gefangenen Emigrationsexistenz zu entkommen. Der – immer wieder beschworene – ›Abschied für immer‹ wird so überwunden.

---

[62] Terapiano. *Putešestvie* (wie Anm. 38). S. 163.
[63] Ebenda. S. 163.

Elena Galtsova (Moskau)

»Durch Europa mit dem Automobil«. Georgij Ivanovs Prosa der 1930er Jahre: Genese einer modernistischen Poetik am Beispiel der Skizzenliteratur

Georgij Ivanovs Skizzenzyklus *Po Evrope na avtomobile* (*Durch Europa mit dem Automobil*), der einer realen Reise des Dichters gewidmet ist, erschien in den Jahren 1933-1934 in der Zeitung *Poslednie novosti* (*Letzte Neuigkeiten*).[1] In den Skizzen wird die neuntägige Reise Ivanovs aus Riga nach Paris beschrieben, die der Dichter 1933, also zehn Jahre nach seiner Flucht aus Sowjetrußland, unternahm. Diese Fahrt besaß eher den Charakter einer touristischen Bildungs- oder Erholungsreise, obgleich sie auf der Strecke von Berlin nach Paris aufgrund ihrer Zielstrebigkeit auch Züge einer Flucht trug. Entsprechend schreibt Ivanov am Anfang seiner Skizzen:

> […] случай пересечь пол-Европы на автомобиле представляется не часто в эмигрантском быту. Мне в этом смысле повезло. Из Риги в Париж я приехал на 20-сильной американской машине. (S. 324)[2]
> […] die Gelegenheit, halb Europa mit dem Automobil zu durchqueren, tritt im Alltag eines Emigranten eher selten auf. Von Riga aus reiste ich nach Paris mit einem 20 PS starken, amerikanischen Wagen.

Die Skizzen stellen ein äußerst interessantes Dokument dar, beschreiben sie doch die europäischen Länder zu Beginn der 1930er Jahre, wobei Deutschland den größten Raum einnimmt. Zudem sind sie literarische Erzählungen mit nichtlinearer Zeitgestaltung, was es dem Autor ermöglicht, auch den eigenen Aufbruch beziehungsweise die Flucht in den Westen zu streifen, ein Panorama der russischen Emigration zu entwerfen und Mitteilungen von seinen Eindrücken eines Lebens in der Fremde zu machen. Dabei ist seine Erzählweise gekennzeichnet von einer Dynamik, die zum einen mit dem Thema der Reise korrespondiert, zum anderen der Publika-

---

[1] Wiederaufgelegt in Georgij Ivanov. *Sobranie sočinenij v 3 t.* Bd. 2. Hg. E.V. Vitkovskij/V.P. Krejd. Moskva: Soglasie, 1994.

[2] Hier und im weiteren beziehen sich die Seitenangaben auf den Abdruck der Skizzen *Durch Europa im Automobil* in: Ivanov. *Sobranie Sočinenij* (wie Anm. 1).

tionsweise der Skizzen verpflichtet ist. Da die Skizzen in Fortsetzungen in einer Zeitung erschienen, mußte jedes Fragment von einer bestimmten, eingängigen Logik sein, um die Leser zu fesseln.

Der Skizzenzyklus *Durch Europa mit dem Automobil* stellt somit ein Amalgam von dokumentarischen und fiktionalen Genres dar. Im Kontext von Georgij Ivanovs Prosa der 1930er Jahre spielen diese Texte eine bedeutende Rolle. Thematisch sind sie mit den Erzählungen und Erinnerungen an die Flucht aus Sowjetrußland verknüpft, die zu Beginn der 1930er Jahre im Druck erschienen, man kann in ihnen aber auch, so unsere These, eine der ›Quellen‹ für das Prosapoem *Raspad atoma* (*Der Zerfall des Atoms*) sehen.

I. Die Besonderheiten der poetischen und ideologischen Optik in den Skizzen *Durch Europa im Automobil*

Durch Europa im Automobil beginnt mit der Beschreibung der Spuren, die der Erste Weltkrieg entlang der Litauer Route hinterlassen hat.

> Кресты братских кладбищ. Лес, исковерканный орудийным огнем. Остатки окопов, клочья колючей проволоки, стены сожженных фольварков. Призраки войны все еще сторожат большую литовскую дорогу. (S. 324)
> Kreuze auf den Massengräbern der Friedhöfe. Wald, vom Geschützfeuer entstellt. Überreste von Schützengräben, Knäule von Stacheldraht, Mauern niedergebrannter Gehöfte. Noch immer stehen die Gespenster des Krieges Wacht entlang der großen Litauer Straße.

Die Landschaftsbeschreibung geht schon bald in eine poetisierte Reflexion über den Krieg über, die »Gespenster« werden ›real‹, und die Prosa nimmt stellenweise einen eigentümlichen Rhythmus an: »Да и там, где следы войны внешне стерты, продолжает веять их ледяная тень« (S. 324; »Ja selbst dort, wo die Spuren des Kriegs äußerlich nicht mehr sichtbar sind, scheint ihr Eisschatten fortdauernd in der Luft zu liegen.«) Der Blick des Dichters ›gleitet‹ durch Zeit und Raum, von der beobachteten Realität geht er zurück in die nahe Vergangenheit, die phantastische, ›gespenstische‹ Züge annimmt.

Schon zu Beginn der Skizze entwickelt Ivanov einen besonderen Blick auf das Objekt seiner Beschreibung, auf die Reise durch Europa. Er läßt die beiden wichtigsten Zeitebenen miteinander verschmelzen, Gegenwart und Vergangenheit sowie deren kaum zurückliegenden historischen Katastrophen, in diesem Fall der Erste Weltkrieg und im weiteren auch der Oktoberrevolution. Aber auch die fernere Vergangenheit kann, wie wir sehen werden, Gegenstand der Darstellung sein, doch erweist sie sich dann auf die eine oder andere Art durch die beiden hauptsächlichen Zeitebenen aktualisiert. Die beiden Ebenen faßt Ivanov als Spiegelbild auf: In der Gegenwart ahnt er die Wiederholung der vergangenen Katastrophen, die sich in einer nahen Zukunft ereignen werden. In diesem Sinne meint der ›Blick‹ des Dichters nicht nur die Beobachtung der umgebenden Welt, sondern auch das Nachdenken über deren Schicksal, was verlangt, die ›Trajektorie‹ zu ändern, indem der Blick sich sowohl in die Vergangenheit als auch in eine unbestimmte Zukunft wendet. Gemeint ist aber auch der Blick eines Dichters, dessen Phantasie eine weitere ›Realität‹ schafft, und sei es nur eine ›gespenstische‹. Doch vermittelt eben diese ›Realität‹ das, was zur Sphäre der Omina, zur Ebene der Zukunft, zu zählen ist.

Wenden wir uns wieder dem Text der Skizzen zu. Nach seinen poetischen Überlegungen anläßlich der zuerst in den Blick geratenen Landschaft kehrt der Erzähler erneut in die ›Realität‹ zurück, um sie in einem Stil zu beschreiben, der seinem informativen Charakter nach für touristische Nachschlagewerke typisch ist. Von den »Schatten« des Krieges wendet sich Ivanov dem zeitgenössischen Mitau und seinem Schloß zu, allerdings nur um erneut in die Vergangenheit einzutauchen – dieses Mal in die ferne Geschichte des 18. Jahrhunderts, in die Epoche der Zarin Anna Ioannovna und des allmächtigen Grafen Biron. Diese Vergangenheit liefert allerdings lediglich den Vorwand, um Revolution und Bürgerkrieg zu erwähnen, als sich die Rotarmisten über den einbalsamierten Leichnam des Grafen Biron, der sich bis zu diesem Zeitpunkt erhalten hatte, lustig machten, und als der Weißgardist Bermont-Avalov bei seinem Rückzug die Stadt endgültig zerstörte.

In dieser beinahe anekdotischen Erzählung von Biron taucht erneut das poetische Leitmotiv auf, das mit dem Krieg und seinem »eisigen« Schatten verbunden ist: »тело Бирона валялось на обледененной земле перед пылавшим дворцом« (S. 327; »der Körper Birons lag achtlos auf der vereisten Erde vor dem brennenden Schloß herum«). Auch das ›Friedhofsthema‹ kehrt wieder: »И только теперь, в 1933 году, серебряный вычурный гроб рококо зарыт в землю на обывательском кладбище, и над ним поставлен простой деревянный крест« (S. 327; »Und erst jetzt, 1933, wurde der silbern verschnörkelte Rokokosarg in der Erde eines ganz gewöhnlichen Friedhofs verscharrt und ein einfaches Holzkreuz darüber errichtet«). Das Motiv des ›eisigen Todes‹, das in Verbindung steht mit den Themen ›Krieg‹ und ›Bolschewismus‹, durchzieht den gesamten Text der Skizzen.

Die Beschreibung der nächsten Station auf dem Weg, Šiauliai, ist mit dem Thema ›Deutschland‹ durch den Namen des Hotels und seines Restaurants *Berlin* verknüpft. Der Reisende ist fasziniert von der Ähnlichkeit der Atmosphäre in diesem Städtchen mit »einem ebensolchen, jüdisch-litauischen, dem Städtchen Lida« (S. 328-329), das er kurz vor Ausbruch des Ersten Weltkriegs besucht hatte. Nicht nur das Umfeld war in gewissem Maße gleich geblieben, sondern auch die unguten Vorahnungen:

> Ничего не переменилось. Даже предчувствие новых несчастий, испытаний и гроз, смутно веющее в этих мирных измерениях, осталось все тем же. (S. 329)
> Nichts hatte sich verändert. Sogar die Vorahnungen neuen Unglücks, neuer Heimsuchungen und Bedrohungen, die unbestimmt diese friedlichen Räume durchwehten, sind dieselben geblieben.

Die erste deutsche Stadt auf Ivanovs Route ist Tilsit. Seine Eindrücke sind im ersten Moment vor allem farblicher Art: Er sieht eine große Menge von Rottönen – die roten Flaggen mit der nationalsozialistischen Swastika, die roten Armbinden der Menschen in Uniform. Die Erwähnung der Farbe Rot ist natürlich auch in gewisser Weise ein Echo auf die vorangegangenen Erzählungen von den entmenschlichten Grausamkeiten der bolschewistischen Rotarmisten. Aber Ivanov neigt nicht dazu, hier Nazis und Bolschewisten in eins zu setzen, vielmehr quält den Reisenden gerade die Frage, wer von beiden das größere Übel darstelle, ohne daß es ihm gelänge, eine rechte Antwort darauf zu geben. Nichts desto trotz ist die Gegenüberstellung des sowjetischen Rußlands und des nationalsozialistischen Deutschlands allgegenwärtig. Die jugendlichen Hitleranhänger in ihren militärischen Uniformen und mit »einem gewissen, kaum greifbaren Anflug von Undiszipliniertheit« (S. 333) erinnern Ivanov an die »Fähnriche der Etappe am Ende des Kriegs [...], von denen später, je nach den Umständen, die einen Politkommissare, die anderen Banditen geworden sind« (ebenda). Ivanov beharrt allerdings auf der »anderen menschlichen ›Tonalität‹«, die den jungen Nationalsozialisten im Unterschied zu den Bolschewisten eigen sei. So fällt dieser Vergleich nicht zu Gunsten der Nazis aus.

Der Ankunft in Berlin, wo Ivanov einige Tage verweilt, geht ein eintägiger Aufenthalt in Schneidemühl voraus, einem Ort, in dem die Ideologie sich die Toponymik bereits gefügig gemacht hat: Die Hauptstraße trägt hier den Namen Adolf Hitlers. Mit dieser Stadt beginnt das Thema des russischen Nazismus, das ein zentrales für den gesamten Skizzenzyklus ist. Ivanov beschreibt das zufällige Zusammentreffen mit einem Polen im Gärtchen gegenüber dem Postamt, der nach seiner Flucht vor den Bolschewisten schließlich zum Nationalsozialisten geworden ist. Der verworrene Bericht seiner Flucht erscheint Ivanov einerseits als »banale Geschichte« (S. 335), andererseits ist diese Erzählung aber auch »seltsam« und entbehrt einer elementaren Logik:

> В его взволнованном, перескакивающем с одного на другое рассказе была одна странность. Как припев, повторялось в нем постоянно »чудные люди«, »прекрасный товарищ«, »сердечность, которой я никогда не забуду«, и относилось это то к администрации госпиталя, откуда его уволили, то к раззнакомившимся с ним коллегам, то к пациентам, переставшим лечиться у него. (S. 335)
> In seiner erregten, von einem zum anderen springenden Erzählung war etwas Seltsames. Wie ein Refrain tauchten in ihr wiederholt »wunderbare Menschen« auf, ein »guter Kamerad«, »Herzlichkeit, die ich nie vergessen werde«, und dies bezog sich auf die Hospitalverwaltung, aus der er entlassen worden war, auf seine Kollegen, die ihn nicht mehr zu kennen vorgaben, auf die Patienten, die sich weigerten, von ihm behandelt zu werden.

Diese Begegnung bleibt Ivanov ein Rätsel: Der Pole, der, aus Rußland geflohen, nun unter Verfolgungswahn leidet (und dies vermutlich zu Recht), bemerkt, daß man sie beobachtet, und bricht das Gespräch ab, aus dem lediglich deutlich geworden war, daß er Berlin für eine noch einigermaßen freie Stadt hält.

Ivanov besucht nun das russische Berlin, und zwar nicht einfach das russische, sondern die russische nationalsozialistische Organisation *Rond.* Sie ruft in ihm ein Gefühl tiefster Abneigung hervor. Die Beschreibung Berlins setzt in der Nähe der russischen Kirche ein, wo Jungen die Tageszeitung der russischen Hitleranhänger *Rußlands Erwachen* verkaufen. Aus den Rufen dieser jungen Verkäufer hört Ivanov den vieldeutigen Reim heraus: »Руссланд эрвахе ин дэйтше шпрахе« (S. 337; »Rußland erwache in deutscher Sprache«). Unter den russischen Nazis trifft er auch auf den legendären ›Helden‹ von Mitau, den bereits am Anfang der Skizze erwähnten Bermint-Avalov.

Zu Beginn hat die Erzählung über *Rond* die Form einer leicht satirischen Reportage: Ungeachtet ihres schneidigen Aussehens herrscht in den Reihen der russischen Nazis Verwirrung, da sich die Deutschen nicht länger für sie interessieren. Nicht enden wollende Intrigen, die Armseligkeit der Mitglieder, leere Reden und Publikationen, die in sowjetischer

Orthographie abgefaßt sind[3], und sogar die Hymne, die zur Melodie der *Internationalen* (die sich ebenfalls die Bolschewisten angeeignet hatten) abgesungen wird – all das enttäuscht Ivanov nicht nur, sondern bringt ihn auf. Ivanvov wechselt in einen äußerst kritischen Ton in seinem *Brief aus Berlin*, in dem er die Geschichte dieser Organisation beschreibt, deren Hauptfunktion es hätte sein sollen, gegen die UdSSR zu Felde zu ziehen.

Die Szene im Café mit dem koloritreichen Namen *Zur Tante*, in dem Ivanov der Erzählung eines ordentlichen Mitglieds von *Rond* lauscht, dient der Erklärung, wenn auch einer wenig überzeugenden, warum viele Berliner Russen sich dieser Organisation angeschlossen hatten. Dies ist die zweite ›Beichte‹ einer Flucht aus dem ›Land der Bolschewiken‹, die Ivanov zu hören bekommt. Als Sohn eines wohlhabenden kleinrussischen Landbesitzers und Offiziers der zaristischen Armee, war Ivanovs Gesprächspartner 1920 aus Rußland über Litauen nach Deutschland geflohen, wo er viel und hart hatte arbeiten müssen und wo er auf Schritt und Tritt Ungerechtigkeiten und Betrug begegnet war. Der Nationalsozialismus war diesem vom Leben gebeutelten Menschen als moralische Rettung erschienen: Mit seinem Eintritt in die Organisation *Rond* hatte er einen neuen Glauben gefunden und seinem Unglück nicht länger mehr Aufmerksamkeit geschenkt. Die Flucht hatte diesen Menschen in die tiefsten Verirrungen geführt, doch Ivanov erkennt, daß es unmöglich wäre, ihn in diesem Moment eines besseren zu belehren.

Es liegt auf der Hand, daß der gesamte, *Rond* gewidmete Teil von Ivanov in erster Linie als informativer Bericht konzipiert worden war. Hinter der ›Aufklärungs‹-Mission, die sich auf das Leben der russischen Nazis in Deutschland bezog, stand vermutlich eine umfassendere Frage – die nach dem Sinn der Emigration. An den unterschiedlichen Schicksalen der aus der UdSSR ausgereisten Menschen (des polnischen Arztes, der Führer von *Rond*, des Gesprächpartners im Café *Zur Tante*) sieht Ivanov ausschließlich die Armseligkeit, die Angst und den Versuch, sich um jeden Preis an einer beliebigen Idee festzuhalten, solange diese anti-bolschewistisch zu sein verspricht. Ivanvovs Pessimismus wird noch dadurch verstärkt, daß auch für ihn der Bolschewismus etwas unbezweifelbar Böses

---

[3] Die Erwähnung der »sowjetischen Orthographie« ist für Ivanov sehr bedeutsam. Die russische Emigration war bemüht, in ihren Publikationen die vorrevolutionäre Schreibweise beizubehalten, die im Unterschied zur vereinfachten, sowjetischen, in größerem Maße das etymologische Gedächtnis der Sprache zu bewahren versprach. Die Tatsache, daß die russischen Nazis zur »sowjetischen Orthographie« übergegangen waren, legte Zeugnis von ihrer Unkultiviertheit ab.

ist und daß auch er emigrierte. Doch sieht er, daß die russische Emigration in Deutschland – einem Land, das in den 1920ern das erste wichtige kulturelle Zentrum der Emigration war, das Allerschlimmste des neuen totalitären Regimes in sich aufgesogen hatte.

Ivanov beschreibt den Stadtraum Berlin und die Umgebung nur wenig. Um genau zu sein, gibt es eine ausführlichere Beschreibung, die Potsdam gewidmet ist. Mit eben dieser Beschreibung beginnt Ivanov seine Gegenüberstellung der beiden Metropolen: der deutschen (Berlin und Umgebung) und der französischen (Paris und Umgebung). »Potsdam – das preußische Versailles«. Der Vergleich mit Versailles geht klar zu Ungunsten Potsdams aus: »schwergewichtig« (»грузность«), »gezierte Kälte« (»чопорный холод«), »wuchtig, doch belanglos, schwülstig, doch in nichts großartig« (»громоздко, но мелко, напыщенно, но ничуть не величаво«), »vergoldeter Trübsinn« (»раззолоченная унылость«). Ivanov vergleicht das architektonische Ensemble von Potsdam mit »prächtigen« Schreibtischutensilien, manierlich aufgestellt auf dem grünen Tuch der getrimmten Rasenflächen. Das Schloß wie ein gigantisches Tintenfaß, die Einfriedung aus »imposantem marmornen Pappmaché«. Potsdam hat zu wenig »große Geste«, »Hochherrschaftlichkeit«, es verkörpert eher einen »Soldatentraum vom 18. Jahrhundert« (S. 354). »Soldatentraum« ist mehr als eine Metapher für das lächerlich Prätentiöse der Potsdamer Anlage, es ist auch eine offensichtliche Anspielung auf das zeitgenössische Regime in Deutschland: Nach Potsdam war Ivanov gefahren, um einer nazistischen Parade und einer Versammlung, an der Goebbels teilnahm, beizuwohnen.

Der »Menschenstrom« (S. 355), in den Ivanov bei der Parade gerät, erinnert ihn an die Bewegung von »Treibeis« (S. 355), das von Zeit zu Zeit durch sich bildende Stauungen ins Stocken gerät. Die Metapher des Eises korrespondiert mit der »Kälte« der Schloßarchitektur einerseits und mit dem leitmotivischen »eisigen Schatten« des Krieges (S. 324), mit dem die Skizze einsetzte, andererseits. Die strahlenden Gesichter der Versammelten und ihrer feierliche Stille rufen bei Ivanov den äußerst ernsten Verdacht hervor, seine vagen, unguten Vorahnungen fänden ihre Erfüllung in diesem neuen Regime, das zur Ursache einer Katastrophe werden könnte.

In der Beschreibung seiner Abfahrt aus Berlin spielt das Automobil die Hauptrolle. Seinen Wunsch, so schnell wie möglich die Stadt zu verlassen, in der er den russischen Nazis begegnet ist, gibt Ivanov durch die beharrliche Erwähnung der Geschwindigkeit wieder, mit der die Zeit »eingeholt« werden soll, die in Berlin verloren worden war: die »atemberaubende Fahrt« mit 120 Stundenkilometern, das Vorbeisausen von Fabrikgebäuden und Schornsteinen auf dem Hintergrund einer ländlichen Landschaft, der Vergleich der Fahrt mit einem Flug mit »unerlaubter Geschwindigkeit« (S. 366). Dem schnellen Fahren entspricht der schnelle Wechsel von Eindrücken – kleine deutsche Städte mit immer gleichen herausgeputzten Denkmälern des Jahres 1871 und mit roten Bannern des neuen Deutschland (S. 361); das malerische Halberstadt, dessen Charme die freiwilligen Helfer in Naziuniform nicht zu zerstören vermochten; das Schloß von Westfalen, in dem der Hausherr hinter demonstrativen Lobreden auf Hitler seine Angst vor dem Regime zu verbergen sucht; das Dörfchen, in dem sich noch die Atmosphäre eines vorbismarckschen Deutschland gehalten hat; Göttingen, mit dem jeder Russe Puškins Lenskij (*Evgenij Onegin*) assoziiert, und das auch jetzt, angefüllt mit einer neuen, antisemitischen Jugend, dennoch seine eigentümliche Romantik zumindest auf dem Rathausplatz nicht verloren hat.

Die letzte Beschreibung von »Hitlers Zarenreich« (S. 369) erfolgt wie »außer Atem«. Ivanov zählt die Orte auf, durch die er hätte fahren können, stellte die Fahrt für ihn einen angenehmen Zeitvertreib dar (Nürnberg, Rhein, Bayern). Er aber wählt den kürzesten Weg über Köln und Aachen, um Deutschland schneller hinter sich zu lassen.

Die Beschreibung der Fahrt von Deutschland nach Frankreich über Belgien erfolgt im Zeichen einer Paris-Metapher. Die Cabarets *Ciel* und *Enfer* auf der *Avenue de Clichy* werden zu Symbolen dieser Durchreise, wobei es sich von selbst versteht, daß Frankreich dem Symbol ›Ciel‹[4] zugeordnet wird und die Rückkehr als Rückkehr ins Paradies, in den Himmel interpretiert wird – durch die romantischen Ardennen und ungeachtet einiger Unannehmlichkeiten wie ein schmutziges Hotel und schreckliches Essen.

Das ersehnte Frankreich wird in den Skizzen ziemlich knapp vorgestellt, jedoch immer in Verbindung mit einer positiven Wertung (selbst wenn dies mit einer kleinen Prise Ironie geschieht). Im Vergleich von Potsdam und Versailles erweist sich die französische Kultur als unerreichbarer Maßstab, wobei dies nicht nur die Schönheit, sondern auch die Ideologie betrifft: Versailles ist Ausdruck einer Großmacht, und die französische Monarchie, für die Versailles symbolisch steht, ist von prinzipiell anderer Art als das »soldatische« Zarenreich Hitlers.

Außerdem ist Frankreich für den Reisenden »sein Zuhause« (S. 370), was der hastigen Abreise aus Deutschland die Tragik nimmt, erweist sich

---

[4] Als Hölle figuriert hier das industrialisierte Belgien, das die Reisenden durchqueren, um in die Ardennen zu gelangen.

die Fahrt doch keineswegs als Flucht, auch wenn sie im erhöhten Tempo, beinahe »im Laufschritt«, vor sich geht. Die beschleunigte Durchreise durch Deutschland nach dem verhältnismäßig langen Aufenthalt in Berlin hindert den Dichter jedoch nicht, einen genauen Blick auf die Details der Landschaft zu werfen. Dabei ist es von Interesse, daß eben in dem Moment, in dem Ivanov sich an Halberstadt erinnert, die eine der Städte auf dem Weg in seine Emigration zu Beginn der 1920er Jahre war, sich zwei Arten von ›Blicken‹ auf die Realität unterscheiden lassen. Während der Fahrt in die Emigration, das heißt, während seiner ›Flucht‹ aus Rußland, hatte er eine oder anderthalb Stunden in Halberstadt verbracht, so notiert er in seinen Skizzen, und damals außer einem banalen Bahnhof und Straßen, die ihn an die Straßen Berlins en miniature erinnerten, nichts Bemerkenswertes erblickt. Jetzt allerdings, während seiner zwar hastigen, aber dennoch freiwilligen Reise, gelingt es ihm, Gefallen zu finden an diesem Ort, der ihm eine »verzauberte mittelalterliche Stadt« zu sein scheint, mit einer lebendig gewordenen Architektur.

> Один за другим вырастали перед глазами дома, один восхитительнее другого. Этажи выступами громоздились над этажами. Пестрые стекла сияли и переливались в окнах самых причудливых фасонов. Какие-то лесенки круто вели к небу. Чугунные лебеди протягивали шеи из темноты. (S. 362)
> Eins nach dem anderen wuchsen Häuser vor dem Blick hervor, eines bezaubernder als das andere. Etagen über Etagen türmten sich aufeinander. In Fenstern von bizarrster Form schimmerten bunte Glasscheiben in den Farben des Regenbogens. Eine Art Treppchen führte steil in den Himmel. Gußeiserne Schwäne reckten ihre Hälse aus der Finsternis.

II. Der »unruhige Seegang« als Modell eines Bewußtseins ›auf der Flucht‹

Das angeführte Beispiel der Erinnerung an den Weg in die Emigration ist die einzige Erwähnung der eigenen Flucht aus Rußland in Ivanovs Skizzenzyklus *Durch Europa mit dem Automobil*. Zu Beginn der 1930er schreibt Ivanov Erzählungen und Erinnerungen, in denen er von Zeit zu Zeit das Thema seiner Abreise aus der UdSSR berührt. Nun will es scheinen, daß Ivanov nach zehn Jahren Emigration in gewisser Weise die Bilanz dieser Flucht zieht. Seine Erzählung *Kačka (Ot-ezd iz Rossii)* (*Unruhiger Seegang [Die Abreise aus Rußland]*), 1932 in *Segodnja* (*Heute*) publiziert, scheint eine Konzeptualisierung seiner eigenen Flucht aus Rußland darzustellen.

Zuerst einmal beeindruckt die Leichtigkeit, mit der – in der Erinnerung Ivanovs – der eigentliche Prozeß des Abreisens vonstatten ging. Ivanov erinnert sich mit Humor daran, daß er gezwungen war, das Geld für die Reise mit der Übersetzung eines Textes zu verdienen, dessen Freizügigkeit in seinen Augen der in *Lady Chatterley* gleich kam:

> Десять лет тому назад – осенью 1922 года – я в течение месяца трудился, как каторжник, над переводом *Орлеанской девственницы* Вольтера. В день я переводил до полутораста рифм добротным пятистопным ямбом, избегая неполных рифм и не позволяя себе никаких неточностей. Как-никак я продолжал дело, начатое Пушкиным. Первые двадцать строк этой поэмы, столь же блестящей, сколько кощунственной и неприличной, переведены им. При большевиках, по заказу Горького, за *Орлеанскую девственницу* взялся Гумилев. (*Всемирная литература*)[5]
> Vor zehn Jahren, im Herbst 1922, arbeitete ich einen Monat lang hart wie ein Sträfling an der Übersetzung von Voltaires *La pucelle d`Orléans*. Pro Tag habe ich bis zu hundertfünfzig Reime in einen willigen fünffüßigen Jambus übertragen und mich dabei bemüht, unreine Reime zu vermeiden und keine Ungenauigkeiten zuzulassen. Wie man es auch wendet, ich habe damit die von Puškin begonnene Sache fortgesetzt. Die ersten zwanzig Zeilen dieses Poems, ebenso glänzend wie blasphemisch und unanständig, hat er übersetzt. Unter den Bolschewisten hat sich Gumilev im Auftrag Gor'kijs an die Übersetzung von *La pucelle d`Orléans* gemacht. (*Vsemirnaja literatura*)

Der Zweideutigkeit des Zuverdienstes aus einer Übersetzung, die Ivanov beinahe für Pornographie hielt, entsprechen die bürokratischen Abenteuer und sogar ein gewisser Betrug, den er gezwungen war einzufädeln, um die Erlaubnis zur Ausreise und ein Visum zu erhalten. Detailliert erzählt er, wie er sich eine »offizielle«, »loyale« Ausreise organisierte – eine »Dienstreise« nach Berlin mit dem Ziel, das Repertoire der staatlichen Theaterhäuser zusammenzustellen.[6]

---

5 Ivanov. *Sobranie sočinenij* (wie Anm. 1). Bd. 3. S. 448.

6 Es handelte sich um eine Zeit, in der alte Dichterverbindungen noch eine Rolle spielten. Seine Unterschrift unter die Dienstreise setzte Andrian Piotrovskij, Übersetzer und Literaturwissenschaftler, der mit Versen in der *Dichtergilde* debütiert hatte.

Die Erzählung Ivanovs über die Vorbereitungen zur Flucht ist voll Humor und Enthusiasmus. Doch kaum ist der Kampf mit der sowjetischen Bürokratie durchgestanden, wird die Realisierung des Traums schnell zur Enttäuschung. Beiläufig führt Ivanov ein symbolisches Detail ein: jenen Dampfer *Carbot II*, auf dem er fünf Tage bis Stettin gemeinsam mit M.V. Dobužinskij unterwegs war und der, wie sich dann herausstellte, damals seine letzte erfolgreiche Strecke fuhr. Auf dem Rückweg lief er auf Grund. Die Flucht aus Rußland ist tragisch, auch wenn sie von ziemlich unterhaltsamen, die Organisation betreffenden Abenteuern begleitet ist. Nach der Überwindung aller Hindernisse empfindet Ivanov nur mehr den Verlust. Und der unruhige Seegang, der ihn ein wenig seekrank werden läßt, vermittelt eben dieses emotionale Erleben von Sinnlosigkeit in der neuen Existenzform:

> Никакого чувства освобождения, легкости, радости. Даже наоборот. Конечно, теперь я курил папиросы с золотым мундштуком вместо махорки, конечно я был свободен, конечно я ехал в Берлин, в Париж, где я мог делать, что хочу, где никто не мог меня вдруг арестовать, сослать, расстрелять. Все это было так. Но сознание это было каким-то бесцветным, отвлеченным, бесплотным, не имеющим цены. Реальными были: резкий ветер, мокрая палуба, хмурые волны да еще тревожный вопрос: неужели Россия потеряна для меня навсегда?[7]
> Keinerlei Gefühl von Befreiung, Leichtigkeit, Freude. Sogar das Gegenteil. Natürlich rauchte ich jetzt Zigaretten mit goldenem Mundstück anstelle von Machorka, natürlich war ich frei, natürlich fuhr ich nach Berlin, nach Paris, wo ich tun und lassen konnte, was ich wollte, wo mich niemand plötzlich verhaften, verbannen, erschießen konnte. Alles war genau so. Aber das Bewußtsein war irgendwie farblos, abgelenkt, körperlos, ohne Wert. Die Realität war: die steife Brise, das nasse Deck, die düsteren Wellen und die beunruhigende Frage: Wird etwa Rußland auf immer für mich verloren sein?

Seine Flucht aus Rußland analysiert Ivanov nicht in Kategorien der Dynamik, sondern in solchen der Statik. Dynamisch war die Erzählung von den russischen Abenteuern – sie bestanden aus in gewisser Weise zielgerichteter Bewegung, einem Kaleidoskop aus Ereignissen und Begegnungen, die zu einem Resultat führten. Nun befindet er sich auf dem Deck eines Schiffes, dessen Bewegung keinen Sinn zu haben scheint. Geblieben sind nur die seelischen Erschütterungen des Helden selbst, der Übelkeit

---

[7] Ivanov. *Sobranie sočinenij* (wie Anm. 1). S. 454.

verspürt ob seiner ihm bewußt werdenden totalen Einsamkeit. Dabei unterstreicht das Bild des »unruhigen Seegangs« lediglich den physischen Rest dieses Zustandes, dessen Sinn in der Bewußtwerdung einer neuen Existenzform oder überhaupt der Existenz an sich lag.[8]

Die Erzählung endet mit dem unglücklichen Besuch im Berliner Haus eines Weggefährten, dem Ivanov auf dem Schiff begegnet war. Am Ende ist Ivanov gezwungen, ein Hotel aufzusuchen. »Obwohl schon viele Stunden vergangen waren, seit ich wieder festen Boden unter den Füßen hatte, trat ich noch immer nicht sicher auf«, vermerkt Ivanov. Das Bild des unruhigen Seegangs wandelt sich in ein Modell für das neuen Bewußtsein des Emigranten.

Somit ist das Thema der Emigration bei Ivanov mit statischen Tendenzen verbunden: Auch wenn der »unruhige Seegang« eine Bewegung ist, so doch eine, die sich an einem Ort wiederholend ereignet. Wie wir bereits in den Skizzen *Durch Europa mit dem Automobil* gesehen haben, haben die Erinnerungen an den Vorgang des Emigrierens farb- und leblose Spuren im Gedächtnis des autobiographischen Helden hinterlassen, die nun während der Reise an Interesse und Kolorit gewinnen, einer Reise im übrigen, die die Rückkehr »nach Hause«, nach Paris, zum Ziel hat. Das heißt nicht, daß Paris im Zyklus als echte Heimat ausgewiesen wäre, aber die Stadt stellt zweifelsohne einen positiven Anziehungspunkt nicht nur im thematischen, sondern, wie wir gezeigt haben, auch im ideologischen Sinne dieses Wortes dar. Die beschleunigte Fahrt im Automobil, besonders nach dem Besuch von Berlin, verstärkt den Aspekt der ›Flucht‹, der in *Unruhiger Seegang* seinen Ausdruck im beschriebenen Kampf mit der sowjetischen Bürokratie gefunden hat. Ohne ein Gleichheitszeichen zwischen Nazismus und Sowjetregime zu setzen, sieht Ivanov doch unübersehbare Ähnlichkeiten. In der Flucht vor dem Nazismus finden sich Züge der Flucht aus der UdSSR, nur neigt Ivanov nun zu Beginn der 1930er Jahre dazu, diese ›Wiederholung‹ der Geschichte als Parodie, ja als Farce aufzufassen. Doch im Laufe der 1930er Jahre wird sich die Situation ver-

---

[8] Das Bild des unruhigen Seegangs, der Seekrankheit, erinnert daran, wie Sartre einige Jahre später in seinen Roman *La Nausée* das innere Erleben der Existenz bei Roquentin beschreibt. Doch ist neben einer gewissen Ähnlichkeit dennoch ein prinzipieller Unterschied anzumerken. Anders als die unmotivierte Gemütsbewegung Roquentins hat die Übelkeit des autobiographischen Helden G. Ivanov ihren Grund im Verlust Rußlands. Beim Nachdenken über den Verlust nehmen die konkreten Details: die Flucht vor dem feindlichen Regime, vor der Armut etc. die Vorstellung eines Verlusts mit globalerem Charakter in sich auf.

schärfen, und Ivanov wird seiner neuen Einschätzung im ›Prosapoem‹ *Der Zerfall des Atoms* (1938) Ausdruck geben.

III. Die Dynamik der Räume in *Der Zerfall des Atoms*

Die Skizzen *Durch Europa mit dem Automobil* mit ihrer Atmosphäre einer Vorahnung des Kriegs sind eine Etappe in der Evolution des Dichters Ivanov, die ihn zum Verfassen von *Der Zerfall des Atoms* führen sollte. Obgleich die fragmentarische Schreibweise der Skizzenliteratur und die Themen ›Emigration‹ und ›Nazismus‹, die in *Durch Europa mit dem Automobil* ausgearbeitet worden waren, das berühmte ›Prosapoem‹ nicht erschöpfend beschreiben, sind sie doch wichtige Bestandteile.

Durch Europa mit dem Automobil stellt eine eigentümliche Quelle für *Der Zerfall des Atoms*[9] dar, war doch in den Skizzen die Fähigkeit Ivanovs deutlich geworden, politische Aktualität, Gedanken zum Gang der Geschichte und einen poetischen Blick auf die Welt miteinander zu verbinden. In *Der Zerfall des Atoms* dominiert der verallgemeinerte poetische Aspekt – die inneren Erlebnisse des lyrischen Helden aufgrund der »unmenschlichen Weltenschönheit und der beseelten Weltenscheußlichkeit« (»бесчеловечной мировой прелести и одушевленном мировом уродстве«, S. 9[10]). Doch spielt auch die Politik eine sehr wichtige Rolle. *Der Zerfall des Atoms* ist ein Werk, das durchdrungen ist vom Gefühl eines drohenden Kriegs. Nach Meinung von Ivanov wird dieser vergleichbar mit dem Ersten Weltkrieg sein, dessen Ende bereits ein Wiederaufflammen beinhaltete. Der »Schatten« des Krieges, von dem in den Skizzen in *Durch Europa mit dem Automobil* die Rede gewesen war, wird in *Der Zerfall des Atoms* zur empfundenen Realität. Hiervon legt das politische Leitmotiv Zeugnis ab: »den Siegern zum Leid«, das eine Umkehrung des lateinischen ›vae victis‹ darstellt.

Im Vergleich zu den Skizzen haben Ivanovs politische Ansichten an Klarheit gewonnen. Hitler und Stalin sind für ihn Erscheinungen einer Ordnung, was am ursprünglich geplanten Schluß von *Der Zerfall des*

---

9 Siehe hierzu den Kommentar von Georgij Moseševili zu *Der Zerfall des Atoms*, in dem Beispiele zur Übernahme einiger Bilder und Motive aus den Skizzen *Durch Europa mit dem Automobil* aufgeführt sind. Ivanov. *Sobranie sočinenij* (wie Anm. 1). Bd. 2. S. 443-447.

10 Hier und im weiteren beziehen sich die Angaben auf die Ausgabe: Georgij Ivanov. *Sobranie sočinenij v trech tomach.* Bd. 2. Moskva: Soglasie, 1994.

Atoms zu sehen ist. Im endgültigen Text vermeidet er dann eine direkte politische Schlußfolgerung. 1955 erinnert er sich:

> Атом должен был кончаться иначе: »Хайль Гитлер, да здравствует отец народов Великий Сталин, никогда, никогда, никогда англичанин не будет рабом!« Выбросил и жалею.[11]
> *Atom* hatte anders enden sollen: »Heil Hitler, es lebe der Vater der Völker, der große Stalin, niemals, niemals wird der Engländer zum Sklaven!« Ich habe es verworfen und bedauere es.

In *Der Zerfall des Atoms* gibt es keine Raumbeschreibung des zeitgenössischen Deutschlands. Dafür aber viele Male die Erwähnung des Versailler Vertrags, demzufolge »Deutschland zu bezahlen hatte«. Dies klingt nicht wie die Konstatierung eines abgeschlossenen Aktes der Gerechtigkeit, vielmehr wie Zweifel, in welcher Form Deutschland etwas zurückzuzahlen[12] habe. Andererseits beinhaltet *Der Zerfall des Atoms* Assoziationen mit der klassischen deutschen Kultur, was an der mehrmaligen Anspielung auf Goethes Ballade *Der Erlkönig* und vor allem am Epigraph aus *Faust II* zu sehen ist.

Die geringe Anzahl von Erwähnungen Deutschlands, dessen aktuelle Lage zweifelsohne große Befürchtungen bei Ivanov hervorrief, wird mittels einer sehr großen Menge an Bezugnahmen auf die russische Kultur und das politische Leben kompensiert. Was Letzteres betrifft, so erwähnt Ivanov in seinen Erinnerungen die Epoche der Revolution, des Bürgerkriegs und den ihn begleitenden Hunger. Dabei findet die Kritik am Bolschewismus in einigen Fällen buchstäblich mit den Motiven statt, die wir an den Skizzen herausgestellt haben. Unter den Katastrophenbildern findet sich die folgende Szene, die der Held in *Der Zerfall des Atoms* imaginiert und die beinahe wörtlich der Episode über Graf Biron aus den Skizzen *Durch Europa mit dem Automobil* entnommen zu sein scheint:

> Петра выпотрошат из гроба и с окурком в зубах прислонят к стенке Петропавловского собора под хохот красноармейцев, и ничего, не провалится Петропавловский собор. (S. 30-31)[13]

---

[11] »Perepiska čerez okean Georgija Ivanova i Romana Gulja.« *Novyj žurnal* 140,9 (1980): S. 192. Der hier zitierte Brief trägt die Datierung 29. Juli 1955.

[12] Im Russischen ist folgendes Wortspiel möglich: »oplatit'« im Sinne von »zahlen« und »otplatit'« im Sinne von »heimzahlen«. Ivanov setzt ganz offensichtlich auf dieses Wortspiel, wenn er schreibt, was Deutschland tun »muß«.

[13] Vgl. den Ausschnitt zu Biron: »От большевистского владычества сохранилась фотография: набальзамированная, высохшая кукла Бирона стоит во весь рост у стены: на голове немецкая каска, в провале рта – трубка, по

> Peter hatte man aus dem Sarg hinausgeworfen und mit einem Zigarettenstummel in den Zähnen gegen die Wand der Peter-Pauls-Kathedrale gelehnt. Und nichts geschah. Die Peter-Pauls-Kathedrale stürzte nicht in sich zusammen.

Der Zerfall des Atoms ist ein Text über Rußland, das für den lyrischen Helden in jeder Hinsicht »für immer verloren« ist. Seine Stimmung ist die logische Folge dessen, was den autobiographischen Helden auf der Flucht aus *Unruhiger Seegang* während der Überfahrt übermannt: Rußland zu verlieren bedeutet nicht, einen Ersatz dafür zu finden. Doch während in *Durch Europa mit dem Automobil* Paris dennoch »Zuhause« genannt wird und den genau bestimmten Endpunkt der ›Reise‹ darstellt, ist in *Der Zerfall des Atoms* Paris, der Wohnort des lyrischen Helden, nicht länger mehr das ›Zuhause‹, sondern die »fremde Stadt« (S. 32). In *Der Zerfall des Atoms* taucht eine prinzipiell andere Vorstellung von der Bewegung durch den Raum auf, dieser selbst gerät in Bewegung. Indem Ivanov die Tradition einer vielfältigen Beschreibung des Raums, die bereits in *Durch Europa mit dem Automobil* etabliert worden war, fortsetzt, indem er Vergangenheit, Zukunft und den Raum, auch wenn sie weit voneinander entfernt liegen, in einem einzigen poetischen Ganzen verschmelzen läßt, macht Ivanov in *Der Zerfall des Atoms* dieses Verfahren zum Grundprinzip seines dichterischen Schreibens. Das Ergebnis ist eine Art ›Welten-Polyphonie‹, die physikalische Räume (Städte wie Paris, Petersburg/Petrograd, London u.a.; Länder wie Rußland, Frankreich, Deutschland, Amerika u.a. und übergreifende Räume wie Wüste, Ozean u.a.), literarische Räume (zum größeren Teil der russischen Literatur: Puškin, Tolstoj, Gogol', Lermontov, Kručenych u.a., aber auch Goethe, de Montherlant u.a.) sowie die Räume der Tagträume und der Reflexionen des lyrischen Helden miteinander verbindet. Der in der Dichtung und Prosa der französischen Literatur des 19. Jahrhunderts weit verbreitete literarische Topos der ›Spaziergänge durch Paris‹ (wobei hier sowohl die französischen *flaneries* – die unbesorgte Schlenderei, als auch die *errances* – das Herumirren voller Beunruhigung gemeint sind) wird von Ivanov im Sinne des Übelkeit hervorrufenden »unruhigen Seegangs« interpretiert: Eigentlich gibt es gar keine Bewegung, vielmehr nur eine die Le-

бокам два хохочущих красноармейца« (S. 327; »Aus den Tagen der bolschewistischen Herrschaft hatte sich eine Fotografie erhalten: die einbalsamierte, ausgetrocknete Puppe Biron steht in voller Größe an der Wand, auf dem Kopf – ein deutscher Helm, in der Mundhöhle – eine Pfeife, links und rechts zwei vor Lachen brüllende Rotarmisten«).

benskraft entziehende Wiederholung, und alles erweist sich als der Vergänglichkeit, der Auflösung, dem »Verfall« unterworfen.

Allerdings wird, und damit schlägt Ivanov eine neue Interpretation von »Verfall« vor, diese »todbringende« Kategorie von ihm als Kategorie aufgefaßt, die mit einer ganz besonderen Energetik bis ans Äußerste aufgeladen ist: »die unbewegliche Kraftlosigkeit löst sich mit schrecklicher explosiver Kraft« (S. 25) – in Analogie zum Atom, das bei seiner Spaltung eine Riesenmenge an Energie freisetzt. Die Räume in *Der Zerfall des Atoms* sind Räume, die schließlich explodieren, und der lyrische Held ergötzt sich, wenn auch nur vom Rande, an den Bildern der Zerstörung.[14] Der Mechanismus der Bewegung hat sich prinzipiell geändert. Hatte in *Durch Europa mit dem Automobil* und in *Unruhiger Seegang* Ivanov den Seelenzustand seiner autobiographischen Helden mit deren Bewegungen im Raum in Verbindung gesetzt, mit der Reise und der Flucht, so führt in *Der Zerfall des Atoms* die Stagnation der unterschiedlichen Räume von Anfang an diese selbst hin zu einer explosionsartigen Bewegung. Dabei erweist sich der lyrische Held trotz der kaleidoskopischen Vielzahl der von ihm vorgestellten Räume in der Rolle des unbeweglichen Beobachters dieser Katastrophen: Seine Position ist dabei zweideutig, in ihm vereinigt sich eine anti-kommunistische und eine anti-nationalsozialistische Tendenz auf der einen Seite mit der deutlichen Faszination von der Energie der Explosion, der Energie der Katastrophe auf der anderen Seite.

Die Skizzen *Durch Europa mit dem Automobil* können als eine Art ›Fotoentwickler‹ für die spezifischen Züge dienen, die die Prosa des Dichters Georgij Ivanov in den 1930er Jahren auszeichnen, ganz besonders *Der Zerfall des Atoms*. Das Genre der Skizze lieferte dem Dichter ausreichend Freiheit, um die unterschiedlichsten Räume vorzustellen. Ihre Aneinanderreihung wird zwar durch die Reiseroute bestimmt, doch erfolgt dies ohne besondere Strenge, vielmehr sind freie Exkurse in die Vergangenheit ebenso möglich, wie die Erwähnung weiterer Räume und die Hinga-

---

[14] Betrachtet man *Der Zerfall des Atoms* als spezifische Umwandlung von *Reiseliteratur*, dann sind damit natürlich ›Seelenreisen‹ gemeint, geistige Suchbewegungen, die im Sinne des Autors zum Scheitern, zum ›Zerfall‹ verurteilt sind. Interessanterweise lassen sich in *Der Zerfall des Atoms* Anspielungen auf George Batailles 1935 verfaßten Kurzroman *Le Bleu du ciel* finden, wie in unserem Artikel zu den ›literarischen Begegnungen‹ Odoevcevas und Ivanovs mit Bataille bereits beschrieben: Elena Gal'cova. »Na grani sjurrealizma. Franko-rossijskie literaturnye vstreči: Žorž Bataille, Irina Odoevceva i Georgij Ivanov«. *Sjurrealizm i avangard.* Moskva: Gitis, 1999. S. 105-126.

be an lyrische Reflexionen. In seinen Skizzen gibt sich Ivanov immer wieder Überlegungen und Erinnerungen hin, die mit dem zentralen Thema der Reise durch poetische Assoziationen verbunden sind. Deren Willkürlichkeit erinnert entfernt an die Erzählstruktur des Proustschen Romans. Eine besondere Rolle in den Skizzen spielt die Dynamik der Reise, die vom Dichter mit den konkreten Umständen der Reise im Automobil verbunden wird. Wie wir gezeigt haben, erweist sich in einigen Fällen die Geschwindigkeit der Fahrt und der schnelle Wechsel der Eindrücke in einem direkten Abhängigkeitsverhältnis. Die schnelle Fahrt in den Skizzen *Durch Europa mit dem Automobil* hat ein genau festgelegtes Ziel: das Studium des russischen Nationalsozialismus in Berlin und die Rückkehr nach Paris. Dieser Klarheit des Ziels entspricht ein gewisser Enthusiasmus in der Raumbeschreibung, ob nun in der satirischen Charakterisierung von *Rond* oder bei der Beschreibung der einzelnen Städte des zeitgenössischen Deutschlands. In diesem Sinne ist die Reisebeschreibung das genaue Gegenteil der Flucht aus Rußland, von der Ivanov etwa zeitgleich in seiner Erzählung *Unruhiger Seegang* schreibt. Die gelungene Flucht erweist sich als Stagnation, als »Seegang«. Nach vollzogener Emigration fehlt es dem autobiographischen Helden an Energie, ein Motiv, das sich auch in den Erinnerungen auf den Seiten der Skizzen *Durch Europa mit dem Automobil* wiederfindet.

Die politische Dominante wandelt sich in ein »zerfallendes Atom«, auch wenn Ivanov seine direkten politischen Wertungen aus dem endgültigen Text des ›Prosapoems‹ entfernt. Man könnte sagen, daß der lyrische Held aus *Der Zerfall des Atoms* wie im Fieber durch die sich beständig ablösenden ›realen‹ und ›imaginierten‹ Räume streift. Dies gleicht dem Wechsel der deutschen Räume aufgrund des schnellen Fahrens in den erwähnten Episoden aus den Skizzen *Durch Europa mit dem Automobil*. Doch dieser schnelle Wechsel soll in *Der Zerfall des Atoms* nicht die Dynamik verkörpern, sondern vielmehr die Statik, die der Statik des »Seegangs« gleicht, mit der die beunruhigte Stimmung des Helden wiedergegeben wird. Der Zustand des Verfalls, genauer des »Zerfalls« kann sich mit Energie aufladen dank einer der Bedeutungen dieses Worts: In der Verbindung »Zerfall des Atoms« setzt der Zerfall oder die Spaltung explosive Energie frei. Dabei wird die Prosa Ivanovs nach prinzipiell neuen Gesetzmäßigkeiten gebaut. Er nennt *Der Zerfall des Atoms* »Poem in Prosa« und spielt so einerseits auf Gogol's berühmtes »Poem« *Mertvye duši* (*Die toten Seelen*) an und auf das dort abschließend verwendete Bild Rußlands als »Vogel-Trojka«, die ins Unbekannte davonjagt; andererseits beharrt er damit auf der poetischen Freiheit, seine Prosa unabhängig von der Narration zu gestalten. Die assoziative, poetische Reihe erweist sich zum einen dem gedanklichen und bildlichen Rhythmus untergeordnet (neben den natürlich ebenfalls vorhandenen unterschiedlichen Elementen der Versrhythmik), der seinen Ausdruck in der Vergleichbarkeit der Fragmente und der Vielzahl an Leitmotiven findet, des weiteren ist diese Reihe trotz ihrer Profiliertheit prinzipiell offen und scheinbar unabgeschlossen. In diesem Sinne verfolgt Ivanov, der Proust und Joyce gelesen hatte, und aller Wahrscheinlichkeit nach auch Georges Bataille, die alle auf ihre Weise die Erzählkunst umgeformt haben, das Ziel, sein spezifisches ›Genre‹ zu schaffen, das sich an keinem bereits bestehenden literarischen Genre orientiert.

(Übersetzung: Christine Gölz)

Natalja Margulis (Bochum)

»Woher hat der Bursche seine spanische Trauer?«: Das Fremde und das Eigene in sowjetischen Berichten über Spanien in den 1930er Jahren

I. Eigenes und Fremdes im sowjetischen Reisebericht. Forschungsgegenstand und Fragestellungen

Im Jahr 1926, zehn Jahre bevor Spanien mit dem Ausbruch des Bürgerkriegs ins Zentrum der Aufmerksamkeit der Weltöffentlichkeit rückte, schrieb der sowjetische Dichter Michail Svetlov *Grenada*, das vielleicht berühmteste sowjetische Gedicht über Spanien, dem die Titelfrage dieser Arbeit entnommen wurde. Zur Zeit des Bürgerkriegs galt das Gedicht als erstaunliche Prophezeiung, wurde vertont und zu einer Art Hymne der sowjetischen Spanienkämpfer. Auch heute wird es von vielen mit dem Spanischen Bürgerkrieg in Verbindung gebracht, obwohl es von einem ukrainischen Rotarmisten zu Zeiten des Russischen Bürgerkrieges handelt, der von einer seltsamen Sehnsucht nach der spanischen Provinz Granada verfolgt wird:

Мы ехали шагом,
Мы мчались в боях,
И »Яблочко«-песню
Держали в зубах.
[…]
Но песню иную
О дальней земле
Возил мой приятель
С собою в седле.
Он пел, озирая
Родные края:
»Гренада, Гренада,
Гренада моя!«
Он песенку эту
Твердил наизусть…
Откуда у хлопца
Испанская грусть?[1]

[1] Michail Svetlov. *Stichotvorenija i poėmy*. Moskva/Leningrad: Sovetskij pisatel', 1966. S. 106-109. Hier S. 106f. Hier und im folgenden stammen die

Wir ritten Schritt,
galoppierten im Kampf,
während »Jabločko«, das Lied
auf unseren Lippen klang.
[…]
Doch ein anderes Lied
von fernem Land
trug mein Freund
im Sattel mit sich.
Er schaute sich an
sein Heimatland
und sang laut: »Granada,
Granada, Granada«.
Auswendig konnte er's
Und sang's immer wieder.
Woher hat der Bursche
seine spanische Trauer?

Das Motiv der Entdeckung von etwas Fremdem in der eigenen Persönlichkeit und der Sehnsucht nach diesem Fremden, hier der »schönen Ausländerin«[2] namens Granada, verbindet Svetlovs Gedicht mit der Textsorte ›Reiseliteratur‹. Die Sehnsucht nach dem Anderen, das einen vermißten oder verlorenen Teil des Eigenen zu bilden scheint[3], treibt das Subjekt

Übersetzungen, falls der Übersetzer nicht ausdrücklich angegeben ist, von mir, – *N.M.*

2 Jelena Michajlik. »‚Grenada‹ Michaila Svetlova: otkuda u chlopca ispanskaja grust'?« *Novoe literaturnoe obozrenie* 75 (2005): S. 242-252. Hier S. 248.

3 Das Verhältnis zwischen dem Eigenen und dem Fremden ist bekanntlich ein in der Sozial- und Kulturwissenschaft breit diskutiertes Thema, das von verschiedenen Theorien auf verschiedene Weise und in verschiedenen Begriffen beschrieben wird. So spricht Jurij Lotman von der Semiosphäre, die sich im Gegensatz zu anderen Sphären erkennt, welche sie zu diesem Zweck konstruiert: »Осознать себя в культурно-семиотическом отношении – значит осознать свою специфику, свою противопоставленность другим сферам. […] Поскольку граница — необходимая часть семиосферы, семиосфера нуждается в ›неорганизованном‹ внешнем окружении и конструирует его себе в случае отсутствия. Культура создает не только свою внутреннюю организацию, но и свой тип внешней дезорганизации« (»Sich selbst in kulturell-semiotischer Hinsicht zu begreifen bedeutet, die Eigenart, den Gegensatz zu anderen Sphären zu begreifen. […] Weil die Grenze einen notwendigen Teil der Semiosphäre bildet, braucht die Semiosphäre eine ›nichtorganisierte‹ Umgebung und konstruiert sich diese, falls sie fehlt. Die Kultur schafft nicht nur ihre innere Organisation, sondern auch ihren eigenen Typ der äußeren Desor-

dazu, in die Fremde aufzubrechen, und ist Ausgangspunkt und Leitmotiv von vielen Reisetexten, sofern sie freiwillige Reisen zum Gegenstand haben.[4] Ein Reisender macht sich auf den Weg in die Fremde und versucht, diese in seinem Text zu beschreiben. Indem er sie be-schreibt, das heißt, nach bestimmten, ihm *eigenen* Strukturen ordnet, eignet er sich die Fremde (wieder) an. Auf seinem Weg wird der Reisende stets von einer Suche nach etwas angetrieben, das er zu Hause, bei sich nicht findet, etwa nach Erkenntnis oder gar nach Erlösung oder dem verlorenen Paradies, »das heißt, nach einer wie auch immer definierten Bereicherung, die die scheinbare Kreisfigur von Ausfahrt und Heimkehr in Wahrheit zu einer auf Zuwachs ausgerichteten Spiralfigur öffnet und weitet«.[5] Andererseits geht es dem Reisenden auch darum, sich in der Fremde zurechtzufinden, sich zu situieren oder sich wiederzufinden, das heißt, es geht um die Selbstbestätigung und Selbstvergewisserung eines Subjekts, die ge- oder mißlingen kann.[6] Im Text der Reisebeschreibung findet sich somit eine Bewegung, die in zwei Richtungen verläuft: Man bringt das Fremde nach innen und trägt das Eigene nach außen.

Nach weit angelegten Definitionen von ›Reiseliteratur‹[7] müßte auch *Grenada* selbst zu dieser Textsorte zählen, denn das Gedicht handelt in

---

ganisation«). (Jurij Lotman. »O semiosfere«. *Trudy po znakovym sistemam* XVII (1984): S. 5-23. Hier S. 11). In der Systemtheorie spricht man von den Systemen und deren Umwelt, die sich gegenseitig bedeuten: Systeme »konstituieren sich durch Abgrenzung von ihrer Umwelt, indem sie eine Relevanzdifferenz zwischen System und Umwelt stabilisieren: dazu ist es erforderlich, daß das System ›Filter‹ aufbaut, die Relevanzgesichtspunkte festlegen und Präferenzen regeln. […] Durch selektive Informationsverarbeitung formt sich das System ein inneres Modell der Außenwelt« (Helmut Willke. »Funktionen und Konstitutionsbedingungen des normativen Systems der Gruppe«. *Kölner Zeitschrift für Soziologie und Sozialpsychologie* 1 (1976): S. 426-450. Hier S. 426f.).

4 Andere Formen des Reisens wie Exil oder Migration werden hier nicht berücksichtigt.

5 Friedrich Wolfzettel. »Zum Problem mythischer Strukturen im Reisebericht«. Ders. *Reiseberichte und mythische Struktur. Romanistische Aufsätze 1983-2003.* Stuttgart: Steiner, 2003. S. 11-38. Hier S. 17.

6 Vgl. Walter Fähnders/Nils Plath/Inka Zahn. »Einleitung«. *Berlin, Paris, Moskau. Reiseliteratur und die Metropolen.* Hg. Walter Fähnders/Nils Plath/Hendrik Weber/Inka Zahn. Bielefeld: Aisthesis, 2005. S. 9-29. Hier S. 16.

7 Ebenda. S. 14: »Eine eher allgemeinere Bestimmung schlägt der ›Reiseliteratur‹ gleichermaßen faktuale und fiktionale Textsorten zu, versteht darunter Reiseführer und Reisehandbücher, wissenschaftliche und populärwissen-

gewisser Weise von einer, wenn auch nicht um des Reisens willen unternommenen, Fahrt durch das Rußland des Bürgerkriegs, was auch mehrfach thematisiert wird.[8] Fiktive Texte wie dieses Gedicht sollen im folgenden aber nicht untersucht werden (auch wenn am Schluß auf *Grenada* zurückzukommen sein wird). Vielmehr läßt sich der Gegenstand dieser Arbeit mit dem engeren Begriff ›Reisebericht‹, definiert als »sprachliche Darstellung authentischer Reisen«[9], eingrenzen: Es geht um fünf Reisetexte von drei sowjetischen Autoren, die zwischen 1929 und 1938 entstanden sind und von realen Spanienreisen berichten: *Pis'ma ob Ispanii* (*Briefe über Spanien*) von Lev Nikulin, *Ispanija* (*Spanien*) und *Ispanskie reportaži* (*Spanische Reportagen*) von Il'ja Ėrenburg sowie *Ispanskaja vesna* (*Spanischer Frühling*) und *Ispanskij dnevnik* (*Spanisches Tagebuch*) von Michail Kol'cov. Diese Texte werden als Beispiele behandelt, einerseits für eine sich in drei Phasen vollziehende Wandlung hinsichtlich des ›Blicks‹ des Reisenden und seines Auftrags und andererseits für die Wechselwirkung der sich ändernden Gebrauchsfunktion dieser Textsorte mit dem Einsatz und der innertextuellen Funktion von Stereotypen. Zunächst ist diese Fragestellung zu rechtfertigen und näher zu beschreiben.

Die späten 1920er und die 1930er Jahre zeichneten sich als Epoche der sowjetischen Literatur durch das Aufkommen einer Reiseliteratur im Auftrag der Regierung aus. Diejenigen sowjetischen Schriftsteller, die unter Stalin das Privileg genossen, ins Ausland reisen zu dürfen – zu diesen Autoren zählten auch Nikulin, Kol'cov und Ėrenburg – besuchten insbesondere Westeuropa und stellten Vergleiche zwischen den dortigen politischen und gesellschaftlichen Systemen und dem eigenen an, um auf diese Weise die dramatischen Veränderungen im eigenen Land zu reflektieren,

---

schaftliche Reiseschriften, Reisetagebücher, Berichte und Beschreibungen in Zeitschriften wie Tageszeitungen, Reiseromane und Erzählungen, in denen Reisen zum Thema werden, Protagonisten sich auf Reisen begeben oder von diesen erzählen.«

8 Svetlov. *Stichotvorenija* (wie Anm. 1). S. 106ff.

9 Peter J. Brenner. »Einleitung«. *Der Reisebericht. Die Entwicklung einer Gattung in der deutschen Literatur.* Hg. Ders. Frankfurt/M.: Suhrkamp, 1989. S. 7-13. Hier S. 9. Zur Problematik, die die Einführung eines Kriteriums aus dem Bereich der außertextuellen Realität zur Bestimmung der Gattung mit sich bringt, s. Anne Fuchs/Theo Harden. »Vorwort«. *Reisen im Diskurs. Modelle der literarischen Fremderfahrung von den Pilgerberichten bis zur Postmoderne.* Hg. Anne Fuchs/Theo Harden. Heidelberg: Universitätsverlag G. Winter, 1995. S. XI; Fähnders/Plath/Zahn. »Einleitung« (wie Anm. 6), S. 15f. mit zahlreichen weiteren Nachweisen.

zu verarbeiten und somit das Eigene zu überprüfen und zu bestätigen. Ihre Darstellungen des Fremden sind durch einen starken Objektivitätsanspruch geprägt, der die Gattung des Reiseberichts im allgemeinen seit ihren Ursprüngen kennzeichnet und dessen komplexes Spannungsverhältnis mit der subjektiven Seite der Texte die Spezifik dieser Gattung weitgehend ausmacht.[10]

An dieser Stelle möchte ich, ohne auf die mit den Leitbegriffen ›Objektivität‹ und ›Subjektivität‹ im Reisebericht verbundene Gesamtproblematik eingehen zu können[11], auf einige Aspekte dieser Problematik hinweisen, die für den sowjetischen Reisebericht der 1930er Jahre relevant sind und ihn prägen.

In seinem Aufsatz *Beschreiben und Wissen. Überlegungen zum Funktionswandel der Deskription im französischen Reisebericht* vollzieht Friedrich Wolfzettel nach, wie sich mit dem Übergang vom klassischen zum romantischen Reisebericht bei fortbestehendem Objektivitätsanspruch der Schwerpunkt von der Deskription des Gesehenen auf die Sensation des Erlebens verschiebt, bis sich das subjektive Moment so weit steigert, daß die beschriebenen Objekte zu reinen Symbolen für bestimmte Ideen werden, die vom Reisenden (als Stellvertreter des Lesers) erst entschlüsselt werden müssen:

> Der Paradigmenwechsel, der […] zu einer veränderten Funktion der Beschreibung führt, vollzieht sich allmählich. […] In dem Maße, wie sich das Gewicht von der subjektiven Wahrnehmung des Geschehenen zur subjektiven Reflexion der Wirkung des Gesehenen vollzieht, tritt die Analyse der »sensation« an die Stelle der Deskription; das ›Erlebnis‹ des Sehens verdrängt die ursprünglich informative Funktion des Reiseberichts.[12]
> Das je signifikative Detail ist interpretierbar. In bezug auf die sukzessive Narration des Reiseberichts bedeutet dies, dass die Reihe der Einzelbilder sich zum aussagekräftigen Gesamtbild zusammenschließt und so den erkenntnistheoretischen Wert jeder einzelnen Beschreibung verbürgt. Topographie, Flora, Klima, Rasse, Sitten, Trachten, Kunst und geschichtliche Zeugnisse – alles belegt […] die »Idee« einer Kultur und eines Landes.[13]

---

[10] Vgl. Fähnders/Plath/Zahn. »Einleitung« (wie Anm. 6). S. 15f.

[11] Vgl. dazu Friedrich Wolfzettel. »Beschreiben und Wissen. Überlegungen zum Funktionswandel der Deskription im französischen Reisebericht«. Ders. *Reiseberichte und mythische Struktur. Romanistische Aufsätze 1983-2003.* Stuttgart: Steiner, 2003. S. 58-73. Hier S. 58ff.

[12] Ebenda. S. 60f.

[13] Ebenda. S. 67.

> Die Beschreibung hat jetzt die Aufgabe, die »Textur« des Fremden lesbar zu machen. [...] Eine bloße Beschreibung ohne das Erkenntnisspiel, die Dinge zum Sprechen zu bringen, ist in solcher Perspektive undenkbar, der »décryptage« [...] erlaubt keine Beschreibung ohne Deutung [...].[14]

Wie sich im folgenden zeigen wird, lassen sich die Resultate dieser Entwicklung noch in den modernen Reiseberichten des 20. Jahrhunderts beobachten. Die Steigerung des Subjektiven im neuzeitlichen Reisebericht hängt mit der Tatsache zusammen, daß die Fremde in Zeiten immer größerer Mobilität immer weniger eine neu zu entdeckende, immer häufiger aber eine schon bekannte und bereiste Fremde ist.[15] Der moderne Reisebericht beschreibt nicht mehr eine unbekannte Fremde, sondern bemüht sich, sich von den schon vorhandenen Vorstellungen von den fremden Gegenden abzuheben und zu zeigen, ›wie sie wirklich sind‹. Dennoch sorgt schon die für den Reisenden spezifische Flüchtigkeit des Blickes oft dafür, daß seine Voreinstellungen und Stereotype[16] die Wahrnehmung des Reisenden prägen und im Reisebericht bestätigt und verfestigt werden. Der ›kritische‹ moderne Reiseberichterstatter wird also einige gängige Stereotype als solche identifizieren und ablehnen, andere aber verwenden und einsetzen. Für die Analyse von Reiseberichten stellt sich daher die Frage, ob sich Gründe und Gesetzmäßigkeiten für die Auswahl der abgelehnten und der verwendeten Stereotype benennen lassen. Die Beantwortung dieser Frage wird allerdings durch ein allgemeines methodologi-

---

[14] Ebenda. S. 68.

[15] Vgl. Herbert Jost. »Selbst-Verwirklichung und Seelensuche. Zur Bedeutung des Reiseberichts im Zeitalter des Massentourismus«. *Der Reisebericht. Die Entwicklung einer Gattung in der deutschen Literatur*. Hg. Peter J. Brenner. Frankfurt/M.: Suhrkamp, 1989. S. 490-507.

[16] Bei der Verwendung des Begriffs ›Stereotyp‹ stütze ich mich auf folgende Definition von Michael Fleischer: »Stereotypen sind wahrscheinlichkeitsgesteuerte und -gelernte kulturbedingte konstruktive Beobachtungskoinzidenzen und -konvergenzen. Es sind aufgrund nicht-wissenschaftlicher Kriterien kognitiv typisierte bzw. typisierende Aussagen, die zur Erreichung einer funktionellen, strategischen, diskurshaft ausgerichteten und diskurshaft bestimmten Verallgemeinerung in einer gegebenen Kulturausprägung dienen. Sie benötigen zweierlei Legitimation: sie müssen häufig auftreten und also feststellbar sein und sie müssen eine systemsichernde oder -abgrenzende oder -differenzierende Funktion erfüllen« (Michael Fleischer. »Stereotype und Normative aus der Perspektive der Systemtheorie«. *Wiener Slawistischer Almanach* 37 [1996]: S. 149-188. Hier S. 180).

sches Problem der Stereotypenforschung erschwert, das Michael Fleischer folgendermaßen charakterisiert:

> Die Stereotypenforschung zeichnet sich durch eine gewisse Binarität aus, die eine methodologisch problematische Eigenschaft nach sich zieht, nämlich die, daß der Forscher selbst derjenige ist, der darüber entscheidet, was ein Stereotyp ist, d.h. den Maßstab und die Grundlage, nach denen etwas als Stereotyp aufgefaßt wird, selbst bestimmt. Dieser Maßstab resultiert allerdings nicht aus der Analyse des Kultur*systems*, sondern offensichtlich aus den Semantisierungen jener Kultur*ausprägung*, aus der der Forscher gerade stammt. Es taucht also das Objekt-Subjekt-Problem auf. Es wäre daher vonnöten, nach Methoden zu suchen, die eine empirische Grundlage für die Bestimmung des Stereotypenstatus und -repertoires lieferten und die Eigenentscheidung oder -einschätzung zu vermeiden erlaubten.[17]

Die konkrete Ausprägung, die die allgemeinen Merkmale des modernen Reiseberichts in den sowjetischen Reiseberichten der 1930er Jahre bekommen, ist durch eine starke propagandistische Funktion dieser Texte bedingt. Die sowjetischen Reiseberichtserstatter fixierten mit ihrem flüchtigen selektiven Blick nur diejenigen Objekte, die sie sehen wollten und durften[18], und füllten diese mit Inhalten, die ideologisch vorgegeben waren. Ihre Reiseberichte standen einerseits in der Tradition der Europadarstellung in der russischen Literatur[19] und waren vom oben erwähnten Anspruch geprägt, die gängigen Vorvorstellungen und Klischees zu widerlegen und Europa zu zeigen, ›wie es wirklich ist‹.[20] Doch den Objekti-

[17] Ebenda. S. 150.

[18] Vgl. den Beitrag von Evgenij Ponomarev im vorliegenden Band.

[19] Vgl. dazu: Evgenij Ponomarev. »Die Geographie der Revolution«. *Berlin, Paris, Moskau. Reiseliteratur und die Metropolen*. Hg. Walter Fähnders/Nils Plath/Hendrik Weber/Inka Zahn. Bielefeld: Aisthesis, 2005. S. 191-209. Hier S. 191ff.

[20] Von diesem Anspruch zeugt insbesondere der Titel von Nikulins Spanienbericht, *Briefe über Spanien*, der polemisches Potential in sich birgt. Er wiederholt nämlich den Titel des 1845 von Vasilij Botkin verfaßten ersten umfassenden russischen Reiseberichts über Spanien, der in Rußland bis ins 20. Jahrhundert als das Standardwerk zu Spanien galt und, trotz der von Botkin schon damals manifestierten Absicht, die stereotypen Vorstellungen über dieses Land zu widerlegen und durch das Bild des ›wahren‹ Spanien zu ersetzen, unumgänglich neue Spanien-Klischees erzeugte (Vgl. Michail Alekseev. *Očerki ispano-russkich literaturnych otnošenij XVI-XIX vv.* Leningrad: Izdatel'stvo leningradskogo universiteta, 1964. S. 171-206). Diese Klischees soll-

vitätsgrad und den Wahrheitsgehalt ihrer Eindrücke konnten die sowjetischen Leser nicht mehr ohne weiteres überprüfen: Die Grenzen der Sowjetunion waren geschlossen und die bereiste Fremde wurde für die meisten Sowjetbürger allmählich wieder zu einer *terra incognita*.

Im Bezug auf Spanien muß man in diesem Zusammenhang allerdings hinzufügen, daß man auch im vorstalinistischen Rußland relativ wenig über dieses Land wußte. Spanien gehörte – im Gegensatz etwa zu Frankreich und Deutschland – nicht zu den Hauptzielen der russischen Reisenden des 18., 19. und frühen 20. Jahrhunderts. Russisch-spanische Kulturbeziehungen waren im Laufe der gesamten Geschichte eher sporadisch und in der russischen Literatur herrschte ein (zum größten Teil aus der französischen Literatur übernommenes) undifferenziertes, stark stereotypisiertes Bild eines exotischen Spaniens von Mantel und Degen, Serenaden und Kastagnetten.[21] Als die sowjetische Reiseliteratur in den 1920er Jahren größere Verbreitung fand, geriet auch Spanien in den Blick mancher Autoren, wie etwa Lev Nikulin, doch zu einem Reiseziel von besonderer Bedeutung machten es erst die bürgerliche Revolution 1931 und dann vor allem der Bürgerkrieg 1936-1939.

Die Texte, die im folgenden untersucht werden, markieren drei verschiedene Phasen der sowjetischen Berichterstattung über Spanien. Die *Briefe über Spanien* von Lev Nikulin sind vor den historischen Ereignissen entstanden, die das Interesse der sowjetischen Öffentlichkeit auf Spanien lenkten, während *Spanien* von Il'ja Ėrenburg und *Spanischer Frühling* von Michail Kol'cov eine Reaktion auf die spanische Revolution von 1931 darstellen. Ėrenburgs *Spanische Reportagen* und Kol'covs *Spanisches Tagebuch* schließlich sind Sammlungen der Berichte aus dem Spanischen Bürgerkrieg, die von den beiden Autoren für die sowjetische Presse verfaßt wurden.

Nach diesem historisch-chronologischen Kriterium werden die Texte in drei Gruppen unterteilt und miteinander verglichen. Dabei wird eine Entwicklung des sowjetischen Spanienberichts der 1930er Jahre sichtbar, die ich als Entwicklung vom Reisebericht über den politischen Bericht zum Kriegsbericht bezeichne. Diese Entwicklung war mit einem Perspektivenwandel in der Berichterstattung über Spanien verbunden, da die Au-

ten die neuen *Pis'ma ob Ispanii* ihrerseits widerlegen und dem sowjetischen Leser Spanien endlich zeigen, ›wie es wirklich ist‹.

21 Vgl. etwa bei Puškin. »Ja zdes', Inezil'ja«. Ders. *Sobranie sočinenij v desjati tomach.* Bd. 2. Moskva: Chudožestvennaja literatura, 1974. S. 242; oder »Nočnoj zefir struit Ėfir« (Ebenda. Bd. 1. S. 244). Siehe auch Koz'ma Prutkov. *Sočinenija.* Moskva: Pravda, 1982. S. 55.

toren nicht mehr mit der inneren Distanz eines Reisenden beobachteten und berichteten, sondern sich als Helfer und Berater des revolutionären spanischen Volkes fühlen sollten und fühlten. Dadurch veränderte sich ihr Blick, das Gesehene wurde unter anderen Aspekten betrachtet und mit neuen Inhalten gefüllt. Dabei sind interessante Mischformen zwischen dem Reisebericht und dem politischen bzw. Kriegsbericht entstanden, deren Merkmale im folgenden näher beschrieben werden sollen.

Die propagandistische Funktion der Texte bleibt im Laufe dieser Entwicklung erhalten und geht mit ihrer, für den ›klassischen‹ Reisebericht primären[22], informativen Funktion einher. Die folgende Analyse der Texte in ihrer Entwicklung konzentriert sich speziell auf die Frage, wie sich die propagandistische Funktion im jeweiligen Textbeispiel auf die Stereotypisierungsverfahren bei den Darstellungen des Fremden auswirkt, welche alten Stereotype über Spanien in dieser neuen Funktion noch bedient werden können, wie sie gegebenenfalls modifiziert werden und welche Stereotype neu aufgebaut und in Gebrauch genommen werden. Eine solche Vorgehensweise soll dazu beitragen, einige konstante Merkmale des sowjetischen Spanienberichts der 1930er Jahre festzustellen.

II. Nikulins *Spanische Briefe*: Die Expansion des sowjetischen Modells

Wie oben schon erwähnt, wurde Spanien erst mit dem Ausbruch der Revolution 1931 zu einem für die sowjetischen Autoren attraktiven Reiseziel. Lev Nikulin unternimmt seine Spanienreise 1929, zwei Jahre vor diesem Ereignis, und hat noch kein spezielles Interesse daran, ausgerechnet dieses Land zu besuchen. Die Willkür seiner Auswahl betont er ausdrücklich in der ersten Episode des Buches:

> Александр Таиров, режиссер Московского Камерного театра, сказал:
> »Вы едете в Алжир, а я, кажется, в Испанию. В Барселоне – театральный конгресс…« – Потом, помолчав, неуверенно прибавил: – »в сущности, почему бы вам не поехать в Испанию?«
> Никто из нас не улыбнулся. […]
> В сущности, почему не поехать в Испанию?[23]

---

[22] Vgl. Wolfzettel. »Beschreiben und Wissen« (wie Anm. 11). S. 60.

[23] Lev Nikulin. *Pis'ma ob Ispanii.* Moskva: Chudožestvennaja literatura, 1935. S. 29.

> Alexander Tairov, der Regisseur des Moskauer Kammertheaters, sagte: »Sie fahren nach Algerien und ich nach Spanien. In Barcelona findet ein Theaterkongreß statt. Nach einer Pause fragte er unsicher: Warum fahren Sie eigentlich nicht auch nach Spanien?«
> Keiner von uns lächelte. […]
> Warum eigentlich nicht nach Spanien?

Die Gleichgültigkeit und Ersetzbarkeit des Reiseziels hat bei Nikulin eine prinzipielle Bedeutung. Das ist umso bemerkenswerter, da er im Vorwort seines Buchs das Reisen selbst zum Element seiner Lebensphilosophie erhebt:

> На географических картах нанесены горы, реки и города, но мы знаем только те горы и реки, которые видели. Все остальное – белые, пустые, таинственные места, которые еще уцелели на земном глобусе.
> Мы – как те люди, восходившие на Памир, открывшие Тибет, рисовавшие горные хребты на таинственно-белых местах земной карты. Мы тоже открываем новый мир, когда с чемоданом и путеводителем выходим на неизвестном полустанке или в незнакомом порту. Прочтите сто книг о стране, и вы узнаете ее климат, дороги, рудники, музеи, правила движения. Закрыв глаза, вы будете проходить по улицам, которых не видели никогда, вы будете спускаться в шахты, вы будете плавать по воображаемым рекам. Вы создадите в своем воображении страну, в которой все будет реально книжной реальностью, в которой точны будут все цифры, расстояния и обмеры, и все же это будет воображаемая, фантастическая страна. И она будет существовать и жить для вас только до тех пор, пока вы не ощутите всеми чувствами почву, цвет неба, запах каменноугольного дыма, пение рудокопа и плач ребенка.[24]
> Auf den geographischen Karten sind Berge, Flüsse und Städte abgebildet, doch wir kennen nur diejenigen Berge und Flüsse, die wir gesehen haben. Der Rest besteht aus weißen, leeren, geheimnisvollen Stellen, die auf dem Globus noch übriggeblieben sind.
> Wir sind wie jene Menschen, die den Pamir bestiegen, Tibet entdeckten und auf den geheimnisvoll weißen Stellen der Erdkarte Gebirgskämme einzeichneten. Wir entdecken auch eine neue Welt, wenn wir mit einem Koffer und einem Reiseführer an einem unbekannten Haltepunkt oder in einem unbekannten Hafen aussteigen. Sie können hundert Bücher über ein Land lesen und Sie werden sein Klima, seine Straßen, Bergwerke, Museen und Verkehrsregeln kennenlernen. Mit geschlossenen Augen werden Sie durch

[24] Ebenda. S. 25f.

die Straßen gehen, die Sie nie gesehen haben, Sie werden in die Zechen hinuntersteigen und imaginäre Flüsse entlang fahren. Sie werden in ihrer Phantasie ein Land kreieren, in dem eine Büchern entnommene Realität herrschen wird. Alle Zahlen, Strecken und Maße werden stimmen, doch es wird trotzdem ein imaginäres Phantasieland sein. Und dieses Land wird für Sie nur solange existieren, bis Sie mit all Ihren Sinnen seine Erde, die Farbe des Himmels, den Geruch des Steinkohlenrauchs, das Lied eines Bergmanns und das Weinen eines Kindes wahrnehmen.

Hier wird zunächst Lebenserfahrung als das Erfahren neuer Räume dargestellt und damit noch einmal der klassische Anspruch eines neuzeitlichen Reisenden artikuliert, fremde Länder in ihrer Realität zu erkunden und die den Büchern entnommenen Vorbegriffe und -urteile durch diese Erfahrung zu korrigieren. Doch gleich darauf wird dieser Anspruch relativiert: Die unaufhörlich beschleunigte Bewegung ohne Ziel und ohne Logik bekommt einen Eigenwert und wird sogar zum Sinn der menschlichen Existenz erklärt:

Время, пространство, движение.
Карта мира – земной глобус был для нас сплошным белым пятном, когда мы начали жить. Мы потеряли во времени, но выиграли в пространстве. Теперь на моей карте выступают ясно и рельефно Кавказ и Афганистан, Урал и Европа, и краешек Азии и Африки […]. Осталась едва ли треть пути, конец зрелости и старость. Не падать духом, верить в движение!
528, 571, 600 километров в час – рекорд гидроплана. Одиннадцать, восемь дней вокруг света. Быстрота поворотов винта удлиняет нашу жизнь. Деды жили и двигались на перекладных и в телегах, внуки будут жить и двигаться в авионах. Тысяча километров в час. Шесть часов от Москвы до Самарканда. Новое поколение узнает другие рекорды, новый темп и, главное, другой, правильно и честно устроенный мир. Будем же мужественны, осталась последняя треть пути.
Движение, пространство, время.
Время на исходе и потому вперед на третьей скорости. Судьи, смотрите на часовую стрелку; судьи, дайте старт и следите за временем. Мы нажимаем акселератор и даем полный газ.[25]
Zeit, Raum, Bewegung.
Die Weltkarte, der Erdglobus war für uns ein einziger weißer Fleck, als wir unser Leben anfingen. Wir haben Zeit verloren und Raum gewonnen. Heute zeichnen sich auf meiner Karte deutlich

---

25 Nikulin. *Pis'ma* [wie Anm. 23]. S. 26f.

> der Kaukasus und Afghanistan, der Ural und Europa und ein Stück von Asien und Afrika ab. […] Es bleibt mir kaum ein Drittel des Weges übrig, der Rest der mittleren Jahre und das Alter. Nicht resignieren, an die Bewegung glauben!
> 528, 571, 600 Stundenkilometer sind der Rekord eines Wasserflugzeuges. In elf, acht Tagen um die Welt. Die Schnelligkeit der Propellerumdrehungen verlängert unser Leben. Unsere Großväter lebten und bewegten sich auf Postpferden und in Kutschen, unsere Enkel werden in Flugzeugen leben und reisen. Tausend Stundenkilometer. Sechs Stunden von Moskau bis Samarkand. Die neue Generation wird neue Rekorde, ein neues Tempo und, das ist das Wichtigste, eine andere, richtig und gerecht organisierte Welt erfahren. Seien wir also mutig, es bleibt uns das letzte Drittel des Weges.
> Bewegung, Raum, Zeit.
> Die Zeit läuft uns davon, also vorwärts im dritten Gang. Schiedsrichter, schaut auf den Uhrzeiger, gebt das Startsignal und achtet auf die Zeit. Wir drücken aufs Gaspedal und geben Vollgas.

›Die neue Generation wird eine andere, richtig und gerecht organisierte Welt erfahren‹, dies ist die Schlüsselaussage. Es ist weniger eine Suche nach Erkenntnis bzw. nach dem verlorenen Paradies, die einen sowjetischen Reisenden dazu treibt, in die Ferne aufzubrechen, sondern in erster Linie der Wunsch nach Selbstbestätigung und Selbstbehauptung, nach Expansion. Das Paradies, das Reich des Glücks und der Gerechtigkeit, das Zentrum der Weltrevolution ist zu Hause, und man reist, um dieses Eigene nach außen zu bringen. In der Darstellung von Nikulin scheint die menschliche Lebensaufgabe lediglich darin zu bestehen, die Welt möglichst schnell zu bereisen, so als ob sie sich alleine durch den Kontakt mit den Vertretern der sozialistischen Gesellschaft wie durch die Berührung eines Zauberstabs verwandeln könnte.

Einer solchen Weltanschauung liegt ein kulturell-geographisches Modell zugrunde, das von Jurij Lotman als ›zentristisch‹ bezeichnet und folgendermaßen beschrieben wird:

> В структуре географии русской культуры исторически борются две модели, причем столкновение их – один из доминирующих конфликтов культурного пространства России. Одну из них можно определить как центристскую. В основе ее лежит представление о том, что Москва расположена в центре религиозной и культурной ойкумены, что центр всемирной святости (или, соответственно, – культуры, мировой революции и т.д.) находится в Москве, Москва же есть центр России. Таким образом, мировая модель культуры строится по концент-

рическому принципу. Следствием этого является конструирование антимодели – центра греховности, культурного разложения или опасного, агрессивного центра, являющегося исконным, по своему месту во Вселенной, врагом России. В годы революции буржуазный мир представлялся в образе крепости, расположенной в центре некоего пространства, а революционный мир – силой, которой исторически суждено взять крепость Зла, разрушить ее и на ее останках возвести вечный мир социальной гармонии.[26]
In der Struktur der Geographie der russischen Kultur kämpfen historisch gesehen zwei Modelle, wobei deren Aufeinanderprallen einer der dominierenden Konflikte im russischen Kulturraum ist. Eins dieser Modelle kann man als zentristisch definieren. Ihm liegt die Vorstellung zugrunde, Moskau liege im Zentrum einer religiösen und kulturellen Ökumene und das Zentrum des Weltheiligtums (oder, entsprechend, der Weltkultur, -revolution etc.) befinde sich in Moskau, während Moskau das Zentrum Rußlands sei. Das Weltmodell der Kultur wird also nach einem konzentrischen Prinzip aufgebaut. Die Folge davon ist die Konstruktion eines Gegenmodells, eines Zentrums der Sündhaftigkeit, des kulturellen Verfalls oder eines gefährlichen, aggressiven Zentrums, das von seiner Lage im Universum her ein Urfeind Rußlands ist. In den Jahren der Revolution stellte man die bürgerliche Welt als eine Festung dar, die sich im Zentrum eines bestimmten Raumes befand, und die revolutionäre Welt als eine Kraft, deren historische Mission darin bestand, die Festung des Bösen einzunehmen, sie zu zerstören und auf deren Trümmern eine ewige Welt der sozialen Harmonie zu errichten.

Dieses Modell ist in Nikulins Spaniendarstellungen leicht wiederzuerkennen. Dem Aufbau nach ist sein Text ein klassischer Reisebericht; der Autor reist als Mitglied einer Touristengruppe in einem luxuriösen Automobil durch ganz Spanien, von Katalonien bis Andalusien, und beschreibt mit der Zwanghaftigkeit eines Reisenden alles, was ihm unter die Augen kommt: Landschaften, Städte, historische Sehenswürdigkeiten, Menschen. Dominierend in all diesen Beschreibungen ist der Eindruck von Sinnlosigkeit, Verschlafenheit, Künstlichkeit, verursacht durch das Fehlen der ›richtigen‹ revolutionären Idee, die dem Gesehenen einen Inhalt geben könnte. Sinnlos und unwirklich, wie eine leere Theaterdekoration, ist die pompöse Weltausstellung in Barcelona mit ihren teuren Lichteffekten,

---

[26] Jurij Lotman. »Sovremennost' meždu vostokom i zapadom«. *Znamja* 9 (1997): S. 157-162. Hier S. 157f.

die von niemandem besucht wird.[27] Sinnlos und brutal ist der Stierkampf, bei dem Tiere ermordet werden, »von denen jeder Kolchos und Sowchos bei uns träumen würde«[28], und dessen einziges Ziel es ist, das Volk von der Politik abzulenken.[29] Das berühmte spanische Nachtleben entpuppt sich als ein sinnloses und zielloses Kreisen im Taxi durch die Rotlichtviertel Madrids.[30]

Die Wolkenkratzer der modernen Städte zeugen von der Macht des Kapitals, die prunkvollen Kathedralen der alten Städte von der finsteren Macht der Inquisition.[31] Die Schönheit der spanischen Bauten kann Nikulin nicht würdigen[32], denn sie sind auf den Knochen der Mauren, der Juden, des einfachen Volkes gebaut und erinnern an eine Geschichte, die eine Geschichte des menschlichen Leidens ist:

> Двести тысяч человек когда-то жили, ненавидели и любили в этих стенах, теперь в Толедо едва ли двадцать пять тысяч жителей, но город стоит на костях и прахе миллионов. Оливковые рощи »сигаралес« кольцом охватывающие скалу, выросли на костях арабов, испанцев и португальцев, оспаривавших друг у друга власть над Толедо. И город-призрак, город-надгробие встает на скале […].[33]
> Zweihunderttausend Menschen lebten, haßten und liebten innerhalb dieser Mauern, heute hat Toledo kaum fünfundzwanzigtau-

27 Nikulin. *Pis'ma* (wie Anm. 23). S. 39ff.

28 Ebenda. S. 186.

29 Ebenda. S. 195.

30 Ebenda. S. 102ff.

31 Ebenda. S. 60.

32 Genauer gesagt, scheint Nikulin die Schönheit der alten spanischen Architektur nicht würdigen zu *dürfen*; davon zeugen seine Versuche, die wenigen dieser Architektur gewidmeten Stellen zu rechtfertigen: »Кто из нас, современников века революции, может беззаботно отдаться чувствительности, сентиментальным восторгам путешественников прошлого века […]?« (»Wer von uns, Zeitgenossen der Revolutionsära, kann es sich erlauben, sich sorglos den Gefühlen und der sentimentalen Begeisterung der Reisenden des vergangenen Jahrhunderts hinzugeben?«) (Nikulin. *Pis'ma* [wie Anm. 23]. S. 248f.); »Я предвижу суровые окрики и отчасти винюсь в том, что несколько увлекся путешествием в средние века. […] У меня есть оправдание, это оправдание – в уважении к труду и мастерству […]« (»Ich ahne strenge Zurechtweisungen und bekenne mich teilweise schuldig, weil ich von dieser Reise ins Mittelalter hingerissen war. […] Ich habe aber eine Entschuldigung, nämlich meinen Respekt dem Handwerk gegenüber […]«) (Ebenda. S. 252f.).

33 Ebenda. S. 142.

> send Einwohner, aber die Stadt steht auf den Knochen und dem Staub von Millionen. Olivenhaine, »cigarrales«, die den Felsen umzingeln, sind auf den Knochen der Araber, Spanier und Portugiesen gewachsen, die sich gegenseitig die Macht über Toledo streitig machten. Und die Gespensterstadt, die Gräberstadt erhebt sich auf dem Felsen […].

Der Mythos vom romantischen Spanien wird widerlegt, all die Gitarren, Kastagnetten und Zigeunertänze sind nichts als billiger Flitterkram, eine schlecht gemachte Fälschung, die an Touristen verkauft wird:

> Пляски престарелых гитан, треск кастаньет, дробь каблучков в память Карменситы оплачиваются по соглашению, и если современному романтику захочется сфотографировать современную гитану, она примет позу, сознательно копируя плохих художников, и возьмет за это три реала, бессознательно издеваясь над умирающим романтизмом.[34]
> Die Tänze der älteren Gitanas, das Klappern der Kastagnetten und Absätze zur Erinnerung an Carmencita werden nach Vereinbarung bezahlt. Und wenn ein moderner Romantiker eine moderne Gitana fotographieren möchte, wird sie eine Stellung einnehmen, mit der sie bewußt einen schlechten Maler kopiert, und ihm dann drei Reales berechnen, womit sie unbewußt den sterbenden Romantismus auslacht.

Gitarren und Kastagnetten, Serenaden und Zigeunertänze, der Stierkampf und die Uniformen der spanischen Militärs und der Beamten, also diejenigen Attribute, die im romantischen Spanienbild festgehalten sind (und die Nikulin auch als ›romantisch‹ klassifiziert), werden von ihm als stereotyp und nicht zutreffend bewertet; sie beschreiben zusammen ein künstliches, inszeniertes Spanien, bei dessen Charakterisierung Nikulin wiederholt Metaphern aus dem Bereich des Theaters und der Oper bzw. Operette benutzt: »но сахарной, театральной Испании Чайковского, Каульбаха и Немировича-Данченко не существует« (»Aber das zuckersüße, theatralische Spanien von Čajkovskij, Kaul'bach und Nemirovič-Dančenko existiert nicht.«).[35]

Neben diesem, aus äußeren Attributen zusammengesetzten Stereotyp des ›romantischen‹ Spanien, das er als solches erkennt und ablehnt, nennt Nikulin einige ›typische‹ Eigenschaften der spanischen Lebensart und des spanischen Nationalcharakters, die dieses Land und seine Menschen seiner Ansicht nach ›tatsächlich‹ kennzeichnen. Dazu gehören insbesondere

---

[34] Ebenda. S. 256. Siehe auch S. 164-168.

[35] Ebenda. S. 241. Siehe auch S. 31f., 38, 50f., 89, 164ff., 184-197.

die Unpünktlichkeit, die schlechte Organisation, der Leichtsinn der Spanier sowie ihr Hang zum Theatralischen.[36] All diese Eigenschaften, Verhaltensweisen und Dispositionen, die zusammen ein neues Stereotyp des Spaniers bilden, werden bei Nikulin nie anders als negativ bewertet; sie charakterisieren zwar die momentane spanische Realität, machen aber nicht das ›wahre‹, ›echte‹ Spanien und den Geist seines Volkes aus, sondern sind bloße »Überreste der alten Lebensweise«[37], die abgelegt werden müssen. Dementsprechend wird auch die (angebliche) Neigung der Spanier kritisiert, vermeintliche Eigenheiten ihres Nationalcharakters (im folgenden Beispiel die ›spanische‹ Unverantwortlichkeit und Unberechenbarkeit/Willkür) bedingungslos zu akzeptieren und zu kultivieren:

> »Но вы же в Испании«. Это звучало в дальнейшем как лейтмотив. По дороге между Кордовой и Гранадой взрывается и сгорает автобус, шестнадцать заживо сгоревших людей, рекордное число для автомобильной катастрофы – »вы же в Испании«; любой мелкий чиновник может вам причинить серьезнейшие неприятности – »вы же в Испании«.[38]
> »Es ist eben Spanien«. Dieser Satz wurde zu einem Leitmotiv. Auf der Straße zwischen Córdoba und Granada explodierte und verbrannte ein Bus, es gab sechzehn Todesopfer, eine Rekordzahl für einen Verkehrsunfall – »Es ist eben Spanien«; jeder kleine Beamte kann Ihnen die größten Unannehmlichkeiten bereiten – »es ist eben Spanien«.

Diesem ›unechten‹ Spanien wird ein ›authentisches‹ Spanien entgegengesetzt, das bezeichnenderweise als »das Spanien von Puškin, Lermontov und Heine«[39] definiert wird und welches man beim einfachen Volk findet:

> Осколки старого быта […] не всегда безобразны […], иногда они очаровывают и привлекают вас, потому что они – плоть и кровь этого народа, простого и мужественного, […] который умеет петь и танцевать на улицах, веселиться в бодегах с пустым, туго перетянутым шарфом желудком.[40]

[36] Ebenda. S. 65, 120ff.
[37] Ebenda. S. 52.
[38] Ebenda. S. 47.
[39] Ebenda. S. 52. Dabei haben gerade die Werke dieser drei Autoren das Bild des romantischen Spanien in der russischen literarischen Tradition geprägt. Für Nikulin geben diese Werke dennoch ein ›richtiges‹ Bild von Spanien wieder, im Gegensatz zum ›unechten‹ Spanien von Čajkovskij, Kaulbach und Nemirovič-Dančenko, wobei er keine Gründe für diese Unterscheidung angibt.
[40] Ebenda.

> Die Splitter der alten Lebensweise sind nicht immer häßlich, manchmal fühlt man sich von ihnen angezogen und bezaubert, weil sie Fleisch und Blut dieses einfachen und mutigen Volkes sind, das auf den Straßen singen und tanzen und in den Bodegas feiern kann, trotz seines leeren, mit einem Schal fest zusammengeschnürten Magens.

Dieses Volk ist aber bei Nikulin durch keinerlei nationale Eigenschaften gekennzeichnet und weist gerade deswegen eine große Ähnlichkeit mit dem sowjetischen Volk auf:

> […] Ты […] видишь перед собой парня с характерными, энергическими чертами лица, рослого парня в берете, его коричневую сильную шею, расстегнутый и выпущенный поверх пиджака ворот рубашки. […] Он шагает непринужденно и смело, и рука его скована с рукой его боевого товарища.[41] Рядом с ним шагает стража […] Но пленный и скованный боец революции выглядит как победитель. Такова уж натура, неукротимый характер испанского народа. Неисчерпаемый революционный темперамент, мужество, неукротимый дух врожденного мятежника, пламя, которое невозможно погасить никакими потоками крови.[42]
> Man […] sieht einen Mann mit charakteristischen, energischen Gesichtszügen vor sich, einen großgewachsenen Mann mit einer Baskenmütze, seinen braungebrannten, kräftigen Hals, den aufgeknöpften Hemdkragen über dem Jackenkragen […]. Er schreitet ungezwungen und mutig und seine Hand ist an die Hand seines Kampfgenossen gekettet. […] Neben ihm schreitet die Wache. […] Doch der gefangene und gefesselte Kämpfer der Revolution sieht aus wie ein Sieger. So ist die Natur, der unzähmbare Charakter des spanischen Volkes, sein unerschöpfliches revolutionäres Temperament, sein Mut, der unzähmbare Geist eines geborenen Kämpfers, das Feuer, das durch all die Ströme von Blut nicht auszulöschen ist.

In dieser und in ähnlichen Darstellungen der neuen spanischen Menschen wird die nationale Komponente durch die ideologische[43] ersetzt. Dabei

---

[41] Diese Zeilen sind von Nikulin später eingefügt worden und handeln von einem Aufstand asturischer Bergmänner im Herbst 1934, der von Francos Truppen blutig niedergeschlagen wurde.

[42] Ebenda. S. 4.

[43] Der Begriff ›ideologisch‹ wird hier und im folgenden wertneutral zur Bezeichnung von Merkmalen verwendet, die, im Gegensatz zu ›nationalen‹ Eigenschaften, die politisch-soziale Einstellung der jeweiligen Person betreffen.

wird ein neues Stereotyp des Proletariers aufgebaut, dessen körperliche (charakteristische, energische Gesichtszüge, braungebrannter, kräftiger Hals usw.) und geistige (Mut, revolutionäres Temperament, rebellischer Charakter) Merkmale im Kanon des sozialistischen Realismus festgeschrieben sind.[44] Die ideologischen Merkmale werden hier zwar dem spanischen Charakter zugeschrieben, doch die Nationalität ist irrelevant und austauschbar. Das sowjetische Modell kann (und muß) überall auf der Welt übernommen werden:

> Читайте чужой быт как книгу, удивляйтесь многоликости и разнообразию жизни на земле, и в этой многоликости и пестроте вы увидите ясно и отчетливо борьбу двух миров, борьбу двух классов и угадаете развязку и исход этой борьбы. Другой язык, другие нравы, песни и лица, но один решающий век, одна эра и наша гордость, наше право называть ее эрой Октября тысяча девятьсот семнадцатого года.[45]
> Lesen Sie den fremden Alltag wie ein Buch, wundern Sie sich über die Vielfältigkeit und Verschiedenartigkeit des Lebens auf der Welt, und in dieser Vielfältigkeit und Buntfarbigkeit werden Sie klar und deutlich den Kampf von zwei Welten, zwei Klassen erkennen und den Ausgang und das Ergebnis dieses Kampfes erraten. Eine andere Sprache, andere Sitten, Lieder und Gesichter, aber ein und dasselbe entscheidende Jahrhundert, eine Ära, und es ist unser Stolz und unser Recht, sie als die Ära des Oktober 1917 zu bezeichnen.

Das Verhältnis von Eigenem und Fremdem wird also bei Nikulin durch die Opposition ›das Nationale‹ vs. ›das Ideologische‹ organisiert. Zum Pol des Fremden gehört das Nationale: ›typische‹ spanische Attribute, die zum Stereotyp des ›Romantischen‹ gehören, spanische Architektur und ›negative‹ Besonderheiten des spanischen Charakters und Alltags. Dieses Fremde wird strikt abgelehnt und es wird ihm das Eigene entgegengesetzt, das universale sowjetische ideologische Modell, das nach der Überzeugung des Reisenden von Spanien in Zukunft übernommen werden wird. Solange dies nicht geschehen ist, hat Nikulin kein weiteres Interesse an diesem Land, und so schließt er mit Spanien am Ende seines Buches ab: »Прощай, Испания, и прощай – навсегда« (»Adieu, Spanien, und zwar für immer.«).[46]

---

44 Vgl. Katerina Clark. »Položitel'nyj geroj kak verbal'naja ikona«. *Sozrealističeskij kanon*. Hg. Hans Günter/Evgenij Dobrenko. Sankt-Peterburg: Gumanitarnoe agentstvo »Akademičeskij proekt«, 2000. S. 569-584.

45 Ebenda. S. 166.

46 Ebenda. S. 274.

III. Vom Reisebericht zum politischen Bericht: *Spanien* und *Spanischer Frühling*

Die spanische Revolution und die Ausrufung der Zweiten Republik 1931 weckten in der Sowjetunion ein verstärktes Interesse an Spanien und veranlaßten weitere sowjetische Schriftsteller, darunter Michail Kol'cov und Il'ja Ėrenburg, zu einer Spanienreise. 1932 erschienen dann Ėrenburgs Berichtsammlung *Spanien*[47] und 1933 Kol'covs Bericht *Spanischer Frühling*. Beide Texte stellen eine Mischform zwischen einem Reise- und einem politischen Bericht dar: Sie beschreiben zwar eine tatsächlich unternommene Reise, doch ihr eigentliches Thema ist nicht die Reise selbst, sondern das politische Drama, welches sich in Spanien abspielt. Die Distanz eines Reisenden, die Nikulin auch in seiner ideologisierten Spaniendarstellung noch beibehält, ist bei diesen beiden Autoren nicht mehr vorhanden: Sie sind offen parteiisch und haben den Anspruch, das aktuelle Geschehen durch ihr Werk direkt zu beeinflussen. Diese neue, aktive, für die spätere Spanienkriegsliteratur charakteristische Auffassung der Aufgabe des Schriftstellers formuliert Ėrenburg im Vorwort zu seinem Buch:

> Der Schriftsteller unserer Tage ist immer wieder versucht, an seinem Beruf irre zu werden. Wie oft habe ich mit Haß auf Feder und Papier geblickt! Wozu von der Majestät der kastilischen Felsen und von dem bösen Tanz der Schatten mit dem Dreispitz schreiben? Die Felsen bleiben Felsen, die Guardia Civil bleibt Guardia Civil.
> Heute nun erhielt ich diesen Brief aus Madrid.
> »Unser Freund in Zamora schickte 20 Exemplare Ihres Buches in die Dörfer am Sanabria-See. Als des Lesens Kundige ihren Dorfgenossen das Kapitel vorgelesen hatten, das von diesen Dörfern handelt [...], kam es zu erregten Demonstrationen gegen die ›Kaziken‹. [...] Die Herrschaften bekamen furchtbare Angst. Die Sache drang bis Zamora und von dort nach Madrid. Wenige Tage später war die Frage, die jahrelang verschleppt worden war, entschieden, das Wasser des Sees wurde zum ›öffentlichen Eigentum‹ erklärt [...].«
> Dieser Brief beglückte mich mehr als jede literarische Kritik. Man kann also auch mit der Feder etwas erreichen![48]

---

[47] Dieses Buch wird im folgenden nach der deutschen Ausgabe zitiert: Ilja Ehrenburg. *Spanien heute*. Übers. von Rudolf Selke. Berlin: Malik, 1932.

[48] Ebenda. S.7f.

Mit der neuen Funktion versehen, können die Formen des klassischen Reiseberichts, darunter selbst sein neutral-objektiver Diskurs (der für den politischen Spanienbericht im allgemeinen nicht mehr charakteristisch ist), nach Bedarf für ideologische Zwecke eingesetzt werden. Die folgende, scheinbar distanziert verfaßte ›Reisenotiz‹ von Ėrenburg betont auf ironische Weise die in Spanien herrschende soziale Ungerechtigkeit:

> Ein Reisender, der aus einem anderen Erdteil kommt und Europa so erforscht, wie die europäischen Missionare Afrika erforscht haben, mag sich notieren: »Spanien ist von zwei Menschenrassen bevölkert. Die einen, mager, ausgemergelt, mit sichtbaren Merkmalen körperlicher und geistiger Entbehrungen, nennen sich ›Campesinos‹, was soviel wie ›Bauern‹ bedeutet. Ihre Tracht ist mannigfaltig: im Norden tragen sie Barette oder Tücher, die um die Stirn gewunden werden, im Süden breitkrempige Hüte. Überall aber zeichnet sich ihre Kleidung durch Schadhaftigkeit aus und kann mit Lumpen verglichen werden. Die andere Spanien bevölkernde Menschenrasse zeichnet sich umgekehrt durch Gesundheit aus. Es sind rotbackige, stattliche, stets heitere und lebensfrohe Menschen. Sie trinken in den Schenken Wein, sie rauchen Zigaretten und herzen ihre hübschen Dienerinnen. Diese Menschen sind überall gleich gekleidet, sie tragen weite, schwarze Kittel, und man nennt sie ›Curas‹, was soviel wie ›Geistliche‹ bedeutet«.[49]

Ėrenburg schaltet hier einen weiteren, fiktiven Erzähler ein, der aus größter Distanz und völlig uninteressiert beobachtet. Dieser Wechsel erlaubt es dem Autor/Erzähler zurückzutreten; der Autor setzt diesen Kunstgriff nicht ein, um wirklich seine, dem Leser längst bekannte Perspektive aufzuheben, sondern um seine Interpretation des Gesehenen fiktiv von einem Unbeteiligten bestätigen zu lassen und so zu objektivieren. Bei Kol'cov findet sich eine weniger aufwendige Variante dieses Objektivierungsverfahrens: Er läßt scheinbar einfach die beteiligten Personen sprechen, die zwar parteiisch sind, aber nicht im Verdacht stehen, die ideologische Perspektive des russischen Berichterstatters zu teilen, ohne als Autor/Erzähler einzugreifen oder zu kommentieren. Im folgenden Beispiel wird der Fächer, ein weiteres Attribut des in der russischen literarischen Tradition verankerten romantischen Spanienbildes, ähnlich wie bei Nikulin, als Zeichen eines sinnlosen, der Vergangenheit angehörenden Daseins aufgefaßt und dargestellt. Dieser Eindruck der Sinnlosigkeit und die mit ihm einhergehende Aggression wird allerdings den spanischen Männern zugeschrieben, während der Berichtserstatter ›unbeteiligt‹ bleibt:

---

49 Ebenda. S. 61.

»мужчины [...] с ненавистью смотрят на сотни дешевых бумажных вееров, которыми женщины совершенно автоматически и бессознательно круглые часы колышут воздух.«[50] (»Die Männer schauen haßerfüllt Hunderte von billigen Papierfächern an, mit denen die Frauen vollkommen automatisch und unbewußt stundenlang in der Luft wedeln.«). Die Objektivität der Verfasser soll in solchen Fällen die Glaubwürdigkeit ihrer Darstellungen garantieren, die eines der entscheidenden Elemente einer gelungenen Propaganda ist.[51] Die distanzierte Perspektive eines Reisenden wird also in den parteiischen politischen Berichten von Kol'cov und Ėrenburg gelegentlich als Verfahren zur Erfüllung ihres propagandistischen Zwecks eingesetzt.

Auch die Struktur der ihrer Funktion nach politisch-propagandistischen Berichte von Kol'cov und Ėrenburg behält viele Merkmale eines Reiseberichts bei. Der Aufbau beider Texte wird um die Reise selbst und einige in der Reiseliteratur beliebte Themen wie Natur, Klima, Essen, Geschichte, die einheimische Frau u.a. herum organisiert. Im folgenden soll auf zwei weitere ›typische‹ Reisethemen, ›die spanische Stadt‹ und ›der spanische Nationalcharakter‹, näher eingegangen werden, um hieran exemplarisch zu zeigen, wie die politische Funktion in diesen Texten die traditionellen Formen des Reiseberichts einerseits und das Verhältnis von Eigenem und Fremdem andererseits beeinflußt und verändert.

Sowohl Ėrenburg als auch Kol'cov bauen in ihren Spanienberichten das Verhältnis zwischen Stadt und Land als Opposition auf, womit sie eine lange Tradition in der russischen Literatur fortsetzen.[52] Diese Opposition wird nicht nur als eine geographische, sondern auch als eine ideologische verstanden und präsentiert. Der ländliche Raum wird bei beiden Autoren vom Volk bewohnt, die Städte sind für die Reichen reserviert. Diese räumliche Distanz steht für die Kluft zwischen dem Volk und der Bourgeoisie. Um diese Kluft deutlicher zu zeigen, werden wiederum die üblichen Verfahren des Reiseberichts, etwa die Landschafts- und Wegbeschreibungen eingesetzt und ideologisiert. So kennzeichnet Ėrenburg den nicht nur geographischen Abstand zwischen der Hauptstadt und den ländlichen Gegenden Spaniens durch folgende Reiseroute: »Von Madrid muß man zuerst mit dem Schnellzug bis Medina del Campo fahren. Dann mit

[50] Michail Kol'cov. »Ispanskaja vesna«. Ders. *Izbrannoe.* Moskau: Pravda, 1985. S. 310-358. Hier S. 318f.

[51] Vgl. Carl Hundhausen. *Propaganda. Grundlagen. Prinzipien. Materialien. Quellen.* Essen: W. Girardet, 1975. S. 14-18.

[52] Diese Opposition findet sich etwa an vielen Stellen in Puškins *Eugen Onegin* oder Tolstojs *Anna Karenina*, um einige repräsentative Beispiele zu nennen.

dem Bummelzug bis Zamora. Dann mit dem Autobus bis Pueblo de Sanabria. Dann mit Pferden bis an den See. Dann weiter auf einem Esel, wenn einer vorhanden ist.«[53]

›Natürlich vs. künstlich‹ ist der andere Ausdruck der Opposition ›Land vs. Stadt‹, wobei die spanische Hauptstadt Madrid zum Höhepunkt der Künstlichkeit erklärt wird. In diesem Zusammenhang taucht sowohl bei Kol'cov als auch bei Ėrenburg ein Vergleich mit Sankt Petersburg auf: Wie die ›nordische Hauptstadt‹ Rußlands wurde auch Madrid künstlich mitten in der wilden Natur auf den Knochen des einfachen Volkes gebaut:

> Madrid taucht auf wie ein schlechter Theatereffekt. Wo kommen plötzlich inmitten einer Wüste diese Wolkenkratzer her? Hier ist nicht einmal der bezaubernde Widersinn jener nordischen Hauptstadt zu erkennen, der so viele Bände der russischen Literatur füllt. Hier ist der blanke Widersinn: Mitten in der Wüste sitzen die flottesten Caballeros und debattieren, Wermut trinkend, wer gestern in den Cortes schwungvoller gesprochen hat, Don Miguel oder Don Alejandro. Sie sind umgeben von Nacht und Steinen.[54]

Bei genauem Hinsehen kann der Reisende verschiedene Gesichter der Stadt erkennen, wobei die im Zusammenhang mit dem modernen Metropolendiskurs vielfach thematisierte Heterogenität der Großstädte[55] in den Texten von Kol'cov und Ėrenburg weniger eine Vielschichtigkeit, sondern eher ein Oberflächenphänomen darstellt, das die einfache soziale Differenzierung in der Stadt verschleiert: Jedem der beschriebenen Stadtteile wird eine bestimmte ideologische Bedeutung zugeordnet. Den reichen Vierteln mit ihrem falschen Glanz und ihrer sinnlosen Hektik wird einerseits die Armut der Arbeiterviertel entgegengesetzt, andererseits die ›echte‹ Heiterkeit der Straßen, auf denen das Volk in seiner Freizeit feiert. Die Altstadt steht für die historische Tradition, die Neustadt für den Einfluß Europas, der Technik und der Zivilisation, der mit streikenden Matrosen erfüllte Hafen von Málaga steht bei Ėrenburg für die (noch bevorstehende) Öffnung Spaniens zu der neuen Welt, die von der Revolution gestaltet wird.[56]

---

[53] Ehrenburg. *Spanien heute* (wie Anm. 47). S. 50.

[54] Ebenda. S. 12. Vgl. auch Kol'cov. »Ispanskaja vesna« (wie Anm. 50). S. 316.

[55] Vgl. Fähnders/Plath/Zahn. »Einleitung« (wie Anm. 6). S. 19-26 mit zahlreichen weiteren Angaben.

[56] Siehe Kol'cov. »Ispanskaja vesna« (wie Anm. 50). S. 310-316, 331ff.; Ehrenburg. *Spanien heute* (wie Anm. 47). S. 116-123, 137f., 156-166, 199-206.

Trotz dieser ›Vielschichtigkeit‹ bzw. ›Vielflächigkeit‹ behält jede Stadt eine bestimmte ideologische Dominante. Während Madrid mit seinen Hochhäusern und modernen Hotels für die neue Macht des Kapitals und der Bourgeoisie[57] steht, verkörpert beispielsweise Sevilla bei beiden Autoren den von und für Touristen kultivierten Andalusienmythos und wird als eine schöne und scheinheilige Hure dargestellt, die sich an reiche Touristen verkauft.[58] Ėrenburgs Darstellung von Barcelona fällt aus der Reihe der übrigen Stadtbeschreibungen und ist insofern bemerkenswert, als sie von einem inneren Konflikt zeugt, der Ėrenburgs ganzes Spanienwerk kennzeichnet und seine Position von derjenigen seiner Zeitgenossen unterscheidet:

> Barcelona – ist nur eine Provinz Europas, eine Provinz, von der es weit genug bis zum eigentlichen Zentrum ist. [...] Der Glanz der Plaza de Cataluña, der Betrieb auf der Rambla, die Leierkästen und Straßensänger des Paralelo haben die Legende vom fröhlichen Barcelona geschaffen. In Wahrheit ist Barcelona recht tragisch. Seine Fröhlichkeit erinnert bereits an den mechanisierten Sonntagsbetrieb, den man in jeder europäischen Großstadt beobachten kann. Barcelona, – das ist der Kundschafter Spaniens: ein gutherziges, träges und armes Land beschloß, einen Blick zu werfen in die fremde Welt und in ein neues Zeitalter. Dies ist sein vorgeschobener Posten: ein bißchen mehr Waren und ein bißchen weniger Herzlichkeit. Hier ist es schon sinnlos geworden, zu philosophieren, hier müssen Zellen organisiert und der Stadtplan in soundso viele Kampfbezirke aufgeteilt werden: das ist unser, das zwanzigste Jahrhundert.[59]

Die Vision der Verwirklichung der sozialistischen Utopie auf den Trümmern der alten Kultur ruft also bei Ėrenburg zwiespältige Gefühle hervor. Als sowjetischer Schriftsteller sieht er die Notwendigkeit dieses Prozesses ein und stellt mit spürbarem Bedauern fest: »Fortschritt bedeutet nicht nur Erwerb, sondern auch Verlust.«[60] Diese Zwiespältigkeit spiegelt sicherlich auch seine persönliche Situation des langjährigen, halboffiziellen Exils wider, während dessen er sich offenbar zwischen der Sowjetunion

[57] Vgl. Ehrenburg. *Spanien heute* (wie Anm. 47). S. 14f. Kol'cov. »Ispanskaja vesna« (wie Anm. 50). S. 310ff.

[58] Siehe Kol'cov. »Ispanskaja vesna« (wie Anm. 50). S. 333f.; Ehrenburg. *Spanien heute* (wie Anm. 47). S. 116, 120.

[59] Ehrenburg. *Spanien heute* (wie Anm. 47). S. 203, 206.

[60] Ebenda. S. 165.

und Europa nicht endgültig entscheiden konnte.[61] Zwar stellte das ›zivilisierte‹ Europa für ihn keine Alternative zum sowjetischen Modell dar, doch gerade seine Spanientexte vermitteln eine starke Sehnsucht nach dem Anderen, und dies unterscheidet sie von den eindeutig ›expansiven‹ Texten anderer sowjetischer Autoren und verbindet sie mit den Texten des Exotismus.[62] Bei Ėrenburg wird Spanien als ein Land am Rande Europas begriffen, das von der Zivilisation noch nicht vollständig durchdrungen ist und noch etwas von seiner Ursprünglichkeit bewahrt hat. Dieses Motiv kommt besonders stark in den Beschreibungen des spanischen Nationalcharakters zum Vorschein, zu dessen Dominante die ›Menschlichkeit‹ erklärt wird: »Spanien, das ist nicht Carmen und nicht die Torreadore [...]. Nein, Spanien, das sind zwanzig Millionen abgerissener Don Quichotes, [...] das sind Lieder, traurig wie das Rauschen des trokkenen Ölbaums, [...] das ist die Güte, Mitgefühl, Menschlichkeit.«[63] Bei seinen Spaniendarstellungen arbeitet Ėrenburg oft mit nationalen Stereotypen, wobei er manche Stereotype als Beispiele für ein oberflächliches, falsches Bild von Spanien erwähnt, um dann ein ebenso stereotypisiertes Bild des ›richtigen‹ Spanien dagegenzusetzen. So wird im oben zitierten Beispiel Carmen zum Symbol des ›falschen‹ und Don Quijote zum Symbol des ›richtigen‹ Spanien gewählt.[64] Da er im Gegensatz zu Nikulin (der

[61] Mehr dazu siehe Natalia Margulis. »›Unsere Heimat ist jetzt Madrid ...‹ Der Spanische Bürgerkrieg in der Literatur des russischen Exils«. *Exklusion: Chronotopoi der Ausgrenzung in der russischen und polnischen Kultur des 20. Jahrhunderts*. Hg. Wolfgang S. Kissel/Franziska Thun-Hohenstein. München: Sagner, 2006. S. 111-136.

[62] Vgl. Rolf Parr. »Exotik, Kultur, Struktur. Tangenten dreier Perspektiven bei Claude Lévi-Strauss«. *KultuRRevolution* 12.32/33. Essen: Klartext, 1995. S. 22-28. Hier S. 22: »Eine Minimaldefinition wird ›Exotismus‹ als einen Diskurs kennzeichnen, für den das ›Exotisch-Fremde‹ als Projektionsfläche eigener Vorstellungen, Wünsche und Phantasien fungiert. Konstitutiv dabei ist eine raum/zeitliche Achse des ›früher/jetzt‹ bzw. ›dort/hier‹, die sich paradigmatisch schnell um solche Binarismen wie ›wild/zivilisiert‹, ›gut/schlecht‹ und ›weiblich/männlich‹ erweitert.«

[63] Ehrenburg. *Spanien heute* (wie Anm. 47). S. 78f.

[64] Hier ein weiteres Beispiel einer stereotypisierten Spaniendarstellung bei Ėrenburg: »Neben dem Franzosen scheint der Spanier primitiv, trotz dem ganzen Pomp seiner Geschichte [...]. Es sind natürlich keine Kinder, aber es sind Menschen und nicht Gespenster in Hosen oder Mannequins aus den ›Galeries Lafayette‹. Und so ist alles: hier sind Berge Berge, Steppen Steppen; die spanische Küche rühmt sich nicht so sehr der kunstvollen Zubereitung wie der Unverfälschtheit der Lebensmittel, – jungfräulich weißes Brot, voller Wein,

das Stereotyp des ›Romantischen‹ mit Hilfe rein äußerlicher Zeichen aufbaut, während er bestimmte Charakterzüge als ›echt spanisch‹ anerkennt und damit ein neues Stereotyp des spanischen Nationalcharakters schafft) sowohl bei den Charakteristika des ›falschen‹ als auch des ›richtigen‹ Spanien Stereotype aller Arten und Ebenen nennt und einsetzt, ist es um so schwieriger, Gesetzmäßigkeiten für die Ablehnung der einen und die Akzeptanz der anderen Stereotype festzustellen. Ėrenburgs Berichterstatter geht nach demselben Prinzip vor, dem (nach Fleischer) auch der Stereotypenforscher folgen muß, und entscheidet aufgrund der ›Semantisierungen seiner Kulturausprägung‹, was für ihn ein Stereotyp ist und was nicht. Dabei wird von ihm gelegentlich ein und dieselbe Eigenschaft einmal als (Auto- oder Hetero-)Stereotyp und dann als ›echt und zutiefst spanisch‹ klassifiziert.[65]

Die nationale Komponente ist also bei Ėrenburg (im Gegensatz zu Nikulin) stark präsent und positiv besetzt, da ihr Träger das einfache Volk ist. Die Bourgeoisie wird dagegen als volksfremd und damit ›nicht richtig spanisch‹ dargestellt.[66] Auch in der Zukunftsvision behält die nationale Komponente bei Ėrenburg ihre Bedeutung:

> Wie Feen bringen die Länder der Zukunft ihre Geschenke: Organisation, Disziplin, hochentwickelte Produktion oder heroische Ausdauer. Vielleicht werden die spanischen Arbeiter, die Weber Barcelonas, die Tagelöhner Andalusiens, die Bauern Kastiliens, eine gewisse, menschliche Korrektur vornehmen an dem exakten Diagramm, das mit dem Blute der anderen Völker aufgezeichnet wurde?[67]

Bei Kol'cov dagegen gilt es, wie bei Nikulin, das Nationale zu überwinden. Die nationalen Merkmale dienen zur Charakterisierung des Klassenfeindes oder markieren die Eigenschaften, die das spanische Volk im Laufe seiner revolutionären Entwicklung ablegen muß (wie etwa die ›ty-

Lamm, Fisch. […] Der Mensch ist hier zu sehr Mensch […]« (Ebenda. S. 194).

65 So steht etwa die folgende Aussage im Widerspruch zu der von Ėrenburg vielfach thematisierten (vgl. etwa ebenda. S. 78f.) ›spanischen Ritterlichkeit‹: »Betritt in Badajoz eine Dame ein ›Casino‹, erheben sich die ehrenwerten Gäste von ihren Plätzen: es ist das Volk der Ritter. In Badajoz, wie auch in anderen spanischen Städten, prügeln im trauten Heim die ›Ritter‹ von Zeit zu Zeit ihre Damen […]«. (Ebenda. S. 18)

66 Ebenda. S. 30.

67 Ebenda. S. 214.

pisch spanische Heuchelei‹[68]). Die positiven Darstellungen der Spanier basieren, wiederum wie bei Nikulin, auf ideologischen Eigenschaften bzw. äußeren Merkmalen, die Ausdruck dieser ideologischen Eigenschaften sind; dabei wird eine Ähnlichkeit der Spanier mit den Sowjetmenschen behauptet.[69] Der wesentliche Unterschied zu Nikulins entnationalisierten Darstellungen besteht darin, daß Kol'cov diese Ähnlichkeit durch ein häufiges Zugreifen auf russische Eigen- und Ortsnamen bzw. durch die sprachliche Übertragung russischer Dialektismen auf die dargestellte spanische Wirklichkeit betont:

> Девушка в углу читает вполголоса газету. Такая знакомая и понятная, совсем советская чернявая дивчина в комсомольской майке. Посади ее в Бобруйске на вокзале, никто не усомнится, многие подойдут и спросят: »Товарищ, где тут красный уголок?« Испанская дивчина читает о том, что в Сан-Себастьяне гардиа-сивиль стреляла в беззащитную толпу женщин и ребят, пришедшую просить за арестованных забастовщиков.[70]

---

[68] Vgl. Kol'cov. »Ispanskaja vesna« (wie Anm. 50). S. 323: »Немецкий рабочий туговат на подъем там, где дело касается нарушения утрамбованной ›благоприличной‹ буржуазной обстановки. Его испанские товарищи воспитаны хозяевами на лицемерии внешних церемоний; им, этим нищим, ограбленным и оплеванным труженикам, издавна вбиты в голову кавалерственные жесты богатых гидальго« (»Der deutsche Arbeiter ist schwer zu bewegen, wenn es um die Veränderung des gefestigten, ›anständigen‹ bürgerlichen Ambiente geht. Seine spanischen Genossen sind von ihren Herrschaften zur heuchlerischen Einhaltung von äußerlichen Förmlichkeiten erzogen worden. Diesen bettelarmen, beraubten und erniedrigten Arbeitern sind vor langer Zeit Kavaliersmanieren reicher Hidalgos beigebracht worden«).

[69] Die positivste Gestalt von Kol'covs Bericht, der kommunistische Agitator aus Sevilla, weist keinerlei nationale Züge auf und ist insgesamt äußerst entpersonifiziert, was für die Darstellung des positiven Helden in der Tradition des sozialistischen Realismus charakteristisch ist (vgl. Clark. »Položitel'nyj geroj« [wie Anm. 44]. S. 571). »Смуглый молодой человек, или просто парень, или даже парнишка. Есть такие вневозрастные облики у людей« (»Ein braungebrannter junger Mann oder gar Junge. Es gibt solche Menschen unbestimmten Alters«) (Kol'cov. »Ispanskaja vesna« [wie Anm. 50]. S. 337). Sein Bild fügt sich aus Zeichen zusammen, die zum Eigenschaftenkatalog eines Revolutionärs im sozialistischen Realismus gehören: ein Lächeln, das von einem ernsten Gesichtsausdruck abgelöst wird, wenn es ›um die Sache‹ geht, klares revolutionäres Denken, Mut und Feuer. (Ebenda. S. 337-345)

[70] Ebenda. S. 316.

> Das Mädchen in der Ecke liest leise eine Zeitung. Sie sieht so vertraut aus, ein ganz sowjetisches schwarzhaariges Mädchen in einem Komsomolzen-Turnhemd. Wenn sie am Bahnhof von Bobrujsk so sitzen würde, kämen keine Zweifel auf, man würde zu ihr gehen und fragen: »Genossin, wo ist hier die Rote Ecke?« Das spanische Mädel liest darüber, wie die Guardia Civil in San Sebastian eine wehrlose Menge von Frauen und Kindern beschossen hat, die für die gefangen genommenen Streikenden ein Wort einlegen wollten.

Das ideologisch Eigene wird hier mit einem russischen Regionalismus (›divčina‹), das ideologisch Fremde mit einem sprachlich fremden Ausdruck (›guardia civil‹) bezeichnet. Durch dieses Verfahren werden die ideologischen Eigenschaften und Erscheinungen ›nationalisiert‹, wobei ›schlechte‹ Merkmale ›hispanisiert‹ und ›gute‹ Eigenschaften ›russifiziert‹ werden. Die neue internationale Gesellschaft der Zukunft ist also stark durch Züge der sowjetischen Gesellschaft gekennzeichnet, was den kolonialistischen Charakter von Kol'covs Diskurs aufdeckt.

Die Themen und Verfahren des ›klassischen‹ Reiseberichts (Stadt-, Landschafts- und Wegbeschreibungen sowie Charakterisierungen der einheimischen Menschen mit ihren formalen Merkmalen) werden also in den politischen Berichten von Kol'cov und Ėrenburg mit neuen ideologischen Inhalten gefüllt und der propagandistischen Funktion untergeordnet. Diese Inhalte und deren Interpretation sind bei beiden Autoren weitgehend identisch und entsprechen der Werteskala der sowjetischen sozialistischen Ideologie. Der Unterschied besteht in der Auffassung des Nationalen, das bei Kol'cov eindeutig negativ, bei Ėrenburg aber mit einer nostalgischen Note beschrieben wird und das exotischste Element seiner Texte ausmacht. Beide Autoren bedienen sich der Stereotypisierungsverfahren. Dabei arbeitet Ėrenburg hauptsächlich mit nationalen Stereotypen, indem er manche als solche entlarvt, andere aber beim Aufbau seines Spanienbildes verwendet und seine Entscheidung intuitiv vorzunehmen scheint. Kol'cov setzt nationale Stereotype über Spanien nur zur negativen Charakterisierung ein, während er beim Aufbau der positiven Figuren auf die ideologischen Stereotype der sowjetischen Literatur zurückgreift, welche er gelegentlich ›russifiziert‹.

IV. Vom politischen Bericht zum Kriegsbericht: *Spanisches Tagebuch* und *Spanische Reportagen*

Während des Spanischen Bürgerkrieges hielten sich sowohl Kol'cov als auch Ėrenburg im Auftrag der sowjetischen Presse in Spanien auf und verfaßten Kriegsberichte, die kaum noch Merkmale der Reiseliteratur aufweisen.[71] Dies ist zum einen durch einen weiteren Funktions- und Perspektivenwechsel bedingt; alle Realien des Landes werden jetzt im Hinblick auf die Kriegsführung betrachtet und bewertet, wie zwei folgende Beispiele, eine Weg- und eine Landschaftsbeschreibung verdeutlichen:

> 1. От Навольмораля по шоссе до Мадрида – 179 километров […]. Линия эта и параллельная ей Мерида – Наваэрмоса-Толедо-Хетафе служат естественными проходами к Мадриду между горными хребтами по долине реки Тахо. Узловым препятствием служит здесь только Талавера, в самом узком месте долины. За Талаверой и до самого Мадрида ровная полоса достигает ширины в пятьдесят-шестьдесят километров и позволяет армии ровно катиться к столице, не наталкиваясь ни на какие естественные рубежи.[72]
> 1. Von Navolmoral bis Madrid sind es auf der Landstraße 179 Kilometer. Diese Strecke und die Parallelstrecke Navahermosa-Toledo-Getafe sind die einzigen natürlichen Zugänge nach Madrid zwischen den Bergkämmen durch das Tal des Flusses Tajo. Das einzige große Hindernis ist hier Talavera, das an der engsten Stelle des Tals liegt. Hinter Talavera führt ein fünfzig bis sechzig Kilometer breiter gerader Streifen nach Madrid, der es einer Armee erlaubt, ohne irgendwelche natürlichen Hindernisse überwinden zu müssen, direkt auf die Hauptstadt zuzurollen.
>
> 2. Небо тысяча девятьсот тридцать седьмого года раскрывается в своей парадной, сверкающей красоте. Оно прославлено, это мадридское небо; удивительное по своей прозрачности, огромной светосиле, оно дает почти вещественное, пластическое ощущение своей глубины. […] Это небо восхваляли гимнами красок Веласкез и Рибера […]. Теперь его ненавидят. […] Теперь лучше всего, когда великолепное мадридское небо занавешено грязным брезентом зимних туч […], потому что в

---

[71] Kol'cov faßte seine Berichte 1938 als *Ispanskij dnevnik* zusammen. Die erste ausführliche Sammlung der Spanienberichte Ėrenburgs erschien erst 1986 unter dem Titel *Ispanskie reportaži*.

[72] Michail Kol'cov. *Ispanskij dnevnik.* Moskva: Sovetskij pisatel', 1957. S. 72f.

> дождь фашисты не бомбят. Но тучи редко застилают здешнее небо. Оно лучезарно и смертоносно.[73]
> 2. Der Himmel von 1937 zeigt sich in seiner prunkhaften, glänzenden Schönheit. Er ist berühmt, dieser Madrider Himmel [...]. Velasquez und Goya haben ihn mit Farbenhymnen besungen [...]. Jetzt wird er gehaßt. [...] Jetzt ist es am besten, wenn der wunderschöne Himmel von Madrid mit einem schmutzigen Zelttuch aus Winterwolken zugedeckt ist [...], weil die Faschisten bei Regen nicht bombardieren. Doch die Wolken bedecken selten den hiesigen Himmel. Er ist strahlend und todbringend.

Zum anderen wird die Form der Berichte durch eine neue Rolle und Aufgabe der Autoren beeinflußt, die die veränderte politische Situation mit sich bringt: Während sie 1931 das Land und seine Bräuche, politischen Ereignisse und gesellschaftlichen Umwandlungen noch als (parteiische) Außenstehende beschreiben, treten sie jetzt als Vertreter des sowjetischen Volkes auf, welches als starker, mit der ›richtigen‹ Ideologie und revolutionären Erfahrung ausgerüsteter Freund nach Spanien kommt, um den Spaniern zu helfen, den Krieg zu gewinnen.

Bei Ėrenburg bewirkt dies, daß das exotischste Moment zwar in den Hintergrund gedrängt wird, das Konfliktpotential der Texte aber um so mehr zum Vorschein kommt: In dieser Zeit und in dieser Welt, in diesem grausamen Krieg gegen einen so gefährlichen und hinterhältigen Feind wie das faschistische Deutschland wird die spanische ursprüngliche Menschlichkeit den Spaniern zum Verhängnis. Sie sind aus der Sicht sowjetischer Beobachter viel zu gutgläubig und leichtsinnig, zu nobel und zu nachsichtig mit dem Feind (»Как же их бомбить? Там женщины...«[74] – »Wie könnten wir sie bombardieren? Da sind doch Frauen...«), sie sind insgesamt zu unbewußt und zu impulsiv (»[...] трудно понять военную карту Испании, не зная исконной беззаботности ее народа«[75] – »Es ist schwierig, die Militärkarte Spaniens zu verstehen, ohne die ureigene Leichtfertigkeit seines Volkes zu kennen.«). Im Laufe des Krieges müssen die Spanier lernen, sich zu disziplinieren und ihre Gefühle zu beherrschen, was sich auf der ideologischen Ebene oft als Übergang vom Anarchismus zum Kommunismus abspielt.[76] Die russischen Kameraden helfen ihnen dabei, und der Berichterstatter tritt als Vertreter der ›Wir-

---

73 Ebenda. S. 373f.

74 Ėrenburg. *Ispanskie reportaži.* Moskva: Izdatel'stvo agentstva pečati novosti, 1986. S. 179.

75 Ebenda. S. 131f.

76 Vgl. ebenda. S. 42, 179.

Gruppe‹ selbst als Träger der Zivilisation mit ihrem Kontrollzwang auf, die sich gegen die spanische Ursprünglichkeit richtet, die er selbst wiederum vermißt.[77]

Bei Kol'cov dagegen kann von einem solchen inneren Konflikt nicht die Rede sein: Mit dem Ausbruch des Bürgerkrieges scheint sein Traum von Weltrevolution in Erfüllung zu gehen. Dieser neue ideologische Inhalt verändert die gesamte Geographie seiner Texte und vor allem das Konzept von Madrid: Aus einem Symbol der Eitelkeit und Nichtigkeit des modernen kapitalistischen Europa wird die Stadt als das belagerte Madrid zum Zeichen des Kampfes gegen den Faschismus. Kämpfe und Bombenangriffe verändern das Gesicht der Stadt, ihre Strukturen zerfallen, ihre Einrichtungen werden für unvorgesehene Zwecke genutzt. Das Leben der Stadt bekommt eine andere Dynamik, Tod und Leben, Schrecken und Lachen finden sich dicht nebeneinander und Madrid bekommt, endlich durch die richtige Idee beseelt, eine neue Schönheit der Revolution:

> Город прочно изменил облик. […] Мадридская улица получила демократический, простонародный характер. Тротуары занял дружинник милиции, его пригородная подруга. Солдаты разгуливают по четверо-пятеро в ряд, обнявшись, распевая песни. […] На перекрестке, в кромешной тьме, прохожие окружают слепого музыканта, бросают ему в шляпу медь, предлагают играть »Интернационал«. Он играет, и толпа вокруг него поет.[78]
> Die Stadt hat ihr Erscheinungsbild vollkommen verändert. […] Die Straßen von Madrid haben einen demokratischen, volkstümlichen Charakter angenommen. Die Bürgersteige gehören jetzt den Milizen und ihren Freundinnen aus der Vorstadt. Die Soldaten spazieren in Vierer- und Fünferreihen, umarmen sich und singen Lieder. […] An der Kreuzung, in der absoluten Dunkelheit, haben sich Fußgänger um einen blinden Musiker herum gesammelt. Sie werfen Kupfermünzen in seinen Hut und bitten ihn, »Die Internationale« zu spielen. Er spielt und die Menschenmenge um ihn herum singt.

---

[77] Mehr dazu siehe Natalia Margulis. »Wieso ein Deutscher – ein Spanier ist er!« Nationale Stereotype und ideologische Bilder in Beispielen der russischen Literatur zum Spanischen Bürgerkrieg 1936-39«. *Stereotyp und Geschichtsmythos in Kunst und Sprache. Die Kultur Ostmitteleuropas in Beiträgen zur Potsdamer Tagung, 16.-18. Januar 2003.* (Vergleichende Studien zu den Slavischen Sprachen und Literaturen. Bd. 11). Hg. Katrin Berwanger/Peter Kosta. Frankfurt/M.: Peter Lang, 2005. S. 333-352.

[78] Kol'cov. *Ispanskij dnevnik* (wie Anm. 72). S. 340f.

> Никогда не был так красив Мадрид, как сейчас, в эти последние дни и ночи, когда черным смертоносным кольцом сжимал его враг. Я раньше не любил этот город, а теперь невыносимо жалко его покидать.[79]
> Noch nie ist Madrid so schön gewesen wie jetzt, in diesen letzten Tagen und Nächten, während der Feind es in eine tödliche Schlinge genommen hat. Früher mochte ich diese Stadt nicht, doch jetzt tut es mir unheimlich leid, sie verlassen zu müssen.

Das neue Bild von Madrid ist entnationalisiert und entkonkretisiert und andererseits stark ideologisiert. Gleichzeitig taucht in den Beschreibungen des kämpfenden Madrid immer wieder das Motiv seiner Verbundenheit mit Moskau auf (»Издалека сквозь мглу светит нам сюда великий маяк – Москва […]«[80] – »Von weitem leuchtet uns der große Leuchtturm – Moskau […].« – »Но Мадрид, усталый, голодный, окровавленный Мадрид верен […] и благодарен своим друзьям. На арке Алкала, обращенной к северо-востоку, к Москве, издалека видны крупные портреты Ленина, Сталина, Ворошилова«[81] – »Aber Madrid, das müde, hungrige, blutende Madrid bleibt seinen Freunden treu und dankbar. Auf dem Alcalá-Bogen, der nach Nordosten, in Richtung Moskau zeigt, sieht man von weitem große Porträts von Lenin, Stalin, Vorošilov«).

Seine Tendenz, das Nationale und das Ideologische einander wertend gegenüberzustellen und das (positiv bewertete) Ideologische daraufhin mit sowjetischen nationalen Eigentümlichkeiten auszugestalten, bleibt auch in Kol'covs Kriegsberichten beibehalten.

V. Zusammenfassung und Ergebnisse

Ausgehend von der anfangs angeführten These Wolfzettels, daß im modernen Reisebericht jedes gesehene Objekt einen verdeckten Sinn hat, der vom Erzähler/Leser entschlüsselt werden muß, ist gezeigt worden, wie in den sowjetischen Spanienberichten das Gesehene mit ideologischen Inhalten gefüllt wird und wie sich diese Inhalte, aber auch die literarischen Gestaltungsmittel in der Entwicklung vom Reisebericht zum Kriegsbericht wandeln. Konstant bleibt bei dieser Entwicklung eine starke Tendenz zur Stereotypisierung der Texte. Nationale Stereotype über Spanien

---

[79] Ebenda. S. 234.
[80] Ebenda. S. 315.
[81] Ebenda. S. 610.

und spanische Menschen werden bei der Darstellung des Fremden verwendet, wobei sie zum Teil (wie etwa das alte komplexe Stereotyp des »romantischen Spanien« mit all seinen Attributen bei Nikulin) als Stereotype erkannt und abgelehnt, zum Teil als der Wirklichkeit entsprechend akzeptiert werden (wie das neue Stereotyp des spanischen Nationalcharakters, das etwa durch ›Heuchelei‹ bei Kol'cov, ›Unpünktlichkeit‹ und ›Leichtfertigkeit‹ bei Nikulin bzw. ›Ursprünglichkeit‹ bei Ėrenburg gekennzeichnet ist). Bei Nikulin und Kol'cov muß das Fremde überwunden werden, damit sich das Eigene behaupten kann; damit nähert sich der Reise- bzw. Kriegsbericht dem Bericht eines Kolonisators oder dem Rechenschaftsbericht eines Missionars an. Bei Ėrenburg steht das Fremde gleichzeitig auch für das verlorene Paradies und markiert damit einen inneren Konflikt des Erzählers bzw. Verfassers.

Dem ›nationalen‹ Fremden wird das ›ideologische‹ Eigene entgegengesetzt. Dabei entsteht ein neues Stereotyp eines internationalen Menschen der Zukunft, dem nur ideologische Eigenschaften (revolutionäres Temperament, Mut, Heiterkeit u.a.) zugesprochen werden, die aber manchmal ›russifiziert‹ (oder ›sowjetisiert‹) werden. Diese neuen Menschen, die in den sowjetischen Spanienberichten der 1930er Jahre immer noch Russen und Spanier heißen, haben ihre nationale Identität vollkommen überwunden und sind durch eine gemeinsame Ideologie miteinander verbunden. Damit wären wir bei der Antwort auf die Titelfrage dieses Aufsatzes angelangt: Auch die »spanische Trauer« des ukrainischen Burschen aus Svetlovs Gedicht ist ideologischer Natur. Gemeint ist damit der Seelenzustand der unterdrückten spanischen Bauern, der von ihren Gleichgesinnten in Rußland verstanden und geteilt wird:

Красивое имя,
Высокая честь –
Гренадская волость
В Испании есть!
Я хату покинул,
Пошел воевать,
Чтоб землю в Гренаде
Крестьянам отдать.
Прощайте, родные,
Прощайте, друзья –
»Гренада, Гренада,
Гренада моя!«[82]

[82] Michail Svetlov. *Stichotvorenija* (wie Anm. 1). S. 107f. Übers. Rudolf Selke (Ehrenburg. *Spanien heute* [wie Anm. 47]. S. 161).

Ein herrlicher Name!
An Ehren reich,
Ein Landstrich Granada
In Spanien weit.
Die Hütte verlaß' ich
Ich zieh' in den Krieg,
hol' das Land von Granada
Den Bauern zurück.
Lebt wohl meine Lieben,
Vergeßt mich nicht.
Granada, ich kämpfe,
Granada für dich!

Die Stimmung dieser Zeilen scheint die Stimmung einer ganzen Epoche wiedergegeben zu haben, anders läßt sich der unglaubliche, jahrzehntelang anhaltende Erfolg von *Grenada* kaum erklären. Exemplarisch für die zeitgenössische Rezeption des Gedichts ist folgende begeisterte Äußerung Ėrenburgs:

> Dieser Sang ist keine Prahlerei: das Schicksal der Landarbeiter Granadas wird am ehesten wohl fern von den Feldern Andalusiens entschieden werden. Swjetlow war nie in Granada. Vielleicht versteht er nichts von der Kunst der Araber. Zudem weiß er weder etwas von den Banken der Gran Via noch von den Spelunken des Albaicin. Für ihn ist Granada ein Landstrich. Muß noch hervorgehoben werden, daß er die Tragödie Granadas viel tiefer verstanden hat als ein Lacretelli oder Larbaud?[83]

Ein später Kommentar Svetlovs zur Entstehung von *Grenada* aus dem Jahr 1958 läßt den *Grenada*-Mythos allerdings in einem anderen Licht erscheinen:

> Помню: я шел по Тверской и все время бессознательно напевал:
> Гренада, Гренада,
> Гренада моя!
> Неожиданно я обратил внимание на всю бессмысленность этих строк. Откуда они появились? Спустя некоторое время я вспомнил, что на Тверской есть гостиница »Гренада«. Очевидно, вывеска ее бросилась мне в глаза.
> »Вот бы написать стихотворение из жизни испанских грандов! Как бы надо мной смеялись!«
> Я уже мысленно читал абзацы журнальных и газетных столбцов:

[83] Ehrenburg. *Spanien heute* (wie Anm. 47). S. 161f.

> »Светлову, как видно, надоела наша советская действительность, и он обращает свои взоры в сторону испанской буржуазии. Тов. Светлова нам, конечно, терять не хочется, но если испанский империализм так уж вам по душе, то – скатертью дорожка, гражданин Светлов!«
> Несмотря на такую ужасающую перспективу я продолжал напевать. Так я добрел домой.
> И вдруг я понял, что здесь надо действовать путем контраста. Что если эти строки вложить в уста, скажем, крестьянина с Украины? Не успел я как следует осмыслить это, как у меня появились новые две строки:
> Гренадская волость
> В Испании есть!
> Написать остальное не представило никакой трудности.[84]
> Ich weiß noch genau: Ich ging die Tverskaja entlang und summte unbewußt vor mich hin: »Granada, Granada, mein Granada!« Plötzlich fiel mir die ganze Sinnlosigkeit dieser Worte auf. Wie kam ich darauf? Kurze Zeit später erinnerte ich mich, daß es auf der Tverskaja ein Hotel *Granada* gibt. Anscheinend hatte ich unbewußt dessen Schild registriert. »Es wäre nicht schlecht, ein Gedicht aus dem Leben spanischer Granden zu schreiben! Man würde so über mich lachen«. In Gedanken las ich schon die Zeitungskritiken: »Svetlov hat anscheinend genug von unserer sowjetischen Wirklichkeit und richtet seine Blicke auf die spanische Bourgeoisie. Wir möchten zwar ungern auf den Genossen Svetlov verzichten, aber wenn der spanische Imperialismus Ihnen so imponiert, bitte sehr, alles Gute, wir wollen Sie nicht aufhalten!« Trotz dieser erschreckenden Perspektive konnte ich nicht aufhören zu singen. So kam ich nach Hause. Und plötzlich wurde mir klar, daß man hier mit Kontrasten arbeiten muß. »Wie wäre es, wenn ich diese Worte, sagen wir, einem ukrainischen Bauern in den Mund lege?« Ich war noch gar nicht fertig mit dem Gedanken und schon hatte ich zwei neue Zeilen: »Ein Landstrich Granada in Spanien weit!« Den Rest zu schreiben war ein Kinderspiel.

Diese Notiz wurde 2004 in der Moskauer Zeitschrift *Oktjabr'* veröffentlicht und wirkt aus heutiger Sicht und vor dem Hintergrund der immer noch nicht abgeschlossenen Vergangenheitsbewältigung in Rußland spektakulär, wenn nicht sogar zynisch. Ob Svetlov sich 1958 völlig richtig erinnert hat und diesmal aufrichtiger war, ob er gar der Nachwelt damit die Wahrheit über *Grenada* mitgeteilt hat? Klar scheint zu sein, daß Svetlov schon 1926 mit dem Stereotyp des neuen internationalen Menschen bewußt gespielt hat.

---

[84] Michail Svetlov. »Zametki«. *Oktjabr'* 5 (2004): S. 82-85. Hier S. 84.

Gudrun Heidemann (Bielefeld/Wrocław)

Chronophotographische Ausflüchte in Viktor Šklovskijs »Zoo oder Briefe nicht über die Liebe«

> *Liebe Jungens!*
> […] Den ganzen Tag hab ich gestern auf ihn gewartet; ich schrieb dreimal denselben Brief an ihn, einen sandte ich an seine erste Wohnung, den zweiten an seine zweite Wohnung und den letzten an seine Mutterwohnung in Friedenau. Auf Wupperthaler Platt: »Lewer Pitter Boom, dat letze Mol, dat eck schriewen tu: kömm oder kömm nich, ollet Mensch. Eck han Deck so völl tu verzählen, eck weeß jo nich, wat eck met all die Liewe donn soll.
>
> *Liebe Jungens!*
> […] Berlin ist eine kleine Stadt, täglich schrumpft sie mehr und mehr ein. Groß ist eine Stadt nur, wenn man von ihr aus groß blikken kann. Berlin hat nur ein Guckloch, einen Flaschenhals, und der ist auch meist verkorkt, selbst die Phantasie erstickt. Gute Nacht!
>
> *Lieber Herwarth!*
> Ich habe diese Nacht wieder verbummelt geträumt. Ich schlenderte über den Kurfürstendamm wie ein Strolch angezogen, in zerlumpten Hosen und grünlich, abgetragenem Rock, ich dachte nur stumpfe Dinge, auch war ich angetrunken – aus – Traurigkeit.
>
> *Herwarth!*
> Ich gehe jetzt so oft allein in die Stadt, fahre mit all den Maulwürfen Untergrundbahn!
>
> Else Lasker-Schüler. *Mein Herz*[1]

---

1 Else Lasker-Schüler. *Mein Herz. Ein Liebesroman mit Bildern.* (München/Leipzig 1912) Nendeln/Liechtenstein: Kraus-Reprint, 1973. S. 20f., 37f., 83 u. 99. – Die Schreiben, die Else Lasker-Schüler ihrem Mann Herwarth Walden und seinem Reisebegleiter Kurt Neimann nach Norwegen schickte, berichten über das Berliner Bohème-Leben der Autorin und der dortigen Künstlerszene. Anders als Šklovskijs Briefschreiber belegt die Autorin sich sowie ihre Liebhaber, Freunde, Freundinnen und Bekanntschaften größtenteils mit Phantasiepseudonymen, die allerdings, worauf bereits der Untertitel hinweist, auf »wirklich lebende […] Menschen« referieren. Wie sich zeigen wird, weist die einseitige Korrespondenz weitere Gemeinsamkeiten mit Šklovskijs Zoo-Brie-

I. Liebesbriefe eines sowjetischen Flüchtlings: Genrehybrid und -parodie

Angesichts eines Blicks ins Kaiserpanorama erinnert sich Walter Benjamin in *Berliner Kindheit um Neunzehnhundert* von 1932/33 wie folgt:

> Dies war an den Reisen sonderbar: daß ihre ferne Welt nicht immer fremd war und daß die Sehnsucht, die sie in mir weckte, nicht immer eine lockende ins Unbekannte, vielmehr bisweilen jene lindere nach einer Rückkehr ins Zuhause war.[2]

Kurioserweise heißt es in seinen Moskau-Reflexionen: »Schneller als Moskau selber lernt man Berlin von Moskau aus sehen.«[3] Umgekehrtes gilt für Viktor Šklovskij, wenn er 1923 in *ZOO ili pis'ma ne o ljubvi* (*Zoo oder Briefe nicht über die Liebe*) von Berlin aus nach Moskau blickt, wobei er sich keiner optischen Illusionsmaschine, sondern des Briefgenres bedient. Die hierin festgehaltenen flüchtigen Blicke auf die Fremde wekken bei dem Korrespondenten allerdings ähnlich wie bei dem jungen Benjamin einen Rückkehrwunsch *ins Zuhause*, was – so meine These – insbesondere durch visuelle Flüchtigkeitswahrnehmungen der als illusionär gekennzeichneten Metropole motiviert wird.

---

fen auf, was nicht nur auf der lebendigen Urbanität Berlins – etwa der regen Cafészene – gründet. Auch Lasker-Schüler schreibt gewissermaßen auf Umwegen – vor allem über ihre Berichte von Liebesaffären – (nicht) über die Liebe zum Adressaten Herwarth, der während der Reise eine Schwedin kennenlernte, was schließlich zur Scheidung führte. Zugleich verhöhnt die Korrespondentin hierdurch das Liebesbriefgenre und verdichtet das Berliner Großstadtleben zu Metaphern ebenso belebender wie verzweifelter Ausflüchte. Ein derart ludistischer Umgang mit dem epistolographischen Liebesgenre läßt sich auch im Briefwechsel zwischen der verheirateten – Schwester von Šklovskijs Adressatin – Lilja Brik und ihrem Verehrer Vladimir Majakovskij verfolgen (vgl. *Ljubov' ėto serdce vsego. V. V. Majakovskij i L. Ju. Brik: Perepiska 1915-1930.* Moskva: Kniga, 1991). Daß Lasker-Schülers Korrespondenz hier derart ausführlich zitiert wird, hat zudem mit einer Widmung an einen Adressaten meinerseits zu tun.

[2] Walter Benjamin. »Berliner Kindheit um Neunzehnhundert«. Ders. *Gesammelte Schriften.* Bd. 4,1. Hg. Tillmann Rexroth/Hermann Schweppenhäuser/Rolf Tiedemann. Frankfurt/M.: Suhrkamp, 1972. S. 235-305. Hier S. 240.

[3] Walter Benjamin. »Moskau«. Ders. *Gesammelte Schriften.* Bd. 4,1. Hg. Tillmann Rexroth/Hermann Schweppenhäuser/Rolf Tiedemann. Frankfurt/M.: Suhrkamp, 1972. S. 316-348. Hier S. 316.

Nicht ohne Grund verfaßt Šklovskij nach seinen *sentimentalen Reisen*[4] auf der Berliner Zwischenstation keinen Reisebericht, Stadtführer oder Stadtroman, sondern einen – wenn auch recht einseitigen – Briefwechsel. Mit diesem Genre knüpft er vor allem an Karamzins in der russischen Literaturgeschichte zum stilistischen Vorbild avancierten *Pis'ma russkogo putešestvennika* (*Briefen eines russischen Reisenden*) an. Dessen Reisebeschreibungen aus den 1790er Jahren sind von einem Wiedererkennen dessen geprägt[5], was zuvor als Bildungsreise durch Deutschland, die Schweiz und Frankreich systematisch vorbereitet wurde. Šklovskij hingegen ›gerät‹ nach Berlin und dokumentiert mit *Zoo oder Briefe nicht über die Liebe* eine befremdende Fluchtstation in der deutschen Russenkolonie. In Karamzinscher Manier fingiert zwar auch Šklovskijs Korrespondent eine private Schreibsituation in einsamer Zurückgezogenheit, die durch eine Mischung (auto-)biographischer und deskriptiver Darstellungsweisen geprägt ist, jedoch fungieren seine Liebesbriefe zudem als Genreparodie. Der Autor selbst erläutert das Zustandekommen in seinem ersten Vorwort wie folgt: »Первоначально я задумал дать ряд очерков русского Берлина« (»Ursprünglich hatte ich einige Skizzen über das russi-

---

4 Als aufschlußreich erweist sich außerdem, daß Šklovskij für seine 1923, d.h. bereits im Alter von dreißig Jahren erschienene Autobiographie den Titel *Sentimental'noe putešestvie* (*Sentimentale Reise*) wählte (vgl. Viktor Šklovskij. *Sentimental'noe putešestvie*. Moskva: Novosti, 1990). Bei diesen im Untertitel anklingenden *Vospominanija 1917-1922* (*Erinnerungen 1917-1922*) handelt es sich sowohl um Memoiren als auch um dokumentarische Berichte über die Oktoberrevolution in Rußland und den Bürgerkrieg wie über Erlebnisse zu dieser und späterer Zeit im Ausland, worunter auch das Berliner Exil fällt. Anders als Laurence Sternes 1768 erschienene *Sentimental Journey through France and Italy*, die aus der Perspektive des empfindsamen Pfarrers Mr. Yorick geschildert wird, sind Šklovskijs autobio- und faktographische Reiseberichte vor allem aufgrund der Kriegsereignisse und ihrer Folgen negativ gefärbt. Damit widersprechen sie der auf den literarischen Sentimentalismus rekurrierenden Betitelung, die auf diese Weise eine konträre Anlehnung an den fast gleichnamigen englischen Vorgängertext darstellt. Dies gilt in ähnlicher Weise auch für das von Karamzin begründete russische Genre der in formaler wie inhaltlicher Hinsicht vielfältigen Reiseberichte, an die Šklovskij mit den beiden angeführten Werken anknüpft, um sie als Vertreter der formalistischen Literaturtheorie unter anderem im Stil der *literatura fakta* (*Faktenliteratur*) zu erneuern.

5 Vgl. Jurij M. Lotman/Boris A. Uspenskij. »›Pis'ma russkogo putešestvennika‹ i ich mesto v rasvitii russkoj kul'tury«. Dies. *Nikolaj M. Karamzin. Pis'ma russkogo putešestvennika*. Leningrad: Nauka, 1984. S. 564f.

sche Berlin im Sinn«).[6] Für den darauf folgenden Einfall eines Liebesbriefwechsels habe er die Motivierung der unerwiderten Liebe ge- bzw. erfunden: »[T]ак как основной материал книги не любовный, то я выразил запрещение писать о любви« (»[D]a das Grundmaterial des Buches nichts mit Liebe zu tun hat, führte ich ein Verbot ein, über die Liebe zu schreiben«).[7] Der Autor, der sich in seinem Vorwort von 1963 als der einst namenlose Briefverfasser ausgibt[8], flüchtet sich gewissermaßen in die Verschriftlichung seiner unglücklichen, weil verbotenen und damit aussichtslosen Liebe, um vom Standpunkt dieser Negative aus über Berlin und die dortige Russenkolonie zu berichten. Aus diesem Grunde hält Mierau den Roman für das »verzweifeltste Berlin-Buch der Russen«.[9] Seine Briefe »beklagen die völlige Nutzlosigkeit des berliner russischen Daseins«.[10]

Dieser Effekt kommt gerade durch das Genre des (vermeintlichen) Liebesbriefwechsels zustande, bei dem die Adressatin die teils überspitzten, teils schwülstigen Liebeserklärungen des anonymen Absenders stets abweist.[11] So bittet Alja angesichts der schriftlichen Liebesschwüre ihres Verehrers[12] mehrfach: »Не пиши мне только о своей любви« (»Doch schreib mir nicht von deiner Liebe«).[13] Entsprechend setzt Šklovskijs

---

[6] Viktor Šklovskij. *ZOO ili pis'ma ne o ljubvi*. Berlin: Gelikon, 1923 (Staatsbibliothek zu Berlin – Preußischer Kulturbesitz, Abteilung Historische Drucke). S. 9; dt. Viktor Šklovskij. *Zoo oder Briefe nicht über die Liebe*. Frankfurt/M.: Suhrkamp, 1980. S. 7.

[7] Ebenda. S. 9; dt. S. 7.

[8] Viktor Šklovskij. »ZOO, ili pis'ma ne o ljubvi«. Ders. *Sobranie sočinenij v trech tomach*. Bd. 1. Hg. L. Polosina. Moskva: Chudožestvennaja Literatura, 1973. S. 163-230. Hier S. 166; dt. S. 8.

[9] Fritz Mierau. »Die Hamburger Rechnung. Zur Topographie der russischen Deutschland-Mythen«. *Fantaisies russes. Russische Filmmacher in Berlin und Paris 1920-1930*. Red. Jörg Schöning. Hg. Wolfgang Jacobsen/Jörg Schöning. München: Text + Kritik, 1995. S. 157-163. Hier S. 159.

[10] Ebenda. S. 159.

[11] Vgl. Šklovskij. *ZOO* (wie Anm. 6). S. 19, 21; dt. S. 24, 26f.

[12] Vgl. ebenda. S. 19f.; dt. S. 24f.

[13] Ebenda. S. 21; dt. S. 26. – Alja bittet bereits in ihrer ersten Antwort, die Liebesbekundungen zu unterlassen (vgl. ebenda S. 21; dt. S. 26). Da sie auch an ihre Schwester in Moskau schreibt, weist sie Parallelen zu Elsa Triolet auf, deren Schwester Lilja Brik ebenfalls in Moskau lebte. Hierfür spricht außerdem, daß Šklovskij Elsa Triolet sein Buch widmet, weshalb er es *Tret'ja Ėloiza* (*Die dritte Héloïse*) nenne (Ebenda. S. 15; dt. S. 15). Die Frauenbriefe in diesem Werk hält Il'ja Ėrenburg in seiner Autobiographie für authentisch: »Эта книга […] способствовала рождению писательницы […]. Эльза […]

Korrespondent sein Schreiben fort, indem er das Liebesthema durch einen belanglosen Wetterbericht ersetzt: »Я не буду писать о любви, я буду писать только о погоде. Погода сегодня в Берлине хорошая« (»Ich werde nicht über die Liebe schreiben, ich werde nur über das Wetter schreiben. Das Wetter in Berlin ist schön, heute«).[14] Mit derartigen *Ausflüchten* angesichts des unglücklichen, weil analog zur verbotenen Liebe aussichtslosen Exils richtet sich das (auto)biographische Ich an eine anonyme Leserschaft. Aus diesem Grunde weisen die Briefe weniger narrative Strukturen auf, in denen sich die Beziehung zur Adressatin weiterentwickelt, sondern vielmehr deskriptive Strukturen in bezug auf die Topographie der deutschen Exilmetropole und die dortige – vor allem literarische – Russenkolonie.

Angesichts traditioneller Liebesbriefromane, die wie Dostoevskijs Erstlingswerk, der 1846 erschienene Briefroman *Bednye ljudi* (*Arme Leute*), einen sentimentalen Schriftdialog darstellen[15], entpuppt sich Šklovskijs Roman daher auch als Genreparodie.[16] Wegen der verbotenen Liebes-

---

Триоле жила тогда в Берлине [...]. Шкловский включил в свою книгу ›Цоо‹ четыре или пять писем Эльзы« (»Dieses Buch [...] förderte die Geburt einer Schriftstellerin [...]. Elsa Triolet lebte damals in Berlin [...]. Schklowskij nahm in sein Buch ›Zoo‹ vier oder fünf Briefe von Elsa auf« (Il'ja Ėrenburg. »Ljudi, gody, žizn'«. Ders. *Sobranie sočinenij v desjati tomach*. Bd. 8. Hg. I. Čechovska. Moskva: Chudožestvennaja Literatura, 1966. S. 413f.; Ilja Ehrenburg. *Menschen, Jahre, Leben*. München: Kindler. S. 534.) Diese Herkunft deutet Šklovskij in seinem 1924 hinzugefügten Vorwort an (vgl. Šklovskij. »ZOO« [wie Anm. 8]. S. 166; dt. S. 8), welches allerdings ebenso als Bestandteil der Fiktion lesbar ist. Außerdem verweist er im dritten Vorwort von 1963 auf Aljas – alias Ėl'zas – späteren Erfolg als französische Literatin (S. 167; dt. S. 10).

14 Šklovskij. *ZOO* (wie Anm. 6). S. 22; dt. S. 27.

15 Vgl. Fedor Dostoevskij. »Bednye ljudi«. Ders. *Polnoe sobranie sočinenij v tridcati tomach*. Bd. 1. Leningrad: Nauka, 1972. S. 13-108. Der ältere Titularrat Makar Devuškin, dessen Familienname sich von dem russischen Wort für *Mädchen* (*devuška*) bzw. *Jungfrau* (*deva*) ableitet, korrespondiert in dem Roman mit der jungen Varja, in die er sich verliebt hat. Hierbei erfolgen mehrfach Hinweise auf den Briefstil der westeuropäischen Romantik, an den sich der in Liebesangelegenheiten *jungfräuliche* Devuškin teilweise anlehnt. Auf diese Weise knüpft Dostoevskij an die Tradition sentimentaler literarischer Briefwechsel an, nach deren Muster der in ärmlichen Verhältnissen lebende Titularrat seiner Angebeteten schreibt.

16 Diese Parodie läßt sich auch vor dem Hintergrund von Luhmanns systemtheoretischer Betrachtungsweise *symbolisch generalisierter Kommunikationsmedien*, zu denen er die Liebe zählt, lesen (vgl. Niklas Luhmann. *Liebe als*

thematik wird der Blickwinkel des russischen Briefschreibers auf Berlin als Exilstadt gelenkt, auch wenn oder gerade weil er seiner Adressatin bekundet: »Пишу я эту книгу для тебя и писать ее мне физически больно« (»Ich schreibe dieses Buch für dich, und es zu schreiben, schmerzt mich physisch«).[17]

Wenn Šklovskijs namenloser Schreiber seine Briefe an Alja richtet, so wird eine in dem epistolarischen Medium angelegte Privatsphäre erzeugt, der allerdings die zugleich adressierte unbekannte Leserschaft widerspricht. Diese Spannung erhöht sich einerseits durch den Widerstand der geliebten Empfängerin, andererseits durch die Unwegsamkeit des Schriftverkehrs aufgrund der zeitlich verzögerten, nicht immer erfolgreichen Kommunikationswege. In Analogie zu diesen Bewegungen steht sowohl das abwartende Flanieren des Korrespondenten in der urbanen Hektik als auch seine generelle Fluchtsituation.

So perspektiviert Šklovskij das *russkij Berlin*, indem er einen hiervon scheinbar ablenkenden Briefroman verfaßt. Diese Ausflucht deutet sich bereits in dem vielschichtigen Titel an. Das deutsche Wort »Zoo« ist zum einen als Hinweis auf das von den Exilrussen bevorzugte Wohngebiet um den Zoologischen Garten lesbar[18], zum anderen als Analogie zwischen diesen Bewohnern und den eingesperrten, gleichsam den Blicken freigegebe-

Passion. Frankfurt/M.: Suhrkamp, 1994. S. 21-39). Luhmann unterscheidet zwischen diesen Medien als »Kommunikationsanweisungen« (S. 22) und ihrer jeweiligen Semantik, die auf Sachverhalte verweise (vgl. S. 22f.), um seine Terminologie wie folgt zu erläutern: »[D]as Medium Liebe [ist] kein Gefühl, sondern ein Kommunikationscode, nach dessen Regeln man Gefühle ausdrükken, bilden, simulieren, anderen unterstellen, leugnen und sich mit all dem auf die Konsequenzen einstellen kann, die es hat, wenn entsprechende Kommunikation realisiert wird« (S. 23; vgl. auch S. 27 und Niklas Luhmann. *Die Gesellschaft der Gesellschaft 1*. Frankfurt/M.: Suhrkamp, 1997. S. 344-348). In Šklovskijs Briefroman erfolgt diese Kommunikation sowohl trotz als auch wegen des Verbots, über Liebe zu schreiben. So erzählt der Briefwechsel auch von der »Unwahrscheinlichkeit der Kommunikation« über Liebe (Niklas Luhmann. »Die Unwahrscheinlichkeit der Kommunikation«. Ders. *Soziologische Aufklärung 3*. Opladen: Westdt., 1981, S. 25-34). Wie bereits die Negation im Romantitel anzeigt, handelt es sich um einen Briefwechsel, dessen kommunizierte Liebe erfolglos bleiben muß. Gerade hierdurch wird die Annahmewahrscheinlichkeit der *mitkommunizierten* Exilerfahrung seitens der Leserschaft erhöht bzw. die Aussichtslosigkeit des Berliner Exildaseins verstärkt.

17 Šklovskij. *ZOO* (wie Anm. 6). S. 85; dt. S. 96.

18 Vgl. auch Karl Schlögel. »Das Domizil eines Schattenreichs. Russische Emigranten im Berlin der zwanziger Jahre«. *Frankfurter Allgemeine Zeitung* Nr. 175 (01.08.1987). o. S.

nen Zootieren.[19] Zugleich erfolgt hierdurch die Zuschreibung einer herabwürdigenden Exotik, die im Großstadt-Dschungel verortet wird. Auf diese Weise signalisiert die topographische Angabe eine negative Bewertung des russischen Exillebens. Daß der Briefverfasser seinen Schreibanlaß – die Liebe zu der gleichfalls in Berlin lebenden Russin Alja – nicht thematisieren darf, klingt ebenfalls im Titel an. Zugleich verdeckt die Verneinung durch ihre unüberlesbare Erwähnung das eigentliche Thema des Briefwechsels: die Beobachtungen und Erfahrungen in der deutschen Exilstadt.

Zwischen fiktionalem und faktualem *Erzählen und Beschreiben*[20] oszilliert gerade das Genre der Reiseliteratur. Wenn Johann Gottfried Herder noch annimmt, daß »[d]er pragmatische Geschichts- und Reisebeschreiber beschreibt, malt, schildert; er schildert immer, wie er sieht, aus eignem Kopfe, einseitig, gebildet, er lügt also, wenn er am wenigsten lügen will«[21], so ist Šklovskijs Berliner Briefroman insofern bereits als *vorsätzliche Lüge* angelegt, als er das literarische Konstrukt als solches von Beginn an offenlegt. Daher fokussiert er in dem gleichermaßen hybriden wie parodistischen Liebesbriefwechsel weniger die fremde Stadt als vielmehr das zoologische Territorium seiner Landsleute, wodurch nicht mehr nur metaphysisch – wie in der Reiseliteratur üblich – eine Hinwendung zum Eigenen oder Reflexion über das Eigene erfolgt: »Русские живут, как известно, в Берлине вокруг Zoo« (»Die Russen wohnen in Berlin bekanntlich um den Zoo herum«).[22]

II. Die Großstädte und das fliegenhafte Exilleben

Reisen gehen mit Grenzüberschreitungen einher, die im Reiseschreiben nicht nur als Fremdheitswahrnehmungen, sondern auch mit der Darstellung vom Anderen als Befremdenden zum Ausdruck kommen. Dies erfolgt in Šklovskijs Briefen unter anderem mittels eigenwilliger Perspektivierungen:

---

[19] Aufgrund der lautlichen wie (typo-)graphischen Ähnlichkeit zum kyrillischen Pendant »Зоо(парк)« ist das Wort auch für den russischen Leser entschlüsselbar, wobei das lateinische Schriftbild auf den deutschen Hintergrund schließen läßt.

[20] Vgl. Georg Lukács. »Erzählen oder Beschreiben«. Ders. *Probleme des Realismus*. Berlin: Aufbau, 1955. S. 103-145.

[21] Zit. n. Doris Bachmann-Medick. »Fremddarstellung und Lüge: Übersetzung als kulturelle Übertreibung am Beispiel von Münchhausens Lügengeschichten«. *Übersetzung als Repräsentation fremder Kulturen*. Hg. Doris Bachmann-Medick. Berlin: Schmidt, 1997. S. 42-68. Hier S. 45.

[22] Šklovskij. *ZOO* (wie Anm. 6). S. 71; dt. S. 75.

> Русские ходят в Берлине вокруг Gedächtniskirche как мухи летают вокруг люстры. И, как на люстре висит бумажный шарик для мух, так на этой кирхе прикреплен над крестом странный колючий орех. Улицы, видные с высоты этого ореха, широкие. Дома одинаковы, как чемоданы.
> Die Russen in Berlin kreisen um die Gedächtniskirche wie die Fliegen um einen Kronleuchter. Und so wie auf dem Kronleuchter eine Papierkugel für die Fliegen angebracht ist, so ist auf dieser Kirche, oberhalb des Kreuzes, eine eigenartige stachlige Nuß. Die Straßen, die man von der Höhe der Nuß aus sieht, sind breit. Die Häuser gleichen einander wie Koffer.[23]

Die eingenommene Vogel- resp. Fliegenperspektive eröffnet einen verfremdenden Blick auf die Russenkolonie, wie ihn Šklovskij als formalistischer Literaturtheoretiker in *Iskusstvo kak priem* (*Kunst als Verfahren*)[24] fordert. Hierin hebt er die literarische Methode hervor, Ereignisse und Beobachtungen zu schildern, als würden sie »zum ersten Mal« (»в первый раз«)[25] wahrgenommen. Die Verfremdung durch neue, bisher unbekannte Sichtweisen als Erkenntnisgewinn gilt im obigen Zitat zum einen für die eigenen Landsleute, zum anderen für die erhöhte Sicht auf Berlin. Die Exilrussen werden durch die Fliegenanalogie als lästige Massenerscheinung verspottet. So gelten Fliegen in der russischen Volksmythologie als unreine Vertreter des dämonischen, schwarzen Untergrunds, die einer fremden Welt entstammen.[26] Hansen-Löve deutet das Fliegenmotiv in der russischen Literatur unter anderem wie folgt:

---

23 Ebenda. S. 71; dt. S. 75. – In einem zeitgleich entstandenen, titellosen Gedicht des Zyklus *Evropejskaja noč'* (*Europäische Nacht*) von Chodasevič, in dem gleichfalls die Berliner Straßen beschrieben werden, heißt es noch negativer: »Дома – как демоны, Между домами – мрак« (»Häuser wie Dämonen, zwischen den Häusern [herrscht] Finsternis«). (Vladislav Chodasevič. *Sobranie stichov v dvuch tomach*. Bd. 2. Hg. Ju. Kolker. Paris: Pr. Libre, 1983. S. 1-49. Hier S. 14.)

24 Vgl. Viktor Šklovskij. »Iskusstvo kak priem«. Ders. *O teorii prozy*. Moskva: Federacija, 1929. S. 9-23 (Viktor Šklovskij. »Die Kunst als Verfahren«. *Russischer Formalismus. Texte zur allgemeinen Literaturtheorie und zur Theorie der Prosa*. Hg. Jurij Striedter. München: Fink, 1971. S. 3-35).

25 Ebenda. S. 14. Als prominentes Beispiel dient dem Autor Lev Tolstojs Erzählung *Cholstomer* (*Der Leinwandmesser*), in der beispielsweise menschliche Eigentumsansprüche von einem Pferd reflektiert werden (vgl. ebenda; dt. S. 17).

26 Vgl. V. Šuklin. *Russkij mifologičeskij slovar'*. Ekaterinburg: Ural'skoe izd-vo, 2001. S. 223.

> Alle Projektionen des Fremden, Anderen, Barbarischen, Bedrohlichen treffen auf sie zu: Die Fliegen pflanzen sich ungeregelt und massenhaft fort und bedrohen damit den Lebensraum der Einheimischen, der Hochkultur; sie sind überall und nirgends (wie die Zigeuner), sie verzehren Aas, d.h. sind sekundäre, *parasitäre (Un-)Wesen;* sie sind Krankheitsüberträger, verfügen über keine geregelte Sprache, gleichen eine der anderen, sind völlig nutz- und ziellos und kurzlebig (Eintagsfliegen).[27]

Die Vogelperspektive erschließt eine Topographie, die an das provisorische Leben aus Koffern, den beständigen Abreisewunsch erinnert. Eine entsprechende Bitte richtet Šklovskijs Briefverfasser an das *V. C. I. K.* (*Allrussisches Zentralexekutivkomitee*): »Впустите в Россию меня и весь мой нехитрый багаж« (»Laßt mich nach Rußland heim, mich und mein bescheidenes Gepäck«).[28]

Insbesondere durch das Fliegenmotiv erfolgt eine Verknüpfung zwischen der russischen Literaturtradition und der unwirklichen, teils surrealistisch verfremdeten Darstellung der Exilstadt.[29] Hier knüpft Šklovskijs

---

27 Aage Hansen-Löve. »›Wir wußten nicht, daß wir Prosa sprechen‹. Die Konzeptualisierung Rußlands im russischen Konzeptualismus.« *»Mein Russland«. Literarische Konzeptualisierungen und kulturelle Projektionen.* Hg. ders. (Wiener Slawistischer Almanach. Sonderband 44) München: Verlag, 1997. S. 423-507. Hier S. 438. Vgl. auch S. 428 u. 437ff.; und ders. »Muchi – Russkie, Literaturnye«. *Studia Litteraria Polon-Slavica.* 4. Warszawa: SOS, 1999. S. 95-132.

28 Šklovskij. *ZOO* (wie Anm. 6). S. 105; dt. S. 123. Der Autor wurde Burchard zufolge »von der Sowjetregierung 1922 ins Exil gezwungen«, erreichte jedoch bereits im folgenden Jahr von Berlin aus seine Amnestierung (Amory Burchard. *Klubs der russischen Dichter in Berlin 1920-1941. Institutionen des literarischen Lebens im Exil.* München: Sagner, 2001. S. 87). Dieses Bemühen wird im vorliegenden Roman mehrfach ähnlich wie durch die hier zitierte Bitte lesbar.

29 So wird in Gogol's früher Novelle *Starosvetskie pomeščiki* (*Altväterliche Gutsbesitzer*) aus dem Mirgorod-Zyklus von 1835 mehrfach Fliegendreck erwähnt. Als winziges, fast unmerkliches Detail steht er in Kontrast zu den allzu idyllischen Lebensumständen des im Titel genannten Ehepaares. (Nikolaj Gogol'. »Starosvetskie pomeščiki«. Ders. *Sobranie sočinenij v devjati tomach.* Bd. 1. Hg. Ė.S. Smirnov. Moskva: Russkaja kniga, 1994. S. 197-217. Dt.: Nikolai Gogol. »Gutsbesitzer aus alter Zeit«. Ders. *Gesammelte Werke in fünf Bänden.* Bd. 1. Stuttgart: Cotta, 1982. S. 265-291.) Erwähnt werden etwa ein »mit schwarzen Punkten« (dt. S. 270; »черными точками«, S. 201) übersäter Rahmen und »eine erschreckende Menge Fliegen« (dt. S. 201; »страшное множество мух«, S. 271) im Mägdezimmer, die in Analogie zu den ge-

Briefschreiber an, indem er die russischen Exilanten mit Fliegen vergleicht, die massenhaft um die Berliner Gedächtniskirche kreisen. Diese Anlehnung erfolgt, um die hierdurch hervortretende Illusion durch einen das menschliche Sehvermögen überschreitenden Blickwinkel zu verstärken, welcher nur mittels einer Kamera eingenommen werden kann. Zudem wird die Fliegenschar hier als verkleckste Verkehrung des pigmenthaften Pointillismus lesbar, den McLuhan als daguerreotypisches »Tüpfeln und Gegenübersetzen von winzigen Pünktchen«[30] bezeichnet. Aus der durch diese Inversion zustande kommenden negativen Illusionierung des Stadtraums resultiert letztlich eine Desillusionierung in bezug auf das Exil(dasein), die in Šklovskijs Briefroman außerdem durch die verbotene Liebesthematik verschärft wird.

In seinem *Exkurs über den Fremden* von 1908 führt Georg Simmel urbane Gemeinschaftsstiftungen auf eine spezifische Haltung zum Fremden zurück, die er als »aus gewissen Maßen von Nähe und gewissen von Ferne zusammengesetzt«[31] charakterisiert. Die hiermit einhergehende Gleichzeitigkeit einer Innen- und Außenposition[32], die »Synthese von Nähe und Ferne bestimmt die formale Position des Fremden«.[33] Aus diesem Grunde trage der Fremde

> den spezifischen Charakter der *Beweglichkeit* […], denn der schlechthin Bewegliche kommt gelegentlich mit jedem einzelnen Element in Berührung, ist aber mit keinem einzelnen durch die verwandtschaftlichen, lokalen, beruflichen Fixiertheiten organisch verbunden.[34]

Was der Soziologe für die Wahrnehmung des Fremden »als der Wandernde, der […] heute kommt und morgen bleibt – sozusagen der potenziell

---

fräßigen Hausmädchen gesetzt wird, welche meist entweder vom Haus zur Küche liefen oder schliefen. (S. 201; dt. S. 270) .

30 Marshall McLuhan. *Die magischen Kanäle/Understanding Media*. Dresden/Basel: Kunst, 1995. S. 290.

31 Georg Simmel. »Exkurs über den Fremden«. Ders. *Soziologie. Untersuchungen über die Formen der Vergesellschaftung*. Bd. 2. Berlin: Duncker & Humblot, 1958. S. 509-512. Hier S. 512.

32 Vgl. ebenda. S. 509.

33 Ebenda. S. 510. Die beiden räumlich benannten Bestimmungen versteht der Soziologe nicht nur lokal, sondern auch symbolisch (vgl. S. 509).

34 Ebenda. S. 510.

Wandernde«‹[35] geltend macht, entspricht den von Šklovskijs Briefschreiber eingefangenen Bewegungen im *russkij Berlin*:

> По улицам ходят спекулянты в шершавых пальто и русские профессора по-парно […]. Трамваев много, но ездить на них по городу незачем, так как весь город одинаков. […] Мы никуда не ездим, живем кучей среди немцев, как озеро среди берегов.
> In den Straßen flanieren Schieber in gerauhten Mänteln und, paarweise, russische Professoren […]. Es gibt viele Straßenbahnen, doch es lohnt sich nicht mit ihnen durch die Stadt zu fahren, denn die Stadt gleicht sich überall. […] Wir fahren nirgendwohin, wir leben haufenweise zwischen den Deutschen wie ein See zwischen zwei Ufern.[36]

Die Berührungen zwischen den Eigenen und Fremden, den Einheimischen und Russen bleiben durch die auch onomatopoetisch ›rauhen‹ (›šeršavye‹) Ummantelungen letztlich oberflächlich. So bewirkt die Straßenbahnbewegung auch keine Synthese: ›ozero‹ (›See‹) *versus* ›berega‹ (›Ufer‹). Zwar situiert sich Šklovskijs Schreiber hier als Dazugehöriger: »*Мы* никуда не ездим« (»*Wir* fahren nirgendwohin«), denn er teilt diese Wahrnehmung von Aussichtslosigkeit mit seinen Landsleuten, jedoch bleibt er unter ihnen ein fremder Einzelgänger, wenn er etwa die Spekulanten und Professoren als korrupte und verdorbene Russen im urbanen Dschungel fokussiert. Hiervon zeugt auch das oben angeführte Zitat über die Turmspitze der Gedächtniskirche, von wo aus eine topographische Vogelperspektive eingenommen wird. Da sich um den Zoologischen Garten vor allem Exilrussen tummeln, distanziert sich der Briefschreiber hierdurch nicht nur vom *nemeckij* (*deutschen*), sondern auch vom *russkij Berlin*. Er erweist sich daher in zweifacher Hinsicht als Fremder, dem laut Simmel eine Freiheit eigen ist, die »auch das Nahverhältnis wie aus der Vogelperspektive erleben und behandeln läßt«.[37] Der großstädtische Trubel erhöht die hierdurch eingenommene Distanz in Šklovskijs Buch »о непонимании, о чужих людях, о чужой земле« (»über das Nichtverstehen, über

---

[35] Ebenda. S. 509. Entsprechend situiert Simmel seinen Exkurs von 1908 innerhalb seiner Untersuchungen zum Ortswechsel und Wandern (vgl. das Kap. »Der Raum und die räumlichen Ordnungen der Gesellschaft«. Ebenda. S. 460-529).

[36] Šklovskij. *ZOO* (wie Anm. 6). S. 71; dt. S. 75f.

[37] Simmel. »Exkurs« (wie Anm. 33). S. 510.

fremde Leute, über ein fremdes Land«)[38], wie sein Briefschreiber gegen Ende bekundet.

Die aus den unumgehbaren Berührungen mit den Großstädtern hervortretende ›geistige Distanz‹ verstärkt sich schließlich durch den Status als fremder Einzelgänger, der nach Simmel gerade die Nähe aus entfernter Perspektive erlebt und entsprechend behandelt.[39] Aus dem hiermit korrespondierenden ›großstädtischen Geistesleben‹ zu Beginn des 20. Jahrhunderts resultiert für den Soziologen auch, daß anders als in den beiden vorangegangenen Jahrhunderten

> [n]icht mehr der ›allgemeine Mensch‹ in jedem Einzelnen, sondern gerade qualitative Einzigkeit und Unverwechselbarkeit [...] die Träger seines Wertes [sind]: In dem Kampf und den wechselnden Verschlingungen dieser beiden Arten, dem Subjekte seine Rolle innerhalb der Gesamtheit zu bestimmen, verläuft die äußere wie die innere Geschichte unserer Zeit.[40]

Durch seine literarische Fokussierung der Exilmetropole, bei der das Großstadt- mit dem Exilleben konvergiert, beides jedoch mit der eigenen ›geistigen Distanz‹ kollidiert, weist Šklovskijs Schreiber seine Verortung innerhalb *Berlinograds* gewissermaßen als in der Dazugehörigkeit stattfindende Exklusion aus. So bekennt er:

> Неправильно, что я живу в Берлине. Революция переродила меня, без нее мне нечем дымать. Здесь можно только задыхаться.
> Es ist nicht richtig, daß ich in Berlin lebe. Die Revolution hat mich verwandelt, ohne sie kann ich nicht atmen. Hier kann man nur ersticken.[41]

Mittels seiner beobachtenden Außenseiterposition schreibt sich Šklovskijs Korrespondent gerade als solcher buchstäblich eine individuelle Rolle in der Gemeinschaft der zugleich eigenen und fremden Russenkolonie zu. Angesichts des eigenen Lebens in den Exilkreisen entsteht ein Widerstreit zwischen dieser Sozialisation, der Hinwendung zur russischen *Ersatzhauptstadt* und einer Individuation, die sich in (vermeintlichen) Pri-

---

38 Šklovskij. *ZOO* (wie Anm. 6). S. 105; dt. S. 122.

39 Simmel. »Exkurs« (wie Anm. 33). S. 510.

40 Georg Simmel. »Die Großstädte und das Geistesleben«. *Gesamtausgabe. Aufsätze und Abhandlungen 1901-1908*. Bd. 7/I. Hg. Rüdiger Kramme/Angela Rammstedt/Otthein Rammstedt. Frankfurt/M.: Suhrkamp, 1995. S. 116-131. Hier S. 131.

41 Šklovskij. *ZOO* (wie Anm. 6). S. 105; dt. S. 122.

vatbriefen vollzieht. Dieser ›Zweikampf‹, für den Simmel das Großstadtleben als ›Schauplatz‹ geltend macht[42], verdichtet sich in der literarisierten Distanz zum *russkij Berlin*, in dem sich Šklovskijs Beobachter jedoch gleichzeitig bewegt. Eben diese Sozialisation und Individuation resp. Selbstver- und Selbstentortung kennzeichnet einen Schwebezustand im *Berlinograd* der 1920er Jahre, der durch das rasende Stadtbild verstärkt und entsprechend chronophotographisch festgehalten wird.

III. Chronophotographische Ausflüchte

Neben zahlreichen sehnsüchtigen Russlanderinnerungen, die sich in einer entsprechenden Transparenz der deutschen Metropole äußert, gerät in den Briefen von Šklovskijs Korrespondenten immer wieder die beschleunigte Mobilität in den Blick. Zum einen erfolgt dies durch Reflexionen zum Status des Automobils:

> Быстрота отделяет шофера от человечества.
> Бключи мотор; дай газ – и ты ушел уже из пространств, а время как будто изменяется только указателем скорости.
> Das Tempo trennt den Chauffeur von der Menschheit. Stell den Motor an, gib Gas – und schon trittst du aus dem Raum hinaus, schon scheint sich die Zeit nur noch durch den Geschwindigkeitsmesser zu bewegen. [43]

Zum anderen werden mobile und aufblinkende ›Geschwindigkeits- und Lichtspuren‹ fokussiert, was zu schwerwiegenden Persönlichkeitsveränderungen führt:

> Я сейчас растерян, потому что этот асфальт, натертый шинами автомобилей, эти световые рекламы […], – все это изменяет меня. Я здесь не такой, какой был, и кажется, я здесь нехороший.
> Ich bin jetzt verwirrt, denn dieser von den Reifen der Automobile glattpolierte Asphalt, diese Leuchtreklamen […]: alles das verän-

[42] Vgl. Simmel. »Exkurs« (wie Anm. 33). S. 130f.

[43] Šklovskij. *ZOO* (wie Anm. 8). S. 174; dt. S. 19. Diese Passage und das folgende Zitat (vgl. Anm. 46) fehlen in der russischen Erstveröffentlichung von 1923 und wurden möglicherweise in der späteren Ausgabe ergänzt. Inwiefern hier zensorische Eingriffe eine Rolle spielen, bleibt ungeklärt bzw. ist allenfalls spekulativ festzustellen – zumal alle russischen *Zoo*-Versionen variieren (vgl. auch Anm. 13).

> dert mich. Ich bin nicht mehr der, der ich war; ich bin hier, so scheint es mir, nicht gut.[44]

Dieses gestörte Selbstbewußtsein schlägt sich auch in der literarischen Repräsentation der Berliner Beobachtungen nieder, wenn etwa das lasterhafte Nachtleben eingefangen wird:

> Попал я в Nachtlokal. Комната обыкновенная, на стенах висят фотографии. [...] Публика молчаливо пьяна. Выходит голая женщина в черных чулках и танцует, неумело разводя руками, потом выходит другая, без чулок.
> Не знал, кто сидит в комнате, кроме нас.
> Ich geriet in ein *Nachtlokal*.
> Ein ganz gewöhnliches Zimmer, an den Wänden Fotos.
> [...] Das Publikum verharrt in trunkenem Schweigen. Eine nackte Frau in schwarzen Strümpfen kommt heraus und tanzt, dilettantisch mit den Armen fuchtelnd. Danach tritt eine zweite Frau auf, ohne Strümpfe.[45]

Die Aneinanderreihung von gleichsam aufblitzenden Eindrücken ähnelt der Mehrfachbelichtung in der Chronophotographie, bei der Bewegungen – wie hier die Arme der Tänzerin – in kurzer zeitlicher Abfolge eingefroren werden. Sprachlich werden diese Bilder durch eine einfache, nahezu syntaxlose, zumindest syntaktisch simple Aufzählung wiedergegeben. Eine derartige Syntaxstörung ist – so Foucault in *Andere Räume*[46] – typisch für die heterotopischen Stadtdarstellungen des vergangenen Jahrhunderts. Hierin besteht schließlich auch die Anlehnung an die Fotografie, die McLuhan als »Aussage ohne Syntax«[47] charakterisiert, welche als solche in der Literatur »Anstoß zur Darstellung der inneren Welt«[48] gebe, statt Detailbeschreibungen der Außenwelt zu liefern. Als Paradebeispiel nennt McLuhan Joyce:

> Sein Urteil über die »automatische Schrift« der Fotografie lautete: *Abnihilisierung des Etymon*. Er sah in der Fotografie zumindest eine Rivalin und vielleicht eine Usurpatorin des geschriebenen wie des gesprochenen Wortes. Wenn aber *Etymon* (Etymologie) den inneren Kern und die feuchte Substanz jener Daseinsformen be-

[44] Ebenda. S. 175; dt. S. 21.
[45] Šklovskij. *ZOO* (wie Anm. 6). S. 56; dt. S. 59.
[46] Vgl. Michel Foucault. »Andere Räume«. *Aisthesis. Wahrnehmung heute oder Perspektiven einer anderen Ästhetik.* Hg. Karlheinz Barck u.a. Leipzig: Reclam, 1990. S. 34-46.
[47] McLuhan. *Die magischen Kanäle* (wie Anm. 31). S. 308.
[48] Ebenda. S. 308.

deutet, die wir in Worten fassen, ist es gut möglich, daß Joyce geglaubt hat, die Fotografie sei etwas aus dem Nichts Geschaffenes (*ab-nihil*) oder vielleicht auch die Abschaffung des Geschaffenen zum fotografischen Negativ.[49]

Wenn bei Šklovskijs Briefschreiber die ›innere Ich-Welt‹ verwirrt ist, so wirkt sich dies gleichfalls auf die literarische Form aus, wobei ihm das Berliner Varieté als Vorbild dient. Nachdem er die dargebotenen Attraktionen aneinanderreiht, heißt es: »Меня поразила в этом variété полная несвязанность его программы« (»Mir fiel [...] die völlige Zusammenhanglosigkeit des Programms auf«).[50] Kurz darauf bezieht er dieses Verfahren – ähnlich wie im Vorwort – auf sein eigenes Schreiben:

[В] ней отдельные моменты соединены тем, что все связано с историей любви человека к одной женщине. Эта книга – попытка уйти из рамок обыкновенного романа.
Darin sind die einzelnen Teile dadurch verknüpft, daß alles mit der Geschichte der Liebe eines Mannes zu einer Frau zusammenhängt. Dieses Buch ist ein Versuch, den Rahmen des gewöhnlichen Romans zu sprengen.[51]

Gesprengt wird allerdings nicht nur das Sujet und Liebesbriefgenre, sondern vielfach wird auch die Syntax zumindest reduziert, denn »es ist schwer, Berlin zu beschreiben. Berlin läßt sich nicht greifen« (»трудно описать Берлин. Его не ухватишь«).[52] Wie der Korrespondent später konstatiert »bleibt nur noch eines: der Übergang zu den Teilen [im Original: Momenten – *G.H.*], die Beseitigung der Klammern, das Aufreißen der Nähte« (»остается одно – перейти на ›моменты‹; разорвать соединения, ставшие рубцевой тканью«).[53] Dies betrifft insbesondere die aufgezählte Schilderung bewegter urbaner Wahrnehmungen wie des Straßenbahnsystems bei Dunkelheit: »Тысячи огней, фонарей, стрелок, железные шары на трех ногах, семафоры, кругом семафоры« (»Tausende von Lichtern, Laternen, Weichen, dreibeinigen Eisenkugeln, Signalen«).[54] Entsprechend klagend und frustriert fordert Šklovskijs Schreiber in einer einzig vergleichenden Reihung:

---

49 Ebenda. S. 295.
50 Šklovskij. *ZOO* (wie Anm. 6). S. 83; dt. S. 94.
51 Ebenda. S. 85; dt. S. 96.
52 Ebenda. S. 71; dt. S. 75.
53 Ebenda. S. 84; dt. S. 96.
54 Ebenda. S. 72; dt. S. 77.

> Мертвым аккумуляторным автомобилем, без шума и надежды, слоняйся по городу. Раскручивай, затаив дыхание, то, что имел, а, раскрутив, умри.
> Schlendre durch die Stadt wie ein totes Akkumobil, ohne Geräusch und ohne Hoffnung. Verhalte deinen Atem, spul ab, was du hattest, und stirb.[55]

Angesichts dieser Hoffnungslosigkeit, die mit dem verneinten Liebesbriefwechsel buchstäblich korrespondiert, entpuppt sich die Exilstadt auch als essenzlose Bedrohung, welche McLuhan mit Joyce der Fotografie als »schrecklichen Nihilismus[, der] Substanz durch Schatten ersetzt«[56] zuschreibt. So fleht Šklovskijs Briefverfasser: »Спасите меня от людей-теней, от людей, выпряженных из оглобель« (»Rettet mich vor den Schattenmenschen, vor den Menschen, die man von der Deichsel losgespannt hat«).[57] Dieses Losspannen zeugt gleichfalls von einem fehlenden Angel- oder Fixpunkt, dem optisch eine Zentralperspektive entspräche, die Eindrücke bündelt. Stattdessen wechseln die Perspektiven ständig, werden Momentaufnahmen wie fotografische Schnappschüsse aneinandergereiht und so die hektische Gleichzeitigkeit in der rasenden Stadtwahrnehmung festgehalten.[58]

Gerade der teilweise stockende Briefverkehr verstärkt hierbei eine Dokumentation und Reflexion über den beklagten Warte- als Stillstand, der die Flüchtigkeit des Augenblicks potenziert. Zugleich subjektiviert die Korrespondenzform die Sicht auf die Berliner Geschwindigkeitstopographie und dient auf diese Weise auch als Legitimation für die Fluchtstation des einstigen Sozialrevolutionärs, der während der brieflichen Niederschrift zwar in Berlin verharrt und erstarrt, jedoch gleichzeitig auf seine bevorstehende Rückkehr nach Sowjetrussland hofft. Auch in dieser Hinsicht dienen die verbotenen Liebesbriefe als Ausflüchte, den gegenwärtigen Schwebezustand zu überwinden und zugleich in chronophotographischer Auflösung zu fixieren.

---

[55] Ebenda. S. 97; dt. S. 109.

[56] McLuhan. *Die magischen Kanäle* (wie Anm. 32). S. 295.

[57] Šklovskij. *ZOO* (wie Anm. 6). S. 58; dt. S. 62.

[58] Dies erinnert an Carl Einsteins *Bebuquin* von 1912, denn dieses Prosastück ist von willkürlichen Montagen geprägt, die sich teils jeglicher Logik entziehen, allenfalls einer phantastischen, kubistischen Kausalität folgen. Hierdurch nähert sich auch dieser literarische Held dem Wahnsinn (vgl. Carl Einstein. *Bebuquin*. Stuttgart: Reclam, 1985).

Barbara Wurm (Berlin)

Beschleunigte Blicke, erschütterte Verortung. (Fort-)Bewegungs-Filme und die Experimentalisierung des Sehens im frühsowjetischen Kino

> Wie Rudolf Arnheim erkannt hatte, kommt das Sehen von weit her, es ist eine Art von ›travelling‹, eine Tätigkeit der Wahrnehmung, die in der Vergangenheit begonnen hat, um die Gegenwart zu erhellen, um das Objekt unserer unmittelbaren Wahrnehmung ins Visier zu bekommen.
>
> Paul Virilio. *Die Sehmaschine*[1]

Reisen ist eine Tätigkeit der Wahrnehmung. Es hängt von der Perspektive ab, die wir einnehmen (können), welche Objekte, welche neuen Objekte wir ins Visier bekommen. Dies gilt auch für die Literaturwissenschaft, die wir betreiben. Sie weist in den letzten Jahren – immer wieder wird als Initiationszündung ein Werk genannt, das die Literatur neben andere Schrift- und Aufzeichnungsverfahren stellt[2], – eine konstante Spur von Mediensensibilität auf. Andere Beiträge im vorliegenden Band zeugen davon, wenn von filmischen Schnitten und der Chronophotographie in der nicht nur literatur-, sondern auch medientheoretisch informierten Prosa Viktor Šklovskijs die Rede ist oder davon, wie Andrej Belyj im Zusammenhang mit der ›Bildgebung‹ das Kodak-Film-Verfahren bevorzugte. Vor allem aber die Fokussierung auf die *flüchtigen Blicke* und der damit verbundene Versuch, die kulturelle Praxis des Reisens eben auch als Blick-, Seh- und darum Wahrnehmungstechnik zu verstehen, legen die Frage nahe, was sich hiervon und wie im literarischen Text widerspiegelt. Denn der literarische Text bleibt trotz aller Erschütterungen, die Literarizität und Textualität in den letzten Dekaden erfahren haben, eine mehr oder weniger unhinterfragte Instanz. Auch davon handelt die ›mediale‹ Wende der slawistischen Literaturwissenschaft, – wenngleich (und vielleicht nicht ganz zufällig) eher unterschwellig. Wie wandert das Sehen in den lesbaren, und damit (als Schrift) nicht-mehr-sichtbaren Text? Sieht der Text? Wer oder was sieht im Text? Wie funktioniert visuelle Wahrnehmung in und als Literatur? Wie reagiert die Literatur auf die Konkurrenz,

---

1 Paul Virilio. *Die Sehmaschine.* Berlin: Merve, 1989. S. 141.

2 Friedrich A. Kittler. *Aufschreibesysteme 1800 ·1900.* München: Fink, 1995.

in die der gedruckte Text gegen Ende des 19. Jahrhunderts zu den anderen Medien tritt?[3]

Wenngleich diese Fragen hier nicht beantwortet werden können, will ich versuchen, sie in Bezug auf die eingangs skizzierte Auffassung des Reisens als Problem der (unmittelbaren) Wahrnehmung indirekt zu adressieren, indem ich gleichsam ein methodologisches Vexierbild aufziehe. Denn während es historisch betrachtet – insbesondere in der berüchtigt ›graphomanischen‹, russischen Kultur – die Literatur war, die den Rezeptionshintergrund für den Film darstellte[4], soll in meinem Beitrag die Figur zum Hintergrund und der Hintergrund zur Figur werden: Wenn es um die Aufzeichnung von Bewegung geht – und unzweifelhaft stellt Reisen eine Praktik dar, in der Wahrnehmung erst in der und durch Bewegung zu einem Problem wird –, so ist die Kinematographie der Literatur um einiges voraus. Ihr photographischer Apparat registriert mechanisch, seine Perfektionierung drückt sich in gesteigerten Reaktionszeiten aus und im Gegensatz zum menschlichen Auge läßt er sich mühelos an die Vehikel der beschleunigten Fortbewegung andocken. Der von ihm erzeugte Bildraum verdoppelt sich im Verhältnis zur Literatur, körperliches und geistiges Auge kommen zusammen: »Der Kinozuschauer durchwandert die Bilder. Er mischt die Orte, von denen er ausgeht, mit den Nicht-Orten, die er erzeugt.«[5]

Doch nicht von einem Duell um das Imaginations-Potential soll hier die Rede sein, nicht von der Analogie des frühen Kino zu den Weltausstellungen, nicht von frühen Genres der Ansichten (*vues, views*) und

---

[3] In Bezug auf die russische Literatur am Beginn des 20. Jahrhunderts vgl. Georg Witte. »Medienskepsis. Zur reflexiven Intermedialität von Literatur in der Moderne«. *Kultur als Übersetzung. Klaus Städtke zum 65. Geburtstag.* Hg. Wolfgang Kissel/Franziska Thun/Dirk Uffelmann. Würzburg: Königshausen & Neumann, 1999. S. 167-184.

[4] »The numerous responses in the Russian press to the first Lumière film, *L'Arrivée d'un train*, unexpectedly reveal that the cultural background dominating the film's reception was not photography, but literature.« (Yuri Tsivian. »Some Historical Footnotes to the Kuleshov Experiment«. *Early Cinema. Space, Frame, Narrative.* Hg. Thomas Elsaesser/Adam Barker. London: BFI-Publishing, 1990. S. 247-255, 249f.) Für dem deutschsprachigen Raum vgl.: *Prolog vor dem Film. Nachdenken über ein neues Medium. 1909-1914.* Hg. Jörg Schweinitz. Leipzig: Reclam, 1992.

[5] Elisabeth Büttner. »Aktualität als Handlungsraum. Konstellation des Bildes und Modalität des Gebrauchs im Kino der 1910er Jahre«. *Medien in Medien.* Hg. Claudia Liebrand/Irmela Schneider. Köln: DuMont, 2002. S. 184-197, 188.

Städtebilder, der Reise- und Kulturfilme[6], auch wenn gerade das frühe sowjetische Kino in den 1920er Jahren die regen Expansionsbewegungen der Ethnologen und Geographen aktiv begleitete und auf diese Weise der Expeditions- bzw. Exkursionsfilm zu einer der beliebtesten Subgattungen des Kulturfilms wurde.[7]

Vielmehr wird hier die wahrnehmungspsychologische, genauer noch, apperzeptionsphysiologische Spezifik des Films thematisiert. Denn während sich die Modi des Sinnlichen und des Rationalen bei der Rezeption von Literatur gegenseitig auszuschließen scheinen – lesen wir ›normal‹, d.h. auf die Semantik bezogen, so kann die Materialität der Schriftzeichen nicht hervortreten, fokussieren wir hingegen die materiellen Datenträger, achten wir auf das Erscheinen der Schrift, so verlieren wir notwendigerweise den Sinn aus den Augen –, sind diese beiden Ebenen bei der Wahrnehmung eines Films untrennbar miteinander verbunden.

Das Filmbild nämlich, oft wurde darauf hingewiesen, vermag direkt zu affizieren und nimmt daher in der Hierarchie einer medialen Wirkungsästhetik den vordersten Rang ein. »Ob stumm oder nicht, von einem wirklich filmgerechten Film kann man erwarten, daß er den Zuschauer in einer Weise beeinflußt, die anderen Medien nicht gemäß ist. [...] Ich gehe

---

6 Vgl. dazu zahlreiche Artikel der dreibändigen *Geschichte des dokumentarischen Films in Deutschland.* Hg. Peter Zimmermann im Auftrag des Hauses des Dokumentarfilms, Stuttgart. Stuttgart: Reclam, 2005.

7 Ein hervorragende sowjetische Filmgeschichte als Geschichte des Sehens im Zusammenhang mit den Bewegungen des Dezentrierens, Explorierens, Reisens und Eroberns liegt bereits vor: Emma Widdis. *Visions of a New Land. Soviet Film from the Revolution to the Second World War.* New Haven/London: Yale University Press, 2003. Zur spezifischen Rolle des Expeditionsfilms vgl. Aleksandr Derjabin. »Aleksandr Litvinov und der sowjetische Expeditionsfilm«. *Die überrumpelte Wirklichkeit. Texte zum sowjetischen Dokumentarfilm der 20er und frühen 30er Jahre.* Hg. Hans-Joachim Schlegel. Leipzig: Int. Leipziger Festival für Dokumentar- und Animationsfilm, 2003. S. 59-62; zu Filmen von Vladimir Erofeev, Nikolaj Lebedev u.a. vgl. Hans-Joachim Schlegel. »Berlin – Moskau. Deutsche Impulse sowjetischer Kulturfilme der 20er Jahre«. *Triumph der Bilder. Kultur- und Dokumentarfilme vor 1945 im internationalen Vergleich.* Hg. Peter Zimmermann/Kay Hoffmann. Konstanz: UVK, 2003. S. 174-188; einen ausführlichen Überblick über den sowjetischen Kulturfilm mit Fokus auf den ethnologischen Film gibt Oksana Sarkisova. »Archäologie eines vergessenen Konzepts. Diskursive und institutionelle Entwicklung des Kulturfilms in Russland«. *»Zauber der Exotik«. Aspekte ihrer Popularisierung (= Spurensuche. Zeitschrift für Geschichte der Erwachsenenbildung und Wissenschaftspopularisierung* 13, 1-4 [2002]). S. 64-89, bes. S. 80-86.

von der Annahme aus«, schreibt Kracauer in seiner *Theorie des Films* im Unterkapitel zum Zuschauer,

> daß Filmbilder ungleich anderen Arten von Bildern vorwiegend die Sinne des Zuschauers affizieren und ihn so zunächst physiologisch beanspruchen, bevor er in der Lage ist, seinen Intellekt einzusetzen. [...] Es ist, als ob sie ihn durch ihre bloße Gegenwart dazu drängten, sich unreflektiert ihre unbestimmbaren und oft amorphen Formen zu assimilieren.[8]

Die Fesselung des Blicks, der auf der einen Seite eine ähnliche Qualität entfaltet, wie der lange, starrende Blick bei der durch graphische Intensität hervorgerufenen »wilden Semiose«[9], und die Anziehungskraft, die das Filmbild entfaltet, auf der anderen, beruhen auf der Tatsache, daß sich die Filmaufnahme in ihrer Flüchtigkeit und ununterbrochenen Bewegung vom Zuschauer nicht ›fassen‹ läßt: »Kaum hat er sie ins Auge gefaßt, so hat sie sich schon verändert. Sie kann nicht fixiert werden.«[10]

Egal, wie das affizierende Potential des Kinos beschrieben wird, ob als »reduziertes Bewußtsein« und verdrängtes »Denkvermögen« durch die »organische Reaktionsfähigkeit«[11], oder als Besetzung des Gedankenraums (»Ich kann schon nicht mehr denken, was ich denken will. Die beweglichen Bilder haben sich an den Platz meiner Gedanken gesetzt.«[12]), – die zu Beginn des Jahrhunderts in Umlauf gekommenen neuen filmtechnischen Aufzeichnungsverfahren verweisen den Zuschauer in den Orbit der Sinne: »Cinema invites me, forces me, to stay within the orbit of the senses. I am confused and assaulted by a flux of sensations that I can neither attach to physical presences nor translate into systematized abstractions«.[13] Noch ein Jahrhundert nach der Erfindung des Kinematographen

---

8 Siegfried Kracauer. *Theorie des Films. Die Errettung der äußerlichen Wirklichkeit* [1960]. Frankfurt/M.: Suhrkamp, 1985. S. 215f.

9 Aleida Assmann. »Die Sprache der Dinge. Der lange Blick und die wilde Semiose«. *Materialität der Kommunikation.* Hg. Hans Ulrich Gumbrecht/K. Ludwig Pfeiffer. Frankfurt/M.: Suhrkamp, 1993. S. 237-251.

10 Walter Benjamin. »Das Kunstwerk im Zeitalter seiner technischen Reproduzierbarkeit«. Ders. *Das Kunstwerk im Zeitalter seiner technischen Reproduzierbarkeit. Drei Studien zur Kunstsoziologie.* Frankfurt/M.: Suhrkamp, 1963. S. 7-44, 38.

11 Vgl. Kracauer. *Theorie des Films* (wie Anm. 8). S. 217.

12 Georges Duhamel. *Scènes de la vie future* [1930]. Zit. n. Benjamin. »Kunstwerk« (wie Anm. 10). S. 39.

13 Steven Shaviro. »The Cinematic Body« [1993]. Zit. n. Gertrud Koch. »Netzhautsex – Sehen als Akt«. *Schnittstelle. Medien und kulturelle Kommunika-*

sind wir unsicher, ob die Gewalt, die von diesem Apparat ausgeht, als einladend (»invites me«) oder zwingend (»forces me«) zu bewerten ist. Für Kracauer beispielsweise liegt schon allein in der Tatsache, daß wir uns im Kino so radikal mit der physischen Welt konfrontieren lassen (müssen), der aufklärerische Mehrwert. In diesem Sinn gibt das Kino als soziale Institution dem Zuschauer zurück, was es ihm in der direkten Apperzeption raubt: Bewußtsein.

> Das Kino zielt also darauf ab, den innerlich aufgewühlten Zeugen in einen bewußten Beobachter umzuwandeln. Nichts könnte legitimer sein als sein Mangel an Hemmungen bei der Darstellung von Vorgängen, die uns außer Fassung bringen. Denn so bewahrt es uns davor, unsere Augen vor dem »blinden Treiben der Dinge« zu schließen.[14]

Benjamin wiederum, dessen Formeln des »physischen Chocks« und des »optischen Unbewußten« an Hugo Münsterbergs, im vorrevolutionären Jahr 1916 verfaßtes Grundlagenwerk *The Photoplay. A Psychological Study* zur psychophysiologischen Disposition der Filmwahrnehmung anschließen[15], muß weiter ausholen, um eine sinnstiftende, d.h. zukunftsweisende Schlußfolgerung aus dem Balanceakt zwischen »Vertiefung der Apperzeption« auf der einen und Sprengkraft des Kinos als »Dynamit der Zehntelsekunden« auf der anderen Seite ziehen zu können.[16] Die soziale Instanz des Kinos gründet für Benjamin ebenso wie für Münsterberg nicht in einem Außen, sondern *in der Apparatur* der Kinematographie selbst. Sie, die technisch-mechanische Konstellation, die man heute Medium nennen würde, ist es, die im Gegensatz zu Literatur und bildender Kunst (im Fall Benjamins: des Dadaismus) die eigentliche, weil physische »Chockwirkung« des Mediums bloßlegt: »Kraft seiner technischen Struktur hat der Film die physische Chockwirkung, welche der Dadaismus gleichsam in der moralischen noch verpackt hielt, aus dieser Emballage befreit.«[17]

tion. Hg. Georg Stanitzek/Wilhelm Voßkamp. Köln: DuMont, 2001. S. 101-110, 108f.

14 Kracauer. *Theorie des Films* (wie Anm. 8). S. 92.

15 Vgl. Hugo Münsterberg. *Das Lichtspiel. Eine psychologische Studie* [1916] *und andere Schriften zum Kino*. Hg. Jörg Schweinitz. Wien: Synema, 1996.

16 Vgl. Benjamin. »Kunstwerk« (wie Anm. 10). S. 34 u. 39.

17 Ebenda. S. 39.

Immer wieder ist es die *Apparatur* als mediales *apriori* (nur) des Films, jene »Durchdringung der Wirklichkeit mit der Apparatur«[18], die Benjamin den anderen Medien und Künsten in der spezifischen Modernisierungs-Konstellation – einer Kultur der Gefahr, das steht außer Zweifel (s. weiter unten) – vorzieht.[19] Als Registrier- und Aufzeichnungsapparat kann die Filmkamera die Erschütterungsspuren des Subjekts der Moderne auf dem Filmstreifen nicht nur gleichsam nach(-voll-)ziehen; dem längst ent-orteten Betrachter kann die Kinematographie als Projektionsapparatur jene durch die verkehrstechnologischen und kommunikationspraktischen Veränderungen bedingten Phänomene der Flüchtigkeit und Geschwindigkeit (vor-)simulieren, so daß die für die Moderne maßgebliche »Rezeption in der Zerstreuung« als »Symptom von tiefgreifenden Veränderungen der Apperzeption« nicht nur für Walter Benjamin gerade »am Film ihr eigentliches Übungsinstrument« hat.[20] Die Fähigkeit zu Simulation und Stimulation ist es, die den Kinematographen als »Registrier-Instrument«, das die »Welt in Bewegung zeigt«, zum Pionier der Medienlandschaft macht:

> Man denke an irgendeinen beliebigen Film: seinem ganzen Wesen nach besteht er aus einer Folge immer wechselnder Bilder, die zusammengenommen den Eindruck einer fließenden, ununterbrochenen Bewegung erwecken. […] Bewegung ist das A und O des Mediums. Nun scheint ihr Anblick einen »Resonanz-Effekt« zu haben, der im Zuschauer kinästhetische Reaktionen wie zum Beispiel Muskelreflexe, motorische Impulse und ähnliches auslöst. Jedenfalls wirkt objektive Bewegung physiologisch stimulierend.[21]

Die hier zum Ausdruck kommende immanente Qualität des Films, die sich aus dem an Münsterberg angelehnten Verständnis von Kinematographie als apperzeptionssteuerndem Instrument der Psychotechnik und der

---

18 Ebenda.

19 Im Gegensatz zum Film beschreibt Benjamin den Kubismus und Futurismus als »mangelhafte Versuche der Kunst, ihrerseits der Durchdringung der Wirklichkeit mit der Apparatur Rechnung zu tragen«: »Diese Schulen unternahmen ihren Versuch, zum Unterschied vom Film, nicht durch Verwertung der Apparatur für die künstlerische Darstellung der Realität, sondern durch eine Art von Legierung von dargestellter Wirklichkeit und dargestellter Apparatur. Dabei spielt die vorwiegende Rolle im Kubismus die Vorahnung von der Konstruktion dieser Apparatur, die auf der Optik beruht; im Futurismus die Vorahnung der Effekte dieser Apparatur, die im rapiden Ablauf des Filmbands zur Geltung kommt.« (Vgl. Ebenda. S. 39).

20 Vgl. Ebenda. S. 41.

21 Kracauer. *Theorie des Films* (wie Anm. 8). S. 216.

Experimentalpsychologie ableitet, läßt sich freilich in dieser ›Reinform‹ im Kino als sozialer und kultureller Institution nicht finden. Vielmehr, das zeigen die Untersuchungen zur historischen Rezeption des Films, kann man von einer kulturellen Resistenz gegenüber der technisch-apparativen Revolution des Kinematographen sprechen, die die Film-Hersteller und -Macher vor erhebliche Probleme stellte:

> No single aspect of traditional art known to culture could provide the language of cinema with everything it needed for a coherent narrative. This language was created at the beginning of the century by the tension between the various separate cultural strata on which it rested. The results were a counter-balancing of several forces: the cinematograph, claiming its right to create a new cultural topos, aimed to hybridise all these genealogically diverse elements, which in turn displayed a semantic resistance, so that for contemporary cinema-viewers each element remained attached to its own source – the medium shot to the theatre stage, the close-up to portrait-painting and photography, the titles to literature, and so on.[22]

Erst aus dieser zweifachen, widerläufigen Konstellation, in die das frühe Kino eingeschrieben ist, also erst, indem man sowohl die kulturelle Verankerung der Medienkonkurrenz mitdenkt, die zunächst der Literatur den Vorzug gibt, als auch darauf aufmerksam macht, daß das Wissen um die apparativ erzeugten Bewegungseindrücke »vornehmlich Angelegenheit von Physiologen und Experimentalpsychologen« war, die am Kinematographen die Theorie der stroboskopischen Erscheinungen explizieren und verfeinern konnten[23], – erst vor diesem Hintergrund läßt sich der revolutionäre Beitrag ermessen, den die russischen Filmpioniere am Beginn des 20. Jahrhunderts für die Erschließung des neuen sozio-sensorischen Orbits leisteten.[24] Die für die sowjetische Kultur im Hinblick auf Avantgarde, Stalinismus, Totalitarismus so wichtige Frage nach dem Verhältnis der technisch-visuellen Medien, ihren Expeditionen zu einem ›neuen Sehen‹ und den politischen Deklarationen des ›neuen Menschen‹ läßt sich

---

[22] Tsivian. »Some Historical Footnotes« (wie Anm. 4). S. 251f.

[23] Vgl. Christoph Hoffmann. »φ-Phänomen Film. Der Kinematograph als Ereignis experimenteller Psychologie um 1900«. *Die Adresse des Mediums.* Hg. Stefan Andriopoulos/Gabriele Schabacher/Eckhard Schumacher. Köln: DuMont, 2001. S. 236-252.

[24] Benjamins und Kracauers Interesse für die russisch-sowjetische Filmkunst gründet sich nicht zuletzt auf die hier stattfindende Verschränkung von linker Ideologie und experimenteller Filmpraxis.

nur über die genaue Analyse der apparativen Möglichkeiten und Funktionen beantworten. Noch einmal Benjamin:

> In seiner Chockwirkung kommt der Film dieser Rezeptionsform [der Zerstreuung, *B.W.*] entgegen. Der Film drängt den Kultwert nicht nur dadurch zurück, daß er das Publikum in eine begutachtende Haltung bringt, sondern auch dadurch, daß die begutachtende Haltung im Kino Aufmerksamkeit nicht einschließt. Das Publikum ist ein Examinator, doch ein zerstreuter.[25]

Übersetzt in den Aufklärungsdiskurs des frühen 20. Jahrhunderts heißt das: Nur in der Examinierung und Experimentalisierung des Sehens, in der Zerstreuung und der Aufmerksamkeit kann die neue Gesellschaft den Herausforderungen des neuen Alltags begegnen. In Bezug auf Reisen als kulturelle Praxis läßt sich die bisher skizzierte Konstellation von Film und Bewegungs-Sehen zweifach anschließen: Einerseits an jene Grenzüberschreitung, die mit dem Vordringen auf unbekanntes, unerforschtes Terrain zu tun hat. Denn Reisen ist eine Form der epistemologischen Transgression. Das Wissen selbst, aber auch die Techniken seiner Hervorbringung korrelieren mit diesen Überschreitungen und Expansionen. Der zweite Aspekt betrifft die Bewegung des reisenden Auges durch einen geographischen Raum und über solche kulturelle Grenzen[26] hinweg, die im konkreten Sinn politisch, nämlich militärisch motiviert ist. Beide Aspekte der Transgression, der epistemologische und der politisch-militärische, konstituieren sich über die Experimentalisierung der (visuellen) Wahrnehmung. Darüber hinaus stellt sowohl das Wissen[27], als auch der Krieg[28] die logischen Ansatzpunkte für eine Genealogie der Kinematographie als medialer Technik und als »Ereignis experimenteller Psychologie« dar, die um 1900 das Phi-Phänomen als reines Bewegungssehen ›entdeckt‹.[29]

---

[25] Benjamin. »Kunstwerk« (wie Anm. 10). S. 41.

[26] Vgl. auch Oksana Sarkisovas Netzbeitrag: www.uni-klu.ac.at/eeo/Sarkisova_Bilder.pdf.

[27] Vgl. Friedrich Kittler. *Optische Medien. Berliner Vorlesung 1999.* Berlin: Merve, 2002; Friedrich Kittler. *Grammophon, Film, Typewriter.* Berlin: Brinkmann & Bose, 1986.

[28] Vgl. etwa Paul Virilio. *Krieg und Kino. Logistik der Wahrnehmung.* Frankfurt/M.: Fischer, 1989.

[29] Vgl. Hoffmann. »φ-Phänomen Film« (wie Anm. 23). Zum Zusammenhang von Episteme und Experiment vgl. den Sammelband *Kultur im Experiment.* Hg. Henning Schmidgen/Peter Geimer/Sven Dierig. Berlin: Kadmos, 2004.

Einer der ersten, für die diese beiden ›Ursprünge‹ des Kinos mit den Anfängen der eigenen Arbeiten zusammen fallen, war Dziga Vertov, der neben Lev Kulešov und Ėduard Tissė schon bald nach der Oktoberrevolution die Einrichtungen der Militär-Film-Abteilung des Skobelev-Komitees (1914-1917) für die Herstellung agitatorischer Wochenschauen und Kurzfilme nützen konnte.[30] War es auf der epistemologischen Seite die Psychoreflexologie in der wissenschaftlichen Tradition Vladimir Bechterevs, die Vertovs frühe Seh- und Hörexerzitien antrieben[31], so rührt die berüchtigte Obsession, die Filmkamera als Waffe zu betrachten, aus der Zeit des Bürgerkriegs: Bereits 1918 und 1919 arbeitet Vertov im Auftrag des Filmkomitees (VKFO) beim Narkompros an der Erstellung von Wochenschauen[32], wobei aus amtlichen Bestätigungen hervorgeht, daß ihm nicht nur die Leitung der Filmaufnahmen beim Revolutionären Kriegsrat der Südostfront übertragen wurde (Oktober 1919), sondern daß er beim Filmen des Kommandostabs der Truppen in Kurak (März-April 1919) sogar zum Waffenbesitz berechtigt war.[33] Während man bei den daraus entstandenen, insgesamt 43 Ausgaben der Vertovschen Chronik *Kinonedelja (Filmwoche*; Mai 1918 – Juni 1919) sowie den kürzeren Filmen der Jahre 1920 und 1921 noch nicht von Seh- und Bewegungsexperimentierung im engeren Sinn sprechen kann, entwickelt Vertov über eine neue Form der Filmchronik, die zwischen 1922 und 1925 in 23 Ausgaben erschienene *Kinopravda (Filmwahrheit, Filmpravda)*, und über die Langfilme *Kinoglaz* (*Filmauge*, 1924), *Šagaj, Sovet!* (*Vorwärts, Sowjet!*, 1926)[34], *Šestaja čast' mira* (*Der sechste Teil der Welt [Ein Sechstel der Erde]*, 1926) und

---

[30] Ähnlich wie in Deutschland, wo die Gründung der UFA 1917 auf Unternehmungen der Obersten Heerleitung des preußischen Kriegsministeriums zurückgeht, war es auch in Rußland der 1. Weltkrieg, der zum zentralen Antrieb für »dokumentarisches« Filmen wurde.

[31] Vgl. dazu ausführlich Ute Holl. *Kino, Trance & Kybernetik*. Berlin: Brinkmann & Bose, 2002. S. 245-323.

[32] Zu einem Überblick über frühes russisch-sowjetisches Wochenschau-Material vgl. Nikolaj Batalin. *Kino-Chronika v Rossii. 1896-1916*. Moskva: Olma-Press, 2002.

[33] Vgl. *Dziga Vertov. Die Vertov-Sammlung im Österreichischen Filmmuseum*. Hg. Österreichisches Filmmuseum/Thomas Tode/Barbara Wurm. Wien: Filmmuseum Synema Publikationen, 2006. S. 218-219.

[34] Zu den einzelnen Ausgaben der *Kinonedelja* und der *Kinopravda* vgl. den Katalog des Filmfestivals in Pordenone/Sacile, das 2004 eine umfassende Dziga-Vertov-Retrospektive, organisiert von Jurij Civjan, ausgetragen hat: *Le Giornate del cinema muto*. XXIII edizione, Sacile, 9-16 ottobre 2004. Catalogo. S. 27-55.

Odinnadcatyj (*Das Elfte [Das elfte Jahr]*, 1928) Methoden, Film als Experimentalanordnung des Wissens ebenso wie als optisches Arsenal im Sinne des Angriffs und der Überwältigung ›in Anschlag‹ zu bringen. *Čelovek s kinoapparatom* (*Der Mann mit der Kamera*), Vertovs internationaler Erfolgsfilm aus dem Jahr 1929, stellt gleichzeitig auch den Höhepunkt der Visualisierungsexperimente dar, insbesondere im Hinblick auf das Verhältnis von ›natürlichem‹ und instrumentellem Sehen, und schließt sowohl an die psychoreflexive als auch an die militärische Linie an. Dies zeigt sich beispielsweise in jenen Szenen des Films, in denen das Kameraobjektiv wie ein Kanonenrohr ins Bild rückt – in Vertovs Aufzeichnungen zum Film heißt es hierzu: »Аппарат-орудие наводит дуло на город. 1. [Киноаппарат]-объектив с приспособл., снять, как орудие, вдоль – шарит над городом« (»Der Geschütz-Apparat richtet seine Mündung auf die Stadt. 1. Das [Kamera]-Objektiv mit einer Vorrichtung, aufgenommen wie ein Geschütz, der Länge nach, – bewegt sich tastend über der Stadt«).[35]

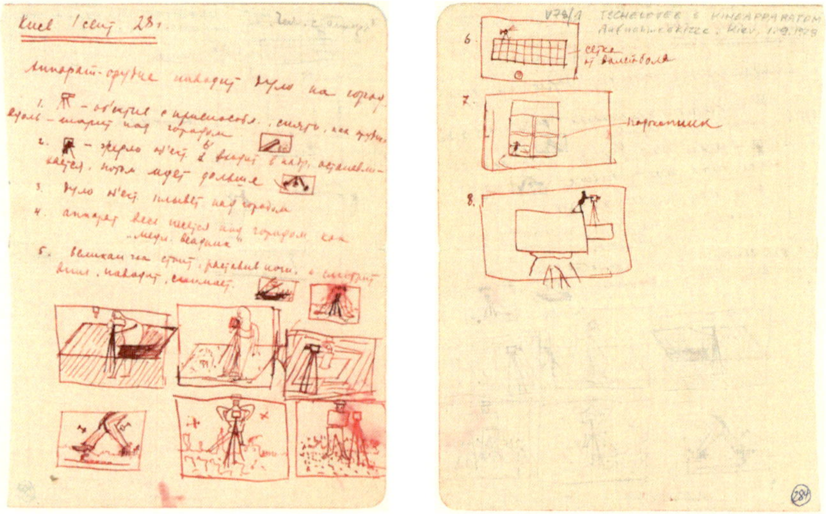

Dziga Vertov: Aufnahmeskizze »Kiev I. sent. 28g. Čelovek s kinoapparatom« (Vertov-Sammlung im Österreichischen Filmmuseum), © Öst. Filmmuseum.

[35] Vgl. *Dziga Vertov* (wie Anm. 33). S. 72-78. Als eines der vielen Vorbilder für diese Waffen-Analogie mag Etienne-Jules Mareys »photographische Flinte« (»fusil photographique«) gelten, in deren Trommel kreisförmige Negativplat-

Filmstills aus Dziga Vertovs Film *Čelovek s kinoapparatom* (1929). © Öst. Filmmuseum (Georg Wasner).

Die Szenen und ihre Beschreibung entsprechen Vertovs überzeugtem Einsatz einer gewaltsamen und der Kriegstechnologie entstammenden »Überrumpelungsaufnahme«, die auf der Technik der »unsichtbaren«, d.h. versteckten Kamera ebenso beruht wie auf »Augenmaß, Schnelligkeit, Angriff« oder auf der aggressiven Aufnahme aus einem offen gelegten Beobachtungsposten.[36] So sehen die ›Kampfstatuten‹ folgende Befehle vor:

> Общее указание для всех приемов: киноаппарат-невидимка. 1) Съемка врасплох – старое военное правило: глазомер, быстрота, натиск. 2) Съемка с открытого наблюдательного пунк-

ten waren, die nach jedem Auslösen rotierten. So konnten schon 1882 erste Sequenzphotographien von Vögeln, Fledermäusen oder auch Pfeilen im Flug angefertigt werden. – Vgl. Marta Braun. *Picturing Time. The Work of Etienne-Jules Marey (1830-1904).* Chicago/London: The University of Chicago Press, 1992. S. 57-64.

36 Zu Parallelen mit den Manifesten des italienischen Futurismus vgl.: Hermann Herlinghaus. »Wertow – Majakowski – Futurismus. Eine Prämisse Georges Sadouls«. *Filmwissenschaftliche Beiträge* 14 (1973): S. 154-171.

> та, подготовленного киноками-наблюдателями. Выдержка, спокойствие, в удобный момент – мгновенное нападение. 3) Съемка со скрытого наблюдательного пункта. Терпение и абсолютное внимание. 4) Съемка при естественном отвлечении внимания снимаемых. 5) Съемка при искусственном отвлечении внимания снимаемых. 6) Съемка на расстоянии. 7) Съемка с движения. 8) Съемка сверху.[37]
> Grundsätzlicher Hinweis für alle Aufnahmen: Kamera-Nevidimka [unsichtbare Kamera]. 1. Überrumpelungsaufnahme – die alte Kriegsregel: Augenmaß, Schnelligkeit, Angriff. 2. Aufnahme vom offenen Beobachtungsposten, der von den Kinoki-Beobachtern vorbereitet wurde. Ausdauer, Ruhe, im gegebenen Augenblick blitzschneller Überfall. 3. Aufnahme vom versteckten Beobachtungsposten. Geduld und absolute Aufmerksamkeit. 4. Aufnahme, bei der die Aufmerksamkeit der aufgenommenen Personen auf natürliche Weise abgelenkt wird. 5. Aufnahme, bei der die Aufmerksamkeit der aufgenommenen Personen auf künstliche Weise abgelenkt wird. 6. Aufnahme auf Entfernung. 7. Aufnahme aus der Bewegung. 8. Aufnahme von oben.[38]

Die bewußte Ablenkung und Zerstreuung der aufgenommenen Menschen wird hier zum Prinzip. Von der menschlichen Aufmerksamkeitsstruktur abzusehen ist die Voraussetzung für eine rein apparativ-filmische Herangehensweise an das »Chaos der visuellen Ereignisse«, in der wiederum das menschliche Gehirn zu einer neu kalkulierenden Instanz wird:

> Глаз механический – киноаппарат, – отказавшись от пользования человеческим глазом, как шпаргалкой, отталкиваясь и притягиваясь движениями, нащупывает в хаосе зрительных событий путь для собственного движения или колебания и экспериментирует, растягивая время, расчленяя движения, или, наоборот, вбирая время в себя, проглатывая годы и этим схематизируя недоступные нормальному глазу длительные процессы. […] Результатом подобного совместного действивия раскрепощенного совершенствуемого аппарата и стратегического мозга человека, направляющего и наблюдающего, учитывающего, явится необычайно свежее, а потому интересное представление даже о самых обыденных вещах.[39]

---

[37] Dziga Vertov. »Iz boevogo ustava kinokov«. Ders. *Stat'i, dnevniki, zamysly.* Hg. Sergej Drobašenko. Moskva: Iskusstvo, 1966. S. 164.

[38] Dziga Vertov. *Tagebücher/Arbeitshefte.* Hg. Thomas Tode/Alexandra Gramatke. Konstanz: UVK Medien, 2000. S. 12.

[39] Dziga Vertov. »Kinoki. Perevorot«. Ders. *Stat'i* (wie Anm. 37). S. 50-58, 56.

> Das mechanische Auge ist die Kamera; es lehnt die Nutzung des menschlichen Auges als Spickzettel ab, es stößt sich ab und zieht an durch Bewegungen, spürt im Chaos der visuellen Ereignisse den Weg für die eigene Bewegung oder Schwingung auf und experimentiert, indem es die Zeit dehnt, Bewegungen zergliedert oder umgekehrt Zeit in sich absorbiert, Jahre verschluckt und dadurch die dem normalen Auge unzugänglichen, dauerhaften Prozesse schematisiert. [...] Das Ergebnis einer solchen gemeinsamen Aktion von entknechteter, perfektionierter Kamera und strategischem Gehirn des Menschen, das steuert und beobachtet, kalkuliert, wird die außergewöhnlich frische und deshalb interessante Vorstellung sogar der alltäglichsten Dinge sein.

Vertov, so könnte man es formulieren, hatte eine Ahnung von jenem (auch dem Reisen immer wieder zugeschriebenen) »dunklen Wahrnehmungsglauben«, der – nach Maurice Merleau-Ponty – »unser stummes Leben in Frage stellt, eine[r] Mischung aus der Welt und aus uns, die der Reflexion vorhergeht«.[40] Genau diese vor- bzw. zwischenreflexive Wahrnehmungssituation des Kinos ist es, die mit jener des Reisens – *vor* seiner Aufzeichnung als Verschriftlichung – korrespondiert. Die filmischen Verfahren der Aufzeichnung, die Gegenwärtigkeit, die Vorzukünftigkeit, die die Kamera-Kurbel-Konstellation produziert, funktionieren auf diese Weise anders als die (papier-)

schriftlichen, weshalb sie neben den Traumtechniken zum zweiten Präfigurativ der »ent-reflektiertesten« aller literarisch-schriftlichen Aufschreibeverfahren, der *écriture automatique*, werden konnten.

Als zentraler Topos des frühen sowjetischen (dokumentarischen) Kinos muß daher die an den skizzierten Bedingungen der Zerstreuung ausgerichtete Herstellung von Orientierung betrachtet werden. Der Film sollte mit allen Mitteln, die ihm zur Verfügung standen, Orientierung im Chaos der Erscheinungen leisten – eine Aufgabe, die auf unterschiedliche Weise gelöst und ideologisch unterschiedlich interpretiert wurde[41], grund-

---

[40] Maurice Merleau-Ponty. *Le visible et l'invisible* [1964], zit. n. Virilio. *Sehmaschine* (wie Anm. 1). S. 40.

[41] Die Lumièreschen »Lichtbilder« weisen soziopolitisch eine strukturelle Ähnlichkeit bzw. Nähe mit dem Auftauchen der künstlichen Beleuchtung auf. Auch diese wird zunächst als »Ordnungsbeleuchtung« in den dunklen, anarchischen Metropolen betrachtet und erst später auch als Bedrohung wahrgenommen. – Vgl. Wolfgang Jacobsen. »Frühgeschichte des deutschen Films. Licht am Ende des Tunnels«. *Geschichte des deutschen Films.* Hg. ders./Anton Kaes/Hans Helmut Prinzler. Stuttgart/Weimar: Metzler, 1993. S. 13-37. Hier S. 13.

sätzlich aber ihre philosophische Begründung in der hegelianisch-marxistischen Standpunkt-Theorie hatte und politisch im Ende des Bürgerkriegs eine konkrete Motivierung vorfand: Alles mußte vom Zustand der völligen Zerstörung und Anarchie in eine Ordnung überführt werden. Wie die Kunst darauf zu reagieren hatte, gab im Wesentlichen die Proletkul't-Bewegung vor, der um 1922 viele Konstruktivisten aus dem *INChuK* (*Institut für Künstlerische Kultur*) beitraten.[42] Berechnung, technische und funktionale Durchdachtheit, Materialismus, proletarische Orientierung, Tod der Kunst, reales Experiment im Leben selbst und Organisation (der Arbeit) im Sinne der vom Proletkul't-Denker Aleksandr Bogdanov entworfenen *Allgemeinen Organisationswissenschaft* (*Tektologie*) (1913) – das sind die zentralen Schlagworte, die jenen Konstruktivismus formieren, dem Aleksej Gan 1922 sein Manifest *Konstruktivizm* widmet.[43] Nikolaj Tarabukin, der neben Aleksej Gan, Boris Arvatov, Osip Brik, El Lissitzky, Aleksandr Rodčenko und Varvara Stepanova zu den wichtigsten Vertretern des (»produktionistischen«) Konstruktivismus gehörte, formulierte den Orientierungs-Auftrag als spezifisch künstlerischen: »Художник является организатором нашей зрительной ориентировки.« (»Der Künstler ist der Organisator unserer visuellen Orientierung«).[44]

Ab 1922 führt die Bewegung des russischen Konstruktivismus unter der Führung von Aleksej Gan, dem Ehemann der Schnittmeisterin und Dokumentarfilmerin Ėsfir Šub[45], die Auseinandersetzungen um die ›neue Orientierung‹ auch auf dem Gebiet des Kinos. Als prominenten Fürsprecher sucht sie sich den methodisch fortschrittlichsten Filmemacher der Zeit – Lev Kulešov, der kurz zuvor sein später in die Annalen des Films eingegangenes Montage-Experiment mit dem Schauspieler Ivan Mozžu-

[42] Vgl. dazu ausführlicher: Camilla Gray. *The Russian Experiment in Art.* London: Thames & Hudson, 2000. S. 244ff.

[43] Vgl. Aleksej Gan. *Konstruktivizm.* Tver': 1922; dt. in: *Am Nullpunkt. Positionen der russischen Avantgarde.* Hg. Boris Groys/Aage Hansen-Löve. Frankfurt/M.: Suhrkamp, 2005. S. 277-365.

[44] Nikolaj Tarabukin. *Chudožnik v klube.* Moskva: VCSPS, 1926. S. 5. VCSPS – Allunions-Zentralrat der Gewerkschaften der UdSSR; Aleksej Gastevs Hauptinstitut für Arbeit war hier angesiedelt und wurde erst später in CIT (Central'nyj institut truda) umbenannt.

[45] Vgl. A.I. Konopleva-Šub. »Aleksej Michajlovič Gan«. *Kinovedčeskie zapiski* 49 (2000): S. 212-230.

chin durchgeführt hatte[46] und so unter Beweis stellte, daß auch für den Film jene neue experimentelle Orientierung fruchtbar gemacht werden kann, die Kulešov aus den innovativen Schauspieler-Trainingskonzepten eines Tairov (choreographische Rhythmologie) oder Mejerchol'd (Biomechanik), besonders jedoch von Boris Ferdinandovs »metro-rhythmischem System« kannte.[47] »Эксперимент для честного кинематографиста – важнее хлеба.« (»Das Experiment ist für einen ehrlichen Filmemacher wichtiger als Brot«).[48] Kulešov machte das Experiment nicht nur zum fixen Bestandteil der Arbeit mit dem Schauspieler, indem er das erste »experimentelle kinematographische Laboratorium« gründete, sondern sah, wie die Theater-Pioniere vor ihm, darin auch die Möglichkeit, anthropologisch fundierte Auslegungen der Filmkunst einerseits durch physiologische, andererseits durch technologische zu ersetzen. An die Stelle psychologischer Konzepte der Darstellung trat die minutiöse Zerlegung von Körperbewegungen nach vorgefertigten Motorik- und Ausdrucksgesten-Tabellen[49], während die filmspezifischen Faktoren wie durchgeplante Lichtgestaltung oder Montage jene apparative Dimension gewährleistete, die den menschlichen *membra disiecta* auf der Leinwand den letzten Rest an Anthropomorphem nahm. Mit gutem Recht kann Kulešov als Begründer der Idee einer spezifisch kinematographischen Ausdrucksbewegung und als einer der ersten betrachtet werden, für die Film eine eigenständige wissenschaftliche Methode der (motorischen, physiologischen) Analyse darstellte.[50] Die »Demonstration« von Bewegung, wie es später in seinem Grundlagenwerk *Iskusstvo kino* (*Die Kunst des Kinos*,

---

46 Vgl. Naum Klejman. »Kadr kak jačejka montaža«. *Voprosy kinoiskusstva. Ežegodnyj istoriko-teoretičeskij sbornik.* Vyp. 11. Moskva: Nauka, 1968. S. 94-129.

47 Vgl. Michail Jampol'skij. »Kuleshov's experiments and the new anthropology of the actor«. *Inside the Film Factory. New Approaches to Russian and Soviet Cinema.* Hg. Richard Taylor/Ian Christie. London/New York: Routledge, 1991. S. 31-50. Hier S. 46f. Hier finden sich auch weitere Ausführungen zum »Montage-Experiment«.

48 Lev Kulešov zit. n.: Nikolaj Izvolov: »Dokumental'nye fil'my L'va Kulešova«. *Fenomen kino. Istorija i teorija.* Hg. ders. Moskva: Materik, 2005. S. 96-104. Hier S. 96. Hier finden sich auch weitere Ausführungen zum »Montage-Experiment«.

49 Vgl. Jörg Bochow. *Vom Gottmenschentum zum neuen Menschen. Subjekt und Religiosität im russischen Film der zwanziger Jahre.* Trier: Wissenschaftlicher Verlag, 1997. S. 46-127.

50 Zu Fragen der Bewegungsanalyse vgl. auch: Aleksandr Belenson. *Kino segodnja.* Moskva: o.A. 1925. S. 19-32.

1929) lautet, nicht nur als »pokaz« (Zeigen) jener Teile, aus denen eine bestimmte Bewegungsabfolge zusammengefügt ist, sondern als deren »Organisation«, »Kombination« und »Konstruktion«, stellte die vorderste Aufgabe der Kinematographie dar.[51]

In seinem 1922 erschienenen Beitrag für Aleksej Gans Film- und Photo-Zeitschrift *Kino-Fot*, die nach dem Aus von El Lissitzkys *Vešč'* (*Das Ding*) den konstruktivistischen Auftrag übernahm und insgesamt sechs Ausgaben zwischen August 1922 und Januar 1923 umfaßte, spitzt Kulešov das Problem der Organisation im Zugriff auf die Aufmerksamkeit des Zuschauers zu. Der neurophysiologische Kern der Wahrnehmung gibt die Zielrichtung für die filmische Fixierung des »Materials« vor – die Kinematographie, so Kulešov, sei jenes Ruder, das am organischsten mit dem Leben der neuen Ära verbunden ist, da sie im Gegensatz zum stümperhaften Psychologismus der theatralischen Handlung sogar im zweifachen Sinn als Organisationsinstanz verstanden werden kann, einmal, indem sie »menschliches und Naturmaterial« organisiert fixiert, andererseits, indem sie die Aufmerksamkeit der Zuschauer durch Projektion und Montage organisiert.[52] Objekt der Organisation ist folglich nicht nur das in der »Natur« vorgefundene Material, sondern auch der zum Zuschauer gewordene Mensch in der Konfrontation mit dieser »Natur«.

Kulešov wird (nicht nur für die Konstruktivisten) zum Garanten dafür, daß die Kinematographie als zentrale Instanz der Seh- und Sichtbarkeitspolitik der frühen Sowjetunion betrachtet werden kann, da sie die adäquateste, exakteste Apparatur zur visuellen Erforschung des modernen Bewegungsspektrums bereitstellt. In seinem Eröffnungsartikel zu *Kino-Fot*, der dem zitierten Text von Lev Kulešov vorangeht, unterscheidet auch der Herausgeber Aleksej Gan zunächst terminologisch den alten theatralischen »Kinematographen« von der modernen »Kinematographie«, um dann die eigentlichen revolutionären Eigenschaften dieser neuen Technik und Organisationstechnologie zu explizieren:

> Техническая система современного общества требует от нас иных способностей двигаться, объясняться и ориентироваться прежде всего в его материально-вещественной части. И все

[51] Lev Kulešov. »Iskusstvo kino. (Moj opyt)«. Ders. *Sobranie sočinenij v trech tomach [2 Bd.]. Bd. 1. Teorija, kritika, pedagogika*. Moskva: Iskusstvo, 1987. S. 161-225. Hier S. 166.

[52] »Кинематография, фиксирующая организационный человеческий и натурный материал и организующая при проэкции путем монтажа внимание зрителя.« – Lev Kulešov. »Iskusstvo, sovremennaja žizn' i kinematografija«. *Kino-Fot* 1 (25.-31.8.1922): S. 2.

> то, что прежде, с целью организации наших чувств, кустарно делало искусство живописи, звука и движения – теперь невольно делается через удлиненные органы общества – через технику, в данном случае – через кинематографию.[53]
> Das technische System der modernen Gesellschaft fordert von uns andere Methoden der Fortbewegung, der Erklärung und der Orientierung v.a. in ihrem materiell-dinglichen Bereich. Und all das, was früher, mit dem Ziel unsere Gefühle zu organisieren, von der Kunst der Malerei, des Lautes und der Bewegung primitiv gehandhabt wurde, wird heute unfreiwillig über die verlängerten Organe der Gesellschaft gemacht, über die Technik, im gegebenen Fall über die Kinematographie.

Für Gan stehen einander klar zwei Alternativen gegenüber: der alte technische Apparat der Massenproduktion theatralischer Kunst, Medium des kapitalistischen Ausbeutungssystems und des Privateigentümers auf der einen Seite (»*kinematograf*«), und die »Sache des proletarischen Staats« (»дело пролетарского государства«) – die moderne Kinematographie (»*kinematografija*«) – »als dingliches Arbeitsgerät« [wörtl.: dinglicher Arbeitsapparat; *B.W.*] der gesellschaftlichen Technik, als verlängerte ›Organe‹ der Gesellschaft« (»как вещественно-трудовой аппарат общественной техники, как удлиненные ›органы‹ общества«).[54] Der Leitartikel macht deutlich, daß *Kino-Fot* sich auf radikale Weise von einem Kino distanziert, das sein ihm zugrunde liegendes mediales Wissen unreflektiert läßt. Die neue Kinematographie hingegen kann nur Teil einer Geschichte der Technik sein – so ist die fünfte Nummer von *Kino-Fot* Thomas Edisons Kinetoskop und der Rolle prä-kinematographischer optischer Geräte für die Entstehung des Kinos gewidmet. Alles, was den Film mit wissenschaftlichen und technologischen Fragen verbindet, findet in *Kino-Fot* Erwähnung: die auf Bewegungsstudien beruhende Ausbildung von Schauspielern an der Staatlichen Filmhochschule, das auf akustische und optische Optimierung ausgerichtete Bauen neuer Kino-Theater, der Einsatz von Photographie und Kinematographie in den unterschiedlich-

---

53 Aleksej Gan. »Kinematograf i kinematografija«. *Kino-Fot* 1 (25-31.8.1922): S. 1.

54 Gan. »Kinematograf« (wie Anm. 43). S. 1. Mit Ernst Kapps *Grundlinien einer Philosophie der Technik* (1877), in der die technikphilosophisch-medientheoretische Idee der »Organprojektion« erstmals entwickelt wird, setzte sich in Rußland als einer der ersten Pavel Florenskij in *Organoproekcija* (1919) auseinander. Im Gegensatz zu Florenskij lehnt Aleksej Gan die Organ-Metapher zugunsten eines Mechanismus-Denkens ab, worauf nicht zuletzt die Anführungszeichen hinweisen.

sten Wissenschaften, die institutionalisierte Produktion und der staatlich organisierte Vertrieb von Wissenschafts- und Lehrfilmen beim *VFKO* (Gesamtrussische Photo- und Film-Abteilung des Narkompros), neueste Erfindungen und Patente im Zusammenhang mit Aufnahme- und Projektionsapparaten sowie Photo- und Filmmaterial, internationale Expertise-Abkommen zwischen Deutschland und der Sowjetunion auf dem Gebiet optisch-technischer Geräte sowie schließlich formale Experimente im Bereich von Montage (Lev Kulešov), graphischer Gestaltung von Zwischentiteln (Dziga Vertov) oder Kameratechnik (Michail Kaufman und andere *kinoki*-Kameraleute Vertovs), die dem Kino zurückgeben sollten, was es über den Umweg des (vorrevolutionären) »bourgeoisen« Filmschaffens eingebüßt hatte – eine medienimmanente Revision der epistemologischen Hintergründe für die eigene mediale ›Existenz‹ und deren Spezifik.

Die sechs Ausgaben wie auch Aleksej Gans 1923 erscheinende Broschüre *Da zdravstvuet demonstracija byta!* (*Es lebe die Demonstration des Alltags!*)[55] lassen durchscheinen, daß Gan für diesen neuen filmischen Gesamtauftrag nicht Kulešov, sondern Dziga Vertov auserkoren hat. Dieser schien nicht nur aufgrund des ebenfalls mehrfach unter Beweis gestellten Interesses an Geräuschaufzeichnungs- und kinematographischen Experimenten[56], sondern darüber hinaus durch den rigorosen Reduktionismus auf die »Fakten« des Alltags, auf genuin dokumentarisches Filmen, der geeignete Kandidat zu sein. Gans Begeisterung für Vertovs *Kinopravda* ist groß. Es lag nahe, daß Vertov das große »Ziel unsere Gefühle zu organisieren«, wie Gan postuliert hatte, im Film umsetzen könne.

Denn auch die Film- und Schriftmanifeste Vertovs zeugen vom Film als Medium der Orientierung und der Organisation (in) einer neuen Welt. Schon in der ebenfalls 1922 (in der selben Nummer von *Kino-Fot*) veröffentlichten »Variante eines Manifests« *My* (*Wir*) beschreibt Vertov das filmische Erzeugen von Orientierung seiner *kinoki*-Gruppe als Übung der Präzision (»как секундомер«; »wie ein Sekundenmesser«) und der mathematisch-rhythmischen Abstraktion von Bewegungen, die in der ›realen‹ Welt stattfinden können oder auch nicht:

---

[55] Vgl. Aleksej Gan. *Da zdravstvuet demonstracija byta!* Moskva: Goskino, 1923.

[56] Vgl. Vertovs autobiographische Ausführungen zum »Laboratorium des Gehörs« (Experimente zur Tonaufzeichnung) sowie zu diversen filmischen Aufnahme-, Bewegungs- und Montageexperimenten in seiner »Künstlerische Visitenkarte«: Dziga Vertov. »Tvorčeskaja kartočka (1917-1947)«. *Dziga Vertov* (wie Anm. 33). S. 79-158. Hier S. 81-88.

> Киночество есть искусство организации необходимых движений вещей в пространстве [...] Чтобы можно было на листе бумаги изобразить динамический этюд, нужны графические знаки движения. МЫ – в поисках киногаммы. [...] Кино есть даже искусство вымысла движений вещей в пространстве, отвечающих требованиям науки, воплощение мечты изобретателя, будь то ученый, художник или плотник, осуществление киночеством неосуществимого в жизни.[57]
> Die Kinoki-Art ist die Kunst der Organisation der notwendigen Dingbewegungen im Raum [...]. Um auf einem Blatt Papier eine solche dynamische Etüde darzustellen, bedarf es graphischer Bewegungszeichen. WIR – sind auf der Suche nach dem Filmgamma. [...] Kino ist auch die Kunst der ausgedachten Dingbewegungen im Raum, die auf die Forderungen der Wissenschaft antworten, die Erfüllung der Erfinder-Träume, des Wissenschaftlers, Künstlers wie des Zimmermannes, die Verwirklichung des im Leben Unverwirklichbaren durch die Kinoki-Art.

Vertovs erster Langfilm *Kinoglaz* (*Filmauge*, 1924), der die neue Devise in den Titel nimmt, demonstriert nach Vertovs eigener Definition bereits die Arbeit der Filmkamera als haptische Erkundung eines noch unbetretenen Bewegungsraums, als gleitende Linse, als *kinoglaz oščupju* (*Filmauge durch Berührung*): »Это осторожная разведка одного киноаппарата, главная задача которого – не запутаться в жизненном хаосе и ориентироваться в той обстановке, в которую он попал.«[58] (»Das ist das vorsichtige Erkunden einer Filmkamera, deren Hauptaufgabe es ist, sich im Chaos des Lebens nicht zu verirren und sich genau da zu orientieren, wo man gelandet ist.«)

Vertovs unüberhör- und unübersehbares Plädoyer, auch dem »Chaos des Lebens« eine filmische Daseinsberechtigung einzuräumen, stößt schon bald an die Grenzen des Verständnisses – von allen Seiten, jene Aleksej Gans inklusive. Denn Gan tritt für die radikale Organisation der Fakten ein, für eine Art soziologischen Dokumentarismus, der vor starken inszenatorischen Eingriffen nicht halt macht. Sein eigener Film *Ostrov junych pionerov* (*Die Insel der Jungpioniere*) aus dem Jahr 1924 sollte dieses Programm der organisierten »Demonstration des Alltags« umsetzen. Vertov wird im Rahmen dieser Konzeption schon früh der Vorwurf gemacht, er beschränke die *Kinopravda* zu sehr auf äußerliche Erscheinungen, ohne den eigentlichen sozialpolitischen Zusammenhang heraus-

57 Dziga Vertov. »My. Variant manifesta«. *Kino-Fot* 1 (25-31.8.1922): S. 11-12.
58 Dziga Vertov. »Iz zapisnych knižek i dnevnikov«. Ders. *Stat'i* (wie Anm. 37). S. 161-267, 163.

zuarbeiten. Schließlich distanziert sich der in Aleksej Gan personifizierte konstruktivistische Film von Vertovs Methode des *kinoglaz*, also der »Überrumpelung« des Lebens durch allzu forcierte Kamera- und Montagetechniken. Vertov wiederum plädiert in öffentlichen Statements immer vehementer für eine inszenierungs- und drehbuchfreie Drehsituation. Die zwischen 1924 und 1926 ausgetragene Polemik nimmt viele Argumente, pro und kontra, vorweg, die Mitte bis Ende der 1920er Jahre Vertovs Filmschaffen begleiten werden.[59]

Stills aus dem Film »Čelovek s kinoapparatom«.

Um Vertovs konkrete Positionierung im Verhältnis zur Herstellung von Ordnungen über die Kinematographie fassen zu können, ist es zunächst wichtig, die Annahme zu revidieren, wonach der politische Gehalt der neuen Präsentationsformen – denn um Repräsentation kann es im Fall des

[59] Vgl. dazu ausführlich: Tat'jana Selezneva. *Kino-mysl' 1920-ch godov*. Leningrad: Iskusstvo, 1972. S. 31-55.

Bewegungssehens nicht mehr gehen[60] – allein in der Störung und Unterbrechung von funktionierenden Bewegungsabläufen liege. Vielmehr stellt der Film dank seiner oben beschriebenen Fähigkeit zu simulieren und zu stimulieren ein eigenständiges Labor dar, in dem beispielsweise die Fortbewegung im urbanen Verkehrsnetz zunächst eingeübt werden kann. Diese galt bekanntlich bereits Georg Simmel als zentrales Symptom des modernen Großstadtlebens und der mit ihm einhergehenden »Steigerung des Nervenlebens«:

> Indem die Großstadt gerade diese psychologischen Bedingungen schafft – mit jedem Gang über die Straße, mit dem Tempo und den Mannigfaltigkeiten des wirtschaftlichen, beruflichen, gesellschaftlichen Lebens – stiftet sie schon in den sinnlichen Fundamenten des Seelenlebens, in dem Bewußtseinsquantum, das sie uns wegen unserer Organisation als Unterschiedswesen abfordert, einen tiefen Gegensatz gegen die Kleinstadt und das Landleben, mit dem langsameren, gewohnteren, gleichmäßiger fließenden Rhythmus ihres sinnlich-geistigen Lebensbildes.[61]

Der Film als zentraler medialer Verhandlungsort der Neuausrichtung der »sinnlichen Fundamente« ist demnach, folgen wir noch einmal Walter Benjamin,

> die der gesteigerten Lebensgefahr, der die Heutigen ins Auge zu sehen haben, entsprechende Kunstform. Das Bedürfnis, sich Chockwirkungen auszusetzen, ist eine Anpassung der Menschen an die sie bedrohenden Gefahren. Der Film entspricht tiefgreifenden Veränderungen des Apperzeptionsapparates – Veränderungen, wie sie im Maßstab der Privatexistenz jeder Passant im Großstadtverkehr, wie sie im geschichtlichen Maßstab jeder heutige Staatsbürger erlebt.[62]

Was Benjamin hier Mitte der 1930er Jahre als Verschränkung von Apperzeption und Politik, von Privatexistenz und Staatsbürgerschaft beschreibt,

---

[60] »Während Licht, Räume, Perspektiven im Film wie in der Malerei als Repräsentationen analysiert werden konnten, gehört Bewegung einer anderen Perzeptionsordnung an: Bewegung ist keine Repräsentation, sondern Präsentation, ›not the re-experience, but the experience of motion‹.« – Holl. *Kino* (wie Anm. 31). S. 6.

[61] Georg Simmel. »Die Großstädte und das Geistesleben«. *Die Großstadt. Vorträge und Aufsätze zur Städteausstellung*. (Jahrbuch der Gehe-Stiftung Dresden. Hg. Thomas Petermann, Bd. 9). Dresden: v. Zahn & Jaensch, 1903. S. 185-206.

[62] Benjamin. »Kunstwerk« (wie Anm. 10). S. 39.

war in der sowjetischen Kultur, insbesondere in jenen Institutionen, Disziplinen und künstlerischen Richtungen, die die in den USA, Frankreich und Deutschland entstandenen Bewegungen der wissenschaftlichen Arbeitsorganisation und der industriellen Psychotechnik rege aufgenommen haben[63], bereits Anfang der Zwanziger Jahre in das Bewußtsein der ›Kino-Arbeiter am Apperzeptionsapparat‹ eingegangen und – soweit es sich finanzieren ließ – gängige Praxis. So verweist wiederum Lev Kulešov auf die beidseitige Durchdringung von Film und urbaner Verkehrslage: »Кинематография – город из лабораторий, из ателье, город с поездами и пароходами, предназначенными для съемок.«[64] (»Die Kinematographie ist eine Stadt aus Laboratorien, aus Ateliers, eine Stadt mit Zügen und Lokomotiven, die für Aufnahmen bestimmt ist.«). Film wird hier als kulturelle Technik verstanden, die apparativ nicht nur Geschwindigkeiten und Beschleunigungsmechanismen verarbeitet, sondern auch daraus resultierende Erscheinungen wie die Ent-Ortung des Subjekts oder die kontingenten (Un-)Ordnungen des Alltags. So sind gerade Vertovs oben zitierte filmischen Erkundungen des »Chaos« und der Zufälligkeiten – *Kinoglaz* hieß im Untertitel »*žizn' v rasploch*« (»das überrumpelte Leben«) – ein Hinweis darauf, daß es sich bei den neuen medial produzierten Ordnungen nicht mehr um die (Wieder-)Herstellung des (Carl Schmitt'schen) Nomos als »Einheit von Ordnung und Ortung«[65] handelt, sondern vielmehr um die Einbeziehung der Ent-Ortung in die neue Ordnung.

Der Künstler als der »Organisator unserer visuellen Orientierung«, wie es Tarabukin formuliert hatte, koppelt die menschlichen Sinnesorgane mit den technischen Apparaten des Kinos, um der Erschütterung und der Ent-Ortung der industriellen Revolution einen (Hetero-)Topos entgegenzuhalten, eine Leinwand, einen Screen, auf dem der ›Choc‹ des Alltags noch einmal, aber anders, erfahrbar wird. Wie sehr die Errungenschaften des instrumentellen Sehens in der Frühzeit des Kinos in der gegenseitigen Durchdringung von Kinematographie als Kunst und der Kinematographie als Visualisierungsform von Wissen bestehen, macht die konstruktivisti-

---

[63] Zu Anwendung der Psychotechnik in Architektur, Kunst, Film und Wissenschaft der russischen Avantgarde vgl. Margarete Vöhringer. *Avantgarde und Psychotechnik. Wissenschaft, Kunst und Technik der Wahrnehmungsexperimente im postrevolutionären Russland.* Dissertation. [Typoskript]. Berlin: Humboldt-Universität zu Berlin, 2005.

[64] Lev Kulešov. »Kamernaja kinematografija«. *Kino-Fot* 2 (8.-15.9.1922): S. 3.

[65] Bernhard Siegert. »Nomos des Meeres. Zur Imagination des Politischen und ihren Grenzen«. *Politiken der Medien.* Hg. Daniel Gethmann/Markus Stauff. Zürich/Berlin: diaphanes, 2005. S. 39-56. Hier S. 41.

sche Zeitschrift *Kino-Fot* augenscheinlich. Insbesondere drückt sich die enge Verflechtung von Apparat und Wissen bzw. Verwissenschaftlichung im Hinblick auf die kommunikations- und verkehrstechnischen Aufgaben der Moderne aus, jener Zeit der »gesteigerten Lebensgefahr« (Benjamin). Die radikale konstruktivistische Geste, mit der die Kunst verabschiedet wird, macht Platz für den triumphalen Einzug der Wissenschaft in das Reich des Kinos. Und umgekehrt: »Der Film ist die neue Wissenschaft«, wie es leitmotivisch in Ippolit Sokolovs Artikel *Skrižal veka* (*Die Tafel des Jahrhunderts*) heißt.[66]

Filmstill aus Dziga Vertovs Film *Kinoglaz* (1924)

Die Maschine Kino tritt als Medium an die Stelle der Zeitung, sie wird zum zentralen Analyse-Instrument der Wissenschaft – »des Soziologen, Historikers, Physikers, Botanikers, Zoologen, Physiologen, Astronomen und Ingenieurs«, wie Sokolov einen der dienstältesten russischen Kameramänner und Regisseure, Vitalij Žemčužnyj, zitiert.[67] Sokolov, der als expressionistischer Dichter begonnen hatte, um 1922 mit *Sistema trudovoj gimnastiki* (*System der Arbeitsgymnastik*) eine dezidiert »taylorisierte«, »psycho-physiologische«, d.h. ökonomisierte und rationalisierte Ausrichtung der Sport- und Arbeitsgymnastik auszurufen, die er im Staatlichen Institut für Rhythmische Erziehung, im Bewegungs-Laboratorium der *Vsevobuč-Experimental-Station* sowie am *Zentral-Institut für Arbeit* (*CIT*) praktizieren ließ[68], stellt auch im Rahmen der konstruktivistischen

[66] Ippolit Sokolov. »Skrižal' veka«. *Kino-Fot* 1 (25.-31.8.1922): S. 3.

[67] Ebenda. Žemčužnyj dreht 1928 mit Lilja Brik den Film *Stekljannyj glaz* (*Glasauge*).

[68] Vgl. Ippolit Sokolov. *Sistema trudovoj gimnastiki.* Moskva: o. A. 1922. S. 5f. Vgl. dazu auch: John E. Bowlt. »Ippolit Sokolov and the Gymnastics of La-

Filmtheorie den direkten Bezug zur Arbeitswissenschaft her, indem er die zeitgenössischen amerikanischen *Time and Motion Studies*[69] als wegweisend für ein zukünftiges Kino der Pädagogik und der Propaganda bezeichnet.[70] Als Ausdruck des neuen Weltempfindens und der neuen Industrie, als Signum der neuen »Macht der Maschine« stellt der Film die einzig adäquate Darstellungsform für die neuen Zeit-Raum-Verhältnisse des Höhen- und Geschwindigkeitsrausches dar, den die industrielle Revolution ebenso mit sich brachte, wie das Kino selbst oder die Verschmelzung von Mensch und Maschine:

> На экране могут бешено мчаться автомобилии последней конструкции, канадские локомотивы и океанские суда [...]. Только на экране мы впревые почувствовали механического, шарнирного человека-автомата эпохи новой индустрии. Пока физиологи Шово, Травес[71], Сеченов или Амар изучали живую машину в человеческом организме, то только на экране впервые человек начал тэйлоризированно ходить и тэйлоризированно жестикулировать. [...] Сегодня кино должно отразить технику и труд нашей эпохи в лихорадочном темпе мелькающих автомобилей, локомотивов, аэропланов, станков и трудовых жестов рабочего.[72]
>
> Auf der Leinwand können Autos der neuesten Bauweise, kanadische Lokomotiven und auch Ozeandampfer rasend dahinjagen [...]. Erst auf der Leinwand haben wir zum ersten Mal den mecha-

---

bor«. *Experiment* 2 (1996): S. 411-421. – Bowlt macht u.a. auf den Zusammenhang zwischen Sokolovs tayloristischer Gymnastiktheorie mit der Auffassung des Physiologen Ivan Sečenov vom »human body as a working machine« aufmerksam (S. 414). Sokolovs Vorstellung einer »Industrialisierung der Gestik« kam der Film mit seinen mechanischen Grundlagen wesentlich näher als jede auch noch so streng durchrationalisierte Bewegungs-Instruktion der Theater-Arbeiter. Bis in die 1950er Jahre beschäftigte er sich mit Film – 1953 erschien seine Dissertation zum Einfluß der russischen Wissenschaft und Kunst auf die Erfindung des Kinematographen.

69 Vgl. dazu auch Ramón Reichert. »Der Arbeitstudienfilm«. *Medien und Zeit* 5 (2002): S. 46-57.

70 1924 wird Frank Bunker Gilbreths kanonisches Werk *Motion Studies* nach 1913 zum zweiten Mal ins Russische übersetzt; es erscheint in der Publikationsreihe des CIT: F. Džil'bret. *Izučenie dviženij*. Moskva: Central'nyj Institut Truda, 1924.

71 Gemeint ist der Turiner Physiologe Treves, der sich, ebenso wie sein berühmterer Kollege Angelo Mosso, unter anderem mit der exakten Aufzeichnung (Ergographie) von Ermüdungserscheinungen beschäftigte.

72 Sokolov. »Skrižal' veka« (wie Anm. 66).

> nischen Scharnier-Mensch-Automaten der neuen Industrie-Epoche wahrgenommen. Während die Physiologen Chauveau, Treves, Sečenov oder Amar die lebende Maschine im menschlichen Organismus untersucht haben, so hat der Mensch erst auf der Leinwand begonnen, taylorisiert zu gehen und taylorisiert zu gestikulieren. [...] Heute muß das Kino die Technik und die Arbeit unsere Epoche darstellen, im fieberhaften Tempo der vorüberzischenden Automobile, Lokomotiven, Flugzeuge, Anlagen und Arbeitsgriffen des Arbeiters.

Die euphorische Demonstration von Geschwindigkeit, technischer Präzision und Simulationsfähigkeit der Kinematographie sorgt insbesondere in den frühen Ausgaben der *Kinopravda* Vertovs auch für eine zukunftsweisende Geste der möglichen Einholbarkeit des Gefahrenpotentials (durch die es überholende *kinoki*-Truppe). Denn auch das Kino wird mobil, ja, muß mobil werden – in den Agitzügen und Agitdampfern des *Gesamtrussischen Zentralen Exekutivkomitees* (*VCIK*) zum Beispiel, deren Arbeit Vertov zwischen 1920 und 1922 begleitend dokumentierte, den mobilen Projektionsanlagen (*peredvižkino*) der *Gesamtrussischen Photo- und Film-Abteilung* des Narkompros (*VFKO*), für die er tätig war oder schließlich im Rahmen der von Vertov favorisierten Idee des *kino-probeg* (*Film-Wettlauf, Filmjagd*), die er seiner *Kinopravda* aber auch den Filmen *Kinoglaz* als Genrebezeichnungen voranstellte – als *kino-probeg* des Filmapparats, der Kamera.[73]

> Die Filme von Dziga Vertov bezeugen eine nachhaltige Faszination für das Reisen. [...] Die Bewegung war nicht auf eine Abfolge von gefilmten Ansichten beschränkt: Das Kino war für Vertov die »bewegliche Institution« *par excellence*, ein Netzwerk, das Filme zum entferntesten Publikum bringt und Zuseher auch dazu bewegt, das Unbekannte zu erfahren und sich von ihren gewohnten Auffassungen zu trennen. [...] »Kino-Fahrt« (*kino-probeg*) – ein Genre, das von Vertovs Kinoki-Gruppe entwickelt wurde – ist eine umfassende Metapher für seine eigene Arbeit.[74]

---

[73] Vgl. die Kurzbeiträge in *Kino-Fot* 2 (8.-15.9.1922): S. 7, die belegen, daß Vertovs *Kinopravda* und die früheren Filmarbeiten in Kooperation mit staatlichen Organisationen, u.a. dem *VCIK* (*Gesamtrussisches Zentrales Exekutivkomitee*) entstanden sind. Dieses stellte Kinowaggons (*kino-vagony*), Uferkinos auf Dampfern (*beregovye kino na parachodach*), Kinofuhrwerke (*kino-povozki*) und auch Kinoautos (*kino-avtomobil'*) zur Verfügung.

[74] Oksana Sarkisova. »Vertov, der moderne Nomade«. *Dziga Vertov* (wie Anm. 33), S. 18-20. Hier S. 18-19.

Die erwähnten Projekte sind somit Teil jener medien- und sozialpolitischen Tendenz, den Film als beschleunigten Seh- und Aufzeichnungsapparat in die Lebens- und Arbeitsorganisation des beschleunigten Alltags einzubinden. Dabei kommt es gerade durch die Revision der Zeitschrift *Kino-Fot* unter dem Schlagwort »Kino-Avantgarde« zu einer bisher wenig beachteten Annäherung der (arbeits-)wissenschaftlichen Kinematographie und der frühen Arbeiten Vertovs, insbesondere der *Kinopravda*. Von Interesse ist in diesem Zusammenhang auch die Tatsache, daß die im Oktober 1917 gegründete wissenschaftliche Abteilung des umstrukturierten Skobelevskij-Aufklärungs-Komitees (*Naučnyj otdel Skobelevskogo prosvetitel'nogo komiteta*) als prominentes Mitglied Vladimir Bechterev verzeichnete, an dessen Neurophysiologischem Institut Vertov studiert und Selbstversuche zu Gedanken- und Reaktionsaufzeichnung unternommen hatte[75], ebenso wie der von ihm hoch geschätzte Dokumentarfilmaktivist und wichtigste Mann des Komitees, Grigorij Boltjanskij.[76] Bechterev, der neben Ivan Pavlov die russische Schule der objektiven Psychologie (›Reflexologie‹) vertrat und stets auf der Suche nach immer neuen Anwendungsfeldern der reflexologischen Methode war, widmete sich besonders in seinen letzten beiden Lebensjahren (1925-1927) der so genannten Arbeitsreflexologie (*refleksologija truda*) bzw. Arbeitshygiene (*gigiena truda*) und war für das Leningrader Arbeitsamt (*birža truda*) an der Entwicklung von Test- und Aufzeichnungsverfahren zur psychophysiologischen Berufseignung von Ausbildungs- und Studienanwärtern beteiligt.[77]

Besonders die zweite Nummer von *Kino-Fot* bestärkt die Konvergenz von Vertovs *kinoki*-Bewegung und der Etablierung der wissenschaftlichen Nutzung des Mediums Film. Neben dem Leitartikel des Herausgebers Aleksej Gan, der vom »menschlichen Material« als dem »wichtigsten Element der experimentellen Tätigkeit innerhalb der russischen Kinematographie« spricht (»Человеческий материал [...] стал главным элементом экспериментальной деятельности на русском кинематографе«)[78], finden sich in dieser Ausgabe einige Beiträge von Nikolaj Tichonov. Dieser war gemeinsam mit Nikolaj A. Bernštejn im Foto-Kino-

---

[75] Vgl. dazu Holl. *Kino* (wie Anm. 31) sowie: Valérie Pozner. »Vertov vor Vertov: Psychoneurologie in Petrograd«. *Dziga Vertov* (wie Anm. 33), S. 12-15.

[76] Vgl. u.a.: Dziga Vertov. »Tvorčeskaja dejatel'nost' G. M. Boltjanskogo«. *Iz istorii kino. Materialy i dokumenty.* Bd. 2. Hg. S. S. Ginzburg. Moskva: Izdatel'stvo Akademii Nauk SSSR, 1959. S. 63-67.

[77] Vgl. A. Klark. »Pamjati V.M. Bechtereva«. *Psichofiziologija truda i psichotechnika* 1 (1928): S. 7-9. Hier S. 9.

[78] Vgl. Aleksej Gan. »Kino-Avangard«. *Kino-Fot* 2 (8.-15.9.1922): S. 1.

Laboratorium von Aleksej Gastevs *Zentral-Institut für Arbeit* (*CIT*)[79] für die Analyse und Fixierung der Arbeitsbewegungen zuständig und berichtete in *Kino-Fot* wie später auch in anderen einschlägigen Filmzeitschriften ausführlich über die Fortschritte der wissenschaftlichen Filmaufnahme (*naučnaja s''emka)* in Rußland.[80]

Die Verschränkung der Arbeiten Vertovs mit den übrigen Schwerpunkten der Zeitschrift vollzieht sich zunächst auf der Ebene der graphischen Gestaltung des Layouts. Während beispielsweise Vertovs Manifest *Wir* (*Kino-Fot 1*) nicht nur mit der diagrammatischen Darstellung seiner berüchtigten »Intervall-Theorie«, sondern auch mit einer ungegenständlichen Graphik Rodčenkos aus dem Jahr 1915 kombiniert wird, ist Aleksej Gans Artikel über Vertovs *Kinopravda 10* (*Kino-Fot 4*) mit Filmstills aus der *Kinopravda* selbst und aus Kulešovs Film *Krasnyj front* (*Die Rote Front*) ›illustriert‹, dem der vorangehende Artikel gewidmet war. Ebenfalls in der vierten Ausgabe von *Kino-Fot* werden ein Artikel über eine Berliner Kinotechnik-Organisation (Abbildung: Panzer aus *Krasnyj front*) mit dem berühmten Gedicht Vladimir Majakovskijs *Kino i kino* (*Film und Film*) kombiniert. Das Photo darunter trägt die Bildunterschrift *Na s-emku* (*Auf zum Dreh*) und stellt Dziga Vertov pfeiferauchend und beim Aufsitzen auf einen kleinen Lastwagen dar.

Daß Vertovs *Kinopravda* vor allem im Kontext der wissenschaftlichen Entwicklung und Nutzung des Kinematographen rezipiert werden wollte und sollte, belegen am deutlichsten die zweite, fünfte und die sechste Ausgabe von *Kino-Fot*. Nr. 6 verwendet Filmstills aus der (heute leider als verschollen geltenden) *Kinopravda 12*, die die maschinisierte Industrialisierung der Landwirtschaft zeigen, in Kombination mit einem Artikel über die Erfindungen Thomas Edisons, Nr. 4 wiederum stellt ein Interview[81] über die Tätigkeit von Vertovs *kinoki* neben einen weiteren

---

[79] Vgl. dazu das instruktive, aber stellenweise leider unpräzise und fehlerhafte »Gastev-Kapitel« in: Siegfried Zielinski. *Archäologie der Medien. Zur Tiefenzeit des technischen Hörens und Sehens.* Reinbek bei Hamburg: Rowohlt, 2002. S. 262-291.

[80] Zu seiner Funktion als Leiter des *Instituts für wissenschaftliche Aufnahmen* (*Institut naučnoj s''emki*) am *CIT* vgl. K.Ch. Kekčeev. »Izučenie rabočich dviženij pri pomošči metoda ciklogramm«. *Organizacija truda* 1 (1921): S. 62-64.

[81] Der Interviewpartner wird als »O. Opėn« bezeichnet, ein Pseudonym, hinter dem vermutlich Vertov selbst steckt, – darauf weist zumindest der 19. Paragraph seiner »Künstlerischen Visitenkarte« hin, in dem auf das Interview erwähnt wird: »Beobachtung, Experiment, Messung. Ich beobachte nicht nur

Artikel zu Edison, verfaßt von Nikolaj Tichonov. In Nr. 2 folgt gleich im Anschluß an Berichte und Photographien über biologische Aufnahmen (*biologičeskaja s''emka*) und Filmaufnahmen im Rahmen der experimentellen Erfassung von Arbeitsbewegungen am CIT Vertovs Artikel über die Erfolge der *Kinopravda*, in dem sich Vertov bitter über fehlendes Geld und die mangelnde Unterstützung seiner Arbeit von staatlicher Seite beklagt.[82] Der Beitrag ist mit vier Filmstills aus verschiedenen *Kinopravda*-Ausgaben kombiniert, die verschiedene Fahrzeugtypen bzw. den Umgang mit ihnen darstellen: Panzer, die ein Feld pflügen und einen Flugplatz ebnen (*Kinopravda 7* vom 25.7.1922), den Motor eines deutschen Junkers-Flugzeugs, das, genau wie Vertovs Wanderkino, für *POMGOL* (*Hilfe für die Hungernden*) gegen die Hungersnot im Einsatz war (*Kinopravda 1* vom 5.6.1922), einen Mann am Steuer eines Autos (*Kinopravda 8* vom 15.8.1922) und schließlich eine vierte, leider schlecht identifizierbare Darstellung, die die Bildunterschrift »navodka« (»Einrichten«) trägt – hierbei handelt es sich am ehesten um den Motorteil eines Fahrzeugs.[83]

Während die frühen Ausgaben der *Kinopravda* ganz unterschiedliche Themen behandeln, erfolgt durch die Auswahl der Photographien, an der Vertov durchaus selbst beteiligt sein konnte, eine besondere Hervorhebung der Bedeutung von Fahrzeugen und Verkehrsmitteln. Auch sein zynischer Text, der von einer ihm aufgezwungenen Schizophrenie handelt (»Er und ich«), hebt explizit das Fehlen von Transportmittel für die wenigen, aktiven Kameraleute hervor und erzählt, daß er ein Motorradrennen nur deshalb filmen konnte, weil er mit seinem Kameramann auf den Lastwagen eines bekannten Chauffeurs aufspringen konnte.[84] Während »Ich« die eigentlichen Leidenschaften, Fähigkeiten und Absichten der neuen »Filmwahrheit« erkennen läßt – den Geschwindigkeitsrausch, die »Welt-

---

und sammle Beobachtungen, sondern organisiere einen Versuch, experimentiere, studiere und nehme das Phänomen in meine Hände. (Kinofot Nr. 5).« – Vertov. »Tvorčeskaja kartočka« (wie Anm. 56). S. 79-158. Hier S. 86.

82 Vgl. Dziga Vertov. »Kino-Pravda. Ne pravda o ›Kino-Pravde‹. On i ja«. *Kino-Fot* 2 (8.-15.9.1922): S. 9-11. Dt. »›Kinopravda‹. Die Unwahrheit über die ›Filmwahrheit‹«. *Dziga Vertov. Schriften zum Film.* Hg. Wolfgang Beilenhoff. München: Hanser, 1973. S. 93-96.

83 Mit Ausnahme der Panzer tauchen die Photos gemeinsam mit anderen Szenenbildern aus der *Kinopravda* auch in Aleksej Gans hymnischem Vertov-Buch *Da zdravstvuet demonstracija byta!* auf, das 1923 in Moskau erscheint.

84 Diese Schilderung stimmt wiederum mit dem weiter oben beschriebenen Photo *Auf zum Dreh* überein.

bewegung« –, ist »Er« damit beschäftigt, dieses »Ich« in Einklang mit den drögen pragmatischen Gegebenheiten der sowjetischen Filmpolitik zu bringen.

> Мое присутствие в нем все-таки сказывается в его любви к машине и ее проявлениям, к электричеству, к радио-делу. [...] Конечно, он завидует мне, шагающему с физикой и с геометрией в руках с завода на завод, безразличному к судьбе »Кино-правды« и к Всероссийскому фото-кино-отделу, мне – тяжело дышащему вместе с локомотивом, мне – увлекающемуся проводным ремнем, прижимающему к сердцу содрогающийся амперметр. [...] Я остался один с моим ощущением мирового движения, с глазами, заменяющими мне киноаппарат и пленку – фиксирующими на сетчатой оболочке только необходимые мне движения.[85]
>
> Meine Anwesenheit in ihm drückt sich dennoch in seiner Liebe zur Maschine und ihren Erscheinungen aus, zur Elektrizität, zum Funkwesen. [...] Sicher, er beneidet mich, der ich mit der Physik und der Geometrie in der Hand von Werk zu Werk schreite, dem das Schicksal der »Kinopravda« und auch die Gesamtrussischen Photo- und Film-Abteilung egal ist, mich, der gemeinsam mit der Lokomotive schwer atmet, mich, der vom Antriebsriemen begeistert ist und der sich den erbebenden Strommesser ans Herz drückt. [...] Ich blieb allein mit meinen Empfindungen der Weltbewegung, mit den Augen, die mir die Kamera und den Filmstreifen ersetzten, indem sie auf der Netzhaut nur die für mich notwendigsten Bewegungen fixierten.

Während Vertov vom »Antriebsriemen« begeistert ist, versteht der Staat, den Vertov so aufrichtig unterstützen will, vom dem er aber umgekehrt keine Unterstützung erfährt, nur wenig von der Notwendigkeit von beschleunigten Blicken für die *Kino-Pravda*, die im Unterschied zur gedruckten Zeitung den unwiederbringlichen Vorteil hätte, mit den neuen Geschwindigkeiten des Alltags mithalten zu können.

Die ganze Absurdität der staatlichen Medienpolitik, die das Zeitungswesen fördert, dem Kino aber keine Aufmerksamkeit schenkt, kommt in der erwähnten *Kinopravda 8* zum Ausdruck, wobei wieder Verkehrsmittel und die durch sie erreichten Geschwindigkeiten eine zentrale Rolle spielen. Vertov und die *kinoki* sollen vom Prozeß der Sozialrevolutionäre berichten, der zwischen 8.7. und 7.8.1922 stattfand (die gleichen Aufnahmen verwendete Vertov für einen eigenständigen Film unter dem Titel

[85] Vertov. »Kino-Pravda« (wie Anm. 82). S. 10.

Process pravych ės-ėrov (Prozeß der rechten SR-ler). Nachdem sich das Gericht zu den entscheidenden Sitzungen zurückgezogen hat, wartet ganz Moskau und die UdSSR auf die Entscheidung des ersten großen Politprozesses. Während alles stillsteht – das mühsame Vergehen der Zeit wird durch das Drehen am Zifferblatt an einer Uhr und durch das Abreißen von Kalenderblättern verdeutlicht – fahren die *kinoki* in der Stadt umher und sind, reichlich belustigt, dazu genötigt, als Berichterstatter selbst ihre Informationen aus zweiter Hand, nämlich aus der Zeitung zu beziehen: Aleksandr Lemberg steht am Kiosk in einer Warteschlange, Vertov selbst sitzt in der Straßenbahn und läßt sich die Zeitung von einem der Straßenbahn nachlaufenden Zeitungsjungen reichen, während Ivan Beljakov und Michail Kaufmann in einem Automobil sitzen und den Fahrer (jenen »Mann am Steuer eines Autos« aus dem oben erwähnten Filmstill) bitten, sein Tempo zu drosseln, damit der Zeitungsjunge zu ihnen aufspringen kann. Die gesamte ›entschleunigte‹ Übertragung der Nachrichten verläuft ab nun über Texttafeln, die als Zwischentitel fungieren – das Lesen der Zeitung, Zeile für Zeile, mit Zeigefinger, markiert ohne Umschweife die unerträgliche Verlangsamung des gesamten Ablaufs. Die *Kinopravda*, die eigentlich entfesselnd agieren sollte, wird – ebenso wie ihre Fahrzeuge – gedrosselt und gebremst:

> При быстроте сношений между странами, при молниеносной пересылке заснятого материала, »Кино-Газета« должна быть »обзором мира через каждые несколько часов времени«. Этого нет. К этому необходимо итти (sic!). »Кино-Правда« – автомобиль на привязи, аэроплан под потолком – не может быть »Кино-Газетой«. […] Государство и Коминтерн еще не поняли, что серьезно поддержав »Кино-Правду« они могут найти новый рупор, зрительное радио миру.[86]
> Bei der Schnelligkeit der Beziehungen zwischen den Ländern, bei der blitzartigen Übertragung des aufgenommenen Materials muß eine »Kino-Zeitung« ein »weltweiter Überblick alle paar Stunden« sein. So etwas gibt es [noch] nicht. Dahin müssen wir unbedingt gelangen. Die »Kino-Pravda«, ein Automobil an der Leine, ein Flugzeug unterm Dach, kann so keine »Kino-Zeitung« sein. […] Der Staat und die Komintern haben noch nicht verstanden, daß sie durch die ernsthafte Unterstützung der »Kino-Pravda« ein neues Sprachrohr finden würden, ein sichtbares Radio für die Welt.

Die wenigen erfolgreichen Drehmomente der frühen 1920er Jahre, in denen es gelingt, tatsächlich an den neuen Zeit- und Raumdimensionen zu

[86] Dziga Vertov. »Kino-Pravda«. *Kino-Fot* 6 (8.1.1923): S. 13.

partizipieren, werden dementsprechend begeistert und ausführlich kommentiert. So wird in derselben Ausgabe von *Kino-Fot*, in der Vertov seine vernachlässigte *Kinopravda* mit einem »Automobil an der Leine« vergleicht, beschrieben, wie der Kameramann und Ingenieur Jurij Želјabužskij – einer der ersten Wissenschaftsfilmer und später Regisseur bekannter Spiel- und Dokumentarfilme – an Bord eines LVG-Flugzeugs ging, um für den Film *Torfovedenie* (*Torfkunde*) Überblicks-Bilder aus der Vogelperspektive über den Stand des Abbaugebietes zu drehen. Die Kamera, so der Bericht, wurde dabei an der Hinterseite des Flugzeugs aufgestellt, »на месте пулемета« (»anstelle eines Maschinengewehrs«).[87]

Vertovs Hinweis auf Physik und Geometrie (vgl. das Zitat weiter oben), die Großaufnahme des Zifferblattes der Uhr aber auch jene des Kalenderblattes indizieren die enge Verbindung der *Kinopravda* und der *kinoglaz*-Methoden zum Messen und Quantifizieren. Auch wenn es aufgrund der Drehumstände in den Ausgaben der *Kinopravda* selbst nur selten zu sehen ist – so u.a. in der *Kinopravda 5* vom 7.7.1922, die im Rahmen eines Berichtes über ein Pferderennen explizit die Einrichtungen der Signallampen und Zeitmessung fokussiert: Vertov und seine Kameraleute sind mit Meßgeräten ausgerüstet, ihre Organe vereinigen sich mit Maschinen und den von ihnen ausgelösten Bewegungen. Denn erst in der Meßbarmachung, der Quantifizierung liegt die weit in die Geschichte der Physiologie zurückreichende Vorstellung, Bewegung sichtbar machen zu können begründet, Ordnungen und Logarithmen da anschreiben zu können, wo das gewöhnliche Auge nur Unordnung sieht. Die kinematographische Methode ist genau an dieser Stelle nur die Optimierung der graphischen Methode als solcher, die seit der ersten Hälfte des 19. Jahrhunderts zur physiologisch-anatomischen Revolutionierung des Wissens von der Bewegung geführt hatte und mit der 1836 veröffentlichten *Mechanik der menschlichen Gehwerkzeuge* der Brüder Weber erstmals die Berechenbarkeit des Gehmechanismus durch apparative Aufzeichnungsverfahren unter Beweis gestellt hatte.[88] Nicht »die unmittelbare Beobachtung der Bewegung (des Körpers), sondern die Analyse ihrer diagrammatischen Aufzeichnung als

[87] N.N. »S''emka s aėroplana«. *Kino-Fot* 6 (8.1.1923): S. 5.

[88] Vgl. Stefan Rieger. *Die Individualität der Medien. Eine Geschichte der Wissenschaften vom Menschen.* Frankfurt/M.: Suhrkamp, 2001. S. 79ff. und Friedrich Kittler. »Schrift und Bild in Bewegung«. *Materialität und Medialität von Schrift.* Hg. Erika Greber/Konrad Ehlich/Jan-Dirk Müller. Bielefeld: Aisthesis, 2002. S. 17-29. Hier 23ff.

›Bild der Bewegung‹ konnte wissenschaftlich beobachtet und in Zahlen und Proportionen angegeben werden«.[89]

Wie sehr der Konstruktivismus als Gesamtbewegung, auch unabhängig von den Bestrebungen auf dem Gebiet des Kinos, die eigenen Darstellungsformen als analytisches Instrumentarium betrachteten, kann an den vielen geometrisierten, das Ganze (ein Auto, ein Flugzeug, einen menschlichen Körper) in seine Einzelteile zerlegenden Zeichnungen gezeigt werden, die nicht zuletzt als Design in die Bücher, Zeitschriften und schließlich auch Filme (als Zwischentitel)[90] wanderten. Für die graphische Gestaltung von *Kino-Fot* war zunächst der Herausgeber Aleksej Gan selbst zuständig, später wurde sie fast vollständig von Varvara Stepanova übernommen. Die wohl spannendste Verschmelzung von geometrischem Zeichenprinzip und aktuellem Kino stellt in diesem Zusammenhang die Figur Charlie Chaplin dar. Chaplin, dessen primäre, auf der Leinwand zum Tragen kommende Fortbewegungsschwäche im aufrechten Gang zu liegen schien, wurde von Stepanova mühelos in Rechtecke, Linien und Kreise zerlegt. Diese Konzeption entsprach exakt der Linearität, Rhythmizität und Geometrie, mit der Chaplin (»Charlot«) seine Figur gestisch verkörperte.[91]

Chaplin und seine Unfähigkeit, die eigenen Gehwerkzeuge unter Kontrolle zu haben, ist – das mag überraschen, gleichzeitig aber die ›Ernsthaftigkeit‹ des Komischen in Erinnerung rufen – die populäre Form einer Figur, die dank so genannter »pathologischer Kinematogramme« einen fixen Platz in der (Film-)Geschichte der Medizin einnimmt: die Figur des »stolpernden Flaneurs«, des »Bewegungsstörers«, wie der deutsche Photograph Hans Hennes sie nannte.[92] ›Pathologische‹ Körperbewegungen

89 Joachim Paech. »Der Bewegung einer Linie folgen…«. Ders. *Der Bewegung einer Linie folgen.... Schriften zum Film.* Berlin: Vorwerk, 2002. S. 133-161. Hier S. 141.

90 Das berühmteste Beispiel stellen die von Aleksandr Rodčenko erarbeiteten Zwischentitel für Vertovs *Kinopravda 13* und *Kinopravda 14* dar. Aleksej Gan feierte anläßlich der *Kinopravda 13* Vertov als Konstruktivisten. Vgl. dazu ausführlich: Yuri Tsivian. »Kino-Pravda and Constructivism«. *Lines of Resistence. Dziga Vertov and the Twenties.* Hg. Yuri Tsivian. Pordenone/Sacile: Le Giornate del Cinema Muto, 2004. S. 55-66.

91 Vgl. dazu ausführlich: Aleksandr Lavrent'ev. *Laboratorija konstruktivizma.* Moskva: Grant, 2000. S. 162-166.

92 Vgl. Thorsten Lorenz. »Der kinematographische Un-Fall der Seelenkunde«. *Diskursanalysen 1. Medien.* Hg. Friedrich A. Kittler/Manfred Schneider/Samuel Weber. Opladen: Westdeutscher Verlag, 1987. S. 108-128. Hier S. 116ff.

Charlie Chaplin als konstruktivistischer Held (Zeichnungen von Varvara Stepanova) – aus: *Kino-Fot 3 (1922).*

des Menschen werden auf diese Weise semiotisch erfaßt, wiederholbar und in der Serie der mechanischen Reproduktion zum Objekt der Korrigierbarkeit. Auffällige Gangarten zogen von jeher die Aufmerksamkeit der Physiologen und derer, die sie filmisch fixierten, auf sich. Aber nicht nur auffällige. Walter Benjamins Erläuterungen zum »optischen Unbewußten« im Kunstwerk-Aufsatz setzen mit dem durchaus ›normalen‹ Gang des Menschen ein:

> Ist es schon üblich, daß einer vom Gang der Leute, sei es auch nur im Groben, sich Rechenschaft ablegt, so weiß er bestimmt nichts von ihrer Haltung im Sekundenbruchteil des Ausschreitens. [...] Hier greift die Kamera mit ihren Hilfsmitteln, ihrem Stürzen und Steigen, ihrem Unterbrechen und Isolieren, ihrem Dehnen und

> Raffen des Ablaufs, ihrem Vergrößern und ihrem Verkleinern ein. Vom Optisch-Unbewußten erfahren wir erst durch sie, wie von dem Triebhaft-Unbewußten durch die Psychoanalyse.[93]

Wie Film nun gleichzeitig Analyseinstrument auch elementarer Fortbewegungsmethoden wird *und* gleichzeitig an einem biopolitischen Programm partizipiert, zeigt ein sowjetischer Kulturfilm aus dem Jahr 1925, der von einem Kameramann Vertovs, Aleksandr Lemberg, gedreht wurde: *Kak chodit' po ulice* (*Wie man auf der Straße gehen soll*) in der Regie von Michail Verner. »Пока одни фильмы учат, как надо мыться под душем, другие показывают, как надо ходить.« (»Während die einen Filme lehren, wie man sich unter der Dusche zu waschen hat, zeigen die anderen, wie man gehen muß«), stellt Oksana Bulgakova in ihrer Studie zum sowjetischen Kino als Schule der Körpertechniken in Bezug auf die Kulturfilme Aleksandr Medvedkins *Beregi zdorov'e* (*Hüte deine Gesundheit,* 1930) und Verners filmischer Anleitung für Fußgänger lakonisch fest.[94] Die Message dieser zwischen Lehrfilm und Bewegungsstudie angesiedelten kurzen, aber dramatischen Szenerie im Straßenverkehr konvergiert auf augenscheinliche Weise mit der von Benjamin beschriebenen apperzeptiven Veränderung (jedes »Passant[en] im Großstadtverkehr« und jedes »Staatsbürgers«). Mit Jonathan Crary kann der Film, der im Vorspann die damals für das Agit-Kino durchaus geläufige Genrebezeichnung »Kino-Plakat« (»kino plakat«) aufweist – darüber hinaus als Disziplinierungs- und Regierungsprojekt einer im 19. Jahrhundert aufkommenden institutionellen Macht beschrieben werden, die ein ganz spezifisches Interesse am Funktionieren von Wahrnehmung hat, »in dem Sinn, daß das Subjekt produktiv, lenkbar, kalkulierbar und darüber hinaus sozial integriert und anpassungsfähig wird«.[95]

---

93 Benjamin. »Kunstwerk« (wie Anm. 10). S. 36.

94 Oksana Bulgakova. *Fabrika žestov*. Moskva: Novoe literaturnoe obozrenie, 2005. S. 149. Bulgakova nennt noch einige andere (in der Mehrzahl Spiel-)Filme der Zeit, die alle das problematische Gehen bzw. Überqueren von Straßen zum Thema haben. *Wie man auf der Straße gehen soll* ist jedoch nicht, wie Bulgakova behauptet, verloren gegangen. Der Film ist unter der Signatur 725 im RGAKFD, Krasnogorsk archiviert und einsehbar. Dank an dieser Stelle an die Direktorin Ljudmila Zaprjagaeva sowie an Elena Kolikova für die freundliche Unterstützung meines Sichtungsmarathons.

95 Jonathan Crary. *Aufmerksamkeit. Wahrnehmung und moderne Kultur*. Frankfurt/M.: Suhrkamp, 2002. S. 16.

№ 13 (23) СОВЕТСКИЙ ЭКРАН № 13 (23)

„КАК НАДО ХОДИТЬ ПО УЛИЦЕ“

(Беседа с режиссером М. Е. Вернер)

В то время, как за границей кинематография все свои силы употребляет на занимательную, увеселительную сторону зрелища,— у нас кинематограф все более и более превращается и агитатора, в пропагандиста.

Культкино сделало первый удачный опыт широкой популяризации обязательного постановления Моссовета о правилах пешеходного

Filmbesprechung zu *Kak chodit' po ulice* in *Sovetskij ėkran* 13 (1925): S. 7.

Mit dem Film griff die Moskauer Stadtverwaltung (*Mossovet*) einen Vorschlag von Aleksej Gastev auf, die aufgrund der zunehmenden Unfälle notwendig gewordene Organisation des großstädtischen Fuß- und Straßenverkehrs im Rahmen einer »psychophysiologischen Regulierung des Bevölkerungsalltags« zu realisieren. *Wie man auf der Straße gehen soll*, produziert in der auf wissenschaftliche und Kultur-Filme spezialisierten Goskino-Abteilung *Kul'tkino*, versuchte genau dieses Konzept filmisch umzusetzen. Die Straßen der Metropole Moskau sind von Fahrzeugen aller Art überschwemmt, die Bevölkerung auf 2 Millionen angewachsen; jeden Tag ist in der Zeitung von Unfällen zu lesen, wöchentlich, so ein Zwischentitel, sterben vier Menschen im Straßenverkehr, während 46 zu Versehrten werden. »Warum?«, fragt der Film, gibt es in New York in Relation zur Bevölkerungsdichte nur die Hälfte der Unfälle? – Die Antwort leitet eine Lupe ein, unter die die Bewohner und Bewohnerinnen der Stadt sich selbst nehmen sollen. »Schauen wir auf uns selbst!« – »Wie gehen wir über die Straße?«. Die Lupe wird von einem Gesicht überblendet, beide verschmelzen in einem dritten Überblendungsschritt mit einer Straßenansicht in der Totale. Abblende. Eine Großaufnahme stolpernder und aufeinander tretender Füße macht deutlich, daß sich die Fußgänger trotz des gesteigerten öffentlichen Verkehrsaufkommens weiterhin unkontrolliert ihren Weg durch die Stadt und quer über die Straßen bahnen, unbeirrt von kreuzenden Pferdefuhrwerken, Automobilen oder Straßenbahnen. Sie sind es, die die Straßenverkehrsordnungen übertreten und damit für Unfälle sorgen. Ganz dramatisch wird das in einer Szene dargestellt, in der ein Mann von einem überholenden Automobil niedergefahren wird und im nächsten Augenblick schwer verletzt auf der Straße liegt. Die Zeit ist reif für eine städteamtliche Maßnahme und so wird die Bevölkerung über Plakate von den neuen Verhaltensregeln informiert: Prinzipiell, so ein über eine Bürgersteigszene eingeblendeter Titel, benütze man das auf der rechten Seite gelegene Trottoir, in Ausnahmefällen auch das linke, dort jedoch halte man sich rechts. Das Entlanggehen auf der Fahrbahn ist verboten, das Überqueren erfolgt nicht diagonal, sondern jeweils im rechten Winkel zur Fahrbahn.

Im Film werden diese Regeln abwechselnd durch gelungene dokumentarische Beobachtungen des Fußgängerverhaltens von einem höher gelagerten Punkt, durch nachinszenierte Szenen, durch den spielerischen Einsatz von geometrisch organisierten, stellenweise animierten Zwischentiteln sowie schließlich durch einfache Animationen eines Signal-Straßenplans vermittelt, mit Punkten und Pfeilen, die die richtige Richtung weisen. Die kleinen Episoden formieren sich zu einem durchaus drastischen Narrativ: Wer Unfälle meiden will, die mitunter gar den Tod bedeuten, wie für jenen jungen Mann, der entgegen der Straßenregel unvermittelt aus einer Straßenbahn springt und von einem Auto überrollt wird, wer also möchte, daß Kopf, Hände und Füße (Dreifachbelichtung) ganz bleiben, der halte sich an die Grundregel: »Ходи так, что бы тебя не задевали и не задавили.« (»Geh so, daß man dich nicht anrempelt und zerquetscht.«)

Der Film ist ein besonders anschauliches Beispiel dafür, daß sich mehr oder weniger verfremdende formale Bildgebungsverfahren zu einem polizeilichen Ordnungsruf formieren können: So gibt es in *Wie man auf der Straße gehen soll* etwa einen doppelten *split screen* mit unterschiedlichen Einstellungsgrößen (links unten und in Großaufnahme durcheinander geratende Beine, in der Mitte eine großstädtische Straßenszene in Totale und rechts oben eine vorbeiflitzende Straßenbahn in Halbtotale), wandernde Schriftzeilen, Überblendungen von Bild und Titel, aktiv eingesetzte Auf- und Abblenden (meist kreisförmige Iris) oder Einstellungslängen, die eine ›geordnete‹ Wahrnehmung absichtlich unterlaufen – so in

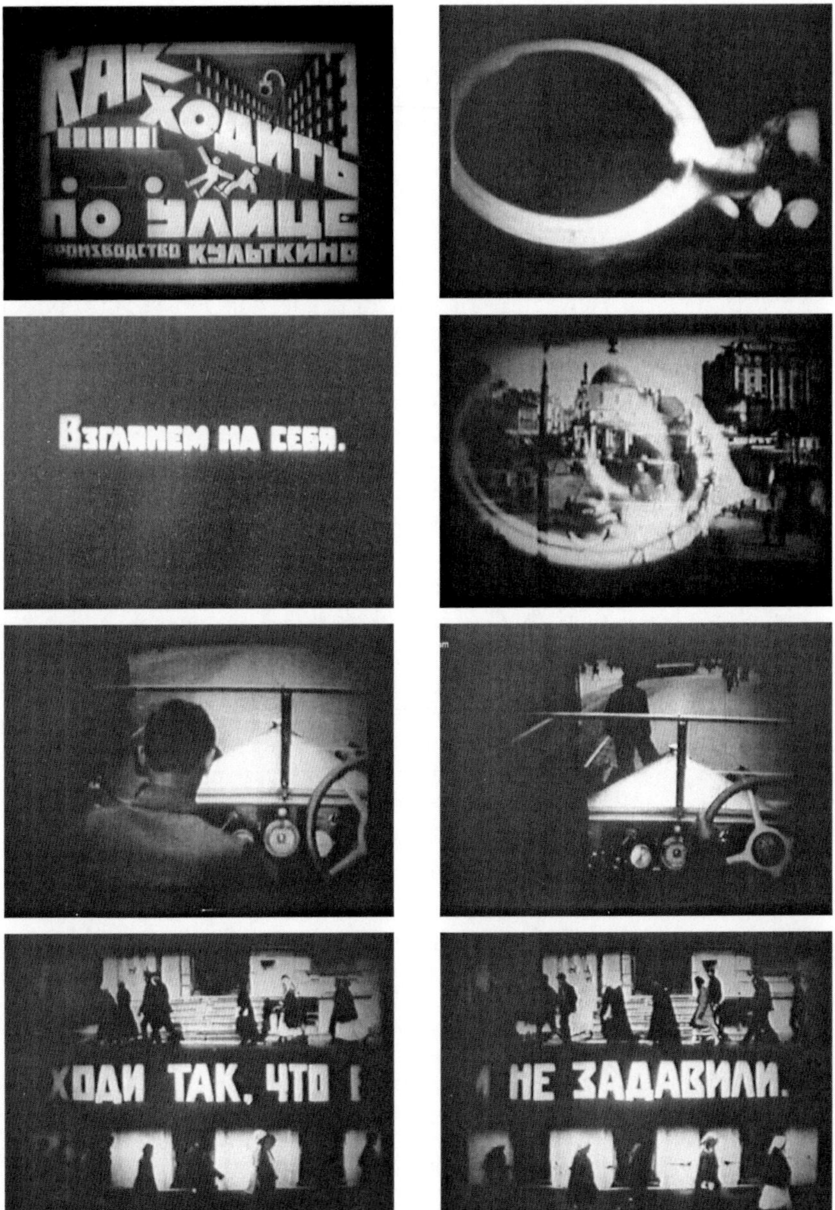

Filmstills aus Michail Verners Film *Kak chodit' po ulice* (1925).

der Unfallszene: 1) Perspektive eines Autofahrers, die Straße ist frei; 2) ein Mann springt aus einer fahrenden Straßenbahn; 3) Perspektive des Autofahrers, auf das Auto bewegt sich ein Mann zu; 4) Großaufnahme einer Hand an der Hupe; 5) Perspektive des Autofahrers, der Mann ist vor seiner Windschutzscheibe; 5) Hupe; 6) Perspektive des Autofahrers, der Mann reißt seinen Arm schützend in die Höhe; 7) Großaufnahme von sich wild drehenden Reifen; 8) ein Mann liegt tot auf der Straße. Die Einstellungen wechseln hier innerhalb von wenigen Zehntelsekunden. Aufmerksamkeitstechnisch bemerkenswert sind schließlich die entgegen gesetzt verlaufenden Bewegungsrichtungen der letzten Einstellung, in der die Fußgänger in der oberen Bildhälfte von links nach rechts, jene in der unteren von rechts nach links und schließlich sich auch noch die Zwischentitel in der Mitte von rechts nach links langsam und zum Mitlesen ins Bild schieben. All diese, das Sehverhalten durchaus beanspruchenden Verfahren werden hier im Großen in ein disziplinierendes Programm eingespeist. Selbst der flüchtige Blick auf den neuen Geschwindigkeitsrausch wird hier zu einem Kontrollorgan, das nicht-flüchtige Blicktechniken erzeugen soll.

In der zeitgenössischen Filmkritik wurde der Film als Beispiel für die (dem westlichen Unterhaltungs- und Spektakel-Kult entgegen gesetzte) positive sowjetische Tendenz zur »agitatorischen« und »propagandistischen« Kinematographie betrachtet und besonders seine »plakathafte Aufmachung« (»плакатная постановка«) hervorgehoben.[96] Die filmischen Methoden, die hier zum Einsatz kommen, werden in der Rezension als gelungene Realisation des »Überrumpelungsprinzips« verstanden, was die einflußreiche Rolle von Vertovs methodischen Dogmen für das Kulturfilm-Schaffen belegt. Das Prinzip der »Überrumpelung«, so der Regisseur, mache jedoch viele komplizierte Kamera- und Einstellungstechniken erforderlich:

> В этой короткометражной фильме имеется более 100 моментов уличной жизни Москвы. Во время съемки в задачи постановщика М.Е. Вернер входило уловить уличное движение в естественной обстановке, захватить его »врасплох«. Для этого приходилось производить съемки из подвалов, с балконов и из специальных сконструированных будок с находящимся внутри, не заметным для окружающей публики, оператором. При монтаже фильмы был взят за принцип плакатный метод, в котором каждый короткий кадр усиливает впечатление последующего.[97]

[96] G.D. »Kak nado chodit' po ulice«. *Sovetskij ėkran* 13 (1925): S. 7.

[97] Ebenda.

> In diesem Kurzmetrage-Film gibt es an die 100 Szenen aus dem Straßenleben Moskaus. Während der Dreharbeiten war es eine der Aufgaben des Regisseurs M.E. Verner, das Straßenleben unter natürlichen Umständen zu erwischen, es zu »überrumpeln«. Dafür musste aus Kellern hinauf, aus Balkonen herunter und aus speziell angefertigten Hütten heraus gefilmt werden, in denen sich, unbemerkbar für die darum herum versammelte Öffentlichkeit, der Kameramann befand. Für die Montage des Films wurde das Prinzip der Plakat-Methode angewandt, bei der sich mit jeder neuen Einstellung der Eindruck der vorangehenden verstärkt.

Kann *Wie man auf der Straße gehen soll* in erster Linie im Hinblick auf die Fußgänger als psychotechnischer Film bezeichnet werden[98], so gibt es mit der Unfallszene, die zu einem großen Teil aus der Perspektive des Autofahrers gedreht ist, auch einen Hinweis auf die Optimierungsversuche in Bezug auf das Fahrverhalten. In derselben Zeitschrift, die die erwähnte Rezension brachte, erschien ebenfalls 1925 ein Artikel, der die Rolle der Kinematographie für die »Taylorisierung« der Arbeit anhand eines in Paris vorgestellten »psychotechnischen Transportlabors« thematisierte, welches nach dem Vorbild von Hugo Münsterberg funktionierte.[99] Im beschriebenen Fall kommt der Film zweifach zum Einsatz: einmal als Ablenkungs- und Störfaktor, indem im Verlauf von zehn Minuten abwechselnd komische und dramatische Szenen auf der Leinwand gezeigt werden, während die Kandidaten, die dabei wie im Kino in einer *black box* sitzen, in adäquater Weise auf Laut- und Farb-Signale reagieren müssen, die aus den die Leinwand seitlich flankierenden Signallampen kom-

---

[98] Zwei Jahre später erscheint in einer einschlägigen Zeitschrift ein Artikel, der sich der psychotechnischen Unfallverhütung in Boston widmet: G. Slokomb [Slocombe]. »Psichotechničeskaja bor'ba s nesčastnymi slučajami na gorodskom transporte«. *Psichotechnika i psichofiziologija truda* 2-3 (1928): S. 173-181.

[99] Vgl.: V.G. »Tejlorizacija truda i kino«. *Sovetskij ėkran* 15 (1925): S. 11. Bereits zu Beginn der 1920er Jahre fand eine intensive Beschäftigung mit dem Einsatz psychotechnischer Methoden für Eignungstests und Berufswahl (russ. *professional'nyj otbor*) statt – vgl. u.a. K.Ch. Kekčeev. »Psichotechnika i professional'nyj podbor«. *Organizacija truda.* II (1921): S. 78-92 – ab Mitte der 20er Jahre setzte eine breitere Anwendung ein – vgl. N.D. Levitov u.a. *Profotbor. Psichofiziologičeskoe obsledovanie v školach profobra (organizacija i metody).* Moskva: NKPS Transpečat', 1926. – Zu Münsterbergs Labor vgl. einen Bericht in der deutschen *Lichtbild-Bühne* (21.9.1912), abgedruckt in: Hugo Münsterberg. *Das Lichtspiel. Eine psychologische Studie* [1916]. Hg. Jörg Schweinitz. Wien: Synema, 1996. S. 128.

men. Im zweiten Fall, der nun tatsächlich als Fahrsimulator bzw. Fahrtrainer betrachtet werden kann, werden Straßenbahnchauffeure, die auf einem nachgebauten Vorderteil einer Bahn stehen und ›real‹ navigieren, virtuell durch eine auf dem Bildschirm simulierte Verkehrssituation geschickt, um ihre Konzentrationsfähigkeit und Reaktionen zu überprüfen.[100] Die Dialektik von Zerstreuung und Aufmerksamkeitsfokussierung, um die es in der Debatte um die ordnende und orientierende Funktion des Kinos geht, wird in diesem Beispiel besonders deutlich.

Psychotechnik Film: Ein angehender Straßenbahnfahrer übt anhand des simulierten Straßenverkehrs, der vor ihm projiziert wird (*Sovetskij ėkran* 27 [1925]: S. 7).

[100] Vgl. V.G. »Tejlorizacija truda i kino« (wie Anm. 99). S. 11.

Der Bericht ist ein wichtiger Beleg für die ab Mitte der 1920er Jahre verstärkten Unternehmungen in der Sowjetunion, dem wissenschaftlichen Film bzw. der wissenschaftlichen Verwendung von Film auch in der breiten Öffentlichkeit zu Popularität zu verhelfen – denn *Sovetskij ėkran* war neben *Sovetskoe kino* und anderen Zeitschrift eines der meist gelesenen Filmorgane. Daß die psychotechnische Überprüfung der Berufseignung bis in die Tätigkeitsfelder der Filmindustrie selbst hineinreichen sollte, belegt ein kurzer, ebenfalls in *Sovetskij ėkran* veröffentlichter Artikel.[101] Am Moskauer Staatlichen Kino-Technikum (GTK) sorgte der Arzt und Psychotechniker Dr. Bružess für die Einführung von psychophysiologischen Tests der Kandidaten: Von Sehschärfe über Rhythmusgefühl und Bewegungskoordination bis hin zum perspektivischen und linearen Empfinden reichten die Bestimmungsgrößen. Während also die wichtigsten Parameter für den Kameramann die Sehschärfe, Bewegungskoordination und das Rhythmusgefühl darstellen, wird der »kino-naturščik«, der Schauspieler, zunächst auf seine Körpermaße und seinen Gang hin begutachtet, um in einem zweiten Schritt »Nerven und Reflexologie« des Kandidaten bestimmen zu können.[102]

Sowohl die filmische Aneignung von Produktionsprozessen wie sie am CIT und in einzelnen Instituten für wissenschaftliche Filmaufnahmen betrieben wurde als auch die hier beschriebene ›reflexologische‹ Anwendung von Filmen für den *profotbor* (*das berufliche Auswahlverfahren*) bilden noch 1926, als mit Lazar' Sucharebskijs *Naučnoe kino* eine erste Überblicksdarstellung über den wissenschaftlichen Film in Rußland erschien, eine kleine Minderheit; zu groß waren oft die Widerstände von Seiten der Wissenschaft, zu knapp die öffentlichen Mittel, zu gering die Überzeugung auf Seiten der politischen Bürokratie.[103] Noch 1929, als mit dem umfangreichen Sammelband *Kul'turfil'ma* die Bilanz über die sowjetische wissenschafts-filmische Tätigkeit der 20er Jahre gezogen wird, erfährt allein Vertov namentliche Erwähnung – sein Filmschaffen wird als eines der wenigen gelungenen Beispiele für die Symbiose von politischer Aufklärung und Nutzung der kinospezifischen Möglichkeiten genannt.[104] Erst vor dem Hintergrund der hier skizzierten wissenschaftlichen Funktionalisierung des Films im Bereich der Arbeitswelten und (Fort-) Bewegungsformen des Menschen in modernen Metropolen, läßt sich die

---

[101] Vgl. K.G. »Psichotechnika v kino«. *Sovetskij ėkran* 27 (1925). S. 7.

[102] Vgl. Ebenda.

[103] Vgl. Lazar' Sucharebskij. *Naučnoe kino*. Moskva: Kinopečat', 1926. S. 38.

[104] Vgl. K.I. Ščutko. »Čto takoe politiko-prosvetitel'naja fil'ma«. *Kul'turfil'ma*. Hg. K.I. Ščutko. Moskva: Tea-kino-pečat', 1929. S. 10-32. Hier S. 15 u. 27f.

ПСИХОТЕХНИКА В КИНО

Многие отрасли промышленности и народного хозяйства применяют психотехнический отбор при подборе рабочей силы и, даже, обслуживающего персонала. До сих пор психотехника в кино-производстве не применялась, не говоря уже о научной организации труда в кино-деле.

Вот уже второй год в Московском ГТК врачем-психотехником (Д-р Бружесс) производятся опыты психотехнического подбора учащихся на техническое и экранное отделения.

Начиная с обыкновенного испытания остроты зрения, переходят к выявлению чувства ритма, внимания, координации движений, чувства перспективы, линейности и т. д.

Для кино-натурщика и оператора эти испытания разделяются. Простой осмотр тела, наблюдение за походкой, нервами и рефлексологией кандидата в натурщики дает уже возможность определить до известной степени, пригодность к этой профессии.

Для оператора важно зрение, координация движений, ритм и т. д.

Разделение, классификация и изучение фигуры человека дают возможность определить правильность развития его тела **К. Г.**

Картограмма изучения движений для целей психотехнического подбора

Psychotechnik im Kino: Berufsauswahlverfahren für angehende Kino-Arbeiter (*Sovetskij ėkran* 27 [1925]: S. 7)

Position Vertovs, den menschlichen Blick mit dem die Aufmerksamkeit zerstreuenden *und* fokussierenden Kameraauge (*kinoglaz*) zu konfrontieren, in seiner ganzen Konsequenz erahnen. Die Organisation der sozial-motorischen Bewegung voranschreitender Bürger-Beine lief auch in *Wie man auf der Straße gehen soll* über das Training der psycho-physiologische Bewegung perzipierenden Augen. Von den frühen Film-im-Film-Zitaten in der *Kinopravda 18* und *19* (1924) über die Rückwärtsprojektionen und superschnellen Einstellungsfolgen in *Kinoglaz* (1924), die Verkoppelung von Maschinen-, Industrialisierungs- und Montagetempo im Mossovet-Film *Vorwärts, Sowjet!* (1926), bis hin zur Eingemeindung der Kinowelt (Kamera, Leinwand, Vorführsaal) in die gegenständliche Welt in *Der sechste Teil der Welt* (1926)[105] und *Der Mann mit der Kame-*

[105] »Ihr, die ihr in der Tundra lebt«/ »Ihr, die ihr die Taiga bewältigt« / »Ihr, die ihr in diesem Kinosaal sitzt« – lautet eine prominente Abfolge der Szenen in *Der sechste Teil der Erde.*

ra (1929) – arbeitet Vertov an der Ausdifferenzierung und Herstellung beschleunigter Blicke. Dabei geht es in erster Linie nicht um die Befreiung des Menschen von oder durch die Maschine, sondern um die »Befreiung der Kamera, die der bedauerlichen Sklaverei des unvollkommenen und beschränkten menschlichen Auges unterworfen ist« (»раскрепощени[е] киноаппаратам, пребывающе[е] в жалком рабстве, в подчинении у несовершенного, недалекого человеческого глаза«)[106]. Vor dem Hintergrund des schwachen Auges gilt es, über das Ernstnehmen »chaotischer« Wahrnehmungsempfindung die Selbstbehauptung des neuen Mediums voranzutreiben:

> Положение нашего тела во время наблюдения, количество воспринимаемых нами моментов того или другого зрительного явления в секунду времени вовсе не обязательны для киноаппарата, который тем больше и тем лучше воспринимает, чем он совершенее. […] До сегодняшнего дня мы насиловали киноаппарат и заставляли его копировать работу нашего глаза. […] Мы утверждаем киноглаз, нащупывающий в хаосе движения равнодействующую для собственного движения, мы утверждаем киноглаз со своим измерением времени и пространства, возрастающий в своей силе и своих возможностях до самоутверждения.
> Die Position unseres Körpers während der Beobachtung, die Anzahl der von uns in einer Sekunde wahrgenommenen Momente dieser oder jener Erscheinung sind in keinster Weise verbindlich für die Kamera, die um so mehr und besser wahrnimmt, je vollkommener sie ist. […] Bis auf den heutigen Tag haben wir die Kamera vergewaltigt und sie gezwungen, die Arbeit unseres Auges zu kopieren. […] Wir treten ein für Kinoglaz, das im Chaos der Bewegungen die Resultante für die eigene Bewegung aufspürt, wir treten ein für Kinoglaz mit seiner Dimension von Raum und Zeit, wachsend in seiner Kraft und in seinen Möglichkeiten bis zur Selbstbehauptung.[107]

Bewegung wird nicht als gegeben vorausgesetzt, sondern organisiert, gemacht. Das Chaos der Bewegungen der äußeren Welt wird nicht einfach »in Ordnung« gebracht; vielmehr generiert es im Sinne der mathematischen Polynomfunktion eine »Resultante«, bei der die eigene Bewegung des mechanischen Aufzeichnungsapparats immer mitberechnet wird –

[106] Vertov. »Kinoki« (wie Anm. 37). S. 53. Dt.: Dziga Vertov. »Kinoki – Umsturz«. *Dziga Vertov Schriften* (wie Anm. 82). S. 11-24. Hier S. 14.
[107] Ebenda. S. 53; dt. S. 15f.

»Kinoglaz, das im Chaos der Bewegungen die Resultante für die eigene Bewegung aufspürt«.

Was sich im Filmschaffen von Vertov vollzieht, ist eine Art sekundäre Autonomisierung des Sehens durch die Kinematographie, wenn man mit Jonathan Crary davon ausgeht, daß – belegt durch unterschiedliche Experimente zum Nachbildeffekt auf der Netzhaut – um 1820 eine primäre *autonomy of vision* das bis dahin dominierende Regime der *camera obscura* ablöste, in dem die *res cogitans* als fix an eine *res extensa* gekoppelt verstanden worden war. Das neue Sehmodell, so Crary, betrachtete den Körper und seine nunmehr ausdifferenzierten Sinnesorgane als naturwissenschaftlich überprüfbare empirische Datenproduzenten und visuelle Wahrnehmung als Amalgam physiologischer Prozesse und externer Stimuli. Der Körper wurde zum privilegierten Generator des Sehens, das nur noch eine Beziehung zu quantifizierbaren Stimuli, nicht mehr jedoch zu einem konkreten, gegenständlichen Objekt aufwies, also quasi der visuellen, anschaulichen Grundlage entbehrte.[108]

Folgt man Crary in seiner Beschreibung der Retina als Ort statistischer Messungen im Rahmen einer allgemeinen Mathematisierung der Perzeption, so kann man nicht nur vom Ende der referentiellen Illusion sprechen, sondern auch von einer »innate capacity to misperceive«, also einer angeborenen Fähigkeit zur Fehlperzeption.[109] Nun sind – das scheint der wesentliche Punkt bei der historischen Modellierung der visuellen Wahrnehmung – die mechanischen Künste Photographie und Kinematographie keine Rückkehr zum Modell der Camera obscura. Vielmehr können sie erst auf dem referenzlosen Feld operieren, das die psychophysiologische und reflexologische Experimentalisierung der Wahrnehmung im 19. Jahrhundert hervorgebracht hatte. Die neue reale Welt, die neue Faktographie erschöpft sich nicht in der Re-Installierung einer überkommenen Objektivität. Sie ist das kinematographische Ergebnis eines in Extremen konstruierten Bewegungssehens, das sowohl den Nicht-Stillstand des Sehobjekts im Bewegungsbild als auch die Ablösung des Standorts des Betrachters bzw. der Kamera in der Montage impliziert.

Diese medientechnologische Beschleunigung der Blicke korrespondiert, wie bereits einige Male angedeutet, mit einer neuen »Ordnung der Geschwindigkeit«[110], die in den Fortbewegungs- und Verkehrsmitteln ›Ei-

---

[108] Vgl. Jonathan Crary. »Modernizing Vision«. *Vision and Visuality.* Hg. Hal Foster. Seattle: Dia Art Foundation, 1988. S. 29-44. Hier S. 30-35.

[109] Ebenda. S. 39.

[110] Vgl. Paul Virilio. *Rasender Stillstand.* Frankfurt/M.: Fischer, 2002. S. 71.

senbahn‹ und ›Flugzeug‹ ihren Ausgang hat, dabei aber von der Mobilisierung des Sehens auch immer wieder zurück zur Analyse der elementaren Bewegungsabläufen gelangt. Dennoch werden nicht stolpernde Füße, sondern ein einfahrender Zug zum Emblem der Zeit. Mit Klaus Kreimeier gesprochen, wird die mit dem Einzug der Eisenbahn entstandene Erfahrung der Enträumlichung und Entzeitlichung in technisch produzierten Bildern nicht nur festgehalten, sondern auch »in den ›Zwischenbereich‹ der Erkenntnis gehoben«[111]. Dies sei abschließend an der Gegenüberstellung von Viktor Turins *Turksib* (1929) und Vertovs *Der Mann mit der Kamera* aus demselben Jahr demonstriert. Turin führt den Zug, die Ikone der Sowjetisierung[112], durch die Ineinanderschiebung von externer und interner Wahrnehmung vor. Die beiden Perspektiven, die äußere auf den Zug und die innere vom Zug aus, überlagern sich.

Vertovs Schlußszene aus dem *Mann mit der Kamera*, in der sich das *kinoglaz*, die Kamera, selbstständig macht und die Vorstellung im Saal, die von Beginn an die Rahmung abgab, endlich beginnen kann, mag zwar bekannt sein; sie stellt aber dennoch jedes mal aufs Neue einen gewissen Irritationsfaktor beim Zusehen dar. Im Unterschied zur noch viel bekannteren Szene, in der sich der Kameramann auf die Gleise legt, um den herannahenden Zug zu filmen, übertrifft die Durchquerung des Zugs in der Kinoszene bei Vertov die Kulmination der beschleunigten Blicke in *Turksib* vor allem darin, daß nicht nur der heranrasende Zug in externe und innere Perspektiven zerlegt wird, sondern daß das Geschehen auf der Leinwand durch wiederholte Zwischenschnitte der Zuschauer-Gesichter und ihrer Reaktionen auf den dargebotenen Film-im-Film kontrastiert wird. Und auch diese Durchquerung des Bildes durch den Zug wird noch einmal gerahmt. Einmal deutlich als filmische Einstellung markiert, dann wieder ohne Rahmen, werden so beide rasenden Zugfahrten, die sich ausschließlich durch das Größenverhältnis des Bildausschnittes unterscheiden, Teil ein und derselben diegetischen Ebene. Die Leinwand des Kinosaals und die, die uns der Film unvermittelt präsentiert, sind zu einer neuen Tafel des Jahrhunderts gekoppelt, gehen aber nicht ineinander auf.

---

[111] Klaus Kreimeier. »Dispositiv Kino. Zur Industrialisierung der Wahrnehmung im 19. und 20. Jahrhundert«. *Die Perfektionierung des Scheins. Das Kino der Weimarer Republik im Kontext der Künste.* Hg. Harro Segeberg. München: Fink, 2000. S. 17-34. Hier S. 21.

[112] Vgl. Sabine Hänsgen. »Visualisierung der Bewegung – Zirkulation in einem Land. Zum Motiv der Eisenbahn im sowjetischen Film der zwanziger und dreißiger Jahre«. *Kinetographien.* Hg. Inke Arns/Mirjam Goller/Susanne Strätling/Georg Witte. Bielefeld: Aisthesis, 2004. S. 475-500.

»Vertovs Experimente situieren den Film genau zwischen seinem Signalcharakter, der die Manipulation auf der Zeitachse gestattet, und dem Bildcharakter, der auf der Oberfläche allerhand Gestalten erscheinen läßt.«[113] Der Zug ist auch in diesem Sinn Emblem – für eine Bewegung und ein Sehen, die zwischen Signal und Bild liegen.

1929 markiert nicht nur eine Hoch-Zeit des populärwissenschaftlichen bzw. Kulturfilms. Während mit *Der Mann mit der Kamera* eine radikale Neucodierung des flüchtigen Blicks stattfindet, die den jeweiligen Standpunkt des Betrachters erschüttert und damit seine epistemologische Verankerung ins Wanken bringt, ja ihn letztlich von der inflexiblen Positionierung des unmündigen Subjekts ›aufzuheben‹ versucht in den Kosmos des gleitenden Kameraauges und der absoluten Mobilität, führt im gleichen Jahr der bereits erwähnte Ippolit Sokolov in der Zeitschrift *Kino i kul'tura* die – so der Titel seines Aufsatzes – »psychophysiologischen Grundlagen der Einstellung und der Montage« zurück in den Orbit einer gesunden, ja gar gesundenden Wahrnehmung.[114]

Ganz im Sinne des 1928 produzierten Kulturfilms *Beregi zrenie* (*Hüte dein Augenlicht*) werden nun – auf der Basis *derselben* naturwissenschaftlichen Postulate der Psychophysiologie – Vorkehrungen getroffen, das menschliche Sehen über den Umweg der neuen »Tafel des Jahrhunderts«, wie Sokolov selbst sie genannt hatte, zu heilen. Als »rein physiologischer« Prozeß, so Sokolov, muß der Film durch die Regie für eine filmische Wahrnehmung sorgen, die auf die physischen und physiologischen Eigenschaften des Menschen Rücksicht nimmt: Die »Länge einer Film-Session«, die Errechnung von »normalen Projektionsmechanismen« in Bezug auf Geschwindigkeit und Licht-Stärke sowie die photographische »Einstellungs-Komposition« – dies alles muß im Hinblick auf die »Hygiene und der Schutz des Seh-Vermögens des Film-Zuschauers« erfolgen.[115]

Das psychophysiologische Vokabular der Ermüdung, der Erregbarkeit, der nervlichen Anspannung und der neuronalen Hirn-Erschöpfung bezieht Sokolov – und mit ihm eine ganze Disziplin, die sich über die 1920er Jahre in der Nische des *wissenschaftlichen Kinos* (*naučnoe kino*) zumindest theoretisch etabliert hat (praktisch reichten oft die Mittel nicht aus) – ausschließlich auf das menschliche Auge. Bewegung und Beschleunigung werden hier im Rahmen des biopolitisch motivierten kura-

---

[113] Holl. *Kino* (wie Anm. 31). S. 288.

[114] Vgl. Ippolit Sokolov. »Psichofiziologičeskie osnovy kadra i montaža«. *Kino i kul'tura* 1 (1929): S. 48-55.

[115] Vgl. Ebenda. S. 49ff.

torischen Programms auf normierte und wohldosierte Wahrnehmungshappen reduziert. Anders Vertov: Die Störeffekte des Realen, das Rauschen in den Kanälen, Röhren und auf der Leinwand gehören mit zum Programm, das – ganz im Gegensatz zu Sokolov – nicht an einer reduktiven Normierung des Individuums und der damit notwendig gewordenen Drosselung und ordnenden Regulierung seiner technischen (Fort-)Bewegungsorgane interessiert ist[116], sondern an einer produktiven Normierung und daran, den vermeintlich »gesunden« Volks-Organen filmtechnische Anti-Körper entgegenzuschleudern, die diese zersetzen:

> Организм кинематографии отравлен страшным ядом привычки. Мы требуем предоставления нам возможности проэкспериментировать умирающий организм на предмет испытания найденного противоядия. Мы предлагаем неверующим убедиться: мы согласны предварительно испробовать наше лекарство на »кроликах« – киноэтюдах… [Совет троих]
> Der Organismus der Kinematographie ist durch das fürchterliche Gift der Gewohnheit zersetzt. Wir fordern, daß man uns die Möglichkeit gibt, an diesem dahinsiechenden Organismus mit dem gefundenen Gegengift zu experimentieren. Wir schlagen den Ungläubigen vor, sich zu überzeugen: wir sind einverstanden, unsere Medizin prophylaktisch an den »Versuchskaninchen« Filmetüden zu erproben …
> Der Rat der Drei.[117]

Ende der 20er Jahre stehen sich – ausgehend von der gleichen theoretischen Fundierung – zwei gänzlich divergierende Seh-Programme gegenüber. Eines der »leichten Wahrnehmung« (*legkoe vosprijatie*), die – in Form der Bunin'schen Novelle *Legkoe dychanie* (*Leichter Atem*) – Lev Vygotskij, der Psychoreflexologe der literarischen Perzeption, nicht ganz zufällig zum Objekt seiner Dekonstruktion wählt[118], und eine sich mehr und mehr selbst thematisierende, selbstreferentielle mediale Filmproduktion auf der anderen. Mit den Produktionsleitern von *Der Mann mit der Kamera* gab es deshalb unzählige Diskussionen und Auseinandersetzungen. Vertov, der seinen Film an einer Stelle sogar als »der Filmproduktion gewidmeter Kulturfilm« (»›культурфильм[а]‹, посвященной кино-

---

[116] Vgl. dazu ausführlich: Holl. *Kino* (wie Anm. 31). S. 289-313.
[117] Vertov. »Kinoki« (wie Anm. 37). S. 52; dt. S. 13 (wie Anm. 82).
[118] Vgl. Lev Vygotskij. *Psichologija iskusstva. Analiz ėstetičeskoj reakcii.* Moskva: Labirint, 1997. S. 176-198.

производству«) bezeichnete[119], hielt hartnäckig bis zuletzt an einer mobilisierten Mobilisierung fest: »Человек с аппаратом должен отказаться от своей обычной неподвижности. Ему приходится проявить максимум наблюдательности, быстроты и ловкости, чтоб поспевать за убегающими жизненными явлениями.«[120] (»Der Mann mit der Kamera muß sich von seiner üblichen Unbeweglichkeit lossagen. Er muß ein Maximum an Aufmerksamkeit, Schnelligkeit und Leichtigkeit aufweisen, um die dahinflitzenden Erscheinungen des Lebens zu erwischen.«).

Travelling ist, wie eingangs mit Rudolf Arnheim zitiert, die Suche danach, das »Objekt unserer unmittelbaren Wahrnehmung ins Visier zu bekommen«. Die Geschichte dieser Suche bringt die Kinematographie als Wissens- und Wahrnehmungsgenerator erst ins Spiel. Kino ist jene Technik, deren Motor von der gnadenlosen Suche nach diesem ephemeren Moment, diesem »empty moment« angetrieben wird.[121] Gnadenlos und nervenaufreibend, nicht seelenlos. Der erste Blick wird immer ein flüchtiger Blick gewesen sein. Und genau deshalb werden wir wieder und wieder hinsehen wollen.

---

[119] Dziga Vertov. »V glavrepertkom ot Dz. Vertova. Zajavlenie«. *Kinovedčeskie zapiski* 49 (2000): S. 203f. Hier S. 203.

[120] Dziga Vertov. »Zajavka na scenarij ›Čelovek s kinoapparatom‹«. *http://www.cinefantom.ru/html/2004-12-15.htm.*

[121] Vgl. Leo Charney. *Empty Moments. Cinema, Modernity, and Drift.* Durham/London: Duke University Press, 1998.

Ulrich Schmid (Sankt Gallen)

Das Objekt im Objektiv: Il'ja Ėrenburgs Pariser Visionen

Im Jahr 1933 veröffentlichte Il'ja Ėrenburg in Moskau einen Bildband mit dem Titel *Moj Pariž* (*Mein Paris*). In einem einleitenden Kapitel erklärt Ėrenburg, daß er für seine Aufnahmen eine Kamera mit seitlichem Visier verwendet habe – eine solche Kamera erlaube es, unbeobachtet Menschen zu fotografieren und auf diese Weise die Unschärferelation des künstlerischen Beobachtens auszumerzen. In 33 Kapiteln präsentiert Ėrenburg zu seinen kurzen Essays 235 Abbildungen, die sich durch zwei Konstanten auszeichnen: Zum einen gibt es keine einzige Aufnahme eines Innenraums, zum anderen steht in fast jeder Aufnahme ein Mensch oder ein menschliches Gesicht im Zentrum der Komposition. Die doppelte mediale Kodierung von Ėrenburgs Paris-Erfahrung in Bild und Text bietet ein ausgezeichnetes Anwendungsfeld für Michail Bachtins Theorie der räumlichen Konstruktion eines Helden und seiner Umwelt: Die Orientierung der dargestellten Personen auf eine stilistische Dominante läßt erkennen, daß der eigentliche Protagonist des Buchs nicht ein Mensch, sondern die Stadt selbst in ihrer fotografisch erfaßbaren Form ist. Bachtin insistiert auf der Wichtigkeit der äußeren Formensprache des Helden, seines Körpers und der Gegenstände in seiner unmittelbaren Umgebung – gerade in der Verbindung mit der bildlichen Darstellung verzichtet Ėrenburgs Text konsequent auf jede Psychologisierung der präsentierten Personen und beschränkt sich auf eine Depersonalisierung, die den Menschen in eine semantische Beziehung zu den ihn umgebenden Gegenständen bringt.

In seiner als Fragment überlieferten Arbeit *Avtor i geroj v ėstetičeskoj dejatel'nosti* (*Autor und Held in ihrer ästhetischen Tätigkeit*) weist Bachtin auf die Wichtigkeit einer externen Position (vnenachodimost') bei der künstlerischen Porträtierung von Personen hin: Ein ästhetischer Sinn wohnt einer menschlichen Individualität nur dann inne, wenn er von außen ›abgeschlossen‹ wird. Bachtins Konzept des ›Abschließens‹ meint die sinnstiftende Objektivierung eines Menschen, die ihm erst wahrnehmbare Form verleiht. Dieser formgebende Prozeß kann nur im Kontakt mit einem ›Anderen‹ erfolgen, das individuelle Selbstbewußtsein beruht also notwendig auf der Interaktion mit der Sichtweise eines ›Anderen‹.

> В этом смысле можно говорить об абсолютной эстетической нужде человека в другом, в видящей, помнящей, собирающей

> и объединяющей активности другого, которая одна может создать его внешне законченную личность: этой личности не будет, если другой ее не создаст: эстетическая память продуктивна, она впервые рождает *внешнего* человека в новом плане бытия.[1]
> In diesem Sinne kann man von einer absoluten ästhetischen Angewiesenheit des Menschen auf den Anderen sprechen, auf die sehende, erinnernde, sammelnde und vereinheitlichende Aktivität des Anderen, die allein eine von außen abgeschlossene Persönlichkeit erschaffen kann. Diese Persönlichkeit existiert nur, wenn sie von einem Anderen erschaffen wird: Die ästhetische Erinnerung ist produktiv, sie gebiert erst den *äußerlichen* Menschen in einer neuen Seinsebene.

Bachtin insistiert auf der vollständigen Gegebenheit des Menschen in seiner beobachteten Objektivität: »Другой человек для меня весь в объекте, и его *я* – только объект для меня« (»Der andere Mensch ist für mich ganz im Objekt, und sein *Ich* ist für mich nur ein Objekt«).[2]

Die Objektivierung des menschlichen Ichs ist zumindest beim frühen Bachtin überhaupt nicht negativ konnotiert.[3] Im Gegenteil: Erst in seiner Qualität als »abgeschlossenes« Objekt erhält das Individuum eine Form, die als Grundlage aller Erfahrung dient.

> В самом деле, только в другом человеке дано мне живое, эстетически (и этически) убедительное переживание человеческой конечности, эмпирической ограниченной предметности. […] другой весь простерт и исчерпан во внешнем для меня мире как вещь среди других вещей, ни в чем не выходя за его пределы, ничем не нарушая его видимое, осязаемое пластически-живописное единство.[4]
> In der Tat ist mir nur im anderen Menschen eine lebendige, ästhetisch (und ethisch) überzeugende Erlebbarkeit der menschlichen Endlichkeit, der empirisch begrenzten Gegenständlichkeit gegeben. […] Der Andere ist ganz ausgebreitet und erschöpft sich in der mir äußerlichen Welt, als Gegenstand unter anderen Gegenständen, er überschreitet nirgends ihre Grenzen, er durchbricht durch nichts ihre sichtbare, fühlbare plastisch-malerische Einheit.

---

1 Michail Bachtin. *Raboty 20-ch godov*. Kiev: Next, 1994. S. 116.
2 Ebenda. S. 118.
3 Gary Saul Morson/Caryl Emerson. *Mikhail Bakhtin. Creation of a Prosaics*. Stanford: Stanford University Press, 1990. S. 66.
4 Bachtin. *Raboty* (wie Anm. 1). S. 116.

Auffällig ist Bachtins apodiktischer Ton: Der beobachtete Mensch ist »ganz ausgebreitet« und »erschöpft sich« in seiner äußeren Erscheinung. Bachtin verzichtet auf empathische Psychologisierung und beschränkt die expressive Darstellung des Menschen ausschließlich auf seine äußere Erscheinung.

Die Erscheinung des »anderen Menschen« ist gegeben in der Form seines Körpers. Diese Form läßt sich in der Linienführung der Grenzen seines Körpers erfassen:

> Линия как граница тела адекватна ценностно для определения и завершения *другого*, притом всего, во всех его моментах […].[5]
> Die Linie als Körpergrenze definiert und vollendet auf axiologisch adäquate Weise den *Anderen*, sein ganzes Wesen, in all seinen Aspekten.

Der Mensch ist aufgrund seiner vielfachen Perspektivierbarkeit *der* Gegenstand von Kunst *par excellence*. Selbstverständlich kann sich Kunst aus Bachtins Sicht auch nur auf leblose Dinge beschränken. Dabei gibt sie aber ihre vornehmste Aufgabe preis: Sie verzichtet auf das sinnstiftende Abschließen, weil das Ding ja bereits weitgehend in seiner Abgeschlossenheit vorliegt.

Aus diesen Überlegungen folgt, daß die Situation eines Helden in der vom Kunstwerk entworfenen Welt nicht vom Protagonisten selbst definiert wird, sondern vom Autor. Das künstlerische Arrangement von Welt und Mensch folgt einer gegenläufigen Bewegung: Der Mensch wird objektiviert und damit vergegenständlicht, die Dinge hingegen werden auf den Menschen hin geordnet und gewinnen damit an Lebendigkeit.

> Если мы обратимся к предметному миру художественного произведения, мы без труда убедимся, что его единство и его структура не есть единство и структура жизненного кругозора героя, что самый принцип его устроения и упорядочения трансгредиентен действительному и возможному сознанию самого героя. […] Безусловно, все изображенные в произведении предметы имеют и должны иметъ существенное отношение к герою, в противном случае они hors d'œuvre, однако это отношение в его существенном эстетическом принципе дано не изнутри жизненного сознания героя. Центром пространственного расположения и ценностного осмысливания изображенных в произведениях внешних предметов является внешнее тело и внешняя же душа человека. Все предметы со-

[5] Ebenda. S. 119.

> отнесены с внешностью героя, с его границами, и внешними и внутренними (границами тела и границами души).[6]
> Wenn wir uns der gegenständlichen Welt eines künstlerischen Werks zuwenden, sehen wir ohne Anstrengung, daß seine Einheit und Struktur nicht die Einheit und Struktur des Lebenshorizontes des Helden ist, daß sein Bau- und Ordnungsprinzip selbst das reale und mögliche Bewußtsein des Helden übersteigt. [...] Zweifellos müssen alle in einem Werk abgebildeten Gegenstände eine wesentliche Beziehung zum Helden aufweisen, andernfalls bleiben sie *hors d'œuvre*. Allerdings ist diese Beziehung in ihrem eigentlich ästhetischen Prinzip nicht innerhalb des Lebensbewußtseins des Helden gegeben. Das Zentrum der räumlichen Situiertheit und axiologischen Sinnstiftung äußerlicher Gegenstände, die in Kunstwerken abgebildet sind, ist der äußerliche Körper und die äußerliche Seele des Menschen. Alle Gegenstände sind mit dem Äußeren des Helden korreliert, mit seinen innerlichen und äußerlichen Grenzen (den Grenzen des Körpers und der Seele).

Menschliche Individualität muß im Kunstwerk aus einer Position der ›Außerhalbbefindlichkeit‹ erfaßt werden. Als zentrales Konzept erweist sich dabei die künstlerische ›Form‹: Ein dargestellter Mensch kann nur dann einen expressiven Sinn entfalten, wenn er ästhetisch wahrnehmbar ist. Diese Qualität ergibt sich aber nur an der Grenze zweier Bewußtseine, die in einem perspektivierten Verhältnis zueinander stehen.

Bachtin gelangt von dieser Grundlage zu einer relationalen Definition der künstlerischen Form. Form ist aus seiner Sicht eine Größe, die im Zusammenspiel von beobachtendem Subjekt und beobachtetem Objekt entsteht:

> Форма выражает активность автора по отношению к герою – другому человеку: – в этом смысле мы можем сказать, что она есть результат взаймодействия героя и автора. Но герой пассивен в этом взаймодействии, он не выражаю*щий*, но выражае*мое*, но как таковой он все же определяет свою форму, ибо она должна отвечать именно ему, но отнюдь не как его возможное самовыражение.[7]
> Die Form drückt die Aktivität des Autors im Verhältnis zu seinem Helden, einem anderen Menschen aus. In diesem Sinne können wir sagen, daß sie das Resultat der Wechselwirkung zwischen Held und Autor ist. Aber der Held ist in dieser Wechselwirkung passiv, er ist nicht der Ausdrückende, sondern das Ausgedrückte,

[6] Ebenda. S. 166.
[7] Ebenda. S. 154.

> aber als solcher bestimmt er trotzdem die Form, denn sie muß genau ihm entsprechen, aber keineswegs als sein möglicher Selbstausdruck.

Auf die kürzeste Formel bringt Bachtin seine Position in der Aussage: »*Форма есть граница*, обработанная эстетически« (»Die Form ist eine ästhetisch bearbeitete Grenze«).[8]

Bachtins Definition der künstlerischen Form läßt sich in hervorragender Weise auf Il'ja Ėrenburgs fotografisches und literarisches Porträt von Paris anwenden. Auch Ėrenburg arbeitet von einer Position der Außerhalbbefindlichkeit die künstlerische Form der porträtierten Stadt heraus. Bereits in der extremen Polarisierung von beobachtendem Subjekt und beobachtetem Objekt findet Bachtins Perspektivierungsmodell einen exemplarischen Ausdruck: Il'ja Ėrenburg fotografiert mit einer Winkelkamera, er will also als Beobachter seine reine Subjektivität nicht gefährden. Im Vorwort zu seinem Buch hebt Ėrenburg seine künstlerische Aktivität der Deformation der beobachteten Welt hervor:

> В своих путешествиях я не расстаюсь с Лейкой. Фоторафии заменяют мне блокнот, помогают вспоминать события, детали встреч, разговоров. Иногда эти же фотографии являются иллюстрациями в моих книгах. Так, недавно на немецком языке вышла книга *Об Испании*, иллюстрированная исключительно моими фото.
>
> Я давно живу в Париже. Мне захотелось заснять Париж таким, как я его чувствую. Это, конечно, не значит, что я дал исчерпывающий портрет Парижа; это мой Париж, деформированный мною как художником.[9]
>
> Auf meinen Reisen trenne ich mich nicht von meiner Leica. Die Fotografien ersetzen mir den Notizblock, helfen mir, mich an Ereignisse zu erinnern, an Details von Treffen, Gesprächen. Manchmal werden diese Fotografien zu Illustrationen für meine Bücher. Kürzlich ist auf Deutsch mein Buch *Spanien* erschienen, das ausschließlich mit meinen Fotografien illustriert ist.
>
> Ich lebe seit langem in Paris. Ich wollte Paris so aufnehmen, wie ich es fühle. Das heißt natürlich nicht, daß ich ein erschöpfendes

---

8 Ebenda. S. 160.

9 Il'ja Ėrenburg. »O mojem Pariže«. In: *Sovetskoe foto* 4-5 (1934). Zit. nach Vjačeslav Popov/Boris Frezinskij. *Il'ja Erenburg v 1932-1935 gody. Chronika žizni i tvorčestva (v dokumentach, pis'mach, vyskazyvanijach i soobščenijach pressy, svidetel'stvach sovremennikov)*. Bd. III. Sankt-Peterburg: Lina, 2001. S. 163.

Porträt von Paris gegeben habe; es ist mein Paris, das ich als Künstler deformiert habe.

In Ėrenburgs Fotos und den kommentierenden Texten läßt sich die gegenläufige Bewegung von Verdinglichung der Menschen und Humanisierung der Gegenstände gut beobachten. Mensch und Ding stehen in einer engen semantischen Beziehung; sie sind in Ėrenburgs Komposition als Objekte auf eine bestimmte expressive Funktion hin angeordnet. Dabei spielt auch Bachtins Begriff der ›ästhetisch bearbeiteten Grenze‹ eine entscheidende Rolle. Pointiert formuliert, präsentiert sich Paris als Konglomerat zwischen Mensch und Objekt.

In seinen Texten und Photos stellt Ėrenburg immer wieder die traditionellen Körpergrenzen in Frage und zieht sie in einem meist kritisch gegen die bürgerliche Gesellschaft gewendeten Impetus neu.

Bachtins Konzept der ästhetisch arrangierten Körpergrenzen läßt sich in Ėrenburgs Pariser Photographien in drei verschiedenen Spielarten nachweisen. Die einzelnen Varianten können in wachsender Komplexität bezeichnet werden als kombinierender, konzentrierender und konstellierender Blick.

I. Der kombinierende Blick

Die Grundoperation von Ėrenburgs photographischem Blick ist die Kombination von Körperlinien und Gegenstandslinien. Ein fast idealtypisches Beispiel bietet die Aufnahme eines Kriegsinvaliden, der auf einer Bank schläft (Abb. 1).[10]

Die Bank bildet mit dem Rücken des Mannes ein Dreieck, das im Zentrum des Bildes steht. Körper und Gegenstand gehen fast nahtlos ineinander über. Die Kontinuität zwischen organischem und anorganischem Material wird unterstrichen durch die Tatsache, daß der Invalide über ein Holzbein verfügt, das optisch gerade so gut auch der Bank zugerechnet werden könnte.

Die Grautöne der Fotografie unterstreichen das Kontinuum von Mensch und Gegenstand. Wenn der Kontrast erhöht wird, zeigt sich, daß die Grenzen zwischen Mensch und Gegenstand neu gezogen werden: Der Torso des Mannes bildet mit der Bank eine kompakte schwarze Einheit, während der Kopf und das Straßenpflaster des Hintergrunds im Weiß verschwinden (Abb. 2).

[10] Ėrenburg. *Moj Pariž.* Moskva: Izogiz, 1933. S. 66.

Abb. 1

Abb. 2

Das photographische Verfahren der Verwischung der Körpergrenzen von Mensch und Material spiegelt sich auch in der Metaphorik des Begleittextes:

> На скамейках валяется человеческий сор – его не подобрали мусорщики: герой войны с обрубками вместо ног, сумасшедшие девушки, затравленные родней, чахоточные поэты и астматические бродяги.[11]
>
> Auf den Bänken liegt Menschenmüll, den die Müllabfuhr nicht eingesammelt hat: Kriegshelden mit Stümpfen anstelle von Bei-

[11] Ebenda. S. 60.

> nen; irre Mädchen, die von ihrer Verwandtschaft gehetzt werden, schwindsüchtige Poeten und asthmatische Clochards.

Ėrenburg spricht von »menschlichem Müll« und verweist dadurch deutlich auf die Verdinglichung des Menschen. Ėrenburg stattet seine künstlerische Präsentation hier mit einer klar erkennbaren ideologischen Grundlage aus: Das Schicksal des Kriegsinvaliden dokumentiert aus Ėrenburgs Sicht die menschenverachtende Gleichgültigkeit des westlichen Kapitalismus.

Ein weiteres Beispiel, in dem die humane Qualität der Menschen durch photographische Kombination relativiert wird, bietet die Darstellung einer Concierge (Abb. 3).[12]

Im vorliegenden Fall wird die Verbindung zwischen Mensch und Gegenstand um ein drittes Element, nämlich ein Tier erweitert. Das Photo weist also die Struktur eines visuell realisierten Vergleichs auf: Die Frau als *comparandum* sitzt vor dem Haus, das als *comparatum* in den Vergleich eingebracht wird. Der Hund stellt die verkörperte Wachsamkeit dar und erfüllt damit die Funktion des *tertium comparationis*. Frau und Hund sitzen vor der Tür eines Mietshauses. Beide sind durch die Ausrichtung ihrer Glieder deutlich auf das zu bewachende Haus bezogen: Ellbogen und Oberschenkel der Concierge, das Hinterbein des Hundes und die Linien der heruntergelassenen Jalousie haben einen gemeinsamen Fluchtpunkt außerhalb des rechten Bildrandes. Die Concierge und ihr Hund sind überdies durch eine direkte Linie verbunden, die in der Verlängerung des Rückens bzw. des Stuhls zu den Pfoten des Hundes reicht.

Die Concierge bildet in ihrer Körpergeometrie sehr deutlich die Gestalt des Hundes ab. Ihr Kopf wird durch die Bügel der Brille klar in der Form eines Dreiecks stilisiert – dieses Dreieck wiederholt sich in der anatomischen Schädelform des Hundes. Ähnliches gilt für die Beinhaltung. Der angewinkelte Unterschenkel der Frau korrespondiert mit den Hinterbeinen des Hundes. Schließlich kehrt auch der Rhombus, der durch den Schoß der Frau gebildet wird, in der Haltung der Vorderbeine des Hundes wieder.

Die enge Verbindung zwischen Haus, Frau und Hund wird durch die emblematische Verbindung von Bild und Inscriptio weiter herausgearbeitet. *Auf dem Kampfposten* lautet der Titel, den Ėrenburg dem Bild als metaphorische Erläuterung beigegeben hat. Damit wird deutlich: Die Frau verteidigt das Haus wie ein Wachhund.

Der Begleittext präsentiert denselben Zusammenhang in einem anderen Schlüssel.

---

[12] Ebenda. S. 52.

Abb. 3

> В летние вечера консьержки показываются на свет. Они сидят возле дверей на крохотных стульчиках, сидят неподвижно и важно, как памятники. Не следует думать, что они лишены чувств. Они, например, нежно любят жирных, оскопленных котов. Если они ненавидят людей, то, вероятно, в этом повинны люди…[13]
> An Sommerabenden wagen sich die Concierges ans Licht. Sie sitzen neben den Türen auf mickrigen Stühlchen, sie sitzen unbeweglich und wichtig, wie Denkmäler. Man darf nicht denken, daß sie gefühllos sind. Sie lieben beispielsweise zärtlich fette kastrierte Kater. Wenn sie die Menschen hassen, dann sind wahrscheinlich die Menschen selbst daran schuld …

Die Concierge wird hier als lebloses Denkmal präsentiert, das bereits durch seine Unbeweglichkeit Respekt gebietet. Durch diese semantische Operation wird die Concierge aus der menschlichen Gemeinschaft herausgehoben und in ihrer Statik dem Mietshaus gleichgestellt. Eine ironische Relativierung räumt Ėrenburg nur in Bezug auf die Haustiere der Concierges ein: Die ganze Liebe der Frau richtet sich in der Regel auf kastrierte Kater. Damit spielt Ėrenburg einen weiteren Aspekt in seine Verdinglichung der Concierge ein: Recht besehen, verfügt auch die Frau über kein Geschlecht mehr – sie geht ganz in ihrer Bewachungsfunktion für das Haus auf, ist also mithin nachgerade ein Teil des Hauses geworden.

Die Kombination von Haus, Frau und Hund bildet einen semantischen Komplex, der als Ganzes durch die Konnotationen ›abweisend‹, ›statisch‹, ›geschlechtslos‹ gegen die Menschheit (»ljudi«) gerichtet ist.

Ėrenburg bearbeitet in seinen Photos des Kriegsinvaliden und der Concierge die Grenze zwischen Körper und Gegenstand in Bachtins Sinne. Belebtes und Unbelebtes werden in einem semantischen Komplex arrangiert, der sowohl Linien als auch Flächen in ihrer Kontinuität gegenüber der empirischen Erfahrung neu definiert. Damit vollzieht Ėrenburg sein Programm der ›ästhetischen Deformation‹ der Wirklichkeit, das auch mit Bachtins Begriff des künstlerischen ›Abschließens‹ aus einer Position der Außerhalbbefindlichkeit beschrieben werden kann.

II. Der konzentrierende Blick

Zahlreiche Fotografien in Ėrenburgs Parisalbum weisen eine starke Linienkonzentration auf. Der Blick des Betrachters wird auf einen bestimmten Punkt fokussiert, der das Zentrum des Bildes darstellt.

---

[13] Ebenda. S. 50.

Die Fotografie einer alten Frau ist ganz auf ihr Strickzeug hin komponiert (Abb. 4).[14] Ihr eigenes Augenmerk materialisiert sich gewissermaßen in den Brillenbügeln, deren Vektorialität sich optisch in der Stricknadel fortsetzt. Mensch, Ort und Werkzeug sind aufeinander bezogen: Die Körperlinien der Frau, die Linien der Bank und die Linien des Strickzeugs treffen sich in einem einzigen Punkt, der das Individuum mit den ihn umgebenden Gegenständen verbindet. Anders als im Beispiel des kombinierenden Blicks geht es hier nicht um eine Verdinglichung des Menschen. Im Gegenteil: Ėrenburg präsentiert mit der strickenden alten Frau den Idealfall der nicht-entfremdeten Arbeit. Mensch und Ding bilden eine konfliktfreie Einheit, die durch ihre geometrische Komposition auch harmonisch in den städtischen Raum eingebettet ist.

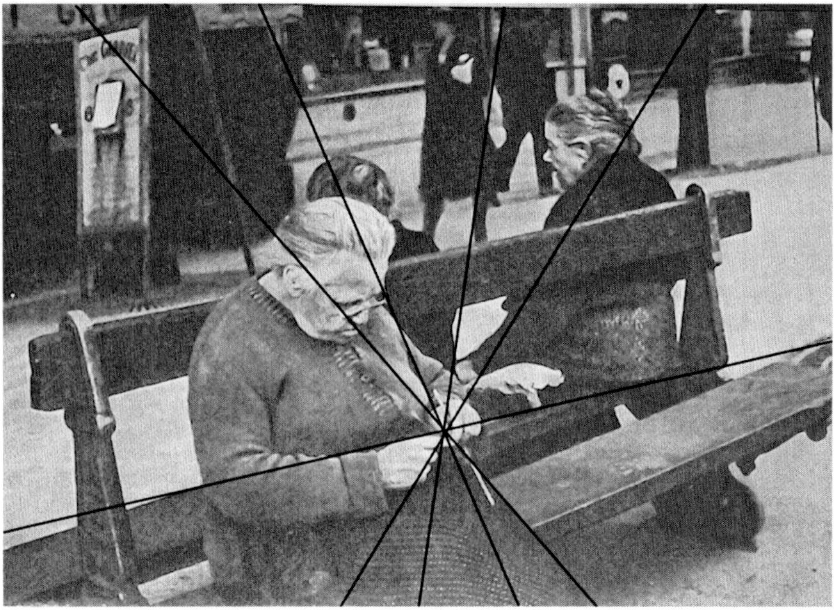

Abb. 4

Als Spezialfall des konzentrierenden Blicks tritt bei Ėrenburg auch die Dezentrierung auf. Die Fotografie eines Liebespaars auf einer Treppe, die

[14] Ebenda. S. 59.

zur Seine herabführt, plaziert das Thema des Bildes am Rande (Abb. 5).[15] Die sich umarmenden Liebenden sind erst auf den zweiten Blick erkennbar; ihre Umrisse heben sich kaum vom Grau der Quaimauer ab. Die Linienführung des Bildes ist sehr genau komponiert: Die Treppengeländer betonen die Vertikale, die Brücke hebt die Horizontale hervor, die obere und die untere Mauerbrüstung bilden sogar eine durchgehende Linie und täuschen so das Fehlen einer Tiefendimension vor. Die visuelle Komposition betont stark die Gerade und das Flächige. Gleichzeitig werden damit alle Versteckmöglichkeiten aus der dargestellten Szenerie verbannt.

Die offen einsehbare Geometrie der steinernen Stadt kontrastiert scharf mit der Intimität des sich umarmenden Paars. Die Liebenden fallen in einem fast wörtlichen Sinn aus der Situation heraus: Ihre Körperlinie, die zudem durch zahlreiche kleine Winkel gebrochen wird, steht windschief zu den Linien der Treppe, des Gemäuers und der Brücke. Damit thematisiert das Bild die prekäre Situation eines Paars, das sich im offenen Raum der Stadt zurückziehen will, aber keine Nische finden kann.

Die entsprechende Passage im Begleittext verweist auf die ›transzendentale Obdachlosigkeit‹ der Liebe, die auf den Treppen an der Seine ihren paradigmatischen Ort habe.

> Лестницы, ведущие к Сене, не просто – столько-то ступеней: это головокрушение и рок. Вниз ведет нищета, вниз ведет и любовь. Кто любил в Париже, тот знает сырой туман, встающий над Сеной, тоскливые вскрики пароходика и трепет теней. Влюбленные целуются, прижавшись к перилам, они скользят по лестницам, они забирают за и под арки мостов. Никто им не дивится – ведь любовь заведомо бездомна.[16]
> Die Treppen, die zur Seine hinunter führen, sind nicht einfach eine Anzahl von Stufen: Sie sind Schwindel und Schicksal. Wer in Paris geliebt hat, kennt den nassen Nebel, der von der Seine aufsteigt, das sehnsüchtige Aufschreien des Dampfboots und das Zittern der Schatten. Die Liebenden drücken sich an das Geländer, küssen sich, sie gleiten auf den Treppen, sie verstecken sich hinter und unter den Brückenbogen. Keiner wundert sich über sie – die Liebe ist seit jeher obdachlos.

Das Liebespaar an der Seine repräsentiert einen Sonderfall des konzentrierenden Blicks. Grundsätzlich verfügt die Fotografie über ein geometrisches Zentrum, das als kleines Dreieck in der Mitte durch die Hauptlinien der Szenerie definiert wird. Der thematische Mittelpunkt der Fotografie –

[15] Ebenda. S. 35.
[16] Ebenda. S. 32.

Abb. 5

das Liebespaar – befindet sich zwar auf der horizontalen Achse, ist aber in doppelter Weise marginalisiert. Das Liebespaar befindet sich zum einen am rechten Bildrand, zum anderen erscheint es sehr klein. Gerade in dieser Dezentrierung liegt indes die Hauptaussage der Fotografie: Es gibt keinen Ort für die Liebe in Paris; sie fällt aus dem Rahmen der geometrisch geplanten Stadt.

III. Der konstellierende Blick

Die höchste Komplexität erreichen Ėrenburgs Fotografien, wenn sie Mensch, Gegenstand und Situation in eine aussagekräftige Konstellation bringen. Der Begriff ›Konstellation‹ ist dabei wörtlich zu verstehen: Ėrenburg verortet Körper in einer bestimmten Umlaufbahn, die von den Gravitationsverhältnissen zwischen Mensch und den Dingen aus seiner Umwelt bestimmt wird.

Die Szene eines Mannes, der sich die Hose nach dem Pissoirbesuch zuknöpft, baut auf dem konzentrierenden Blick auf (Abb. 6).[17] Das Bild ist strukturiert durch die senkrechte Achse, die durch den Mann und die hinter ihm stehende Pissoirbude gebildet wird, sowie durch die Diagonalen, die sich von den schrägen Bäumen in die Unterarme des Mannes fortsetzen. Hier läßt sich ein ähnliches Verfahren wie bei der strickenden Frau beobachten: Der Mann und seine Beschäftigung fallen in eins; der Bildaufbau lenkt den Blick des Betrachters unweigerlich auf das Geschlechtsteil des Mannes.

Im Begleittext zu dieser Fotografie schwingt deutlich Ėrenburgs Befremden über die fehlende Scham der Pariser beim Urinieren mit:

> Француз идет с дамой, они весело разговаривают. Вдруг он видит будочку. Искушение непобедимо. Он тотчас же забегает внутрь. Дама ждет рядом. Несколько раз мне приходилось это наблюдать: разговор продолжается. Он говорит как в исповедальной. Она улыбается. Возможно, что они толкуют о самых возвышенных чувствах.
> Выходя из будки, парижанин блаженно улыбается и уже на улице лениво оправляет свой туалет.[18]
> Ein Franzose geht mit seiner Dame, sie plaudern fröhlich. Plötzlich sieht er eine Bude. Die Versuchung ist unwiderstehlich. Er eilt

[17] Ebenda. S. 177.
[18] Ebenda. S. 179.

sofort hinein. Die Dame wartet daneben. Ich habe das mehrmals beobachtet: Das Gespräch geht weiter. Er spricht wie im Beichtstuhl. Sie lächelt. Möglicherweise unterhalten sie sich über die allererhabensten Gefühle.
Wenn er aus der Bude heraus kommt, lächelt der Pariser glücklich und knöpft sich bereits auf der Straße gemächlich seine Hose zu.

Abb. 6

Die Pissoirszene unterscheidet sich jedoch in einem wichtigen Punkt von der strickenden Frau. Die Frau nimmt einen großen Teil des Bildes ein; ihre Physiognomie ist aussagekräftig, damit wird ihre Person in Bachtins Sinn von Ėrenburg ›abgeschlossen‹.

Der urinierende Mann hingegen ist in seiner Individualität nicht erkennbar, er wird im situativen Kontext auf einen ›typischen Pariser‹ reduziert – genau dieser Appellativ wird ja auch im Begleittext verwendet. Ėrenburg situiert den Mann in einem Kontext, der nicht nur die Bäume und die Pissoirbude einbezieht, sondern bei näherem Hinsehen auch die Architektur der Fassaden.

Die Rundung der einzelnen Stockwerke kann in eine Ellipse verlängert werden, deren Schnittpunkt ebenfalls genau ins Zentrum des Bildes führt. Der Mann wird also in einer Konstellation von Gegenständen vorgeführt: Der architektonische Hintergrund, die Bäume und die Bude denotieren die Sichtbarkeit des ›unkultivierten Verhaltens‹ des Mannes. In einem gewissen Sinne hat man es hier mit einem Gegenbild zum Liebespaar an der Seine zu tun. Die Küssenden fielen aus der Linienführung des städtischen Raumes heraus, sie ließen sich nicht in die arrangierte Sichtbarkeit integrieren und verschwanden in eine marginalisierte Fast-Unsichtbarkeit.

Der urinierende Mann hingegen dominiert den städtischen Raum. Mehr noch: Der städtische Raum ist gleichsam aktiv auf ihn hin orientiert; im Zentrum des Bildes steht das Zuknöpfen der Hose – eine Tätigkeit, die in der Öffnung des Sichtschirms des Pissoirs gewissermaßen eine Guckkastenbühne findet.

Noch deutlicher zeigt sich der konstellierende Blick beim Porträt einer Irren, die bei Sonnenschein mit geöffnetem Regenschirm in sich zusammengekrümmt auf einer Parkbank sitzt (Abb. 7). Der Begleittext erläutert die Situation:

> Я видал недавно одну женщину. На ее ногах были рваные войлочные туфли. Она расставляла над собой зонтик. Да, у нее еще был зонтик, старомодный и нелепый. Она его сберегла от своей прежней жизни. Она переходила с одной скамьи на другую и неизменно раскрывала зонтик, как Робинсон после кораблекрушения. Она ничего не хотела от людей. Зонтик охранял ее от солнца и от любопытных. Может быть она спала на скамье. Может быть, это не был сон, но агония.
> Бесчисленны скамейки Парижа, кажется не обойти их, но все же одна оказывается последней …
> Ich sah vor kurzem eine Frau. An den Füßen trug sie zerrissene Filzschuhe. Sie hatte über sich einen Regenschirm aufgespannt. Ja, sie hatte noch einen altmodischen und sinnlosen Schirm. Sie hatten ihn aus ihrem früheren Leben mitgenommen. Sie ging von einer Bank zur nächsten und öffnete unbeirrt den Regenschirm, wie Robinson nach dem Schiffbruch. Sie wollte nichts von den Menschen. Der Regenschirm schützte sie vor der Sonne und vor Neugierigen. Möglicherweise schlief sie auf der Bank. Möglicherweise war es kein Schlaf, sondern eine Agonie. Die Bänke in Paris sind zahllos, aber eine von ihnen ist die letzte.[19]

[19] Ebenda. S. 60, 62.

Abb. 7

Bereits in diesem kleinen Plot ist die Semantik des Bildaufbaus angelegt: Die Irre strandet wie Robinson auf einer Bank und öffnet dort ihren Regenschirm, um sich von der Umwelt abzusondern.[20] Das Thema der Fotografie verweist also auf den Gegensatz zwischen einem autistischen Menschen und der Welt.

Ėrenburg ist eine bemerkenswerte visuelle Umsetzung dieses Motivs gelungen. Die Frau bildet mit ihrem Regenschirm in der Tat ein eigenes

[20] Ebenda. S. 67.

Sternensystem, das nur auf die Formensprache ihres Körpers und ihrer persönlichen Habe zurückgreift. Kopf und Körper bilden die inneren Kreise, die von den Ellipsen des Regenschirms überformt werden.

Die stark ausgeprägten Linien der Stadt Paris umfassen diese runden Formen, interferieren aber nicht mit ihnen. Interessant ist, daß der Schnittpunkt der Perspektive weit hinter der Frau liegt, auf jeden Fall klar außerhalb ihrer eigenen ›Konstellation‹.

In beiden Fällen wird die Situation der dargestellten Menschen erst aus einer Position der Außerhalbbefindlichkeit deutlich. Weder der urinierende Pariser noch die alte Frau mit dem Regenschirm können sich selbst über ihre Position im städtischen Raum aufklären. Erst der sinnstiftende Blick des Fotografen Ėrenburg deckt die verborgenen Beziehungen zwischen Mensch und Stadt auf.

IV. Ästhetisches Programm und Literaturpolitik

Ėrenburg stellt in seinen Fotografien geometrische Relationen zwischen den dargestellten Menschen und ihrer Situation her. Die Wirklichkeit soll nicht abgebildet, sondern ›künstlerisch deformiert‹ werden. Dieses Verfahren läßt sich sehr gut in der Begrifflichkeit von Michail Bachtins frühem Aufsatz *Autor und Held* erklären: Menschen und Dinge werden vom Künstler mit bestimmten Wertigkeiten aufgeladen, sie erhalten einen expressiven Sinn, der den dargestellten ›Bewußtseinen‹ in der Regel nicht selbst zugänglich ist. Erst in der äußerlichen Präsentation von Mensch und Ding wird dieser Sinn überhaupt erkennbar.

Dies ist der Sinn von Bachtins Begriff des ›Abschließens‹, den er in seinen Arbeiten zu Dostoevskij wieder aufgegeben hat: Die dargestellten Menschen werden vom Autor abgerundet, er sagt das letzte Wort über sie, in ihrer künstlerischen Präsentation erschöpft sich ihr Sinn.

Genau ein solches ›Abschließen‹ der Stadt Paris mit ihren Bewohnern, Häusern, Straßen und Gegenständen war Il'ja Ėrenburgs ästhetisches Ziel. Er stellte einen wahrnehmbaren Zusammenhang her zwischen den Seine-Brücken und der Liebe, der Stricknadel und der konzentrierten Arbeit, dem Holzbein und dem Straßenpflaster, der Concierge und dem Haus, dem Pissoir und der Kultur, dem Regenschirm und dem Ich.

Das Pariser Album stellt damit die Quintessenz einer ästhetischen Evolution dar, die Ėrenburg während der zwanziger Jahre von einer strikten Dinglichkeit (veščizm) zu einer Verteidigung des Menschen gegen den ›Aufstand der Dinge‹ führte. Gemeinsam mit El Lissitzky hatte Ėrenburg

1922 die neu gegründete Zeitschrift *Vešč' – Objet – Gegenstand* mit einem Plädoyer für das Schaffen von Gegenständen eingeleitet[21]:

> Aus der schwülen Dumpfheit des weißgebluteten Rußlands und des feistgewordenen, hindämmernden Europas tönt der Kampfruf: LASST DOCH ENDLICH ALLES DEKLARIEREN UND WIDERLEGEN! AUF! **SCHAFFT »GEGENSTÄNDE«**[22]

Noch deutlicher bezog Ėrenburg Position in dem zu einer Monographie angewachsenen konstruktivistischen Manifest *A vse taki ona vertitsja* (*Und sie bewegt sich doch*). Hier forderte er eine Kunst, die sich ganz auf die Zweckmäßigkeit und Funktionalität des Gegenstandes konzentrieren soll:

> Задача: построить вещь, которая летала бы. Безупречная точность исчислений. Экономия материала. Целесообразность каждой составной части. Обдуманность пропорции. Ясность плана. Тщательность выполнения. В итоге – воистину прекрасная вещь.[23]
> Die Aufgabe: Ein Ding zu bauen, das fliegen kann. Eine tadellose Präzision der Berechnung. Ökonomie des Materials. Zweckmäßigkeit jedes Bestandteils. Reflektiertheit der Proportionen. Klarheit des Plans. Sorgfältige Ausführung. Im Resultat: ein wahrhaft schöner Gegenstand.

Bereits der telegrammartige Duktus von Ėrenburgs Sprache macht deutlich, daß er mit seinem Text selbst versucht, dem Ideal maximaler Ökonomie nahe zu kommen. Im vorliegenden Zusammenhang sind vor allem jene Passagen aus Ėrenburgs Buch wichtig, die sich mit der hier noch positiv gewerteten Vergegenständlichung des Menschen beschäftigen. Der Mensch muß wie ein Gegenstand organisiert werden und gewinnt erst in seiner künstlerischen Darstellung einen eigenen Lebenssinn. Als leuchtendes Beispiel für die bewußte Gestaltung menschlicher Bewegungen und Emotionen nennt Ėrenburg die Filme Charlie Chaplins:

> Мы видим, что Шарло не артист настроений, не вдохновенный комик, но строгий КОНСТРУКТОР, тщательно разрабатывающий схему движений, как средневековый жонглер. Он

---

[21] Rainer Grübel. *Russischer Konstruktivismus. Künstlerische Konzeptionen, literarische Theorie und kultureller Kontext*. Wiesbaden: Harrasowitz, 1981. S. 21-24. (Opera Slavica NF 1)

[22] Ėl Lisickij/Il'ja Ėrenburg. »Blokada Rossii končaetsja«. In: *Vešč' – Objet – Gegenstand* 1-2 (1922): S. 1-4, 4. Hervorhebungen im Original.

[23] Il'ja Ėrenburg. *A vse taki ona vertitsja*. Moskva/Berlin: Gelikon, 1922. S. 71.

> смешит не безискусным движением, но примерением точной ФОРМУЛЫ.[24]
> Wir sehen, daß Charlot kein Künstler von Stimmungen ist, kein inspirierter Komiker, sondern ein strenger Konstrukteur, der sorgfältig ein Bewegungsschema ausgearbeitet hat, wie ein mittelalterlicher Jongleur. Er läßt uns nicht durch unwillkürliche Bewegungen lachen, sondern durch das Anwenden einer genauen Formel.

Die knappste Formel für seine Haltung fand Ėrenburg, indem er Kunst kurzerhand als das ›Schaffen von Dingen‹ definierte.[25]

Sehr bald rückte Ėrenburg jedoch dann von dieser rein dingbezogenen Kunstkonzeption ab und versuchte, die Lage des Menschen inmitten der ihn umgebenden Gegenstände zu analysieren.[26] Bereits im Vorwort zum Erzählband *Trinadcat' trubok* (1923; *Dreizehn Pfeifen*), das auf den 3. Juli 1922 datiert ist, distanzierte sich Ėrenburg von seiner früheren Position:

> Хотя автор этой книги всячески одобряет вещность искусства и даже написал об этом небольшой увраж, в 160 печатных страниц, сам он в жизни вещей не любит, удовлетворяясь всецело с сознанием, что вещи существуют.[27]
> Obwohl der Autor dieses Buchs die Gegenständlichkeit der Kunst befürwortet und sogar darüber ein kleines Werk von 160 Seiten geschrieben hat, liebt er selbst im Leben die Gegenstände nicht und begnügt sich ganz mit dem Bewußtsein, daß die Gegenstände existieren.

Die Dinge gewinnen nun aus Ėrenburgs Perspektive eine erschreckende Gewalt über den Menschen. Die Handlungsfreiheit des Menschen ist nur eine scheinbare; in Wahrheit sind es die Gegenstände, die das menschliche Leben determinieren:

> Люди очень наивные и очень самоуверенные полагают, что человек является господином вещи. Человек всецело подчинен различным вещам, начиная от своей рубашки, той самой, которая всего ближе к телу, и кончая золотом Калифорнии или нефтью Азербейджана. История различных войн это –

---

24 Ebenda. S. 127.

25 Ebenda. S. 136.

26 Vgl. zu dieser Entwicklung: Holger Siegel. *Ästhetische Theorie und künstlerische Praxis bei Il'ja Ėrenburg 1921-1932. Studien zum Verhältnis von Kunst und Revolution*. Tübingen: Gunter Narr, 1979. S. 107-178.

27 Il'ja Ėrenburg. *Trinadcat' trubok*. Moskva/Berlin: Gelikon, 1923. S. 9.

> томление вещей, выбирающих себе резиденцию, придворных и слуг.[28]
> Sehr naive und sehr selbstsichere Menschen glauben, daß der Mensch den Gegenstand beherrscht. Der Mensch ist aber allen möglichen Dingen unterworfen, vom Hemd, das ihm selbst am nächsten ist, bis zum kalifornischen Gold oder aserbaidschanischen Öl. Die Geschichte der verschiedenen Kriege ist die Sehnsucht der Dinge, die sich eine Residenz, Höflinge und Diener aussuchen.

Hier deutet sich bereits Ėrenburgs Versuch an, ganz im Gegensatz zu seiner früheren konstruktivistischen Überzeugung das ›Leben‹ gegenüber der ›Kunst‹ aufzuwerten. In seinem wichtigen Essay *Mašina i iskusstvo* (1925; *Die Maschine und die Kunst*) stellt er schließlich die entscheidende Frage nach dem Menschen, der von den Dingen umstellt sei:

> Описана, названа, закреплена вся высокая бутафория наших дней: предметы, события, даже идеи. Отсутствует только главный герой этой непомерно усложненной постановки – человек. Кто не знает, что такое автомобиль и что такое революция? Но покажите нам нас![29]
> Alle ehrwürdigen Kulissen unserer Epoche sind beschrieben, benannt, bestärkt: Gegenstände, Ereignisse, sogar die Ideen. Nur der Hauptheld dieser unmäßig komplizierten Aufführung fehlt – der Mensch. Wer weiß etwa nicht, was ein Automobil und was eine Revolution ist? Aber zeigt uns uns selbst!

In einem Überblick über die russische Gegenwartsliteratur aus dem Jahr 1929 weitet Ėrenburg schließlich seine Diagnose aus: Das Gewicht des Stoffes laste auf den russischen Autoren, die nicht in der Lage seien, den gewaltigen historischen Ereignissen Herr zu werden. Bei der Gestaltung der überwältigenden Wirklichkeit sei vor allem der ›Mensch‹ auf der Strecke geblieben:

> Die Sehnsucht nach dem Menschen hat gleichzeitig den Leser wie den Schreiber gepackt. Ereignisse, Zustände, Ideen, sogar die »Atmosphäre«, alles das ist aufs Sorgfältigste beschrieben worden. Wer weiß heute nicht, was Hunger ist, was ein Panzerzug und was Klassenbewußtsein ist? Aber der Mensch? Wo ist der Held, der

28 Ebenda. S. 183.

29 Il'ja Ėrenburg. »Mašina i iskusstvo«. In: Ders. *Belyj ugol' ili slezy Vertera*. Leningrad: Priboj, 1928. S. 25-32, 31.

> Autor, der Regisseur und unfreiwillige Schauspieler dieser ausgedehnten Tragödie?[30]

Vor dem Hintergrund dieser gewandelten Poetik muß Ėrenburgs Parisbuch als Versuch einer emanzipatorischen Kritik an der Macht der Dinge über den Menschen gelesen werden. Die Verdinglichung der Menschen in Paris wird präsentiert als Zustand, der im Medium der Kunst analysiert werden kann. Voraussetzung einer solchen Kritik ist aber Ėrenburgs Außerhalbbefindlichkeit. Als sowjetischem Schriftsteller in Frankreich ist ihm die prekäre Herrschaft der Gegenstände unmittelbar einsichtig. Diese distanzierte Position findet gleich in zwei Publikationen aus den dreißiger Jahren ihren Niederschlag. 1931 veröffentlichte Ėrenburg gemeinsam mit seinem Freund Ovadij Savič unter dem programmatischen Titel *My i oni* (*Wir uns sie*) eine Anthologie mit russischen Stimmen über die französische Kultur.[31] 1934 erschien die Streitschrift *Duhamel, Gide, Malraux, Mauriac, Morand, Romains, Unamuno vus par un écrivain d'U.R.S.S.* Ėrenburg argumentierte in dieser Artikelserie, die bereits im Jahr 1933 in der *Literaturnaja gazeta* (*Literaturzeitung*) publiziert worden war[32], daß die französische Literatur an einer Schwäche kranke, die dem Ungenügen der jungen sowjetischen Literatur genau entgegengesetzt sei. Während die russischen Autoren vom Stoff erdrückt werden, gebe es in Frankreich nichts, worüber es sich zu schreiben lohne: »Les écrivains savent parler. En conséquence ils parlent. S'ils n'ont rien à raconter, ce n'est pas leur faute.«[33] Besonders scharf fiel Ėrenburgs Verdikt über die Surrealisten aus, die zwar »Hegel, Marx und Lenin zitieren«, aber in Wahrheit nur mit der Theorie der Onanie und der Philosophie des Exhibitionismus beschäftigt seien.[34] Als Antwort auf diese Invektive ohrfeigte André Breton Ėrenburg auf dem Boulevard Montparnasse.[35] Ėrenburg verfolgte indes

---

[30] Il'ja Ehrenburg. »Die heutige russische Literatur. Aus dem russischen Manuskript übertragen von Käthe Rosenberg«. In: *Die Neue Rundschau* 1 (1929): S. 261-268, 264.

[31] Ovadij Savič/Il'ja Ėrenburg. *My i oni. Francija*. Berlin: Petropolis, 1931. – Die Anthologie konnte nicht in Moskau erscheinen, weil die Herausgeber auch ein kurzes Textbeispiel von Trockij aufgenommen hatten.

[32] Joshua Rubenstein. *Tangled loyalties. The life and times of Ilya Ehrenburg*. New York: BasicBooks, 1996. S. 122.

[33] Ilya Ehrenbourg. *Duhamel, Gide, Malraux, Mauriac, Morand, Romains, Unamuno vus par un écrivain d'U.R.S.S.* Paris: Gallimard, 1934. S. 23.

[34] Ebenda. S. 56.

[35] Lilly Marcou. *Ilya Ehrenbourg. Un homme dans son siècle*. Paris: Plon, 1992. S. 123. Ewa Bérard. *La vie tumultueuse d'Ilya Ehrenbourg*. Paris: Ramsay, 1991. S. 184.

mit seinem Pamphlet ein klares Ziel. Er war bemüht, seine eigene Position vom Stigma des ›Mitläufertums‹ zu befreien und in die Nähe des offiziellen Literaturkurses zu bringen.

Gerade zu Beginn der dreißiger Jahre, als die literaturpolitischen Flügelkämpfe in der Sowjetunion sich immer energischer in die Richtung einer marxistischen Widerspiegelungsästhetik bewegten, war Ėrenburgs emanzipatorischer Ansatz kaum opportun. Es erstaunt deshalb nicht, daß das Pariser Album 1933 zunächst in der Zeitschrift *Zvezda* (*Der Stern*) negativ rezensiert wurde: Ėrenburg habe das »proletarische Paris« in seiner Darstellung zu sehr vernachlässigt.[36] Solche Kritik stand in Einklang mit der offiziellen Einschätzung Ėrenburgs in der kleinen Sowjetenzyklopädie aus dem Jahr 1931, die festhielt, daß sich Ėrenburg über den westlichen Kapitalismus und die Bourgeoisie lustig mache, aber nicht an den Kommunismus oder die Schaffenskraft des Proletariats glaube.[37]

In einer Entgegnung *O moem Pariže* (*Mein Paris*) in der Zeitschrift *Sovetskoe foto* (*Sowjetische Fotografie*) erklärte Ėrenburg 1934, daß er den Text den Bildern nachgeordnet habe und daß die »Mobilisierung« des Lesers unmöglich sei, wenn die Repräsentation von Wirklichkeit im Zentrum stehe.[38]

Mit einem eleganten Argumentationsschritt wollte Ėrenburg auf dem 1. Schriftstellerkongreß seine Kunstdoktrin verteidigen: Er wies in seiner Ansprache auf sein Frankreich-kritisches Buch hin. Darin habe er seine Beobachtungen des französischen Kulturlebens aus einer explizit sowjetischen Perspektive präsentiert. Damit versuchte Ėrenburg die wertsetzende Kraft seiner Subjektivität in eine Ära hinüberzuretten, in der die ›Darstellung der Wirklichkeit in ihrer revolutionären Entwicklung‹ zum verbindlichen ästhetischen Programm werden sollte. Allerdings konnte auch dieser Kunstgriff nicht darüber hinwegtäuschen, daß im ästhetischen System sozialistischen Realismus für ›subjektives Abschließen‹ aus einer Position der Außerhalbbefindlichkeit kein Ort mehr war.

Ėrenburgs Eloquenz und sein zumindest vordergründiges Engagement für den sozialistischen Realismus führten dazu, daß ihn Stalin höchstper-

---

[36] Popov/Frezinskij. *Il'ja Erenburg* (wie Anm. 9). S. 87, 95. Ebenfalls negativ äußerte sich die *Večernjaja krasnaja gazeta* (*Rote Abendzeitung*), Sukkurs erhielt Erenburg hingegen von *Literaturnaja gazeta* (*Literaturzeitung*) und *Proletarskoe foto* (*Die proletarische Fotografie*).

[37] *Malaja Sovetskaja ėnciklopedija*. Bd. 10. Moskva: Sovetskaja ėnciklopedija, 1931. S. 312.

[38] Julian L. Laychuk. *Ilya Ehrenburg. An Idealist in an Age of Realism*. Bern: Lang, 1991. S. 380.

sönlich zum Präsidenten der *MORP* (*Meždunarodnaja organizacija revoljucionnych pisatelej – Internationale Organisation revolutionärer Schriftsteller*) ernennen wollte. Noch im November 1934 sollte daher ein persönliches Gespräch Stalins mit Ėrenburg stattfinden.[39] Dazu kam es allerdings nicht, vermutlich weil die Kirov-Affäre Stalins ganze Aufmerksamkeit in Anspruch nahm.[40]

Es gehört zu den Ironien des Schicksals, daß Ėrenburgs Verhältnis zur Sowjetunion gerade durch seine Position der ›Außerhalbbefindlichkeit‹ gekennzeichnet war, die ihn aber keineswegs zu einer adäquaten Erkenntnis der wahren Natur des Stalinismus führte. Ėmma Gerštejn beschreibt in ihren Memoiren Ėrenburgs Moskau-Besuch im Jahr 1932 mit bitteren Worten:

> Эренбург преклонялся перед прогрессивной политикой Советского Союза, восхищался строительством социализма, а мы, советские люди, не любили Эренбург за то, что он хвалит издали то, что мы должны выносить на своей шкуре.[41]
> Ėrenburg verneigte sich vor der progressiven Politik der Sowjetunion, feierte den Aufbau des Sozialismus, aber wir, die sowjetischen Menschen, liebten Ėrenburg nicht, weil er aus der Ferne das lobte, was wir an der eigenen Haut erfahren mußten.

---

[39] Michail Klimenko. *Ehrenburg. An Attempt at a Literary Portrait*. New York: Lang, 1990. S. 52.

[40] Evgenij Gromov. *Stalin. Vlast' i iskusstvo*. Moskva: Respublika, 1998. S. 83f.

[41] Ėmma Gerštejn. *Memuary*. Sankt-Peterburg: Inapress, 1998. S. 37.

Evgenyj Ponomarev (Sankt Petersburg)

Reiseführer durch Paris

Lesen Sie den Alltag wie ein Buch […].[1]
Lev Nikulin

I. Der Blick des Anderen

In der Pariser Zeitung *Poslednie novosti* (*Letzte Neuigkeiten*) vom 15. Juni 1927 war folgende Notiz zu lesen:

> Съезд советских писателей.
> В последние дни в Париже наблюдается наплыв советских писателей, образовавших »Союз русских художников« в Париже. Союз устраивает выступления уже приехавших Вл. Лидина, Мих. Слонимского, О. Савича, Эльзы Триоле, Ольги Форш и Ильи Эренбурга. В июле предположено отдельное выступление находящегося сейчас в Париже Анатолия Мариенгофа.[2]
> Kongreß der Sowjetschriftsteller
> In den letzten Tagen läßt sich in Paris ein Andrang von sowjetischen Schriftstellern beobachten, die den *Bund russischer Künstler* in Paris gegründet haben. Dieser Bund veranstaltet Auftritte der bereits Angereisten: Vladimir Lidin, Michail Slonimskij, O. Savič, Ėl'za Triolet, Ol'ga Forš und Il'ja Ėrenburg. Im Juli ist ein Soloauftritt des sich derzeit in Paris aufhaltenden Anatolij Mariengof vorgesehen.

Am 5. Mai gab die Zeitung die Ankunft von Lidija Sejfullina bekannt, die »im sowjetischen Arbeiterklub mit einer Lesung ihrer Werke aus dem Alltag des sibirischen Dorfes« auftrat. Außerdem wurde die Ankunft Majakovskijs angekündigt, der ebenfalls auftreten wolle, »allerdings nicht nur im Kreise ›der eigenen Leute‹, sondern öffentlich und vor Publikum«.[3]

Die Aufzählung der sowjetischen Schriftsteller, die hier vor dem Zeitungsleser vorbeiflanieren, ist signifikant. Den Namen, die in den *Letzten Neuigkeiten* Erwähnung finden, lassen sich noch Isaak Babel', Vsevolod Ivanov, Vera Inber, Lev Nikulin hinzufügen, die ebenfalls im Jahre 1927 Paris besuchten. Das Wort »Kongreß« (»съезд«) ist ein politischer Kalauer, der das Ausmaß des Ereignisses unterstreichen sollte. Im zehnten Jubi-

---

[1] Lev Nikulin. *Pis'ma ob Ispanii.* Moskva: GICHL, 1935. S. 166.

[2] *Poslednie Novosti* (15.6.1927), Nr. 2275. S. 3.

[3] *Poslednie Novosti* (5.5.1927), Nr. 2234. S. 3.

läumsjahr der bolschewistischen Machtergreifung und vor dem Hintergrund neuer diplomatischer Erfolge der Sowjetunion erhalten die Schriftstellerreisen nach Europa im Bewußtsein der UdSSR einen gewissen ›massenhaften Charakter‹.

Viele sowjetische Schriftsteller, die 1927 Paris besuchten, werden diese Reise einige Jahre später noch einmal wiederholen. Lev Nikulin reist noch zweimal, 1919/1920 und 1933, Babel' noch einmal, 1933, Il'ja Ėrenburg und Ovadij Savič verbringen in Paris mehr Zeit als in Moskau. In dieser Periode hält sich der sowjetische Reisende in Europa für längere Zeit auf, nicht nur um erste Eindrücke zu gewinnen, sondern um sich, soweit dies möglich ist, dem ausländischen Lebensstil anzupassen. Daher werden auch die Reisebeschreibungen um einiges umfangreicher. Sie sind zu großen Teilen als Zyklen einer Reihe von Skizzen angelegt und erscheinen in Folge, Nummer für Nummer, in einer der sowjetischen Zeitungen. Dann folgt die Publikation des Zyklus in Form eines eigenständigen Buchs. Die bedeutendsten Publikationen der Reisen des Jahres 1927 sind Vera Inbers *Amerika v Pariže* (1928; *Amerika in Paris*), Lev Nikulins *Vokrug Pariža. Voobražaemye progulki* (1929; *Rund um Paris. Imaginäre Spaziergänge*) und Ol'ga Foršs *Pod kupolom* (1929; *Unter der Kuppel*). Einige dieser Reisetexte erweitern, obgleich sie sich innerhalb eines allgemeinen Schemas bewegen, die bisherigen Grenzen des Genres. Die Zusammenstellungen von Reiseskizzen, die Vladimir Lidin mit *Puti i versty* (1927; *Wege und Werste*) und Il'ja Ėrenburg mit *Viza vremeni* (1931; *Visa der Zeit*) vorlegen, umfassen Texte aus unterschiedlichen Jahren und beziehen sich auf verschiedene Reisen, dabei machen die europäischen Skizzen der ausgehenden 1920er Jahre den größeren Teil aus. (Die zweite Auflage von *Visa der Zeit*, die 1933 erscheint, wurde um Skizzen aus dem Jahre 1931 erweitert.) Der Zyklus von Lidija Sejdullina *Iz zagraničnych vpečatlenij* (1927; *Auslandseindrücke*), der in der Leningrader Zeitung *Krasnaja gazeta* (*Rote Zeitung*) erschien, wurde zwar nicht als Einzelpublikation veröffentlicht, dafür aber in die Werkausgabe Sejfullinas aus dem Jahr 1931 aufgenommen. Interessanterweise ist in diesen Skizzen vor allem von Polen und Deutschland die Rede, auf Paris, den Zielpunkt der Reise, wird in dem Reisebericht nicht weiter eingegangen. (Bei Ėrenburg und Lidin nimmt Paris ebenfalls verhältnismäßig wenig Platz ein, obgleich hier Europa von Paris aus betrachtet wird, aus der Perspektive eines russischen Parisers.) Michail Slonimskij verfaßte als Ergebnis seiner Reise den Kurzroman *Zapadniki* (1928; *Die Westler*), der Züge eines Reisetextes trägt. Babel' hingegen veröffentlicht erst 1937 unter dem Druck der Zeitumstände in der Zeitschrift *Pionier* die kurze (ganz in seinem charakteristischen Stil gehaltene) Skizze *Putešestvie vo Franciju* (*Eine Reise nach Frankreich*).

Die diplomatische Anerkennung der Sowjetunion veränderte die Funktion der Reise: Die propagandistische Aufgabe wird nicht länger mehr unterstrichen, sondern nur noch implizit verfolgt, in den Vordergrund tritt nun die Werbung für das neue Land, für seine Menschen und seine Kultur, die dem Ausland vorgestellt werden sollen. In ihrem Kern zielt die Schriftstellerreise ab Mitte der 1920er Jahre auf die Herstellung von kulturellen Kontakten und auf die Etablierung eines Austausches zwischen den Kulturen. Aus dem Blickwinkel dieser Aufgabe läßt sich der ›massenhafte Charakter‹ der Schriftstellerinvasion verstehen: Die UdSSR möchte in Europa ihre gesamte neue Literatur auf einen Schlag vorstellen. So kommt es, daß die Schriftsteller auch Vorlesungen über die sowjetische Literatur halten und nicht nur von sich, sondern auch von ihren Kollegen berichteten.

Auf den ersten Blick scheint es erstaunlich, daß in der Liste der Reisenden nicht etwa Parteigänger und proletarische Schriftsteller überwiegen, sondern die so genannten ›Weggefährten‹.[4] Darin läßt sich allerdings eine Logik erkennen. Für die Reise bedurfte es gewisser Sprachkenntnisse (mindestens des Französischen), der Fähigkeit, ins Gespräch zu kommen (ein ähnlicher Bildungshintergrund, wie ihn die, mit denen in den bourgeoisen Hauptstädten der Kontakt gesucht wurde, aufwiesen) und eines ideologiefreien Blicks. Außerdem, so will es scheinen, wurden diejenigen vorrangig ausgewählt, die Reiseerfahrungen hatten und sich in ihrem vergangenen Leben, vor 1917, bereits in Europa aufhielten. Lev Nikulin hatte (ähnlich wie Ėrenburg) lange in Paris als politischer Emigrant gelebt. Vladimir Lidin war schon als Kind durch Europa gereist (Ėrenburg ebenfalls[5]) und hatte in Deutschland studiert (wie Konstantin Fedin). Ol'ga Forš hatte 1907 eine lange Reise nach Paris und München unternommen. Diese Persönlichkeiten waren in der Lage, aus Sachkenntnis heraus über die Dekadenz Europas zu urteilen.

Schriftsteller, die ohne Kenntnisse der Landessprache und ohne vorherige Erfahrungen mit dem westlichen Lebensstil nach Europa kamen, taten dies aus anderen Gründen. Vsevolod Ivanov zum Beispiel, der nach

[4] Der Terminus wurde Anfang der 1920er als Bezeichnung für diejenigen Schriftsteller vorgeschlagen, die zwar nach ihrer Klassenzugehörigkeit dem neuen Regime fremd waren, aber Bereitschaft zeigten, mit dem Sowjetsystem zusammenzuarbeiten.

[5] Il'ja Ėrenburg war das erste Mal 1901 in Europa: Er fuhr mit der Mutter zur Erholung nach Ems.

Paris in Begleitung von Nikulin gereist war, hatte schnell die Rückreise angetreten. Nikulin erinnert sich, wie Malyšev, ein Mann des Theaters, Ivanov lange zu dieser Reise überredete: »[…] раз Борис Пильняк ездит за границу, то Всеволоду Иванову и подавно надо […], тем более потому, что во Франции перевели и издали ›Бронепоезд 14-69‹« (»[…] wenn ein Boris Pil'njak ins Ausland fährt, dann muß ein Vsevolod Ivanov erst recht dorthin […], um so mehr, da in Frankreich *Panzerzug 14-69* in Übersetzung erschienen war«).[6] Proletarische Revolutionsschriftsteller (die über die Revolution und den Bürgerkrieg schrieben – wie es Vsevolod Ivanov tat) geben den Reisen ihren ›massenhaften Charakter‹. Außerdem werden sie dem Westen als Beispiele eines ›neuen Menschen‹ (als Menschen einer neuen Kultur) vorgeführt, hervorgebracht vom Land der Sowjets. Interessanterweise findet im Kontext der Reisen ein Rollentausch statt: Der ›Weggefährte‹ wird zur Hauptfigur, der Revolutionsschriftsteller wird zum Weggefährten des ›Weggefährten‹. Entsprechend sieht ihr Verhältnis auch im Bereich der schriftlichen Fixierung der Reise aus: In der Regel verfaßt der ›Weggefährte‹ einen Reisetext, während der Revolutionsschriftsteller gar nichts niederschreibt.

Hauptreiseziel der sowjetischen Schriftsteller ist die Stadt Paris, ihr statten ausnahmslos alle einen Besuch ab, allerdings verkomplizieren sich dann die Reiserouten (im Unterschied zu den Reisen zu Beginn der 1920er, bei denen Paris der Endpunkt war). Viele der Reisenden fahren von Paris aus in die französische Provinz oder in andere französische Städte – zum Vergleich seien angeführt: Nikulin nach Chartres und Orleans, Forš nach Lourdes und ebenfalls nach Chartres, Babel' nach Marseille. Üblich wird es nun auch, die Nachbarländer zu besuchen (wenn man schon einmal da ist). Forš fährt von Frankreich aus nach Italien, nach Sorrent zu Gor'kij (bei Gor'kij in Sorrent kreuzen sich häufig die Reiserouten der sowjetischen Schriftsteller). Vera Inber macht sich aus Paris nach Brüssel auf, um dort einen Vortrag über das literarische Leben in Moskau zu halten, und kehrt dann wieder nach Frankreich zurück. Babel' fährt von Paris aus nach Italien und Belgien. Majakovskij macht 1927 auf seiner Rückreise aus Paris nach Moskau Station in Warschau, Prag und Berlin, er trifft sich dort mit Schriftstellern und tritt mit seinen Gedichten auf. Diese besondere Aufmerksamkeit für Osteuropa zeichnet auch den Reisetext von Lidija Sejfullina aus. Ėrenburg, der in gewisser Weise die

---

[6] Lev Nikulin. »O mjatežnoj i gordoj molodosti«. *Vsevolod Ivanov – pisatel' i čelovek. Vospominanija sovremennikov.* Izd. 2, dop. Moskva: Sovetskij pisatel', 1975. S. 163.

Reiseroute seines Helden Julio Jurenito wiederholt, bereist ohne Eile von 1927 bis 1928 die Länder Osteuropas. Dieses langsame Reisetempo erlaubt es dem Schriftsteller, sich umzusehen und auch die Details wahrzunehmen.

Die Landkarte Europas im Bewußtsein der sowjetischen Reisenden wird bedeutend vielgestaltiger. Hauptstadt des Kontinents blieb auch weiterhin Moskau, noch immer blickt der sowjetische Schriftsteller von oben auf den Europäer herab. Aber die einzelnen Länder Osteuropas bekommen ihr eigenes Gesicht: Polen unterscheidet sich inzwischen von der Tschechoslowakei. Die bürgerlichen Städte Europas verschwimmen nicht länger ineinander, sondern sie tragen nun Namen und damit auch ein politisches Gewicht. Berlin ist für den sowjetischen Menschen nicht länger ein beliebiger Zwischenhalt und Warschau kein heruntergekommenes Provinzstädtchen mehr. Vielmehr handelt es sich um Zentren großer europäischer Staaten, die ihre eigene Politik verfolgen. Es sind Zentren von Nationalkulturen, deren Unterschiede das Auge des Reisenden wahrnimmt und festhält, nachdem er 1924 die Anfänge eines neuen Nationalstolzes beim Hissen der roten Fahne in der *Rue de Grenelle* kennengelernt und zum ersten Mal die sowjetische Kultur als nationale wahrgenommen hat.

Die nationale Perspektive wird immer deutlicher und drängt den Klassengesichtspunkt zurück. Auf der Schwelle von den 1920ern zu den 1930er Jahre nehmen die Apologeten der proletarischen Weltrevolution ihre Widersprüchlichkeit noch wahr. Aussagekräftig ist hier das Vorwort zur Skizzensammlung Ėrenburgs *Visa auf Zeit* (1931), verfaßt von F. Raskol'nikov, der sich bald darauf zum Verbleib im Ausland entscheiden sollte und Stalin anklagte, die Leninschen Ideale vergessen zu haben:

> Основной недостаток книги заключается в стремлении Эренбурга разгадать метафизическую »душу« каждой нации вместо изучения своеобразных экономических условий, определяющих нравы, обычаи, политический строй, философию и культуру данной страны. Эренбург придерживается устарелой теории национальных характеров. […] Эренбург проглядел такую »мелочь«, как классовую борьбу […].[7]
> Der Hauptkritikpunkt an diesem Buch liegt in Ėrenburgs Bestreben, die metaphysische »Seele« jeder Nation zu erraten, anstatt die unterschiedlichen ökonomischen Bedingungen zu untersuchen, die die Sitten, Gebräuche, das politische System, die Philosophie und

7 Il'ja Ėrenburg. *Viza vremeni.* Moskva/Leningrad: GICHL, 1931. S. 5-6. Das Vorwort von F. Raskol'nikov wird auch in der erweiterten, zweiten Ausgabe von 1933 wiederabgedruckt.

> Kultur eines Landes bestimmen. Ėrenburg hängt der veralteten Theorie von den Nationalcharakteren an […] Ėrenburg hat eine solche »Kleinigkeit« wie den Klassenkampf übersehen […].

Die Schärfe, Direktheit und Zuspitzung der Kritik in den Formulierungen zeichnet den Stil der 1920er aus; Raskol'nikov ist ein Kind dieser Epoche. Das Buch von Ėrenburg gehört bereits einer neuen Epoche an. Der Klassenkampf und die Ökonomie der Länder sind allerdings auch in den Reisetexten der 1930er aktuell, auch bei Ėrenburg sind sie zu finden (wenn auch in geringerem Maße als bei anderen Reisenden), aber immer häufiger dient die Kultur einer Nation in allen ihren Erscheinungsformen, darunter auch ihrer ökonomischen, als Grundlage der Beschreibungen. Das Problem des Nationalcharakters ist in praktisch jedem Reisetext zentral (bei Forš ebenso wie bei Inber und Nikulin). Nur die Zugänge zum Thema unterscheiden sich.

Dem neuen Blick entspricht auch die neue Lage des Reisenden. Die Dichter sind nicht länger mehr ›politische Vertreter‹ (›polpredy‹), sie haben sich in sowjetischen ›Gesellschaftsvertreter‹ (›obščestvenniki‹) verwandelt. Sie besuchen Europa auf Einladung öffentlicher Schriftstellerorganisationen, ihrer Kollegen von Beruf wegen. Die Schriftstellerreise wird penibel von jeglichen Anspielungen auf ihren offiziellen Charakter freigehalten. Einerseits unterstreicht die sowjetische Führung (für einen Außenbeobachter) die Selbständigkeit der Kulturschaffenden, andererseits verstärkt sich dadurch (für den Reisenden selbst) der Eindruck, an der kurzen Leine gehalten zu werden: Ohne die sowjetischen politischen Vertretungen kann er sich nicht frei durch Europa bewegen. In den Skizzen Seifullinas findet sich eine Episode, die diese neue Situation der Schriftsteller deutlich illustriert. Während einer Teestunde in der sowjetischen Botschaft in Warschau rät Sejfullina dem jungen polnischen Dichter V.B. die UdSSR zu besuchen: »Wenn sich die Gelegenheit bietet, kommen Sie unbedingt.«

> В Праге мне сообщили выдержку из правой варшавской газеты. Было напечатано буквально: »Писательница Сейфуллина обещала польским поэтам левого уклона поездку в СССР в ближайшем будущем«. В СССР мне товарищи говорили: »Не выступайте, пожалуйста, за границей от лица Совнаркома«. Честное слово, я не выступала, свидетели – представители полпредства в Польше […][8]

---

[8] Lidija Sejfullina. »Iz zagraničnych vpečatlenij«. Dies. *Sobranie sočinenij.* Hg. V. Pravduchin. Bd. 6. Moskva/Leningrad: GICHL, 1931. S. 164.

> In Prag machte man mich mit einem Auszug aus einer rechten Warschauer Zeitung bekannt. Dort stand buchstäblich geschrieben: »Die Schriftstellerin Sejfullina versprach einem polnischen Dichter linker Gesinnung eine Reise in die UdSSR in naher Zukunft.« In der UdSSR haben mir die Genossen gesagt: »Tritt bitte im Ausland nicht stellvertretend für den Sowjetischen Volkskommissar auf.« Ehrenwort, ich habe nicht im Namen des Volkskommissars gesprochen, die Vertreter der politischen Vertretung in Polen können das bezeugen.

Sowohl die Aussage der anonym bleibenden »Genossen« als auch die umfangreiche (beinahe schulmädchenhafte, absichtsvolle) Rechtfertigung der Schriftstellerin sind signifikant. Der sowjetische Schriftsteller hat keine offizielle Person zu sein, so lautet die grundsätzliche Position in der Beziehung zum Westen. Andererseits lebt der sowjetische Schriftsteller manchmal in den westlichen Hauptstädten direkt in den sowjetischen Vertretungen; in diesen Fällen wird das Verhalten des Schriftstellers offen durch beide Seiten (durch die Mitarbeiter der politischen Vertretungen und durch die Fremdenpolizei) kontrolliert. Ein wiederkehrendes Motiv in den Reiseskizzen ist die Bespitzelung der Schriftsteller (Ėrenburg und Sejfullina erwähnen die Warschauer Spitzel, Sejfullina und der Diplomat und Schriftsteller Aleksandr Arosev – die Pariser). So wird auf struktureller oder Zeichenebene der offizielle Subtext einer formal privaten Visite unterstrichen.

Bezeichnend, daß sogar der Volkskommissar für Bildung Lunačarskij (der seit 1927 auch als Diplomat bei der Liga der Nationen tätig war) bei seinem Auftritt vor Journalisten in Paris den Privatmann gibt, einen gewöhnlichen Kulturschaffenden, Stellvertreter der Boheme rund um die sowjetische Führung. Mit Ironie unterstreichen die *Letzten Neuigkeiten* dieses Spiel Lunačarskijs:

> Это собственно не доклад, а беседа о том, как он, Луначарский, там в СССР боролся за освобождение искусства. Теперь искусство в СССР свободно. Сначала оно было в плену у агитации. Но он, Луначарский, доказал своим товарищам, что искусство одно, а агитация другое, и они поверили. […] В доказательство свободы искусства в СССР Луначарский рассказывает о чрезвычайном добродушии цензурного комитета, который, мол, разрешает все кроме порнографии. […] Вот, например, Станиславский. Бракует все пьесы с революционным и социальным настроениями […]. Поставил реакционнейшую пьесу *Братья Турбины* Булгакова [*Дни Турбиных* – *E.P.*]. Тут уже цензурный комитет не выдержал и запретил. Но

> он, Луначарский, запротестовал и защитил. »Помилуйте, актеры работали, творили«...[9]
> Das war nicht eigentlich ein Vortrag, vielmehr ein Gespräch darüber, wie er, Lunačarskij, dort in der UdSSR für die Befreiung der Kunst kämpfte. Nun ist die Kunst in der UdSSR frei. Zuerst war sie Gefangene der Agitation. Dann aber hat er, Lunčarskij, seinen Genossen klar gemacht, daß die Kunst das eine, Agitation aber etwas anderes sei, und man hat ihm geglaubt [...] Als Beweis der Kunstfreiheit in der UdSSR erzählt Lunačarskij von der unglaublichen Gutmütigkeit der Zensurbehörde, die angeblich alles bis auf Pornographie erlaube [...]. Zum Beispiel – Stanislavskij. Er mustert alle Stücke mit revolutionärem und sozialem Charakter aus. [...] Er hat das überaus reaktionäre Stück *Die Brüder Turbiny* von Bulgakov [*Die Tage der Turbiny – E.P.*] auf die Bühne gebracht. Das war selbst für das Zensurkomitee zuviel und es verbot das Stück. Er aber, Lunačarskij, habe protestiert und das Stück verteidigt. »Lassen Sie Gnade walten, die Schauspieler haben gearbeitet, ein Kunstwerk geschaffen« ...

Die These von der Freiheit der Kunst, ihrer Unabhängigkeit von der Macht, war die wichtigste in Lunačarskijs Präsentation. Die sowjetischen Schriftsteller fuhren weiter fort, dem Westen Freiheit vorzuspielen, sie gründeten gesellschaftliche Organisationen (was gleichermaßen progressiv für das westliche wie das sowjetische Ohr klang) und begannen, ihre russischsprachige Zeitung herauszugeben (als Gegengewicht zur Emigrantenpresse). Einerseits verweist dieses politische Spiel auf die Umorientierung der sowjetischen ›Außenpropaganda‹ (in Analogie zur ›Außenpolitik‹): In gesunder Einschätzung der Lage wendet sie sich nicht länger mehr nur an das Proletariat, sondern vor allem an die liberale und linke Intelligenz im Westen. Andererseits eröffnet die persönliche Position des Reisenden zusammen mit seiner zum Ausdruck gebrachten Freiheit des literarischen Schaffens sowie der Priorität der Nationalkultur vor der Klassengesellschaft die Möglichkeit zur interkulturellen Kommunikation. Die ideologische Routine, die nun abgedankt hat, läßt das Leben selbst sichtbar werden. Der Schriftsteller beobachtet andere Völker, andere Sitten und Auffassungen, und diese Zeichnungen, die das sowjetische (russische) Bewußtsein entwirft, werden zur Grundlage des Reisetextes.

Auf dieser Etappe eignet sich die sowjetische Reise den ›Blick des Anderen‹ an. Der Reisende in Slonimskijs Kurzroman *Die Westler* zum Bei-

---

[9] A.B. »Na lekcii Lunačarskogo«. *Poslednie novosti* (27.5.1927), Nr. 2256. S. 3.

spiel ist vom Beginn der Reise an dazu bereit, die fremde Welt als andere, analoge, parallele wahrzunehmen: »Он не противился этой своей неожиданной готовности вобрать в себя все чужое, что двигалось и сверкало перед ним« (»Er wehrte sich nicht gegen seine Bereitschaft, all das Fremde, das sich vor ihm bewegte und glänzte, in sich aufzusaugen«)[10]. Europa blieb für ihn auch weiterhin in Zonen aufgeteilt, aber nun verliefen die Linien nicht mehr entlang der Politik, sondern entlang des Lebensstils, der allgemeinen Kultur. Bewegung und Blinken z.B. sind Charakteristika Warschaus. Als nächstes sieht der Reisende aus seinem Zugfenster Deutschland:

> Это была другая планета. Планета эта изрезана была дорогами изумительной прямизны и чистоты и застроена крытыми красной черепицей каменными домиками. [...] Это было непохоже на правду. Это утомляло. Это даже вызывало варварский протест. Хотелось внести хоть какой-нибудь беспорядок в этот четко распланированный, аккуратно расчерченный мир.[11]
> Das war ein anderer Planet. Diesen Planeten durchzogen Wege von erstaunlicher Geradheit und Sauberkeit, und er war bebaut mit Steinhäuschen, gedeckt mit roten Ziegeln. [...] Alles schien unwirklich. Alles ermüdete, es rief sogar einen instinktiven Protest hervor. Man hatte das Bedürfnis, wenigsten irgendeine Unordnung in diese genau geplante, akkurat ausgezogene Welt hineinzubringen.

Und schließlich beginnt Frankreich vor dem Fenster:

> Когда поезд тронулся, Андрею показалось, что Европа кончилась, и вновь началась Россия, и даже не Россия, а что-то еще восточнее, еще беспорядочнее и диче. Но это просто начинался другой порядок, чем в Германии, и другой беспорядок, чем в России. Это была Франция.[12]
> Als der Zug losfuhr, schien es Andrej, als wäre Europa zu Ende und Rußland hätte erneut begonnen, ja sogar nicht Rußland, sondern etwas noch Östlicheres, noch Unordentlicheres und Wilderes. Aber es begann lediglich eine neue Ordnung, anders als die in Deutschland, und eine andere Unordnung, anders als in Rußland. Dies war Frankreich.

---

[10] Michail Slonimskij. »Zapadniki«. Ders. *Sočinenija.* Bd. 2. Moskva/Leningrad: Zemlja i fabrika, [1929]. S. 16.

[11] Ebenda. S. 17-18.

[12] Ebenda. S. 19.

Der Ausdruck »anders / andere« dominiert in der Beschreibung Europas als Folge eines neuen Blicks. Augenfällig, daß Andrej Frankreich näher zu sein scheint als Deutschland. Dies ist die Ansicht eines Menschen, der nicht durch den Vertrag von Rapallo geprägt ist, – ein Blick ohne politische Brille.

II. Pariser Fremdenführer

In dem Moment, in dem die Reise ihren offiziellen Status verliert, verändert sich auch der Charakter des Textes, der im Verlauf der Reise entsteht. Während der Reisende aus der Sphäre der Politik in die Sphäre des privaten Lebens wechselt, sucht er nach einer neuen literarischen Form. Lev Nikulin hat diesem Reisetext neuen Typs eine treffende Definition im Titel seines ersten Buchs über den Westen gegeben, des Reiseführers *Imaginäre Spaziergänge*. Diese Formulierung benutzte Nikulin wiederholt auch in den Vorlesungen, die er in der Folge seiner Reise 1927 abhielt. Der Reiseführer ist ein eigentümliches Narrativ, in dem sich die Erfahrungen des Touristen bündeln. Es handelt sich dabei um eine Äußerungsform fern offizieller Standpunkte, bei der die Information ihren Ausgangspunkt bei einer verallgemeinerten Privatperson nimmt und sich an einen verallgemeinerten privaten Leser richtet. Ausschließlich in der unbestimmten Verallgemeinerung von Sender und Adressat der Information läßt sich ein leichter Anflug von Offiziellem erahnen. Und dies ist genau das, was nötig ist, um eine halboffizielle Reise eines sowjetischen Schriftstellers auf dem Papier zu fixieren.

In der Form des Reiseführers läßt sich zudem ideal der im neuen Reisetext erworbene ›Blick des Anderen‹ aufbewahren. Der Reiseführer zeigt das Andere, Unbekannte: Er notiert Routen, hebt Sehenswürdigkeiten hervor und beschreibt sie, führt kurze historische Auskünfte an. Dabei wird der Leser zum Begleiter des Reisenden: Der Erzähler in diesem Narrativ ist der Mittler zwischen Leser und fremdem Leben, er ist der Punkt, in dem sich die Kulturen vereinigen. Die Erklärungen des Ungewöhnlichen machen Antithesen unnötig: Das Leben ›bei uns‹, das in der Erfahrung von Reisendem und Leser anwesend ist, wird vorausgesetzt – ohne das es erwähnt werden müßte. Die gesamte Aufmerksamkeit konzentriert sich auf etwas anderes: auf die Gewohnheiten, die Verhaltensregeln, die Lebensformen.

Motive, die für die Textsorte ›Reiseführer‹ typisch sind, treten in den Reisetexten am Ende der 1920er Jahre gehäuft auf. Zum Beispiel die Beschreibung von Routen: »Wenn wir aus dem Pantheon treten und uns Richtung *Jardin de Luxembourg* aufmachen […]«[13]; »Am *Place Saint-Michel* verläuft die Straße *St André des Arcs.* […] Dort befindet sich eine kleine Sackgasse […].«[14] »Prutikov rannte aus dem Hotel über den *Place Estrapade* (hier hatte man zwischen den riesigen Pavillons Petljura erschlagen) zum Pantheon, das ihn so beeindruckt hatte«.[15] Der Hinweis auf die historische Bedeutung der Örtlichkeit ist charakteristisch, als ob sie von einem Exkursionsführer nebenbei fallengelassen werden. Oder Hinweise auf die Geschichte des Mittelalters: »Wir lassen die vier Arkaden des Louvre hinter uns […], von fern sieht man die Zinne des Turms von *St Jacques*, der Kirche von *Saint-Germain-l'Auxerrois*. Von diesem Turm war in der Bartholomäus-Nacht das Signal erfolgt. Aus dem Fenster des Louvre hatte König Karl auf die fliehenden Hugenotten geschossen.«[16] Oder die Beschreibung von Sitten und Verhaltensgebräuchen im fremden kulturellen Milieu: »Was geschieht am Sonntag von zwei bis fünf auf den Boulevards? Um fünf Uhr kann man dem Beispiel des Parisers folgen und mit Geschäftsmiene im Café sitzen. Um sieben ist es dann Zeit, zu Mittag zu speisen. Aber bis um fünf, dem Zeitpunkt des Aperitifs, gibt es nur einen Ausweg – das Cinema«[17]; »In Berlin wird Weihnachten wie eine schwere Krankheit begangenen – mit einer langen Inkubationszeit. Noch ist Berlin nicht krank, aber die ersten Anzeichen in Form von Lebkuchen, Puppen und Baumschmuck sind schon in großem Maße zu sehen.«[18]

Der sowjetische Reisetext nach dem Muster von 1927 kombiniert zwei Arten von Reiseführern. Einerseits finden sich in jedem Buch Kapitel, die Skizzen mit verallgemeinertem und unpersönlichem Blick darstellen: Der Leser wird durch die Straßen geführt und ihm wird ein Panorama von Eindrücken geboten: *Paris aus der Vogelperspektive* bei Ol'ga Forš, *Das Leben vom Eifelturm aus* bei Vera Inber, die ersten Kapitel bei Nikulin, die für Reiseführer typische toponymische Überschriften (*Die Vorstadt Billancourt*, *Bagram*) oder toponymisch-metaphorische Titel tragen (*Die Straße der Heuchler*, *Die Straße der Fröhlichkeit*). Mit dem Leser spricht

---

13 Nikulin Lev. *Vokrug Pariža (Voobražaemye progulki)*. Moskva: Zemlja i fabrika, [1929]. S. 86.

14 Vera Inber. »Amerika v Pariže«. *Sobranie sočinenij v četyrech tomach.* Bd. 3. Moskva: Izd. chudožestvennaja literatura, 1965. S. 89.

15 Ol'ga Forš. »Pod kupolom«. *Izbrannye proizvedenija.* Bd. 1. Leningrad: Chudožestvennaja literatura, 1972. S. 8.

16 Nikulin. *Vokrug Pariža* (wie Anm. 13). S. 78.

17 Ebenda. S. 110.

18 Inber. »Amerika v Pariže« (wie Anm. 14). S. 24.

ein allwissender Erzähler, der typische Bilder des Stadtlebens vorführt und zu ihnen jeweils passende Kommentare anzubieten hat. Andererseits wird in einer Reihe von Kapiteln oder Skizzen die Erzählung von der ersten Person aus geführt. An diesen Stellen mischt sich die autoritäre Stimme eines Reiseleiters in die Erzählung ein, die die eine oder andere Form annehmen kann. Häufig wird die Stimme des Reiseleiters von einer zweiten Stimme, der des Touristen und Gesprächspartners, flankiert, bei Nikulin zum Beispiel taucht im Kapitel *Spaziergang mit einem Landsmann* der Genosse Galkin auf, der nach Paris entsandt worden ist, um die Kommunalverwaltung kennenzulernen. Der Schriftsteller Nikulin zeigt ihm die Stadt. Der Gesprächspartner ist ein Profan, der Erzähler ein Kenner; so wird im Text das ursprüngliche, der Reise vorangehende Wissen über Paris durch den Reisenden realisiert.

In Foršs Buch ist eine Reihe der Skizzen nach dem ersten Muster aufgebaut: Ein abstrakter Erzähler erzählt dem Leser vom Leben im Westen. In einigen Skizzen handelt wie in einer Novelle eine fiktive Person: Prutikov in der Skizze *Pod kupolom* (*Unter der Kuppel*), Lobov in *Kukly Pariža* (*Die Puppen von Paris*), Vaksin in *Lebed' Neoptolem* (*Der Schwan Neoptolemus*), der dem »jungen Russen« bekannte Gehilfe des Friseurs Vensen in *Kukiny deti* (*Kukins Kinder*), der Student der Sorbonne Charles in *Lurdskie čudesa* (*Die Wunder von Lourdes*). Schließlich, in *Kladbišče Per-Lašez* (*Der Friedhof Père-Lachaise*), das sehr stark einem Reiseführer ähnelt, wird die Erzählung abwechselnd vom Friedhofswärter, dem Krematoriumsmitarbeiter Antoine und der Alten, die sich um die Gräber der Kommunarden kümmert, geführt.

Das Gleiche läßt sich in der belletristischen Bearbeitung der Reise finden. Dem Hauptheldena in *Die Westler* wird Paris durch voreingenommene ›Pariser‹ gezeigt, vom Vater und von dessen Freund, dem Mitarbeiter der politischen Vertretung Leon (Leonid) Savickij. Dennoch ist Andrej die ganze Zeit über unzufrieden: Seine aus Büchern stammende Vorstellung von Paris ist besser und glänzender als die reale Stadt. Der Reisende glaubt seinen Führern längst nicht immer: Andrejs Vater und Leon haben sich bereits an Paris gewöhnt, während Andrej es mit den Augen eines Leningraders sieht.

Im Reisetext von Vera Inber (in dem im Großen und Ganzen die Erzählhaltung der sowjetischen belletristischen Reiseerzählung durchgehalten wird) ist die Beziehung ›Erzähler – Reiseleiter‹ in eine Beziehung ›Reisender – Begleiter‹ transformiert. Zu Beginn, auf der Strecke Moskau – Berlin, unterhält sich die Reisende mit einem Deutschen, dann, auf dem Weg aus Deutschland nach Paris, mit einem Amerikaner. Nicht selten stimmt die Schriftstellerin den redefreudigen Gesprächspartnern zwar zu, ist aber innerlich nicht mit deren Standpunkt einverstanden – dies wird durch die ›äußere' und ›innere‹ Perspektivierung deutlich gemacht, mit Hilfe derer die Weltanschauung der ›anderen‹ der ›unseren‹ gegenübergestellt wird. Der sowjetische Reisende blickt auf den westlichen Menschen von oben herab und schweigend (der sowjetische Leser braucht keine Erklärung, die Ironie wird deutlich – auch ohne Worte) – oder der Reisende ironisiert das, was sein Gesprächspartner in ernster Überzeugung von sich gibt. Manchmal dringt die Ironie in die Autorkommentare, die Anmerkungen ein.

Vor diesem Hintergrund werden die Transformationen verständlicher, die die Reiseleiter im Buch von Ol'ga Forš durchleben. Deren Erzählungen sind nämlich unvollständig und unzulänglich, weil sie eine ›interne‹ Perspektivierung vertreten. Die Reiseleiter lassen ihre Stimme aus den Tiefen der kapitalistischen Welt ertönen. Monsieur Hubert (*Unter der Kuppel*) und Charles (*Die Wunder von Lourdes*) verbergen den Kern der Dinge vor sich und den anderen mit Hilfe von ›mots‹ – von kleinen Wortspielereien, Louise Barbier stellt die lebendige Verkörperung kapitalistischer Widersprüche dar, und der »Henker« des Krematoriums Antoine dient bewußt der Heuchelei, die den Tod in der kapitalistischen Gesellschaft umgibt. In weiten Teilen unbemerkt, erweist sich der sowjetische Erzähler doch als unabdingbare Figur, denn sein Blick ›von außen‹ korrigiert die Worte der Reiseleiter. Nicht direkt, vielmehr nebenbei, durch die Anordnung der Reden und Bilder und durch den Sujetverlauf, weist er darauf hin, daß der Reiseleiter mit den Worten Inbers »verwickelt ist in all das ›Gewohnte‹ und ›Familiäre‹«[19] und daher blind für das Offensichtliche. Der Verlauf des Sujets entlarvt den französischen Reiseleiter: Jedesmal, wenn dieser eine der kapitalistischen Wahrheiten beweisen will, zeigt er dem Leser genau das Gegenteil auf. Der Schuster Bourigand führt dem russischen Ankömmling die in der Stadt ansässige Madame Canapu als Beispiel familiärer Werte vor. Bei genauerer Betrachtung erweisen sich diese familiären Werte als wirtschaftliche Kleingeistigkeit und sentimentaler Praktizismus. Monsieur Huber lädt voller Stolz auf die französische Kultur Prutikov zu einer Zeremonie ein, bei der Paul Valéry als »unsterblich« ausgezeichnet werden soll. Doch Prutikov vermag lediglich ein gut einstudiertes Schauspiel mit schwachem Inhalt zu erkennen, bei dem die Schauspieler sich nicht über das gewöhnliche Maß hinaus hervortun. Die deutlichste Transformation ereignet sich im Finale von

[19] Ebenda. S. 5.

Der Friedhof von Père-Lachaise. Die Touristen begegnen einer Alten, die am Grab der Kommunarden weint:

> – Дочь коммунара? – прошептали мы с волненьем. – Но, может быть, и жена? […] Все были глубоко взволнованы. Жена коммунара, живая история была перед нами![20]
> »Die Tochter eines Kommunarden?«, flüsterten wir aufgeregt. »Vielleicht auch eine Ehefrau?« […] Alle waren tief erregt. Die Ehefrau eines Kommunarden, wir hatten einen lebendigen Zeugen der Geschichte vor uns!

Die Alte beginnt zu erzählen, und die anfänglichen Spekulationen, die der touristischen Empfänglichkeit entsprungen waren, verwandeln sich in ihr Gegenteil. Sie erweist sich als Ehefrau eines Sergeanten der Nationalgarde, der an der Erschießung der Kommunarden teilgenommen hat. In der kapitalistischen Welt zeigt sich, daß, wie bei Gogol', alles anders ist, als es scheint.

Doch selbst in der Variante von Nikulin, bei der Reiseleiter und Tourist beide Sowjetmenschen sind, vervollständig und korrigiert der frische Blick des Touristen (aus der Sicht der kommunistischen Wahrheit) den bereits an den Westen angepaßten Exkursionsleiter:

> – […] Улица называется авеню Николая Второго, а дальше – Мост Александра Третьего.
> – Как? – насторожившись, спросил Галкин.
> Я повторил. Он посмотрел на меня с недоверием.
> – Так и называются?
> – Так и называются.
> Он пожал плечами и усмехнулся.
> – Надо полагать – переименуют. – Оглянулся по сторонам и, подмигивая, сказал: – Не те, так другие переименуют.[21]
> »Die Straße heißt Avenue Nicolas II, und dann weiter kommt die Brücke Alexandre III.« »Wie?«, fragte Galkin und merkte auf. Ich wiederholte. Er blickte mich ungläubig an. »So heißt das?« »So heißt das.« Er zuckte mit den Schultern und lächelte spöttisch. »Es ist davon auszugehen, daß man sie umbenennen wird.« Er blickte sich um und sagte zwinkernd: »Und wenn nicht die, dann werden andere sie umbenennen.«

So tauschen Reiseleiter und Tourist nach und nach die Rollen, und der von beiden wird zum wahren Reise-Führer, dessen Blick auf die Realität der wahrhaftigere ist und der die größere Geistesstärke besitzt. Hier tritt

[20] Forš. »Pod kupolom« (wie Anm. 15). S. 63-64.

[21] Nikulin. *Vokrug Pariža* (wie Anm. 13). S. 61.

die Ideologie deutlich zutage. Sie wird genau an den Stellen der Erzählung sichtbar, die am ideologiefreiesten zu sein scheinen. Dort, wo die Reiseerzählung durch den ›Blick des Anderen‹ bereichert wird, wird sie durch den ›richtigen‹ Blick des Sowjetbürgers unter Kontrolle gehalten.

Im Endeffekt erweist sich der Leser des Reiseführers als der eigentliche Besitzer des richtigen Blicks. Er ist der musterhafte sowjetische Mensch, der die Details des europäischen Lebens zwar nicht kennt, dafür aber vertraut ist mit ihrem inneren, bourgeoisen Kern.

Der Reiseführer durch Paris ist an einen Leser adressiert, der nie nach Paris reisen wird. Er erfüllt damit eine grundlegende, erzieherische Aufgabe in der sozrealistischen Kultur.

III. Die Details von Paris

Die Form des Reiseführers erlaubt, bisherige ›Kontraste‹ zusammenzuführen. Die Demarkationslinie zwischen der Pariser Pracht und der Armut in Paris muß so nicht länger aufrecht erhalten werden. Charakteristisch hierfür ist das Kapitel *Brjucho Pariža* (*Im Bauch von Paris*) aus Nikulins Reisebuch, das dem riesigen Markt im Zentrum der französischen Hauptstadt gewidmet ist. Eines der absoluten ›Muß‹ für die morgendliche touristische Besichtigung ist das zweistöckige Restaurant, das sich direkt am Markt befindet. In der unteren Etage trinken die Schlachter, Gemüsehändler und Chauffeure ihren Kaffee. Im zweiten Stock die Damen im Abendkleid und die Herren im Frack. Die Speisen sind dieselben, die Preise hingegen unterscheiden sich deutlich. Armut und Reichtum existieren friedlich nebeneinander. In der grandiosen Statistik, mit der die Beschreibung des Markts abschließt, stellen die arme und die reiche Stadt eine Einheit dar:

> Караваны грузовиков и телег привезли пищу. Сегодня ее съедят четыре с половиной миллиона ртов. […] Мясной ряд – лабиринт розово-красных туш. Целые стада пожирает в один день Париж.[22]
> Karawanen von Lastfahrzeugen und Karren haben die Lebensmittel herangeschafft. Heute werden sie von viereinhalb Millionen Mäulern verspeist werden. […] Die Reihen mit den Fleischwaren sind ein Labyrinth rosaroter Leiber. Ganze Herden werden an einem einzigen Tag von Paris verschlungen.

---

[22] Ebenda. S. 79.

Die Gegenüberstellung von Arm und Reich verliert ihre ehemalige Expressivität und wird nun stärker geerdet und in ihren alltäglichen und sogar philosophischen Aspekten betrachtet.

Interessant ist in diesem Zusammenhang die ausführliche Beschreibung der Seine im Buch von Inber:

> Сена рассекает Париж на две части. Сена, эта избалованная, столько раз воспетая река, небрежно брошена вдоль города, как рука вдоль бархатного платья. Она перехвачена несчетными браслетами мостов. […]
> Чем дальше от главных мостов, тем проще река. Она снимает с себя все наряды и остается в будничном, буром, рабочем платье, измазанном сажей и нефтью.[23]
> Die Seine teilt Paris in zwei Teile. Die Seine ist ein verwöhnter, immer wieder besungener Fluß, der sich unachtsam durch die Stadt hindurch schlängelt, wie eine Hand durch ein Samtkleid. Sie wird von ihren Brücken umfangen wie von unzähligen Armreifen. […] Je weiter sich der Fluß von den Hauptbrücken hinweg begibt, um so einfacher wird er. Die Seine legt allen Schmuck ab und tritt im alltäglichen, grauen Arbeitergewand auf, verschmiert von Ruß und Öl.

Die Pracht geht ebenso einfach in Armut über und die Armut in Pracht, wie der Fluß dieser Stadt zu einem Vorstadtfluß wird. Der Wechsel der Kleidung schlägt sich dabei nicht auf den Fluß nieder: Die Seine ist in jedem Gewand, mit oder ohne Armreife, sie selbst. Uns werden Waschfrauen vorgestellt, die am Ufer der »Kanäle« waschen, an den vom Hauptstrom abgeteilten Armen. Sie waschen unter schrecklichen, der Gesundheit abträglichen Bedingungen. Doch dort, wo resümiert wird, teilt sich die Begeisterung der Erzählerin in zwei Stränge, wie es die Erscheinungsform der Seine getan hat:

> Какое здоровье надо иметь, чтобы целый день стоять в ледяной воде, отделенной от тела только полусгнившей деревянной стенкой! Какое мужество надо иметь, чтобы носить белье, вымытое в этих водах!.. […]
> Рядом с ней [прачкой – *Е.П.*], на груде мокрого белья, сидит шелудивая одноглазая кошка и смотрит на воду. От взгляда этого единственного кошачьего глаза становится так скверно, что дальше смотреть нельзя. Дождь идет весь день.[24]

---

[23] Ebenda. S. 76-77.
[24] Ebenda. S. 78-79.

> Welche Gesundheit muß man haben, um den ganzen Tag in diesem eiskalten Wasser zu stehen, das vom Körper nur durch eine halbverfaulte Bretterwand getrennt ist! Welchen Mut, um diese Wäsche, die in diesem Gewässer gewaschen wurde, zu tragen! [...] Neben ihr [der Wäscherin – *E.P.*] sitzt auf dem Berg nasser Wäsche eine räudige, einäugige Katze und blickt auf das Wasser. Vom Blick dieses einen Katzenauges wird einem so unwohl, daß man nicht länger mehr dort hinsehen will. Es regnet schon den ganzen Tag.

Der erste Teil ist der für die Zwanziger Jahre typische Ausruf von Mitgefühl für die erbarmungslos Ausgebeuteten. Und plötzlich, gleich daneben, der Ausruf, der sich an die Ausbeuter richtet, denen die unter diesen Bedingungen in der Seine gewaschene Wäsche auch kein Glück bringt. Und schließlich zum Abschluß des Bildes die kahle Katze, die am bedauernswertesten ist. Sie ist das Leben, ein verallgemeinertes, tragisches Bild. Das Schicksal dieser Katze wird sich auch durch eine erneute französische Revolution nicht ändern.

Der Reisetext von Forš behält zu großen Teilen die sozialen Kontraste bei, doch lassen sich in ihm auch immer wieder Motive finden, die das arme und das reiche Paris vereinen. Zum Beispiel in der Erzählung des »Henkers« aus dem Krematorium heißt es: »Как вынешь из печки, никого ведь уже не узнать: ни богатого, ни бедного, ни старого, ни молодого. Одно слово – прах«. (»Wenn du ihn dann aus dem Ofen herausholst, erkennt schon keiner mehr, ob er reich oder arm, alt oder jung gewesen ist. Mit einem Wort – Asche.«)[25] Das heißt nicht, daß die ›Kontraste‹ keinen Ausdruck mehr fänden. Aber sie stechen nicht länger mehr hervor, werden nicht mehr in grellen Farben ausgemalt, sondern fügen sich in den allgemeinen Verlauf des Lebens ein. Die Auflösung der ›Kontraste‹ im alltäglichen Leben läßt übergreifende Züge sichtbar werden, die der Stadt, dem Land, der Nation eigen sind. Bei Nikulin zum Beispiel:

> Детей *здесь* поколачивают, это считается нормальным *для всех классов населения*. Детям раздают затрещины и в парке Монсо и *здесь*, в рабочем предместье, на тротуаре перед кафе. Бьют главным образом по лицу. Никто не вмешивается – такая уж система воспитания. У нас обязательно бы нашлись люди, вразумившие почтенного родителя или родительницу ссылками на Песталоцци, Ушинского, Наркомпрос и, наконец, милицию.[26]

[25] Forš. »Pod kupolom« (wie Anm. 15). S. 62.

[26] Nikulin. *Vokrug Pariža* (wie Anm. 13). S. 71. (Hervorhebung – *E.P.*)

> Die Kinder werden *hier* mißhandelt, was *in allen Gesellschaftsklassen* für normal angesehen wird. Kinder erhalten Kopfnüsse im Parc Monceau ebenso wie *hier*, in der Arbeitervorstadt, auf dem Trottoir vor dem Café. Hauptsächlich wird ins Gesicht geschlagen. Niemand mischt sich ein, so ist halt das Erziehungssystem. Bei uns fänden sich unbedingt Leute, die dem verehrten Erzeuger oder der Erzeugerin die Leviten lesen mit Hinweise auf Pestalozzi, Ušinskij, Narkompros und zu guter Letzt auf die Miliz.

An dieser Passage wird deutlich, wie im Bewußtsein des Reisenden das Raster von Klassengegensätzen gegen das Raster von nationalen Gegensätzen ausgetauscht wird. Jetzt bemerkt der Reisende das, was ihm bisher nicht aufgefallen war, was jenseits der Grenzen eines klassenbewußten Zugangs lag: die Züge der Pariser im allgemeinen. Auffällig, daß das erste »hier« ganz Frankreich/Paris meint, während das zweite »hier« sich auf die Arbeitervorstadt bezieht. Eine Bedeutung legt sich auf die andere, die Bündel der Gegensätze beginnen einander zu durchdringen, die Klarheit der Gegenüberstellung ist im Verschwinden begriffen. Die Klassenwidersprüche zu neutralisieren hilft auch eine französische Eigenart des Denkens: ›Kontraste‹ lösen sich auf in der allgegenwärtigen französischen Ironie.

Im Zentrum der Erzählung steht das einzelne Detail. Eben in ihm pulsiert das alltägliche Pariser Leben. Der reisende Erzähler folgt seinem Blick, mit dem er die fremde Welt betrachtet, und vertraut dabei völlig seinen ersten Eindrücken. Der Text entfaltet sich von Detail zu Detail und verliert dabei die Strukturiertheit, die noch die ersten Kapitel auszeichnete. Die Skizze nutzt alle vom Genre gegebenen Freiheiten, indem die Energie eines zerfallenden Sujets eingesetzt und damit ein wiedererkennbares Bild geschaffen wird. Der Reisende macht seine Aufzeichnungen ohne erkennbaren Plan, er erzählt einfach drauflos, wohin er gegangen ist und was er gesehen hat. Das Detail erhält seine Bedeutung an sich, unabhängig von anderen, anschließenden Details oder von der Einrahmung durch das Sujet. Ganz besonders sind die folgenden, allgemein gehaltenen Skizzen in dieser Art ›auseinanderfallend‹, zumal ein belletristisches Sujet oder die Figur des fiktiven Reiseleiters fehlt: *Paris aus der Vogelperspektive* von Ol'ga Forš und *Das Leben vom Eifelturm aus* von Vera Inber. Das Bewußtsein des Reisenden wird vom Strudel der alltäglichen Kleinigkeiten erfaßt, und die Seiten der Reisebeschreibung füllen sich mit der Aufzählung von Dingen – ein Widerschein von Paris in Form von Worten.

Die Details des französischen Lebens treten ab und zu ganz ohne ideologische Aufladung auf, ab und zu wird diese künstlich bemüht, um die

Erwähnung der Details zu rechtfertigen. Sogar der Feiertag des 14. Juli, der in den Reisetexten der frühen Zwanziger ideologisch belegt ist, wird nun nicht als Wegmarke der französischen Geschichte und als Vorbote einer neuen Revolution dargestellt, sondern als eine Erscheinungsform des französischen Temperaments, als ein Detail des Pariser Lebens:

> В день взятия Бастилии, 14 июля, пьяненькие купаются в фонтанах на площади Согласия, и парочки танцуют и целуются всюду, где им вздумается. И в этом нет ни тени озорства, а радость жизни, радость молодости, национальный темперамент и добродушное веселье. Завтра – работа, борьба за жизнь, может быть, голодовка, но сегодня – праздник, музыка, ясный день, и можно забыть о том, что завтра суровые будни [...].[27]
> Am Tag des Sturms auf die Bastille, am 14. Juli, baden Trunkene in den Springbrunnen auf dem Place de la Concorde und überall, wo es ihnen nur in den Kopf kommt, tanzen Pärchen und küssen sich. Und darin liegt nicht der geringste Hauch von Mutwillen, sondern Lebensfreude, Freude über die Jugend, nationales Temperament und gutmütige Fröhlichkeit. Morgen heißt es wieder Arbeit, Kampf ums Leben, vielleicht Hunger, aber heute ist Feiertag, Musik, ein klarer Tag, und man darf vergessen, daß morgen wieder der harte Alltag beginnt [...].

Der ideologische Wermutstropfen verliert hier nicht zum ersten Mal seinen bitteren ideologischen Beigeschmack: Zum Abschluß der Passage ist weniger von den Schrecken des Kapitalismus die Rede, als vom allgemeinmenschlichen Gefühl eines Festtags, auf den der Alltag folgt.

Besonders aufschlußreich sind die Fälle, in denen (mit Hilfe der Entblößung des schriftstellerischen Verfahrens) sich der Text ironisch gegen die gewöhnlichen ideologischen Schablonen aus der Epoche der frühen sowjetischen Reisetexte wendet. Zum Beispiel bei Michail Slonimskij:

> Трамвай гремел, как телега с железом. Казалось, что трамвай сейчас развалится. Он стонал, как умирающий. Леону невольно представилось, что это агонизирует западная цивилизация: он был неравнодушен к идеям Шпенглера. [...] Но, может быть, это просто дребезжит трамвай?[28]
> Die Straßenbahn kreischte wie ein Wagen auf Eisen. Es schien, als sollte die Tram in diesem Moment auseinanderbrechen. Sie stöhnte, wie eine Sterbende. Leon stellte sich unweigerlich vor, daß es die westliche Zivilisation sei, die hier im Todeskampf liege: Er

---

27 Ebenda. S. 92.

28 Slonimskij. »Zapadniki« (wie Anm. 10). S. 47.

> war den Ideen Spenglers gegenüber nicht gleichgültig eingestellt. […] Aber vielleicht war es doch nur einfach die Straßenbahn, die klirrte?

Zusammen mit der Straßenbahn klirrt auch die noch einige Jahre zuvor durchaus populäre Theorie Oswald Spenglers. Indem sie sich in Details auflöst, verliert die Ideologie ihre feste Ausrichtung, sie erwirbt im Tausch dafür Flexibilität und eine rätselhafte Uneindeutigkeit.

Auch die Pariser Architektur erhält im neuen Reisetext die Bedeutung eines unwiederholbaren Details, eines einzelnen Punktes, der unbedingt genannt sein will. Dies läßt sich bereits in der Reisebeschreibung Majakovskijs aus dem Jahr 1925 beobachten. Der überaus große Einfluß Majakovskijs auf den sowjetischen Reisetext nach dem Muster von 1927 ist unbezweifelbar, seine Texte wurden von den Autoren der Reiseführer als Ausgangsreiseführer verstanden, als Mustertext. In Nikulins Buch gehen der Erzähler und Galkin eben die Route ab, die auch Majakovskijs Held zurückgelegt hat:

> В молчании мы дошли до плас де-ла-Конкорд […] и стали у Луксорского обелиска. Триумфальная арка как бы висела в воздухе впереди нас.
> Был осенний морозный закат, и горизонт за аркой сиял розовым и золотым. В сумерках гигантская площадь походила на озеро, на морскую гавань с неподвижно застывшей мертвой водой. Налево длинными искусственными молниями играла Эйфелева башня.[29]
> Schweigend waren wir bis zum Place de la Concorde gekommen […] und standen nun am Obelisken von Luxor. Der Triumphbogen schien vor uns in der Luft zu hängen.
> Am Himmel stand ein herbstliches Frostabendrot und der Horizont hinter dem Bogen erstrahlte in rosa und goldenen Farben. In der Dämmerung ähnelte der riesige Platz einem See, einem Meereshafen mit unbeweglich erstarrtem toten Wasser. Links spielte der Eiffelturm mit langen künstlichen Blitzen.

Der Bogen hängt in der Luft, als hätte er sich von der Gegenwart und dem Kapitalismus losgerissen und sei in die Ewigkeit des Reiseführers eingegangen. Paris ähnelt einer Ansichtskarte. Dabei enthält dieses touristische Souvenir auch die literarische Erinnerung an die Place de la Concorde Majakovskijs, der von Regenwasser überzogen gewesen war.

Die zentralen Plätze und Straßen Paris' werden von den Reisenden nicht länger als das Paris der Reichen wahrgenommen. Es ist Paris an

---

[29] Nikulin. *Vokrug Pariža* (wie Anm. 13). S. 61-62.

sich, sein einzigartiges Abbild. Die Place de la Concorde gehört zu gleichen Teilen den Reichen und den Armen, den Parisern und den Touristen. Alle können auf ihm lustwandeln, ihn genießen. Der neue kumulierende Blick des Reisenden verwischt nicht nur die ›Kontraste‹, sondern versöhnt auch die entgegengesetzten Ansichten von Architektur, indem er sie zu einem ganzheitlichen Kulturraum Europa verschmelzen läßt.

Montparnasse vereint im Reiseführer von 1927 ganz einfach die unterschiedlichen Traditionen des frühen sowjetischen Reisetextes:

> »Ротонда« уже давно не богемное кафе, его расширили, и картины художников на стенах напоминают о временах, когда »Ротонда« была кафе художников, натурщиц и политических эмигрантов.[30]
> Die *Rotonde* ist schon lange nicht mehr das Café der Boheme. Man hat sie ausgebaut, und nur die Bilder der Künstler an den Wänden erinnern an die Zeiten, als die *Rotonde* das Café der Künstler, ihrer Modelle und der politischen Emigranten war.

Ėrenburg hatte über die *Rotonde* Picassos geschrieben, Boris Kušner über die Trockijs. Nikulin vereint die verschiedenen Helden der *Rotonde* innerhalb des einen Raums seines Reiseführers. Für Inber ist die *Rotonde* nur ein Platz unter anderen in Paris, an dem sich die französische und die russische Kultur miteinander vermengen:

> В осенний вечер, когда Париж пахнет прелым листом и недавним дождем, когда асфальт блестит и звезды высоки, – в такой вечер хорошо посидеть на террасе »Ротонды«. […] Там пройдут знакомые лица: толстый Ларионов, сутулый Эренбург с трубкой, без шляпы, пройдет много людей, как осенние листья, несомые ветром жизни.[31]
> An einem Abend im Herbst, wenn Paris nach welken Blättern riecht und nach dem vorübergezogenen Regen, wenn der Asphalt glänzt und die Sterne hoch stehen, an einem solchen Abend ist es gut, auf der Terrasse der *Rotonde* zu sitzen. […] Hier ziehen bekannte Gesichter vorüber: der dick gewordene Larionov, der gebeugte Ėrenburg mit seiner Pfeife und ohne Hut, hier gehen viele vorbei, wie Herbstblätter, die der Wind des Lebens vor sich herbläst.

Die Vertreter der russischen Kultur ziehen am Reisenden vorbei wie Schatten aus der Vergangenheit, wie Helden eines Buchs von Ėrenburg, wie die Figuren eines Reiseführers.

---

[30] Ebenda. S. 88.
[31] Inber. »Amerika v Pariže« (wie Anm. 14). S. 113.

Allerdings treten doch an einigen Stellen die altbekannten Klassenmotive auf. Die Säule von Vendôme ist eine weitere Pariser Sehenswürdigkeit, die dem sowjetischen Leser aus den Versen Majakovskijs bekannt ist:

> Колонну в 1871 г. опрокинули коммунары, опрокинув таким образом символ империалистических войн. Третья Республика поставила колонну на место. Путешественники, склонные к историческим наукам, могут размышлять о том, насколько прочно стоит на своем основании Вандомская колонна в наши дни.[32]
> Die Säule wurde 1871 von den Kommunarden umgestoßen, die damit das Symbol der imperialen Kriege zu Fall brachten. Die Dritte Republik richtete die Säule wieder an ihrem Platz auf. Reisende, die ein Faible für die Historie haben, mögen hier Überlegungen anstellen, wie fest die Säule wohl heutzutage auf ihrem Sockel steht.

So schreibt Lev Nikulin. Das ideologische Anhängsel hat hier seine Geradlinigkeit verloren, ist allerdings noch nicht verschwunden. Dies scheint ein Korrekturversuch des sowjetischen Reiseleiters an den sich jenseits von Klassengegensätzen befindenden Schönheiten der Stadt. Die konstanten ideologischen Motive, die zu Beginn der Zwanziger herausgearbeitet wurden, verschwinden nicht vollständig aus den Texten, sie bleiben vielmehr in den Tiefenschichten als ständige Ermahnung zur Wachsamkeit.

Die Funktion dieser ernüchternden Ermahnung erfüllen auch die Textenden und Pointen der einzelnen Skizzen. Sie bilden einen Kontrast zur gesamten vorausgehenden Erzählung und wirken durch ihr unerwartetes Auftreten stark auf den Leser. Nikulin, zum Beispiel, beendet seine Beschreibung der Place de la Concorde mit einem unerwarteten Sprung:

> – Здорово, – сказал Галкин и оглянулся назад, на Луксорский обелиск.
> – Сто тридцать семь лет назад здесь стояла гильотина, – сказал я. – На этом месте отрубили голову королю. Гильотина работала семьсот дней и в среднем казнили сорок человек.[33]
> »Phantastisch«, sagte Galkin und blickte zurück zum Obelisk von Luxor.
> »Vor hundertsiebenunddreißig Jahren stand hier die Guillotine«, sagte ich. »An diesem Ort wurde dem König der Kopf abgehackt.

---

[32] Nikulin. *Vokrug Pariža* (wie Anm. 13). S. 99.
[33] Ebenda. S. 62.

> Die Guillotine stand siebenhundert Tage nicht still, auf ihr wurden im Durchschnitt täglich vierzig Menschen hingerichtet«.

Der Bruch in der Intonation geht mit einem Bruch in der Komposition einher: Dies ist der letzte Satz des Kapitels, wodurch der Eindruck entsteht, die Erzählung des Reiseleiters gehöre fortgesetzt, aber sie endet mit dieser Erwähnung der Revolution. Die gesamte Phrase des Reiseleiters ist bewußt der begeisterten Betrachtung des Platzes durch den Touristen Galkin entgegengesetzt.

In einigen Fällen verlangt das Auftreten einer neuen Figur am Ende einer Skizze (wie bei Inber im Kapitel *Obščestvo slomannych kryl'ev* [*Die Gesellschaft der gebrochenen Flügel*]) das bis dahin Erzählte in neuem Licht zu sehen. Ėrenburg wiederum bietet häufig im Finale seiner Skizzen paradoxe Metaphern und Vergleiche, die in einigen Fällen eine Umwertung der durch den Sujetverlauf aufgebauten Axiologie mit sich bringen und die der Grund für eine Ausweitung der Bedeutungsebene sind. Die erzählten Episoden werden im Nachhinein vieldeutig, und der Blick des bewertenden Erzählers repräsentiert die Weisheit von Jahrhunderten. Aber selbst hier wird die Verkörperung der jahrhundertealten Weisheit durch den Blick eines sowjetischen Menschen realisiert, der zwar Frankreich überaus liebt, dennoch aber über ein Wissen verfügt, von dem Frankreich noch nichts ahnt.

Die Erzählschlüsse und Pointen haben die Funktion von Markierungszeichen, die auf die ideologischen Bedeutungen hinweisen, die im Übermaß in den Texten vorhanden sind, für das bloße Auge aber unsichtbar bleiben. So entsteht einerseits die Illusion eines objektiven Erzählens, andererseits wird beim Leser doch der rechte Eindruck in Bezug auf die ein oder andere Episode erreicht. Zum Beispiel unternimmt Nikulin in seinem Reiseführer bei der Beschreibung der Place Vendôme einen Sprung von den Auslagen Charles Coty ins königliche Versailles, zu den Ursprüngen der französischen Parfümerie. Der auf den ersten Blick objektive historische Exkurs, der sich auf Memoiren von Zeitgenossen stützt, ist durchsetzt mit fein portionierten ideologischen Stolpersteinen:

> Вши и блохи одолевали королей и королев, принцев и принцесс. Королевы и принцессы не умывались годами. […] Аллеи Версальского парка у стоков воды были буквально завалены нечистотами. Приблизительно так же выглядели галереи Версальского дворца, по свидетельству мемуаристов-современников. Самые неэстетические запахи исходили от королев, принцесс и вельмож, и для того, чтобы сколько-нибудь отбить эти запахи, изобретали ароматические и благовонные жидкости.

> Таким образом французская парфюмерия обязана своим развитием старому режиму и королевской Франции.[34]
> Läuse und Wanzen überwältigten die Könige und Königinnen, Prinzen und Prinzessinnen. Die Königinnen und Prinzessinnen wuschen sich jahrelang nicht. […] Die Alleen im Park von Versailles waren an den Wasserabläufen von Abfällen buchstäblich überhäuft. Annähernd ebenso sahen die Galerien des Versailler Schlosses aus, so bezeugen es die zeitgenössischen Memoirenschreiber. Die unästhetischsten Gerüche gingen von den Königen, den Prinzessinnen und dem Hofstaat aus, und um nun irgendwie dieser Gerüche Herr zu werden, erfand man aromatische und wohlduftende Flüssigkeiten. So ist die Entstehung der französischen Parfümerie dem Ancien Régime und dem königlichen Frankreich verpflichtet.

Die marxistische Idee vom unweigerlich erfolgenden Zerfall der Monarchie erhält hier ihre physiologische Bestätigung, die Düfte sind durch den Niedergang der besitzenden Klassen kompromittiert, das wunderschöne Versailles mit historischen Abfällen verunreinigt und damit in einen unangenehmen Ort verwandelt, der die Besichtigung nicht lohnt. Der Reiseführer erweist sich bei genauer Lektüre als Anti-Reiseführer.

Die ideologischen Stolpersteine erfüllen ihren Dienst. Die unbedeutenden (und auf den ersten Blick sogar zufälligen) Anspielungen mit Klassencharakter sind so vielzählig, daß sich an einem bestimmten Punkt der Lektüre die Richtigkeit der Hegelschen Dialektik beobachten läßt: Quantität schlägt in Qualität um. Indem der Ort für den ›Blick des Anderen‹ frei gemacht wird, löst sich die Ideologie in allen Arterien des Textes auf. Auch der ›Blick des Anderen‹ bekommt seine ideologische Aufgabe durch die fehlende Übereinstimmung mit der Perspektive des sowjetischen Lesers. Die ideologischen Sinnzuschreibungen im neuen Reisetext entfalten sich nicht länger deduktiv, sondern induktiv. Während früher die Pariser Details in Abhängigkeit einer bestimmten Theorie ausgewählt und im Text angeordnet wurden (Spengler begleitete unabänderlich die kreischende Straßenbahn), so erweist sich nun eben das Detail als Impulsgeber für die Entfaltung einer marxistischen Analyse der ökonomischen Situation und letztlich der unaufhaltsamen Verallgemeinerung der Klassenverhältnisse.

In Vladimir Lidins Skizze *Puti soobščenija* (1935; *Verkehrswege*), einem Teil seiner Reisenotizen, die in der Zeitung *Izvestija* publiziert wurden, wird zum Beispiel die Unkomfortabilität des Pariser Autobusses di-

---

[34] Nikulin. *Vokrug Pariža* (wie Anm. 13). S. 101.

rekt damit erklärt, die Buslinien gehörten privaten Unternehmen. Die leeren Bänke der ersten Klasse legen gleichermaßen Zeugnis von der ungleichen Verteilung des Besitzes und der Wirtschaftskrise ab. Jedes beliebige Detail des Pariser Alltagslebens gibt dem Erzähler Anlaß zu einer Charakterisierung des Kapitalismus zu springen, um dann wieder zurückzukehren zur konkreten Fahrt mit einem städtischen Verkehrsmittel. Die Verbindungsglieder zwischen den Erörterungen fehlen, daher vollziehen sich die Übergänge unmittelbar und im Endresultat läßt sich jedes beliebige Detail des Pariser Lebens mit jeder beliebigen These der ökonomischen Theorie in Verbindung bringen.

Die Pariser Metro ist nicht länger mehr ein technisches Wunder. Das Verhältnis zu ihr ändert sich unvermittelt und ohne Pardon. In den *Verkehrswegen* wird nicht etwa der Komfort hervorgehoben, wie das früher der Fall gewesen ist, sondern im Gegenteil:

> Ступени лестниц и платформы станций блестят от угольной пыли; по временам, как в старом русском лабазе, их поливают водицей из чайника, и тогда жидкая грязь хлюпает под ногами людей. […] В часы нагрузки удушливый спертый воздух вызывает ощущение головокружения и тошноты. Нелепые железные балясины, регулирующие движение потоков людей, хлопают проходящих по коленям. На больших станциях – Пале-Рояль, Опера – надо пройти полукилометровые расстояния подземных коридоров, чтобы пересесть на нужный поезд. Они походят на служебные помещения – подземные станции, не вызывая ни одной эстетической эмоции. Удобства населения никогда не были предметом заботы всех этих обществ, владеющих путями сообщения в стране.[35]
>
> Die Treppenstufen und Bahnsteige glitzern vom Kohlenstaub; ab und an werden sie mit einem Wasserstrahl aus dem Teekessel abgespült wie in einer alten russischen Mehlhandlung, und dann gluckst die Dreckbrühe den Leuten unter den Füßen. […] Zu den Stoßzeiten nimmt die stickige Luft einem den Atem und ruft Schwindel und Übelkeit hervor. Die ungeschickten Eisenpfosten, die die Geschwindigkeit der Menschenströme regulieren, schlagen den Passagieren gegen die Knie. An den großen Stationen – Palais Royal, Oper – muß man Entfernungen von einem halben Kilometer in unterirdischen Gängen zurücklegen, um in den passenden Zug umzusteigen. Sie ähneln Dienstgebäuden, diese unterirdischen Stationen, und rufen nicht die geringste ästhetische Emotion wach. Bequemlichkeit für die Bevölkerung war für all die Gesell-

[35] Vladimir Lidin. »Puti soobščenija«. Ebenda. L. 8-9.

> schaften, die in diesem Land die Verkehrsmittel besitzen, noch nie Gegenstand von Überlegungen.

Der Erzähler wählt konsequent alle Nachteile der Pariser Metro aus, und es entsteht das Bild einer abschreckenden Unterwelt. Typisch hierfür ist, daß im Manuskript von Lidin noch von »kilometerlangen Entfernungen« beim Umsteigen von einer in die andere Linie die Rede war. Dann wurde »kilometerlang« in »einen halben Kilometer lang« verbessert, um eher der Realität zu entsprechen. Dieses Detail ist aber durchaus charakteristisch für eine solche Poetik der Steigerung von Schrecklichem.

Ein ähnliches Bild zeichnet auch der Erzähler seinem Begleiter Galkin im Reiseführer von Nikulin: »Знаете ли, сколько времени проводит парижанин под землей? […] Плохая вентиляция, концы огромные – и так изо дня в день люди отравляют легкие« (»Wissen Sie, wieviel Zeit der Pariser unter der Erde verbringt? […] Eine schlechte Ventilation und riesige Entfernungen, so vergiften sich tägliche Menschen die Lungen«).[36] 1928 kritisiert der Reisetext das, was es in Moskau nicht gibt. Nikulin überzeugt seinen Leser, daß die Fahrt in den überfüllten Moskauer Straßenbahnen weniger abträglich sei für die Gesundheit als eine Fahrt in der stickigen Pariser Metro. 1935 kritisiert Lidin die Pariser Metro bereits vor einem anderen Hintergrund. Er läßt seine Skizze *Verkehrswege* mit einem Bild der neuen Metro schließen, die eben in Moskau gebaut wird.

Die Beschreibung der Metro bei Inber beginnt mit dem geläufigen Motiv der stickigen Luft, einem Übel, das täglich jedem Pariser und seiner Gesundheit Schaden zufügt. Doch dann wird der Schlund der Metro mit romantischen Tönen beschrieben. Mit einem Pinselstrich, einer Anspielung wird aus der Metro ein lebendiges, atmendes Ungeheuer:

> Воздух без дождя, солнца и ветра. Иногда на поверхности улицы из решетки дохнет на вас нездоровым теплом, отгоревшим дыханьем. Это метро выдохнуло отработанный кислород – углекислоту.[37]
> Eine Luft ohne Regen, Sonne und Wind. Manchmal wird man oben auf der Straße aus einem Bodengitter von dieser ungesunden Wärme, diesem glühenden Atem angehaucht. Das ist die Metro, die ihren verbrauchten Sauerstoff als Kohlensäure ausatmet.

Ein weiterer Pinselstrich läßt die Helden aus der Oper *Bohème* in der Erinnerung aufsteigen:

---

[36] Nikulin. *Vokrug Pariža* (wie Anm. 13). S. 55.
[37] Inber. »Amerika v Pariže« (wie Anm. 14). S. 84.

> Зимой, когда очень холодно, есть люди, которые целый день проводят в метро, спасаясь от нетопленной комнаты. Иногда это – безработный, иногда, быть может, поэт. Поэты, которые отогревают там свои пальцы настолько, что могут держать перо…[38]
> Im Winter, wenn es sehr kalt ist, gibt es Leute, die den ganzen Tag in der Metro verbringen und sich so vor ihrem ungeheizten Zimmer retten. Manchmal sind das Arbeitslose, manchmal vielleicht ein Dichter. Die Dichter wärmen sich dort ihre Finger, damit sie erneut eine Feder halten können …

Im Hinblick auf die angeführten ideologischen Schattierungen zeigt sich, daß das scheinbar autonome Pariser Detail in weiten Teilen abhängig ist von ihm benachbarten Details. Die Kette der Details erst läßt den allgemeinen ideologischen Grundton entstehen. Bei Nikulin zum Beispiel steht die Beschreibung der Metro in Nachbarschaft zur Beschreibung der gesundheitsschädlichen Arbeit der Pariser Schneider: »– Охрана труда, – где ты? – мрачно говорит Галкин« (»‚Werkschutz, wo bist du?‹, fragt Galkin finster«).[39] Im Leserbewußtsein aktiviert die Umschreibung den Bezug zwischen den stickigen Werkstätten und der stickigen Metro. ›Schutz zur Gesundheit der Arbeiter, wo bist du?‹, ließe sich ebenso finster in Bezug auf die Metro sagen. Die metonymischen Identifikationen beginnen ihre Wirksamkeit. Bei Vera Inber erhält die Metro einen finsterromantischen Nachbarn. Die Untergrundbahn und die Pariser Katakomben mit ihren Sälen und Kapellen, die mit den Knochen verstorbener Pariser ausgelegt sind, werden im Kapitel *Im Bauch von Paris* zusammengeführt. Die Metonymie wird hier durch eine Metapher ersetzt, und die Bilder von der Pariser Metro verwandeln sich in der Vorstellung des Lesers endgültig in eine finstere, mittelalterliche Unterwelt.

Das Pariser Detail verschwimmt und changiert im Bewußtsein des französischen Reiseführers, der in Bildern und ungenau denkt. Das Detail verdoppelt sich in den Regenpfützen und Fontänen der Springbrunnen, unklar scheint es auf im schwachen Licht der abendlichen Straßenlaternen. Andererseits erlauben die unklaren Details dem sowjetischen Reisenden, den Blick des Franzosen zu korrigieren und alles mit allem in Verbindung zu setzen, um somit den nötigen Eindruck von seinen Erlebnissen zu erzeugen. Indem er konstante Vorstellungen vom Westen evoziert, die sich im Bewußtsein des sowjetischen Lesers in der ersten Hälfte der 1920er Jahre herausgebildet haben, und diese im Verlauf des Textes

---

38 Ebenda.

39 Nikulin. *Vokrug Pariža* (wie Anm. 13). S. 59.

als Markierungen setzt, weist der Reisende dem Leser die rechte Richtung. Dies kann die Erwähnung von den Lesern bekannten Texten sein, von einschlägigen Gemälden, von ideologischen Postulaten oder einfach von Wörtchen, die eine ideologische Färbung besitzen. Durch diese Spezifik des neuen Reisetextes fährt das Bewußtsein des Lesers auch weiterhin fort, die ins Auge gefaßte Anti-These zu bilden.

So kann einerseits jedes beliebige Pariser Detail ein Spiegel sein, in dem sich das Antlitz der ewigen Stadt widerspiegelt. Andererseits legt jedes Pariser Detail auch Zeugnis von der kapitalistischen Unwahrheit der Weltstadt ab. Vom zweistöckigen Restaurant, dem *Magen von Paris*, zum ›Bauch von Paris‹ (so die abgewandelte Kapitelbezeichnung) und der dort dargestellten Zwei-Klassen-Gesellschaft im Reisetext von 1927 ist es nur ein Sprung für den ideologischen Subtext, der sich durch nichts zurückhalten läßt.

IV. Die Puppen von Paris

»Народ узнаешь на улицах. Улицы и люди – самое занимательное, самое любопытное в Париже. Часть жизни парижанина проходит на улице […].« (»Das Volk lernt man auf der Straße kennen. Die Straßen und die Menschen sind das Anregendste und Interessanteste in Paris. Einen Teil ihres Lebens verbringen die Pariser auf der Straße […]«)[40], schreibt Lev Nikulin über die Pariser. Auch sie werden zur Sehenswürdigkeit wie die Plätze und Gebäude von Paris. Es handelt sich um eine besondere Art von Menschen, die, so scheint es, eine innere Freiheit verbindet.

Ol'ga Forš merkt diesbezüglich an:

> Француз, не стесняясь, живет на улице, он на глазах у всех обнимается со своей дамой; не уменьшая шагу и целуясь, как воробьи, они проходят часть пути, которая им обоим по дороге. То он забежит в брассери, одним махом, не отходя от стойки, опрокинет рюмки две аперитива, то из писсетьерки он кричит и кивает знакомым, а выбежав, непременно купит в петличку цветок в одном из бесчисленных ларьков […].[41]
> Der Franzose lebt ohne Scheu auf der Straße, unter den Blicken aller umarmt er seine Dame. Ohne den Schritt zu verlangsamen, gehen sie den Teil des Wegs, den sie gemeinsam haben, nebeneinan-

[40] Ebenda. S. 91.
[41] Forš. »Pod kupolom« (wie Anm. 15). S. 44.

> der her und schnäbeln dabei wie die Spatzen. Mal läuft der Pariser in eine Brasserie und stürzt, ohne von der Bar zurück zu treten, zwei Aperitif hinunter, mal ruft und winkt er aus dem Pissoir einem Bekannten, und sobald er herausgelaufen kommt, kauft er unbedingt eine Blume fürs Knopfloch an einem der unzähligen Marktstände.

Im Unterschied zu Nikulins neutralem Blick ist hier eine unterschwellige Bewertung zu bemerken. Der leitende Ausdruck ist »wie die Spatzen«, der die innere Freiheit der Pariser zum Teil eines geist- und sinnlosen Pariser Lebens werden läßt. Das sich beschleunigende Erzähltempo der Erzählung, das das Tempo des Pariser Straßenlebens wiedergibt, ist innerlich ebenso leer, wie es unklar bleibt, über was sich der Pariser denn so freut und wohin er immerzu eilt.

Die französische Lebendigkeit und Unmittelbarkeit verwandelt sich unter der Feder von Forš in eine sinnlose, wie eine Maschine aufgezogene Bewegung der Menschen durch die Stadt und durch das Leben. Die innere Freiheit – in den Unwillen sich zu besinnen. Die Schlagfertigkeit und die Liebe zum Wortwitz – in andauernden Unernst. Allmählich bildet sich so die Antithese heraus, die hier nicht als ideologische Entlarvung des eigentlichen Kerns der Dinge auftritt (wie es noch zu Beginn der 1920er der Fall gewesen wäre), sondern als originelle Beobachtung des Reisenden. Die exklusive französische Höflichkeit wird auf völlig unwahrscheinliche Weise zum Synonym der russischen Grobheit:

> Смешно сказать, но странное дело [тавтологическая конструкция подчеркивает претензию на оригинальность – *Е.П.*]: французская любезность, легкость улыбок, приветливые, чистые, как вздох »S'il vous plait!« очень скоро кажутся такой же *по существу, механизацией человеческого общения*, как наши… *выражения*.[42]
> Auch wenn es wie ein Witz klingen mag, aber seltsamerweise ist es so [die tautologische Konstruktion unterstreicht den Versuch, originell zu sein – *E.P.*]: Die französische Freundlichkeit, die Leichtigkeit des Lächelns, die einladenden, wie Atemzüge reinen »S'il vous plait!« erscheinen einem bald *von ihrem Wesen her* als ebenso *mechanische Konvention menschlicher Kommunikation* wie unsere … *Ausdrücke*.

Die Konventionalisierung der zwischenmenschlichen Kommunikation, die gedankenlose Wiederholung von über Jahrhunderten herausgebildeten Phrasen, Handlungen und Gesten, organisiert die französische Gesell-

[42] Ebenda. S. 43. Hervorhebungen im Original gesperrt.

schaft. Paris lebt ohne inneren Halt lediglich dank einer jahrhundertealten Tradition, die ins Blut übergegangen ist: Als mechanisierte Variation der Traditionen erweist sich die glänzende Rede von Paul Valéry (*Unter der Kuppel*), ebenso mechanisch erscheinen die geistreichen Bemerkungen Charles, der beständig von den familiären, städtischen und nationalen Traditionen spricht (*Die Wunder von Lourdes*). Die Traditionen sind es, die die französischen Volksmassen gleichermaßen der Rede von Valéry wie dem Disput über die Katze lauschen lassen, sie sind es, derentwegen die Menschenmassen nach Lourdes strömen und dort die Rituale vollziehen, an deren Kraft sie schon längst nicht mehr glauben. Die Hochachtung den Traditionen gegenüber verhindert, über die aktuellen Probleme nachzudenken (stellenweise werden die Traditionen bei Forš wie ein Mittel der bourgeoisen Propaganda behandelt), sie erzieht zum Spott und zur Unernsthaftigkeit, sie führt zur Automatisierung ererbter Lebensformen. Die Mechanisierung der Kommunikation geht in den mechanischen, automatisierten Charakter der Pariser Massen über (im Subtext wird das sowjetische Kollektiv evoziert, in dem jeder sein Ziel auf viele Jahre hinaus im voraus kennt):

> Еще поражает французская толпа свинченностью, аккуратностью в одежде, быстрым ритмом и опять-таки машинообразной точностью массового движения. Циркуляции по тротуарам, скопление на площадях, толпа вниз под землю в метрополитен, толпа вверх из-под земли, из метрополитена.[43]
> An der französischen Menschenmenge beeindruckt auch das Übertriebene, das Akkurate in der Kleidung, der schnelle Rhythmus und dennoch die maschinenartige Genauigkeit der Bewegungen dieser Massen. Das Zirkulieren auf den Trottoirs, die Ansammlungen auf den Plätzen, die Menge, die sich unter die Erde in die Untergrundbahn schiebt, die Massen, die aus der Erde strömen, aus der Metro.

In der ersten Skizze im Buch von Ol'ga Forš erfährt die Pariser Menge eine symbolische Verwandlung: Der sowjetische Tourist Prutikov betrachtet beim Eintreten in ein Kaufhaus eine Armee von Schaufensterpuppen. »Манекены с женскими платьями похожи на женщин, а женщины – оцепенелые от алчности – на манекены«. (»Die Schaufensterpuppen in den Damenkleidern ähneln Frauen, und die Frauen, erstarrt vor Gier, ähneln Schaufensterpuppen«).[44] Das Kaufhaus erweist sich als das beste Pa-

---

[43] Ebenda. S. 43-44.

[44] Forš. »Pod kupolom« (wie Anm. 15). S. 12.

riser Museum: In den Bergen ausgelegter Kleidung »läuft das ganze Leben eines Menschen ohne diesen Menschen ab«[45]. Und Prutikov scheint, er sei in einem Wachsfigurenkabinett, nicht von Menschen, sondern von raffinierten Imitaten umgeben:

> И все стали чудиться – как в музее Гревен – восковые и живые – манекенами. Манекен-музыкантша для манекенов-слушателей играла одну за другой на новом рояле новые пьесы. Манекены-примерщицы снимали с роскошных »моделей« и на себя надевали платья в которых безмолвно двигались перед ошеломленными от восторга »клиентками«.[46]
> Und alle schienen auf einmal Schaufensterpuppen zu sein, die wächsernen und die lebendigen, wie im Musée Grévin. Eine musizierende Puppe spielte auf dem Flügel für die Puppen-Zuhörer ein neues Stückchen nach dem anderen. Die Puppen-Vorführerinnen nahmen von den prächtigen »Modellen« die Kleider ab und legten sie sich selbst an, um sich dann schweigend vor den vor Begeisterung verblüfften »Kundinnen« hin und her zu bewegen.

Die Vision Prutikovs endet mit der anhaltenden Bewegung der »überdrehten Menge«, an deren Rhythmus er sich nicht anzupassen vermag:

> По лестницам, »дорожкам« и лифтам без устали подымались, спускались. В стеклянных вертушках входа и выхода кружились до одури. Прутиков не поспел вовремя выскочить и, как мышь в мышеловке, забился в стеклянной клетке, возбуждая веселье дам.[47]
> Auf den Treppen, den »Stegen« und Liften bewegten sie sich ohne Unterlaß nach oben und unten. In den gläsernen Drehtüren am Eingang und am Ausgang drehten sie sich bis zur Bewußtlosigkeit. Prutikov gelang es nicht, rechtzeitig herauszuspringen, wie eine Maus in der Mausefalle war er zur Belustigung der Damen in diesem gläsernen Käfig gefangen.

In der Skizze *Kukins Kinder* nimmt die Metapher Leben an: In einem gewöhnlichen Pariser »autocar« taucht eine Gruppe »überdrehter« Schaufensterpuppen auf. Die Verwandlung der Schaufensterfiguren erweist sich als »nationaler Industriezweig« in Paris: An ihm sind Modeschneider beteiligt, die Produzenten der bereits gebrandmarkten Parfümerieartikel, die Gründer von Revuetheatern. Aber das Wichtigste dabei ist, daß sich die Pariserinnen freiwillig in Schaufensterpuppen verwandeln. In der

[45] Ebenda. S. 13.
[46] Ebenda.
[47] Ebenda. S. 14.

zweiten Skizze bei Forš, die den Titel *Die Puppen von Paris* trägt, wird ein weiteres symbolisches Bild eingeführt – die Puppenfabrik: Modisch gekleidete Mädchen zeichnen in Serie gefertigten Puppen die Gesichter auf. Die Mädchen machen Puppen und sind dabei eben diese Puppen, indem sie ihr eigentliches Äußeres in ein modisches, typisches verwandeln. Die nachgezeichneten Augen, die gezupften Brauen, die grell geschminkten Lippen – so sieht das gewöhnliche, einer Puppe ähnelnde Gesicht der Pariserin aus. Dieses Gesicht taucht wiederholt in den Skizzen Foršs auf, auch dieses Motiv ist eines in Serie.

Das Puppengesicht der Masse ist die Folge der bourgeoisen gesellschaftlichen Beziehungen, die wiederum ihre Ursache in den Gesetzen der bourgeoisen Marktwirtschaft haben (nicht zufällig wird zum Ende des Satzes, also an akzentuierter Stelle, ein typischer Preis genannt). An dieser Stelle des Textes tritt eine tiefliegende Tradition der gesamten sowjetischen Kultur an die Oberfläche und wird sichtbar: die Darstellung der bourgeoisen Gesellschaft in der »progressiven« Literatur des 19. Jahrhunderts. »[I]ch will, daß die Menschen Menschen werden, aber sie [die schlechten Menschen – *E.P.*] wollen, daß die Menschen Puppen bleiben«[48], erklärt die Braut in Černyševskijs Roman *Čto delat'?* (*Was tun?*) die falsche Einrichtung des Lebens in ihrem Gespräch mit Veročka.

In der ein oder anderen Art erweisen sich alle Figuren in den Skizzen von Forš als Schaufensterpuppen: die »Unsterblichen« der Französischen Akademie (*Unter den Kuppeln*), die Teilnehmer des Disputs über die Katze und die Pariserin (*Die Hundeversammlung*), die provinziellen Moralapostel (*Der Schwan Neoptholemus*, *Die letzte Rose*), die Pilger nach Lourdes (*Die Wunder von Lourdes*). Sie leben wie die Fische im Wasser in einer besonderen, auf Traditionen gegründeten Welt – aber hinter Glas, unter der Kuppel des *Institut Français*, der Puppenfabrik *Femmosa*, des Kaufhauses, des *Salle Vagram*, in dem die Versammlung, bei der es um die Katze geht, abgehalten wird. Bei Vera Inber findet in eben diesem Saal eine Katzenausstellung statt: Satte, überfütterte Katzen werden auf dem Hintergrund von Arbeitslosigkeit ausgestellt, die überall in den Pariser Straßen anzutreffen ist. *Salle Vagram* ist ein besonderer Ort, der von den allgemeinmenschlichen Problemen abgetrennt ist, an dem »die Leichtigkeit des Lebens wie Musik in der Luft hängt, an dem es sehr warm ist, ja zu warm«[49].

---

[48] Nikolaj Černyševskij. »Čto delat'«. Ders. *Polnoe sobranie sočinenij v 15 t.* Bd. 11. Moskva: GICHL, 1939. S. 124.

[49] Inber. »Amerika v Pariže« (wie Anm. 14). S. 67.

Indem sie den französischen Charakter erklärt (ungeachtet der Anmerkung Raskol'nikovs ist dies ein Allgemeinplatz in den Reisetexten von 1927), schöpft Forš weitgehend aus der Tradition der klassischen russischen Literatur. In der Demaskierung der Pariser Spießbürger folgt sie den Traditionen Herzens, und gleichzeitig ist ihrem Text ein gewisser Einfluß von Gedankengut der *Počvenniki* anzumerken. (Paris verdirbt das gute Mädchen Rosa, das in der Provinz und im Schoß der Natur aufgewachsen ist.) In der Ersetzung der Menschen durch Schaufensterpuppen lassen sich leicht Gogol'sche Synekdochen wiedererkennen. (Gogol' lebt auch in vielen französischen Landschaften fort, zum Beispiel: »Церковь огромного коллежа на горе, древняя и пустая, самая гоголевская, похоже – инсценировка к Вию [...]« [»Die Kirche des riesigen College auf dem Berg, alt und leer, erinnert am stärksten an Gogol', sie erscheint wie eine Kulisse zu *Vij*.«].[50]) Aber gerade Gogol' können die Franzosen ebenso wenig verstehen, wie die russische Kultur überhaupt. Forš erzählt ausführlich vom *Revizor*, der im Theater auf den Champs d'Elysée inszeniert wird: Die Franzosen spielen wie Puppen bei dem Versuch, die »âme slave« darzustellen. Inber wiederum sieht *Na dne* (*Nachtasyl*) in der Berliner *Volksbühne*. Der Eindruck ist ein ähnlicher: ein vollständiges Unverständnis des Stücks bei den Schauspielern. Inber ist allerdings bereit, die Nichtübereinstimmung der Inszenierung mit der russischen Auslegung von Gork'kij zu verzeihen: »Объясняется это тем, что у каждого народа своя манера опускаться ›на дно‹ [...]«[51] (»Dies erklärt sich dadurch, daß jedes Volk auf seine Art ›zu Boden‹ geht [...; Anspielung auf den eigentlichen Titel von *Nachtasyl* ›na dne‹ – ›am Boden‹ – *die Übers.*]«).

Damit ist Forš nicht einverstanden: Der Grund für das fehlende Verständnis der russischen Klassik liegt im französischen Temperament, das seinen Ausdruck im Verhalten der Pariser Menge findet. Die Spottsucht, die Suche nach dem rechten Stil, die alle möglichen Arten von Stilisierung hervorbringt, die Eigenart auch über die ernstesten Dinge zu lachen, über die zu lachen es sich verbietet, machen den Unterschied der Kulturen aus. Forš zitiert die Pariser vor den Richtstuhl der Geschichte und ist darin wie ein sowjetischer Bürger voller hehrer Ideen. Sie ist nicht bereit die kleinste Abweichung vom höheren Auftrag des Menschen zu verzeihen – wie die sowjetische Miliz. Inber hingegen ist nachsichtiger mit den menschlichen Schwächen, sie läßt sich nicht irritieren, wenn ein großer

---

50 Forš. »Pod kupolom« (wie Anm. 15). S. 201.

51 Inber. »Amerika v Parižе« (wie Anm. 14). S. 36-37.

Name zum Beispiel Seite an Seite mit einer unzulänglichen städtischen Infrastruktur auftaucht:

> Медон – не предместье. Медон – самостоятельный город. У него – свои сплетни, свои достопримечательности, свои особенности. Самое замечательное в нем то, что он – родина Раблэ, что в нем жил Эмиль Золя. Особенность его та, что в нем не вывозят мусора с дальних улиц, а бросают его под окна соседей.[52]
> Medon ist keine Vorstadt. Medon ist eine eigenständige Stadt. Hier gibt es eigene Gerüchte, eigene Sehenswürdigkeiten, eigene Besonderheiten. Das Bedeutendste an ihm ist, daß hier die Heimat Rabelais' ist, daß hier Emil Zola lebte. Eine Besonderheit ist hier, daß der Abfall aus den weiter entfernten Straßen nicht weggeschafft, sondern einfach den Nachbarn vors Fenster gekippt wird.

Babel' hingegen streitet in seinem späten Reisetext mit Forš:

> На улицах мы видели народ, насмешливый и беспокойный. […] Все это может создать впечатление существования поверхностного. Вначале думаешь: неужели легкий и неуважительный этот народ создал искусство, недосягаемое по красоте, простоте и легкости изложения? Неужели народ этот дал Бальзака и Гюго, Вольтера, Робеспьера?.. Нужен срок, чтобы почувствовать, в чем прелесть и тайна этого города, его народа, его прекрасной страны […]. Если говорить о том, что называется национальным характером, то французы в массе своей – народ философичный, народ ясной, точной, изящной мысли, скрывающий часто под шуткой глубокое содержание.[53]
> Auf den Straßen sahen wir ein Volk, voller Spöttereien und Unruhe. […] Das alles mag den Eindruck eines oberflächlichen Lebens hervorrufen. Zu Beginn denkst du: Wie ist es möglich, daß dieses leichtlebige und respektlose Volk diese Kunst geschaffen hat, die in ihrer Schönheit, Einfachheit und Leichtigkeit in der Darstellung unerreichbar ist? Hat wirklich dieses Volk einen Balzac und Hugo, einen Voltaire, einen Robbespiere hervorgebracht? … Man braucht eine Zeit, um ein Gefühl für die Schönheit und das Geheimnis die-

[52] Ebenda. S. 117.

[53] Isaak Babel'. »Putešestvie vo Franciju«. *Pioner*, 3 (1937): S. 9. Die unvermeidliche ideologische Komponente gestaltet der wahrheitstreue Babel' ungeschickt, als extra Zugabe. Nach der angeführten Passage folgt noch ein weiterer Satz: »Allerdings ist zu bedauern, daß die Macht der Kapitalisten, die politische Ordnung des kapitalistischen Staats das wunderschöne Antlitz dieses Landes verunstaltet und die Lebenszentren verschandelt.« (Ebenda)

ser Stadt zu entwickeln, für seine Bewohner und für das wundervolle Land […] Soll die Rede von dem sein, was man Nationalcharakter nennt, so sind die Franzosen in ihrer Masse genommen ein philosophisches Volk, ein Volk des klaren, genauen und eleganten Gedankens, das häufig hinter einem Scherz einen tieferen Inhalt verbirgt.

Auch Nikulin hält den galanten Scherz der Pariser für ein Musterbeispiel zwischenmenschlicher Kommunikation:

> Над всем можно посмеяться с приятелями. Например, молодой шофер выехал в первый раз и на площади Оперы свалился со своей машиной прямо в зев метрополитена. […] Шофер, собственно, не свалился, а, не удержавшись, тихо съехал по ступеням вниз, к самому турникету и кассе. Пассажиры надрывались от смеха, кассирша удачно сострила, предлагая шоферу билет, контролер у турникета гостеприимно повернул вертушку. Даже полиция оценила юмор положения и не оштрафовала шофера.[54]
> Über alles kann man mit Freunden lachen. Zum Beispiel darüber, wie ein junger Chauffeur zum ersten Mal ausfuhr und auf dem Opernplatz direkt mit seinem Automobil in den Schlund der Metro gestürzt ist. […] Natürlich war der Chauffeur nicht hinuntergestürzt, sondern war, da er nicht hatte anhalten können, langsam die Stufen hinabgefahren bis zum Einlaßkreuz und zur Kasse. Die Passagiere hatten sich vor Lachen gebogen, die Kassiererin einen gelungenen Scherz gemacht und dem Chauffeur einen Fahrschein angeboten, während der Kontrolleur am Drehkreuz einladend den Einlaß offenhielt. Sogar die Polizei zeigte Sinn für Humor und sah davon ab, den Chauffeur zu bestrafen.

Dies ist mehr als gutmütiges Lachen, dies ist die Realisierung von Brüderlichkeit, einer der drei ewigen Werte der französischen Revolution. Brüderlichkeit, die ein anderer Patriot von Paris, Il'ja Ėrenburg, als allgemeineuropäischen Wert rühmte:

> Люди французской революции все свои мечты выразили в триединой формуле. Свобода опозорила себя в наших глазах. У нее оказалась душа проститутки и повадки лакея, который, унижаясь перед одним столиком, отыгрывается на другом. Равенство несет нам не одно лишь моральное успокоение, оно несет также суету машин, все ничтожество арифметики [намек на социальное неравенство, прикрывающееся всеобщим избирательным правом; *Е.П.*], отказ от творчества – следова-

[54] Inber. »Amerika v Pariže« (wie Anm. 14). S. 73.

> тельно, и от свободы. […] Тогда-то приходит […] »братство«. Видимо, без него нет ни равенства, ни свободы.[55]
> Die Menschen der französischen Revolution haben alle ihre Träume in einer triadischen Formel zum Ausdruck gebracht. Die Freiheit hat sich in unseren Augen selbst diskreditiert. Es stellte sich heraus, daß sie die Seele einer Prostituierten hat und die Angewohnheiten eines Lakaien, der sich vor dem einen Tischchen erniedrigt und an einem anderen seinen Vorteil herausspielt. Gleichheit bringt uns nicht nur moralische Beruhigung, sondern auch die Hast der Maschinen, die ganze Wertlosigkeit der Arithmetik [eine Anspielung auf die soziale Ungleichheit, die durch das allgemeine Wahlrecht zugedeckt wird; *E.P.*], die Absage an das Schöpfertum und daraus folgt auch an die Freiheit. […] Dann kommt noch […] die »Brüderlichkeit«. Offenbar gibt es ohne sie weder Gleichheit, noch Freiheit.

An dieser Stelle erreicht der Reisetext von 1927 seinen Höhepunkt: An einem bestimmten Moment blickt der Reisende, indem er sich geistig verwandelt, auf den »Anderen« mit dessen Augen. Die Frage nach dem Nationalcharakter ist ideologisch nicht um ihrer selbst willen markiert, sondern weil die ideologischen Bewertungen, die die einzelnen Völker erfahren, fraglich werden. Ein und dieselbe Eigenart kann zum Gegenstand der Verurteilung und/oder der Begeisterung werden.

Einleuchtend, daß die offene Stimme der Macht (in Form der Literaturkritik) sich auf die Seite von Ol'ga Forš schlägt. Die Kritikerin T. Nikolaeva, die in *Izvestija CIK* (*Nachrichten des CIK*) zwei Reisetexte rezensierte, den von Forš und den von Nikulin, gibt ohne zu zögern dem Buch von Forš den Vorrang:

> […] Форш обладает еще умением видеть сквозь пеструю и нарядную оболочку парижской улицы »внутреннее одичание«, внутреннее разложение западной буржуазии.[56]
> […] Forš beherrscht darüber hinaus die Fähigkeit hinter der bunten und herausgeputzten Fassade der Pariser Straßen die »innere Verrohung« zu sehen, den inneren Verfall der westlichen Bourgeoisie.

Die Kritikerin ist unzufrieden mit dem Genre des Reiseführers an sich. Ein Reiseführer zielt so oder so auf Kommunikation, unabhängig von seinen politischen Bewertungen. Die Kritikerin aber verlangt die Übereinstimmung der »Eindrücke« der Reisenden mit der marxistischen Lehre. In

---

[55] Ėrenburg. *Viza vremeni* (wie Anm. 7). S. 311-312.
[56] RGALI. F. 350. Op. 1. Ed. chr. 14. L. 17.

diesem Fall verlieren die »Eindrücke« jedweden Wert (nicht zufällig befriedigt selbst der Reisetext von Forš die Machthaber nicht vollständig). Denn wenn man von den unmittelbaren Eindrücken ausgeht, und dies tut der neue Reisetext zu großen Teilen, so hören die theoretischen Texte auf, die Wahrheit in letzter Instanz zu sein: Die Eindrücke korrigieren die Theorie. Der Blick nach Westen durch das Prisma der politiktheoretischen Arbeiten schließt die Möglichkeit von Kommunikation praktisch aus, so wie in der Beziehung Gullivers mit den Liliputanern. Hingegen erlaubt die Wahrnehmung von Paris auf der Grundlage aktueller Eindrükke die sowjetische Erfahrung mit der allgemeinmenschlichen Praxis in einer verallgemeinerten Form zusammenzuführen.

In dieser Hinsicht ist die Kommunikation, wie sie Vera Inber gestaltet, typisch. Inber beobachtet nicht die Pariser Menge, sondern das Pariser Individuum. Und dann stellt sich eine überaus große Ähnlichkeit der Franzosen mit den sowjetischen Menschen ein. So gleichen zum Beispiel die Jungs vor dem Pariser Kino absolut den Jungs in Moskau: »Они совещались, куда им пойти. Где лучше и роскошнее потратить имеющиеся у них три франка (»Sie berieten sich, wohin sie gehen sollten. Wo sich die drei Francs, über die sie verfügten, am besten und luxuriösesten ausgeben ließen«).[57] Der Erzähler beobachtet die Pariser dort, wo die Leute nicht posieren, wo sie sich natürlich geben – im Kino. Inber faßt das Kino als allgemeinmenschliche Kunst auf, die keine Grenzen kennt.

Indem das Kino allgemeinmenschliche Eigenschaften offenbart, eröffnet es die Tiefen des Nationalcharakters. »Der Kinematograf ist so international wie das Morsealphabet und er ist so national wie die Liebe«[58], merkt Ėrenburg aphoristisch an. Und das Kino wird zum wichtigen Charakteristikum von Paris. Der Reiseführer nach dem Muster von 1927 zollt den Filmen, die auf dem Boulevard laufen, viel Aufmerksamkeit: Elemente von Kinokritiken und Zeitungsartikeln gehen in ihn ein. Auf der einen Seite ist das ein Erbe der LEF, andererseits eine völlige Neuinterpretation des Verfahrens, ein Versuch, an die laufenden Ereignisse der Weltkunst objektiv heranzugehen. »Laßt uns über die letztjährigen guten Filme sprechen«[59], beginnt Nikulin seinen ausführlichen Exkurs zum Kino. Nikulin analysiert genau den Film *Der Soldat Chaplin* (es handelt ich um den frühen Chaplin-Film *Shoulder the Arms*), und Vera Inber erzählt

[57] Inber. »Amerika v Pariže« (wie Anm. 14). S. 105.
[58] Ėrenburg. *Viza vremeni* (wie Anm. 7). S. 48.
[59] Nikulin. *Vokrug Pariža* (wie Anm. 13). S. 114.

über einige Seiten den Inhalt von *The Gold Rush*.[60] Durch die Chaplinsche Schminke der Puppe oder Schaufensterfigur schimmert das lebendige menschliche Gesicht hervor. Das Gesicht Charly Chaplins wird – und zwar nicht als das verallgemeinerte Gesicht Europas, wie es dazumal Majakovskij schien, sondern als Gesicht eines lebendigen Menschen mit reicher Mimik und unmittelbaren Gefühlsregungen – zum Symbol des internationalen Austauschs. Dieses Gesicht verstehen alle ohne Ausnahme, Menschen jedweder Nationalität und jedweder politischen Überzeugung.

Allein die russischen Puppen von Paris vermögen es nicht, die Schminke der Vergangenheit, die auf ihren Gesichtern erstarrt ist, abzuwischen. Das Thema der russischen Emigration ist im Reisetext nach dem Muster von 1927 ebenso obligatorisch wie das Thema der Filmkunst. Die Ärmlichkeit, Provinzialität und Armseligkeit wird beständig am Alltag der massenhaften Emigranten betont. Die Stadtteile der Emigranten stellen eine eigene Tour in Nikulins Reiseführer dar. Das Restaurant *Medved'* in Billancourt ist Autowerkstatt, Kirche und Restaurant auf dem Niveau einer Provinzkantine. Die *Avenue de Vagram*, an der ein großer Teil der Flüchtlinge aus Rußland lebt, gleicht der Hauptstraße einer großen russischen Stadt. Aber das wichtigste ist: »Русские проходят мимо чужой, французской жизни, которая кипит тут же рядом, на Ваграме« (»Die Russen gehen an dem fremden, französischen Leben vorbei, das dort ganz in der Nähe auf der Vagram brodelt«).[61] Im Unterschied zum sowjetischen Reisenden steht den Emigranten der ›Blick des Anderen‹ nicht zur Verfügung, sie verfügen über gar keinen Blick.

Sie sind in der ganzen Welt Provinzielle, die aus der einen Kultur herausgefallen sind und denen es nun nicht gelingt, in der anderen aufzugehen. Die Arbeiter unter den Emigranten nehmen weder an Streiks teil,

---

[60] Die ausführliche Nacherzählung von Chaplin-Filmen ist kein zufälliges Phänomen in den Reisetexten. Eine Erklärung hierfür findet sich in *Zametki o kino* (1926; *Anmerkungen zum Kino*) von Il'ja Ėrenburg (der abweichende Titel der Skizzen lautet *Materializacija fantastiki – Die Materialisierung der Phantastik*): »Die Filme Chaplins kamen mit Verspätung nach Europa, doch sie kamen. *Gold fever* war in New York durchgefallen, in Paris war man verrückt danach. Rußland kennt Chaplin mit Ausnahme der *Pariserin* (Regie) und einigen frühen Komödien nicht.« (Il'ja Ėrenburg. *Belyj ugol', ili Slezy Vertera.* Leningrad: Priboj, 1928. S. 50). Die Nacherzählung der Filme Chaplins führt somit die Menschen der Sowjetunion an die besten Leistungen der westlichen Filmkunst heran, die bisher in der UdSSR noch nicht zugängig waren.

[61] Nikulin. *Vokrug Pariža* (wie Anm. 13). S. 17.

noch feiern sie den 1. Mai. Die Chauffeure unter den Emigranten treten der Gewerkschaft nicht bei, sie sind Streikbrecher – und die französischen Fahrer durchlöchern ihre Reifen. Die gewöhnlichen Puppen von Paris können immerhin zu einem anderen, neuen Leben erwachen.

> Выдохлись все вы – мужчины, да, выдохлись! Трусы, болтуны, нет, не вам устроить лучшую жизнь. А женщины только начали понимать… но дайте срок, дайте! Мы-то болтать уж не станем – мы сделаем […][62]
> Hier seid schal geworden, Männer, ja schal! Feiglinge, Maulhelden, nein, nicht ihr werdet es sein, die ein besseres Leben aufbauen. Die Frauen sind es, die begonnen haben zu verstehen … gebt uns nur Zeit, Zeit! Wir werden sicher keine Reden schwingen, wir werden es vollbringen […]

So spricht unerwartet im Finale der Skizze von Forš das Mädchen oder die Schaufensterpuppe Louise Barbier. Der Pierrot in Form des weißen Offiziers hingegen ist schon längst auf dem Kehrrichthaufen der Geschichte gelandet.

V. Jenseits des Reiseführers

Die Auflösung des Reiseführers beginnt dort, wo gesellschaftliches und persönliches Bewußtsein ineinanderfließen, am Punkt der Autorschaft. Der Autor als Privatperson sieht mehr, als er niederzuschreiben vermag. Dergestalt überschreitet er selbst die Grenzen der von ihm geschaffenen Reiserouten und gerät jenseits des von ihm geschaffenen Textes. Dabei hätte eigentlich gerade der Autor als Verkörperung des sowjetischen Blicks im Allgemeinen vollständig innerhalb des von ihm verfaßten Textes seinen Platz zu finden, mit ihm zu verwachsen und keinen Schritt von dem im Reiseführer festgelegten Programm abzuweichen. Im geschlossenen Genre wird eine Bresche sichtbar, ein innerer, unausweichlicher Zerfall.

Der sich innerhalb des Textes befindliche Reisende ist von der sowjetischen Ideologie umgeben. Im Text des Reiseführers steht er wie in der sowjetischen Botschaft unter dem Schutz der UdSSR. Außerhalb der Grenzen des Reiseführers gerät er in Feindesland. Dort, im Schein der Pariser Straßenlaternen, erwartet ihn entweder eine unbekannte, erschreckende Welt (im Fall des proletarischen Schriftstellers, der zum ersten Mal ins Ausland fährt) oder, was häufiger eintritt, die wohlbekannte Welt der

---

[62] Forš. »Pod kupolom« (wie Anm. 15). S. 35.

Vergangenheit (im Fall der ›Weggefährten‹). Die Reise nach Paris wird dann zur Reise in die eigene Vergangenheit, eine Vergangenheit, die der Schriftsteller zu vergessen bemüht ist, die sich aber auf vielfältige Art bemerkbar macht. Nicht nur durch die ganze Einrichtung des Pariser Lebens, sondern auch in den Zeitungen der Emigranten.

Zum Beispiel in den *Letzten Neuigkeiten*: »Лев Никулин – бывшая Анджелика Сафьянова из ›Сатирикона‹ – решил поговорить с ›мертвецами‹. Мертвецы – это, разумеется, эмигрантские писатели« (»Lev Nikulin – ehemals Andželika Saf'janova aus dem *Satirikon* – hat sich entschlossen mit den ›Toten‹ zu sprechen. Die Toten, das sind natürlich die emigrierten Schriftsteller«).[63] Typisch, daß Nikulin diese Artikel aus den *Letzten Neuigkeiten* ausschneidet und aufbewahrt. Eine ähnliche Empfehlung wie für Nikulin sprachen die *Letzten Neuigkeiten* auch für Vera Inber aus:

> Вера Инбер – специалистка по изящным литературным безделушкам. […] Но пора маркиз, вееров, песенок Вертинского и экзотики прошла. Временно Вера Инбер замолкла, так как не знала доподлинно, можно ли создать изящную безделушку на такую неизящную тему, как борьба классов и диктатура пролетариата. Оказалось все же, что можно.[64]
> Vera Inber ist eine Spezialistin für elegante literarische Bagatellen. […] Doch die Zeit der Marquis', Fächer, Vertinskijs Liedchen und der Exotik ist vorüber. Eine Zeit lang war Vera Inber verstummt, denn sie wußte nicht, ob man nun tatsächlich elegante Bagatellen über so ein unelegantes Thema wie den Klassenkampf und die Diktatur des Proletariats schreiben kann. Aber es stellte sich heraus, man kann.

Verläßt der Schriftsteller die Umzäunung der sowjetischen Vertretung, kann er es nicht verhindern, ein privates Leben zu leben. Und ›privat‹ heißt ›bürgerlich‹. Und die private Stimme des sowjetischen Schriftstellers weist von Zeit zu Zeit nicht etwa Anklänge an einen Vertreter der UdSSR aus, sondern an die ›Raffer und Gauner‹ der sowjetischen Literatur, zum Beispiel an die Helden aus *Die Wanze*. Der etwas scherzhafte Brief Nikulins an Jurij Oleša, den er am 23. März 1929 von Deutschland aus schreibt, ist hierfür ein signifikantes Beispiel:

---

[63] RGALI. F. 350. Op. 1. Ed. chr. 15. L. 85 (von Nikulins Hand hinzugeschrieben: »1934 год. ›Последние новости‹. Париж«).

[64] Mich. Os. »Bezdeluški Very Inber: Vera Inber. Povest komet. Izd. Zemli i fabrika, M., 1927«. *Poslednie novosti*, (28.7.1927): S. 3.

> Собственно, писать Вам не следует, зная Ваш характер. А немцы действительно имеют интерес к советским драматургам. А Вы имеете, вероятно, интерес к валютке. »У малютки нет валютки«. […] Здесь тепло, даже жарко, нету снега и очень хорошее пиво. В понедельник я поеду в Париж. Если Вы не кретин делайте разные шаги в отношении поездки. […] Вы не можете себе представить, до чего хороша в Париже весна, когда есть деньги.[65]
> Eigentlich gehört es sich nicht, Ihnen zu schreiben, kennt man Ihren Charakter. Aber die Deutschen haben wirklich ein Interesse an sowjetischen Theaterautoren. Und Sie haben vermutlich ein Interesse an Valuta. »Nur Schulden, keine Gulden«. […] Hier ist es warm, ja geradezu heiß, Schnee gibt es nicht, dafür sehr gutes Bier. Am Montag fahre ich nach Paris. Wenn Sie kein Kretin sind, dann unternehmen Sie die nötigen Schritte für eine Reise. […] Sie können sich gar nicht vorstellen, wie schön der Frühling in Paris ist, wenn man Geld hat.

Der sowjetische Schriftsteller spricht und denkt in seiner privaten Korrespondenz wie ein freier Künstler, ein Vertreter der Pariser Boheme. Das ist der Einfluß der Berliner und Pariser Luft. Es erstaunt nicht, daß nicht einer dieser persönlichen Sätze in den offiziellen Text des Reiseführers eingeht.

Der sowjetische Schriftsteller, der nach den Gesetzen der bourgeoisen Gesellschaft lebt, vergnügt sich auch so, wie es im bourgeoisen Milieu üblich ist. Während Vera Inber ihre Zeit noch unschuldig verbringt, berichtet der Reiseführer dem Leser von einer kleinen Lasterhöhle im Quatier Latin, wo sich den Gerüchten nach Oscar Wilde, Gabrielle D'Annunzio und Paul Verlaine aufhielten (die beiden erstgenannten sind längst nicht die ›Progressivsten‹ unter den Schriftsteller. D'Annunzio war gegen 1928 bereits aktiver Teilnehmer am italienischen Faschismus). Danach ist es dann auch erlaubt, über das Pariser Nachtleben zu berichten:

> Необходимо дойти до площади »Шатле«, откуда в половине третьего ночи расходятся во все стороны ночные автобусы, последние. Ибо такси, дорогие днем, ночью из-за удвоенной таксы становятся невозможными.[66]
> Unbedingt lohnt es sich bis zum *Place du Châtelet* zu gehen, von wo um halb drei in der Nacht die letzten Nachtbusse in alle Richtungen abfahren. Denn die Taxis, die schon tagsüber teuer sind, sind nachts aufgrund der Verdoppelung des Preises unbezahlbar.

---

[65] RGALI. F. 350. Op. 1. Ed. chr. 13. L. 158-159.

[66] Inber. »Amerika v Pariže« (wie Anm. 14). S. 95.

Prinzipiell wird hier unterstrichen, daß der sowjetische Schriftsteller nicht gerade reich lebt. Dort, wo der Schriftsteller reich lebt und sich amoralisch vergnügt, da schweigt der Reiseführer und geht in ›Warteposition‹. Im Brief von Nikulin an Venjamin Kataev und Jurij Oleša vom 15. August 1929 wird mitgeteilt: »В мировом притоне [...] в Монте-Карло я потерял часть моего состояния« (»In einer weltbekannten Lasterhöhle [...] in Monte Carlo habe ich einen Teil meines Vermögens verloren«).[67] Das ist schon eine echte Ausschweifung: Man besucht eine »Lasterhöhle« (»priton«) und nicht nur eine »kleine« (»pritončik«). Die Annoncekärtchen der Pariser »Freudenhäuser« finden sich allerhöchstens in Nikulins Erinnerungsalben. In einem sind zwei dieser Kärtchen nebeneinander eingeklebt: *House of All Nations* (12 Rue Chabanais) und *Madame Jeanne* (14 Rue Mazet). Daneben ein Eintrag Nikulins: »Рекламные карточки самого дорогого и самого дешевого веселого дома в Париже. Л.Н.« (»Annoncekärtchen des teuersten und des billigsten Freudenhauses in Paris. L. N.«).[68] In einem anderen Album ist die Karte des *La Petite Chaumière* (11 Rue Ravignan, Monmartre) eingeklebt und mit der Unterschrift versehen: »Что можно найти на сиденье такси. Реклама притона. Л.Н.« (»Was man so auf den Sitzen eines Taxis finden kann. Die Reklame einer Lasterhöhle. L. N.«).[69] Über diese Etablissements verliert Nikulin kein Wörtchen in seinem Reisetext. In seinem Erinnerungsalbum sind diese Annoncen wie Kuriositäten präsentiert – als Interesse eines Sammlers. Sogar vor sich selbst ist der Reisende gezwungen, seine Triebe und Vorlieben zu verbergen.

Eingetaucht in das Leben der Vergangenheit, genießt der sowjetische Schriftsteller das ›schöne Leben‹ auf Zeit, im Falle Nikulins voller Genuß. Lidin reagiert zum Beispiel in seinen persönlichen Aufzeichnungen ganz anders auf Monaco: »Государство, как меняльная лавка« (»Ein Staat wie eine Wechselstube«).[70] Das ist der Grund, warum er auch in Monte-Carlo den Reiseführer nicht ›abstellen‹ muß. Der Reiseführer Nikulins schweigt von Monaco, also ob Nikulin nie dort gewesen sei. Der Wunsch des Reisenden, die Vergnügen der bourgeoisen Welt auszuprobieren, ist tiefer und komplizierter als Andrej Belyjs Syndrom zu Beginn der Zwanziger Jahre, als er sich für den Foxtrott begeisterte. Der Berliner Foxtrott war für Belyj die Möglichkeit, eine ihm unbekannte, neue und

---

[67] RGALI. F. 350. Op. 1. Ed. chr. 14. L. 82.
[68] RGALI. F. 350. Op. 1. Ed. chr. 13. L. 73-75.
[69] RGALI. F. 350. Op. 1. Ed. chr. 14. L. 38.
[70] RGALI. F. 3102. Оп. 1. Ed. chr. 190. L. 53.

barbarische Zivilisation kennenzulernen. Hingegen ist die Reise in den Westen für den Schriftsteller aus der Gruppe der ›Weggefährten‹ eine Reise in die eigene Vergangenheit. Sie stellt eine Versenkung in das eigene Unbewußte dar, um sich für immer von der Übermacht der alten Gedanken und Gefühle zu befreien. Dort im Westen wird der ›Weggefährte‹ für eine bestimmte Zeit zu seinem früheren Selbst (zu dem Menschen, von dem die Zeitungen berichten), um darüber zu erschrecken und sich loszusagen – und damit als neuer Mensch wiedergeboren zu werden. Die Reise in den Westen ist damit ein Mittel des ›Umschmiedens‹.

An dieser Stelle ist die Figur des Begleiters von äußerster Wichtigkeit. Während des Auslandsaufenthalts können sich an der Seite des Reisenden ehemalige Verwandte und Freunde einfinden, denn der ›Weggefährte‹ stammt ja aus eben jenem Milieu, das in erster Linie die Emigration speiste. So lassen sich in den Archivalben von Nikulin zwei kleine Fotografien entdecken, die folgende Unterschrift tragen:

> […] удостоверяю фотографии моего единокровного брата […], шофера такси в Париже Владимира. Удостоверяю фотографию моего племянника […] рядового, артиллериста французской армии.[71]
> […] hiermit bestätige ich die Fotografien meines leiblichen Bruders Vladimir […], Taxichauffeur in Paris. Hiermit bestätige ich die Fotografie meines Neffen […] Gemeiner Artillerist der französischen Armee.

Babel's Mutter und Schwester leben in Belgien: Babel' fährt entweder zu ihnen oder trifft sich mit ihnen in Paris. Und so halten es viele. 1933 sind Nikulin und Babel' bei Gor'kij in Italien zu Gast in der Gesellschaft von Samuil Maršak. Dabei stellt sich heraus, daß auch Maršak eine Schwester in Belgien hat.[72] Und so weiter. Der Schriftsteller als Privatperson fällt nicht zusammen mit dem offiziellen Vertreter der sowjetischen Literatur. Er besucht seine Verwandten, unterhält sich freundschaftlich mit denjenigen, die er verurteilen sollte. Der Schriftsteller trifft sich auch mit ehemaligen Freunden, die auf die eine oder andere Weise ins Ausland geraten sind. Im Notizbuch von Lidin findet sich die Adresse A. Kusikovs (24 Av[enue] d'Italie)[73], des ehemaligen Sowjetschriftstellers und Freunds von Esenin. Oder die Adresse einer Bekannten von Gor'kij, der Emigrantin Varvara

---

71 RGALI. F. 350. Op. 1. Ed. chr. 15. L. 77.

72 Isaak Babel'. *Sočinenija v 2 t.* Bd. 1. Moskva: Terra, 1996. S. 340 (Brief Babel's aus Sorrent vom 5.5.1933).

73 RGALI. F. 3102. Op. 1. Ed. chr. 190. L. 39ob.

Vladimirovna Šajkevič (23, rue de Morrillons, Paris XIV)[74], die sich gleich an den Eintrag zu El'za Triolet anschließt (Hotel *Istria*, rue Campagne-Première, indem für gewöhnlich auch Majakovskij abstieg).[75] Diese Treffen sind in den Reiseführern durch ›Auslassungspunkte‹ wiedergegeben. Der Schriftsteller, der als Privatperson reist, hat ein Anrecht auf persönliche Begegnungen. Der Schriftsteller als Stellvertreter der Sowjetunion hat dieses Anrecht nicht. Exkursionsführer und Tourist, die sich in der Figur des Schriftstellers vereinen, laufen in diesen Momenten auseinander, und die Entfaltung des Reisetextes kommt zum Stillstand: Der Reiseleiter, der die Reise aufzeichnet, drückt auf ›Pause ‹.

Anders steht es mit den Parteigenossen, die ideologisch abgehärtet sind und standhafter als der Schriftsteller. Der Reisende ist also unbedingt auf irgendeinen Genossen Galkin aus der Kommunchoz angewiesen, den weder intellektuelle Reflexion noch Erinnerungen an die vorrevolutionäre Vergangenheit beschweren: Er hat die Rolle einer Sicherung inne, eines Gegengewichts, einer Kontrollkraft. Mit diesem Ziel nimmt Nikulin (bewußt oder unbewußt) Vsevolod Ivanov mit auf seine Auslandsreise, den Autor von Partisanen-Erzählungen. Der Begleiter hilft, nicht vom rechten Weg abzukommen, er sorgt dafür, daß Nikulin rechtzeitig wieder zu sich kommt. In der Funktion des ›richtigen‹ Begleiters können auch andere Weggenossen auftreten. Die sowjetischen Schriftsteller treffen sich in Paris nicht etwa nur mit den Parisern, sondern auch mit ihresgleichen. Viele literarische Lesungen finden im engen Kreis statt, nur für die eigenen Leute. Reisen in andere Städte oder Gegenden Frankreich, sogar in andere Länder, werden gemeinsam unternommen, in Begleitung der sowjetischen Kollegen.

Aber die stärkste Kontrolle führt der Reisende selbst über sich aus: Er ist bemüht, die Dinge maximal ›richtig‹ zu sehen. In den Momenten, in denen das sowjetgesellschaftliche Bewußtsein nicht mit der individuellen Wahrnehmung in eins fällt, unterdrückt er in sich das Individuelle, weil er es für nichtsowjetisch hält. Hier nimmt die extreme Eindeutigkeit der Wertungen im Reisetext ihren Ausgang, die mitunter nicht mit der individuellen Meinung des Reisenden übereinstimmt.

Zum Beispiel steht die eindeutige Verurteilung der modernen Architektur, die im Buch von Vera Inber dominiert, im Widerspruch zu ihrem realen Interesse an den neuen künstlerischen Strömungen, besonders am *Bauhaus*, wie es sich im übrigen für eine Vertreterin des Konstruktivis-

---

[74] RGALI. F. 3102. Op. 1. Ed. chr. 190. L. 44.
[75] Ebenda. L. 43.

mus auch gehört. In Inbers Notizbuch ist ihre Reise nach Dessau im Februar 1929 festgehalten, die bereits nach Erscheinen des Buchs *Amerika in Paris* stattfand. Neben einem Eintrag über die Reise steht folgender Satz: »Фуга Баха в линиях – архитектура« (»Bachs Fuge als Linien – das ist die Architektur«).[76] Offensichtlich war die reale Beziehung Inbers zur Architektur des *Bauhaus* bedeutend komplizierter, als das, was in *Amerika in Paris* festgeschrieben wurde.

Ein noch deutlicheres Beispiel ist der Reisetext von Ol'ga Forš, der maximal ideologisiert und äußerst seriös ist und nicht den Hauch von Humor aufweist. Michail Slonimskij erinnert hingegen Ol'ga Forš folgendermaßen: »Форш любила пошутить« (»Forš liebte es zu scherzen«).[77] Alle Pariser werden bei Forš als Schaufensterpuppen vorgestellt, die unter der Kuppel des Riesenmuseums Grévin leben, einem Museum für Wachsfiguren. Slonimskij berichtet davon, wie er Forš eben in diesem Musée Grévin getroffen hat:

> Как-то мы с женой зашли в Музей восковых фигур. Разглядывали вылепленных из воска, одетых, как живые, в живых характерных позах, известных и знаменитых людей. В разных углах и на лестнице были расставлены фигуры – то девушки, поправляющей чулок, то молодого человека, закуривающего папиросу. Наконец мы вышли на площадку лестницы и прислонились к перилам, отдыхая. Стоим. Вдруг слышим голос:
> – Как искусно сделаны!
> И кто-то тронул меня за локоть, ощупывая. Конечно, это была Форш, якобы принявшая нас за восковых. Она настаивала:
> – Нет, я правда думала, что вы из воска![78]
> Einmal waren meine Frau und ich ins Wachsfigurenmuseum gegangen. Wir haben uns die aus Wachs geformten bekannten und berühmten Leute angesehen, die angezogen waren, als lebten sie, und lebendige, typische Posen innehatten. In den unterschiedlichen Ecken und auf der Treppe waren Figuren aufgestellt, mal ein Mädchen, das sich den Strumpf hochzog, mal ein junger Mann, der sich eine Zigarette anzündete. Schließlich traten wir auf den Treppenabsatz hinaus und lehnten uns ans Geländer, um uns zu erholen. Da stehen wir. Plötzlich hören wir eine Stimme.
> »Wie kunstvoll gemacht!«

---

[76] RGALI. F. 1072. Op. 4. Ed. chr. 16. L. 27.
[77] Michail Slonimskij. *Kniga vospominanij.* Moskva/Leningrad: Sov. pisatel', 1966. S. 114.
[78] Ebenda. S. 114-115.

> Und jemand faßt mich am Ellbogen und betastet mich. Das war natürlich Forš, die vorgab, uns für Wachsfiguren gehalten zu haben. Sie bestand darauf:
> »Nein wirklich, ich habe gedacht, ihr seid aus Wachs!«

Die Ähnlichkeit von Mensch und Puppe, die Forš wirklich beschäftigte, wird im Leben ohne ideologisches Pathos, vielmehr mit einem scharfsinnigen Lächeln ausagiert. Die reale Reise ist weiter und reicher als der verfaßte Text, der den Humor und die Ironie ausschließt – und damit ganze Ebenen des französischen Lebens. Dies läßt sich auch an anderen Episoden von Forš' Buch zeigen, vergleicht man sie mit parallelen Stellen aus den Reisen anderer Autoren. Die Rede der Puppe Valéry, die dem Andenken von Anatole France gewidmet ist, erinnert bei Forš an ein klassisches französisches Theaterstück – »[…] die moderne Rede des Antonius über dem toten Cäsar!«[79]. Bei Lidin ist alles viel einfacher dargestellt, dafür aber lebendiger und tiefer:

> […] в речи Поля Валери, занявшего кресло Франса в Академии, было лишь почтительное обращение к памяти мэтра, ушедшего вместе со многими невосстановимыми традициями.[80]
> […] die Rede von Paul Valéry, der France' Stuhl in der Akademie einnahm, war voller ehrerbietiger Hinwendung an das Gedenken des Meisters, der viele, unwiederbringliche Traditionen mit ins Grab nahm.

Der Reiseführer ›spiegelt‹ also nicht ›wider‹, er modelliert. In Übereinstimmung mit der sozrealistischen Literatur zeigt er nicht die Realität, sondern die umgewandelte Realität. Der Reisetext wird zur Invariante, die Reise selbst eine seiner möglichen Varianten. In der persönlichen Erfahrung des Reisenden mag etwas so oder so vonstatten gegangen sein, wichtig aber ist, wie etwas geschehen sollte. Zwischen dem individuellen Bewußtsein des Reisenden und dem durch ihn verkörperten gesellschaftlichen Bewußtsein tut sich eine Kluft auf.

Um den Riß zwischen dem, was war, und dem, wie es hätte sein sollen, zuzukleistern, verschiebt der Reisende das Eigene zum Allgemeinen, die Episode zur Schablone. Aus jedem beliebigen Detail macht er ein symbolisches. Ein zufälliges Gespräch kann da mit großer Bedeutung aufgeladen werden. Ein offizielles Treffen wird noch offizieller. Der Schriftsteller enthält sich absichtsvoll eines ›Blicks des Anderen‹ und paßt sich dem

---

[79] Forš. »Pod kupolom« (wie Anm. 15). S. 14.
[80] Vladimir Lidin. *Puti i versty*. S. 157.

Menschen, der nicht sehen kann, vielmehr den Westen in der Terminologie eines Agitplakats aufnimmt, seinem ›richtigen‹ sowjetischen Reisegefährten an. Die Kommunikation verwandelt sich in eine Dyskommunikation: Die Lektüre eines solchen Werks der sowjetischen Literatur im Kreis von Sowjetbürgern (wie es bei Sejfullina geschieht) wird hierfür zum symbolischen Ausdruck. Ebenso symbolisch ist die stolze Nichtkenntnis von Fremdsprachen, die dem idealen Reisenden eignet: Vsevolod Ivanov kannte auf Deutsch, wie Nikulin bezeugt, nur ein einziges Wort: »und«. Wenn sich auf der Straße einer deutschen Stadt die Passanten an ihn wandten, dann gab er unbedingt ein »und« von sich und schokkierte damit die Leute.

Die Auslandsreise wurde für den ›Weggefährten‹ zum endgültigen Moment seiner Verwandlung in einen ›neuen Menschen‹, in einen Genossen Galkin. Der Reisetext ist wie ein Abdruck seines Bewußtseins; hier blickt ein gänzlich veränderter Menschen auf den Westen. Der Reisetext ist mehr als nur ein Rechenschaftsbericht über eine Reise, er legt Rechenschaft über eine Neugeburt ab. Und genau so faßt auch der Kritiker Selivanovskij den autobiographischen Reisetext Nikulins auf: »Zeit, Raum, Bewegung« (worin genau das Vorkriegs-Paris mit dem Paris auf der Schwelle der Zwanziger zu den Dreißiger Jahren in Bezug gesetzt wird) – als Umwertung der Wertigkeiten »[…] vom Standpunkt eines Menschen, der sich den Positionen des Proletariats angenähert oder sie gänzlich eingenommen hat«.[81] Der Prozeß der Neugeburt geht jenseits des Reiseführers vor sich, er hat sich bereits vor der Niederschrift der ersten Seite vollendet.

(Übersetzung: Christine Gölz)

[81] RGALI. F. 350. Op. 1. Ed. chr. 15. L. 89.

Klaus Städtke (Bremen)

Die Reisen des Mineralogen und Geochemikers Vladimir Ivanovič Vernadskij

Die russische Reiseliteratur hat ihre eigene Geschichte. Bis zum Ende des 17. Jahrhunderts dominierte das Genre der Pilgerreise (palomničeskoe choždenie) durch die Länder des christlichen Ostens bis nach Jerusalem. Im 17. Jahrhundert häuften sich offizielle Reiseberichte (statejnye spiski) russischer Diplomaten über ihren Aufenthalt in Westeuropa. Seit Peter I. avancierte die Europareise zur Bildungsreise (putešestvie), und die zunehmend literarisch gestaltete Reisebeschreibung wird Ende des 18. Jahrhunderts zum Lesestoff für ein empfindsames Publikum.[1]

Um die Mitte des 19. Jahrhunderts entsteht eine neue Form des Reisens: Zum Lebensstil der russischen Oberschicht gehört spätestens seit dem Reformzeitalter der 1860er Jahre die Vergnügungsreise nach Europa. Der situierte russische Reisende genießt die Annehmlichkeiten des europäischen Lebens, gibt sein Geld in Spielkasinos aus und betrachtet die kulturellen Sehenswürdigkeiten vor allem als interessante Kulisse. Die aufkommende Touristenreise wird zur Zielscheibe literarischer Satire. Exemplarischen Charakter bekommt die Darstellung des russischen Tourismus in Dostoevskijs Reisebeschreibung *Zimnie zametki o letnich vpečatlenijach* (1863; *Winteraufzeichnungen über Sommereindrücke*): Der Erzähler beginnt mit der ironischen *captatio benevolentiae*, er könne seinen inzwischen über Europa bestens informierten Lesern nichts Neues mehr bieten. In seinem nachfolgenden Reisebericht beschränkt er sich auf einige Details aus dem Reiseführer, erwähnt z.B. die berühmten ›Linden in Berlin‹ und den ›Kölner Dom‹, über den es heißt: »Мне показалось, что это только кружево, кружево и одно только кружево, галантерейная вещица, вроде пресс-папье на письменный стол, сажен в

---

[1] Vgl. Jurij M. Lotman. »O ponjatii geografičeskogo prostranstva v russkich srednevekovych tekstach« (1965). Ders. *Izbrannye stat'i*. Bd. 1. Tallinn: Aleksandra, 1992. S. 409; L. A. Ol'ševskaja/S. N. Travnikov. »Umnejščaja golova Rossii«. *Puteščestvie stol'nika P. A. Tolstogo po Evrope 1697-1699*. Moskva: Nauka, 1992. S. 251-291.Das Genre der Bildungsreise erreicht einen literarischen Höhepunkt in N. M. Karamzins Reisebriefen (1792) und wird bis in die 1840er Jahre fortgeführt: Vgl. das Briefwerk von P. V. Annenkov (*Parižskie pis'ma – Pariser Briefe*) und V. P. Botkin (*Pis'ma ob Ispanii – Spanienbriefe*).

семьдесят высотою« (»Er kam mir wie ein Galanteriegegenstand vor, der nur aus Spitzen und Spitzen bestand, oder wie irgend so ein Ding, das als Briefbeschwerer auf den Schreibtisch zu stellen ist, allerdings von gut siebzig Faden Höhe«).[2] Zusammenfassend zeichnet der Verfasser ein groteskes Bild des russischen Touristen:

> Все они ходят с гидами и жадно бросаются в каждом городе смотреть редкости [...] глязеют на говядину Рубенса и верят, что это три грации, потому что так велено верить по гиду; бросаются на Сикстинскую мадонну и стоят перед нею с тупым ожиданием: вот-вот случится что-то, [...] И отходят удивленные, что ничего не случилось.[3]
> Alle haben sie den »Führer« in der Hand, und in jeder Stadt stürzen sie sich gierig auf die Sehenswürdigkeiten, [...] sie gaffen das Mastfleisch eines Rubens an und glauben gehorsam, das seien die drei Grazien, weil der »Führer« so zu glauben befiehlt; sie stürzen zur Sixtinischen Madonna und stehen vor ihr in stumpfer Erwartung: jetzt-jetzt gleich wird etwas geschehen [...] Und sie gehen weg, verwundert, daß nichts geschehen ist.

Dostoevskij beschreibt einen Reisenden, der das Fremde, das Neue und Unerwartete, nicht mehr als Erweiterung seiner Selbsterfahrung, sondern als Selbstbestätigung anhand von Text und Bild des (möglichst vor Antritt der Reise erworbenen) Reiseführers auffaßt. In der Wahrnehmung werden Original und Kopie vertauscht: Der Kölner Dom als Briefbeschwerer, Rubens und Raffael, betrachtet aus der Perspektive des Kommentars im Reiseführer. Die Wahrnehmung bestätigt nur noch das inzwischen literarisch verpackte und inventarisierte Wissen über die Welt. Neue Medien (Photographie) und Möglichkeiten der Kommunikation (Eisenbahn) fördern einen populären Naturalismus universaler Welt-Ansicht.

An der Jahrhundertwende überlagern sich im Bewußtsein des Reisenden die Bilder und Eindrücke einer von Westeuropa her sich international ausbreitenden, technisch-bürokratisch und ökonomisch organisierten Zivilisation und Kultur, an der auch Rußland immer mehr teilhat. Andererseits präsentieren sich zu dieser Zeit russische Kunst und Literatur erfolgreich weit über die Landesgrenzen hinaus. Den russischen Literaten der frühen Moderne dient die Fremderfahrung des Reisens vor allem als Ma-

---

[2] Fedor M. Dostoevskij. *Polnoe sobranie sočinenij*. Bd. 5. Leningrad: Nauka, 1973. S. 48; dt. Fjodor M. Dostojewski. *Aufzeichnungen aus einem Totenhaus und drei Erzählungen.* Deutsch von E. K. Rhasin. München/Zürich: Piper, 1980. S. 740.

[3] Ebenda. S. 63; dt. ebenda. S. 768f.

terial zur Produktion anspruchsvoller autobiographischer und/oder poetischer Texte. Klassische europäische Reiseziele erscheinen, literarisch gestaltet, im Stil symbolistischer Verdichtung moderner Urbanität (Valerij Brjusovs apokalyptisches Stadtpoem *Kon' bled – Fahles Pferd*, 1907[4]), ornamentaler Essayistik (Andrej Belyjs *Pariž*, 1932[5]) oder avantgardistisch fragmentierter Prosa (Viktor Šklovskijs Berlin in *ZOO ili pis'ma ne o ljubvi – Zoo oder Briefe nicht über die Liebe*, 1923). Es geht nicht um Bildungserlebnisse, sondern um eine aus auktorialer Selbstreflexivität erwachsende originelle Stilistik. Die Gegenständlichkeit der Motive ist dabei nur Ausgangspunkt und wird fast zur Nebensache.

An der Jahrhundertwende fand nicht nur die russische Kultur eine gesteigerte Aufmerksamkeit in Europa. Auch die russische Naturwissenschaft gewann zunehmend internationale Bedeutung. Seit dem 18. Jahrhundert haben russische Wissenschaftler, vor allem Ethnographen, Geologen und Geographen ihre Reiseberichte verfaßt, zunächst speziell über ihre Erkundung der östlichen Gebiete des Imperiums. Im Verlauf des 19. Jahrhunderts wurde die russische Wissenschaft verstärkt in den europäischen Wissenschaftsbetrieb integriert. Mit der Entwicklung der Massenliteratur wuchs außerdem das Leserinteresse an belletristisch aufbereiteten Reisetexten auch von Wissenschaftlern.[6] Expeditions- und Forschungsreisen lieferten den Stoff für abenteuerliche Geschichten zur Publikumsunterhaltung. Die Lektüre ergänzte oder ersetzte die Touristenreise in exotische Länder.

Noch Claude Lévi-Strauss kokettiert zu Beginn seines berühmten Buches *Traurige Tropen* (1935/37; 1955) mit der Gegenüberstellung von Belletristik und Expeditionsreise: »Ich verabscheue Reisen und Forschungsreisende. Trotzdem stehe ich im Begriff, über meine Expeditionen zu berichten.« Eigentlich gehe es dem Forscher darum, »nach vielen Jahren intensiven Studiums bislang unbekannte Tatsachen zu entdecken«, doch häufig sammle er nur Bilder oder Filme, »mit deren Hilfe man einen Saal mit Zuschauern füllen kann, für die sich die Platitüden und Banalitäten, die er berichtet und illustriert, wundersamerweise in Offenbarungen

---

4 Die Stadt in *Kon' bled*, so schreibt Brjusov an K. I. Šukovskij, sei nicht Paris, London oder New York, sondern die Stadt der Zukunft. Valerij Brjusov. *Sobranie sočinenij*. Bd. 1. Moskva: Chudožestvennaja literatura, 1973. S. 637.

5 Vgl. Andrej Belyj. »Pariž«. Ders. *Meždu dvuch revoljucij*. Moskva: Chudožestvennaja literatura, 1990. S. 128-130.

6 Belletristische Reiseberichte verfaßte bereits in den 1870er Jahren u.a. der vor allem als Anarchist bekannte Geologe Fürst P. A. Kropotkin.

verwandeln«.[7] Die Einkleidung der Expeditionsreise in eine abenteuerliche Erzählung verdrängt häufig den ursprünglichen Zweck – die »Entdekkung bislang unbekannter Tatsachen«. Tourismus und Reiseliteratur für den Massenbedarf suggerieren seit dem ausgehenden 19. Jahrhundert die zivilisatorische und kulturelle Einheit einer Welt, die für jedermann erreichbar zu sein scheint.

Die Freizügigkeit und zivilisatorisch-kulturelle Weltoffenheit des Reisens durch Europa und die Welt wird in Sowjetrußland nach der Revolution von 1917 rigoros eingeschränkt durch eine politisch motivierte Abgrenzung des ›Eigenen‹ und des ›Fremden‹, insbesondere, als die Sowjetunion sich gegen die These von der Weltrevolution und für die Stalinsche Idee vom Sieg des Sozialismus in einem Lande entscheidet. Die Auslandsreise bedeutet nunmehr Unterwerfung unter die sowjetische Genehmigungspolitik oder Exodus, Flucht und Emigration. Während Belyj und Šklovskij nach ihren Europareisen in die Sowjetunion zurückkehren, wird für die emigrierten Autoren die Fremde zur eigenen Umwelt und das ehemals Eigene rückt in eine ferne Fremdheit.

Die ideologisch und bürokratisch betriebene Abgrenzung weckt auf neue Weise die im russischen Mittelalter entstandene, mythologisch anmutende Furcht vor dem ›Westen‹, die von Peter I. zumindest für die Oberschicht aufgehoben wurde. Daraus entstand ein eher zwiespältiges Selbstbild der Russen: das Gefühl gleichzeitiger Inferiorität und Superiorität gegenüber Europa und seiner modernen Gesellschaftsentwicklung. Offiziell beseitigte die ideologische Behauptung von der allseitigen Überlegenheit des Sowjetsystems diesen Zwiespalt. Doch konnte die Behauptung angesichts der defizitären Sowjetwirklichkeit nur glaubwürdig erscheinen, wenn man sie jeder realen Nachprüfung entzog und die Teilung der Welt in Plus und Minus, ›Eigenes‹ und ›Fremdes‹ verabsolutierte.[8]

---

7 Claude Lévi-Strauss. *Traurige Tropen*. Leipzig: Reclam, 1988. S. 7, 8. Clifford Geertz hält allerdings auch die *Traurigen Tropen* u.a. für einen »Touristenführer«, vgl. ders. *Die künstlichen Wilden. Anthropologen als Schriftsteller*. München/Wien: Hanser, 1990. S. 48.

8 Zu den aus der sowjetideologischen Teilung der Welt entstandenen Zwiespälten des intellektuellen Bewußtseins vgl. u.a.: *Žak Derrida v Moskve: Dekonstrukcija putešestvija*. Hg. Michail Ryklin. Moskva: Ad Marginem, 1993.

II.

Die einführenden Bemerkungen bilden den Rahmen für eine Betrachtung der Reisetätigkeit des Mineralogen, Geochemikers und Kristallographen Vladimir Vernadskij, der seit dem ausgehenden 19. Jahrhundert bis in die 1930er Jahre ständig im In- und Ausland unterwegs war, jedoch keine zusammenhängende Reisebeschreibung hinterlassen hat. Dokumentiert hat er seine unzähligen Reisen und Expeditionen in Tagebüchern, autobiographischen Skizzen, in Briefen an seine Frau und an einige wenige Freunde. Das umfangreiche und heterogene, über Jahrzehnte verfaßte Text-Kontinuum, das vorwiegend privaten Mitteilungscharakter hat, ist sprachliches Rohmaterial, stilistisch so scharfkantig und sperrig wie die von dem Geologen Vernadskij im Verlauf seiner Karriere gesammelten Gesteinsproben. Die Wahl der Genres (Tagebuch, Brief, Autobiographie) erklärt den hohen selbstreflexiven Anteil in den Texten. Vernadskijs Reisenotizen machen im Übrigen nur einen marginalen Bruchteil seines Gesamtwerks aus. Literarische Absichten verfolgt Vernadskij nicht. Eher lenkt er unbewußt die Aufmerksamkeit auf die existentielle Bedeutung des Reisens für den russischen Wissenschaftler seiner Generation.

Vernadskij war sich der problematischen Beziehung zwischen Erleben und Beschreiben bewußt:

> Так все не записывал. Жизнь не дает возможности вести строгий дневник, тем более, что переплетаются два стремления – внутренние переживания и внешние события – как наблюдатель и как переживающий даже не события, а развертывания внутреннего процесса своей личности.[9]
> Ich habe nicht alles notiert. Das Leben bietet keine Möglichkeit, ein Tagebuch im strengen Sinne zu führen, weil sich stets zwei Tendenzen überlagern: das innere Erleben und die äußeren Ereignisse. Man ist Beobachter und man erlebt dabei weniger das Geschehen als vielmehr die innere Entfaltung der eigenen Persönlichkeit.

Wenige Tage später heißt es im Tagebuch über die Tätigkeit des Bewußtseins:

> […] вдруг среди работы вспоминаются обрывки старых воспоминаний – речи, впечатления, переживания во время каких-

[9] Tagebuchnotiz vom 21. Juli 1918, Vladimir I. Vernadskij. *Dnevniki 1917-1921*. Kiev: Naukova Dumka, 1994. S. 118. Hier und im weiteren Übersetzungen – *der Verf.*

> нибудь прогулок. Странно вспоминаются не места, а впечатления на местах, нет образа местности, но чувствуешь местность.[10]
> Plötzlich erscheinen während der Arbeit Bruchstücke der Erinnerung: Gespräche, Eindrücke, Erlebnisse – z.B. während eines Spaziergangs. Seltsam, nicht Orte werden erinnert, sondern an diesen Orten erfahrene Eindrücke. Es ergibt sich kein Bild von der Örtlichkeit, aber du kannst sie fühlen.

Während etwa Lev Tolstoj, den er persönlich gut kannte, bei der Niederschrift seiner Eindrücke die aktuelle Gemütslage, seine ›seelische Empirie‹, möglichst zurückdrängte, um einen stilistischen *point of view* zu finden, betont Vernadskij in seinen Texten die unmittelbare Wahrnehmung, beläßt er es bei der ungeordneten Reihung von Details. Seine ausdrücklich nicht-literarische Ausdrucksweise bezeichnet er als wissenschaftliches Verfahren einer ›empirischen Verallgemeinerung‹.

Im Frühjahr 1888 tritt der junge Vernadskij als Absolvent der Moskauer Universität seine erste Europareise an. Er fährt nach Neapel, besteigt den Vesuv, besucht Pompeji und bewundert die subtropische Landschaft der Riviera. Im Sommersemester schreibt er sich an der Münchener Universität als Praktikant (stažer) bei dem Mineralogen Paul Groth ein. Im Café *Luitpold* diskutiert er die Einheit der internationalen Wissenschaftsentwicklung und sagt eine anglo-amerikanische Führungsrolle sowie das Englische als künftige Wissenschaftssprache voraus. In den Ferien unternimmt er ausgedehnte Erkundungsreisen nach Österreich und in die Schweiz, nach Zürich, über den Rheinfall bei Schaffhausen (der schon damals für Touristen abends von Scheinwerfern angestrahlt wird) nach Genf, Lyon und schließlich nach Paris.[11]

Die an Karamzins Europareise erinnernde Route wird eher unabhängig von den kulturellen Sehenswürdigkeiten unter dem Aspekt einer botanischen und geologischen Exkursion gewählt. Als Naturforscher träumt Vernadskij von der Erstellung einer mineralogischen Karte Europas. Ende August kommt er in London an, besucht Galerien und Museen, den Zoo und den Botanischen Garten. Auf dem Internationalen Geologenkongreß in London wird er durch die Fürsprache russischer Kollegen als jüngstes Mitglied in die *British Association of Science* (BA) aufgenommen. Im Herbst setzt er seine Münchener Studien fort und kehrt im März

---

[10] *Vladimir Vernadskij: žizneopisanie. Izbrannye trudy. Vospominanija sovremennikov. Suždenija potomkov. (Otkrytija i sud'by).* Hg. Gennadij P. Aksenov. Moskva: Sovremennik, 1993. S. 123.

[11] Vgl. Gennadij Aksenov. *Vernadskij*. Moskva: Molodaja gvardija, 2001. S. 65.

1889 nach Paris zurück, arbeitet an der *École des mines* und am *Collège de France*. Er schätzt die ehrwürdige Umgebung, die Nähe zum *Quartier Latin* und zur *Sorbonne*. Die Kommunikation funktioniert besser als in Deutschland: Vernadskij spricht sehr gut Französisch. Zur Arbeit fährt er mit dem Pferdeomnibus auf dem Oberdeck, ein Buch in der Hand, oder er läuft an der Seine entlang. Antiquarisch kauft er 12 Bände Platon und die Schriften von Aleksandr Herzen. Erlebnis und Buchlektüre bilden bei ihm stets eine Einheit. Die Pariser Weltausstellung von 1890 erlebt er als Mitarbeiter der russischen mineralogischen Abteilung. Paris wird sein bevorzugter Aufenthaltsort. Die Franzosen, ihre Kultur, Geschichte, Philosophie und ihre Wissenschaft prägen sein Weltbild.[12]

Nach seiner Anstellung am Lehrstuhl für Mineralogie der Moskauer Universität pendelt er als Privatdozent zwischen Paris und bodenkundlichen Expeditionen im Bezirk Poltava, Kreis Kremen'šuk. Die Beobachtungen vor Ort bewegen ihn zutiefst: Im Juli 1890 schreibt er an seine Frau aus der Steppenlandschaft von Kremen'šuk:

> Ты чувствуешь свою мелкоту, когда видишь бесчисленные массы людей, здесь прежде живших и бесследно изчезнувшись. Ты чувствуешь, однако, и мелкоту всей этой жизни, взятой как целое, перед жизнью земли, и мелкоту земли в солнечном мире, и мелкоту солнечного мира перед чем-нибудь другим… Разве на чем-нибудь основано представление о непременном, бесследном исчезании мелкого и сохрании великого. Нет мелкого, и нет великого.[13]
> Du spürst deine Winzigkeit, wenn du dir die Unzahl der Menschen vorstellst, die hier einmal gelebt haben und spurlos verschwunden sind. Doch du fühlst auch die Winzigkeit deines Lebens vor dem Leben auf der Erde, und die Kleinheit der Erde im Sonnensystem und wiederum dessen Kleinheit gegenüber von etwas anderem … Worauf gründet sich die Vorstellung vom unbedingten und spurlosen Verschwinden des Kleinen und der Erhaltung des Großen? Es gibt weder Kleines noch Großes.

Das Gefühl für die Eingebundenheit des menschlichen Lebens in ein jeweils größeres *Anderes* der Natur und des Kosmos scheint verloren:

> […] жизнь мельчает на нашей планете действительностью человека, остаются одни мелкие звери, а все более крупное, более сильное исчезает и губится невоз-вратно и беспощадно.

[12] Vgl. *Vladimir Vernadskij* (wie Anm. 10). S. 59.

[13] Brief an seine Frau vom 10./11. Juli 1890, Vladimir I. Vernadskij. *Pis'ma N. E. Vernadskoj*. Moskva: Nauka, 1991. S. 72.

> Этот процесс идет всюду, и с ним не мирится чувство натуралиста, хотя именно он создает для этого главные средства.[14]
> […] das Leben verflacht auf unserem Planeten durch die Anwesenheit des Menschen. Übrig bleibt nur kleines Getier, alles Große und Kraftvolle verschwindet oder wird vernichtet, gnadenlos und unwiederbringlich. Dieser Prozeß findet überall statt. Der Naturforscher mag sich damit nicht abfinden, obwohl er doch selber wesentliche Voraussetzungen dafür schafft.

Der Skeptiker Vernadskij sieht die gegenüber der Natur zerstörerisch wirkende Zivilisation ebenfalls als gefährdet:

> Переживаемый нами сейчас разгром всей сложившейся государственности, огромные опасности, угрожающие росту и развитию нашей умственной культуры нередко в последнее время вызывают сомнения… Кажется, точно, все рушится.[15]
> Wir spüren die Auflösung des etablierten Staatswesens und die drohenden Gefahren für das Wachstum und die Entwicklung unserer geistigen Kultur. In letzter Zeit gerät man häufig in Zweifel … Es scheint, als stürzte alles zusammen.

Der kosmische Zusammenhang von Natur und Kultur (»связь общественной жизни с жизнью космической«)[16], läßt sich nach seiner Ansicht allein wissenschaftlich erklären. Nur das (naturwissenschaftliche) Denken schafft Ordnung und Harmonie innerhalb eines an sich chaotischen Universums.[17] Der Geologe Vernadskij offenbart sich immer wieder als Moralist und Philosoph. Die Anregungen kommen aus dem Freundeskreis, einer lange Jahre bestehenden ›Bruderschaft‹ aus Studienzeiten. Dazu gehören Historiker (A. Kornilov, D. Šachovskoj, P. Miljukov) und Philosophen (Pavel Novgorodcev, die Brüder Sergej und Evgenij Trubeckoj), die ihn (nach alter Intelligencija-Tradition) auch für die Politik interessieren.[18]

Doch gegenüber den religiös-ethischen und politischen Ansichten seiner Freunde bleibt Vernadskij Naturforscher und sucht nach einer beweisbaren Verbindung zwischen Natur und Kultur, zwischen geologischer Evolution und Menschheitsentwicklung:

---

14 Ebenda.

15 Zit. n. *Vladimir Vernadskij* (wie Anm. 10). S. 534.

16 Vgl. Aksenov. *Vernadskij* (wie Anm. 11). S. 222.

17 Vernadskij. *Pis'ma* (wie Anm. 13). S. 72.

18 Vernadskijs Engagement für die liberal-demokratische Kadettenpartei kann hier nur erwähnt werden.

> Что такое эволюция, возведшая человека со всем его душевным складом на вершину мира? Случайность? К решению загадки можно подойти с неожиданной стороны – геохимическим путем. Сознание и атомы. Мысль и химические элементы. Оставив в стороне все рассуждения о сущности разума и сознания, надо искать видимье химические следы их действия в земной коре.[19]
> Was bedeutet die Evolution, die den Menschen samt seiner seelischen Verfassung auf den Gipfel der Welt geführt hat? Ein Zufall? Die Lösung des Rätsels sollte man von einem neuen Standpunkt betrachten – geochemisch. Bewußtsein und Atome. Das Denken und die chemischen Elemente. Man muß alle Spekulationen über das Wesen der Vernunft und des Bewußtseins beiseite lassen und nach sichtbaren chemischen Spuren ihrer Aktivität in der Erdrinde suchen.

Auf dem Hintergrund des zeitgenössischen russischen Denkens zwischen Positivismus und Religionsphilosophie und in Anlehnung an die europäische naturphilosophische Tradition entwirft er mit den Begriffen ›Biosphäre‹ und ›Noosphäre‹ das Modell einer »biogeochemisch« zu begründenden Naturgeschichte der menschlichen Kultur und Vernunft, wobei er zwischen organischer und anorganischer Natur einen ›Lebensstoff‹ (›živoe veščestvo‹) als geologisch nachweisbar zu beschreiben sich bemüht.

Auf einer Europareise besucht er im Sommer 1909 in Rom die mineralogischen Museen und das *Forum romanum*. An den »alten Steinen Europas« möchte er die vergangenen Jahrhunderte nachempfinden. Die »antiquarisch-ästhetischen Spaziergänge« lenken seine Gedanken immer wieder zurück auf den ursprünglichen Zusammenhang von Kultur und Natur. Ohne eine wissenschaftliche Erforschung dieses Zusammenhangs erscheinen ihm die Größe historischer Epochen (selbst der berühmten römischen Geschichte) und das Schicksal der Menschheit sinnlos.[20]

Auf der Reise durch Griechenland vom Olymp nach Athen schreibt er an seine Frau:

> И странную смесь составляли идеи и мысли, возбужденные чтением и видением нового. Удивительны здесь красные закаты и восходы солнца, странная расти-тельность, контуры ландшафтов. В первый раз видел красивое фиолетовое море и ярко-синие светлые дали.[21]

---

[19] Tagebuchnotiz vom 15.9.1906; zit. n. Aksenov. *Vernadskij* (wie Anm. 11). S. 141.

[20] Ebenda. S. 147.

[21] Ebenda. S. 148.

> Ein seltsames Gemisch bilden die Ideen und Gedanken, die von der Lektüre und dem Neuen, was man sieht, angeregt werden. Überraschende rote Sonnenauf- und -untergänge, eine seltsame Pflanzenwelt, Landschaftskonturen. Zum ersten Mal habe ich ein violettes Meer und eine so klar-blaue und helle Ferne gesehen.

Entsteht die farbige Naturbeschreibung[22], wie der Biograph meint, aus der unbewußten Erinnerung an die antike griechische Kultur und Mythologie? Symptomatisch für den Stil Vernadskijs ist jedenfalls die Reihung der Bilder und ihre Verarbeitung im Bildungshorizont vorangegangener Lektüre. Bild und Detail erlangen Bedeutung erst durch die (wissenschaftliche) Einfügung in das kosmische Ganze. Bei Ausbruch des Ersten Weltkrieges befindet sich Vernadskij auf der Höhe seiner Karriere: Universitätsprofessor, ab 1912 Mitglied der Petersburger Akademie der Wissenschaften, 1913 Teilnahme am Geologenkongreß in Amerika, 1914 Direktor des *Mineralogischen und geologischen Museums* der Akademie. Ständige Forschungs- und Expeditionsreisen, Arbeit an der Beweisführung seiner Ideen. Die Revolution von 1917 gibt seinem Leben eine unerwartete Wendung. Die Errichtung der neuen Ordnung, die sogleich mit Zerstörungswut und Hunger, Terror und Bürgerkrieg einhergeht, bedeutet für ihn eine große Enttäuschung: Der realisierte Sozialismus zerstört seine Illusion von einer demokratischen Entwicklung Rußlands und wird für ihn unausweichlich zum Feind der Freiheit und Einheit der Kultur und der Wissenschaft[23]:

> Мы хотели верить в русскую революцию, в мировое демократическое движение. Теперь мы верить в нее не можем. А у меня все более и более поднимается презрение.[24]
> Wir wollten an die russische Revolution glauben, an eine weltweite demokratische Bewegung. Jetzt können wir nicht mehr daran glauben. Und in mir entsteht zunehmend ein Gefühl der Verachtung.

---

[22] Eine Werkausgabe Vernadskijs (vgl. *Vladimir Vernadskij* [wie Anm. 10]) wurde wohl nicht zufällig mit den phantastisch anmutenden Landschaftsbildern des Mystikers und Malers Nikolaj Rerich illustriert.

[23] Aksenov. *Vernadskij* (wie Anm. 11). S. 217.

[24] Tagebuchnotiz vom 18.4./1.5.1918, Vernadskij. *Dnevniki* (wie Anm. 9). S. 76.

III.

Vor der Sowjetmacht flüchtet er nach Süden. Am 22. November 1917 verläßt er Petrograd, kurz bevor Lenin die Führer der Kadettenpartei[25], deren aktives Mitglied Vernadskij war, zu ›Feinden des Volkes‹ erklärt und sie vor Gericht stellt. Vernadskij flieht über Moskau nach Poltava und kommt im Mai 1918 im unruhigen Kiev an, wo man ihn am 27. Oktober 1918 zum Präsidenten der Kiever Akademie wählt. Im November 1919, als in Kiev die Fronten des Bürgerkrieges ständig wechseln, begibt er sich nach Novorossijsk, später nach Simferopol' auf die Krim. Hier fühlt er sich im Februar 1920 am Tiefpunkt seines Lebens: Im Tagebuch vergleicht er sich als verfolgter und isolierter Wissenschaftler mit dem festen Glauben an seine Ideen mit Condorcet[26], der 1793 vom Revolutionstribunal angeklagt wird und im Hause von Mme Vernet vorübergehend Zuflucht findet, wo er seinen berühmten *Esquisse d'un tableau historique des progrès de l'esprit humain* niederschreibt.

Im Winter 1920/21 erkrankt Vernadskij auf der Krim an Flecktyphus und verfällt in lange Fieberträume, in denen er sein künftiges Leben voraussieht: Emigration nach England, Arbeit am Britischen Museum und in einem Biologischen Institut in Plymouth. Mit amerikanischem Kapital errichtet er an der Ostküste der USA ein Institut für die Arbeit am ›živoe veščestvo‹ mit Bibliothek, Laboratorien und entsprechender Ausrüstung. Er sieht sich zunächst als Institutsleiter, danach als hochbetagten Rentner, der seine wissenschaftliche Arbeit fortsetzt.

In der Tagebuchaufzeichnung seiner seltsamen Traumreise in die Zukunft nennt Vernadskij als Hauptinhalt seiner Vision zwei Ideen: die Schaffung einer neuen, weltweiten Organisationsform wissenschaftlicher Arbeit und die Fortsetzung seiner biogeochemischen Forschungen zum ›Lebensstoff‹, d.h. zum wissenschaftlichen Nachweis der Einheit von Natur, Kosmos und menschlicher Gesellschaft, von Sein und Bewußtsein.[27]

Auf die Form seiner Traumreise legt er sich nicht fest:

> Это не был вещий сон, т. к. я не спал – не терял сознания окружающего. Это было интенсивное переживание мыслью и духом чего-то чуждого окружающему, далекого от происходящего.[28]

---

[25] Abkürzung für *Konstitucionno-demokratičeskaja partija*.

[26] Aksenov. *Vernadskij* (wie Anm. 11). S. 242.

[27] Vgl. Vladimir I. Vernadskij. »Iz dnevnika«. *Prometej* 15 (1988): S. 112-119 (Moskva).

[28] Ebenda. S. 112.

> Es war kein prophetischer Traum, da ich nicht schlief und das Bewußtsein für meine Umgebung nicht verlor. Ich habe im Denken und im Geist etwas meiner Umwelt Fremdes und von den aktuellen Ereignissen Fernes durchlebt.

Vernadskijs ›Traum‹ – sieht man von der angespannten Situation seiner Flucht einmal ab – steht offenbar im Kontext seines lebenslangen Interesses für die christliche Religion, die er weniger unter dem Aspekt religiösen Glaubens, sondern eher als möglichen Ausdruck einer anderen, übergreifenden Ordnung des Seins betrachtet.[29]

Seine Fieberphantasien setzen die Reihe der mystisch-religiösen Träume und Visionen fort, die vor ihm russische Wissenschaftler und Philosophen (Dmitrij Mendeleev, Vladimir Solov'ev und Fürst S. N. Trubeckoj) beschrieben haben. Im Gegensatz zu deren mystischen Visionen und Prophetien ›träumt‹ Vernadskij sein eigenes Leben voraus, das er sich nur in der Emigration vorstellen kann, nicht zuletzt, weil er die Hoffnung auf eine internationale Führungsrolle russischer Wissenschaft verloren hat:

> Не по силам будет изможденной и обедневшей России совершение этой мировой работы, которая казалась столь близкой в случае ее победы в мировой войне. Мне ясно стало в этих фантастических переживаниях, что роль эта перешла к англичанам и Америке.[30]
> Dem ausgezehrten und verarmten Rußland wird die Kraft fehlen für diese weltumspannende Arbeit, deren Ausführung im Fall unseres Sieges im Ersten Weltkrieg so nahe schien. In meinen phantastischen Vorstellungen wurde mir klar, daß diese Rolle jetzt die Engländer und Amerika übernehmen werden.

Der Traum illustriert Vernadskijs persönliche Krise, die sich aus der Ahnung ergibt, daß sich der russische Wissenschaftsdiskurs und damit auch sein eigenes Gelehrtenschicksal verändern werden. Nach seiner Genesung wählt man ihn im März 1920 zum Rektor der Taurischen Universität. Doch er fühlt sich unwohl und klagt im Tagebuch über die schlechten Lebensbedingungen, die Abgeschnittenheit von Rußland ebenso wie von der (westlichen) Welt.[31] Auch nach seiner Krankheit möchte er ins Ausland emigrieren, möglichst nach London, wo er die besten Arbeitsmög-

---

[29] Inwieweit neben der russischen Religionsphilosophie die Idee der ›Menschheitsreligion‹ von Auguste Comte auf Vernadskijs Religionsverständnis eingewirkt hat, kann hier nicht erörtert werden.

[30] Vernadskij. »Iz dnevnika« (wie Anm. 27). S. 114.

[31] Vgl. *Vladimir Vernadskij* (wie Anm. 10). S. 210-212.

lichkeiten (Bibliotheken, Laboratorien) vermutet. Die Familie bereitet die Ausreise vor.

Doch die Entscheidung fällt anders aus. Im Frühjahr 1921 kehrt er in seine Petrograder Wohnung auf der Vasil'ev-Insel zurück und wird schon 1922 Direktor des neu gegründeten sowjetischen *Radiologischen Instituts*.[32] Nicht zuletzt unter dem Protektorat Lenins integriert die Sowjetregierung den berühmten Naturwissenschaftler. Abgesehen von einer vorübergehenden Verhaftung im Juli 1921 und ständigen ideologischen Anfeindungen bleibt er von schärferen Repressionen verschont. Mehr noch als seine internationalen Kontakte schätzt der Staat die Nützlichkeit seiner Arbeit. Seine innere Einstellung zum Sowjetsystem ändert sich jedoch nicht:

> Большевизм держится расстройством жизнью. При налаженной культурной жизни в мировом масштабе он не может существовать и так или иначе должен измениться. Это форма низшего порядка даже по сравению с капиталистическим строем, т. к. она основана на порабощении человеческой личности.[33]
> Der Bolschewismus hält sich durch die Zerrüttung des Lebens. In einem weltweit geordneten Kulturleben kann er nicht existieren und muß sich so oder so verändern. Das ist eine Form niederer Ordnung, selbst im Vergleich mit dem kapitalistischen System, weil sie auf der Unterdrückung der menschlichen Persönlichkeit beruht.

In den nachfolgenden Jahren emigrieren viele seiner Freunde, auch sein Sohn Georgij. Andere ihm nahestehende Personen fallen dem Terror zum Opfer. Vernadskij vereinsamt.

Der Umbruch der europäischen Kultur im Ersten Weltkrieg und die russische Revolution verändern seine Weltsicht: Die universale Einheit von Wissenschaft und Zivilisation scheint verloren. Völlig unerwartet trennt eine politisch-ideologische begründete Grenze Eigenes und Fremdes, In- und Ausland, und verhindert die traditionelle, für die wissenschaftliche Arbeit so wesentliche wechselseitige Wahrnehmung des *Anderen* zwischen Ost und West in Europa.[34] Bisher eng mit der internationalen Wis-

---

[32] Vgl. Aksenov. *Vernadskij* (wie Anm. 11). S. 292.

[33] Tagebuchnotiz Ende 1921; zit. n. Aksenov. *Vernadskij* (wie Anm. 11). S. 293.

[34] Vgl. I. Kuczynski. »Verunsicherung und Selbstbehauptung – der Umgang mit dem Fremden in der englischen Reiseliteratur des 18. Jahrhunderts«. *Reisen im Diskurs. Modelle der literarischen Fremderfahrung von den Pilgerberichten bis zur Postmoderne*. Hg. Anne Fuchs. Heidelberg: Winter, 1995. S. 56.

senschaftsentwicklung verbunden, will Vernadksij die neue Grenzziehung zwischen Rußland und Europa nicht akzeptieren. Für ihn koexistieren die natürliche und die kulturelle Welt als eine unauflösbare Einheit. Politische Teilungen und sozialökonomische Unterscheidungen bleiben für ihn sekundär: »Mir ist das kapitalistische System fremd, aber genauso fremd ist mir das hiesige. Das Königreich meiner Ideen liegt in der Zukunft« (»Мне чужд капиталистический строй, но чужд и здешний. Царство моих идей впереди«)[35], so schreibt er 1931 in sein Tagebuch.

Unter sowjetischen Bedingungen führt er ein Doppelleben: Die politische Gegenwart wird verdrängt, der sowjetische Alltag interessiert ihn nicht. Seine Vergangenheit, den beruflichen Aufstieg, seine Integration in die europäische Wissenschaft, aber auch die Enttäuschungen in der Politik zur Schaffung einer russischen Demokratie läßt er hinter sich und setzt auf die Zukunft. Er hat hohen Anteil an der sowjetischen Neuordnung der Naturwissenschaft und bleibt doch politischer Nonkonformist, sicherlich mit einer Reihe von unvermeidlichen Kompromissen, aber stets in der Hoffnung auf ein neues (neo- oder post-sowjetisches) Rußland. Mit seiner Idee einer ›Geologisierung‹ des wissenschaftlichen Weltbildes, wonach die einheitliche Evolution von Erde, Mensch und Kosmos von der ›Biosphäre‹ zur ›Noosphäre‹ verläuft und die Lenkung des Universums durch die menschliche (naturwissenschaftlich definierte) Vernunft in Aussicht steht, unterläuft er zwar die sowjetische Ideologie[36], zieht sich aber zwangsläufig auf sich selbst und die eigene wissenschaftliche Beobachterposition zurück.

Die letzte Etappe der Auslandsreisen Vernadskijs steht im Zeichen sowjetischer Genehmigungspolitik. Eingeladen zu Vorlesungen an der Sorbonne, darf er Anfang Juni 1922 nach Frankreich fahren. Auf der Durchreise trifft er sich in Prag mit seinem Sohn Georgij und betritt schließlich nach neun Jahren am 8. Juli 1922 wieder Pariser Boden. Mit Frau und Tochter bezieht er eine kleine Wohnung in der Nähe der Universität. Auffällig im Gegensatz zur Vorkriegssituation ist für ihn die allgegenwärtige russische Emigration: Überall russische Zeitungen und Journale, ständige Zusammenkünfte russischer Intellektueller, auch seiner ehemaligen Parteifreunde.[37] Doch unter dem Eindruck der politischen Ost/West-Teilung hat sich Vernadskijs Blickrichtung verschoben. Einladungen seiner einsti-

---

[35] *Vladimir Vernadskij* (wie Anm. 10). S. 298.

[36] Kurz vor seinem Tod (Vernadskij stirbt 1945) erhält er überraschend sogar den Stalinpreis.

[37] Vgl. Aksenov. *Vernadskij* (wie Anm. 11). S. 298-299.

gen Freunde schlägt er aus, offenbar nicht nur aus Furcht vor Repressionen nach seiner Rückkehr. Die Politik interessiert ihn nicht mehr. Was dabei herauskommen kann, hat ihm die sowjetische Entwicklung gezeigt. Ungeachtet aller persönlichen Sympathie für die Emigranten fühlt er sich in Paris jetzt als ein Fremder.

> Сегодня в Национальной библиотеке и в библиотеке фармацевтического факультета. Я чувствую как бы себя все больше абстрактно в Париже, как будто живу своей идеей.[38]
> Heute war ich in der Nationalbibliothek und der Bibliothek der pharmazeutischen Fakultät. Ich fühle mich irgendwie immer abstrakter in Paris, so als lebte ich nur noch in meiner Idee.

Das Zentrum russischen Lebens verlagert sich letztlich nicht nach Paris, sondern bleibt in Rußland, das, wie er meint, sich jetzt selbst helfen muß. Die Russen in Paris hängen ihm außerdem zu sehr an der Vergangenheit. Er verachtet zwar das Sowjetregime, das von einer russischen Demokratie mit von allen bürgerlichen Freiheiten offensichtlich weit entfernt ist, möchte aber auch keine Rückkehr zu den Zeiten des *Kolokol* (*Die Glokke*) oder gar zur rechten Bewegung des *Sojuz russkogo naroda* (*Bund des russischen Volkes*). Gegen alle politische und ideologische Abgrenzung der Völker und ihrer Kulturen hofft er immer noch, seine Grundidee, die Einheit von Menschheit und Kosmos, wenigstens theoretisch (geologisch) nachweisen zu können:

> Главное и характерное – человечество единое. В этом смысле этот элемент единства (интернационала) имеет большое значение во всей истории человечества. Он в конце концов ведет к космичности сознательной жизни.[39]
> Das Wesentliche – die Menschheit bildet eine Einheit. So gesehen, hat dieses Element der Einheit (der Internationale) große Bedeutung in der ganzen Geschichte der Menschheit gehabt. Es führt letztlich auch zum kosmischen Bewußtsein des Lebens.

Dagegen bleibt jeder gesellschaftspolitische Fortschritt ohne den Blick für das Ganze ohne Bedeutung. Die Arbeit »an der künftigen Menschheit« sollte daher vornehmlich im Sinne der Aufklärung als »Organisation des Wissens und der Bildung« betrieben werden. Seine Gesprächspartner in Paris bleiben die französischen Freunde und Fachkollegen. Im Mai

---

[38] Tagebuch vom 11. August 1923; zit. n. Aksenov. *Vernadskij* (wie Anm. 11). S. 303.

[39] Tagebuch vom 4. Dezember 1922; zit. n. *Vladimir Vernadskij* (wie Anm. 10). S. 215-216.

1923 macht er die Bekanntschaft von Henri Bergson, mit dessen Philosophie er sich gerade intensiv beschäftigt.[40]

Vernadskij verzögert die Abreise, beantragt eine Verlängerung seines Aufenthalts, erwägt eine ›Prager Variante‹, d.h. einen an Paris anschließenden Vorlesungszyklus an der Karls-Universität. Schließlich kehrt er am 3. März 1926 aus Paris nach Leningrad zurück.[41] Seither verbringt er mit Genehmigung der sowjetischen Behörden jährlich mehrere Monate im Ausland als Mitglied verschiedener internationaler Gesellschaften und nationaler Akademien. Im Juni 1927 nimmt er an einer *Woche der russischen Wissenschaftler und Wissenschaften* in Berlin teil, wo er u.a. mit Otto Hahn zusammentrifft. Im Oktober 1936 fährt er von Prag nach Weimar, wird Mitglied der Goethe-Gesellschaft und bedauert, die mineralogische Sammlung Goethes nicht gesehen zu haben. Es ist sein letzter Auslandsaufenthalt.

Die riskante Verknüpfung rationalen und utopischen Denkens, naturwissenschaftlicher Prämissen und idealistischer Ganzheitsphilosophie, macht sein Werk anfällig für ideologische Vereinnahmungen in der spätsowjetischen und neuerdings auch in der post-sowjetischen Meinungsbildung. Während er selber immer wieder betont, seine Konzepte seien noch keineswegs ausgereift und die Resultate längst nicht zufriedenstellend, rühmt man ihn als »Begründer der modernen Ökologie« (K. Schlögel), als Hauptvertreter des russischen ›Kosmismus‹ oder als modernen russischen Utopisten.[42]

Als ihn 1931 der sowjetische Philosoph Abram Deborin öffentlich angreift, antwortet der Beschuldigte:

> Деборин приходит к заключению, что я мистик и основатель новой религиозно-философской системы, другие меня определяли как виталиста, нео-виталиста, фидеиста, идеалиста, механиста. Я не считаю такие определения обидными, они просто ложны. Я философский скептик. Это значит, что я считаю, что ни одна философская система (в том числе и наша официальная философия) не может достигнуть той общеобязатель-

---

[40] Ebenda. S. 70.

[41] Vgl. Vernadskij. »Iz dnevnika« (wie Anm. 27). S. 70-71.

[42] Vgl. Sv. Semenova. »Vernadskij i russkij kosmizm«. *Vladimir Vernadskij* (wie Anm. 10). S. 596-646; Karl Schlögel. *Jenseits des großen Oktober. Das Laboratorium der Moderne. Petersburg 1909-1921*. Berlin: Siedler, 1988. S. 463; Leonid Heller/Michel Niqueux: *Geschichte der Utopie in Rußland*. Bietigheim-Bissingen: Ed. Tertium, 2003. S. 204, 284.

> ности, которой достигает (только в некоторых определенных частях) наука.[43]
> Deborin gelangt zu der Auffassung, ich sei ein Mystiker und Begründer eines neuen religiös-philosophischen Systems, andere wiederum sehen in mir einen Vitalisten, Neo-Vitalisten, Fideisten, Idealisten, Mechanizisten. Ich halte diese Bezeichnungen nicht für beleidigend, sie sind einfach falsch. Ich bin philosophischer Skeptiker. Das heißt, ich glaube, daß kein philosophisches System (darunter auch unsere offizielle Philosophie) jene Allgemeingültigkeit erreichen kann, die von der Wissenschaft (in einigen bestimmten Fachgebieten) erreicht wird.

Vernadskij unterläuft jeden ideologischen Geltungs- und Fortschrittsanspruch und setzt auf wissenschaftliche Welterkenntnis. Seine ›wissenschaftliche Weltanschauung‹ (›naučnoe mirovozzrenie‹), in der Rationalität und Skepsis sowie eine mitunter gewagte Intuition nicht immer schlüssig kombiniert werden, gehört inzwischen der europäischen Wissenschaftsgeschichte an, einer Epoche der Verbindung naturalistischen Evolutionsdenkens mit religiös-moralischen Teleologien bzw. Kosmogonien zu Beginn des 20. Jahrhunderts. Vernadskijs Reisebilder, so weit davon überhaupt im landläufigen Sinn die Rede sein kann, erlangen kaum eigenständige Bedeutung, sondern werden in der Regel in die theoretische Reflexion des reisenden Autors eingebunden. Im Tagebuch von 1918 ist die Rede vom Gegensatz zwischen äußerem Geschehen (vnešnie sobytija) und innerem Erleben (vnutrennie pereživanija). Die Vermittlung gelingt nur im Bewußtsein der intellektuellen Persönlichkeit (ličnost'). Nur die freie Entfaltung des (naturwissenschaftlichen) Denkens unter den Bedingungen einer ungehinderten internationalen Kommunikation liefert nach Ansicht Vernadskijs den Schlüssel für die Erkenntnis der Einheit und Ordnung des Universums.

---

[43] Zit. n. Aksenov. *Vernadskij* (wie Anm. 11). S. 363.

Inka Zahn (Osnabrück)

»Moskau ist keine wirkliche Stadt mehr, es ist die Anwendung eines Systems«: Zur Moskauwahrnehmung in französischen Reiseberichten

Dieser Beitrag wirft mit der Untersuchung französischer Reiseberichte über Moskau in der Zwischenkriegszeit einen Blick von außen auf Rußland. Das im Titel genannte Zitat des Journalisten Georges Le Fèvre von 1929[1], auf das im Folgenden näher eingegangen wird, bringt die hier zu überprüfende Hypothese auf den Punkt, die wie folgt lautet: In französischen Reiseberichten über das Moskau der Zwischenkriegszeit dominiert eine Stadtwahrnehmung und Darstellung, bei der die sowjetische Hauptstadt primär als Metonym für das neue politische System Rußlands steht. Der Beitrag ist wie folgt gegliedert: Zunächst wird auf die *Raum*konstruktion Moskaus als politischem Ort eingegangen und hierbei auf die im sowjetischen Kontext veränderte Figur des Flaneurs. Daraufhin wird kurz der in den Reiseberichten gängige Parameter der ›Ver*zeit*lichung‹ vorgestellt, der Moskau als Stadt einer (heterogenen) Zukunft erscheinen läßt. Mit dem Ziel einer blickerweiternden Kontextualisierung der Ergebnisse zu Moskau wird schließlich ein Vergleich der Moskau-Wahrnehmungen französischer Reisender mit ihrer Wahrnehmung Berlins und New Yorks oder Chicagos vorgenommen.

I. Moskau als Metonym des Kommunismus

Im Jahre 1934 reist Jean Matériel, Sonderberichterstatter der Zeitschrift *Russie d'aujourd'hui,* des Presseorgans der französischen Freundesgesellschaft der Sowjetunion, *Amis de l'U.R.S.S.*, nach Moskau. Im Vergleich mit anderen Großstädten macht er das Besondere der Stadt Moskau an dem sich hier unter der Oberfläche verbergenden politischen System fest. So schreibt er bei seiner Rückkehr: »Die UdSSR besichtigen, oder noch einfacher, acht Tage in Moskau verbringen, das ist kein gewöhnlicher

---

[1] Georges Le Fèvre. *Un bourgeois au pays des Soviets*. Paris: Éditions Jules Tallandiers, 1929. S. 20. Hier wie im Folgenden wurden Zitate aus den französischen Primärtexten von mir übersetzt.

Tourismus. [...] Es sind keine Straßen, auf die Sie [dort] treffen, es sind Menschen, und hinter diesen Menschen Methoden.«[2] Moskau erscheint hier deutlich als Metonym für das neue politische System des Kommunismus. Die Methoden des Kollektivismus offenbaren sich dem Autor u.a. im Bau der Metro, bei dem es im Gegensatz zu anderen Großstädten zu »keinen Skandalen wegen Fragen der Bodenenteignung kommt, da der ganze Boden der Kollektivität gehört«.[3]

Ähnlich nimmt auch der Journalist Georges Le Fèvre die Stadt wahr, der schon 1929 im Auftrag der großen, deutlich rechts stehenden Tageszeitung *Le Journal* nach Moskau reist. So schreibt er in seinem kurz darauf als Buch veröffentlichten Reisebericht *Ein Bürgerlicher im Lande der Sowjets* die zum Teil eingangs zitierte Passage: »Moskau ist keine wirkliche Stadt mehr; es ist die Anwendung eines Systems. Das komplizierte Schloß eines politischen Mechanismus, der in der Zukunft etwas öffnen soll.«[4] Metonymisch wird »Moskau« zu »System« sowie zu »politischer Mechanismus« erweitert und gleichzeitig als Gegenpol einer »wirklichen« Stadt dargestellt. Hier kann nur angenommen werden, daß Le Fèvre unter einer ›wirklichen‹ Stadt den klassischen Typus einer bürgerlichen westeuropäischen Großstadt wie Paris versteht. An späterer Stelle wird kurz darauf eingegangen, inwiefern Moskau von solch einem Großstadt-Modell abweicht. Um Le Fèvres Aussage zu veranschaulichen, sei hier eine etwas längere Passage aus seinem Reisebericht zitiert, in welcher der Autor die Begegnung mit den Zeichen des Systems in Moskau und den sich auf diese Weise aus der Stadt selbst heraus entwickelnden Diskurs beschreibt:

> Die Gegenwart läßt sich überall nieder, indem sie zunächst ihr Vokabular aufzwingt. Die Straße ist nur noch ein Diskurs, eingeschrieben auf die Schilder, auf die Fassaden und hinter den Schaufenstern. Der Kommunismus adressiert sich an den Passanten, spricht ihn laut an, läßt ihn wie angewurzelt stehen bleiben. Man hebt den Blick, um den Namen einer Straße zu überprüfen und

---

[2] Jean Matériel. »Métro«. *Russie d'aujourd'hui* 24 (1934): S. 10-11. Hier S. 10.

[3] Ebenda. S. 10. Diese Darstellung der Metro durch Matériel deckt sich mit der gängigen Auffassung der sowjetischen Vertreter des Metrodiskurses, die mit Stolz hervorheben, daß aufgrund des kollektivistischen Charakters der Moskauer Metro, »niemandes Privateigentum zum Hindernis auf dem Weg des Bauens werden [kann]«. (Michail Ryklin. »Metrodiskurs I«. Ders. *Räume des Jubels. Totalitarismus und Differenz. Essays*. Frankfurt/M.: Suhrkamp, 2003. S. 87-110. Hier S. 97).

[4] Le Fèvre. *Un bourgeois au pays des Soviets* (wie Anm. 1). S. 20.

> liest: *Der Kapitalismus hat das große Privateigentum geschaffen, indem er Millionen von Bauern vernichtet hat; das sowjetische Regime hingegen hat Millionen von Bauern aus der Misere und dem Ruin gerettet.* Dies bekommt man brutal ab, mitten ins Gesicht, wie einen Faustschlag. [...] Die Straße spricht Sie fast unablässig derart an, gebietet Ihnen, denkt und entscheidet für Sie, behandelt den Passanten wie einen Schüler, lehrt ihn das neue Rußland.[5]

Die Analogie zwischen der Stadt, hier metonymisch verkürzt zu »die Straße«, und dem politischen System wird durch eine syntaktische Ähnlichkeit sowie durch die anthropomorphe Darstellung sowohl des Kommunismus als auch der Straße betont (»Der Kommunismus wendet sich an den Passanten«, »die Straße spricht Sie an«).

Durch Inschriften, wie die von Le Fèvre beobachtete, sowie durch ideologisch stark besetzte Symbole, wie die rote Fahne, Hammer und Sichel, den roten Stern oder durch architektonische Umgestaltungen, sucht die sowjetische Regierung in der Zwischenkriegszeit den städtischen Raum Moskaus umzukodieren und so den neuen Raum der kommunistischen Macht zu markieren.[6] Eine derartige Umkodierung beobachtet beispielsweise auch der im Sommer 1936 im Auftrag des französischen Erziehungsministeriums in die UdSSR reisende, pro-sowjetische Schriftsteller und Generalsekretär der *Union Française de la Société universelle du théâtre*, Paul Gsell, im Bolschoi-Theater, der ehemaligen Zarenoper: Oberhalb der Logen »hat das sowjetische Emblem des Hammers und der Sichel den doppelköpfigen Adler des [russischen] Reiches ersetzt«.[7]

Durch diese ideologisch motivierte Raumaneignung von sowjetischer Seite aus wird Moskau von französischen Reisenden vor allem als Symbol des kommunistischen Systems wahrgenommen. Zugleich wird dadurch die Stadt von Reisenden nicht nur wie ein Text gelesen; durch diese »extreme Kodifizierung der Gesellschaft« anhand von Inschriften, Transparenten, Slogans, etc. *wird* die Stadt zum Text.[8] Dies empfindet

---

5 Ebenda. S. 20-22.

6 Vgl. Janina Urussowa. *Das neue Moskau. Die Stadt der Sowjets im Film 1917-1941*. Köln/Weimar: Böhlau, 2004. S. 32; 62f; 182f; 229f u. 235f.

7 Paul Gsell. *Le théâtre soviétique*. Paris: Editions sociales internationales, 1937. S. 30.

8 Jacques Dubois. »Béraud und die aufgewühlten Hauptstädte« (Beitrag zum Kolloquium »Paris-Berlin-Moscou. Regards croisés (1918-1939)«, vom 2.-9. September 2004 in Cerisy-la-Salle). Wolfgang Asholt/Claude Leroy (Hrsg.): *Die Blicke der Anderen* (im Erscheinen). Im Falle dieses noch nicht veröffentlichten Aufsatzes wurde aus dem Manuskript, das der Verfasserin dieser Ar-

auch der Übersetzer russischer Literatur André Beucler aufgrund der von ihm 1927 in Moskau beobachteten, den Kollektivcharakter des Regimes widerspiegelnden Schilder mit Abkürzungen:

> Lange Schilder [...] transformieren die Straßen in Alphabete. Das kommunistische Regime [...] hat Abkürzungen geschaffen. So wird aus dem nationalen staatlichen Handelskontor für Export und Import GOSTORG; die nationale Akademie der Kunstwissenschaft [...] ergibt [...] einfach GAKN.[...] Aber der schönste Schrei der Straße wird von den Kooperativen, den so genannten *Kommunar* ausgestoßen, deren Lettern bis an die Bäume heranreichen. All diese Zeichen [...] erinnern den Menschen daran, daß alles aus der Kollektivität stammt, um hierhin zurückzukehren.[9]

Wenn Beuclers Landsmann Le Fèvre über die Stadt Moskau zudem äußert »Alles ist ihr gut genug, um ihre Doktrin auszubreiten. Ihre Mauern haben Meinungen; ihre Reklamen haben eine politische Eloquenz«[10], bringt er eine für die Mehrzahl der französischen Moskauberichte gültige Beobachtung auf den Punkt: Die traditionelle Rolle des urbanen Flaneurs, der die Stadt als Text zu lesen und so die Zeichen der Stadt zu entziffern versucht[11], hat im sowjetischen Kontext eine neue Bestimmung gefunden:

---

beit vorliegt, zitiert; die hier genannte Stelle befindet sich im Manuskript auf S. 19. Eine derartige Kodifizierung der Gesellschaft konstatiert Dubois anhand der Wahrnehmung des faschistischen Roms der Zwischenkriegszeit durch den Journalisten und Schriftsteller Henri Béraud.

9 André Beucler. *Paysages et villes russes.* Paris: Gallimard, 1928. S. 31-32f. Aus der Retrospektive beschreibt auch Karl Schlögel diese Schilder mit Abkürzungen der verschiedenen sowjetischen Institute als einen »lesbaren Code«, als einen »Anspruch auf Rationalität in einer Gesellschaft, die nicht auf der Person des Privatbesitzers und dessen Insignien, sondern auf objektivierbaren und neutralen Gesellschaftsbeziehungen aufgebaut sein sollte«. (Karl Schlögel. *Moskau lesen. Die Stadt als Buch* [1984]. Erw. Neuausgabe. Berlin: Siedler, 2000. S. 243.)

10 Le Fèvre. *Un bourgeois au pays des Soviets* (wie Anm. 1). S. 25.

11 Der urbane Raum kann als ein zu entzifferndes Zeichensystem, als ein Text betrachtet werden. Vgl. *Die Großstadt als ›Text‹*. Hg. Manfred Smuda. München: Fink, 1992; Karlheinz Stierle. *Der Mythos von Paris. Zeichen und Bewußtsein der Stadt.* München: Hanser, 1993. Vgl. auch Schlögel. *Moskau lesen* (wie Anm. 9). So liest beispielsweise auch der Flaneur Franz Hessel die Stadt wie einen Text: »Flanieren ist eine Art Lektüre der Straße, wobei Menschengesichter, Auslagen, Schaufenster, Café-Terrassen, Bahnen, Autos, Bäume zu lauter gleichberechtigten Buchstaben werden, die zusammen Worte, Sätze und Seiten eines immer neuen Buches ergeben.« (Franz Hessel. *Ein Fla-*

nicht so sehr Warenauslagen als vielmehr »Auslagen der Doktrin«, Zeichen des neuen politischen Systems werden hier vom Reisenden begutachtet. Dadurch haben die Moskauer Großstadt und ihre Straßen eine neue Funktion inne: Sie sind hier Gegenstand weniger einer ästhetischen Erfahrung – wie z.B. der Moderne-Erfahrung bei Baudelaire[12] –, sondern vielmehr einer politischen Erfahrung. So suchen viele Reisende unter den Menschen auf den Moskauer Straßen *die* Wahrheit über das neue politische System.[13] Der traditionelle Flaneur, der die Stadtlandschaft teils auch schon aus der Perspektive des politisch reflektierten Subjekts betrachtet[14], verändert sich

neur in Berlin. Berlin: Arsenal, 1984. S. 145, zit. n. Eckardt Köhn. *Straßenrausch. Flanerie und kleine Form. Versuch zur Literaturgeschichte des Flaneurs bis 1933.* Berlin: Das Arsenal, 1989. S. 184. Vgl. auch ebenda. S. 7-75.

12 Entsprechend der von Baudelaire in *Le peintre de la vie moderne* (1863) dargelegten Theorie der modernen Ästhetik als des transitorisch Schönen, ist bei ihm die Hauptaufgabe des Flaneurs, im Flüchtigen der Großstadt die Schönheit des Ewigen mit Hilfe der Imagination zu konstituieren. Vgl. hierzu Harald Neumeyer. *Der Flaneur. Konzeptionen der Moderne.* Würzburg: Königshausen & Neumann, 1999 (Epistemata, Würzburger Wissenschaftliche Schriften, Reihe Literaturwissenschaft 252). S. 19 u. 67-78. So beobachtet der Baudelairsche Flaneur die Menge, um hieran seine Imagination zu entzünden, er entwirft imaginäre Portraits der beobachteten Menschen. Diese Vorgehensweise reflektiert der Ich-Erzähler in dem Prosa-Gedicht *Die Fenster*, in dem der Erzähler im Vorübergehen für einen Moment durch ein offenes Fenster eine alte Frau erblickt und anschließend schreibt: »Aus ihrem Gesicht, ihrer Kleidung, aus ihrer Gebärde, aus einem Nichts fast forme ich ihre Geschichte neu, ihre Legende vielmehr [...].« (Charles Baudelaire. »Die Fenster«. Ders. *Die Blumen des Bösen. Der Spleen von Paris.* Französisch und Deutsch mit einem Kommentar von Manfred Starke. Leipzig: 1990. S. 455. Der Hinweis hierauf ist Eckard Köhn in *Straßenrausch* (wie Anm. 11). S. 68 zu verdanken.

13 Vgl. hierzu François Hourmant. *Au pays de l'avenir radieux. Voyages des intellectuels français en URSS, à Cuba et en Chine populaire.* Paris: Aubier, 2000. S. 63; Rachel Mazuy. *Croire plutôt que voir? Voyages en Russie soviétique (1919-1939).* Paris: Odile Jacob, 2002. S. 57 sowie Inka Zahn. »›Doppelreisende‹ in der Zwischenkriegszeit. Drei Franzosen in Moskau und Berlin.« *Berlin, Paris, Moskau. Reiseliteratur und die Metropolen.* Hg. Walter Fähnders/Nils Plath/Hendrik Weber/Inka Zahn. Bielefeld: Aisthesis, 2005 (Reisen Texte Metropolen, 1). S. 107-123.

14 Dies ist zwar nicht gültig für die Flaneurfigur im Allgemeinen, doch bei Baudelaire ist der Blick des Künstlers auf die Phänomene der Großstadt auch der des politisch reflektierten Subjekts. Vgl. hierzu Köhn. *Straßenrausch* (wie Anm. 11). S. 64-72. Die politische Perspektive kommt auch bei der Deutung der Figur des Flaneurs durch Walter Benjamin zum Tragen. So verweist Wal-

somit im Moskauer Kontext zu einem primär an der politisch-ideologischen Symbolik und Semiotik der Stadt interessierten Beobachter.

Dies ist auch in den Rahmenbedingungen des Flanierens begründet, die sich im Kontext des sowjetischen Moskaus der Zwischenkriegszeit ändern. Der traditionelle Flaneur wird vor allem durch die reichhaltigen Warenauslagen in den Pariser Passagen zu müßigem Umherschlendern eingeladen.[15] Bis auf die Periode der Neuen Ökonomischen Politik (NÖP) entfallen im revolutionären Moskau jedoch ein großes Warenangebot und Luxus als Objekte der Beobachtung und Begierde. So wirken beispielsweise die 1936 in Moskau von dem Schriftsteller und Journalisten Roland Dorgelès angetroffenen leeren Geschäfte auf ihn »traurig wie der Rest«.[16] Aus diesem Grund und wegen der – im Unterschied zu westlichen Metropolen wie Paris – in Moskau in den 1930er Jahren zunehmend fehlenden

---

ter Fähnders darauf, daß Benjamin »die Figur des Flaneurs als eine oppositionelle Figur interpretiert [habe], deren Müßiggang eine Kritik am Kapitalismus darstellt«, welcher mit den Methoden des Taylorismus und des Fordismus den Menschen ein rasantes Tempo vorschreibe. (Walter Fähnders. »›Amerika‹ und ›Amerikanismus‹ in deutschen Russlandberichten aus der Weimarer Republik«. Beitrag zum Kolloquium »Paris-Berlin-Moscou. Regards croisés [1918-1939]«, vom 2.-9. September 2004 in Cerisy-la-Salle, in: *Die Blicke der Anderen*. Hg. Wolfgang Asholt/Claude Leroy. [im Erscheinen]) Wenn aus diesem Aufsatz zitiert wird, beziehen sich, hier wie im Folgenden, die Seitenzahlen auf das Manuskript, das der Verfasserin dieser Arbeit vorliegt. Die hier zitierte Stelle findet sich auf S. 13. Hier zitiert Fähnders folgende Stelle aus dem *Passagen-Werk*: »Um 1840 gehörte es vorübergehend zum guten Ton, Schildkröten in den Passagen spazieren zu führen. Der Flaneur ließ sich gern sein Tempo von ihnen vorschreiben. Wäre es nach ihm gegangen, so hätte der Fortschritt diesen pas lernen müssen. Aber er behielt nicht das letzte Wort sondern Taylor, der das ›nieder mit der Flanerie‹ zur Parole machte.« (Walter Benjamin. *Gesammelte Schriften*. Hg. Rolf Tiedermann/Hermann Schweppenhäuser. 7 Bde. Frankfurt/M.: Suhrkamp, 1972-1989. Bd. I/2. S. 556-557.)

15 So heißt es in Walter Benjamins *Passagen-Werk*: »Die Passagen sind ein Zentrum des Handels in Luxuswaren.« (Walter Benjamin. »Paris, die Hauptstadt des XIX. Jahrhunderts«. Ders. *Gesammelte Schriften* [wie Anm. 14]. Bd.V/1. S. 45-59. Hier S. 45.) – Diese zum langsamen und dabei die Ware begutachtenden Umherschlendern einladenden Passagen bringen laut Benjamin eine »neue Kunst des Flanierens« wie auch den Typus des Flaneurs an sich hervor (»Diesen Typus schuf Paris.«). Vgl. Ders. »Pariser Passagen I« und »Pariser Passagen II«. Ders. *Gesammelte Schriften* (wie Anm. 14). Bd. V/2, S. 991-1038 u. S. 1044-1059. Hier S. 1000 u. S. 1053. Vgl. auch Köhn. *Straßenrausch* (wie Anm. 11). S. 28-29.

16 Roland Dorgelès. *Vive la liberté!*. Paris: Albin Michel, 1937. S. 13f.

Orte der Zerstreuung[17], wird 1934 dem nationalistischen Publizisten Henri de Kerillis zufolge das Flanieren in- Moskau seines Sinns beraubt: »Stellen Sie sich London, Paris, Berlin, New York, ohne ihre reichen Boulevards, ihre schönen Geschäfte, ohne mehr als diese entsetzlichen Auslagen der Lebensmittelkooperativen vor. [...] Kein Café. Kein kleiner Versammlungs- oder Vergnügungsort, von denen es bei uns hundert in der ärmsten Straße gibt.«[18] Gemessen am Flanieren in einer kapitalistischen Großstadt, deren Spezifik des Großstadtlebens Georg Simmel zufolge u.a. durch das Element Geld in Form der »Mannigfaltigkeit und Zusammendrängung des wirtschaftlichen Austausches«[19] gekennzeichnet ist, wird das traditionelle Flanieren im Sozialismus demnach ausländischen Besuchern zufolge ad absurdum geführt.[20] Moskau, wo das Marktgesetz und das Geld als treibender Motor des städtischen Organismus vor allem ab Ende der NÖP durch die kommunistische Ideologie und die zentralisierte Planwirtschaft größtenteils ersetzt wird[21], erscheint in den Augen Reisender als »immaterielle Stadt«.[22]

---

[17] Während es vor allem in den ersten Jahren der NÖP in Moskau noch einige bourgeoise Vergnügungsorte, wie z.B. Restaurants mit Kabarettprogramm oder Spielkasinos gibt, ist dies in den 1930er Jahren nicht mehr der Fall. Vgl. Matthias Heeke. *Reisen zu den Sowjets. Der ausländische Tourismus in Russland 1921-1941.* Münster: LIT, 2003 (Arbeiten zur Geschichte Osteuropas 11). S. 223-224.

[18] Henri de Kerillis. *Paris – Moscou en avion.* Paris: Denoël et Steele, 1934. S. 73f. Vgl. auch Elisabeth de Gramont. *Le chemin de l'URSS.* Paris: Rieder, 1933. S. 99.

[19] »Die Großstädte sind von jeher die Sitze der Geldwirtschaft gewesen, weil die Mannigfaltigkeit und Zusammendrängung des wirtschaftlichen Austausches dem Tauschmittel eine Wichtigkeit verschafft, zu der es bei der Spärlichkeit des ländlichen Tauschverkehrs nicht gekommen wäre.« (Georg Simmel. »Die Großstädte und das Geistesleben« (1903). Ders. *Das Individuum und die Freiheit. Essays.* Berlin: Fischer, 1984. S. 193.)

[20] Dies stellt Dorothea Hülsmeier im Falle anderer von ihr untersuchter französischer Reiseberichte ebenfalls fest. Vgl. Dorothea Hülsmeier. »Grenzüberschreitungen. Reiseberichte des ›entre-deux-guerres‹ über die Sowjetunion: Literatur oder Reportage?« *lendemains* 81 (1996): S. 44-62. Hier S. 52.

[21] Urussowa weist darauf hin, daß mit der Aufhebung des Marktes und der Verstaatlichung von Privateigentum zur Zeit des Kriegskommunismus (1918-1921) die Geldkomponente aus dem Modell der kapitalistischen Großstadt entfalle. Während sich dies für die Zeit der NÖP ändere, entfalle die Geldkomponente mit Abschaffung der NÖP 1928 erneut. Vgl. Urussowa. *Das neue Moskau* (wie Anm. 6). S. 96-98. Hierbei darf jedoch nicht übersehen werden, daß auch im revolutionären Moskau weiterhin traditionelle Orte des

Zudem unterscheidet sich die Flanerie in Moskau durch die hier im Gegensatz zu anderen Städten beobachtbare »neue« Menschenmenge. So ist die Moskauer Menschenmasse französischen Reisenden zufolge primär durch ihre Proletarisierung und Homogenisierung als Zeichen des Neuen gekennzeichnet.[23] Diese Proletarisierung, also »der einheitliche, in jeder Hinsicht proletarische Lebensstil«[24] kommt z.B. dem Schriftsteller und Dramatiker Jean-Richard Bloch in den Blick, der im Sommer 1934 zum 1. Allunionskongreß der Sowjetschriftsteller nach Moskau reist und

Handels, wie z.B. (Schwarz-)Märkte existieren, das Marktgesetz daher nicht komplett außer Kraft gesetzt ist.

22 Diese Bezeichnung für Moskau wählt die Literatin und reisende Gräfin von Clermont-Tonnerre Elisabeth de Gramont aufgrund der im Jahre 1933 in Moskau fehlenden Vergnügungs- und Luxusorte. Vgl. Gramont, *Le chemin de l'URSS* (wie Anm. 18). S. 99.

23 Auch wenn in einigen Moskau-Berichten, vor allem zur Zeit der NÖP, ironisch erwähnt wird, daß Vertreter der alten Ordnung sowie die Profiteure der NÖP im Moskauer Stadtbild sichtbar sind, die herkömmliche soziale Struktur in Moskau daher zeitweise fortbesteht. So berichtet beispielsweise 1925 der Schriftsteller Henri Béraud, einer der großen Reporter Frankreichs, der sich kurz darauf zu einem bekannten Polemiker der politischen Rechten entwickelt, daß er in einem luxuriösen Moskauer Staatsrestaurant keine Proletarier, sondern nur Nutznießer der NÖP (frz.: »Nepmen«) antrifft, um anhand dieses Beispiels die soziale Ungleichheit im Kommunismus zu kritisieren: »Wie? Es gibt in Moskau neue Reiche? Ja, die gibt es. Es sind die ›Nepmen‹. Sie sind die Produkte der N.Ö.P [...].« Und weiter heißt es: »Wo aber bleibt das Proletariat? Ich suche es vergeblich. [...] Hier ist nicht der Ort, das Volk aufzusuchen. Wir müssen leider erkennen, daß seine Souveränität seine Lage nicht verändert hat. Die Ungleichheit ist geblieben. Der Arbeiter ist in der Fabrik [...].« (Henri Béraud. *Was ich in Moskau gesehen habe.* Aus dem Französischen v. Lili Waerndorfer. Wien: Steyrermühl, 1926. S. 48 u. 50f.). Die Auflösung der konventionellen sozialen Struktur in der sowjetischen Hauptstadt ist in der Tat nicht in allen Phasen der Zwischenkriegszeit gleich stark. So kommt es während des Kriegskommunismus zu einer deutlich merkbaren Proletarisierung Moskaus durch die Stadtflucht der Großstädter, wodurch der Anteil der Proletarier an der Bevölkerung steigt. Speziell während der Zeit der NÖP läßt sich Janina Urussowa zufolge hingegen folgendes Paradoxon konstatieren: Während die Stadt de jure dem Proletariat gehört, ist sie »de facto [...] beherrscht und gelenkt von der kapitalistischen Ordnung und ihren Repräsentanten: den Neureichen, den Nepmans.« (Urussowa. *Das neue Moskau* [wie Anm. 6]. S. 92). Vgl. auch ebenda. S. 28 ; sowie Alain Blum. »Changer la ville, changer l'homme«. *Moscou 1918-1941. De »l'homme nouveau« au bonheur totalitaire.* Hg. Cathérine Gousseff. Paris: Éditions Autrement, 1993. S. 73-92. Hier S. 89.

24 Heeke. *Reisen zu den Sowjets* (wie Anm. 17). S. 168.

durch diese Reise zu einem »begeisterten[n] Verteidiger der Sowjetunion«[25] wird. Die von ihm beobachtete Moskauer Masse beschreibt er positiv als eine Menge ohne »jeden Unterschied in materieller Hinsicht«, wo »*alle* Leute, die man auf der Straße sieht, sichtbar Werktätige« und wo alle »sehr sauber und *alle* […] beschuht sind.«[26] Der rechts-konservative Reporter Géo London hingegen, der sich im Auftrag der Zeitung *Le Journal* 1927 nach Moskau begibt, sieht in der Proletarisierung der Masse, hier: in Form der einfachen praktischen Kleidung[27], ein Zeichen der allgemeinen Verarmung der Bevölkerung, was London zum Anlaß der Kritik am Kommunismus nimmt:

> Stellen sie sich ein Volk vor, das ausschließlich aus armen Leuten besteht: die Männer sind in […] kakifarbenen oder dunklen Hemden. […] Bei der Frau ist die kleidungsbezogene Armut nicht geringer. Aha! Die Diktatur des Proletariats wird nicht begleitet von einer Diktatur der Seidenstrümpfe![28]

Die proletarische Masse unterscheidet sich somit in den Augen westlicher Reisender von der Menschenmasse in bürgerlichen Metropolen, die die Stadt traditionell als Raum eines zur Schau getragenen Individualismus nutzt. Da dieses konventionelle Element bürgerlicher Städte wie auch das des Geldes im sozialistischen Moskau ab Ende der 1920er Jahre größten-

---

[25] Wolfgang Klein. »›Zug von Abenteuer. Ständig Unerwartetes‹. Marguerite und Jean-Richard Blochs Reise in die Sowjetunion von August bis Oktober 1934«. Beitrag zum Kolloquium »Paris-Berlin-Moscou. Regards croisés (1918-1939)«, vom 2.-9. September 2004 in Cerisy-la-Salle, erscheint in: Wolfgang Asholt/Claude Leroy (Hg.): *Die Blicke der Anderen*. Wenn aus diesem Aufsatz Kleins zitiert wird, beziehen sich, hier wie im Folgenden, die Seitenzahlen auf das Manuskript, das der Verfasserin dieser Arbeit vorliegt. Die hier zitierte Stelle findet sich auf S. 1.

[26] Notiz von Marguerite Bloch, 13.08.1934: Dies. *Journal du voyage en URSS, à l'occasion du Congrès organisé des Écrivains de l'Union Soviétique*. Heft im Fonds Jean-Richard Bloch. Bibliothèque Nationale de France. Paris. NAF, don 28448. S. 10. Übersetzung zit. n. Klein. »Zug von Abenteuer. Ständig Unerwartetes« (wie Anm. 25). S. 7.

[27] Gerade in der einfachen Arbeitskleidung sehen einige, vor allem antikommunistische Reisende ein Anzeichen der Proletarisierung der Masse. Vgl. Béraud. *Was ich in Moskau gesehen habe* (wie Anm. 23). S. 36. Auch in Moskau-Berichten von Autoren anderer Nationalitäten wird die Proletarisierung der Moskauer Bevölkerung anhand der Kleidung festgemacht. Vgl. Heeke. *Reisen zu den Sowjets* (wie Anm. 17). S. 168.

[28] Géo London. »Parmi la foule moscovite«. *Le Journal* Nr. 12754 (18.09.1927). S. 1.

teils wegfällt[29], kommt es bei französischen Reisenden zu einer Wahrnehmung Moskaus als nicht ›wirklicher‹ Stadt, einer Stadt, die primär als Abbild des ganzen Staates und des Kommunismus wahrgenommen wird.

Der ›flüchtige Blick‹, die flüchtig gemachte Beobachtung des Reisenden wird in Moskau daher weniger zum Anreiz der auf die beobachtete Menschenmasse bezogenen Imagination wie bei Baudelaire[30], sondern dient oftmals als Ausgangspunkt politisch-ideologischer Reflexion. So schließt sich beispielsweise in dem Moskau-Bericht *Es lebe die Freiheit!* von Dorgelès an die vom Sprecher 1936 in Moskau beobachteten »armen Teufel von roten Bauern, die sich glücklich glauben«[31] folgende Reflexion über den Kommunismus als ›Ersatzreligion‹ an:

> Früher erhofften sie [die Russen – *I.Z.*] sich das Glück, das ihnen der Pope versprach, im Weihrauch; heutzutage ist es hier auf Erden, wo man ihnen den Himmel verspricht, und sie glauben immer noch daran. Auf dem Roten Platz hat sich die Achse lediglich verschoben: sie ist von der Basilius-Kathedrale auf das Leninmausoleum übergegangen.[32]

II. Moskau als Stadt der (heterogenen) Zukunft

Neben der gängigen *Raum*konstruktion Moskaus als primär politischem Ort stehen Moskau sowie die UdSSR insgesamt auch für die *zeitliche* Dimension der Zukunft.[33] So beschreibt Paul Vaillant-Couturier, bekannter kommunistischer Politiker, Schriftsteller und Journalist, seine Moskau-Reise 1926 als Reise »in die Zukunft«.[34] Auch der Schriftsteller, Dichter und Mitgründer des Surrealismus, Philippe Soupault, der in Moskau 1931 den städtebaulichen Eifer im Rahmen des ersten Fünfjahresplans erlebt,

---

29 Vgl. Urussowa. *Das neue Moskau* (wie Anm. 6). S. 97f; 230 u. 373.

30 Vgl. Köhn. *Straßenrausch. Flanerie und kleine Form* (wie Anm. 11). S. 67-71.

31 Dorgelès. *Vive la liberté!*. (wie Anm. 16). S. 46.

32 Ebenda. S. 46f.

33 Vgl. Walter Fähnders/Nils Plath/Inka Zahn. »Einleitung«. *Berlin, Paris, Moskau. Reiseliteratur und die Metropolen*. Hg. Dies. Berlin: Aisthesis, 2005. S. 9-29. Hier S. 11f.

34 Paul Vaillant-Couturier. »Préface«. Ders. *Un mois dans Moscou la Rouge. La vérité sur l'enfer bolchévik*. Paris: Éditions des reportages populaires, 1926. S. 2.

tituliert Moskau als »Stadt der Zukunft«.[35] Als Zeichen der Zukunft werden hier in den 1930er Jahren z.B. die omnipräsenten Zahlendiagramme, die über die Einhaltung des Fünfjahresplans berichten[36] sowie die als Beispiel der modernen Technik geltende Metro[37] betrachtet. Daß Moskau die Kategorie der Zukunft zugeschrieben wird, stellte Walter Fähnders ebenso für die deutschen Rußlandberichte der Zwischenkriegszeit fest.[38]

Die Zukunft, für die Moskau steht, ist jedoch, und auch dies gilt für französische wie deutsche Rußlandberichte, nicht homogen, sondern gleichzeitig eng verwoben mit der Vergangenheit und Gegenwart.[39] Viele französische Reisende bemerken in Moskau neben Zeichen revolutionärer Veränderungen beispielsweise solche disparater (kultureller, politischer oder historischer) Einflüsse und Werte, die oftmals von Reisenden mit verschiedenen Zeitebenen in Verbindung gebracht werden.[40] So beschreibt der 1933 in die Sowjetunion reisende Marcel Ribardière[41] Moskau als »eine Stadt der Kontraste, dessen mittelalterlicher Charakter sich in beständiger Opposition zu den modernen Ideen in der Kunst, der Architektur [...] und der Politik befindet: Kontraste, die auch bei den Menschen wie den Gebäuden und Institutionen hervortreten.«[42]

Einige Moskau-Reisende sind hier ganz bewußt auf der Suche nach Zeichen des Alten, wie z.B. der traditionellen Figur des russischen Bau-

35 Philippe Soupault. »Trois villes«. *Vu* (Spezialausgabe mit dem Titel *Au pays des* Soviets) 192 (18.11.1931): S. 2548-2550. Hier S. 2549.

36 Oscar Lemaire/Lucien Butel. *Quatre semaines en Russie, par Oscar Lemaire et Lucien Butel.* Paris: Les Amis de l'Union Soviétique, 1934. S. 5. Vgl. hierzu auch Soupault. »Trois villes« (wie Anm. 35). S. 2548.

37 Paul Pompilio. *Mon voyage en U.R.S.S. 1937.* Paris: Syndicat des Artistes Musicien de Paris et de la Région Parisienne, 1937. S. 31f.

38 Vgl. Fähnders. »,Amerika‹ und ›Amerikanismus‹ in deutschen Russlandberichten aus der Weimarer Republik« (wie Anm. 14). S. 1f.

39 Vgl. Fähnders/Plath/Zahn. »Einleitung« (wie Anm. 33). S. 12-14.

40 Das Disparate der Stadt Moskau geht natürlich über den Aspekt der ›Verzeitlichung‹, unter dem es hier besprochen wird, hinaus. Jedoch sind beide Aspekte eng miteinander verknüpft. Denn da die hier zu präsentierenden Zeichen des Disparaten oftmals auch auf eine Koexistenz verschiedener Zeitebenen verweisen bzw. eben von den Reisenden selbst mit Vergangenheit, Gegenwart oder Zukunft assoziiert werden, hängt die urbane Hybridität mit der zeitlichen Heterogenität direkt zusammen.

41 Genaueres war über ihn nicht zu ermitteln.

42 Marcel Ribardière. *U.R.S.S. 1933. Impressions politiques et économiques.* Paris: Théo Brugière, 1933. S. 18. Vgl. auch Lydia Bach. *Moscou, ville rouge.* Paris: Librairie Valois, 1929. S. 6f.

ern – dem Muschik – oder Vertretern der ehemals herrschenden Klasse, die dem politisch rechten Journalisten und Schriftsteller Henri Béraud zufolge »das Russland von gestern«[43] verkörpern. Ein weiteres Zeichen der Vergangenheit ist, je nach Betrachter, die NÖP, die sich deutlich im Stadtbild niederschlägt. So neigen Reisende der französischen politischen Rechten dazu, die NÖP als althergebrachtes kapitalistisches Element zu betrachten, welche als Scheitern des sozialistischen Experiments gewertet wird.[44] Béraud beispielsweise kommentiert die Einführung der NÖP wie folgt: »Die Wahrheit ist, dass [...] das Sowjetregime sich nicht mehr dem Staatskapitalismus *entgegenbewegt:* Es ist mitten drin. Vollkommen.«[45] Dies verdeutlicht er u.a. anhand der Beschreibung von Luxusorten, wie z.B. Juwelierläden inmitten des revolutionären Moskau: »Hinter dem Großen Theater [...] befindet sich ein Juwelierladen. [...] Man sieht Perlenschnüre [...] eine Auswahl kostbarster Steine [...].«[46] Und weiter: »man [kann] – mitten im Herzen der Proletarier-Haupstadt – den Hals und die Schultern einer Mätresse mit Perlen im Werte von Millionen und ebenso kostbaren Pelzen behängen [...].«[47] Gerade das Beispiel der NÖP verdeutlicht, daß die Suche nach Zeichen der Vergangenheit den reisenden Gegnern des Kommunismus oftmals dazu dient, Widersprüchlichkeiten des kommunistischen Systems aufzudecken und es auf diesem Wege zu kritisieren.

Als Zeichen der revolutionären Gegenwart kommen Reisenden die oben erwähnte neue proletarische Masse wie auch die ideologisch stark besetzen Symbole wie die rote Fahne, Hammer und Sichel oder der rote Stern in den Blick. Die Journalistin und spätere Mitbegründerin des Volksfront-Organs *Vendredi*, Andrée Viollis, die sich für die Tageszeitung *Le Petit Parisien* im Jahre 1927 allein auf eine dreimonatige Rundreise von Norden nach Süden durch Sowjetrußland begibt, wertet beispielsweise die über dem roten Platz wehende rote Fahne als »das souveräne Symbol der neuen Ordnung.«[48]

---

[43] Henri Béraud. *Was ich in Moskau gesehen habe* (wie Anm. 23). S. 27. Vgl. auch Andrée Viollis. *Seule en Russie de la Baltique à la Caspienne.* Paris: Gallimard, 1927. S. 163; Georges Duhamel. *Le voyage de Moscou.* Paris: Mercure de France, 1928. S. 156. Vgl. auch Blum. »Changer la ville, changer l'homme« (wie Anm. 23). S. 85.

[44] Zu dieser und anderen Lesarten der NÖP unter Franzosen vgl. Sophie Cœuré. *La grande lueur à l'Est. Les Français et l'Union soviétique 1917-1939.* Paris: Seuil, 1999. S. 99.

[45] Henri Béraud. *Was ich in Moskau gesehen habe* (wie Anm. 23). S. 45.

[46] Ebenda. S. 53.

[47] Ebenda. S. 54.

[48] Viollis. *Seule en Russie* (wie Anm. 43). S. 28.

Ein weiteres Zeichen der veränderten Gegenwart ist das in Moskau vorherrschende Tempo. Dies wird meist anhand von Mobilitätsmotiven, d.h. eilenden Passanten, fahrenden Autos oder Straßenbahnen hervorgehoben. So heißt es beispielsweise in dem Bericht des ebenfalls 1927 nach Moskau reisenden kommunistischen Zeichners und Karikaturisten Jules Grandjouan: »Nirgendwo sonst, noch nicht mal in London, gehen die Menschen mit einer derart rapiden Geschwindigkeit.«[49] In den 1930er Jahren, als sich das Moskauer Stadtbild durch Um- und Aufbau-, sowie Restaurierungs- und Abrißarbeiten innerhalb von kürzester Zeit verändert und sich Moskau nun von einer Stadt mit ehemals dörflichem Charakter in eine große Metropole verwandelt[50], wird die omnipräsente urbane Dynamik vor allem mit dem unglaublichen Tempo des Aufbaus assoziiert. So schreibt die Journalistin und Romancière Simone Téry im Jahre 1937 über diesen rapiden Umbau Moskaus: »Innerhalb von drei Monaten habe ich ganze Viertel verschwinden und wunderbare Gebäude aus Bauschutt entstehen sehen.«[51]

Moskau ist in den Augen Reisender demnach nicht nur Ort des Neuen, der revolutionären Veränderungen, sondern auch Ort der Gleichzeitigkeit von Ungleichzeitigem, einer heterogenen Zukunft.

III. Die Wahrnehmung Moskaus im Vergleich mit Berlin und New York/Chicago

Die Wahl dieser westlichen Städte als Vergleichspunkte ist keineswegs zufällig: Berlin liegt für die französischen Reisenden sozusagen zwischen ihrer Heimatmetropole Paris und Moskau, ist daher für einige auf dem Weg nach oder zurück aus Moskau ein Ort, an dem sie Station machen. Berlin steht, zumal während der Phase der Stabilisierung der Weimarer Republik, für eine rasante Modernität amerikanischen Zuschnitts und aufgrund ihrer urbanen Schnelligkeit hier hypothetisch für Gegenwart.[52] New

[49] Jules Grandjouan. *La Russie vivante. Images de la vie soviétique*. Paris: Comité des Amitiés franco-soviétiques pour le Xe anniversaire 1927, 1927. S. 9.

[50] Heeke. *Reisen zu den Sowjets* (wie Anm. 17). S. 177. Vgl. auch Blum. »Changer la ville, changer l'homme.« (wie Anm. 23). S. 77; sowie Urussowa. *Das neue Moskau* (wie Anm. 6). S. 247.

[51] Simone Téry. «Les capitales Leningrad, Moscou« *Russie d'aujourd'hui* 53 (15.04.1937): S. 6.

[52] Vgl. Fähnders/Plath/Zahn. »Einleitung«. *Berlin, Paris, Moskau* (wie Anm. 33). S. 9-11.

York und Chicago bieten sich deshalb als Vergleichspunkte an, da gerade diese zwei nordamerikanischen Städte in der Zwischenkriegszeit ähnlich wie Moskau mit der Kategorie der Zukunft assoziiert werden. Hierhin reisen viele Franzosen, um zu eruieren, ob die USA ein Modell für Europa sein könnten.[53]

Was kommt den französischen Reisenden in den Städten Berlin und Chicago oder New York in den Blick? Nehmen sie diese Orte der Fremdwahrnehmung wie Moskau primär als Metonym eines politischen Systems wahr? Lassen sich New York oder Chicago eindeutig der Zeitkategorie Zukunft und Berlin der Gegenwart zuordnen oder sind auch sie, wie Moskau, vielmehr Orte der Koexistenz verschiedener Zeitschichten?

Natürlich spielt bei Stadtbetrachtungen allgemein immer auch die politische Perspektive eine Rolle. Doch im Falle Berlins überwiegt – zumindest bis 1933 – weniger die ideologische als vielmehr die politisch-nationale Perspektive, denn die Stadt erscheint einigen französischen Besuchern im Zeichen des vorangegangenen Krieges. So fühlt sich nicht nur der Sprecher von Bérauds Berlin-Reportage *Was ich in Berlin sah* im Jahre 1926 hier als »Franzose […], der den Krieg mitgemacht hat, machtlos gegen den Angriff meiner Erinnerungen.«[54] Auch Soupault bemerkt in seinen Mémoiren rückblickend, daß bei seinem Berlin-Besuch 1931 Berlin bzw. Deutschland insgesamt primär für Vergangenheit steht:

> *Es war mir unmöglich die Zukunft dieses* gedemütigten, unsicheren *Landes zu erkennen*, wo die Arbeitslosigkeit, die Armut […] die Situation dieses Volkes, welches noch nicht die Niederlage von 1918 und den Sturz der Monarchie […] vergessen hatte, mehr und mehr konfus machten. *Die Vergangenheit dominierte die Zukunft.*[55]

Zwar kommt Berlin einigen Reisenden als Stadt einer stark ausgeprägten Modernität in den Blick, die sich z.B. in Form des Berliner Urbanismus zeigt.[56] So bezeichnet Béraud 1926 die Architektur moderner Arbeiter-

[53] Vgl. *Amerika erfahren – Europa entdecken. Zum Vergleich der Gesellschaften in europäischen Reiseberichten des 20. Jhd.* Hg. Alexander Schmidt-Gernig. Berlin: Ed. q., 1999. S. 9.

[54] Henri Béraud. *Ce que j'ai vu à Berlin*. Paris: Éditions de France, 1926. S. 3.

[55] Philippe Soupault. *Mémoires de l'Oubli.* Paris: Lachenal & Ritter, 1997 (posthum erschienen). S. 115 (Hervorhebungen – *I.Z.*).

[56] Vgl. hierzu auch Wolfgang Asholt. »Drei französische Schriftsteller und das Berlin der zwanziger Jahre«. *Regionaler Kulturraum und intellektuelle Kommunikation vom Humanismus bis ins Zeitalter des Internet. Festschrift für Klaus Garber*. Hg. Axel E. Walter. Amsterdam/New York: Rodopi, 2005.

viertel[57] als ein »schönes Beispiel von Stadtplanung, das uns unsere Nachbarn geben.«[58] Doch Berlin steht nicht nur für Gegenwart, als Gegenwartsmodell für Paris[59], denn für französische Besucher ist – zumindest bis 1933 – vielmehr die Vergangenheit ein dominanter Wahrnehmungsparameter. Berlin läßt sich jedoch keiner der Zeitebenen eindeutig zuordnen. Denn im Gegensatz zu den bisher genannten Berlin-Eindrükken illustrieren die von Soupault aus dem Jahre 1931, die im Jahr darauf in der Zeitschrift *Vu* veröffentlicht werden, den hybriden Charakter der Stadt. Unter der Überschrift *Moskau in Berlin* wird Berlin als Ort fremder Einflüsse charakterisiert:

> Es ist unmöglich, die Zunahme des kommunistischen Geistes in Deutschland [...] zu negieren. [...] Auf ihre Machtübernahme wartend, versuchen die deutschen Kommunisten, die Massen in eine kommunistische Atmosphäre einzuhüllen, in großen Volks-, Künstler- oder Sportversammlungen den proletarischen Geist herrschen zu lassen, der die Demonstrationen in Moskau durchdringt. [...] Viele junge Männer und Frauen, die mich unwiderstehlich an junge Menschen erinnern, die ich in Rußland. angetroffen habe.

S. 17-31. Hier S. 24 u. 26-29. Von der starken urbanen Expansion in Berlin spricht 1932 auch der Journalist Ludovic Naudeau. Vgl. Ders. »L'Allemagne nouvelle (II)«. *Illustration* 4672 (17.09.1932): S. 65-68. Hier S. 66. Die Modernität der Berliner zeigt sich französischen Reisenden zudem auch in dem aufkommenden Körperkult bis hin zur Nudistenkultur, die auf die Besucher befremdend bis hin zu unheimlich wirkt. Vgl. »L'Allemagne nouvelle« (Teil I) *Illustration* 4671 (10.09.1932): S. 34-36. Hier S. 34; sowie Henri Béraud. *Ce que j'ai vu à Berlin* (wie Anm. 54). S. 42. Vgl. hierzu auch Asholt. »Drei französische Schriftsteller und das Berlin der zwanziger Jahre« (wie Anm. 56). S. 27-29.

57 Vgl. Ludovic Naudeau. »L'Allemagne nouvelle (Teil II)« (wie Anm. 56). S. 67.

58 Béraud. *Ce que j'ai vu à Berlin* (wie Anm. 54). S. 99.

59 Berlin und Deutschland insgesamt werden zudem in den 1920er Jahren, weil sie in den Augen einiger Reisender durch Wohlstand gekennzeichnet sind, als Gegenwartsmodell für das zu diesem Zeitpunkt inflationäre Frankreich behandelt. So schreibt Béraud in der Einleitung seines Berlin-Berichts, daß ein Grund seiner Reise nach Deutschland der sei zu untersuchen, wie es so rasch ökonomisch gesunden konnte: »Deutschland, Land der monströsen Inflation und der außergewöhnlichen Finanzen, dient es uns nicht als ein Studierfeld, wo die Umstände ohne Umschweife die Schritte eines besorgten und neugierigen Franzosen hinführen sollten?« (Béraud. »Préface«. Ebenda. S. III. Vgl. auch ebenda. S. 79ff.; sowie Claude Blanchard. *Du Kremlin au Vatican. L'Europe en avion*. Paris: Baudinière, 1928. S. 51).

> [...] Es scheint mir plötzlich, [...] als ob ich nicht mehr in Berlin wäre [...], sondern in Moskau.[60]

Hier steht Moskau für die Zukunft und wird als Referenz herangezogen, um das Neue, Zukünftige in Berlin zu markieren. Wie Moskau, steht somit auch Berlin nicht nur für *eine* Zeitkategorie: Es steht nicht nur, wie zu Beginn hypothetisch angenommen, für Gegenwart, denn hier schreibt sich einerseits das Zukünftige ein und bleibt andererseits zunächst die Vergangenheit ein dominanter Wahrnehmungsparameter.

Im Jahre 1933, nach der nationalsozialistischen Machtübernahme in Deutschland, nimmt der erneut nach Berlin reisende Soupault die deutsche Hauptstadt verändert wahr. Berlin ist nun nicht mehr, wie 1931, primär durch Vergangenheit, oder auch durch seinen hybriden Charakter gekennzeichnet, sondern vor allem durch die veränderte Gegenwart. Es ist nun primär Ort der Zeichen des totalitären Systems. So erscheint Berlin nun als von einer unheimlichen, vordergründigen Stille gekennzeichnet, die Soupault in Verbindung bringt mit den nicht sichtbaren, jedoch beunruhigenden Vorgängen im faschistischen Regime: »Berlin und Deutschland [werden] in Ruhe leben. Aber welche Strömungen, welche Wirbel werden unter dieser Ruhe entstehen und sich verstärken?«[61] Und weiter heißt es an anderer Stelle:

> 1933 finde ich ein Hitlerdeutschland wieder, beunruhigender, fiebriger, gelassener als all die [Deutschlands], die ich vorher gekannt hatte, trotz der scheinbaren Ruhe. Die Atmosphäre ist mal die einer Belagerung, mal die einer Vorbereitung auf einen Kreuzzug. Alles nimmt einen symptomatischen Wert an, sogar die Indifferenz und die Unterordnung der Massen.[62]

---

[60] Philippe Soupault. »Moscou dans Berlin«. *Vu* (Spezialausgabe mit dem Titel »L'enigme allemande«) 213 (13.04.1932): S. 483. Der Journalist Ludovic Naudeau, der Berlin im Jahr darauf besucht, urteilt ganz ähnlich, wenn er über die kommunistisch geprägten Viertel Berlins schreibt: »[...] in Berlin hat man sich Russland unendlich näher gefühlt als wir es jemals in Paris gewesen wären.« Naudeau. »L'Allemagne nouvelle (Teil II)« (wie Anm. 56). S. 66. Dies ändert sich für Paris vor dem Hintergrund des wachsenden kommunistischen Einflusses und vor allem der Volksfrontpolitik ab 1936 in Frankreich. So wählt Frédéric Eccard, der hierüber 1936 einen Artikel verfaßt, den Titel *Moscou à Paris*. Vgl. Frédéric Eccard. »Moscou à Paris«. *Revue des deux mondes* 33 (Juni 1936): S. 765-783.

[61] Soupault, Philippe: »Comment Hitler prépare le plebiscite du 11 novembre«. *Excelsior* 8349 (21.19.1933): S. 3.

[62] Soupault, Philippe: »Le réarmement moral de l'Allemagne« *Excelsior* 8351 (23.10.1933): S. 1.

Das Bild des hybriden Berlins von 1931 verschmilzt in der faschistischen Stadt zu einer Einheit des Unheimlichen. Berlin steht im Blick des Reisenden nun weniger für Vergangenheit und auf die Zukunft verweisende fremde Einflüsse als für eine befremdende Gegenwart und eine mit Schrecken erwartete Zukunft. So nimmt Soupault »mit jedem Schritt in den Straßen Berlins« [63] beunruhigende Anzeichen für eine Wiederaufrüstung Deutschlands mit dem Ziel eines neuen Krieges wahr. Er erkennt z.B. in einer gutbesuchten Schießbude mit der Reklameaufschrift »Berlin schießt. Trainieren sie mit den Gewehren der Reichswehr, der SS«[64] das Ziel, »die Geister [...] auf eine militärische Wiederaufrüstung vorzubereiten.«[65]

Anders als noch in den 1920er Jahren wird Berlin im Jahre 1933 von Soupault *vor allem* als Metonym des politischen Systems wahrgenommen.[66] Während in französischen Reiseberichten Moskau während der gesamten Zwischenkriegszeit primär als Metonym für das politische System Rußlands steht, trifft das für Berlin-Berichte vermutlich – aber hierzu wären weitere Untersuchungen erforderlich – erst für die Zeit nach 1933 zu.

Im Gegensatz zu Moskau und mehr noch als dies für Berlin gilt, steht bei der Darstellung der Städte New York und Chicago in französischen Reiseberichten das typisch Großstädtische der Metropolen sehr viel mehr im Zentrum des Interesses. So äußert der in der Zwischenkriegszeit nicht nur nach Moskau, sondern auch mehrmals in die USA reisende Diplomat, Schriftsteller und Journalist Paul Morand in seiner USA-Reportage *New York* von 1930: »New York ist das Bild der Stadt selbst [...].«[67] Das Großstädtische offenbart sich den Reisenden beispielsweise in der dichten Menschenmasse[68], die im Gegensatz zur in Moskau beobachteten proletarischen Masse die Stadt als Raum eines zur Schau getragenen Indivi-

---

[63] Ebenda.

[64] Ebenda. S. 3.

[65] Ebenda. S. 1.

[66] Eine derartige Hervorhebung der faschistischen Dimension von Berlin geschieht auch in folgenden Berichten: Louis Gillet. »Choses vues à Berlin«. *Revue des deux mondes* 22 (15. August 1934): S. 873-888; Pierre Drieu La Rochelle. »Une soirée à Berlin. Les deux jeunesses«. *Vu* 306 (24. Januar 1934): S. 103-104.

[67] Paul Morand. *New York* (1930). Neuausgabe. Paris: Flammarion, 1988. S. 200.

[68] Vgl. Philippe Soupault: »La rue«. *Vu* 196 (16.12.1931) : S.2772; Durtain. »L'Autre Europe«. S. 50.

dualismus nutzt. So äußert Morand: »Die New Yorkerin widmet der [körperlichen] Pflege des eigenen Ichs viel Zeit und Geld.«[69] Hauptmerkmal New Yorks als urbanem Platz par excellence sind Morand und anderen Reisenden zufolge jedoch primär die das Stadtbild kennzeichnenden Wolkenkratzer, welche die Stadt als eine »vertikale Stadt«[70] erscheinen lassen. Die Wolkenkratzer werden zugleich als Zeichen der Zukunft gelesen. Über sie heißt es in Morands Reportage: »[S]ie geben New York seine Größe, seine Kraft, seinen Aspekt von morgen.«[71] Gerade das in Richtung Zukunft Weisende bildet auch dem in Europa lebenden und für eine Reportage 1929 in die USA reisenden Amerikaner James E. Abbe zufolge eine Analogie zwischen Chicago und Moskau:

> Die Distanz zwischen Chicago und Moskau ist enorm, und dennoch ist die Mentalität dieser beiden Städte in mancher Hinsicht ziemlich ähnlich.
> Moskau bemüht sich, die Türen einzudrücken, um die Welt zu reorganisieren. Chicago, erhitzt, mit rotem Gesicht, versucht die Traditionen des »rapiden Vorwärtskommens« der ersten amerikanischen Pioniere zu bewahren.[72]

Die Zukunftskategorie trifft demnach den Reisenden Abbe, Morand und auch Soupault zufolge auf Moskau *und* New York sowie Chicago zu. Dies konstatierte Walter Fähnders auch für deutsche Rußlandberichte der Weimarer Republik.[73]

Wie auch im Falle Moskaus und Berlins gilt jedoch, daß New York und Chicago nicht nur *einer* Zeitkategorie zuzuordnen sind. Als Zeichen der Vergangenheit nimmt Abbe in Chicago z.B. einen alten Indianer in traditioneller Kleidung wahr, der als Sinnbild für die in der Vergangenheit begangene Schuld der Weißen an den Indianern fungiert: »Diese alte Rothaut«, heißt es hier, »ist ein Zeitgenosse der Gründung Chicagos […] aber was macht dieser Überlebende dort?«[74] Chicago erscheint so als mehrschichtige Stadt, in der eine Ambivalenz zwischen Zerstörung (Aus-

---

[69] Morand. *New York* (wie Anm. 67). S. 165.

[70] Ebenda. S. 209. Vgl. auch ebenda. S. 40; 46; 51 u. 53 sowie Luc Durtain. »Une enquête en Amérique. Prohibition«. *Vu* 14 (20.06.1928): S. 342.

[71] Morand. *New York* (wie Anm. 67). S. 46.

[72] James E. Abbe. »L'admirable Chicago«. *Vu* 46 (30.01.1929): S. 66.

[73] Vgl. Fähnders: »‚Amerika‹ und ›Amerikanismus‹ in deutschen Russlandberichten aus der Weimarer Republik« (wie Anm. 14).

[74] Abbe. »L'admirable Chicago« (wie Anm. 72). S. 66.

rottung der Indianer) und Innovation gegeben ist.[75] Die Stadtbilder Chicagos und auch New Yorks verweisen, wie die Moskaus und Berlins, auf Disparates.

Ähnlich wie Moskau stehen, zumindest teilweise, auch nordamerikanische Städte in den Augen Reisender metonymisch für das politisch-ökonomische System, hier: das des Kapitalismus. Dieses offenbart sich einigen Reisenden zufolge in Form der standardisierten Massenproduktion, die Abbe in seinem Chicago-Artikel kritisch von einem »taylorisierten Leben«[76] sprechen läßt. Morand betrachtet statt dessen die Wolkenkratzer als Symbole des kapitalistischen Geldkults, als »Hochburg des Kapitalismus«.[77] Jedoch nicht alle stellen die amerikanischen Metropolen als stark vom Primat des Geldes geprägt dar. So beschreibt Soupault, der 1931 als Reporter für die Zeitschrift *Europe Nouvelle* in die USA reist[78], die dort trotz der weitverbreiteten Parole des ›make money‹ im Grunde »unbedeutende Rolle des Geldes im Alltagsleben, in den Beziehungen von Mensch zu Mensch«.[79]

Generell sind Soupault zufolge nordamerikanische Städte wie New York und Amerika insgesamt weniger durch das hier herrschende System des Kapitalismus gekennzeichnet als durch das politische Prinzip demokratischer Freiheit. Soupault rekurriert hier auf den Mythos von Amerika als dem ›Land der Freiheit‹: »Die Freiheitsstatue war am Eingang des Hafens von New Yorks richtig platziert. [...] Es gibt, in den Vereinigten

[75] Diese Ambivalenz zwischen Zerstörung des ursprünglichen Amerikas und Fortschritt findet sich auch in folgendem Reisebericht: Graf Hermann Keyserling: »Im Yellowstone Park« (1919). *Amerika erfahren – Europa entdecken* (wie Anm. 53). S. 71-74.

[76] Abbe. »L'admirable Chicago« (wie Anm. 72). S. 66.

[77] Morand. *New York* (wie Anm. 67). S. 51. An anderer Stelle nennt Morand die Wolkenkratzer »eine Kathedrale für die Geschäftsleute«. Vgl. ebenda. S. 53; 49.

[78] Später im gleichen Jahr reist Soupault erneut für eine Reportage im Auftrag des *Le Petit Parisien* in die USA. Vgl. Soupault. »Memoires de l'oubli« (wie Anm. 55). S. 166, 59f u. 63. Seine Berichte über USA-Reisen erscheinen 1931 in der Zeitschrift *Europe Nouvelle* und in der Tageszeitung *Le Petit Parisien*. Zitate aus Soupaults Reportagen sind hier der späteren Veröffentlichung der Artikelserien in einer Spezialausgabe der Zeitschrift *Vu* und in der Tageszeitung *Excelsior* entnommen. In letzterer erscheinen die Artikel vom 14.-20. April 1933, vom 23.-27. April 1933 und am 9. November 1933. Vgl. auch Soupault, Philippe: »La rue«. *Vu* 196 (16.12.1931): S. 2768-2773; Ders.: »Libertés américaines«. *Vu* 196 (16.12.1931): S. 2817f.

[79] Ebenda.

Staaten, […] eine Atmosphäre von Freiheit, die sich dem Europäer stark aufzwingt.«[80] Dies macht er im Folgenden an Beobachtungen wie z.B. der in den USA herrschenden Religionsfreiheit, aber auch der sexuellen Freiheit fest.[81]

Die Wahrnehmung nordamerikanischer Städte wie New York oder Chicago geschieht demnach auch aus politischer Perspektive, die Städte werden bis zu einem gewissen Grad als durch das in dem Land herrschende politische oder polit-ökonomische System geprägt wahrgenommen, auch wenn dies für Moskau in einem sehr viel höheren Maße gilt.

Betrachten die hier untersuchten USA-Reisenden, die in den amerikanischen Städten Symbole der Zukunft erkennen, New York oder Chicago als Modell für Europa bzw. Frankreich? New York respektive Chicago oder die USA insgesamt werden hier von keinem der vier Reiseautoren explizit als modellhaft für das zukünftige Europa behandelt.[82] Morand ist hierbei der einzige, der für Frankreich sowohl das amerikanische als auch das bolschewistische Gesellschaftsmodell der Zukunft ablehnt. Statt dessen plädiert er aus reaktionärer Perspektive für den Erhalt von Frankreichs kultureller und politischer Eigenart gegenüber Einflüssen aus den USA oder der UdSSR:

> Früher wünschte ich mir jedes Mal, wenn das Telefon nicht funktionierte, daß Paris New York ähnele. […] So schrieb ich noch vor einigen Jahren: Frankreich hat keine andere Möglichkeit als entweder amerikanisch oder bolschewistisch zu werden; jetzt hingegen glaube ich, daß wir mit all unserer Kraft diese zwei Abgründe vermeiden müssen. Ich schlage New York nicht als Beispiel vor. […] Es ist besser, eine eindeutig altmodische Stadt zu sein als ein gescheitertes New York, wie Berlin oder Moskau.[83]

---

[80] Ebenda. S. 2817.

[81] Ebenda. S. 2817f.

[82] Zieht man weitere Quellen hinzu, ist dieses Bild jedoch leicht zu korrigieren. So ist Astrid Grewes Studie zum Amerikabild französischer Schriftsteller der Zwischenkriegszeit zu entnehmen, daß im Gegensatz zu Morand, der als Verteidiger der etablierten Ordnung das amerikanische Modell grundsätzlich ablehnt, bei Progressiven wie Durtain und Soupault die Kritik an Amerika eher eine sei »an Fehlern einer prinzipiell akzeptierten oder doch in ihrer Notwendigkeit anerkannten Entwicklung«. Vgl. Astrid Grewe. *Das Amerikabild der französischen Schriftsteller zwischen beiden Weltkriegen*. Heidelberg: Winter, 1985. S. 539. Vgl. auch S. 491-498.

[83] Morand. *New York* (wie Anm. 67). S. 197.

Wie schon bei der Wahrnehmung Moskaus und Berlins erkennbar wurde, spielt auch bei der Wahrnehmung nordamerikanischer Städte (das oftmals die Vergangenheit verkörpernde) Paris somit als Vergleichsmaßstab eine entscheidende Rolle.

Bei Metropolenbetrachtungen kommt immer auch die politische Perspektive ins Spiel. Die vergleichende Städtewahrnehmung Moskaus, Berlins und New Yorks oder Chicagos zeigt dagegen die Perzeption Moskaus primär als Metonym des neuen politischen Systems. Weder die Kategorie der Zukunft noch die der Heterogenität *allein* charakterisieren die Moskau-Wahrnehmungen und -Darstellungen der Zeit, sondern dieser Primat des Politischen. Im Gegensatz zu Moskau erscheinen New York und Chicago vor allem als moderne Metropolen, als (kritisch betrachtete) Sinnbilder des Fortschritts. Während also New York noch 1929[84] als »Bild der Stadt selbst«[85] gelten kann, also primär als ein moderner großstädtischer Raum, läßt sich das Charakteristische der Moskau-Wahrnehmung der Zwischenkriegszeit anhand des bereits erwähnten Zitats Le Fèvres aus dem gleichen Jahr resümieren: »Moskau ist keine wirkliche Stadt mehr; es ist die Anwendung eines Systems«.[86]

---

84 Morands Buch wird 1929 geschrieben und erscheint 1930 bei Flammarion.

85 Morand. *New York* (wie Anm. 67). S. 200.

86 Le Fèvre. *Un bourgeois au pays des Soviets* (wie Anm. 1). S. 20. Eine Nachbemerkung: Es ging in diesem Beitrag um die Wahrnehmung des urbanen Moskauer Raumes, die sich aus den Gegebenheiten der sowjetischen Hauptstadt heraus ergibt – aus der sich hier manifestierenden, von sowjetischer Seite aus betriebenen ideologisch motivierten Raumaneignung sowie aus den spezifischen (politisch-ökonomischen) Rahmenbedingungen dieser Stadt – und durch die es bei den hier vorgestellten französischen Reisenden zu einer dominierenden Wahrnehmung Moskaus kommt, bei der die Metropole primär als Metonym für das neue politische System des Kommunismus steht. Selbstverständlich ist darüber hinaus die Betrachtung der Stadt immer auch von dem sie wahrnehmenden Subjekt und dessen persönlichen Dispositionen der Wahrnehmung abhängig und führt, ausgehend von der hier herausgearbeiteten Lesart Moskaus, dann wiederum auch zu starken Unterschieden und Beurteilungen der sowjetischen Metropole. Auf die politische Einstellung der reisenden Subjekte als, wenn natürlich nicht dem einzigen, so dennoch einem wichtigen Faktor der Wahrnehmung Moskaus, wird beispielsweise in folgendem Beitrag eingegangen: Zahn. »Doppelreisende in der Zwischenkriegszeit« (wie Anm. 13). S. 107-123.

Nils Plath/Walter Fähnders (Osnabrück)

›Chicago‹ in Berlin und Moskau: Belegstellen zu einem Metropolenbild in der Moderne des frühen 20. Jahrhunderts

Allez à Chicago, et vous verrez ce que sera le monde au XXIe siècle.
Paul Morand. *Le Voyage*[1]

Chicago spricht immer wieder an, spricht als Name vieles an, der Name erweist sich als ansprechbar, wenn es darum geht, über ihn als stellvertretend zu sprechen: In Reisetexten findet man den Namen der Metropole, die erst in den mittleren Jahren des 19. Jahrhunderts von einer Handelsstation zu einer Stadt und dann in wenigen Jahrzehnten zu einer wirtschaftlichen Metropole ersten Ranges in den USA wurde, als einen zitierfähigen und mitunter austauschbaren Prototyp angeboten; wahlweise als ein Synonym für Modernität, für Geschichtslosigkeit, für Utopie und Dystopie, für verschiedene, einander vielfach widersprechende Zukunftsbilder.[2] Lektüren von Texten aus und über Chicago hinterlassen den Eindruck, als stehe der Name dieser amerikanischen Stadt für eine motivierte, niemals interesselose, dabei raumgreifende Idee von innerstädtischer Siedlung unter dem Vorzeichen einer umfassenden Ökonomisierung aller sozialen Verhältnisse, vorführbar als eine Vergleichsgröße und als der Stellvertreter einer Vorstellung des in Europa vorbildlos scheinenden Urbanen. Aus Texten, in denen diese Metropole namentlich auftaucht und zum Gegenstand von Beschreibungen und Schilderungen wird, spricht die Zeit.

---

[1] Paul Morand. *Le Voyage. Notes et maximes*. Paris: Hachette, 1927. S. 47. Wir danken Inka Zahn (Osnabrück) für den Hinweis.

[2] Gegründet als Transportknotenpunkt, an dem sich später die Eisenbahnlinien aus dem Osten und dem Westen trafen, war der Aufstieg Chicagos von früh an vom expandierenden Warenhandel bestimmt, mit einem von den Rocky Mountains im Westen bis zu den Appalachen im Osten, von Kanada im Norden und dem Golf von Mexiko im Süden reichenden Einzugsgebiet. Bis zur *closing of the frontier* 1893 war die Stadt das ›Tor zum Westen‹ und bestimmte die gesamte urbane Geographiewahrnehmung des Mittelwestens der USA.

I.

Es sind die so vielfältigen Blicke auf die Stadt, auf die Großstadt, auf die Metropole – also auf die Städte, die Großstädte, die Metropolen – des späten 19. und frühen 20. Jahrhunderts, die einen bewußtseinsverändernden Wandel von Wahrnehmungsmustern offenbaren, das heißt: in denen sich die Aufzeichnungen von Texten in Städten als eine multiperspektivische Geschichte von reflexiven Wahrnehmungen der Stadttexte widerspiegelt.[3] Mit dem Erzähler ist das Bewußtsein als zentrale Instanz verschwunden – zu diesem Zeitpunkt vorerst –, die Perspektive auf die umbaute Welt wird eine andere als zuvor, und die ganze Geschichte lokalisierbar in urbanen Räumen.[4] Die Metropole wird zu ihrem Speichermedium[5], ist beschreibbar als ein Raum, in dem sich die Kennzeichen einer

---

[3] Die Stadt, vormals Manifestation von Vorstellungen eines europäischen mittelalterlich zentristischen Denkens und zu dieser Zeit als Großstadt der Moderne zu einer neuen Form geworden, wird buchstäblich zu einer von Buchstaben bestimmten Ordnung, zu einer eigenen – und mehrdimensionalen – Sprache, die zu entziffern es neuer Lektüren bedarf; vgl. Angel Rama. *The Lettered City*. Aus dem Spanischen von John Charles Chasteen. Durham/London: Duke University Press, 1996. S. 27: »[A]ll cities might be considered a discourse articulating double-faced signs in accord with grammar-like laws. […] [A]ll stand as the sumptous embodiment of a kind of language composed of two different but superimposed grids. The first exists on the physical plane, where the common visitor can lose himself in increasing multiplicity and fragmentation. The second exists on the symbolic plane that organizes and interprets the former (though only for those with a certain affinity and the ability to read as signifies what others might see merely as physical objects, rendering the city meaningful as an idealized order.« (Weiterführungen zu Lesarten der Stadt als Text und Zeitraum: Nils Plath. *Zeit Raum Text. Metropolenbilder und Textlandschaften* [erscheint 2007].)

[4] Vgl. Karl Schlögel. *Im Raume lesen wir die Zeit. Über Zivilisationsgeschichte und Geopolitik*. München: Carl Hanser, 2003.

[5] »Charakteristisch für den Diskurs über die Metropole ist […] das ambivalente Zugleich zentralisierender und dezentrierender, lokalisierbarer und delokalisierender Tendenzen. Einerseits ist die Metropole der Ort, an dem die Verkehrswege zusammenlaufen, die Institutionen politischer und ökonomischer Macht sich konzentrieren, das kulturelle Leben seinen Brennpunkt findet. Andererseits führt gerade die Bündelung der Kräfte zu einer Dispersion derselben. Die Metropole ist (in mehrerlei Hinsicht) der Ort der Zerstreuung – der oberflächlichen Wahrnehmung und des leichten Genusses, des beziehungslosen Nebeneinanders heterogener Kulturen und Ethnien, der sezessionistischen Bewegungen und politischen Radikalismen. Die unkontrollierbare Dynamik

Modernität zentralisiert und disparat materialisieren und als unübersichtliche Phänomene neue Wahrnehmungs- und Vermittlungsweisen herausfordern, als ein Raum für temporäre Aufenthalte, denen Beschreibungen folgen, und als ein Raum, in dem Bildnarrationen entstehen, die auf eine Zeichenfülle reagieren, wie sie nur die verdichtete und buchstäblich beschriftete Urbanität in der Simultanität von Zeitzeichen vorhält. Die Metropole – und nicht einfach mehr die Stadt, und sei es auch die Hauptstadt – ist jener nunmehr privilegierte Ort, dessen jeweiliger Eigenname metonymischen Charakter annehmen kann und als ein solcher namentlich in Texten auftaucht, die, wenn sie – in Form von Reiseberichten, von Reportagen, von Gedichten, von Erzählprosa und Roman – von Zeitereignissen, von Politik, von Ideologie, von Subjekten reden, Geschichtsbilder von Ort zu Ort und durch die Zeit transportieren.

II.

> Und vorwärts nach Chicago, dem Phönix des Westens, der Wunderstadt, die eines Abends in ein Flammenmeer versank, wie die Sonne jetzt vor mir [...], und des andern Tages aus dem Flammenmeer wieder erstand, wie die Sonne – nur nicht unverändert wie die Sonne, sondern weit, weit größer, schöner, reicher.[6]

Idealisiert als ein utopischer Ort, irreal und unwirklich, und zugleich wie ein Ort der klassischen Mythologie erscheint Chicago hier in dem, was der sozialistische Politiker Wilhelm Liebknecht in seinem 1887 erschienenen Reisebericht *Ein Blick in die Neue Welt* notiert. In zweifacher Weise spielt Liebknecht in dieser Bemerkung auf den verheerenden Brand von Chicago am 8. Oktober 1871 an, durch den über 17.000 Gebäude auf einer Länge von mehr als 120 Kilometer Straßenzügen zerstört wurden und der in zeitgenössischen Schilderungen mit dem Brand Londons von 1666 verglichen wurde, um ihm seine historische Dimension zu geben. Zum einen im Hinweis auf den nach dem Brand einsetzenden und bis dato ungesehenen Bauboom, der die Stadtentwicklung Chicagos – die Er-

---

der Zirkulation bildet die Kehrseite der massiven Verdichtung.« (Christian Meier. »Einleitung: Die Metropole – azentrisches Zentrum«. *Zwischen Zentrum und Peripherie. Die Metropole als kultureller und ästhetischer Erfahrungsraum.* Hg. Christian Moser/Frauke Bolln/Susanne Elpers/Sabine Scheid/Rüdiger von Tiedemann. Bielefeld: Aisthesis, 2005. S. 13.)

6 Wilhelm Liebknecht. *Ein Blick in die Neue Welt*. Stuttgart: Dietz, 1887. S. 172-173.

richtung einer von Hochhausbauten geprägten Innenstadt nach 1880 wie die Ausdehnung der suburbanen Wohnviertel – prägen und ihren Ruf als Stadt der Superlative festigen sollte.[7] Zum anderen findet sich in Liebknechts von Pathos und Emphase gesättigten Worten eine Allusion auf die Symbolhaftigkeit Chicagos – und damit indirekt auf die Selbststilisierung mittels einer symbolischen Übernahme: Die Stadt Chicago adaptierte nach dem Brand den Phönix als ihr offizielles Wappentier – in einem Akt, der zugleich einer der Selbstkennzeichnung und einer der Historisierung ist. Liebknechts Eintragung greift zudem die geläufige Figur auf, Chicago als eine Musterstadt, als repräsentativ anzusehen für ein Land: »›Wenn Sie Amerika sehen wollen, gehen Sie in den Westen und sehen Sie Chicago!‹, ist ein Lieblingswort der Amerikaner an den Fremden«, konstatiert Liebknecht und weist so dem Besuch Chicagos eine Exemplarizität zu. Indem er selbst in eben jener Rolle des Fremden diesen Besuch unternimmt, beschreibt er als ein solcher auch sich selbst.

Im deutlichen Gegensatz hierzu wird diese Chicago zugeschriebene Stellvertreterfunktion in Arthur Holitschers Chicago-Schilderung von 1912 ausdrücklich in Frage gestellt – allerdings bezeichnenderweise eben genau nur, um die Stadt als ganz und gar beispiellos skizzieren zu können und so in der für sie behaupteten Beispiellosigkeit das Exzeptionelle an ihr zu feiern:

> Indes, ich werde mich hüten, in den Fehler zu verfallen, dass ich den Amerikanismus mit diesem Chicagoer Tempo verwechsele […]. Soviel ich weiß, ist diese Stadt, diese rapide Stadt, the windy

[7] Der Ausbau des Eisenbahnnetzes ließ Chicago zur Börsenstadt und auch zum Zentrum der Fleischverarbeitungsindustrie der Vereinigten Staaten werden; 1865 wurden die *stockyards*, die Schlachthöfe, gegründet, wuchsen zu den größten der Welt, und in nur drei Jahrzehnten hatte sich die *meat-packing industry* die Fleischherstellung der USA komplett in Chicago zentralisiert. Der Große Brand von Chicago im Oktober 1871 markiert das vielleicht entscheidende Datum der Stadtgeschichte, innerhalb von nur zwei Tagen wurde ein Großteil der Stadt zerstört. Keine zehn Jahre später hatte die neu aufgebaute Stadt bereits eine halbe Million Einwohner: Der Mythos der wiedererstandenen Stadt und eines unbändigen Wachstums erneuerte sich. Im kommenden Jahrzehnt verdoppelte sich die Einwohnerzahl. Auch wenn sich die Bevölkerung der Stadt, deren Höchststand 1940 bei 3,97 Mio. Einwohnern lag, in Folge einer anhaltenden Stadtflucht im 20. Jahrhundert kontinuierlich sank, so hat sich die Zahl der im Ballungsraum Chicago lebenden Menschen in fünfzig Jahren auf mehr als 9,2 Mio. Einwohner so gut wie verdoppelt. (Zur Stadtgeschichte Chicagos vgl. u.a. Donald L. Miller. *City of the Century. The Epic of Chicago and the Making of America*. New York/London: Simon and Schuster, 1996).

> town, diese windige Stadt viel mehr eine Karikatur Amerikas. […] Ganz Amerika terrorisiert auf diese Stadt hin, die laut genug ihre Drohung ins Land hinausschreit: wartet nur, in ein paar Jahren bin ich die erste hier herüben, in ein paar mehr die erste der Welt. Nach drei Dimensionen schießt sie sichtbar in die Halme, ihre Grenzen habe ich trotz halbe Tage langen Fahrten in schnurgeraden Trambahnlinien nicht berührt.[8]

Ob man die Stadt nun als repräsentativ für Amerika ansehen will oder nicht, Chicago ist gerade als unvergleichliche jene Stadt, mit der sich andere Städte vergleichen lassen müssen, und gibt so bereits im späten 19. Jahrhundert in Europa ein Vorbild für eine scheinbar unaufhaltsame modernistische Stadtentwicklung ab. Gekennzeichnet durch die Unkontrollierbarkeit rapiden Wachstums und von sich scharf zeigenden sozialen Verwerfungen, aber auch durch ihre Vorbildfunktion als urbaner Raum mit Repräsentationsanspruch wird Chicago (noch vor New York, das dann in einem deutschen Text des Jahre 1941 als »die Utopie von gestern« fungiert[9]) als die prototypische Stadt einer geschichtslosen Modernität amerikanischen Zuschnitts betrachtet und beschrieben – und kann zugleich auch allgemeiner als eine Chiffre für Modernität, Zukunft und Utopie fungieren.[10] Ihr Name steht für eine bestimmte Konzeption urbanistischer,

---

8 Arthur Holitscher. »Chicago«. *Neue Rundschau* 23,2 (1912): S. 1098-1122. Hier S. 1098.

9 Ilse Langner. »Utopie«. *Das Berlin-Buch*. Hg. Wolfgang Weyrauch. Leipzig: Payne, 1941; zit. n. Erhard Schütz. »Ersatzwelt mit Ameisen. Berlin unter Bomben«. *Zeitschrift für Germanistik* 15,2 (2005): S. 352-376. Hier S. 357.

10 Als entscheidende Triebkräfte der Stadtentwicklung Chicagos können zusammenfassend »die Kanäle (Michigan-Illinois-Kanal), die Eisenbahn, die Börse, der Getreidemarkt, das Holz, das Fleisch, die Schlachthöfe, die Sägewerke, die Fabriken für Mähmaschinen und Eisenbahnwaggons und dann die Stahlwerke« genannt werden. Wassertransportwege begründeten ursprünglich Chicagos Aufstieg. Gelegen am Lake Michigan, einem der *Großen Seen* und am Chicago River im Mittleren Westen der Vereinigten Staaten, entwickelte sich aus dem Handelsposten für Holz und landwirtschaftliche Produkte ein Dorf. 1836 wurde der Illinois-Michigan-Kanal fertig gestellt – die Stadt zählte 5000 Einwohner –, 1848 die erste Eisenbahnstrecke eröffnet, die Chicago erreichte. Seinen Aufstieg verdankt Chicago seiner geographischen Lage: gelegen in der Mitte eines sich einigenden Landes, dessen bis Ende des 19. Jahrhunderts noch offene Westgrenze ein Zeichen für Expansion und Landnahme war, die Chicagos Stadtentwicklungsgeschichte maßgeblich bestimmte. (Marco d'Eramo. *Das Schwein und der Wolkenkratzer. Chicago: Eine Geschichte unserer Zukunft*. Aus dem Italienischen von Friedericke Hausmann und Rita Seuß. München: Kunstmann, 1996. S. 108).

architektonisch manifestierter, implizit auch gesellschaftlicher und politischer Zukunftsimagination.[11] So kann Chicago dort zur Chiffre werden, wo eigentlich von anderen Orte gesprochen wird. Sie wird genutzt, um in Texten den europäischen Metropolen – namentlich Berlin und Moskau – als ein Vergleich und schließlich als ein fiktionalisiertes Anderes zu dienen. Die Spanne reicht von der Bestimmung Berlins als »Spreechikago«, das gegen das passatistische – oder auch sich klassizistisch gebende, von Schinkel-Bauten bestimmte – »Spreeathen« gesetzt wird, so Walter Rathenau 1902[12], bis zu »Sib-Chikago«, das sibirische Chicago, wie in Sowjetrussland Nowosibirsk genannt wurde, was Egon Erwin Kisch 1933 kritisch bemerkt.[13] »Chicagohaft« und »chicagesk« sind 1927 bzw. 1932 *en passant* begegnende Neologismen.[14] Wo Chicago derart herbeizitiert wird, stellt sich der Eindruck ein, als werde das jeweils gegenwärtige und doch abwesende Stadtbild von Chicago aufgerufen, um so eine Vorausschau in

---

[11] Das Jahrzehnt zwischen 1880 und 1890 sah in Chicago den Bau der ersten Hochhäuser der Welt, zunächst 8- bis 12-stöckige Steingebäude, dann später die den Hochhausbau revolutionierenden Stahlskelettbauten. Gebäude wie das *Home Insurance Building* (1885) und das von den maßgeblichen Architekten Dankmar Adler und Louis Sullivan geplante A*uditorium Building* begründeten Chicagos Ruf als führender Ort eines modernen Bauens. Die Weltausstellung 1893, die das Bild eines rückwärtsgewandten klassizistischen Bauideals in Modellanlagen vorführte und sich dabei an nur kopierten importierten Ideen orientierte, wodurch die modernistisch ausgerichteten Architekten der Stadt ihre als genuin eigene verstandenen zeitgenössischen Errungenschaften in Form und Funktionsgebung diskreditiert sahen, rückte die Stadt dann endgültig als amerikanische Metropole ins Bewußtsein nicht nur innerhalb der Vereinigten Staaten.

[12] Walter Rathenau: *Impressionen*. Leipzig: Hirzel, 1902. S. 143. Berlin mit Chicago zu vergleichen, kennt seine Gründe: »The comparison with Chicago rather than with New York implied that Berlin had modernity without urbanity; because of its industry it had economic clout, but no style. Its population he found lacking ingenuity. In Rathenau's view, the heterogeneous character of Berlin's population and the city's deficiencies were interrelated.« (Heidrun Suhr. »*Fremde* in Berlin: The Outsider's View from the Inside«. *Berlin. Culture and Metropolis*. Hg. Charles W. Haxthausen/Heidrun Suhr. Minneapolis/Oxford: University of Minnesota Press, 1990. S. 222-223.).

[13] Egon Erwin Kisch. »China geheim«. Ders. *Gesammelte Werke in Einzelausgaben*. Hg. Bodo Uhse/Gisela Kisch. Bd. 3. Berlin/Weimar: Aufbau, 1980. S. 405-605. Hier S. 411.

[14] Alfons Paquet. *Städte, Landschaften und ewige Bewegung. Ein Roman ohne Helden*. Hamburg-Großborstel: Deutsche Dichter-Gedächtnis-Stiftung, 1927. S. 14; Heinrich Berl. *Der Kampf gegen das rote Berlin oder Berlin eine Unterwelts-Residenz*. Karlsruhe: Kairos, 1932. S. 140.

die Zukunft zu unternehmen. Chicago scheint bezogen auf andere Städte als Metonymie, und zugleich mehr als das. Chicago wird als Bild einer Zukunft geschildert.[15]

Auf der einen Seite also wird Chicago als ein realhistorischer Ort beschrieben – dessen Wandel und Entwicklungsgeschichte in vorgeblich dokumentarischer Manier in Bildern festgehalten und kommentiert wird, wie in den Chicago-Fotografien von Erich Mendelssohn in seinem 1928 in 6. Auflage erschienenen Amerika-«Bilderbuch« oder in einschlägigen Chicagoreportagen wie denen von Alfred Kerr, Egon Erwin Kisch oder Ernst Toller.[16] Auf der anderen Seite begegnet Chicago in der Literatur als fiktionalisiertes Anderes wie in Alfons Paquets *Chicago Ballade* oder Brechts *Die Heilige Johanna der Schlachthöfe*.[17] In beidem bezeugt sich

---

[15] Diese Zukunft heißt, so der erste Eindruck, *Moderne*, die »– je nach Standpunkt des Verfassers – beschleunigt herbeizuführen, unbedingt zu verhindern oder ohnehin unabwendbar ist. Die Betrachtung des Fremden dient so zuallererst der genaueren Bestimmung der eigenen Position. Dabei rekurriert die jeweilige Darstellung deutlich auf den zeitgenössischen Amerikadiskurs, mal explizit, mal eher verdeckt, teils affirmierend, teils eher modifizierend, teils konterkarierend« (Thorsten Unger. *Diskontinuitäten im Erwerbsleben. Vergleichende Untersuchungen zu Arbeit und Erwerbslosigkeit in der Literatur der Weimarer Republik*. Tübingen: Max Niemeyer, 2004. S. 231). *Chicago* würde demnach eine Stellvertreterfunktion zukommen, die die Benennung eines jeweils eigenen Standpunkts gegenüber der Gegenwart der Moderne erlaubt. Anders gesagt: Wo *Chicago* auftaucht, lässt sich besonders ausdrücklich das gegenwärtige Selbstbild des Beobachters und seine Geschichtsvorstellung ablesen.

[16] Alfred Kerr. *Yankee-Land. Eine Reise*. Berlin: Rudolf Mosse, 1925; Egon Erwin Kisch. *Egon Erwin Kisch beehrt sich darzubieten: Paradies Amerika*. Berlin: Erich Reiss, 1930; Ernst Toller. *Quer durch. Reisebilder und Reden*. Berlin: Kiepenheuer, 1930.

[17] Alfons Paquet. »Chicago Ballade«. Ders. *Drei Balladen*. München: Drei Masken, 1922. S. 11-28. – Achim Hölter spricht mit Blick auf die in Bertolt Brechts Stücken wie *Im Dickicht der Städte*, *Die Heilige Johanna der Schlachthöfe* und *Der Aufstieg des Arturo Ui* zu findenden Bezugnahmen auf literarische Schilderungen Chicagos wie in Johannes Villem Jensens *Hjulet* (1905) und der Beschreibung Chicagos als »Sumpf« (die sich unschwer als Verweis auf Upton Sinclairs Chicago-Roman *The Jungle* [1906], der in der deutschen Übersetzung den Titel *Der Sumpf* trägt, erkennen lassen) von einer Verwendung der dort vorgefundenen Bilder »als reflektierte Kollektivsymbole auf zweiter Stufe« (Achim Hölter. »Chicago, das Über-Berlin der 20er Jahre«. *Zwischen Zentrum und Peripherie. Die Metropole als kultureller und ästhetischer Erfahrungsraum*. Hg. Christian Moser/Frauke Bolln/Susanne Elpers/Sabine Scheid/Rüdiger von Tiedemann. Bielefeld: Aisthesis, 2005. S. 257-284. Hier S. 270). Ein solches Verweisen setzt nicht nur auf Seiten des Zitierenden

die vielfältige mediale Präsenz von Chicago nicht nur in der deutschen Literatur, und dies nicht nur in der Zwischenkriegszeit.[18] Angesichts der Vergleiche von Berlin und Chicago von einer Chiffre zu sprechen, provoziert die Frage, wohin es führt, ausgerechnet von Chicago aus eine Perspektive zu gewinnen. Eine durchaus aktuelle Frage: »Wenn ich mir vorstelle«, führt Alexander Kluge 2001 mit Blick auf Chicago aus, eine Stadt, von der er sagt, er habe in seinem Leben noch keine gesehen, die so seltsam strukturiert sei wie diese auf Sumpf gebaute, dreimal abgebrannte, untertunnelte,

> was Marx da [angesichts der Stadtgeschichte Chicagos – *N.P./W.F.*] zu beschreiben hätte. Wir brauchen vierhundert Protokollanten mit der Fähigkeit von Marx, um nacheinander diese Zentren, dieses Chicago […] aufzunehmen. Das ist das, was wir in die Eröffnungsbilanz des 21. Jahrhunderts einbringen müssen.[19]

Augenscheinlich besitzt dieses Chicago bis heute einen herausgehobenen Stellenwert, wenn es um die Stadt des 20. Jahrhunderts geht, die, im 19. Jahrhundert erbaut, für das 21. Jahrhundert weiterhin Modell stehen soll.[20]

---

ein historisches Bewußtsein voraus, sondern vielmehr auch, daß die Symbolik des Namens bereits historisiert und damit einem kollektiven Gedächtnis als abrufbar zur Verfügung steht. *Chicago* muss – als Chiffre – schon Geschichte sein – und ist es in den Anfangsjahrzehnten des 20. Jahrhundert längst –, um wie in Brechts Dramen als literarischer Ort fiktionalisiert zu werden. Brechts teilweise allegorische Verwendungen der Chicago-Metaphorik wäre mitunter auch beispielhaft für eine Durchdringung und Hybridisierung beider Erzählformen, einerseits dem Faktizitätsnarrativ und andererseits einer Fiktionalisierung, deren Verhältnis es zu reflektieren gilt, womöglich auch exemplarisch für eine – mit Otmar Ettes Worten – »Friktionalisierung« von Großstadtbeschreibungen, die man als zeittypisch beschreiben könnte. (Ottmar Ette. *Literatur in Bewegung. Raum und Dynamik grenzüberschreitenden Schreibens in Europa und Amerika*. Weilerswist: Velbrück Wissenschaft, 2001. S. 48.)

18 Vgl. frühere und spätere Chicago-Texte, aufgeführt in Anthologien wie: *Chicago. Die Stadt der Superlative*. Hg. Esther Gallwitz. Frankfurt/M.: Insel, 1985, und *Smokestacks and Skyscrapers. An Anthology of Chicago Writing*. Hg. David Starkey/Richard Guzman. Chicago: Loyola Press, 1999.

19 Alexander Kluge. »Proletarische Öffentlichkeit in Chicago. Ein Bericht«. Ders. *Verdeckte Ermittlung. Ein Gespräch mit Christian Schulte und Rainer Stollmann*. Berlin: Merve, 2001. S. 114.

20 Das gilt weiterhin auch vor dem Hintergrund, daß man sich in gegenwärtigen Urbanistikdiskursen anderen urbanen Agglomerationen zuwendet, mit globaler Perspektive andere Städte auf anderen Kontinenten (wie beispielsweise Lagos, Shanghai, Bangalore, Rio de Janeiro) als symbolische Orte wählt, um an

III.

Die Stadt, deren Kennzeichen ihre Unfertigkeit bleibt – und damit steht Chicago exemplarisch für die Metropolen der Gegenwart –, auch wenn sie nach der Jahrhundertwende schon historisch geworden ist, erscheint von außen[21] als immer neues, sich erneuerndes kontrastreiches Ensemble für Eindrücke. So heißt es in einem 1915 erschienenen Reisebericht von Alfred Kerr: »Fieberhaft war aber das Bauen. Alles scheint in stetem Umbau. In stetem Zubau.«[22] Ähnlich überrascht über die Vorläufigkeit und

ihnen und ihre Geschichte sinnbildlich den Mythos Metropole oder die Zukunftsutopien von post-urbanen Stadtlandschaften fortzuschreiben.

21 *Von außen*, das heißt als Blick des Anderen. Ist es der vielfach bemühte *andere* Blick, die Ansicht des Fremden, der die ihm unvertraut erscheinenden Zeichen und Phänomene der von ihm besuchten Stadt in eine dezidiert andere Darstellungsordnung überführt als die der *eigenen* und als vertraut vorausgesetzten Lebenswelt, welcher ein solches beispielloses Bild der Metropole Chicago hervorruft? So will es mit Blick auf Heinrich Hausers filmisches Chicago-Porträt von 1931 jedenfalls Volker Pantenburg sehen, wenn er seine vergleichende Wahrnehmung von repräsentativen Bildern dreier Städte auf die divergierenden Sichtweisen von Filmemachern als Rezipienten verengt und dabei präzise beobachtend nachschreibt, was literaturwissenschaftliche Reiseberichtsanalysen als prototypisch zu behaupten verstehen, nämlich das In-Anschauung-Bringen von Bewußtsein als einem besonderem Kennzeichen aller Reiseschilderung: »Dieses Sich-Lenken-Lassen markiert einen besonders auffälligen Unterschied zu Walter Ruttmanns Berlin-Film oder Dziga Vertovs *Mann mit der Kamera* (die drei Filme erscheinen mit jeweils zwei Jahren Abstand 1927, 1929 und 1931). Wenn Ruttmanns Kameraleute (Karl Freund und andere) Berlin filmen oder Dziga Vertov/Mikhail Kaufman ihre Kameras auf Moskau, Kiew und Odessa richten und die Schauplätze zu einer einzigen Filmstadt amalgamieren, dann kann die Stadt wohl auch deshalb stärker zum formbaren Material werden, weil dabei keine große sprachliche oder geographische Distanz zu überbrücken ist. Man kann sich auf das Arrangement konzentrieren; das Abenteuer ist – zumindest zum Teil – vom Material auf die Verarbeitung des Materials übergegangen. Bei Hauser dagegen ist die Schwelle zwischen europäischer und amerikanischer Lebensweise als bildhaftes Staunen und zugleich als Reserviertheit gegenüber starken Montageeingriffen in die Bilder eingeflossen.« (Volker Pantenburg. »Weltstadt in Flegeljahren. Ein Bericht über Chicago« [2003], unter http://filmkritik.antville.org/topics/Hauser/ [15.2.2006].)

22 Kerr. *Yankee-Land* (wie Anm. 16). S. 187. Über Berlin heißt es entsprechend: »Unwandelbar ist seine Wandelbarkeit.« Für Joseph Roth ist es diese »furchtbare Fähigkeit« des Kurfürstendamms »sich unaufhörlich zu erneuern.« (Jo-

anhaltende Unfertigkeit des von ihnen besuchten Chicagos zeigen sich Klaus und Erika Mann 1927:

> Wie soll man diesen Michiganboulevard richtig beschreiben? Eine Pracht. Und Galastraße, wie die Champs-Élysées (nur halt mit Wolkenkratzern). Aber halbfertig!! Das muß man sich vorstellen können: dem See gegenüber eine gewaltige Front von monumentalen und wunderschönen Gebäuden. Aber das Ufer am See: bauplatzartig, voll von Gerümpel, keine Anlage und kein Park. Die repräsentativste Straße Chicagos ist erst im Entstehen – nun begreift

---

seph Roth: »Der Kurfürstendamm« [1929]. Ders. *Werke in vier Bänden*. Hg. und eingeleitet von Hermann Kesten. Köln: Kiepenheuer & Witsch, 1976. Bd. 3. S. 855-856; vgl. auch Thomas Düllo. *Zufall und Melancholie. Untersuchungen zur Kontingenzsemantik in Texten von Joseph Roth*. Münster/Hamburg: Lit, 1994 (bes. Kapitel V.2: »Die Schrift der Straße: Entzifferung des großstädtischen Zufalls-Textes aus der Perspektive des Flaneurs«. S. 81-112). Auch hier steht ein Ort, eine Straße *pars pro toto* für die Einheit eines Eindrucks, jener Ort nämlich, den Erhard Schütz als Ort der Konvertibilität der Einzelphänomene mit dem nicht sichtbaren Ganzen der großen Stadt Berlin bezeichnet (vgl. Erhard Schütz. »,Kurfürstendamm‹ oder Berlin als geistiger Kriegsschauplatz. Das Textmuster ›Berlin‹ in der Weimarer Republik«. *Das poetische Berlin. Metropolenkultur zwischen Gründerzeit und Nationalismus*. Hg. Klaus Siebenhaar. Wiesbaden: Deutscher Universitäts-Verlag, 1992. S. 163-191. Hier S. 180).

Der als metonymisch für Berlin stehende Ort ist eine Straße: der Kurfürstendamm, als Ort, an dem Verschwinden und Auslösen von Historie zu beobachten ist, die Straße ohne Erinnerung schlechthin. »Scheinen manche Straßenzüge für die Ewigkeit geschaffen zu sein, so ist der heutige Kurfürstendamm die Verkörperung der leer hinfließenden Zeit, in der nichts zu dauern vermag.« Siegfried Kracauer verleiht in seiner Beschreibung dem Bild des Kurfürstendamms, in seinen Augen der Ort, der die vom »immerwährenden Wandel« getilgte Erinnerung am gegenwärtigsten anschaulich macht, eine Dauerhaftigkeit: Seine Oberflächen auf einen ihnen ablesbaren Geschichtsverlust ablesenden Beschreibungen fixieren das Bild des dem aufmerksamen Betrachter in der Stadtarchitektur begegnenden unaufhörlichen Verlusts von Geschichte: »Was einmal war, ist auf Nimmerwiedersehen dahin, und was sich gerade behauptet, beschlagnahmt das Heute hundertprozentig. […] Man hat vielen Häusern die Ornamente abgeschlagen, die eine Art Brücke zum Gestern bildeten. Jetzt stehen die beraubten Fassaden ohne Halt in der Zeit und sind das Sinnbild des geschichtslosen Wandels, der sich hinter ihnen vollzieht« (Siegfried Kracauer. »Straße ohne Erinnerung«. *Frankfurter Zeitung* 16.12.1932). Ders. *Straßen in Berlin und anderswo*. Frankfurt/M.: Suhrkamp, 1964. S. 23. Geschichtslosigkeit wird historisiert, wo man auch hinsieht.

> man, wie phantastisch jung diese Stadt ist. Prachtgebäude – und daneben die Öde.[23]

Das Nebeneinander von Gegensätzen, der überraschende Eindruck, den der städtische Raum und die noch zu urbanisierende Landschaft hervorrufen, spiegelt sich in vielen Chicago-Schilderungen wider.[24] In dem 1931 erschienenen Reisebuch des deutschen Amerika-Reisenden und Journalisten Heinrich Hauser, *Feldwege nach Chicago*, finden sich zeittypisch jene Elemente, die sich als Typologien bei der Beschreibung dieser beispiellosen und damit beispielhaften Stadt ausmachen lassen. Mehr noch: Seine beschreibende Annäherung ist eine Reflexion der Semantisierung des urbanen Raumes, Lokalisierung des Phänomens Stadt in Zeit- und Raumdimensionen, die einander über ihre Wirkung auf den mit filmischem Blick – nämlich über Schnittfolgen seine Ansichten organisierenden – Wahrnehmenden bedingen:

> Zweihundert Meilen vor Chicago beginnen die Schilder der Hotelreklamen. In der Hundertfünfzig-Meilenzone spürt man, wie alle Straßen sich nach Chicago hin zusammenziehen. Hundert Meilen

---

[23] Klaus und Erika Manns Schilderung in ihrem Reisebericht *Rundherum. Abenteuer einer Weltreise* (1929), in dem sie ihre im Herbst 1927 aufgenommene, ein Dreivierteljahr dauernde Reise dokumentieren, die sie durch die USA, Japan, Korea und die Sowjetunion führte (Reinbek: Rowohlt, 1982. S. 67).

[24] Die Gleichzeitigkeit von Unvereinbarem, von (beinahe) simultan ansichtigen Gegensätzen macht es auch möglich, Chicago als einen Entwicklungsraum zu beschreiben, in dem nichts der europäischen Stadt gleicht: »Im Jahre 1830 bildeten einige elende Hütten mit etwa 100 Insassen Chikago, 1870 war die Einwohnerzahl auf 300000 angewachsen, und 1912 auf 2307000. Der mit Riesenschritten sich vollziehenden Ausdehnung folgte keine entsprechende auf dem Gebiet der Verwaltung und der Gesundheitsfürsorge. Das Dorf von gestern blieb ein Dorf bis heute, es schob bloß seinen Zaun ruckweise vor sich hinaus, ohne den Unrat hinter sich zu beseitigen. […] Die Fußsteige sind mit Gerümpel oder Verkaufstischen bestellt und gar oft, wie in vielen amerikanischen Städten mit Falltüren verschandelt. […] Das Geschäftsviertel dieses Millionendorfes ist allerdings besser ausgebaut und auch reinlicher. Dort reiht sich Wolkenkratzer an Geschäftshaus. Dazwischen fleucht alles wie besessen. Das Getöse der Hoch- und der Straßenbahn treibt das Trommelfell ein. Im Norden der Stadt sind die Verkehrsadern freier, sauberer, von angenehm in die Augen fallenden Gebäuden gebildet. Im Weichbild des Südens finden sich bereits Straßen von seltener Schönheit. Die Prachtbauten wiesen nicht die ermüdenden Linien der Wolkenkratzer auf; aber schön können sie nicht genannt werden« (Fritz Kummer. *Eines Arbeiters Weltreise* [1913]. Leipzig/Weimar: Gustav Kiepenheuer, 1986. S. 151).

> vor der Stadt begegnen mir die ersten Chicagoer Polizeipatrouillen auf Motorrädern. […]
> In Kenosha, sechzig Meilen nördlich, bog ich ab von der Hauptstraße, um Chicago zu umschleichen, wie die Katze den heißen Brei. […]
> Von Kenosha ab beginnt das Rasen. In Viererreihen sausen die Autokolonnen nebeneinander über die breiten Asphaltstraßen, die wie Rennbahnen sind mit erhöhten Kurven. Doppelte und dreifache Hochspannungsleitungen laufen neben der Straße her und Schienen von Schnellbahnen, Straßenkreuzungen sind weite Zementfelder mit enormen Tankstellen an allen vier Ecken. Dann kommen dreißig Meilen unbebautes Land: Bauplätze. Das Gelände ist schon aufgeteilt, von Straßen durchzogen, mit Namensschildern versehen, aber das Land ist wüst und leer. Die Spekulation hat den Boden an sich gerissen, Ackerbau lohnt sich nicht mehr.[25]

Noch bevor Hausers Reiseerzählung das eigentliche Ziel erreicht hat, die Stadt, sind an dieser von knapp hundertfünfzig Seiten von Schilderungen der Fahrt durch den amerikanische ländlichen Raum vorbereiteten Stelle bereits einige der alles entscheidenden Topoi benannt, welche auch im Folgenden die Ansichten von Chicago als der Metropole bestimmen. Zum einen ist es eine das durch Vertrautheit mit der Anlage jener traditionellen europäischen Musterstadt eingerichtete Orientierungsmuster außer Kraft setzende Grenzenlosigkeit, die hier die Beschreibung der Stadt zu einer in signifikanter Weise filmischen Ansichtssache werden lässt. Jede Annäherung vollzieht sich wie ein Heranzoomen des Betrachters – wie eine sich dem überwältigenden Detail nähernde Kamerafahrt, die keine Totale mehr kennt, keine übersichtsartige Gesamtschau zuläßt, sondern nur die Gleichzeitigkeit von verschiedenen Perspektiven auf wie inszenierte Bewegbilder:

> Als ich dachte, sie käme nie, da wuchs auf einmal die City vor mir auf. Ein Gewitter von blitzartigen, tollen Ausblicken. Durch das Gitterwerk hallender Brücken schossen die Wolkenkratzer in den Himmel wie Lanzen. Einige waren weiß angestrahlt von Scheinwerfern, andere schwarze Schatten, aber alle waren sie gekrönt vom Licht: strahlende goldene Türme, grüne Kuppeln, blaue Kuppeln, rote Lichtbahnen im Himmel kreisend. Die Straßen schienen zu wandern, bedeckt mit Autodächern. […] Ich tauchte ein in ein feierlich hallendes Dröhnen.[26]

---

[25] Heinrich Hauser. *Feldwege nach Chicago*. Berlin: S. Fischer, 1931. S. 148-148.

[26] Ebenda. S. 150.

Hauser beschreibt in diesem *Der Sog Chicagos* betitelten Kapitel jene gewohnte Wahrnehmungs- und damit auch des teilnehmenden Beobachters eigene Handlungssicherheiten verwirrende Geschwindigkeit der Transportmittel auf ihren Bewegungsbahnen, die zu semiotischen Interpretationsherausforderungen werden: Der Ich-Erzähler verfährt sich, kann auch seinen Plan, im Abstand zur Stadt Halt zu machen, nicht realisieren, da ihn das Tempo der anderen im wörtlichen Sinne mitnimmt. Augenscheinlich in dieser montierten und hier abermals auf Verdichtung hin geschnitten Beschreibung einer Annäherungen ist das präsentisch erzählte Eindrucksempfinden, das auf Nachvollziehbarkeit zielt, jene visuellen Eindrücke, die physische Empfindungen evozieren und mitgeteilt werden, um auch die Leser mit einzubeziehen in den Sog der Geschwindigkeit, dem sich der Beschreibende zunehmend ausgesetzt sieht angesichts der sich einstellenden Rastlosigkeit der von ihm durchfahrenen Umwelt. Ein *camera eye* sieht sich Eindrücke schildern, momenthafte Aufnahmen ohne ausdrücklichen Verweis auf die Geschichtlichkeit des Gesehenen, um Simultanität wiederzugeben, die doch unausgesprochen auch von einem geschichtlichen Wandel und Bewußtsein angesichts mitgeführter historischer Bilder von Stadt und Land(schaft) sprechen lässt. Auch das so von Hauser beschriebene Chicago repräsentiert in den Augen des zeitgenössischen Lesers die Zukunft. In einer Rezension des Buches *Der Querschnitt* schreibt Ossip Dymow 1932:

> Menschen, Tiere, Bäume, Flüsse, Häuser und Autos, alles lebt ein merkwürdiges Leben, das sich vom Leben Europas unterscheidet. Eine andere Welt, eine Neue Welt. Es ist nicht nur Amerika, das in diesem Buche erscheint: es ist Amerika von heute. Manchmal (z.B. Chicago) ist es Amerika von morgen und übermorgen – glaubhaft, real, sachlich und gleichzeitig phantastisch.[27]

IV.

Wiederkehrende Beschreibungsmuster wie Tempo, Wandel, Stillstandlosigkeit, Ungerichtetheit, Konstruktion ohne Ordnung, zitierfähig gemacht als Insignien eines Epochenbewußtseins namens Moderne, verführen Reisende dazu, den Mythos einer vorgeblichen geschichtslosen Stadt weiter-

---

[27] Ossip Dymow. »Heinrich Hauser: Feldwege nach Chicago« [Rez.]. *Der Querschnitt* 12 (1932): S. 609.

zuschreiben.[28] »Ewiger Alpdruck Chicago«, schreibt der junge Stefan Heym 1936 in einem Gedicht mit dem Titel »Chicago«, dem er folgendes Jack London-Zitat als Motto voranstellt: »Chicago, das ist eine Miniaturhölle – nein – Die Hölle ist ein Miniaturchicago.«[29] Von Chicago als »Hölle« spricht auch Arthur Holitscher.[30]

Wofür noch kann der Name einer Stadt stehen, die sich in der Gegenwart augenscheinlich entweder nur als eine dystopische oder als eine zukünftige beschreiben lässt; und die in Beschreibungen, die die Gegenwärtigkeit von europäischen Städten transportieren sollen, als eine gegenwärtig bereits Zukunft symbolisierende auftaucht? Beispielhaft für eine andere Stadt. Diese sei »the newest I have ever seen«, notiert der Berlin-Reisende Mark Twain in seinem im Oktober 1891 entstandenen Reisebericht: »Berlin is the European Chicago.«[31] Mit einem ausdrücklichen Ver-

---

[28] »Die Geschwindigkeit, mit der diese Metropole emergiert,« heißt es verkürzend, »zeigt sich darin, wie sehr Berichterstatter und staunende Rezipienten auf das Beschwören von Namen, von Phantasma angewiesen sind, und ebenso darin, daß Zeit für eine sich ausdifferenzierende Stadt-Mythologie kaum bleibt. Daher die Topoi, seien es reale wie die Stockyards, seien es verbale wie die ›amerikanische Stadt‹.« (Andreas Mahler. »Stadttexte – Textstädte. Formen und Funktionen diskursiver Stadtkonstitutionen.« *Stadtbilder. Allegorie, Mimesis, Imagination*. Hg. ders. Heidelberg: Carl Winter, 1999. S. 11-36); Hölter. »Chicago« [wie Anm. 17]. S. 280). So reproduziert sich der Mythos Chicagos als Stadt ohne Historie in solch einer Interpretation. Denn der Behauptung ließe sich mit dem Hinweis begegnen, daß sich in und über Chicago eine sehr wohl ausdifferenzierte Stadt-Mythologie herausgebildet hat, und daß mit einem ähnlichen Tempo wie die Stadtentwicklung, die sie begleitete. Diese Mythologie – unserer Ansicht nach grundlegend für jede Fiktionalisierung von *Stadt* oder *Metropole* – findet sich nicht zuletzt in Texten über die Architektur Chicagos, zum anderen in den ersten Jahrzehnten des 20. Jahrhunderts in den vielen Schriften der soziologischen Chicago School mit ihren Vertretern Robert E. Park, Clifford Shaw, Charles H. Cooley, Ernest W. Burgess, Jane Addams, Louis Wirth, W. I. Thomas, Everett C. Hughes, und William Ogburn, in denen angesichts der Stadtentwicklung Chicagos sich ergebende soziale Fragen zu thematisieren begonnen wurde; vgl. Lester R. Kurtz. *Evaluating Chicago Sociology,* Chicago: University of Chicago Press, 1984; Martin Bulmer. *The Chicago School of Sociology: Institutionalization, Diversity, and the Rise of Sociological Research*. Chicago: University of Chicago Press, 1984.

[29] Stefan Heym: »Chicago«. *Internationale Literatur* 6 (1936), H. 9: S. 89-90. Hier S. 89.

[30] Holitscher. »Chicago« (wie Anm. 8). S. 1099.

[31] Mark Twain: »The German Chicago«. Ders. *The Complete Essays of Mark Twain*. Garden City: Doubleday, 1963. S. 87-98. Der Aufsatz, 1892 in der *New York Sun* erstveröffentlicht, erschien 1897 in deutscher Übersetzung in

weis auf die Perzeptionsweise, die einen eine Stadt betrachten lässt – als Bild und nur im Vergleich –, hebt Twain an Berlin, das in diesem Zeitraum (zwischen 1871 und 1895) eine Verdoppelung seiner Einwohnerzahl von 820.000 auf 1,6 Millionen erlebte und zur führenden Handels- und vor allem Industriemetropole Deutschlands wurde, dessen Qualität des Neuen hervor: »Berlin is newer to the eye than is any other city.«[32] Mehr noch, er unterstreicht den mit Stadtentwicklung und Bauboom einhergehenden Geschichtsverlust, das Ersetzen einer (nur noch in Büchern beschriebenen) alten Stadt, an deren Stelle restlos eine neue junge Metropole ohne Tradition getreten ist, eine Stadt des Modernismus, deren Vergangenheit entsorgt gesehen wird:

> There was once a Berlin which I would have known, from description in books – Berlin of the last century and the beginning of the present one: a dingy city in a marsh, with rough streets, muddy and lantern-lighted [...] But that Berlin has disappeared. It seems to have disappeared totally, and left no sign. The bulk of Berlin of today has about it no suggestion of a former period. The site it stands on has traditions and a history, but the city itself has no traditions and no history. It is a new city [...] The main mass of the city looks as if it had been built last week, the rest of it has a just perceptibly graver tone, and looks as if it might be six or even eight months old.[33]

Diese Parallelität zwischen Chicago und Berlin, die an einer vergleichbaren Stadtentwicklungsgeschichte abgelesen wird[34], wird weit ins 20. Jahrhundert betont. 1941 hieß es unter der Überschrift Utopie in einer von Wolfgang Weihrauch herausgegebenen Berlin-Anthologie, Berlin solle »neben Chikago und Peking die dritte Herzstadt der wichtigsten Erdteile Asien, Amerika, Europa« werden.[35] Und noch 1958 schreibt Walter Kiaulehn in seiner Stadtgeschichte Berlins:

---

einer Sammlung mit dem Titel *Die Millionen-Pfundbanknote und andere Erzählungen* (Berlin/Leipzig: Hillger).

[32] Twain. »The German Chicago« (wie Anm. 31). S. 89.

[33] Ebenda. S. 88.

[34] Berlin erlebte etwa im gleichen Zeitraum wie Chicago – zwischen 1871 und 1895 – eine Verdoppelung seiner Einwohnerzahl von 820.000 auf 1,6 Millionen; sie wurde zur führenden Handels- und vor allem Industriemetropole. Diese Stadtentwicklung, die sich einer Zuwanderung verdankte, führte zu einem Bauboom, der sich im Stadtbild niederschlug, Berlin zu einer modernen Metropole machte; noch vor der formellen Schaffung von Groß-Berlin in den frühen Zwanziger Jahren.

[35] Langner. »Utopie« (wie Anm. 9). S. 356.

> Tatsächlich, wie Chicago war auch Berlin ein von der Natur bestimmter Handelsplatz, wie in Chicago kreuzen sich hier die Wege von Nord und Süd und Ost und West. Wie Chicago von seinem eigenen River ist Berlin von der Spree durchflossen; der Kranz der großen Seen, die Berlin umschließen, erinnert an den Michigansee, das Ineinander von Asphalt, Parks, Flüssen, Wohnhäusern und Fabriken, von Intimität und kolossaler Monstrosität, die Neigung Berlins, sich in Vierteln voneinander abzuschließen, der ungestüme Lebensmut, ja sogar die Unterweltvereine, alles erinnert an Chicago. Wenn ein Berliner emigrieren muß und Berlin wieder finden will, sollte er nach Chicago gehen.[36]

V.

Der im Berlin-Vergleich eher sporadische Bezug zwischen Chicago und Moskau beziehungsweise Sowjetrußland ergibt sich aus der Konnotation von Moskau und Russland mit »Zukunft« – dies ist Konstante deutscher Russlandberichte in der Zwischenkriegzeit, wie sich mehr als nur hypothetisch behaupten lässt: Paris als »Hauptstadt des 19. Jahrhunderts« steht für die Vergangenheit, das in den Zwanziger Jahren explodierende Berlin für Gegenwart und Gegenwärtigkeit, Moskau für das Neue des Sozialismus, die Utopie, die Zukunft.[37] Chicago-Attribute des Zukünftigen können sich dabei mit dem Zukünftigen des Sozialismus und Moskaus berühren. Das Zukunftweisende beider Städte wird beispielgebend parallelisiert in dem Chicago-Bericht von James Abbe aus dem Jahre 1929 hervorgehoben:

> La distance est énorme entre Chicago et Moscou et cependant, à certains égards, la mentalité de ces deux cités est assez semblable. Moscou s'efforce d'enfoncer les portes pour réorganiser le monde.

---

[36] Walter Kiaulehn. *Berlin. Schicksal einer Weltstadt.* München/Berlin: Biederstein, 1958. S. 37. Und doch bietet sich dieses *Chicago* auch an, im Weiteren – an anderem Ort – die Zusammenhänge zwischen den Ansprüchen einer »Archäologie der Zukunft« und der Fiktionalisierung von Metropole einmal anders zu lesen.

[37] Vgl. Walter Fähnders/Nils Plath/Inka Zahn. »Einleitung«. *Berlin, Paris, Moskau. Reiseliteratur und die Metropolen.* Hg. Walter Fähnders/Nils Plath/Hendrik Weber/Inka Zahn. Bielefeld: Aisthesis, 2005 (Reisen Texte Metropolen 1). S. 9-29.

> Chicago, échauffé, rouge de visage, tâche de conserver les traditions de «va de l'avant« des premiers pionniers américains.[38]

Einen Vergleich zwischen Chicago und Moskau, in dem es eigentlich um die dritte Stadt, um Berlin, geht, unternimmt eine 1932 erschienene reaktionäre deutsche Kampfschrift, die das Interesse verfolgt, beide metonymisch angeführten Städte ins schlechte Licht zu setzen:

> Chicago oder Moskau?
> Chicago und Moskau! Berlin hat es fertig gebracht, diese scheinbaren Gegensätze in sich zu vereinigen.
> Aber es sind ja nur scheinbare Gegensätze [...]. Es ist ja nicht zufällig, daß das tektonische Gesicht Berlins amerikanisch-bolschewistisch ist. Daß der neue Alexanderplatz ebenso in die Richtung Chicago wie Moskau weist.
> Dieser neue Alexanderplatz ist Symbol:
> Das Verbrecherzentrum erhält nach außen eine amerikanisch-bolschewistische Fassade. Dabei hat er seinen Namen von dem Zaren Alexander!
> Die chicageske und moskowitische Invasion überschneiden sich sichtbar in der – Unterwelt![39]

Wenn hier die russische und die amerikanische Metropole herbeizitiert und versucht wird, »die Impulse aus der Sowjetunion mit den Impulsen aus den USA [zu] mischen«[40], um auf diese Weise ein emblematisches und negativ konnotiertes Bild Berlins zu skizzieren, dann werden mit der Nennung beider Metropolen die jeweils aktuellsten und fortgeschrittensten Entwicklungsstufen von eigentlich antagonistischen Entwicklungsstadien – Kapitalismus hier, Kommunismus dort – angeführt und zusammengebracht. Damit soll das Gegenwärtige – Berlin, seinerseits stellvertretend für »ein System« – beschrieben werden mit dem Ziel: Einleitung der »Liquiditionsphase des roten Berlin«.[41] Zwei Metropolen, die in anderem Kontext

---

[38] James Abbe. »L'admirable Chicago«. *Vu* 2 (1929), Nr. 46: S. 66. Wiederum danken wir Inka Zahn für den Hinweis.

[39] Berl. *Der Kampf gegen das rote Berlin* (wie Anm. 14). S. 140 (Hervorhebungen im Original); vgl. dazu, auf diese Schrift aufmerksam machend, Helmut Lethen. »Chicago und Moskau«. *Die Metropole. Industriekultur in Berlin im 20. Jahrhundert*. Hg. Jochen Boberg/Tilman Fichter/Eckhart Gillen. München: Beck, 1986. S. 190-213. Hier S. 190.

[40] Lethen. »Chicago und Moskau« (wie Anm. 39). S. 190.

[41] Berl. *Der Kampf gegen das rote Berlin* (wie Anm. 14). S. 155. – Zum Schlagwort vom ›roten Berlin‹: Goebbels bemerkte 1934, daß Berlin »nach Moskau die röteste Stadt Europas« geworden sei (Joseph Goebbels. *Das erwachende Berlin*. München: Eher, 1934. S. 18).

metonymisch für rundum positive Zukunft stehen, stehen hier für eine negativ konnotierte Perspektive, die sich als schon gegenwärtig zeigt. Sie werden eingesetzt zur Kennzeichnung von etwas, das keine Zukunft haben soll und deshalb mit der härtesten aller Stadtzuschreibungen bedacht wird, der großstädtischen Kriminalität. Berlin gilt als »Unterwelts-Residenz«, wie es bereits im Titel heißt, entsprechend wird hier die Referenz Chicago auf seine »Unterwelt«, auf das »mörderische Chicago«, wie es in einem Text des *Querschnitt* 1931 heißt[42], reduziert.

Wollte man ein allgemeineres Bild entwerfen, ist die Gemengelage widersprüchlicher: Moskau steht nicht allein für Zukunft, dafür steht in deutschen und französischen Reiseberichten eben auch Chicago[43]; aber nicht Chicago allein, denn auch New York, manchmal auch Detroit, kann stellvertretend für die USA, Amerika seinerseits für Modernität fungieren.[44] Insofern überblendet sich der Chicago-Vergleich mit dem Amerikanismus-Diskurs und seinen Filiationen, ist aber nicht ohne Weiteres zu verallgemeinern; jedenfalls nicht über die Behauptung hinaus, es gehe stets entschieden um ein Zeitbild, das der jeweils historisch zu kontextualisierende Verweis auf Stadtnamen in den Stadttexten hervorrufen soll. In dreierlei Hinsicht ist Chicago für Russland-Berichte offenbar gar nicht tauglich: bezüglich der Börse, des Schlachthofes und des Gangstertums. Diese Trias jedenfalls spielt als Referenz für Russland keine Rolle, anders als in jenen Werken der Chicago-Rezeption, die sich, vermittelt durch die Übersetzung von Upton Sinclairs *The Jungle*, so häufig der Schlachthöfe annimmt.[45]

---

42 Ossip Dymow. »Das mörderische Chicago«. *Der Querschnitt* 10 (1930): S. 162-165; Chicago als Hauptstadt des Verbrechens scheint, in den literarischen Adaption während der Weimarer Republik immer wieder präsent, so doch keine so herausragende Rolle gespielt zu haben. Ruth Landshoff-Yorck berichtet 1931 im *Tempo* über einen Auftritt des Filmregisseurs Robert Flaherty in Berlin, der dabei auch von Chicago »erzählt« habe, etwa, daß Al Capone und sein Imperium für den Erhalt von »Hunderttausenden« von Arbeitsplätzen sorgten (Rut Landshoff. »Der Mann, der überall Bescheid weiß. Ein Regisseur erzählt tolle Dinge«. *Tempo* 4 (1931), 28 (3.2.): S. 6; wir danken Gregor Akkermann, Aachen, für diesen Text.

43 Vgl. Nils Plath. »Vorbilder nachher: Berlin als Chicago, New York, nicht Paris«. *Die Blicke der Anderen*. Hg. Wolfgang Asholt/Claude Leroy. Bielefeld: Aisthesis, 2006 (Reisen Texte Metropolen 2). S. 195-205.

44 Vgl. den Beitrag von Inka Zahn in diesem Band.

45 Als für die Literatur der Weimarer Republik weitere wichtige Chicago-Konnotation ist auf die hier nicht genauer zu verfolgende Erinnerung an den sog. Haymarket Riot vom Mai 1886 hinzuweisen, die z.B. Kisch im *Paradies Ame-*

VI.

Beim Chicago-Moskau-Rußland-Bild ist zu differenzieren zwischen einem amerikanistischen Selbstbild, das von sowjetischer Seite produziert wird, und einem Amerika- und Chicagobild aus westeuropäischer bzw. deutscher Sicht, das auf Russland angelegt wird. Dabei wäre genauer zu untersuchen, inwieweit die negative Implikation des Kapitalismus durch andere positive Explikationen überdeckt oder neutralisiert oder unterbunden wird.

Als Beleg für ein sowjetisches Chicagobild wäre Majakowski zu nennen. In seinem Prosagedicht *150 Millionen*, geschrieben noch vor seinen USA-Besuchen, in einer deutschen »autorisierten Nachdichtung« von Johannes R. Becher 1924 im Malik-Verlag erschienen und insofern ein wichtiger Beitrag zur Chicago-Wahrnehmung in der Weimarer Republik, findet sich Chicago wie folgt gekennzeichnet:

> Chicago: Stadt,
> Auferbaut auf einer Schraube!
> Elektro-dynamo-mechanische Stadt!
> Spiralenförmig –
> Auf einer stählernen Riesenscheibe –
> Jeden Stundenschlag
> Sich um sich selbst drehend –
> 5000 Wolkenkratzer –
> Granitene Sonnen!
> Die Plätze:
> Kilometerhoch in den Himmel galoppieren
> Menschenmillionenüberkrabbelt
> Aus Stahltrossen geflochten
> Fliegende Broadways. […][46]

Gerade diese Verse aus *150 Millionen* sind es, die Sigismund von Radecki 1930 in der in Berlin erscheinenden avantgardistischen Zeitschrift *Der Querschnitt* (wenn auch abweichend von der Becher-Übersetzung)

---

rika (wie Anm. 16) und Alfons Paquet in seinem durch Erwin Piscators Inszenierung berühmt gewordenen Stück *Fahnen* (1924) thematisieren.

[46] Wladimir Majakowski. *150 Millionen.* Autorisierte Nachdichtung von Johannes R. Becher. Berlin: Malik, 1924. [Nachdr. d. Ausg.] Königstein/München: Autoren-Edition, 1981. S. 18.

zitiert – um sie mit dem lapidaren Kommentar zu versehen: »Chicago – hat die Zahlung der Kommunalgehälter eingestellt«.[47]

Dient hier also aus deutscher Sicht das Zitat einer sowjetisch-futuristischen Chicago-Aneignung nur mehr als Erinnerungsposten zur aktuellen Vergegenwärtigung der Weltwirtschaftskrise, die das Chicago-Bild rundum ins Negative umwertet, so finden wir durchaus positive amerikanistische Selbstbilder in und aus Sowjetrussland, die mit der forcierten Industrialisierung zusammenhängen. Deutsche Russlandreisende sprechen von »Sowjet-Amerika«[48], oftmals wird damit der Sowjetunion ein Amerika-Vergleich übergestülpt, der dessen technologisches Niveau zum Maßstab macht – unter Ausblendung der kapitalistischen Prämisse eben dieser Errungenschaften. Gerade darauf rekurriert Kisch mit seiner eingangs zitierten Bemerkung über Nowosibirsk als »Sib-Chikago«. Als kapitalismuskritischer Amerika-Kenner fügt er hinzu: Die Russen würden diesen Vergleich »nicht anwenden, wenn sie das amerikanische Chicago näher kennen würden«, und er zählt als Negativpunkte auf: die miserablen Lebens- und Wohnbedingungen der Arbeiter und die Elendsquartiere mit der »stickigen, stinkenden Luft hinter den Schlachthöfen«, die Korruption, die Kämpfe zwischen kriminellen Banden und Polizei.[49]

---

47 Sigismund von Radecki. »Chicago«. *Der Querschnitt* 10 (1930): S. 598; Radecki zitiert hier trotz entsprechender Quellenangabe eindeutig nicht die Übersetzung von Johannes R. Becher, bei ihm heißt es vielmehr abweichend: »Chicago: Stadt / Gebaut auf einer Schraube! / Elektro-dynamo-mechanische Stadt! / Spiralgeformt – Auf stählerner Scheibe – / Mit jedem Stundenschlag / Kreisend um sich selbst! / Fünftausend Wolkenkratzer – / Granitene Sonnen! / Die Plätze – / Meilenhoch, sie galoppieren gen Himmel, / Wimmelnd von Millionen Menschen, / Geflochten aus Stahltrossen, / Fliegende Broadways …«.

48 Frida Rubiner. *Der große Strom. Eine unromantische Wolgafahrt.* Wien/Berlin: Verlag für Literatur und Politik, 1930. S. 209-218. Darin handelt sie vor allem über den Aufschwung der sowjetischen Traktoren-Produktion im Vergleich zur amerikanischen – der Traktor spielt seit den Zwanziger Jahren in den Russlandberichten wie in der sowjetischen Selbstdarstellung als Inbegriff von Industrialisierung und Kollektivierung eine herausragende Rolle. Vgl. dazu auch Erhard Schütz. *Kritik der literarischen Reportage. Reportagen und Reiseberichte aus der Weimarer Republik über die USA und die Sowjetunion.* München: Fink, 1977. S. 147ff.; Walter Fähnders. »›Amerika‹ und ›Amerikanismus‹ in deutschen Rußlandberichten aus der Weimarer Republik«. *Die Blicke der Anderen* Hg. Wolfgang Asholt/Claude Leroy. Bielefeld: Aisthesis, 2006 (Reisen Texte Metropolen 2). S. 101-119.

49 Kisch. »China geheim« (wie Anm. 13). S. 411; vgl. das Kapitel »Bilderbogen: Tiefstes Chicago« in Kischs *Paradies Amerika* (wie Anm. 16).

Ebenfalls mit kritischem Unterton spricht 1931 ein deutscher Russlandreisender vom sowjetischen »Hyperchicagismus«. Anläßlich der gestiegenen Qualität der »sowjetischen Chaussee« wird bemerkt, diese sei »Snob unter Rußlands Wegen« geworden:

> »Tempo, Tempo«, sagt die Chaussee, und sie sagt es sogar in amerikanischem Jargon, wie sie es von ihren hypermodernen Paten aufgeschnappt hat. Das zaristische Vorbild von Europas Westen gilt ihr längst nichts mehr, sie träumt von Amerika, von Chicagismus und Hyperchicagismus.[50]

Sofern positiv konnotiert und entsprechend als Beleg für eine Zukunftsaussicht herbeizitiert, wird Chicago im Zusammenhang mit der Schilderung von Moskau oder der Sowjetunion enthistorisiert und gerät bezüglich des Empirisch-Faktischen zu einer von der Realität entleerten Chiffre. Die historische Dimension der realen Stadt Chicago kommt aber in den Blick, wenn dies ein zugleich auch kapitalismuskritischer ist. Damit erzwingt die Metonymie historische oder genauer gesellschaftskritische Konkretionen, da nun eine der Chicago-Konnotationen, seine Modernität, als eine eben auch kapitalistische, ausbeuterische, aufgerufen ist.

Die historische Dimension wird eklatant, die Metonymie zeigt ihren sozialen Sprengsatz – das wußte auch der bereits zitierte rechtsradikale Kritiker, der sein Bild des Berlins von 1932 nicht anders fassen mochte als in einem amalgamierten Bild des verbrecherischen Chicago und des bolschewistischen Moskau, aus dem Berlin nach seiner Schilderung angeblich bestehe.

In welcher für andere Augen und Ohren nur noch absurd erscheinenden Semantik das ungebremste und dennoch werterzeugende Sich-Berufen auf historische Verortungsunternehmen ausläuft, die sich über das Beschreiben von Unterschieden und Vergleichen abzusichern haben und diese der Schlüssigkeit ihrer Argumentation willen als Stellvertreter anführen, läßt sich ausgerechnet – und wohl nicht zufällig – auch mit einem Bild aus Chicago illustrieren. 1920 schreibt der Dadaist Richard Hülsenbeck: »Dada ist das Geschrei der Bremsen und das Gebrüll der Makler an der Chicagoer Produktenbörse.«[51]

---

[50] Gustav Stratil-Sauer. *Erlebnisse längs russischer Landstraßen.* Leipzig: Deutsche Buchwerkstätten, 1931. S. 28.

[51] [Richard Hülsenbeck.] »Was wollte der Expressionismus?« *Dada-Almanach. Im Auftrag des Zentralamtes der deutschen Dada-Bewegung.* Hg. Richard Hülsenbeck. Berlin: Erich Reiss, 1920. S. 36.

Dirk Uffelmann (Passau)

Vítězslav Nezvals »Unsichtbares Moskau« und der ›pacte autoptique‹ der Reiseliteratur

> Bylo pro mne spojeno ze zvláštním napětím zúčastnit se ohromných mítinků pro realismus právě v období, kdy jsem byl najvášnivěji posedlý myšlenkou surrealismu.
> Es war für mich mit einer besonderen Spannung verbunden, gerade zu der Zeit an einem gewaltigen Meeting für den Realismus teilzunehmen, als ich am leidenschaftlichsten von der Idee des Surrealismus besessen war.[1]

Dieser Satz aus den Memoiren *Z mého života* (*Mein Leben)* des tschechischen Avantgardisten Vítězslav Nezval (1900-1958) bezieht sich auf den August/September 1934, auf den Ersten Allunionskongreß der Sowjetschriftsteller. Ein bekennender Surrealist bei der Inaugurationsfeier des Sozrealismus? War dieser Kongreß nicht von konzertierter Einmütigkeit gekennzeichnet, hatte er nicht lediglich Akklamationsfunktion? Waren doch kritische russische Autorinnen und Autoren wie Bulgakov, Achmatova oder Mandel'štam vom Kongreß verbannt und inszenierte die Kongreßleitung doch eine Atmosphäre von gesteuertem Enthusiasmus.[2]

Die Sicht des Kongresses als Gloriole der Einmütigkeit, wie sie die sowjetische Beweihräucherung des Sozrealismus genauso lange pflegte, wie die westliche Kritik am stalinistischen Terror gegen Andersdenkende dies als Gleichschaltung auslegte[3], wurde bereits zurechtge-

---

[1] Vítězslav Nezval. *Dílo.* Praha: Československý spisovatel, 1950ff. Bd. 28. S. 279; dt. Vítězslav Nezval. *Aus meinem Leben.* Dt. v. Eckhard Thiele, nachgedichtet v. Annette Simon u. Jan Faktor. Leipzig: Philipp Reclam jun., 1988. S. 316.

[2] »[…] радовались вместе« (»[…] sie freuten sich miteinander«), Paolo Jašvili; zit. n. Sergej M. Petrov. *Vozniknovenie i formirovanie socialističeskogo realizma.* Moskva: Vyssaja škola, [2]1976. S. 402.

[3] Vgl. Diether Götz. *Analyse und Bewertung des I. Allunions-Kongresses der Sowjetschriftsteller in Literaturwissenschaft und Publizistik sozialistischer und westlicher Länder* (*von 1934 bis zum Ende der 60er Jahre*) (= Slavistische Beiträge 250). München: Sagner, 1989. S. 106-108 u. 219f. Das heutige historische Wissen wirft ein hermeneutisches Problem für die Einschätzung dieses Kongresses auf: Heute wissen wir, daß drei Monate nach dem Ende des Kongresses, am 1. Dezember 1934, Kirov ermordet wurde, was zum Anlaß ei-

rückt.[4] Die Losung vom Sozrealismus wurde zwar von oben oktroyiert[5], durch die performative Rede der Macht lanciert.[6] Doch entzog sich eine ganze Reihe von teilnehmenden Schriftstellern dem disziplinierenden Oktroi mit antidisziplinären Beiträgen.[7] So stellt sich der Kongreß bei genauerem Hinsehen eher als »general cacophony«[8] dar. Kandidaten für Unbotmäßigkeit waren u.a. die ausländischen Gäste wie Klaus Mann, Gustav Regler, Ernst Toller, Johannes R. Becher, André Malraux, Louis Aragon, Laco Novomeský oder Vítězslav Nezval.

Einer der für die Kongreßteilnehmer vernehmlichsten ›Mißtöne‹ im kakophonen Konzert war Nezvals Auftritt. Der tschechische Avantgardist war im Sommer 1934 allen Ernstes zum Moskauer Kongreß gereist, um vor den sowjetischen Genossen den Surrealismus zu verteidigen (»[...] ospravedlniti surrealismus ze zlomyslných a lživých pomluv [...]« [den Surrealismus gegenüber böswilliger und verlogener Nachrede zu rechtfertigen][9]) und die Einheit der Linken wiederherzustellen. So äußerte er in seiner von Tarasov-Rodionov ins Russische übersetzten Rede:

> Мы, сюрреалисты, стоящие на основе революционного марксистского мировоззрения, мы сознаем свои серьезные обязанности в поэзии и в революционной деятельности.

---

ner Welle von Terror und ›Säuberungen‹ genommen wurde, und 1936/37 wurde dem verhältnismäßig liberalsten unter den offiziellen Kongreßrednern, Bucharin, der Schauprozeß gemacht. Doch konnten dies die Kongreßteilnehmer im Spätsommer 1934, während eine kurzen Phase kulturpolitischer Lokkerung, nicht absehen (vgl. Régine Robin. *Le Réalisme socialiste. Une esthétique impossible.* Engl. zit. n.: *Socialist Realism: an Impossible Aesthetic.* Engl. v. Catherine Porter. Stanford, CA: Stanford Univ. Press, 1992. S. 10).

4 Hans-Jürgen Schmitt/Godehard Schramm (Hg.). *Sozialistische Realismuskonzeptionen. Dokumente zum 1. Allunionskongreß der Sowjetschriftsteller.* Frankfurt/M.: Suhrkamp, 1974. S. 9f.

5 Von den 228 Nennungen der Wortverbindung *socialističeskij realizm* (*sozialistischer Realismus*) in den Kongreßakten stammten 46,5 % von Offiziellen (Robin. *Socialist Realism* [wie Anm. 3]. S. 45).

6 Ebenda. S. 49.

7 Zum Begriff der Antidisziplin vgl. Michel de Certeau. *L'invention du quotidien 1. Arts de faire.* Paris: Union Générale d'Editions, 1980.

8 Robin. *Socialist Realism* (wie Anm. 3). S. 9.

9 Vítězslav Nezval. *Neviditelná Moskva.* Praha: Fr. Borový, 1935. S. 71, im Weiteren abgekürzt NM.

> Wir Surrealisten bekennen uns auf der Grundlage der revolutionären marxistischen Weltanschauung mit ganzer Verpflichtung zur Poesie und zur revolutionären Wirklichkeit.[10]

Bezug nehmend auf den vergleichsweise liberalsten Beitrag von offizieller Seite, auf Bucharins Referat, predigte Nezval den Sowjetschriftstellern (die nach dem offiziellen Plan den Sozrealismus zu akklamieren hatten) die surrealistische Poetik des Emotionalen und Unbewußten (»Поэтическая мысль – мысль эмоциональная.« – »Der poetische Gedanke – das ist ein ganz und gar emotionaler Gedanke.«[11]), die er nicht im Konflikt mit dem obligaten marxistischen Materialismus sehen wollte, sondern mit Bretons Gedanken vom Austausch zwischen Traumwelt und Wachzustand[12] untermauerte:

> Обращу ваше внимание на произведение, которое больше всего сказало о материалистическом фундаменте воображения. Это »Сообщающиеся сосуды« крупного французского поэта Андрэ Бретона […]
> Dabei möchte ich euere Aufmerksamkeit auf ein materialistisches Fundament der Phantasie lenken – es ist das Prinzip der ›kommunizierenden Röhren‹ des hervorragenden französischen Dichters André Breton […][13]

Um seine Hörer zu gewinnen, befleißigte sich Nezval einer Rhetorik des Schulterschlusses: »Товарищи! […] Этот привет – проявление самой преданной, самой глубокой любви к грандиозной стране [СССР] […] хранимый гением Сталина […]« (»Genossen! […] Dieser Gruß bedeutet die herzliche Zuneigung zu einem so grandiosen Land [der UdSSR] […]), die […] mit ihrem Genius Stalin […] groß geworden [ist] […]).[14]

So nahtlos stellte sich der sowjetischen Seite die Verknüpfung Breton – Stalin klarerweise nicht dar; die *Pravda*, die am 30. August eine Notiz

---

[10] *Pervyj Vsesojuznyj S-ezd Sovetskich Pisatelej 1934. Stenografičeskij otčet.* Moskva: Chudožestvennaja literatura, 1934. S. 520; dt. Vítězslav Nezval. »<Rede am 29.8.1934 / Dok. Nr. 26>«. Dt. v. Godehard Schramm. *Sozialistische Realismuskonzeptionen. Dokumente zum 1. Allunionskongreß der Sowjetschriftsteller.* Hg. Hans-Jürgen Schmitt/Godehard Schramm. Frankfurt/M.: Suhrkamp, 1974. S. 346-349. Hier S. 348. Die Abweichungen zwischen der deutschen Übersetzung und dem Wortlaut der russischen Kongreßakten werden hier nicht korrigiert.

[11] Ebenda. S. 519; dt. S. 347.

[12] André Breton. *Les Vases communicants.* Paris: Gallimard, 1955.

[13] *S-ezd* (wie Anm. 10). S. 520; dt. Nezval. »Rede« (wie Anm. 10). S. 347.

[14] Ebenda. S. 519; dt. S. 346.

über Nezvals Rede brachte, kürzte den Breton-Absatz heraus[15], und die Forschung der sozialistischen Staaten unterschlug seinen Auftritt mitunter gänzlich.[16] Nezvals Surrealismus-Predigt wurde also von den zeitgenössischen russischen Rezipienten praktisch nicht vernommen. Konserviert wurde die Erinnerung an Nezvals surrealistische Unbotmäßigkeit dagegen durch die marxistische Kritik, die den Surrealismus als idealistisch und kleinbürgerlich hinstellte.[17]

Verteidigte Nezval gegen diese marxistischen Anwürfe standfest die reine Lehre des Surrealismus? Nein. Schon während seiner surrealistischen Phase bediente sich Nezval nebenbei auch des Pseudonyms Robert David, das »für einen Vertreter des verelendeten, arbeitslosen Proletariats« stand[18] und mit dem er gänzlich unsurrealistische Texte überschrieb. 1937 zeigte er Verständnis für die Moskauer Schauprozesse und setzte sich von den französischen Surrealisten wegen deren kritischer Sicht der stalinistischen Sowjetunion ab.[19] Am 7. März 1938 schließlich verteidigte er die Schließung des Moskauer Mejerchol'd-Theaters und das Todesurteil gegen Bucharin[20] und löste zwei Tage später einseitig die Prager Sur-

---

15 Nezvals Klage über diese Zensur läßt Naivität durchblicken: »Upozornil jsem sice na jeho knihu *Les Vases communicant* [!] ve svém krátkém proslovu na kongresu, avšak při publikování výtahu mé řeči bylo vypuštěno André Bretonovo jméno, třebaže jsem na jeho otištění velmi lpěl.« (NM 99; »Ich wies in meiner kurzen Ansprache auf dem Kongreß zwar auf sein Buch *Die kommunizierenden Röhren* hin, doch bei der Veröffentlichung eines Auszugs meiner Rede wurde André Bretons Name ausgelassen, obwohl ich großen Wert darauf gelegt hatte, daß er mitgedruckt würde.«).

16 Vgl. Miroslav Macháček. *Vítězslav Nezval*. Praha: Horizont, 1980. S. 46.

17 Siehe Ivan Pfaff. »Stalin und die tschechische Linkskultur. Die Kampagne gegen den ›Formalismus‹ in der Kunst 1936-1938«. *Vierteljahrshefte für Zeitgeschichte* 36 (1989): S. 437-482. Hier S. 441.

18 Walter Schamschula. *Geschichte der tschechischen Literatur*. Bd. 3.: *Von der Gründung der Republik bis zur Gegenwart* (=Bausteine zur Slavischen Philologie und Kulturgeschichte N.F. Reihe A. Slavistische Forschungen 14) Köln et al.: Böhlau, 2004. S. 56.

19 Was die sowjetische Forschung fälschlich auf die Jahre davor ausdehnt (Ljudmila N. Budagova. *Vitezslav Nezval. Očerk žizni i tvorčestva*. Moskva: Nauka, 1967. S. 180 u. 205).

20 Milan Drápala. »A Life of Illusion: the Politics of Vítězslav Nezval«. *The Prague Yearbook of Contemporary History 1998*. Hg. Vilém Prečan/Robert Kvaček. Praha: Ústav pro soudobé dějiny AV ČR, 1999. S. 177-225. Hier S. 197f.

realisten-Gruppe auf.[21] All das zeigt, wie sehr Nezval Mitte der 30er Jahre hin und her gerissen war »between two loyalities«.[22]

Da verwundert es nicht, daß der literarische Reflex seiner Moskau-Reise von 1934 *Neviditelná Moskva* (*Das unsichtbare Moskau*) ein Text ist, der in der älteren tschechischen und russischen Forschung kaum Beachtung fand.[23] Eine heute unternommene, symptomatologische Lektüre zeigt sehr schnell Nezvals Unvermögen, in den aus seiner Lyrik gewohnten kurzen, syntaktisch reduzierten Sätzen (NM 17) von seiner Moskau-Reise zu handeln. Was *Das unsichtbare Moskau* bietet, ist gerade keine surrealistische *écriture automatique*, sondern sind komplizierte Gedankengänge um die Ecke, die Knackpunkte verdecken und gedankliche Brüche überzeichnen. Ein Beispiel:

> Přiznám se, že za těchto okolností a právě v době, kdy André Bretonův dopis, jejž jsem obdržel v den, kdy jsem jej čekal, [...], potvrdil mé předsvědčení o nutnosti rozvíjeti surrealismus u nas v nejintimnější součinnosti s mezinárodním surrealismem, jsem nepřijal, kromě nadšení a radosti, že poznám ovzduší Sovětského svazu, bez jistých obav pozvání na *Všesvazový sjezd spisovatelů*.
> Ich gestehe, daß ich unter diesen Umständen und just zu der Zeit, als André Bretons Brief, den ich an exakt dem Tag erhielt, an dem ich ihn erwartet hatte, [...] der meine Überzeugung von der Notwendigkeit bestärkte, den tschechischen Surrealismus in engster Kooperation mit dem internationalen Surrealismus zu entwickeln, die Einladung zum *Internationalen Schriftstellerkongreß* neben Begeisterung und Freude darüber, daß ich die Atmosphäre der So-

[21] Die anderen Mitglieder sprachen Nezval das Recht ab, die Gruppe per diktatorischen Entschluß aufzulösen. Karel Teige schrieb daraufhin mit *Surrealismus proti proudu* (*Der Surrealismus gegen den Strom*) eine der hellsichtigsten frühen Analysen der stalinistischen Kulturpolitik (Pfaff. »Stalin« [wie Anm. 17]. S. 470-473). Den Tiefpunkt von Nezvals selbstverordnetem stalinistischem Konformismus bildet 1949 sein panegyrisches Machwerk *Stalin. Lyrickoepická báseň* (*Stalin. Ein lyrisch-episches Gedicht*).

[22] Drápala. »Life« (wie Anm. 20). S. 194.

[23] Ausnahmen bilden die je zwei- bis dreiseitigen Erörterungen über *Das unsichtbare Moskau* bei Budagova (*Nezval* [wie Anm. 19]. S. 202-204), Svetlana A. Šerlaimova (*Vitezslav Nezval*. Moskva: Vysšaja škola, 1968. S. 70-73), Igor' V. Inov (*Sud'ba i muzy Vitezslava Nezvala. Po stranicam vospominanij, dnevnikov, pisem, rukopisej...* Moskva: Chudožestvennaja kniga, 1990. S. 104f.) und Giuseppe Dierna (»Způsoby a tvary touhy. Nezvalova próza z let surrealismu«. *Český surrealismus 1929-1953*. Hg. Lenka Bydžovská/Karel Srp. Praha: Argo, 1996. S. 200-213. Hier S. 204f.).

> wjetunion kennen lernen würde, nicht ohne gewisse Befürchtungen annahm. (NM 39)

Das unsichtbare Moskau, entstanden im Zusammenhang mit Nezvals fünfwöchiger Reise zum ersten sowjetischen Schriftstellerkongreß im August/September 1934 nach Moskau mit einem kurzen Abstecher nach Leningrad, erschien im Februar 1935 in dem Verlag, in dem Nezval und Teige ihre surrealistischen Bücher herausbrachten: Fr. Borový. *Das unsichtbare Moskau* bildet mit zwei weiteren Reisetexten, *Ulice Gît-le-Cœur* (*Die Straßen von Gît-le-Cœur*, 1936) und *Pražský chodec* (*Der Prager Fußgänger*, 1938), eine Trilogie. Wie in der Trilogie Paris und Prag neben Moskau gesellt werden, so ist auch der Schauplatz des Textes über die Moskau-Reise keineswegs Moskau allein. Bei Nezvals politischem Einverstanden-Sein-Wollen mit der sowjetischen Politik der 30er Jahre ist die Kontrastfolie Berlins und des deutschen Nationalsozialismus nicht wegzudenken: Diskursiv wird der Faschismus als konterrevolutionär demaskiert (NM 121) und in einen Angsttraum integriert (NM 139); die Furcht vor Deutschland spielt der Aufwertung der Sowjetunion – jener »ganz anderen Diktatur« – zu:

> [...] dva sny o dvou zemích s tak rozdílnými diktaturami, s diktaturami tak protikladného smyslu, jako je diktatura proletariátu a fašistická diktatura, si zdramatisovaly krajně zajímavě můj apriorní vztah k těmto dvěma zemím a k těmto dvěma diktaturám. (NM 140)
> [...] die beiden Träume über die zwei Länder mit den so unterschiedlichen Diktaturen, Diktaturen von so entgegengesetztem Sinn wie es die Diktatur des Proletariats und die nationalsozialistische Diktatur sind, dramatisierten meine *a priori* bestehende Beziehung zu diesen zwei Ländern und diesen zwei Diktaturen auf extrem interessante Weise.

Wobei der Kontrast Sozialismus – Faschismus[24] bei Nezval im Kontext des spanischen Bürgerkrieges groteske Formen annimmt:

> Internacionála, kterou slyší ti, kdož umírají na dlažbě španělských měst, v polifonické atonální symfonii děl, strojních pušek a policejních revolverů, zní nad Leninovým mausoleem jako radostná vánoční píseň. (NM 171)
> Die Internationale, die die hören, die auf dem Pflaster spanischer Städte sterben, in der polyphonen, atonalen Symphonie aus Ge-

---

24 Auch in Nezvals Rede auf dem Kongreß 1934 wird – direkt vor der abschließenden Stalin-Panegyrik – der Faschismus genannt (*S-ezd* [wie Anm. 10]. S. 520; dt. S. 349).

> schützen, Maschinengewehren und Polizeirevolvern, klingt angesichts des Lenin-Mausoleums wie ein fröhliches Weihnachtslied.

Insofern die aktuelle Führung der Sowjetunion für den Tschechen Nezval das Bollwerk gegen die nationalsozialistische Gefahr darstellt, übt er pflichtschuldig Trockij-Kritik (NM 104) und gibt sich dankbar für den »Schutz« durch die sowjetische Geheimpolizei OGPU (NM 124).

Wo die sowjetische Staatsmacht für ihn offenbar sakrosankt ist, weicht er auf kulturpolitische Nebenschauplätze aus: Sein literaturpolitischer Gegner ist die RAPP (*Rossijskaja Associacija Proletarskich Pisatelej – Russische Vereinigung Proletarischer Schriftsteller*), der nach 1932 längst die Zähne gezogen waren.[25] Nezval verweist in *Das unsichtbare Moskau* – mit autotextuellem Bezug[26] – auf die »peinlichen Ergebnisse der Char'kover internationalen Konferenz« (»trapné výsledky charkovské mezinárodní konference«, NM 39, vgl. auch 72).

Ein zweiter Pappkamerad im Vergleich zur Einpeitschung des Sozialistischen Realismus durch die Kongreßleitung ist der gerade vom Surrealismus zum Sozrealismus konvertierte[27] französische Kongreßgast Louis Aragon, der – wie Nezval meint: wegen seiner Kritik an der Char'kover Konferenz – den Blickkontakt mit ihm vermieden und sich durch »seinen verzweifelten Beifall auf dem Kongreß, seine nervösen Gesten« (»[j]eho

---

[25] Hans Günther. *Die Verstaatlichung der Literatur. Entstehung und Funktionsweise des sozialistisch-realistischen Kanons in der sowjetischen Literatur der 30er Jahre.* Stuttgart: Metzler, 1984. S. 11-14.

[26] Gegen die RAPP hatte Nezval schon in einem am 15. April 1933 erschienenen Gastbeitrag für *Le surréalisme au service de la révolution* kritisch angemerkt: »C'était au congrès international de Kharkov [...] Nos représentants [du Devètsil] aussi bien que ceux des surréalistes ont montré très peu de résistance envers les tendances du ›vulgär-marxismus‹ qui se sont emparées du Congrès.« (Vítězslav Nezval. »Correspondance à André Breton«. *Le surréalisme au service de la révolution* 5 (1933): S. 31). In seiner Moskauer Kongreßrede wiederholt Nezval den Bezug auf die Char'kover Konferenz: »[...] ничего так не потрясло чешских писателей, как тезисы РАППа, привезенные нашими делегатами с харьковского конгресса. Товарищи, мы дружно отвергли эти тезисы [...] (»[...] nichts hat uns tschechische Schriftsteller so stark beeindruckt, wie die Thesen der RAPP, die unsere Delegierten vom Charkover Kongreß [proletarischer Schriftsteller] mitbrachten – denn diese Thesen verwerfen wir mit aller Schärfe [...]) (*Sézd* [wie Anm. 10]. S. 519; dt. S. 347).

[27] Vgl. Růžena Hamanová. »Surrealistický most Praha – Paříž«. *Český surrealismus 1929-1953*. Hg. Lenka Bydžovská/Karel Srp. Praha: Argo, 1996. S. 22-27. Hier S. 25.

rozpačité potleksy na kongrese, nervosní gesta«, NM 80) selbst desavouiert habe. Schließlich kommt es doch noch zum Gespräch mit Aragon – über Breton –, das Nezval auf sein eigenes emotionales Erleben reduziert: »Je mi smutno, když mám dokazovati subtilnímu básnikovi, že bloudí, že surrealisté maji pravdu [...]« (NM 81; »Es stimmt mich traurig, daß ich einem feinsinnigen Dichter beweisen muß, daß er irrt und daß die Surrealisten Recht haben [...]«). Auf dem Umweg über Aragon wird schließlich die Normvorgabe des Sozrealismus angesprochen: »[...] jsem se jej snažil předsvědčit, že se mýlí v posuzování sovětské poesie [...] « (NM 82; [...] ich versuchte ihn davon zu überzeugen, daß er sich in der Beurteilung der sowjetischen Dichtung irrt [...]). Gewiß irrte Aragon, doch Nezval irrte nicht weniger, wenn es darum ging auszumachen, wo in Moskau eigentlich der kulturpolitische Gegner stand.

Dabei wollte Nezval – ganz ähnlich wie Walter Benjamin[28] – sich doch gerade nicht in die Irre führen lassen von der sowjetischen Inszenierung und dem, was Ryklin den »ėffekt likovanie« (»Effekt des Jubels«) nennt[29]:

> Nejsem z těch, kdo přeceňují s nebezpečným enthusiasmem optimismus usměvavých sovětských tváří, který známe z fotografií, posílaných k nám sovětskými agenturami. (NM 56)
> Ich gehöre nicht zu denen, die in einem gefährlichen Enthusiasmus den Optimismus der lächelnden sowjetischen Gesichter überschätzen, wie wir ihn von Fotografien kennen, die uns von sowjetischen Agenturen geschickt werden.

Auf machtpolitischem Feld ist ihm das nicht gelungen: Nezval lobt die gar so zivilen Milizionäre (NM 145) und gibt sich selbst die Richtung vor: In Moskau »siegt auch im Unbewußten eines Revolutionsdichters aus dem kapitalistischen Westen die Zuversicht auf die Befreiung der Menschen, welche die Diktatur des Proletariats bringt.« (»[...] vítězí i v podvědomí revolučního básníka z kapitalistického západu důvěra v lidské osvobození, jež přináší diktatura proletariátu.«, NM 45). Auch auf sozialpolitischem Feld greift der Imperativ des Einverstanden-Seins; Nezval sieht infolge der Frauenemanzipation in der Sowjetunion die Koketterie ausgerottet (NM 91).

---

[28] Zum Vorsichtsmotiv siehe Walter Benjamin. *Moskauer Tagebuch*. Frankfurt/M.: Suhrkamp, 1980. S. 93 u. 118; vgl. Michail Ryklin. *Räume des Jubels. Totalitarismus und Differenz*. A.d. Russ. v. Dirk Uffelmann. Frankfurt/M.: Suhrkamp, 2003. S. 156.

[29] Michail Ryklin. »Back in Moscow, sans the USSR«. *Žak Derrida v Moskva. Dekonstrukcija putešestvija*. Moskva: Ad Marginem, 1993. S. 82-150. Hier S. 119; dt. Ryklin. *Räume* (wie Anm. 28). S. 177.

Allein kunstpolitisch hält Nezval dagegen: Er stößt sich an der sowjetischen neoklassizistischen und neonaturalistischen Porträtmalerei (NM 108f, 149); literarisch distanziert er sich vom Neorealismus mit seinem Aushängeschild Gor'kij[30] und dem »revoluční voluntarismus« (»revolutionären Voluntarismus«) von Vsevolod V. Višnevskiijs *Optimističeskaja tragedija* (1933; *Optimistische Tragödie* – NM 119). Von solch allzu ideologisch-realistischen Dramen will er zurück zum Vachtangov- und Mejerchol'd-Theater (NM 133) – jenem Theater, dessen Schließung er wenige Jahre später verteidigen wird.

Nach längerem Anlauf schafft Nezval es in *Das unsichtbare Moskau* schließlich auch, sich diplomatisch vorsichtig vom Sozialistischen Realismus, unter dessen Fahne die Unifizierung des Schreibens im stalinistischen Rußland betrieben wurde, abzusetzen:

> Dokud tak zvaný socialistický realismus, který pokládají sovětští spisovatelé pro sebe za nejvhodnější metodu tvoření, nezodpoví si základní otázku, co je příčinou emocionality básnických obrazů […]. (NM 100)[31]
> Solange der so genannte Sozialistische Realismus, den die Sowjetschriftsteller für sich als am besten geeignete Schaffensmethode ansehen, die Grundfrage nicht beantwortet, was der Grund für die Emotionalität lyrischer Bilder ist […].

Bemerkenswert ist Nezvals *Das unsichtbare Moskau* jedoch weniger im Hinblick auf die politischen Halbheiten, die der Text enthält, sondern – in Beantwortung der Frage nach den flüchtigen Blicken von Rußlandreisenden – aufgrund der Verschränkung von surrealistischer Poetik des Unsichtbaren und politischem Nicht-Sehen.

Eine unvoreingenommene Wahrnehmung des Sichtbaren kann daran scheitern, daß ein vorgefaßtes Bild nur unzureichend modifiziert wird. Nezval aber gibt vor, zuvor überhaupt kein Bild von Moskau gehabt zu haben:

---

30 »[…] budí […] zbytečně ze sna klasiky […]« (NM 73; »[…] man weckt […] die Klassiker unnötigerweise aus dem Tiefschlaf […]«). Die *Pravda*-Redaktion hatte eine Gor'kij-Hymne in Nezvals Kongreßrede hineingeschmuggelt, die er nie angestimmt hatte.

31 Im weiteren Verlaufe des Jahres 1935, einige Monate nach Erscheinen von Nezvals *Das unsichtbare Moskau*, wächst sich der Richtungsstreit innerhalb der tschechischen Linken um Sozialistischen Realismus oder Surrealismus zu einer publizistischen Debatte zwischen Kurt Konrad und Karel Teige aus; dokumentiert ist diese in *Socialistický realismus. Sborník*. Praha: Levá fronta, 1935 (=Knihovna levé fronty 9) (Ndr. Würzburg: jal-reprint, 1973 [= analecta slavica 6]).

»Nikdy dřív a ani teď' mně nepřipadlo dělat si přestavu o Moskvě.« (NM 40; »Niemals zuvor noch auch jetzt ist es mir in den Sinn gekommen, mir eine Vorstellung von Moskau zu machen.«). Wichtig ist ihm vor seiner Abreise nach Moskau allein das Wissen um die romantischen Augen einer vermutlich dort lebenden – vorerst namenlosen – Bekannten aus dem Jahr 1929: »Věděl jsem jen, že tam žije, či nežije, nejnevšednější žena s romantickýma očima [...]« (NM 40; »Ich wusste bloß, daß dort die unalltäglichste Frau mit den romantischen Augen lebte – oder auch nicht [...]«). Dieser hatte er, wie wir erst nach dem geschilderten Wiedertreffen in der Pause einer Mejerchol'd-Aufführung erfahren, 1929 in Prag auf dem Klavier einer Freundin einen Fox vorgespielt (NM 141).

Was wir als erstes von dieser Bekannten erfahren, ist, daß Nezval vor seiner Abreise von ihr geträumt habe. Der Abreise wird eine detaillierte Traumniederschrift vom 13. Juli 1935 um 1 Uhr 30 nachts vorangestellt (es ist dies eines von ganz wenigen exakten Daten in diesem an Zeit- und Ortsangaben armen Text). Nezval wähnt sich im Traum in einem Hotel in Moskau, sorgt sich um die Sauberkeit (NM 47), trifft einen Mann, der zur OGPU gehören könnte (NM 48), und ein Mädchen namens Ljubov', dessen faszinierende Augen jenseits der Traumwelt immer und immer wieder aufgenommen werden. Der Träumende hat den »das wunderschöne Gefühl, daß ich, obgleich ich mich in Moskau aufhalte, eigentlich gleichzeitig in Prag bin« (»překrásný pocit, že, jsa v Moskvě, jsem vlastně současně v Praze«, NM 47). In einem unterirdischen Durchgang, »der mich an die Passage eines Geschäftshauses in Cannes erinnerte« (»připomínající mně pasáž jednoho obchodního domu v Cannes«, NM 47), erkennt er Tagesreste (NM 49f), untermischt mit einem »latenten sexuellen Sinn« (»latentní sexuální smysl«, NM 51).[32] Das noch völlig Unbekannte (Moskau) wird also vor der Abreise im Traum durch Bekanntes vorweggenommen. Insofern gibt es – entgegen Nezvals eigener Behauptung – sehr wohl ein Vor-Bild von Moskau, das den Dichter nach Moskau begleitet, ja an Moskau vorbeileitet. Der Traum imprägniert ihn gegen das historisch akute stalinistische Moskau, wenn er unter dem Traum-Eindruck voller Pathos in das »erste Land« aufbricht, das den »Sozialismus realisiert« habe (NM 52).

Mit dem Prager Traum gewappnet, ist für Nezval in Moskau gerade auch die Stadt mit präsent, die ihm die surrealistische Inspiration eingege-

[32] Beeinflußt ist diese sexualistische Lesart nicht allein direkt von Freud, sondern gerade auch von Bohuslav Brouks Arbeiten *Psychoanalytická sexualogie* (*Psychoanalytische Sexuallehre*, 1933) und *Autosexualismus* (1935).

ben hat: Paris. »Obě města se mně rýmují.« (NM 65; »Die beiden Städte reimen sich für mich.«). Der erste der drei Teile von *Das unsichtbare Moskau* unter dem Titel *Surrealistický mlýn* (*Die surrealistische Mühle*) führt uns entsprechend zunächst direkt nach Paris, wo sich Nezval (am 9. April 1933) gerade Bretons *Les vases communicants* (*Die kommunizierenden Röhren*) gekauft hat und er den Autor zuhause aufsuchen will, aber erfahren muß, dieser sei gerade weggegangen. Enttäuscht treten Jindřich Honzl und Nezval in ein Café – und ihnen gegenüber sitzt Breton, was Nezval folgendermaßen kommentiert:

> »Je to jako scéna z Nadi,« říkám tomu, kterého jsem nemohl nepotkat v svém životě, tomu, bez něhož by byl můj život nekonečně chudší a smutnější [...]. (NM 16f)
> »Das ist wie eine Szene aus *Nadja*«, sage ich zu dem, den ich in meinem Leben einfach treffen *mußte*, dem, ohne den mein Leben unendlich ärmer und trauriger wäre [...].

Er überbietet diese Hommage noch durch eine – über das Visuelle hinausgehende – Beschreibung von Bretons äußerer Wirkung: »Jeho hlava je blesk [...] Jeho očí svědčí o tom, že básník bude mít na světě moc, jakou má žena. [...] Jeho vlasy jsou blesk blesků.« (NM 17; »Sein Haupt ist ein Blitz [...] Seine Augen zeugen davon, daß der Dichter auf der Welt Macht haben wird, wie sie eine Frau hat. [...] Seine Haare sind der Blitz der Blitze.«).

Auch längst in Moskau angelangt, blendet Nezval unentwegt Paris über das Moskau, das sich ihm zeigt. Im Gepäck hat er Lautréamont, im Sinn am Tage und in seinen Moskauer Träumen in der Nacht Breton, dem er das Buch auch widmet: »[...] sny tolika mých nocí se vracejí znovu a znovu k muži, jímž je André Breton.« (NM 79; »[...] die Träume meiner Nächte kehren wieder und wieder zu dem Mann zurück, der André Breton ist.«).

Wie Breton fungiert auch Freud zunächst im ersten Teil als Inspirator (Libido, Traumarbeit; NM 22, 28, 41), um im dritten mit dem »freudovský princip slasti« (Freudsches Lustprinzip) (NM 165) als »*deus ex machina*« (NM 162f) zu triumphieren. Die beiden Rahmenteile von *Das unsichtbare Moskau* legen also die epistemischen Voraussetzungen von Psychoanalyse und Traumpoetik dar, die im zweiten, dem eigentlichen Reiseteil, mit Moskau konfrontiert werden. Ein intuitives Erkenntnisprinzip soll empirische Erkenntnis ersetzen (NM 83), die »metoda introspekce« (NM 153; Methode der Introspektion) die äußere Betrachtung ablösen. Nezvals Fokus liegt in *Das unsichtbare Moskau* auf der »Atmosphäre, wie ich sie auf Schritt und Tritt antreffe« (»atmosféra, jak ji potkávám na každém kroku«, NM 84). Über konkrete Zeit-Raum-Verhältnisse erfahren wir kaum etwas. Von der Einwirkung des Unbewußten auf das Erkennen ausgehend, strebt der Surrealismus weg vom Primat des Visuellen, das Nezval in seinen poetistischen Texten aus den 20er Jahren verfolgt hatte.[33] Von daher hat Šerlaimova in der Sache Recht, wenn sie behauptet, daß die freudianische Fixierung Nezvals ihn in Moskau vom Sehen abhalte:

> […] книга наглядно показывает, как сюрреалистические установки на раскрытие странных совпадений, предчувствий, сновидений, на поиски »латентных« фрейдистских мотивов мешают поэту свободнее рассказать об увиденном, мешают и видеть глубже, яснее.[34]

---

[33] Vgl. »Poetism had clearly owed a good deal to the surrealists, and it could be argued that Nezval's ›Amazing Magician‹, written at the beginning of his career, had many features of a surrealist poem. But the theoretical work of the poetists, especially of Teige, had led them away from surrealist theory. To Teige, who had approached literature with many of the criteria of architecture or the film, the impact of a poem depended primarily on its sensuous evocation. […] the essential assumptions of Teige's theory were challenged by the budding psychoanalysts, who pointed out that optical perception did not entirely depend on the eye […]« (Alfred French. *The Poets of Prague: Czech Poetry Between the Wars*. London et al.: Oxford Univ. Press, 1969. S. 101). Nezval war es, der Teiges Postulat vom poetistischen »Bildgedicht« (»obrazová báseň«) von 1923 (Karel Teige. »Malířství a poesie«. *Avantgarda známá a neznámá.* sv. 1. Praha: Svoboda, 1970. S. 494-496. Hier S. 496) am prominentesten umgesetzt hatte, z.B. in Kooperation mit Teige in den Fotoillustrationen zu *Abeceda*, auf denen Milča Mayerová die Buchstaben, die dem Gedichtszyklus zugrunde liegen, tanzend perfomierte (Vítězslav Nezval. *Abeceda*. Praha: J. Otto 1926; Ndr. Praha: TORST, 1993). Obwohl durch die Zeitgenossen (Franitšek X. Šalda. *O nejmladší poesii české.* Praha: Orbis, 1928. S. 74), durch Nezval selbst (NM 18) und später durch die Forschung (Christa Hansen-Löve. »Die Wurzeln des tschechischen Surrealismus. Vítězslav Nezval«. *Wiener Slawistischer Almanach* 4 (1979): S. 313-377. Hier S. 313) eine Kontinuität zwischen dem Poetismus (als einem ›Präsurrealismus‹) und dem Surrealismus hergestellt wurde, gibt es gerade in der Frage des Visuellen einen klaren Bruch, der die »retrospective construction« einer »idyllic analogy between poetism and surrealism« konterkariert (Lenka Bydžovska. »Against the Current: the Story of the Surrealist Group of Czechoslovakia«. *Papers of Surrealism* 3 (2003): S. 2, http://www.surrealismcentre.ac.uk/publications/papers/journal3.index.htm; (letzter Zugriff 20.02.2006).

[34] Šerlaimova. *Nezval* (wie Anm. 23). S. 73.

> [...] das Buch führt anschaulich vor Augen, wie die surrealistische Orientierung auf das Aufdecken eigenartiger Koinzidenzen, Vorahnungen und Traumvisionen und auf das Aufspüren ›latenter‹ freudianischer Motive den Dichter daran hindern, freier vom Gesehenen zu berichten, ja auch daran hindern, tiefer und klarer zu sehen.

Worin Šerlaimova fehlgeht, ist die Wertung: Bei Nezval handelt es sich nämlich nicht um ein unglückliches Verhindert-Sein, sondern um ein Nicht-Sehen-*Wollen*, für das sein Text (anders als diejenigen von Gide, Benjamin u.a.[35]) mit dem surrealistischen Credo auch eine explizite epistemologische Rechtfertigung liefert.

Was Nezval nicht liefern will, sind Dokumente, die mit Autopsie und Zeugenschaft beglaubigt sind: »Nepřikládám velkou objektivní cenu postřehům lidí, kteří přijeli do Sovětského svazu jen proto, aby o něm vydali svědectví.« (NM 83; »Ich messe den Wahrnehmungen von Menschen, die nur zu dem Zweck in die Sowjetunion gereist sind, um Zeugnis über sie abzulegen, keinen großen Objektivitätswert bei.«). Er stellt das Erkenntnismittel Traum explizit gegen das der Reise-Reportage und damit das Unsichtbare gegen das für sich allein defizitäre Sichtbare:

> Při pomyšlení na to, co nám nabízejí spisovatelé v reportážích po návratu z této země, postradal jsem to neviditelné, co, spojeno s viditelným, tvoří teprve skutečnost. (NM 40f.)
> Beim Nachdenken über das, was uns Schriftsteller in Reportagen nach der Rückkehr aus diesem Land anbieten, vermißte ich das Unsichtbare, das, mit dem Sichtbaren verknüpft, erst die Wirklichkeit ausmacht.

Insofern sind in der schmalen Forschung zu *Das unsichtbare Moskau* ganz und gar abwegige Etiketten im Umlauf, wenn es dort heißt, die drei

---

[35] Ryklin äußert sich folgendermaßen zu Gide: »Фиксируя видимое и невидимое, Жид реализует телос путешествия на ›избранную родину‹, куда – и в этом его уникальность – отправляются чтобы не видеть, более того,– чтобы видеть не.« (»Indem er das Sichtbare und das Unsichtbare festhält, realisiert Gide das telos einer Reise in die ›Wahlheimat‹, wohin – und eben darin liegt ihre Einzigartigkeit – man aufbricht, um nicht zu sehen, ja mehr noch, um das Nicht zu sehen.), Ryklin. »Back« (wie Anm. 29). S. 118; dt. Ryklin. *Räume* (wie Anm. 28). S. 176, Hervorh. i. Orig. Zur Verbindung mit Althussers *non-voir* s. Dirk Uffelmann. »Ryklin Michail Kuz'mič (1948)/ Ryklin, Michaił (1948) / Mikhail Ryklin (1948)«. A.d. Russ. ins Polnische übers. v. Maria Kuźmin, ins Engl. v. Guy Russell Torr. Erscheint in: Idei v Rossii/Ideas in Russia /Idee w Rosji. Bd. 6. Hg. Justyna Kurczak. Łódź: Ibidem, 2006.

Teile der Reise-Triologie seien »Tagebücher« (»книг[и] дневник[и]«)[36] oder hätten einen »Tagebuchcharakter« (»deníkový charakter«).[37] Am weitesten daneben trifft Budagova in ihrer Nezval-Monografie:

> Хроникально-документальный характер этих произведений (трилогии), произведений-репортажей, а не романов, – стремление поэта просто рассказать о своих поездках, обусловили примат объективной действительности над сознанием Незвала.[38]
> Der chronikalisch-dokumentarische Charakter dieser Werke (der Trilogie), dieser Reportage-Werke, nicht Romane, – das Bestreben Nezvals, schlicht und einfach von seinen Reisen zu berichten, bedingten den Primat der objektiven Wirklichkeit vor Nezvals Bewusstein.

Noch 1990 meint Igor' Inov Nezvals Poetik des Unsichtbaren dekonstruieren zu sollen, insofern er in *Das unsichtbare Moskau* »Porträts« sowjetischer Schrifsteller und eine Schilderung den sichtbaren Alltags ausgemacht haben will.[39] Bedeutend näher kommt Christa Hansen-Löve mit der umgekehrten Ansicht, *Das unsichtbare Moskau* sei ein »›imaginativer Reisekommentar‹«[40]: Nezvals Imagination gerät in offenen Konflikt mit dem herkömmlichen dokumentarischen Gestus von Reiseberichten; sein *Das unsichtbare Moskau* ist nicht nur ein a-dokumentarischer und a-diaristischer, sondern antidokumentarischer und antidiaristischer Reisetext.

Doch impliziert Reiseliteratur nicht – strukturell vergleichbar der Autobiografie und dem an ihr beschriebenen »pacte autobiographique«[41] – einen »pacte factographique« oder »pacte autoptique«, auf den vertrauend der Leser zumindest erst einmal davon ausgehen darf, daß der Reisende gesehen hat, was er beschreibt? Dieser autoptische Pakt der Reiseliteratur

---

[36] Ljudmila N. Budagova. »Vitezslav Nezval (1900-1958)«. *Vitezslav Nezval. Biobibliografičeskij ukazatel'.* Moskva: Kniga, 1967. S. 4-15. Hier S. 10.

[37] Dierna. »Způsoby« (wie Anm. 23). S. 205.

[38] Budagova. *Nezval* (wie Anm. 19). S. 203.

[39] »Намерившись показать Москву ›невидимую‹, чешский поэт знакомит читателя с Москвой зримой, создавая роящийся калейдоскоп московских будней.« (»Obwohl er beabsichtigt hatte, ein ›unsichtbares‹ Moskau zu zeigen, macht der tschechische Dichter den Leser mit dem sichtbaren Moskau bekannt und erschafft ein schwirrendes Kaleidoskop des Moskauer Alltags.«) (Inov. *Sud'ba* [wie Anm. 23]. S. 105).

[40] Hansen-Löve. »Wurzeln« (wie Anm. 33). S. 362 Anm. 38.

[41] Philippe Lejeune. *Le pacte autobiographique*. Paris: Éd. du Seuil, 1975.

mag, wiederum wie der autobiographische[42], zwar immer wieder verletzt werden und die Verletzung schon zum Genre gehören; immerhin wird der Leser aber legitimiert, Reisetexte auf Referenzialität hin zu lesen.[43] Schließt der autoptische Pakt, demzufolge der Reisende gesehen hat, was er beschreibt, jedoch auch ein, daß der Reisende beschreibt, was er gesehen hat? Nezvals scheinbarer Reisetext mag jenes leisten, dieses aber nicht. Denn die Aufmerksamkeit gilt nicht der gesehenen äußeren Welt, sondern dem unsichtbaren inneren Geschehen.[44] Nezvals Text setzt zwar – wie sein Prätext, Bretons *Nadja* (1928) – auf Authenizität, doch wo diese in Bretons Nichtreisetext neben dem Psychischen und Autobiografischen auch ins Äußerlich-Dokumentarische, Diaristische hineinreicht[45], da betrifft sie in Nezvals Scheinreisetext vor allem anderen das innere, psychische Geschehen. So erheblich die intertextuellen Analogien zwischen Nezvals *Das unsichtbare Moskau* und Bretons *Nadja* auch sind[46], Nezvals Text ist nicht dokumentarisch und nicht referenziell im herkömmlichen Sinne; er referiert auf ein Geschehen in der Psyche des Reisenden – das keiner Überprüfbarkeit unterliegt. Da erscheint es sinnfällig, daß das Deckblatt der Erstausgabe von 1935 (Abb. 1) eine abstrahierte menschliche Figur zeigt, die sich gehend fortbewegt, wobei nur die Füße ausgeführt sind (mit Schriftzügen auf den Zehen), während der Rumpf wie ein Buchstabe erscheint und Kopf und Augen gänzlich fehlen.

---

42 Vgl. Gerhart von Graevenitz. *Das Ich am Rande. Zur Topik der Selbstdarstellung bei Dürer, Montaigne und Goethe* (=Konstanzer Universitätsreden 172). Konstanz: Univ.-Verl. Konstanz, 1989.

43 »[...] un ›pacte référentiel, implicite ou explicite, dans lequel sont inclus une définition du champ du réel visé et un énoncé des modalités et du degré de ressemblance auxquels le texte prétend.« (Lejeune. *Pacte* [wie Anm. 41]. S. 36).

44 Nur selten benutzt Nezval Phraseologismen, die autoptische Beglaubigung implizieren: »[...] jsem se měl předsvěčit na vlastní oči [...]« (NM 61; [...] ich sollte mich mit eigenen Augen überzeugen [...]), oder: »Působí na mne velmi dojímavě, smím-li vidět lidi ›tak, jak jsou‹ bez vycházkových šatů [...]« (NM 67; »Es wirkt auf mich sehr rührend, wenn ich Menschen sehen darf ›so, wie sie sind‹, ohne Ausgehanzug [...]«).

45 Wolfgang Asholt. »Ceci n'est pas un roman«. *Pleine Marge* 33 (juin 2001): S. 145-173. Hier S. 154f.

46 Diese auszubuchstabieren wäre Gegenstand einer eigenen Untersuchung; hier sei nur auf das Leitmotiv der faszinierenden Augen von Bretons Nadja und Nezvals Naja sowie auf die Namensähnlichkeit verwiesen (s.u.).

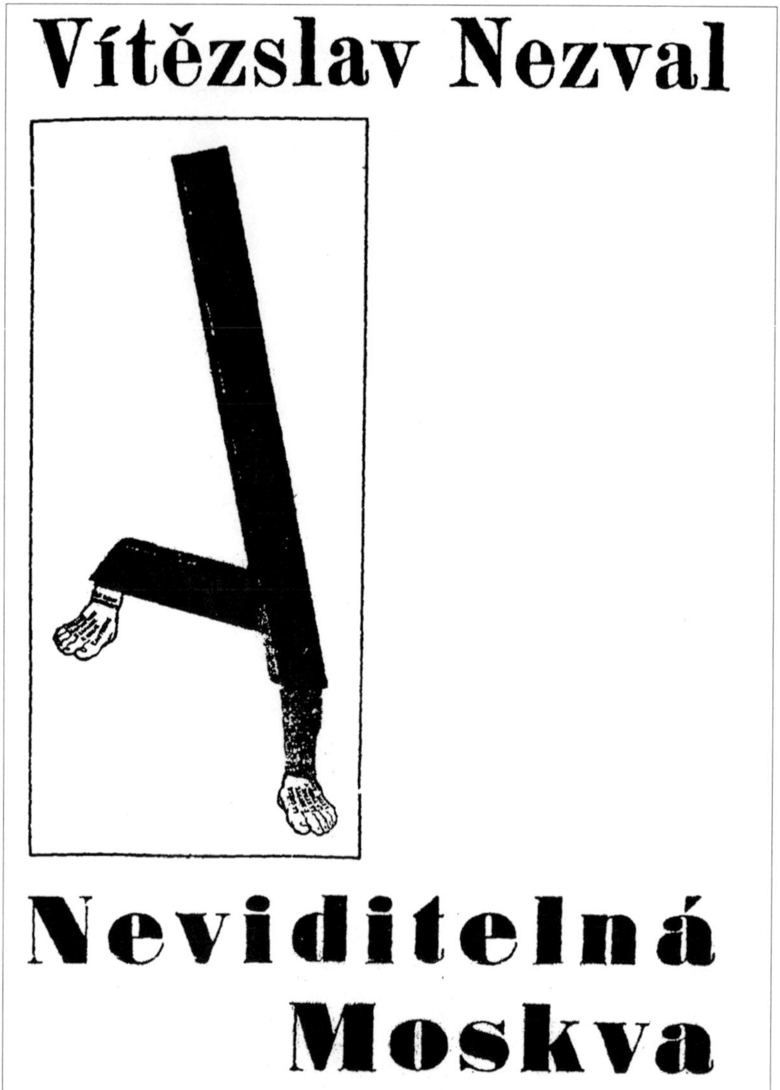

Abb. 1 Deckblatt der Erstausgabe von *Neviditelná Moskva* von 1935.

Die Meßlatte des Autoptischen an einen surrealistischen Text anlegen zu wollen, grenzt an Naivität oder – bei den sowjetischen Kommentatoren – an vorsätzliche Ignoranz. Genau diese Spannung von Faktographizität insinuierendem Genre und surrealer Attitüde aber zeichnet Nezvals Text aus. Sofort gesehen hat dies Teige, als er *Das unsichtbare Moskau* neben Bretons *Nadja* und *Vases communicants* als »Bücher eines eigenartigen, neuen Typs« (»knihy svérázného, nového typu«) kennzeichnete, »[...] wo sich Dichtung mit Wissenschaft und Fantasie mit Analyse verbinden [...] « (»[...] kde se pojí poesie s vědou a fantasie s analysou [...]«).[47]

Was Nezval über seiner surrealen Introspektion nicht kommentiert, ist das politisch Offensichtliche, etwa die doch schon 1934 unübersehbaren Auswüchse des Personenkults: Er begegnet auf Schritt und Tritt Porträts von Stalin, Kaganovič, Vorošilov und Molotov (NM 78), ohne daraus auch nur den geringsten Schluß zu ziehen. Bei einem *Egmont*-Konzert läßt er sich von dem neben ihm sitzendem Schüler übersetzen, was der Redner vorne – es ist, wie sich herausstellt, Aleksej Tolstoj – sagt: »Spisovatel Alexej Tolstoj pozdravuje soudruha Stalina a soudruha Kaganoviče a soudruha Vorošilova a soudruha Molotova.« (NM 89; »Der Schriftsteller Aleksej Tolstoj begrüßt den Genossen Stalin und den Genossen Kaganovič und den Genossen Vorošilov und den Genossen Molotov.«). Das verfremdende Polysyndeton lanciert eine zaghafte Kritik – aber aus dem fremden Munde des (vermeintlich) naiven Schülers.

Genauso wenig reflektiert Nezval die wirtschaftlichen Probleme. Westliche Reisende werden von Kindern um »Cents« angebettelt (NM 66), und im Hotel, in dem die Delegation aus Westeuropa untergebracht ist, wird in Valuta gezahlt, während das sowjetische Geld Nezval irreal erscheint: »Peníze tu mají cenu halucinatorních objektů.« (NM 60; »Geld hat hier den Wert halluzinatorischer Objekte.«).

Bei aller surrealistischen Distanzierung vom staatlich verordneten Realismus thematisiert Nezval nicht die damit einhergehenden Mechanismen kulturpolitischer Repression, obwohl diese in seinen Bemerkungen durchaus aufscheinen. Einmal mit Blick auf die Serapionsbrüder: »To, co mohlo býti potíráno v SSSR jako sektářství, myslím nyní na skupinu Serapionových bratří, bude na západě muset býti pozdraveno [...]« (NM 25; »Was in der UdSSR als Sektierertum bekämpft werden konnte – ich denke derzeit an die Gruppe der Serapionsbrüder –, wird im Westen begrüßt werden müssen [...]«). Zum anderen auf den noch nicht wieder kanonisierten Majakovskij: »Majakovský, při jehož jméně jeho bývalí přátelé

---

[47] *Socialistický realismus* (wie Anm. 31). S. 157f.

umlkají.« (NM 63; »Majakovskij, bei dessen Namen alle seine einstigen Freunde verstummen«). Die Zerschlagung der RAPP – des Gegners auf dem Nebenschauplatz – wird mit naiver Genugtuung registriert (NM 72), als antiterroristisches Verdienst Stalins begriffen: »za pomocí grandiosní autority Stalinovy k likvidaci teroru nad li[t]eraturou« (NM 72; »mit Hilfe von Stalins grandioser Autorität zur Liquidierung des Terrors gegen die Literatur«).

Was ihm nicht behagt (Ždanov, der Stalins Satz von den »Ingenieuren der Seele« allzu politisch und so gar nicht psychoanalytisch auslegt; NM 122) blendet Nezval weg, überblendet es mit Dingen, die seinem surrealistischen Interesse zusagen (»[v]eselý Ždanov« – NM 122; »der lustige Ždanov«). Auf diese Weise gelingt es ihm, ein mit Parteioffiziellen gespicktes Bankett als »Abend unter Freunden« hinzustellen (NM 123).

Eine strategische Blindheit an einem bestimmten Punkt, kann, wie Althusser klar macht[48], mit einer Blickschärfung in anderen Bereichen einhergehen, ja dafür geradezu konstitutiv sein. Nezval registriert Dinge, die mit dem *image*, das die Sowjetmacht sich nach außen gibt, konfligieren. Wie die Moderne überhaupt krankt für ihn auch die Sowjetgesellschaft an einem »verloren gegangenen Lyrismus« (»ztracený lyrismus«, NM 106), der in Moskau aber langsam wiederkehre[49]; zuallererst aber gesteht er damit den aktuellen Verlust ein. Denn auf dem Kongreß mit all den Hunderten Dichtern habe allein Pasternak das Wort *Liebe* im Munde geführt (NM 92). Nezval, der mit dem surrealistischen Credo Bewehrte, triumphiert, wenn die Macht des Unbewußten hinter dem *image* hervorscheint. Die »schönste Genugtuung« (»nejkrásnější zadostučinění«) habe ihm die peinliche Berührtheit eines jungen Fliegergenerals über das ungebührliche Verhalten seiner betrunkenen jungen Frau verschafft (NM 101).

Nezval nimmt für sich in Anspruch, er sehe das Unsichtbare: »[...] já, jenž vidím nejlíp *neviditelnou část skutečnosti*, lásku, uchvácení, bolest a nejtišším hlasem mluvící radosti.« (NM 124, Hervorh. – *D.U.*; »[...] ich,

---

[48] Louis Althusser/Étienne Balibar. *Lire le Capital.* 2 Bd. Paris: François Maspero, 1969. Bd. 1. S. 17.

[49] Zur Kompensation möchte er in den Sowjetmenschen eine besondere »Anmut« oder »Zärtlichkeit« (»něha«) erblicken, einen »ersten Vorboten des großen Lyrismus des Lebens« (»první předzvěstí velikého životního lyrismu«, NM 105), von dem die sowjetische Wirklichkeit sukzessive immer weiter durchdrungen würde. Schon jetzt, 1934, habe nicht etwa das Öffentliche das Private verdrängt (genau umgekehrt sah es Gide ein Jahr später; vgl. Ryklin. *Räume* [wie Anm. 28]. S. 174), sondern habe sich das Intime so weit ausgedehnt, daß es öffentlich geworden sei (NM 95-97).

der ich den *unsichtbaren Teil der Wirklichkeit*, Liebe, Verzückung, Schmerz und mit leisester Stimme sprechende Freudemomente am besten sehe.«). Die Sowjetunion erscheint als zauberhaft, wunderbar und magisch: »›zázračná země‹« (NM 55; »ein wunderbares Land«); »magick[á] osobnost[ ] Lenina« (NM 63; »Lenins magische Persönlichkeit«). Moskau ist für Nezval der Ort verwirklichter surrealer Kunst (»[...] Moskv[a] mezi Chiricovy myteriosní ulice, jež miluji.« – NM 74; »[...] Moskau inmitten von de Chiricos geheimnisvollen Straßen, die ich so liebe.«), eine Traumwelt: Aus dem Hotel, in dem in Westwährung gezahlt wird, tritt Nezval heraus ins stalinistische Moskau wie in einen Traum (»[...] budu z něho vycházet, jako se chodí do sna.« – NM 60; »[...] ich werde aus ihm (dem Hotel) heraustreten, wie man in einen Traum hineingeht.«).[50]

Nach Moskau hinaustretend, tritt Nezval in seinen Prager Traum vor der Abreise ein. Er sucht im Moskauer Raum die begehrte Frau aus dem Traum, allerdings, ohne gezielt zu suchen, sondern – wie Breton mit Nadja[51] – auf den Zufall setzend:

> Pohrdal jsem obvyklými cestami, které se mně nabízely, že mne dovedou k původkyni mého snu, nebudu-li trvat na jediné, dosti mysteriosní cestě, cestě náhody, od níž jsem očekával všecko.
> Ich verschmähte die gewohnten Wege, die mir anboten, mich zur Begleiterin aus meinem Traum zu führen, würde ich nicht auf dem einen, recht geheimnisvollen Weg beharren, dem Weg des Zufalls, von dem ich mir alles erwartete. (NM 75)

Immer wieder erblickt Nezval Augen, die den gesuchten ähneln: »[...] oči, podobné očím té, kterou jsem hledal.« (NM 91; »[...] Augen, ähnlich den Augen derjenigen, die ich suchte.«). Und siehe da: Als er aus seinem Hotel tritt, wird er von einer jungen Frau angesprochen. Die Kommunikation scheitert an der Sprachbarriere, doch sprechen Nezval ihre Augen an, und er gesteht seine geile Reaktion unumwunden ein:

> Přiznám se, že toto nenadálé oslovení mladé, dosti hezké ženy se zázračnýma očima, ženy, o níž jsem nemohl být na pochybách, čím je, že tento útok, přihodivší se neočekávaně, jako v snu, [...] mne nepopsatelně pobouřil a kdybych neviděl, že mí přátelé nastupují do vozu, [...] nevím, co bych byl udělal. (NM 113)
> Ich muß gestehen, daß diese unverhoffte Anrede der jungen, recht hübschen Frau mit den wunderbaren Augen, einer Frau, über die ich nicht im Zweifel sein konnte, was sie sei, daß dieser Anschlag, der

[50] Budagovas Darstellung, Nezval stelle den Westen als irreal hin, entbehrt jeder Grundlage (Budagova. *Nezval* [wie Anm. 19]. S. 191).
[51] Auch bei Breton geht dem Treffen mit Nadja ein Theaterbesuch voraus.

> so unerwartet kam wie im Traum, […] mich unbeschreiblich erregte, und wenn ich nicht gesehen hätte, daß meine Freunde bereits in den Wagen stiegen, […] weiß ich nicht, was ich getan hätte.

Als Nezval die Prostituierte später noch zweimal trifft, ist der Zauber verfolgen: »Nebylo již kouzlem.« (NM 117; »Es war kein Zauber mehr da.«).

Die eigentliche Gesucht-Ungesuchte trifft Nezval – zufällig und doch nicht zufällig[52] – durch die »objektive Emotionalität« (»objektivní emocjonalita«, NM 136) der Mejerchol'dschen Regiekunst aufgewühlt – im Theaterfoyer. Erst jetzt gibt er ihr einen Namen: Naja (NM 137). Auch bei Naja kommt es allein auf den Zauber ihrer Augen an: »Proč myslím jen na její oči, já, který svlékám pohledem všecky ženy?« (NM 151; »Warum denke ich ausschließlich an ihre Augen – ich, der ich jede Frau mit Blicken ausziehe?«). Mit Naja aber geht es weder in Prag 1929 noch diesmal in Moskau über den flüchtigen Blick-Flirt hinaus: »[…] mezi mnou a Najou nebylo ničeho, so svazuje muže a ženu […]« (NM 143; »[…] zwischen mir und Naja war nichts, was Mann und Frau sonst so verbindet […]«).

Der Zauber von Najas Augen erstreckt sich für Nezval auch auf das von ihnen Gesehene: Angesteckt von ihrer Begeisterung, ist Nezval enthusiasmiert vom Revolutionsmuseum (NM 148) und anschließend – schon nach dem Abschied von Naja, die in Moskau zurückbleibt, wo er nicht länger verweilen mag – von Leningrad (NM 143f). Erst Najas Blick auf die sowjetischen Dinge gewährt Nezval jene emotionale ›Introspektion‹ in die Sowjetwelt, der er zuvor vergeblich hinterhergelaufen war, bzw. schenkt ihm endlich jene emotionalisierte Blindheit, zu der er sich zuvor hatte zwingen müssen.

Eigentlich ergibt sich auch durch Najas Blick-Katalysator kein Bild. Es ist nämlich nicht nur der ideologische Balken im eigenen Auge, der Nezval am politisch nüchternen Sehen hindert, nein, die Ideologie des Sozialismus, der vermeintlich befreiten proletarischen Arbeit verhindert auch, daß das emotionale Geschehen zwischen Naja und Nezval sichtbar wird: Naja wohnt mit ihrem nicht namentlich genannten Vater, einem privilegierten Schriftsteller, direkt am Roten Platz[53]; man hat Hauspersonal, zu-

52 Auch die Zufallspoetik von *Neviditelná Moskva* dürfte durch Bretons *Nadja* inspiriert sein (Dierna. »Způsoby« [wie Anm. 23]. S. 202).

53 Inov (*Sud'ba* [wie Anm. 23]. S. 104) identifiziert diesen als Sergej M. Gorodeckij (1884-1967). Da Nezval jedoch den referenziellen Pakt der Reiseliteratur unterläuft, mag der historische Sergej Gorodeckij zwar den Referenten bilden, ist aber nicht als solcher wichtig, sondern nur als Anstoßgeber für das psychische Geschehen im reisenden Subjekts.

mindest eine Köchin. Als Naja, ihr Vater und Nezval gemeinsam für ein Foto posieren wollen, fehlt ein Selbstauslöser. Also muß die Köchin ran, die voll proletarischem Arbeitsstolz jede Hilfestellung verweigert; sie habe anderweitig zu tun:

> [...] poprosila Naja ženu, která jim vaří, zdali by nemohla odběhnout od plotny a stisknout spoušť. Vrátila se z kuchyně a řekla: »Nemůžeme se fotografovati společně. Ona řekla, že má práci, že nemůže odejít od plotny.« (NM 152)
> [...] Naja bat die Frau, die für sie kocht, ob sie nicht kurz vom Herd herüberkommen und auf den Auslöser drücken könnte. Sie kam aus der Küche zurück und sagte: »Wir können uns nicht gemeinsam fotografieren. Sie hat gesagt, daß sie zu tun hat, daß sie nicht vom Herd weg kann.«

Dem Nicht-Sehen-Wollen Nezvals, der sich zum politischen Sympathisieren zwingt, kommt die Köchin mit ihrer Weigerung, den Auslöser zu betätigen, entgegen: Diese Weigerung steht synekdochisch für das sowjetische Nicht-Sichtbar-Machen-Wollen. Auch im persönlich-emotionalen Bereich bleibt *Das unsichtbare Moskau* also – gezwungenermaßen – antidokumentarisch; abgesehen vom emotionalisierten Bericht ist die Begegnung nicht belegt.

Die entscheidende Realitätsebene, auf der die Begegnung mit Naja angesiedelt ist, ist mithin die Imagination. Auf Nezvals Verletzung des referenziellen Pakts der Reiseliteratur abhebend, könnte man daher die Frage stellen, ob eine derartige Begegnung überhaupt stattgefunden hat, ob es diese Naja so, als Tochter eines Schriftstellers und Mitglieds der Moskauer Nomenklatura, überhaupt gegeben hat. Worauf die Namensgebung hindeuten könnte: Im Roman *Monako* (1934; *Monaco*) hieß die womöglich deckungsgleiche russische Bekannte mit den großen Augen nämlich noch Nina.[54] Die Namensveränderung von Nina (ein gängiger russischer Vorname) zu Naja (einer unüblichen Namensform) weist auf die Breton-Fährte[55]; *Naja* verhält sich paronomastisch zum Namen der Titelheldin

[54] Nezval. *Dílo* (wie Anm. 1). Bd. 32. S. 79; vgl. Dierna. »Způsoby« (wie Anm. 23). S. 204.

[55] Schon bei Breton wird durch Nadjas Mund ein russischer Bezug hergestellt: »Nadja, parce qu'en russe c'est le commencement du mot espérance, et parce que ce n'en est que le commencement.« Und auch das Prinzip fiktionaler Namensersetzung findet sich bereits in Bretons Text: Nadja fordert vom Breton im Text einen Roman über sich, erlegt ihm aber auf: »Tu trouveras un pseudonyme, latin ou arabe.« (André Breton. *Nadja.* Paris: Gallimard, 1964. S. 75 u. 118). Nezval geht weiter als Breton in der Pseudonymisierung, schreitet also weiter vom dokumentarischem zum fiktionalen Prinzip fort als Breton.

von Bretons Erzählung *Nadja* – einem Buch, das Nezval zusammen mit M. Hlávka u. B. Vaníček im gleichen Jahr 1935 wie *Das unsichtbare Moskau* in tschechischer Übersetzung herausbrachte und 1936 in der Februar-Nummer der von ihm redigierten Prager Zeitschrift *Surrealismus* vorstellte.[56]

Ist also die Naja von *Das unsichtbare Moskau* zuallererst eine Chiffre für die surrealistische, entwirklichende Poetik des Traums?[57] Eine weitere intertextuelle Hommage an Breton? Und damit ein Hinweis auf die ›Fiktivität‹ Najas oder der Moskauer Begegnung mit ihr, die zwar in der Psyche des Reisenden eine Referenz hätte, nicht aber in Stalins Moskau von 1935? Verbirgt sich hinter der idealen, nur ihrer Augen halber begehrten Dame auf der Ebene der Moskauer Autopsie des reisenden Surrealisten vielleicht doch nur jene junge Frau, die Nezval in unzweideutiger Absicht vor dem Hotel angesprochen hatte? Die Augen jener eigentümlichen Inkarnation von platonischem Ideal – einer Prostituierten, bei der sich das männliche Subjekt lediglich an den Augen freut? War das Beste, das der Surrealist im Moskau des Spätsommers 1934 fand, also der flüchtige Blick einer platonischen Prostituierten?

---

[56] Vítězslav Nezval. »André Breton: Nadja«. *Surrealismus* 1 (únor 1936): S. 28-30.

[57] Die poetologische Orientierung an Bretons *Nadja* würde für die Historizität von Nezvals Begegnung mit Naja sprechen, die ebenfalls von Bretons Text induzierte Namensänderung dagegen.

Alfred Gall (Mainz)

Eine Reise nach Polen: Bewegung als Erinnerung in Konstantin G. Paustovskijs »Tret'e svidanie« (»Die dritte Begegnung«)

I.

Konstantin Georgievič Paustovskij (*31.5.1892, Moskau / †14.7.1968, ebenda) unternahm im Jahr 1961 eine ausgedehnte Reise in die Volksrepublik Polen. In seiner Reisebeschreibung, die unter dem Titel *Tret'e svidanie* (*Die dritte Begegnung*) schließlich 1963 in der Zeitschrift *Novyj mir* (*Neue Welt*) erschien, bietet Paustovskij nicht nur eine Schilderung dieser Reise, er verklammert seine Wahrnehmung auch mit immer wieder durchbrechenden Erinnerungen.[1]

Er beginnt den Bericht mit der Feststellung, daß er bereits das dritte Mal in Polen sei. Das erste Mal sei er 1901 mit seiner Großmutter, Vicentina Ivanovna, einer Polin, aus Kiev nach Tschenstochau in Kongreßpolen (poln. *Częstochowa*, russ. *Čestochov*) gefahren, um dort im Kloster auf dem Hellen Berg (*Jasna Góra*), dem religiösen Zentrum des polnischen Katholizismus, der jährlichen Pilgerfahrt beizuwohnen. Angesichts der ihm unvertrauten Frömmigkeitskultur ist der junge Paustovskij in höchstem Maße irritiert, ja geradezu verängstigt. Diese erste Begegnung mit Polen sowie die faszinierende und zugleich beängstigende Konfrontation mit der fremden Kultur polnischer Katholiken sind auch Gegenstand eines Kapitels des autobiographischen Hauptwerks *Povest' o žizni* (1946-1963; *Erzählung über das Leben*)[2], das schon im Titel die Verschränkung von Erzählen und Faktographie zu erkennen gibt.[3]

---

1 Zit. n.: Konstantin G. Paustovskij. »Tret'e svidanie«. Ders. *Sobranie sočinenij v vos'mi tomach*. Bd. 8. Moskva: Izdat. Chudožestvennaja Literatura, 1970. S. 397-434. Erstveröffentlichung: Ders. »Tret'e svidanie«. *Novyj mir* 6 (1963): S. 93-116.

2 Konstantin G. Paustovskij. »Povest' o žizni«. Ders. *Sobranie sočinenij v vos'mi tomach*. Bd. 4-5. Moskva: Izdat. Chudožestvennaja Literatura, 1968. Hier Bd. 4. S. 27-33.

3 Zur hybriden Textkonstitution, die Fiktion und Faktographie integriert: Daniel Henseler. »Autobiographie in poetischer Lektüre: Konstantin G. Paustovskijs ›Voda iz reki Limpopo‹«. *Zeitschrift für Slawistik* 50 (2005): S. 270-284.

Neben Tschenstochau besucht er mit seiner Großmutter auch Warschau und Białystok. Die zweite Begegnung mit Polen erfolgt für Paustovskij im Ersten Weltkrieg, in dem er als Sanitäter tätig ist. Diese Erfahrungen sind in einzelnen Kapiteln der genannten Autobiographie Gegenstand der Erinnerungen Paustovskijs, der in diesen Passagen reflektiert, daß das Kriegsgeschehen sich zu einem wesentlichen Teil auf polnischen Gebieten, zum einen in Kongreßpolen, also im russischen Teilungsgebiet, zum anderen in Galizien, abspielt:

> Всеми мыслями я был на западе, в сырых полях Польши, где решалась судьба России.[4]
> Mit all meinen Gedanken war ich im Westen, auf den feuchten Feldern Polens, wo das russische Schicksal entschieden wurde.

Die dritte Begegnung, die den Reiseaufzeichnungen auch den Titel gibt, findet schließlich im Jahr 1961 statt. Diese Reise ist zugleich Reminiszenz an die vormaligen Aufenthalte in Polen, die nun denjenigen Erfahrungsvorrat darstellen, der in den Bericht eingeblendet wird und dergestalt den Bezugshorizont der Reise im Jahr 1961 markieren.

II.

Konstantin Paustovskij wächst bei seiner polnischen Großmutter in Kiev auf und spricht nach eigenen Angaben in seiner Kindheit einige Brocken Polnisch.[5] Im Kontakt mit den polnischen Kindern und Jugendlichen, sei es in Kiev oder anderen Städten in der Ukraine, sei es auf der bereits genannten Reise, bedient er sich zumeist einer Mischung aus Russisch-Ukrainisch-Polnisch, die er im späteren Rückblick in der Autobiographie selbstironisch als irrtümlich für Polnisch gehaltene Sprache bezeichnet:

> Я говорил на том ужасном польско-русско-украинском жаргоне, какой у нас в Киеве считался польским языком.[6]
> Ich sprach diesen schrecklichen polnisch-ukrainisch-russischen Jargon, der bei uns in Kiev für Polnisch gehalten wurde.

---

[4] Paustovskij. »Povest'« (wie Anm. 2). S. 271-511. Hier S. 310 (im Oktober 1914, als Paustovskij den Entschluß faßt, Sanitäter zu werden).

[5] Vgl. Ebenda. S. 30. An anderer Stelle betont Paustovskij, daß seine Polnischkenntnisse vor allem in der Kindheit gut gewesen seien: Zbigniew Barański. »Paustowski w kręgu spraw polskich«. *Slavia Orientalis* 4 (1967): S. 427-435. Hier S. 427.

[6] Paustovskij. »Povest'« (wie Anm. 2). S. 327.

Nicht nur die familiäre Herkunft und die Kindheit sowie Jugend in Kiev mit seiner polnischen Minderheit, haben den Autor prädestiniert, ein besonderes Interesse für Polen zu entwickeln. Auch die Faszination für die polnische Literatur und Kultur ist ein entscheidender Faktor.[7]

In älteren sowjetischen oder neueren russischen Arbeiten zu Paustovskij sowie in deutschsprachigen Monographien wird dieser Aspekt oft nicht erwähnt.[8] Namentlich Adam Mickiewicz, Bolesław Prus, Henryk Sienkiewicz, in späteren Jahren auch Juliusz Słowacki (vor allem dessen digressives Verspoem *Beniowski*) erwähnt Paustovskij in seiner Autobiographie als Autoren, deren Texte prägenden Einfluß ausübten. Hinzu kommen als Belege für ein besonderes Interesse an polnischer Kultur die Begeisterung für Chopin und den Maler Zygmunt Waliszewski[9] sowie die Freundschaft mit dem polnischen Schriftsteller Jarosław Iwaszkiewicz (1894-1980), der selber in Kiev aufwuchs.[10]

Über Iwaszkiewicz schrieb Paustovskij einen kurzen Essay, in dem die Bedeutung Kievs und der Ukraine für beide Schriftsteller hervorgehoben

---

7 Zu Recht betont dies Andrzej Drawicz. *Konstantyn Paustowski*. Warszawa: Wiedza Powszechna, 1972. S. 306ff.

8 Vgl. Wolfgang Kasack. *Der Stil Konstantin Georgievič Paustovskijs. Slavistische Forschungen*. Bd. 11. Köln: Böhlau, 1971. Die sowjetische Forschung bleibt einer Perspektive auf Leben und Werk verpflichtet und fokussiert den ethisch-humanistisch ausgerichteten Habitus Paustovskijs: Ljudmila S. Ačkasova. *Gumanizm v tvorčestve K. Paustovskogo*. Kazan': Izdat. Kazanskogo Universiteta, 1972; dies. *Čelovek kak nravstvennaja cennost' v ėstetike K. Paustovskogo*. Kazan': Izdat. Kazanskogo Universiteta, 1977; Lev A. Levickij. *Konstantin Paustovskij. Očerk tvorčestva*. Moskva: Sovetskij Pisatel', 1963; *Vospominanija o Konstanine Paustovskom*. Hg. Lev A. Levickij. Moskva: Sovetskij Pisatel', 1975. Die neueren russischen Arbeiten akzentuieren diesen biographischen Zugang mit vermehrt landeskundlichen Forschungen: Vladimir M. Kasatkin. *Vtoraja rodina. Literaturno-kraevedčeskij sbornik*. Rjazan': Poverennyj, 2004. Vgl. auch *Mir Paustovskogo. Izbrannye stranicy odnoimennogo žurnala*. Hg. Galina Kornilova. Moskva: Mir Paustovskogo, 2003. Es ist vor allem die polnische Forschung, die den polnischen Prägungen Paustovskijs nachgeht: Drawicz. *Paustowski* (wie Anm. 7); Barański. »Paustowski« (wie Anm. 5).

9 Paustovskij schreibt ausführlicher über Zygmunt Waliszewski in der Autobiographie *Erzählung über das Leben*, und zwar im Teil *Brosok na jug* (*Sprung nach Süden*): Paustovskij. »Povest'« (wie Anm. 2). Hier Bd. 5. S. 383ff.

10 Dazu Paustovskij. »Povest'« (wie Anm. 2). S. 9, 29, 212. Zum Interesse an Słowacki wie überhaupt der polnischen Literatur vgl. Barański. »Paustowski« (wie Anm. 5). S. 427ff.

wird.[11] In diesem Text listet Paustovskij russische und polnische Autoren auf, denen er wegen ihrer Bedeutung für das eigene Schaffen und für Iwaszkiewiczs Schreiben seine Reverenz erweist. Genannt werden Henryk Sienkiewicz und Anton Čechov, Stefan Żeromski und Leonid Andreev, Aleksandr Kuprin und Bolesław Prus, Fedor Tjutčev und Juliusz Słowacki, Stanisław Przybyszewski und Konstantin Bal'mont; sie sind diejenigen Autoren, die Paustovskij und Iwaszkiewicz in ihrer Adoleszenz prägen, wobei nicht die nationalkulturelle Separierung, sondern die übergreifende Verklammerung russischer und polnischer Literatur unterstrichen wird:

> Мы росли под влиянием таких разных писателей как Сенкевич и Чехов, Жеромский и Леонид Андреев, Куприн и Болеслав Прус, Тютчев и Словацкий, Пшибишевский и Бальмонт.[12]
> Wir wuchsen unter dem Einfluß so verschiedener Schriftsteller auf wie Sienkiewicz und Čechov, Żeromski und Leonid Andreev, Kuprin und Bolesław Prus, Tjutčev und Słowacki, Przybyszewski und Bal'mont.

Paustovskij hält fest, daß die polnische Kultur insgesamt großen Einfluß auf sein Schreiben ausgeübt habe und meint, daß außer ihm selbst nur ein weiterer russischer Autor, der auch über polnische Vorfahren verfügte und ebenfalls mit der Ukraine verbunden war, eine vergleichbare Prägung durch die polnische Kultur beobachtbar sei, nämlich bei Vladimir Korolenko.[13] Beide seien sie durch die multiethnische Lebenswelt in der Ukraine nachhaltig in ihrer persönlichen Entwicklung geformt worden, was sich auch im Unterschied zu anderen russischen Autoren mit polnischen Vorfahren bei ihnen auch in der literarischen Praxis niedergeschlagen habe.[14] Dieses grundlegende Interesse zeigt sich im Reisebericht.

III.

Die dritte Begegnung beruht auf einer Polen-Reise Paustovskijs, die im wesentlichen den einschlägigen touristischen Stationen und Sehenswür-

[11] Konstantin G. Paustovskij. »Jaroslav Ivaškevič«. Ders. *Sobranie sočinenij v vos'mi tomach*. Bd. 8. Moskva: Izdat. Chudožestvennaja Literatura, 1970. S. 143-149; der Essay stammt aus dem Jahr 1963.

[12] Ebenda. S. 145.

[13] Vladimir Galaktionovič Korolenko (1853-1921), dessen Vater als Richter in der Ukraine amtete und dessen Mutter Polin war.

[14] Barański. »Paustowski« (wie Anm. 5). S. 427ff.

digkeiten folgt und auf den ersten Blick wenig enthält, was eine intensivere Auseinandersetzung verdient. Auch die Gespräche mit polnischen Schriftstellern und Übersetzern, etwa mit Jarosław Iwaszkiewicz, Antoni Słonimski oder Jerzy Ficowski können den routinierten und den bekannten Reisezielen entlang geschriebenen Betrachtungen nicht die nötige Würze verleihen.

Der Bericht setzt nach einer kurzen Erinnerung an die früheren Aufenthalte in Polen ein. Die dritte Begegnung mit Polen beginnt, nach der Ankunft in Warschau, im Norden, in Danzig und führt in den nordwestlichen Stadtteil Oliwa und dessen Zisterzienserkloster, in deren Basilika Paustovskij vor allem die in barockem Stil geschaffene Orgel bewundert. Die Reise führt weiter nach Warschau, dessen Wiederaufbau nach den Zerstörungen des Zweiten Weltkrieges Paustovskij Achtung einflößt. In der Umgebung der Hauptstadt besucht Paustovskij Żelazowa Wola, den Geburtsort von Frédéric Chopin (poln. Fryderyk Szopen) wo das Geburtshaus des Komponisten als Museum eingerichtet ist; zudem weilt Paustovskij in Stawisko auf dem Gut Iwaszkiewiczs. Weiter bricht Paustovskij nach Osten auf und gelangt nach Lublin, wo er auf dem Burggelände die von Władysław Jagiełło 1395 gestiftete Dreifaltigkeitskapelle (*Kaplica św. Trójcy*) besichtigt. Ins Auge sticht dabei das mit russisch-byzantinischen Wandmalereien aus dem frühen 15. Jahrhundert bedeckte Innere der Kapelle. Die Fresken – ein Werk des Moskauer Meisters Andrej – sind Anlaß für kulturkritische Anmerkungen Paustovskijs zum byzantinischen Stil, dessen imposantes Erscheinungsbild Indiz einer imperialen, letzten Endes dem menschlichen Individuum gleichgültig gegenüberstehenden Pracht ist, die Unterwerfung erheischt.

In der monumentalen Inhumanität des byzantinischen Stils sieht Paustovskij ebenso wie in der irritierenden Frömmigkeit der polnischen Pilger in Tschenstochau eine den Einzelnen absorbierende Macht, der es sich zu widersetzen gilt. Der Weg führt weiter nach Kazimierz Dolny, eine an der Weichsel gelegene Kleinstadt, die als städtebauliches Juwel gerne besucht wird. Von Kazimierz Dolny bricht Paustovskij nach Tschenstochau auf, zur Stadt mit der Klosteranlage auf dem Hellen Berg (*Jasna Góra*), die ihm schon aus der Kindheit vertraut ist. Der Reminiszenz an den Aufenthalt in der Kindheit schließen sich Betrachtungen zum polnischen Katholizismus an, die das Verdikt über den Fanatismus der Gläubigen aufgreifen und bekräftigen.

Paustovskij setzt seine Reise fort. In Auschwitz (Oświęcim) wird seine bislang souveräne Beobachterposition erschüttert. Der Zivilisationsbruch der Shoa verunmöglicht eine in gediegenem Duktus voranschreitende narrative Präsentation. Paustovskijs allgemein gehaltenen und nicht auf das historische Geschehen in seiner Drastik detailliert eingehenden Reflexionen über die Delegitimierung der westlichen Zivilisation sind nicht Ausdruck einer ideologisch motivierten Abrechnung mit der den Faschismus generierenden westlich-kapitalistischen Gesellschaftsordnung, sondern Indiz der beängstigenden Ratlosigkeit, welche Haltung angesichts des systematischen Terrors im Vernichtungslager einzunehmen ist. In humanistischer Perspektive rückt die Frage in den Vordergrund, welche Weise des Gedenkens die Menschheit wählen soll. Eine Antwort erfolgt freilich nicht.

Nach einem kleinen Zwischenaufenthalt in Zagnańsk ist Krakau das nächste Ziel. Die alte Hauptstadt ist für Paustovskij Inbegriff bourgeoiser Lebenshaltung, der er mit Spott begegnet. Lediglich die Vitalität der Jugend nimmt er von seiner kritischen Distanzierung aus. Der Wawel, der Burgberg mit dem Schloß und der Kathedrale, ist ebenso wie die Altstadt Gegenstand der Beschreibung, die in Krakau vor allem die Beharrungskraft der Tradition wahrnimmt. Nach einem Abstecher in die Tatra, wo sich Paustovskij auch kurz in Zakopane aufhält, kehrt er an den Ausgangspunkt seiner Reise zurück. Danzig, Sopot und schließlich Malbork (Marienburg) mit der Burganlage des Deutschen Ordens; in welcher 1961 eben erst ein Museum eröffnet wurde, sind die letzten Stationen der Reise. Mit einem Ausblick in das Mittelalter klingen die Reiseaufzeichnungen aus.

Brisanz erhält der Reisebericht durch wiederholt eingestreute Ausblikke in die Vergangenheit. Erst aus dem Wechselspiel von Gegenwart und Vergangenheit ergibt sich eine Textdynamik, welche die Aufzeichnungen davor bewahrt, Dokument einer ereignisreichen, wenn auch überschaubaren und etwas konventionellen Reise nach Polen zu sein. Mit dieser Konstellation, in der der Reisetext als narrative Verschränkung von Gegenwart und Vergangenheit funktioniert, ist ein Ausgangslage gegeben, die sich gut auf Walter Benjamins Frage aus dem Passagen-Werk beziehen läßt: »Der Raum blinzelt den Flaneur an: Nun, was mag sich in mir wohl zugetragen haben?«[15]

Die auf Planung und Beratung basierende Reiseroute kann natürlich kaum als Ausdruck eines ziellosen Flanierens interpretiert werden, zumal sich darüber hinaus die Inadäquanz der Habitusform des Flaneurs für die Beschreibung der historischen Gegebenheiten des 20. Jahrhunderts deut-

---

[15] Walter Benjamin. *Das Passagen-Werk*. Bd. 1. Hg. Rolf Tiedemann. Frankfurt/M.: Suhrkamp, 1983. S. 527.

lich abzeichnet. Anschlußfähig bleibt jedoch die mit dem Begriff des Flanierens verbundene Vorstellung der Ziellosigkeit einer Bewegung, die sich in Paustovskijs Text in der Erinnerungspraxis manifestiert, denn die Akte der Erinnerung sind hier von jeder Zielorientierung freigesetzt.

Sie sind als assoziative Bewegung auf der Zeitachse gut mit dem Begriff des Flanierens bei Walter Benjamin in Verbindung zu bringen. Dies kann mit einem Hinweis auf Karl Schlögel untermauert werden, denn er unterstreicht im Anschluß an Benjamin, daß für den Flaneur Erinnern und Flanieren zusammenfallen und spricht direkt vom »memorierenden Schlendern«.[16] Der Raum mit seinen verschiedenen Orten ist dann mnemotechnischer Behelf des Flaneurs, der sich in der chiastischen Fügung von Raum- und Zeiterfahrung eine mentale Landkarte aufbaut.[17]

Dabei ist die Gegenwart nicht einfach der stabile Grund, von dem aus der Rückblick erfolgt, auch die räumlichen Gegebenheiten sind nicht der substanzielle Boden, von dem aus erst zeitliche Verhältnisse aktiviert werden: Zeit und Raum sind von Anfang an verschränkt. Der Reisetext realisiert in seiner narrativen Fügung, die bei Paustovskij aus einer stark additiven Aneinanderreihung von Einzelbeobachtungen besteht, eine sinnhafte Ordnung, die Raum- und Zeitverhältnisse entwirft; und diese auch nicht einfach abbildet oder als *a priori* gegebene Größen einfach bestätigt. Benjamin hat für diese Verschränkung den Begriff des Bildes geprägt. Im Bild gerinnen Vergangenheit und Gegenwart zu einer sichtbaren Konstellation.[18]

IV.

Die Erinnerung wird von Paustovskij als Medium der Imagination, aber auch als Medium der Modellierung von Welterfahrung reflektiert. Das Gedächtnis ist für Paustovskij in Überschreitung einer rein auf die literarische Praxis bezogenen Relevanz ein Synonym für Kultur: »Культура –

---

[16] Karl Schlögel. *Im Raume lesen wir die Zeit. Über Zivilisationsgeschichte und Geopolitik*. München: Hanser, 2003. S. 260.

[17] Walter Benjamin. »Die Wiederkehr des Flaneurs«. *Ein Flaneur in Berlin*. Hg. Franz Hessel. Berlin: Das Arsenal, 1984 (Erstausgabe 1929). S. 277-281. Hier S. 277 zum »memorierenden Schlendern«.

[18] Vgl. Allan Pred. *Making Histories and Constructing Human Geographies. The Local Transformation of Practive, Power Relations, and Consciousness*. Boulder u.a.: Westview Press, 1990. S. 18ff., 22ff.

это память« (»Die Kultur – das ist das Gedächtnis«).[19] In der Autobiographie *Erzählung über das Leben* unterstreicht er die enorme Bedeutung des Gedächtnisses für die Arbeit des Schriftstellers:

> Для писателя память – это почти все. Она не только хранит накопленный материал. Она задерживает, как волшебное сито, все самое ценное. Пыль и труха просыпаются и уносятся ветром, а на поверхности остается золотой песок. Из него и надлежит, по всей видимости, создавать произведения искусства.[20]
> Für den Schriftsteller ist das Gedächtnis fast alles. Es bewahrt nicht nur das gesammelte Material. Wie ein magisches Sieb hält es das Wertvollste zurück. Staub und Mulm werden verschüttet und vom Wind fortgetragen, aber auf der Oberfläche bleibt der goldene Sand. Aus ihm muß man allem Anschein nach, Kunstwerke schaffen.

In seinen poetologischen Überlegungen aus dem Buch *Zolotaja roza* (*Die goldene Rose*), das Narration und Reflexion vereint, entwirft er den gleichen Gedanken: Das Gedächtnis ist eine der Grundlagen für die literarische Arbeit.[21] Dabei ist die Erinnerung als assoziative Vergegenwärtigung und nicht als bewußte, geplante Erschließung der Vergangenheit angelegt. Die Imagination gründet auf dem Gedächtnis, das diejenigen Verweishorizonte und Referenzwerte archiviert, die im Akt der Imagination aktiviert und aktualisiert werden.

Die Imagination wird von Paustovskij nicht nur als Vollzug einer spezifischen Erinnerung, sondern auch als Entwurf einer Wirklichkeit begriffen, die sich aus den Erinnerungsakten konstituiert: »Воображение основано на памяти, а память на явлениях действительности« (»Die Imagination gründet auf dem Gedächtnis und das Gedächtnis auf den Erscheinungen der Wirklichkeit«).[22] Wirklichkeit wird nicht einfach gespiegelt oder abgebildet, sie wird in Akten der Imagination, die als assoziativer Erinnerungsprozeß abläuft, entworfen. Deutlicher wird dies im Blick auf den Reisetext *Die dritte Begegnung*. Auffällig an diesem Text ist

---

[19] Paustovskij. »Povest'« (wie Anm. 2). S. 467.

[20] Ebenda. S. 468.

[21] Konstantin G. Paustovskij. »Zolotaja roza«. Ders. *Sobranie sočinenij v vos'mi tomach*. Bd. 3. Moskva: Izdat. Chudožestvennaja Literatura, 1967. S. 287-527. Hier S. 349: »Одна из основ писательства – хорошая память« (»Eine der Grundlagen des Schreibens ist ein gutes Gedächtnis. »).

[22] Ebenda. S. 424.

nämlich die Tatsache, daß Paustovskij seine Beobachtungen immer wieder in Bezug setzt zu früheren Erlebnissen in Polen.

Die Verklammerung wird vom Autor nicht nur mit dem zu Beginn erfolgenden Hinweis, daß es sich um die dritte Begegnung mit Polen handle, angedeutet. Sie wird im Text auch durch ein Leitmotiv indiziert. Bei diesem Leitmotiv handelt es sich um Mädchen, beziehungsweise junge Frauen, an die sich der Reisende erinnert oder die ihm während seines Aufenthaltes auffallen. Gleich auf den ersten Seiten erinnert sich Paustovskij an ein etwa zwölf Jahre altes Mädchen mit den Namen Grażyna, das er während des Ersten Weltkriegs zusammen mit dessen Großvater zum Bahnhof fuhr. 1961 in Danzig erkennt er in einer jungen Frau von etwa 18 Jahren dieses Mädchen.[23] Die Tatsache, daß es sich nicht um die gleiche Person handeln kann, wird von Paustovskij reflektiert, gleichwohl hält er an der imaginären Identität fest, da diese die beiden Zeitebenen miteinander verschmilzt und so die Gegenwart im wahrsten Sinne des Wortes als Wiederholung akzentuiert. Weitere Mädchen und junge Frauen erscheinen in derselben Funktion als Echo einer vergangenen Erfahrung, wobei sie im Text nicht umfassend beschrieben werden und vielmehr in impressionistischen Strichen skizziert sind, also nicht ein realistisches Profil gewinnen.

Ein etwa zwölf Jahre altes Mädchen zeigt Paustovskij in Warschau in der Heiligkreuzkirche, wo die Urne mit dem Herzen Chopins in den Pfeiler eingemauert ist.[24] Auch in Tschenstochau taucht plötzlich eine junge Frau auf, die als Begleiterin Paustovskijs bezeichnet wird, ohne daß vorher je von einer solchen Begleitung die Rede gewesen wäre.[25] Im Vernichtungslager Auschwitz-Birkenau fällt Paustovskij eine junge Frau auf, die sich in Schmerz und Trauer über eine Rinne beugt.[26] In Zakopane beobachtet Paustovskij auf einer Hochzeit die Braut und vor allem deren schöne Freundin.[27]

Auf der Rückfahrt nach Warschau nimmt Paustovskij wiederum zwei Schuljungen mit und wundert sich selbst über die auffällige Koinzidenz der Situation. Hat er während des Ersten Weltkrieges ein Mädchen mit seinem Großvater auf einer Kutsche mitgenommen, so sind es nun zwei Schuljungen – der Kreis scheint sich zu schließen.[28] Aber so wie fast im-

---

[23] Paustovskij. »Tret'e svidanie« (wie Anm. 1). S. 398ff.

[24] Ebenda. S. 407.

[25] Ebenda. S. 420.

[26] Ebenda. S. 422f.

[27] Ebenda. S. 429.

[28] Ebenda. S. 434.

mer ist auch dieser Wiederholung eine Differenz eingezeichnet, so daß sich Kierkegaards Diktum zu bewahrheiten scheint:

> Die Dialektik der Wiederholung ist leicht; denn das, was wiederholt wird, ist gewesen, sonst könnte es nicht wiederholt werden, aber gerade daß es gewesen ist, macht die Wiederholung zu etwas Neuem.[29]

Die jungen Frauen erscheinen alle als Wiederholung des Mädchens, das Paustovskij einst in Polen getroffen hatte und erscheinen als stets neue Verkörperungen Grażynas.[30] Neben diesem Leitmotiv, das als nachwirkendes Erlebnis aus der Zeit des Ersten Weltkrieges der zeitgenössischen Gegenwart ihr Profil verleiht, ist eine politisch brisantere Verweisebene von Bedeutung. Die textuelle Inszenierung von Wiederholungen betrifft hier ebenfalls die Einblendung einer längst zurückliegenden Zeitebene, rekurriert aber auf politisch-historische Problemfelder der russisch-polnischen Wechselbeziehungen. Der Reisetext mit seiner Ausfaltung einer Gegenwart und Vergangenheit gleichermaßen aufrufenden Bewegung erhält gerade in dieser subtil vollzogenen Erinnerungsarbeit Gewicht und Brisanz.

Auf dem Weg nach Krakau passiert Paustovskij die Stadt Kielce und erinnert sich an ein Vorkommnis aus dem Jahr 1916, in dem er als Sanitäter in der gleichen Umgebung eingesetzt wurde. Die plötzliche Erinnerung hebt etwas ans Tageslicht, das vorher für Paustovskij vergessen war; sie ist an den *genius loci* gebunden und bezieht aus ihm ihre Dynamik. Paustovskij setzt sich explizit mit dieser Form der Erinnerung auseinander und skizziert ein erinnerungstheoretisches Konzept der Existenz:

> Мы обычно запоминаем самые значительные случаи из своей жизни. Но вот сейчас, когда приходится много вспоминать, я обнаружил, что некоторые обстоятельства, внешне ничем не замечательные, не имеющие права называться событиями, тоже оставляют в сознании долгий след и, конечно, в какой-то

[29] Sören Kierkegaard. *Die Wiederholung. Philosophische Bibliothek.* Bd. 515. Hamburg: Meiner, 2000. S. 22.

[30] Die nahe liegende Vermutung, in diesem Mädchen in literaturhistorischer Ausrichtung einen Hinweis auf Adam Mickiewiczs historische Verserzählung *Grażyna, powieść litewska* (*Grażyna, eine litauische Erzählung*) zu sehen, kann kaum erhärtet werden, da die intertextuell fundierte Relation kein für das Funktionieren des Reisetexts tragfähiges Fundament bildet; der Verklammerung fehlt semantische Tiefenwirkung.

> мере помогают тому внутреннему процессу, какой называется »формированием человека«.[31]
> Für gewöhnlich erinnern wir uns an die bedeutsamsten Vorkommnisse in unserem Leben. Nun aber, wenn vieles erinnert werden soll, entdecke ich, daß einige äußerlich durch nichts auffallende Umstände, die kein Recht haben, Ereignisse genannt zu werden, auch eine lange Spur im Bewußtsein hinterlassen und natürlich in gewissem Maß den inneren Vorgang unterstützen, der »Bildung eines Menschen« genannt wird.

Paustovskij erinnert sich nämlich in der Umgebung von Kielce unvermittelt daran, daß er hier während des Ersten Weltkrieges in einer Kapelle Flaggen gesehen hatte, auf denen ein zerbrochenes schwarzes Kreuz gemalt war. Ähnliche Flaggen, die auf rotem oder grünem Grund ein zerbrochenes schwarzes Kreuz zeigen, erblickt er auch knapp ein halbes Jahrhundert später in der privaten Bibliothek des Herrn Przybkowski ganz in der Nähe der Kapelle.

Erst jetzt wird Paustovskij, und zwar von Herrn Przybkowskis Mutter, erfahren, daß diese Fahnen von den polnischen Aufständischen im Januaraufstand von 1863 verwendet wurden.[32] Mit dieser Erklärung schließt sich der Bogen zum Kreis, die ehedem rätselhaften Flaggen werden verständlich, gleichzeitig zeichnet sich in der Erinnerung Paustovskijs mit vorher unbekannter Klarheit und Distinktion der erste Blick auf diese Fahnen sowie die gesamte Zeit des damaligen Aufenthaltes ab. Erst in der Gegenwart verdichtet sich die vergangene und kaum ins Bewußtsein gedrungene Begebenheit zur sinnhaften Erfahrung.

Die historische Bedeutung des Januaraufstandes im Königreich Polen und Litauen sowie dessen Niederschlagung durch die russische Armee sind nicht Gegenstand der Ausführungen, der Autor enthält sich jedweden Kommentars und formt den für das russisch-polnische Verhältnis brisanten Januaraufstand zum Resonanzraum der eigenen Wirklichkeitserfahrung um. Auch in seiner Autobiographie erwähnt er den Januaraufstand, ohne ihn einer eingehenden Analyse zu unterziehen.

Im ersten Teil der *Erzählung über das Leben* berichtet er, wie seine polnische Großmutter seit der Niederschlagung des Januaraufstandes stets schwarz getragen habe und daß man in der Familie munkelte, ihr Bräutigam sei als Aufständischer gefallen. Für Paustovskij hebt sich dieser mutmaßliche Bräutigam wohltuend ab vom wahren Großvater, der die Phan-

---

[31] Paustovskij. »Tret'e svidanie« (wie Anm. 1). S. 424.

[32] Ebenda. S. 426f.

tasie des jungen Paustovskij weit weniger anregte.[33] Hier aber auch an späteren Stellen in der Autobiographie unterläßt Paustovskij einen Kommentar zum historischen Ereignis. Auch im Reisetext verzichtet er auf eine Abwertung des Aufstandes, der nicht als Ausdruck eines anachronistischen und letzten Endes feudalherrschaftlich motivierten Aufruhrs diffamiert wird, der gegen die eigentlichen Interessen des polnischen Volkes gerichtet gewesen sei. Daß hier für den Autor ein Dilemma verborgen ist, zeigt sich an der Verlegenheit des jungen Paustovskij angesichts der von polnischen Kameraden während des Ersten Weltkrieges geäußerten Zuversicht, daß mit dem Ende dieses Krieges das russische Imperium zerfallen und sich ein polnischer Staat wie Phönix aus der Asche erheben werde.[34] Auch hier verkneift sich der sichtlich irritierte Erzähler noch Jahrzehnte nach den beschriebenen Vorfällen jeden Kommentar, womit er sich auch einer Verurteilung der polnischen Bestrebungen nach Restitution der Eigenstaatlichkeit entzieht.

Eine ähnliche Taktik des Antippens setzt Paustovskij ein, wenn er in seinem Reisetext den Warschauer Aufstand von 1944 erwähnt. Der Blick auf das im Wiederaufbau befindliche Warschau im Jahr 1961 erinnert an die ungeheure Zerstörung, die der Zweite Weltkrieg verursachte. Den Aufstand betrachtet Paustovskij als mutigen, wenn auch verzweifelten und letzten Endes zum Scheitern verurteilten Versuch, sich gegen den nationalsozialistischen Terror zu erheben.[35] Der Warschauer Aufstand wird freilich nicht erörtert, auffallend ist jedoch auch, daß die für die offiziellen Sprachregelungen in der Volksrepublik Polen und der Sowjetunion übliche kritische Betrachtung des Aufstandes fehlt, der auch nicht in stalinistischer Terminologie als das Werk der bürgerlich-faschistischen Heimatarmee (*Armia Krajowa*), die unter dem Kommando der ebenfalls als bürgerlich-faschistisch bezeichneten polnischen Exilregierung in London stand, verunglimpft wird.

V.

Paustovskijs beredtes Schweigen durchbricht diese ideologisch zementierte Haltung. Seine Einschätzung ist allgemein humanistisch gehalten. Der Aufstand sowie die brutale Vergeltung hätten, wie der Krieg insge-

---

[33] Paustovskij. »Povest'« (wie Anm. 2). S. 27f.
[34] Ebenda. S. 389, 397.
[35] Paustovskij. »Tret'e svidanie« (wie Anm. 1). S. 402.

samt, die Bedeutung einer humanen Gesellschaftsordnung vor Augen geführt.[36] Keine Spur von parteipolitisch gebundener oder ideologisch motivierter Rhetorik. Allgemein ist kein noch so zaghafter Hinweis auf die sozialistische Bruderschaft zwischen der Sowjetunion und der Volksrepublik Polen im Reisetext auszumachen, der ganz der subjektiven Wahrnehmung des Autors entstammt und diese individuelle Perspektive nie übersteigt, sich damit aber auch diesseits der politischen Großwetterlage mit ihren ideologischen Fallstricken positioniert.

Eher abrupt erscheint nach diesen politisch aufgeladenen Reminiszenzen Paustovskijs Beschreibung der Warschauer Straße, in der Aleksandr Blok zeitweilig lebte.[37] Ein neues Bild schiebt sich also in den Vordergrund, ohne daß eine plausible Motivierung zu sehen wäre, die beide Erinnerungsbilder miteinander in einer kausallogischen Beziehung aufeinander abstimmen würde. Lediglich das vorher geschilderte Leitmotiv der Mädchen und jungen Frauen wiederholt sich in einer Regelmäßigkeit, die dem Text eine innere Konsistenz, wenn auch keine semantische Motivierung verleiht.

Eine subtile Gratwanderung auf der Grenze zwischen politisch opportunen Beobachtungen und davon unbeeindruckten Überlegungen vollzieht Paustovskij auch da, wo er nach eigenen Worten »halbvergessene Verse« eines unbekannten Autors zitiert, der die Anmut polnischer Frauen preist:

> Какие-то полузабытые стихи – не помню чьи – возникли в памяти:
> Нежнее, чем польская панна,
> И, значит, нежнее всего.[38]
> Bestimmte beinahe vergessene Verse – ich erinnere mich nicht wessen – kamen aus der Erinnerung hoch:
> Zärtlicher, als ein polnisches Fräulein,
> Und das heißt zärtlicher als alles.

Paustovskijs Unwissenheit ist natürlich vorgeschützt, schließlich weiß er sehr genau, daß er hier Verse aus Konstantin Bal'monts lyrischem Text *Nežnee vsego* (*Zärtlicher als alles*) aus dem Jahr 1899 zitiert, zumal nach eigenen Angaben Bal'mont ein wichtiger und prägender Autor der eigenen Jugendzeit gewesen ist. Mit der inszenierten Naivität gelingt es Paustovskij nicht nur, den in der Sowjetunion verfemten Bal'mont zu nennen

[36] Ebenda. S. 402f.
[37] Ebenda. S. 403.
[38] Ebenda. S. 400.

und an dessen poetisches Œuvre zu erinnern.[39] Mit dem lyrischen Text wird daneben auch das Leitmotiv der jungen Frauen aufgegriffen, wodurch das literarische Konstruktionsprinzip der Wiederholung bekräftigt wird. Dabei ist nicht nur eine auf Ereignisse abzielende Erinnerungsarbeit im Fokus der literarischen Modellierung von Wiederholungen. Es werden darüber hinaus auch ein im sowjetischen Literatursystem ausgeblendeter und marginalisierter Autor wie Konstantin Bal'mont aufgerufen und von neuem in das russische literarische Feld integriert.

Für den Text in seiner Gesamtheit gilt, daß die Erinnerung Bezugshorizonte und Verweisebenen aufspannt, die der Gegenwart Konturen verleihen. Die erfahrene Realität konstituiert sich aus dem relationalen Zusammenspiel von Vergangenheit und Gegenwart in der assoziierenden, gleichsam flanierenden Erinnerung, die, nach Paustovskijs eigenen Worten, Medium der Imagination ist und sich im Reisetext dominant im Leitmotiv der Mädchen und jungen Frauen zur Geltung bringt. Dabei sind Erinnerungsakt und Wahrnehmung verschränkt. Paustovskij konstatiert diesbezüglich in seinem Reisetext knapp, daß alles von der Perzeption abhängt und nichts unabhängig von der Wahrnehmung Sinn aufweist: »Все дело в восприятии« (»Alles beruht auf Wahrnehmung«).[40]

VI.

Die Reise ist als Prozeß der permanenten Relationierung von Wahrnehmung und Erinnerung angelegt. Die geplante und organisierte Reise erhält durch die Beigabe einer flanierenden Erinnerung diejenige Auflokkerung, die Spielräume einer assoziativen Verkettung einzelner Beobachtungen eröffnet und damit einen nicht *a priori* geregelten Signifikationsprozeß initiiert. Dieses Erinnerungsmodell, das auf der Grundlage von Paustovskijs Reisetext und unter Berücksichtigung entsprechender Reflexionen aus poetologischen sowie autobiographischen Schriften entwickelt werden kann, weist bestimmte Parallelen zu einem der zentralen Texte der klassischen Moderne auf.

---

[39] Die Nennung des Symbolisten Bal'mont erfolgt nicht zufällig, sondern ist eine zeitspezifische Erscheinung, die mit der Hinwendung zum Erbe der Symbolisten in der Sowjetunion der frühen Sechziger Jahre des 20. Jahrhunderts zusammenhängt, denn in den gleichen Zeitraum, in dem der Reisetext erscheint, fällt zum Beispiel auch die Publikation der achtbändigen Werkausgabe Aleksander Bloks.

[40] Paustovskij. »Tret'e svidanie« (wie Anm. 1). S. 410.

Die Rede ist von Marcel Proust und seiner *À la recherche du temps perdu* (1913-1927), dem epochalen Romanwerk, das in verschiedenen russischen Übersetzungen einzelner Bände aus den Jahren 1927 und 1928 zumindest als fragmenthaft rezipiertes literarisches Faktum Eingang in die russische Kultur gefunden hat. Mit der als Werkausgabe bezeichneten russischen Übersetzung von vier Bänden der *Recherche* aus den Jahren 1934-1938, zu der Anatolij Lunačarskij das Vorwort beisteuerte, ist interessanterweise ein groß angelegtes Übersetzungswerk vorhanden, das zu den seit den frühen 1930er Jahren einsetzenden stark ideologisch geprägten Verunglimpfungen Prousts und dessen Abfertigung zum dekadent-bourgeoisen Autor auf dem Ersten Allunionskongreß der sowjetischen Schriftsteller im Jahr 1934 einen bemerkenswerten Kontrapunkt setzt.[41] Für Paustovskij selbst ist eine frühe Beschäftigung mit Proust nachgewiesen. Im Roman *Blistajuščie oblaka* (*Glänzende Wolken*) aus dem Jahr 1928 wird der französische Schriftsteller in einem Kapitel erwähnt und mit seinem Roman zur Charakterisierung einer introvertierten Figur– sie heißt Obručev –, der im Roman nur eine Nebenrolle zukommt, verwendet.[42]

Neben diesen Wegmarken der russischen Rezeption von Prousts Romanwerk und der expliziten Präsenz des französischen Schriftstellers als Name und Motiv in einem frühen Roman Paustovskijs ist auch dessen Interesse für die französische Literatur und Kultur, insbesondere die guten Kenntnisse des Französischen, erwähnenswert. Immerhin unternahm Paustovskij im Jahr 1956 eine ausgedehnte Reise nach Frankreich, die 1959

[41] Vgl. zur Proust-Rezeption, die mit vereinzelten Artikeln und Rezensionen einsetzt (so z.B. mit einer Besprechung von Lunačarskij aus dem Jahr 1923, der später weitere Texte über Proust folgen, Vladimir Weidlé äußert sich 1924 über Proust und dessen Roman; im Exil verfaßt Boris Schlözer 1921 eine Rezension) sowie mit verschiedenen Übersetzungsprojekten des Romanwerks zusammenhängt: *Marsel' Prust v russkoj literature.* Hg. Ol'ga Vasil'eva. Moskva: VGBIL im. M.I. Rudomino, 2000. Hier bes. S. 171ff. zu den Übersetzungsprojekten; S. 5-42 mit einer Skizze der Rezeptionsgeschichte, die nicht losgelöst von literatur- und kulturpolitischen Weichenstellungen betrachtet werden kann; der Band enthält in einer überaus informativen Anthologie eine Zusammenstellung von Beiträgen zur Proust-Rezeption sowie eine umfassende Bibliographie von Übersetzungen, aber auch Studien zu Prousts Roman.

[42] Konstantin G. Paustovskij. »Blistajuščie oblaka«. Ders. *Sobranie sočinenij v vos'mi tomach.* Bd. 1. Moskva: Izdat. Chudožestvennaja Literatura, 1967. S. 191-398. Hier S. 248-270; konkrete Nennungen Prousts erfolgen auf S. 249, 250, 255, 260, 268.

in einem weiteren Reisetext reflektiert wird.[43] Es ist wohl vorstellbar, daß Paustovskij durch diesen Aufenthalt zusätzlich zur Auseinandersetzung mit Proust angeregt wurde, zumal dessen Reflexionen über den Aufbau sowie die Funktionsweise der Erinnerung deutliche Affinitäten zu den diesbezüglichen Überlegungen des russischen Schriftstellers aufweisen.

Meine These besagt, daß Paustovskijs Reisetext eine Umschreibung, genauer gesagt eine narrative Transformation einzelner Bausteine aus Proust epochalem Romanwerk darstellt. Mit den Ausführungen Paustovskijs zur Rolle des Gedächtnisses und der Erinnerung bei der Konstitution von Wirklichkeit scheint mir ein deutliches Indiz für eine Bezugnahme auf Proust vorzuliegen. Daneben beruht das Leitmotiv der Mädchen und jungen Frauen wohl auch auf einem Rückgriff auf die ersten beiden Romanteile, das heißt auf den ersten Band *Du côté de chez Swann* sowie auf den zweiten Band mit dem Titel *À l'ombre des jeunes filles en fleurs*. Es geht dabei um die Einführung der weiblichen Figuren Gilberte und Albertine. Gilberte, das Mädchen und die erste Liebe des Ich-Erzählers Marcel, sowie Albertine, die junge Frau und erste wirkliche Geliebte des Erzählers, werden in kurzen, impressionistischen Zügen beschrieben. Vor allem Albertines Einführung frappiert, da sie gewissermaßen als Textfolie für Paustovskijs Aufbau des Reisetextes betrachtet werden kann.

Im zweiten Teil der *Recherche* nimmt der Ich-Erzähler Albertine zunächst gar nicht als einzelne Person wahr. Sie vermischt sich mit den anderen jungen Frauen, mit denen sie am Strand Fahrrad fährt. Sie erscheint zu Beginn auch nicht als Individuum, sondern als Aneinanderreihung verschiedener Impressionen wie Haarfarbe, Augenfarbe, ein Lächeln, ohne daß sich diese einzelnen Eindrücke zu einem Gesamtbild, das eine Person ausmacht, verdichten würden. Im Verlaufe des Romans zeigt sich auch die Mehrdeutigkeit der Wahrnehmungen, denn die Augen Albertines sind einmal grün, dann blau, dann braun und sogar schwarz, ihre Erscheinung ist also, wie ihr späterer Beiname ›die Flüchtige‹ (›La Fugitive‹) zu erkennen gibt, variabel, nicht substanziell gegründet und weitgehend der subjektiven Imagination des Betrachters – also des Erzählers – zu verdanken, der mit seinen Wahrnehmungs- und Erinnerungsakten das Profil der Person konstruiert. Auch Gilberte ist nicht eine bis ins Detail beschriebene literarische Figur, sondern setzt sich aus lose miteinander verbundenen

[43] Konstantin G. Paustovskij. »Mimoletnyj Pariž«. Ders. *Sobranie sočinenij v vos'mi tomach.* Bd. 8. Moskva: Izdat. Chudožestvennaja Literatura, 1970. S. 307-339. Bes. S. 325f. und 328f. zum Interesse an französischer Literatur.

Einzelbeobachtungen zusammen, ohne daß eine stabile und fest gefügte Konsistenz eine klare persönliche Identität garantieren würde.

Es eröffnet sich eine nicht abschließbare Serie von Albertines, die in immer neuer Erscheinungsweise den Erzähler verblüfft und verunsichert, in ihrer Erscheinungsvielfalt aber auch dessen Eifersucht anfacht, ohne daß eine Art Ur-Albertine als Original die Serie auf einen festen Ursprung beziehen und damit die Aufmerksamkeit des betrachtenden Erzählers zur Ruhe kommen lassen würde. Die Flüchtigkeit der weiblichen Figuren ist ein Aspekt, dem die stete Wiederholung in der Wahrnehmung zur Seite gestellt werden kann. Die einzelnen Wahrnehmungen gewinnen ein Eigenleben, verschiedene Frauen können in den Augen des Erzählers nun Eigenschaften aufweisen, die sie als Doppelgängerinnen, eben als Wiederholungen, sei es von Gilberte oder von Albertine, erscheinen lassen: Es eröffnet sich auch eine nicht abschließbare Serie von Doppelgängerinnen und Verdopplungen, die in der Imagination des Erzählers entstehen und auf der Nachwirkung vormaliger Sinneseindrücke beruhen, welche die neuen Wahrnehmungen beeinflussen. Als Resonanzraum schwingen diese früheren Eindrücke bei neuen Wahrnehmungen stets mit und werden aktiviert. Damit ist aber bereits die Funktion des Gedächtnisses angesprochen, das untrennbar mit den Wahrnehmungsakten verquickt ist.

Die Erinnerung ist realitätsverbürgendes Medium. Erst in der Relation zwischen einzelnen Wahrnehmungen, also in der stets auf bereits gemachte Erfahrungen rekurrierenden Perzeption und dem sich daraus ergebenden unabschließbaren Kreislauf der steten Neurelationierung entsteht Erfahrung von Wirklichkeit: Was nur einmal aufblitzt, verpufft. Es gewinnt wegen des Fehlens einer relationalen Vernetzung keine Festigkeit, weist also keinen Informationscharakter auf und läßt sich auf Grund seiner Einmaligkeit nicht einordnen und mit anderen Eindrücken zu einer konsistenten Welterfahrung verweben. So kann die Sentenz aus Prousts *Recherche* erfaßt werden:

> Soit que la foi qui crée soit tarie en moi, soit que la réalité ne se forme que dans la mémoire, les fleurs qu'on me montre aujourd'hui pour la première fois ne me semblent pas de vraies fleurs.[44]

Es ist die Verbindungen erzeugende Aktivität des Gedächtnisses, das Beobachtungen und Wahrnehmungen durch Rekurrenz auf frühere Erlebnisse und Betrachtungen Sinn und Gestalt verleiht. Indem dadurch aber auch Spannungsverhältnisse zwischen einst und jetzt aufgebaut werden, also

[44] Marcel Proust. *À la recherche du temps perdu. T. I: Du côté de chez Swann.* Paris: Gallimard, 1996. S. 182.

nicht einfach Identität durch Wiederholung postuliert wird, steht die für Sinngewinne zentrale differenzerzeugende Funktion der Wiederholung im Mittelpunkt:

> [...] qu'à peine l'impression reçue, nous descendons insensiblement la pente du souvenir et sans nous en rendre compte, en très peu de temps, nous sommes très loin de ce que nous avons senti. De sorte que chaque nouvelle entrevue est une espèce de redressement qui nous ramène à ce que nous avions bien vu.[45]

Die Erkenntnis der Umgebung geht vom erkennenden Individuum aus und ist untrennbar mit dessen Innenwelt verbunden. Sinneswahrnehmungen sind nicht als unmittelbarer Eindruck der Wirklichkeit aufzufassen, sondern das Resultat einer Verbindung mit früheren Erfahrungen in Bezug auf alle Vergangenheit in uns. Erst im Wieder-Erleben bestimmter Situationen – einer Art Déja-vu-Erlebnis – erschließt sich der Sinn von Ereignissen und Wahrnehmungen, die erst in der erinnernden Wiederholung als Erfahrung zum Abschluß kommen.[46] Paustovskij greift dieses narrative Modell aus der *Recherche* in seiner syntagmatischen und paradigmatischen Axiologie auf und schreibt es um. Mit einem Wort Derridas gesagt: Er bewohnt es von innen, zerdehnt es und richtet es neu aus.[47]

VII.

Nicht die Spannung zwischen willkürlicher und unwillkürlicher Erinnerung, also nicht die Dialektik zwischen der *mémoire volontaire* und der *mémoire involontaire* oder die negative Epiphanie in den Intermittenzen des Herzens (*les intermittences du cœur*) sind für Paustovskij wichtig. Wohl aber ist mit der Freisetzung einer nicht intentional kontrollierten Er-

---

[45] Marcel Proust. *À la recherche du temps perdu. T. II: À l'ombre des jeunes filles en fleurs*. Paris: Gallimard, 1996. S. 478.

[46] Hans Robert Jauss. *Zeit und Erinnerung in Marcel Prousts »À la recherche du temps perdu«. Ein Beitrag zur Theorie des Romans.* Frankfurt/M.: Suhrkamp, ^{2}1986. S. 221ff. Vgl. zur Erinnerung in Prousts *Recherche*: Rainer Warning. »Vergessen, Verdrängen und Erinnern in Prousts ›À la recherche du temps perdu‹«. *Memoria – vergessen und erinnern. Poetik und Hermeneutik XV*. Hg. Anselm Haverkamp/Renate Lachmann. München: Fink, 1993. S. 160-194. Gilles Deleuze. *Proust et les signes.* Paris: Presses Universitaires de France, 1970. Passim.

[47] Jacques Derrida. *Grammatologie*. Frankfurt/M.: Suhrkamp, 1983. S. 45.

innerungstätigkeit die Möglichkeit einer Dezentrierung des sonst linearen Reisetextes gegeben. Zusätzlich ist mit der Möglichkeit, daß Paustovskijs Erinnerung eine rein literarische Konstruktion ist, auch eine Erklärung des Reisetextes vorstellbar, die dessen artifiziellen Aspekt unterstreicht und damit nicht nur den fiktionalen Charakter hervorhebt, sondern auch die spezifische ästhetische, auf Imagination beruhende Organisation der Aufzeichnungen in den Vordergrund rückt, wobei die Affiliation zu Proust das tragende Fundament des Textes wäre und in dieser Funktion die lebensweltlich verankerte Erinnerungspraxis aushebeln würde.

In jedem Fall wird durch das raffinierte Verweisspiel des Textes eine rein zeitgenössische Wahrnehmungsebene mit autobiographisch verankerten Bezugsdimensionen erweitert.[48] Das umgeformte Gerippe aus Prousts Text sorgt in Paustovskijs Reisetext mit der leitmotivischen Wiederholung von Mädchen oder jungen Frauen für die Verklammerung von semantisch nicht motiviert aufeinander folgenden Episoden, die additiv aneinandergereiht werden. Zudem ist mit der Freisetzung einer ausstrahlenden Erinnerung auch der Aufbau eines Verweishorizontes möglich, der verschiedene Zeitebenen aufeinander bezieht, ohne daß dieser Bezug in propositionaler Rede erfolgt. Damit ist auch eine von offiziellen sowjetischen Positionen zu Kernfragen des russisch-polnischen Verhältnisses abweichende Darstellung möglich, indem offizielle Erklärungen in assoziativen Imaginationsakten vermieden, das heißt unterboten werden. Ansprechen und doch zugleich Ausweichen sind Strategien, die hier miteinander verkoppelt sind.

Paustovskijs Reise läßt sich als erinnernde Bewegung begreifen. Mit dem Rückgriff auf Elemente aus Prousts Romanwerk kann der literarische Charakter des Reisetextes unterstrichen werden. Der Reistext ist nicht der unmittelbare Ausdruck einer Erfahrung. Er ist vielmehr als subtile Umformung einer literaturgeschichtlich etablierten Gedächtniskonzeption angelegt. Im Reisetext finden verschiedene Bausteine aus Prousts Text, nämlich wahrnehmungstheoretische und erinnerungstheoretische Aspekte, aber auch das Leitmotiv der Mädchen und jungen Frauen Verwendung.

Die Reise ist auch ein Flanieren in anderen Texten, die überschrieben werden. Eine solche Verdopplung des Textes wird in einer nur scheinbar beiläufigen Anmerkung von Paustovskij selbst reflektiert. Er schreibt, daß

---

[48] Dabei verunmöglicht die Ununterscheidbarkeit zwischen realen und fingierten autobiographischen Bezügen eine klare Identifikation des Realitätsgehalts des Textes.

er in Polen stets einen nur schwer faßbaren »Subtext« (»podtekst«) spüre. Dieser Subtext überwölbt die Wirklichkeit mit einer imaginären Dimension, verdoppelt also gleichsam die Realität:

> В Польше я часто чувствовал то трудно определимое состояние, какое в книгах мы называем »подтекстом«. Как будто существовали две Польши: совершенно реальная, повседневная и рядом с ней – иная, немного таинственная, полувидимая и полуслышная.[49]
> In Polen empfand ich oft diesen schwer zu bestimmenden Zustand, den wir bei Büchern als »Subtext« bezeichnen. Als ob zwei Polen existierte: Ein vollkommen reales, alltägliches und daneben ein anderes, etwas geheimnisvolles, das halb zu sehen und zu hören ist.

Es drängt sich geradezu auf, diese Stelle auch metatextuell als poetologische Selbstreflexion zu deuten: Auch der Reisetext weist einen Subtext auf, nämlich die *Recherche* von Proust. Die Verdopplung der Wirklichkeit in Polen ist dann sowohl auf die permanente Überwölbung der wahrgenommenen Wirklichkeit durch assoziative Erinnerungen beziehbar, also auch als Selbstanzeige der literarischen Konstruktion des Reiseberichts zu erklären.

VIII.

Der Reisetext basiert auf einer literarischen Konstruktion, welche die faktographische Aufzeichnung überlappt, ohne den mimetischen Charakter völlig preiszugeben. Der Text ist eine Diskursform, die in der Verwendung literarischer Vorlagen, eigene Referenzen konstruiert und damit – aus Paustovskijs Sicht – im Prisma der eigenen Lebenserfahrungen ein Reisenarrativ erzeugt, dessen Bedeutung nicht außerhalb seiner selbst gefunden werden kann.

Der Reisetext entwirft eine Fluchtlinie[50], die codierte Semantiken stilllegt und offizielle ideologische Positionen depotenziert. Unter diesem Gesichtspunkt wirkt er als Medium eines Gegengedächtnisses, das die

---

[49] Paustovskij. »Tret'e svidanie« (wie Anm. 1). S. 404.

[50] Vgl. zum Begriff ›Fluchtlinie‹: Gilles Deleuze/Félix Guattari. *Qu'est-ce que la philosophie?* Paris: Les Éditions de Minuit, 1991. S. 186; Dies. *Dialogues.* Paris: Flammarion, 1996. S. 54: »Écrire, c'est tracer des lignes de fuite.«; Ronald Bogue. *Deleuze on Literature*. New York: Routledge, 2003. S. 152-155.

Nennung heißer Fragen ermöglicht, ohne sich einer politisch-ideologisch determinierten Position zu verpflichtet. Als literarisches Gegengedächtnis ist der Reisetext auch zu verstehen, wenn man das raffinierte intertextuelle Spiel mit Texten und Autoren berücksichtigt, die, wie Marcel Proust oder Konstantin Bal'mont, in der sowjetischen Literatur- sowie Kulturpolitik aus ideologischen Gründen auf prinzipielle Ablehnung stießen. Die Fluchtlinie, welche das herrschende Diskurssystem aufsprengt, geht auf die spezifische literarische Konstruktion mit ihrer auf intertextuellen Interferenzen beruhenden Dynamik zurück.

Die imaginierende Textpraxis vermeidet einen ideologischen Diskurs und eröffnet so die Möglichkeit eines anderen Schreibens über die komplizierten russisch-polnischen Wechselbeziehungen. Das freie Erinnern dezentriert die aus sowjetischer Perspektive erfolgenden politisch-ideologisch motivierten Deutungen der polnischen Geschichte sowie der russisch-polnischen Verhältnisse und läßt zumindest für die Zukunft eine davon grundsätzlich abweichende Diskurspraxis aufscheinen. Gerade darin zeigt sich die nachwirkende Aktualität von Paustovskijs Reisetext.

Jens Herlth (Freiburg/Schweiz)

An den Grenzen der Gemeinschaft: Ol'ga Sedakovas »Reise nach Tartu und zurück«

I. Inspektionen der Gemeinschaft

Die Dichterin und Philologin Ol'ga Sedakova beschreibt in dem Essay *Putešestvie v Tartu i obratno. Zapozdalaja chronika* (*Reise nach Tartu und zurück. Eine verspätete Chronik*)[1] ihre Fahrt zur Beerdigung des am 28. Oktober 1993 verstorbenen Literaturwissenschaftlers und Semiotikers Jurij Lotman. Lotman lebte seit 1950 im estnischen Tartu, leitete an der dortigen Universität von 1960-1977 den Lehrstuhl für russische Literatur[2] und war der *spiritus rector* der *Moskau-Tartuer semiotischen Schule*, einer Gruppe von Literaturwissenschaftlern und Semiotikern, die in den 1960er und 70er Jahren eine vom herrschenden ideologischen Klima weitgehend unabhängige, strukturalistische Methodik zur Analyse von Texten, Kunstwerken und soziokulturellen Konstellationen entwickelten.

Mit ihrer Fahrt von Moskau nach Tartu ruft Ol'ga Sedakova somit einen legendär gewordenen Raum in Erinnerung: jene Welt der *Semiotischen Sommerschulen*[3] im abgelegenen südestnischen Kääriku (dem Sportstützpunkt der Universität), wo die Eingeladenen einen, wie sie in der Rückschau gern betonen, herrschaftsfreien Diskurs pflegten[4], dessen in der Schriftenreihe *Trudy po znakovym sistemam* (*Arbeiten zu Zeichensystemen*) dokumentierte wissenschaftliche Erträge den Weltruhm der ›sowjetischen‹ Semiotik und ihrer Vertreter begründeten. Schon der Titel

1 Ol'ga Sedakova. »Putešestvie v Tartu i obratno. Zapozdalaja chronika«. *Znamja* 4 (1999): S. 134-149. Der Text liegt auch in Buchform vor: Ol'ga A. Sedakova. *2 putešestvija*. Moskva: Logos/Stepnoj veter, 2005. Dt. Übersetzung: Olga Sedakova. *Reise nach Brjansk. Zwei Erzählungen*. Aus d. Russ. v. Valeria Jäger u. Erich Klein. Wien/Bozen: Folio, 2000. – Zitate aus dem Tartu-Text erfolgen unter Angabe der Seitenzahl nach der Zeitschriftenfassung. Übersetzungen, so nicht anders angegeben, von mir – *J.H.*

2 Vgl. Boris F. Egorov. *Žizn' i tvorčestvo Ju. M. Lotmana*. Moskva: Novoe literaturnoe obozrenie, 1999. S. 110, 166.

3 Von 1964 bis 1974 fanden fünf dieser Tagungen (nicht immer im Sommer) statt. Vgl. ebenda. S. 117-134.

4 Vgl. Dmitrij Segal. »,Et in Arcadia ego‹ vernulsja: Nasledie moskovsko-tartuskoj semiotiki segodnja«. *Novoe literaturnoe obozrenie* 3 (1993): S. 31f.

Reise nach Tartu und zurück subsumiert also in Kurzform ein zentrales Kapitel der spätsowjetischen Wissenschaftsgeschichte. Er markiert darüber hinaus die geistige Bewegung einer ganzen Generation. In der russischen Intelligenzkultur der 1960er Jahre war das Baltikum insgesamt von einer Aureole des Freiheitlichen, Westlichen umgeben: Man denke etwa an Iosif Brodskijs Litauen-Reisen oder an das Estland in Vasilij Aksenovs Roman *Zvezdnyj bilet* (1961; *Fahrkarte zu den Sternen*). Und so galt auch den anläßlich der Sommerschulen versammelten Wissenschaftlern Tartu als ein eigener, sowjetischer »Westen«[5]: eben als »unser Europa«, wie Sedakova schreibt, das nunmehr aber – nach der Unabhängigkeit von der Sowjetunion im August 1991 – nur noch »einfach Europa« ist. *Nach Tartu und zurück* – das umreißt somit symbolisch die Koordinaten der intellektuellen Biographie sowjetischer *šestidesjatniki* (Vertreter der Intelligenzija während der Tauwetterperiode), zugleich jedoch auch die Expansions- und Rückzugsbewegung des sowjetischen resp. russischen Imperiums.

Ol'ga Sedakova legt ihren Reisebericht als eine Art Feldforschung über die innere Verfaßtheit der postsowjetischen Intelligenz und über die Situation Rußlands an und setzt mit ihrem Essay die Tradition der Intellektuellenreisen *durch* Rußland fort. Die Texte dieses Genres sind seit Radiščevs *Putešestvie iz Peterburga v Moskvu* (1790; *Reise von Petersburg nach Moskau*) in erster Linie als Überprüfung von Konzepten des sozialen Zusammenhangs angelegt. Die Reisenden überschreiten Grenzen zwischen Regionen, Ständen und Milieus, dokumentieren die soziale Ordnung, merken an, was im Argen liegt. Ihren ersten Reisetext *Putešestvie v Brjansk*[6] (*Reise nach Brjansk*) von 1984, der klar diesem Genre zuzuordnen ist, bezeichnete Sedakova in einem Interview als »Abstieg in eine soziale Hölle«.[7] Auch die Texte aus dem Genre der Reisen *nach* Rußland liefern in einem wesentlichen Teil Inspektionen der Gemeinschaft. Das gilt für die berühmten Reisenden des 19. Jahrhunderts (Mme de Staël, Adolphe de Custine) und dann vor allem für die Moskau-Reisen westeuropäischer Intellektueller in den 20er und 30er Jahren des 20. Jahrhunderts (u.a. Benjamin, Gide, Feuchtwanger). Sedakova zieht in *Reise nach Tartu und zurück* beide Perspektiven mit ein. Zwar zielt ihr Blick

5 Vgl. Georgij A. Lesskis. »O letnej škole i semiotikach«. *Novoe literaturnoe obozrenie* 3 (1993): S. 48.

6 Ol'ga Sedakova. »Putešestvie v Brjansk. Chronika bez pretenzij« [1984]. *Volga* 5-6 (1992): S. 138-157.

7 Dmitrij Bavil'skij. »Šestvie putem. Ol'ga Sedakova otvečaet na voprosy Dmitrija Bavil'skogo. Čast' vtoraja«. *Topos. Literaturno-filosofskij žurnal* (18.03.03). (http://www.topos.ru/article/996)

auf das eigene Sozium und sogar das eigene Milieu der (ehemals) maßvoll nonkonformistischen wissenschaftlich-künstlerischen Intelligenz. Ihre Beobachtungen formieren sich aber an der grundlegenden Unterscheidung zwischen ›Rußland‹ und ›Europa‹, anhand derer schon die Texte der europäischen Rußland- oder Moskaureisenden ihr Bild vom Eigenen und Fremden gewonnen hatten.

Die Daten des Textes greifen über den bloß biographisch-persönlichen Anlass der Reise hinaus, indem sie die markanten historischen Einschnitte der neuesten russisch-postsowjetischen Geschichte anklingen lassen: Mit der Niederschrift beginnt Sedakova nach eigenen Angaben im August 1998, also in den Tagen der Finanzkrise, die das Ende der kurzen russischen 1990er Jahre markierte. Auch der Putsch vom August 1991, mit dem diese ihren Anfang genommen hatten, wird erwähnt. Und die Gespräche der Reisenden im Zug von Tartu nach Moskau stehen noch unter dem unmittelbaren Eindruck der Ereignisse von Anfang Oktober 1993, als der russische Präsident Boris El'cin im Zuge eines Verfassungskonflikts den blutigen Sturm auf das Parlamentsgebäude, das ›Weiße Haus‹, befohlen hatte.

1993 war zugleich das Jahr, in dem die die Zeitschrift *Novoe literaturnoe obozrenie* (*Neue literarische Rundschau*) einen ersten, vorläufigen Versuch der historischen Bilanzierung der *Moskau-Tartuer semiotischen Schule* vornahm.[8] Und ebenfalls 1993 erschien beim Verlag *Ad Marginem* in Moskau der Band *Žak Derrida v Moskve: dekonstrukcija putešestvija* (*Jacques Derrida in Moskau: Dekonstruktion einer Reise*). In seinem Reise-Essay[9] setzt sich Derrida mit den einschlägigen Moskau-Reisen der 20er und 30er Jahre des 20. Jahrhunderts auseinander und hebt dabei die konstitutive Bedeutung der sozialen und anthropologischen Komponente hervor: Es handelt sich um Reisen in ein anthropologisches Experiment. Auch hier geht es um eine Inspektion des Sozialen. Allerdings wird dieses Soziale von einer übermächtigen utopischen Imagination geformt. Durch diese ideologische Grundierung könnten die Moskau-Reisen als das »Ende aller Reisen«[10] gelten, wenn ihnen nicht mit dem Moment der ›Rückkehr‹ eine Reflexionsbewegung eingeschrieben wäre, die diese utopische Orientierung konterkariert.

---

[8] »Iz istorii Moskovsko-Tartuskoj semiotičeskoj školy«. Hg. G.G. Amelin. *Novoe literaturnoe obozrenie* 3 (1993): S. 29-87.

[9] Im Original erschienen als: *Moscou aller-retour. Suivi d'un entretien avec N. Avtonomova, V. Podoroga, M. Ryklin*. La Tour d'Aigues: Éd. de l'Aube, 1995.

[10] Ebenda. S. 47f.

Derrida hatte 1990 am Institut für Philosophie der Russischen Akademie der Wissenschaften in Moskau einen Vortrag über die ›Freundschaft‹ gehalten. Es ging um Überlegungen zur Philosophie des Politischen, die dann 1994 in der Studie *Politiques de l'amitié* ihren vorläufigen Abschluß gefunden haben. In seiner Entgegnung auf Derridas Reisebericht[11] zieht Michail Ryklin eine Verbindung zu den Texten europäischer Rußlandreisender, die für unseren Kontext interessant ist: Die Freundschaft und die »Politik der Gefühle«, so hebt er hervor, habe in diesen Texten »seit je« eine zentrale Rolle gespielt. Man zeige sich von der ästhetischen Intensität der russischen Freundschaft fasziniert, sei aber von ihrer Flüchtigkeit in moralischer Hinsicht enttäuscht: Die »ontologische Nicht-Autonomie des Freundes« in der russischen Politik der Gefühle sei für das »europäische« Subjektverständnis unannehmbar.[12]

II. Eine Hermeneutik des Sozialen

Die Inspektion der Gemeinschaft gewinnt ihre Erkenntnisse aus der Beobachtung des sozialen Nahbereichs. Aus Verhaltens- und Umgangsformen werden Rückschlüsse über die Konstituierung von Gemeinschaften gezogen, die dann sowohl anthropologisch als auch politisch ausgeweitet werden und zu einem oftmals moralisch grundierten Befund über die Verfaßtheit einer ganzen Gesellschaft gerinnen. Auch wo sie vorgibt, bloße Oberflächenschau zu bieten, impliziert die Inspektion der Gemeinschaft eine Hermeneutik des Sozialen. Ol'ga Sedakova knüpft genau hier an, indem sie akzentuiert, daß die geographische, geopolitische, ideologische Grenze zwischen Europa und Rußland mitten durch die Konzepte des Gemeinschaftlichen verläuft. Es sind insbesondere die unterschiedlichen Ausdeutungen dieser Konzepte, an denen für sie diese Grenze sichtbar wird.

---

11 Michail Ryklin. »*Back in* Moscow, *sans the* USSR«. *Žak Derrida v Moskve: dekonstrukcija putešestvija*. Moskva: Ad Marginem, 1993. S. 82-150.

12 Ebenda. S. 149. Vgl. Derridas Hinweis darauf, daß »von Platon bis Montaigne, von Aristoteles bis Kant, von Cicero bis Hegel die großen philosophischen Diskurse den Freund-Bruder explizit an die Tugend und die Gerechtigkeit, die moralische und politische Vernunft, den Grund des Moralischen und Politischen gebunden« haben. Jacques Derrida. *Politik der Freundschaft*. Aus d. Französischen v. Stefan Lorenzer. Frankfurt/M.: Suhrkamp, 2000. S. 370.

Ihre Doktorarbeit hat sie über die slavischen Begräbnisrituale geschrieben.[13] In ihrer Erinnerung an das Lotman-Begräbnis greift sie nun auf ihr semiotisches Spezialwissen und ihre auf Feldforschungen auf dem Balkan und im Poles'e geschulte ethnographische Beobachtungsgabe zurück, um die Gemeinschaft der mit ihr aus Moskau angereisten Wissenschaftler als den estnischen Kollegen gegenüber unrettbar unterlegen zu präsentieren. So ihre Beobachtung der Trauernden am Grab Lotmans:

> Эстонские люди красиво стояли и склонялись у гроба, красиво опускали цветы. Российские ежились и не знали, что делать со спиной и плечами. Ритуальная геральдика поз и мимики давно покинула наше социальное бытие, на этом иностранном языке, на языке телесного этикета они не могли бы сказать ни слова. (S. 138)
> Die estnischen Menschen standen und neigten sich schön über das Grab und ließen die Blumen schön fallen. Die russländischen krümmten sich und wußten nicht recht, was sie mit dem Rücken und den Schultern tun sollten. Der rituelle Kodex der Posen und Gesten hat unser soziales Dasein längst verlassen, in dieser Fremdsprache, in der Sprache der Körperetikette, brachten sie kein Wort heraus.

Sedakova verwendet hier die für das Genre der kulturkritischen Moralistik in Rußland übliche Redeform, die erste Person Plural. Aber sie zieht zugleich scharfe Grenzen mitten durch die Trauergesellschaft hindurch. In paralleler Formulierung präsentiert sie eine Klassifikation von drei verschiedenen Sorten von Menschen: »estnische«, »russländische« und »kirchliche«. Das Nichtbeherrschen der Kulturtechnik zeremoniellen Verhaltens erscheint zugleich als Folge sowjetischer Herrschaft wie aber auch als ein überhistorischer Zug des »Russischen« schlechthin. Alle Tartu-Reisen haben hier offensichtlich keine bleibende Spur hinterlassen.

Dabei hätte doch gerade ›Tartu‹ die Schule einer solchen ›gestischen Heraldik‹ sein können. Denn, so heißt es: »Юрий Михайлович говорил на этом языке.« (S. 138; »Jurij Michajlovič sprach diese Sprache.«) Lotmans Verhalten stand mit seiner »tänzerischen, fechterischen Geschliffenheit der Gesten« im Zeichen einer auf Distanz und Formbewußtsein setzenden rhetorischen Tradition.[14] Es ist natürlich die Adelskultur der

---

[13] Ol'ga A. Sedakova. *Poėtika obrjada. Pogrebal'naja obrjadnost' vostočnych i južnych slavjan*. Moskva: Indrik, 2004. Die unter der Leitung von Vjačeslav Vs. Ivanov entstandene Dissertation ist bereits 1984 vorgelegt worden.

[14] Lotman habe, so erinnert sich Ol'ga Sedakova, selbst den »Schatten von Zügellosigkeit« nicht ertragen (S. 138).

Puškin-Zeit, die Sedakova mit ihrem Rekurs auf »Tanz«, »Duell« und »Ritterlichkeit«[15] als Referenzgröße evoziert.[16] Die Tartuer Sommerschule wird so für sie in der Rückschau zu einer Neuauflage der Gemeinschaftsformen des Puškinschen Lyzeums. Deren ideellen Höhepunkt bildete ein spezifischer Freundschaftskult[17], den Sedakova in den Zusammenkünften der Semiotiker wiederbelebt findet[18]:

> Структурализм созидал дружбу, и это значило не меньше, чем труды эрудиции и эвристический дар. (S. 139)
> Der Strukturalismus schuf die Freundschaft, und das bedeutete nicht weniger als alle Werke der Gelehrsamkeit und die heuristische Gabe.

Unter Rückgriff auf den »guten alten strukturalistischen Jargon« (S. 139) formuliert Sedakova die These, die *Moskau-Tartuer Schule* habe in sowjetischer Zeit die ›kulturelle Funktion‹ des Adels übernommen. Dabei stehen eben nicht die wissenschaftlichen Inhalte im Vordergrund, sondern die sittliche, lebenspraktische Position, wie sie sich in den Umgangsformen der Forscher untereinander manifestierte. Historisch betrachtet haben wir es hier mit einem doppelt nostalgischen Blick zu tun, denn bei Puškins Bestimmung der gesellschaftlichen Rolle des Adels[19], die Sedakova hier zitiert, handelte es sich schon zum Zeitpunkt ihrer Formulierung um eine konservative Utopie. Bezugspunkt ist natürlich die emphatische Idealisierung und Heroisierung der russischen Adelskultur und vor allem der Figur ›Puškin‹ in den kulturgeschichtlichen Arbeiten Lotmans.

---

[15] Zur ›Ritterlichkeit‹ Lotmans vgl. auch: Egorov. *Žizn' i tvorčestvo* (wie Anm. 2). S. 52; Jurij I. Levin. »Za zdorov'e ee veličestva!..«. *Novoe literaturnoe obozrenie* 3 (1993): S. 44.

[16] Vgl. auch: Ol'ga Sedakova. »,Večnye sny, kak obrazčiki krovi…‹. O Jurii Michajloviče Lotmane i strukturnoj škole v kontekste kul'tury 70-ch godov«. *Lotmanovskij sbornik 1*. Moskva: IC-Garant, 1995. S. 260.

[17] Vgl. Lotman in seiner zuerst 1981 erschienenen Puškin-Biographie zum Freundschaftskult am Lyzeum: Jurij Lotman. *Puškin. Biografija pisatelja. Stat'i i zametki. 1960-1990. »Evgenij Onegin«. Kommentarij.* Sankt-Peterburg: Iskusstvo-SPB, 1995. S. 34f., das Lyzeum als »ideales Reich der Freundschaft« S. 38.

[18] Zum ›Freundschaftskult‹ der sowjetischen liberalen Intelligenz vgl. Vladimir Šljapentoch. *Strach i družba v našem totalitarnom prošlom*. Sankt-Peterburg: Zvezda, 2003.

[19] Vgl. Aleksandr Puškin. »O dvorjanstve« (1830-1835). *Polnoe sobranie sočinenij v desjati tomach.* Bd. 8. Leningrad: Nauka, ^{4}1978. S. 105.

Ihre Tartu-Reise gibt Ol'ga Sedakova die Gelegenheit, das kulturelle Ideal der ›strukturalistischen Freundschaft‹ zu exterritorialisieren. ›Rußland‹ steht in der Beobachtung von Europa aus immer schon für instabile und amorphe Strukturen des sozialen Zusammenhangs, die nur durch eine übermächtige zentralistische Staatsgewalt in Form gehalten werden. »Barbaren und Sklaven« aber muß die Freundschaft »unbekannt« sein (S. 139). Denn diese basiert auf innerer Disziplin, auf Formbewußtsein und Respekt vor der Intimsphäre des anderen. Bis in die Metaphorik hinein weisen Sedakovas Unterscheidungen und Wertsetzungen zum Thema der idealen Form sozialen Benehmens Parallelen zu Helmuth Plessners Studie *Grenzen der Gemeinschaft* (1924) auf.[20] Ihre Reiseeindrücke gerinnen über weite Strecken zu einem kulturpessimistischen Lamento über den Verfall von Etikette und Taktgefühl im sozialen Umgang. Der gegenutopische Impuls, der bei Plessner noch die maßgebliche Folie für eine Verteidigung des »Unpersönlichen um des Persönlichen willen«[21] liefert, ist in der postkommunistischen Situation zum bloßen Reflex erstarrt. Es geht um kulturanthropologische Überlegungen, die über die historische Auseinandersetzung mit dem sowjetischen Erbe hinausreichen. Ein hygienisch ›reiner‹ sozialer Umgang, also das, was bei Plessner im Rahmen der Tönnies'schen Unterscheidung auf Seiten der Gesellschaft zu veranschlagen ist, steht für Sedakova immer im Zeichen ›Europas‹.

III. Die russische Intelligenz zwischen ›Verstandeskälte‹ und ›Schafswärme‹

Von der idealen Gemeinschaft der strukturalistischen ›Freundschaft‹ grenzt Sedakova die zeitgenössische russische Intelligenz, die bei ihr als »Elite der geisteswissenschaftlichen Kultur« firmiert, klar ab, und zwar anhand einer binären Metaphorik. Sie optiert für die zivilisatorische *Kälte* und Sauberkeit Europas und gegen die schmutzig-muffige »Schafs-*Wärme*« Rußlands.[22] Von russischer Seite, so erzählt sie, habe man an dem

[20] Helmuth Plessner. »Grenzen der Gemeinschaft. Eine Kritik des sozialen Radikalismus« (1924). *Macht und menschliche Natur. Gesammelte Schriften V.* Hg. Günter Dux u.a. Frankfurt/M.: Suhrkamp, 2003. S. 7-133.

[21] Ebenda. S. 44.

[22] Eine Anspielung auf eine Zeile aus Osip Mandel'štams Gedicht *Komu zima – arak i punš goluboglazyj* (*Dem ist der Winter Arrak, oder Punsch der Seele*, 1924): »Немного теплого куриного помета / И бестолкового овечьего тепла« (»Ein wenig warmer Hühnermist / Und wirre Schafswärme«). Osip

von Lotman verkörperten »einfachen Licht der Aufmerksamkeit«[23] (S. 135) stets das Fehlen von ›Wärme‹ bemängelt: Schon der Name Lotmans strahle ja wie auch der »strukturalistische Sprachgebrauch« seiner Schule eine gewisse »Kälte« aus (S. 135).

Die mitreisende »Elite der geisteswissenschaftlichen Kultur« im Zug von Tartu nach Moskau wird auf der anderen Seite der Unterscheidung situiert: »Mit wohligem Schaudern«, heißt es, erinnert man sich an »*ihre*« Verbrechen und beschwört im Code der ›Wärme‹ das Bild einer vorsowjetischen idealen Bürgergemeinschaft:

> Как тепло было в докоммунарской Москве! Еще до 30-х годов хватило этого тепла. Еврейские соседи угощали православных в свою Пасху› а те носили им в ответ куличи. (S. 143)
> Wie warm war es doch im vorkommunistischen Moskau gewesen! Noch in den dreißiger Jahren gab es diese Wärme. Die jüdischen Nachbarn bewirteten die orthodoxen zu ihrem Osterfest, und diese brachten als Gegengabe Kulitschi.

An der estnisch-russischen Grenze werden die Erzählerin und zwei jüngere Lotman-Schülerinnen zum Verlassen des Zugs gezwungen, weil in ihren Pässen das Visum für die Ausreise aus Rußland fehlt (den Hinweg hatten sie über die grüne Grenze bestritten). Von den Mitreisenden hört man kluge Ratschläge zur neuen Rechtsstaatlichkeit – lediglich ein Kollege, der aus Armenien zur Beerdigung angereist ist, schließt sich der kleinen Gruppe an. Die »warmen und hellen Waggons mit den für die Nacht bereiteten Schlafliegen und dem heißen Reisetee« (»теплые и светлые вагоны с застеленными на ночь полками и горячим дорожным чаем«; S. 143) setzen unterdessen ihren Weg nach Moskau fort. Und mit ihnen die Gemeinschaft der Reisenden, die sich mit Reminiszenzen an das »süße patriarchalische Moskau« und einer Fortschreibung alter Bürgerkriegsideologie in ihrer Gruppenidentität bestärken:

> »Как славно было без *них*. Крапивное семя, шпана, – вспоминал В. Н., – так о них думали почтенные московские мещане.« (S. 143)
> Und wie großartig es ohne sie gewesen war. Korrupte Beamtenknechte, Pack, erinnerte sich V. N., so dachten über sie [die Bolschewiken] die angesehenen Moskauer Bürger.

Mandel'štam. *Sobranie sočinenij v četyrech tomach. Tom vtoroj. Stichi i proza 1921-1929*. Moskva: Art-biznes-centr, 1993. S. 37.

[23] Vgl. Plessners Hervorhebung der Bedeutung von »Takt« und »Zartheit« im sozialen Umgang. Ders. »Die Grenzen der Gemeinschaft« (wie Anm. 20). S. 107ff.

Die westlich orientierte liberale Intelligenz offenbart hier also einen Hang zum uneuropäisch-›warmen‹ Kollektivismus. Charakteristisch für die warmen Gemeinschaftskonzepte ist das Subjektgrenzen durchbrechende ›In-der-Tiefe-lesen‹. Sedakova verwahrt sich dagegen:

> Ах, не надо мне жечь сердце никакими глаголами, мне не нужно ни жгучей правды› ни овечьего тепла› и таинственных изгибов неизъяснимой глубины мне давно не нужно. (S. 135)
> Ach, man braucht mir das Herz mit keinerlei Worten zu brennen, ich brauche keine brennende Wahrheit, keine Schafswärme, und auch die geheimnisvollen Windungen unergründlicher Tiefe brauche ich längst nicht mehr.[24]

Sie verabscheut die physiognomisch-hermeneutische Hybris, mit der ein Grenzoffizier nach einem kurzen Blick auf ein Lotman-Foto dessen Eigenheiten als akademischer Lehrer beurteilt: »Понятно. Строгий› но справедливый.« (S. 144; »Schon klar. Streng, aber gerecht.«). Die gleiche respektlose Deutungshaltung sieht sie am Werk, wenn der Offizier mit dem Hinweis auf vermutete »gute Absichten« generös von einer Strafverfolgung wegen illegaler Ausreise absehen will.[25] Als ein Wächter ihr, weil sie Hosen trägt, mit dem Ruf »вижу› вижу› что у тебя на уме« (»ich sehe, sehe, was Du im Sinn hast«) den Eintritt in das Kloster von Pečory bei Pskov verweigert, qualifiziert sie diese so autoritäre wie usurpatorische Deutungshaltung als spezifisch *russisch*: »Он […] как все в России, видел не только то, что у меня под пальто, но и то, что под сердцем.« (S. 146; »Wie alle in Rußland sah er nicht nur das, was ich unter dem Mantel trug, sondern auch das, was ich im Herzen verbarg.«)

Der Code des ›In-der-Tiefe‹-, des ›Im-Herzen‹-Lesens funktioniert nur im Medium der »brennenden Wahrheit«. Er fordert autoritär den Konsens ein, dessen er als Voraussetzung für sein Funktionieren bedarf. Die Diskursteilnehmer haben ihr Innerstes für derlei Deutungsoperationen zur

---

[24] Sedakova spielt hier u.a. auf Puškins Gedicht *Prorok* (1826; *Der Prophet*) an, das die Darstellung der göttlichen Berufung des Dichters in der Aufforderung »Глаголом жги сердца людей« (»Mit dem Wort brenne die Herzen der Menschen«) gipfeln läßt.

[25] »Обдумав все, мы решили: Ваши намерения были добрыми – Вы хотели проститься с учителем. Поэтому мы не будем открывать на вас уголовное дело по статье УК такой-то […].« (S. 144; »Nachdem wir alles durchdacht haben, sind wir zu dem Entschluss gekommen, daß Ihre Absichten gut waren – Sie wollten sich von Ihrem Lehrer verabschieden. Daher werden wir kein Strafverfahren nach Paragraph soundso des Kriminalgesetzbuchs eröffnen […].«)

Verfügung zu stellen. Die intuitive Sicherheit der Deutung konstituiert die Gemeinschaft und setzt sie gleichzeitig voraus. Dagegen bewegt sich der ›Glanz‹ der strukturalistischen Methode an der Oberfläche. Aber hat nicht auch dieser ›kalte‹, distanzierte Zugang eine Deutungsgemeinschaft konstruiert, die mit den Mechanismen von Einschluß und Ausschluß operierte? Boris M. Gasparov, ein ehemaliger Angehöriger der *Moskau-Tartuer Schule*, hat vor Jahren mit seinem Artikel über *Die Tartuer Schule der 1960er Jahre als semiotisches Phänomen* (*Tartuskaja škola 1960-ch godov kak semiotičeskij fenomen*) eine in dieser Hinsicht höchst aufschlußreiche Rückschau auf die Tartuer Forschergemeinschaft vorgelegt. Die »spezifische Tartuer Atmosphäre« so erläutert er, habe »als ein machtvoller und fehlerfreier Mechanismus sozialer und psychologischer Selektion« gewirkt.[26] Die Diskutanten der Tartuer Sommerschulen seien bei aller Verschiedenheit der wissenschaftlichen Disziplinen durch ihre »besondere psychologische Disposition, ein System der geistigen und sozialen Werte« zu einer stabilen »Gemeinschaft« (»soobščestvo«) gebunden worden. Die Unabhängigkeit der Tartuer Forscher, die sich, so Gasparov, als eine Art »Bruderschaft von Eingeweihten« gesehen hätten, müsse also weniger als Effekt einer »äußeren Befreiung«, sondern vielmehr als der eines »inneren Einschlusses« verstanden werden.[27]

Diese polemische Darstellung hat zu zahlreichen kritischen Interventionen seitens ehemaliger Mitstreiter geführt. Allzu deutlich verstoßen die bei Gasparov benannten Mechanismen gegen das in der russischen liberalen Intelligenz gern gepflegte Dogma einer Unbeflecktheit gegenüber der »Macht«.[28] Einige Proteste bestätigen jedoch in ihrer Unbeholfenheit geradezu Gasparovs Befunde und lassen annehmen, daß auch die ›ideale‹ Gemeinschaft der Forscher von Tartu sich letztlich über den Zugriff auf eine »brennenden Wahrheit« konstituierte. So schreibt Dmitrij Segal:

---

[26] Boris Gasparov. »Tartuskaja škola 1960-ch godov kak semiotičeskij fenomen«. *Wiener Slawistischer Almanach* 23 (1989): S. 10.

[27] Ebenda. S. 17, 10. – Auch Derrida erinnert sich an die Ambivalenz eines solchen Einschlusses in einen Kreis von gutwilligen Kollegen und Freunden: »Aussi, malgré toutes les fenêtres qu'ils ouvraient cependant pour moi sur le pays et sur ce qui s'y passe en se moment, ils m'enfermaient donc dans le cercle spéculaire d'une complicité contre laquelle, tout en reconnaissant avec gratitude ce qu'elle pouvait avoir de secourable et de gratifiant, je devais essayer de me défendre.« *Moscou aller-retour* (wie Anm. 9). S. 32.

[28] Vgl. mit Bezug auf die Moskau-Tartuer Schule: S. D. Serebrjanyj. »O vtoroj letnej škole«. *Novoe literaturnoe obozrenie* 3 (1993): S. 54f.

> [...] особый *дух* Московско-Тартуской школы семиотики *чувствует* каждый читатель ее книг и сборников статей; [...] эти качества делают еще привлекательнее работы школы независимо от границ времени и пространства.[29]
>
> [...] den besonderen Geist der *Moskau-Tartuer semiotischen Schule* spürt jeder Leser ihrer Bücher oder Sammelbände; [...] diese Eigenschaften machen die Arbeiten der Schule noch attraktiver, ungeachtet der Grenzen in Zeit und Raum.

Mit der Metaphorik des »besonderen Geistes« verlassen wir wohl die sicheren Pfade der ›kalten‹ Semiotik und begeben uns in die Sphären einer ganz anderen Wissenschaft. Es bleibt aber festzuhalten, daß viele der Tartuer bzw. Moskauer Wissenschaftler in der Rückschau besonders den sittlichen und pädagogischen Effekt der gemeinsamen Arbeit betonen: Nicht nur für Ol'ga Sedakova waren die Zusammenkünfte von Kääriku offensichtlich so etwas wie eine Schule idealer Gemeinschaftlichkeit.[30] Es fällt gleichwohl schwer, Sedakovas Sicht auf die *Moskau-Tartuer Schule* in dem Streit zwischen Gasparov und seinen Opponenten zu positionieren. Bei aller Idealisierung verschweigt sie nicht die Momente des Ausschlusses, die für die Gemeinschaft der Tartuer konstitutiv waren. Das Pathos von ›Kälte‹ und ›Distanz‹, das bis in die sozialen Zuweisungen hinein (die Orientierung an Adelskultur und Offizierstum[31]) Plessners Stellungnahme gegen die Gemeinschaftsideologien seiner Zeit aufzunehmen scheint, wird hier deutlich in einer regressiven Utopie verortet. Sedakovas Gemeinschaftsidylle ist im Code des Elegischen gehalten – so wie ja auch die Freundschaft der Lyzeumsschüler in Puškins Gedichten zum Jahrestag der Gründung der Lehranstalt v.a. nostalgisch grundiert ist. In der Gegenwart der *Reise nach Tartu und zurück* erweisen sich die Gemeinschaftsentwürfe als so kontaminiert und brüchig wie das plurale Subjekt, das ›Wir‹-Bewußtsein der Intelligenzler, das bei Sedakova nur noch als Zitat zur Sprache kommt.

---

[29] Segal. »‚Et in Arcadia ego‹ vernulsja« (wie Anm. 4). S. 31 (Hervorh. – *J.H.*).

[30] Vgl.: »[...] die Atmosphäre der Schulen beförderte die menschliche Erhöhung« (»способствовало человеческому возвышению«). Egorov. *Žizn' i tvorčestvo* (wie Anm. 2). S. 122. Vgl. Peėter Torop. »Tartuskaja škola kak škola«. *Lotmanovskij sbornik 1*. Moskva: IC-Garant, 1995. S. 235.

[31] Vgl. Sedakova. »Večnye sny« (wie Anm. 16). S. 260.

IV. Die Grenzen der Kultursemiotik

Genauso wie die ›Gemeinschaft‹ der Intelligenzler unter den Bedingungen der postsowjetischen Gegenwart ihre Fragwürdigkeit offenbart, so zeigen sich auch die Grenzen des methodischen Zugriffs der Semiotik von Tartu. Die ›Kälte‹ und ›Reinheit‹ des Tartuer Zeichenbegriffs und die Schärfe und Klarheit der binären Oppositionen sind nach Sedakova der politisch-kulturellen Realität nicht (mehr) gewachsen. Ihre Kritik an der ›Naivität‹ der Tartuer Methodik entzündet sich gerade an deren Blindheit für die Wechselbeziehung zwischen Zeichen und Macht. Sedakova setzt diesen Zusammenhang mit einer überdeutlichen Opposition ins Bild: »In den dumpfen Tagen unserer Jugend, in trüben und glanzlosen Zeiten«, so erinnert sie sich, »leuchtete uns eine Arbeitslampe im fast ausländischen Tartu«.[32] Sie spielt damit auf einen Topos der sowjetischen Volkskultur an: das Bild der nächtlichen Kremlfassade, an der ein Fenster erleuchtet ist, hinter dem Stalin sitzt und die Geschicke des Landes leitet. Analog zu dieser Gegenüberstellung zwischen der zivil-aufklärerischen Geistesautorität an der Peripherie des Landes und der bedrohlichen Zentralmacht gerät das Begräbnis Lotmans in einen markanten Bezug zum Nicht-Begräbnis Lenins, des ersten Sowjetführers. Das nach allen Regeln europäischen Zeremoniells abgehaltene Begräbnis des Semiotikers kontrastiert nämlich mit dem »verfluchte[n] unbegrabene[n] Leichnam des Führers im Zentrum des Vaterlands« (»заклятый непогребенный труп вождя в центре отечества«; S. 136). Letzterer prägt als unterschwellig-allpräsenter Skandal das ideologische Feld, in das Sedakova mit ihrer Erzählung interveniert. Zur Analyse dieses Felds aber reiche eben das ›scharfe‹, ›kalte‹ Instrumentarium der ›Schule Lotmans‹ nicht aus:

> Эта вещь – продолжая тартуские разговоры – очевиднейшим образом обнаруживает, что кроме знаков и знаковых систем существуют *символы*: единицы силовые, а не семантические, образующие не системы, а силовые поля, мифы, которые никак в *знаки* не превратишь. Они принадлежат не второй или вторичной реальности, а самой что ни на есть первой. Или даже до-первой. (S. 136)
> Diese Sache – in Fortsetzung der Tartuer Gespräche – bestätigt auf offensichtlichste Art, daß neben Zeichen und Zeichensystemen auch *Symbole* existieren: als Krafteinheiten und nicht als semantische Einheiten, die keine Systeme, sondern Kraftfelder und My-

[32] »В глухие дни нашей юности, во времена тусклые и мутные [...] сияла нам далекая рабочая лампа в почти иностранном Тарту.« (S. 134)

then bilden und durch nichts in *Zeichen* zu verwandeln sind. Sie gehören nicht einer zweiten oder sekundären Realität an, sondern der allerersten. Wenn nicht gar der vor-ersten.

Welches Deutungsmodell bringt Sedakova in Anschlag, wenn sie in der Analyse des ideologischen Felds den Moskau-Tartuer Zeichenbegriff durch »Symbole«, »Kraftfelder« oder »Mythen« ersetzt? »Setzt« sie damit die »Tartuer Gespräche« lediglich »fort«? Oder geht sie über sie hinaus?

In ihren Forschungen zum slavischen Begräbnisritual[33] knüpft Sedakova an den Metapher-Begriff von Ol'ga Frejdenberg an[34]: Die Metapher erscheint hier als eine »urtümliche Alternative zum Begriff«, durch die Elemente der Realität in eine Wechselbeziehung gebracht werden, welche nichts mit der klassischen »Bedeutung« zu tun hat. Diese »archaische Metapher«, so Sedakova, »bedeutet«, insofern sie »agiert«, »Kraft hat«.[35] Wir dürfen annehmen, daß hier der methodische Schlüssel zur Analyse jener »Kraftfelder« zu suchen ist, welche die Machtstrukturen der postsowjetischen Gesellschaft von einer irgendwie ›ursprünglicheren‹, ›tieferen‹ Ebene aus organisieren.[36] Die »archaische Metapher« Frejdenbergs er-

---

[33] Wir befinden uns, wo es um den Umgang mit Toten geht, mitten im wissenschaftlichen Spezialgebiet der Autorin. Das slavische Begräbnisritual modelliert nach Sedakova den Weg der Seele des Toten an ihren angestammten Platz. Es formuliert die Regeln, bei deren Beachtung die zahlreichen Hindernisse, die sich der Seele auf diesem Weg entgegenstellen (z.B. »Flüsse oder Sümpfe ohne Brücken«, »Grenzwächter«; *Poetika obrjada* [wie Anm. 13. S. 147]), überwunden werden können. Bei einem Verstoss wird die Seele des Toten nicht zur Ruhe kommen (ebenda. S. 31f.). Zwar sind das Lotman-Begräbnis wie auch die Einbalsamierung und Zurschaustellung von Lenins Leiche beide außerhalb des Geltungsbereichs dieser archaisch-mythischen Vorstellungswelt anzusiedeln. Das Motiv des Nicht-zu-sich- und Nicht-zum-Ziel-Kommens ist jedoch das zentrale strukturbildende Prinzip der Handlung von Sedakovas Reiseerzählung wie auch – zumindest in der Deutung durch die Autorin – der Peripetien der jüngeren russischen Geschichte.

[34] Ebenda. S. 20. Vgl. Ol'ga M. Frejdenberg. »Vvedenie v teoriju antičnogo fol'klora« (1941-1943). *Mif i literatura drevnosti*. Moskva: Vostočnaja literatura RAN, ²1998. S. 28.

[35] Sedakova. *Poėtika obrjada* (wie Anm. 13). S. 142f.

[36] Doch dies wußte auch die Tartu-Schule in Gestalt Jurij Lotmans, der Frejdenbergs Methode folgendermaßen bilanzierte: »Однако› если текст как целое неизменно распадается (из наследия формалистов парадоксально отбрасывается именно то› что вело к пониманию смысла текста как целого!)› то рядом – и в этом бесспорная заслуга интересующей нас научной школы – создается другое целое: структура архаического сознания.« (»Aller-

laubt den Zugriff auf die »vor-erste« Wirklichkeit jenseits der binären Synchronie der Tartuer Semiotik.

Dieses Deutungsmodell, dem es nicht um Bedeutungsbeziehungen, sondern um ominöse »Kraftfelder« zu tun ist[37], weist bis in die Terminologie hinein Parallelen zur hermeneutischen Theorie Vjačeslav Ivanovs auf, wie er sie vor allem im letzten Kapitel seiner Studie *Dionis i pradionisijstvo* (*Dionysos und das Urdionysische*) von 1923 entwickelte. Lena Szilárd umreißt in einer Untersuchung zur *Russischen Hermeneutik des XX. Jahrhunderts* (*Russkaja germenevtika XX veka*) Ivanovs Textbegriff wie folgt: »[…] bei Vjač. Ivanov ist der Text nichts Abgeschlossenes, sondern eine Art energetisches Konzentrat«.[38] Den Ausgangspunkt für die

---

dings, wenn auch der Text als ganzes unausweichlich auseinanderfällt [aus dem Erbe der Formalisten wird paradoxerweise eben genau das verworfen, was zum Verständnis des Sinns des Textes als ganzen führte], so wird daneben – und darin liegt das unzweifelhafte Verdienst der wissenschaftlichen Schule, die uns hier interessiert – doch ein anderes Ganzes konstruiert: die Struktur des archaischen Bewußtseins.« Jurij Lotman. »O. M. Frejdenberg kak issledovatel' kul'tury«. *Trudy po znakovym sistemam* 6 (1973): S. 484.

37 Vgl. die Tartuer ›Kapitulation‹ vor dem mythischen Denken: »Из сказанного следует› что мифологическое сознание принципиально *непреводимо* в план иного описания› в себе замкнуто – и› значит› постижимо только изнутри› а не извне.« (»Aus dem Gesagten folgt, daß das mythologische Bewußtsein prinzipiell *nicht* in eine andere Beschreibungsebene *übersetzt werden kann*, es ist in sich geschlossen und das heißt, daß es nur von innen, nicht von außen erfaßt werden kann.«) Jurij Lotman/Boris Uspenskij. »Mif – imja – kul'tura«. Ju. Lotman. *Semiosfera: Kul'tura i vzryv. Vnutri mysljaščich mirov. Stat'i. Issledovanija. Zametki.* Sankt-Peterburg: Iskusstvo-SPB, 2000. S. 535.

38 »[…] у Вяч. Иванова текст предстает не как нечто законченное› а как некий энергетический сгусток«. Lena Silard, »Russkaja germenevtika XX veka«. *Germetizm i germenevtika.* Sankt-Peterburg: Izdatel'stvo Ivana Limbacha, 2002. S. 22. – Nach Lena Szilárd habe die »russische Hermeneutik« durch die politische Entwicklung keine über die 20er Jahre des 20. Jahrhunderts hinausreichende methodische und philosophische Tradition begründen können. Ob die theoretischen Vorarbeiten Vjačeslav Ivanovs, auf die sie sich bezieht, allerdings dazu imstande gewesen wären, hier eine operable Basis zu liefern, mag bezweifelt werden. Vgl. aber S. A. Šul'c. »Istoričeskaja poètika i germenevtika (Iz istorii russkoj nauki o literature)«. *M. M. Bachtin v kontekste russkoj kul'ture XX veka.* Moskva: Jazyki russkoj kul'tury, 2000 (= Dialog. Karnaval. Chronotop 3-4 [32-33]). S. 61f., der einen produktiven Einfluß der hermeneutischen Überlegungen Ivanovs auf die weitere Entwicklung der russischen historischen Poetik postuliert. Er sieht v.a. einen Zusammenhang zu den Arbeiten Ol'ga Frejdenbergs.

»Hermeneutik des Mythos«, die Ivanov in seiner Dionysos-Studie ausarbeitet, bildet der *Ritus* (*obrjad*), denn hier kommen das mythische Bewußtsein und die inneren »Faktoren des sozialen Lebens« zusammen. Vjačeslav Ivanov sieht in der Archaik des Ritus eine universale Einheit von Denken und Fühlen. Er stellt für ihn die »zuverlässigste Basis« für die Rekonstruktion der alten Religion und damit der Grundlagen der antiken Gemeinschaft dar.[39] Die Hermeneutik des Mythos (re-)konstruiert die antike Kulturgemeinschaft als eine durch gemeinsames Praktizieren und ein gemeinsames, unreflektiert-intuitives Verstehen der rituellen Handlungen gebundene Deutungsgemeinschaft.

Der Schluss, der sich an dieser Stelle aufdrängt, ergibt sich nicht ganz ohne Gewalt. Ich möchte ihn trotzdem ziehen: Sedakova demonstriert die Schwächen des *europäischen* Moskau-Tartuer Strukturalismus durch dessen Konfrontation mit einer vortheoretischen, *russischen* Vulgärhermeneutik. Den Ausweg formuliert sie im Rekurs auf Frejdenbergs »archaische Metapher« und Vjačeslav Ivanovs Hermeneutik des Mythos mit der Hinwendung zur Totalität eines archaisch-mythischen Bewußtseins. Daß dieser Schluß nicht ganz so voreilig ist, wie es scheint, belegt Sedakovas Behauptung, als Ergebnis ihrer eigenen Feldforschungen in der Welt der slavischen Altertümer habe sie »menschliche Universalien« gewonnen. Denn die »Archaik« der aufgezeigten Modelle schließe alle »Einflußbeziehungen« zu anderen Kulturen, in denen sich Parallelen finden ließen, aus.[40]

Zur Auslotung der ›vor-semiotischen‹ Ebene, auf der die russischen Gemeinschaftsentwürfe immer schon ihren eigenen Aporien in die Falle gehen, schlägt sie eine eigene Deutungsfigur vor, die sich im Grenzbereich zwischen Allegorie und Metaphorik bewegt und die gleichwohl einen allumfassenden Erklärungsanspruch transportiert. Es handelt sich um das Bild der Laokoon-Gruppe:

> Общество выпутывается из себя и себя душит. […] Неразделимость и неразличимость жертвы и мучителя невыносима для рассудки – и толкает разделить их, каким-нибудь известным рациональным способом рассечь, развести по сторонам, отвлечь одного от другого: коммунистов от некоммунистов, русских от нерусских, центр от провинций. Но каждый отсеченный на таком основании »чистый« кусок тут же начинает

[39] Vjačeslav I. Ivanov. *Dionis i pradionisijstvo*. Sankt-Peterburg: Aletejja, 2000. S. 271, 268.

[40] Sedakova. »Večnaja pamjat'. Liturgičeskoe bogoslovie smerti«. *Poėtika obrjada* (wie Anm. 13). S. 278.

> клубиться знакомой картиной: оплетающие змеи и выпутывающиеся из них подростки и старик. (S. 142)
> Die Gesellschaft windet sich aus sich heraus und erwürgt sich selbst. […] Die Untrennbarkeit und Ununterscheidbarkeit von Opfer und Täter ist für den Verstand unerträglich – er will sie auseinanderhalten, auf irgendeine rationale Art unterscheiden, das eine vom anderen trennen: Kommunisten von Nichtkommunisten, Russen von Nichtrussen, das Zentrum von der Provinz. Doch jedes nach diesem Kriterium abgehackte »saubere« Stückchen verknäult sich sofort wieder zu dem bekannten Bild: die alles erwürgenden Schlangen und die sich herauswindenden Jünglinge und der Greis.

Das Problem der russischen Gemeinschaften und das Problem des Politischen in Rußland wäre mithin die Ununterscheidbarkeit von Opfer und Täter, von Freund und Feind und vor allem die ritualhafte Wiederholung der immergleichen Selbstimmunisierung. Lediglich im August 1991 – in den Tagen des Putsches also, dessen Niederschlagung das Ende der Sowjetunion herbeiführte – habe man einmal »drei Tage ohne Schlangenbrut« ([т]ри дня без змеиного отродья; S. 142) gelebt. Dieser seltene Moment in der jüngeren russischen Geschichte ist – so dürfen wir schließen – mit der ›sauberen‹ strukturalistischen Analyse des Drachentöters Jurij (Georgij) Lotman[41] zu assoziieren.[42] Schon im Oktober 1993 aber liegen die Dinge nicht mehr so klar, wie es die Mitreisende »M.O.« – es handelt sich wohl um die Literaturwissenschaftlerin und Präsidentenberaterin Mariėtta Omarovna Čudakova – gerne hätte, wenn sie fordert, daß mit den Gegnern des El'cinschen Staatsstreichs kurzer Prozeß gemacht werden müsse: »Нечего с ними церемониться! – говорила она. – Прикончить раз и навсегда.« (S. 143; »Keine Umstände machen mit denen!« sagte sie. »Ein für alle Male Schluß machen.«) Aus der Perspektive von Sedakovas (pseudo-)mythologischer Hermeneutik erweist sich diese Forderung jedoch nur als ein weiterer Schlangenleib, der weitere Opfer generieren wird.

---

41 Vgl. dazu eine Bemerkung Omri Ronens: »Lotman war der Vertreter einer heroischen Tradition mit einem heroischen Geschichtsverständnis.« Zit. nach: Roman Vojtechovič/Ljudmila Kazarjan. »Semiotika kul'tury: Kul'turnye mechanizmy, granicy, samoidentifikacii« / »Semiotics of Culture: Cultural Mechanisms, Boundaries, Identities« [Tagungsbericht]. *Novoe literaturnoe obozrenie* 55 (1995). S. 429.

42 Lotman selbst weist auf das maximal ›gereinigte‹ Konzept des Zeichens in der »ritterlichen Kultur« hin. »Vnutri mysjlaščich mirov«. *Semiosfera* (wie Anm. 38). S. 375.

Jurij Murašov hat darauf hingewiesen, daß ein »Spezifikum der im Namen des Dionysos konzipierten Kommunikation in der Tendenz zum Tilgen syntagmatischer Strukturen zugunsten einer katastrophisch-infiniten Paradigmatik« liege. Er akzentuiert insbesondere die Analogien in den Mythoskonzeptionen von Vjačeslav Ivanov auf der einen und Jurij Lotman und Zara Minc auf der anderen Seite. Charakteristische Züge seien hier wie dort: das Zusammenbrechen der Subjekt-Objekt-Differenzen, die Reduktion auf ein Sujet, Paradigmatik statt Syntagmatik, der Ausfall jeglicher Rollendifferenzierung.[43] Alle diese Elemente finden sich auch in Sedakovas Bild der Laokoon-Gruppe.

Auch noch mit ihrer Allegorisierung des russischen Gesellschaftskörpers zur Laokoon-Gruppe »setzt« Ol'ga Sedakova also die »Tartuer Gespräche fort«, und zwar deren vielfach kritisierte Tendenz zu einem auf Totalität abzielenden Weltbild, in dem sich Einzelbefunde durch die strukturbildende Kraft eines archaischen oder mythischen Modells zu einem Ganzen formieren, wie die Eisenspäne auf dem Papier, sobald man einen Magneten darunter hält. Aleksandr Pjatigorskij sieht eben hier die Schwäche im Ansatz der russischen Semiotik: Sie liege schon in der Auswahl der ›Kultur‹ als Beschreibungsobjekt begründet – eine Wahl, die sich eher dem kulturellen Kontext verdankt habe, als den methodisch ›reinen‹ Erwägungen der Wissenschaftler. »Wir dachten, von außen über die Kultur zu schreiben; sie aber lenkte von innen unsere Hand«[44], resümiert er und gibt damit dem Lotman-Schüler Grigorij Amelin das Stichwort für eine Bilanz, deren Metaphorik nicht weit von Sedakovas Rußland-Allegorie entfernt ist: »Die russische Kultur hat die Semiotik verschluckt«.[45] Pjatigorskij und Amelin orten die methodische Schwäche der Tartuer Semiotik an derselben Stelle wie auch Sedakova, nur daß sie das Problem im Abweichen von den im engeren Sinne semiotischen Fragestellungen und Methoden sehen, während Sedakova mit ihrem Verweis auf die »vorerste« Realität der »Mythen« und »Symbole« so etwas wie eine umfassende kulturell-historische Deutungskompetenz anmahnt. Der Ansatz, den sie forcieren möchte, ist mithin genau der, vor dem Pjatigorskij und Amelin warnen. Es handelt sich um eben jenen ›russischen‹, durch historiosophische Traditionen und einen amorphen, quasi-religiösen Kulturbegriff

[43] Jurij Murašov. *Im Zeichen des Dionysos. Zur Mythopoetik in der russischen Moderne am Beispiel von Vjačeslav Ivanov*. München: Fink, 1999. S. 268f.

[44] Aleksandr M. Pjatigorskij. »Zametki iz 90-ch o semiotike 60-ch godov«. *Novoe literaturnoe obozrenie* 3 (1993): S. 78.

[45] Grigorij Amelin. »Istoki i smysl russkogo strukturalizma«. *Lekcii po filosofii literatury*. Moskva: Jazyki slavjanskoj kul'tury, 2005. S. 361.

vorbelasteten Weg, der auch die Anschlußfähigkeit der Theoriebildung der *Moskau-Tartuer Schule* wesentlich geschmälert hat.[46]

Das Laokoon-Bild wäre somit allemal auf die kulturtheoretischen und wissenschaftshistorischen Deutungsmuster zu beziehen, die Ol'ga Sedakova ihren Reiseimpressionen unterlegt. Den umfassenden Bezugsrahmen bildet immer noch ein eigenartig verabsolutierter und hypertropher Kulturbegriff. Auch wenn im Kontext der *Moskau-Tartuer Schule* das »Wort ›Hermeneutik‹ nicht ausgesprochen wurde«[47], – durch ihre theoretischen Modelle und nachgereichten Selbstdeutungen hindurch läßt sich latent der Rekurs auf eine Totale der ›Kultur‹ verfolgen. Und dieses Konzept ist es, das letztlich den Gemeinschaft stiftenden ›Sinn‹ der kulturellen Deutungsoperationen garantiert. So sind auch die ethisch-pädagogische Strahlkraft und das Sendungsbewußtsein zu erklären, das den Zusammenkünften der sowjetischen Semiotiker und Literaturwissenschaftler im nachhinein angedichtet wird. Die ›strukturalistische Freundschaft‹ erweist sich als eine höchst voraussetzungsreiche Idylle der Philologie.[48] Sind die Voraussetzungen erfüllt, wird man taktvoll und aufmerksam miteinander umgehen und alle hochkulturellen Anspielungen und Verweise verstehen, von denen nicht zuletzt der Text der *Reise nach Tartu* durchsetzt ist.

Wir täten der Autorin vielleicht Unrecht, wollten wir unterstellen, daß sie der russischen Gegenwartsgesellschaft das Remedium eines quasi-religiösen Begriffs der »Kultur« anreichen möchte.[49] Das hieße, die methodi-

---

[46] Vgl. Grigorij G. Amelin/I. A. Pil'ščikov. »Semiotika i russkaja kul'tura«. *Novoe literaturnoe obozrenie* 3 (1993): S. 83.

[47] Michail L. Gasparov. »Vzgljad iz ugla«. *Novoe literaturnoe obozrenie* 3 (1993): S. 47.

[48] Vgl.: »Die Philologie: ein Universitätsseminar, eine Familie. Ja, gerade ein Universitätsseminar, wo fünf Studenten, die sich kennen, sich höflich mit Vor- und Vatersnamen ansprechen, ihrem Professor zuhören, und ins Fenster ragen die Zweige vertrauter Bäume des Universitätsgartens. Die Philologie ist eine Familie, weil jede Familie auf der Intonation und dem Zitat sich hält, auf den Gänsefüßchen.« Osip Mandel'štam. »Über die Natur des Wortes« (O prirode slova, 1922). Ders. *Über den Gesprächspartner. Gesammelte Essays 1913-1924*. Aus d. Russ. übertragen u. übersetzt v. Ralph Dutli. Frankfurt/M.: Fischer, 1994. S. 119.

[49] Bestätigung findet dieser Verdacht in einem Interview mit der Autorin in: *Russische Kultur im Umbruch. 30 aktuelle Positionen. Interviews von Marina Rachmanova und Irina Zimina*. Hg. Leonid Luks/Alexei Rybakov. Köln/Weimar/Wien: Böhlau, 2004. S. 226-239. Vgl. auch ihre Beträge in dem Band: *Naše položenie. Obraz nastojaščego*. Moskva: Izdat. gumanitarnoj literatury, 2000.

sche und axiologische Bewegung des Textes über den Rahmen der Handlung hinaus in ein Ziel gehen zu lassen, das so nicht explizit umrissen wird. Die *Reise nach Tartu und zurück* ist vor allem als ein Bericht von einer Reise an jene Grenzen zu lesen, an denen und durch die sich die russischen Gemeinschaften konstituieren. Die russischen Gemeinschaftskonzepte sind – so der Befund – immer schon aporetisch, weil sie sich im Medium einer ›warmen‹ Hermeneutik konstituieren. Sie basieren auf der Überschreitung der Grenze zwischen Ich und anderem. Wo diese Grenze instabil wird, da müssen die Grenzen der äußeren Räume um so stabiler sein: Diejenigen, die hier ständig »im Herzen« lesen, sind ja zugleich die Bewacher der verschiedenen Grenzen: der Staatsgrenze, des Klosterbezirks.

In seiner Gegenwartsdiagnostik kann der Reisebericht als ein Dokument für das gelesen werden, was Jacques Derrida in seinen Überlegungen zur Philosophie des Politischen die »Erschütterung der Struktur oder Erfahrung der *Angehörigkeit* und *Zugehörigkeit* selbst« genannt hat.[50] Die Ununterscheidbarkeit von Freund und Feind ist aus dieser Perspektive keine russische Spezifik, sondern generell kennzeichnend für den heutigen Stand der Reflexion über das Politische. Ein überdeutliches Beispiel ist natürlich die von Derrida selbst als solches angeführte[51] postkommunistische Situation. Aber gerade Sedakovas Konzept einer mythologischen Hermeneutik, mit dem eigentlich die politische Naivität der *Moskau-Tartuer Schule* überwunden werden soll, verpflichtet die russische Gesellschaft auf eine mythisch festgeschriebene Deutung ihrer Aporien, durch die jeder politische Diskurs blockiert werden muß. Mit den binär strukturierten Selbst- und Fremdstereotypen (Europa vs. Rußland = Form vs. Formlosigkeit, ›autonomes‹ vs. ›nicht-autonomes Subjekt‹, ›kalt‹ vs. ›warm‹) dringt Sedakova keineswegs in irgendeine »vor-erste« Wirklichkeit vor. Es ist vielmehr die sekundär modellierte Wirklichkeit[52] eines orientalistisch geprägten Rußland-Diskurses[53], die hier den gar nicht so flüchtigen Blick der Reisenden prägt.

---

50 Derrida. *Politik der Freundschaft* (wie Anm. 12). S. 119.

51 Ebenda. S. 114.

52 Vgl. zu Identität und Wiederholung im Genre der Russlandreisen: Ryklin. »B*ack in* M*oscow*« (wie Anm. 11). S. 135.

53 Vgl. Boris Gasparov. »V poiskach ›drugogo‹. (Francuzskaja i vostočnoevropejskaja semiotika na rubcže 1970-ch godov)«. *Moskovsko-tartuskaja semiotičeskaja škola. Istorija, vospominanija, razmyšlenija*. Moskva: Škola Jazyki russkoj kul'tury, 1998. S. 234.

Christine Engel (Innsbruck)

Reisen durch die russische Gegenwart als Road Movie

I. Spielfilme als Barometer für das kollektive Unbewußte

Die russische Gesellschaft sieht sich nach wie vor in einem Übergangsstadium von einem ›nicht mehr‹ zu einem ›noch nicht‹. Sie hat in den letzten 15 Jahren verschiedene Stadien durchlaufen, während derer sie sich zuerst vom sowjetischen Stereotypencluster zu lösen versuchte, um dann das westliche Cluster (mit wenig Erfolg) zu adaptieren, und sich anschließend an ein verschwommenes eigenes, russisches zu erinnern.[1] Daß diese kollektive Orientierungssuche vorerst noch nicht zu einem Ende gekommen ist, bestätigt Boris Dubin, Mitarbeiter am Moskauer *Levada-Zentrum* (*Analitičeskij centr Jurija Levady*), in seiner jüngsten soziologischen Untersuchung.[2] Unabhängig davon, daß sein Beitrag primär das Verhältnis der Bevölkerung zur politischen Entwicklung des Landes behandelt, lassen sich durchaus allgemeinere Tendenzen daraus ablesen, die indirekt auch die Produktion von Spielfilmen betreffen.

Kurz zusammengefaßt kommt Dubin zu folgenden Ergebnissen: In der russischen Gesellschaft ist eine deutliche Orientierungs- und Perspektivlosigkeit zu beobachten, die mit einer Zukunftsangst einher geht.[3] Zwei Drittel der Bevölkerung leben mit einem Verlustkomplex und drei Viertel leiden an einem Bedrohungs- und Feindkomplex, der rigide Abgrenzungen von ›unsrig‹ und ›nicht unsrig‹ (›naš‹ – ›ne naš‹) fördert.[4] Die Politik hat sich von einer tatkräftigen Umsetzung politischer Vorhaben verabschiedet und begnügt sich mit einer ritualisierten und zeremonialisierten Politik der leeren Symbolik, die ohne den gleichzeitigen Aufbau einer verantwortungsbewußten Zivilgesellschaft auszukommen glaubt.[5] Im Unterschied zur Brežnev-Zeit, als die oppositionelle Intelligencija einen Gegenpol zur offiziellen Politik bildete, existiert durch die Gleichschaltung

---

[1] Vgl. Natal'ja Sirivlja. »Otcy i deti«. http://magazines.russ.ru/novyi_mi/2004/1/siriv.html (letzter Zugriff 16.4.2006); auch in *Novyj mir* 1 (2004).

[2] Dubin, Boris: »Simulierte Macht und zeremonielle Politik. Elemente der politischen Kultur in Russland«. *Osteuropa* 3 (2006), 19-32.

[3] Vgl. Ebenda. S. 19.

[4] Ebenda. S. 20.

[5] Ebenda. S. 25.

von Fernsehen und Presse derzeit praktisch keine relevante Gegenöffentlichkeit.

In dieses Werte- und Orientierungsvakuum stießen nun in den letzten Jahren russische Spielfilme vor, die mit ihren Interpretationsangeboten eine Art Plattform für das Aushandeln von kollektiven Orientierungsmustern bieten. Im Vergleich zu literarischen Werken – die per se eher ›Kammerspielcharakter‹ haben und individualisierter sind – sind heute Spielfilme wesentlich unmittelbarer an solchen kollektiven meinungsbildenden Prozessen beteiligt. Sie haben nicht nur mehr Rezipienten, sondern auch das Betrachten des Films ist ein kollektives Ereignis, und darüber hinaus durchlaufen Spielfilme schon bei der Produktion zahlreiche Aushandlungsprozesse. Nun ist es natürlich nicht so, daß künstlerische Produktionen, sei es im Medium der Literatur, der bildenden Kunst oder des Spielfilms, gesellschaftliche oder gar politische Entwicklungen notwendigerweise unmittelbar aufgreifen. Daß sie aber eine indirekte Korrelation aufweisen, ist unbestritten: Bereits der russische Formalist Jurij Tynjanov betonte nicht nur die Eigengesetzlichkeit der künstlerischen und der gesellschaftlichen ›Reihen‹, sondern auch deren Korrelation auf einer Metaebene.[6] Und der Prager Strukturalist und Semiotiker Jan Mukařovský wies nicht nur auf den Zusammenhang zwischen künstlerischen Werken und dem Kollektivbewußtsein hin, sondern auch darauf, daß »die Kunst mehr als jedes andere Phänomen fähig [ist], eine bestimmte ›Epoche‹ zu charakterisieren und zu repräsentieren«.[7]

Die russischen Spielfilme, die in diesem Beitrag zur Diskussion stehen, sind in ihrer Darstellungsabsicht durchaus unterschiedlich, gemeinsam ist ihnen jedoch, daß sie auf Motive der Passage in der Form einer Reise zurückgreifen, und damit den Übergang von einem Stadium in ein anderes artikulieren. Das meist durch äußere Einflüsse initiierte Verlassen des Bekannten zugunsten eines Aufbruchs in vorerst Unbekanntes wird in diesen Filmen mit Hilfe einer Veränderung im Raum sichtbar gemacht. Von Bedeutung ist dabei, daß diese Reise nicht in das Ausland führt, sondern innerhalb Rußlands stattfindet – und hier wiederum nicht in das ferne Sibirien, sondern an entlegene Orte des europäischen Teils des Landes. Anders als in bekannten Filmen der Sowjetzeit, wo (Inlands-)Reisen immer von der Peripherie in Richtung Moskau unternommen wurden, verlassen

6 Vgl. z.B. den Beitrag »O literaturnoj ėvoljucii/Über die literarische Evolution«. *Texte der russischen Formalisten*. Hg. Jurij Striedter. München: Fink 1969. S. 432-461.

7 Jan Mukařovský. »Die Kunst als semiologisches Faktum«. *Kapitel aus der Ästhetik*. Frankfurt/M.: Suhrkamp 1970 [Original 1936]. S. 138-147. Zitat S. 141.

jetzt die Protagonisten die Hauptstadt und fahren in einen nicht vorhersehbaren unstrukturierten Raum, in dem jeder Schritt mit Ungewißheit verbunden ist.[8] Als gemeinsames Element kommt noch hinzu, daß diese Reisen männlich kodiert sind und männliche Sichtweisen transportieren, so wie auch ihre Protagonisten Männer verschiedener Altersstufen sind, vom Kind bis zum Erwachsenen.

Ein Beispiel für eine solche Reise als Passage ist der Film *Vozvraščenie* (*Die Rückkehr*, 2003) von Andrej Zvjagincev. Die unerwartete Rückkehr des Vaters zur Familie und der Aufbruch mit seinen beiden Söhnen in unbewohntes Gebiet sind eingebettet in eine Verweisstruktur auf das Alte und Neue Testament. Vor allem mit Hilfe von Bezügen zur Schöpfungsgeschichte und zur Karwoche wird hier ein archaisches Vaterbild etabliert, das als Symbol für das unverrückbare Gesetz steht. Durch den Zwang zur Selbstüberwindung und die bedingungslose Einhaltung von Regeln weist der Vater in der kurzen Zeitspanne seiner Anwesenheit den Söhnen den Weg in das männliche Erwachsenenleben und damit zur Ablösung von weiblich definierten Verhaltensmustern.

Im Zentrum meines Beitrags stehen jedoch zwei andere Filme, die das Motiv der Passage nicht nur mit einer Reise, sondern zusätzlich noch mit dem Genre des Road Movies verbinden: *Bumer* (*Boomer*, 2003) von Petr Buslov und *Koktebel'* (*Koktebel*, 2003) von Aleksej Popogrebskij und Boris Chlebnikov. Beide Filme sind im Jahr 2003 als das Debüt junger Regisseure in den rußländischen Verleih gekommen. Die Regisseure setzen das im US-amerikanischen Film entwickelte Genre und dessen Formensprache zu tradierten russischen Diskursen in Beziehung, bei denen die alten Diskurse der Intelligencija des 19. Jahrhunderts mit ihren zentralen Fragen deutlich erkennbar sind: ›Was tun?‹ (›Čto delat'?‹), ›Wie leben?‹ (›Kak žit'?‹) – und im Fall von *Boomer* auch noch ›Wer ist schuld?‹ (›Kto vinovat?‹).

II. Das amerikanische Road Movie als Genremodell

Das Road Movie hat sich in den ausgehenden 1960er Jahren als fest umrissenes Genre entwickelt, also – ähnlich wie derzeit in Rußland – in einer gesellschaftlichen Übergangsperiode, als die vermeintlich stabilen Werte der amerikanischen Gesellschaft unter Druck gerieten. Die für Hollywood damals typischen, mit dem Gesellschaftssystem konformen

---

8 Vgl. Sirivlja. »Otcy i deti« (wie Anm. 1).

Narrative, die sich durch eine deutliche Struktur von Anfang, Mitte und Ende auszeichneten, wurden durch das neue Genre aufgebrochen, das auf modernistische Ansätze des europäischen Films zurückgriff und dabei elliptische Erzählstrukturen und selbstreflexive Verfahren verwendete.[9]

In seiner eingehenden Studie zu Ikonographie und Erzählstrukturen dieses Genres führt David Laderman drei entscheidende Prätexte an: Als literarischen Prätext nennt er den Roman *On the Road* (1955) von Jack Kerouac, der als gegenkulturelles Manifest mit Hilfe von Motiven der Suche und der Transgression entwickelt wird.[10] Die beiden filmischen Prätexte *Easy Rider* (1969; Regie: Dennis Hopper) und *Bonnie and Clyde* (1967; Regie: Arthur Penn) bilden aus der Sicht Ladermans zugleich einen Ausgangspunkt für die Entwicklung von zwei konstitutiven Subgenres:

(1) Dem Film *Easy Rider* liegt als Erzählkern das Motiv der Suche, des Umherschweifens zugrunde. Die Suche ist nicht zielgerichtet, sondern vielmehr eine Bewegung in Richtung auf etwas Abstraktes, sei es der Sinn des Lebens, oder die Suche nach dem echten Amerika.[11] Dieser Typ dominiert im Film *Koktebel.*

(2) *Bonnie and Clyde* ist der Prototyp für eine eher verzweifelte Flucht von einem Ort des Verbrechens oder vor der Strafverfolgung. Typisch sind für dieses Subgenre die Figur des Outlaws und exzessive Gewalt, wobei die Gewalt als Aus- und Aufbruch in die Freiheit positiv konnotiert ist.[12] Dieser Typ dominiert im Film *Boomer.*

Gemeinsam ist beiden Subgenres – die häufig auch kombiniert werden – jedenfalls die Überschreitung gesellschaftlicher Regeln[13] und die Befreiung durch Mobilität, verbunden mit dem Motiv der Straße als universellem Symbol für den Weg des Lebens, als ein Eröffnen von unbegrenz-

---

[9] Vgl. David Laderman. *Driving Visions: Exploring the Road Movie.* Austin: University of Texas Press, 2002. S. 2ff.

[10] Vgl. Ebenda. S. 9.

[11] Ebenda. S. 20.

[12] Ebenda. S. 20.

[13] In seiner vergleichenden Studie von Road Movie und Western sieht Martin Bertelsen den Unterschied zwischen den beiden Genres darin, daß bei ersterem die Rebellion gegen gesellschaftliche Strukturen dominant sei, während bei letzterem deren Festigung durch eine ›moralische Säuberung‹ im Vordergrund stehe. Vgl. Martin Bertelsen. *Road Movie und Western. Ein Vergleich zur Genre-Bestimmung des Road Movies.* Ammersbek bei Hamburg: Verlag an der Lottbek 1991 (= Wissenschaftliche Beiträge aus europäischen Hochschulen, Reihe 7: Sprachwissenschaften, Band 3). S. 156.

ten Möglichkeiten.[14] Mit dem Fortbewegungsmittel des Autos, das für die meisten Road Movies konstitutiv ist, kommt noch der entscheidende Aspekt der Geschwindigkeit dazu. Im Vordergrund steht also nicht die Reise als ein lineares, zielgerichtetes Ereignis mit der Abfolge von einer Handlung nach der anderen, sondern die schnelle Bewegung im offenen Raum als Wiederentdeckung der Freiheit. Die häufig eingesetzten Montagesequenzen verbinden ganz in Anlehnung an Eisenstein die konkreten Aufnahmen mit dieser abstrakten Idee. Unterstützt wird diese Konzeption noch durch einen vitalen, kraftvollen Soundtrack, der meist nicht synchron zur Handlung läuft, sondern als Stimmungsmacher für das Fahrerlebnis dient.[15]

Das Auto ist aber nicht nur Fortbewegungsmittel, sondern wird zu einer prothetischen Körpererweiterung in Raum und Zeit. Nicht selten wird es dabei selber zu einer handelnden Figur im Film.[16] Spiegel-Einstellungen projizieren oft im buchstäblichen Sinn die menschlichen handelnden Figuren auf das Auto bzw. auf die Landschaften und Räume, die befahren werden. Diese Konzeption des Autos als ein Mensch-Maschine-Interface kann sowohl positiv besetzt sein – die industrialisierte Geschwindigkeit als fortschreitende Befreiung – oder aber negativ in dem Sinn, daß das Auto Macht über den Menschen gewinnt. Jedenfalls enthalten Road Movies aber irgendeine Art der Mediation der menschlichen Beziehung zur Technik und damit auch zu Natur und Kultur: Die Reise im Road Movie führt immer hinaus aus den Städten, um die Natur und den Geschmack der unendlichen Weite auszukosten. Dadurch entsteht häufig eine paradoxe Situation: Das Auto als Inbegriff von Technik wird als ein Vehikel fetischisiert, um in einer Pastorale zu landen.[17] Die Mise-en-scène des Road Movies baut dementsprechend auf der Vorstellung des offenen Raums auf – auf endlosen Highways und der unendlichen Weite der Landschaft, die nur vom fernen Horizont begrenzt sind.

So wie andere florierende Genres gewinnt auch das Road Movie seine Energie aus einer eigentlich unauflösbaren Spannung – in diesem Fall aus der Spannung zwischen Rebellion und Konformität.[18] Bei aller Überschreitung und Befreiung durch Mobilität weisen die meisten Road Movies, wie Laderman unterstreicht, nämlich einen konservativen Subtext auf: Sie bedienen sich einer patriarchalen Konfiguration, die in Erzähl-

[14] Vgl. Laderman. *Driving Visions* (wie Anm. 9). S. 2.
[15] Ebenda. S. 16.
[16] Vgl. Ebenda. S. 17.
[17] Ebenda. S. 19.
[18] Ebenda. S. 20.

struktur und Erzählperspektive einen weißen, heterosexuellen Mann privilegiert. Der aktive Impuls des Fahrens wird als männlich definiert, während weibliche Figuren die Rolle von passiven Mitfahrerinnen und/oder erotischen Ablenkungen einnehmen und in engen stereotypen Darstellungsgrenzen bleiben. Auch daß Gewalt als progressive Geste, als Mittel der Befreiung gesehen wird, fügt sich im Grunde in ein US-amerikanisches Mainstream-Denken.[19]

Betrachtet man nun *Boomer* und *Koktebel* vor dem Hintergrund dieser konstitutiven Merkmale, so ist zu beobachten, daß die beiden Filme durchaus genrebewußt solche zwar aufgreifen, sie dabei aber merklich modifizieren, ja auch in ihr Gegenteil verkehren, wie das bei *Koktebel* der Fall ist.

III. *Boomer*

Der Film *Boomer*[20], der in Rußland vor allem unter jugendlichen (männlichen) Zusehern eine große Resonanz, ja Begeisterungsstürme hervorrief[21], ist um das Motiv der Flucht konstruiert. Der eingängige aber sparsam eingesetzte Soundtrack wurde von Sergej Šnurov (Šnur) komponiert, dem bekannten Leadsänger der Gruppe *Leningrad* – einer Ikone der Jugendkultur. Im Zentrum des Films stehen vier junge Moskauer ohne geregelte Arbeit, die im Bedarfsfall Autos verschieben und Autozubehör verhökern. Der Diebstahl eines BMW 750 löst eine ganze Reihe von gewalttätigen Ereignissen aus, die die Protagonisten aus der Hauptstadt Moskau hinaus in dünn besiedelte Gegenden führen. Der große Aufbruch und die große Freiheit, die das Genre verspricht, werden allerdings ständig durch Aufenthalte konterkariert, die durch den BMW erzwungen werden, und die eine Eskalation der Gewalt mit sich bringen.

Der Weg der Vier aus der Stadt hinaus ist doppelt konnotiert: Einerseits ist es ein Weg aus der Zivilisation in das Wilde und semantisch ne-

---

[19] Ebenda. S. 22.

[20] Russland 2003; 110 min.; Regie: Petr Buslov; Drehbuch: Petr Buslov, Denis Rodimin; Musik: Sergej Šnurov; Darsteller: Vladimir Vdovičenkov, Andrej Merzlikin, Maksim Konovalov, Sergej Gorobčenko, Jana Šivkova, Ljudmila Poljakova, Anastasija Sapožnikova, Vasilij Sedych, Evgenij Krajnov, Aleksej Zajcev.

[21] Diese Reaktion ist bis zu einem gewissen Grad wohl auch auf die intensive und nach westlichen Standards perfektionierte Werbekampagne zurückzuführen, von der der Film begleitet war.

gativ verknüpft mit Verrohung durch materielle Gier und Gewalt. Andererseits ist er im Rousseauschen Sinn positiv verbunden mit einer Rückkehr zum Natürlichen, Ursprünglichen und Echten. Um diese doppelte Konnotation zu realisieren, arbeitet der Film mit zwei Aussageebenen: Die Perspektive der Protagonisten ist eng an die Genreregeln des Road Movies gebunden, mit der positiven Assoziation von Gewalt und Überschreitung von gesellschaftlichen Konventionen – im Sinne von Gewinn an Freiheit und Unabhängigkeit. Der Subtext dagegen konterkariert diese Sichtweise und nimmt, vergleichbar einem auktorialen Erzähler, die entgegengesetzte Position ein. Der Film zeigt als Bestandsaufnahme einen mehr als tristen Zustand des Landes, legt aber letztlich den Schluß nahe, daß dieser Zustand nicht durch Transgression, sondern nur durch eine Rückbesinnung auf alte russische Werte zu beheben sei. Die Schuld an dem desolaten Zustand der eigenen Gesellschaft wird ausländischen verderblichen Einflüssen zugeschrieben, wodurch eine Lesart unterstützt wird, die mit Dubins Befund der starken kollektiven Grenzziehung gegenüber allem, was als ›nicht unsrig‹ (›ne naš‹) eingestuft wird, korrespondiert.

Dieser Subtext wird besonders deutlich durch die Rolle, die das Auto als fünfter Protagonist spielt.[22] Die Beziehung der Vier zu ihrem BMW, für den sie liebevoll den für diese Automarke gängigen Jargonausdruck ›Bumer‹ verwenden, ist Liebe auf den ersten Blick – eine Liebe, die von der schwarzen Schönheit jedoch mitnichten erwidert wird. Stilisiert nach dem Muster einer femme fatale wird ihnen das Objekt der Begierde letztlich zum Verhängnis: Als Fahrer eines solchen Autos sind sie die Zielscheibe der Verkehrspolizei, die ihnen Schmiergeld abverlangt, und der Benzindurst der Schönen führt zu einer weiteren Dezimierung ihrer Barschaft. Ihr Betrugsversuch an Fernfahrern endet in einer brutalen Schlägerei, bei der einer von ihnen angeschossen und schwer verletzt wird. Der BMW versagt ihnen jedoch gerade in dieser kritischen Situation seine Dienste: Er bleibt im Schlamm eines Waldweges stecken, so daß sie das rettende russische Dorf nur zu Fuß erreichen können.

Eine der Kernaussagen des Films auf der Ebene des Subtextes besteht also darin, daß der Aufbruch Rußlands mit Hilfe von (kalter und verräterischer) ausländischer Technik nicht gelingen kann, Rußland muß vielmehr seinen eigenen Weg finden. Das kommt unter anderem in der Szene klar zum Ausdruck, wo der stecken gebliebene ›Bumer‹ von einem alten

---

22 Vgl. Irina Ljubarskaja. »Nesladkaja žizn'«. *Iskusstvo kino* 8 (2003): S. 35-38. Hier S. 35.

russischen Traktor erfolgreich abgeschleppt wird.[23] Besonders signifikant sind in diesem Kontext aber die Schlußsequenzen des Films: Nach dem letzten gemeinsamen Coup, einem Überfall auf ein Computergeschäft, werden die Vier in eine tödliche Schießerei mit dem Inlandsgeheimdienst FSB verwickelt. Dem letzten Überlebenden der Gruppe gelingt zwar die Flucht mit dem Auto, aus Benzinmangel kommt er aber nicht weit. In einer gottverlassenen Gegend steigt er in einen klapprigen russischen Autobus um und entschwindet mit ihm in der Ferne (vgl. Bild 1 am Ende des Beitrags). Der BMW dagegen bleibt im Wald stehen und haucht sein Leben aus: Das Klingeln des Mobiltelefons wird immer leiser und der femme fatale bricht buchstäblich das Auge – die Scheinwerfer werden immer schwächer, bis sie erlöschen.

Unterstützt wird die Lesart, daß Rußland auf einem falschen Weg sei, durch weitere ausländische Gegenstände, die wie der BMW eine fatale negative Dynamik entwickeln. Ein amerikanischer Baseballschläger, der von den Protagonisten an einen russischen Jungen weiter gereicht wird, mutiert in der Folge zur gefährlichen Waffe. Desgleichen bringen die Dollarnoten, die die Verkehrspolizei den Protagonisten abpresst, ihrem neuen Besitzer nur Unglück: Der korrupte Verkehrspolizist tappt in ein Fangeisen und wird vor Schmerz halb wahnsinnig – eine Szene, die auf der Ebene des Subtextes durchaus als realisierte Metapher zu verstehen ist. Eine besondere Rolle spielt in diesem Kontext der ausländischen Gegenstände das Handy, das seiner intendierten Kommunikationsfunktion nie gerecht wird: Sein eingängiger Klingelton[24] ertönt immer dann, wenn es einsam und verlassen im Auto liegt; und die Verbindung nach Moskau kann letztlich nur über einen alten russischen Telefonautomaten hergestellt werden. Die russischen technischen Errungenschaften – der Autobus, der Traktor und der Telefonautomat – sind damit alle gleich konnotiert: Sie sind zwar weder schick noch schnell, dafür aber verläßlich und immer gerade dann vor Ort, wenn sie gebraucht werden.

»Bumer« als Titel des Films hat somit eine doppelte Bedeutung: neben der Automarke BMW verweist er auch auf ›Wirtschaftsboom‹ und zwar im Sinne einer von außen aufgedrängten Globalisierung und das damit in Zusammenhang stehende überhitzte, mörderische Tempo, das Rußland in den Ruin treiben wird, wenn es sich nicht seiner eigenen Werte besinnt.

---

[23] Der Traktorfahrer ist übrigens auch die einzige männliche Figur, die nicht der Faszination des Geldes erliegt.

[24] Dieser Klingelton erfreute sich monatelang größter Beliebtheit für Mobiltelefone.

Die Verlockungen der ausländischen Technik und die globalisierte Marktwirtschaft mit ihrer Faszination des Geldes werden dabei als eine Ideologie gebrandmarkt, die ähnlich dem Kommunismus in den Ruin führt, da sie beide falsche Versprechungen machen. Obwohl sich der Film nicht offen mit der Sowjetzeit auseinander setzt, transportiert er diese Botschaft in mehreren Einstellungen. So kommen zum Beispiel ein desolates rotes Banner mit der kaum noch lesbaren Losung »Die Zukunft liegt vor der Heimat« (»Buduščee pered rodinoj«) in das Bild sowie ein umgestürztes Monument mit Hammer und Sichel.

Das Narrativ ›das ursprüngliche Russische ist das Echte und Wahre‹ wird vor allem durch die Semantik des russischen Dorfes, in das sich die Protagonisten mit dem Schwerverletzten retten können, transportiert. Wie in einem Märchen kommen die Vier aus dem dunklen Wald zu einer Lichtung, auf dem ein einsames, heimelig erleuchtetes Haus steht. Hier ist offensichtlich die Seele Rußlands zu Hause, verkörpert durch eine ältere Frau, die aus einem Tiefschlaf mit offenen Augen langsam erwacht (vgl. Bild 2). Sie rettet nicht nur das Leben des Verwundeten, sondern bringt auch Ordnung in den Tagesablauf der Vier. Daß die Seele Rußlands unverwüstlich und weiblich ist, wird zusätzlich noch dadurch unterstrichen, daß aus der Verbindung eines der jungen Männer mit einer jungen Frau im Dorf ein Mädchen zur Welt kommt. Dem nicht genug, wird das Baby auch noch in der einzigen Prolepse des Films in Szene gesetzt: Gesund, munter und fröhlich sitzt es als bereits Zweijährige in seiner kleinen verzinkten Badewanne mitten in der russischen Stube.[25] Der Aufenthalt im Dorf bildet von der Filmkomposition her den signifikanten Mittelteil. In seiner aufgeladenen Symbolik läßt er den Schluß zu, daß Mütterchen Rußland mit seiner Warmherzigkeit und Sorge um seine Söhne zwar halb im Koma liegen mag, aber dennoch immer noch die Kraft besitzt, rechtzeitig zu erwachen und rettend und regelnd einzugreifen.

Dem Subtext des Films entsprechend werden auch die Genreregeln des Road Movies angepaßt. So wird zum Beispiel der für das Genre obligate, beeindruckende Sonnenuntergang am Horizont nicht bei einer Autofahrt

[25] Dieser zentralen Symbolik der beiden Frauenfiguren im Dorf schenkt Natal'ja Sirivlja zu wenig Augenmerk, wenn sie in ihrer Argumentation nur auf der Figurenperspektive bleibt: »Frauen als Symbol der Stabilität, Sesshaftigkeit und Häuslichkeit existieren nur an der Peripherie ihrer männlichen Welt der Unvernunft.« (»Женщины как символ стабильности, оседлости и устроенности существуют лишь на периферии их мужского безумного мира.«) Natal'ja Sirivlja. »Biochimičeskaja ataka«. *Iskusstvo kino* 8 (2003): S. 38-41. Hier S. 39.

in Szene gesetzt, sondern während des Aufenthalts im russischen Dorf. Auffallend ist des weiteren, daß den genretypischen Fahrten über die Landstraßen wesentlich weniger Sequenzen gewidmet sind als den meist unfreiwilligen Aufenthalten an unwirtlichen, gefährlichen und desolaten Orten an der russischen Überlandstraße. Durch Sichtbehinderungen, wie Dunkelheit, heftigen Schneefall und unabsehbare Kolonnen von russischen Lastwagen, kommt es auch nie zu der für das Genre so typischen Einstellung, die die Weite der Landschaft mit dem fahrenden Auto einfängt (vgl. Bild 3). Und noch eine weitere typische Einstellung wird signifikant verändert: der Blick in den Rückspiegel, der üblicher Weise das Gesicht des Fahrers auf die Landschaft projiziert. Im vorliegenden Film wird der Spiegelblick des letzten Überlebenden mit einer Einstellung gegengeschnitten, die die schwarzen, blinden Fenster des BMW zeigt, in denen sich nur die Bäume der russischen Landschaft spiegeln, der darin Sitzende dagegen unsichtbar bleibt (vgl. Bild 4).

Von seiner Oberflächenstruktur her betrachtet ist der Film also, wie erwähnt, als ein fast lupenreines Road Movie rezipierbar. Durch die Entwertung der Figurenperspektive im Subtext wird daraus jedoch eine moralische Erzählung[26], in deren Verlauf auch die genreübliche Funktion von Gewalt umkodiert wird. Sie ist in diesem Film nicht mehr als ein Befreiungsschlag des Individuums gegenüber den restriktiven Regeln der Gesellschaft konnotiert, sondern als ein hilfloses, wenig zielführendes Unterfangen, das letztlich den Untergang der Protagonisten bedingt.[27] Der Text des leitmotivisch eingesetzten Liedes *Nikogo ne žalko* (*Niemand verdient Mitleid*) von Sergej Šnurov bringt noch eine medienreflexive bzw. medienkritische Metaebene hinein: »Все мы герои фильмов про войну / Или про первый полет на луну / Или про жизнь одиноких сердец / У каждого фильма свой конец.« (»Wir sind alle Helden von Filmen über den Krieg / Oder über den ersten Flug auf den Mond / Oder über das Leben einsamer Herzen / Jeder Film hat sein ihm eigenes

26 Eine andere Meinung in Bezug auf moralische Implikationen vertritt Gerald McCausland, der in seiner Rezension schreibt: »It is Buslov's particular achievement to have made a gangster film without any ethical or moral message.« *Kinokultura* 2 (2003) http://www.kinokultura.com/reviews/R103bumer.html (letzter Zugriff 18.1.2006).

27 Der Untergang der Protagonisten ist zwar auch in amerikanischen Road Movies durchaus üblich, wird dort dann aber symbolisch überhöht – sozusagen Tod als ultimative Transzendenz – wie z.B. im Film *Thelma and Louise* (1991; Regie: Ridley Scott), wo das Auto am Abgrund in das gleißende Licht fährt. Vgl. Laderman. *Driving Visions* (wie Anm. 9). S. 1.

Ende.«)[28] Diese erste Strophe, die das menschliche Verhalten generell als eine Anpassung an Filmsujets beschreibt, wird durch den Refrain auf den ›neuen Film‹ hin konkretisiert: »Никого не жалко, никого / Ни тебя, ни меня, не его.« (»Niemand verdient Mitleid, niemand / Nicht du, nicht ich, nicht er.«) Damit landen die Vier in einem neuen Sujet, in dem die (traditionellen) emotionalen Beziehungen negiert werden. Da dieses Sujet deutlich als ein vom Ausland importiertes markiert wird – als ›ne naš‹ –, ist der moralische und physische Bankrott, den sie erleiden, dieser Logik zufolge ein vermeidbarer.

IV. *Koktebel*

Koktebel ist von seiner Verweisstruktur auf das russische kulturelle Gedächtnis wesentlich komplexer als *Boomer* angelegt. Indem der Film das Genre des Road Movies mit Elementen der Parabel[29] und der Initiation kombiniert, versucht er das kollektive Unbewußte nicht so sehr als Handlung filmisch umzusetzen, sondern als einen Zustand, den viele der russischen Zuseher kennen.[30] Nicht umsonst kommen die Regisseure (beide Jahrgang 1972) von ihrer Ausbildung her auch nicht vom Regiefach, sondern nähern sich ihrer ersten Regiearbeit sozusagen von der Peripherie: Boris Chlebnikov hat in Moskau Filmtheorie studiert und Aleksej Popogrebskij ist graduierter Psychologe. Während *Boomer* ein Film für das (jugendliche) Publikum ist, spricht *Koktebel* eher Filmkritiker an, die seine Komplexität zu schätzen wissen[31] – dem entsprechend wurde ihm auf

[28] http://oduvanchik.info/cgi-bin/chords/chords.pl?show=1&id=428 (letzter Zugriff 18.1.2006).

[29] Vgl. Evgenij Gusjatinskij. »Ni poezdov, ni samoletov«. *Iskusstvo kino* 10 (2003): S. 27-29. Hier S. 28.

[30] D. Bykov. »Koktebel' off-lajn«. *Iskusstvo kino* 10 (2003): S. 25-27. Hier S. 27.

[31] Vgl. Derek Malcolm. »Bohemian Nights«. *Guardian Unlimited* 14.7.2003. http://film.guardian.co.uk/festivals/news/0,,998097,00.html#article (letzter Zugriff 16.4.2006). Auch der Verfasser selber weiß als Filmkritiker die Qualität des Films zu schätzen: »This is a road movie with a difference, photographing the Russian countryside with loving care, underlining nothing about the relationship between father and son except through illuminating small details, and carefully keeping dialogue to a minimum. The result is something exceptional which could only have been made by real film-makers who have perhaps seen and loved something like Truffaut's 400 Blows.« (Ebenda.)

dem Internationalen Moskauer Filmfestival 2003 der Spezialpreis der Jury verliehen und auch auf dem Internationalen Filmfestival in Karlovy Vary erhielt er eine Auszeichnung. Auf jeden Fall ist es ein Film, der keiner der derzeit gängigen Moden folgt, denn er macht weder von der Handkamera Gebrauch noch rekurriert er auf die Ästhetik Hollywoods.

Als Erzählkern liegt *Koktebel* das Motiv der Suche zugrunde, die als ein unfreiwilliger Aufbruch aus dem schützenden Bekannten in das Ungewisse gestaltet wird. Ein Vater und sein elfjähriger Sohn, die beide namenlos bleiben, sind unterwegs auf die Krim, nach Koktebel', wo eine Schwester der verstorbenen Frau und Mutter wohnen soll. Die Reise hat Anklänge an eine säkularisierte Pilgerfahrt, an deren Ende Koktebel' als das Paradies stehen soll. Diese scheinbare Zielgerichtetheit erweist sich allerdings als Phantom, denn es zeigt sich, daß das eigentliche Ziel der Weg ist. Als Leitmotiv dient dabei der Refrain des Liedes von Sergej Šnurov, der – so wie in *Boomer* – den Soundtrack komponiert hat: »Дороги мои, дороги, / Выносили ноги, помогали боги« (»Wege, meine Wege / Die Füße trugen mich fort, Hilfe kam von den Göttern«). Der Vater hat, wie im Film kurz angedeutet wird, nach dem Tod seiner Frau die Kontrolle über sein Leben verloren, war dem Alkohol verfallen und hatte auch berufliche Schwierigkeiten. Der Sohn steht vor dem Eintritt in das Erwachsenenleben, das ihn mit bisher unbekannten Beobachtungen und Erfahrungen konfrontiert, die für ihn schwer einzuschätzen sind: mit Sex, Alkohol, Zigaretten und Gewalt aber auch mit Erlebnissen der selbständigen Bewältigung von Situationen.

Im Vordergrund steht allerdings weniger die Vater-Sohn-Beziehung[32] als der Weg ins Ungewisse in zwei unterschiedlichen Lebensphasen. Anders als in *Die Rückkehr* ist der Vater nicht die Verkörperung eines abstrakten Gesetzes, sondern ein Mann in den Mittvierzigern, der selber ein Suchender ist. Seine vermeintlich gesicherten Lebens- und Buchweisheiten erweisen sich für beide als nicht hilfreich, so wenig wie seine seltenen, halbherzigen Erziehungsermahnungen. Der Hindernislauf aus einer schützenden Erdhöhle in den ersten Sequenzen (vgl. Bild 5) bis zum offenen Meer am Ende des Films ist ein Abschied von Illusionen, Träumen und vermeintlich hilfreichen Stützen wie der ›großen russischen Literatur‹, und der Weg zu einem Leben, das im Gegensatz dazu auf eigenen Erfahrungen beruht.

[32] Vgl. dagegen Sirivlja. »Otcy i deti« (wie Anm. 1), die in ihrem Beitrag die Vater-Sohn-Beziehung dominant setzt.

Das Genre des Road Movies dient in diesem Film als eine Bezugsfolie, deren narrative und visuelle Komponenten allerdings häufig in ihr Gegenteil verkehrt werden. Am auffallendsten ist in diesem Zusammenhang, daß der Film gerade nicht auf Geschwindigkeit setzt, sondern ganz pointiert auf Langsamkeit. Bereits die erste Einstellung beeindruckt allein schon durch ihre Länge von drei Minuten, die mit minimalen Tonmitteln auskommt: Aus dichtem Morgennebel, der die Bildfläche mit Grau ausfüllt, wird allmählich eine höhlenartige Unterführung unter einer Überlandstraße deutlich, aus der zwei schemenhafte Gestalten heraus kommen, die erst durch das Zoom als Erwachsener und Kind erkennbar werden (vgl. Bild 5). Das zweite signifikante Signal sind die Verkehrsmittel, bei denen gerade das genretypische Auto eine Leerstelle bildet. Die beiden Reisenden verwenden statt dessen Güterzug oder Fernlaster – also eigentlich Transportmittel, die nicht für den Personenverkehr vorgesehen sind – und die meiste Zeit gehen sie überhaupt zu Fuß. Auch in seiner Bildsprache konterkariert der Film die übliche visuelle Gestaltung eines Road Movies: Die Weite des Landes oder die Straßen, die immer weiterführen, werden nur selten ins Bild gerückt, statt dessen dominiert – ähnlich wie in *Boomer* – die Sichtbehinderung, die durch Bilder von Wegen durch undurchdringliches Dickicht, Wald, Morast oder eine Herde von Schafen transportiert werden. In der Bildgestaltung wird auch seltener die Diagonale verwendet, die von vornherein eine Bewegung in die Weite suggeriert, als vielmehr die Horizontale, der diese implizite Dynamik fehlt (vgl. Bild 5).

Das Rußland, das die Kamera vermittelt, sind einerseits als solche erkennbare russische Landschaften, die aber andererseits jegliche topographische Verortung und sei es auch nur durch Ortsnamen vermissen lassen. In das Bild kommen auch keine Ansiedlungen, sondern wenn, dann nur vereinzelt stehende Häuser. Die einzelnen Stationen der beiden Reisenden sind durch Abblenden deutlich als solche markiert, und erinnern eher an mythologische Orte – an Orte der Versuchung oder der Gefahr, so daß Bezüge zur Odyssee und zu Märchen nahe gelegt werden.

Auch der Zielort Koktebel' ist nicht im engeren Sinn topographisch kodiert, sondern als Projektionsfläche zweier unterschiedlicher kultureller Kodierungen, die zwischen Koktebel' und Planërskoe changieren – zwischen einem Mythos, der sich um die Verheißungen des kritischen Intellekts und der Literatur rankt, und einem Mythos um die Verheißungen der Technik, insbesondere um das Fliegen. Zu Ehren der russischen Luftfahrt und des Segelflugs wurde Koktebel' 1944 offiziell in Planërskoe umbenannt, wodurch sich der Ort in den in der Stalinzeit favorisierten Fliegermythos einschreibt. Die neue Bezeichnung hat die alte aber nie ganz verdrängt und beide sind nach wie vor in Gebrauch.[33] Beiden Kodierungen gemeinsam ist jedenfalls, daß sie Utopien transportieren. Der Ortsname Koktebel' fokussiert die gängigen Assoziationen mit der Krim als einem inländischen Projektionsraum für das eigene ›Andere‹ und verbindet den Ort mit Vorstellungen von Glück, Wärme und Paradies. Vor allem aber ist Koktebel' als der Ort der wissenschaftlichen und künstlerischen Intelligenz in das kulturelle Gedächtnis eingegangen. Ėduard Andreevič Junge, ein bekannter Augenspezialist und Mitglied der Akademie der Wissenschaften, erwarb das Tal am Karadag im ausgehenden 19. Jahrhundert und wollte es in ein Gartenparadies verwandeln. Nach seinem Tod wurde das Tal in Einzelgrundstücken verkauft, deren neue Besitzer aber den Traum vom Paradiesgarten weiter pflegten, wie z.B. Vikentij Veresaev oder Elena Vološina, die den Teil am Meer erwarb und einen Park anlegte. Ihr Sohn Maksimilian Vološin, der selber dort lebte, dichtete und malte, lud Künstler und Schriftsteller zu sich ein. Seine Gästeliste liest sich wie ein *Who's who* der russischen Kultur der ersten Jahrzehnte des 20. Jahrhunderts: Valerij Brjusov, Marina Cvetaeva, Aleksandr Grin, Il'ja Ėrenburg, Kuz'ma Petrov-Vodkin, Robert Fal'k, Aristarch Lentulov, Aleksej Tolstoj, Maksim Gor'kij, um nur einige der bekanntesten Namen zu nennen. Auch nachdem das Anwesen in den Besitz des sowjetischen Schriftstellerverbandes übergegangen war, verlor es nicht an Attraktivität und beherbergte Schriftsteller wie Il'ja Sel'vinskij, Vsevolod Roždestvenskij, Nikolaj Zabolockij, Mariėtta Šaginjan, Kornej Čukovskij oder Andrej Platonov. Aber auch die junge kritische Intelligencija der siebziger Jahre zog es dorthin. Sie wob um diesen Ort ihren eigenen Mythos als Ort der Gegenkultur zur offiziellen sowjetischen Doktrin.

Der Film entkräftet auf seine Art die beiden Mythen, sowohl den Traum von der Literatur als einem verläßlichen Referenzgefüge wie auch den Traum vom Fliegen mit einer seiner dominanten Implikationen, durch die Vogelperspektive einen richtungweisenden Überblick zu gewinnen. Bei der Dekonstruktion des Mythos ›Literatur‹ kommt es den beiden Regisseuren in erster Linie darauf an, die Ambivalenz von Bewertungssituationen gegenüber der vor allem vom Sozialistischen Realismus geforderten Eindeutigkeit zu unterstreichen. Signifikant dafür sind unter anderem

[33] Allein dieser Umstand spricht schon gegen die Interpretation von Vladimir Padunov, der meint, daß Vater und Sohn nicht in Richtung Gegenwart (Planërskoe) unterwegs seien, sondern in Richtung Vergangenheit (Koktebel'). Vgl. die Rezension in *Kinokultura* 3 (2003). http://www.kinokultura.com/reviews/R103koktebel.html (letzter Zugriff: 18.1.2006).

die Nebenfiguren, die alle nicht das sind, was sie auf den ersten Blick – der geprägt ist von literarischen und medialen Vorstellungen – zu sein scheinen. So werden die beiden Reisenden zum Beispiel als Schwarzfahrer von einem bedrohlich wirkenden Bahnbediensteten aus dem Güterzug geholt, wobei sich die nächtliche Situation zunächst atmosphärisch verdichtet. Der Mann bringt sie aber in sein heruntergekommenes Bahnwärterhaus, bewirtet sie und bietet ihnen ein Nachtlager. Dabei läuft der Film jedoch nicht auf die platte Umkehr hinaus, daß die vermeintlich Bösen nun eigentlich die Guten wären, sondern es sind auch gegenläufige Signale eingebaut. Der Bahnbedienstete will den Vater zum Alkohol verführen, und zieht, eine Ekelschwelle überschreitend, die Wodkaflasche aus der Toilettenmuschel, die er auch als Kühlanlage benützt.

Hinterfragt wird im Film auch das zentrale Ideologem der Aufklärung, daß die Literatur ihre Leser (notwendigerweise) zu guten Menschen mache – ein Ideologem, das in der Sowjetzeit weiter tradiert worden war. Auch diese Position läßt sich anhand einer Nebenfigur illustrieren: Vater und Sohn finden Unterschlupf und Arbeit bei einem Hausbesitzer, dem sie das Dach reparieren. Obwohl der Mann literarisch bewandert ist und mit Vorliebe Puškin-Verse zitiert, prellt er den Vater um den Lohn für die Arbeit und geht nach einer gemeinsamen Wodkaorgie mit dem Gewehr auf ihn los, wobei er ihm eine ernsthafte Schußwunde zufügt. Dieser Mann ist auch einer, der den Jungen beim Rezitieren der Verse mit kruden sexuellen Gesten konfrontiert.

Die Auseinandersetzung mit der Literatur ist jedoch sicher nicht so zu interpretieren, daß die Literatur als solche die Zielscheibe ist. Dafür spricht, daß der Film selber in sehr poetischen Bildern gehalten ist. Ins Visier der Kritik geraten vielmehr die tradierten Diskurse über Literatur und die Mythenbildungen um sie herum. Im Film wird vor allem die Unausweichlichkeit der Weitergabe von Diskursen zur Disposition gestellt, so daß man ihn auch als eine Gegenposition zu Vladimir Sorokin lesen kann, der in seinen Werken ja die gewaltsame, perpetuierte und ausweglose Weiterschreibung von Diskursen zu seinem Hauptthema macht.

Die Möglichkeit einer Unterbrechung der Diskursweitergabe wird im Film auch auf der Beziehungsebene der beiden Hauptfiguren aufgenommen: Der Sohn trennt sich zwei Mal ohne große Emotionen von seinem Vater. Das erste Mal geht der Vater fast verloren, als er bei einem kurzen Halt aus dem Güterzug aussteigt, um in einem nahe gelegenen Hain Äpfel zu pflücken. Diese Szene verweist auf den Metaphernkomplex des Paradieses, denn der Vater bringt nicht die makellose Paradiesfrucht mit, sondern einen wurmstichigen Apfel, in dem sich der weiße Wurm wie die

Schlange der Versuchung windet: Nicht der Diskurs und der Mythos um das Paradies helfen den beiden weiter, sondern die Akzeptanz des Durchmischten. Das zweite Mal verläßt der Sohn den Vater in Richtung Krim, weil er die Gefahr sieht, daß der Vater statt der Reise eine unzeitgemäße Seßhaftigkeit wählt und bei der Ärztin bleiben möchte, die seine Schußwunde geheilt hat. Letztlich ist es der Sohn, der die Willenskraft aufbringt, die ›reinigende‹ Passage zu Ende zu führen. Der physisch und psychisch Gefährdete auf dieser Reise ist immer der Vater, der des Öfteren Gefahr läuft, einen Rückfall zu erleiden und ein Opfer der tradierten Diskurse und Mythen zu werden, für deren rauschhafte Wirkung im Film stellvertretend auch der Wodka steht.

Das Fliegen ist zwar als Transportmittel für die Reise ausgespart (so wie es in einem Road Movie auch üblich ist), bildet aber im semantischen Gefüge des Films eine signifikante metaphorische Referenz. Der Vater hat seinen Beruf als Ingenieur der Aerodynamik aufgegeben und für den Jungen entwickeln alle Arten von Abbildungen vom Fliegen, sei es von Fluggeräten oder vom Albatros eine Faszination. Als der Junge vorerst allein in Koktebel'-Planërskoe ankommt, herrscht jedoch weder der in Aussicht gestellte sagenhafte Aufwind, noch breitet der Albatros majestätisch seine Schwingen aus. Sein Papierflieger erleidet eine Bruchlandung nach der anderen und der Albatros mutiert im Film zu einer zudringlichen Möwe, die dem Jungen sein Stück Brot rauben will und ihn auch noch mit dem Schnabel attackiert.[34] Dadurch wird der Traum vom Fliegen als ein weiteres berauschendes Mittel markiert, das den Blick auf das Notwendige verstellt und eine Redimensionierung des utopischen Anspruchs verhindert.

Diese direkten Referenzen auf das Fliegen (bzw. auf dessen Mißlingen) sind eng verbunden mit einer fast magischen Fähigkeit des Jungen, sich in einen Zustand zu versetzen, der es ihm erlaubt, seinen jeweiligen Standort von oben, aus der Vogelperspektive zu sehen. Dieser (vermeintliche) Überblick erweist sich für ihn jedoch letztlich als wenig hilfreich, denn was er als Bild erhält, sind nur abstrakte, leblose Schemata im Stil von Grundrissen. Bei seinem Versuch, diese Bilder zeichnerisch zu kommunizieren, geraten sie zu völlig wertlosen, inhaltsleeren Strichen und Punkten (vgl. Bild 6). Erst ganz zum Schluß, in der letzten Einstellung des Films, kommen auch Menschen in das von weit oben aufgenommene Bild, nämlich Vater und Sohn, als gleichberechtigte kleine Figuren am

---

[34] Unübersehbar sind in diesem Kontext die Allusionen zu A.P. Čechovs Drama *Čajka* (*Die Möwe*) und dessen Metaphernstruktur.

Pier sitzend (vgl. Bild 8). Diese Einstellung ist nun aber ausschließlich an die auktoriale Perspektive des Kameraauges gebunden, also nicht mehr an die Visualisierungskraft des Jungen und nicht mehr an die Figurenebene. Die Akzeptanz des Lebendigen, des äußerst durchmischten Lebens gegenüber abstrakten Systemen und Schemata ist damit als das gelingende Ziel der Reise kodiert. Das einzige Flugerlebnis hat der Junge denn auch dieser Logik entsprechend nicht durch irgendein technisches Hilfsmittel oder durch die visualisierte Vogelperspektive, sondern durch einen Menschen: Ein bedrohlich wirkender, bulliger Fernfahrer nimmt den Jungen hoch, wirbelt ihn in der Luft herum und bringt ihn mit seinem Fernlaster auf die Krim. Die Vogelperspektive ist im Film auch offensichtlich mit der prinzipiellen Frage von (abstrakter) Kategorie und konkretisiertem Einzelfall bzw. Individuum verbunden. Ein weiterer Hinweis auf diese Bezugsebene ist die Namensgebung, denn im Gegensatz zu den beiden Hauptfiguren, die, wie erwähnt, namenlos sind, werden alle Nebenfiguren mit ihren Vornamen eingeführt. Die letzte Einstellung, die Vater und Sohn auf dem Pier in den Blick nimmt, führt sie auch aus der kategoriellen Einordnung heraus und positioniert sie als zwei Personen, die ein enges Verhältnis zueinander haben.

Bei der Ankunft des Jungen in Koktebel' entspricht nichts den bis dahin gehegten Vorstellungen. Bezeichnend dafür ist, was von Koktebel' in das Bild kommt: Die Kamera erfaßt das touristische Gedränge und fokussiert Hinterteile und nackte Speckbäuche von Touristen, die Uferpromenade verschwindet im Grillrauch und das Lied *Dorogi moi* wird von einem in die Jahre gekommenen, viel zu dicken Schnulzensänger ins Mikrophon gegrölt. Dem nicht genug, ist auch noch die Tante verzogen, deren Adresse wie ein Fixstern am Himmel den Landepunkt der Reise vorgab. Wenn der Junge solcherart auch das imaginierte Wunschziel nicht erreicht, so hat er im Laufe der Reise dennoch seine Passageriten mit Erfolg bestanden: Er ist erwachsen geworden, und kann jetzt für seinen eigenen Schutz sorgen, ohne auf die tradierten Diskurse und Utopien zurückgreifen zu müssen – eine Entwicklung, die seinem Vater generationenbedingt zwar größere Schwierigkeiten bereitet, die ihm aber letztlich doch gelingt.

Die Suche nach Schutz zieht sich als Metapher vom Dach über dem Kopf durch den ganzen Film. Sie wird visuell variiert in der Form des undichten Daches, das der Vater zu reparieren versucht, als löchriger Regenschirm, unter dessen zweifelhaftem Schutz sie der rabiate Hausbesitzer begrüßt oder als das traute Heim der Ärztin, in dem der Vater verbleiben will. Die Schutzmetapher spielt bereits in der ersten Sequenz in der Form einer Plastikplane eine Rolle und wird weiter gesponnen in der Form der verlorenen Windjacke des Vaters. Der Schutz, den der Junge am Meeresufer für sich findet, ist zwar nur ein abgetakelter Sonnenschirm als Zudecke, den er sich aber ohne Hilfe eines Erwachsenen organisiert hat (vgl. Bild 7). Den Erwachsenen wird im Film die Rolle zugewiesen, daß sie – so wie der Fernfahrer – statt mit Worten, die nolens volens in Diskurse eingebettet sind, mit tätiger Hilfe unterstützend eingreifen. Recht untypisch für einen russischen Film ist in diesem Kontext auch Geld positiv konnotiert: Das Geldgeschenk, das die Tante dem Jungen in einem Brief hinterlassen hat, verwendet dieser für einen Besuch im Restaurant an der Strandpromenade – als Zeichen, daß er bereit ist, es auch mit diesen Bereichen des Erwachsenenlebens aufzunehmen.

Die Generalmetapher des Films ist die Vertreibung aus dem Paradies der Utopie: Beide Protagonisten akzeptieren letztlich den wurmstichigen Paradiesapfel und stellen sich als gleichberechtigte Partner einem nüchterneren Blick und einer Lebensrealität jenseits von Ideologien und Mythenbildungen. Die Regisseure von *Koktebel* haben auch klar den utopischen Kern des Road Movies erkannt und dekonstruieren mit ihrem Film dessen nicht einzulösende Versprechen. Obwohl die Filmsprache mit ihren poetischen Bildern und der Sorgfalt der Bildkomposition ein Gestus gegen zeitgenössische Trends ist und vor allem mit ihren langen Einstellungen als ›altmodisch‹ abgetan werden könnte, ist das Mediationsangebot des Films ein wesentlich anschlußfähigeres und zukunftsweisenderes als das von *Boomer*, der bei aller Modernität der Filmsprache eine Mediation in Richtung einer rückwärtsgewandten Utopie nahe legt.

Filmstills aus *Boomer*

Bild 1

Bild 2

Bild 3

Bild 4

Filmstills aus *Koktebel*

Bild 5

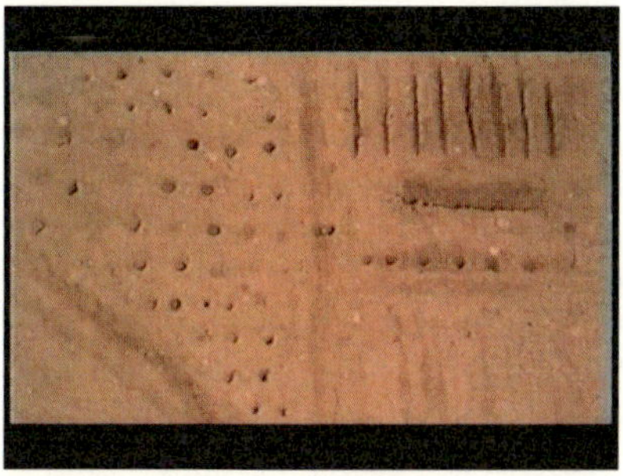

Bild 6

Bild 7

Bild 8

Personen- und Werkindex

Zu den Autoren

Dagmar Burkhart ist Literatur- und Kulturwissenschaftlerin (Slawistik, Balkanologie und Europäische Ethnologie). 1985-1995 war sie Professorin für Slawistik in Hamburg, 1995-2002 in Mannheim. Sie hat zahlreiche Publikationen auf dem Gebiet der interkulturellen Literaturwissenschaft und Komparatistik, der Semiotik und der Kulturanthropologie vorgelegt, u.a. die Editionen *Natura naturata* (1997) und *Poetik der Metadiskursivität* (1999), Monographien wie *Kulturraum Balkan* (1989) und *Eine Geschichte der Ehre* (2006), oder Aufsätze wie »Spatial Concepts« (2002), »Das dämonische Petersburg« (2004) und »West und Ost im Balkan-Blues« (2007).

Christa Ebert arbeitet als Professorin für Literaturwissenschaft/Osteuropa an der Europa-Universität Viadrina Frankfurt/Oder. Ihre Veröffentlichungen stammen hauptsächlich aus den Themenbereichen der russischen Moderne und der russischen Frauenliteratur. Ihr aktuelles Forschungsthema ist die Identitätsproblematik (neben Gender und Nation zunehmend Aspekte der Hybridität).

Christine Engel ist als Professorin am Institut für Slawistik der Universität Innsbruck tätig. Ihre Forschungsschwerpunkte liegen in der Russistik in den Bereichen Literatur und Film. Zentrale Fragestellungen ihrer wissenschaftlichen Arbeit sind kulturelle Orientierungsmuster im zeitgenössischen Russland sowie Fragen der medialen Vermittlung und interkultureller Beziehungen. Sie hat Beiträge zu zeitgenössischen russischen Autoren und Autorinnen (V.Pelevin, E.Popov, V.Sorokin u.a.) veröffentlicht und die Periode vom Tauwetter zur postsozialistischen Ära in der *Russischen Literaturgeschichte* (2002) bearbeitet. Im Rahmen von Projekten zum russischen Film entstanden eine umfangreiche Mediathek sowie zahlreiche Beiträge zu neueren Filmen. Darüber hinaus gab sie die *Geschichte des sowjetischen und russischen Films* (1999) heraus sowie *Eisensteins Erben* (2002) – einen Band mit exemplarischen Filmanalysen.

Annie Epelboin lehrt russische Literatur und Komparatistik an der Universität Paris VIII (Vincennes-Saint Denis). Ihr Spezialgebiet ist Platonov, zudem die Literatur des 20. Jahrhunderts im Kontext der Zeit. Außerdem ist sie Übersetzerin. Sie hat Einleitungen zu folgenden französischen Werkausgaben verfaßt: Platonov *La Mer de Jouvence*, Mandel'štam

Lettres und Mamardašvili *Méditations cartésiennes*. Gemeinsam mit Mamardašvili hat sie einen Band mit Gesprächen des Philosophen herausgegeben. Sie hat Platonov und Kurkov ins Französische übersetzt und eine Reihe von Aufsätzen zu Platonov publiziert, u.a. »Le poil et la fourrure: l'ours dans La fouille de Platonov« (CMRS, 1992), »Metaphorical Animals and the proletariat« (Essay in Poetics, 2002«, außerdem »Censure soviétique et oralité« (Paris, 2007), »Littérature mondiale et révolution« (P.U.V., 2005), »Perepiska Al'tjusser – Mamardashvili« (Moskva, 2008).

Walter Fähnders ist apl. Professor für Neuere Germanistik an der Universität Osnabrück. 2004 wurde ihm die Festschrift *Unruhe und Engagement. Blicköffnungen für das Andere* gewidmet. Er ist Verfasser u.a. von *Avantgarde und Moderne* (1998) und Herausgeber bzw. Mitherausgeber von *Manifeste und Proklamationen der europäischen Avantgarde 1909-1938* (Neuausgabe 2005); *›Die ganze Welt ist eine Manifestation‹. Die europäische Avantgarde und ihre Manifeste* (1997); *Der Blick vom Wolkenkratzer. Avantgarde – Avantgardekritik – Avantgardeforschung* (2000); *Expressionistische Prosa* (2001); *Autorinnen der Weimarer Republik* (2003); *Vom ›Trottelbuch‹ zum ›Torpedokäfer‹. Franz Jung in der Literaturkritik 1912-1963* (2003); *Berlin, Paris, Moskau. Reiseliteratur und die Metropolen* (2005); *›Laboratorium Vielseitigkeit‹. Zur Literatur der Weimarer Republik* (2005); *Heinrich Mann (1871-1950)* (2005); *Annemarie Schwarzenbach. Analysen und Erstdrucke* (2005); *Europa. Stadt. Reisende. Blicke auf Reisetexte 1918-1945* (2006); *Nomadische Existenzen. Vagabondage und Bohème in Literatur und Kultur des 20. Jahrhunderts* (2007); bei Aisthesis ist er Mitherausgeber der Reihen *Moderne-Studien* und *Reisen Texte Metropolen*.

Susi K. Frank ist Slavistin und allgemeine und vergleichende Literatur- und Kulturwissenschaftlerin. Sie ist Privatdozentin der Universität Konstanz und vertritt derzeit den Lehrstuhl für Slavistik/Literaturwissenschaft an der Universität Regensburg. Forschungsschwerpunkte sind historische Geokulturologie und Geopoetik, Kultursemiotik, historische Poetik, Text-Bild-Beziehungen (Ekphrasis), literarischer Dokumentarismus (Schwerpunkt: Literatur und Krieg). Wichtige Publikationen sind: *Der Diskurs des Erhabenen bei Gogol' und die longinsche Tradition* (1999); *Imperiale Aneignung. Diskursive Strategien der Kolonisation Sibiriens durch die russische Kultur* (2008); mit G. Rippl (Hg.) *Zeichen zwischen Klartext und Arabeske*, S. Kotzinger (1994); mit I. Smirnov (Hg.) *Zeit – Räume.*

Neue Tendenzen in der historischen Kulturwissenschaft aus der Perspektive der Slavistik (2002).

Alfred Gall ist slavistischer Literaturwissenschaftler und als Professor für westslavische Literatur- und Kulturwissenschaft an der Johannes Gutenberg-Universität Mainz tätig. Seine Forschungsschwerpunkte sind polnische, russische sowie serbische und kroatische Literatur v.a. des 19. und 20. Jahrhunderts, daneben befaßt er sich mit Fragen der Literaturtheorie (Systemtheorie, Dekonstruktion, Neopragmatismus). Er veröffentlichte die Monographien *Hermetische Romantik: Die religiöse Lyrik und Versepik F.N.Glinkas aus systemtheoretischer Sicht* (2001) und *Performativer Humanismus. Die Auseinandersetzung mit Philosophie in der literarischen Praxis von Witold Gombrowicz* (2007) und ist Mitherausgeber des Konferenzbandes *Romantik und Geschichte. Polnisches Paradigma, deutsch-polnische Perspektiven* (2007).

Elena Galtsova ist Wissenschaftlerin am Institut für Weltliteratur der Russischen Akademie der Wissenschaften und Dozentin an der Geisteswissenschaftlichen Staatsuniversität Moskau. Ihre Forschungsschwerpunkte sind die Literatur und das Theater der französischen Avantgarde und die Komparatistik (französische, russische und deutsche Kultur). Sie ist mit T. Balašova Herausgeberin und Verfasserin des *Ėnciklopedičeskij slovar' sjurrealizma* (Moskau, 2007). Mit M.-Ch. Autant-Mathieu hat sie den Sammelband *Ot teksta – k scene: rossijsko-francuzskie teatral'nye vzaimodejstvija XIX-XX vekov* (Moskau, 2006) und zusammen mit V. Berelovič die Sondernummer der Zeitschrift *Moscou 2001. Odyssée de la Russie*, Paris, Nr. 644-645 (2001) herausgegeben. Zudem hat sie eine Vielzahl wissenschaftlicher Aufsätze verfaßt. Als Übersetzerin hat sie surrealistische Texte von A. Breton und Ph. Soupault (»Nadja«, »Les Champs magnétifiques«) sowie von Georges Bataille, Marguerite Duras, Jean-Luc Nancy u.a. ins Russische übertragen.

Frank Göbler ist Professor für Slavische Literaturwissenschaft an der Johannes Gutenberg-Universität Mainz. Er hat Monographien über die russischen Dichter V. F. Chodasevič (1988) und A. K. Tolstoj (1992) veröffentlicht und an mehreren Lexika mitgearbeitet (*Kindlers Neues Literaturlexikon*, *Metzler Lexikon Literatur- und Kulturtheorie*, *Metzler Lexikon Weltliteratur* u.a.). Seine Forschungsschwerpunkte liegen gegenwärtig in Literatur und Literaturtheorie der russischen Moderne, in der russischen Emigration sowie im Bereich Drama und Theater. In jüngerer Zeit hat er die Bände *Don Juan – Don Giovanni – Don Žuan. Europäische Deutungen einer theatralen Figur* (2004), *Polnische Literatur im europäischen Kontext. Festschrift für Brigitte Schultze* (2005), *Russische Emigration im 20. Jahrhundert. Literatur – Sprache – Kultur* (2005) herausgegeben. Ein interdisziplinärer Sammelband *Das Künstlerdrama als Spiegel ästhetischer und gesellschaftlicher Tendenzen* befindet sich in Vorbereitung.

Christine Gölz ist Wissenschaftliche Mitarbeiterin am Osteuropa-Institut und am Peter Szondi-Institut für Allgemeine und Vergleichende Literaturwissenschaft der Freien Universität Berlin. Ihre Forschungsschwerpunkte: Poetik der russischen Moderne, Literatur- und Kulturtheorie insbesondere Narratologie, gender studies; russische Literatur und Kultur des 20. und 21. Jahrhunderts. Habilitationsprojekt zur Sowjetischen Kindheit in Film, Literatur und darstellender Kunst. Publikationen u.a.: *Anna Achmatova – Spiegelungen und Spekulationen* (2000); Mithg.: *Romantik – Moderne – Postmoderne* (1998); *Analysieren als Deuten. Wolf Schmid zum 60. Geburtstag* (2004); *Kindheit im Film – Filme der Kindheit* (erscheint 2009).

Thomas Grob ist Privatdozent für Slavistik und Allgemeine Literaturwissenschaft an der Universität Konstanz, lehrt in Konstanz und Zürich. Monographien über *Daniil Charms und literarische ›Kindlichkeit‹ in der russischen Moderne* (1994) sowie über *Russische Postromantik* (im Erscheinen); Mitherausgeber des Bandes *Romantik und Geschichte. Polnisches Paradigma, europäischer Kontext, deutsch-polnische Perspektive* (2007). Zu den Arbeitsschwerpunkten gehören: Russische und polnische Romantik, Phantastische Literatur und Geschichte von Phantasiekonzepten, Geschichte von Teufelsbildern, Literatur und Raum, Interkulturalität und historische Mythisierung, Literatur und Ökonomie, Gegenwartsliteratur.

Rainer Grübel ist slavistischer Literaturwissenschaftler an der Universität Oldenburg. Forschungsschwerpunkte hat er in der russischen und kroatischen Literatur des 19. und 20. Jahrhunderts, der Literaturaxiologie und der russischen Philosophie. Rezente Veröffentlichungen: *Literaturaxiologie* (2001); *An den Grenzen der Moderne. Vasilij Rozanovs Denken und Schreiben* (2003); *Gabe und Opfer in der russischen Kultur der Moderne* (Mithrsg.; 2006); *Michail Gershenzon. Seine Korrespondenzen und sein Spätwerk als Fokus russischer Hochmoderne und russischer Revolution* (Hrsg.; 2007).

Andreas Guski promovierte 1970 in München mit einer Dissertation über M.Ju.Lermontov. 1984 habilitierte er sich an der FU Berlin mit einer Arbeit zur Sowjetliteratur im Übergang zwischen den 1920er und 1930er Jahren (*Literatur und Arbeit*, 1995). Von 1985-1988 war er Professor für slavische Literaturwissenschaft an der Ruhr-Universität Bochum; seit 1989 ist er Ordinarius für Slavische Philologie an der Universität Basel.

Gudrun Heidemann ist Literaturwissenschaftlerin, sie arbeitet seit 2006 als DAAD-Lektorin im Fachbereich ›Interkulturalität‹ an der Universität Wrocław; zuvor in Lehre und Forschung an den Universitäten Bielefeld, Bochum, Łódź, Tübingen und Konstanz. Zu ihren Arbeitsschwerpunkten zählen Literatur und Fotografie/Film, Mediengeschichte und -theorie, ost- und westeuropäische Literaturen des 19./20. Jahrhunderts sowie mediale Körperinszenierungen. Sie publizierte als Monographie *Das schreibende Ich in der Fremde. Il'ja Erenburgs und Vladimir Nabokovs Berliner Prosa der 1920er Jahre* (2005), als Mitherausgeberin *[jfsl.doc]. bildschirmtexte zur 5. tagung des jungen forums slavistische literaturwissenschaft* (2004) sowie *Körperdimensionen* (2006); zudem u.a. Beiträge zu Dostoevskij und Hitchcock (Doppelgängerei), Pasternak (Schriftzüge), Chaplin (im sowjetischen Kino), Nolan (Schmerz in »Memento«), Turgenev und Čechov (fotografische Physiognomie) sowie Zofia Kulik (televisionäre Fotografie).

Jens Herlth ist Professor für Slavistik (Russische und polnische Literatur- und Kulturwissenschaft) an der Universität Freiburg (Schweiz). Promotion 2002 mit der Arbeit *Ein Sänger gebrochener Linien. Iosif Brodskijs dichterische Selbstschöpfung* (ersch. 2004), Habilitation 2007 mit der Arbeit *Auf schmalem Grat. Der polnische Katastrophismus im 19. und 20. Jahrhundert: Poetik, Rhetorik, Geschichtsverständnis*. Forschungsinteressen: Russische Lyrik des 20. Jahrhunderts, Dichtermythen, Literatur im ideengeschichtlichen Kontext, Geschichte von Literaturwissenschaft und Literaturtheorie.

Wolfgang Stephan Kissel ist Professor für Kulturgeschichte Ost- und Ostmitteleuropas an der Universität Bremen. Seine Forschungsschwerpunkte: Russische Literatur und Kultur des 18.-20. Jahrhunderts, insbesondere Reiseliteratur, Memoirenliteratur und Autobiographik, Exilliteratur in Ost- und Ostmitteleuropa (Einzelstudien zu Nabokov, Gombrowicz, Crnjanski), Kultur- und Zivilisationstheorie. Von 2001 bis 2004 Leiter des DFG-Projekts »Russische Erinnerungsliteratur und die Zivilisationsbrüche des 20. Jahrhunderts« am Zentrum für Literaturforschung, Berlin. Neuere Veröffentlichungen: *Der Kult des toten Dichters und die russische Moderne* (2004); *Exklusion. Chronotopoi der Ausgrenzung in der russischen und polnischen Literatur des 20. Jahrhunderts* (2006, Mithg.). Von 2003 bis 2008 Leiter des slavistischen Teils des VW-Projektes »Die Blicke der Anderen. Reisen zwischen den Metropolen Moskau, Berlin, Paris in der Zwischenkriegszeit«.

Gun-Britt Kohler ist Juniorprofessorin für slavistische Literaturwissenschaft an der Universität Oldenburg. Sie promovierte mit einer Arbeit zur Literatur und Kultur der russischen Emigration und befaßt sich zur Zeit vor allem mit Fragen zur Konstitution von Nationalliteratur und Moderne, sowie zur Literatur in ihren Wechselbeziehungen mit Philosophie und Musik. In diesen Bereichen veröffentlichte sie verschiedene Aufsätze zur russischen, polnischen und kroatischen Literatur; ihre Dissertation erschien unter dem Titel »Boris de Schloezer – Wege aus der russischen Emigration« (2003); sie ist außerdem Mitherausgeberin der Sammelbände *Gabe und Opfer in der russischen Literatur und Kultur der Moderne* (2006) und *Habsburg und die Slavia* (2008).

Natalia Margulis ist Literaturwissenschaftlerin und arbeitet zur Zeit am Lotman-Institut für russische und sowjetische Kultur der Ruhr-Universität Bochum als Lehrbeauftragte für Russisch. Ihr Dissertationsprojekt widmet sich dem Thema »Nationale Stereotype in russischer und deutscher Literatur zum Spanischen Bürgerkrieg 1936-1939«, sie hat diverse Aufsätze zu diesem Thema veröffentlicht.

Jochen-Ulrich Peters ist Professor für Slavistik an der Universität Zürich. Seine Forschungsschwerpunkte beziehen sich auf die russische Literatur des 19. und 20. Jahrhunderts sowie komparatistische Arbeiten zur russischen und westeuropäischen Romantik und zu den historischen Avantgarde-Bewegungen im frühen 20. Jahrhundert. Publikationen u.a. *Poesie und Revolution. Majakovskijs Lyrik und Versepik als Paradigma der russisch-sowjetischen Avantgarde* (1979); *Tendenz und Verfremdung. Studien zu Funktionswandel des russischen satirischen Romans im 19. und 20. Jahrhundert* (2000); gemeinsam mit U.Schmid hat er unlängst den Sammelband *Das ›Ende der Kunstperiode‹. Kulturelle Veränderungen des ›literarischen Feldes‹ in Russland zwischen 1825 und 1842* (2007) herausgegeben.

NILS PLATH ist Literaturwissenschaftler, arbeitet an der Universität Osnabrück und als Lehrbeauftragter für Textgestaltung an der Fachhochschule Münster, Fachbereich Design. Zu seinen Arbeitsschwerpunkten zählen Literatur- und Übersetzungstheorien sowie Textstädte und Stadttexte in Theorie, Literatur, Bildern und ihre Geschichte im 20. Jahrhundert. Er ist Mitherausgeber der Sammelbände *Tonabnehmer. Populäre Musik im Gebrauch* (1998), *Anführen – Vorführen – Aufführen. Texte zum Zitieren* (2002); *Berlin, Paris, Moskau. Reiseliteratur und die Metropolen* (2005); *Europa. Stadt. Reisende. Blicke auf Reisetexte 1918-1945* (2006) und eines Themenhefts zum Landschaftsfilm der Filmzeitschrift *AugenBlick* (»Blicke auf Landschaften«, Nr. 37, 2005).

EVGENIJ PONOMAREV arbeitet an der Staatsuniversität für Kultur und Kunst in St. Petersburg und im VW-Projekt »Die Blicke der Anderen« (Universität Bremen und Osnabrück). Forschungsschwerpunkte sind: Russische Literatur des 19. und 20. Jahrhunderts, insbesondere Literatur der russischen Emigration und sowjetische Literatur. Er publizierte Arbeiten zu Ivan Bunin, zur Poetik und Ideologie der russischen Emigration und zur schulischen Bildungsliteratur in der UdSSR. Publikationen u.a.: »Creative History of Bunin's Book Osvobozhdenije«, in *Russkaja Literatura* (1999); »Nuclear Decay in the Poetry of Russian Emigration«, in *Voprosy Literatury* (2002); »Russia Dissolved in Eternity. The Genre of Agio-biography in Russian Emigration Literature«, in *Voprosy Literatury* (2004).

ULRICH SCHMID ist Professor für Kultur und Gesellschaft Rußlands an der Universität St. Gallen. Seine Forschungsschwerpunkte liegen im Bereich der Wechselbeziehungen zwischen Politik und Kultur, in der Literaturtheorie sowie in der Medienwissenschaft. Er hat folgende Bücher verfaßt bzw. herausgegeben: *Fedor Sologub* (1995), *Ichentwürfe* (2000), *Russische Religionsphilosophen des 20. Jahrhunderts* (2003), *Russische Medientheorien* (2005).

KLAUS STÄDTKE ist Professor für Osteuropäische Kulturgeschichte an der Universität Bremen, seit 1999 emeritiert. Veröffentlichungen zur russischen Literatur- und Kulturgeschichte sowie zu Fragen der russischen Literaturtheorie und Ästhetik. Er hat u.a. folgende Bücher verfaßt bzw. Sammelbände herausgegeben: *Ästhetisches Denken in Rußland: Kultursituation u. Literaturkritik* (1978), *Dichterbild und Epochenwandel in der russischen Literatur des 20. Jahrhunderts* (Hrsg., 1996), *Welt hinter dem*

Spiegel. Zum Status des Autors in der russischen Literatur der 1920er bis 1950er Jahre (Hrsg., 1998), *Russische Literaturgeschichte* (Hrsg., 2002), *Spielräume des auktorialen Diskurses* (Hrsg., 2003), *Dostojewski für Eilige* (2004).

GALINA A. TIME (THIEME) ist Professorin für Russische Literatur und derzeit leitende Wissenschaftlerin am Institut für russische Literatur der Akademie der Wissenschaften in St. Petersburg; zudem arbeitet sie seit 2003 im VW-Projekt »Die Blicke der Andren« (Universitäten Bremen und Osnabrück). Arbeitsschwerpunkt sind die deutsch-russischen Beziehungen auf literarischer und philosophischer Ebene (mehr als 100 Publikationen, darunter drei Monographien). Publikationen in deutscher Sprache u.a.: *Ivan Turgenev und die deutsche Literatur* (2000) sowie »Der ›Untergang des Abendlands‹ als ›zentraler Gedanke der russischen Philosophie‹ (Zur Polemik um Spengler im Russland zu Beginn der 1920er Jahre)«, in *Stürmische Aufbrüche und enttäuschte Hoffnungen. West-östliche Spiegelungen. Neue Folge.* Bd. 2 (2006). Herausgeberschaft und Redaktion des Sammelbandes *XX vek. Dvadcatye gody: iz istorii meždunarodnych svjazej russkoj literatury* (2006).

DIRK UFFELMANN ist Professor für Ost-Mitteleuropa-Studien an der Universität Passau. Seine Arbeitsgebiete sind russische, polnische, tschechische und slowakische Literatur-, Philosophie- und Religionsgeschichte, Interkulturalität und Migration. Er ist Autor von *Die russische Kulturosophie* (1999) und Mitherausgeber der Sammelbände *Orte des Denkens. Neue Russische Philosophie* (1995), *Kultur als Übersetzung* (1999), *Nemeckoe filosofskoe literaturovedenie našich dnej* (2001), *Uskolzajuščij kontekst. Russkaja filosofija v XX veke* (2002) und *Religion und Rhetorik* (2007).

BARBARA WURM ist Slawistin und Filmwissenschaftlerin. Von 2004-2007 war sie Doktorandin im DFG-Graduiertenkolleg *Codierung von Gewalt im medialen Wandel*, seit 2007 arbeitet sie als Junior Fellow am IFK, Wien an der Fertigstellung ihrer Dissertation zur Biopolitik des Sehens im sowjetischen Nicht-Spielfilm der 1920er Jahre. Ihre Forschungsschwerpunkte sind Sowjetischer Film, Medientheorie, Dokumentarfilm und die aisthetisch-politische Theorie der Wahrnehmung. Neben Lehraufträgen an den Universitäten in Berlin (FU, HU) sowie in Wien ist sie als freie Kuratorin für Programmkinos und Filmfestivals tätig (Auswahlkommission Dok Leipzig) und schreibt Texte für unterschiedliche Film- und Kunstzeitschriften. Aufsätze in Sammelbänden zur Medientheorie der russischen Avantgarde (Jurij Tynjanov), Filmexil (Alexander Granach), filmischer Zeit (Andrej Tarkovskij) sowie zum sowjetischen Underground-Kino (Evgenij Jufit). Mitherausgeberin und -autorin von: *Dziga Vertov. Die Vertov-Sammlung im Österreichischen Filmmuseum*. Wien: FilmmuseumSynemaPublikationen (2006).

INKA ZAHN ist romanistische Kulturwissenschaftlerin. Sie arbeitete bis 2006 als Stipendiatin im Rahmen des VW-Projekts »Die Blicke der Anderen. Reisen zwischen den europäischen Metropolen Berlin, Paris und Moskau in der Zwischenkriegszeit« an der Universität Osnabrück an ihrer Dissertation zum Thema *Reise als Begegnung mit dem Anderen? Französische Reiseberichte über Moskau in der Zwischenkriegszeit*, die demnächst bei Aisthesis publiziert wird. Sie ist Mitherausgeberin des Sammelbandes *Berlin, Paris, Moskau. Reiseliteratur und die Metropolen* (2005) und hat mehrere Aufsätze zur Reiseliteratur veröffentlicht.